D1700081

Zusätzliche digitale Inhalte für Sie!

Zu diesem Buch stehen Ihnen kostenlos folgende digitale Inhalte zur Verfügung:

- @ Online-Version ✓
- Online-Training
- Aktualisierung im Internet
- Zusatz-Downloads
- App
- Digitale Lernkarten
- WissensCheck

Schalten Sie sich das Buch inklusive Mehrwert direkt frei.

Scannen Sie den QR-Code **oder** rufen Sie die Seite **www.nwb.de** auf. Geben Sie den Freischaltcode ein und folgen Sie dem Anmeldedialog. Fertig!

Ihr Freischaltcode

ONTK-AWYN-QHUI-QTDI-CYZR-H

www.nwb.de

Umsatzsteuer im Binnenmarkt

Von

Diplom-Finanzwirt
Ralf Sikorski

unter Mitarbeit von Steuerberaterin Annette Pogodda-Grünwald

10. Auflage

Es haben bearbeitet:
Sikorski: Teil A-F, Anhang
Pogodda-Grünwald: Teil G

ISBN 978-3-482-**45980**-1

10. Auflage 2018

© NWB Verlag GmbH & Co. KG, Herne 1992
www.nwb.de

Satz: Griebsch & Rochol Druck GmbH, Hamm
Druck: CPI books, Leck

VORWORT

Das Modell Europa ist in die Jahre gekommen. Zwar sind die Vorstellungen, die einige europäische Politiker bereits kurz nach dem Ende des II. Weltkrieges hatten, zum Teil Wirklichkeit geworden und keine Visionen mehr. Die anfänglichen Schwierigkeiten, die die verschiedenen Sprachen und Kulturen sowie die Geschichte Europas mit vielen Kriegen mit sich brachten, sind zwar auch heute nicht überwunden, aber größtenteils in den Hintergrund gedrängt worden. Noch nie in der europäischen Geschichte gab es einen so langen Zeitraum des Friedens und des Miteinanders.

Aber die aktuellen Herausforderungen sind gewaltig, ob Finanzkrisen, Flüchtlingsproblematik oder die Probleme im Hinblick auf den unerwarteten Ausstieg eines Mitglieds dieser Gemeinschaft, denn auch wenn es sich nur um eine Wirtschafts- und teilweise Währungsunion und damit um einen losen Verbund einzelner souveräner Staaten handelt, lassen sich die politischen Probleme schlicht nicht ausblenden. Während die einen in diesem Krisen-Potpourri den Beginn des Untergangs Europas sehen, behaupten die anderen, die Zeit ist reif für Grundsteinlegung einer europäischen Republik. Aber beides ist weit von der Wirklichkeit entfernt. Aktuell gilt es, die Bestände Europas zu sichern und wieder zu ordnen. Denn im 21. Jahrhundert steht die Finanzierung all dieser Aufgaben im Mittelpunkt unserer Lebenswirklichkeit. Auch hehre Ziele bedürfen der Finanzierung.

Und gerade die unterschiedlichen Finanzierungsmethoden der Staatshaushalte der einzelnen Mitgliedstaaten der Union sind das größte Hindernis, dass einer wirklichen Annäherung zurzeit im Wege steht. Die einzelnen Mitgliedstaaten haben eine sehr unterschiedliche Gewichtung der staatlichen Aufgaben, die gewachsenen Steuer- und Sozialsysteme sind unterschiedlich aufgebaut. Nicht selten bedeuten dann Entscheidungen zur Harmonisierung einen tiefen Eingriff in die bisherige Finanzautonomie der Mitgliedsländer und beeinflussen somit in hohem Maße die nationale Verteilungspolitik, wie die permanente Frage um die finanzielle Unterstützung insbesondere Griechenlands zeigt. So wundert es denn nicht, dass Harmonisierungen nur sehr mühsam voranschreiten.

Ein weiteres, nicht zu unterschätzendes Problem ist die Regelungswut der Europäer. Wer ernsthaft schriftlich festlegt, dass „ein Führersitz der einer Person Platz bietende Sitz ist, der für den Führer bestimmt ist, wenn dieser die Zugmaschine führt", darf sich nicht darüber wundern, dass die betroffenen Menschen europamüde geworden sind und sich weniger Staat und Bürokratie wünschen. Während in den Jahren nach dem Krieg Papierbeschaffung noch eine zentrale Herausforderung war und so de facto die

Gesetzesflut eindämmte, bricht die digitale Welt alle Dämme und bietet dem Reglementierungswahn der Europäer alle Möglichkeiten der Entfaltung. Hatten die Europäer beispielsweise noch 1992 beschlossen, einen Standardmehrwertsteuersatz von mindestens 15 Prozent in den Mittelpunkt zu rücken und Ausnahmen nur in begründeten Ausnahmefällen zuzulassen und auf eine Angleichung des Mehrwertsteuersatzes durch die Kräfte des Marktes gehofft, wurden zur Privilegierung einzelner Mitgliedstaaten und Gewerbezweige immer mehr absurde Ausnahmeregelungen in Bezug auf den ermäßigten Steuersatz zugelassen. So ist die Mehrwertsteuer heute ein gigantischer Flickenteppich.

Mit ihrem mittlerweile vorgelegten „Aktionsplan zur Mehrwertsteuer" stellt die EU-Kommission in der entsprechenden Präambel selbst klar, dass „das System der Mehrwertsteuer insbesondere kleinen und mittleren Unternehmern zu schaffen macht". weil es „zu fragmentiert und zu kompliziert ist." Nicht selten sind die Kosten zur Befolgung der ausgefeilten Mehrwertsteuer-Vorschriften höher als die damit verbundene Abgabe, ein Umstand, der zwar allenthalben Kopfschütteln nach sich zieht, nur eben keine Anpassung der Vorschriften.[1]

Zum 1.1.1993 wurde aufgrund der Unterzeichnung der „Einheitlichen Europäischen Akte" der Gemeinsame Binnenmarkt eingeführt, die Vollendung des „Umsatzsteuerlichen Binnenmarktes" ist aber auch heute noch lange nicht abgeschlossen. Trotz der weitgehenden Harmonisierung der Umsatzsteuer waren die Zielvorstellungen der einzelnen Mitgliedstaaten der Europäischen Union schon seinerzeit so unterschiedlich, dass die entsprechenden Regelungen als Übergangsmaßnahmen verabschiedet wurden und ein endgültiges gemeinsames Umsatzsteuersystem auch mehr als 20 Jahre später immer noch aussteht. Wann dieses tatsächlich eingeführt werden wird, lässt sich zurzeit noch nicht absehen, zu unterschiedlich sind die Auffassungen der Mitgliedsländer und die bürokratischen Hemmnisse.

Die Kommission hat mittlerweile einen Arbeits- und Zeitplan vorgelegt, um das aktuelle Mehrwertsteuersystem zu modernisieren und hält einen Neustart für dringend erforderlich. Das Konzept erfordert aber dabei von den Mitgliedstaaten erhebliche Veränderungen ihres nationalen Steuerrechts, wozu die meisten Mitgliedstaaten in der Vergangenheit eben gerade nicht bereit waren. So geht denn auch die Kommission davon aus, dass es „politischer Führungskraft bedarf, um die tief verwurzelten Hindernisse zu

---

1 Mitteilung der Kommission an das Europäische Parlament, den Rat und den Europäischen Wirtschafts- und Sozialausschuss über einen Aktionsplan im Bereich der Mehrwertsteuer vom 7.4.2016: Auf dem Weg zu einem einheitlichen europäischen Mehrwertsteuerraum - Zeit für Reformen, COM (2016) 148 final, Ratsdokument 7687/16, BR-Drucksache 191/16 vom 18.4.2016 sowie Mitteilung der Kommission an das Europäische Parlament, den Rat und den Europäischen Wirtschafts- und Sozialausschuss: Follow-up zum Aktionsplan im Bereich der Mehrwertsteuer - Auf dem Weg zu einem einheitlichen europäischen Mehrwertsteuerraum - Zeit zu handeln, COM (2017) 566 final, BR-Drucksache 661/17 vom 18.10.2017.

überwinden, um endlich die notwendigen Reformen zu verabschieden." Es bleibt zu wünschen, dass die Europäer dieses Konzept sorgfältig prüfen, einschließlich des Vorschlags der Kommission, endlich das Einstimmigkeitsprinzip im Steuerrecht aufzugeben, welches bislang das größte Hindernis zur Durchsetzung ernsthafter Reformen war. Schon Carl Ludwig Börne, ein deutscher Journalist und Literaturkritiker, wusste zu seiner Zeit (1786 - 1837): „Hätte die Natur so viele Gesetze als der Staat, Gott selbst könnte sie nicht regieren."

Sollte hier kein Konsens gefunden werden, müssen wir auch in den nächsten Jahren mit einem völlig unzureichenden Besteuerungssystem leben, dem insbesondere der Makel anhaftet, dass es die an sich vorhandene Grundsystematik der Umsatzsteuer verändert und sich immer mehr in der Lösung von Einzelproblemen verliert. So kam denn auch das Umsatzsteuerrecht in den letzten Jahren nicht zur Ruhe. Es ist in der jüngeren Vergangenheit einer ähnlichen Regelungsflut begegnet wie bislang nur die im Inland politisch mehr im Fokus stehende Einkommensteuer. Seit Verabschiedung des Umsatzsteuer-Binnenmarktgesetzes vom 25. 8. 1992 und der Einführung der sog. Übergangsregelung von 4 Jahren (was wir heute als unglaublich optimistisch ansehen müssen) bleibt die Gesetzgebung kurzlebig und insbesondere in diesem Teilbereich des Umsatzsteuerrechts unübersichtlich. Darüber hinaus gewinnt die Rechtsprechung des Europäischen Gerichtshofes immer größere Bedeutung, so dass neben der Gesetzgebung auch die rechtsprechende Gewalt eine Flut von Verwaltungsanweisungen nach sich zieht.

Darüber hinaus ist eine Angleichung der Mehrwertsteuern allein in unserer komplexen Welt völlig unzureichend, um eine Wettbewerbsgleichheit der Unternehmen zu erreichen. Eine Harmonisierung der übrigen indirekten Steuern ist ebenso unumgänglich wie eine Anpassung der direkten Steuern. Gerade aber eine Harmonisierung in diesem Bereich greift in besonders starkem Maße in die Finanzautonomie der Mitgliedstaaten ein.

Das vorliegende Buch gibt dem Leser eine Gesamtübersicht über das Umsatzsteuerrecht im Europäischen Binnenmarkt. Dabei wurden nicht nur die innergemeinschaftlichen Warenlieferungen, sondern auch die innergemeinschaftlichen Dienstleistungen in ihrer Gesamtheit abgehandelt, insbesondere die Regelungen zur Ortsbestimmung sowie die damit einhergehenden Meldepflichten. Das eng damit verbundene Thema „Übergang der Steuerschuldnerschaft" wird ebenfalls umfassend dargestellt. Wer von einem ausländischen Unternehmer Waren oder Dienstleistungen bezieht oder Lieferungen oder sonstige Leistungen an einen ausländischen Unternehmer erbringt oder Leistungen im Ausland ausführt (und zwar nach den Ortsbestimmungen des Gesetzes, ohne dieses Land tatsächlich bereist zu haben), muss sich mit diesen Bestimmungen auseinandersetzen.

Wie schon in der Vorauflage enthält auch das vorliegende Werk einen aktuellen Überblick über das Umsatzsteuerrecht der anderen EU-Mitgliedstaaten. Diesen Teil haben Mitarbeiter des Fachbereichs Umsatzsteuer der „BDO AG Wirtschaftsprüfungsgesellschaft" unter Leitung von Frau Pogodda-Grünwald ausgearbeitet, ohne deren engagierte Unterstützung dieser Teil des ehrgeizigen Werkes niemals so aktuell hätte dargestellt werden können, wofür ich sehr dankbar bin.

Für Kritik und Anregungen bin ich jederzeit offen und dankbar.

Im April 2018   Ralf Sikorski

GELEITWORT ZUR 10. AUFLAGE DIESES BUCHES

und zum 100jährigen Bestehen der Umsatzsteuer in Deutschland und zum 50jährigen Bestehen der europäischen Mehrwertsteuer

Von der Stempelsteuer zur Allphasen-Nettosteuer

Vorläufer im Altertum und Mittelalter

Steuern sind keine Erfindung unserer modernen Zeit, sie sind unerlässlicher Begleiter unserer Zivilisation. Mit der Erfindung der Schrift läutete die Menschheit das Ende der Steinzeit ein, es begannen die sogenannten Hochkulturen. Und mit der Ausbildung der Schrift im Altertum nahm wohl letztendlich auch die Bürokratisierung ihren Anfang. Hätte der Mensch nicht schreiben gelernt, gäbe es heute auch keine Steuererklärungsvordrucke. Schon die ersten im Altertum erhobenen Zölle und später die im Mittelalter umfassenden Zölle und Marktabgaben auf Waren entsprachen der Idee einer Umsatzsteuer.

Einführung einer Umsatzsteuer in Deutschland

Während des I. Weltkriegs wurde im Deutschen Reich zur Finanzierung der Militärausgaben 1916 zunächst eine Warenumsatzstempelsteuer eingeführt. Diese wurde 1918 zur Umsatzsteuer ausgebaut, die bis 1967 bestehen blieb. Der Vorsteuerabzug für entsprechende Vorbelastungen war jedoch noch nicht erfunden, der sollte erst 1968 mit der Allphasen-Netto-Umsatzsteuer folgen. Aber die Wurzeln des kompletten, uns heute bekannten Steuersystems liegen schon in dieser Zeit zu Beginn des Zwanzigsten Jahrhunderts.

Durch die Warenumsatzstempelsteuer von 1916 wurden die bezahlten Warenlieferungen der Gewerbetreibenden mit 1 v. T. besteuert, die materiellen Regelungen waren im Reichsstempelgesetz untergebracht. 1918 wurde das Umsatzsteuerrecht in ein eigenständiges Umsatzsteuergesetz gekleidet.

§ 1 UStG 1918

(1) *Der Umsatzsteuer unterliegen die im Inland gegen Entgelt ausgeführten Lieferungen und sonstigen Leistungen solcher Personen, die eine selbständige gewerbliche Tätigkeit mit Einschluss der Urerzeugung des Handels ausüben, soweit die Lieferungen und Leistungen innerhalb dieser gewerblichen Tätigkeit liegen. Die Steuerpflicht wird nicht dadurch berührt, dass die Leistung aufgrund gesetzlicher oder*

behördlicher Anordnung bewirkt wird oder kraft gesetzlicher Vorschrift als bewirkt gilt.

(2) Die Steuer wird auch erhoben, wenn die im Abs. 1 bezeichneten Personen Gegenstände aus dem eigenen Betrieb entnehmen, um sie zu außerhalb ihrer gewerblichen Tätigkeit liegenden Zwecken zu gebrauchen oder zu verbrauchen; dabei gilt als Entgelt derjenige Betrag, der am Ort und z. Zt. der Entnahme von Wiederverkäufern gezahlt zu werden pflegt.

(3) Lieferungen, die aufgrund einer Versteigerung erfolgen, sind, unbeschadet der eigenen Steuerpflicht des Versteigerers wegen seiner Tätigkeit, auch dann steuerpflichtig, wenn der Auftraggeber eine selbstständige gewerbliche Tätigkeit nicht ausübt. Diese Vorschrift gilt nicht für die Versteigerung im Wege der Zwangsvollstreckung, für die Versteigerung unter Miterben zum Zwecke der Teilung eines Nachlasses sowie für die Versteigerung von Grundstücken und von Berechtigungen, auf welche die auf Grundstücke bezüglichen Vorschriften des bürgerlichen Rechtes Anwendung finden.

Der Regelsteuersatz betrug bei der Einführung der Umsatzsteuer 0,5% des vereinnahmten Entgelts, für Luxusgegenstände fiel eine Steuer von 10% an. Aber schon zum 1. 1. 1920 wurde der Steuersatz auf 1,5% verdreifacht, der Luxussteuersatz auf Waren auf 15% angehoben und zudem ein erhöhter Steuersatz für Luxus-Dienstleistungen (z. B. Hotelübernachtungen) von 10% eingeführt. Außerdem wurde der Personenkreis erweitert und die Steuerpflicht auf die selbständig ausgeübte berufliche Tätigkeit ausgedehnt.

§ 13 UStG enthielt ein Verbot, die Steuer gesondert in Rechnung zu stellen, um die Abwälzbarkeit der Steuer auf den Verbraucher für den Unternehmer zu erleichtern.

Ein bereits 1919 veröffentlichter Reformvorschlag, eine Nettoumsatzsteuer mit Vorsteuerabzug einzuführen, wurde mehrfach vom Reichstag abgelehnt. Es wurden ab 1934 jedoch mehrfach verschiedene gesetzgeberische Maßnahmen getroffen, um die Kumulationswirkung abzuschwächen, sei es durch eine ermäßigten Besteuerung des Großhandels oder durch eine Kürzung der Zahllast von Textilunternehmen bei eingekauften Lohnveredelungen. Die Rechtsprechung steuerte ihren Anteil bei und entlastete Unternehmensverbindungen durch Schaffung der Rechtsfigur der Organschaft.

Entwicklung der Steuersätze zur Umsatzsteuer in Deutschland bis heute

Zeitraum	Regelsteuersatz	Ermäßigter Steuersatz
1.1.1968 - 30.6.1968	10,0	5,0
1.7.1968 - 31.12.1977	11,0	5,5
1.1.1978 - 30.6.1979	12,0	6,0
1.7.1979 - 30.6.1983	13,0	6,5
1.7.1983 - 31.12.1992	14,0	7,0
1.1.1993 - 31.3.1998	15,0	7,0
1.4.1998 - 31.12.2006	16,0	7,0
seit 1.1.2007	19,0	7,0

Europäisches Umsatzsteuerrecht

Mit dem Beginn der Europäischen Wirtschaftsgemeinschaft (EWG) wurde auch eine einheitliche Vorgehensweise bei der Umsatzbesteuerung innerhalb der betroffenen Länder angestrebt. Das war der Grund für die Einführung der Mehrwertsteuer, wie wir sie heute kennen, zum 1.1.1968 aufgrund eines Richtlinienentwurfs der Kommission aus dem Jahr 1962. Der Regelsteuersatz wurde auf 10% festgelegt, ein ermäßigter Steuersatz von 5% war bei bestimmten Waren anzuwenden.

Zum 1.1.1980 erfolgte die Umsetzung der 6. Richtlinie der EG durch das UStG 1980. Der Eigenverbrauchstatbestand wurde auf sonstige Leistungen erweitert, mit § 3a UStG erhielt das Gesetz ein höchst differenziertes Regelwerk für die Bestimmung des Orts der sonstigen Leistung. Die Mindest-Ist-Besteuerung wurde eingeführt, der Vorsteuerabzug für ausländische Unternehmer ermöglicht.

Zum 1.1.1993 wurde mit dem UStBG die von der EG vorgeschlagene Übergangsregelung umgesetzt, die bis zur Vollendung des endgültigen Mehrwertsteuersystems innerhalb der Europäischen Union gelten soll. Seitdem ist die Gesetzgebung kurzlebig und unübersichtlich.

Systemkritik

Das seinerzeit einfach klingende Prinzip führte dazu, dass die Umsatzsteuer ursprünglich als „Buchhaltersteuer" mit geringen Anforderungen diffamiert wurde. Diese Einschätzung gehört allerdings der Vergangenheit an, denn kaum ein Rechtsgebiet hat in den letzten Jahren derart an Komplexität und Bedeutung gewonnen. Die Umsatzsteuer hat sich zu einem komplizierten Gebilde aus nationalem Umsatzsteuerrecht, EU-Recht sowie BFH- und EuGH-Rechtsprechung entwickelt, flankiert durch eine bisweilen sehr stark pro fiskalische Sichtweise der Verwaltung, eingebettet in eine eigentümliche Begriffswelt von richtlinienkonformer Auslegung und Anwendungsvorrang.

Ein nicht zu unterschätzendes Problem ist die Regelungswut der Europäer. Mit ihrem mittlerweile vorgelegten „Aktionsplan zur Mehrwertsteuer" stellt die EU-Kommission in der entsprechenden Präambel selbst klar, dass *„das System der Mehrwertsteuer insbesondere kleinen und mittleren Unternehmern zu schaffen macht"*, weil es *„zu fragmentiert und zu kompliziert ist."* Nicht selten sind die Kosten zur Befolgung der ausgefeilten Mehrwertsteuer-Vorschriften höher als die damit verbundene Abgabe, ein Umstand, der zwar allenthalben Kopfschütteln nach sich zieht, nur eben keine Anpassung der Vorschriften. Der von der Kommission vorgelegte Arbeits- und Zeitplan sieht vor, das aktuelle Mehrwertsteuersystem zu modernisieren und hält einen Neustart für dringend erforderlich. Das Konzept erfordert aber dabei von den Mitgliedstaaten erhebliche Veränderungen ihres nationalen Steuerrechts, wozu die meisten Mitgliedstaaten in der Vergangenheit eben gerade nicht bereit waren. So geht denn auch die Kommission davon aus, dass es *„politischer Führungskraft bedarf, um die tief verwurzelten Hindernisse zu überwinden, um endlich die notwendigen Reformen zu verabschieden."*

Ich halte es da eher mit Goethe, der schon damals wusste: „Die Botschaft hör' ich schon, allein mir fehlt der Glaube".

es gratuliert zum Geburtstag

Ralf Sikorski, im April 2018

INHALTSVERZEICHNIS

ABKÜRZUNGSVERZEICHNIS

DStZ	Deutsche Steuerzeitung (Zeitschrift)
DSWR	Datenverarbeitung/Steuer/Wirtschaft/Recht (Zeitschrift)
DVBl	Deutsches Verwaltungsblatt

E

EAG	Europäische Atomgemeinschaft
EDV	Elektronische Datenverarbeitung
EFG	Entscheidungen der Finanzgerichte (Zeitschrift)
EG	Europäische Gemeinschaft
EGKS	Europäische Gemeinschaft für Kohle und Stahl
EGV	Einigungsvertrag
einschl.	einschließlich
EnergieStG	Energiesteuergesetz
ESTV	Eidgenössische Steuerverwaltung
EU	Europäische Union
EuGH	Europäischer Gerichtshof
EUSt	Einfuhr-Umsatzsteuer
EWG	Europäische Wirtschaftsgemeinschaft
EWS	Europäisches Wirtschafts- & Steuerrecht (Zeitschrift)

F

f., ff.	folgende, fortfolgende
FinMin	Finanzministerium
FKPG	Gesetz zur Umsetzung des Föderalen Konsolidierungsprogramms
FVG	Gesetz über die Finanzverwaltung

G

GDPdU	Grundsätze zum Datenzugriff und zur Prüfbarkeit digitaler Unterlagen
gem.	gemäß
GG	Grundgesetz
ggf.	gegebenenfalls
GmbHR	GmbH-Rundschau (Zeitschrift)
GmbH-StB	Der GmbH-Steuerberater (Zeitschrift)
grds.	grundsätzlich

H

HFR	Höchstrichterliche Finanzrechtsprechung (Zeitschrift)

I

i. d. R.	in der Regel
i. H. v.	in Höhe von
INF	Information über Steuer und Wirtschaft (Zeitschrift)
i. S. d.	im Sinne des/der
IStR	Internationales Steuerrecht (Zeitschrift)
i. V. m.	in Verbindung mit
IWB	Internationale Wirtschafts-Briefe (Zeitschrift)

J

JStErgG	Jahressteuer-Ergänzungsgesetz
JStG	Jahressteuergesetz

K

KFR	Kommentierte Finanzrechtsprechung (Zeitschrift)
KO	Konkursordnung
KÖSDI	Kölner Steuerdialog (Zeitschrift)

L

LSW	Lexikon Steuer- und Wirtschaftsrecht

M

m. E.	meines Erachtens
Mio.	Million
MwSt	Mehrwertsteuer
MwStSystRL	Mehrwertsteuer-Systemrichtlinie
MwStVO	Mehrwertsteuer-Verordnung

N

Nr.	Nummer
NWB	Neue Wirtschafts-Briefe (Zeitschrift)

O

o. a.	oben angegeben
OFD	Oberfinanzdirektion
o. g.	oben genannt
ÖStZ	Österreichische Steuerzeitung (Zeitschrift)

P

PDF	Portable Document Format (deutsch: plattformunabhängiges Dokumentenformat)

R

RIW	Recht der internationalen Wirtschaft (Zeitschrift)
RLEG	Richtlinie der Europäischen Gemeinschaft
Rz.	Randziffer

S

S.	Seite
s.	siehe
sog.	so genannt (e, r)
ST	Der Schweizer Treuhänder (Schweizerische Zeitschrift zum Steuerrecht)
StÄndG	Steueränderungsgesetz
StandOG	Standortsicherungsgesetz
StB	Der Steuerberater (Zeitschrift)
StBerG	Steuerberatungsgesetz
StBereinG	Steuerbereinigungsgesetz 1999
StBp	Die steuerliche Betriebsprüfung (Zeitschrift)
StEd	Steuer-Eildienst (Zeitschrift)
StEntlG	Steuerentlastungsgesetz 1999/2000/2002
SteuerStud	Steuer und Studium (Zeitschrift)
StMBG	Missbrauchsbekämpfungs- und Steuerbereinigungsgesetz
StromStG	Stromsteuergesetz
StuW	Steuer und Wirtschaft (Zeitschrift)
StVergAbG	Steuervergünstigungsabbaugesetz
StWK	Steuer- und Wirtschafts-Kurzpost (Zeitschrift)

| SWI | Steuer & Wirtschaft International (Österreichische Zeitschrift zum Steuerrecht) |
| SWK | Steuer- und Wirtschaftskartei (Zeitschrift) |

T

| TIR | Transports Internationaux Routiers (deutsch: Internationaler Straßentransport) |

U

u. a.	unter anderem
u. Ä.	und Ähnliches
UR	Umsatzsteuer-Rundschau (Zeitschrift)
UStAE	Umsatzsteuer-Anwendungserlass
UStÄndG	Umsatzsteuer-Änderungsgesetz
UStBG	Umsatzsteuer-Binnenmarktgesetz
UStDV	Umsatzsteuer-Durchführungsverordnung
UStG	Umsatzsteuergesetz
USt-IdNr.	Umsatzsteuer-Identifikationsnummer
USt-ZustV	Umsatzsteuer-Zuständigkeitsverordnung
UStR	Umsatzsteuer-Richtlinien
UVR	Umsatzsteuer- und Verkehrsteuer-Rundschau (Zeitschrift)
UZK	Unionszollkodex, Zollkodex der Europäischen Union

V

Vfg.	Verfügung
vgl.	vergleiche
v. H.	vom Hundert

W

| WG | Wirtschaftsgut |

Z

| z. B. | zum Beispiel |
| ZMDV | Datenträger-Verordnung über die Abgabe Zusammenfassender Meldungen |

| zzgl. | zuzüglich |
| zz. | zurzeit |

A. Allgemeiner Überblick über die Regelungen des Umsatzsteuer-Binnenmarktes

Ergänzende Fachliteratur: *Birkenfeld*, Das große Umsatzsteuer-Handbuch, Loseblatt, Köln; *Grambeck*, Internationale Leitlinien der OECD für die Mehrwertbesteuerung, NWB 2017, 2514; *Kirchhof*, Entwicklungsmöglichkeiten der Umsatzsteuer im Rahmen von Verfassungs- und Europarecht, UR 2002, 541; *Korf*, Aktuelle Entwicklungen im europäischen Umsatzsteuerrecht, UVR 2017, 107; *Korn/Robisch*, Durchführungsverordnung zur Mehrwertsteuersystem-Richtlinie, DStR 2011, Beihefter zu Heft 29/2011; *Langer*, Harmonisierung der Umsatzsteuern in der Europäischen Gemeinschaft in Küffner/Stöcker/Zugmaier, USt-Kommentar, Loseblatt, Herne; *Nieskens/Slapio*, Grünbuch der Europäischen Kommission über die Zukunft der Mehrwertsteuer, DStR 2011, 573; *Schreiber/Schneider*, Recht und Organisation der Europäischen Union, StWK Gruppe 22, 111; *Widmann*, Mitteilung der Europäischen Kommission vom 7.4.2016 über einen Aktionsplan im Bereich der Mehrwertsteuer, UR 2016, 506; *Wörsching*, Grundzüge und Einflüsse des Europarechts, SteuStud 2012 Beilage 3; *Zimmermann*, Modelle zur Eindämmung des grenzüberschreitenden MwSt-Betrugs, UR 2017, 580.

I. Die Europäische Union

1. Historische Entwicklung

Die Europäische Union ist ein wirtschaftlicher und politischer Zusammenschluss von zurzeit achtundzwanzig Staaten (Belgien, Bulgarien, Dänemark, Deutschland, Estland, Finnland, Frankreich, Griechenland, Irland, Italien, Kroatien, Lettland, Litauen, Luxemburg, Malta, Niederlande, Österreich, Polen, Portugal, Rumänien, Schweden, Slowakei, Slowenien, Spanien, Tschechien, Ungarn, Vereinigtes Königreich und Zypern; das Vereinigte Königreich hat jedoch seinen Austritt beschlossen). Auch wenn es sich beim Zusammenschluss dieser Staaten in erster Linie um eine Wirtschaftsunion handelt, haben die Mitgliedstaaten der Europäischen Union als solches bereits bestimmte Souveränitätsrechte übertragen. Viele nationale Gesetze, die das tägliche Leben betreffen, beruhen deshalb auf Entscheidungen, die in Brüssel getroffen werden, sei es durch Schaffung einer Norm für Mehrwegflaschen oder die Besteuerung des innergemeinschaftlichen Erwerbs neuer Fahrzeuge durch Privatpersonen.

1

Schon nach dem Ende des II. Weltkrieges hatten einige europäische Politiker die Vorstellung eines vereinigten Europas. Auch wenn wir von diesen Zielen heute immer noch weit entfernt sind, ist seit der Unterzeichnung des Vertrages über die Gründung der **Europäischen Gemeinschaft für Kohle und Stahl**

2

(EGKS) am 18. 4. 1951 in Paris (sog. Montanunion zur Abschaffung der Binnenzölle für Kohle und Stahl) und bei der Gründung der **Europäischen Wirtschaftsgemeinschaft** (EWG) und der **Europäischen Atomgemeinschaft** (EAG) am 25. 3. 1957 in Rom viel passiert. Bereits seit Schaffung der **Zollunion** zum 1. 7. 1968 gibt es innerhalb der heutigen Europäischen Union keine Zölle mehr, für den Handel mit Drittstaaten gilt ein gemeinsamer Zolltarif. Die anfänglichen Schwierigkeiten, die die verschiedenen Sprachen und Kulturen sowie die Geschichte Europas mit vielen Kriegen mit sich brachten, sind zwar auch heute nicht überwunden, aber größtenteils in den Hintergrund gedrängt worden. Schon 1957 im Rahmen des Vertrages zur Gründung der Europäischen Wirtschaftsgemeinschaft wurde verbindlich festgelegt, einen gemeinsamen Markt zu errichten und sich wirtschaftspolitisch schrittweise anzunähern. Der Vertrag enthielt bereits einen konkreten Harmonisierungsauftrag, wenngleich die Erste Richtlinie (67/227/EWG) und die Zweite Richtlinie (67/228/EWG) zur Harmonisierung der Rechtsvorschriften der Mitgliedstaaten über die Umsatzsteuer dann erst 1967 verabschiedet wurden. Mit der ersten Richtlinie hatten sich die sechs damaligen Mitgliedstaaten verpflichtet, die überwiegend bestehende kumulative Mehrphasenumsatzsteuer zum 1. 1. 1970 durch ein einheitliches System der Mehrwertsteuer mit Vorsteuerabzug zu ersetzen. Die Zweite Richtlinie enthielt bereits materiell-rechtliche Einzelheiten wie Ort der Leistung, Bemessungsgrundlagen und Vorsteuerabzug.

1970 begann eine neue Phase der Umsatzsteuerharmonisierung, die daraus resultierende 6. EG-Richtlinie v. 17. 5. 1977[1] sah eine ins Einzelne gehende Angleichung der Besteuerungsgrundlagen in allen Mitgliedstaaten vor. Zum 1. 1. 1993 wurde aufgrund der Unterzeichnung der „**Einheitlichen Europäischen Akte**" am 17. und 28. 2. 1986 in Luxemburg bzw. Den Haag der **Gemeinsame Binnenmarkt** vollendet: Warengrenzkontrollen sind abgeschafft, Unternehmer können ihre Waren und Dienstleistungen überall im Binnenmarkt anbieten, Unionsbürger können in allen Mitgliedstaaten der Union frei reisen, leben, lernen und arbeiten. Verbraucher können überall in der Europäischen Union Waren kaufen und ohne weiteres in ihr Heimatland mitnehmen.

---

1 ABl EG 1977 Nr. L 145 S. 1.

ABB. 1: Die Mitgliedstaaten der EU

2. Ziele der Europäischen Union

Mit Schaffung des Binnenmarktes zum 1.1.1993 trat zugleich der Vertrag über die Europäische Union in Kraft (**Maastrichter Verträge** v. 7.2.1992). Die Europäische Union soll aber in Zukunft mehr sein als eine Wirtschaftsgemeinschaft. Ziel ist die politische Union Europas.

Die Europäische Union umfasst drei Bereiche:

▶ Die **Europäische Gemeinschaft,** die aus den Gründungsverträgen von 1957 hervorgegangen ist und in deren Rahmen die klassischen Kernbereiche der Politik der Europäischen Union geregelt werden, z. B. der Europäische Binnenmarkt und die Wirtschafts- und Währungsunion.

▶ Die **Gemeinsame Außen- und Sicherheitspolitik,** die schrittweise erreicht werden soll.

3

► Die **Zusammenarbeit in den Bereichen Justiz und Inneres,** in der Antworten auf Fragen der Asyl- und Einwanderungspolitik, des internationalen Drogenhandels und der internationalen Kriminalität gefunden werden sollen.

Deutlich wird die Verfolgung dieser Ziele für die betroffenen Bürger mit der Einführung der „Unionsbürgerschaft" zum 1. 11. 1993 mit neuen Rechten (z. B. Europa- und Kommunalwahlrecht) sowie der Schaffung der gemeinsamen Währung seit dem 1. 1. 1999 **(EURO).** Mit dem Vertrag von Amsterdam,[1] der am 1. 5. 1999 in Kraft trat und der in erster Linie eine Steigerung von Effizienz und Handlungsfähigkeit der institutionellen Rahmenbedingungen zum Inhalt hatte, wurden Vertragsvereinfachungen und Neukodifizierungen vorgenommen. Im Zuge der redaktionellen Überarbeitung der europäischen Verträge wurden zahlreiche Bestimmungen des EG-Vertrages gestrichen, die aus den verschiedensten Gründen obsolet sind. Der EG-Vertrag wurde neu durchnummeriert und die Buchstabenfolge des EU-Vertrages durch die Zahlenreihe ersetzt. Europa wächst. Nach dem Beitritt Österreichs, Schwedens und Finnlands zum 1. 1. 1995 war die größte Herausforderung der Europäischen Union die Osterweiterung mit Staaten aus Mittel- und Osteuropa zum 1. 5. 2004. Zum 1. 1. 2007 sind Bulgarien und Rumänien beigetreten, zum 1. 7. 2013 Kroatien. Weitere Beitrittsverhandlungen laufen. Mit dem Vereinigten Königreich werden zurzeit die Modalitäten für einen Austritt aus der Union geklärt, ein beispielloser Vorgang in der langen Geschichte der Gemeinschaft.

4   Das primäre Ziel der Europäischen Gemeinschaft bei Verabschiedung der „**Einheitlichen Europäischen Akte**" war die Schaffung eines gemeinsamen Marktes für Personen, Waren, Dienstleistungen und Kapital ohne Zollschranken und nationale Verwaltungshemmnisse. Dieser Binnenmarkt sollte nach seiner Vollendung zum 1. 1. 1993 folgende Ziele mit sich bringen:

► Wegfall der Binnengrenzen und damit der Zoll- und Verwaltungsformalitäten

► Vergrößerung des Absatzmarktes durch den Wegfall der innergemeinschaftlichen Grenzen

► Zunahme des Wettbewerbes und dadurch günstigere Preise

► Schaffung zusätzlicher Arbeitsplätze

► freier Reiseverkehr und Aufenthalt, Niederlassungsfreiheit

► Abbau der Handelshemmnisse und Vereinheitlichung der Normen.

---

1 ABl EG 1997 Nr. C 340 S. 1, BGBl 1998 II S. 386.

Der Wegfall der Zollformalitäten und eine Vereinheitlichung der Normen innerhalb der einzelnen Mitgliedsländer hat zu einer deutlichen Kostenersparnis bei den Unternehmen geführt, auch nach Verrechnung mit den Kosten für die Umstellung der Buchführungs-, Aufzeichnungs- und Meldepflichten aufgrund des Binnenmarktes. Dies gilt auch für die durch die Vergrößerung des Absatzmarktes erzielbare kostengünstigere Produktion. Sollte es den Europäern weiterhin gelingen, die enormen wirtschaftlichen Ressourcen Westeuropas zu vereinen, so wird der Europäische Binnenmarkt auf Dauer der Konkurrenz aus Japan, China und den USA begegnen können, was für die Mitgliedsländer einzeln wohl kaum erreichbar wäre.

3. Harmonisierung der Umsatzsteuern

Die Steuerharmonisierung ist den Mitgliedstaaten durch den EG-Vertrag seinerzeit speziell bei der Umsatzsteuer, den Verbrauchsteuern und bei den sonstigen indirekten Steuern zur Pflicht gemacht worden. Vorrangig war jedoch bislang stets die Angleichung der Umsatzsteuersysteme. Dabei musste die deutsche kumulative Brutto-Umsatzsteuer, die noch aus dem Jahre 1918 stammte, zunächst einmal 1968 in eine Netto-Umsatzsteuer (mit Vorsteuerabzug) umgewandelt werden. Am 17. 5. 1977 wurde vom EG-Ministerrat die Sechste Mehrwertsteuerrichtlinie verabschiedet, die – mit gewissen Übergangsregelungen – die völlige Angleichung der Bemessungsgrundlagen bei der Umsatzsteuer vorsah (in Deutschland umgesetzt durch das UStG 1980). Der nächste Schritt zur Harmonisierung war sodann die Schaffung des Binnenmarktes bei gleichzeitiger Beseitigung der Steuergrenzen und der Grenzkontrollen innerhalb der Europäischen Gemeinschaft zum 1. 1. 1993. Weiterhin hat der Rat am 19. 10. 1992 zur Annäherung der Umsatzsteuersätze eine entsprechende Richtlinie verabschiedet, um das Zusammenwachsen des Binnenmarktes zu unterstützen und ggf. zu beschleunigen (in Deutschland insgesamt umgesetzt durch das UStBG 1993).

Mit dem Wegfall der Binnengrenzen wurde nicht nur ein äußerlich sichtbares Zeichen zwischen den Staaten der Gemeinschaft gesetzt, sondern ein wesentlicher Schritt zur wirtschaftlichen Einheit verwirklicht. Mit der Aufhebung der innergemeinschaftlichen Grenzen musste zwangsläufig eine Beseitigung der Steuergrenzen zumindest für die indirekten Steuern erfolgen, denn diese gehören nicht unwesentlich zu den Verursachern der Grenzkontrollen. Daher stand in den letzten Jahren insbesondere die Harmonisierung der Mehrwertsteuern und der Verbrauchsteuern in der Europäischen Gemeinschaft im Vordergrund. Dreh- und Angelpunkt des Europäischen Binnenmarktes ist die Harmonisierung der Umsatzsteuersätze, denn die unterschiedlichen Steuersätze bilden u. a. die Ursache für die gravierenden Wettbewerbsverzerrungen innerhalb der Gemeinschaft, insbesondere im grenznähen Bereich. Es wundert nicht, dass die Angleichung der Steuersätze und die Annäherung zumindest in einer Bandbreite in den letzten Jahren im Mittelpunkt der Diskussionen standen.

4. Schwierigkeiten bei der weiteren Harmonisierung

6 Neben den grds. Schwierigkeiten (wie unterschiedliche Sprachen und Kulturgrenzen) bereiten heute die unterschiedlichen Finanzierungsmethoden der Staatshaushalte der einzelnen Mitgliedstaaten der Gemeinschaft die größten Probleme. Die einzelnen Mitgliedstaaten haben eine stark abweichende Gewichtung der staatlichen Aufgaben und entsprechend werden teilweise völlig verschiedene staatliche Abgaben erhoben, die Verteilung der direkten und indirekten Steuern ist uneinheitlich, die gewachsenen Steuersysteme sind anders aufgebaut. Darüber hinaus gibt es eine Vielzahl von bürokratischen Hemmnissen. Statt einer demokratischen Mehrheitsfindung bedürfen Entscheidungen der Gemeinschaft im steuerlichen Bereich eines Einstimmigkeitserfordernisses, bei dem somit jedes noch so kleine Land ein Vetorecht hat. Entscheidungen müssen in langwierigen Beratungen in nationales Recht umgesetzt werden, wobei es zudem gilt, eigene Interessen zurückzustellen. Nicht selten bedeuten derartige Entscheidungen einen tiefen Eingriff in die bisherige Finanzautonomie der Mitgliedsländer und beeinflussen somit in hohem Maße die nationale Verteilungspolitik. Entscheidendes Hemmnis bei der Harmonisierung ist die Finanzierung der Staatshaushalte, die in allen Mitgliedstaaten deutlich voneinander abweicht. So wundert es denn nicht, dass Harmonisierungen nur sehr mühsam voranschreiten. Der 1. 1. 1993 brachte mit der weitgehenden Harmonisierung der Umsatzsteuer zumindest formell einen wichtigen Schritt, wenngleich materiell weitere Änderungen unverzichtbar sind.

Die Angleichung der Mehrwertsteuern allein ist zudem unzureichend, um eine Wettbewerbsgleichheit zu erreichen. Eine Harmonisierung der übrigen indirekten Steuern ist ebenso unumgänglich wie eine Anpassung der direkten Steuern. Gerade direkte Steuern wirken sich im Ergebnis wie andere „Kostenfaktoren" auf die Preiskalkulation aus und beeinflussen daher ebenfalls die Standortwahl. Die Steuerharmonisierung bei den direkten Steuern greift aber in besonders starkem Maße in die Finanzautonomie der Mitgliedstaaten ein; die nationale Verteilungspolitik wird ebenso berührt wie nationale politische Ziele.

Die Entscheidungsverfahren müssen dringend vereinfacht werden, wenn sie auch bei der nunmehr bestehenden Vielzahl von Mitgliedstaaten noch funktionieren sollen, denn nach wie vor ist das größte Hemmnis zur Entscheidungsfindung der EU im Bereich des Steuerrechts das sog. Einstimmigkeitsprinzip, das jedem Staat die Möglichkeit gibt, die Mehrheit vernünftig denkender Reformstaaten unter Druck zu setzen. Vor jedem weiteren Reformversuch sollten daher erst einmal die demokratischen Grundregeln überdacht werden, um einen Wirtschaftskoloss mit einer derart hohen Zahl von Mitgliedstaaten überhaupt noch steuern zu können.

Aber selbst wenn dies alles gelingen sollte, kann von Harmonisierung immer noch keine Rede sein, denn neben der Angleichung der materiellen Vorschriften muss auf lange Sicht auch eine Anpassung des Verfahrensrechts erfolgen.

II. Die rechtlichen Rahmenbedingungen

1. Die Richtlinien der EU zur Harmonisierung der Rechtsvorschriften der Mitgliedstaaten über die Umsatzsteuer

a) Grundlagen

Die Umsatzsteuer ist neben den Verbrauchsteuern die einzige Steuerart innerhalb der Europäischen Union, die weitgehend einheitlich gestaltet ist. Schon in den letzten Jahrzehnten hatte die Europäische Gemeinschaft immer wieder Beschlüsse gefasst, die zu einer Harmonisierung der Umsatzsteuern, aber auch der Verbrauchsteuern in den einzelnen Mitgliedsländern führen sollten. So kennen alle Mitgliedstaaten das auch uns bekannte Mehrwertsteuersystem und es wurden einheitliche Besteuerungsgrundlagen festgelegt. Allerdings führen unterschiedliche Steuersätze und zahlreiche nationale Ausnahmebestimmungen (z. B. beim Vorsteuerabzug oder beim Übergang der Steuerschuldnerschaft) sowie unterschiedliche Rechtsauslegungen in der Praxis immer noch zu erheblichen Schwierigkeiten. Trotz der Einführung eines gemeinsamen Mehrwertsteuersystems und der Schaffung des Umsatzsteuer-Binnenmarktes kann daher von einer endgültigen Vereinheitlichung noch nicht die Rede sein. Der Wegfall der Grenzen zum 1. 1. 1993 führte zwar zur Abschaffung der Grenzkontrollen und Zollformalitäten sowie zum Wegfall der Einfuhrumsatzsteuer. Gleichwohl kam es jedoch nur zu einer recht komplizierten Übergangsregelung, weil die meisten Mitgliedstaaten an der bisherigen Regelung (sog. Bestimmungslandprinzip) aus haushaltspolitischen Gründen festhalten wollten. Ein nahezu utopisch anmutendes Fernziel bleibt es da, der Eu-

7

ropäischen Union die Ertragshoheit am nationalen Umsatzsteueraufkommen zu übertragen.[1]

Europäisches Recht ist kompliziertes Recht. Die verabschiedeten Richtlinien, insbesondere die „Richtlinie 2006/112/EG des Rates v. 28. 11. 2006 über das gemeinsame Mehrwertsteuersystem" (kurz: „MwSt-System-Richtlinie" oder „MwStSystRL"),[2] sind für alle staatlichen Organe der Mitgliedstaaten bindendes Recht. Richtlinien bzw. ihre Änderungen gelten im Gegensatz zu Verordnungen aber nicht unmittelbar mit der Verkündung im Amtsblatt der EU in allen Mitgliedstaaten, sondern verpflichten diese nur, das jeweilige nationale Gesetz an diese Musterregelungen, d. h. die Vorgaben der Richtlinie, umzusetzen. Dazu müssen die nationalen Umsatzsteuergesetze „harmonisiert" werden, d. h. an die Vorgaben des europäischen Umsatzsteuerrechts angepasst werden. Die Umsetzung im Inland erfolgt regelmäßig durch die entsprechenden Änderungen im nationalen UStG, wenn dieses der Richtlinie der EU (noch) nicht entspricht (z. B. Einführung von § 3g i. V. m. § 13b Abs. 1 Nr. 5 UStG a. F. zur Umsetzung der sog. Richtlinie Gas und Elektrizität). Bei der Umsetzung von Bestimmungen einer Richtlinie ist ein Mitgliedstaat nur an das zu erreichende Ziel, nicht aber an eine bestimmte Form und an besondere Mittel gebunden. Deshalb ist dem Mitgliedstaat auch nicht vorgeschrieben, in welcher gesetzlichen Form (förmliches Gesetz oder Rechtsverordnung) er Unionsrecht in nationales Recht umsetzt.[3] Er muss die Richtlinie nur sinngetreu und ihrem Zweck entsprechend umsetzen. Eine bloße Verwaltungspraxis, die die Verwaltung naturgemäß beliebig ändern kann und die nur unzureichend benannt ist, kann jedoch nicht als rechtswirksame Erfüllung der Verpflichtungen der Mitgliedstaaten aus dem Vertrag angesehen werden, die eine auf der Unvereinbarkeit nationaler Rechtsvorschriften mit dem Unionsrecht beruhende Vertragsverletzung entfallen ließe.[4]

Betroffene Bürger können sich auf die Anwendbarkeit dieses Rechts berufen, wenn es dem nationalen Recht zu ihren Gunsten widerspricht[5] oder auch auf die Umsetzung der Vorgaben der Richtlinie klagen. Weder der Steuerbürger noch die Finanzverwaltung haben aber umsatzsteuerlich ein Vorlage- oder gar

---

1 Zz. werden die Beiträge der Mitgliedsländer nach der Verordnung des Rates der EG vom 19. 12. 1977, ABl EG 1977 Nr. L 336 S. 8 sowie BGBl 1977 I S. 154, auf der Basis der im jeweiligen EU-Land getätigten Umsätze an Endverbraucher berechnet.
2 ABl EU Nr. L 347 S. 1 ff., vgl. BMF, Schreiben v. 11. 1. 2007, DStR 2007 S. 488.
3 BFH v. 23. 10. 2003 – V R 48/01, BStBl 2004 II S. 196.
4 EuGH, Urteil v. 8. 7. 1999 – Rs. C-203/98, EuGHE 1999 I S. 4899.
5 BFH v. 17. 12. 1992 – V B 22/92, BStBl 1994 II S. 370, BFH v. 18. 10. 2001 – V R 106/98, BStBl 2002 II S. 551.

ein Klagerecht an den EuGH. Über die Einwirkungsmöglichkeiten der Regelungen der MwStSystRL auf das deutsche nationale Umsatzsteuerrecht entscheiden allein die nationalen Finanzgerichte. Diese prüfen in einem Stufenverfahren, ob

▶ das nationale Recht in dem zu entscheidenden Fall richtig angewendet worden ist,

▶ das nationale Recht den Vorgaben der MwStSystRL entspricht,

▶ bei Abweichung und nur unklarem nationalen Gesetz dieses unter Beachtung der Vorgaben der Regelungen der MwStSystRL richtlinienkonform ausgelegt werden kann,

▶ und ob schließlich bei Abweichung und eindeutigem Wortlaut der nationalen Norm dieses wegen ihrer Gemeinschaftswidrigkeit außer Betracht bleiben und stattdessen die Regelung der MwStSystRL direkt und unmittelbar zur Anwendung kommen muss (sog. Anwendungsvorrang).

Diese Grundsätze gelten immer dann, wenn die zur Entscheidung berufenen Richter keinen Zweifel an der Auslegung des Unionsrechts haben. Bestehen dagegen Zweifel, *kann* das Finanzgericht dem EuGH die Sache zur sog. Vorabentscheidung vorlegen, der BFH *muss* als letztinstanzliches Gericht vorlegen. Urteile im Verfahren zur Vorabentscheidung stellen keine Urteile zur Regelung eines Einzelfalles im herkömmlichen Sinne dar, sondern sind verfahrensrechtlich eher einem Rechtsgutachten gleichzusetzen. Hat der EuGH entschieden, sind die staatlichen Organe und Gerichte aber an diese Entscheidung grds. gebunden, was die Entscheidung wiederum zu einem Vorgang von grds. Bedeutung macht.

b) Meistbegünstigungsgrundsatz

Die nationalen Finanzgerichte prüfen also vorrangig, ob das nationale Umsatz- 8
steuergesetz der Richtlinie entspricht. Ist das Gesetz nach Auffassung des Gerichts unklar formuliert, wird es wenn möglich **richtlinienkonform ausgelegt**, z. B.:

▶ BFH, Urteil v. 17. 8. 2001 zur Aufteilung von Vorsteuerbeträgen aus Herstellungskosten eines Gebäudes nach dem Umsatzschlüssel;[1]

▶ BFH, Urteil v. 2. 4. 1998 zur Begrenzung des Vorsteuerabzugs auf den v. leistenden Unternehmer geschuldeten Steuerbetrag;[2]

---

1 BStBl 2002 II S. 833.
2 BStBl 1998 II S. 695.

► BFH, Urteil v. 27. 7. 2000 zum Ausweis des Nettoentgelts und der Umsatzsteuer in einer Rechnung;[1]

► BFH, Urteil v. 15. 7. 2004 zum Vorsteuerabzug einer Vorgründungsgesellschaft;[2]

► BFH, Urteil v. 31. 5. 2001 zur Steuerpflicht der entgeltlichen Überlassung von Sport- und Freizeitanlagen;[3]

► BFH, Urteil v. 24. 7. 2003 zur steuerpflichtigen Nutzung von privat verwendeten Gebäudeteilen im Unternehmen;[4]

► BFH, Urteil v. 22. 3. 2001 zur Möglichkeit der Rechnungskorrektur auch bei unberechtigtem Steuerausweis.[5]

Widerspricht das nationale Gesetz nach Auffassung der Finanzgerichte den Vorgaben der Richtlinie, greift der **Anwendungsvorrang** der Richtlinie, und die nationale Vorschrift ist nicht zu beachten, z. B.:

► BFH, Urteil v. 23. 11. 2000 zum Abzug von Vorsteuerbeträgen aus Übernachtungskosten;[6]

► BFH, Urteil v. 12. 8. 2004 zum Vorsteuerabzug von Bewirtungskosten trotz unterlassener Aufzeichnungen;[7]

► BFH, Urteil v. 10. 2. 2005 zum Vorsteuerabzug aus Bewirtungskosten,[8]

► BFH, Urteil v. 24. 10. 2013 zum Vorsteuerabzug bei zum ausgewiesenen Steuersatz.[9]

In diesen Fällen wird der Unternehmer dadurch begünstigt, dass er sich auf das für ihn günstigere Unionsrecht gegenüber dem ungünstigeren richtlinienwidrigen nationalen Recht berufen kann. So entschied der BFH z. B., dass sich die Kläger bei der Frage des Vorsteuerabzugs aus Übernachtungskosten und Bewirtungsaufwendungen auf das für sie günstigere Unionsrecht berufen können, da in beiden Verfahren von der Bundesregierung keine Ermächtigung zur seinerzeitigen Neuregelung des Vorsteuerausschlusses eingeholt wurde und die nationalen Einschränkungen des Vorsteuerabzugs damit unbeachtlich

---

1 BStBl 2001 II S. 426.
2 BStBl 2005 II S. 155.
3 BStBl 2001 II S. 658.
4 BStBl 2004 II S. 371.
5 BStBl 2004 II S. 313.
6 BStBl 2001 II S. 266.
7 BStBl 2004 II S. 1090.
8 DStR 2005 S. 598.
9 DStR 2013 S. 29.

waren. Die Einschränkung wurde daraufhin vom Gesetzgeber auch wieder zurückgenommen.

Ein solches Berufungsrecht auf den Anwendungsvorrang einer günstigen Bestimmung einer Richtlinie hängt jedoch von bestimmten Bedingungen ab:

▶ Die Richtliniennorm muss dem Steuerpflichtigen einen positiven Anspruch gegenüber dem Staat geben (z. B. Anspruch auf eine Umsatzsteuerbefreiung oder Anspruch auf Freistellung von der Besteuerung einer unentgeltlichen Wertabgabe).

▶ Die Richtliniennorm muss hinreichend klar und genau sein.

▶ Sie muss ferner inhaltlich unbedingt (bedingungsunabhängig) und damit in ihrem Wesen geeignet sein, unmittelbare Wirkungen zu erzeugen. Sie darf also den Mitgliedstaaten bei ihrer Umsetzung in innerstaatliches Recht keinen Gestaltungsspielraum lassen.

Die Entscheidung, ob einer konkreten Richtlinienbestimmung eine Vorrangwirkung zukommt, ist unzweifelhaft, wenn hierzu bereits eine Entscheidung des EuGH vorliegt, in der dieser den Anwendungsvorrang festgestellt hat. In diesen Fällen ergehen in Deutschland regelmäßig Verwaltungsanweisungen, wonach der vom EuGH festgestellte Anwendungsvorrang bestimmter Richtliniennormen allgemein in allen gleich gelagerten Fällen zu beachten ist.[1] Der Rechtsgrundsatz, wonach die Verwaltung bereits verpflichtet ist, eine nationale Rechtsvorschrift auf ihre Richtlinienkonformität zu prüfen, auch wenn noch gar keine einschlägige EuGH-Entscheidung vorliegt,[2] wird leider in der Praxis häufig nicht beachtet.[3]

Ist dagegen das nationale richtlinienwidrige Recht für den Steuerpflichtigen günstiger, kann sich der Steuerpflichtige auf das **nationale Recht** berufen (Meistbegünstigungsgrundsatz), die Verwaltung kann sich nicht auf den Anwendungsvorrang der EU-Richtlinie berufen. So entschied der BFH mit Urteil v. 18. 10. 2001, dass eine Vorsteuerberichtigung i. S. des § 15a UStG bei sonstigen Leistungen, die vorsteuerabzugsschädlich verwendet werden, nicht möglich ist, wenn das für den Steuerpflichtigen ungünstigere Unionsrecht richtlinienwidrig (noch) nicht umgesetzt wurde.[4] Daraufhin wurde § 15a UStG durch

---

1 Z. B. BMF, Schreiben v. 13. 5. 1994, BStBl 1994 I S. 298 zum sog. Verwendungseigenverbrauch.
2 BFH v. 29. 10. 1998 – V B 87/98, BFH/NV 1999 S. 681.
3 So zurzeit wieder zu sehen zur Frage der Richtlinienkonformität des § 4 Nr. 21 UStG im Hinblick auf die Steuerbefreiung von Unterrichtsleitungen.
4 BStBl 2002 II S. 551.

das EURLUmsG v. 9.12.2004 entsprechend geändert und den strengeren europäischen Vorgaben angepasst (vgl. § 15a Abs. 3 und 4 UStG).

Auch die nationalen Finanzbehörden sind an eine richtlinienkonforme Auslegung einer nationalen Steuerrechtsnorm und an den Anwendungsvorrang von günstigerem Unionsrecht gebunden. Zur Gewährleistung einer einheitlichen Rechtsanwendung erfolgt üblicherweise die entsprechende Meinungsbildung bei den obersten Finanzbehörden.[1]

Zu beachten ist, dass die Richtlinienvorgaben lediglich **materielles Recht** sind, d. h. die Frage, ob ein fehlerhafter Steuerbescheid noch geändert werden kann, richtet sich folglich nach den nationalen Verfahrensvorschriften, im Inland insbesondere der AO und der FGO.[2] So wird die Bestandskraft von Steuerbescheiden nicht berührt, wenn es für ihre Änderung keine nationalen Rechtsgrundlagen gibt. Wie auch der EuGH mittlerweile wiederholt klargestellt hat, will er die im Verfahren Emmott[3] aufgestellten Rechtsgrundsätze zur Durchbrechung der Bestandskraft auf Fallkonstellationen der dort gegebenen Art beschränkt wissen und nicht verallgemeinern.[4]

c) Die Mehrwertsteuersystem-Richtlinie

9   Zum 1.1.2007 wurden die vielfältigen Richtlinien der letzten Jahrzehnte zu einer gemeinsamen Mehrwertsteuersystem-Richtlinie zusammengefasst. Diese löst die bisherigen Richtlinien und damit insbesondere die „Richtlinie 77/388/EWG zur Harmonisierung der Rechtsvorschriften der Mitgliedstaaten über die Umsatzsteuern – Gemeinsames Mehrwertsteuersystem: einheitliche Bemessungsgrundlage" v. 17.5.1977 – kurz: 6. RLEG – ab. Die „Richtlinie 2006/112/EG des Rates v. 28.11.2006 über das gemeinsame Mehrwertsteuersystem"[5] wird kurz als „MwSt-System-Richtlinie" oder „MwStSystRL" bezeichnet[6] und vereint die verschiedenen bisherigen Umsatzsteuer-Richtlinien der EG, die vormals ergangen sind, in einer einheitlichen Rechtsgrundlage.

---

1 BMF, Schreiben v. 28.3.2001 zum Vorsteuerabzug aus Reise- und Übernachtungskosten, BStBl 2001 I S. 251.

2 BFH v. 23.11.2006 – V R 67/05, BStBl 2007 II S. 436 und BFH v. 23.11.2006 – V R 51/05, BStBl 2007 II S. 433.

3 EuGH, Urteil v. 25.7.1991 – Rs. C-208/90, HFR 1993 S. 137.

4 EuGH, Urteil v. 2.12.1997 – Rs. C-188/95, HFR 1998 S. 204.

5 ABl EU Nr. L 347 S. 1 ff.

6 Vgl. BMF, Schreiben v. 11.1.2007, DStR 2007 S. 488.

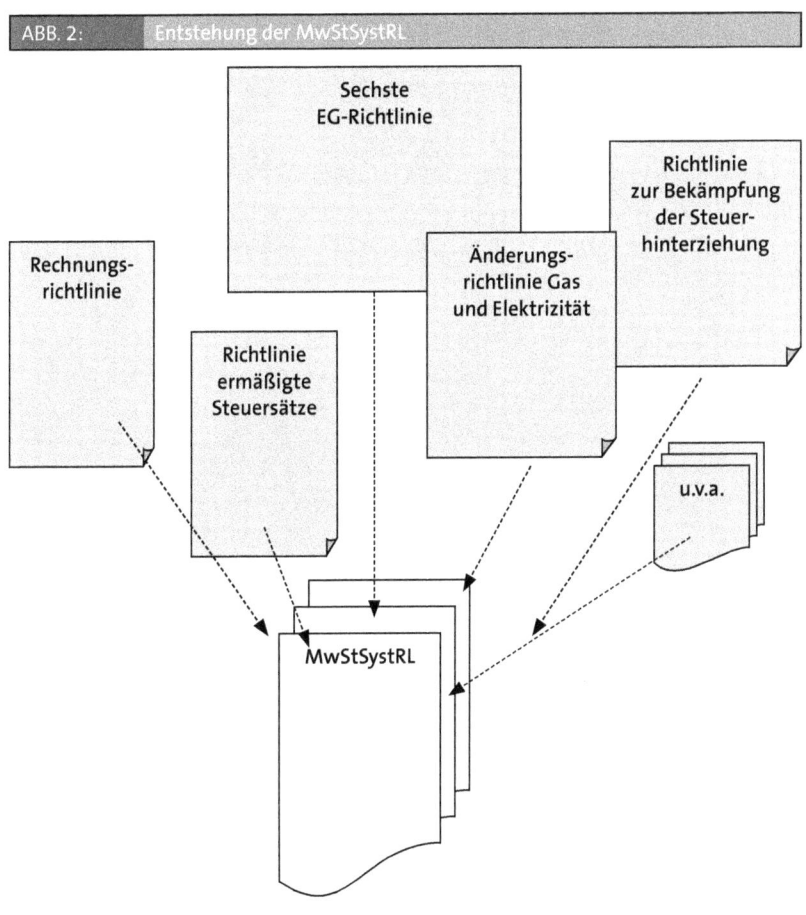

ABB. 2: Entstehung der MwStSystRL

Gleichwohl besteht auch nach der Zusammenfassung der verschiedenen Richtlinien zu einer einzigen Rechtsgrundlage das generelle Problem der Umsetzungspflicht von europäischen Richtlinien in nationales Recht. Gerade aber bei dieser Umsetzung hat es in der Vergangenheit im deutschen UStG eine Reihe von handwerklichen Fehlern gegeben, die auch heute noch nicht alle beseitigt sind.

2. Verordnungen der EU als unmittelbar geltendes Recht

Im Gegensatz zu Richtlinien sind **Verordnungen** unmittelbar geltendes Recht, eine (zusätzliche) Umsetzung in nationales Recht ist daher nicht erforderlich.

10

Verordnungen treten ohne einen entsprechenden Umsetzungsakt in den Mitgliedstaaten in Kraft. Im Gegensatz zu einer Richtlinie, die – obgleich hinsichtlich der zu erreichenden Ziele verbindlich – den Mitgliedstaaten die Wahl der Form und der Mittel überlässt, hat eine Verordnung allgemeine Geltung. Sie ist in allen Teilen verbindlich und gilt unmittelbar in jedem Mitgliedstaat.[1] Im Steuerrecht sind Verordnungen selten, der Rat der Europäischen Union hat aber am 17. 10. 2005 aufgrund des Art. 29a der 6. RLEG die „Verordnung (EG) Nr. 1777/2005 zur Festlegung von Durchführungsvorschriften zur Richtlinie 77/388/EWG über das gemeinsame Mehrwertsteuersystem" verabschiedet,[2] die erst Jahre später durch die Verordnung (EU) Nr. 282/2011 (sog. MwStVO) zum 1. 7. 2011 ersetzt wurde.[3] Sie wurde zuletzt zum 1. 1. 2015 bzw. 1. 1. 2017 geändert.[4] Die Regelungen dieser EU-Durchführungsverordnung sind für die Mitgliedstaaten, die Europäische Kommission als auch für den EuGH rechtlich bindend. Gleichwohl ist zu berücksichtigen, dass der Regelungsbereich der Verordnung eingeschränkt ist, denn das Ziel der Maßnahmen besteht ausschließlich darin, inhaltliche Klärungen der MwStSystRL herbeizuführen. Es sollen hierdurch keine neuen Tatbestände zur bzw. Abweichungen von der MwStSystRL geschaffen werden. Insofern ist die Anwendung der Durchführungsmaßnahmen auch restriktiv. Sie sind generell nicht auf andere oder ähnliche Fälle übertragbar, sondern ausschließlich auf der Grundlage ihres Wortlauts anzuwenden.

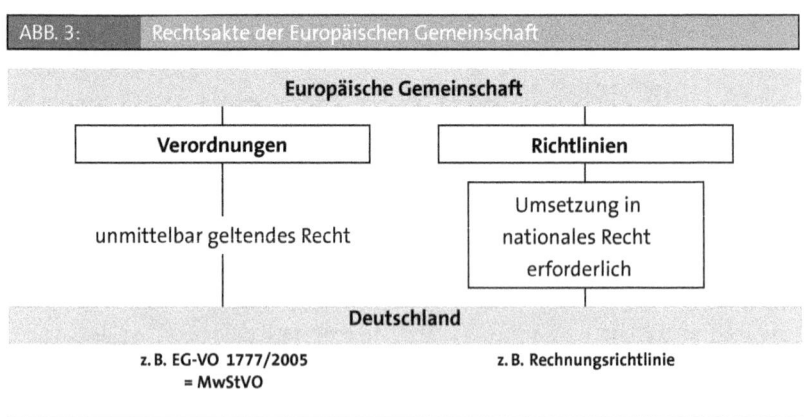

ABB. 3: Rechtsakte der Europäischen Gemeinschaft

---

1 Vgl. dazu *Hiller*, UR 2006 S. 320.
2 ABl EU 2005 Nr. L 288 S. 1, in Kraft getreten am 1. 7. 2006.
3 ABl EU 2011 Nr. L 77 S. 1.
4 Verordnung (EU) Nr. 1042/2013 des Rates v. 7. 10. 2013, ABl EU 2013 Nr. L 284 S. 1.

3. Der Europäische Gerichtshof

a) Allgemeines

Hat der Gesetzgeber die Bestimmungen einer EG-Richtlinie nicht fristgerecht   11
oder nicht korrekt in nationales Recht umgesetzt, kann sich ein Unternehmer
gegenüber einer für ihn nachteiligen Bestimmung des UStG unmittelbar auf
eine für ihn günstigere Bestimmung einer EG-Richtlinie berufen.[1] Voraussetzung für das Berufungsrecht ist, dass die Richtliniennorm eine begünstigende
Wirkung hat, dass sie hinreichend klar und genau ist, inhaltlich von keiner Bedingung abhängt und damit in ihrem Wesen geeignet ist, unmittelbare Wirkung zu erzeugen. Aus dem Berechtigungsrecht folgt ein Anwendungsvorrang
der jeweiligen Richtliniennorm vor der entgegenstehenden Bestimmung des
nationalen UStG.

Der Verwaltung steht demgegenüber kein Berufungsrecht zu. Folglich kann
eine für einen Unternehmer gegenüber dem UStG nachteilige Bestimmung einer EU-Richtlinie nicht durch die Verwaltung angewendet werden. Dazu müsste die für den Steuerpflichtigen günstigere nationale Vorschrift zunächst aufgehoben oder geändert werden.[2]

Nach Art. 234 EG kann ein Gericht eines Mitgliedstaates dem EuGH eine Frage   12
zur Vorabentscheidung über die Auslegung des Unionsrechts durch Beschluss
vorlegen, wenn es Zweifel an der Auslegung des Unionsrechts hat. Es muss
vorlegen, wenn es ein letztinstanzliches Gericht ist. Vorabentscheidungsersuchen des BFH werden im Bundessteuerblatt Teil II und auf seinen Internetseiten veröffentlicht. Bei bloßer Vorlage des BFH an den EuGH wird die Verwaltung weiterhin die bisherige Auffassung vertreten. Entsprechende Einspruchsverfahren ruhen dann nach § 363 Abs. 2 Satz 2 AO.[3] Für einen Steuerpflichtigen
ist es kaum nachvollziehbar, wann ein Gericht überhaupt Zweifel hat. Er kann
in einem solchen Fall die Überprüfung der Rechtsfrage durch den EuGH anhand der Vorgaben der MwStSystRL nicht erzwingen. Selbst wenn er den
Standpunkt des Gerichts nicht teilen sollte, ist ihm der direkte Gang zum
EuGH regelmäßig verwehrt. Er besitzt grds. kein eigenes Klagerecht.[4] Wer zudem nicht Adressat einer Entscheidung ist, kann nur dann geltend machen,

---

1 EuGH, Urteil v. 12. 1. 1982, UR 1982 S. 70 und EuGH, Urteil v. 27. 6. 1989, UR 1989 S. 373.
2 So geschehen z. B. zum 1. 1. 2005 durch Einfügung des § 15a Abs. 3 UStG in Form des EURLUmsG
  u. a. aufgrund des Urteils des BFH v. 18. 10. 2002 zur fehlenden Vorsteuerkorrektur bei sonstigen Leistungen im Zusammenhang mit einem später entnommenen Pkw.
3 OFD Hannover, Vfg. v. 28. 7. 2004, DStR 2004 S. 1654.
4 EuGH, Urteil v. 11. 1. 2001 – Rs. C-1/99, EuGHE 2001 I S. 207.

von ihr betroffen zu sein, wenn die Entscheidung ihn wegen bestimmter persönlicher Eigenschaften oder besonderer, ihn aus dem Kreis aller übrigen Personen heraushebenden Umstände berührt und ihn daher in ähnlicher Weise individualisiert wie den Adressaten.[1] Allein die Möglichkeit einer Verfassungsbeschwerde wegen Verletzung des Grundrechts auf den gesetzlichen Richter (Art. 101 Abs. 1 Satz 2 GG) vermag auch nicht weiterzuhelfen, wenn sich das Gericht dezidiert mit dem EG-Recht auseinandersetzt und Auslegungszweifel schließlich gerade verneint.

Über ein Vorabentscheidungsersuchen entscheidet der EuGH im Rahmen der Vorabentscheidung durch Urteil. Ein EuGH-Urteil ist für die Verwaltungen bindend, wenn und soweit das EuGH-Urteil im Bundessteuerblatt veröffentlicht wird. Dies gilt insbesondere, wenn der Vorabentscheidung ein Ersuchen eines anderen Mitgliedstaates zugrunde lag. Lag der Vorabentscheidung ein Beschluss des BFH zugrunde, wird das Revisionsverfahren nunmehr unter Beachtung der Rechtsgrundsätze des EuGH-Urteils fortgesetzt und durch Urteil des BFH entschieden (sog. Folgeurteil). Insoweit gelten die üblichen Grundsätze, d. h., die Rechtsgrundsätze sind in allen vergleichbaren Fällen anwendbar, wenn das dem EuGH-Urteil folgende BFH, Urteil im Bundessteuerblatt veröffentlicht wird.

HINWEIS:

Veröffentlichungen der Europäischen Kommission zur praktischen Anwendung des EU-Rechts auf dem Gebiet der Mehrwertsteuer (z. B. Erläuterungen zu den Mehrwertsteuervorschriften für die Rechnungslegung, Leitfaden zur kleinen einzigen Anlaufstelle für die Mehrwertsteuer) haben dagegen keine rechtliche Bindungswirkung. Dies gilt sowohl für bereits vorliegende Veröffentlichungen als auch für künftige Veröffentlichungen der Europäischen Kommission. Maßgeblich für die Rechtsanwendung sind in Deutschland das Umsatzsteuergesetz und die Umsatzsteuer-Durchführungsverordnung sowie die Mehrwertsteuer-Verordnung.[2]

Die Verfahren vor dem EuGH können grds. in folgende Formen unterteilt werden:

▶ Vorabentscheidungsersuchen nationaler Gerichte der EU-Mitgliedstaaten (häufigste Form),

▶ Klagen der EU-Kommission gegen einzelne Mitgliedstaaten,

▶ Klagen der EU-Kommission oder des Europäischen Parlaments zur Rechtsgrundlage eines Rechtsakts des Sekundärrechts im EG-Vertrag, und

▶ Klagen einzelner Mitgliedstaaten gegen andere Mitgliedstaaten.

---

1 EuGH, Urteil v. 15. 6. 1993 – Rs. C-225/91, EuGHE 1993 I S. 3203, und v. 2. 4. 1998 – Rs. C-321/95, EuGHE 1998 I S. 1651.
2 BMF, Schreiben v. 3. 1. 2014, BStBl 2014 I S. 67.

Vorabentscheidungsersuchen an den EuGH sind in Art. 234 EG-Vertrag geregelt. Die Instanzgerichte der Mitgliedstaaten sind danach berechtigt, den EuGH um Vorabentscheidung zur Auslegung und Gültigkeit von Unionsrecht zu bitten. Ein solches Ersuchen kann in Betracht kommen, wenn die Klärung einer unionsrechtlichen Frage in einem innerstaatlichen Rechtsstreit entscheidungserheblich ist.

Die Möglichkeit, dass die EU-Kommission gegen einzelne Mitgliedstaaten wegen Verstoßes gegen die Verpflichtungen aus dem EG-Vertrag (und damit auch gegen Rechtsakte wie z. B. die Richtlinien des Rates) Klage erheben kann, ist in Art. 226 EG-Vertrag bestimmt. Die Vorschrift verschafft der Kommission, die nach Art. 211 EG-Vertrag u. a. für die Anwendung des Vertrags und der von den Organen aufgrund des Vertrags getroffenen Bestimmungen zu sorgen hat, das Recht und die Pflicht, bei Verstößen der Mitgliedstaaten entsprechende **Vertragsverletzungsverfahren** einzuleiten. Ist die Kommission der Auffassung, ein Mitgliedstaat verhalte sich vertragswidrig, z. B. wegen einer unzulänglichen Transformation einer EU-Richtlinie in nationales Recht, gibt sie zunächst dem betroffenen Staat in Form eines Mahnschreibens Gelegenheit zur Äußerung. Erscheint ihr die Stellungnahme des Mitgliedstaates unzureichend und stellt dieser den Umsetzungsmangel nicht ab, kann die EU-Kommission eine sog. mit Gründen versehene Stellungnahme abgeben, in der sie die vermeintliche Vertragsverletzung umfassend darzustellen und zu begründen hat. Stellt die darauf ergehende Antwort des Mitgliedstaats die Kommission wiederum nicht zufrieden und stellt der Mitgliedstaat den Umsetzungsmangel weiterhin nicht ab, kann die Kommission den EuGH anrufen, also Klage gegen den Mitgliedstaat erheben (Art. 226 Abs. 2 EG-Vertrag). Stellt der Gerichtshof die behauptete Vertragsverletzung fest, so ist der betroffene Staat verpflichtet, sie unverzüglich abzustellen. Wenn der Gerichtshof nach einer erneuten Anrufung durch die Kommission feststellt, dass der Mitgliedstaat seinem Urteil nicht nachgekommen ist, kann er die Zahlung eines Zwangsgeldes verhängen.

Nach Art. 227 EG-Vertrag kann auch jeder Mitgliedstaat den EuGH anrufen, wenn er der Meinung ist, ein anderer Mitgliedstaat verhalte sich vertragswidrig. Diese Klagen sind auf dem Gebiet der Mehrwertsteuer jedoch ziemlich selten.

b) Ablauf eines Verfahrens vor dem Europäischen Gerichtshof

Das Verfahren vor dem EuGH lehnt sich an die Verfahren vor den nationalen Gerichten an. Es umfasst in allen Rechtssachen eine schriftliche und auch fast

13

immer eine mündliche Phase mit öffentlicher Verhandlung. Zu unterscheiden ist zwischen dem Verfahren in Klagesachen und dem Vorabentscheidungsverfahren.

aa) Verfahren in Klagesachen

14 Der Gerichtshof wird mit der Rechtssache durch eine an seine Kanzlei zu richtende **Klageschrift** befasst. Die Klage wird nach ihrem Eingang in das Register der Kanzlei eingetragen. Der Kanzler sorgt für eine Mitteilung über die Klage einschließlich der Klageanträge und -gründe im Amtsblatt der EG. Es werden ein Berichterstatter und ein Generalanwalt bestimmt, die den Verfahrensablauf zu betreuen haben. Zugleich wird die Klageschrift dem Beklagten zugestellt, der innerhalb eines Monats eine Klagebeantwortung einzureichen hat. Es können dann noch eine Erwiderung des Klägers und eine Gegenerwiderung des Beklagten erfolgen, die jeweils innerhalb eines Monats einzureichen sind. Diese Fristen sind streng einzuhalten, falls sie nicht vom Präsidenten ausdrücklich verlängert werden.

Nach Abschluss des schriftlichen Verfahrens wird auf Bericht des Berichterstatters nach Anhörung des Generalanwalts beschlossen, ob die Rechtssache einer Beweisaufnahme bedarf und ob über sie vom Plenum oder von einer Kammer entschieden werden soll. Nach dem Eingang des letzten Schriftsatzes oder, falls eine Beweisaufnahme stattgefunden hat, nach deren Ende bestimmt der Präsident den Termin für die mündliche Verhandlung. Der Berichterstatter fasst in einem Sitzungsbericht das rechtliche und tatsächliche Vorbringen der Parteien und ggf. der Streithelfer zusammen. Dieser Bericht wird der Öffentlichkeit im Rahmen der mündlichen Verhandlung in der Verfahrenssprache zugänglich gemacht.

In der mündlichen Verhandlung tragen die Parteien ihre Ausführungen den Richtern und dann dem mit der Rechtssache betrauten Generalanwalt vor. Diese können den Parteien Fragen stellen. Einige Wochen später, auch in öffentlicher Sitzung, trägt der Generalanwalt dem Gerichtshof seine Schlussanträge vor. Darin geht er auf die tatsächlichen und rechtlichen Fragen des Rechtsstreits ein und schlägt dem Gerichtshof die Entscheidung vor, die seiner Meinung nach in diesem Rechtsstreit ergehen sollte. Nach diesem Rechtsgutachten des Generalanwalts ist die mündliche Verhandlung abgeschlossen. Anschließend beraten die Richter, und nur sie, auf der Grundlage eines vom Berichterstatter erstellten Urteilsentwurfs. Jeder Richter kann Änderungen vorschlagen. Ist der Text des Urteils endgültig festgestellt, so wird das Urteil in öffentlicher Sitzung verkündet.

bb) Vorabentscheidungsverfahren

Ein nationales Gericht legt dem EuGH – i. d. R. in Form einer richterlichen Ent- 15
scheidung gem. dem innerstaatlichen Verfahrensrecht – Fragen nach der Auslegung oder der Gültigkeit einer Bestimmung des Unionsrechts vor. Das Vorabentscheidungsersuchen wird nach seinem Eingang in das Register der Kanzlei eingetragen, zunächst in alle anderen Amtssprachen der Gemeinschaft
übersetzt und anschließend vom Kanzler den Parteien des Ausgangsverfahrens, aber auch den Mitgliedstaaten, der EU-Kommission und ggf. dem Rat zugestellt. Der Kanzler sorgt dafür, dass eine Mitteilung mit Angaben der Partei-
en des Ausgangsverfahrens und des Inhalts der Fragen im Amtsblatt der EU
veröffentlicht wird.

Die Parteien, die Mitgliedstaaten und die Gemeinschaftsorgane können bin-
nen zwei Monaten beim EuGH schriftliche Erklärungen abgeben. Das weitere
Verfahren stimmt mit dem Verfahren in Klagesachen überein. Alle zur Abgabe
schriftlicher Erklärungen Berechtigten können ihre Auffassung auch in der
mündlichen Verhandlung darlegen. Nachdem der Generalanwalt seine
Schlussanträge vorgetragen hat und die Richter ihre Beratungen abgeschlossen haben, wird das Urteil in öffentlicher Sitzung verkündet und vom Kanzler
dem vorliegenden Gericht übermittelt.

cc) Urteile

Die Urteile des EuGH ergehen mit Stimmenmehrheit. Abweichende Meinun- 16
gen werden nicht bekannt gegeben. Die Urteile werden von allen Richtern unterzeichnet, die an der Beratung teilgenommen haben, und in öffentlicher Sitzung verkündet. Die Urteile und die Schlussanträge der Generalanwälte werden in der Sammlung der Rechtsprechung des Gerichtshofs und des Gerichts
erster Instanz in allen Amtssprachen der Gemeinschaft veröffentlicht.

dd) Verfahrenssprache

Verfahrenssprache kann eine der Amtssprachen der Gemeinschaft oder Irisch 17
sein. Sie wird grds. vom Kläger oder vom vorlegenden Gericht gewählt. Ist die
beklagte Partei ein Mitgliedstaat oder eine natürliche oder juristische Person,
die einem Mitgliedstaat angehört, so ist die Amtssprache dieses Mitgliedstaates Verfahrenssprache. Bestehen in einem Mitgliedstaat mehrere Amtssprachen, so kann der Kläger bzw. das vorliegende Gericht zwischen ihnen wählen.

c) Der Europäische Gerichtshof als Rechtsprechungsorgan

18 Der Gerichtshof besteht zurzeit aus 28 Richtern und 11 Generalanwälten. Die Richter und die Generalanwälte werden von den Regierungen der Mitgliedstaaten im gegenseitigen Einvernehmen auf sechs Jahre ernannt, Wiederernennung ist zulässig. Sie sind unter Juristen auszuwählen, die jede Gewähr für Unabhängigkeit bieten und in ihrem Staat die für die höchsten richterlichen Ämter erforderlichen Voraussetzungen erfüllen.

Die Richter des Gerichtshofs wählen aus ihrer Mitte für die Dauer von drei Jahren den Präsidenten des Gerichtshofs, Wiederwahl ist zulässig. Der Präsident leitet die rechtsprechende Tätigkeit und die Verwaltung des Gerichtshofs. Er führt in den größeren Spruchkörpern den Vorsitz in den Sitzungen bei den Beratungen.

Die Generalanwälte unterstützen den Gerichtshof. Sie stellen in völliger Unparteilichkeit und Unabhängigkeit ein Rechtsgutachten (die Schlussanträge) in den Rechtssachen, die ihnen zugewiesen sind.

Der Kanzler ist der Generalsekretär des Gerichtshofs. Er leitet dessen Dienststellen unter der Aufsicht des Präsidenten.

Der Gerichtshof kann als Plenum, als Große Kammer oder als Kammer tagen. Als Plenum tagt er in besonderen, in der Satzung des Gerichtshofs vorgesehenen Fällen (z. B. Amtsenthebung des Europäischen Bürgerbeauftragten oder eines Mitglieds der Europäischen Kommission, das seine Amtspflichten verletzt hat), und wenn er zu der Auffassung gelangt, dass eine Rechtssache von außergewöhnlicher Bedeutung ist. Er tagt als Große Kammer, wenn ein Mitgliedstaat oder ein Gemeinschaftsorgan als Partei des Verfahrens dies beantragt, sowie in besonders komplexen oder bedeutsamen Rechtssachen. In den übrigen Rechtssachen entscheiden Kammern mit drei oder fünf Richtern. Die Präsidenten der Kammern mit fünf Richtern werden für drei Jahre gewählt, die Präsidenten der Kammern mit drei Richtern für ein Jahr.

19 Aufgabe des Europäischen Gerichtshofs ist es, die Wahrung des Rechts bei der Auslegung und Anwendung der Gründungsverträge der Europäischen Gemeinschaften sowie der von den zuständigen Gemeinschaftsorganen erlassenen Vorschriften zu sichern. Um diesen Auftrag erfüllen zu können, wurde der Gerichtshof u. a. mit umfassenden Rechtsprechungsbefugnissen ausgestattet, die er im Rahmen verschiedener Klagearten ausübt. Der Gerichtshof ist u. a. zuständig für die Entscheidung über Nichtigkeits- oder Untätigkeitsklagen eines Mitgliedstaats oder eines Organs, Vertragsverletzungsklagen gegen Mit-

gliedstaaten, Vorabentscheidungsersuchen und Rechtsmittel gegen die Entscheidungen des Gerichts erster Instanz.

> **HINWEIS:**
>
> Der Europäische Gerichtshof entscheidet nur abstrakt über eine ihm vorgelegte Rechtsfrage im umsatzsteuerlichen Sinn. Wird die Verletzung von Unionsrecht festgestellt, hat der unterlegene Mitgliedstaat für Abhilfe zu sorgen. Diese Verfahrensfrage ist jedoch ausschließlich nach dem Recht des Mitgliedstaates zu prüfen und zu beantworten. Auch bei nachträglich anerkanntem Verstoß gegen Unionsrecht löst diese Entscheidung nicht automatisch eine Korrektur der zugrunde liegenden Steuerbescheide aus. Ein Steuerbescheid ist auch bei einem nachträglich erkannten Verstoß gegen das Unionsrecht nicht unter günstigeren Bedingungen änderbar als bei der Verletzung innerstaatlichen Rechts. Das Korrektursystem der Abgabenordnung regelt in Deutschland die Durchsetzung der sich aus dem Unionsrecht ergebenden Ansprüche abschließend. Das innerstaatliche Verfahrensrecht muss auch keine weitergehenden Korrekturmöglichkeiten für Steuerbescheide vorsehen.[1] Unternehmern kann daher nur geraten werden, gegen möglicherweise betroffene Steuerbescheide Einsprüche einzulegen und das Ruhen des Verfahrens (§ 363 AO) zu beantragen.

d) Praktische Schwierigkeiten

Die Prinzipien der Auslegung des Unionsrecht zur Mehrwertsteuer durch den Europäischen Gerichtshof sind aufgrund der vielfältigen Sprachen und Kulturen in Europa nicht ganz einfach zu erfassen. So ist der Wortlaut einer streitigen Bestimmung zunächst in allen sprachlichen Fassungen zu überprüfen.[2] Der EuGH hat sich in mehreren Entscheidungen bereits mit dem Problem sprachlicher Unterschiede bei Richtlinienbegriffen befasst. In seinem Urteil v. 27. 3. 1990 hat er entschieden, dass die Fassung in einer der Gemeinschaftssprachen nicht als alleinige Grundlage für die Auslegung der Bestimmung herangezogen werden kann und insoweit auch nicht Vorrang vor den anderen sprachlichen Fassungen beanspruchen kann.[3] So weicht der in der deutschen Sprachfassung der Richtlinienvorschrift verwendete Begriff der Vermietung und Verpachtung von Grundstücken nicht unerheblich von anderen Sprachfassungen mehrerer Mitgliedstaaten ab. Wenn die sprachlichen Fassungen voneinander abweichen, muss die betreffende Vorschrift nach dem allgemeinen Aufbau und dem Zweck der Regelung ausgelegt werden, zu der sie gehört. Zur Auslegung des Rechts kann der EuGH sowohl die Entstehungsgeschichte einer Vorschrift heranziehen als auch eine systematisch-teleologische Auslegung

20

---

1 BFH v. 16. 9. 2010 – V R 57/09, BStBl 2011 II S. 151, BFH v. 23. 11. 2006 – V R 67/05, BStBl 2007 II S. 436.
2 EuGH, Urteil v. 11. 7. 1985 – Rs. C-107/84, EuGHE 1985 S. 2655.
3 EuGH, Urteil v. 27 3.1990 – Rs. C-372/88, EuGHE 1990 I S. 1345.

nach dem Ziel der Vorschrift vornehmen.[1] Um diese unterschiedlichen Begriffsauslegungen weitgehend zu vermeiden, wurde die Mehrwertsteuer-Verordnung (MwStVO) geschaffen.

Nicht selten wird der Begriff der „Neutralität der Mehrwertsteuer", der im deutschen Umsatzsteuerrecht nicht vorkommt, verwendet. Er besagt, dass die Mehrwertsteuer im Wettbewerb der Unternehmer und bei der Preisbildung neutral wirken muss. Die größte Einfachheit und Neutralität eines Mehrwertsteuersystems wird erreicht, wenn die Steuer so allgemein wie möglich erhoben wird und wenn ihr Anwendungsbereich alle Produktions- und Vertriebsstufen sowie den Bereich der Dienstleistungen umfasst. Das System muss eine Wettbewerbsneutralität in dem Sinne bewirken, dass gleichartige Waren innerhalb der einzelnen Länder ungeachtet der Länge des Produktions- und Vertriebswegs steuerlich gleich belastet werden.

4. Wesentliche Gesetzesänderungen seit Einführung des Binnenmarktes im Überblick

a) Einführung des Binnenmarktes zum 1.1.1993

21 Nach Schaffung des Umsatzsteuer-Binnenmarktes zum 1.1.1993 wurden die zugrunde liegenden Rechtsgrundlagen mehrfach geändert bzw. angepasst. Ursprüngliches Herzstück des gemeinsamen Mehrwertsteuersystems war die sog. 6. EG-Richtlinie.[2] Die Ergänzungsrichtlinie v. 16.12.1991 zur Ergänzung des gemeinsamen Mehrwertsteuersystems und zur Änderung der 6. EG-Richtlinie im Hinblick auf die Beseitigung der Steuergrenzen[3] brachte den eigentlichen Binnenmarkt mit sich und sah vor, dass die Neuregelungen für die Besteuerung des innergemeinschaftlichen Handels zunächst nur für eine Übergangszeit bis zum 31.12.1996 gelten sollten. Der deutsche Gesetzgeber hat diese Ergänzungsrichtlinie durch das Umsatzsteuer-Binnenmarktgesetz v. 25.8.1992 in nationales Recht umgesetzt[4] und mit dem Verbrauchsteuer-Binnenmarktgesetz v. 21.12.1992[5] die Steuerbefreiung für Goldgeschäfte sowie die für die Harmonisierung der Verbrauchsteuern auf Alkohol und alkoholische

---

1 EuGH, Urteil v. 24.10.1996 – Rs. C-217/94, EuGHE 1996 I S. 5287, EuGH, Urteil v. 12.11.1998 – Rs. C-149/97, EuGHE 1998 I S. 7053.

2 Richtlinie 77/388/EWG, ABl EG 1977 Nr. L 145 S. 1.

3 Ergänzungsrichtlinie 91/680/EWG des Rates v. 16.12.1991, ABl EG 1991 Nr. L 376 S. 1.

4 UStBG v. 25.8.1992, BStBl 1992 I S. 552.

5 BStBl 1993 I S. 96.

Getränke, Mineralöle und Tabakwaren notwendigen Anpassungen zur Verwirklichung des Binnenmarktes vorgenommen.

Der Wegfall der innergemeinschaftlichen Grenzen zwischen den Mitgliedstaaten zum 1. 1. 1993 führte zur Abschaffung der Grenzkontrollen und Zollformalitäten und damit verbunden zur **Abschaffung der Einfuhrumsatzsteuer.** Die entsprechende Steuerbefreiung bei der Ausfuhr und die korrespondierende Belastung bei der Einfuhr beschränkt sich nur noch auf den Warenverkehr mit den sog. Drittstaaten.

Die sog. **Amtshilfe-Verordnung** v. 27. 1. 1992[1] enthält insbesondere Vorschriften über den EDV-gestützten Informationsaustausch zwischen den Mitgliedstaaten zur Überwachung und Kontrolle des neuen Besteuerungssystems.[2] Sie musste nicht in nationales Recht umgesetzt werden, weil sie als Verordnung unmittelbar anwendbar ist (Art. 189 Abs. 2 EGV). Sie ist in allen Teilen verbindlich und gilt unmittelbar in jedem Mitgliedstaat.

b) Angleichung der Mehrwertsteuersätze

Mit der Richtlinie 92/77/EWG des Rates v. 19. 10. 1992[3] haben sich die Mitgliedstaaten auf eine erste **Angleichung der Umsatzsteuersätze** zur Einführung des Binnenmarktes zum 1. 1. 1993 geeinigt. Der Regelsteuersatz muss danach in allen Mitgliedstaaten zumindest 15% betragen.[4] Der ermäßigte Steuersatz blieb unberührt. Die Mitglieder haben die Möglichkeit, einen oder zwei ermäßigte Steuersätze anzuwenden, die unterhalb des Satzes für den allgemeinen Steuersatz liegen müssen. Der ermäßigte Steuersatz muss aber mindestens 5% betragen. Für eine Übergangszeit wurden auch niedrige Sätze zugelassen, einschließlich des sog. Nullsatzes (Steuerbefreiung mit Vorsteuerabzug) für verschiedene Leistungen. Die Anwendung des ermäßigten Steuersatzes wurde auf bestimmte Umsätze wie lebensnotwendige Waren und Dienstleistungen, die sozial- oder kulturpolitischen Zielen dienen, begrenzt. Der ECOFIN-Rat hat am 12. 12. 2005 die Richtlinie 2005/92/EG zur Änderung der 6. RLEG hinsichtlich der Verlängerung der Geltungsdauer des Mehrwertsteuer-Normalsatzes verabschiedet.[5] Leider erweist sich die immer noch vorhandene Bandbreite beim Regelsteuersatz (zurzeit 17% – 27%) für die tatsäch-

22

---

1 EWG-Verordnung Nr. 218/92 v. 27. 1. 1992 über die Zusammenarbeit der Verwaltungsbehörden auf dem Gebiet der indirekten Besteuerung.
2 ABl EG 1992 Nr. L 24 S. 1.
3 ABl EG 1992 Nr. L 316 S. 1.
4 Nochmals bestätigt durch den Rat der EU am 7. 12. 2010, ABl EU 2010 Nr. L 326 S. 1.
5 ABl EU 2005 Nr. L 345 S. 19.

liche Harmonisierung als hinderlich, auch wenn der Regelsteuersatz nunmehr auf mindestens 17% bestimmt wurde.

Am 14. 2. 2006 wurde die **Richtlinie in Bezug auf die ermäßigten Steuersätze** durch den Rat der EU verabschiedet.[1] Sie regelt die EU-rechtlichen Voraussetzungen für die Anwendung des ermäßigten Steuersatzes auf bestimmte Leistungen. Nach der Neufassung des Art. 12 Abs. 3 Buchst. b der 6. EG-Richtlinie können die Mitgliedstaaten auf Lieferungen von Erdgas, Elektrizität und Fernwärme seit dem 1. 1. 2006 einen ermäßigten Steuersatz anwenden, sofern nicht die Gefahr einer Wettbewerbsverzerrung besteht. Weiterhin dürfen die Mitgliedstaaten die ermäßigten Steuersätze des Art. 12 Abs. 3 Buchst. a Unter Abs. 3 der 6. EG-Richtlinie auf maximal zwei der im Anhang K aufgeführten Kategorien von Dienstleistungen anwenden, in Ausnahmefällen auf drei. Zu diesen Dienstleistungen gehören:

▶ kleinere Reparaturdienstleistungen betreffend Fahrräder, Schuhe und Lederwaren sowie Kleidung und Haushaltswäsche (einschl. Verbesserung und Änderung),

▶ Renovierung und Reparatur von Privatwohnungen, mit Ausnahme von Materialien, die einen bedeutenden Teil des Wertes der Dienstleistung ausmachen,

▶ Reinigung von Fenstern und privaten Haushalten,

▶ häusliche Pflegedienste (z. B. Haushaltshilfen und Betreuung von Kindern sowie älteren, kranken oder behinderten Personen), und

▶ Friseurdienste.

Die Bundesregierung hat seinerzeit keinen entsprechenden Antrag gestellt. Sie wollte von der Möglichkeit der Anwendung des ermäßigten Steuersatzes keinen Gebrauch machen, um weiteren Subventionen im Steuerrecht entgegenzuwirken.

c) Einführung von Sonderregelungen

23 Noch vor Inkrafttreten der Übergangsregelung zum 1. 1. 1993 wurde bereits die sog. **1. Vereinfachungs-Richtlinie** v. 14. 12. 1992 erlassen.[2] Sie enthält bereits zahlreiche Änderungen und Ergänzungen, insbesondere **Sonderregelungen für innergemeinschaftliche Dreiecksgeschäfte**. Diese Anpassungen wur-

---

1 Richtlinie 2006/18/EG zur Änderung der Richtlinie 77/388/EWG in Bezug auf die ermäßigten Steuersätze, ABl EU 2006 Nr. L 51 S. 12.
2 Richtlinie 92/111, ABl EG 1992 Nr. L 384 S. 47 ff.

den in Deutschland erst durch das Gesetz zur Bekämpfung des Missbrauchs und zur Bereinigung des Steuerrechts v. 21.12.1993 vorgenommen,[1] die Sonderregelungen zum innergemeinschaftlichen Dreiecksgeschäft wurden erst zum 1.1.1997 in nationales Recht umgesetzt (§ 25b UStG aufgrund des UStÄndG 1997).[2]

Mit der **Richtlinie 94/5/EG** des Rates v. 14.2.1994[3] wurde eine **Sonderregelung für Gebrauchtgegenstände,** Kunstgegenstände, Sammlungsstücke oder Antiquitäten geschaffen. Sie wurde durch das Umsatzsteuer-Änderungsgesetz 1995 v. 9.8.1994[4] in nationales Recht umgesetzt. Kerninhalt ist die Berechnung der Umsatzsteuer anhand der Differenz zwischen Einkaufs- und Verkaufspreis der Waren, wenn die Gegenstände ohne Vorsteuerabzug im Inland oder im übrigen Gemeinschaftsgebiet erworben wurden.

Eine sog. **2. Vereinfachungs-Richtlinie** v. 10.4.1994[5] sah ebenfalls zahlreiche Änderungen des Übergangsrechts vor, insbesondere im Geltungsbereich einiger Steuerbefreiungen sowie zur Ortsbestimmung bei **innergemeinschaftlichen Werkleistungen.** Sie gibt die Sonderregelung für innergemeinschaftliche funktionsändernde Werkleistungen auf und behandelt alle Be- und Verarbeitungen beweglicher körperlicher Gegenstände als Dienstleistungen, stellt Regelungen auf für Vor- und Nachläufe zu innergemeinschaftlichen Beförderungsleistungen und sieht eine Steuerlagerregelung vor. Diese Richtlinie wurde in Deutschland durch das JStG 1996[6] bzw. durch das JStErgG 1996[7] in nationales Recht umgesetzt, die Regelung über das Steuerlager wurde jedoch seinerzeit ausgespart. Sie wurde erst zum 1.1.2004 durch das StÄndG 2003[8] eingeführt.

Am 12.10.1998 hat der Rat der Europäischen Union nach langen Beratungen die umsatzsteuerliche **Sonderregelung für Anlagegold** verabschiedet. Diese Richtlinie 98/80/EG[9] wurde durch das Steuerbereinigungsgesetz 1999 v. 22.12.1999[10] durch die Einfügung der §§ 25c ff. UStG in nationales Recht umgesetzt. Sie sieht unter bestimmten Voraussetzungen eine Steuerbefreiung

---

1 StMBG, BStBl 1994 I S.50.
2 BGBl 1996 I S.1851.
3 ABl EG 1994 Nr. L 60 S.16.
4 UStÄndG, BStBl 1994 I S.655.
5 Richtlinie 95/7/EG, ABl EG 1995 Nr. L 102 S.18.
6 BStBl 1995 I S.438.
7 BStBl 1995 I S.786.
8 BGBl 2003 I S.2645.
9 ABl EG 1998 Nr. L 281 S.31.
10 BStBl 2000 II S.13.

von Umsätzen mit Anlagegold vor und beinhaltet Optionsrechte, um den Vorsteuerabzug zu ermöglichen. Damit wurden zum 1. 1. 2000 wiederum umsatzsteuerliche Sonderregelungen geschaffen, die für den Rechtsanwender teilweise nur schwer verständlich sind und die zwangsläufig in der Praxis zu Umsetzungsschwierigkeiten führen.

Auch die Richtlinie 99/59/EG im Hinblick auf das für die **Telekommunikationsdienstleistungen** anwendbare Mehrwertsteuersystem[1] konnte nach langwierigen Beratungen schließlich am 17. 6. 1999 verabschiedet werden. Sie wurde im Rahmen der Änderungen des § 1 Abs. 2 UStDV durch das Steuerbereinigungsgesetz 1999 v. 22. 12. 1999[2] in nationales Recht umgesetzt, ohne dass sich tatsächliche Auswirkungen auf das deutsche Recht ergeben, denn die Richtlinie sichert nur die seit dem 1. 1. 1997 geltenden nationalen Regelungen zur Besteuerung der Telekommunikationsdienstleistungen in § 3a Abs. 3 i. V. m. § 3a Abs. 4 Nr. 12 UStG in der damaligen Fassung.

Am 7. 5. 2002 hat der EU-Ministerrat die Richtlinie 2002/38/EG bezüglich der mehrwertsteuerlichen Behandlung der Rundfunk- und Fernsehdienstleistungen sowie bestimmter **elektronisch erbrachter Dienstleistungen**[3] und die Verordnung (EG) Nr. 792/2002 über die Zusammenarbeit der Verwaltungsbehörden auf dem Gebiet der indirekten Besteuerung im Hinblick auf zusätzliche Maßnahmen betreffend den elektronischen Geschäftsverkehr[4] verabschiedet. Diese sog. E-Commerce-Richtlinie wurde zum 1. 7. 2003 durch das Gesetz zum Abbau von Steuervergünstigungen und Ausnahmeregelungen v. 16. 5. 2003[5] in nationales Recht umgesetzt. Die ursprünglich bis zum 31. 12. 2006 befristete Regelung für bestimmte elektronische Dienstleistungen für Drittlandsunternehmer wurde zunächst verlängert und mittlerweile durch die Überarbeitung der MwStSystRL im Zusammenhang mit dem sog. Mehrwertsteuer-Paket endgültig festgeschrieben. Das **Gesetz zur Anpassung des nationalen Steuerrechts an den Beitritt Kroatiens zur EU und zur Änderung weiterer steuerlicher Vorschriften** vom 25. 7. 2014[6] brachte erneut Änderungen zur Besteuerung elektronisch erbrachter Dienstleistungen sowie für Rundfunk- und Fernsehdienstleistungen und Telekommunikationsdienstleistungen mit sich, insbesondere zur Bestimmung des Ortes der Dienstleistungen und Regelungen über den

---

1 ABl EG 1999 Nr. L 162 S. 63.
2 BStBl 2000 II S. 13.
3 ABl EG 2002 Nr. L 128 S. 41.
4 ABl EG 2002 Nr. L 128 S. 1.
5 StVergAbG, BGBl 2003 I S. 660.
6 BGBl 2014 I S. 1266.

sog. Mini-One-Stop-Shop (MOSS) als einzige Anlaufstelle innerhalb der Europäischen Union für die betroffenen Dienstleister (§ 3a Abs. 5 und 6, § 18 Abs. 4c und 4e, § 18h UStG).

Die Änderungen der 6. EG-Richtlinie aufgrund der **Änderungsrichtlinie Gas und Elektrizität** des Rates v. 7.10.2003[1] wurden im Inland zum 1.1.2005 durch das EU-Richtlinien-Umsetzungsgesetz v. 9.12.2004[2] umgesetzt.

d) Einführung eines einheitlichen Zahlungsmittels

Zum 1.1.2002 wurde der € endgültig zum Zahlungsmittel innerhalb der meisten Länder der Europäischen Union. Sämtliche deutschen Gesetze, d.h. auch alle Steuergesetze, mussten dieser veränderten Situation angepasst werden. Das Gesetz zur Umrechnung und Glättung steuerlicher Euro-Beträge (**Steuer-Euroglättungsgesetz**) v. 19.12.2000[3] brachte grds. keine inhaltlichen Änderungen, sondern hatte die Aufgabe, die bisherigen DM-Beträge in €-Beträge umzurechnen. Da eine genaue Umrechnung mit dem Faktor 1,95583 in vielen Fällen nicht gewollt war, weil insbesondere steuerliche Frei- und Grenzbeträge aus Vereinfachungsgründen auf glatte Beträge festgelegt sind, erfolgte gleichzeitig in den meisten Fällen eine Rundung (Glättung). Offensichtliche Pannen und Irrtümer bei der Umrechnung wurden in Folgegesetzen „nachkorrigiert". Entsprechende Umrechnungen gab es auch in anderen Ländern Europas, auch die Neuordnung der sog. Lieferschwellen und Erwerbsschwellen waren die Folge.

24

e) Bekämpfung des Umsatzsteuerbetrugs

Das Gesetz zur Bekämpfung von Steuerverkürzungen bei der Umsatzsteuer und zur Änderung anderer Steuergesetze (**Steuerverkürzungsbekämpfungsgesetz**) v. 19.12.2001[4] zur Bekämpfung des Vorsteuerbetrugs bei sog. Karussellgeschäften war ein nationaler Alleingang der Bundesrepublik, da die Europäische Gemeinschaft keinen Handlungsbedarf zur Gesetzesänderung sah. Kerninhalt war die Verpflichtung zur Angabe der Steuernummer in der Rechnung des leistenden Unternehmers, die Schaffung besonderer Straf- und Bußgeldvorschriften für die Nichtentrichtung der Umsatzsteuer sowie die Einführung der unangemeldeten Umsatzsteuer-Nachschau. Einen Antrag Deutschlands auf Ermächtigung zur Einführung des „Reverse-Charge-Verfahrens" (Übergang der Steuerschuldnerschaft vom leistenden Unternehmer auf den

25

---

1 Richtlinie 2003/92/EG, ABl EU 2003 Nr. L 260 S. 8.
2 BGBl 2004 I S. 3310.
3 BGBl 2000 I S. 1790.
4 BGBl 2002 I S. 32.

Leistungsempfänger) für *alle* Leistungen als Sondermaßnahme zur Betrugsbekämpfung hat die EU-Kommission am 20. 7. 2006 abgelehnt. Gleichwohl betonte die Kommission in diesem Zusammenhang erstmalig, dass sie den Maßnahmen zur Bekämpfung des Umsatzsteuer-Betrugs außerordentlich hohe Bedeutung beimisst, so dass mittelfristig ein Modellwechsel bei der Umsatzsteuer zumindest nicht ausgeschlossen werden kann.

Der Rat der Europäischen Union hatte bereits am 17. 10. 2000 die Richtlinie 2000/65/EG des Rates zur Änderung der Richtlinie 77/388/EWG bezüglich der **Bestimmung des Mehrwertsteuerschuldners** verabschiedet.[1] Mit dieser Richtlinie ist im Wesentlichen Art. 21 der 6. EG-Richtlinie v. 17. 5. 1977 (6. EG-Richtlinie) in der während der Übergangszeit geltenden Fassung des Art. 28g der Richtlinie, der die Steuerschuldnerschaft bei der Umsatzsteuer regelt, neu gefasst worden. Sie geht zurück auf einen Richtlinienvorschlag v. 27. 11. 1998[2] und war mit Wirkung spätestens zum 1. 1. 2002 in nationales Recht umzusetzen. Dies geschah in Deutschland im Rahmen des Gesetzes zur Änderung steuerlicher Vorschriften v. 22. 12. 2001.[3] Das seit dem 1. 1. 1989 bis zum 31. 12. 2001 geltende Abzugsverfahren (§ 18 Abs. 8 UStG a. F. i. V. m. §§ 51 ff. UStDV a. F.) wurde zum 1. 1. 2002 durch den **Übergang der Steuerschuldnerschaft** ersetzt (§ 13b UStG) und in diesem Zusammenhang der Begriff des Steuerschuldners im deutschen UStG der Systematik der 6. Richtlinie der EG angepasst. Durch den Übergang der Steuerschuldnerschaft sollen Umsatzsteuerausfälle verhindert werden, die dadurch eintreten können, dass bestimmte Leistungen von Unternehmern nicht oder nicht vollständig im allgemeinen Besteuerungsverfahren erfasst werden bzw. der Fiskus den Steueranspruch beim leistenden Unternehmer nicht realisieren kann. Darüber hinaus führt die Regelung dazu, dass sich der leistende ausländische Unternehmer in den Fällen des Übergangs der Steuerschuldnerschaft nicht in einem anderen Land registrieren lassen muss, weil der Leistungsempfänger ggf. seine Pflichten für ihn wahrzunehmen hat.

Am 24. 7. 2006 hat der Rat der Europäischen Union die Richtlinie 2006/69/EG zur Änderung der 6. EG-Richtlinie hinsichtlich bestimmter Maßnahmen zur **Bekämpfung der Steuerhinterziehung oder -umgehung**, zur Vereinfachung der Erhebung der Mehrwertsteuer sowie zur Aufhebung bestimmter Entscheidungen über die Genehmigung von Sonderregelungen verabschiedet.[4] Danach

---

1 ABl EG 2000 Nr. L 269 S. 44.
2 ABl EG 1998 Nr. C 409 S. 10.
3 StÄndG 2001, BGBl 2001 I S. 3794.
4 ABl EU 2006 Nr. L 221 S. 9.

wird den Mitgliedstaaten fakultativ ermöglicht, den Übergang der Steuerschuldnerschaft für genauer bestimmte Sachverhalte, die sich als besonders
betrugsanfällig erwiesen, einzuführen. Leider ist gerade dieser Teilbereich des
Unionsrechts völlig unübersichtlich, da es sich um einen „optionalen" Übergang der Steuerschuldnerschaft handelt. Einige Mitgliedstaaten haben davon
umfassend Gebrauch gemacht (z. B. Deutschland), andere Mitgliedstaaten gar
nicht (z. B. Luxemburg). So wurde in Deutschland zum 1. 1. 2011 der Übergang
der Steuerschuldnerschaft um zusätzliche Anwendungsfälle erweitert, z. B. Lieferung von Wärme und Kälte, Lieferung von Schrott und Abfallstoffen, Lieferung von Gold sowie Gebäudereinigungsleistungen. Am 22. 11. 2010 hat der
Rat der EU Deutschland[1] ermächtigt,[2] bei der Lieferung von Mobilfunkgeräten,
integrierten Schaltkreisen wie Mikroprozessoren sowie Zentraleinheiten für
die Datenverarbeitung die Steuerschuld auf den Leistungsempfänger zu verlagern, wenn die Steuerbemessungsgrundlage mindestens 5.000 € beträgt.
Die Regelung wurde aufgrund des **Sechsten Gesetzes zur Änderung von Ver-
brauchsteuergesetzen** durch Einfügung der Nr. 10 in § 13b Abs. 2 UStG zum
1. 7. 2011 in nationales Recht umgesetzt.[3] Zum 1. 10. 2014 wurden die nationalen Regelungen in § 13b Abs. 2 Nr. 10 UStG erweitert und die Vorschrift um
eine neue Nr. 11 aufgrund des **Gesetzes zur Anpassung des nationalen Steuerrechts an den Beitritt Kroatiens zur EU und zur Änderung weiterer steuerlicher
Vorschriften** vom 25. 7. 2014[4] ergänzt. Zudem wurde der Begriff des Leistungsempfängers beim Übergang der Steuerschuldnerschaft von Bauleistungen mo-
difiziert. Die Regelungen wurden durch das **Gesetz zur Anpassung der Abgabenordnung an den Zollkodex der Union und zur Änderung weiterer steuerlicher Vorschriften** vom 22. 12. 2014[5] nochmals zum 1. 1. 2015 nachgebessert.
Außerdem wurde in § 13b Abs. 10 UStG ein sog. Schnellreaktionsmechanis-
mus, basierend auf Art. 199b MwStSystRL, eingeführt. Weitere begriffliche Mo-
difizierungen wurden zum 6. 11. 2015 bzw. 1. 1. 2016 durch das Steueränderungsgesetz 2015 v. 2. 11. 2015[6] vorgenommen.

Solche Regelungen kennen aber die anderen Mitgliedstaaten gar nicht oder
zumindest in dieser Form nicht, da die Einführung eines Übergangs der Steuerschuldnerschaft gerade in Betrugsfällen in das Benehmen des einzelnen Mitgliedstaates gestellt ist. Derartige Wahlrechte erschweren aber dem Rechts-

---

1 Neben Österreich und Italien, aber teilweise unter anderen Voraussetzungen!
2 ABl EU 2010 Nr. L 309 S. 5.
3 BGBl 2011 I S. 1090.
4 BGBl 2014 I S. 1266.
5 BGBl 2014 I S. 2417.
6 BGBl 2015 I S. 1834.

anwender in der Praxis die zutreffende steuerliche Abwicklung ihrer Sachverhalte unnötig.

f) Vereinheitlichung der Rechnungsvorschriften

26 Das Steueränderungsgesetz 2003 v. 15.12.2003[1] diente der Umsetzung der sog. **Rechnungsrichtlinie** der EU v. 20.12.2001[2] in nationales Recht. Damit wurden in erster Linie die Vorschriften über die Rechnungen (§§ 14–14c UStG) überarbeitet und der Vorsteuerabzug konsequent vom Vorliegen einer ordnungsgemäßen Rechnung abhängig gemacht (vgl. § 15 Abs. 1 Satz 1 Nr. 1 Satz 2 UStG). Um ein reibungsloses Funktionieren des Binnenmarktes zu gewähren und den Missbrauch beim Vorsteuerabzug einzuschränken, zielt die Richtlinie insbesondere darauf ab, für die Zwecke der Mehrwertsteuer eine harmonisierte Liste der Angaben, die jede Rechnung enthalten muss, aufzustellen, und für die elektronische Rechnungstellung, die elektronische Aufbewahrung der Rechnungen und für die Gutschrift sowie die Verlagerung der Rechnungstellung auf Dritte eine Reihe gemeinsamer Modalitäten festzulegen.

Am 13.7.2010 hat der Rat der EU die MwStSystRL geändert und insbesondere die Vorschriften über die Rechnungsausstellung neu geregelt.[3] Die Änderungen betrafen in erster Linie Rechnungen, die auf elektronischem Weg übermittelt werden sowie die Rechnungsausstellung im innergemeinschaftlichen Handel, und waren bis zum 31.12.2012 in nationales Recht umzusetzen. In Deutschland erfolgte die Umsetzung großer Teile dieser Vorgaben durch das Steuervereinfachungsgesetz 2011 v. 1.11.2011.[4] Die Rechnungsvorschriften wurden durch das **Gesetz zur Umsetzung der Amtshilferichtline sowie zur Änderung steuerlicher Vorschriften** vom 26.6.2013[5] nochmals umfassend geändert.

g) Erweiterung des Binnenmarktes auf innergemeinschaftliche Dienstleistungen

27 Die umsatzsteuerlichen Regelungen über den Binnenmarkt beschränkten sich ursprünglich nur auf den Warenverkauf und damit auf Lieferungen vom Inland in das übrige Gemeinschaftsgebiet oder aus dem übrigen Gemeinschafts-

---

1 BGBl 2003 I S. 2645.
2 Richtlinie 2001/115/EG, ABl EG 2002 Nr. L 15 S. 24.
3 ABl EU 2010 Nr. L 189 S. 1.
4 BGBl 2011 I S. 2131.
5 BGBl 2013 I S. 1809.

gebiet ins Inland. Im Laufe der Jahre wurden Nachbesserungen auch bei den sonstigen Leistungen vorgenommen. So enthielten bereits die zuvor genannte Ergänzungsrichtlinie und das UStBG Regelungen zu Vermittlungs- und Beförderungsleistungen und qualifizierten Lohnveredelungen vorübergehend zu Lieferungen, darüber hinaus brachten die Folgejahre z. b. Änderungen im Bereich der Werkleistungen und Beförderungsleistungen.[1]

Zum 1. 1. 2010 erfolgte eine umfassende Neuregelung der Bestimmungen des Ortes der Dienstleistungen unter Anwendung eines der Idee der Warenlieferungen folgenden Besteuerungssystems, seitdem erfolgen jährlich kleinere Nachbesserungen und Ergänzungen. Die Wirtschafts- und Finanzminister der EU-Mitgliedstaaten hatten sich im Februar 2008 auf Regelungen im Bereich der **Besteuerung der Dienstleistungen** geeinigt, die dazu beitragen sollen, dass die Mehrwertsteuer auf Dienstleistungen insbesondere an private Endverbraucher dem Land des Verbrauchs zufließt und der Wettbewerb zwischen den Mitgliedstaaten mit unterschiedlichen Steuersätzen nicht verzerrt wird. Dieser Beschluss zog umfassende Änderungen hinsichtlich der Bestimmungen des Orts der Dienstleistungen nach sich und führte zudem zu einer Renovierung des völlig veralteten Vorsteuervergütungsverfahrens.[2] Im Inland wurden diese Änderungen in nationales Recht überwiegend durch das JStG 2009 v. 9. 12. 2008 umgesetzt.[3] Durch das Gesetz zur Umsetzung steuerrechtlicher EU-Vorgaben sowie weiterer steuerrechtlicher Regelungen v. 14. 4. 2010[4] und das JStG 2010 v. 8. 12. 2010[5] wurden Korrekturen und Anpassungen vorgenommen, insbesondere im Hinblick auf die Bestimmungen über den Übergang der Steuerschuldnerschaft und die Regelungen über die Abgabe von Zusammenfassenden Meldungen.

h) Mehrwertsteuersystem-Richtlinie und Mehrwertsteuer-Verordnung

Die „Richtlinie 77/388/EWG zur Harmonisierung der Rechtsvorschriften der Mitgliedstaaten über die Umsatzsteuern – Gemeinsames Mehrwertsteuersystem: einheitliche steuerpflichtige Bemessungsgrundlage" (kurz: 6. RLEG) ist   28

---

1 StMBG v. 21. 12. 1993, BStBl 1994 II S. 50, 77.
2 Richtlinie 2008/8/EG v. 12. 2. 2008 zur Neuregelung des Orts von Dienstleistungen, ABl EU 2008 Nr. L 44 S. 11; Richtlinie 2008/9/EG v. 12. 2. 2008 zur Neuregelung der Erstattung der Mehrwertsteuer an in einem anderen Mitgliedstaat ansässige Steuerpflichtigen, ABl EU 2008 Nr. L 44 S. 23 und die Verordnung (EG) Nr. 143/2008 v. 12. 2. 2008 zur Änderung der VO (EG) Nr. 1798/2003 hinsichtlich der Einführung von Verwaltungsvereinbarungen und des Informationsaustauschs, ABl EU 2008 Nr. L 44 S. 1.
3 BGBl 2008 I S. 2794.
4 BGBl 2010 I S. 386.
5 BGBl 2010 I S. 1768.

mittlerweile als „Richtlinie 2006/112/EG des Rates v. 28.11.2006 über das gemeinsame Mehrwertsteuersystem" im EU-Amtsblatt[1] neu bekannt gemacht worden. Diese Richtlinie (kurz: „**MwSt-System-Richtlinie**" oder „MwStSystRL"),[2] die zum 1.1.2007 in Kraft trat, umfasst insgesamt 412 Art., die allerdings in aller Regel gerade gegenüber der 6. EG-Richtlinie deutlich gekürzt sind. Mit der Neubekanntmachung wollte der Rat keine gravierenden Rechtsänderungen treffen, sondern in erster Linie eine Zusammenfassung und Neuordnung der bisherigen vielfältigen Richtlinien und Vorschriften herbeiführen.

Noch am 17.10.2005 hatte der Rat der Europäischen Union aufgrund des Art. 29a der 6. EG-Richtlinie die „**Verordnung** (EG) Nr. 1777/2005 zur Festlegung von Durchführungsvorschriften zur Richtlinie 77/388/EWG über das gemeinsame Mehrwertsteuersystem" verabschiedet.[3] Die Verordnung ist am 1.7.2006 in Kraft getreten und hatte in vielen Teilen unmittelbare Wirkung, d.h. sie trat ohne einen entsprechenden Umsetzungsakt in den Mitgliedstaaten in Kraft. Die Verordnung versuchte, eine Vielzahl von Einzelfällen anzusprechen bzw. Streitigkeiten im Vorfeld zu vermeiden. Es sollten hierdurch keine neuen Tatbestände bzw. Abweichungen von der 6. EG-Richtlinie (die zu diesem Zeitpunkt noch galt) geschaffen werden. Insofern ist die Anwendung der Durchführungsmaßnahmen auch restriktiv. Sie sind generell nicht auf andere oder ähnliche Fälle übertragbar, sondern ausschließlich auf der Grundlage ihres Wortlauts anzuwenden. Die Verordnungsregelungen entsprachen seinerzeit weitestgehend in ihrer Gesamtheit dem deutschen Umsatzsteuerrecht in UStG und UStDV und auch den dazu ergangenen Verwaltungsanweisungen. Daher ergab sich in Deutschland de facto kein Regelungsbedarf.

Zum 1.7.2011 ist die **Verordnung (EU) Nr. 282/2011** v. 15.3.2011 in Kraft getreten.[4] Sie ersetzte die Verordnung (EG) 1777/2005 vollinhaltlich. Die sog. MwStVO enthält neben den bisherigen Auslegungs- und Abgrenzungsfragen in erster Linie klarstellende Regelungen zum Ort der Dienstleistungen, der zum 1.1.2010 durch eine entsprechende umfassende Änderung der MwStSystRL völlig neu geregelt wurde. Sie soll eine einheitliche Anwendung der neu geschaffenen MwStSystRL in allen Mitgliedstaaten sicherstellen. In die Überarbeitung sind insbesondere Ausführungen zur Bestimmung des Ortes der Dienstleistung eingeflossen, um Abgrenzungsschwierigkeiten zu vermeiden. Sie führte in Deutschland nur in sehr geringem Umfang zu abweichenden

---

1 ABl EU Nr. L 347 S. 1 ff.
2 Vgl. BMF, Schreiben v. 11.1.2007, UR 2007 S. 178.
3 ABl EU 2005 Nr. L 288 S. 1.
4 ABl EU 2011 Nr. L 77 S. 1.

Regelungen gegenüber der bisher geltenden Rechtsauffassung. Die MwStVO wurde zuletzt zum 1.1.2015 bzw. 1.1.2017 geändert, insbesondere zur Modifizierung von Begrifflichkeiten bei Dienstleistungen im Zusammenhang mit Grundstücken.[1]

i) Ausblick

In den nächsten Jahren ist mit umfangreichen Änderungen sowohl der MwStSystRL als auch der MwStVO zu rechnen. Nachdem die Europäische Kommission mit ihrem sog. Grünbuch „Wege zu einem einfacheren, robusteren und effizienteren MwSt-System" öffentlich aufgefordert hatte, sich an einer öffentlichen Konsultation zu beteiligen, hat sie am 7.4.2016 einen „Aktionsplan im Bereich der Mehrwertsteuer" vorgelegt.[2] Auch die Kommission erkennt, dass das derzeitige Mehrwertsteuersystem zu kompliziert ist und fordert einen Neustart. Die Kommission legte einen Reformplan vor, der sich über die nächsten Jahre erstrecken soll.   29

HINWEIS:

Einen Überblick über die Reformpläne der EU auf dem Weg in ein endgültiges Mehrwertsteuersystem finden Sie in Rz. 57 ff.

III. Die internationalen Besteuerungsprinzipien bei der Umsatzsteuer

1. Warenlieferungen

Die Besteuerung der Warenlieferungen in das Ausland erfolgt grds. nach dem sog. **Bestimmungslandprinzip,** d.h. das Land, für das die Ware zum Verbrauch bestimmt ist, erhält die Steuereinnahme. Die Exporte gelangen dabei unbelastet über die Grenze und werden im Bestimmungsland von der Einfuhrumsatzsteuer erfasst. Dadurch werden im Inland Warenlieferungen aus dem Ausland wie inländische Warenlieferungen behandelt; die Produkte gelangen mit der gleichen (inländischen) Steuerbelastung auf den Markt. Gerade wegen dieser Wettbewerbsneutralität hat sich dieses Prinzip der Besteuerung in den letzten Jahrzehnten bewährt. Da Produkte gleich welcher Herkunft nur mit der inländischen Umsatzsteuer belastet werden, sind die einzelnen Mitgliedsländer bei   30

---

1 VO (EU) Nr.1042/2013 des Rates v. 7.10.2013, ABl EU 2013 Nr. L 284 S. 1.
2 Mitteilung der Kommission an das Europäische Parlament, den Rat und den Europäischen Wirtschafts- und Sozialausschuss über einen Aktionsplan im Bereich der Mehrwertsteuer v. 7.4.2016: Auf dem Weg zu einem einheitlichen europäischen Mehrwertsteuerraum – Zeit für Reformen, COM (2016) 148 final, Ratsdokument 7687/16, BR-Drucks. 191/16 v. 18.4.2016.

der Festsetzung des Umsatzsteuersatzes autonom und können mit ihrer Steuerpolitik uneingeschränkt nationale Interessen berücksichtigen.

BEISPIEL: ► Ein Schweizer Unternehmer liefert Ware an einen deutschen Unternehmer für 30.000 €. Dieser verkauft die Ware an einen privaten Abnehmer für 40.000 €. Die Lieferung ist in der Schweiz steuerbar, aber steuerfrei, d. h. sie gelangt unbelastet auf den deutschen Markt. Der deutsche Unternehmer hat zwar in Deutschland Einfuhrumsatzsteuer für die Einfuhr der Ware zu entrichten (§ 1 Abs. 1 Satz 1 Nr. 4 UStG), die er jedoch wieder als Vorsteuer abziehen kann (§ 15 Abs. 1 Satz 1 Nr. 2 UStG). Erst beim Verkauf an den privaten Endverbraucher realisiert sich die Umsatzsteuereinnahme für die Bundesrepublik. Die Schweizer Ware konkurriert in der Bundesrepublik mit ihrem Netto-Warenwert mit deutschen sowie anderen ausländischen Produkten gleicher Art. Dieses System ist daher voll wettbewerbsneutral. In Deutschland realisiert sich ein Steueraufkommen von insgesamt 7.600 €.

Steueraufkommen in der Schweiz aus diesem Vorgang: 0 €

Steueraufkommen in Deutschland aus diesem Vorgang:

Einfuhrumsatzsteuer	5.700 €	
Umsatzsteuer-Voranmeldung		
Umsatzsteuer auf Lieferung	7.600 €	
Vorsteuer (EUSt)	5.700 €	
Zahllast Finanzamt	1.900 €	1.900 €
		7.600 €

31   Mit der Vollendung des Binnenmarktes zum 1. 1. 1993 war eine Anwendung des Bestimmungslandprinzips in dieser Form innerhalb der Europäischen Union nicht mehr möglich, da die zur Durchführung dieses Verfahrens erforderlichen Grenzkontrollen entfielen. Die EG-Kommission glaubte 1987, die Lösung mit dem sog. **„Gemeinsamer-Markt-Prinzip"** gefunden zu haben. Dieses Prinzip der Besteuerung sieht eine Erfassung der Umsätze im **Ursprungsland** der Ware vor, d. h. dem Land der Produktion stünden die Umsatzsteuereinnahmen zu. Gleichzeitig sollte ein innergemeinschaftlicher **Vorsteuerabzug** eingeführt werden, unabhängig vom Sitz des Leistungsempfängers. Innergemeinschaftliche Umsätze sollten somit im Ergebnis wie inländische Umsätze behandelt werden, Grenzkontrollen könnten entsprechend entfallen.

BEISPIEL: ► Ein französischer Unternehmer kauft in Deutschland eine Ware für 30.000 € und verkauft sie an einen privaten Abnehmer in Frankreich für 40.000 €. Die Lieferung wäre nach dem Ursprungslandprinzip in Deutschland steuerbar und steuerpflichtig. Es wäre der Steuersatz des Landes des Lieferers anzuwenden, Deutschland erhielte die Umsatzsteuereinnahme von zz. 5.700 €. Der Empfänger der Leistung könnte im Rahmen seiner französischen Umsatzsteuererklärung die deutsche Umsatzsteuer als Vorsteuer geltend machen, d. h. Frankreich hätte eine Mindereinnahme in entsprechender Höhe. Im Ergebnis käme es in Frankreich beim Weiterverkauf nur zu einer Erfassung des Mehrwerts und somit zu einer Verschiebung der Haushaltseinnahmen innerhalb der Mitgliedsländer.

Steueraufkommen in Deutschland aus diesem Vorgang: 5.700 €
Steueraufkommen in Frankreich aus diesem Vorgang:
Umsatzsteuer auf Lieferung (20%)   8.000 €
Vorsteuer (EUSt)   5.700 €
Zahllast Finanzamt   2.300 €   2.300 €

Dieses Besteuerungsprinzip begünstigt die Exportnationen und benachteiligt in gleicher Weise die importierenden Länder. Gerade diese Verschiebung des Steueraufkommens würde die Steuerautonomie und die nationale Politik der einzelnen Mitgliedstaaten erheblich berühren. Daher hatte die EG beschlossen, trotz der Abschaffung der innergemeinschaftlichen Grenzen zum 1. 1. 1993 das Bestimmungslandprinzip mit der Erfassung der Einnahme im Land des Verbrauchs aber für eine Übergangszeit beizubehalten. Am ursprünglichen Fernziel der Versteuerung im Ursprungsland wird nach aktuellen Überlegungen nicht mehr festgehalten. Die aktuelle Diskussion um den Umsatzsteuerbetrug zeigt die Anfälligkeit der Umsatzsteuer für Manipulationen bei entsprechender krimineller Energie. Insoweit wird mittlerweile in ganz Europa über völlig andere Umsatzsteuermodelle nachgedacht. Die Kriminalität in diesem Bereich hat Besorgnis erregende Höhen erreicht. Das Allphasen-Mehrwertsteuersystem mit seinem Vorsteuerabzug ist ein wenig in die Jahre gekommen. Auch aus diesem Grund sind Reformen unumgänglich. Die sinnvollste Reform wäre dabei sicherlich die komplette Abschaffung der Umsatzsteuer in der Unternehmerkette und die Ausgestaltung der Umsatzsteuer als Verbrauchsteuer. Aber für einen wirklichen Neuanfang fehlt der Europäischen Union eindeutig die politische Kraft.

2. Die Übergangsregelungen für Lieferungen

Die Besteuerungsprinzipien des Umsatzsteuer-Binnenmarktgesetzes für Lieferungen innerhalb der Europäischen Union wurden zunächst als Übergangsregelung auf vier Jahre beschränkt. Ab dem 1. 1. 1997 sollten sie durch eine endgültige Neuregelung, in der das Ursprungslandprinzip verwirklicht werden soll, ersetzt werden. Die Übergangsregelung verlängert sich jedoch automatisch, solange der EU-Ministerrat nicht rechtzeitig über die endgültige Neuregelung entscheidet. Mit einer Aufhebung dieser Übergangsregelungen ist nicht in absehbarer Zeit zu rechnen (vgl. Art. 402 MwStSystRL).

Die zz. insoweit gültigen Anwendungsregelungen lassen sich wie folgt kurz zusammenfassen:

▶ Lieferungen an einen anderen Unternehmer in das übrige Gemeinschaftsgebiet sind grds. steuerfrei und vom Erwerber im Bestimmungsland selbst der Umsatzsteuer zu unterwerfen.

▶ Lieferungen an Privatpersonen sind steuerpflichtig und vom Lieferer zu versteuern, regelmäßig im Ursprungsland, im sog. Versandhandel bei Überschreiten bestimmter Umsatzgrößen dagegen im Bestimmungsland.

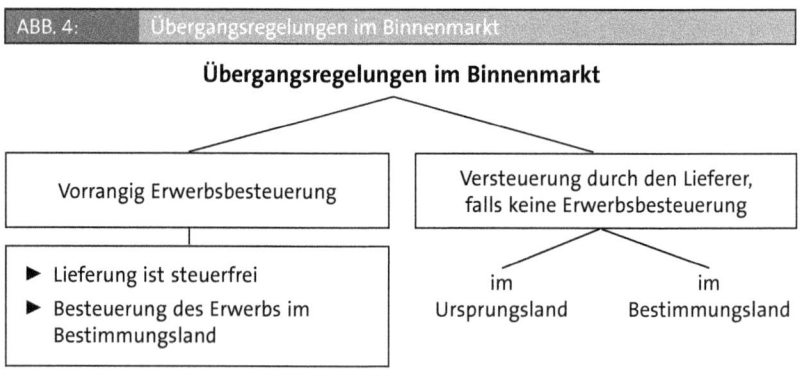

ABB. 4: Übergangsregelungen im Binnenmarkt

Übergangsregelungen im Binnenmarkt

| Vorrangig Erwerbsbesteuerung | Versteuerung durch den Lieferer, falls keine Erwerbsbesteuerung |

▶ Lieferung ist steuerfrei
▶ Besteuerung des Erwerbs im Bestimmungsland

im Ursprungsland — im Bestimmungsland

Über die (steuerfreien) innergemeinschaftlichen Warenlieferungen an andere Unternehmer erfolgt zur Kontrolle ein Datenaustausch zwischen den einzelnen Mitgliedstaaten der EU. Grundlage ist die vom Unternehmer abzugebende „Zusammenfassende Meldung".

34 Beim **gewerblichen Handel** (Warenverkehr zwischen Unternehmern) wurde als Übergangslösung das sog. Bestimmungslandprinzip beibehalten, d. h. die Besteuerung erfolgt nach dem Recht des Verbrauchslandes. Daher wurde die Steuerbefreiung für diese Lieferungen beibehalten (allerdings neu definiert als innergemeinschaftliche Lieferung), die Ware gelangt wie bisher unbelastet über die innergemeinschaftliche Grenze. An die Stelle der bisherigen Einfuhrumsatzsteuer tritt insoweit die Besteuerung des innergemeinschaftlichen Erwerbs durch den Abnehmer, da eine physische Steuergrenze nicht mehr besteht. Um die Erwerbsbesteuerung durch den Abnehmer in der Praxis überschaubar zu halten, wurden grds. nur Unternehmer in dieses System einbezogen. Die Ausfuhrnachweise wurden neu geregelt, die Grenzformalitäten durch periodische Erklärungen der Unternehmer und die Zusammenarbeit der Mitgliedstaaten der EU ersetzt. Wesentlicher Inhalt dieses Kontrollverfahrens ist

die **Zusammenfassende Meldung** an das Bundesamt für Finanzen unter der **Umsatzsteuer-Identifikationsnummer** der beteiligten Unternehmer.

Ziel des Systems ist es, dass Lieferungen in der Unternehmerkette vom Abnehmer zu versteuern sind und somit im Land des Lieferers steuerfrei bleiben. Falls der Erwerber die Versteuerung in seinem Land nicht vorzunehmen hat, ist die Lieferung vom Lieferer zu versteuern. Das Grundprinzip des Binnenmarktes ist somit im Ergebnis sehr einfach. Leider gibt es dazu eine viel zu große Zahl von Ausnahmeregelungen, die das System kompliziert und unübersichtlich machen. So führt die Versteuerung der Lieferung durch den Lieferer im Bestimmungsland dazu, dass sich der Lieferer ggf. in einem anderen Mitgliedstaat umsatzsteuerlich erfassen lassen muss.

Private Verbraucher innerhalb der Europäischen Union können grds. ohne 35 wert- und mengenmäßige Beschränkung Waren aus einem anderen Mitgliedstaat in ihr eigenes Heimatland mitbringen. Die Ware bleibt mit der Umsatzsteuer des Ursprungslandes belastet, ein Grenzausgleich findet nicht mehr statt. Die Lieferung wird und bleibt dort besteuert, wo die Ware an den privaten Käufer ausgehändigt wird. Dieses Ursprungslandprinzip gilt bei privaten Abnehmern in den Fällen, in denen die Verbraucher die Ware selbst abholen, sowie für entsprechende Versendungsumsätze bis zu einer bestimmten Höhe. Zur Vermeidung von Wettbewerbsverzerrungen wurden Sonderregelungen geschaffen, z. B. für Versendungsumsätze an private Endverbraucher sowie für den Erwerb neuer Fahrzeuge durch Privatpersonen.

Die Regelungen im innergemeinschaftlichen Warenverkehr lassen sich im Wesentlichen wie folgt darstellen: 36

ABB. 5: Lieferungen vom Inland

Lieferungen vom Inland

steuerfrei / steuerpflichtig

in das übrige Gemeinschaftsgebiet

an andere Unternehmer	**an private Abnehmer**
– Erwerber versteuert im Bestimmungsland	– Erwerber führt keine Erwerbsbesteuerung durch (Ausn.: Neue Fahrzeuge)
– USt auf Erwerb ersetzt im Bestimmungsland die Einfuhrumsatzsteuer	– Lieferer versteuert – im Ursprungsland oder – im Bestimmungsland

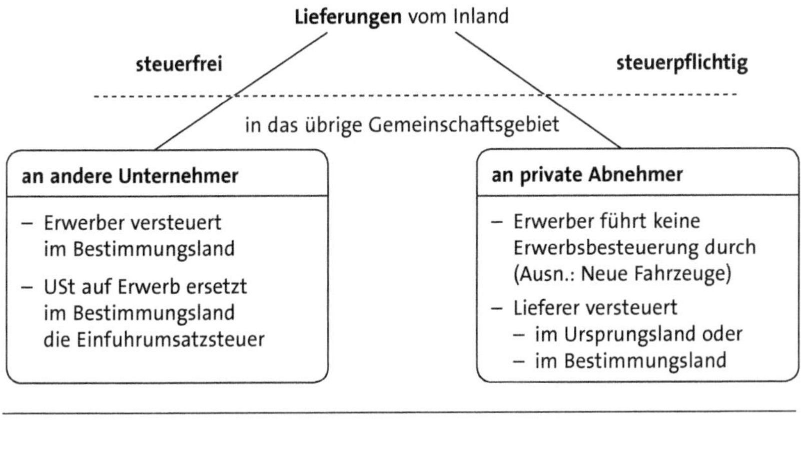

Während das Umsatzsteuerrecht im Allgemeinen an die Person des Leistenden anknüpft und die Steuerbarkeit von Umsätzen von der Unternehmereigenschaft abhängig macht, kommt es für die Besteuerungsvorgänge des Binnenmarktes im Wesentlichen auf die Verhältnisse beim Leistungsempfänger an. Gerade aber diese verschiedenen Fallgestaltungen in der Person des Abnehmers machen die grds. Regelungen des Binnenmarktes unnötig kompliziert. So ist die Lieferung eines Unternehmers in das übrige Gemeinschaftsgebiet steuerfrei, wenn der Abnehmer ebenfalls Unternehmer ist (§ 6a Abs. 1 Nr. 2 UStG). Ist dieser Abnehmer jedoch ein Unternehmer, der nur steuerfreie Umsätze ausführt, die zum Ausschluss des Vorsteuerabzugs führen, ein Kleinunternehmer oder ein Land- und Forstwirt, der nach Durchschnittssätzen versteuert (atypischer Unternehmer), so wird dieser nur dann als Unternehmer behandelt, wenn seine Einkäufe einen gewissen Umfang im Kalenderjahr überschreiten (sog. Erwerbsschwelle) oder er zur Erwerbsbesteuerung und damit zur Behandlung als typischer Unternehmer optiert. Ist der Abnehmer dagegen Privatperson, so ist die Lieferung an ihn steuerpflichtig. Der Lieferer wird in der Praxis kaum erkennen können, ob sein Kunde „normaler" oder „atypischer" Unternehmer ist, u.U. ist auch die Privatperson bei der Bestellung nicht als solche auszumachen. Daher kommt der USt-IdNr. als „Unternehmernachweis" in der Praxis eine erhebliche Bedeutung zu, zumal auch nichtunternehmerisch tätige juristische Personen des öffentlichen und privaten Rechts als Erwerber i.S. des Binnenmarktes auftreten können. Nimmt man nun noch den Erwerb und die Lieferung neuer Fahrzeuge (an Unternehmer bzw. Privatpersonen bzw. atypische Unternehmer) hinzu, wird der gesamte Umfang dieser Unübersichtlichkeit und Kompliziertheit deutlich.

3. Die Besteuerung von Dienstleistungen

37 Nach der Richtlinie über die Neuregelung des Orts von Dienstleistungen v. 12. 2. 2008[1] werden seit dem 1. 1. 2010 Dienstleistungen, die ein Unternehmer für einen anderen Unternehmer erbringt (sog. B2B-Umsätze), zur Verfahrensvereinfachung grds. dort besteuert, wo der Leistungsempfänger ansässig ist. Liegt der Ort der Dienstleistung nach dieser Grundregelung in einem anderen Mitgliedstaat, geht die Steuerschuldnerschaft *zwingend* auf den Leistungsempfänger über. Diese Umsätze sind als sog. innergemeinschaftliche Dienstleistungen in der Zusammenfassenden Meldung des leistenden Unternehmers anzugeben. Abweichungen von diesem Empfängersitzprinzip gibt es nur, wenn diese ausdrücklich in der MwStSystRL geregelt sind. Im Gegensatz zu

---

1 RL 2008/8/EG v. 12. 2. 2008, ABl EU 2008 Nr. L 44 S. 11.

Dienstleistungen an private Abnehmer sind diese Ausnahmeregelungen in der Unternehmerkette jedoch sehr übersichtlich ausgefallen.

Bestimmt sich der Ort der Dienstleistung nach einem *Ausnahmetatbestand*, geht insoweit die Steuerschuldnerschaft nicht zwingend auf den Leistungsempfänger über. Ob sich der Unternehmer im Ausland umsatzsteuerlich registrieren lassen muss oder ob die Steuerschuld im Wege des Übergangs der Steuerschuldnerschaft (sog. Reverse-Charge-Verfahren) auf den Empfänger der Dienstleistung übergeht, richtet sich nach den nationalen Vorschriften des Bestimmungslandes. 38

Dienstleistungen an Endverbraucher (sog. B2C-Umsätze) sollen möglichst dort versteuert werden, wo sie verbraucht werden. Dieser Grundgedanke führt jedoch zu sehr unübersichtlichen und manchmal wenig logisch erscheinenden Regelungen bei der Bestimmung des Ortes der Dienstleistung. Nur wenn keine der zahlreichen Ausnahmeregelungen zutrifft, gilt als Ort der Dienstleistung auch der Ort des Sitz des leistenden Unternehmers. Liegt der Ort der sonstigen Leistung eines Unternehmers im Ausland, ist der Umsatz im Inland nicht steuerbar und die Besteuerung richtet sich folglich nach ausländischen Rechtsvorschriften. Gerade bei privaten Leistungsempfängern geht die Steuerschuldnerschaft nicht auf diesen über, so dass der Unternehmer gezwungen ist, sich in diesem anderen Land umsatzsteuerlich registrieren zu lassen. 39

IV. Die Umsatzsteuer-Identifikationsnummer

1. Sinn und Zweck

Mit der Einführung des Europäischen Binnenmarktes wurde ein neues **Ordnungsmerkmal** geschaffen, die USt-IdNr. Sie gibt vorrangig Auskunft über den **Status des Abnehmers** (vgl. § 6a Abs. 1 Nr. 2 UStG i.V. m. § 17c Abs. 1 Satz 1 UStDV sowie § 3a Abs. 2 UStG). Die USt-IdNr. dient als Anzeichen dafür, dass ihr Inhaber in seinem Heimatland Unternehmer ist und Leistungen für sein Unternehmen ohne umsatzsteuerliche Belastung im Ursprungsland beziehen möchte. So benötigt ein Lieferant die USt-IdNr. seines Leistungsempfängers, um steuerfrei an ihn liefern zu können. Auch der Erbringer einer Dienstleistung wird durch die USt-IdNr. des Leistungsempfängers darauf aufmerksam gemacht, dass dieser die bezogene sonstige Leistung unversteuert bezieht und in seinem Heimatland im Wege des Übergangs der Steuerschuldnerschaft selbst versteuern will. 40

Die USt-IdNr. ist darüber hinaus Ordnungsmerkmal im Zusammenhang mit **formellen Pflichten**. So sind unversteuerte Leistungen (steuerfreie innergemeinschaftliche Lieferungen und nichtsteuerbare innergemeinschaftliche 41

Dienstleistungen) in einer **Zusammenfassenden Meldung** unter Angabe der USt-IdNr. der Leistungsempfänger an das Bundeszentralamt für Steuern zu melden (§ 18a UStG). Darüber hinaus wird die USt-IdNr. vom leistenden Unternehmer benötigt, um bei der Rechnungsausstellung den Verpflichtungen aus § 14a UStG und seinen Aufzeichnungspflichten nach § 22 UStG nachzukommen. Ein leistender inländischer Unternehmer benötigt die entsprechende USt-IdNr. seines ausländischen Geschäftspartners und hat diese im Rahmen seiner Aufzeichnungspflichten gesondert festzuhalten. Ein deutscher Unternehmer muss folglich seinem ausländischen Geschäftspartner, von dem er Leistungen bezieht, seine deutsche USt-IdNr. mitteilen. Außerdem benötigt ein inländischer Unternehmer eine USt-IdNr. eines anderen Mitgliedstaates, wenn er in diesem Land Umsätze ausführt, die er anzumelden hat. Dazu zählt bereits das innergemeinschaftliche Verbringen i. S. des § 3 Abs. 1a bzw. § 1a Abs. 2 UStG.

42 Unionsrechtliche Grundlage für die Vergabe der USt-IdNr. ist Art. 214 MwStSystRL, in Deutschland umgesetzt durch § 27a UStG.

2. Erteilung einer Umsatzsteuer-Identifikationsnummer im Inland

43 Das Bundeszentralamt für Steuern erteilt **Unternehmern** i. S. des § 2 UStG auf Antrag eine USt-IdNr. (§ 27a Satz 1 UStG). Der schriftliche Antrag muss den Namen, die Anschrift und die reguläre Steuernummer, unter der der Antragsteller umsatzsteuerlich geführt wird, enthalten sowie die Bezeichnung des für die Umsatzbesteuerung zuständigen Finanzamts (§ 27a Abs. 1 Satz 5 UStG). Er ist zu richten an das

Bundeszentralamt für Steuern

Dienstsitz Saarlouis

Ahornweg 1-3

66740 Saarlouis

Tel. 0228/4060

Fax 0228/4063801

44 Benötigt wird die Umsatzsteuer-Identifikationsnummer von allen Unternehmern, die sich am innergemeinschaftlichen Handel beteiligen, d. h. die innergemeinschaftliche Erwerbe tätigen oder innergemeinschaftliche Lieferungen ausführen, die unternehmensintern innerhalb der EU verbringen sowie bei der Ausführung bzw. Erteilung von Aufträgen und bei der anschließenden Abrechnung von innergemeinschaftlichen Dienstleistungen. Für Unternehmensteile

im Ausland wird eine ausländische USt-IdNr. benötigt. Auch pauschale Land- und Forstwirte benötigen eine USt-IdNr., wenn sie innergemeinschaftliche Lieferungen erbringen, denn im Gegensatz zu Kleinunternehmern sind sie nicht von der Verpflichtung zur Abgabe der Zusammenfassenden Meldung befreit. Zudem benötigt jeder inländische Unternehmer, unabhängig davon, ob er der Regelbesteuerung unterliegt oder eine Sonderregelung in Anspruch nimmt, ggf. bei der Erteilung von Dienstleistungsaufträgen an ausländische Unternehmer eine deutsche USt-IdNr. Im Falle der **Organschaft** wird auf Antrag für jede juristische Person eine eigene USt-IdNr. erteilt (§ 27a Satz 4 UStG), obwohl im Inland die einzelnen Organgesellschaften nicht als selbständige Unternehmer angesehen werden (§ 2 Abs. 2 Nr. 2 UStG).[1] Der Antrag ist vom Organträger zu stellen. Das Bundeszentralamt für Steuern erteilt darüber hinaus auch juristischen Personen, die nicht Unternehmer sind oder die Gegenstände nicht für ihr Unternehmen erwerben, eine USt-IdNr., wenn sie diese für ihre innergemeinschaftlichen Erwerbe benötigen (§ 27a Abs. 1 Satz 2 und 3 UStG).

Der Unternehmer kann für Zwecke des MIAS zusätzlich die Anschrift speichern lassen, unter der er im innergemeinschaftlichen Geschäftsverkehr auftritt (sog. Euro-Adresse). Auch dies ist schriftlich beim Bundeszentralamt für Steuern, Außenstelle Saarlouis zu beantragen.[2]

Voraussetzung für die Erteilung einer USt-IdNr. in Deutschland ist, dass der Antragsteller von der Steuerverwaltung der Länder **umsatzsteuerlich erfasst** ist. Das Bundeszentralamt für Steuern erteilt nur dann eine USt-IdNr., wenn es zuvor von den zuständigen Landesfinanzbehörden über das Vorliegen dieser Voraussetzungen unterrichtet worden ist. Das Bundeszentralamt für Steuern darf die von den Landesfinanzbehörden übermittelten Daten für Kontrollzwecke, z. B. für das Vergütungsverfahren, verwenden und für Zwecke der Amtshilfe im Verkehr mit anderen Staaten verwerten. Umgekehrt hat es die notwendigen Daten an das örtliche Finanzamt zu übermitteln. Der Unternehmer hat sich daher in der Praxis zunächst an sein zuständiges Finanzamt zu wenden und anzuzeigen, dass er am innergemeinschaftlichen Handel teilnimmt. Diese Angaben werden sodann automatisch an das Bundeszentralamt für Steuern weitergeleitet. 45

Fahrzeuglieferer i. S. des § 2a UStG erhalten demnach aufgrund dieser Tätigkeit keine USt-IdNr., es sei denn, sie sind bereits den vorstehend genannten Personenkreisen zuzuordnen. 46

---

1 Abschnitt 27a.1 Abs. 3 UStAE.
2 Abschnitt 27a.1 Abs. 2 UStAE.

3. Bestätigungsverfahren

47 Das Bundeszentralamt für Steuern bestätigt dem Unternehmer i. S. des § 2 UStG auf Anfrage die Gültigkeit einer USt-IdNr. eines anderen Unternehmers (§ 18e UStG). Durch diese Bestätigung soll dem Unternehmer die korrekte Anwendung der umsatzsteuerlichen Regelungen erleichtert werden, soweit diese auf den umsatzsteuerlichen Status des Abnehmers abstellen (z. B. § 6a Abs. 1 Nr. 2 oder § 3a Abs. 2 UStG). Durch diese Regelung hat der Unternehmer die Möglichkeit, die Gültigkeit einer von einem anderen Mitgliedstaat erteilten USt-IdNr. zu erfahren, die ein Abnehmer verwendet. Er hat dazu dem Bundeszentralamt für Steuern die von einem anderen Mitgliedsland erteilte USt-IdNr. seines Geschäftspartners mitzuteilen und erhält eine Bestätigung, ob diese gültig ist. Gibt der anfragende Unternehmer auch Name und Anschrift seines Geschäftspartners an, so werden bei dieser sog. qualifizierten Anfrage auch diese Daten in die Bestätigung mit einbezogen.[1] Bei der Abfrage hat er auch seine eigene USt-IdNr. oder seine Steuernummer, unter der er im Inland beim zuständigen Finanzamt geführt wird, anzugeben.

Die Bestätigung ist eine bloße Auskunft und kein Verwaltungsakt, allerdings ist zu beachten, dass eine bestätigte USt-IdNr. eines ausländischen Geschäftspartners bei einer innergemeinschaftlichen Lieferung in aller Regel die Vertrauensschutzregelung des § 6a Abs. 4 UStG auslösen wird. Entsprechendes gilt in Zweifelsfällen für die Frage, ob eine sonstige Leistung für das Unternehmen des Abnehmers bezogen wurde. Die Aussage des Bundeszentralamts für Steuern bezieht sich stets auf den Zeitpunkt der Anfrage.

Die USt-IdNr. ausländischer Unternehmer kann auch im **Internet** überprüft werden.[2] Das Bundeszentralamt für Steuern bietet unter

www.bzst.de

eine Reihe von Informationen und Hinweisen, u. a. auch zur Umsatzsteuer.

HINWEIS:

Die Bestätigung der Gültigkeit von ausländischen USt-IdNrn. ist im Internet auf einfache Art und Weise möglich. Aufgrund des umfangreichen Missbrauchs des Besteuerungssystems kann man nur dazu raten, eine sog. qualifizierte Abfrage vorzunehmen und zudem die schriftliche Bestätigung der Anfrage anzufordern. Nur dann kann man wirklich sicher sein, dass insbesondere die Vertrauensschutzregelung nach § 6a Abs. 4 UStG zur Anwendung kommen kann.

---

1 Abschnitt 18e.1 Abs. 4 UStAE.
2 Abschnitt 18e.2 UStAE.

ABB. 6: Internetportal des Bundeszentralamtes für Steuern

ABB. 7: Bestätigung von ausländischen USt-IdNr.

Darüber hinaus hat auch die Europäische Union im Internet eine Überprüfungsmöglichkeit geschaffen. Insoweit können sogar USt-IdNr. deutscher Unternehmer geprüft werden. Der Link zum MIAS der Europäischen Kommission lautet:

http://ec.europa.eu/taxation_customs

Dort sollte man unter „Datenbanken" MIAS auswählen.

ABB. 8: Abfrage von in- und ausländischen USt-IdNr.

4. Umsatzsteuer-Identifikationsnummern in den übrigen Mitgliedstaaten

48 Der Aufbau der USt-IdNr.n ist leider nicht einheitlich (vgl. auch Art. 214 MwStSystRL). Die Nummern haben zwar alle ein Präfix, aus dem sich der diese Nummer erteilende EU-Mitgliedstaat ergibt (Art. 215 MwStSystRL). Die dann folgende Nummern- und/oder Buchstabenkombination ist jedoch in den einzelnen Mitgliedstaaten sehr unterschiedlich ausgestaltet, sowohl in der Länge als auch im Aufbau. In Großbritannien gibt es sogar vier mögliche Kombinationen bei den USt-IdNrn. Die Ziffernfolge selbst ist aus Datenschutzgründen willkürlich, obwohl eine Einteilung nach Unternehmensformen und Betriebsarten sicherlich zur schlüssigen Überprüfung wünschenswert gewesen wäre.

49 In mehreren EU-Mitgliedstaaten ist die USt-IdNr. die Steuernummer, unter der ein Unternehmer für umsatzsteuerliche Zwecke von den Finanzbehörden re-

gistriert wird und nicht wie in Deutschland eine besonders erteilte zusätzliche Ordnungsnummer. Vor die Steuernummer wird dann in diesen Ländern lediglich der entsprechende Ländercode gesetzt. Gleichwohl kann es erforderlich sein, dass zur Erteilung dieser Steuernummer ein besonderer Antrag erforderlich ist, damit die Daten in die Datenbank aufgenommen werden, anhand derer im Bestätigungsverfahren entsprechende Bestätigungen anfragender Unternehmer erteilt werden (vgl. § 18e UStG). Es liegt daher im Interesse eines inländischen Unternehmers, die Erteilung einer USt-IdNr. in einem anderen Mitgliedstaat besonders zu beantragen, um für Datensicherheit bei eventuellen Anfragen seiner Geschäftspartner zu sorgen. Bei der Beantragung einer solchen USt-IdNr. sind in den einzelnen Mitgliedstaaten unterschiedliche Vorschriften zu beachten. Voraussetzung für die Erteilung einer USt-IdNr. ist grds., dass der Unternehmer im jeweiligen Mitgliedstaat Umsätze ausführt und zur Versteuerung dieser Umsätze bei der Finanzverwaltung registriert ist.

50   **Offizielle Bezeichnung und Aufbau der Umsatzsteuer-Identifikationsnummer in den EU-Mitgliedstaaten**[1]

Die Umsatzsteuer-Identifikationsnummer besteht aus dem Länderkennzeichen und den weiteren Stellen.

Mitgliedstaat	Bezeichnung in Landessprache	Abkürzung	Länder-kenn-zeichen	weitere Stellen
Belgien	Le numéro d'identification à la taxe sur la valeur ajoutée	No. TVA	BE	zehn Ziffern
	BTW-identificatie-nummer	BTW-Nr.		
Bulgarien	Dank dobaweha stoinost Идентифика-чионен номер по	DDS ДДС	BG	neun oder zehn Ziffern
Dänemark	Momsregistrerings-nummer	SE-Nr.	DK	acht Ziffern
Deutschland	Umsatzsteuer-Identi-fikationsnummer	USt-IdNr.	DE	neun Ziffern
Estland	Käibemaksukohus-tuslasena registree-rimise number	KMKR	EE	neun Ziffern
Finnland	Arvonlisâverorekister-ôinitinummero Mervärdesskattere-gistreringsnummer (momsregistrerings-nummer)	ALV-NRO	FI	acht Ziffern
Frankreich	Le numéro d'identification à la taxe sur la valeur ajoutée	TVA No.	FR	elf (nur Ziffern bzw. die erste und/oder die zweite Stelle kann ein Buchstabe sein)

---

[1] Veröffentlicht im Internet unter http://ec.europa.eu/taxation_customs.

Griechenland	Αριθμός Φορολογικού Μητρώου Arithmos Forologikou Mitroou	ΦΠΑ FPA	EL	neun Ziffern
Irland	Value added tax identification no.	VAT No	IE	acht (die zweite Stelle **kann** und die letzte Stelle **muss** ein Buchstabe sein)
Italien	Il numero di registrazione IVA	P.IVA	IT	elf Ziffern
Kroatien	porez na dodanu vrijednost hrvatskog identifikacijski broj	PDV ID broj	HR	elf Ziffern
Lettland	pievienotās vērtības nodokļa registrācijas numurs	PVN	LV	elf Ziffern
Litauen	Pridetines vertes mokescio moketojo kodas	PVM	LT	neun oder zwölf Ziffern
Luxemburg	Le numéro d'identification à la taxe sur la valeur ajoutée	ID. TVA	LU	acht Ziffern
Malta	numru ta' l-identifikazzjoni tat-taxxa fuq il-valur miújud value added tax identification number	VAT Reg. No. VAT Reg. No.	MT	acht Ziffern
Niederlande	BTW-identificatienummer oder Omzetbelastingnummer	OB-Nummer	NL	zwölf (die drittletzte Stelle **muss** der Buchstabe „B" sein)
Österreich	Umsatzsteuer-Identifikations-nummer	UID-Nr.	AT	"U" und acht Ziffern
Polen	numer identyfikacji podatkowej VAT	NIP	PL	zehn Ziffern

Portugal	O número de identificação para efeitos do imposto sobre o valor acrescentado	NIPC	PT	neun Ziffern
Rumänien	cod de înregistrare în scopuri de TVA	TVA	RO	max. zehn Ziffern
Schweden	Mervärdesskatteregistreringsnummer (momsregistreringsnummer)	MomsNr	SE	zwölf Ziffern
Slowakei	identifikačné číslo pre daň z pridanej nodnoty	IČ DPH	SK	zehn Ziffern
Slowenien	davčna številka za DDV	DDV	SI	acht Ziffern
Spanien	El número de identificación e efectos del Impuesto sobre el Valo Añadido	N. IVA	ES	neun (die erste **und** die letzte Stelle bzw. die erste **oder** die letzte Stelle **kann** ein Buchstabe sein)
Tschechien	daňové identifikační číslo	DIČ	CZ	acht, neun oder zehn Ziffern
Ungarn	közösségi adószám		HU	acht Ziffern
Vereinigtes Königreich	Value added tax registration no.	VAT Reg.No.	GB	neun **oder** zwölf Ziffern
Zypern (griech. Teil)	Αριθμός Εγγραφής Arithmos Egrafis	Φ.Π.Α. FPA	CY	neun Zeichen (letzte Stelle **muss** ein Buchstabe sein)

V. Territoriale Begriffe

51 Seit Schaffung des Binnenmarktes gibt es begrifflich die Einfuhr von Gegenständen nur noch aus dem sog. Drittlandsgebiet in das Inland (§ 1 Abs. 1 Nr. 4 UStG), nur Lieferungen in diese Gebiete stellen begrifflich Ausfuhrlieferungen dar (§ 4 Nr. 1a i.V. m. § 6 UStG). **Drittlandsgebiet** sind alle ausländischen Staa-

ten, die nicht zur Europäischen Union gehören (§ 1 Abs. 2a Satz 3 UStG),[1] aber auch die deutschen Freihäfen sowie die Insel Helgoland und die Gemeinde Büsingen, wenngleich die Freihäfen nach Unionsrecht zum Gemeinschaftsgebiet rechnen.[2] Es handelt sich dabei um die Freihäfen Bremerhaven und Cuxhaven.[3]

Die „Einfuhren" aus einem Mitgliedstaat der EU sind seit dem 1.1.1993 regelmäßig vom Erwerber im Rahmen seiner Umsatzsteuerfestsetzung als „Innergemeinschaftlicher Erwerb" zu versteuern (§ 1 Abs. 1 Nr. 5 UStG), die entsprechende Lieferung an ihn ist daher grds. im Ursprungsland als „Innergemeinschaftliche Lieferung" steuerfrei (§ 4 Nr. 1b i.V.m. § 6a UStG). Das **Gemeinschaftsgebiet** umfasst das Gebiet aller Mitgliedsländer der Europäischen Gemeinschaft (Art. 5 Abs. 1 MwStSystRL) einschließlich Monaco, Akrotiri, Dhekelia, Azoren, Balearen, Madeira und der Isle of Man (Art. 7 MwStSystRL, § 1 Abs. 2a UStG).[4]   52

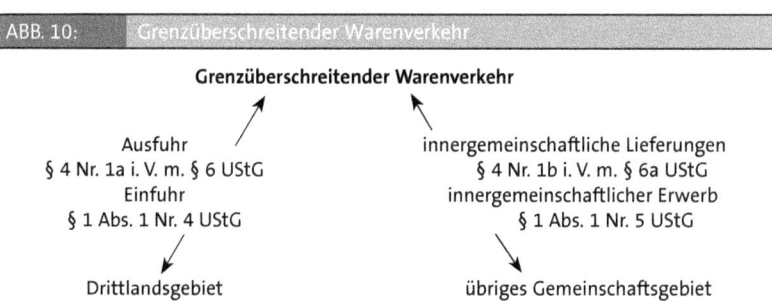

ABB. 10: Grenzüberschreitender Warenverkehr

Einige Staaten haben besondere Gebiete, die zwar Teil des Hoheitsgebiets   53
sind, in denen aber abweichende umsatzsteuerliche Regelungen gelten. So gehört Korsika zum französischen Hoheitsgebiet, gleichwohl gelten dort andere Umsatzsteuersätze als im übrigen Erhebungsgebiet Frankreichs. Daneben gibt es andere besondere Gebiete, die für Zwecke einheitlicher Marktbedingungen ein einheitliches Umsatzsteuerrecht mit einem bestimmten Staat vereinbart haben. So ist z. B. die Isle of Man kein Teil Großbritanniens, dennoch gelten auch dort (nahezu unverändert) die britischen Umsatzsteuerregelungen. Die

---

1 Abschnitt 1.10 UStAE.
2 Vgl. dazu EuGH, Urteil v. 1.6.2017 – C-571/15, UR 2017 S. 513, BFH v. 22.2.2017 – XI R 13/15, BB 2017 S. 1174.
3 Abschnitt 1.9 Abs. 1 UStAE.
4 Zu den Niederländischen Antillen vgl. EuGH, Urteil v. 28.1.1999, UR 1999, 452, IStR 1999 S. 240. Hinsichtlich der besonderen Gebiete, insbesondere der überseeischen Länder der einzelnen Mitgliedstaaten vgl. Abschnitt 1.10 UStAE.

Angleichung des Umsatzsteuerrechts wurde durch den völkerrechtlichen Vertrag v. 15. 10. 1979 vereinbart. Ähnliches gilt für Monaco, wo die Umsatzsteuer Frankreichs zur Anwendung kommt. Beide Gebiete gelten nach Art. 7 Abs. 1 MwStSystRL durch ihren Anschluss an das Erhebungsgebiet als zum EU-Gemeinschaftsgebiet gehörig. Auch Madeira (PT) gehört zum Gemeinschaftsgebiet.

54   Mehrere EU-Mitgliedstaaten haben besondere Gebiete, die Teil ihres Hoheitsgebiets sind, aber wegen Sonderregeln nicht zum Gemeinschaftsgebiet gehören (vgl. Art. 6 MwStSystRL).[1] Die EU-Mitgliedstaaten und ihre besonderen Gebiete i. S. des Art. 6 MwStSystRL sind:

TAB. 1:	Besondere Gebiete in einigen Mitgliedstaaten
Dänemark:	Färöer-Inseln, Grönland,
Deutschland:	Büsingen, Helgoland,
Finnland:	Åland-Inseln,
Frankreich:	Für Korsika und die Überseedepartements (DOM) gelten besondere Steuersätze, Guadeloupe, Französisch-Guyana, Martinique, Mayotte, Réunion, Saint-Barthélemy und Saint-Martin gehören aber nicht zum Gemeinschaftsgebiet,
Griechenland:	Berg Athos, in einigen Verwaltungsbezirken gelten besondere Steuersätze (Lesbos, Chios, Samos, Dodekanes, Kykladen und die Inseln im Ägäischen Meer Thassos, Nördliche Sporaden, Samothrake und Skyros),
Großbritannien:	Überseegebiete,
Italien:	Livigno, Campione d'Italia und die nationalen Gewässer des Luganer Sees,
Niederlande:	Aruba, Bonaire, Curaçoa, Sint Maarten, Saba und Sint Eustatius,
Österreich:	Für Jungholz und Mittelberg gilt ein geringerer Steuersatz,
Portugal:	Für die Azoren und Madeira gelten besondere Steuersätze,
Spanien:	Ceuta und Melilla (Nordafrika) und die Kanarischen Inseln.

Auch die britischen Kanalinseln (Guernsey, Jersey u. a.), Gibraltar, San Marino, Andorra und Grönland gehören nicht zum EU-Gemeinschaftsgebiet. Andorra,

---

1 Abschnitt 1.10 UStAE.

Gibraltar und der Vatikan[1] gehören zum Drittlandsgebiet, ebenso wie die Teile der Insel Zypern, in denen die Regierung der Republik Zypern tatsächlich keine Kontrolle ausübt. Auch das Fürstentum Liechtenstein gehört zum Drittlandsgebiet.

Bei Umsätzen in **Freihäfen** und Gewässern und Watten zwischen der Hoheits- und der Zollgrenze an der Küste wird nach der Beschränkung der Einfuhrumsatzsteuer auf Lieferungen aus dem Drittland sichergestellt, dass es zu keinem unbelasteten Letztverbrauch kommt (§ 1 Abs. 3 UStG). Nichtunternehmerisch tätige juristische Personen (insbesondere des öffentlichen Rechts) haben unter bestimmten Voraussetzungen den innergemeinschaftlichen Erwerb in diesen Gebieten zu versteuern (§ 1 Abs. 3 Nr. 6 UStG); sie sind wie Umsätze im Inland zu behandeln. Privatpersonen in den bezeichneten Gebieten haben den innergemeinschaftlichen Erwerb neuer Fahrzeuge der Erwerbsbesteuerung zu unterwerfen (§ 1 Abs. 3 Nr. 7 UStG). Lieferungen aus dem übrigen Gemeinschaftsgebiet in diese Gebiete werden aus Sicht des ausländischen Unternehmers wie innergemeinschaftliche Lieferungen behandelt.[2]

55

Nachdem sich die britische Bevölkerung mit knapper Mehrheit dafür ausgesprochen hat, aus der Europäischen Union auszutreten, begannen europaweit die Diskussionen um die politischen und wirtschaftlichen Folgen des sog. Brexit. Mittlerweile hat die britische Regierung einen entsprechenden Antrag gestellt. Gleichwohl finden die EU-Verträge nach Art. 50 Abs. 3 des EU-Vertrages noch 2 Jahre Anwendung, eine Fristverlängerung ist möglich. Insofern kann über die Einzelheiten des Brexit und seine Folgen nur spekuliert, nicht aber inhaltlich seriös berichtet werden. Das vorliegende Werk hat daher zur praxisnahen Anwendbarkeit auf Darstellung der möglichen Folgen des Brexit verzichtet.

56

---

1 Der € gilt im Staat Vatikanstadt aufgrund eines besonderen Währungsabkommens mit der Europäischen Union (Abkommen v. 29.12.2000 – C-299/2000).

2 EuGH, Urteil v. 1.6.2017 – C-571/15, UR 2017 S. 513, BFH v. 22.2.2017 – XI R 13/15, BB 2017 S. 1174.

VI. Auf dem Weg zur Einführung eines endgültigen Mehrwertsteuersystems in der Europäischen Union

1. Der Aktionsplan der Europäischen Kommission im Bereich der Mehrwertsteuer

57 Schon 1992 waren die Zielvorstellungen der einzelnen Mitgliedstaaten (mit deutlich kleinerer Mitgliederzahl) so unterschiedlich, dass das Konzept der Europäischen Kommission zur Einführung eines Mehrwertsteuersystems mit einer Besteuerung nach dem sog. Ursprungslandprinzip scheiterte. Ein solches System würde aufgrund der Begünstigung der exportierenden Nationen und einer Benachteiligung der importierenden Mitgliedsländer eine erhebliche Veränderung der nationalen Haushalte nach sich ziehen, wozu die meisten Mitgliedstaaten schon damals nicht bereit waren. Die Idee des Ursprungslandprinzips wurde mittlerweile aufgegeben.

Daher wurden die seinerzeit eingeführten Regelungen des Umsatzsteuer-Binnenmarktes zum 1.1.1993 nur als **Übergangsmaßnahmen** verabschiedet. Statt der damals veranschlagten 4 Jahre dauert die Übergangsregelung heute aber immer noch an und wir leben seit mehr als zwei Jahrzehnten mit einem völlig unzureichenden und betrugsanfälligen Besteuerungssystem.

58 Nachdem die Europäische Kommission mit ihrem sog. Grünbuch „Wege zu einem einfacheren, robusteren und effizienteren MwSt-System" alle Interessierten aufgefordert hatte, sich an einer öffentlichen Konsultation zu beteiligen, hat sie am 7.4.2016 einen „Aktionsplan im Bereich der Mehrwertsteuer" vorgelegt.[1] Auch die Kommission erkennt, dass das derzeitige Mehrwertsteuersystem zu fragmentiert und zu kompliziert ist und dass das System der Mehrwertsteuer für Unternehmen einfacher werden muss. Die aktuelle Komplexität des Systems macht gerade kleineren und mittleren Unternehmen zu schaffen und zieht enorme Bürokratiekosten nach sich. Außerdem muss das neue System das steigende Betrugsrisiko bekämpfen. Das Mehrwertsteuersystem

---

1 Mitteilung der Kommission an das Europäische Parlament, den Rat und den Europäischen Wirtschafts- und Sozialausschuss über einen Aktionsplan im Bereich der Mehrwertsteuer vom 7.4.2016: Auf dem Weg zu einem einheitlichen europäischen Mehrwertsteuerraum – Zeit für Reformen, COM (2016) 148 final, BR-Drucks. 191/16 v. 18.4.2016; Mitteilung der Kommission an das Europäische Parlament, den Rat und den Europäischen Wirtschafts- und Sozialausschuss v. 4.10.2017: Follow-up zum Aktionsplan im Bereich der Mehrwertsteuer, COM (2017) 566 final, BR-Drucksache 661/17 v. 11.10.2017.

muss modernisiert werden, ein Neustart ist erforderlich. Dabei gilt es auch, den digitalen Wandel der Gesellschaft zu berücksichtigen.[1]

HINWEIS:

Die Kommission legte einen Reformplan vor, der sich über die nächsten Jahre erstrecken soll und für dessen Umsetzung „politische Führungskraft" erforderlich ist. Der Name des Programms ist dabei vielsagend und lässt den typischen europäischen Aktionismus befürchten, denn nach wie vor ist das größte Hemmnis zur Entscheidungsfindung der EU im Bereich des Steuerrechts das sog. Einstimmigkeitsprinzip, das jedem Staat die Möglichkeit gibt, die Mehrheit vernünftig denkender Reformstaaten unter Druck zu setzen. Vor jedem weiteren Reformversuch sollten daher erst einmal die demokratischen Grundregeln überdacht werden, um einen Wirtschaftskoloss mit einer derart hohen Zahl von Mitgliedstaaten überhaupt steuern zu können. Der Aktionsplan ist ein politischer Offenbarungseid. Obwohl die EU schon die zum 1.1.1993 eingeführten Regelungen zum Binnenmarkt auf eine Übergangszeit von 4 Jahren befristet hatte (!), werden wieder Jahre ins Land gehen, bis ein wirklich funktionierendes Steuersystem eingeführt wird – falls überhaupt. Es wird weiterhin an einem maroden Steuersystem mit hoher Betrugsanfälligkeit festgehalten, weil die Politik glaubt, besser als die Betroffenen selber zu wissen, was gut für die Betroffenen ist, statt dem Ganzen einfach ein Ende zu setzen. Die Ausgestaltung der Umsatzsteuer als Verbrauchsteuer, die nur noch auf der Ebene des Letztverbrauchs anfällt, würde viele unserer aktuellen Probleme beenden. Die europäische Steuerpolitik ist ein Musterbeispiel dafür, dass es häufig nur wenige Wochen dauert, um ein neues Gesetz zu erlassen, aber eine Ewigkeit, es wieder loszuwerden. Solche Verharrungskräfte politischer Fehlentscheidungen wären kontrollierbar, würden Gesetze, die nur für eine Übergangszeit gelten sollen, nach dem Vorbild einiger Entscheidungen des BVerfG auch mit einem Enddatum versehen werden. Leider wird dieser Fehler auch im Rahmen der einzelnen Maßnahmen des Aktionsplans wiederholt.

2. Das angedachte endgültige Mehrwertsteuersystem

Das Mehrwertsteuersystem der Europäischen Union hat den Handel in der EU deutlich erleichtert. In den letzten Jahren hat das Mehrwertsteuersystem jedoch nicht mit der Globalisierung und der Digitalisierung der Wirtschaft Schritt halten können. So beruht das derzeitige System zur Besteuerung des Handels zwischen den Mitgliedstaaten nach wie vor auf einer 25 Jahre alten Übergangsregelung, nach der inländische und grenzüberschreitende Umsätze zwei völlig unterschiedlichen Mehrwertsteuerregelungen unterliegen. Dadurch sind die Kosten der Befolgung der Mehrwertsteuervorschriften für Unternehmer, die grenzüberschreitenden Handel betreiben, deutlich höher als für Unternehmen, die ausschließlich im Inland Handel treiben. Zudem ist die Übergangsregelung bei grenzüberschreitenden Vorgängen besonders betrugsanfällig. 59

---

1 Mitteilung der Kommission an das Europäische Parlament und den Rat v. 21.9.2017: Ein faires und effizientes Steuersystem in der Europäischen Union für den digitalen Binnenmarkt, COM (2017) 547 final, BR-Drucks. 679/17 v. 11.10.2017.

In ihrem Aktionsplan unterstrich die Europäische Kommission die Notwendigkeit eines einheitlichen europäischen Mehrwertsteuerraums, der den Herausforderungen des 21. Jahrhunderts gerecht werden muss. Die Modernisierung des bestehenden Mehrwertsteuersystems soll dabei schrittweise erfolgen. Angekündigt wurde eine Reihe von kurz- und mittelfristigen Maßnahmen zur Schaffung eines modernen, einfacheren EU-Mehrwertsteuersystems, das weniger anfällig für Betrug und gleichzeitig unternehmerfreundlicher ist. Am Ende soll ein vollkommen neues Mehrwertsteuersystem, basierend auf dem Bestimmungslandprinzip, stehen.

Dabei soll in einem ersten legislativen Schritt die Mehrwertsteuerbehandlung der B2B-Lieferungen innerhalb der Union geregelt werden. In einem zweiten legislativen Schritt würde dieses System auf alle grenzüberschreitenden Lieferungen und auch auf Dienstleistungen ausgeweitet werden.

Der geplante Legislativvorschlag der Kommission[1] für ein **endgültiges Mehrwertsteuersystem** soll folgende Kernelemente enthalten:

▶ Die Kommission kommt zu dem Schluss, dass Lieferungen an andere Unternehmer innerhalb der Europäischen Union *nicht mehr als innergemeinschaftliche Lieferung von der Umsatzsteuer zu befreien* sind. Wenn diese Leistungen nunmehr beim leistenden Unternehmer der Umsatzsteuer unterliegen, könnten zudem die bisher abzugebenden Zusammenfassenden Meldungen entfallen.

▶ Das endgültige Mehrwertsteuersystem soll auf dem Prinzip der *Besteuerung im Bestimmungsland* der Liefergegenstände beruhen, unabhängig davon, ob der Erwerber ein Endverbraucher (B2C) oder ein Unternehmer (B2B) ist.

▶ Das Besteuerungsverfahren muss zur praktikablen Anwendung des Bestimmungslandprinzips erheblich vereinfacht werden, damit sich nicht jeder Unternehmer in jedem Land seiner belieferten Kunden registrieren lassen muss. Geplant ist eine *einzige Anlaufstelle* im Wege eines Online-Portals im Land des leistenden Unternehmers (One-Stop-Shop), ähnlich dem aktuellen MOSS-Verfahren für elektronische Dienstleistungen.

▶ Für *zertifizierte Unternehmer* soll es Vereinfachungen geben, insbesondere durch Anwendung des Reverse-Charge-Verfahrens auf diese Leistungen.

HINWEIS:

Es bestehen m. E. erhebliche Zweifel, ob die Mitgliedstaaten überhaupt in der Lage sein werden, den mit dem erforderlichen umfassenden Steuerclearing verbundenen Verwal-

---

1 Vorschlag für eine Richtlinie des Rates zur Änderung der Richtlinie 2006/112/EG in Bezug auf die Harmonisierung und Vereinfachung bestimmter Regelungen des Mehrwertsteuersystems (MwStSystRL) und zur Einführung des endgültigen Systems der Besteuerung des Handels zwischen Mitgliedstaaten v. 4. 10. 2017, COM (2017) 569 final, BR-Drucks. 660/17 v. 11. 10. 2017.

tungsaufwand zu bewältigen. Außerdem setzt ein solches Clearingverfahren mit Transferzahlungen der Herkunftsländer an die Bestimmungsländer ein Vertrauen zwischen den Mitgliedstaaten voraus, dass zurzeit offenbar eher nicht vorhanden ist.

Außerdem deutet schon dieser vorläufige Aktionsplan wieder Ausnahmen an, sodass ein Schritt zur Steuervereinfachung nicht erkennbar ist. So sollen vorschriftsmäßig handelnde Unternehmen, denen von den jeweiligen Steuerverwaltungen Bescheinigungen ausgestellt werden, weiterhin für in anderen EU-Ländern gekaufte Gegenstände durch den Übergang der Steuerschuldnerschaft auf den Erwerber selbst mehrwertsteuerpflichtig sein.

Die Kommission wird noch in 2018 einen Vorschlag für eine Richtlinie und dazugehörige Durchführungsvorschriften mit ausführlichen technischen Bestimmungen vorlegen, die für die Umsetzung des endgültigen Mehrwertsteuersystems benötigt werden. Die Kommission geht davon aus, dass die technische Vorbereitung für die Inbetriebnahme des neuen Systems bis 2022 abgeschlossen sein wird.

Demzufolge würde nach konsequenter Umsetzung des Bestimmungslandprinzips der leistende Unternehmer dem Abnehmer die Mehrwertsteuer zu dem Steuersatz des Mitgliedstaates in Rechnung stellen, in dem die Gegenstände ankommen oder die Dienstleistung verbraucht wird. Die Mehrwertsteuer würde bei einer einzigen Anlaufstelle („One-Stop-Shop") in dem Mitgliedstaat angemeldet und abgeführt, in dem der leistende Unternehmer ansässig ist. Diese einzige Anlaufstelle soll es zudem ermöglichen, die auf Lieferungen anfallende Mehrwertsteuer gegen die für Einkäufe innerhalb der Europäischen Union anfallende Vorsteuer aufzurechnen.   60

Ist der Erwerber dagegen ein zertifizierter Steuerpflichtiger, stellt der leistende Unternehmer ihm die Mehrwertsteuer nicht in Rechnung. Der Erwerber hat die Umsatzsteuer im Wege des Übergangs der Steuerschuldnerschaft in seinem Mitgliedsland selbst anzumelden, was de facto insoweit der derzeitig gültigen Handhabung entspricht, wenngleich unter anderer rechtlicher Bezeichnung und anderen Bedingungen.   61

3. Begleitende Maßnahmen und Provisorien für eine Übergangszeit

Bei den Beratungen über den Mehrwertsteuer-Aktionsplan wurde deutlich, dass es schon kurzfristig einiger Verbesserungen am derzeitigen Mehrwertsteuersystem bedarf.[1] Daher wird die Kommission neben diesem Reformplan   62

---

1 Mitteilung der Kommission an das Europäische Parlament, den Rat und den Europäischen Wirtschafts- und Sozialausschuss v. 4.10.2017: Follow-up zum Aktionsplan im Bereich der Mehrwertsteuer – Auf dem Weg zu einem einheitlichen europäischen Mehrwertsteuerraum – Zeit zu handeln, COM (2017) 566 final, BR-Drucks. 661/17 v. 11.10.2017.

zur Schaffung eines endgültigen Mehrwertsteuersystems eine Reihe von Initiativen zur Bewältigung der aktuellen Herausforderungen des Binnenmarktes vorlegen. Die entsprechenden Vorschläge werden zurzeit im Europäischen Rat erörtert und sollen teilweise bereits zum 1. 1. 2019 in Kraft treten:

► Einführung eines **Schwellenwertes** für Telekommunikationsdienstleistungen, Rundfunk- und Fernsehdienstleistungen und **elektronische Dienstleistungen** von 10.000 €, wonach Umsätze unter diesem Schwellenwert vom Unternehmer im Ursprungsland versteuert werden können. Die Änderungsrichtlinie wurde bereits verabschiedet und muss noch zum 1. 1. 2019 in nationales Recht umgesetzt werden.[1] Bis zur Erreichung eines weiteren Schwellenwerts von 100.000 € gelten Vereinfachungen. Die entsprechende Durchführungsverordnung ist bereits verabschiedet und gilt ohne weitere Umsetzung unmittelbar für Umsätze ab dem 1. 1. 2021.[2]

► Änderung bezüglich der **Versandhandelsregelung** dahingehend, dass bis zu einem Schwellenwert von 10.000 € jährlich grenzüberschreitende Online-Verkäufe nach den Vorschriften des Ursprungsland besteuert werden. Die Änderungsrichtlinie wurde bereits verabschiedet und muss noch zum 1. 1. 2019 in nationales Recht umgesetzt werden.[3]

► Aufhebung der Mehrwertsteuerbefreiung bei der **Einfuhr von Kleinsendungen** durch Anbieter aus Drittländern.[4] Die bisher geltende Steuerbefreiung unter 22 € entfällt, da sie missbrauchsanfällig ist und der Umsatzsteuerbetrug in diesen Fällen Besorgnis erregende Größen angenommen hat.[5]

► Vorübergehende Ausnahmeregelung zur **Bekämpfung des Mehrwertsteuerbetrugs**. Als erste konkrete Maßnahme schlägt die EU-Kommission vor, den Mitgliedstaaten die Möglichkeit zur Einführung einer generellen Umkehr der Steuerschuldnerschaft für Rechnungsbeträge über 10.000 € ein-

---

1 Richtlinie (EU) 2017/2455 des Rates zur Änderung der Richtlinie 2006/112/EG und der Richtlinie 2009/132/EG in Bezug auf bestimmte mehrwertsteuerliche Pflichten für die Erbringung von Dienstleistungen und für Fernverkäufe von Gegenständen v. 5. 12. 2017, ABl EU 2017 Nr. L 348 S. 7.

2 Verordnung (EU) 2017/2459 des Rates zur Änderung der Durchführungsverordnung (EU) Nr. 282/2011 zur Festlegung von Durchführungsvorschriften zur Richtlinie 2006/112/EG über das gemeinsame Mehrwertsteuersystem v. 5. 12. 2017, ABl EU 2017 Nr. L 348 S. 32.

3 Richtlinie (EU) 2017/2455 des Rates zur Änderung der Richtlinie 2006/112/EG und der Richtlinie 2009/132/EG in Bezug auf bestimmte mehrwertsteuerliche Pflichten für die Erbringung von Dienstleistungen und für Fernverkäufe von Gegenständen v. 5. 12. 2017, ABl EU 2017 Nr. L 348 S. 7.

4 Kleinsenderichtlinie v. 19. 10. 2009, RL 2009/132/EG zur Festlegung des Anwendungsbereichs von Art. 143 Buchst. b und c MwStSystRL hinsichtlich der Mehrwertsteuerbefreiung bestimmten endgültiger Einfuhren von Gegenständen, ABl EU 2009 Nr. L 292 S. 5.

5 Richtlinie (EU) 2017/2455 des Rates zur Änderung der Richtlinie 2006/112/EG und der Richtlinie 2009/132/EG in Bezug auf bestimmte mehrwertsteuerliche Pflichten für die Erbringung von Dienstleistungen und für Fernverkäufe von Gegenständen v. 5. 12. 2017, ABl EU 2017 Nr. L 348 S. 7.

zuräumen (geplanter Art. 199c MwStSystRL).[1] Die Maßnahme wäre antragsgebunden und ist bis zum 30. 6. 2022 befristet.

▶ Die Einführung des „zertifizierten Steuerpflichtigen" soll sich am Konzept des zugelassenen Wirtschaftsbeteiligten im Zollbereich orientieren. Das Konzept wird es ermöglichen, dass ein bestimmtes Unternehmen insgesamt als zuverlässiger Steuerzahler gilt und diesem Unternehmer Gegenstände ohne Umsatzsteuer verkauft werden können. Für diese zertifizierten Steuerpflichtigen sollen schon zum 1. 1. 2019 folgende Vereinfachungen geschaffen werden:

- Übergang der Steuerschuldnerschaft bei Lieferungen an zertifizierte Unternehmer.

- Vereinfachung und Harmonisierung von Vorschriften für Konsignationslager.

- Vereinfachung der Vorschriften zur Gewährleistung der Rechtssicherheit bei Reihengeschäften.

▶ Ausweitung des Mechanismus der einzigen Anlaufstelle (MOSS, bislang nur gültig für elektronische Dienstleistungen) zunächst auf den Online-Verkauf von Waren an Endverbraucher im übrigen Gemeinschaftsgebiet, später für alle innergemeinschaftlichen Leistungen.[2]

▶ Stärkung der Verwaltungszusammenarbeit zwischen den Behörden, ggf. aber auch Logistikunternehmen, Internetplattformen, Zahlungsdienstleistern und Verbänden.[3]

▶ Darüber hinaus soll die Mehrwertsteuer-Identifikationsnummer des Erwerbers als materielle Voraussetzung für die Mehrwertsteuerbefreiung einer innergemeinschaftlichen Lieferung im Gesetz verankert werden. Der Anwendungszeitpunkt ist noch offen.

---

1 Vorschlag für eine Richtlinie des Rates zur Änderung der Richtlinie 2006/112/EG über das gemeinsame Mehrwertsteuersystem (MwStSystRL) im Hinblick auf die befristete generelle Umkehrung der Steuerschuldnerschaft auf Lieferungen bestimmter Gegenstände und Dienstleistungen über einen bestimmten Schwellenwert v. 23. 12. 2016, COM (2016) 811 final, BR-Drucks. 820/16 v. 23. 12. 2016; Beschluss des Bundesrates v. 10. 2. 2017, BR-Drucks. 820/16 (Beschluss).

2 Richtlinie (EU) 2017/2455 des Rates zur Änderung der Richtlinie 2006/112/EG und der Richtlinie 2009/132/EG in Bezug auf bestimmte mehrwertsteuerliche Pflichten für die Erbringung von Dienstleistungen und für Fernverkäufe von Gegenständen v. 5. 12. 2017, ABl EU 2017 Nr. L 348 S. 7.

3 Vorschlag für eine geänderte Verordnung des Rates zur Änderung der Verordnung Nr. 904/2010 im Hinblick auf die Stärkung der Zusammenarbeit der Verwaltungsbehörden auf dem Gebiet der Mehrwertsteuer v. 30. 11. 2017, COM (2017) 706 final, BT-Drucks. 751/17 v. 30. 11. 2017.

► Einführung von Vereinfachungen zur Unterstützung kleinerer und mittlerer Unternehmer (KMU) durch Schaffung einer **Mehrwertsteuerschwelle** (Kleinunternehmergrenze).[1] Die Änderungen sind für den 1. 7. 2022 angedacht.

► Mehr Flexibilität für die Mitgliedstaaten, die Höhe der **Mehrwertsteuersätze** selbst festzusetzen und Schaffung eines abschließenden Verzeichnisses für Leistungen, für die kein ermäßigter Steuersatz möglich sein soll. Schon kurzfristig sollen die Mitgliedstaaten die Möglichkeit bekommen, die Besteuerung von E-Books und Online-Zeitungen dem gleichen Steuersatz zu unterwerfen wie Druckerzeugnisse.[2] Der Anwendungszeitpunkt ist noch offen.

4. Bereits umgesetzte Vorhaben der Kommission

a) Schwellenwert für elektronische Dienstleistungen und dergleichen

63 Die bereits vom Rat der Europäischen Union am 5. 12. 2017 verabschiedete Richtlinie in Bezug auf bestimmte mehrwertsteuerpflichtige Pflichten für die Erbringung von Dienstleistungen und für Fernverkäufe von Gegenständen[3] enthält in zwei Art. Vorschläge zur Änderung der MwStSystRL, die den Ort der Leistung bei elektronischen Dienstleistungen und bei Versandhandelsumsätzen betreffen.

HINWEIS:

Bei Drucklegung dieses Buches war zwar die Richtlinie von allen EU-Mitgliedstaaten angenommen, die Regelungen müssen noch in nationales Recht umgesetzt werden.

Zum 1. 1. 2019 wurde die Sonderregelung zum Ort der Telekommunikationsdienstleistungen, Rundfunk- und Fernsehdienstleistungen sowie elektronische Dienstleistungen (Art. 58 MwStSystRL) dahingehend geändert, dass eine Umsatzschwelle von 10.000 € eingeführt wird. Solange diese Schwelle im Vorjahr oder im laufenden Jahr nicht überschritten wurde, soll – anders als bisher – die Besteuerung im Ursprungsland, also im Land des leistenden Unternehmers, erfolgen. Außerdem wird ein Optionsrecht eingeführt, sich für die sofortige Besteuerung im Bestimmungsland zu entscheiden. Steuerpflichtige aus

---

1 Vorschlag für eine Richtlinie des Rates zur Änderung der Richtlinie 2006/112/EG über das gemeinsame Mehrwertsteuersystem (MwStSystR) in Bezug auf die Sonderregelung für Kleinunternehmer v. 18. 1. 2018, COM (2018) 21 final, BT-Drucks. 18/18 v. 18. 1. 2018.

2 Vorschlag für eine Richtlinie des Rates zur Änderung der Richtlinie 2006/112/EG über das gemeinsame Mehrwertsteuersystem (MwStSystRL) in Bezug auf die Mehrwertsteuersätze v. 18. 1. 2018, COM (2018) 20 final, BR-Drucks. 17/18 v. 18. 1. 2018.

3 Richtlinie (EU) 2017/2455 des Rates v. 5. 12. 2017, ABl EU Nr. L 348 S. 7.

Drittstaaten, die in einem Mitgliedsland der EU registriert sind, können ebenfalls diese Sonderregelung in Anspruch nehmen.

Beim Überschreiten der Umsatzschwelle kommt es jedoch nicht zu einer Registrierungspflicht im Bestimmungsland, die Besteuerung erfolgt wie bisher nach dem sog. MOSS-Verfahren („mini one stop shop"). Ergänzend dazu wurde eine Verordnung zur Änderung von Art. 24b MwStVO erlassen, um den Wohnort des Leistungsempfängers nur noch nach einem Beweismittel festzulegen.[1]

b) Versandhandelsregelung

Die bereits vom Rat der Europäischen Union am 5. 12. 2017 verabschiedete Richtlinie in Bezug auf bestimmte mehrwertsteuerpflichtige Pflichten für die Erbringung von Dienstleistungen und für Fernverkäufe von Gegenständen[2] enthält in zwei Art. Vorschläge zur Änderung der MwStSystRL, die den Ort der Leistung bei elektronischen Dienstleistungen und bei Versandhandelsumsätzen betreffen. | 64

Zum 1. 1. 2021 soll eine grundlegende Änderung der Regelungen zu den sog. Versandhandelsumsätzen erfolgen. Die bisherige Lieferschwelle von 100.000 € bei Versandhandelsumsätzen entfällt, stattdessen gilt ebenfalls die Umsatzschwelle für die zuvor genannten Dienstleistungen von 10.000 €. Erst ab dem Überschreiten der neuen Schwelle kommt es – wie bei den genannten Dienstleistungen – zur Verlagerung des Ortes der Leistung in das Bestimmungsland. Die Regelungen zum „MOSS" finden entsprechend Anwendung, sodass eine Registrierung im Bestimmungsland nicht erforderlich wird. Verbrauchsteuerpflichtige Gegenstände werden vom Anwendungsbereich der Regelung ausgenommen.

Werden Umsätze über eine elektronische Plattform abgewickelt, so wird eine Kommissionsregelung für die Betreiber der Plattform eingeführt, ähnlich der Dienstleistungskommission in § 3 Abs. 11 UStG. Die Betreiber der Plattform werden so behandelt, als ob sie die Lieferung vom Versender erhalten und ihrerseits an den Endverbraucher weitergeliefert hätten.

Die Regelungen werden auf Umsätze aus Drittstaaten ausgeweitet. Dazu wird die Kleinsenderichtlinie aufgehoben und die Sonderregelung für Versandhandelsumsätze auf Verkäufe von Gegenständen mit einem Sachwert von höchstens 150 € beschränkt, die aus einem Drittland direkt an einen Erwerber im Gemeinschaftsgebiet versandt werden. Für Gegenstände, die diese Wertgrenze überschreiten, ist eine vollständige Zollanmeldung abzugeben. Darüber hi-

---

1 Durchführungsverordnung (EU) 2017/2459 des Rates v. 5. 12. 2017, ABl EU Nr. L 348 S. 32.
2 Richtlinie (EU) 2017/2455 des Rates v. 5. 12. 2017, ABl EU Nr. L 348 S. 7.

naus muss ein Unternehmer aus dem Drittland, der von MOSS Gebrauch machen will, einen „Vermittler" ähnlich dem Fiskalvertreter bestellen.

In diesem Zusammenhang wurde die Verordnung über die Zusammenarbeit der Verwaltungsbehörden und die Betrugsbekämpfung auf dem Gebiet der Mehrwertsteuer[1] zum 1.1.2021 angepasst.

5. Noch umzusetzende Vorhaben der Kommission

a) Bekämpfung des Mehrwertsteuerbetrugs

65 Angesichts des derzeitigen Ausmaßes des Mehrwertsteuerbetrugs und der Tatsache, dass es mehrere Jahre dauern wird, bevor das endgültige Mehrwertsteuersystem umgesetzt ist, hat die Kommission auf Ersuchen einiger Mitgliedstaaten als eine mögliche Sofortmaßnahme die Möglichkeit geprüft, diesen Mitgliedstaaten für Rechnungsbeträge über 10.000 € auf Antrag die Anwendung einer befristeten generellen Umkehrung der Steuerschuldnerschaft (Reverse-Charge-Verfahren) zu erlauben.[2] Dieses kurzfristig umzusetzende System, das von einem der Grundsätze der Mehrwertsteuerrichtlinie, der fraktionierten Zahlung, abweicht, soll den betroffenen Mitgliedstaaten die Möglichkeit geben, gegen den weitverbreiteten Karussellbetrug insbesondere durch die Erschleichung von Vorsteuerbeträgen vorzugehen.

Beschließt ein Mitgliedstaat die Anwendung der generellen Umkehrung der Steuerschuldnerschaft, hat er diese auf alle Lieferungen von Gegenständen und Dienstleistungen anwenden, die einen bestimmten Schwellenwert übersteigen. Die generelle Umkehrung der Steuerschuldnerschaft darf nicht auf einen bestimmten Wirtschaftszweig beschränkt sein.

Mitgliedstaaten, die beschließen, die generelle Umkehrung der Steuerschuldnerschaft anzuwenden, haben spezielle elektronische Berichtspflichten für Steuerpflichtige einzuführen, damit die effiziente Funktion und Überwachung der Anwendung der generellen Umkehrung der Steuerschuldnerschaft gewährleistet sind. Dadurch sollen mögliche neue Formen des Steuerbetrugs aufgedeckt und verhindert werden. Das Recht, die generelle Umkehrung der Steuerschuldnerschaft anzuwenden, haben auch benachbarte Mitgliedstaaten, die ein hohes Risiko der Betrugsverlagerung auf ihr Hoheitsgebiet sehen.

---

1 Verordnung (EU) 2017/2454 des Rates v. 5.12.2017, ABl EU Nr. L 348 S. 1.
2 Vorschlag für eine Richtlinie des Rates zur Änderung der Richtlinie 2006/112/EG über das gemeinsame Mehrwertsteuersystem (MwStSystRL) im Hinblick auf die befristete generelle Umkehrung der Steuerschuldnerschaft auf Lieferungen bestimmter Gegenstände und Dienstleistungen über einem bestimmten Schwellenwert v. 21.12.2016, COM (2016) 811 final, BR-Drucks. 820/16 v. 23.12.2016.

Die Kommission schlägt vor, einen entsprechenden Art. 199c in die MwStSystRL einzuführen. Die Maßnahme ist antragsgebunden und ist bis zum 30. 6. 2022 befristet. Gerade Deutschland hat in den letzten Jahren die Kommission immer wieder zu einer solchen Maßnahme gedrängt. Es wird interessant sein zu sehen, ob nun die generelle Umkehrung der Steuerschuldnerschaft in Deutschland auch tatsächlich eingeführt werden wird. Gegen eine solche Maßnahme des Gesetzgebers dürfte der gewaltige buchhalterische wie organisatorische Aufwand sprechen, dem ja nur eine zeitlich befristete Regelung gegenüberstehen würde.

b) Zertifizierung von Steuerpflichtigen

In einem ersten Schritt der Umstellung auf das endgültige Mehrwertsteuersystem sollen Erwerber, die von ihren Steuerbehörden als ihrer Pflicht nachkommende Unternehmer zertifiziert wurden, weiter selbst mehrwertsteuerpflichtig für die in anderen Mitgliedstaaten erworbenen Gegenstände sein, und zwar im Wege des Übergangs der Steuerschuldnerschaft. Der Begriff des zertifizierten Steuerpflichtigen soll es ermöglichen, zu bescheinigen, dass ein bestimmtes Unternehmen insgesamt als zuverlässiger Steuerzahler gilt. 66

In die MwStSystRL soll daher bereits zum 1. 1. 2019 ein neuer Art. 13a eingefügt werden, in dem der Begriff des zertifizierten Steuerpflichtigen genauer definiert wird. Einen entsprechenden Vorschlag für eine Richtlinie des Rates hat die Europäische Kommission zwischenzeitlich vorgelegt.[1]

Ist der Antragsteller ein Steuerpflichtiger, dem bereits der Status eines zugelassenen Wirtschaftsbeteiligten für Zollzwecke gewährt wurde, gelten die Kriterien bereits als erfüllt.

Unternehmer,

▶ die schwerwiegende oder wiederholte Verstöße gegen die steuer- und zollrechtlichen Vorschriften oder schwere Straftaten im Rahmen ihrer Wirtschaftstätigkeit begangen haben,

▶ die ihre Zahlungsfähigkeit nicht nachweisen können,

▶ die keine Kontrolle ihrer Tätigkeiten und der Warenbewegungen nachweisen können,

erhalten keine Zertifizierung.

Auch sog. atypische Unternehmer (pauschalierende Land- und Forstwirte, Kleinunternehmer und Unternehmer, die nur steuerfreie Umsätze ohne Vorsteuerabzug erbringen) sowie gelegentliche Fahrzeuglieferer sind von der Zertifizierung ausgeschlossen.

---

1 Vorschlag für eine Richtlinie des Rates zur Änderung der Richtlinie 2006/112/EG in Bezug auf die Harmonisierung und Vereinfachung bestimmter Regelungen des Mehrwertsteuersystems (MwStSystRL) und zur Einführung des endgültigen Systems der Besteuerung des Handels zwischen Mitgliedstaaten v. 4. 10. 2017, COM (2017) 569 final, BR-Drucks. 660/17 v. 4. 10. 2017.

In der Bestimmung werden die allgemeinen Kriterien festgelegt, anhand derer die Mitgliedstaaten Steuerpflichtige zertifizieren können. Da der Status eines zertifizierten Steuerpflichtigen mit Berichts- und Zahlungspflichten verbunden ist, kommen Nichtsteuerpflichtige hierfür nicht in Frage. Gleiches gilt für die sog. atypischen Unternehmer, es sei denn, sie optieren zur Regelbesteuerung.

67   In diesem Zusammenhang müssen Unternehmen und Steuerbehörden den Status eines qualifizierten Steuerpflichtigen unmittelbar im Internet prüfen können. Dazu ist es erforderlich, dass alle Mitgliedstaaten Informationen über Unternehmen und ihren Status als zertifizierte Steuerpflichtige in einem elektronischen System speichern und dass die zuständigen Behörden eines jeden Mitgliedstaats dafür sorgen, dass dieser Status für jedes betreffende Unternehmen bestätigt wird.

HINWEIS:

Die Kommission schlägt vor, einen entsprechenden Art. 13a in die MwStSystRL einzuführen.

Die genannten Verpflichtungen der Mitgliedstaaten sind in den Rechtsvorschriften über die Zusammenarbeit der Verwaltungsbehörden festzulegen, d. h., in der Verordnung über die Zusammenarbeit der Verwaltungsbehörden auf dem Gebiet der Mehrwertsteuer.[1] Einen Vorschlag für eine Verordnung des Rates zur Änderung dieser Verordnung hat die Europäische Kommission am 4.10.2017 vorgelegt.[2] Sie soll ab dem 1.1.2019 gelten.

c) Vereinfachung bei Konsignationslagern

68   Von Konsignationslagern („Call-off stock") wird gesprochen, wenn ein Lieferer Gegenstände in einen Mitgliedstaat verbringt, in dem er nicht ansässig ist, um sie zu einem späteren Zeitpunkt an einen bereits bekannten Erwerber zu verkaufen, ohne zunächst das Eigentum an den Gegenständen bei der Einlagerung zu übertragen. Der Erwerber hat das Recht, die Gegenstände nach Belieben aus dem Lager des Lieferers zu entnehmen, sodass dann zu diesem Zeitpunkt eine Lieferung von Gegenständen stattfindet.

Problematisch ist diese Regelung, wenn der Lieferer und der Erwerber in unterschiedlichen Mitgliedstaaten ansässig sind. Steht der Abnehmer bei Beginn der Beförderung oder Versendung in ein solches Konsignationslager bereits

---

1   Verordnung (EU) Nr. 904/2010 des Rates v. 7.10.2010 über die Zusammenarbeit der Verwaltungsbehörden und die Betrugsbekämpfung auf dem Gebiet der Mehrwertsteuer, ABl EU L 268 S. 1.

2   Verordnung des Rates zur Änderung der Verordnung (EU) Nr. 904/2010 hinsichtlich des zertifizierten Steuerpflichtigen v. 4.10.2017, COM (2017) 567 final, BR-Drucks. 659/17 v. 4.10.2017.

fest, liegt nach der Rechtsprechung des BFH insoweit kein innergemeinschaftliches Verbringen, sondern bereits eine Beförderungs- oder Versendungslieferung vor, die grds. mit Beginn der Beförderung oder Versendung als ausgeführt gilt (§ 3 Abs. 6 Satz 1 UStG).[1] Ein im Zeitpunkt des Beginns der Beförderung oder Versendung nur wahrscheinlicher Abnehmer ohne tatsächliche Abnahmeverpflichtung ist aber nicht einem zu diesem Zeitpunkt bereits feststehenden Abnehmer gleichzustellen. Daher stellt in derartigen Fällen die Einlagerung von Ware aus einem Mitgliedstaat in ein Auslieferungs- oder Konsignationslager in einen anderen Mitgliedstaat ein **innergemeinschaftliches Verbringen** i. S. des § 3 Abs. 1a bzw. § 1a Abs. 2 UStG durch den liefernden Unternehmer dar.[2] Die Lieferung an den Abnehmer findet in diesen Fällen erst mit der Entnahme der Ware aus dem Lager statt und ist dann folglich im Mitgliedstaat, in dem das Konsignationslager liegt, steuerbar.

> **HINWEIS:**
>
> Die Regelung wird in den Mitgliedstaaten unterschiedlich ausgelegt, sodass sich dringender Handlungsbedarf zur Rechtssicherheit für die beteiligten Unternehmer ergibt.

Die nunmehr vorgeschlagene Lösung besteht darin, die Konsignationslagerregelung als einzige Lieferung im Abgangsmitgliedstaat und als innergemeinschaftlichen Erwerb in dem Mitgliedstaat anzusehen, in dem sich das Lager befindet, sofern der Umsatz zwischen zwei zertifizierten Steuerpflichtigen stattfindet. Dadurch wird vermieden, dass der Lieferer in jedem Mitgliedstaat, in den er Gegenstände im Rahmen eines Verbringens in ein Konsignationslager überführt, registriert werden muss. Um jedoch eine angemessene Verfolgung der Gegenstände durch die Steuerverwaltungen sicherzustellen, müssen sowohl der Lieferer als auch der Erwerber ein Verzeichnis der Gegenstände im Konsignationslager führen, für die diese Regeln gelten. Darüber hinaus muss in der Zusammenfassenden Meldung des Lieferers die Identität der Erwerber, an die zu einem späteren Zeitpunkt Gegenstände im Rahmen der Konsignationslagerregelung geliefert werden, offengelegt werden.

69

> **HINWEIS:**
>
> In die MwStSystRL soll daher zum 1.1.2019 ein neuer Art. 17a eingeführt werden, Art. 243 Abs. 3 und Art. 262 sollen geändert werden. Einen entsprechenden Vorschlag für eine Richtlinie des Rates hat die Europäische Kommission zwischenzeitlich vor-

---

1 BFH v. 20.10.2016 – V R 31/15, BStBl 2017 II S. 1076; BFH v. 16.11.2016 – V R 1/16, BStBl 2017 II S. 1079.
2 Abschnitt 1a.2 Abs. 6 UStAE.

gelegt.[1] Die genannten Fälle werden dabei ausdrücklich von den Verbringenstatbeständen ausgenommen.

Die bisherigen Anwendungsregelungen des UStAE vor Ergehen der Rechtsprechung des BFH können aufgrund einer Vereinfachungsanweisung der Finanzverwaltung bis zum 31.12.2018 weiterhin angewandt werden.[2]

d) Vereinfachung bei Reihengeschäften

70 Bei Reihengeschäften werden im Rahmen einer Warenbewegung mehrere Lieferungen ausgeführt, die in Bezug auf den Lieferzeitpunkt und auf den Lieferort getrennt zu beurteilen sind. Es handelt sich um eine Kette von nacheinander erfolgten Lieferungen, bei denen jeweils die Verfügungsmacht über die gelieferten Gegenstände auf den folgenden Abnehmer übergeht. Die Lieferungen finden sowohl zeitlich als auch räumlich gedanklich nacheinander statt. Damit liegt nicht zwingend ein einheitlicher Lieferort vor.

In den Fällen des Reihengeschäfts ist die Beförderung oder Versendung des Gegenstandes nur einer der Lieferungen zuzuordnen, d.h., es liegt nur eine bewegte Lieferung vor. Nachdem der BFH in mehreren Verfahren der Auffassung der Finanzverwaltung bezüglich dieser Zuordnungsregelungen[3] teilweise widersprochen hat[4] und entschied, dass die Zuordnung der innergemeinschaftlichen Warenbewegung nur zu einer der Lieferungen insbesondere die Feststellung voraussetzt, ob zwischen dem Erstabnehmer und dem Zweitabnehmer die Übertragung der Befähigung, wie ein Eigentümer über den Gegenstand zu verfügen, stattgefunden hat, bevor die innergemeinschaftliche Warenbewegung erfolgt, entstand eine Verunsicherung der Unternehmer, die durch eine klarstellende Gesetzesänderung wiederhergestellt werden soll.

Schon seit Jahren besteht europaweit Handlungsbedarf für eine eindeutige, gesetzliche Regelung der Reihengeschäfte. Durch die aktuelle Rechtsprechung des BFH wurde die bisherige Sichtweise der Finanzverwaltung, wonach es für die Zuordnung der Warenbewegung insbesondere auf die Transportveranlassung und damit auf zivilrechtliche Absprache ankommt, in Frage gestellt. Damit ist für Unternehmer zu befürchten, dass auch bei Beachtung der Vorgaben

---

1 Vorschlag für eine Richtlinie des Rates zur Änderung der Richtlinie 2006/112/EG in Bezug auf die Harmonisierung und Vereinfachung bestimmter Regelungen des Mehrwertsteuersystems (MwStSystRL) und zur Einführung des endgültigen Systems der Besteuerung des Handels zwischen Mitgliedstaaten v. 4.10.2017, COM (2017) 569 final, BR-Drucks. 660/17 v. 4.10.2017.
2 BMF, Schreiben v. 10.10.2017, BStBl 2017 I S.1442; BMF, Schreiben v. 14.12.2017, BStBl 2017 I S.1673.
3 Abschnitt 3.14 Abs. 8 Satz 2 UStAE.
4 BFH v. 25.2.2015 – XI R 30/13, NWB DokID: LAAAE-87997.

der Finanzverwaltung im Streitfall die Finanzgerichte eine abweichende Meinung vertreten. Darüber hinaus sind die Regelungen für Reihengeschäfte in den einzelnen Mitgliedstaaten unterschiedlich und führen somit zu großer Rechtsunsicherheit in der Praxis.

Das BMF hatte bereits 2016 einen Diskussionsbeitrag zur gesetzlichen Regelung der Reihengeschäfte veröffentlicht und den Verbänden im Rahmen einer Anhörung übermittelt. Dieser Diskussionsbeitrag sollte die Basis für eine potenzielle gesetzliche Neuregelung sein. Dabei stand eine praxistaugliche, typisierende Regelung mit Öffnungsklausel im Vordergrund, da die dogmatischen Ausführungen des BFH zu diesem Thema keine praxistauglichen Anknüpfungspunkte darstellen. Im Großen und Ganzen knüpfte der Vorschlag an die bisher im UStAE niedergelegten Grundsätze an,[1] das BMF wollte die bisherige Verwaltungsauffassung in das Umsatzsteuergesetz übertragen. Der Diskussionsbeitrag des BMF wurde insbesondere von den Wirtschaftsverbänden dankbar aufgenommen und mit weiteren Vorschlägen versehen. Gerade die BStBK hatte sich ausführlich mit dem Diskussionsbeitrag des BMF auseinandergesetzt und forderte weitere typisierende Regelungen, um den beteiligten Unternehmern mehr Planungssicherheit zu gewähren. Außerdem forderte die BStBK eine Ausstiegsklausel zur Wiederlegung der Vermutungsregelung, wenn aufgrund des Rechts eines anderen Staates eine Kollision auftritt.

HINWEIS:

Da nun auch die Mitgliedstaaten der EU eine Verbesserung der Rechtsvorschriften gefordert haben, um die Rechtssicherheit für die Wirtschaftsbeteiligten zu stärken, soll zum 1. 1. 2019 in die MwStSystRL ein neuer Art. 138a eingeführt werden. Einen entsprechenden Vorschlag für eine Richtlinie des Rates hat die Europäische Kommission zwischenzeitlich vorgelegt.[2] In der MwStVO soll ein neu eingefügter Art. 45a begleitende Regelungen dazu enthalten, einen entsprechenden Vorschlag für eine Durchführungsverordnung des Rates zur Änderung der MwStVO hat die Europäische Kommission ebenfalls vorgelegt.[3]

---

1 Abschnitt 3.14 Abs. 7 ff. UStAE.
2 Vorschlag für eine Richtlinie des Rates zur Änderung der Richtlinie 2006/112/EG in Bezug auf die Harmonisierung und Vereinfachung bestimmter Regelungen des Mehrwertsteuersystems (MwStSystRL) und zur Einführung des endgültigen Systems der Besteuerung des Handels zwischen Mitgliedstaaten v. 4. 10. 2017, COM (2017) 569 final, BR-Drucks. 660/17 v. 4. 10. 2017.
3 Vorschlag für eine Durchführungsverordnung des Rates zur Änderung der Durchführungsverordnung (EU) Nr. 282/2011 (MwStVO) hinsichtlich bestimmter Befreiungen bei innergemeinschaftlichen Umsätzen v. 4. 10. 2017, COM (2017) 568 final, BR-Drucksache 662/17 v. 4. 10. 2017.

Dabei sollen im Großen und Ganzen die im Inland zurzeit schon gültigen Rechtsgrundsätze der Fiktion eines Lieferorts gelten. Eine ausdrückliche Regelung der Rechtslage ist nach Auffassung der Kommission nicht erforderlich, wenn die Beförderung auf Rechnung des ersten Lieferers in der Reihe oder des letzten Steuerpflichtigen in der Reihe erfolgt. Erfolgt die Lieferung auf Rechnung des ersten Lieferers in der Reihe, kann die Beförderung oder Versendung nur der ersten Lieferung zugeordnet werden. Erfolgt die Beförderung der Versendung auf Rechnung des letzten Steuerpflichtigen in der Reihe, kann die Beförderung oder Versendung nur der Lieferung für diesen Steuerpflichtigen zugeschrieben werden.[1]

Für den Fall, dass die Beförderung oder Versendung durch oder auf Rechnung eines der Zwischenhändler in der Reihe erfolgt ist, werden Bestimmungen vorgeschlagen, nach denen die Beförderung oder Versendung gesetzlich zuzuschreiben ist:

▶ Die Warenbewegung ist der Lieferung an den Zwischenhändler zuzuschreiben, sofern er für Mehrwertsteuerzwecke in einem anderen Mitgliedstaat als dem Mitgliedstaat der Lieferung registriert ist und den Namen des Eingangsmitgliedsstaats der Gegenstände an seinen Lieferer übermittelt hat.

▶ Die Warenbewegung ist der Lieferung des Zwischenhändlers an den nächsten Abnehmer in der Reihe zuzuordnen, wenn eine der zuvor genannten Voraussetzungen nicht erfüllt ist.

Die Bestimmungen und die damit verbundene Rechtssicherheit gelten nur, wenn sowohl der Zwischenhändler als auch der Steuerpflichtige, der die Gegenstände an ihn geliefert hat, zertifizierte Steuerpflichtige sind.

e) Mehrwertsteuer-Identifikationsnummer als materielle Voraussetzung für die Steuerbefreiung einer innergemeinschaftlichen Lieferung

71 Eine Steuerbefreiung für eine innergemeinschaftliche Lieferung kommt zukünftig nur noch in Betracht, wenn der Erwerber eines Gegenstandes in einem anderen Mitgliedstaat als dem des Beginns der Beförderung oder Versendung der Gegenstände für Mehrwertsteuerzwecke registriert ist. Der Lieferer muss den Status des Abnehmers zwingend über das MIAS-System prüfen, bevor er die Steuerbefreiung anwendet.

---

1 So schon im Inland Abschnitt 3.14 Abs. 8 UStAE, vom BFH kritisiert, da eine Grundlage im Gesetz fehle.

Art. 138 Abs. 1 MwStSystRL soll geändert werden. Einen entsprechenden Vorschlag für eine Richtlinie des Rates hat die Europäische Kommission zwischenzeitlich vorgelegt.[1]

f) Sonderregelung für Kleinunternehmen

Die Mehrwertsteuersystemrichtlinie enthält einige Bestimmungen, die die Belastung der kleinen und mittleren Unternehmer (KMU) im Zusammenhang mit der Mehrwertsteuer verringern sollen. Im Rahmen des Mehrwertsteuer-Aktionsplans und dem dazu gehörenden Follow-Up hat die Kommission nunmehr einen Richtlinienvorschlag vorgelegt, der eine deutlich weitere Entlastung dieser Unternehmen als bisher vorsieht.[2] Die Änderungen sollen zum 1. 7. 2022 wirksam werden.   72

Der Vorschlag enthält im Wesentlichen folgende Änderungen:

▶ Einführung des Begriffs „Kleinunternehmen" für einen in der Gemeinschaft ansässigen Steuerpflichtigen, dessen Jahresumsatz in der Union 2 Millionen € oder den Gegenwert in Landeswährung nicht übersteigt;

▶ Festlegung eines aktualisierten Werts für die Obergrenze der nationalen Schwellenwerte für die Steuerbefreiung von Kleinunternehmern: Kleinunternehmen sind steuerbefreit, sofern sie einen maßgeblichen Schwellenwert in ihrem Ansässigkeitsstaat nicht übersteigen, wobei dieser Wert nicht über 85.000 € liegen darf;

▶ Einführung eines Übergangszeitraums, in dem Kleinunternehmer, die vorübergehend den Schwellenwert für die Steuerbefreiung überschreiten, die Steuerbefreiung weiterhin in Anspruch nehmen können;

▶ Öffnung der Kleinunternehmerregelung für alle infrage kommenden Unternehmen in der Union, unabhängig davon, ob sie in dem Mitgliedstaat, in dem die Mehrwertsteuer erhoben wird und die Steuerbefreiung zur Verfügung steht, ansässig sind; der gesamte Jahresumsatz dieser Unternehmer in der Union darf jedoch 100.000 € nicht überschreiten;

▶ Einführung vereinfachter Mehrwertsteuerpflichten für von der Steuer befreite Kleinunternehmer;

---

1 Vorschlag für eine Richtlinie des Rates zur Änderung der Richtlinie 2006/112/EG in Bezug auf die Harmonisierung und Vereinfachung bestimmter Regelungen des Mehrwertsteuersystems (MwStSystRL) und zur Einführung des endgültigen Systems der Besteuerung des Handels zwischen Mitgliedstaaten v. 4. 10. 2017, COM (2017) 569 final, BR-Drucks. 660/17 v. 4. 10. 2017.

2 Vorschlag für eine Richtlinie des Rates zur Änderung der Richtlinie 2006/112/EG über das gemeinsame Mehrwertsteuersystem (MwStSystRL) in Bezug auf die Sonderregelung für Kleinunternehmen v. 18. 1. 2018, COM (2018) 21 final, BT-Drucks. v. 18. 1. 2018.

▶ Einführung vereinfachter Mehrwertsteuerpflichten und vereinfachter Modalitäten für Kleinunternehmer, die zwar nicht von der Steuer befreit sind, die aber den Schwellenwert von 2 Millionen € nicht übersteigen (Abgabe nur einer USt-Jahreserklärung, keine Verpflichtung zur Leistung von Vorauszahlungen, Vereinfachungen bei der Rechnungserstellung, kürzere Aufbewahrungsfristen, vereinfachtes Registrierungsverfahren).

Die Begriffsbestimmung von Kleinunternehmen trägt dazu bei, diese Bestimmungen klarzustellen und die Rechtssicherheit für Steuerpflichtige zu erhöhen. Die umfangreiche Kategorie der Kleinunternehmen umfasst von der Mehrwertsteuer befreite Unternehmen (erster Schwellenwert) sowie Unternehmen, die für eine Steuerbefreiung in Frage kommen, sich jedoch für die Anwendung der normalen Vorschriften entschieden haben, oder deren Umsatz den Schwellenwert für die Steuerbefreiung übersteigt und auf die daher die normalen Vorschrift angewandt werden. Dieser zweite Schwellenwert soll bei 2.00.000 € Jahresumsatz in der Union liegen und stellt eine Obergrenze dar.

Ferner gibt es zwei neue Begriffsbestimmungen für den Umsatz, die die Anwendung der nationalen Schwellenwerte für die Steuerbefreiung (Jahresumsatz im Mitgliedstaat) und der Bedingung für nicht ansässige Kleinunternehmer (Jahresumsatz in der Union) erleichtern soll. Jedes Unternehmen, das die Steuerbefreiung in einem Mitgliedstaat, in dem es nicht ansässig ist, in Anspruch nimmt, muss zwei Bedingungen erfüllen:

▶ der Jahresumsatz in dem betreffenden Mitgliedstaat darf den dort geltenden Schwellenwert für die Steuerbefreiung nicht überschreiten *und*

▶ der Gesamtumsatz im Binnenmarkt darf 100.000 € nicht übersteigen.

Durch die zuletzt genannte Bedingung soll Missbrauch durch größere Unternehmen verhindert werden, die ohne einen Schwellenwert für den Gesamtumsatz in der EU die Steuerbefreiung für KMU in einzelnen Mitgliedstaaten in Anspruch nehmen könnten. Um die Einhaltung dieser Bedingungen zu kontrollieren, muss der Mitgliedstaat, in dem ein Unternehmen, das die Steuerbefreiung in anderen Mitgliedstaaten in Anspruch nimmt, ansässig ist, alle einschlägigen Informationen über dessen Umsatz erheben und die anderen Mitgliedstaaten entsprechend informieren.

Die Kommission schlägt vor, zahlreiche Art. der MwStSystRL zu ändern bzw. ergänzende Vorschriften einzuführen.

g) Mehrwertsteuersätze

Die Umstellung des Mehrwertsteuersystems auf das sog. Bestimmungslandprinzip würde sich, nach Auffassung der Kommission, eine größere Vielfalt der
Mehrwertsteuersätze nicht störend auf das Funktionieren des Binnenmarktes
auswirken oder Wettbewerbsverzerrungen verursachen. Unter diesen Umständen hält es die Kommission für angemessen, den Mitgliedstaaten mehr Flexibilität bei der Festsetzung der Mehrwertsteuersätze einzuräumen.

73

Die neuen weniger restriktiven Vorschriften würden allen Mitgliedstaaten gestatten, neben den beiden derzeit erlaubten ermäßigten Steuersätzen von
mindestens 5% und dem sog. „Nullsatz" (Steuerbefreiung mit Recht auf Vorsteuerabzug) einen weiteren ermäßigten Steuersatz zwischen 0 und 5% anzuwenden. Anstelle einer Ausweitung der bereits umfangreichen Liste von Gegenständen und Dienstleistungen, auf die ermäßigte Sätze anwendbar sind,
soll eine Negativliste erstellt werden, für die keine ermäßigten Steuersätze angewandt werden können.

Folgende Leistungen sind nach dem Entwurf des Anhangs III a zwingend dem
Regelsteuersatz zu unterwerfen:

74

► Erbringung mehrwertsteuerpflichtiger Dienstleistungen gemäß der in den
Art. 306 bis 310 vorgesehenen Sonderregelung für Reisebüros und Erbringung von Dienstleistungen durch Vermittler gemäß Art. 28,

► Lieferung mehrwertsteuerpflichtiger Gegenstände gemäß der in den
Art. 312 bis 325 vorgesehenen Sonderregelung (Differenzbesteuerung),

► Lieferung mehrwertsteuerpflichtiger Gegenstände gemäß der in den
Art. 333 bis 341 vorgesehenen Sonderregelung für öffentliche Versteigerung,

► Lieferung von Edelmetallen, Juwelen und Schmuck,

► Lieferung alkoholischer Getränke,

► Lieferung von Tabakerzeugnissen,

► Lieferung, Vermietung, Instandhaltung und Reparatur von Fahrzeugen,

► Lieferung von Kraftstoff, Öl und Gas; Lieferung von Schmieröl,

► Lieferung von Waffen und Munition,

► Lieferung von Datenverarbeitungsgeräten, elektronischen und optischen
Erzeugnissen, Lieferung von Uhren,

► Lieferung von Elektrogeräten,

► Lieferung von Möbeln,

► Lieferung von Musikinstrumenten,

► Lieferung von Kunstgegenständen,

► Erbringung von Finanz- und Versicherungsdienstleistungen,

► Erbringung von Spiel- und Wettdienstleistungen.

HINWEIS:

Ein Anwendungszeitpunkt wurde noch nicht festgelegt.

VII. Internationale Leitlinien der OECD für die Mehrwertbesteuerung

75 Mittlerweile hat die OECD ihren Bericht über die „Internationalen Leitlinien für die Mehrwertbesteuerung" veröffentlicht.[1] Das Dokument setzt sich mit Fragen der umsatzsteuerlichen Behandlung von Dienstleistungen im internationalen Handel sowie der Umsatzbesteuerung immaterieller Wirtschaftsgüter auseinander und soll den teilnehmenden Staaten (immerhin 104) eine Richtlinie sein, das eigene Umsatzsteuerrecht entsprechend auszugestalten. Die Leitlinien zur Umsatzbesteuerung elektronischer Dienstleistungen orientieren sich dabei sehr eng an den Besteuerungsprinzipien der Europäischen Union.

Auch wenn die Richtlinien der OECD keine rechtsverbindliche Wirkung entfalten, ist damit zu rechnen, dass viele Länder den Empfehlungen nach und nach folgen werden.

76–100 *(unbesetzt)*

---

[1] Leitlinien v. 14. 4. 2017, download unter www.oecd-ilibrary.org.

B. Innergemeinschaftlicher Erwerb

Ergänzende Fachliteratur: *Birkenfeld,* Das große Umsatzsteuer-Handbuch, Loseblatt, Köln; *Hiller,* Die Facet-Falle im deutschen Umsatzsteuerrecht – eine Farce, DStR 2015, 621; *Kettisch,* Reihengeschäfte, UR 2014, 593; *Langer,* Neue Regelungen für Reihengeschäfte, NWB 2015, 1684; *Nieskens/Heinrichshofen,* Gibt es für grenzüberschreitende Reihengeschäfte eine praxistaugliche Lösung?, DStR 2014, 1368; *Robisch,* Innergemeinschaftliche Dreiecksgeschäfte auf dem Prüfstand, UR 2017, 497; *Wagner,* Kein Vorsteuerabzug bei fiktivem innergemeinschaftlichen Erwerb im Mitgliedstaat der Identifizierung, UVR 2010, 220.

I. Überblick

Der Tatbestand des „innergemeinschaftlichen Erwerbs gegen Entgelt" wird in § 1 Abs. 1 Nr. 5 UStG geregelt, die Voraussetzungen regeln die §§ 1a–1c UStG (unionsrechtliche Grundlage sind Art. 20 ff. MwStSystRL). Ziel des innergemeinschaftlichen Erwerbs ist die Versteuerung der Ware durch den Erwerber im Bestimmungsland und die Steuerbefreiung der Lieferung an diesen Erwerber beim Lieferanten. Die Erfassung des innergemeinschaftlichen Erwerbs bei Warenimporten aus dem übrigen Gemeinschaftsgebiet entspricht im Wesentlichen wirtschaftlich der Erfassung der Einfuhr von Gegenständen aus dem Drittlandsgebiet. Neben dem Grundfall des Erwerbs von Gegenständen aus einem anderen Mitgliedstaat (§ 1a Abs. 1 UStG) werden daher in bestimmten Fällen Erwerbsvorgänge unterstellt (§ 1a Abs. 2 UStG), die bei vergleichbaren Warenbewegungen von der Einfuhrumsatzsteuer erfasst werden (sog. **Verbringensfälle**). 101

ABB. 1: Warenerwerb im übrigen Gemeinschaftsgebiet

Warenerwerb im übrigen Gemeinschaftsgebiet

keine EUSt

steuerfrei

Inland

steuerpflichtiger Erwerb
= USt

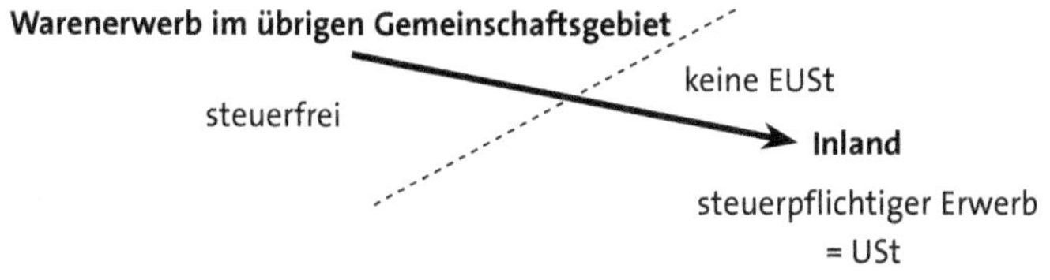

Die auf den innergemeinschaftlichen Erwerb geschuldete Umsatzsteuer kann der regelbesteuerte Unternehmer andererseits grds. als Vorsteuer abziehen (§ 15 Abs. 1 Satz 1 Nr. 3 UStG), so dass – wie bei der Einfuhrumsatzsteuer – für den Unternehmer keine steuerliche Belastung eintritt. Die Beachtung der Besteuerung des innergemeinschaftlichen Erwerbs hat daher insbesondere Bedeutung bei Unternehmern, die nicht oder nicht zum vollen Vorsteuerabzug berechtigt sind (§ 15 Abs. 2 sowie § 15 Abs. 4 UStG). Insoweit wird die nichtabziehbare Vorsteuer zum Kostenfaktor für das Unternehmen.

Wird bei einem bestimmten Personenkreis die sog. **Erwerbsschwelle** nicht erreicht (§ 1a Abs. 3 UStG), so liegt trotz Vorliegens der übrigen Voraussetzungen kein Fall des innergemeinschaftlichen Erwerbs vor. Für den innergemeinschaftlichen **Erwerb neuer Fahrzeuge** gilt eine ergänzende Sonderregelung insbesondere für Privatpersonen (§ 1b UStG). Unternehmer fallen dagegen mit all ihren Erwerben unter § 1a UStG.

Die Gesetzessystematik beim innergemeinschaftlichen Erwerb soll folgende Übersicht verdeutlichen:

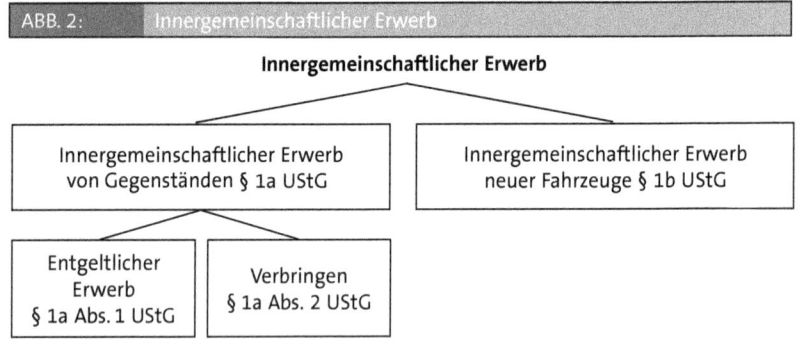

ABB. 2: Innergemeinschaftlicher Erwerb

II. Innergemeinschaftlicher Erwerb von Gegenständen

1. Innergemeinschaftlicher Erwerb gegen Entgelt

a) Begriff

102 Als innergemeinschaftlicher Erwerb eines Gegenstandes gilt die Erlangung der Befähigung, wie ein Eigentümer über einen beweglichen Gegenstand zu verfügen, der durch den Verkäufer oder den Erwerber nach einem anderen Mitgliedstaat als dem, in dem sich der Gegenstand zum Zeitpunkt des Beginns der Versendung oder Beförderung befand, an den Erwerber versandt oder befördert wird (Art. 20 MwStSystRL).

Bei der Lieferung eines Gegenstands durch einen Unternehmer von einem Mitgliedstaat der Europäischen Union in einen anderen Mitgliedstaat der Europäischen Union hat grds. der Erwerber die Besteuerung vorzunehmen, wenn der Erwerber ein Unternehmer ist, der den Gegenstand für sein Unternehmen erwirbt oder wenn es sich um eine juristische Person handelt (§ 1a Abs. 1 UStG, unionsrechtliche Grundlage ist Art. 20 MwStSystRL):

▶ Lieferung eines Gegenstands,

▶ aus dem Gebiet eines Mitgliedstaates,

▶ in das Gebiet eines anderen Mitgliedstaates,

▶ durch einen Unternehmer,

▶ an bestimmte Abnehmer; dieser ist

- Unternehmer, der den Gegenstand für sein Unternehmen erwirbt **oder**

- juristische Person, die nicht Unternehmer ist oder nicht für ihr Unternehmen erwirbt.

HINWEIS:

Die Versteuerung des innergemeinschaftlichen Erwerbs durch den Erwerber ist nicht auf das Heimatland des Erwerbers beschränkt. Da der innergemeinschaftliche Erwerb de facto die Einfuhr des Gegenstandes in einem anderen Mitgliedstaat erfassen soll, muss ein inländischer Unternehmer beim Wareneinkauf im übrigen Gemeinschaftsgebiet ggf. einen innergemeinschaftlichen Erwerb in einem anderen Mitgliedstaat erklären, wenn die Ware vom Ursprungsland nicht in das Inland, sondern in ein anderes Mitgliedsland der EU gelangt.

b) Die Warenbewegung

Die **Beförderung oder Versendung** durch den Lieferer oder Abnehmer muss beim innergemeinschaftlichen Erwerb in einem Mitgliedstaat beginnen und in einem anderen Mitgliedstaat enden. Dies gilt auch dann, wenn die Beförderung oder Versendung in einem Drittland beginnt, aber der Gegenstand in einem **Mitgliedstaat der Einfuhrumsatzsteuer** unterworfen wurde.[1] Kein innergemeinschaftlicher Erwerb liegt dagegen vor, wenn die Ware aus dem Drittland im Wege der **Durchfuhr** durch das Gebiet eines anderen Mitgliedstaates in das Inland gelangt und hier zollrechtlich und einfuhrumsatzsteuerlich zur Überlassung zum freien Verkehr abgefertigt wird.[2] Die Ware bleibt dann vom Zeitpunkt des Verbringens in das Gemeinschaftsgebiet bis zur Ankunft im Bestimmungsland unter zollamtlicher Überwachung. In diesem Zollverfahren verbleibt die Ware, bis sie im Bestimmungsland zum freien Verkehr abgefertigt und die entsprechende Einfuhrumsatzsteuer entrichtet wird (gemein-

103

---

1 Abschnitt 1a.1 Abs. 1 Satz 4 UStAE.
2 Abschnitt 1a.1 Abs. 1 Satz 5 UStAE.

sames Versandverfahren). Die Abfertigung im eigentlichen Bestimmungsland dürfte in der Praxis i. d. R. für den Unternehmer vorteilhafter sein, insbesondere weil er Verwaltungsaufwand im anderen Mitgliedstaat vermeiden kann.

BEISPIEL: ► Eine Ware aus den USA wird in den Niederlanden einfuhrumsatzsteuerlich zum freien Verkehr abgefertigt; anschließend wird sie von einem Transportunternehmer zum deutschen Abnehmer gebracht.

Die Versendung beginnt zwar in den USA und nicht in einem EU-Staat. Durch die Erhebung der EUSt in den Niederlanden ist allerdings die Warenbewegung aus den USA zollrechtlich beendet. Es liegt somit im Inland ein innergemeinschaftlicher Erwerb vor, da der (anschließende) freie Verkehr in einem EU-Staat begann und in Deutschland endete. Der deutsche Abnehmer kann sich die holländische EUSt in den Niederlanden als Vorsteuer anrechnen lassen. An diesem Beispiel wird deutlich, dass die Grenzzollstellen an den sog. Außengrenzen der Europäischen Union (Grenze eines Mitgliedstaates zu einem Drittland) bestehen bleiben. Dies gilt auch für die Zollämter im Inland, die Einfuhrumsatzsteuer aus Einfuhren aus Drittländern erheben, insbesondere in Häfen und Flughäfen.

Fertigt der Einführer die Ware in dem EU-Mitgliedsland zum zoll- und steuerrechtlichen Verkehr ab, in dem die Drittlandsware in das Gemeinschaftsgebiet gelangt, so hat er die Einfuhrumsatzsteuer dieses Landes bei der Einfuhr zu entrichten. Wird die Ware anschließend vom Einführenden weiterverkauft, hat er sich in diesem Mitgliedstaat für umsatzsteuerliche Zwecke registrieren zu lassen und Steuererklärungen abzugeben, denn der Ort dieser Lieferung liegt dort, wo die Warenbewegung an den Abnehmer beginnt, mithin im Einfuhrland (Art. 32 MwStSystRL, § 3 Abs. 6 Satz 1 UStG). Wird die eingeführte Ware an einen Erwerber in einem anderen EU-Mitgliedstaat geliefert, der seine Erwerbe im Bestimmungsland der Umsatzsteuer zu unterwerfen hat, so ist diese Lieferung als innergemeinschaftliche Lieferung unter den allgemeinen Voraussetzungen im Einfuhrmitgliedstaat steuerfrei (Art. 138 MwStSystRL), falls nicht bereits die Einfuhr des Gegenstandes steuerfrei ist.[1] Entsprechendes gilt für den Weiterverkauf der Ware durch den Einführenden an Abnehmer aus Drittländern. Dieser Vorgang stellt für den einführenden Unternehmer im Mitgliedstaat der Einfuhr eine steuerfreie Ausfuhrlieferung dar. Im Rahmen seiner Steuererklärung kann der einführende Unternehmer regelmäßig die gezahlte Einfuhrumsatzsteuer als Vorsteuer berücksichtigen. Wird die Ware vom Einführenden nach Anmeldung der Einfuhr zu seiner eigenen Verfügung in einen anderen Mitgliedstaat gebracht (insbesondere in sein Heimatland), so liegt hierin ein im Mitgliedstaat der erklärten Einfuhr eine einer Lieferung gleich-

---

1 Art. 143 MwStSystRL, vgl. nach deutschem Recht § 5 Abs. 1 Nr. 3 UStG.

gestelltes Verbringen, das sich an die Einfuhr anschließt, vor.[1] Dieses Verbringen ist im Mitgliedstaat der Einfuhr als steuerfreie innergemeinschaftliche Lieferung zu erklären.[2] Im Mitgliedsland des Endes des Verbringens hat der Einführende einen innergemeinschaftlichen Erwerb der Umsatzsteuer zu unterwerfen (§ 1a Abs. 2 UStG). Zum Verbringen vgl. ausführlich Rz. 108 ff.

Wird der Gegenstand von einem Mitgliedstaat über das Drittlandsgebiet in einen anderen Mitgliedstaat befördert oder versendet (z. B. von Italien nach Deutschland über die Schweiz), liegt ein innergemeinschaftlicher Erwerb im Bestimmungsland vor.

Voraussetzung für einen innergemeinschaftlichen Erwerb ist, dass der Erwerber über den erworbenen Gegenstand verfügen kann, d. h. dass ihm Verfügungsmacht an diesem Gegenstand verschafft worden ist. Nicht unter die Erwerbsbesteuerung fallen daher die sog. **Montagelieferungen.** In den Fällen der Werklieferungen, bei denen das fertige Werk vom Auftraggeber abzunehmen ist, liegt der Ort der Lieferung dort, wo das fertige Werk montiert und abgenommen wird (§ 3 Abs. 7 Satz 1 UStG). Um eine Registrierung des ausländischen Unternehmers in Deutschland weitgehend zu vermeiden, geht bei bestimmten Auftraggebern regelmäßig die Umsatzsteuer im Wege des Übergangs der Steuerschuldnerschaft auf den Leistungsempfänger über (§ 13b Abs. 2 Nr. 1 i. V. m. Abs. 5 Satz 1 UStG).[3] Ist dagegen bereits das fertige Werk Gegenstand der Warenbewegung vom übrigen Gemeinschaftsgebiet in das Inland, greift gleichwohl die Besteuerung des innergemeinschaftlichen Erwerbs.[4] 104

Bei der Lieferung von Gas über das Erdgasnetz und von Elektrizität liegen kein innergemeinschaftlicher Erwerb und kein innergemeinschaftliches Verbringen vor.[5]

Unentgeltliche Warenbewegungen, wie z. B. Lieferungen von Warenproben oder Gebrauchsmustern, sind nichtsteuerbare Vorgänge und folglich auch nicht als innergemeinschaftlicher Erwerb zu behandeln.

---

1 Art. 17 Abs. 1 MwStSystRL, vgl. nach deutschem Recht § 3 Abs. 1a UStG.
2 Art. 138 Abs. 1 und 2 Buchst. c MwStSystRL, vgl. nach deutschem Recht § 6a Abs. 2 UStG.
3 Unionsrechtliche Grundlage für diese Regelung ist Art. 199 MwStSystRL, wonach die Mitgliedstaaten bei Werklieferungen den Übergang der Steuerschuldnerschaft einführen können, aber nicht müssen.
4 Vgl. Abschnitt 3.12 Abs. 4 Satz 7 UStAE.
5 Abschnitt 1a.1 Abs. 1 Satz 7 UStAE.

c) Der Lieferer

105 Der Lieferer muss **Unternehmer** sein, wobei Lieferungen eines Kleinunternehmers nicht unter die genannte Regelung fallen (§ 1a Abs. 1 Nr. 3 UStG). Der Erwerber kann davon ausgehen, dass der Lieferer die vorgenannten Bedingungen (Lieferung im Rahmen seines Unternehmens) erfüllt, wenn in der Rechnung des Lieferers die USt-IdNr. des Lieferers angegeben und unter Hinweis auf die Steuerbefreiung für die innergemeinschaftliche Lieferung keine ausländische Umsatzsteuer in Rechnung gestellt wird.

> **BEISPIEL:** ▶ Ein deutscher Unternehmer erwirbt in Frankreich eine Maschine und holt diese mit eigenem Lkw aus Frankreich ab. Der Franzose erteilt eine Rechnung unter Angabe seiner USt-IdNr. Außerdem enthält die Rechnung einen Vermerk „umsatzsteuerfrei".
>
> Der französische Unternehmer erbringt eine Lieferung, die in Frankreich steuerbar und steuerfrei ist. Der deutsche Abnehmer hat den Erwerbsvorgang im Inland zu versteuern (§ 1a Abs. 1 i. V. m. § 1 Abs. 1 Nr. 5 UStG), denn der Ort des Erwerbs liegt dort, wo die Beförderung endet (§ 3d Satz 1 UStG). An diesem Beispiel wird deutlich, dass im Ergebnis die **Einfuhr** aus dem übrigen Gemeinschaftsgebiet der inländischen Besteuerung unterliegt. Die Umsatzsteuer auf den Erwerb kann U als Vorsteuer abziehen (§ 15 Abs. 1 Satz 1 Nr. 3 UStG). Im Ergebnis ergibt sich daher für ihn keine Belastung.

Hat der deutsche Unternehmer Zweifel an der umsatzsteuerlichen Behandlung im Inland, z. B. weil Angaben über die Steuerbefreiung oder zur USt-IdNr. fehlen, muss er beim Lieferanten nachfragen, um eine unnötige Erfassung des innergemeinschaftlichen Erwerbs in Deutschland zu verhindern. Dies ist besonders wichtig bei Unternehmern, die nicht oder nicht uneingeschränkt zum Vorsteuerabzug berechtigt sind, denn wenn die Lieferung bereits zutreffend im Ausland der Umsatzsteuer unterlag, muss eine Erfassung eines innergemeinschaftlichen Erwerbs im Inland regelmäßig nicht mehr erfolgen.

d) Der Abnehmer

106 Der Erwerber muss einem bestimmten Personenkreis angehören (§ 1a Abs. 1 Nr. 2 UStG), unter den grds. alle **Unternehmer** fallen, die den Gegenstand **für ihr Unternehmen** erwerben, sowie juristische Personen, auch soweit sie nicht Unternehmer sind bzw. nicht für ihr Unternehmen erwerben. Diese Regelung betrifft in erster Linie die öffentliche Hand, aber auch Universitäten, eingetragene Vereine und viele andere. Alle Gegenstände, die regelbesteuerte Unternehmer für ihren unternehmerischen Bereich erwerben, unterliegen in jedem

Falle der Erwerbsbesteuerung ohne Prüfung der sog. Erwerbsschwelle.[1] Auch die Sonderregelung für neue Fahrzeuge (§ 1b UStG) oder verbrauchsteuerpflichtige Wirtschaftsgüter ist nur subsidiär, d. h. auch der Einkauf dieser Gegenstände durch einen regelbesteuerten Unternehmer unterliegt der Erwerbsbesteuerung nach § 1a UStG. Nur für Personen, die nicht bereits unter § 1a UStG fallen, wurde ergänzend § 1b UStG geschaffen. Dies sind in erster Linie private Verbraucher.

Ob ein Unternehmer einen Gegenstand für sein Unternehmer erwirbt, entscheidet er innerhalb gewisser Grenzen der Zuordnungsfreiheit i. d. R. selbst. Eine Zuordnung zum Unternehmen scheidet danach nur aus, wenn der Erwerb von vornherein für den nichtunternehmerischen Bereich vorgesehen war. Dies gibt der Erwerber grds. durch die Angabe seiner USt-IdNr. bei der Auftragserteilung zu erkennen.

BEISPIEL: Der deutsche Unternehmer U erwirbt in Frankreich einen PC für seinen Betrieb und einen PC für seinen Sohn.

U bewirkt einen innergemeinschaftlichen Erwerb hinsichtlich des Computers, den er in seinem Betrieb verwenden will. Er hat gegenüber dem französischen Lieferer seine deutsche USt-IdNr. zu verwenden und zeigt dadurch an, dass er den Gegenstand für sein Unternehmen erwerben möchte. Folglich hat F eine steuerfreie Lieferung in Frankreich, da U die Besteuerung des Erwerbs in Deutschland selbst vornimmt.

Hinsichtlich des für den Sohn bestimmten Computers hat U keinen innergemeinschaftlichen Erwerb bewirkt, denn die Lieferung an ihn ist nicht für sein Unternehmen erfolgt. Folglich hat F insoweit eine steuerpflichtige Lieferung bewirkt und muss den Computer unter Berechnung der französischen Umsatzsteuer verkaufen. Im Regelfall sind daher in derartigen Fällen zwei Rechnungen zu erteilen.

Der Erwerb von Gegenständen i. S. des § 1a UStG für den nichtunternehmerischen Bereich hat nur für **juristische Personen** Bedeutung (§ 1a Abs. 1 Nr. 2b UStG). Die Vorschrift ist in erster Linie aus haushaltsrechtlichen Gründen für die Gebietskörperschaften geschaffen worden, da diese verpflichtet sind, dem günstigeren Anbieter den Zuschlag zu erteilen.

107

BEISPIEL: Die Stadt Aachen erwirbt in Belgien 200 neue Bürostühle für das Rathaus für umgerechnet 32.000 €.

Die Stadt Aachen hat einen innergemeinschaftlichen Erwerb bewirkt, denn sie ist eine juristische Person des öffentlichen Rechts, die für den nichtunternehmerischen Bereich erwirbt. Daher hat die Stadt Aachen eine USt-IdNr. zu beantragen und eine Umsatzsteuer-Voranmeldung beim Finanzamt abzugeben. Da der Steuersatz in Belgien aber zz. 21% beträgt und die Lieferung des belgischen Unternehmers wegen des innergemeinschaftlichen Erwerbs in Deutschland steuerfrei erfolgt, ist der Vor-

---

1 Abschnitt 1a.1 Abs. 2 Satz 1 UStAE.

gang für die Stadt Aachen aus haushaltspolitischer Sicht interessant. In Deutschland hat die Stadt Aachen 19% von 32.000 € = 6.080 € Umsatzsteuer anzumelden und abzuführen, hat aber in Belgien Umsatzsteuer i. H. von 6.720 € gespart. Auch unter der Berücksichtigung, dass die Stadt Aachen keinen Vorsteueranspruch hat, da sie nicht für ihr Unternehmen, sondern hoheitlich erwirbt, verbleibt eine Ersparnis von 6.720 € − 6.080 € = 640 €.

2. Innergemeinschaftliches Verbringen

a) Begriff

108 Als innergemeinschaftlicher Erwerb gilt auch das Verbringen eines zum Unternehmen gehörenden Gegenstands aus dem übrigen Gemeinschaftsgebiet in das Inland zur nicht nur vorübergehenden Verwendung im Inland (§ 1a Abs. 2 UStG, unionsrechtliche Grundlage ist Art. 21 MwStSystRL). Derartige innergemeinschaftliche Verbringensfälle werden wie Lieferungen behandelt und unterliegen daher ggf. im Bestimmungsland der Erwerbsbesteuerung. Der Unternehmer selbst gilt dabei im Ausgangsmitgliedstaat als Lieferer und im Bestimmungsmitgliedstaat als Erwerber.

> **BEISPIEL:** ▶ Ein deutscher Unternehmer lässt durch Angestellte seiner niederländischen Zweigstelle eine Maschine in seine deutsche Niederlassung bringen, wo sie nunmehr auf Dauer für die Produktion eingesetzt werden soll.
>
> Grds. stellt die Überführung von der niederländischen in die deutsche Niederlassung einen sog. nichtsteuerbaren Innenumsatz dar, der umsatzsteuerlich unbeachtlich ist, da der Gegenstand das Unternehmen nicht verlassen hat. Der Vorgang unterlag jedoch vor Schaffung des Binnenmarktes (und unterliegt im Zusammenhang mit Drittländern weiterhin) der Einfuhrumsatzsteuer. Das Verbringen aus der niederländischen Zweigstelle stellt einen (fiktiven) Erwerb in Deutschland dar, der vom Deutschen im Inland zu versteuern ist (§ 1a Abs. 2 i. V. m. § 3d Satz 1 UStG), da der Gegenstand nicht nur vorübergehend im Inland verwendet werden soll. In gleicher Höhe steht dem deutschen Unternehmer jedoch ein Vorsteueranspruch zu, sofern er regelbesteuerter Unternehmer ist (§ 15 Abs. 1 Satz 1 Nr. 3 UStG) und die Maschine für Umsätze verwendet, die den Vorsteuerabzug nicht ausschließen (§ 15 Abs. 2 Nr. 1 UStG).

Ein Verbringen ist innergemeinschaftlich, wenn der Gegenstand auf Veranlassung des Unternehmers vom Ausgangsmitgliedstaat in den Bestimmungsmitgliedstaat gelangt. Dabei muss er bereits im Ausgangsmitgliedstaat dem Unternehmen zugeordnet sein.[1] Es ist unerheblich, ob der Unternehmer den Gegenstand selbst befördert oder ob er die Beförderung durch einen selbständi-

---

[1] Abschnitt 1a.2 Abs. 4 UStAE.

gen Beauftragten ausführen oder besorgen lässt.[1] Kein Verbringen liegt vor, wenn die Warenbewegung im Rahmen einer steuerbaren Abhollieferung erfolgt, denn die Bestimmungen des § 1a Abs. 1 UStG/§ 3 Abs. 1 UStG gehen der Regelung in § 1a Abs. 2 UStG/§ 3 Abs. 1a UStG vor.

Fälle **vorübergehender Verwendung** sind vom Gesetzgeber ausdrücklich ausgenommen, da die Rückführung in das Ursprungsland von vornherein feststeht und so nur unnötiger Verwaltungsaufwand entstehen würde. Unter die gesetzliche Fiktion des Verbringens fallen somit alle Fälle, in denen Gegenstände zur Nutzung als **Anlagevermögen** oder zum **Verkauf oder Verbrauch** (Waren oder Roh-, Hilfs- und Betriebsstoffe) ins Bestimmungsland verbracht werden, denn dem Begriff der vorübergehenden Verwendung ist die Rückführung ins Ausgangsland immanent.[2]

109

Ein Fall der vorübergehenden Verwendung setzt voraus, dass der Gegenstand, ggf. auch nach einer Be- oder Verarbeitung, zwingend an den Steuerpflichtigen in den Mitgliedstaat zurückgeschickt werden muss, von dem aus er ursprünglich versandt oder befördert worden war.[3] Kehrt der Gegenstand nicht in den ursprünglichen Mitgliedstaat zurück, sondern wird in einen anderen befördert oder versendet, liegt nach dem System des Binnenmarktes ein innergemeinschaftliches Verbringen im Ursprungsland vor.

Eine nicht nur vorübergehende Verwendung liegt auch vor, wenn der Unternehmer den Gegenstand in ein **Auslieferungslager** in einen anderen Mitgliedstaat verbringt, wobei dieses Lager nicht den Begriff der Betriebsstätte (§ 12 AO) bzw. einer festen Niederlassung erfüllen muss.[4] Steht der Abnehmer bei der im übrigen Gemeinschaftsgebiet beginnenden Beförderung oder Versendung bereits fest, liegt kein innergemeinschaftliches Verbringen, sondern eine Beförderungs- oder Versendungslieferung vor, die grds. mit Beginn der Beförderung oder Versendung im übrigen Gemeinschaftsgebiet als ausgeführt gilt (§ 3 Abs. 6 Satz 1 UStG). Ein im Zeitpunkt des Beginns der Beförderung oder Versendung nur wahrscheinlicher Abnehmer ohne tatsächliche Abnahmeverpflichtung ist nicht einem zu diesem Zeitpunkt bereits feststehenden Abnehmer gleichzustellen. Daher stellt in derartigen Fällen die Einlagerung von Ware aus dem übrigen Gemeinschaftsgebiet in ein inländisches Auslieferungs- oder Konsignationslager ein innergemeinschaftliches Verbringen durch den liefern-

---

1 Abschnitt 1a.2 Abs. 3 UStAE.
2 Abschnitt 1a.2 Abs. 4 und 5 UStAE.
3 Abschnitt 1a.2 Abs. 10 Nr. 3 UStAE; EuGH v. 6.3.2014 – C-606/12 und C-607/12, UR 2015 S. 933.
4 Abschnitt 1a.2 Abs. 6 UStAE.

den Unternehmer i. S. des § 1a Abs. 2 UStG dar. Die Lieferung an den Abnehmer findet in diesen Fällen erst mit der Entnahme der Ware aus dem Lager statt und ist dann folglich im Inland steuerbar.

> **HINWEIS:**
>
> Die Regelungen zu Konsignationslagern werden in den Mitgliedstaaten unterschiedlich ausgelegt, so dass sich dringender Handlungsbedarf zur Rechtssicherheit für die beteiligten Unternehmen ergibt. Mittlerweile liegt ein Vorschlag der EU-Kommission zur Änderung der MwStSystRL zur Einführung einer Vereinfachung bei Konsignationslager vor. Zum 1. 1. 2019 soll danach ein neuer Art. 17a eingeführt werden, Art. 243 Abs. 3 und Art. 262 sollen geändert werden.[1] Die nunmehr vorgeschlagene Lösung besteht darin, im Rahmen der Konsignationslagerregelung eine einzige Lieferung im Abgangsmitgliedstaat und einen innergemeinschaftlichen Erwerb in dem Mitgliedstaat anzusehen, in dem sich das Lager befindet, sofern der Umsatz zwischen zwei zertifizierten Steuerpflichtigen stattfindet. Dadurch soll vermieden werden, dass der Lieferer in jedem Mitgliedstaat, in dem er Gegenstände im Rahmen eines Verbringens in ein Konsignationslager überführt, registriert werden muss.
>
> Die bisherigen Anwendungsregelungen des UStAE vor Ergehen der Rechtsprechung des BFH können aufgrund einer Vereinfachungsanweisung der Finanzverwaltung bis zum 31. 12. 2018 weiterhin angewandt werden.[2]

Ein Verbringen i. S. d. § 1a Abs. 2 UStG liegt auch vor, wenn ein Unternehmer einen Gegenstand aus dem Drittland in das übrige Gemeinschaftsgebiet einführt und im Anschluss an die Einfuhr in das Inland verbringt.

Bei einer grenzüberschreitenden Organschaft stellen Warenbewegungen zwischen den im Inland und den im übrigen Gemeinschaftsgebiet gelegenen Unternehmensteilen innergemeinschaftliches Verbringen dar.[3]

b) Vereinfachungsmaßnahmen

110 Aus Vereinfachungsgründen kann in den Fällen, in denen anschließend die nicht verkauften Waren unmittelbar wieder in den Ausgangsmitgliedstaat zurück gelangen, die Besteuerung des Verbringens auf die **tatsächlich verkaufte Warenmenge** beschränkt werden, d. h. hinsichtlich der nicht veräußerten Ware hat der Unternehmer weder einen Erwerb (bei der „Einfuhr") noch eine

---

1 Vorschlag für eine Richtlinie des Rates zur Änderung der Richtlinie 2006/112/EG in Bezug auf die Harmonisierung und Vereinfachung bestimmter Regelungen des Mehrwertsteuersystems (MwStSystRL) und zur Einführung des endgültigen Systems der Besteuerung des Handels zwischen den Mitgliedstaaten v. 4. 10. 2017, COM (2017) 569 final.
2 BMF, Schreiben v. 10. 10. 2017, BStBl 2017 I S. 1442; BMF, Schreiben v. 14. 12. 2017, BStBl 2017 I S. 1673.
3 Abschnitt 1a.1 Abs. 8 UStAE

steuerfreie Lieferung (bei der späteren „Ausfuhr") zu erklären.[1] Diese Regelung hat insbesondere Bedeutung für Händler im grenznahen Bereich, die Waren außerhalb ihrer festen Niederlassung verkaufen, damit diese nicht ständig mit ihrem gesamten Warensortiment den Regelungen des Binnenmarktes unterworfen werden müssen.

BEISPIEL: Ein Blumenhändler aus den Niederlanden verkauft Blumen auf dem Wochenmarkt in Ahaus.

Der niederländische Unternehmer bewirkt bei „Grenzübertritt" einen innergemeinschaftlichen Erwerb im Inland (§ 1a Abs. 2 UStG), da er grds. beabsichtigt, sämtliche Waren in Deutschland zu veräußern. Die im Inland verkauften Blumen unterliegen als Lieferungen dem deutschen Umsatzsteuerrecht (§ 3 Abs. 6 Satz 1 UStG), insbesondere ist die Kleinunternehmerregelung nicht auf ausländische Unternehmer anwendbar (§ 19 Abs. 1 Satz 1 UStG). Der innergemeinschaftliche Erwerb kann auf die verkauften Blumen beschränkt werden, d. h. hinsichtlich der nicht veräußerten Waren hat der niederländische Unternehmer weder einen Erwerb (bei der „Einfuhr") noch eine steuerfreie Lieferung (bei der späteren „Ausfuhr") zu erklären. Im Ergebnis hat daher der niederländische Unternehmer die in Deutschland verkaufte Ware als Lieferung sowie als innergemeinschaftlichen Erwerb zu erklären, wobei zu beachten ist, dass die Umsatzsteuer auf den Erwerb regelmäßig zugleich als Vorsteuer abzugsfähig ist (§ 15 Abs. 1 Satz 1 Nr. 3 UStG).

Bei der **Verkaufskommission** liegt zwar eine Lieferung des Kommittenten an den Kommissionär erst im Zeitpunkt der Lieferung des Kommissionsguts an den Abnehmer vor.[2] Gelangt das Kommissionsgut bei der Zurverfügungstellung an den Kommissionär vom Ausgangs- in den Bestimmungsmitgliedstaat, kann die Lieferung jedoch nach dem Sinn und Zweck der Regelung bereits zu diesem Zeitpunkt als erbracht angesehen werden. Dementsprechend ist der innergemeinschaftliche Erwerb beim Kommissionär der Besteuerung zu unterwerfen.[3] Gleichwohl bestimmt sich die Bemessungsgrundlage sowohl für die innergemeinschaftliche Lieferung des Kommittenten als auch für den innergemeinschaftlichen Erwerb des Kommissionärs nach dem Entgelt, wobei zu beachten ist, dass die endgültige Rechnungslegung durch den Kommissionär nach dem Verkauf des Kommissionsguts mittels Gutschrift erfolgen wird. Bei Anwendung der o. g. Vereinfachungsregelung müsste daher der Kommissionär das Entgelt für den innergemeinschaftlichen Erwerb schätzen und später die entsprechenden Voranmeldungen berichtigen. Aus Vereinfachungsgründen kann jedoch auf eine Korrektur der umsatzsteuerlichen Bemessungsgrund-   111

---

1 Abschnitt 1a.2 Abs. 6 Satz 4 UStAE.
2 Vgl. BFH v. 25. 11. 1986 – V R 102/78, BStBl 1987 II S. 278.
3 Abschnitt 1a.2 Abs. 7 UStAE.

lagen und die Abgabe einer berichtigten Umsatzsteuer-Voranmeldung durch den Kommissionär verzichtet werden, wenn er in Bezug auf die Kommissionsgeschäfte zum vollen Vorsteuerabzug berechtigt ist.[1]

c) Ausnahmen

112 Nicht steuerbar ist das Verbringen, wenn der Gegenstand nur zu einer vorübergehenden Verwendung ins Inland gelangt. Unter Berücksichtigung des Katalogs in Art. 17 und 23 MwStSystRL sind eine Reihe von Fällen von der Erfassung als innergemeinschaftliche Verbringenstatbestände ausgenommen, wenn die Verwendung des Gegenstands im Bestimmungsland befristet ist:[2]

▶ Die Verwendung von Gegenständen, die im Bestimmungsland im Rahmen einer steuerbaren Werklieferung erfasst werden: unbeachtlich sind daher **Materialtransporte** von einem anderen Mitgliedstaat auf inländische Baustellen.[3] Während die eingesetzten Maschinen aufgrund ihrer nur vorübergehenden Verwendung keinen Fall des Verbringens darstellen können, hat die Finanzverwaltung die bei einer Werklieferung verwendeten Gegenstände aus Vereinfachungsgründen ebenfalls ausgenommen, obwohl diese im Inland verbraucht werden. Sie gehen aber anschließend in die Werklieferung ein und werden daher über den Preis dieser Werkleistung der inländischen Umsatzsteuer unterworfen (vgl. § 3 Abs. 7 Satz 1 i.V. m. § 10 Abs. 1 Satz 2 UStG);

▶ Zur Ausführung von im Bestimmungsland ausgeführten **sonstigen Leistungen** mitgenommene Gegenstände, z. B. Maschinen, Werkzeug, Arbeitsmaterial;[4]

▶ **Reparatur, Wartung** oder dergleichen an einem Gegenstand im Bestimmungsland;[5]

▶ Überlassung eines Gegenstands an eine **Arbeitsgemeinschaft** als Gesellschafterbeitrag und Verbringen des Gegenstands ins Bestimmungsland;[6]

▶ **Zwischenlagerung** im übrigen Gemeinschaftsgebiet;

▶ Fälle vorübergehender **Vermietung und Verpachtung** von beweglichen Gegenständen.

---

1 OFD Frankfurt v. 4. 4. 2014, UR 2014 S. 786.
2 Abschnitt 1a.2 Abs. 9 ff. UStAE.
3 Abschnitt 1a.2 Abs. 10 Nr. 1 UStAE.
4 Abschnitt 1a.2 Abs. 10 Nr. 2 UStAE.
5 Abschnitt 1a.2 Abs. 10 Nr. 3 UStAE.
6 Abschnitt 1a.2 Abs. 10 Nr. 4 UStAE.

Darüber hinaus ist von einer befristeten Verwendung auszugehen, wenn der Unternehmer einen Gegenstand in das Bestimmungsland im Rahmen eines Vorgangs verbringt, für den bei einer entsprechenden Einfuhr aus dem Drittlandsgebiet wegen vorübergehender Verwendung eine vollständige **Befreiung von den Einfuhrabgaben** bestehen würde.[1] Die zu der zoll- und einfuhrumsatzsteuerrechtlichen Abgabenbefreiung erlassenen Rechts- und Verwaltungsvorschriften sind entsprechend anzuwenden.[2] Danach beträgt die Höchstdauer der Verwendung grds. 24 Monate (Art. 251 Abs. 2 UZK), z. B. für Berufsausrüstung, Waren für Messen, Ausstellungen und Kongresse, medizinisch-chirurgisches Material und Labormaterial, Modelle, Vorführwaren, Muster, Filme und andere Bild- und Tonträger, Werbematerial für den Fremdenverkehr. Für bestimmte Gegenstände gilt eine kürzere Verwendungsfrist von 12 Monaten, z. B. für pädagogisches Material und wissenschaftliches Gerät, Eisenbahnfahrzeuge, Paletten (deren Nämlichkeit festgestellt werden kann), Behälter. Eine Verwendungsfrist von nur 6 Monaten gilt u. a. für Umschließungen, Austauschproduktionsmittel, Straßenfahrzeuge, zivile Luftfahrzeuge und Wasserfahrzeuge zum privaten Gebrauch, Paletten (deren Nämlichkeit nicht festgestellt werden kann). Werden die genannten Verwendungsfristen überschritten, ist im Zeitpunkt des Überschreitens ein innergemeinschaftliches Verbringen anzunehmen.[3]

113

In den Fällen des vorübergehenden Verbringens ist sowohl das Verbringen als auch das Zurückgelangen des Gegenstands umsatzsteuerlich unbeachtlich. Geht der Gegenstand aber wider Erwarten im Bestimmungsland unter (Unfall, Diebstahl u. a.) oder wird er nunmehr tatsächlich doch im Bestimmungsland veräußert, so gilt er in diesem Zeitpunkt als geliefert.[4]

BEISPIEL: ▶ Unternehmer D aus Deutschland versendet zwei Maschinen nach Brüssel, wo er sie auf der Messe ausstellen will; ein Verkauf ist nicht beabsichtigt. Am letzten Messetag wird eine Maschine an einen Interessenten veräußert. Die andere Maschine gelangt wieder von Brüssel nach Deutschland.

Das Verbringen der Maschinen von Deutschland durch D war nur vorübergehend angelegt. Es liegt im Zeitpunkt des Überführens noch kein innergemeinschaftliches Verbringen vor, der Vorgang ist zu diesem Zeitpunkt umsatzsteuerlich unbeachtlich. Durch den Verkauf der einen Maschine an den Abnehmer steht jedoch zu diesem Zeitpunkt fest, dass die Maschine endgültig (zunächst zur Verfügung des D) im Bestimmungsland verbleibt. Daher liegt zu diesem Zeitpunkt durch D ein innergemein-

---

1 Abschnitt 1a.2 Abs. 12 UStAE.
2 Einzelheiten dazu regelt das BMF, Schreiben v. 19. 11. 1993, BStBl 1993 II S. 1004.
3 Abschnitt 1a.2 Abs. 13 UStAE.
4 Abschnitt 1a.2 Abs. 11 UStAE.

schaftlicher Erwerb in Belgien vor, den D in Belgien unter Angabe einer belgischen USt-IdNr. zu erklären hat (in Deutschland hat D eine innergemeinschaftliche steuerfreie Lieferung bewirkt). Im Rahmen seiner belgischen Umsatzsteuererklärung kann D die Umsatzsteuer auf den Erwerb zudem entsprechend als Vorsteuer berücksichtigen. Darüber hinaus tätigt D in Brüssel eine Lieferung, die in Belgien steuerbar und steuerpflichtig ist.

> **HINWEIS:**
>
> Hinsichtlich der möglicherweise durchzuführenden Besteuerung von Umsätzen von ausländischen Messeausstellern hat die OFD Frankfurt mit Verfügung v. 16.4.1994 ein Merkblatt herausgegeben.[1] Danach ist ein innergemeinschaftlicher Erwerb u.a. nur dann anzunehmen, wenn die verbrachten Gegenstände mit Verkaufsabsicht ins Inland gelangen. Hinsichtlich der später dann doch in das übrige Gemeinschaftsgebiet zurückgebrachten Gegenstände ist eine Rückgängigmachung des innergemeinschaftlichen Erwerbs vorzunehmen (§ 17 Abs. 2 Nr. 3 UStG).

d) Formelle Pflichten

114 Obwohl in den Fällen des innergemeinschaftlichen Verbringens kein Leistungsaustausch vorliegt und eine Rechnung daher nicht zu erteilen ist („Leistungsempfänger" ist der Unternehmer selbst), sind die Vorschriften des UStG zumindest insoweit zu beachten, als sie das Ausstellen einer sog. **Pro-forma-Rechnung** betreffen.[2] Zur Abwicklung von Verbringensfällen hat der „liefernde inländische Unternehmer" einen Beleg auszustellen, in dem die verbrachten Gegenstände aufgeführt sind und der die inländische und die ausländische USt-IdNr. enthält. Darüber hinaus hat der Unternehmer Aufzeichnungspflichten zu beachten. Diese gelten als erfüllt, wenn sich die aufzeichnungspflichtigen Angaben aus Buchführungsunterlagen, Versandpapieren, Karteien, Dateien oder anderen im Unternehmen befindlichen Unterlagen entnehmen lassen.

e) Sonderregelung durch freiwillige Besteuerung

115 Die Finanzverwaltung lässt aus Vereinfachungsgründen bis zum 31.1.2018 die **Verlagerung des Ortes** der Lieferung unter Fiktion eines innergemeinschaftlichen Verbringens zu, wenn der Lieferer regelmäßig eine größere Zahl von Abnehmern im Bestimmungsland beliefert und bei Beginn der Beförderung durch den Lieferer die Anzahl der abzunehmenden Gegenstände nicht von vornherein genau feststeht.[3] Die Regelung gilt nicht für Versendungsfälle.

---

1 UR 1994 S. 440.
2 Vgl. Abschnitt 1a.2 Abs. 15, Abschnitt 14a.1 Abs. 3 und Abschnitt 22.3 Abs. 1 UStAE.
3 Abschnitt 1a.2 Abs. 14 UStAE.

BEISPIEL: Der niederländische Unternehmer N beliefert regelmäßig eine Vielzahl von Imbissbuden und kleineren Gaststätten in Deutschland im grenznahen Bereich mit Pommes frites. Die entsprechenden Waren werden von N bereits in den Niederlanden nach Abnehmern sortiert, verpackt und aufgeladen und anschließend mit eigenem Lieferwagen an die einzelnen Abnehmer gebracht.

Grds. läge eine Vielzahl von innergemeinschaftlichen Lieferungen vor, die in den Niederlanden steuerfrei wären (bzw. je nach Abnehmer ggf. der Versandhandelsregelung unterliegen würden). N muss daher in den Niederlanden eine Zusammenfassende Meldung abgeben, in der für jeden Abnehmer unter dessen USt-IdNr. die Warenverkäufe anzugeben sind. Dies können in einem Quartal hunderte von Einzelangaben sein. Entsprechend haben die inländischen Käufer innergemeinschaftliche Erwerbe zu erklären.

Kauft einer der Abnehmer in Deutschland über die vorab bestellte Menge hinaus einen Warenposten, dann läge insoweit eine inländische Warenlieferung des N vor. N hätte in Deutschland eine Umsatzsteuer-Voranmeldung abzugeben und dem deutschen Abnehmer eine Rechnung mit deutscher Umsatzsteuer zu erteilen, denn insoweit läge der Ort der Lieferung in Deutschland.

Um diese unnötigen praktischen Schwierigkeiten zu vermeiden, kann der niederländische Lieferer aus Vereinfachungsgründen die Gesamtsendung als innergemeinschaftlichen Erwerb behandeln (§ 1a Abs. 2 UStG), obwohl die Abnehmer bei Beginn des Transports schon feststehen und die Vorschrift daher eindeutig nicht erfüllt ist. Die weiteren Lieferungen sind sodann von N als inländische Lieferungen zu behandeln und entsprechend in Deutschland zu versteuern. Voraussetzung ist allerdings, dass N in Deutschland bei einem Finanzamt umsatzsteuerlich geführt wird und in den entsprechenden Rechnungen seine deutsche USt-IdNr. angibt. Darüber hinaus müssen sowohl die zuständige niederländische Steuerbehörde sowie die deutsche Steuerbehörde mit dieser Behandlung einverstanden sein, da sie nicht dem Gesetzeswortlaut entspricht.

HINWEIS:

Voraussetzung für die Anwendung dieser Vereinfachungsregelung ist unter anderem, dass die beteiligten Steuerbehörden im Ausgangs- und Bestimmungsmitgliedstaat mit dieser Behandlung einverstanden sind, was eine Absprache zwischen den Finanzbehörden der beteiligten Mitgliedstaaten erforderlich macht. Ein entsprechender Antrag muss daher vor Ausführung der Lieferung gestellt und von der zuständigen Behörde genehmigt werden. Wird die Vereinfachungsregelung ohne vorherige Genehmigung des Antrags vom Unternehmer angewandt, hat zwingend eine Rückabwicklung des Vorgangs zu erfolgen.[1] Die Regelung erscheint nicht unbedenklich, da sie über den eindeutigen Gesetzeswortlaut hinausgeht. Zudem ist nach wie vor völlig ungeklärt, welche Finanzbehörde für eine solche Vereinbarung zuständig ist und wie diese Einverständniserklärung in der Praxis aussehen soll. Aus diesem Grund hat die Finanzverwaltung die Vereinfachungsregelung zum 31. 12. 2018 abgeschafft. Für vor dem 1. 1. 2019 ausgeführte Lieferungen und innergemeinschaftliche Erwerbe wird es auch für Zwecke

---

1 Abschnitt 1a.2 Abs. 14 Satz 2 Nr. 4 UStAE.

des Vorsteuerabzugs nicht beanstandet, wenn der leistende Unternehmer die bisherige Verwaltungsregelung anwendet.[1]

III. Ausnahmen von der Erwerbsbesteuerung

1. Atypische Unternehmer

116   Die Vorschrift des innergemeinschaftlichen Erwerbs ist nicht anwendbar, wenn der Erwerber dem **Personenkreis** des § 1a Abs. 3 Nr. 1 UStG angehört **und** der Gesamtbetrag der Entgelte für innergemeinschaftliche Erwerbsvorgänge die **Erwerbsschwelle** des § 1a Abs. 3 Nr. 2 UStG nicht erreicht:

▶ Unternehmer, die nur steuerfreie Umsätze ausführen, die zum Ausschluss des Vorsteuerabzugs führen (§ 1a Abs. 3 Nr. 1 UStG),

▶ Unternehmer, für deren Umsätze Umsatzsteuer nach § 19 Abs. 1 UStG nicht erhoben wird (§ 1a Abs. 3 Nr. 2 UStG),

▶ Unternehmer, die den Gegenstand zur Ausführung von Umsätzen verwenden, für die die Steuer nach Durchschnittssätzen des § 24 UStG festgesetzt wird (§ 1a Abs. 3 Nr. 3 UStG), oder

▶ juristische Personen, die nicht Unternehmer sind oder die den Gegenstand nicht für ihr Unternehmen erwerben (§ 1a Abs. 3 Nr. 4 UStG).

Insbesondere Kleinunternehmer und juristische Personen, die nicht Unternehmer sind, sollen zur Vermeidung eines unnötigen Verwaltungsaufwands bei geringfügigen Erwerbsvorgängen nicht verpflichtet werden, Steuererklärungen abzugeben. Auch Unternehmer, die **nur** steuerfreie Umsätze erbringen, die einen Vorsteuerabzug nicht ermöglichen (z. B. Bausparkassen- und Versicherungsvertreter, Versicherungsmakler, Angehörige der Heilberufe, Wohnungsvermietungsunternehmen, Krankenhäuser, Altenheime, Theater, Tierparks, berufsbildende Einrichtungen), sowie Land- und Forstwirte, für die die Steuer nach Durchschnittssätzen festgesetzt wird, fallen unter diese Erwerbergruppe. Kleinunternehmer fallen nur dann unter diese Ausnahmeregelung, wenn sie nicht zur Regelbesteuerung optiert haben (§ 19 Abs. 2 UStG). Erwirbt eine juristische Person des öffentlichen Rechts einen Gegenstand für ihr Unternehmen (z. B. Betrieb gewerblicher Art), ist die Ausnahmeregelung ebenfalls nicht anzuwenden, da ja bereits der Grundfall des innergemeinschaftlichen Erwerbs vorliegt. Unionsrechtliche Grundlage für die Sonderbestimmung ist Art. 272 MwStSystRL.

---

1 Nach dem BMF, Schreiben v. 23. 4. 2018 werden Abschnitt 1a.2 Abs. 14 UStAE aufgehoben und Abschnitt 3.13 Abs. 3 Satz 1 UStAE gestrichen.

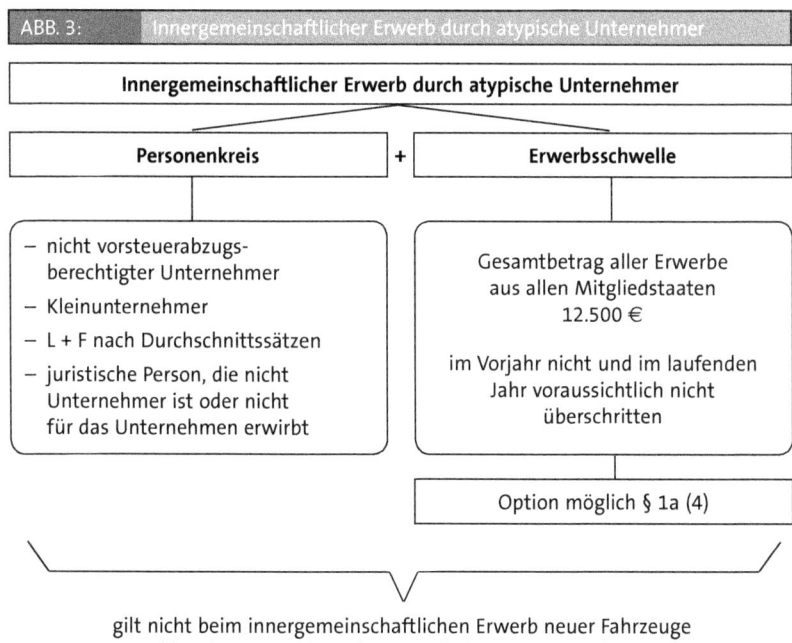

ABB. 3: Innergemeinschaftlicher Erwerb durch atypische Unternehmer

Innergemeinschaftlicher Erwerb durch atypische Unternehmer

Personenkreis	+	Erwerbsschwelle

– nicht vorsteuerabzugs-
berechtigter Unternehmer
– Kleinunternehmer
– L + F nach Durchschnittssätzen
– juristische Person, die nicht
Unternehmer ist oder nicht
für das Unternehmen erwirbt

Gesamtbetrag aller Erwerbe
aus allen Mitgliedstaaten
12.500 €

im Vorjahr nicht und im laufenden
Jahr voraussichtlich nicht
überschritten

Option möglich § 1a (4)

gilt nicht beim innergemeinschaftlichen Erwerb neuer Fahrzeuge
und bestimmter verbrauchsteuerpflichtiger Wirtschaftsgüter

BEISPIEL: ▶ Ein durchschnittsbesteuerter Landwirt aus Ahaus erwirbt in den Niederlanden Saatgut für umgerechnet 20.000 €. Einkäufe in diesen Größenordnungen und mehr tätigt der Landwirt seit Jahren in den Niederlanden.

Der Landwirt hat einen innergemeinschaftlichen Erwerb bewirkt (§ 1a Abs. 1 UStG); wegen des Überschreitens der Erwerbsschwelle kommt die Ausnahmeregelung des § 1a Abs. 3 UStG nicht zur Anwendung. Der Landwirt hat daher 7% von 20.000 € (§ 12 Abs. 2 Nr. 1 UStG) = 1.400 € an das Finanzamt zu entrichten, ein Vorsteuerabzug ist nicht möglich (§ 24 Abs. 1 Satz 4 UStG). Damit kommt es zu einer steuerlichen Belastung, da die Steuer für Erwerbe außerhalb der Pauschalierung des § 24 UStG zu berechnen ist.

Als Erwerbschwelle wird der Gesamtbetrag der Entgelte für alle innergemein-   117
schaftlichen Erwerbe aus allen übrigen Mitgliedstaaten zusammen zugrunde
gelegt.[1] Hat dieser Betrag im vorangegangenen Jahr 12.500 € nicht überschritten **und** wird diese Schwelle im laufenden Jahr ebenfalls voraussichtlich nicht
überschritten werden (§ 1a Abs. 3 Nr. 2 UStG), so muss der genannte Personen-

---

1 Abschnitt 1a.1 Abs. 2 Satz 2 UStAE.

kreis die Erwerbsbesteuerung nicht vornehmen, auch wenn die tatsächlichen innergemeinschaftlichen Erwerbe im Laufe des Kalenderjahres die Grenze von 12.500 € übersteigen.[1]

BEISPIEL: ▸ Ein deutscher Arzt erwirbt in 03 für umgerechnet 7.500 € in Dänemark ein medizinisches Gerät für seine Praxis in Deutschland. Weitere Einkäufe sind nicht vorgesehen. Entgegen dieser Absicht erwirbt der Deutsche Ende 03 Büromöbel für seine Praxis in Belgien für 9.000 €. In 04 kauft er lediglich für 2.000 € Produkte in Belgien.

Grds. hat der Erwerber den Erwerbsvorgang aus Dänemark im Inland zu versteuern; die Lieferung des Dänen wäre in Dänemark steuerbar und steuerfrei. Da der deutsche Abnehmer jedoch ein sog. atypischer Unternehmer ist, gilt diese Erwerbsbesteuerung nur, wenn er die sog. Erwerbschwelle überschreitet. Der Deutsche hatte ursprünglich nicht vor, weitere Einkäufe zu tätigen. Daher hat er in 03 beide Einkäufe nicht der Erwerbsbesteuerung zu unterwerfen, obwohl er diese Grenze tatsächlich überschreitet. Die Versteuerung erfolgt durch die jeweiligen Lieferer. Der Einkauf in 04 ist in jedem Falle vom Deutschen im Inland der Erwerbsbesteuerung zu unterwerfen, da er im Vorjahr 03 die Erwerbschwelle überschritten hat (7.500 € + 9.000 € = 16.500 €), obwohl er in 04 nur geringfügige Einkäufe getätigt hat. Der deutsche Abnehmer hat daher für 04 eine USt-IdNr. beim Bundesamt für Finanzen zu beantragen und mit dieser USt-IdNr. einzukaufen. In der Praxis ist ein solcher Vorgang mit Sorgfalt zu behandeln. Sollte der deutsche Abnehmer gegenüber dem dänischen Lieferanten keine USt-IdNr. verwenden, wird dieser mit dänischer Umsatzsteuer liefern. Auch ohne Verwendung einer USt-IdNr. hat der deutsche Unternehmer einen innergemeinschaftlichen Erwerb (kraft Gesetzes) in Deutschland bewirkt, es kommt somit zu einer Doppelbelastung.

118 Ein entsprechender Erwerber kann zur Erwerbsbesteuerung **optieren** (§ 1a Abs. 4 UStG), d. h. auch bei Nichterreichen der Erwerbschwelle kann er gleichwohl die Besteuerung selbst vornehmen. Dies ist ggf. sinnvoll, um die Belastung mit einer höheren ausländischen Umsatzsteuer zu vermeiden. Als Verzicht gilt dabei die Verwendung einer USt-IdNr. gegenüber dem Lieferer (Art. 4 MwStVO, § 1a Abs. 4 Satz 2 UStG).[2] Die Option bindet den Erwerber für zwei Kalenderjahre (§ 1a Abs. 4 Satz 3 UStG). Daher wird in der Praxis erst nach umsatzsteuerlicher Erfassung durch die Finanzverwaltung diesem Erwerber die USt-IdNr. durch das Bundeszentralamt für Steuern erteilt (§ 27a UStG). Verwendet der entsprechende Unternehmer bei Einkäufen im übrigen Gemeinschaftsgebiet seine USt-IdNr., so wird er wie jeder andere Unternehmer behandelt, d. h. die Lieferung an ihn erfolgt im übrigen Gemeinschaftsgebiet steuerfrei, ungeachtet der vorher genannten Erwerbschwelle.

---

1 Abschnitt 1a. Abs. 2 Satz 5 UStAE.
2 Abschnitt 1a.1 Abs. 2 Satz 6 UStAE.

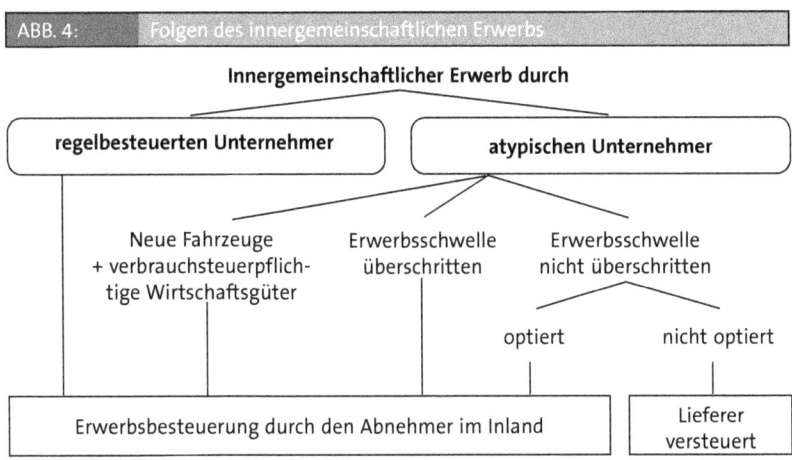

ABB. 4: Folgen des innergemeinschaftlichen Erwerbs

Innergemeinschaftlicher Erwerb durch

regelbesteuerten Unternehmer

atypischen Unternehmer

Neue Fahrzeuge
+ verbrauchsteuerpflich-
tige Wirtschaftsgüter

Erwerbsschwelle
überschritten

Erwerbsschwelle
nicht überschritten

optiert

nicht optiert

Erwerbsbesteuerung durch den Abnehmer im Inland

Lieferer
versteuert

Die Ausnahmeregelung zur Erwerbsbesteuerung gilt nicht für den Erwerb **neu-** 119
er Fahrzeuge und **bestimmter verbrauchsteuerpflichtiger Wirtschaftsgüter**
(Mineralöle, Alkohol und alkoholische Getränke sowie Tabakwaren). Insoweit
ist auch durch den genannten Personenkreis stets die Erwerbsbesteuerung
durchzuführen, eine Erwerbsschwelle ist nicht zu prüfen (§ 1a Abs. 5 UStG).
Daher sind auch die Einkäufe neuer Fahrzeuge und verbrauchsteuerpflichtiger
Wirtschaftsgüter nicht in die Prüfung der Erwerbschwelle einzubeziehen.[1] Eine
Befreiung von der Erwerbsteuerpflicht ist für diese Personengruppe uninteres-
sant, da sogar Privatpersonen als Käufer den Erwerb neuer Fahrzeuge im Bestimmungsland versteuern müssen (vgl. § 1b UStG) bzw. verbrauchsteuerpflichtige Ware von jedem Unternehmer als Käufer in jedem Fall im Bestimmungsland deklariert werden muss, nämlich für Verbrauchsteuerzwecke.

BEISPIEL: Ein praktischer Arzt aus Kehl kauft in Frankreich sechs Flaschen Wein für
eine Betriebsfeier mit seinen Mitarbeiterinnen für umgerechnet 50 €.
Der Kauf des Weins löst beim Arzt in Deutschland die Erwerbsbesteuerung aus, denn
er erwirbt im übrigen Gemeinschaftsgebiet verbrauchsteuerpflichtige Ware für sein
Unternehmen. Die Prüfung einer Erwerbschwelle entfällt in diesen Fällen. Da der
Arzt nicht zum Vorsteuerabzug berechtigt ist (§ 15 Abs. 2 Nr. 1 UStG), kommt es
auch zu einer steuerlichen Belastung in Deutschland. Es ist aber zu beachten, dass
der Arzt dafür den Wein in Frankreich steuerfrei erwerben kann. Dazu muss er jedoch
aus Sicht des französischen Unternehmers den entsprechenden Abnehmernachweis
erbringen, also eine deutsche USt-IdNr. verwenden. Tut er dies nicht, ist der Franzose
gezwungen, die Ware steuerpflichtig zu veräußern und der Arzt hat gleichwohl einen

---

1 Abschnitt 1a.1 Abs. 2 Satz 2 UStAE.

innergemeinschaftlichen Erwerb in Deutschland. Er wird somit zweifach mit Umsatzsteuer belastet.

ABWANDLUNG 1: ► Der Arzt erwirbt den Wein für 50 € im Jahr 03 sowie Druckerpapier für 1.000 € in Belgien.

Der Kauf des Weins unterliegt als innergemeinschaftlicher Erwerb der Besteuerung in Deutschland, während hinsichtlich des Papiers eine Erwerbsbesteuerung entfallen kann, denn insoweit hat der Arzt die Möglichkeit, von der Ausnahmeregelung des § 1a Abs. 3 UStG Gebrauch zu machen. Die Erwerbschwelle beträgt in diesem Fall nur 1.000 € (die verbrauchsteuerpflichtige Ware wird in die Berechnung nicht einbezogen). Ob es allerdings sinnvoll ist, die verbrauchsteuerpflichtige Ware der Erwerbsbesteuerung zu unterwerfen und den Erwerb des Papiers nicht, soll an dieser Stelle nicht näher untersucht werden.

ABWANDLUNG 2: ► Der Arzt erwirbt den Wein für 50 € im Jahr 03 sowie Druckerpapier für 1.000 € in Belgien. Außerdem kauft er medizinisches Gerät für 30.000 € in Dänemark.

Der Arzt hat – ungeachtet einer Erwerbschwelle – den Kauf des Weins der Erwerbsbesteuerung zu unterwerfen. Da nunmehr allerdings alle anderen Erwerbe zusammen (31.000 €) die Erwerbschwelle von 12.500 € überschreiten, hat auch die Erwerbsbesteuerung für die übrigen Einkäufe zu erfolgen. Insoweit hat der Arzt kein Wahlrecht.

120 **Kleinunternehmer** sowie **Land- und Forstwirte,** die ihre Umsätze nach Durchschnittssätzen versteuern, haben ebenfalls ihre innergemeinschaftlichen Erwerbe nur dann im Inland zu versteuern, wenn diese Erwerbe die Erwerbschwelle überschreiten oder zur Besteuerung der innergemeinschaftlichen Erwerbe im Inland optiert haben. Erwerben sie dagegen neue Fahrzeuge oder verbrauchsteuerpflichtige Waren aus einem anderen Mitgliedstaat, unterliegt dieser Erwerb stets – ohne Überprüfung einer Erwerbschwelle – der Besteuerung als innergemeinschaftlicher Erwerb im Inland. Diese Unternehmer erhalten daher für solche Vorgänge eine USt-IdNr. Ein Vorsteuerabzug für diese innergemeinschaftlichen Erwerbe ist nicht möglich.[1]

Juristische Personen des öffentlichen Rechts haben grds. alle in ihrem Bereich vorgenommenen innergemeinschaftlichen Erwerbe zusammenzufassen. Bei den Gebietskörperschaften lässt die Finanzverwaltung zu, dass diese auch einzelnen Organisationseinheiten (z. B. Ressorts, Ämter, Behörden) zugerechnet werden. Dabei wird aus Vereinfachungsgründen davon ausgegangen, dass die Erwerbsschwelle überschritten ist. In diesem einzelnen Fall erhalten die Organisationseinheiten eine eigene USt-IdNr.[2]

---

1 Vgl. auch OFD Erfurt v. 14. 1. 1997, DStR 1997 S. 498 sowie BFH v. 24. 9. 1998 – V R 17/98, BStBl 1999 II S. 39.
2 Abschnitt 1a.1 Abs. 3 UStAE.

Die Verwendung einer USt-IdNr. durch einen atypischen Unternehmer gegenüber einem ausländischen Lieferer führt grds. dazu, dass der ausländische Unternehmer die Gegenstände steuerfrei liefern wird, unabhängig davon, ob die Erwerbschwelle des Abnehmers überschritten wurde. Der ausländische Unternehmer muss sich in der Praxis auf den Einsatz der USt-IdNr. durch seinen Abnehmer verlassen, denn er kann nicht erkennen, ob sein Kunde in seinem Herkunftsland der Regelbesteuerung unterliegt (§ 1a Abs. 1 UStG), die Erwerbschwelle überschreitet (§ 1a Abs. 3 UStG) oder ob in der Verwendung der USt-IdNr. eine Option des Erwerbers nach § 1a Abs. 4 UStG zu sehen ist. Zwar ist allein die Erteilung einer USt-IdNr. durch die Finanzverwaltung noch keine Option i. S. des Vorschrift,[1] wohl aber die Verwendung der USt-IdNr. gegenüber dem Lieferanten (§ 1a Abs. 4 Satz 2 UStG; vgl. auch Art. 4 MwStVO). Dieser liefert bei Einsatz einer USt-IdNr. durch seinen Abnehmer die Ware steuerfrei und hat den Vorgang in seiner Zusammenfassenden Meldung zu erklären. Auch sog. Spontanauskünfte über den Sachverhalt an den Mitgliedstaat des Lieferanten sind zulässig.[2]

HINWEIS:

Die Verwendung einer USt-IdNr. durch einen Unternehmer bei an ihn erbrachten Dienstleistungen führt nicht automatisch dazu, dass er nunmehr auch seine innergemeinschaftlichen Erwerbe zu versteuern hat (Art. 4 MwStVO).

---

2. Erwerb durch bestimmte Einrichtungen

Entgegen der Regelung des § 1a Abs. 1 Nr. 2b UStG liegt bei bestimmten Abnehmern **kein innergemeinschaftlicher Erwerb** vor, soweit diese nicht Unternehmer sind (§ 1c Abs. 1 UStG): **121**

▶ im Inland ansässige ständige diplomatische Missionen (ausländische Botschaften) und berufskonsularische Vertretungen (ausländische Konsulate),

▶ im Inland ansässige zwischenstaatliche Einrichtungen (internationale Organisationen), oder

▶ im Inland stationierte Streitkräfte anderer Vertragsparteien des Nordatlantikvertrags (NATO).

---

1 OFD Hannover v. 6.1.1999, UR 1999 S. 462; so auch OFD Nürnberg v. 29.8.2002, UStB 2003 S. 102.
2 Vgl. auch zur Spontanauskunft BMF, Schreiben v. 27.10.1995, UR 1995 S. 495 sowie zum Merkblatt zum zwischenstaatlichen Auskunftsaustausch BMF, Schreiben v. 1.12.1988, BStBl 1988 I S. 466.

Die Regelung bewirkt, dass die o. g. Einrichtungen keinen innergemeinschaftlichen Erwerb tätigen und demzufolge **keine USt-IdNr. benötigen** (§ 27a Abs. 1 Satz 2 und 3 UStG). Die Erfassung des innergemeinschaftlichen Erwerbs **neuer Fahrzeuge** durch diese Einrichtungen bleibt davon unberührt, d. h., bei diesen Erwerbsvorgängen unterliegen auch die genannten Einrichtungen der Erwerbsbesteuerung nach § 1b UStG (§ 1c Abs. 1 Satz 3 UStG). Dies war erforderlich, da auch Privatpersonen den innergemeinschaftlichen Erwerb neuer Fahrzeuge zu versteuern haben (§ 1b UStG). Der innergemeinschaftliche Erwerb eines neuen Fahrzeugs durch diese Einrichtungen ist allerdings steuerfrei, wenn auch die Einfuhr eines solchen Fahrzeugs steuerfrei wäre (§ 4b Nr. 3 UStG).

Treten die vorgenannten Einrichtungen als **Unternehmer** auf und haben sie den Gegenstand für ihr Unternehmen erworben (z. B. Kantinenbetrieb), bleibt es bei der Anwendung der allgemeinen Vorschriften, d. h. es liegt regelmäßig eine steuerfreie innergemeinschaftliche Lieferung und ein entsprechender innergemeinschaftlicher Erwerb vor.[1]

122 Verbringen **deutsche Streitkräfte** Gegenstände aus dem übrigen Gemeinschaftsgebiet in das Inland für den Gebrauch oder Verbrauch dieser Streitkräfte oder ihres zivilen Begleitpersonals, so steht dies einem innergemeinschaftlichen Erwerb i. S. des § 1a Abs. 2 UStG gleich, wenn die Lieferungen dieser Gegenstände an die deutschen Streitkräfte oder die Einfuhr durch diese Streitkräfte im übrigen Gemeinschaftsgebiet nicht der Besteuerung unterlegen haben (§ 1c Abs. 2 UStG, vgl. auch als unionsrechtliche Grundlage Art. 22 MwStSystRL). Diese „grenzüberschreitenden Warenbewegungen" innerhalb der deutschen Streitkräfte mussten dem sog. **innergemeinschaftlichen Verbringen** gleichgestellt werden, um einen unbelasteten Letztverbrauch zu vermeiden, da Lieferungen an im übrigen Gemeinschaftsgebiet stationierte Bundeswehreinheiten unter den Voraussetzungen des § 4 Nr. 7b UStG steuerfrei sind und der Abnehmer gleichwohl in diesem Land keinen innergemeinschaftlichen Erwerb bewirkt hat (vgl. nach deutschem Recht § 1c UStG). Bei „Rücküberführung" dieser unbelasteten Gegenstände ins Inland muss daher ein fiktiver Erwerbsvorgang angenommen werden. Dabei ist dieser „Erwerbsvorgang" wie beim Verbringen nach § 1a Abs. 2 UStG mit dem Einkaufspreis anzusetzen (§ 10 Abs. 4 Nr. 1 UStG).

---

1 Vgl. auch Abschnitt 1c.1 Satz 4 UStAE.

IV. Ort des innergemeinschaftlichen Erwerbs

1. Grundfall

Der Ort des innergemeinschaftlichen Erwerbs bestimmt sich nach dem **Ende** **der Beförderung oder Versendung** (§ 3d Satz 1 UStG, unionsrechtliche Grundlage dafür ist Art. 40 MwStSystRL).

> **BEISPIEL:** ▶ Ein belgischer Baustoffhändler liefert Baumaterial an einen deutschen Abnehmer nach Deutschland. Dieser verbringt einige Tage später das Baumaterial zu seiner Baustelle nach Frankreich.
>
> Die Lieferung des belgischen Unternehmers ist in Belgien steuerbar (Art. 31 MwStSystRL), aber als innergemeinschaftliche Lieferung steuerfrei (Art. 138 MwStSystRL). Der deutsche Abnehmer hat einen innergemeinschaftlichen Erwerb in Deutschland bewirkt (§ 1a Abs. 1 UStG), da sich der Gegenstand am Ende der Beförderung der Ware in Deutschland befindet (§ 3d Satz 1 UStG). Das spätere Transportieren des Baumaterials durch den deutschen Unternehmer nach Frankreich hat keine Auswirkung auf die rechtliche Würdigung dieses Vorgangs.

2. Verwendung einer vom Bestimmungsland abweichenden USt-Identifikationsnummer durch den Erwerber

Auch bei Verwendung einer anderen USt-IdNr. gilt ebenfalls diese Ortsbestimmung, wobei jedoch solange die Versteuerung im Land der verwendeten USt-IdNr. erfolgt, bis der Leistungsempfänger die Versteuerung im Land des Endes der Beförderung oder Versendung nachgewiesen hat (§ 3d Satz 2 UStG, vgl. Art. 41 MwStSystRL). Um diese ggf. dann eintretende Doppelbesteuerung zu vermeiden, ist später die Umsatzsteuer im Land der verwendeten USt-IdNr. zu berichtigen (vgl. § 17 Abs. 2 Nr. 4 UStG). Tatsächlich ist aber der Erwerb immer im Land der Beendigung der Warenbewegung zu erfassen (§ 3d Satz 1 UStG).

> **BEISPIEL:** ▶ Der deutsche Unternehmer D bestellt beim Baustoffhändler B aus Belgien Baustoffe, die von B auf Wunsch des D unmittelbar nach Frankreich zu einer Baustelle des D gebracht werden. D verwendet bei der Auftragserteilung gegenüber B seine deutsche USt-IdNr. und führt in Deutschland die Erwerbsbesteuerung durch. In Frankreich gibt er keine Steuererklärung ab, da die Abrechnung einer Bauleistung in Frankreich dem sog. Reverse-Charge-Verfahren unterliegt. Der belgische Unternehmer hat eine Nettorechnung erteilt, in der seine belgische USt-IdNr. und die deutsche USt-IdNr. des Abnehmers angegeben sind.
>
> B führt eine innergemeinschaftliche Lieferung in Belgien aus (Ursprungsland), folglich hat D einen innergemeinschaftlichen Erwerb ausgeführt (§ 1 Abs. 1 Nr. 5 i.V. m. § 1a UStG in sinngemäßer Anwendung), und zwar in Frankreich (§ 3d Satz 1 UStG). Die Verwendung der deutschen USt-IdNr. führt dazu, dass D zusätzlich einen innergemeinschaftlichen Erwerb in Deutschland zu versteuern hat (§ 3d Satz 2 UStG). Eine Ortsverlagerung nach Deutschland anstelle der Besteuerung in Frankreich findet da-

123

durch jedoch nicht statt. D hat sich daher in Frankreich registrieren zu lassen und eine entsprechende USt-Erklärung abzugeben, auch wenn diese de facto ohne Zahllast endet, da er in Frankreich zugleich die Vorsteuer aus dem innergemeinschaftlichen Erwerb berücksichtigen kann. Solange er den Nachweis über diese umsatzsteuerliche Behandlung des Vorgangs nicht erbringt, hat er einen innergemeinschaftlichen Erwerb in Deutschland ohne Vorsteuerabzug zu erfassen.[1] Die somit in Deutschland eintretende Belastung durch eine Versteuerung des Erwerbsvorgangs ohne Vorsteuerabzug ist erst rückgängig zu machen, wenn der deutsche Unternehmer nachweist, dass bereits die Erfassung des Erwerbs in Frankreich erfolgte (§ 17 Abs. 2 Nr. 4 UStG).

Die Besteuerung des innergemeinschaftlichen Erwerbs hat stets im Mitgliedstaat der „Einfuhr" des Gegenstands zu erfolgen. Bei Verwendung einer abweichenden USt-IdNr. ist dieses Besteuerungsprinzip gestört. Nach der Rechtsprechung des EuGH ist der Erwerber in diesen Fällen der **zusätzlichen** Erwerbsbesteuerung nicht zum Vorsteuerabzug aus dem fehlerhaften innergemeinschaftlichen Erwerb berechtigt (§ 15 Abs. 1 Satz 1 Nr. 3 UStG).[2] Die Entlastung kann nur dadurch erfolgen, dass der Erwerber die Besteuerung des innergemeinschaftlichen Erwerbs im Bestimmungsmitgliedstaat nachweist und die zusätzliche Umsatzsteuer auf den innergemeinschaftlichen Erwerb im Land der verwendeten USt-IdNr. rückgängig gemacht wird.[3] Der Anwendung der Sonderregelung wäre der Sinn entzogen, weil für den Unternehmer kein Anreiz bestünde, die Besteuerung im Mitgliedsland der Beendigung der Beförderung nachzuweisen.

Durch die Regelung in § 17 UStG wird sichergestellt, dass die Erwerbsbesteuerung in einem der Mitgliedstaaten, in dem der Erwerber unberechtigterweise zur Besteuerung herangezogen wurde, rückgängig gemacht wird. In der Wahl der Mittel des Nachweises ist der Unternehmer frei. Regelmäßig ist eine Besteuerung im Bestimmungsland als nachgewiesen anzusehen, wenn anhand der steuerlichen Aufzeichnungen des Unternehmers nachvollziehbar ist, dass der Umsatz in eine von ihm in diesem Mitgliedstaat abgegebene Steuererklärung eingeflossen ist.[4]

HINWEIS:

Offen blieb in dem genannten Verfahren, ob die korrespondierende Lieferung überhaupt als innergemeinschaftliche Lieferung steuerfrei sein kann. Dies ist m. E. ernsthaft zu bezweifeln, da der Lieferant, dem das Bestimmungsland regelmäßig bekannt ist, kei-

---

1 EuGH, Urteil v. 22. 4. 2010 – C-535/08, C-539/08, UVR 2010 S. 293.
2 Abschnitt 15.10 Abs. 2 Satz 2 und Abschnitt 3d.1 Abs. 4 Sätze 1 und 2 UStAE.
3 BFH v. 8. 9. 2010 – XI R 40/08, BStBl 2011 II S. 661, BFH v. 1. 9. 2010 – V R 39/08, BStBl 2011 II S. 658.
4 Abschnitt 3d.1 Abs. 4 UStAE.

ne zu diesem Bestimmungsland passende Zusammenfassende Meldung abgibt. Setzt daher der Abnehmer einer innergemeinschaftlichen Lieferung keine zum Bestimmungsland passende USt-IdNr. ein, liegt ein Systemfehler vor. Die Lieferung kann daher m. E. nicht steuerfrei sein (§ 6a Abs. 1 Satz 1 Nr. 3 UStG).[1]

BEISPIEL: ▶ wie vor, betrachtet wird jedoch die Lieferung des belgischen Unternehmers an den deutschen Abnehmer.

Der Belgier erteilt eine Rechnung mit belgischer und deutscher (!) USt-IdNr., obwohl ihm bekannt ist, dass der Gegenstand gar nicht nach Deutschland, sondern nach Frankreich gelangt. Eine derartige Lieferung ist aber systembedingt nur dann steuerfrei, wenn der Lieferant davon ausgehen kann, dass der Erwerber im *Bestimmungsland* einen innergemeinschaftlichen Erwerb der Besteuerung unterwerfen will (vgl. nach deutschem Recht § 6a Abs. 1 Satz 1 Nr. 3 UStG i.V. m. § 17c Abs. 2 Nr. 9 UStDV). Daher kann der Lieferer in einer solchen Fallkonstellation nicht davon ausgehen, dass der Abnehmer eine Erwerbsbesteuerung im Bestimmungsland (also in Frankreich) durchführen will, denn sonst hätte der Abnehmer ihm eine französische USt-IdNr. genannt. M. E. ist eine solche Lieferung steuerpflichtig, da der Lieferer nach dem Besteuerungssystem den Bestimmungsort in seine rechtliche Würdigung einfließen lassen muss.

3. Innergemeinschaftliche Reihengeschäfte

Ein innergemeinschaftliches Reihengeschäft liegt vor, wenn mehrere Unternehmer über denselben Gegenstand Umsatzgeschäfte abschließen und der Gegenstand bei der Beförderung oder Versendung unmittelbar vom ersten Unternehmer an den letzten Abnehmer gelangt und ferner die Warenbewegung im Gebiet eines Mitgliedstaates beginnt und im Gebiet eines anderen Mitgliedstaates endet.[2]   125

Bei Reihengeschäften ist jede Lieferung getrennt zu betrachten und zu beurteilen und als eine Kette nacheinander erfolgender Lieferungen anzusehen, bei denen jeweils die Verfügungsmacht über die gelieferten Gegenstände auf den folgenden Abnehmer übergeht. Die Lieferungen finden sowohl zeitlich als auch räumlich gedanklich nacheinander statt, es kommt nur auf die Warenbewegung als solche an. Damit ergibt sich kein einheitlicher Lieferort, denn bei Reihengeschäften liegt nur eine **Beförderungs- oder Versendungslieferung** (bewegte Lieferung) vor; sie ist stets nur einer der Lieferungen zuzuordnen (§ 3 Abs. 6 Satz 5 UStG). Ausschließlich für diese Lieferung im Rahmen des Reihengeschäfts bestimmt sich der Ort der Lieferung nach § 3 Abs. 6 Satz 1 UStG, die Ortsbestimmung für die weiteren Lieferungen im Zusammenhang mit diesem   126

---

1 vgl. auch BFH v. 15. 2. 2012 – XI R 42/10, BFH/NV 2012 S. 1188, BFH v. 7. 12. 2006 – V R 52/03, BStBl 2007 II S. 420.
2 Abschnitt 3.14 Abs. 1 Satz 1 UStAE.

Reihengeschäft richtet sich nach § 3 Abs. 7 Satz 2 UStG (**ruhende Lieferungen**). Für Lieferungen, die der Beförderungs- oder Versendungslieferung vorangehen, gilt der Abgangsort, für Lieferungen, die der Beförderungs- oder Versendungslieferung nachfolgen, gilt der Ankunftsort als Lieferungsort (§ 3 Abs. 7 Satz 2 UStG). Damit richtet sich der Lieferort für alle beteiligten Unternehmer entweder nach dem Transportbeginn oder dem Transportende.[1]

Bei Lieferungen vom übrigen Gemeinschaftsgebiet in das Inland liegt regelmäßig durch einen Abnehmer in der Reihe ein innergemeinschaftlicher Erwerb vor (§ 1 Abs. 1 Nr. 5 UStG). Dabei ist zu beachten, dass nur eine innergemeinschaftliche Lieferung und damit korrespondierend nur ein innergemeinschaftlicher Erwerb vorliegen kann.[2] Nach dem System der Umsatzsteuer im Binnenmarkt muss eine innergemeinschaftliche Lieferung stets mit einem innergemeinschaftlichen Erwerb einhergehen.[3]

Die Zuordnung der Beförderung oder Versendung zu einer der Lieferungen des Reihengeschäfts ist davon abhängig, ob der Gegenstand der Lieferung durch den ersten Unternehmer, den letzten Abnehmer oder einen Unternehmer in der Reihe befördert oder versendet wird. Wird der Gegenstand der Lieferung durch den ersten Unternehmer in der Reihe befördert oder versendet, ist seiner Lieferung die Beförderung oder Versendung zuzuordnen.[4] Wird der Liefergegenstand durch den letzten Abnehmer befördert oder versendet, ist die Beförderung oder Versendung der Lieferung des letzten Lieferers in der Reihe zuzuordnen.[5]

BEISPIEL: D1 aus Deutschland bestellt bei D2 (ebenfalls aus Deutschland) eine Ware, die dieser wiederum bei B in Belgien anfordert. B befördert unmittelbar zu D1.

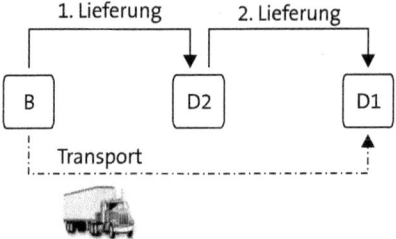

---

1 EuGH, Urteil v. 26. 7. 2017 – C-386/16, BB 2017 S. 1813.

2 Abschnitt 3.14 Abs. 2 UStAE.

3 EuGH, Urteil v. 26. 7. 2017 – C-386/16, UR 2017 S. 678

4 Abschnitt 3.14 Abs. 8 Satz 1 UStAE.

5 Abschnitt 3.14 Abs. 8 Satz 2 UStAE.

Da B als erster Unternehmer in der Reihe die Ware befördert, ist ihm auch die bewegte Lieferung zuzurechnen (§ 3 Abs. 6 Satz 5 UStG).[1] Er führt seine Lieferung daher in Belgien aus (§ 3 Abs. 6 Satz 1 UStG). Sie ist als innergemeinschaftliche Lieferung steuerfrei, denn die Ware gelangt von Belgien nach Deutschland und B hat mit D2 einen Abnehmer, der einen innergemeinschaftlichen Erwerb im Bestimmungsland zu versteuern hat (§ 4 Nr. 1a i. V. m. § 6a Abs. 1 UStG).

D2 hat als unmittelbarer Geschäftspartner des B folglich in Deutschland einen innergemeinschaftlichen Erwerb bewirkt (§ 1a Abs. 1 i. V. m. § 3d Satz 1 UStG).

Die Lieferung des D2 an D1 folgt zeitlich der bewegten Lieferung und gilt nach § 3 Abs. 7 Satz 2 Nr. 2 UStG als in Deutschland ausgeführt und ist in Deutschland steuerpflichtig.

ABWANDLUNG 1: ▶ Wie oben, jedoch holt D1 die Ware unmittelbar bei B in Belgien ab.

Da nunmehr D1 befördert, ist die bewegte Lieferung der Lieferung des D2 an D1 zuzuordnen (§ 3 Abs. 6 Satz 5 UStG).[2] Die bewegte Lieferung des D2 an D1 ist in Belgien ausgeführt (§ 3 Abs. 6 Satz 1 UStG), da hier die Warenbewegung beginnt. Die Lieferung B an D2 wurde als unbewegte Lieferung ebenfalls in Belgien ausgeführt, da sie zeitlich der bewegten Lieferung vorangegangen ist (§ 3 Abs. 7 Satz 2 Nr. 1 UStG). Sie ist mangels Warenbewegung steuerpflichtig.

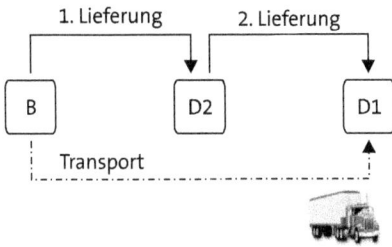

B hat daher gegenüber D2 mit belgischer Umsatzsteuer abzurechnen. Die Lieferung des D2 an D1 ist als innergemeinschaftliche Lieferung in Belgien steuerfrei (Warenbewegung von Belgien nach Deutschland). D2 hat sich daher in Belgien als Unternehmer registrieren zu lassen. Im Rahmen seiner Steuererklärung hat er den steuerfreien Umsatz anzugeben und kann zudem die Umsatzsteuer, die ihm von B in Rechnung gestellt wurde, als Vorsteuer abziehen. D1 hat als unmittelbarer Geschäftspartner des D2 (der eine innergemeinschaftliche Lieferung ausgeführt hat) einen innergemeinschaftlichen Erwerb in Deutschland bewirkt (§ 1a Abs. 1 UStG). D2 hat ihm eine Nettorechnung zu erteilen und seine belgische USt-IdNr. in der Rechnung anzugeben.

Entscheidend ist nicht die Nationalität des Lieferers, sondern die Warenbewegung. Die Ware gelangt an D1 im Rahmen einer bewegten Lieferung von Belgien nach Deutschland. In der Praxis wird wohl ohne rechtliche Überlegungen D2 regelmäßig

---

1 Abschnitt 3.14 Abs. 8 Satz 1 UStAE.
2 Abschnitt 3.14 Abs. 8 Satz 2 UStAE.

D1 deutsche Umsatzsteuer in Rechnung stellen. Dies hat dann zur Folge, dass D2 die Umsatzsteuer auch schuldet (§ 14c Abs. 1 UStG), D1 als Leistungsempfänger diese jedoch nicht als Vorsteuer abziehen kann (§ 15 Abs. 1 Satz 1 Nr. 1 Satz 1 UStG).

127 Befördert oder versendet ein mittlerer Unternehmer in der Reihe den Liefergegenstand, so ist dieser zugleich Abnehmer der Vorlieferung und Lieferer seiner eigenen Lieferung. In diesem Fall ist die Beförderung oder Versendung des Gegenstands (= bewegte Lieferung) grds. der Lieferung des vorangehenden Lieferers zuzuordnen (§ 3 Abs. 6 Satz 6 Halbsatz 1 UStG). Da es sich dabei um eine widerlegbare Vermutung handelt, kann jedoch der befördernde oder versendende Unternehmer anhand von Belegen, z. B. durch eine Auftragsbestätigung, das Doppel der Rechnung oder andere handelsübliche Belege und Aufzeichnungen nachweisen, dass er als Lieferer aufgetreten und die Beförderung oder Versendung dementsprechend seiner eigenen Lieferung zuzuordnen ist (§ 3 Abs. 6 Satz 6 Halbsatz 2 UStG).

ABWANDLUNG 2: ► Wie oben, jedoch holt D2 die Ware unmittelbar in Belgien bei B ab und befördert sie mit eigenem Lkw zu D1. Er führt keinen Nachweis seiner „Liefereigenschaft".

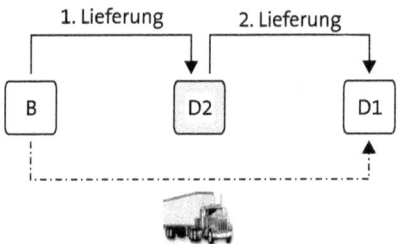

Da D2 befördert, ist die Lieferung mit Warenbewegung aufgrund der gesetzlichen Fiktion grds. der Lieferung des B an D2 zuzurechnen (§ 3 Abs. 6 Satz 6 UStG 1. Alternative). Die „bewegte" Lieferung des B an D2 gilt dann als in Belgien ausgeführt (§ 3 Abs. 6 Satz 1 UStG) und ist dort als innergemeinschaftliche Lieferung (Warenbewegung von Belgien nach Deutschland) steuerfrei (§ 4 Nr. 1a i. V. m. § 6a Abs. 1 UStG). Somit hat D2 als Kunde des B einen innergemeinschaftlichen Erwerb in Deutschland bewirkt (§ 1a Abs. 1 und § 3d Satz 1 UStG).

Die Lieferung des D2 an D1 ist somit nach § 3 Abs. 7 Satz 2 Nr. 2 UStG in Deutschland ausgeführt und als bewegungslose inländische Lieferung steuerpflichtig.[1]

Sein „Wahlrecht" im Hinblick darauf, dass er auch als Lieferer auftreten könnte und ihm die bewegte Lieferung zuzurechnen ist (§ 3 Abs. 6 Satz 6 UStG 2. Alternative), wird B kaum ausüben wollen, da die umsatzsteuerliche Lösung aufgrund der gesetzlichen Fiktion allen Beteiligten zugute kommt.

---

1 Abschnitt 3.14 Abs. 9 UStAE.

Wird die Beförderung oder Versendung der Lieferung des mittleren Unternehmers zugeordnet, muss dieser die Voraussetzungen der Zuordnung nachweisen, z. B. anhand der Voraussetzungen der §§ 8–17 bzw. 17a–17c UStDV.[1] Die **Zuordnungsentscheidung** muss einheitlich für alle Beteiligten getroffen werden. Aus den vorhandenen Belegen muss sich eindeutig und leicht nachprüfbar ergeben, wer die Beförderung oder Versendung veranlasst hat. Im Fall der Versendung ist dabei auf die Auftragserteilung an den selbständigen Beauftragten abzustellen. Sollte sich aus den Geschäftsunterlagen nichts anderes ergeben, ist auf die Frachtzahlerkonditionen abzustellen.[2] Aus den Belegen eines mittleren Unternehmers muss sich ergeben, dass der Unternehmer die Beförderung oder Versendung in seiner Eigenschaft als Lieferer getätigt hat und nicht als Abnehmer der Vorlieferung, wenn er die „bewegte Lieferung" seiner Lieferung zuordnen möchte. Hiervon kann regelmäßig ausgegangen werden, wenn der Unternehmer unter der USt-IdNr. des Mitgliedstaates auftritt, in dem die Beförderung oder Versendung des Gegenstands beginnt, und wenn er aufgrund der mit seinem Vorlieferanten und seinem Auftraggeber vereinbarten Lieferkonditionen Gefahr und Kosten der Beförderung oder Versendung übernommen hat. Den Anforderungen an die Lieferkonditionen ist nach Auffassung der Finanzverwaltung genügt, wenn handelsübliche Lieferklauseln (z. B. Incoterms) verwendet werden. Dies bedeutet in der Praxis de facto ein Wahlrecht des Zwischenhändlers eines Reihengeschäftes, wenn er für den Transport der Ware verantwortlich ist und somit einen gewissen Gestaltungsspielraum. Dabei kommt es nicht auf die Verpflichtung bzw. Absichtsbekundung des Zwischenhändlers an, sondern allein auf die objektiven Umstände.[3] Die erforderliche Zuordnung setzt die Feststellung voraus, ob der Ersterwerber (Zwischenhändler) dem Zweiterwerber (letzter Unternehmer in der Reihe) die Befähigung, wie ein Eigentümer über den Gegenstand zu verfügen, im Inland übertragen hat. Die Übernahme der Kosten der Beförderung kann ein Indiz sein, die Kostenübernahme allein ist aber für die Abgrenzung unerheblich.[4] Im Ergebnis hat danach der Zwischenhändler in diesen Fällen die Möglichkeit, durch Mitteilung oder Verschweigen des Weiterverkaufs die Beförderung oder Versendung der Lieferung an sich oder seiner eigenen Lieferung zuzuordnen.[5]

---

1 Abschnitt 3.14 Abs. 9 und 10 UStAE.
2 Abschnitt 3.14 Abs. 7 Satz 5 UStAE.
3 BFH v. 25. 2. 2015 – XI R 15/14, BFH/NV 2015 S. 772, BFH v. 25. 2. 2015 – XI R 30/13, BFH/NV 2015 S. 769 mit dem Hinweis, dass Abschnitt 3.14 Abs. 8 Satz 2 UStAE nicht in vollem Umfang mit Unionsrecht vereinbar ist.
4 EuGH, Urteil v. 16. 12. 2010 – C-430/09, DStR 2011 S. 23.
5 BFH v. 11. 8. 2011 – V R 3/10, BFH/NV 2011 S. 2208.

Der BFH hat der im UStAE geäußerten vereinfachten Rechtsansicht der Finanzverwaltung widersprochen.[1] Er entschied, dass die Zuordnung der einen innergemeinschaftlichen Warenbewegung nur zu einer der Lieferungen insbesondere eine Feststellung voraussetzt, ob zwischen dem Erstabnehmer und dem Zweitabnehmer die Übertragung der Befähigung, wie ein Eigentümer über den Gegenstand zu verfügen, stattgefunden hat, bevor die innergemeinschaftliche Warenbewegung erfolgt.

Die Rechtsprechung betrifft zum einen Fälle, in denen der Zwischenhändler eines Reihengeschäfts die Ware transportiert und die fiktive Zuordnungsregel des § 3 Abs. 6 Satz 6 UStG gerade nicht angewandt werden soll. Es darf dabei nicht – wie von der Verwaltung angenommen – nur auf die verwendete USt-IdNr. und die abgesprochenen Incoterms abgestellt werden. Erlangt bei dieser Sichtweise der Zweitabnehmer eines Reihengeschäftes mit drei Unternehmern bereits die Verfügungsmacht im Abgangsland, kann daher nur die Lieferung des Zwischenhändlers an den letzten Abnehmer die bewegte und damit steuerfreie innergemeinschaftliche Lieferung sein.

Der BFH widerspricht auch insoweit dem UStAE, wonach in Abholfällen die bewegte, steuerfreie Lieferung stets der Lieferung des Zwischenhändlers an den letzten Abnehmer zuzurechnen sei. Dies sei nur dann der Fall, wenn dem Abnehmer auch im Inland schon die Verfügungsmacht über den Gegenstand verschafft werde, de facto über den ersten Unternehmer in der Kette als Erfüllungsgehilfe.

Zur praktischen Vereinfachung führt der BFH aber aus, dass bei Reihengeschäften zwischen fremden Personen bei einer übereinstimmenden Zuordnung der Warenbewegung zu einer der Lieferungen durch die betroffenen Unternehmer der Sichtweise der Beteiligten gefolgt werden kann.

Es kann daher nur angeraten werden, zur Beweissicherung entsprechende Dokumentationen vorzunehmen. Es empfiehlt sich, zusätzlich zu den vereinbarten Incoterms festzulegen, wann das Eigentum auf den letzten Abnehmer übergehen soll.

Eine Änderung der gesetzlichen Vorschriften wir zurzeit kontrovers diskutiert. Da nun auch die Mitgliedstaaten der EU eine Verbesserung der Rechtsvorschriften gefordert haben, um die Rechtssicherheit für die Wirtschaftsbeteiligten zu stärken, soll zum 1. 1. 2019 in die MwStSystRL ein neuer Art. 138a eingeführt werden. Einen entsprechenden Vorschlag für eine Richtlinie des Rates hat die Europäische Kommission zwischenzeitlich vorgelegt.[2] In der MwStVO soll ein neu eingefügter Art. 45a begleitende Regelungen dazu enthalten, einen entsprechenden Vorschlag für eine Durchführungsverordnung des Rates zur Änderung der MwStVO hat die Europäische Kommission ebenfalls vorgelegt.[3] Die weitere Entwicklung bleibt abzuwarten.

---

1 BFH v. 28. 5. 2013 – XI R 11/09, BFH/NV 2013 v. S. 1524 und BFH v. 25. 2. 2015 – XI R 15/14, BFH/NV 2015 S. 772, jeweils auf der Grundlage des EuGH, Urteil v. 27. 9. 2012 – C-587/10, DStR 2012 S. 2014.

2 Vorschlag für eine Richtlinie des Rates zur Änderung der Richtlinie 2006/112/EG in Bezug auf die Harmonisierung und Vereinfachung bestimmter Regelungen des Mehrwertsteuersystems (MwStSystRL) und zur Einführung des endgültigen Systems der Besteuerung des Handels zwischen den Mitgliedstaaten v. 4. 10. 2017, COM (2017) 569 final.

3 Vorschlag für eine Durchführungsverordnung des Rates zur Änderung der Durchführungsverordnung (EU) Nr. 282/2011 (MwStVO) hinsichtlich bestimmter Befreiungen bei innergemeinschaftlichen Umsätzen v. 4. 10. 2017, COM (2017) 568 final.

Um die Erfassung von Unternehmern in einem anderen Mitgliedstaat zu ver- **128** meiden, wurde darüber hinaus eine **Sonderregelung zum innergemeinschaftlichen Dreiecksgeschäft** geschaffen (§ 25b UStG). Diese Vereinfachungsregelung gilt jedoch nur bei der Beteiligung von drei Unternehmern aus drei verschiedenen Mitgliedstaaten und versagt bei anderen Konstellationen. Zur Regelung über innergemeinschaftliche Dreiecksgeschäfte vgl. ausführlich Rz. 350 ff.

BEISPIEL: Unternehmer N aus den Niederlanden bestellt bei D in Deutschland eine Ware, die wiederum von diesem bei F in Frankreich angefordert wird. F versendet die Ware unmittelbar an N.

F führt eine Lieferung aus (§ 3 Abs. 1 UStG), die Beförderung oder Versendung ist ihm zuzurechnen (§ 3 Abs. 6 Satz 5 UStG). Der Ort der Lieferung für die Lieferung des F an D liegt somit in Frankreich (§ 3 Abs. 6 Satz 1 UStG). Die Lieferung ist als innergemeinschaftliche Lieferung in Frankreich folglich grds. steuerfrei.

Somit hat D unter Berücksichtigung der allgemeinen Regelungen für Reihengeschäfte einen innergemeinschaftlichen Erwerb (§ 1 Abs. 1 Nr. 5 UStG) zu erklären, der Ort des Erwerbs liegt in den Niederlanden (§ 3d Satz 1 UStG). Dieser Erwerbsvorgang ist in den Niederlanden steuerbar und steuerpflichtig, die Erwerbsteuer kann (ebenfalls in den Niederlanden) als Vorsteuer abgezogen werden.

Verwendet D bei der Auftragserteilung und im Zusammenhang mit der Rechnungserteilung seine deutsche USt-IdNr., so hat er **solange** einen innergemeinschaftlichen Erwerb in Deutschland bewirkt (§ 3d Satz 2 UStG), der rückgängig gemacht wird, wenn D die Besteuerung in den Niederlanden nachweist (§ 17 Abs. 2 Nr. 4 UStG). In Deutschland ist D nicht zum Vorsteuerabzug aus dem (zusätzlichen) innergemeinschaftlichen Erwerb berechtigt.[1]

Die Lieferung des D an N ist in den Niederlanden ausgeführt, da diese ruhende Lieferung der bewegten Lieferung folgt (§ 3 Abs. 7 Satz 2 Nr. 2 UStG). Die Lieferung ist auch in den Niederlanden steuerpflichtig. D muss daher in den Niederlanden Steuererklärungen abgeben und Umsatzsteuer an ein niederländisches Finanzamt entrichten.

Zur Vereinfachung dieses Verfahrens gilt bei sog. innergemeinschaftlichen Dreiecksgeschäften der innergemeinschaftliche Erwerb als besteuert (§ 25b Abs. 3 UStG), d. h. D hat überhaupt keinen innergemeinschaftlichen Erwerb zu erklären. Die vorgenannten Probleme werden umgangen. Steuerschuldner der Umsatzsteuer aus der Lieferung des D an N ist der niederländische Abnehmer (§ 25b Abs. 2 UStG), so dass sich D nicht in den Niederlanden umsatzsteuerlich erfassen lassen muss.[2]

Gelangt der Gegenstand der Lieferungen im Rahmen eines Reihengeschäfts **129** aus dem **Drittlandsgebiet** in das Inland, kann eine Verlagerung des Lieferorts nach § 3 Abs. 8 UStG nur für die Beförderungs- oder Versendungslieferung in Betracht kommen. Dazu muss derjenige Unternehmer, dessen Lieferung im

---

1 EuGH, Urteil v. 22. 4. 2010 – Rs. C-539/08, DStR 2010 S. 926, UVR 2010 S. 293.
2 Vgl. auch Abschnitt 25b.1 UStAE.

Rahmen des Reihengeschäfts die Beförderung oder Versendung zuzuordnen ist, zugleich auch Schuldner der Einfuhrumsatzsteuer sein. Diese Regelungen gelten auch dann, wenn der Zwischenhändler in einem anderen Mitgliedstaat ansässig ist, sofern nur die Warenbewegung vom Drittland in das Inland gelangt.

BEISPIEL: ► Der deutsche Unternehmer D bestellt bei seinem österreichischen Lieferanten A eine Ware, die dieser wiederum bei seinem Hersteller S aus der Schweiz anfordert. S versendet die Ware durch einen selbständigen Frachtführer unmittelbar nach Deutschland, die Ware wird in Deutschland für D zum freien Verkehr abgefertigt. D ist Schuldner der Einfuhrumsatzsteuer.

Bei diesem Reihengeschäft werden zwei Lieferungen ausgeführt: S liefert an A, A liefert an D. Es liegt kein innergemeinschaftliches Reihengeschäft vor, weil die Ware unmittelbar vom Drittland in das Inland gelangt. Vielmehr liegt ein Reihengeschäft im Verhältnis zu einem Drittland vor. Die Lieferung des S an A gilt als bewegte Lieferung, da S als erster Unternehmer in der Reihe selbst befördert. Der Lieferort liegt in der Schweiz (§ 3 Abs. 6 Satz 5 und 1 UStG). Obwohl diese Lieferung bei der Einfuhr in Deutschland der Einfuhrumsatzsteuer unterliegt, findet die Sonderregelung des § 3 Abs. 8 UStG keine Anwendung, da nicht der Lieferer, sondern der letzte Abnehmer die Einfuhrumsatzsteuer trägt. Eine Verlagerung des Lieferorts kommt nicht in Betracht. Die Lieferung des A an D ist als ruhende Lieferung nach § 3 Abs. 7 Satz 2 Nr. 2 UStG als in Deutschland ausgeführt zu behandeln, da sich die Ware hier am Ende der Beförderung befindet. A führt daher eine Lieferung in Deutschland aus, die aufgrund einer Verwaltungsanweisung steuerfrei ist,[1] da seine Lieferung der Einfuhr durch den Abnehmer D vorausgeht. A muss keine Steuererklärung in Deutschland abgeben, wenn er auf den Ausweis der Umsatzsteuer in der Rechnung verzichtet. Kann A den Nachweis nicht erbringen, dass sein Folgeabnehmer D die Ware zum zoll- und steuerrechtlich freien Verkehr abfertigt, muss er die Lieferung an D als steuerpflichtig behandeln. Die Umsatzsteuer ist dann nach Auffassung der Verwaltung gesetzlich geschuldet und D kann in diesem Fall die in der Rechnung des A ausgewiesene Umsatzsteuer nach § 15 Abs. 1 Satz 1 Nr. 1 UStG neben der von ihm entrichteten Einfuhrumsatzsteuer nach § 15 Abs. 1 Satz 1 Nr. 2 UStG als Vorsteuer abziehen.[2]

130   Beteiligt sich ein Unternehmer aus dem Drittland an derartigen Reihengeschäften als Zwischenhändler, so hat er aufgrund der Bestimmungen zum Ort der Lieferung Steuererklärungen entweder im Land des Beginns oder im Land des Endes der Beförderung oder Versendung abzugeben. Da er damit in einem Mitgliedstaat umsatzsteuerlich registriert wird, kann ihm auch eine USt-IdNr. zugewiesen werden. Somit wird auch ein im **Drittlandsgebiet** ansässiger Unternehmer wie ein Unternehmer aus dem Gemeinschaftsgebiet behandelt, sofern er unter der USt-IdNr. eines Mitgliedstaates auftritt.

---

1 Abschnitt 3.14 Abs. 16 UStAE.
2 Abschnitt 15.8 Abs. 10 UStAE.

BEISPIEL: ▶ D aus Deutschland bestellt bei dem schweizer Unternehmer S Ware, die dieser wiederum von B in Belgien anfordert. B befördert die Ware unmittelbar an D.

B erbringt eine Lieferung in Belgien (§ 3 Abs. 6 Satz 1 UStG). Obwohl die Ware in das übrige Gemeinschaftsgebiet befördert wird (§ 6a Abs. 1 Nr. 1 UStG), ist die Lieferung des B jedoch nur dann als innergemeinschaftliche Lieferung steuerfrei, wenn der Abnehmer (S) auch einen innergemeinschaftlichen Erwerb im Bestimmungsland (= Deutschland, Ende der Beförderung) zu versteuern hat (§ 6a Abs. 1 Nr. 3 UStG). Dazu wird der Schweizer in der Praxis eine deutsche USt-IdNr. verwenden müssen, um gegenüber seinem Lieferanten diesen Nachweis zu erbringen. Verwendet der Schweizer Unternehmer keine deutsche USt-IdNr., so kann die Lieferung an ihn nicht steuerfrei erfolgen.

Der Schweizer Abnehmer hat einen innergemeinschaftlichen Erwerb in Deutschland zu versteuern (§ 1a Abs. 1 UStG), da die Warenbewegung in Deutschland endet (§ 3d Satz 1 UStG). Die Lieferung des S an D wurde in Deutschland ausgeführt (§ 3 Abs. 7 Satz 2 Nr. 2 UStG); sie ist im Inland steuerbar und steuerpflichtig. Neben dem Erwerb hat S zudem diese steuerpflichtige Lieferung an D in Deutschland im Rahmen von Voranmeldungen zu erklären. Da er ohnehin in Deutschland Steuererklärungen abzugeben hat, ist die Beantragung einer deutschen USt-IdNr. sinnvoll, um die Vermeidung der Versteuerung der Lieferung durch B an ihn in Belgien zu verhindern.

V. Steuerbefreiungen

In § 4b UStG werden Fälle geregelt, in denen der innergemeinschaftliche Erwerb von **bestimmten** Gegenständen steuerfrei ist. Dies sind regelmäßig Erwerbsvorgänge, deren Lieferung im Inland steuerfrei wäre (§ 4b Nr. 1 und 2 UStG), z. B. Gold an Zentralbanken (§ 4 Nr. 4 UStG), Wertpapiere (§ 4 Nr. 8e UStG), menschliche Organe (§ 4 Nr. 17a UStG). Diese Befreiung gilt auch für Gegenstände, deren **Einfuhr** steuerfrei wäre (§ 4b Nr. 3 i. V. m. § 5 UStG, Art. 140, 141 MwStSystRL).[1]   131

BEISPIEL: ▶ Ein Krankenhaus führt zur Behandlung seiner Patienten Blutkonserven aus Frankreich ein.

Es liegt ein innergemeinschaftlicher Erwerb vor, da eine juristische Person, die nicht Unternehmer ist, Gegenstände im übrigen Gemeinschaftsgebiet erwirbt und diese Gegenstände vom übrigen Gemeinschaftsgebiet in das Inland gelangen (§ 1a Abs. 1 UStG). Regelmäßig wird man davon ausgehen können, dass auch die Erwerbsschwelle überschritten wurde. Der innergemeinschaftliche Erwerb ist somit im Inland (§ 3d Satz 1 UStG) steuerbar (§ 1 Abs. 1 Nr. 5 UStG), aber steuerfrei (§ 4b Nr. 3 i. V. m. § 5 Abs. 1 Nr. 1 i. V. m. § 4 Nr. 17a UStG). Wäre dieser Erwerb steuerpflichtig, käme es zu einer nicht gewollten Belastung.

---

1 Abschnitt 4b.1 Abs. 2 UStAE.

132 Steuerfrei ist darüber hinaus der innergemeinschaftliche Erwerb von Gegenständen, die der Unternehmer für **steuerfreie Umsätze** verwendet, für die er
zum vollen Vorsteuerabzug berechtigt ist (§ 4b Nr. 4 UStG).

> **BEISPIEL:** ► Ein deutscher Großhändler erwirbt Gegenstände in Belgien, die teilweise
> im Inland verkauft werden sollen, teilweise aber auch für den Export gedacht sind.
> Die späteren Lieferungen ins Ausland sind steuerfrei (§ 4 Nr. 1a und 1b i.V. m. § 6
> bzw. § 6a UStG), mithin auch der innergemeinschaftliche Erwerb dieser Gegenstände
> (§ 4b Nr. 4 UStG). Da regelmäßig zum Zeitpunkt des Einkaufs die spätere Verwen-
> dung nicht eindeutig feststeht, ist ein Verzicht auf die Steuerbefreiung möglicher-
> weise sinnvoll. Unterwirft der deutsche Großhändler den Erwerb der Besteuerung, so
> kann er diese Erwerbsteuer gleichzeitig als Vorsteuer abziehen (§ 15 Abs. 1 Satz 1
> Nr. 3 UStG). Es entsteht ihm kein wirtschaftlicher Nachteil und er vermeidet Verwal-
> tungsaufwand.

Es ist jedoch nicht zu beanstanden, wenn in derartigen Fällen der innergemeinschaftliche Erwerb steuerpflichtig behandelt wird,[1] zumal der Erwerber in
der Praxis häufig beim Einkauf von Gegenständen die spätere Verwendung
noch gar nicht kennt. Daher haben die vorgenannten Steuerbefreiungen nur
Bedeutung für Erwerber, die nicht oder nicht zum vollen Vorsteuerabzug berechtigt sind.

> **HINWEIS:**
> Die Finanzverwaltung lässt die Anwendung des § 4b UStG nicht auf sog. fiktive inner-
> gemeinschaftliche Erwerbe i. S. des § 3d Satz 2 UStG zu (vgl. ausführlich Rz. 124). Folge
> ist die Steuerbarkeit und Steuerpflicht des Vorgangs ohne Vorsteuerabzug bis zum
> Nachweis der Besteuerung in einem anderen Mitgliedstaat.[2]

133 Es besteht für einen Lagerhalter die Möglichkeit, nach Bewilligung des für ihn
zuständigen Finanzamts ein **Umsatzsteuerlager** einzurichten. Dort können bestimmte Waren umsatzsteuerfrei (zwischen-) gelagert werden. Die Einfuhr
dieser Waren ist ebenso steuerfrei wie der innergemeinschaftliche Erwerb solcher Waren oder der Handel im Lager befindlicher Waren ohne Warenbewegung (§ 4 Nr. 4a Buchst. a UStG). Auch Leistungen, die in unmittelbarem Zusammenhang mit der Lagerung, Erhaltung etc. der Waren stehen, sind steuerfrei, wenn sie nicht zur Aufbereitung der Waren für die Einzelhandelsstufe geeignet sind (§ 4 Nr. 4a Buchst. b UStG). Ein Verbringen in ein anderes Umsatzsteuerlager führt nicht zur Versteuerung.

Bei der Auslagerung der Waren aus dem Umsatzsteuerlager unterliegen die
Umsätze nunmehr der Besteuerung. Die Steuer entsteht mit Ablauf des Vor-

---

1 Abschnitt 4b.1 Abs. 3 Satz 2 UStAE.
2 BayLfSt v. 2. 4. 2012, UR 2012 S. 653.

anmeldungszeitraums, in dem die Auslagerung erfolgt (§ 13 Abs. 1 Nr. 9 UStG). Steuerschuldner ist der Auslagerer (§ 13a Abs. 1 Nr. 6 UStG), die Steuer fällt nicht unter die Kleinunternehmerregelung. Der Lagerhalter ist neben diesem Auslagerer Gesamtschuldner, wenn er die USt-IdNr. des Auslagerers (oder dessen Fiskalvertreters) nicht oder nicht zutreffend aufzeichnet. Der Lagerhalter hat die Möglichkeit, sich durch das Bundeszentralamt für Steuern auch die inländische USt-IdNr. bestätigen zu lassen (§ 18e Nr. 2 UStG). Auch ohne gesonderten Steuerausweis in einer Rechnung ist die Steuer unter den übrigen Voraussetzungen als Vorsteuer abzugsfähig (§ 15 Abs. 1 Satz 1 Nr. 5 UStG).

Die nicht für eine endgültige Verwendung, einen Endverbrauch oder zur Lieferung auf der Einzelhandelsstufe bestimmten Waren sind der Anlage 1 zum Gesetz zu entnehmen. Betroffene Waren sind z. B. nichtgerösteter Kaffee, Tee, Rohzucker, Getreide, Mineralöle, Erzeugnisse der chemischen Industrie, Silber, Gold und Platin jeweils in Rohform oder als Pulver, Eisen- und Stahlerzeugnisse, bestimmtes Kupfer sowie Nickel, Aluminium, Blei, Zink und Zinn – jeweils in Rohform.

VI. Bemessungsgrundlage, Steuersatz

Der innergemeinschaftliche **Erwerb** wird wie die Lieferungen und sonstigen Leistungen nach dem Entgelt bemessen (§ 10 Abs. 1 Satz 1 UStG, unionsrechtliche Grundlage ist Art. 83 MwStSystRL). Verbrauchsteuern, die nicht im Entgelt enthalten sind, aber vom Erwerber geschuldet oder entrichtet werden, sind in die Bemessungsgrundlage einzubeziehen (§ 10 Abs. 1 Satz 4 UStG). Dabei sind Verbrauchsteuern nicht nur die der in § 1a Abs. 5 Satz 2 UStG bezeichneten Art (Mineralöle, Alkohol und alkoholische Getränke, Tabakwaren), sondern alle Verbrauchsteuern, auch soweit sie von einem anderen Mitgliedstaat erhoben werden, sofern sie im Zeitpunkt der Entstehung des Steueranspruchs für den innergemeinschaftlichen Erwerb entstanden sind. Dies entspricht der Regelung für die Einfuhr (§ 11 Abs. 3 Nr. 2 UStG). Wird in fremder Währung abgerechnet, so hat der deutsche Abnehmer das Entgelt für Zwecke der Erwerbsbesteuerung für den Monat der Entstehung der Umsatzsteuer (§ 13 Abs. 1 Nr. 6 UStG) in € umzurechnen (§ 16 Abs. 6 UStG).

Beim **Verbringen** eines Gegenstands des Unternehmens aus dem übrigen Gemeinschaftsgebiet in das Inland durch einen Unternehmer zu seiner eigenen Verfügung wird der Umsatz nach den gleichen Grundsätzen bemessen wie beim Gegenstandseigenverbrauch (§ 10 Abs. 4 Nr. 1 UStG). Als Bemessungsgrundlage ist der Einkaufspreis zuzüglich der Nebenkosten anzusetzen oder

134

mangels eines Einkaufspreises die Selbstkosten, jeweils zum Zeitpunkt des Umsatzes.

135 Der **Steuersatz** ist nach § 12 UStG zu ermitteln, beim innergemeinschaftlichen Erwerb der in der Anlage bezeichneten Gegenstände gilt daher der ermäßigte Steuersatz. Fehler in der Zuordnung sind jedoch für voll vorsteuerabzugsberechtigte Unternehmer ohne Auswirkung.

VII. Entstehung der Steuer

136 Beim innergemeinschaftlichen Erwerb nach § 1a UStG entsteht die Steuerschuld mit Ausstellung der Rechnung (§ 13 Abs. 1 Nr. 6 UStG, unionsrechtliche Grundlage sind Art. 197, 206, 207 MwStSystRL). Wird die Rechnung später oder gar nicht ausgestellt, so entsteht die Steuer jedoch spätestens mit Ablauf des **Monats,** der auf den Monat folgt, in dem der innergemeinschaftliche Erwerb bewirkt worden ist.

BEISPIEL: Ein dänischer Unternehmer liefert am 15. 12. 2003 mit eigenem Lkw eine Maschine an einen deutschen Unternehmer. Die Rechnung über 800.000 DKK wird am 3. 2. 2004 ausgestellt und am 10. 3. 2004 beglichen.

Der deutsche Abnehmer hat den Erwerb der Maschine im Inland zu versteuern (§ 1 Abs. 1 Nr. 5 i. V. m. § 1a UStG). Der Ort des Erwerbs liegt im Inland (§ 3d Satz 1 UStG), der Vorgang ist somit steuerbar und mangels Befreiungsvorschrift auch steuerpflichtig. Die Bemessungsgrundlage ist das Entgelt (§ 10 Abs. 1 UStG). Die Umsatzsteuer entsteht grds. am 3. 2. 04, da hier die Rechnung ausgestellt wurde. Da die Lieferung an den inländischen Abnehmer bereits im Dezember 03 ausgeführt wurde, ist der Vorgang jedoch spätestens im Rahmen der Voranmeldung für Januar 04 zu erfassen. Der Rechnungsbetrag ist in € umzurechnen (§ 16 Abs. 6 UStG), und zwar zum entsprechenden Wert des Monats der Entstehung der Steuer, d. h. für den Monat Januar.[1]

Dies bedeutet im Einzelnen:

▶ Wird eine Rechnung vom Lieferer in dem Monat ausgestellt, in dem diese Lieferung ausgeführt worden ist, so entsteht der Steueranspruch für den innergemeinschaftlichen Erwerb der Ware mit Ablauf des Voranmeldungszeitraums, in dem dieser Monat liegt.

▶ Wird eine Rechnung vom Lieferer in dem auf den Monat der Ausführung der Lieferung folgenden Monat ausgestellt, so entsteht der Steueranspruch für den innergemeinschaftlichen Erwerb der Ware mit Ablauf des Voranmeldungszeitraums, in dem der Monat der Rechnungsausstellung liegt.

---

1 Vgl. OFD Saarbrücken v. 15. 3. 1994, USt-Kartei S 7277 Karte 1, UR 1994 S. 411.

► Wird eine Rechnung vom Lieferer nicht spätestens in dem auf den Monat der Ausführung der Lieferung folgenden Monat ausgestellt, so entsteht der Steueranspruch für den innergemeinschaftlichen Erwerb der Ware mit Ablauf des Voranmeldungszeitraums, in dem der auf den Monat der Lieferung folgende Monat liegt.

Unbeachtlich ist es nach dem eindeutigen Gesetzeswortlaut, wann die Rechnung tatsächlich beim Empfänger ankommt.

Die Anforderung von **Abschlagzahlungen** durch den ausländischen Lieferer löst noch keine Erwerbsbesteuerung aus. In diesen Fällen entsteht die Erwerbsteuer in voller Höhe erst beim Ausstellen der Schlussrechnung, dann jedoch naturgemäß in voller Höhe. Beim innergemeinschaftlichen Erwerb i. S. des § 1 Abs. 1 Nr. 5 UStG ist **Steuerschuldner** der Erwerber (§ 13 Abs. 2 Nr. 2 UStG). Danach kommen nicht nur Unternehmer als Steuerschuldner in Betracht, sondern auch nichtsteuerpflichtige juristische Personen (vgl. § 1a Abs. 1 Nr. 2 UStG) und beim Erwerb neuer Fahrzeuge i. S. des § 1b UStG auch Privatpersonen. Voranmeldungen sind jedoch von diesem Personenkreis nur abzugeben, wenn eine Steuer auf Erwerbsvorgänge auch tatsächlich zu erklären ist (§ 18 Abs. 4a UStG).   137

VIII. Vorsteuerabzug

Der Unternehmer kann die Steuer für den innergemeinschaftlichen Erwerb von Gegenständen als Vorsteuer abziehen, wenn er den Gegenstand für sein Unternehmen erworben hat (§ 15 Abs. 1 Satz 1 Nr. 3 UStG, unionsrechtliche Grundlage ist Art. 168 MwStSystRL). Weitere Voraussetzungen sind für den Vorsteuerabzug der Erwerbsteuer nicht erforderlich, insbesondere **nicht das Vorliegen einer Rechnung.**[1] Das Recht auf Vorsteuerabzug der Erwerbsteuer entsteht in demselben Zeitpunkt, in dem auch die Erwerbsteuer entsteht. Hierdurch kann der Unternehmer den Vorsteuerabzug bereits in derselben Umsatzsteuer-Voranmeldung geltend machen, in der er den innergemeinschaftlichen Erwerb zu versteuern hat. Im Ergebnis wird daher ein regelbesteuerter Unternehmer, der zum vollen Vorsteuerabzug berechtigt ist, mit der Erwerbsteuer nicht belastet. Lediglich bei Unternehmern, die ganz oder teilweise vom Vorsteuerabzug ausgeschlossen sind (§ 15 Abs. 2 bis 4 UStG), wirkt sich daher die Erwerbsbesteuerung des § 1 Abs. 1 Nr. 5 UStG aus. Der nichtabziehbare Teil der Erwerbsteuer wird somit in diesen Fällen entsprechend der Gesetzessystematik zum Kostenfaktor. Dies gilt auch für Kleinunter-   138

---

1 EuGH, Urteil v. 1. 4. 2004 - C-90/02, DStR 2004 S. 1172, vgl. auch Abschnitt 13b.15 Abs. 2 UStAE.

nehmer (§ 19 Abs. 1 Satz 4 UStG) und für Land- und Forstwirte, die ihre Umsätze nach Durchschnittssätzen versteuern (§ 24 Abs. 1 Satz 4 UStG).

BEISPIEL: Der deutsche Unternehmer U aus Ulm erwirbt am 8.4.04 in Frankreich eine Maschine zur Herstellung von Produkten, die U sowohl steuerfrei (ca. 20%) als auch steuerpflichtig (ca. 80%) liefert. Die Rechnung des französischen Lieferanten v. 10.5.04 lautet über 400.000 € und wurde von U im Juni 04 beglichen.

U bewirkt einen innergemeinschaftlichen Erwerb, da er als Unternehmer in Frankreich von einem Unternehmer eine Maschine für sein Unternehmen erwirbt (§ 1a Abs. 1 UStG). Der Erwerb ist steuerbar (§ 1 Abs. 1 Nr. 5 UStG) und mangels Befreiung auch steuerpflichtig. Die Umsatzsteuer auf den innergemeinschaftlichen Erwerb beträgt 19% von 400.000 € = 76.000 € (§ 12 Abs. 1, § 10 Abs. 1 UStG) und entsteht mit Ablauf des Voranmeldungszeitraums Mai 04 (§ 13 Abs. 1 Nr. 6 UStG). Im gleichen Voranmeldungszeitraum kann U die Erwerbsteuer als Vorsteuer abziehen, allerdings nur i. H. von 80% von 76.000 € = 60.800 € (§ 15 Abs. 1 Satz 1 Nr. 3, § 15 Abs. 2 Nr. 1, § 15 Abs. 4 UStG).

HINWEIS:

Bei Besteuerung des innergemeinschaftlichen Erwerbs im Mitgliedstaat der verwendeten USt-IdNr. (§ 3d Satz 2 UStG) anstelle der zutreffenden Besteuerung im Bestimmungsland kommt nach der Rechtsprechung des EuGH kein Vorsteuerabzug in Betracht (§ 15 Abs. 1 Satz 1 Nr. 3 UStG). Die Entlastung kann nur dadurch erfolgen, dass der Erwerber die Besteuerung des innergemeinschaftlichen Erwerbs im Bestimmungsmitgliedstaat nachweist und die zusätzliche Umsatzsteuer auf den innergemeinschaftlichen Erwerb im Land der verwendeten USt-IdNr. rückgängig gemacht wird.[1]

IX. Aufzeichnungspflichten

139 Der innergemeinschaftliche Erwerb von Gegenständen ist ein Umsatztatbestand; es ist daher auch insoweit erforderlich, Aufzeichnungen über die Höhe der Bemessungsgrundlagen und die hierauf entfallenden Steuerbeträge zu führen (§ 22 Abs. 2 Nr. 7 UStG, unionsrechtliche Grundlage sind Art. 241 ff. MwStSystRL). Da im Rahmen der Umsatzsteuer-Voranmeldungen und der Umsatzsteuer-Jahreserklärung sowohl die Bemessungsgrundlagen für innergemeinschaftliche Erwerbe als auch die entsprechende Erwerbsteuer gesondert zu erklären sind (§ 18b UStG), empfiehlt sich die Einrichtung besonderer Konten für Einkäufe aus EU-Mitgliedstaaten, z. B. Unterkonten der Wareneinkaufskonten. Auch die als Vorsteuer abzugsfähige Steuer auf innergemeinschaftliche Erwerbe ist gesondert von den übrigen Vorsteuerbeträgen auszuweisen.[2]

---

1 EuGH, Urteil v. 22.4.2010 – C-536/08 und 539/08, UVR 2010 S. 293; Abschnitt 15.10 Abs. 2 Satz 2 UStAE.
2 Vgl. auch ausführlich Abschnitt 22.3 UStAE.

BEISPIEL: ► Ein deutscher Unternehmer erwirbt am 22.1.2003 Waren von umgerechnet 10.000 € in Frankreich. Eine Rechnung des Franzosen über die steuerfreie innergemeinschaftliche Lieferung wurde am 24.1.2003 erteilt. Am 10.2.2003 zahlt der Käufer unter Abzug von 2% Skonto.

Der Wareneinkauf könnte wie folgt in der Buchführung erfasst werden:

Wareneinkauf, innergemeinschaftlich	10.000 €		
		Verbindlichkeiten	10.000 €
Vorsteuer		Umsatzsteuer	
(Erwerbssteuer EU)	1.900 €	(Erwerbsteuer EU)	1.900 €

Die Zahlung der Schuld ist sodann wie folgt zu verbuchen:

Verbindlichkeiten	10.000 €	Bank	9.800 €
		Skontoerträge innergemeinschaftlich	200 €
Umsatzsteuer		Vorsteuer	
(Erwerbssteuer EU)	38 €	(Erwerbsteuer EU)	38 €

Im Rahmen der Aufzeichnungspflichten sollte man an die **Eingangsrechnungen** folgende Anforderungen stellen:

► Rechnungsdatum,

► Entgelt,

► Hinweis auf Steuerfreiheit im Lieferland und Erwerbsbesteuerung durch Abnehmer,

► USt-IdNr. des Lieferers und des Abnehmers.

Zu beachten ist jedoch, dass in derartigen Fällen die Vorschriften des Heimatlandes des Lieferanten zur Ausstellung von Rechnung gelten, nicht die Regelungen des Bestimmungslandes (§ 14 Abs. 7 UStG). In der Rechnung wird verständlicherweise keine ausländische Umsatzsteuer ausgewiesen sein, denn die Erwerbsbesteuerung setzt systematisch eine steuerfreie innergemeinschaftliche Lieferung in einem anderen Mitgliedstaat voraus.

Für Zwecke der Vorsteueraufteilung brauchen die innergemeinschaftlichen Erwerbe nicht gesondert aufgezeichnet zu werden (§ 22 Abs. 3 Satz 2 UStG), sie wie auch Einfuhren keinen Einfluss auf den Aufteilungsmaßstab haben (§ 15 Abs. 4 UStG). Die Aufzeichnungspflichten betreffen sowohl die Fälle des Verbringens von Gegenständen in das übrige Gemeinschaftsgebiet als auch den Erhalt von Gegenständen von einem Unternehmer aus einem anderen Mitgliedstaat zur Ausführung von Werkleistungen (§ 22 Abs. 4a und Abs. 4b UStG).

140 Die Angaben sind für den **Voranmeldungszeitraum** des Ausstellens der Rechnung, spätestens für den auf den Erwerb folgenden Monat zu machen (§ 13 Abs. 1 Nr. 6 UStG). Wird in ausländischer Währung abgerechnet, so hat der deutsche Abnehmer das Entgelt für Zwecke der Erwerbsbesteuerung für den Voranmeldungszeitraum der Entstehung der Umsatzsteuer in € umzurechnen (§ 16 Abs. 6, § 13 Abs. 1 Nr. 6 UStG).[1]

Im Binnenmarkt haben neben den regelbesteuerten Unternehmern auch andere Unternehmer und juristische Personen, die ausschließlich Steuern auf Erwerbsvorgänge zu entrichten haben, Steuererklärungen abzugeben (§ 18 Abs. 4a UStG). Voranmeldungen sind jedoch von diesem Personenkreis nur abzugeben, wenn eine Steuer auf Erwerbsvorgänge auch tatsächlich zu erklären ist (§ 18 Abs. 4a Satz 3 UStG), wodurch der Verwaltungsaufwand in Grenzen gehalten werden soll. Fälle des innergemeinschaftlichen Verbringens sind im Ergebnis wie die übrigen Erwerbe zu behandeln, sie müssen ebenfalls in der Umsatzsteuer-Voranmeldung und in der Umsatzsteuer-Jahreserklärung ausgewiesen werden.

141–200 *(unbesetzt)*

---

1 OFD Saarbrücken v. 15. 3. 1994, USt-Kartei S 7277 Karte 1, UR 1994 S. 411.

ABB. 5: Umsatzsteuer-Voranmeldung 2018

- Bitte weiße Felder ausfüllen oder ☒ ankreuzen, Anleitung beachten -

2018

Fallart	Steuernummer	Unter-fallart
11		56

30 Eingangsstempel oder -datum

Finanzamt

Umsatzsteuer-Voranmeldung 2018

Voranmeldungszeitraum
bei **monatlicher** Abgabe bitte ankreuzen

bei **vierteljährlicher** Abgabe bitte ankreuzen

18 01	Jan.	18 07	Juli	18 41	I. Kalender-vierteljahr	
18 02	Feb.	18 08	Aug.	18 42	II. Kalender-vierteljahr	
18 03	März	18 09	Sept.	18 43	III. Kalender-vierteljahr	
18 04	April	18 10	Okt.	18 44	IV. Kalender-vierteljahr	
18 05	Mai	18 11	Nov.			
18 06	Juni	18 12	Dez.			

Unternehmer – ggf. abweichende Firmenbezeichnung –
Anschrift – Telefon – E-Mail-Adresse

Berichtigte Anmeldung
(falls ja, bitte eine „1" eintragen) **10**

Belege (Verträge, Rechnungen usw.) sind beigefügt bzw.
werden gesondert eingereicht (falls ja, bitte eine „1" eintragen) **22**

I. Anmeldung der Umsatzsteuer-Vorauszahlung

Lieferungen und sonstige Leistungen (einschließlich unentgeltlicher Wertabgaben)	Bemessungsgrundlage ohne Umsatzsteuer		Steuer	
	volle EUR	Ct	EUR	Ct
Steuerfreie Umsätze mit Vorsteuerabzug				
Innergemeinschaftliche Lieferungen (§ 4 Nr. 1 Buchst. b UStG) an Abnehmer **mit** USt-IdNr.	41	—		
neuer Fahrzeuge an Abnehmer **ohne** USt-IdNr.	44	—		
neuer Fahrzeuge außerhalb eines Unternehmens (§ 2a UStG)	49	—		
Weitere steuerfreie Umsätze mit Vorsteuerabzug (z.B. **Ausfuhrlieferungen**, Umsätze nach § 4 Nr. 2 bis 7 UStG)	43	—		
Steuerfreie Umsätze ohne Vorsteuerabzug (z.B. Umsätze nach § 4 Nr. 8 bis 28 UStG)	48	—		
Steuerpflichtige Umsätze (Lieferungen und sonstige Leistungen einschl. unentgeltlicher Wertabgaben)				
zum Steuersatz von 19 %.	81	—		
zum Steuersatz von 7 %.	86	—		
zu anderen Steuersätzen	35	— 36		
Lieferungen land- und forstwirtschaftlicher Betriebe nach § 24 UStG an Abnehmer **mit** USt-IdNr.	77	—		
Umsätze, für die eine Steuer nach § 24 UStG zu entrichten ist (Säge-werkserzeugnisse, Getränke und alkohol. Flüssigkeiten, z.B. Wein). . .	76	— 80		
Innergemeinschaftliche Erwerbe				
Steuerfreie innergemeinschaftliche Erwerbe				
Erwerbe nach §§ 4b und 25c UStG	91	—		
Steuerpflichtige innergemeinschaftliche Erwerbe				
zum Steuersatz von 19 %.	89	—		
zum Steuersatz von 7 %	93	—		
zu anderen Steuersätzen	95	— 98		
neuer Fahrzeuge (§ 1b Abs. 2 und 3 UStG) von Lieferern **ohne** USt-IdNr. zum allgemeinen Steuersatz	94	— 96		
Ergänzende Angaben zu Umsätzen				
Lieferungen des ersten Abnehmers bei **innergemeinschaftlichen Dreiecksgeschäften** (§ 25b UStG).	42	—		
Steuerpflichtige Umsätze, für die der **Leistungsempfänger** die **Steuer** nach § 13b Abs. 5 Satz 1 i.V.m. Abs. 2 Nr. 10 UStG schuldet	68	—		
Übrige steuerpflichtige Umsätze, für die der **Leistungsempfänger** die **Steuer** nach § 13b Abs. 5 UStG schuldet	60	—		
Nicht steuerbare sonstige Leistungen gem. § 18b Satz 1 Nr. 2 UStG	21	—		
Übrige nicht steuerbare Umsätze (Leistungsort nicht im Inland) . . .	45	—		
Übertrag . . . . zu übertragen in Zeile 45				

			Bemessungsgrundlage ohne Umsatzsteuer volle EUR	Ct		Steuer EUR	Ct
44	**Steuernummer:**						
45	Übertrag						
46	**Leistungsempfänger als Steuerschuldner**						
47	**(§ 13b UStG)**						
48	Steuerpflichtige sonstige Leistungen eines im übrigen Gemeinschafts-gebiet ansässigen Unternehmers (§ 13b Abs. 1 UStG)	46		▬ 47			
49	Andere Leistungen eines im Ausland ansässigen Unternehmers (§ 13b Abs. 2 Nr. 1 und 5 Buchst. a UStG)	52		▬ 53			
50	Lieferungen sicherungsübereigneter Gegenstände und Umsätze, die unter das GrEStG fallen (§ 13b Abs. 2 Nr. 2 und 3 UStG)	73		▬ 74			
51	Lieferungen von Mobilfunkgeräten, Tablet-Computern, Spielekonsolen und integrierten Schaltkreisen (§ 13b Abs. 2 Nr. 10 UStG)	78		▬ 79			
52	Andere Leistungen (§ 13b Abs. 2 Nr. 4, 5 Buchst. b, Nr. 6 bis 9 und 11 UStG)	84		▬ 85			
53	Umsatzsteuer						
54	**Abziehbare Vorsteuerbeträge**						
54	Vorsteuerbeträge aus Rechnungen von anderen Unternehmern (§ 15 Abs. 1 Satz 1 Nr. 1 UStG), aus Leistungen im Sinne des § 13a Abs. 1 Nr. 6 UStG (§ 15 Abs. 1 Satz 1 Nr. 5 UStG) und aus				66		
55	innergemeinschaftlichen Dreiecksgeschäften (§ 25b Abs. 5 UStG)						
56	Vorsteuerbeträge aus dem innergemeinschaftlichen Erwerb von Gegenständen (§ 15 Abs. 1 Nr. 3 UStG)				61		
57	Entstandene Einfuhrumsatzsteuer (§ 15 Abs. 1 Satz 1 Nr. 2 UStG)				62		
58	Vorsteuerbeträge aus Leistungen im Sinne des § 13b UStG (§ 15 Abs. 1 Satz 1 Nr. 4 UStG)				67		
59	Vorsteuerbeträge, die nach allgemeinen Durchschnittssätzen berechnet sind (§§ 23 und 23a UStG)				63		
60	Berichtigung des Vorsteuerabzugs (§ 15a UStG)				64		
61	Vorsteuerabzug für innergemeinschaftliche Lieferungen neuer Fahrzeuge außerhalb eines Unternehmens (§ 2a UStG) sowie von Kleinunternehmern im Sinne des § 19 Abs. 1 UStG (§ 15 Abs. 4a UStG)				59		
62	Verbleibender Betrag						
63	**Andere Steuerbeträge**						
64	Steuer infolge Wechsels der Besteuerungsform sowie Nachsteuer auf versteuerte Anzahlungen u. ä. wegen Steuersatzänderung				65		
65	In Rechnungen unrichtig oder unberechtigt ausgewiesene Steuerbeträge (§ 14c UStG) sowie Steuerbeträge, die nach § 6a Abs. 4 Satz 2, § 17 Abs. 1 Satz 6, § 25b Abs. 2 UStG oder von einem Auslagerer oder Lager-halter nach § 13a Abs. 1 Nr. 6 UStG geschuldet werden				69		
66	Umsatzsteuer-Vorauszahlung/Überschuss						
67	Abzug der festgesetzten Sondervorauszahlung für Dauerfristverlängerung (in der Regel nur in der letzten Voranmeldung des Besteuerungszeitraums auszufüllen)...............				39		
68	**Verbleibende Umsatzsteuer-Vorauszahlung** .... (bitte in jedem Fall ausfüllen)				83		
69	**Verbleibender Überschuss** - bitte dem Betrag ein Minuszeichen voranstellen -						

70 II. Sonstige Angaben und Unterschrift

71	Ein Erstattungsbetrag wird auf das dem Finanzamt benannte Konto überwiesen, soweit der Betrag nicht mit Steuerschulden verrechnet wird. **Verrechnung des Erstattungsbetrags erwünscht / Erstattungsbetrag ist abgetreten** (falls ja, bitte eine „1" eintragen)	29
72	Geben Sie bitte die Verrechnungswünsche auf einem gesonderten Blatt an oder auf dem beim Finanzamt erhältlichen Vordruck „Verrechnungsantrag".	
73	Das **SEPA-Lastschriftmandat** wird ausnahmsweise (z.B. wegen Verrechnungswünschen) für diesen Voranmeldungszeitraum **widerrufen** (falls ja, bitte eine „1" eintragen)	26
74	Ein ggf. verbleibender Restbetrag ist gesondert zu entrichten.	
75	Über die Angaben in der Steueranmeldung hinaus sind weitere oder abweichende Angaben oder Sachverhalte zu berücksichtigen (falls ja, bitte eine „1" eintragen).	23
76	Geben Sie bitte diese auf einem gesonderten Blatt an, welches mit der Überschrift **„Ergänzende Angaben zur Steueranmeldung"** zu kennzeichnen ist.	

77	**Datenschutz-Hinweis:**	- nur vom Finanzamt auszufüllen -
78	Die mit der Steueranmeldung angeforderten Daten werden auf Grund der §§ 149, 150 AO und der §§ 18, 18b UStG erhoben. Die Angabe	11 19
79	der Telefonnummern und der E-Mail-Adressen ist freiwillig.	12
80	Bei der Anfertigung dieser Steueranmeldung hat mitgewirkt: (Name, Anschrift, Telefon, E-Mail-Adresse)	
81		**Bearbeitungshinweis**
82		1. Die aufgeführten Daten sind mit Hilfe des geprüften und genehmigten Programms sowie ggf. unter Berücksichtigung der gespeicherten Daten maschinell zu verarbeiten.
83		2. Die weitere Bearbeitung richtet sich nach den Ergebnissen der maschinellen Verarbeitung.
84		
85		Datum, Namenszeichen
86	**Datum, Unterschrift**	Kontrollzahl und/oder Datenerfassungsvermerk

Anleitung zur Umsatzsteuer-Voranmeldung 2018

Abkürzungen:	AO	=	Abgabenordnung	UStAE	=	Umsatzsteuer-Anwendungserlass
	BZSt	=	Bundeszentralamt für Steuern	UStDV	=	Umsatzsteuer-Durchführungsverordnung
	GrEStG	=	Grunderwerbsteuergesetz	UStG	=	Umsatzsteuergesetz
	Kj.	=	Kalenderjahr	USt-IdNr.	=	Umsatzsteuer-Identifikationsnummer

Diese Anleitung soll Sie informieren, wie Sie die Vordrucke richtig ausfüllen.

Die Anleitung kann allerdings nicht auf alle Fragen eingehen.
Wesentliche Änderungen gegenüber der Anleitung zur Umsatzsteuer-Voranmeldung des Vorjahres sind durch Randstriche gekennzeichnet.

Übermittlung der Umsatzsteuer-Voranmeldung auf elektronischem Weg

Die Umsatzsteuer-Voranmeldung ist nach amtlich vorgeschriebenem Datensatz durch Datenfernübertragung authentifiziert zu übermitteln (§ 18 Abs. 1 Satz 1 UStG i. V. m. § 87a Abs. 6 Satz 1 AO). Für die elektronische authentifizierte Übermittlung benötigen Sie ein Zertifikat. Dieses erhalten Sie nach kostenloser Registrierung unter www.elster.de. Bitte beachten Sie, dass die Registrierung bis zu zwei Wochen dauern kann. Unter www.elster.de/elsterweb/softwareprodukt finden Sie Programme zur elektronischen Übermittlung. Auf Antrag kann das Finanzamt zur Vermeidung von unbilligen Härten auf eine elektronische Übermittlung verzichten.

So werden die Vordrucke ausgefüllt:

Bitte tragen Sie aus erfassungstechnischen Gründen die Steuernummer auf jeder Vordruckseite (oben) ein.

Füllen Sie bitte nur die weißen Felder der Vordrucke deutlich und vollständig aus, bei denen Sie Angaben zu erklären haben; nicht benötigte Felder lassen Sie bitte frei und sehen von Streichungen ab. Bitte berücksichtigen Sie **Entgeltserhöhungen** und **Entgeltsminderungen** bei den Bemessungsgrundlagen. Als Bemessungsgrundlagen sind die Entgelte für Umsätze sowie die Anzahlungen einzutragen. **Negative Beträge** sind durch ein Minuszeichen zu kennzeichnen.

Werden Belege (Verträge, Rechnungen usw.) eingereicht, tragen Sie bitte in Zeile 15 eine „1" ein.

Tragen Sie bei den Bemessungsgrundlagen bitte nur Beträge in vollen Euro ein; bei den Umsatzsteuer- und Vorsteuerbeträgen dagegen stets auch die Eintragung von Centbeträgen erforderlich. Rechnen Sie Werte in fremder Währung in Euro um.

Die Umsatzsteuer-Voranmeldung ist vom Unternehmer oder dessen Bevollmächtigten zu unterschreiben, sofern sie nicht elektronisch übermittelt wird.

Umsatzsteuer-Voranmeldung

Steuerfreie Lieferungen und sonstige Leistungen

Zeilen 20 bis 22

Innergemeinschaftliche Lieferungen (§ 4 Nr. 1 Buchst. b, § 6a Abs. 1 UStG) sind in dem Voranmeldungszeitraum zu erklären, in dem die Rechnung ausgestellt wird, spätestens jedoch in dem Voranmeldungszeitraum, in dem der Monat endet, der auf die Lieferung folgt.

Über die in Zeile 20 einzutragenden Umsätze sind **Zusammenfassende Meldungen** an das BZSt auf elektronischem Weg zu übermitteln. Außerdem sind diese Umsätze grundsätzlich vom Statistischen Bundesamt monatlich für die **Intrahandelsstatistik** zu melden. Nähere Informationen zur Intrahandelsstatistik erhalten Sie beim Statistischen Bundesamt, 65180 Wiesbaden, sowie unter www.destatis.de.

Über die in den Zeilen 21 und 22 einzutragenden Umsätze ist für jede innergemeinschaftliche Lieferung eines neuen Fahrzeugs eine **Meldung nach der Fahrzeuglieferungs-Meldepflichtverordnung** an das BZSt zu übermitteln.

Nähere Informationen zu den vorgenannten Verfahren erhalten Sie beim BZSt (Dienstsitz Saarlouis, 66738 Saarlouis, www.bzst.de, Telefon 0228 / 406-0).

Zeile 23

In Zeile 23 sind neben steuerfreien **Ausfuhrlieferungen** (§ 4 Nr. 1 Buchst. a, § 6 UStG) weitere steuerfreie Umsätze mit Vorsteuerabzug einzutragen, z.B.:

– Lohnveredelungen an Gegenständen der Ausfuhr (§ 4 Nr. 1 Buchst. a, § 7 UStG);

USt 1 E - Anleitung zur Umsatzsteuer-Voranmeldung 2018 - (09.17)

– Umsätze für die Seeschifffahrt und für die Luftfahrt (§ 4 Nr. 2, § 8 UStG);

– grenzüberschreitende Güterbeförderungen und andere sonstige Leistungen nach § 4 Nr. 3 UStG;

– Vermittlungsleistungen nach § 4 Nr. 5 UStG (z.B. Provisionen im Zusammenhang mit Ausfuhrlieferungen);

– Umsätze im Sinne des Offshore-Steuerabkommens, des Zusatzabkommens zum NATO-Truppenstatut, des Ergänzungsabkommens zum Protokoll über die NATO-Hauptquartiere;

– Reiseleistungen, soweit die Reisevorleistungen im Drittlandsgebiet bewirkt werden (§ 25 Abs. 2 UStG).

Zeile 24

Steuerfreie Umsätze ohne Vorsteuerabzug sind z.B. Grundstücksvermietungen nach § 4 Nr. 12 UStG und Umsätze nach § 4 Nr. 14 UStG aus der Tätigkeit als Arzt oder aus ähnlicher heilberuflicher Tätigkeit.

Steuerpflichtige Lieferungen und sonstige Leistungen

Zeilen 26 bis 28

Es sind die Umsätze und Anzahlungen einzutragen, für die die Umsatzsteuer entstanden ist. Bemessungsgrundlagen sind stets Nettobeträge (ohne Umsatzsteuer), die in vollen Euro (ohne Centbeträge) anzugeben sind. Soweit die sog. Mindestbemessungsgrundlage (§ 10 Abs. 5 UStG) anzuwenden ist, ist die hiernach ermittelte Bemessungsgrundlage einzutragen. Die Umsätze, für die der Leistungsempfänger die Umsatzsteuer nach § 13b Abs. 5 UStG schuldet, sind nicht hier, sondern in Zeile 39 bzw. 40 einzutragen (vgl. Erläuterungen zu den Zeilen 39, 40 und 48 bis 52).

Unentgeltliche Wertabgaben aus dem Unternehmen sind, soweit sie in der Abgabe von Gegenständen bestehen, regelmäßig den entgeltlichen Lieferungen und, soweit sie in der Abgabe oder Ausführung von sonstigen Leistungen bestehen, regelmäßig den entgeltlichen sonstigen Leistungen gleichgestellt. Sie umfassen auch unentgeltliche Sachzuwendungen und sonstige Leistungen an Arbeitnehmer.

Es sind auch die Umsätze bei der Lieferung von Gegenständen aus einem Umsatzsteuerlager einzutragen, wenn dem liefernden Unternehmer die Auslagerung zuzurechnen ist. In allen anderen Fällen der Auslagerung - insbesondere wenn dem Abnehmer die Auslagerung zuzurechnen ist - sind die Umsätze in Zeile 65 einzutragen (vgl. Erläuterungen zu Zeile 65).

Zeilen 29 bis 30

Land- und forstwirtschaftliche Betriebe, die ihre Umsätze nach den Durchschnittssätzen des § 24 Abs. 1 UStG versteuern, müssen Lieferungen in das übrige Gemeinschaftsgebiet an Abnehmer mit USt-IdNr. in Zeile 29 eintragen. Diese Lieferungen sind im Rahmen Zusammenfassender Meldungen anzugeben sowie zur Intrahandelsstatistik zu melden (vgl. Erläuterungen zu den Zeilen 20 bis 22).

Bei den in Zeile 30 bezeichneten Umsätzen, für die eine Steuer zu entrichten ist, sind die anzuwendenden Durchschnittssätze um die Sätze für pauschalierte Vorsteuerbeträge zu vermindern.

Land- und Forstwirte, die ihre Umsätze nach den allgemeinen Vorschriften des UStG versteuern, tragen ihre Umsätze in den Zeilen 20 bis 28 ein.

Innergemeinschaftliche Erwerbe

Zeilen 32 bis 36

Innergemeinschaftliche Erwerbe sind in dem Voranmeldungszeitraum zu erklären, in dem die Rechnung ausgestellt wird, spätestens jedoch in dem Voranmeldungszeitraum, in dem der Monat endet, der auf den Erwerb folgt.

Bei **neuen Fahrzeugen** liegt ein innergemeinschaftlicher Erwerb selbst dann vor, wenn das Fahrzeug nicht von einem Unternehmer geliefert wurde. Werden neue Fahrzeuge von Lieferern ohne USt-IdNr. erworben - insbesondere von „Privatpersonen" -, sind die Erwerbe in der Zeile 36 zu erklären. Dagegen ist der innergemeinschaftliche Erwerb durch eine Privatperson oder einen Unternehmer, der das neue Fahrzeug für seinen privaten Bereich erworben hat, ausschließlich mit Vordruck USt 1 B anzumelden (Fahrzeugeinzelbesteuerung).

Die in den Zeilen 33 bis 35 einzutragenden innergemeinschaftlichen Erwerbe sind grundsätzlich im Rahmen der Intrahandelsstatistik zu melden (vgl. Erläuterungen zu den Zeilen 20 bis 22).

Ergänzende Angaben zu Umsätzen

Zeile 38

Bei **innergemeinschaftlichen Dreiecksgeschäften** (§ 25b UStG) hat der erste Abnehmer Zeile 38 auszufüllen, wenn für diese Lieferungen der letzte Abnehmer die Steuer schuldet. Einzutragen ist die Bemessungsgrundlage (§ 25b Abs. 4 UStG) seiner Lieferungen an den letzten Abnehmer.

Die Steuer, die der letzte Abnehmer nach § 25b Abs. 2 UStG für die Lieferung des ersten Abnehmers schuldet, ist in Zeile 65 einzutragen (vgl. Erläuterungen zu Zeile 65). Zum Vorsteuerabzug für diese Lieferung vgl. Erläuterungen zu den Zeilen 55 bis 59.

Zeile 39

Einzutragen sind die **im Inland ausgeführten steuerpflichtigen Lieferungen von Mobilfunkgeräten, Tablet-Computern, Spielekonsolen sowie integrierten Schaltkreisen** im Sinne von § 13b Abs. 2 Nr. 10 UStG des leistenden Unternehmers, für die der Leistungsempfänger die Umsatzsteuer nach § 13b Abs. 1 Satz 1 UStG schuldet (vgl. Erläuterungen zu den Zeilen 48 bis 52, sechster Spiegelstrich).

Zeile 40

Einzutragen sind die **übrigen im Inland ausgeführten steuerpflichtigen Umsätze** nach § 13b Abs. 1 und 2 UStG des leistenden Unternehmers, für die der Leistungsempfänger die Umsatzsteuer nach § 13b Abs. 5 UStG schuldet.

Zeile 41

Einzutragen sind die nach **§ 3a Abs. 2 UStG im übrigen Gemeinschaftsgebiet ausgeführten sonstigen Leistungen,** für die die Steuer in einem anderen Mitgliedstaat von einem dort ansässigen Leistungsempfänger geschuldet wird. Über die in Zeile 41 einzutragenden sonstigen Leistungen sind Zusammenfassende Meldungen an das BZSt auf elektronischem Weg zu übermitteln (vgl. Erläuterungen zu den Zeilen 20 bis 22).

Zeile 42

Einzutragen sind die **übrigen nicht steuerbaren Umsätze,** deren Leistungsort nicht im Inland liegt und die der Umsatzsteuer unterlägen, wenn sie im Inland ausgeführt worden wären. Hierzu gehören auch Telekommunikationsleistungen, Rundfunk- und Fernsehdienstleistungen und auf elektronischem Weg erbrachte sonstige Leistungen, die ein im Inland ansässiger Unternehmer an Nichtunternehmer mit Sitz, Wohnsitz oder gewöhnlichem Aufenthalt im übrigen Gemeinschaftsgebiet ausführt.

Nicht einzutragen sind die Umsätze, die in den Zeilen 38 bis 41 zu erklären sind. Ebenfalls nicht anzugeben sind im Inland ausgeführte nicht steuerbare Umsätze (z.B. Geschäftsveräußerungen im Ganzen, Innenumsätze zwischen Unternehmensteilen). Nicht steuerbare Umsätze im Rahmen einer Geschäftsveräußerung im Ganzen sind jedoch in der Umsatzsteuererklärung für das Kalenderjahr einzutragen.

Leistungsempfänger als Steuerschuldner (§ 13b UStG)

Zeilen 48 bis 52

Vorbehaltlich der Ausnahmeregelungen des § 13b Abs. 6 UStG sind folgende im Inland steuerpflichtige Umsätze einzutragen, für die Unternehmer oder juristische Personen die Steuer als Leistungsempfänger schulden:

– Sonstige Leistungen nach § 3a Abs. 2 UStG eines im übrigen Gemeinschaftsgebiet ansässigen Unternehmers (Zeile 48);

– Werklieferungen und die nicht in Zeile 48 einzutragenden sonstigen Leistungen eines im Ausland ansässigen Unternehmers (Zeile 49);

– Lieferungen von Gas über das Erdgasnetz oder von Elektrizität sowie von Wärme oder Kälte durch einen im Ausland ansässigen Unternehmer unter den Bedingungen des § 3g UStG (Zeile 49);

– Lieferungen sicherungsübereigneter Gegenstände durch den Sicherungsgeber an den Sicherungsnehmer außerhalb des Insolvenzverfahrens (Zeile 50);

– unter das GrEStG fallende Umsätze, insbesondere Lieferungen von Grundstücken, für die der leistende Unternehmer nach § 9 Abs. 3 UStG zur Steuerpflicht optiert hat (Zeile 50);

– Lieferungen von Mobilfunkgeräten, Tablet-Computern und Spielekonsolen sowie von integrierten Schaltkreisen vor Einbau in einen zur Lieferung auf der Einzelhandelsstufe geeigneten Gegenstand, wenn der Leistungsempfänger ein Unternehmer ist und die Summe der für sie in Rechnung zu stellenden Entgelte im Rahmen eines wirtschaftlichen Vorgangs mindestens 5 000 EUR beträgt; nachträgliche Minderungen des Entgelts bleiben dabei unberücksichtigt (Zeile 51);

– Bauleistungen, einschließlich Werklieferungen und sonstigen Leistungen im Zusammenhang mit Grundstücken, die der Herstellung, Instandsetzung, Instandhaltung, Änderung oder Beseitigung von Bauwerken dienen, mit Ausnahme von Planungs- und Überwachungsleistungen, wenn der Leistungsempfänger ein Unternehmer ist, der selbst solche Bauleistungen erbringt (Zeile 52);

– Lieferungen von Gas über das Erdgasnetz durch einen im Inland ansässigen Unternehmer, wenn der Leistungsempfänger Wiederverkäufer von Gas im Sinne des § 3g UStG ist (Zeile 52);

– Lieferungen von Elektrizität eines im Inland ansässigen Unternehmers, wenn der liefernde Unternehmer und der Leistungsempfänger Wiederverkäufer von Elektrizität im Sinne des § 3g UStG sind; nicht hierunter fallen Betreiber von Photovoltaikanlagen (Zeile 52);

– Übertragung der in § 13b Abs. 2 Nr. 6 UStG bezeichneten sog. CO_2-Emissionszertifikate (Zeile 52);

– Lieferungen der in der Anlage 3 zum UStG aufgeführten Gegenstände, insbesondere Altmetalle und Schrott (Zeile 52);

- Lieferungen der in der Anlage 4 zum UStG aufgeführten Metalle, wenn der Leistungsempfänger ein Unternehmer ist und die Summe der für sie in Rechnung zu stellenden Entgelte im Rahmen eines wirtschaftlichen Vorgangs mindestens 5 000 EUR beträgt; nachträgliche Minderungen des Entgelts bleiben dabei unberücksichtigt (Zeile 52);

- Reinigen von Gebäuden und Gebäudeteilen, wenn der Leistungsempfänger ein Unternehmer ist, der selbst solche Leistungen erbringt (Zeile 52);

- Lieferungen von Gold in der in § 13b Abs. 2 Nr. 9 UStG bezeichneten Art (Zeile 52).

Für die in Zeile 48 einzutragenden Umsätze entsteht die Steuer mit Ablauf des Voranmeldungszeitraums, in dem die Leistungen ausgeführt worden sind. Die Steuer für die übrigen Umsätze entsteht mit Ausstellung der Rechnung, spätestens jedoch mit Ablauf des Kalendermonats, der auf die Ausführung der Leistung folgt. Wird das Entgelt oder ein Teil des Entgelts vereinnahmt, bevor die Leistung oder die Teilleistung ausgeführt worden ist, entsteht insoweit die Steuer mit Ablauf des Voranmeldungszeitraums, in dem das Entgelt oder Teilentgelt vereinnahmt worden ist. Abweichend von diesen Grundsätzen entsteht die Steuer bei so genannten Dauerleistungen für die unter den ersten beiden Spiegelstrichen aufgeführten sonstigen Leistungen spätestens mit Ablauf eines jeden Kalenderjahres, in dem sie tatsächlich erbracht werden.

Zum Vorsteuerabzug für die vom Leistungsempfänger geschuldete Steuer vgl. Erläuterungen zu den Zeilen 55 bis 59.

Abziehbare Vorsteuerbeträge

Zeilen 55 bis 59

Abziehbar sind nur die nach dem deutschen Umsatzsteuergesetz geschuldeten Steuerbeträge. Zur Vergütung von ausländischen Vorsteuerbeträgen erhalten Sie Informationen beim BZSt (Dienstsitz Schwedt, Passower Chaussee 3b, 16303 Schwedt / Oder, www.bzst.de, Tel. 0228 / 406-1200).

Es können folgende Vorsteuerbeträge berücksichtigt werden:

- Die gesetzlich geschuldete Steuer für Lieferungen und sonstige Leistungen, die von einem anderen Unternehmer für sein Unternehmen ausgeführt worden sind, sofern eine Rechnung nach den §§ 14, 14a UStG vorliegt (Zeile 55);

- die in einer Kleinbetragsrechnung enthaltene Umsatzsteuer, sofern eine Rechnung nach § 33 UStDV vorliegt (Zeile 55);

- bei innergemeinschaftlichen Dreiecksgeschäften (vgl. Erläuterungen zu Zeile 38) vom letzten Abnehmer nach § 25b Abs. 2 UStG geschuldete Umsatzsteuer (Zeile 55);

- die Umsatzsteuer, die der Unternehmer schuldet, dem eine Auslagerung aus einem Umsatzsteuerlager zuzurechnen ist; vgl. Erläuterungen zu § 65 (Zeile 55);

- die Umsatzsteuer für im Inland nach § 3d Satz 1 UStG bewirkte innergemeinschaftliche Erwerbe (Zeile 56);

- die entstandene Einfuhrumsatzsteuer für Gegenstände, die für das Unternehmen nach § 1 Abs. 1 Nr. 4 UStG eingeführt worden sind (Zeile 57);

- die Umsatzsteuer aus Leistungen im Sinne des § 13b Abs. 1 und 2 UStG, die der Leistungsempfänger nach § 13b Abs. 5 UStG schuldet (vgl. Erläuterungen zu den Zeilen 48 bis 52), wenn die Leistungen für sein Unternehmen ausgeführt worden sind (Zeile 58);

- nach Durchschnittssätzen (§ 23 UStG) ermittelte Beträge bei Unternehmern, deren **Umsatz** im Sinne des § 69 Abs. 2 UStDV in den einzelnen in der Anlage der UStDV bezeichneten Berufs- und Gewerbezweigen im vorangegangenen Kj. 61 356 EUR nicht überstiegen hat, und die nicht verpflichtet sind, Bücher zu führen und auf Grund jährlicher Bestandsaufnahmen regelmäßig Abschlüsse zu machen (Zeile 59);

- nach einem Durchschnittssatz (§ 23a UStG) ermittelte Beträge bei Körperschaften, Personenvereinigungen und Vermögensmassen im Sinne des § 5 Abs. 1 Nr. 9 Körperschaftsteuergesetz, deren **steuerpflichtiger Umsatz**, mit Ausnahme der Einfuhr und des innergemeinschaftlichen Erwerbs, im vorangegangenen Kj. 35 000 EUR nicht überstiegen hat und die nicht verpflichtet sind, Bücher zu führen und auf Grund jährlicher Bestandsaufnahmen regelmäßig Abschlüsse zu machen (Zeile 59).

Vorsteuerbeträge, die auf Entgeltserhöhungen und Entgeltsminderungen entfallen, sowie herabgesetzte, erlassene oder erstattete Einfuhrumsatzsteuer sind zu berücksichtigen.

Ein Vorsteuerabzug für Wirtschaftsgüter, die der Unternehmer zu weniger als 10 % für sein Unternehmen nutzt, ist generell nicht möglich (§ 15 Abs. 1 Satz 2 UStG).

Zur umsatzsteuerrechtlichen Behandlung eines einheitlichen Gegenstands, der sowohl unternehmerisch als auch nichtunternehmerisch genutzt wird, vgl. Abschn. 15.2c Abs. 2 und Abschn. 15.6a UStAE.

Zeile 60

Der Vorsteuerabzug ist nach Maßgabe des § 15a UStG i.V.m. § 44 UStDV zu berichtigen.

Handelt es sich bei den Berichtigungsbeträgen um zurückzuzahlende Vorsteuerbeträge, ist dem Betrag ein Minuszeichen voranzustellen.

> **Beispiel**
>
> Der Unternehmer hat im Kj. 2015 ein Bürogebäude errichtet, das er ab 1.12.2015 zur Hälfte steuerpflichtig und zur Hälfte steuerfrei vermietet. Die auf die Herstellungskosten entfallende Vorsteuer von 60 000 EUR hat er in Höhe von 30 000 EUR abgezogen. Am 2.7.2018 wird das gesamte Gebäude steuerfrei veräußert. Die steuerfreie Veräußerung führt zu einer Berichtigung des Vorsteuerabzugs in Höhe von 22 250 EUR. Dieser Betrag ist mit einem Minuszeichen versehen in Zeile 60 einzutragen.
>
> **Berechnung:** 30 000 EUR Vorsteuer : 120 Monate Berichtigungszeitraum = 250 EUR monatliche Berichtigung x 89 Monate restlicher Berichtigungszeitraum (Juli 2018 bis November 2025) = 22 250 EUR.

Zeile 61

Fahrzeuglieferer im Sinne des § 2a UStG und Kleinunternehmer im Sinne des § 19 Abs. 1 UStG können die auf die Anschaffung (Lieferung, Einfuhr oder innergemeinschaftlicher Erwerb) eines neuen Fahrzeugs entfallende Umsatzsteuer unter den sonstigen Voraussetzungen des § 15 UStG abziehen. Der Vorsteuerabzug ist nur bis zu dem Betrag zulässig, der für die nachfolgende innergemeinschaftliche Lieferung des neuen Fahrzeugs geschuldet würde, wenn die Lieferung nicht steuerfrei wäre. Der Abzug ist erst mit der Ausführung der innergemeinschaftlichen Lieferung des neuen Fahrzeugs (Eintragung in Zeile 22 bzw. bei Kleinunternehmern in Zeile 20 oder 21) zulässig (§ 15 Abs. 4a UStG).

Zeile 65

Einzutragen sind

- in Rechnungen unrichtig ausgewiesene Steuerbeträge, die der Unternehmer schuldet (§ 14c Abs. 1 UStG);

- in Rechnungen unberechtigt ausgewiesene Steuerbeträge, die der Rechnungsaussteller schuldet (§ 14c Abs. 2 UStG);

- Steuerbeträge für Umsätze, die der Auslagerung von Gegenständen aus einem Umsatzsteuerlager vorangegangen sind (§ 4 Nr. 4a Satz 1 Buchst. a UStG) und die der Unternehmer schuldet, dem die Auslagerung zuzurechnen ist (Auslagerer). Nicht einzutragen sind hier Lieferungen, die dem liefernden Unternehmer zuzurechnen sind, wenn die Auslagerung im Zusammenhang mit diesen Lieferungen steht. Diese Umsätze sind in den Zeilen 26 bis 28 einzutragen (vgl. Erläuterungen zu den Zeilen 26 bis 28);

- Steuerbeträge, die der Lagerhalter eines Umsatzsteuerlagers als Gesamtschuldner schuldet (§ 13a Abs. 1 Nr. 6 UStG);

– Steuerbeträge, die der Abnehmer bei einer als steuerfrei behandelten innergemeinschaftlichen Lieferung in den Fällen des § 6a Abs. 4 UStG schuldet;

– Steuerbeträge, die ein dritter Unternehmer (insbesondere Zentralregulierer) schuldet (§ 17 Abs. 1 Satz 6 UStG);

– Steuerbeträge, die der letzte Abnehmer im Rahmen eines innergemeinschaftlichen Dreiecksgeschäfts für die Lieferung des ersten Abnehmers schuldet (§ 25b Abs. 2 UStG).

Sonstiges

Zeile 67

Die festgesetzte Sondervorauszahlung ist grundsätzlich in der Voranmeldung für Dezember abzuziehen. Wird die gewerbliche oder berufliche Tätigkeit im Laufe eines Kj. eingestellt oder wird im Laufe des Kj. auf die Dauerfristverlängerung verzichtet, ist die Sondervorauszahlung hingegen im letzten Voranmeldungszeitraum des Besteuerungszeitraums zu berücksichtigen, für den die Fristverlängerung gilt.

Zeilen 68, 71 bis 75

Die Vorauszahlung ist am 10. Tag nach Ablauf des Voranmeldungszeitraums fällig und an das Finanzamt zu entrichten. Wird das **SEPA-Lastschriftmandat** wegen Verrechnungswünschen ausnahmsweise widerrufen, ist ein durch die Verrechnung nicht gedeckter Restbetrag zu entrichten.

Ein Überschuss wird nach Zustimmung (§ 168 AO) ohne gesonderten Antrag ausgezahlt, soweit der Betrag nicht mit Steuerschulden verrechnet wird. Wünscht der Unternehmer eine **Verrechnung** oder liegt eine **Abtretung** vor, ist in Zeile 71 eine „1" einzutragen. Liegt dem Finanzamt bei Abtretungen die Abtretungsanzeige nach amtlichem Muster noch nicht vor, ist sie beizufügen oder gesondert einzureichen.

Wenn über die Angaben in der Steueranmeldung hinaus weitere oder abweichende Angaben oder Sachverhalte berücksichtigt werden sollen, tragen Sie bitte in Zeile 75 eine „1" ein. Gleiches gilt, wenn den in der Steueranmeldung erfassten Angaben bewusst eine von der Verwaltungsauffassung abweichende Rechtsauffassung zugrunde gelegt wurde oder Sie einen Antrag auf Dauerfristverlängerung zurücknehmen möchten. Diese Angaben sind in einer von Ihnen zu erstellenden gesonderten Anlage zu machen, welche mit der Überschrift **„Ergänzende Angaben zur Steueranmeldung"** zu kennzeichnen ist. Wenn Sie der Steueranmeldung lediglich ergänzende Aufstellungen oder Belege beifügen wollen, ist nicht hier, sondern in Zeile 15 eine Eintragung vorzunehmen.

C. Innergemeinschaftliche Lieferungen

Ergänzende Fachliteratur: *Birkenfeld*, Das große Umsatzsteuer-Handbuch, Loseblatt, Köln; *Heinrichshofen/Matheis*, Das umsatzsteuerliche Reihengeschäft nach den Urteilen des XI. Senats, UVR 2015, 179; *Huschens*, Gemeinschaftsrechtliche Anforderungen an den Nachweis der Steuerbefreiung einer innergemeinschaftlichen Lieferung, UVR 2013, 78; *Kemper*, Der „Missbrauch" und die Steuerhinterziehung bei der Umsatzsteuer, UR 2017, 449; *Kettisch*, Reihengeschäfte, UR 2014, 593; *Langer*, Neue Regelungen für Reihengeschäfte, NWB 2015, 1684; *Langer/Hammerl*, Gelangensbestätigung wird auch künftig nicht einzig möglicher Belegnachweis bei innergemeinschaftlichen Lieferungen sein, DStR 2013, 1068; *Matheis/Krumes*, Zum Verhältnis des Buch- und Belegnachweises zum Vertrauensschutz, UVR 2012, 316; *Maunz*, Kreative Zerstörung – Neuordnung von Reihengeschäften, DStR 2015, 1025; *Meurer*, Die bewegte Lieferung im Reihengeschäft, DStR 2011, 199; *Neeser*, Die zweite (neue) Gelangensbestätigung und die übrigen ab 1.10.2013 geltenden Belegnachweise, UVR 2013, 365; *Neeser*, Unsicherheitsfaktor innergemeinschaftliche Lieferungen, UVR 2015, 187; *Nieskens/Heinrichshofen*, Gibt es für grenzüberschreitende Reihengeschäfte eine praxistaugliche Lösung?, DStR 2014, 1368; *Reiß*, Materielle und formelle Voraussetzungen für die Befreiung der innergemeinschaftlichen Lieferung nach Art. 138, 131 MwStSystRL einschließlich postfaktischer Erweiterungen nach der Rechtsprechung des EuGH, Urteil, UR 2017, 254; *Robisch*, Innergemeinschaftliche Dreiecksgeschäfte auf dem Prüfstand, UR 2017, 497; *Spatscheck/Stenert*, Vertrauensschutz bei innergemeinschaftlichen Lieferungen, DStR 2015, 104; *Wäger*, Der Kampf gegen die Steuerhinterziehung, UR 2015, 81; *Wäger*, Diskussionsfall innergemeinschaftliches Reihengeschäft – Gehört Lübeck noch zum Inland, UR 2015, 576.

I. Steuerbare Lieferungen

1. Grundfall

Voraussetzung für die Annahme einer steuerfreien innergemeinschaftlichen Lieferung i.S. des § 6a UStG ist zunächst, dass es sich bei dem zu beurteilenden Umsatz um eine steuerbare Lieferung im Inland handelt (§ 1 Abs. 1 Nr. 1 UStG).[1] Nur die steuerbare und dann steuerfreie Lieferung wird als innergemeinschaftliche Lieferung bezeichnet. Lieferung ist die Verschaffung der Verfügungsmacht an einem Gegenstand (§ 3 Abs. 1 UStG). Sie gilt regelmäßig als ausgeführt mit der Übergabe des Gegenstands oder mit dem Beginn der Beförderung oder Versendung. Liegt der Ort der Verschaffung der Verfügungsmacht gar nicht im Inland, erübrigt sich die Prüfung der Steuerbefreiung als innergemeinschaftliche Lieferung.

201

---

1 Abschnitt 6a.1 Abs. 1 UStAE.

BEISPIEL: ▶ Der deutsche Unternehmer U verkauft einem französischen Unternehmer telefonisch am 5.5. einen Gabelstapler für dessen Unternehmen und beauftragt einen Frachtführer mit dem Transport nach Frankreich. Der Frachtführer holt am 7.5. den Gabelstapler bei U ab und liefert ihn am nächsten Tag beim Abnehmer an. Es gelten die Regelungen der §§ 447 ff. BGB.

U führt am 7.5. eine Lieferung aus (§ 3 Abs. 1 UStG), der Ort der Lieferung liegt im Inland (§ 3 Abs. 6 Satz 1 UStG). Die Lieferung ist somit steuerbar (§ 1 Abs. 1 Nr. 1 UStG), aber steuerfrei (§ 6a Abs. 1 UStG).

202 Innergemeinschaftliche **Reparaturleistungen** können aus Vereinfachungsgründen als Lieferungen und damit als steuerfreie Lieferung behandelt werden, wenn der Entgeltteil, der auf das bei der Reparatur verwendete, vom Werkunternehmer selbst beschaffte Material entfällt, mehr als 50 % des für die Reparatur berechneten Gesamtentgelts beträgt.[1] Andernfalls liegt eine Werkleistung vor, der Ort der Leistung bestimmt sich sodann nach § 3a UStG.

203 Das Vorliegen einer innergemeinschaftlichen Lieferung kommt nicht in Betracht für die Lieferungen von **Gas über das Erdgasnetz** oder die Lieferungen von **Elektrizität** i. S. des § 3g UStG.[2]

2. Innergemeinschaftliches Verbringen

a) Begriff

204 Auch das **Verbringen** eines Gegenstands des Unternehmens vom Inland in das übrige Gemeinschaftsgebiet durch einen Unternehmer zu seiner eigenen Verfügung gilt ebenfalls als Lieferung, ausgenommen ist die nur vorübergehende Verwendung (§ 3 Abs. 1a UStG). Diese Regelung über die Lieferfiktion entspricht der Erwerbsfiktion in Verbringensfällen (§ 1a Abs. 2 UStG), die Ausführungen zu 108 ff. gelten entsprechend. Auch dieses Verbringen ist als innergemeinschaftliche Lieferung von der Umsatzsteuer befreit (§ 4 Nr. 1b i. V. m. § 6a Abs. 2 UStG), ohne dass es dazu weiterer Voraussetzungen bedarf.[3] In diesen Fällen ist die Steuerbefreiung nur zu versagen, wenn der Steuerpflichtige sich an einer Steuerhinterziehung beteiligt hat oder wenn der sichere Nachweis, dass die materiellen Anforderungen der Steuerbefreiungen erfüllt sind, nicht geführt werden kann. Derartige innergemeinschaftliche Verbringensfälle werden wie Lieferungen behandelt und unterliegen daher im Bestimmungsland der Erwerbsbesteuerung.

---

1 Abschnitt Abs. 3.8 Abs. 6 UStAE.
2 Abschnitt 6a.1 Abs. 1 UStAE.
3 EuGH, Urteil v. 20. 10. 2016 – C-24/15, DStR 2016 S. 2525; BFH v. 2. 11. 2016 – V B 72/16, BFH/NV 2017 S. 329.

BEISPIEL: ▶ Der deutsche Unternehmer U bringt am 2.2. mit eigenem Lkw eine Maschine im Wert von 100.000 € zu seiner niederländischen Betriebsstätte. Diese Maschine soll dort für drei Monate auf einer Baustelle eingesetzt werden. Nach zwei Monaten verkauft U diese Maschine am 2.4. überraschend an einen niederländischen Interessenten, der die Maschine sogleich von der Baustelle abholt.

Obwohl kein Entgelt gezahlt wird, handelt es sich am 2.2. grds. um eine fiktive Lieferung des Unternehmers U an seine ausländische Betriebsstätte (§ 3 Abs. 1a UStG). Dieser Verbringensvorgang ist jedoch zunächst nicht steuerbar, da die Maschine nur vorübergehend in das übrige Gemeinschaftsgebiet gelangt.

Mit dem Verkauf der Maschine am 2.4. an den niederländischen Abnehmer bewirkt U eine Lieferung in den Niederlanden (§ 3 Abs. 6 Satz 1 UStG). Die Lieferung ist in den Niederlanden steuerbar und steuerpflichtig, U muss daher in den Niederlanden Steuererklärungen abgeben, insbesondere eine Voranmeldung für den Monat April.

Bei einem zunächst vorübergehenden Verbringen ist eine spätere endgültige Überführung in das übrige Gemeinschaftsgebiet als innergemeinschaftliche Lieferung zu erfassen, d. h. nunmehr ist auch der Verbringensvorgang bei U im April zu erfassen. Im Voranmeldungszeitraum der Lieferung an den niederländischen Abnehmer hat U somit einen innergemeinschaftlichen Erwerb in den Niederlanden bewirkt. Dies bedeutet zugleich eine innergemeinschaftliche Lieferung in Form des Verbringens in Deutschland zum gleichen Zeitpunkt (§ 3 Abs. 1a UStG). U hat folglich in Deutschland im Rahmen seiner Umsatzsteuer-Voranmeldung für April eine innergemeinschaftliche Lieferung zu erfassen (§ 6a Abs. 2 UStG), in den Niederlanden hat U einen innergemeinschaftlichen Erwerb der Maschine sowie eine steuerpflichtige (Weiter-)Lieferung der Maschine für den Monat April zu erklären.

Der Unternehmer selbst gilt dabei im Ausgleichsmitgliedstaat als Lieferer und im Bestimmungsmitgliedstaat als Erwerber. Ein Verbringen ist innergemeinschaftlich, wenn der Gegenstand auf Veranlassung des Unternehmers vom Ausgangsmitgliedstaat in den Bestimmungsmitgliedstaat gelangt. Dabei muss er bereits im Ausgangsmitgliedstaat dem Unternehmen zugeordnet sein.[1] Es ist unerheblich, ob der Unternehmer den Gegenstand selbst befördert oder ob er die Beförderung durch einen selbständigen Beauftragten ausführen oder besorgen lässt.[2] Kein Verbringen liegt vor, wenn die Warenbewegung im Rahmen einer steuerbaren Abhollieferung erfolgt, denn die Bestimmungen des § 1a Abs. 1 UStG/§ 3 Abs. 1 UStG gehen der Regelung in § 1a Abs. 2 UStG/§ 3 Abs. 1a UStG vor.

Bei einer grenzüberschreitenden Organschaft stellen Warenbewegungen zwischen den im Inland und den im übrigen Gemeinschaftsgebiet gelegenen Unternehmensteilen innergemeinschaftliches Verbringen dar.[3]

205

---

1 Abschnitt 1a.2 Abs. 4 UStAE.
2 Abschnitt 1a.2 Abs. 3 UStAE.
3 Abschnitt 1a.1 Abs. 8 UStAE.

206 Fälle **vorübergehender Verwendung** sind vom Gesetzgeber ausdrücklich ausgenommen, da die Rückführung in das Ursprungsland von vornherein feststeht und so nur unnötiger Verwaltungsaufwand entstehen würde. Unter die gesetzliche Fiktion des Verbringens fallen somit alle Fälle, in denen Gegenstände zur Nutzung als **Anlagevermögen** oder zum **Verkauf oder Verbrauch** (Waren oder Roh-, Hilfs- und Betriebsstoffe) ins Bestimmungsland verbracht werden, denn dem Begriff der vorübergehenden Verwendung ist die Rückführung ins Ausgangsland immanent.[1] Eine nicht nur vorübergehende Verwendung liegt auch vor, wenn der Unternehmer den Gegenstand in ein **Auslieferungslager** in einen anderen Mitgliedstaat verbringt, wobei dieses Lager nicht den Begriff der Betriebsstätte (§ 12 AO) erfüllen muss.[2] Ein Fall der vorübergehenden Verwendung setzt voraus, dass der Gegenstand, ggf. auch nach einer Be- oder Verarbeitung, zwingend an den Steuerpflichtigen in den Mitgliedstaat zurückgeschickt werden muss, von dem aus er ursprünglich versandt oder befördert worden war.[3] Kehrt der Gegenstand nicht in den ursprünglichen Mitgliedstaat zurück, sondern wird in einen anderen Mitgliedstaat befördert oder versendet, liegt nach dem System des Binnenmarktes ein innergemeinschaftliches Verbringen im Ursprungsland vor. Steht der Abnehmer im übrigen Gemeinschaftsgebiet bei Beginn der Beförderung oder Versendung bereits fest, liegt kein innergemeinschaftliches Verbringen, sondern eine Beförderungs- oder Versendungslieferung vor, die grds. mit Beginn der Beförderung oder Versendung im Inland als ausgeführt gilt (§ 3 Abs. 6 Satz 1 UStG). Ein im Zeitpunkt des Beginns der Beförderung oder Versendung nur wahrscheinlicher Abnehmer ohne tatsächliche Abnahmeverpflichtung ist nicht einem zu diesem Zeitpunkt bereits feststehenden Abnehmer gleichzustellen. Daher stellt in derartigen Fällen die Einlagerung von Ware aus dem Inland in ein Auslieferungs- oder Konsignationslager im übrigen Gemeinschaftsgebiet ein innergemeinschaftliches Verbringen durch den liefernden Unternehmer i. S. des § 3 Abs. 1a UStG dar. Die Lieferung an den Abnehmer findet in diesen Fällen erst mit der Entnahme der Ware aus dem Lager statt und ist dann folglich im übrigen Gemeinschaftsgebiet steuerbar.[4]

HINWEIS:

Die Regelung zu den sog. Konsignationslagern wird in den Mitgliedstaaten unterschiedlich ausgelegt, so dass sich dringender Handlungsbedarf zur Rechtssicherheit der betei-

---

1 Abschnitt 1a.2 Abs. 5 UStAE.
2 Abschnitt 1a.2 Abs. 6 UStAE.
3 Abschnitt 1a.2 Abs. 10 Nr. 3; EuGH, Urteil v. 6. 3. 2014 – C-606/12 und C-607/12, UR 2015 S. 933.
4 Abschnitt 3.12 Abs. 3 UStAE.

ligten Unternehmer ergibt. In die MwStSystRL soll daher zum 1.1.2019 ein neuer Art. 17a eingeführt werden, Art. 243 Abs. 3 und Art. 262 sollen geändert werden. Einen entsprechenden Vorschlag für eine Richtlinie des Rates hat die Europäische Kommission zwischenzeitlich vorgelegt.[1] Die genannten Fälle werden dabei ausdrücklich von den Verbringenstatbeständen ausgenommen. Die bisherigen Anwendungsregelungen des UStAE vor Ergehen der Rechtsprechung des BFH können aufgrund einer Vereinfachungsanweisung der Finanzverwaltung bis zum 31.12.2018 weiterhin angewandt werden.[2]

b) Vereinfachungsmaßnahmen

Aus Vereinfachungsgründen kann in den Fällen, in denen anschließend die nicht verkauften Waren unmittelbar wieder in den Ausgangsmitgliedstaat zurückgelangen, die Besteuerung des Verbringens auf die **tatsächlich verkaufte Warenmenge** beschränkt werden, d.h. hinsichtlich der nicht veräußerten Waren hat der Unternehmer weder einen Erwerb (bei der „Einfuhr") noch eine steuerfreie Lieferung (bei der späteren „Ausfuhr") zu erklären.[3] Diese Regelung hat insbesondere Bedeutung für Händler im grenznahen Bereich, die Waren außerhalb ihrer festen Niederlassung oder Betriebsstätte verkaufen, damit diese nicht ständig mit ihrem gesamten Warensortiment den Regelungen des Binnenmarktes unterworfen werden müssen.

207

Bei der **Verkaufskommission** liegt zwar eine Lieferung des Kommittenten an den Kommissionär erst im Zeitpunkt der Lieferung des Kommissionsguts an den Abnehmer vor.[4] Gelangt das Kommissionsgut bei der Zurverfügungstellung an den Kommissionär vom Ausgangs- in den Bestimmungsmitgliedstaat, kann die Lieferung jedoch nach dem Sinn und Zweck der Regelung bereits zu diesem Zeitpunkt als erbracht angesehen werden. Dementsprechend ist der innergemeinschaftliche Erwerb beim Kommissionär der Besteuerung zu unterwerfen.[5] Gleichwohl bestimmt sich die Bemessungsgrundlage sowohl für die innergemeinschaftliche Lieferung des Kommittenten als auch für den innergemeinschaftlichen Erwerb des Kommissionärs nach dem Entgelt, wobei zu beachten ist, dass die endgültige Rechnungslegung durch den Kommissionär

208

---

1 Vorschlag für eine Richtlinie des Rates zur Änderung der Richtlinie 2006/112/EG in Bezug auf die Harmonisierung und Vereinfachung bestimmter Regelungen des Mehrwertsteuersystems (MwStSystRL) und zur Einführung des endgültigen Systems der Besteuerung des Handels zwischen Mitgliedstaaten v. 4.10.2017, COM (2017) 569 final, BR-Drucks. 660/17 v. 4.10.2017.

2 BMF, Schreiben v. 10.10.2017, BStBl 2017 I S. 1442; BMF, Schreiben v. 14.12.2017, BStBl 2017 I S. 1673.

3 Abschnitt 1a.2 Abs. 6 Satz 4 UStAE.

4 BFH v. 25.11.1986 – V R 102/78, BStBl 1987 II S. 278.

5 Abschnitt 1a.2 Abs. 7 i.V.m. Abschnitt 3.1 Abs. 3 Satz 8 UStAE.

nach dem Verkauf des Kommissionsguts mittels Gutschrift erfolgen wird. Bei Anwendung der o. g. Vereinfachungsregelung müsste daher der Kommissionär das Entgelt für den innergemeinschaftlichen Erwerb schätzen und später die entsprechenden Voranmeldungen berichtigen. Aus Vereinfachungsgründen kann jedoch auf eine Korrektur der umsatzsteuerlichen Bemessungsgrundlagen und die Abgabe einer berichtigten Umsatzsteuer-Voranmeldung durch den Kommissionär verzichtet werden, wenn er in Bezug auf die Kommissionsgeschäfte zum vollen Vorsteuerabzug berechtigt ist.[1]

c) Ausnahmen

209　Nicht steuerbar ist das Verbringen, wenn der Gegenstand nur zu einer vorübergehenden Verwendung ins übrige Gemeinschaftsgebiet gelangt. Unter Berücksichtigung des Katalogs in Art. 17 Abs. 1 und Art. 23 MwStSystRL sind eine Reihe von Fällen von der Erfassung als innergemeinschaftliche Verbringungstatbestände ausgenommen, wenn die Verwendung im Bestimmungsland befristet ist:[2]

▶ Die Verwendung von Gegenständen, die im Bestimmungsland im Rahmen einer steuerbaren Werklieferung erfasst werden: unbeachtlich sind daher **Materialtransporte** vom Inland auf Baustellen im übrigen Gemeinschaftsgebiet.[3] Während die eingesetzten Maschinen aufgrund ihrer nur vorübergehenden Verwendung keinen Fall des Verbringens darstellen können, wurden die bei einer Werklieferung verwendeten Gegenstände aus Vereinfachungsgründen ebenfalls ausgenommen, obwohl diese im Bestimmungsland verbraucht werden. Sie gehen aber anschließend in die Werklieferung (Lieferung) im übrigen Mitgliedstaat ein und werden daher über den Preis dieser Lieferung der entsprechenden Umsatzsteuer unterworfen (vgl. im Inland § 3 Abs. 7 Satz 1 i. V. m. § 10 Abs. 1 Satz 2 UStG);

▶ Zur Ausführung von im Bestimmungsland ausgeführten **sonstigen Leistungen** mitgenommene Gegenstände, z. B. Maschinen, Werkzeug, Arbeitsmaterial;[4]

▶ **Reparatur, Wartung** oder dergleichen an einem Gegenstand im Bestimmungsland;[5]

---

1 OFD Frankfurt v. 18. 12. 1995, UR 1996 S. 206.
2 Abschnitt 1a.2 Abs. 9 ff. UStAE.
3 Abschnitt 1a.2 Abs. 10 Nr. 1 UStAE.
4 Abschnitt 1a.2 Abs. 10 Nr. 2 UStAE.
5 Abschnitt 1a.2 Abs. 10 Nr. 3 UStAE.

► Überlassung eines Gegenstands an eine **Arbeitsgemeinschaft** als Gesellschafterbeitrag und Verbringen des Gegenstands ins Bestimmungsland;[1]

► **Zwischenlagerung** im übrigen Gemeinschaftsgebiet;

► Fälle vorübergehender **Vermietung und Verpachtung** von beweglichen Gegenständen.

Darüber hinaus ist von einer befristeten Verwendung auszugehen, wenn der Unternehmer einen Gegenstand in das Bestimmungsland im Rahmen eines Vorgangs verbringt, für den bei einer entsprechenden Einfuhr aus dem Drittlandsgebiet wegen vorübergehender Verwendung eine vollständige **Befreiung von den Einfuhrabgaben** bestehen würde.[2] Die zu der zoll- und einfuhrumsatzsteuerrechtlichen Abgabenbefreiung erlassenen Rechts- und Verwaltungsvorschriften sind entsprechend anzuwenden.[3] Danach beträgt die Höchstdauer der Verwendung grds. 24 Monate, z. B. für Berufsausrüstung, Waren für Messen, Ausstellung und Kongresse, medizinisch-chirurgisches Material und Labormaterial, Modelle, Vorführwaren, Muster, Filme und andere Bild- und Tonträger, Werbematerial für den Fremdenverkehr. Für bestimmte Wirtschaftsgüter gilt eine kürzere Verwendungsfrist von 12 Monaten, z. B. für pädagogisches Material und wissenschaftliches Gerät, Eisenbahnfahrzeuge, Paletten (deren Nämlichkeit festgestellt werden kann), Behälter. Eine Verwendungsfrist von 6 Monaten gilt u. a. für Umschließungen, Austauschproduktionsmittel, Straßenfahrzeuge, zivile Luftfahrzeuge und Wasserfahrzeuge zum privaten Gebrauch, Paletten (deren Nämlichkeit nicht festgestellt werden kann). Werden die genannten Verwendungsfristen überschritten, ist im Zeitpunkt des Überschreitens ein innergemeinschaftliches Verbringen anzunehmen.[4]

210

In den Fällen des vorübergehenden Verbringens ist sowohl das Verbringen als auch das Zurückgelangen des Gegenstandes umsatzsteuerlich unbeachtlich. Geht der Gegenstand aber im Bestimmungsland unter (Unfall, Diebstahl u. a.) oder wird er nunmehr dort tatsächlich veräußert, so gilt er in diesem Zeitpunkt als geliefert.[5]

211

BEISPIEL: ► Unternehmer D aus Deutschland versendet am 28. 2. zwei Maschinen nach Brüssel, wo er sie auf der Messe ausstellen will; ein Verkauf ist nicht beabsichtigt. Am 3. 3., dem letzten Messetag, wird eine Maschine an einen Interessenten als Ausstellungsstück veräußert. Die andere Maschine gelangt wie beabsichtigt wieder von Brüssel nach Deutschland.

---

1 Abschnitt 1a.2 Abs. 10 Nr. 4 UStAE.
2 Abschnitt 1a.2 Abs. 12 UStAE.
3 Einzelheiten dazu regelt das BMF, Schreiben v. 19. 11. 1993, BStBl 1993 I S. 1004.
4 Abschnitt 1a.2 Abs. 13 UStAE.
5 Abschnitt 1a.2 Abs. 11 UStAE.

Das Verbringen der Maschinen von Deutschland nach Belgien durch D war nur vorübergehend angelegt und somit umsatzsteuerlich unbeachtlich. Es liegt im Zeitpunkt des Überführens nach Belgien insbesondere noch kein innergemeinschaftliches Verbringen vor. Durch den Verkauf der einen Maschine an den Abnehmer am 3.3. in Belgien bewirkt D eine Lieferung in Belgien (§ 3 Abs. 6 Satz 1 UStG), der Vorgang ist im Inland nicht steuerbar (§ 1 Abs. 1 Nr. 1 UStG). Nunmehr steht jedoch zu diesem Zeitpunkt fest, dass die Maschine endgültig (zunächst zur Verfügung des D) im Bestimmungsland Belgien verbleibt. Daher liegt zu diesem Zeitpunkt durch D ein innergemeinschaftlicher Erwerb in Belgien vor, den D in Belgien unter Angabe einer belgischen USt-IdNr. zu erklären hat. Folglich hat D in Deutschland eine innergemeinschaftliche steuerfreie Lieferung bewirkt (§ 3 Abs. 1a i.V. m. § 6a Abs. 2 UStG). Sie ist spätestens für den Voranmeldungszeitraum April zu erklären, sofern die entsprechende Pro-forma-Rechnung nicht früher erteilt wird (§ 18b Satz 2 UStG).

212   Bei **Messeausstellern** und vergleichbaren Unternehmern ist eine innergemeinschaftliche Lieferung u. a. nur dann anzunehmen, wenn die verbrachten Gegenstände mit Verkaufsabsicht ins übrige Gemeinschaftsgebiet gelangen.[1] Hinsichtlich der später dann doch in das Inland zurückgebrachten Gegenstände ist eine Rückgängigmachung des Vorgangs vorzunehmen (§ 17 Abs. 2 Nr. 3 UStG).

3. Ort der Lieferung

213   Bei Lieferungen in das übrige Gemeinschaftsgebiet ist bereits im Rahmen der Bestimmung des Ortes der Lieferung der Abnehmerkreis von entscheidender Bedeutung, nicht etwa erst bei der Frage der Steuerbefreiung. Bei bestimmten Abnehmern (i. d. R. Privatpersonen ohne USt-IdNr.) ist vorrangig die Versandhandelsregelung des § 3c UStG zu beachten, nicht etwa § 3 Abs. 6 UStG (vgl. § 3 Abs. 5a UStG und ausführlich zur Versandhandelsregelung Kapitel D, Rz. 301 ff.).

▶ Liefert der Unternehmer einen Gegenstand an diesen Personenkreis in das übrige Gemeinschaftsgebiet, so ist zunächst zu prüfen, ob ein Fall des innergemeinschaftlichen Versandhandels vorliegt. Wurde dabei die sog. Lieferschwelle überschritten (§ 3c Abs. 3 UStG), ist der Umsatz in einem anderen Mitgliedstaat steuerbar und steuerpflichtig (§ 3c Abs. 1 UStG). Im Inland wären diese Umsätze folglich nicht steuerbar im Sinne des § 1 Abs. 1 Nr. 1 UStG. Solange dagegen die Lieferschwelle des anderen Mitgliedstaates nicht überschritten wird, ist der Umsatz vom Lieferer im Inland zu versteuern (§ 3 Abs. 6 Satz 1 UStG); § 6a UStG kommt bei diesem Abnehmerkreis regelmäßig nicht zur Anwendung (vgl. § 6a Abs. 1 Nr. 2 UStG).

---

1 Vgl. OFD Frankfurt v. 16. 4. 1994, UR 1994 S. 440.

▶ Greift dagegen die Vorschrift über den Versandhandel nicht, insbesondere weil nicht der Abnehmerkreis des § 3c Abs. 2 UStG betroffen ist, so gelten für die Steuerbarkeit die üblichen Regelungen. Der Umsatz ist dann in aller Regel im Inland steuerbar (§ 3 Abs. 6 Satz 1 UStG), aber ggf. als innergemeinschaftliche Lieferung steuerfrei (§ 4 Nr. 1 Buchst. b i. V. m. § 6a Abs. 1 UStG).

Hinsichtlich des Ortes der Lieferung ergeben sich ansonsten bei innergemeinschaftlichen Lieferungen keine Besonderheiten. Die Ortsbestimmung erfolgt nach § 3 Abs. 6 und ggf. Abs. 7 UStG, da § 3c UStG auf innergemeinschaftliche Lieferungen gerade eben keine Anwendung findet. Die Versandhandelsregelung findet nur Anwendung bei Abnehmern ohne USt-IdNr. (§ 3c Abs. 2 UStG), diese ist aber wiederum gerade Voraussetzung für die Anwendung der Steuerbefreiung nach § 6a UStG. Die beiden Regelungen schließen daher einander aus. Nur wenn der Ort der Lieferung überhaupt im Inland liegt, ist die Lieferung steuerbar und sodann die Steuerbefreiung nach § 6a UStG zu prüfen.

Bei einer grenzüberschreitenden **Montagelieferung** im übrigen Gemeinschaftsgebiet ist zu beachten, dass die Verfügungsmacht an dem fertigen Werk in aller Regel erst im Bestimmungsland verschafft wird (§ 3 Abs. 7 Satz 1 UStG). In diesen Fällen liegt keine innergemeinschaftliche Lieferung vor, da der Umsatz im Inland nicht steuerbar ist. In diesem Fall ist auch der Transport der Materialien und Arbeitsmittel nicht als Verbringen i. S. des § 3 Abs. 1a UStG anzusehen.[1] Wird dagegen das fertige Werk in das übrige Gemeinschaftsgebiet befördert oder versendet, kann gleichwohl eine steuerfreie innergemeinschaftliche Lieferung anzunehmen sein.[2] Zur besonderen Problematik der Reihengeschäfte vergleiche Rz. 244 ff.

214

II. Steuerbefreiung für innergemeinschaftliche Lieferungen

1. Überblick

a) Sinn und Zweck der Regelung

Trotz des Wegfalls der Einfuhrumsatzsteuer im Zusammenhang mit der Einführung des Europäischen Binnenmarktes hat die Europäische Gemeinschaft beim gewerblichen Warenverkehr am Bestimmungslandprinzip festgehalten,

215

---

1 Abschnitt 1a.2 Abs. 10 Nr. 1 UStAE.
2 Abschnitt 3.12 Abs. 4 Satz 7 i. V. m. Abschnitt 6a.1 Abs. 1 Satz 4 UStAE.

d. h., die Lieferung eines Unternehmers an einen anderen Unternehmer im übrigen Gemeinschaftsgebiet ist regelmäßig steuerfrei und vom Abnehmer im Bestimmungsland zu versteuern (§ 4 Nr. 1 Buchst. b i.V. m. § 6a Abs. 1 UStG). Da die Europäische Union die konsequente Anwendung des Ursprungslandprinzips noch ablehnt, wurde der Grundgedanke der Entlastung bei der Ausfuhr und der Belastung bei der Einfuhr auch bei innergemeinschaftlichen Lieferungen beibehalten, wenngleich sich nach dem Gesetzeswortlaut die Steuerbefreiung für „Ausfuhren" nur noch auf Lieferungen in das Drittland beziehen kann (§ 4 Nr. 1 Buchst. a i.V. m. § 6 Abs. 1 UStG). Die Regelung des § 6a UStG ersetzt im Warenverkehr mit anderen Mitgliedstaaten der EU die Steuerbefreiung für Ausfuhrlieferungen (unionsrechtliche Grundlage ist Art. 128 MwStSystRL).

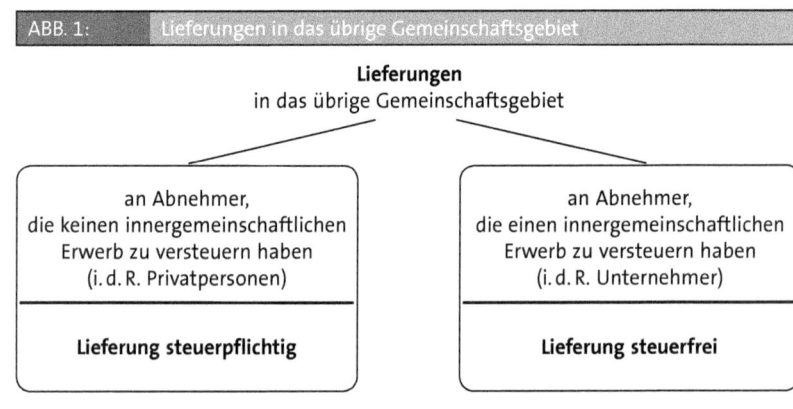

ABB. 1: Lieferungen in das übrige Gemeinschaftsgebiet

Lieferungen
in das übrige Gemeinschaftsgebiet

an Abnehmer, die keinen innergemeinschaftlichen Erwerb zu versteuern haben (i.d.R. Privatpersonen)	an Abnehmer, die einen innergemeinschaftlichen Erwerb zu versteuern haben (i.d.R. Unternehmer)
Lieferung steuerpflichtig	**Lieferung steuerfrei**

216   Unschädlich ist, wenn der Gegenstand der Lieferung vor der Warenbewegung in das übrige Gemeinschaftsgebiet **be- oder verarbeitet** wird (§ 6a Abs. 1 Satz 2 UStG). Der Ort, an dem diese Leistungen tatsächlich erbracht werden, kann sich im Inland, im Drittland oder im übrigen Gemeinschaftsgebiet mit Ausnahme des Bestimmungsmitgliedslands befinden. Die genannten Leistungen dürfen unter den Voraussetzungen des § 6a Abs. 1 Satz 2 UStG nur von einem Beauftragten des Abnehmers erbracht werden. Erteilt der liefernde Unternehmer den Bearbeitungs- oder Verarbeitungsauftrag, ist die Ausführung dieses Auftrags ein der innergemeinschaftlichen Lieferung des Unternehmers vorgelagerter Umsatz. Gegenstand der anschließenden Lieferung des Unternehmers ist dann der bearbeitete oder verarbeitete Gegenstand.[1]

---

1 Abschnitt 6a.1 Abs. 19 UStAE.

Die Steuerbefreiung für innergemeinschaftliche Lieferungen kommt nicht in Betracht, wenn für die Lieferung des Gegenstand in das übrige Gemeinschaftsgebiet auch die Voraussetzungen der Steuerbefreiungen nach § 4 Nr. 17, 19 oder 28 UStG oder nach § 25c UStG vorliegen.[1] Diese Beurteilung hat Bedeutung für die Frage des Vorsteuerabzugs, der dann ausgeschlossen ist (§ 15 Abs. 2 UStG).

217

b) Gesetzlicher Tatbestand der Steuerbefreiung

Eine Lieferung ist im Inland steuerfrei (§ 4 Nr. 1 Buchst. b UStG), wenn der Gegenstand durch Beförderung oder Versenden in das übrige Gemeinschaftsgebiet gelangt (§ 6a Abs. 1 Satz 1 Nr. 1 UStG), unabhängig davon, wer befördert oder versendet. Es ist allerdings auf den Abnehmerkreis abzustellen (§ 6a Abs. 1 Satz 1 Nr. 2 UStG), da der Abnehmer den Erwerb des Gegenstands im Bestimmungsland zu versteuern hat (§ 6a Abs. 1 Satz 1 Nr. 3 UStG).

218

TAB. 1:	Steuerbefreiung bei innergemeinschaftlichen Lieferungen

► Der Gegenstand gelangt vom Inland in das übrige Gemeinschaftsgebiet.

► Der Abnehmer ist

   – ein Unternehmer, der für sein Unternehmen erwirbt oder

   – eine Juristische Person, die nicht Unternehmer ist oder den Gegenstand nicht für ihr Unternehmen erwirbt oder

   – Jedermann (bei neuen Fahrzeugen).

► Der Erwerb des Gegenstands unterliegt im Bestimmungsland den Vorschriften über die Erwerbsbesteuerung

Ohne Bedeutung ist dabei, wer den Gegenstand befördert oder versendet. Unschädlich ist, wenn der Gegenstand der Lieferung vorher durch einen anderen Unternehmer be- oder verarbeitet wird (§ 6a Abs. 1 Satz 2 UStG).

Die gesetzlichen Voraussetzungen für das Vorliegen einer Steuerbefreiung sind vom Unternehmer **nachzuweisen** (§ 6a Abs. 3 UStG). Dazu gehört insbesondere der Nachweis, dass der Gegenstand ins übrige Gemeinschaftsgebiet gelangt ist, der Nachweis der Unternehmereigenschaft des Abnehmers und der unternehmerischen Verwendung des Gegenstandes durch den Abnehmer sowie der Nachweis der Verpflichtung des Abnehmers zur Erwerbsbesteuerung im übrigen Gemeinschaftsgebiet.

219

---

1 Abschnitt 6a.1 Abs. 2a UStAE.

2. Der Lieferer

220 Die Person, die eine steuerfreie innergemeinschaftliche Lieferung bewirken kann, muss ein Unternehmer sein, der seine Umsätze nach den allgemeinen Vorschriften des Umsatzsteuergesetzes besteuert (Regelversteuerer).[1] Nur Lieferungen in der Unternehmerkette sollen nach dem Willen der Europäischen Union unter die Wechselwirkung „steuerfreie innergemeinschaftliche Lieferung/steuerpflichtiger innergemeinschaftlicher Erwerb" fallen, um eine Überprüfbarkeit überhaupt zu ermöglichen. Für Unternehmer, die nicht der Regelbesteuerung unterliegen, bestehen zwangsläufig Sonderregelungen.

221 Soweit bei **Kleinunternehmern** die Umsatzsteuer nicht erhoben wird (§ 19 Abs. 1 Satz 1 UStG), findet § 6a UStG auf ihre Lieferungen keine Anwendung. Diese Lieferungen gelten im Inland als steuerpflichtig, unabhängig davon, dass die Umsatzsteuer nicht erhoben wird. Folglich kann der Erwerber im übrigen Gemeinschaftsgebiet keinen innergemeinschaftlichen Erwerb bewirkt haben, da schon die Lieferung an ihn steuerpflichtig war. Eine Anmeldung dieser Umsätze in der Zusammenfassenden Meldung durch den Kleinunternehmer ist daher nicht erforderlich, da keine Kontrolle einer wechselseitigen Beziehung vorgenommen werden muss. Ausgenommen davon ist die Lieferung von neuen Fahrzeugen, denn insoweit gilt auch der Kleinunternehmer als Fahrzeuglieferer (vgl. dazu Rz. 119, 120 ff.).

222 Auch bei **Land- und Forstwirten,** die ihre Umsätze nach Durchschnittssätzen des § 24 UStG versteuern, ist die Regelung des § 6a UStG ausgeschlossen. Die innergemeinschaftlichen Lieferungen dieser Land- und Forstwirte fallen unter die Durchschnittsbesteuerung, die innergemeinschaftlichen Lieferungen von Land- und Forstwirten i. S. des § 24 UStG sind folglich steuerpflichtig (§ 24 Abs. 1 Satz 2 UStG). Die Abgabe einer Umsatzsteuer-Voranmeldung für den Land- und Forstwirt ist zwar wegen der Durchschnittsbesteuerung nicht erforderlich,[2] der Land- und Forstwirt stellt aber im Gegensatz zum Kleinunternehmer für seine steuerpflichtige Lieferung Umsatzsteuer in Rechnung. Der Empfänger der Leistung kann sich diese in Rechnung gestellte Umsatzsteuer im Vergütungsverfahren als Vorsteuer zurückerstatten lassen, hat aber gleichwohl einen innergemeinschaftlichen Erwerb bewirkt. Daher hat der liefernde Land- und Forstwirt in der Rechnung trotz des Steuerausweises seine eigene und die USt-IdNr. des Empfängers anzugeben und eine Zusammenfassende Meldung abzugeben (§ 18a Abs. 1 Satz 1 UStG).

---

1 Abschnitt 6a.1 Abs. 3 UStAE.
2 OFD Erfurt v. 14. 1. 1997, DStR 1997 S. 498.

3. Gelangen des Gegenstands in das übrige Gemeinschaftsgebiet

a) Nachweis der Warenbewegung

Die Beförderung oder Versendung des Gegenstands der Lieferung in das übrige Gemeinschaftsgebiet erfordert, dass die Beförderung oder Versendung im Inland beginnt und im Gebiet eines anderen Mitgliedstaats endet, wobei es nicht darauf ankommt, wer den Gegenstand befördert oder versendet (§ 6a Abs. 1 Satz 1 Nr. 1 UStG). Es können auch Lieferungen an inländische Abnehmer steuerfrei sein, wenn der Gegenstand nachweislich in das übrige Gemeinschaftsgebiet gelangt ist.[1] Unschädlich ist, wenn der Gegenstand der Lieferung vor der Warenbewegung in das übrige Gemeinschaftsgebiet be- oder verarbeitet wird (§ 6a Abs. 1 Satz 2 UStG).

223

Die Voraussetzungen für die Steuerbefreiung sind vom leistenden Unternehmer nachzuweisen (§ 6a Abs. 3 Satz 1 UStG). Gerade der **Nachweis des Bestimmungsorts** ist zu führen, er ist zwingender Bestandteil der Besteuerung eines innergemeinschaftlichen Erwerbs im Rahmen des Bestimmungslandprinzips.[2] Die Begriffe des Ortes des Erhalts des Liefergegenstandes bzw. des Ortes des Endes der Beförderung des Liefergegenstandes im übrigen Gemeinschaftsgebiet in § 17a Abs. 2 Satz 1 Nr. 2 Buchst. c UStDV sind dahingehend zu verstehen, dass aus den Belegen der jeweilige EU-Mitgliedstaat, in den der gelieferte Gegenstand im Rahmen der innergemeinschaftlichen Lieferung gelangt ist, und der dort belegene Bestimmungsort des Liefergegenstandes (z. B. Stadt, Gemeinde) hervorgehen. Entspricht der Ort des Erhalts des Gegenstands im übrigen Gemeinschaftsgebiet nicht den Angaben des Abnehmers, ist dies nicht zu beanstanden, wenn es sich bei dem tatsächlichen Ort um einen Ort im übrigen Gemeinschaftsgebiet handelt. Zweifel über das Gelangen des Gegenstands in das übrige Gemeinschaftsgebiet gehen aber zu Lasten des Steuerpflichtigen.[3] Für die Lieferortbestimmung nach § 3 Abs. 6 UStG muss der Abnehmer bereits bei Beginn der Versendung feststehen. Eine Versendungslieferung kann dann auch vorliegen, wenn der Liefergegenstand nach dem Beginn der Versendung für kurze Zeit in einem Auslieferungslager gelagert wird.[4]

---

1 Abschnitt 6a.1 Abs. 11 UStAE.
2 Abschnitt 6a.3 Abs. 2 UStAE, vgl. BFH v. 15. 2. 2012 – XI R 42/10, BFH/NV 2012 S. 1188, BFH v. 7. 12. 2006 – V R 52/03, BStBl 2007 II S. 420.
3 Abschnitt 6a.3 Abs. 3 UStAE.
4 BFH v. 20. 10. 2016 – V R 31/15, BStBl 2017 II S. 1076.

HINWEIS:

Eine Steuerbefreiung für eine innergemeinschaftliche Lieferung kommt m. E. nur in Betracht, wenn der Erwerb eines Gegenstands vom Erwerber auch im Bestimmungsland und nicht etwa in einem weiteren Mitgliedstaat der EU versteuert wird. Denn nur so kann dem Grundgedanken des Zusammenspiels von innergemeinschaftlicher Lieferung und innergemeinschaftlichem Erwerb Rechnung getragen werden.[1]

---

224   Für den Nachweis des Gelangens des Gegenstands der Lieferung in das übrige Gemeinschaftsgebiet ist ein **Beleg- und Buchnachweis** zu führen (§ 6a Abs. 3 Satz 2 UStG i. V. m. §§ 17a bis 17c UStDV). Der Nachweis ist zwingend erforderlich und so zu führen, dass er eindeutig und leicht nachprüfbar ist. Dies ist dann der Fall, wenn sich aus den Unterlagen des Unternehmens die Warenbewegung in das übrige Gemeinschaftsgebiet und der Abnehmer zweifelsfrei ergeben. Leicht nachprüfbar ist ein Nachweis, wenn ein sachkundiger Dritter mit angemessenem Zeitaufwand die nachzuweisenden Merkmale in den Unterlagen erkennen und nachvollziehen kann. Unter einem solchen Nachweis, ist ein Nachweis durch Bücher oder Aufzeichnungen in Verbindung mit Belegen zu verstehen. Der Buchnachweis verlangt daher stets mehr als den bloßen Nachweis, entweder nur durch Aufzeichnungen oder nur durch Belege. Belege werden durch die entsprechenden und erforderlichen Hinweise bzw. Bezugnahmen in den stets notwendigen Aufzeichnungen Bestandteil der Buchführung und damit des Buchnachweises, so dass beide eine Einheit bilden.[2]

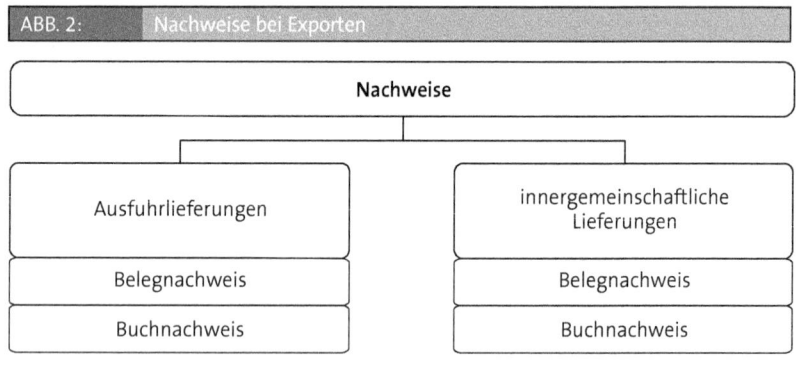

ABB. 2:   Nachweise bei Exporten

---

1 BFH v. 10. 8. 2016 – V R 45/15, BFH/NV 2016 S. 1860; Abschnitt 3.12 Abs. 3 UStAE; Abschnitt 1a.2 Abs. 6 UStAE.
2 Abschnitt 6a.2 Abs. 1 UStAE.

Die Nachweispflichten sind **formelle**, keine materiell-rechtlichen Vorausset-   225
zungen für die Steuerbefreiung. Sie sind als Mussvorschriften ausgestaltet,
d. h., dass in den Fällen, in denen der Unternehmer seinen Nachweispflichten
überhaupt nicht nachkommt, ist davon auszugehen, dass die Voraussetzungen einer innergemeinschaftlichen Lieferung nicht erfüllt sind. Fehlende Belege oder Nachweise können aber vom Unternehmer jederzeit nachgeholt und
beschafft werden, der erforderliche Belegnachweis kann bis zum Ende der
mündlichen Verhandlung vor dem Finanzgericht nachgeholt werden.[1] Zudem
kann in begründeten Ausnahmefällen der Nachweis in jeder denkbaren Form
und allen zulässigen Belegen und Beweismitteln erfolgen, da insbesondere
§ 17a Abs. 2 Satz 1 UStDV als beispielhafte Aufzählung gestaltet ist.[2]

Die Verpflichtung des Unternehmers, die Voraussetzungen der Steuerbefreiung nachzuweisen, verstößt nicht gegen Unionsrecht.[3] Die von der Verwaltung und Rechtsprechung in der Vergangenheit entwickelten überzogenen Anforderungen sind aufgrund der aktuellen Rechtsprechung des EuGH und des
BFH mittlerweile in einer Reihe von Punkten praxistauglich entschärft worden.
Kommt aber der Unternehmer seinen Nachweispflichten überhaupt nicht
nach, ist davon auszugehen, dass die Voraussetzungen einer innergemeinschaftlichen Lieferung nicht erfüllt sind.[4] Gleiches gilt, wenn sich ein Unternehmer wissentlich an einem strukturierten Verfahrensablauf beteiligt, der
darauf abzielt, die Besteuerung des innergemeinschaftlichen Erwerbs im Bestimmungsland durch Vortäuschen einer differenzbesteuerten Lieferung zu
verdecken.[5]

Nach europäischem Recht kommt die Steuerbefreiung für innergemeinschaft-   226
liche Lieferungen in Betracht, wenn das Recht, wie ein Eigentümer über den
Gegenstand zu verfügen, auf den Erwerber übertragen worden ist und der gelieferte Gegenstand den Liefermitgliedstaat physisch verlassen hat.[6] Weil entsprechende Grenzkontrollen fehlen, kann der Nachweis häufig nur durch Ei-
genbelege erbracht werden. Der EuGH stellte klar, dass es **Sache des Lieferanten** der Gegenstände sei, den Nachweis dafür zu erbringen, dass die Voraus-

---

1 Abschnitt 6a.3 Abs. 1 Satz 1 UStAE, EuGH, Urteil v. 27. 9. 2007 – Rs. C–146/05, Albert Colleé,
  DStR 2007 S. 1811.
2 EuGH, Urteil v. 27. 9. 2007 – Rs. C-409/04, Teleos, UR 2007 S. 774.
3 BFH v. 8. 11. 2007 – V R 26/05, BStBl 2009 II S. 49 und V R 71/05, BStBl 2009 II S. 52.
4 BFH v. 8. 11. 2007 – V R 72/05, BStBl 2009 II S. 55.
5 BFH v. 11. 8. 2011, V R 3/10 DStR 2011 S. 2047.
6 EuGH, Urteil v. 27. 9. 2007 – Rs. C-409/04, Teleos, UR 2007 S. 774.

setzungen für eine Steuerbefreiung erfüllt sind.[1] Der Unternehmer hat kein Recht, von seiner Finanzbehörde zu fordern, dass diese im Wege der Amtshilfe die Behörden des anderen Mitgliedstaates um Auskunft ersucht, ob die Gegenstände in dem anderen Mitgliedstaat angekommen sind oder dort als innergemeinschaftlicher Erwerb versteuert wurden. Der EuGH stellte aber auch fest, dass die MwStSystRL keine Vorschriften enthält, die sich unmittelbar mit der Frage befassen, welche Nachweise im Einzelnen zu erbringen sind. Vielmehr sei es Sache der Mitgliedstaaten, diese Bedingungen selbst festzulegen. Dabei sind aber von den Mitgliedstaaten die Grundsätze der Rechtssicherheit, der Verhältnismäßigkeit und der steuerlichen Neutralität zu beachten.

227 Der Grundsatz der **Rechtssicherheit** verbietet es, dass ein Mitgliedstaat einen Lieferanten im Nachhinein wegen eines vom Erwerber begangenen Betrugs mit Mehrwertsteuer belastet, nachdem er zunächst die vom Lieferanten als Nachweise für das Recht auf Steuerbefreiung vorgelegten Unterlagen akzeptiert hat. Nach dem Grundsatz der **Verhältnismäßigkeit** müssen sich die Mitgliedstaaten solcher Mittel bedienen, die es zwar erlauben, das verfolgte Ziel zu erreichen, die jedoch die Ziele der Regelungen nicht beeinträchtigen. Die einzelnen Maßnahmen dürfen also nicht über das hinausgehen, was zur Erreichung dieser Ziele erforderlich ist. Der Grundsatz der **Neutralität** schließlich verbietet es, gleichartige Leistungen unterschiedlich zu behandeln. Hat der Lieferer alle ihm zur Verfügung stehenden zumutbaren Maßnahmen ergriffen, um sicher zu stellen, dass die von ihm vorgenommene innergemeinschaftliche Lieferung wirksam wird, darf er für diese Lieferung später nicht mit Mehrwertsteuer belastet werden, wenn sich die Beweise als falsch herausstellen, jedoch nicht erwiesen ist, dass er an der Steuerhinterziehung des Erwerbers beteiligt war.[2] Die Behörden dürfen das Risiko eines betrügerischen Erwerbers nicht auf einen gutgläubigen Lieferanten übertragen. Damit bestätigt der EuGH de facto den Regelungsgehalt des § 6a Abs. 4 UStG, der einen Gutglaubensschutz für den Lieferanten formuliert.

HINWEIS:

Auch wenn fehlende Belege oder Nachweise vom Unternehmer jederzeit nachgeholt werden können,[3] ist in der Praxis eine frühzeitige Beweisvorsorge angeraten, denn eine spätere Beschaffung von Beweismitteln ist nicht ganz risikolos, da regelmäßig der ausländische Abnehmer in diese Beschaffung eingebunden werden muss. In Betrugsfällen dürfte dieser nachträgliche Nachweis in aller Regel unmöglich sein.

---

1 EuGH, Urteil v. 27. 9. 2007 – Rs. C-184/05, Twoh, UR 2007 S. 782, Abschnitt 6a.2 Abs. 3 UStAE.
2 EuGH, Urteil v. 27. 9. 2007 – Rs. C-409/04, Teleos, UR 2007 S. 774.
3 EuGH, Urteil v. 27. 9. 2007 – Rs. C-146/05 Albert Colleé, DStR 2007 S. 1811, Abschnitt 6a.3 Abs. 1 Satz 1 UStAE.

Bei der sog. **gebrochenen Beförderung oder Versendung** eines Gegenstands durch mehrere Beteiligte ist für die Annahme der Steuerbefreiung einer innergemeinschaftlichen Lieferung unschädlich, wenn der Abnehmer zu Beginn des Transports feststeht und der Transport ohne nennenswerte Unterbrechung erfolgt. Der liefernde Unternehmer muss nachweisen, dass ein zeitlicher und sachlicher Zusammenhang zwischen der Lieferung des Gegenstands und seiner Beförderung oder Versendung sowie ein kontinuierlicher Ablauf dieses Vorgangs gegeben sind.[1] Die Erklärung eines innergemeinschaftlichen Erwerbs durch einen Abnehmer in der Mehrwertsteuererklärung seines Landes ist allenfalls Indiz, nicht aber Nachweis dafür, dass ein Gegenstand das Inland physisch verlassen hat.

b) Der Belegnachweis

aa) Allgemeines zum Belegnachweis

Das Gelangen des Liefergegenstandes in das übrige Gemeinschaftsgebiet muss sich aus den Belegen **eindeutig und leicht nachprüfbar** ergeben (§ 17a Abs. 1 Satz 2 UStDV). Als eindeutig und leicht nachprüfbar gilt dabei insbesondere die sog. **Gelangensbestätigung** (§ 17a Abs. 2 Satz 1 Nr. 2 UStDV). Der Unternehmer muss aber den Belegnachweis nicht zwingend mit einer Gelangensbestätigung führen, die Gelangensbestätigung ist nur eine mögliche Form des Belegnachweises, mit dem das Gelangen des Gegenstands in das übrige Gemeinschaftsgebiet nachgewiesen werden kann.[2] Eine ordnungsgemäße Gelangensbestätigung ist von der Finanzverwaltung stets als Nachweis anzuerkennen, selbst wenn sich später herausstellt, dass dieser Nachweis vom Abnehmer fehlerhaft erstellt wurde.[3] Macht der Unternehmer von dieser Vereinfachung keinen Gebrauch oder ist die Gelangensbestätigung nicht ordnungsgemäß ausgefüllt, sind auch andere Nachweise möglich, da § 17a Abs. 1 Satz 1 UStDV nur eine beispielhafte Aufzählung enthält (*„insbesondere"*). So enthält bereits § 17a UStDV weitere Nachweismöglichkeiten (§ 17a Abs. 3 UStDV), darüber hinaus kann der Unternehmer nach der Rechtsprechung den entsprechenden Nachweis mit allen anderen zulässigen Belegen und Beweismitteln erbringen.[4]

228

---

1 Abschnitt 6a.1 Abs. 8 UStAE.
2 Abschnitt 6a.2 Abs. 6 UStAE.
3 Abschnitt 6a.2 Abs. 8 UStAE.
4 EuGH, Urteil v. 27. 9. 2007 – Rs. C-409/04, Teleos, UR 2007 S. 774, BFH v. 6.12 2007 – V R 59/03, BStBl 2009 II S. 57, Abschnitt 6a.2 Abs. 6 UStAE.

De facto ist daher ein Belegnachweis alternativ wie folgt zu führen:

▶ durch eine Gelangensbestätigung (in allen Fällen der Beförderung oder Versendung möglich)

▶ durch eine Spediteurbescheinigung (naturgemäß nur in den Fällen der Versendung möglich)

▶ durch Anwendung einer Generalklausel letztlich auf jede andere zulässige Art und Weise, die eine Ankunft des gelieferten Gegenstandes im Bestimmungsland belegen kann.

Dem Unternehmer steht frei, den Belegnachweis mit allen geeigneten Belegen und Beweismitteln zu führen, aus denen sich das Gelangen des Liefergegenstandes in das übrige Gemeinschaftsgebiet an den umsatzsteuerrechtlichen Abnehmer in der Gesamtschau nachvollziehbar und glaubhaft ergibt.[1]

HINWEIS:

Die Gelangensbestätigung nach § 17a Abs. 2 Satz 1 Nr. 2 UStDV hat damit längst nicht die Bedeutung, die ihr der Verordnungsgeber ursprünglich zuweisen wollte, da weitere Vereinfachungen zum einen gesetzlich geregelt (§ 17a Abs. 3 UStDV) und zum anderen nach der Generalklausel (§ 17a Abs. 2 Satz 1 UStDV) alle denkbaren Nachweise zugelassen sind.

Die gesetzlichen Erleichterungen der Nachweisregelungen in § 17a Abs. 3 Nr. 1 und Nr. 2 UStDV greifen dabei jedoch nur in Versendungsfällen, nicht aber in den Fällen der Beförderung durch den Unternehmer oder Abnehmer. In den Fällen, in denen der Unternehmer selbst den Gegenstand zum Abnehmer befördert oder der Abnehmer den Gegenstand beim Lieferer abholt, fordert der Verordnungsgeber zwingend eine Gelangensbestätigung. Zwar können sowohl die in § 17a Abs. 2 UStDV geforderte Gelangensbestätigung als auch die in § 17a Abs. 3 UStDV geforderten Belege nach der Generalklausel in § 17a Abs. 2 Satz 1 UStDV durch andere Beweismittel ersetzt werden. Gerade aber in den sog. Abholfällen ist es in der Praxis sehr schwierig, andere Nachweise nachträglich zu erbringen, in Missbrauchsfällen geradezu unmöglich.[2] Der EuGH entschied zwar, dass der Nachweis, dass der Gegenstand in das übrige Gemeinschaftsgebiet gelangt ist, jederzeit auch nachträglich erbracht werden kann, dabei ist aber zwangsläufig eine spätere Zusammenarbeit mit dem Abnehmer erforderlich.

Liegen dem liefernden Unternehmer Belege der in § 17a Abs. 2 oder 3 UStDV genannten Art nicht vor und kann der Unternehmer den Nachweis der Steuerbefreiung auch nicht mit anderen Belegen oder Beweismitteln führen (§ 17a Abs. 2 Satz 1 UStDV), ist die Lieferung ausnahmsweise gleichwohl steuerfrei, wenn objektiv zweifelsfrei feststeht, dass der Gegenstand in das übrige Gemeinschaftsgebiet gelangt ist.[3] Ein Nachweis muss daher nicht geführt werden, wenn eine Finanzbehörde aus dem übrigen Gemeinschafts-

---

1 Abschnitt 6a.2 Abs. 6 Satz 7 UStAE.
2 EuGH, Urteil v. 27. 9. 2007 – C-146/05, Albert Colleé, DStR 2007 S. 1811.
3 BFH v. 6. 12. 2007 – V R 59/03, BStBl 2009 II S. 57; Abschnitt 6a.2 Abs. 3 Satz 5 UStAE.

gebiet das Gelangen des Gegenstandes bestätigt und nur Zweifel an seiner weiteren zutreffenden steuerlichen Behandlung bestehen.[1]

So ist auch die Lieferung *verbrauchsteuerpflichtiger* Waren steuerfrei, wenn der Lieferer alle ihm zumutbaren Maßnahmen ergriffen hat, die belegen können, dass der Erwerber ein Steuerpflichtiger ist, der bei dem betreffenden Vorgang als solcher gehandelt hat.[2]

Erweisen sich die vom Unternehmer aufgezeichneten Nachweisangaben als unzutreffend oder bestehen zumindest berechtigte Zweifel an der inhaltlichen Richtigkeit seiner Angaben, die der Unternehmer nicht nach allgemeinen Beweisregeln ausräumen kann, ist die Lieferung steuerpflichtig.

Eine Steuerbefreiung kommt unabhängig davon auf keinen Fall in Betracht, wenn die unrichtige Nachweisführung dazu dient, die Identität des Abnehmers der innergemeinschaftlichen Lieferung zu verschleiern, um diesem im Bestimmungsmitgliedstaat eine Mehrwertsteuerhinterziehung zu ermöglichen.[3]

Entscheidend ist in der Praxis nicht die Verwendung eines bestimmten Vordrucks oder bestimmter Formulare. Die Aufzeichnung des Namens und der Anschrift des Ausstellers eines Nachweisbelegs und ein Bezug zu einer konkreten Lieferung sind jedoch Mindestanforderungen an die Nachweisfunktion eines Belegs. So kommt einem Beleg, der weder selbst noch durch Verbindung mit anderen Unterlagen den Namen und die Anschrift des Ausstellers und des Bestimmungsorts erkennen lässt und der darüber hinaus keinen Zusammenhang zu der Lieferung, auf die er sich beziehen soll, aufweist, kein Beweiswert zu, zumal die Belegangaben dann nicht leicht und eindeutig nachprüfbar sind.[4]   229

Hinsichtlich des Belegnachweises sollte man in der Praxis unterscheiden, ob der Gegenstand durch Einschaltung eines selbständigen Frachtführers versendet wird oder ob der Unternehmer oder der Abnehmer den Liefergegenstand selbst in das übrige Gemeinschaftsgebiet befördert: 230

► Beförderungsfälle, in denen der Unternehmer selbst den Transport des Gegenstandes vornimmt,

► Versendungsfälle, in denen der Gegenstand der Lieferung durch einen vom Unternehmer oder durch einen vom Abnehmer beauftragten selbständigen Dritten transportiert wird, und

► Beförderungsfälle, in denen der Abnehmer selbst den Transport des Gegenstandes durchführt (sog. Abholfälle).

---

1 Abschnitt 6a.2 Abs. 4 UStAE.
2 BFH v. 21. 1. 2015 – XI R 5/13, BStBl 2015 II S. 724.
3 EuGH, Urteil v. 7. 12. 2010 – Rs. C-285/09, BStBl 2011 II S. 846, BFH v. 17. 2. 2011 – V R 30/10, BStBl 2011 II S. 769, BFH v. 14. 12. 2011 – XI R 33/10, BFH/NV 2012 S. 1009, BVerfG, Beschluss v. 16. 6. 2011 – 2 BvR 542/09, DStRE 2012 S. 379, Abschnitt 6a.2 Abs. 3 UStAE.
4 BFH v. 12. 5. 2009 – V R 65/06, BStBl 2010 II S. 511.

231 Darüber hinaus hat der Unternehmer ein **Doppel der Rechnung** aufzubewahren (§ 17a Abs. 2 Satz 1 Nr. 2 UStDV). Eine Vielzahl der erforderlichen Angaben können in der Praxis regelmäßig durch die Gestaltung der Rechnung sowie eines Lieferscheins erbracht werden.

> **HINWEIS:**
>
> Der in § 14 Abs. 4 Satz 1 Nr. 8 UStG geforderte Hinweis auf eine Steuerbefreiung in der Rechnung ist für die Inanspruchnahme der Steuerbefreiung nicht zwingend im Wortlaut erforderlich. Es reicht aus, wenn sich dieser Hinweis eindeutig und zweifelsfrei aus der Zusammenschau der Rechnung mit ihr beigefügten Anlagen oder Unterlagen ergibt.[1] Wenn die Voraussetzungen des § 6a UStG vorliegen und die Nachweise der Steuerbefreiung ansonsten erbracht werden, steht eine fehlerhafte Rechnung als einziger Mangel der Inanspruchnahme der Steuerbefreiung nicht entgegen.[2]
>
> Mit einer Rechnung, die nicht auf die Steuerbefreiung hinweist, und einer nicht gegenüber dem liefernden Unternehmer abgegebenen Verbringenserklärung, die den Unternehmer auch nicht namentlich bezeichnet, kann der Belegnachweise nach § 17a UStDV allerdings nicht geführt werden, da der Gesamtzusammenhang der Unterlagen nicht ohne Weiteres hergestellt werden kann.[3]

bb) Gelangensbestätigung als Möglichkeit des Belegnachweises beim Befördern oder Versenden

232 Als eindeutig und leicht nachprüfbar gilt folgende Nachweisführung für das Gelangen des Gegenstandes in das übrige Gemeinschaftsgebiet (§ 17a Abs. 2 Satz 1 UStDV):[4]

► durch das Doppel der Rechnung (§ 17a Abs. 2 Satz 1 Nr. 1 UStDV) und

► durch eine Bestätigung des Abnehmers, dass der Gegenstand der Lieferung in das übrige Gemeinschaftsgebiet gelangt ist (§ 17a Abs. 2 Satz 1 Nr. 2 UStDV).

Die Gelangensbestätigung muss in Verbindung mit dem Doppel der Rechnung einen **Zusammenhang zu der Lieferung**, auf die sich die Bestätigung bezieht, erkennen lassen.

Das Gelangen in den Bestimmungsmitgliedstaat ist neben dem erforderlichen Doppel der Rechnung (§ 17a Abs. 2 Satz 1 Nr. 1 UStDV) regelmäßig durch eine entsprechende Bestätigung des Abnehmers über das Gelangen des Liefer-

---

1 BFH v. 26. 11. 2014 – XI R 37/12, BFH/NV 2015 S. 358.
2 BFH v. 15. 2. 2012 – XI R 24/09, BStBl 2013 II S. 712, BFH v. 30. 3. 2006 – V R 47/03, BStBl 2006 II S. 634 und BFH v. 1. 2. 2007 – V R 41/04, NWB DokID: CAAAC-42139.
3 BFH v. 14. 11. 2012 – XI R 8/11, BFH/NV 2013 S. 596, BFH v. 12. 5. 2011 – V R 46/10, BStBl 2011 II S. 957.
4 Abschnitt 6a.4 Abs. 1 UStAE.

gegenstands in das übrige Gemeinschaftsgebiet (Gelangensbestätigung)[1] nachzuweisen (§ 17a Abs. 2 Satz 1 Nr. 2 UStDV). Dabei ist es unbeachtlich, wer den Liefergegenstand tatsächlich befördert. Diese Nachweisführung gilt als eindeutig und leicht nachprüfbar im Sinne des Gesetzes, unabhängig davon, ob der Unternehmer oder der Abnehmer den Liefergegenstand über einen selbständigen Dritte versenden lassen oder ob der Unternehmer oder der Abnehmer den Gegenstand der Lieferung jeweils selbst befördern. Weitere Nachweise sind dann regelmäßig nicht erforderlich.

Die Gelangensbestätigung i. S. des § 17a Abs. 2 Nr. 2 UStDV ist so ausgestaltet, dass sie nur die für das Gelangen des Liefergegenstands in das übrige Gemeinschaftsgebiet erforderlichen Anforderungen enthält: 233

► Name und Anschrift des Abnehmers

► handelsübliche Bezeichnung und Menge des Liefergegenstandes

► im Fall der Beförderung/Versendung durch den Unternehmer oder der Versendung durch den Abnehmer der Ort und der Monat des Erhalts des gelieferten Gegenstandes im übrigen Gemeinschaftsgebiet, bzw. im Fall der Beförderung des Gegenstandes durch den Abnehmer der Ort und der Monat der Beendigung der Beförderung des Gegenstandes im übrigen Gemeinschaftsgebiet

► Ausstellungsdatum der Bestätigung

► Unterschrift des Abnehmers oder eines von ihm zur Abnahme Beauftragten.

Die Gelangensbestätigung muss u. a. die Unterschrift des Abnehmers enthalten. Auch ein vom Abnehmer zur Abnahme des Liefergegenstandes Beauftragter kann die Gelangensbestätigung **unterzeichnen**. Dies kann z. B. ein selbständiger Lagerhalter sein, der für den Abnehmer den Liefergegenstand entgegen nimmt, ein anderer Unternehmer, der mit der Warenannahme beauftragt wurde, oder in einem Reihengeschäft der tatsächliche (letzte) Abnehmer. Die Unterschrift des Abnehmers kann auch von einem Arbeitnehmer des Abnehmers geleistet werden. Sofern an der Vertretungsberechtigung für das Leisten der Unterschrift des Abnehmers im konkreten Einzelfall Zweifel bestehen, ist der Nachweis der Vertretungsberechtigung zu führen. Ein mit dem Warentransport beauftragter selbständiger Dritter kann für Zwecke der Gelangensbestätigung nicht zur Abnahme der Ware beauftragt sein.[2]   234

---

1 Englisch: entry certificate, französisch: attestation de réception, vgl. Huschens in UVR 2013 S. 44.

2 Abschnitt 6a.4 Abs. 2 UStAE.

235 Bei einer **elektronischen Übermittlung** der Gelangensbestätigung ist eine Unterschrift nicht erforderlich, sofern erkennbar ist, dass die elektronische Übermittlung im Verfügungsbereich des Abnehmers oder des Beauftragten begonnen hat (§ 17a Abs. 2 Satz 1 Nr. 2 Buchst. e Satz 2 UStDV). Dies bedeutet z. B. für den Fall der Übermittlung einer Gelangensbestätigung per E-Mail, dass ihr entnommen werden kann, dass sie aus dem Verfügungsbereich des Abnehmers oder dessen Beauftragten heraus abgesendet wurde. Von der Erkennbarkeit des Beginns der elektronischen Übermittlung im Verfügungsbereich des Abnehmers ist insbesondere auszugehen, wenn bei der elektronischen Übermittlung der Gelangensbestätigung keine begründeten Zweifel daran bestehen, dass die Angaben dem Abnehmer zugerechnet werden können (z. B. Absenderangabe und Datum der Erstellung der E-Mail in dem sog. Header-Abschnitt der Mail, Nutzung einer im Zusammenhang mit dem Abschluss oder der Durchführung des Liefervertrages bekannt gewordenen E-Mail-Adresse). Eine bei der Übermittlung der Gelangensbestätigung verwendete E-Mail-Adresse muss dem liefernden Unternehmer nicht bereits vorher bekannt gewesen sein. Für die Erkennbarkeit des Übermittlungsbeginns im Verfügungsbereich des Abnehmers ist es unschädlich, wenn die E-Mail-Adresse eine Domain enthält, die nicht auf den Ansässigkeitsmitgliedstaat des Abnehmers oder auf den Bestimmungsmitgliedstaat der Lieferung hinweist.[1]

> **HINWEIS:**
>
> In den genannten Fällen kann die Nachweisführung nach Auffassung des Nationalen Normenkontrollrats letztlich nur gelingen, indem der Versender vom Empfänger eine zusätzliche Bestätigung einholt oder den unterschriebenen Durchschlag – falls vorhanden – vom Empfänger einfordert. Erfolgt die Übermittlung einer Gelangensbestätigung per E-Mail muss entnommen werden können, dass sie aus dem Verfügungsbereich des Abnehmers oder dessen Beauftragten heraus abgesendet wurde.
>
> Die Gelangensbestätigung kann auf elektronischem Weg, z. B. der E-Mail, ggf. mit PDF- oder Textanhang, per Computer-Telefax oder Fax-Server, per Web-Download oder im Wege des elektronischen Datenaustauschs (EDI) übermittelt werden. Eine wirksame Übermittlung ist auch dann möglich, wenn der Ort der elektronischen Übermittlung nicht mit dem Bestimmungsort des Liefergegenstands übereinstimmt. Eine auf elektronischem Weg erhaltene Gelangensbestätigung kann nach Auffassung der Finanzverwaltung für umsatzsteuerliche Zwecke auch in ausgedruckter Form aufbewahrt werden.[2] Wird die Gelangensbestätigung per Mail übersandt, sollte m. E. ungeachtet dessen auch die Mail archiviert werden, um den Nachweis der Herkunft des Dokuments später vollständig führen zu können.

---

1 Abschnitt 6a.4 Abs. 3 UStAE.
2 Abschnitt 6a.4 Abs. 6 UStAE.

Die Gelangensbestätigung kann aber auch als **Sammelbestätigung** ausgestellt werden (§ 17a Abs. 2 Satz 2 UStDV). In der Sammelbestätigung können Umsätze aus bis zu einem Quartal zusammengefasst werden, es ist nicht erforderlich, die Gelangensbestätigung für jeden einzelnen Liefergegenstand auszustellen. Die Sammelbestätigung nach einem Quartal ist auch bei der Pflicht zur monatlichen Übermittlung von USt-Voranmeldungen zulässig.[1]   236

Die Gelangensbestätigung kann in jeder die erforderlichen Angaben enthaltenden Form erbracht werden. Sie kann auch aus **mehreren Dokumenten** bestehen, aus denen sich die geforderten Angaben insgesamt ergeben. Die Bestätigung muss sich also nicht zwingend aus einem einzigen Beleg ergeben. Sie kann z. B. auch aus einer Kombination des Lieferscheins mit einer entsprechenden Bestätigung über den Erhalt des Liefergegenstands bestehen. Die Gelangensbestätigung kann auch aus einer Kopie der Rechnung über die innergemeinschaftliche Lieferung, ergänzt um die weiteren erforderlichen Angaben, bestehen. In den Fällen der Versendung des Liefergegenstands durch den Unternehmer oder durch den Abnehmer können die Angaben der Gelangensbestätigung auch auf einem Versendungsbeleg enthalten sein.[2]   237

> **HINWEIS:**
>
> Eine Gelangensbestätigung, die dem Muster des Umsatzsteuer-Anwendungserlasses entspricht (Anlagen 1 – 3 UStAE, in diesem Kapitel Abbildungen 6 – 8), ist stets als Beleg i. S. des § 17a Abs. 2 Satz 1 Nr. 2 UStDV anzuerkennen.[3] Die Gelangensbestätigung kann auch in englischer oder französischer Sprache abgefasst werden. Nachweise in anderer Sprache bedürfen einer amtlich beglaubigten Übersetzung. Das Muster der Finanzverwaltung ist kein amtlich vorgeschriebener Vordruck, sondern soll lediglich verdeutlichen, welche Angaben für eine Gelangensbestätigung erforderlich sind. Sinnvoll wäre eine mehrsprachige Gelangensbestätigung, eine Kombination aus Deutsch, Englisch und Sprache des Abnehmers.

Bei Fahrzeugen im Sinne des § 1b UStG muss die Bestätigung zudem die Fahrzeug-Identifikationsnummer enthalten.[4] Mit einer Bescheinigung des Kraftfahrt-Bundesamts, wonach ein vorgeblich innergemeinschaftlich geliefertes Fahrzeug nicht in Deutschland für den Straßenverkehr zugelassen ist, kann der Nachweis, dass ein Fahrzeug in das übrige Gemeinschaftsgebiet befördert worden ist, allein nicht geführt werden.[5]   238

---

1 Abschnitt 6a.4 Abs. 4 UStAE.
2 Abschnitt 6a.4 Abs. 5 UStAE.
3 Abschnitt 6a.4 Abs. 5 Satz 6 UStAE.
4 Abschnitt 6a.3 Abs. 1 Satz 3 UStAE.
5 Abschnitt 6a.3 Abs. 2 UStAE.

cc) Möglichkeit des Nachweises durch andere Belege in Versendungsfällen

239 Allgemeines

In § 17a Abs. 3 UStDV sind die Belege aufgeführt, mit denen der Unternehmer anstelle der Gelangensbestätigung den Nachweis der Steuerbefreiung einer innergemeinschaftlichen Lieferung ebenfalls führen kann. Der Nachweis sollte danach regelmäßig geführt werden durch einen Versendungsbeleg, insbesondere durch einen handelsüblichen Frachtbrief, durch ein Konnossement oder durch Doppelstücke des Frachtbriefs oder des Konnossements. Führt der Unternehmer den Nachweis über die hier genannten Belege, gelten diese für die Finanzverwaltung als eindeutig und leicht nachprüfbare Nachweise.[1]

240 Versendungsbeleg

In den Fällen der Versendung durch einen selbständigen Dritten (unabhängig davon, ob der Versendungsauftrag durch den Unternehmer oder den Abnehmer erteilt wurde) kann der Nachweis, dass der Gegenstand in das übrige Gemeinschaftsgebiet gelangt ist, auch durch einen Versendungsbeleg erbracht werden, insbesondere durch handelsrechtlichen Frachtbrief, der vom Auftraggeber des Frachtführers unterzeichnet ist und der eine Unterschrift des Empfängers als Bestätigung des Erhalts des Gegenstandes der Lieferung enthält (§ 17a Abs. 3 Satz 1 Nr. 1 Buchst. a UStDV). Entsprechendes gilt für ein Konnossement oder Doppelstücke des Frachtbriefs oder Konnossements.[2]

> **HINWEIS:**
>
> Die Unterschrift eines zur Besorgung des Warentransports eingeschalteten Dritten ist nicht erforderlich. Ist der Versendungsbeleg ein Frachtbrief (z. B. CMR-Frachtbrief),[3] muss dieser vom Absender als Auftraggeber des Frachtführers, also dem Versender des Liefergegenstandes, unterzeichnet sein.[4] Der Auftraggeber kann hierbei von einem Dritten vertreten werden (z. B. Lagerhalter). Beim internationalen Eisenbahnfrachtbrief (CIM-Frachtbrief) wird die Unterschrift regelmäßig durch einen Stempelaufdruck oder einen maschinellen Bestätigungsvermerk ersetzt. Hinsichtlich der Unterschrift des Abnehmers gelten die Regelungen der Gelangensbestätigung entsprechend. Bei Frachtbriefen in Form des Seawaybill oder Airwaybill kann von einer Unterschrift des Auftraggebers des Frachtführers abgesehen werden.
>
> Auf die eigenhändige Unterschrift des mit der Beförderung beauftragten Frachtführers kann verzichtet werden, wenn die zuständige Landesfinanzbehörde die Verwendung ei-

---

1 Abschnitt 6a.2 Abs. 8 UStAE, Abschnitt 6a.5 Abs. 1 UStAE.

2 Abschnitt 6a.5 Abs. 1 UStAE.

3 Frachtbrief nach Maßgabe des Übereinkommens vom 19. 5. 1956 über den Beförderungsvertrag im internationalen Straßengüterverkehr (CMR), BGBl 1961 II S. 1120.

4 BFH v. 14. 12. 2011 – XI R 18/10, BFH/NV 2012 S. 1006, BFH v. 17. 2. 2011 – V R 28/10, BFH/NV 2011 S. 1448, BFH v. 22. 7. 2015 – V R 38/14, BFH/NV 2015 S. 1543, Abschnitt 6a.5 Abs. 2 UStAE.

nes Unterschriftstempels oder einen Auftrag des Namens der verantwortlichen Person genehmigt hat.[1]

Spediteurbescheinigung · 241

Der Belegnachweis kann auch mit einem anderen handelsüblichen Beleg geführt werden (§ 17a Abs. 3 Satz 1 Nr. 1 Buchst. b UStG). Als anderer handelsüblicher Beleg gilt insbesondere eine Bescheinigung des beauftragten Spediteurs.[2] Diese Bescheinigung muss die in der Verordnung näher aufgeführten Angaben enthalten. Sie entsprechen inhaltlich den Angaben, die für die Anerkennung einer Spediteurbescheinigung bei Ausfuhrlieferungen erforderlich sind:

▶ Name und Anschrift des mit der Beförderung beauftragten Unternehmers

▶ das Ausstellungsdatum

▶ Name und Anschrift des liefernden Unternehmers sowie des Auftraggebers der Versendung

▶ Menge des Gegenstandes der Lieferung und die handelsübliche Bezeichnung

▶ Empfänger des Gegenstandes der Lieferung und den Bestimmungsort im übrigen Gemeinschaftsgebiet

▶ den Monat des Endes der Beförderung des Gegenstandes der Lieferung im übrigen Gemeinschaftsgebiet

▶ eine Versicherung des mit der Beförderung beauftragten Unternehmers, dass die Angaben in dem Beleg aufgrund von Geschäftsunterlagen gemacht wurden, die im Gemeinschaftsgebiet nachprüfbar sind

▶ Unterschrift des mit der Beförderung beauftragten Unternehmers.

HINWEIS:

Der Umsatzsteuer-Anwendungserlass enthält ein Muster einer Spediteurbescheinigung (Anlage 4 UStAE, in diesem Kapitel Abbildung 9). Eine diesem Muster entsprechende, vollständig und richtig ausgefüllte Spediteurbescheinigung ist als Beleg im Sinne des § 17a Abs. 3 Satz 1 Nr. 1 Buchst. b UStDV anzusehen. Im Falle der elektronischen Übermittlung dieses Belegs ist eine Unterschrift des mit der Beförderung beauftragten Unternehmers nicht erforderlich, wenn die elektronische Übermittlung des Belegs erkennbar im Verfügungsbereich des Belegausstellers begonnen hat (§ 17a Abs. 3 Satz 2 UStDV).[3]

---

1 OFD Niedersachen v. 2. 12. 2013, UR 2013 S. 499.
2 Abschnitt 6a.5 Abs. 3 UStAE.
3 Abschnitt 6a.5 Abs. 4 UStAE.

242 Versendungsprotokoll

Wird ein **Kurierdienstleister** mit der Beförderung eines Gegenstandes beauftragt, kann der Unternehmer den Belegnachweis mit der schriftlichen oder elektronischen Auftragserteilung und dem vom mit der Beförderung Beauftragten erstellten **Protokoll** führen, das den Warentransport lückenlos bis zur Ablieferung beim Empfänger nachweist (§ 17a Abs. 3 Satz 1 Nr. 1 Buchst. c UStDV). Die Finanzverwaltung lässt aus Vereinfachungsgründen bei Versendung von Gegenständen, deren Wert insgesamt 500 € nicht übersteigt, den Nachweis der innergemeinschaftlichen Lieferung auch durch eine schriftliche oder elektronische Auftragserteilung und Nachweis der Entrichtung des Entgelts für die Lieferung der Gegenstände zu.[1]

HINWEIS:

Die Auftragserteilung muss im Wesentlichen die in der UStDV geforderten Angaben enthalten. Eine schriftliche oder elektronische Auftragserteilung kann auch darin bestehen, dass der liefernde Unternehmer mit dem mit der Beförderung beauftragten Unternehmer eine schriftliche Rahmenvereinbarung über periodisch zu erbringende Warentransporte abgeschlossen hat. Entsprechendes gilt für Einlieferungslisten oder Versandquittungen. Aus dem von dem mit der Beförderung beauftragten Unternehmer erstellten Protokoll, das den Warentransport nachvollziehbar bis zur Ablieferung beim Empfänger nachweist (sog. tracking-and-tracing-Protokoll), muss sich der Monat und der Ort des Endes der Beförderung im übrigen Gemeinschaftsgebiet ergeben. Auf eine Bestätigung des Empfängers, die Ware erhalten zu haben, verzichtet die Finanzverwaltung in diesen Fällen.[2]

---

243 Empfangsbescheinigung eines Postdienstleisters

Ist bei **Postsendungen** eine Beweisführung auf diese Weise nicht möglich (insbesondere wegen des fehlenden Protokolls über den Warentransport), genügen als Belegnachweis die **Empfangsbescheinigung** des Postdienstleisters über die Entgegennahme der Postsendung an den Abnehmer und der Nachweis über die Bezahlung der Lieferung (§ 17a Abs. 3 Satz 1 Nr. 1 Buchst. d UStDV).[3] Die Empfangsbescheinigung muss im Wesentlichen die in der UStDV geforderten Angaben enthalten. Die Angaben in der Empfangsbescheinigung über den Empfänger und die gelieferten Gegenstände können durch einen entsprechenden Verweis auf die Rechnung, einen Lieferschein oder entsprechende andere Dokumente über die Lieferung ersetzt werden. Als Bezahlung des Liefergegen-

---

1 Abschnitt 6a.5 Abs. 5 UStAE.
2 Abschnitt 6a.5 Abs. 6 UStAE.
3 Abschnitt 6a.5 Abs. 7 UStAE.

stands gilt bei verbundenen Unternehmen auch die Verrechnung über ein internes Abrechnungssystem.[1]

> **HINWEIS:**
>
> Schwierigkeiten bereiten in der Praxis verständlicherweise gerade einfache Postsendungen sowie die Versendung von Druck-Erzeugnissen (Zeitungen, Zeitschriften u. a.). Hier wird der Unternehmer durch geeignete Maßnahmen dafür Sorge tragen müssen, die Lieferung in das übrige Gemeinschaftsgebiet schlüssig darzulegen, z. B. durch ein Postausgangsbuch oder die Aufbewahrung von Einlieferungsscheinen und Paketabschnitten. Zulässig sind sicherlich auch Auslieferungslisten oder Versandkarteien im Zusammenhang mit Rechnungsdurchschriften sowie Fortsetzungskarteien. Dabei muss allerdings ein enger Zusammenhang zwischen diesen Versendungsunterlagen und der Finanzbuchhaltung bestehen.

Versendung durch den Abnehmer   244

Als weitere Belegnachweismöglichkeit für den Fall der Versendung des Liefergegenstandes durch den Abnehmer sieht § 17a Abs. 3 Satz 1 Nr. 2 UStDV vor, dass der Unternehmer den Nachweis auch mit einem Nachweis über die Bezahlung des Liefergegenstandes von einem Bankkonto des Abnehmers zusammen mit einer Bescheinigung des beauftragten Spediteurs führen kann.[2] Diese **Spediteurbescheinigung** muss folgende Angaben enthalten:

► Name und Anschrift des mit der Beförderung beauftragten Unternehmers

► das Ausstellungsdatum

► Name und Anschrift des liefernden Unternehmers sowie des Auftraggebers der Versendung

► Menge des Gegenstandes der Lieferung und die handelsübliche Bezeichnung

► Empfänger des Gegenstandes der Lieferung und den Bestimmungsort im übrigen Gemeinschaftsgebiet

► Unterschrift des mit der Beförderung beauftragten Unternehmers.

Zusätzlich wird eine **Versicherung** des mit der Beförderung beauftragten Unternehmers gefordert, dass er den Gegenstand der Lieferung an den Bestimmungsort im übrigen Gemeinschaftsgebiet befördern wird (§ 17a Abs. 3 Satz 1 Nr. 2 Buchst. e UStDV).

Auch bei diesen Belegen können wie bei der Gelangensbestätigung die Umsätze aus bis zu einem Quartal zusammengefasst werden (§ 17a Abs. 3 Satz 3 i. V. m. § 17a Abs. 2 Satz 2 UStDV). Außerdem kann auch dieser Beleg jeweils

---

1 Abschnitt 6a.5 Abs. 8 UStAE.
2 Abschnitt 6a.5 Abs. 9 UStAE.

aus mehreren Dokumente bestehen, aus denen sich die geforderten Angaben insgesamt ergeben.

> **HINWEIS:**
>
> In den Fällen, in denen der Abnehmer des Gegenstandes einen selbständigen Fracht-führer mit dem Transport des Liefergegenstandes beauftragt hat (Versenden durch den Abnehmer i. S. des § 17a Abs. 3 Nr. 2 UStDV) ist in mehrfacher Hinsicht in der Praxis Vorsicht geboten.
>
> Der Unternehmer kann in diesem Fall den Belegnachweis auch mit einem Nachweis über die Bezahlung des Liefergegenstandes von einem Bankkonto des Abnehmers zusammen mit der Bescheinigung des beauftragten Spediteurs führen. Durch den Nachweis der Bezahlung des Liefergegenstandes unter Einbeziehung der Bankverbindung des ausländischen Abnehmers soll es der Finanzverwaltung ermöglicht werden, dem Mitgliedstaat, in dem der innergemeinschaftliche Erwerb zu versteuern ist, einen konkreteren Anknüpfungspunkt mitteilen zu können als bei letztlich anonymen Bargeschäften. Bei in der Praxis nicht selten üblichen Barzahlungen ist also eine besondere Beweissicherung geboten.
>
> Hinsichtlich der Bescheinigung des Spediteurs bestehen höhere Anforderungen als bei einer Versendung durch den leistenden Unternehmer. Bestehen begründete Zweifel daran, dass der Gegenstand in das übrige Gemeinschaftsgebiet gelangt ist, hat nach § 17a Abs. 3 Satz 4 UStDV der Unternehmer den Nachweis auf Verlangen der Finanzverwaltung wiederum mit den übrigen im Gesetz genannten Belegen zu erbringen. Damit will der Verordnungsgeber dem Umstand Rechnung tragen, dass einer Bescheinigung, in der der vom Abnehmer beauftragte Spediteur versichert, den Gegenstand in das übrige Gemeinschaftsgebiet zu befördern, im Vergleich zu den übrigen in § 17a UStDV aufgeführten Nachweisen eine niedrigere oder gar keine Beweiskraft beigemessen werden kann.[1]
>
> Der Anwendungserlass enthält ein Muster einer Spediteurversicherung (Anlage 5 UStAE, siehe auch Abbildung 10 in diesem Kapitel). Eine diesem Muster entsprechend vollständig und richtig ausgefüllte Spediteurversicherung ist als Beleg im Sinne des § 17a Abs. 3 Satz 1 Nr. 2 UStDV anzuerkennen.

dd) Nachweisbelege in Beförderungsfällen

245 Befördert der **Unternehmer** den Gegenstand der Lieferung selbst in das übrige Gemeinschaftsgebiet und führt er den Nachweis mit der Gelangensbestätigung i. S. des § 17a Abs. 2 Satz 1 Nr. 2 UStDV, gilt dieser Belegnachweis als für die Finanzverwaltung eindeutig und leicht nachprüfbar im Sinne des Gesetzes. Da § 17a Abs. 3 Satz 1 Nr. 1 und Nr. 2 UStDV näher bestimmte und vereinfachte Nachweise anstelle der Gelangensbestätigung nur für die Fälle der Versendung auflistet, kann in Beförderungsfällen der Unternehmer andere Nachweise als die Gelangensbestätigung nur nach der Generalklausel in § 17a Abs. 2

---

1 Abschnitt 6a.5 Abs. 10 UStAE.

Satz 1 UStDV führen. Bei dieser Generalklausel trägt jedoch der Unternehmer das Risiko einer Auseinandersetzung mit der Finanzverwaltung insbesondere im Hinblick auf die Frage, ob Belege eindeutig und leicht nachprüfbar sind.

ee) Nachweisbelege in Abholfällen

Befördert der Abnehmer den Liefergegenstand selbst und will der Unternehmer den Belegnachweis mit der sog. Gelangensbestätigung führen, ist zu beachten, dass die Steuerbefreiung einer innergemeinschaftlichen Lieferung erst dann anwendbar ist, wenn der Lieferant nachweist, dass der Gegenstand den Liefermitgliedstaat physisch verlassen hat.[1] Der erforderliche Nachweis kann folglich erst dann geführt werden, wenn der Gegenstand tatsächlich in dem anderen Mitgliedstaat angekommen ist. Der Abnehmer hat nach Ankunft in seinem Heimatland in der Gelangensbestätigung zu vermerken, zu welchem Zeitpunkt und an welchem Bestimmungsort im übrigen Gemeinschaftsgebiet die Beförderung des Liefergegenstandes geendet hat, und diese dann dem Lieferanten ausgefüllt zurückzusenden.

246

HINWEIS:

De facto entspricht der Wille des Verordnungsgebers hinsichtlich der Nachweisregelungen der Behandlung von Ausfuhrlieferungen in Abholfällen. Dies führt in der Praxis zu zahlreichen Problemen.

Nach Art. 171 Abs. 1 MwStSystRL i.V. m. Art. 4 der Richtlinie 2008/9/EG[2] ist das Vorsteuer-Vergütungsverfahren ausgeschlossen, wenn der zugrunde liegende Umsatz von der Steuer befreit ist bzw. hätte befreit sein können.[3] Der ausländische Abnehmer hat also nicht nur ein wirtschaftliches Interesse daran, die Lieferung ohne Umsatzsteuer belastet zu erwerben und wird die erforderlichen Nachweise zwangsläufig erbringen (müssen). Dabei darf nicht verkannt werden, dass der liefernde Unternehmer bis zum (Rück-) Erhalt der Gelangensbestätigung das Risiko trägt, Umsatzsteuer für die Lieferung abführen zu müssen (ähnlich wie bei Ausfuhrlieferungen i. S. des § 6 UStG).

Unabhängig von diesen formalen Betrachtungen muss daher der Lieferer zur eigenen Sicherheit zunächst einmal den Bruttobetrag verlangen, was in der Praxis regelmäßig kaum durchsetzbar erscheint.

Um in der Praxis die Verpflichtung zur Rechnungskorrektur zu vermeiden, erscheint es zudem sinnvoll, dem vereinbarten Nettokaufpreis einen Sicherungsbetrag von 19% aufzuschlagen, etwa als „Kaution". Damit vermeidet der Lieferant den Problemkreis der fehlerhaft in Rechnung gestellten Umsatzsteuer und den damit verbundenen zusätzlichen Verwaltungsaufwand. Selbstverständlich ist auch eine Rechnungsstornierung und Neuerteilung einer Rechnung zulässig.

---

1 EuGH, Urteil v. 27. 9. 2007 – Rs. C-409/09, Teleos, UR 2007 S. 774.
2 Richtlinie 2008/9/EG des Rates zur Regelung der Erstattung der Mehrwertsteuer an in einem anderen Mitgliedstaat ansässige Steuerpflichtige v. 12. 2. 2008, ABl. EU 2008 Nr. L 44 S. 23.
3 Vgl. Abschnitt 18.11 Abs. 1a UStAE.

247 Die Risiken hinsichtlich der Voraussetzungen einer innergemeinschaftlichen Lieferung, die sich daraus ergeben, dass der Lieferer die Beförderung oder Versendung der Sache dem Erwerber überlässt, trägt grds. der liefernde Unternehmer.[1] So kann der Unternehmer nicht mit Erfolg einwenden, er habe als Zwischenhändler in einem Reihengeschäft ein berechtigtes wirtschaftliches Interesse daran, den endgültigen Bestimmungsort des Liefergegenstands nicht nachzuweisen, um den Endabnehmer nicht preisgeben zu müssen. Auch ein Einwand, dass der Lieferer im Falle der Beförderung durch den Abnehmer in einem Reihengeschäft keine verlässlichen Nachweise über den Bestimmungsort führen könne, weil dieser nur ihm bekannt sein könne, wenn er selbst den Transportauftrag erteilt habe, ist nicht durchgreifend.

Darüber hinaus kann der Unternehmer nach der Generalklausel in § 17a Abs. 2 Satz 1 UStDV den Belegnachweis auch in Abholfällen mit allen zulässigen Beweismitteln führen. Bei dieser Generalklausel trägt jedoch der Unternehmer das Risiko einer Auseinandersetzung mit der Finanzverwaltung insbesondere im Hinblick auf die Frage, ob Belege eindeutig und leicht nachprüfbar sind.

Die Behandlung der Steuerbefreiung ist insbesondere in **Abholfällen** nicht immer ganz unproblematisch. So liegt eine steuerfreie innergemeinschaftliche Lieferung von **Bunkeröl** nur dann vor, wenn das im Inland durch einen ausländischen Binnenschiffer erworbene Bunkeröl nicht im Inland verbraucht, sondern in einen anderen Mitgliedstaat verbracht wird. Für das im Inland an den Kapitän des Binnenschiffs übergebene Bunkeröl kann eine Steuerbefreiung demnach nur in Betracht kommen, wenn eindeutig und leicht prüfbar durch Belege nachgewiesen wird, dass das Bunkeröl in einen anderen Mitgliedstaat gelangt.[2] Diese Regelung kann nicht auf das **Betanken von Landfahrzeugen** ausgedehnt werden, denn insoweit liegen Wettbewerbsnachteile nicht vor. Vielmehr ist in diesen Fällen eine steuerpflichtige Inlandslieferung anzunehmen, weil sich der Nachweis einer innergemeinschaftlichen Lieferung in das übrige Gemeinschaftsgebiet nicht erbringen lässt.[3]

ff) Alternativnachweise

248 Sowohl die Gelangensbestätigung (§ 17a Abs. 2 Satz 1 Nr. 2 UStDV) als auch die anderen normierten Belege (§ 17a Abs. 3 UStDV) sollen nach dem Willen des Verordnungsgebers Vereinfachungen darstellen. Folglich bleibt es dem

1 Abschnitt 6a.3 Abs. 2 UStAE.
2 BMF, Schreiben v. 24.9.1993, DStR 1993 S.1561, Geltungsdauer zuletzt verlängert mit BMF, Schreiben v. 25.11.1997, USt-Kartei RP Karte 1 zu § 4 Nr. 1b.
3 Bayerisches Staatsministerium für Finanzen v. 23.5.1995, DStR 1995 S.1352.

Unternehmer unbenommen, die Nachweise für die Inanspruchnahme der Steuerbefreiung auch anders zu führen, letztlich mit allen zulässigen Belegen und Beweismitteln.[1] Im Gegensatz zu den normierten Nachweisen trägt aber in diesen Fällen der Unternehmer das Risiko, das sich aus dieser freien Beweiswürdigung zwangsläufig ergibt.[2]

HINWEIS:

Um von dieser „Escape-Klausel" Gebrauch machen zu können, sollten daher in der Praxis regelmäßig alle mit der Lieferung verbundenen Unterlagen sorgfältig aufbewahrt werden, u. a. Versendungsbelege (z. B. Eisenbahnfrachtbriefe, Luftfrachtbriefe, Posteinlieferungsscheine, Auftragserteilung an einen Kurierdienst, Ladescheine, Rollfuhrscheine und dergleichen) und Versandbestätigungen von Vorlieferanten.

Die bei der Abwicklung einer innergemeinschaftlichen Lieferung anfallenden **Geschäftspapiere** (z. B. Rechnungen, Auftragsschreiben, Lieferscheine oder deren Durchschriften, Kopien oder Abschriften von Versendungsbelegen, Spediteur-Übernahmebescheinigungen, Frachtabrechnungen, sonstiger Schriftwechsel) können als Versendungsbelege in Verbindung mit anderen Belegen anerkannt werden, wenn sich aus der Gesamtheit der Belege die Angaben nach § 17a UStDV eindeutig und leicht nachprüfbar ergeben. Unternehmer oder Abnehmer, denen Belege über die innergemeinschaftliche Lieferung eines Gegenstands (z. B. Versendungsbelege) ausgestellt worden sind, obwohl sie diese für Zwecke des Belegnachweises nicht benötigen, können diese Belege mit einem Übertragungsvermerk versehen und an den Unternehmer, der die Lieferung bewirkt hat, zur Führung des Versendungsbelegnachweises weiterleiten.

In **Beförderungsfällen** wird in der Praxis regelmäßig vom Lieferanten ein **Lieferschein** angefertigt, der vom Abnehmer gegenzuzeichnen ist. Sofern dieser Lieferschein aufgrund seiner Gestaltung und seiner Inhalte nicht bereits die Voraussetzungen für eine Gelangensbestätigung erfüllt, kann sie als anderer Beleg im Sinne eines ordnungsgemäßen Nachweises dienen. Die Empfangsbestätigung des Abnehmers muss dabei einen Zusammenhang zu der Lieferung, auf die sie sich bezieht, erkennen lassen. Bei Lieferungen, die mehrere Gegenstände umfassen, oder bei mehreren gleichzeitigen Abrechnungen ist es regelmäßig ausreichend, wenn sich die Berechtigung auf die jeweilige Lieferung bzw. Sammelrechnung bezieht.

---

1 Abschnitt 6a.2 Abs. 6 Satz 7 UStAE, EuGH, Urteil v. 27. 9. 2007 – Rs. C-409/04, Teleos, UR 2007 S. 774, BFH v. 6. 12. 2007 – V R 59/03, BStBl 2009 II S. 57.
2 Abschnitt 6a.2 Abs. 8 UStAE.

> **HINWEIS:**
>
> Bis zum Ablauf der Übergangsfrist zum 30. 9. 2013 konnte in Abholfällen der Belegnachweis auch durch eine Versicherung des Abnehmers oder seines Beauftragten, dass er den Gegenstand in das übrige Gemeinschaftsgebiet befördern werde, geführt werden (§ 17a Abs. 1 Satz 1 i. V. m. Abs. 2 Nr. 4 UStDV in der bis zum 31. 12. 2011 geltenden Fassung). Der Verpflichtung kam der Unternehmer nach, wenn er sich auf den Übergabedokumenten oder auf dem Lieferschein neben der Empfangsbestätigung auch noch durch Unterschrift vom Abnehmer oder dessen Beauftragten bestätigen ließ, dass die Liefergegenstände in einen anderen Mitgliedstaat befördert werden sollten. Eine mündliche Versicherung reichte als Nachweis dazu jedoch nicht aus.[1] Die Versicherung musste einen Zusammenhang zu der Lieferung, auf die sie sich bezieht, erkennen lassen, was durch geeignete Unterlagen (z. B. Auftragsschein mit Abholnummer, Abholschein, Lieferschein) nachzuweisen war.

gg) Belegnachweis in Be- oder Verarbeitungsfällen

249 Die Nachweise wie in Beförderungs- und Versendungsfällen hat der Unternehmer auch dann zu führen, wenn der Gegenstand der Lieferung vor der Beförderung oder Versendung in das übrige Gemeinschaftsgebiet durch einen Beauftragten be- oder verarbeitet wurde (§ 17b Satz 1 UStDV). Der Nachweis ist durch Belege zu führen, die auch für innergemeinschaftliche Lieferungen gelten (§ 17b Satz 2 i. V. m. § 17a Abs. 2 und 3 UStDV). Zudem müssen diese Belege die Angaben enthalten, die auch in Be- oder Verarbeitungsfällen bei Ausfuhrlieferungen gelten (§ 17b Satz 2 i. V. m. § 11 Abs. 1 UStDV). Durch die Verweisung auf § 11 Abs. 1 Nr. 1 bis 4 UStDV sind daher in der Gelangensbestätigung bzw. den anderen Belegen folgende Angaben erforderlich:

► Name und Anschrift des Beauftragten,

► handelsübliche Bezeichnung und die Menge des an den Beauftragten übergebenen oder versendeten Gegenstands,

► Ort und Tag der Entgegennahme des Gegenstands durch den Beauftragten und

► Bezeichnung des Auftrags und Bezeichnung der vom Beauftragten vorgenommenen Bearbeitung und Verarbeitung.

hh) Unionsversandverfahren

250 Wird der Gegenstand der Lieferung vom Unternehmer oder Abnehmer im Unionsversandverfahren in das übrige Gemeinschaftsgebiet befördert, kann der Unternehmer den Nachweis hierüber auch durch eine Bestätigung der Ab-

---

1 BFH v. 18. 7. 2002 – V R 3/02, BStBl 2003 II S. 616, Abschnitt 6a.3 Abs. 9 Satz 3 UStAE.

gangsstelle über die innergemeinschaftliche Lieferung führen, die nach Eingang des Beendigungsnachweises für das Versandverfahren erteilt wird, sofern sich daraus die Lieferung in das übrige Gemeinschaftsgebiet ergibt (§ 17a Abs. 3 Satz 1 Nr. 3 UStDV).[1]

Wird ein Gegenstand in das übrige Gemeinschaftsgebiet befördert oder versendet und dabei das Drittlandsgebiet durchquert, so muss aus zollrechtlichen Gründen die Ware im Unionsversandverfahren befördert werden, denn es muss sichergestellt werden, dass die gelieferte Ware im Ursprungsland mit der Ware identisch ist, die im anderen Mitgliedstaat ankommt. Zum Nachweis des Gemeinschaftscharakters muss die Ware bei der Abgangszollstelle mit einer Versandanmeldung angemeldet werden. Die Zollstelle im Bestimmungsland übersendet der Abgangszollstelle später einen Rückschein, auf dem sie die Ankunft dieser Ware bestätigt. Nunmehr kann die Abgangszollstelle dem liefernden Unternehmer eine Bestätigung über das Gelangen der Ware in einen anderen Mitgliedstaat erteilen, die der Unternehmer als Nachweis verwenden kann.

ii) EMCS-Eingangsmeldung bei verbrauchsteuerpflichtigen Waren

Für die Lieferung **verbrauchsteuerpflichtiger Waren** gelten ggf. Sonderregelungen. § 17a Abs. 3 Satz 1 Nr. 4 UStDV regelt die Beweismöglichkeit anstelle einer Gelangensbestätigung. Werden verbrauchsteuerpflichtige Waren unter Steueraussetzung und Verwendung des IT-Verfahrens EMCS (Exive Movement and Control System) in das übrige Gemeinschaftsgebiet befördert oder versendet, kann der Unternehmer den Nachweis darüber auch durch eine validierte EMCS-Eingangsmeldung der zuständigen Behörde des anderen Mitgliedstaates (Bestimmungsmitgliedstaat) führen.[2]

251

Der Nachweis kann auch geführt werden durch die sog. Dritte Ausfertigung des vereinfachten Begleitdokuments, das dem zuständigen Hauptzollamt für Zwecke der Verbrauchsteuerentlastung vorzulegen ist.[3]

jj) Lieferung von Fahrzeugen

Bei der Lieferung von Fahrzeugen, die durch den Abnehmer befördert werden und für die eine Zulassung für den Straßenverkehr erforderlich ist, kann anstelle der Gelangensbestätigung der Belegnachweis auch durch den Nachweis

252

---

1 Abschnitt 6a.5 Abs. 11 UStAE.
2 Abschnitt 6a.5 Abs. 12 und 13 UStAE.
3 Abschnitt 6a.5 Abs. 14 und 15 UStAE.

der Zulassung des Fahrzeugs auf den Erwerber im Bestimmungsmitgliedstaat der Lieferung geführt werden (§ 17a Abs. 3 Satz 2 Nr. 5 UStDV). Dieser Beleg muss – wie auch die Gelangensbestätigung – die Identifikationsnummer des gelieferten Fahrzeugs enthalten (§ 17a Abs. 3 Satz 2 UStDV).[1]

kk) Innergemeinschaftliches Verbringen

253 Auch das Verbringen eines Gegenstands des Unternehmens vom Inland in das übrige Gemeinschaftsgebiet durch einen Unternehmer zu seiner Verfügung (§ 3 Abs. 1a UStG) ist ebenfalls von der Umsatzsteuer befreit (§ 4 Nr. 1 Buchst. b i. V. m. § 6a Abs. 2 UStG), ohne dass es dazu weiterer Voraussetzungen bedarf.[2] In diesen Fällen ist die Steuerbefreiung nur zu versagen, wenn der Steuerpflichtige sich an einer Steuerhinterziehung beteiligt hat oder wenn der sichere Nachweis, dass die materiellen Voraussetzungen für die Steuerbefreiung erfüllt sind, nicht geführt werden kann. Die Nachweis- und Aufzeichnungspflichten im Rahmen des § 6a UStG gelten entsprechend, insbesondere ist die USt-IdNr. der ausländischen festen Niederlassung oder Betriebsstätte aufzuzeichnen (§ 17c Abs. 3 Nr. 2 UStDV).[3]

II) Belegnachweise in den übrigen Mitgliedstaaten

254 Die einzelnen Mitgliedstaaten sind hinsichtlich der Ausgestaltung der Nachweise für die Inanspruchnahme der Steuerbefreiung für innergemeinschaftliche Lieferungen grds. frei. Solange die Grundsätze der Rechtssicherheit, Verhältnismäßigkeit und des Vertrauensschutzes beachtet werden,[4] ist jeweils der nationale Gesetzgeber berechtigt, Nachweisregelungen zu erlassen. Da die Lieferung erst dann steuerfrei ist, wenn der Lieferant nachweist, dass der Gegenstand das Ursprungsland physisch verlassen hat, kommt diesen Nachweisregelungen in der Praxis erhebliche Bedeutung zu.

> **HINWEIS:**
>
> Diese Nachweise kennen im Grunde alle Mitgliedstaaten, die Anforderungen an entsprechende Belege sind jedoch sehr unterschiedlich ausgeprägt. Neben Deutschland verlangen auch viele andere Mitgliedstaaten ausdrücklich, dass der Lieferer über eine Erklärung des Abnehmers verfügt, dass dieser die gekauften Gegenstände in einem an-

---

1 Abschnitt 6a.5 Abs. 16 und 17 UStAE, BFH v. 3. 2. 2015 – XI B 53/15, BFH/NV 2016 S. 954, BFH v. 25. 4. 2013 – V R 10/11, BFH/NV 2013 S. 1453, BFH v. 26. 11. 2014 – XI R 37/12, BFH/NV 2015 S. 358.

2 EuGH, Urteil v. 20. 10. 2016 – C-24/15, DStR 2016 S. 2525, BFH v. 2. 11. 2016 – V B 72/16, BFH/NV 2017 S. 329.

3 Abschnitt 14a.1 Abs. 3, Abschnitt 22.3 Abs. 1 Satz 5 UStAE.

4 EuGH, Urteil v. 7. 12. 2010 – Rs. C-285/09, BStBl 2011 II S. 846.

deren Mitgliedstaat entgegengenommen hat. Die in Deutschland geforderte Gelangensbestätigung ist damit für viele Abnehmer aus dem übrigen Gemeinschaftsgebiet nicht gänzlich unbekannt.

c) Der Buchnachweis

Bei innergemeinschaftlichen Lieferungen muss der Unternehmer die Voraussetzungen der Steuerbefreiung auch buchmäßig nachweisen (§ 17c Abs. 1 Satz 1 UStDV). Unter einem Buchnachweis ist ein Nachweis durch Bücher oder Aufzeichnungen in Verbindung mit Belegen zu verstehen. Der Buchnachweis verlangt deshalb mehr als den bloßen Nachweis durch Belege, denn die Belege werden durch die entsprechenden Hinweise und Bezugnahmen in den stets notwendigen Aufzeichnungen Bestandteil der Buchführung und damit des Buchnachweises, so dass beide eine Einheit bilden.[1] Die Aufzeichnungen sind laufend vorzunehmen und können später allenfalls noch durch nachträglich eingehende Unterlagen ergänzt, ggf. auch korrigiert, nicht aber erstmalig erstellt werden.[2] Die Vorschriften lehnen sich weitgehend an die Regelungen für Ausfuhrlieferungen an und verlangen insbesondere folgende Aufzeichnungen (§ 17c Abs. 2 UStDV):

255

▶ die USt-IdNr. des Abnehmers,

▶ den Namen und die Anschrift des Abnehmers,

▶ den Gewerbezweig oder Beruf des Abnehmers,

▶ die handelsübliche Bezeichnung und die Menge des Gegenstands der Lieferung, bei Fahrzeugen einschließlich der Fahrzeug-Identifikationsnummer,

▶ den Tag der Lieferung,

▶ das vereinbarte Entgelt,

▶ die Beförderung oder Versendung in das übrige Gemeinschaftsgebiet,

▶ den Bestimmungsort im übrigen Gemeinschaftsgebiet.

> **HINWEIS:**
>
> Die Verwaltung darf die Steuerbefreiung einer innergemeinschaftlichen Lieferung von der Mehrwertsteuer nicht allein mit der Begründung versagen, dass der Buchnachweis für diese Lieferung *verspätet* erbracht wurde.[3] Da nach dem vorgelegten Sachverhalt feststand, dass die Liefergegenstände tatsächlich im anderen Mitgliedstaat angekommen sind, hielt es der EuGH sogar für unerheblich, dass der Lieferant zunächst aus Pro-

---

1 BFH v. 7. 12. 2006 – V R 52/03, BStBl 2007 II S. 420, Abschnitt 6a.2 Abs. 1 UStAE.
2 Abschnitt 6a.7 Abs. 8 UStAE.
3 EuGH, Urteil v. 27. 9. 2007 – Rs. C-146/05, Albert Colleé, DStR 2007 S. 1811.

visionsgründen einen (fiktiven) Umsatz gegenüber einem Zwischenhändler vorgegeben hatte. Die tatsächlichen Umsätze und Lieferwege wurden im Gerichtsverfahren offengelegt und waren als solche unstreitig innergemeinschaftliche Lieferungen. Der Vorgang war insgesamt in der Buchführung enthalten, wenngleich falsch erfasst und ausgewiesen. Der BFH hat sich in seinem Nachfolgeurteil dieser Rechtsprechung angeschlossen und hat ausgeführt, dass der Unternehmer erforderliche Nachweise zwar nicht mehr nachträglich erstellen, wohl aber ggf. bis zum Ende der mündlichen Verhandlung vor dem Finanzgericht ergänzen oder berichtigen kann.[1]

Der Buchnachweis muss grds. im Geltungsbereich des UStG geführt werden. Steuerlich zuverlässigen Unternehmern kann jedoch gestattet werden, die Aufzeichnungen über den buchmäßigen Nachweis im Ausland vorzunehmen und dort aufzubewahren.[2]

256 Bei der Lieferung **neuer Fahrzeuge** an Abnehmer ohne USt-IdNr. sind besondere Angaben in der Buchführung erforderlich (§ 17c Abs. 4 UStDV), da der übliche Nachweis zur Vermeidung eines unversteuerten Letztverbrauchs nicht ausreicht.[3] Neben dem Namen und der Anschrift des Erwerbers soll das Fahrzeug bezeichnet und die Fahrzeug-Identifikationsnummer und der Tag der Lieferung nebst Kaufpreis angegeben werden, sowie die in § 1b Abs. 2 und 3 UStG bezeichneten Merkmale des Fahrzeugs. Außerdem ist der Bestimmungsort anzugeben. Dies gilt auch in den sog. Verbringensfällen (§ 17c Abs. 3 Nr. 1 UStDV) und bei der Lieferung an Nichtunternehmer (§ 17a Abs. 4 Nr. 2 UStDV).[4] Die Zulassung im Bestimmungsland ist dagegen keine gesetzliche Nachweisforderung.

4. Der Abnehmer einer innergemeinschaftlichen Lieferung

257 Die Beförderung oder Versendung des Gegenstands der Lieferung in das übrige Gemeinschaftsgebiet erfordert, dass die Beförderung oder Versendung im Inland beginnt und im Gebiet eines anderen Mitgliedsstaates endet (§ 6a Abs. 1 Nr. 1 UStG). Daher können auch Lieferungen an inländische Abnehmer steuerfrei sein, wenn der Gegenstand nachweislich in das übrige Gemeinschaftsgebiet gelangt ist, z. B. zu einer in einem anderen Mitgliedstaat gelegenen festen Niederlassung, zu einem ausländischen Kunden oder zu einer ausländischen Baustelle des inländischen Abnehmers.

---

1 BFH v. 6. 12. 2007 - V R 59/03, BStBl 2009 II S. 57, Abschnitt 6a.7 Abs. 8 Satz 4 UStAE.
2 Abschnitt 6a.7 Abs. 7 UStAE.
3 Abschnitt 6a.7 Abs. 9 UStAE.
4 EuGH v. 14. 6. 2017 – Rs. C-26/16, HFR 2017 S. 780.

Ist der Leistungsempfänger ein deutscher Unternehmer, muss er folglich mit der USt-Identifikationsnummer des anderen Mitgliedstaats auftreten, da ansonsten der leistende Unternehmer nicht erkennen kann, ob der Leistungsempfänger seiner Pflicht zur Besteuerung des Erwerbs in einem anderen Mitgliedstaat nachkommen will (§ 6a Abs. 1 Nr. 3 UStG).

Der Abnehmer der innergemeinschaftlichen Lieferung muss zu einem bestimmten Personenkreis gehören (§ 6a Abs. 1 Nr. 2 UStG). Dazu zählen in erster Linie **Unternehmer**, die den Gegenstand für ihr Unternehmen erworben haben (§ 6a Abs. 1 Nr. 2a UStG). Davon kann in der Praxis regelmäßig ausgegangen werden, wenn der Abnehmer seine USt-IdNr. angibt und sich aus der Art und der Menge der erworbenen Gegenstände keine Zweifel an der unternehmerischen Verwendung ergeben.[1] Der Lieferer kann sich die USt-IdNr. des Abnehmers beim Bundeszentralamt für Steuern bestätigen lassen (§ 18e UStG). Hat der liefernde Unternehmer nicht die richtige USt-IdNr. des wirklichen Abnehmers aufgezeichnet, kommt eine Steuerbefreiung nicht in Betracht.[2]

HINWEIS:

Die Aufzeichnung der richtigen USt-IdNr. des wirklichen Abnehmers ist Teil des Buchnachweises, ohne den keine Steuerbefreiung möglich ist.[3] Entsprechendes gilt, wenn die vom Abnehmer angegebene USt-IdNr. im Zeitpunkt der Lieferung durch den liefernden Unternehmer nicht mehr gültig ist. Tritt bei einer innergemeinschaftlichen Lieferung nach den konkreten Umständen des Falls für den liefernden Unternehmer erkennbar eine andere Person als sein „Vertragspartner" unter dessen Namen auf, so dass der Leistende zumindest mit der Nichtbesteuerung des innergemeinschaftlichen Erwerbs durch den Empfänger rechnen muss, kommt die Steuerbefreiung ebenfalls nicht in Betracht.[4] Zu den Nachweispflichten des § 6a UStG gehört es auch, die Identität des Abnehmers einer angeblichen innergemeinschaftlichen Lieferung nachzuweisen. Hierfür reicht die Aufzeichnung der USt-IdNr. allein ohne entsprechende Überprüfung der Zugehörigkeit zu diesem Abnehmer nicht aus.[5]

Hat der Unternehmer eine im Zeitpunkt der Lieferung gültige USt-IdNr. des Abnehmers aufgezeichnet, kann die Feststellung, dass der Adressat einer Lieferung den Gegenstand nicht für sein Unternehmen verwendet hat, die Feststellung, der Empfänger der Lieferung habe die mit Hilfe der bezogenen Lieferungen ausgeführten Umsätze nicht versteuert oder die Mitteilung eines anderen Mitgliedstaates, bei dem Abnehmer handele es sich um einen sog. „missing trader", für sich genommen nicht zu dem Schluss füh-

---

1 Abschnitt 6a.1 Abs. 12 UStAE.
2 Abschnitt 6a.7 Abs. 1 UStAE.
3 BFH v. 2.4.1997 – V B 159/96, BFH/NV 1997 S. 629, BFH v. 5.2.2004 – V B 180/03, BFH/NV 2004 S. 988, Abschnitt 6a.2 Abs. 7 UStAE, Abschnitt 6a.7 Abs. 2 UStAE.
4 Abschnitt 6a.7 Abs. 2 UStAE, BFH v. 5.2.2004 – V B 180/03, BFH/NV 2004 S. 988.
5 BFH v. 8.11.2007 – V R 26/05, BStBl 2009 II S. 49, BFH v. 22.7.2015 – V R 23/14, BStBl 2015 II S. 914.

ren, nicht der Vertragspartner, sondern eine andere Person sei Empfänger der Lieferung gewesen.[1] Für die Unternehmereigenschaft des Abnehmers ist es zudem unerheblich, ob dieser im Bestimmungsmitgliedstaat des Gegenstands der Lieferung seinen umsatzsteuerlichen Pflichten nachkommt.[2]

Dem Verkäufer kann die Steuerbefreiung einer innergemeinschaftlichen Lieferung nicht allein deshalb versagt werden, weil die Steuerverwaltung eines anderen Mitgliedstaates eine Löschung der USt-IdNr. des Erwerbes vorgenommen hat, wenn diese Löschung nach der Lieferung des Gegenstandes erfolgt ist, auch wenn sie rückwirkend vorgenommen wurde.[3]

Die Vorlage einer schriftlichen Vollmacht zum Nachweis der Abholberechtigung für den eigentlichen Abnehmer zählt nicht zu den zwingenden Erfordernissen eines ordnungsgemäßen Belegnachweises.[4] Die Finanzverwaltung hat jedoch stets die Möglichkeit, diesen Nachweis zu überprüfen, wovon sie aber nur beim Vorliegen konkreter Zweifel Gebrauch machen soll.[5] Es empfiehlt sich für den Praktiker, weiterhin an einer solchen Vollmacht festzuhalten, denn kennt der Unternehmer bereits die Identität des vollmachtlosen Abholers nicht, ist die innergemeinschaftliche Lieferung ggf. an den vollmachtlosen Vertreter als Abnehmer steuerpflichtig.[6]

258 Der Unternehmer muss die **Identität des Abnehmers** nachweisen, z. B. durch Vorlage eines Kaufvertrages. Handelt ein Dritter im Namen des Abnehmers, muss der Unternehmer auch die Vollmacht des Vertretungsberechtigten nachweisen, weil beim Handeln im fremden Namen die Wirksamkeit der Vertretung davon abhängt, ob der Vertretungsberechtigte Vertretungsmacht hat.[7]

Wenn der liefernde Unternehmer die gültige USt-IdNr. des Abnehmers nicht aufzeichnen bzw. im Bestätigungsverfahren beim BZSt nicht erfragen kann, weil ihm eine unrichtige USt-IdNr. genannt worden ist, steht nicht objektiv fest, an welchen Abnehmer die Lieferung bewirkt wurde. In einem solchen Fall liegen daher die Voraussetzungen für die Inanspruchnahme der Steuerbefreiung für eine innergemeinschaftliche Lieferung grds. nicht vor, zumal darüber hinaus nicht feststeht, ob der Erwerb des Gegenstands in einem anderen Mitgliedstaat der Erwerbsbesteuerung unterworfen wird.[8] Dieser Mangel kann jedoch geheilt werden.

---

1 Abschnitt 6a.7 Abs. 3 UStAE.
2 Abschnitt 6a.7 Abs. 4 UStAE, BFH v. 14. 12. 2011 – XI R 32/09, BFH/NV 2012 S. 1004.
3 EuGH, Urteil v. 6. 9. 2012 – Rs. C-273/11, Mecsek-Gabona Kft, DStR 2012 S. 1917, EuGH, Urteil v. 27. 9. 2012 – Rs. C-587/10, DStR 2012 S. 2014, BFH, Urteil v. 28. 5. 2013 – XI R 11/09, BFH/NV 2013 S. 1524, EuGH, Urteil v. 9. 10. 2014 – Rs. C-492/13, Traum EOOD, UR 2015 S. 943.
4 BFH v. 12. 5. 2009 – V R 65/06, BStBl 2010 II S. 511.
5 Abschnitt 6a.4 Abs. 2 UStAE.
6 Abschnitt 6a.7 Abs. 5 UStAE, so auch *Wäger*, DStR 2009 S. 1621.
7 Abschnitt 6a.7 Abs. 1 UStAE.
8 Abschnitt 6a.7 Abs. 2 UStAE.

Darüber hinaus hat der leistende Unternehmer den **Beruf oder Gewerbezweig** des Abnehmers festzuhalten, da er den Nachweis führen muss, dass der Abnehmer den Gegenstand für sein Unternehmen erworben hat.[1] Von der Unternehmereigenschaft des Abnehmers und einem Erwerb für das Unternehmen des Abnehmers kann regelmäßig ausgegangen werden, wenn der Abnehmer mit einer ihm von einem anderen Mitgliedstaat erteilten, im Zeitpunkt der Lieferung gültigen, USt-IdNr. auftritt und sich aus der Art und der Menge der erworbenen Gegenstände keine berechtigten Zweifel an der unternehmerischen Verwendung ergeben.[2]

Abnehmer einer innergemeinschaftlichen Lieferung kann auch eine **juristische Person** des öffentlichen oder privaten Rechts sein, die nicht Unternehmer ist oder den Gegenstand nicht für ihren unternehmerischen Bereich erwirbt (§ 6a Abs. 1 Nr. 2b UStG).[3] In Betracht kommen hier vor allem Körperschaften des öffentlichen Rechts für ihren Hoheitsbereich oder Vereine mit ihrem Idealbereich. Auch sie benötigen jedoch insoweit eine USt-IdNr., da ansonsten vorrangig die Versandhandelsregelung des § 3c UStG zu beachten ist.   259

Bei der Lieferung **neuer Fahrzeuge** kommt auch jede andere Person als Abnehmer in Betracht (§ 6a Abs. 1 Nr. 2c UStG), also insbesondere Privatpersonen oder Unternehmer außerhalb ihrer Unternehmenssphäre.[4]   260

HINWEIS:

Eine Steuerbefreiung für eine innergemeinschaftliche Lieferung soll nach einem Vorschlag der EU-Kommission zukünftig nur noch in Betracht kommen, wenn der Erwerber eines Gegenstandes in einem anderen Mitgliedstaat als dem des Beginns der Beförderung oder Versendung der Gegenstände für Mehrwertsteuerzwecke *registriert* ist. Der Lieferer müsste – sollte Art. 138 MwStSystRL tatsächlich entsprechend geändert werden – den Status des Abnehmers dann folglich vor jeder Rechnungserteilung zwingend über das MIAS-System prüfen, bevor er die Steuerbefreiung anwendet. Einen entsprechenden Vorschlag für eine Richtlinie des Rates hat die Europäische Kommission zwischenzeitlich vorgelegt.[5]

---

1 Abschnitt 6a.7 Abs. 1 Satz 3 UStAE.
2 Abschnitt 6a.1 Abs. 13 UStAE.
3 Abschnitt 6a.1 Abs. 14 UStAE.
4 Abschnitt 6a.1 Abs. 15 UStAE.
5 Vorschlag für eine Richtlinie des Rates zur Änderung der Richtlinie 2006/112/EG in Bezug auf die Harmonisierung und Vereinfachung bestimmter Regelungen des Mehrwertsteuersystems (MwStSystRL) und zur Einführung des endgültigen Systems der Besteuerung des Handels zwischen Mitgliedstaaten v. 4. 10. 2017, COM (2017) 569 final, BR-Drucks. 660/17 v. 4. 10. 2017.

5. Erwerbsbesteuerung im übrigen Gemeinschaftsgebiet

261 Die Steuerbefreiung ist außerdem davon abhängig, dass der Erwerb des Gegenstands in einem anderen Mitgliedstaat den Vorschriften der Umsatzbesteuerung unterliegt (§ 6a Abs. 1 Nr. 3 UStG i. V. m. § 17c Abs. 1 Satz 1 UStDV). Der Unternehmer hat nicht nachzuweisen, dass der Erwerber des Gegenstands für den Erwerb Umsatzsteuer tatsächlich entrichtet hat,[1] was er naturgemäß auch gar nicht kann.

> **HINWEIS:**
>
> Bei fehlender Überprüfung einer vom Abnehmer verwendeten USt-IdNr. läuft der liefernde Unternehmer Gefahr, die Leistung wegen fehlender Nachweise als steuerpflichtig behandeln zu müssen, wenn er keine Bestätigungsabfrage der USt-IdNr. beim Bundeszentralamt für Steuern (BZSt) vorgenommen hat (vgl. § 18e UStG). Zweifel an der USt-IdNr. des Abnehmers und damit an seiner Besteuerungsabsicht im übrigen Gemeinschaftsgebiet sind immer dann angebracht, wenn es sich um Lieferungen (insbesondere Abhollieferungen) an Neukunden handelt und/oder Art und Umfang der Lieferung nicht auf eine unternehmerische Veranlassung schließen lassen. Da die einfache Bestätigungsabfrage per Internet lediglich das Bestehen irgendeiner USt-IdNr. bestätigt, sollte stets eine qualifizierte Abfrage beim BZSt gestellt werden. Auch die MwStVO geht (wenngleich im Hinblick auf innergemeinschaftliche Dienstleistungen) davon aus, dass eine qualifizierte Abfrage der USt-IdNr. eines Vertragspartners stets einen Vertrauensschutz auslöst (Art. 18 MwStVO).
>
> Das BZSt bietet einen Internetservice zur Automatisierung der Bearbeitung von Anträgen auf Erteilung einer USt-IdNr.: www.bzst.de
>
> Hierbei wird über ein Formular-Management-System des Bundes ein Onlineformular zur Verfügung gestellt, über das eine voll automatisierte Beantragung ermöglicht wird. Der Antragsteller muss je nach Rechtsform unterschiedliche Identifikationsmerkmale in das Formular eingeben. Diese werden nach der Übermittlung sofort mit dem vorliegenden Datenbestand des Bundeszentralamts verglichen und auf Übereinstimmung geprüft. Im Ergebnis erhält der berechtigte Antragsteller unmittelbar einen entsprechenden Onlinehinweis hinsichtlich der automatisierten Bearbeitung. Die Bekanntgabe der Bestätigung der gültigen USt-IdNr. erfolgt in diesem Verfahren jedoch ausschließlich auf dem Postweg an die Anschrift des jeweils betroffenen Unternehmers, die dem BZSt zur Verfügung steht. Dadurch soll vermieden werden, dass einem nicht berechtigten Antragsteller die USt-IdNr. unmittelbar bekannt gegeben wird, was eine missbräuchliche Verwendung verhindern soll. Steuerliche Vertreter können die USt-IdNr. für ihre Mandanten beantragen. Die schriftliche Bekanntgabe der zugeteilten USt-IdNr. erfolgt jedoch auch in diesen Fällen unmittelbar an den Unternehmensinhaber bzw. das Unternehmen selbst.
>
> Bei Anfragen zu einzelnen USt-IdNrn. kann der Nachweis der durchgeführten qualifizierten Bestätigungsabfrage auch durch die Übernahme des vom BZSt übermittelten Ergebnisses als Screenshot in das System des Unternehmers geführt werden. Bei der

---

1 Abschnitt 6a.1 Abs. 18 Satz 3 UStAE, BFH v. 14. 12. 2011 – XI R 32/09, BFH/NV 2012 S. 1004; EuGH, Urteil v. 14. 6. 2017 – Rs. C-26/16, UR 2017 S. 539.

Durchführung gleichzeitiger Abfrage zu mehreren USt-IdNrn. über eine XML-RPC-Schnittstelle kann die vom BZSt übermittelte elektronische Antwort in Form eines Datensatzes unmittelbar in das System des Unternehmers eingebunden werden, was von der Finanzverwaltung ebenfalls als qualifizierter Nachweis anerkannt wird.[1]

Die Abfrage der USt-IdNr. ist im Internet auch möglich unter:

http://ec.europa.eu/taxation_custom/vies

allerdings ohne entsprechende schriftliche Bestätigung.

Bei der Lieferung an bestimmte Unternehmer (sog. **atypische Unternehmer**) ist die Lieferung nur dann steuerfrei, wenn diese Unternehmer in ihrem Mitgliedstaat einen innergemeinschaftlichen Erwerb zu versteuern haben (§ 6a Abs. 1 Nr. 3 UStG). Die Lieferung von neuen Fahrzeugen und verbrauchsteuerpflichtigen Wirtschaftsgütern an diese Abnehmer ist stets steuerfrei, da insoweit zwingend ein innergemeinschaftlicher Erwerb durch diese Unternehmer vorliegt (vgl. dazu nach deutschem Recht § 1a Abs. 5 UStG). In allen anderen Fällen ist die Lieferung als innergemeinschaftliche Lieferung nur steuerfrei, wenn der Abnehmer die Erwerbschwelle in seinem Mitgliedsland überschritten oder zur Erwerbsbesteuerung optiert hat (vgl. dazu nach deutschem Recht § 1a Abs. 3 und Abs. 4 UStG). Da der leistende Unternehmer ggf. nicht prüfen kann, ob die Erwerbschwelle durch den Erwerber überschritten wurde, kann daher in der Praxis nur die Verwendung einer USt-IdNr. des Abnehmers Aufschluss über die Durchführung der Erwerbsbesteuerung durch ihn im Bestimmungsland geben. Teilt der Unternehmer einem Lieferer seine gültige USt-IdNr. mit, gilt dies bereits als Option zur Besteuerung des innergemeinschaftlichen Erwerbs in seinem Heimatland (Art. 4 MwStVO).[2]

Hat der Gelegenheitseinkäufer aus dem übrigen Gemeinschaftsgebiet weder die Erwerbschwelle seines Mitgliedslandes überschritten noch zur Besteuerung des innergemeinschaftlichen Erwerbs optiert, ist die Lieferung an ihn steuerpflichtig. Die Steuerbarkeit richtet sich sodann vorrangig nach der sog. Versandhandelsregelung des § 3c UStG (vgl. § 3 Abs. 5a UStG).

262

HINWEIS:

Der Lieferer trägt in der Praxis bei mangelhaften Nachweisen das Risiko einer Versteuerung des Umsatzes. Insbesondere in Abholfällen bleibt ein hohes Restrisiko beim Veräußerer. Einen Ausweg aus diesem Dilemma hatte die Praxis darin gesehen, in Zweifelsfällen dem Abnehmer eine Rechnung mit offenem Umsatzsteuer-Ausweis zu erteilen und ihn auf das Verfügungsverfahren beim Bundeszentralamt für Steuern hinzuweisen (§ 18 Abs. 9 UStG i. V. m. §§ 59 ff. UStDV). Davon ist aus Sicht des Empfängers abzuraten. Die Auszahlung der Vorsteuer im Vergütungsverfahren ist nicht möglich,

---

1 Abschnitt 18e.1 Abs. 2 UStAE.
2 Abschnitt 6a.1 Abs. 16 bis 18 UStAE.

wenn es sich bei dem Vorgang um eine steuerfreie Lieferung handelt. Ein Vorsteuerabzug beim Leistungsempfänger ist nur möglich, wenn die Umsatzsteuer vom leistenden Unternehmer für seine Leistung geschuldet wird.[1] Umsatzsteuerbeträge, die der leistende Unternehmer aufgrund fehlender Rechnungserteilung schuldet (vgl. § 14c UStG), sind demnach nicht als Vorsteuerbeträge abzugsfähig.[2]

Da bei einer Korrektur der Rechnung der sich daraus ergebende Erstattungsanspruch gegenüber der Finanzverwaltung nur dem leistenden Unternehmer zusteht, nicht aber dem geschädigten Leistungsempfänger, besteht für diesen nur die Möglichkeit, den leistenden Unternehmer zivilrechtlich auf Korrektur und Rückzahlung in Anspruch zu nehmen und ihn ggf. zu verklagen. Dies gilt auch in Fällen, in denen mittlerweile das Insolvenzverfahren über das Vermögen des leistenden Unternehmers eröffnet wurde.[3]

Ist aber die zivilrechtliche Rückzahlung durch den leistenden Unternehmer an den Abnehmer unmöglich oder übermäßig schwierig, insbesondere im Fall der Zahlungsunfähigkeit des leistenden Unternehmers, kann der Vorsteueranspruch durch den Leistungsempfänger ausnahmsweise doch gegen die Finanzverwaltung geltend gemacht werden, allerdings nur, wenn der leistende Unternehmer die Umsatzsteuer auch an das Finanzamt abgeführt hat.[4]

263

TAB. 2: Erwerbsschwellen der einzelnen Mitgliedstaaten der EU[5]	
Belgien	11.200 €
Bulgarien	20.000 BGN (ca. 10.226 €)[6]
Dänemark	80.000 DKK (ca. 10.714 €)
Deutschland	12.500 €
Estland	10.000 €
Finnland	10.000 €
Frankreich	10.000 €
Griechenland	10.000 €
Irland	41.000 €
Italien	10.000 €
Kroatien	77.000 HRK (ca. 10.159 €)
Lettland	10.000 €
Litauen	14.000 €
Luxemburg	10.000 €

---

1 EuGH, Urteil v. 13.12.1989 – Rs. C-342/87, EuGHE 1989 S. 4227, UR 1991 S. 83, Abschnitt 18.11 Abs. 1a UStAE.

2 Vgl. auch BFH v. 2.4.1998 – V R 34/97, BStBl 1998 II S. 695.

3 BFH v. 30.6.2015 – VII R 30/14, BFH/NV 2015 S. 1611.

4 EuGH, Urteil v. 26.4.2017 – C-564/15, UR 2017 S. 438.

5 Veröffentlicht im Internet unter http://ec.europa.eu/taxation_customs.

6 Umgerechnet zum Zeitpunkt der Veröffentlichung der Werte im Internet durch die EU, Kurs kann naturgemäß schwanken.

Malta	10.000 €
Niederlande	10.000 €
Österreich	11.000 €
Polen	50.000 PLN (ca. 12.144 €)
Portugal	10.000 €
Rumänien	34.000 RON (ca. 7.690 €)
Schweden	90.000 SEK (ca. 9.665 €)
Slowakei	13.941 €
Slowenien	10.000 €
Spanien	10.000 €
Tschechien	326.000 CZK (ca. 11.891 €)
Ungarn	10.000 €
Vereinigtes Königreich	83.000 GBP (ca. 114.397 €)
Zypern	10.251 €

6. Vertrauensschutz

Nach der sog. Vertrauensschutzregelung des § 6a Abs. 4 UStG ist eine innergemeinschaftliche Lieferung auch dann als steuerfrei zu behandeln, wenn die Voraussetzungen des § 6a Abs. 1 UStG nicht vorliegen, der liefernde Unternehmer aber im Vertrauen auf die Richtigkeit der Angaben des Abnehmers die Lieferung als steuerfrei behandelt hat. Hat der liefernde Unternehmer die unrichtigen Angaben des Abnehmers auch unter Beachtung der Sorgfaltspflicht eines ordentlichen Kaufmanns nicht erkennen können, so wird die Lieferung gleichwohl im Inland als steuerfrei behandelt und die Umsatzsteuer vom Abnehmer geschuldet. Der Umfang der hiernach erforderlichen Sorgfalt ist auf der Grundlage des § 347 HGB unter Berücksichtigung der besonderen Verhältnisse des jeweiligen Einzelfalls zu beurteilen; grds. Ausführungen dazu sind nicht möglich.[1] Maßgeblich ist aber dabei nur die grds. formelle Richtigkeit und Vollständigkeit der Unterlagen, nicht aber auch die inhaltliche Richtigkeit.

Im Regelfall wird bereits davon auszugehen sein, dass der Lieferer seiner Sorgfaltspflicht im Bezug auf die Unternehmereigenschaft des Empfängers Genüge getan hat, wenn er sich die Unternehmereigenschaft des Abnehmers durch die USt-IdNr. nachweisen lässt. Das Bundeszentralamt für Steuern in Saarlouis bestätigt einem inländischen Unternehmer auf Anfrage die Gültigkeit einer

264

---

1 BFH v. 28. 9. 2009 – XI B 103/08, BFH/NV 2010 S. 73, Abschnitt 6a.8 Abs. 1 UStAE.

von einem anderen Mitgliedstaat vergebenen USt-IdNr. und ggf. die Richtigkeit des Namens und der Anschrift des Unternehmers (§ 18e UStG).[1] Die Überprüfung der USt-IdNr. sollte gerade bei neuen Geschäftsbeziehungen erfolgen, eine turnusmäßige Überprüfung ist sinnvoll. Bei Lieferungen an Abnehmer mit zwischenzeitlich ungültiger USt-IdNr. kann eine sinngemäße Anwendung des § 6a Abs. 4 UStG in Betracht kommen,[2] auch wenn der Unternehmer die zutreffende USt-IdNr. nachträglich nicht mehr feststellen kann.[3] Dem Verkäufer kann die Steuerbefreiung einer innergemeinschaftlichen Lieferung nicht allein deshalb versagt werden, weil die Steuerverwaltung eines anderen Mitgliedstaates eine Löschung der USt-IdNr. des Erwerbers vorgenommen hat, wenn diese Löschung nach der Lieferung des Gegenstandes erfolgt ist, auch wenn sie rückwirkend vorgenommen wurde.[4] Dies setzt naturgemäß voraus, dass er seinerzeit auch die USt-IdNr. des Erwerbers aufgezeichnet (und idealerweise auch geprüft) hat. Auch aus diesem Grund ist eine häufige, bei hochpreisigen Gegenständen m. E. sogar permanente (d. h. bei jeder Lieferung) durchzuführende qualifizierte Bestätigungsabfrage sinnvoll.[5]

> **HINWEIS:**
>
> Lange war in der Rechtsprechung umstritten, ob eine Lieferung von Gegenständen an einen Abnehmer im übrigen Gemeinschaftsgebiet steuerfrei sein kann, wenn der inländische Unternehmer in kollusivem Zusammenwirken mit dem tatsächlichen Abnehmer die Lieferung an einen Zwischenhändler vortäuscht, um dem Abnehmer die Hinterziehung von Steuern zu ermöglichen.[6] Aufgrund eines Vorabentscheidungsersuchens des BGH[7] entschied der EuGH, dass eine innergemeinschaftliche Lieferung dann nicht steuerfrei ist, wenn die Lieferung zwar tatsächlich durchgeführt worden ist, aber aufgrund objektiver Umstände feststeht, dass der Verkäufer wusste, dass er sich mit der Lieferung an einem Warenumsatz beteiligt, der darauf angelegt ist, Mehrwertsteuer zu hinterziehen, weil er Handlungen vorgenommen hat, die darauf abzielen, die Person des wahren Erwerbers zu verschleiern, um diesem oder einem Dritten zu ermöglichen, Mehrwertsteuer zu hinterziehen.[8] Das Fehlen eines Nachweises einer innergemeinschaftlichen Lieferung muss dann zu einer Steuerpflicht des Umsatzes führen, wenn das Steueraufkommen in einem anderen Mitgliedstaat durch das aktive Mitwirken des Veräußerers an der Verschleierung der tatsächlichen Sachverhalte in einem anderen

---

1 Abschnitt 6a.8 Abs. 6 UStAE.
2 Abschnitt 6a.8 Abs. 5 Satz 3 UStAE.
3 Hessisches FinMin v. 28. 3. 1996, UR 1996 S. 275.
4 EuGH, Urteil v. 6. 9. 2012 – Rs. C-273/11, Mecsek-Gabona Kft, DStR 2012 S. 1917.
5 Vgl. Abschnitt 6a.8 Abs. 7 UStAE.
6 BGH v. 20. 11. 2008 – 1 StR 354/08, DStR 2009 S. 577; BGH, v. 19. 2. 2009 – 1 StR 633/08, UR 2009 S. 726; zweifelnd BFH v. 29. 7. 2009 – XI B 24/09, BFH/NV 2009 S. 1567.
7 BGH v. 7. 7. 2009 – 1 StR 41/09, DStR 2009 S. 1688.
8 EuGH, Urteil v. 7. 12. 2010 – Rs. C-255/09, DStR 2010 S. 2572.

Mitgliedstaat gefährdet wird.[1] Gleiches gilt, wenn sich ein Unternehmer wissentlich an einem strukturierten Verfahrensablauf beteiligt, der darauf abzielt, die Besteuerung des innergemeinschaftlichen Erwerbs im Bestimmungsland durch Vortäuschen einer differenzbesteuerten Lieferung zu verdecken.[2] Ein *vermutetes* Mitwirken des Veräußerers zur Umgehung der Besteuerung des innergemeinschaftlichen Erwerbs im Bestimmungsland dürfte demnach für die Frage der Steuerbefreiung dagegen ohne Bedeutung sein.[3] Maßgeblich für die Nachweispflichten nach § 6a Abs. 3 UStG ist die formelle Vollständigkeit, nicht aber die inhaltliche Richtigkeit der Beleg- und Buchangaben, da § 6a Abs. 4 UStG das Vertrauen auf unrichtige Angaben schützt.[4]

Bei falsch erstellten Abnahmebestätigungen oder widersprüchlichen Unterlagen deren Unrichtigkeit dem leistenden Unternehmer bekannt war, kann auch die Vertrauensschutzregelung des § 6a Abs. 4 UStG nicht greifen, weil kein vertrauenswürdiger Tatbestand geschaffen wurde.[5]

Der Unternehmer ist aufgrund der Vertrauensschutzregelung nicht von seiner grds. Verpflichtung entbunden, den Beleg- und Buchnachweis vollständig und rechtzeitig zu führen. Nur unter diesen Voraussetzungen kann der Unternehmer die Vertrauensschutzregelung überhaupt in Anspruch nehmen.[6] Bei ungewöhnlichen Umständen hat der Unternehmer naturgemäß weitere Sorgfaltspflichten zu beachten. Er muss dazu alle Maßnahmen ergreifen, die vernünftigerweise verlangt werden können, um sicherzustellen, dass der von ihm getätigte Umsatz nicht zu einer Beteiligung an einer Steuerhinterziehung führt.[7]

265

HINWEIS:

Im Streitfall wurde der Kontakt zum Abschluss der Kaufverträge über den Barverkauf hochpreisiger Fahrzeuge nicht über den Geschäftssitz der angeblich im Ausland ansässigen GmbH angebahnt. Es lag keinerlei Bezug zum Mitgliedstaat der Ansässigkeit der Gesellschaft vor. Der Kontakt zum Abnehmer erfolgte vielmehr auf der Abnehmerseite ausschließlich über ein Mobiltelefon und ein Faxgerät mit jeweils inländischer Vorwahl. Bei Beachtung der erforderlichen Sorgfalt – so der BFH – hätte der Kläger aufgrund dieser Umstände am Vorliegen einer Geschäftsbeziehung zu einer im übrigen Gemeinschaftsgebiet ansässigen Personengesellschaft zweifeln müssen. Obwohl ihm ein Auszug aus dem ausländischen Handelsregister, eine auf dem Briefbogen der GmbH erteilte Vollmacht auf die handelnde Person vorlag und er den Personalausweis dieser Person kopiert hatte, sprach ihm das Gericht die Beachtung der notwendigen Sorgfaltspflicht ab, da die GmbH tatsächlich den Geschäftsabschluss nicht herbei-

---

1 So auch schon BGH v. 12. 5. 2005 – 5 StR 36/05, DStR 2005 S. 1271.

2 BFH v. 11. 8. 2011 – V R 3/10, BFH/NV 2011 S. 2208.

3 Vgl. dazu *Winter/Höing*, DStR 2010 S. 1772.

4 BFH v. 15. 2. 2012 – XI R 42/10, BFH/NV 2012 S. 1188, BFH v. 12. 5. 2011 – V R 46/10, BStBl 2011 II S. 957, BFH v. 25. 4. 2013 – V R 10/11, BFH/NV 2013 S. 1453, Abschnitt 6a.8 Abs. 1 Satz 5 und 6 UStAE.

5 Abschnitt 6a.8 Abs. 8 UStAE, BFH v. 19. 3. 2015 – V R 14/14, BStBl 2015 II S. 912.

6 Abschnitt 6a.2 Abs. 5 UStAE, Abschnitt 6a.8 Abs. 1 UStAE.

7 BFH v. 25. 4. 2013 – V R 28/11, BStBl 2013 II S. 656, Abschnitt 6a.8 Abs. 7 und 9 UStAE.

geführt hatte und ein Unbekannter unter ihrem Namen mit gefälschten Unterlagen aufgetreten war. Der Unternehmer hat in derartigen Fällen mit ungewöhnlichen Umständen „Nachforschungen bis zur Grenze der Zumutbarkeit" durchzuführen.[1]

266 Liegen die Voraussetzungen für die Gewährung des Vertrauensschutzes vor, ist eine Lieferung auch dann als steuerfrei anzusehen, wenn eine Festsetzung der Steuer nach § 6a Abs. 4 Satz 2 UStG gegen den Abnehmer nicht möglich ist, z. B. weil dieser sich dem Zugriff der Finanzbehörde entzieht.[2]

> **HINWEIS:**
>
> Der BFH überträgt die Rechtsgrundsätze der Vertrauensschutzregelung des § 6a Abs. 4 UStG auch auf die ruhende Lieferung eines Reihengeschäfts.[3]

III. Lieferungen an bestimmte Einrichtungen

267 Ein innergemeinschaftlicher Erwerb im Inland liegt nicht vor, wenn die Erwerber folgende im übrigen Gemeinschaftsgebiet ansässige Einrichtungen sind, sofern sie den Gegenstand nicht als Unternehmer für ihr Unternehmen erworben haben (§ 1c UStG):

▶ ständige diplomatische Missionen, berufskonsularische Vertretungen,

▶ zwischenstaatliche Einrichtungen,

▶ im übrigen Gemeinschaftsgebiet stationierte Streitkräfte anderer Vertragsparteien des Nordatlantikvertrags, sofern es nicht die Streitkräfte dieses Mitgliedstaates sind.

Da die begünstigten Einrichtungen nicht zu den Erwerbern i. S. des § 1a Abs. 1 Nr. 2 UStG gehören, liegt bei entsprechenden Lieferungen an diese Einrichtungen somit keine innergemeinschaftliche Lieferung i. S. des § 6a Abs. 1 UStG vor, obwohl der Gegenstand körperlich in das übrige Gemeinschaftsgebiet gelangt.

268 Liefert der Unternehmer an einen der genannten Leistungsempfänger in einen anderen Mitgliedstaat, so ist der Umsatz im Inland steuerbar, falls nicht die Versandhandelsregelung zur Anwendung kommt (§ 3c Abs. 2 Nr. 1 i. V. m. § 1a Abs. 1 Nr. 2 i. V. m. § 1c Abs. 1 Satz 2 UStG; vgl. auch Rz. 301 ff.). Die Steuerpflicht der Leistung bestimmt sich aber nach den vorherigen Ausführungen nicht über § 6a Abs. 1 UStG, sondern ggf. über § 4 Nr. 7 UStG und damit nach

---

1 BFH v. 14. 11. 2012 – XI R 17/12, BStBl 2013 II S. 407, Abschnitt 6a.2 Abs. 5 Satz 3 UStAE.
2 Abschnitt 6a.8 Abs. 2 Satz 4 UStAE.
3 BFH v. 11. 8. 2011 – V R 3/10, BFH/NV 2011 S. 2208.

den Regelungen des Gastmitgliedlandes (§ 4 Nr. 7 Satz 2 UStG), die leider noch sehr unterschiedlich ausgestaltet sind.[1]

Lieferungen und sonstige Leistungen an die **in einem anderen Mitgliedstaat** **stationierten Streitkräfte** der Vertragsparteien des Nordatlantikvertrags – die nicht Streitkräfte dieses anderen Staates sind – sind unter den Voraussetzungen steuerfrei, die in dem anderen Mitgliedstaat (Gastmitgliedstaat) gelten, in dem diese Streitkräfte stationiert sind (§ 4 Nr. 7b UStG). Die Steuerbefreiungen gelten nicht für die Lieferung neuer Fahrzeuge (unionsrechtliche Grundlage für die Sonderregelung ist Art. 151 MwStSystRL).

269

BEISPIEL: ▶ A aus Aachen liefert Küchengeräte an eine in Belgien stationierte Einheit der deutschen Bundeswehr. Die Waren werden bei A abgeholt.

Die in Belgien stationierte Einheit der Bundeswehr hat keinen innergemeinschaftlichen Erwerb bewirkt (Art. 3 Abs. 1 Buchst. a MwStSystRL); A kann somit keine innergemeinschaftliche Lieferung ausgeführt haben (§ 6a Abs. 1 Nr. 3 UStG). Da der Transport der Ware nicht durch A erfolgte, liegt kein Fall der sog. Versandhandelsregelung des § 3c UStG vor. Somit liegt der Ort der Lieferung in Aachen (§ 3 Abs. 6 Satz 1 UStG). Die Lieferungen des A sind steuerbar, aber unter den Voraussetzungen des § 4 Nr. 7b UStG steuerfrei. Voraussetzung für diese Steuerbefreiung ist jedoch, dass A den Nachweis erbringen muss, dass es sich bei der belieferten Einrichtung um eine nach dem Recht des Gastmitgliedlandes begünstigte Einrichtung handelt. Dies hat A durch eine von der zuständigen belgischen Behörde erteilte Bescheinigung nachzuweisen. Anstelle dieses sog. Sichtvermerks kommt ggf. auch eine Eigenbestätigung des Abnehmers (Bundeswehreinheit in Belgien) in Betracht (§ 4 Nr. 7 Satz 4 UStG). Dazu sind jedoch die Bestimmungen des Gastmitgliedlandes heranzuziehen. Die A ggf. von Vorlieferanten in Rechnung gestellten Umsatzsteuerbeträge sind uneingeschränkt als Vorsteuer abzugsfähig (§ 15 Abs. 3 Nr. 1a UStG). Da es sich bei den vorgenannten Lieferungen nicht um innergemeinschaftliche Lieferungen handelt, ist ein entsprechender Umsatz nicht in die Zusammenfassende Meldung aufzunehmen.

Die im Gastmitgliedstaat geltenden Voraussetzungen und Beschränkungen hat der Unternehmer durch eine Bescheinigung der zuständigen Behörde des Gastmitgliedstaates (Sichtvermerk) oder ggf. eine Eigenbestätigung des hierzu ermächtigten Abnehmers belegmäßig nachzuweisen (§ 4 Nr. 7 Satz 5 UStG). Das Muster dieser Bescheinigung ist EU-einheitlich festgelegt worden.[2] Für in der Bundesrepublik Deutschland stationierte ausländische NATO-Streitkräfte wird von einer behördlichen Bestätigung abgesehen (Freistellung vom Sichtvermerk).

---

1 Vgl. Abschnitt 4.7.1 Abs. 6 UStAE.
2 BMF, Schreiben v. 30. 4. 1997, BStBl 1997 I S. 569 bzw. für Umsätze nach dem 30. 6. 2011 BMF, Schreiben v. 23. 6. 2011, BStBl 2011 II S. 677 sowie Art. 51 i. V. m. Anhang II der Verordnung (EU) 282/2011, ABl. EU 2011 Nr. L 77 S. 1.

270 Unter den gleichen Voraussetzungen sind darüber hinaus steuerbefreit die Lieferungen und sonstigen Leistungen an die **im Gebiet eines anderen Mitgliedstaates ansässigen ständigen Missionen und berufskonsularischen Vertretungen** (§ 4 Nr. 7c UStG) und die an die in dem Gebiet eines anderen Mitgliedstaates ansässigen **zwischenstaatlichen Einrichtungen** (§ 4 Nr. 7d UStG) sowie den einzelnen Mitgliedern.

> **BEISPIEL:** ▶ Unternehmer U aus Aachen versendet Büroausstattungen an die Deutsche Botschaft in Frankreich. Die Lieferungen des U an französische Nichtunternehmer betragen im laufenden Jahr in Anlehnung an das Vorjahr voraussichtlich nur 5.000 € bis 10.000 €.
>
> Die Lieferung des U ist in Deutschland steuerbar (§ 3 Abs. 6 Satz 1 UStG), da U die Lieferschwelle in Frankreich (vgl. dazu § 3c Abs. 3 UStG) nicht erreicht. Es liegt keine Ausfuhrlieferung vor (§ 4 Nr. 1a, § 6 UStG) und auch keine innergemeinschaftliche Lieferung (§ 4 Nr. 1b i.V. m. § 6a Abs. 1 Nr. 3 UStG). Die Lieferung ist jedoch steuerfrei nach § 4 Nr. 7c UStG, sofern diese nach französischem Recht steuerfrei ist und die entsprechenden Nachweise vorliegen.

Auch diese Umsatzsteuerbefreiungen hängen von den Voraussetzungen einschließlich Beschränkungen ab, die in dem anderen Mitgliedstaat gelten und sind entsprechend belegmäßig nachzuweisen. Die Regelungen des § 4 Nr. 7 UStG gelten nicht für die Lieferung neuer Fahrzeuge.

271 **Ist der Leistungsempfänger dagegen im Inland ansässig** und liegt der **Leistungsort im Inland,** gelten für den ausgeführten Umsatz die Regelungen des deutschen Umsatzsteuerrechts hinsichtlich der Steuerbarkeit und der Steuerpflicht. Es liegt kein Fall des § 4 Nr. 7 UStG vor. Umsätze an die im Inland stationierten Streitkräfte der NATO sind ggf. nach Art. 67 NATO-ZAbk[1] von der Umsatzsteuer befreit.[2] Umsätze an im Inland ansässige ausländische Vertretungen sowie zwischenstaatliche Einrichtungen sind regelmäßig steuerpflichtig, sofern sie nicht nach den allgemeinen Grundsätzen des § 4 UStG steuerfrei sind. Diese Einrichtungen erhalten die in Rechnung gestellte Umsatzsteuer aufgrund der Umsatzsteuer-Erstattungsverordnung (UStErstV) bzw. aufgrund internationaler Abkommen (z. B. Privilegienprotokolle) durch das Bundeszentralamt für Steuern vergütet. Insoweit ergaben sich auch durch die Schaffung des Binnenmarktes keine Änderungen. Die Steuerbefreiung für Lieferungen und sonstige Leistungen an andere Vertragsparteien des Nordatlantikvertrags (§ 4 Nr. 7a UStG) und die Steuerbefreiung nach § 26 Abs. 5 UStG (Offshore-Steuerabkommen, NATO-Truppenstatut) blieben von den Neuregelungen des

---

1 BStBl 1964 I S. 396.
2 Auftragsvergabe durch eine amtliche Beschaffungsstelle und Nachweis durch einen Abwicklungsschein, eine Liste der amtlichen Beschaffungsstellen enthält UR 1995 S. 462.

Binnenmarktes ebenfalls unberührt. Die Umsätze sind nicht in die Zusammenfassende Meldung aufzunehmen, da keine innergemeinschaftlichen Lieferungen gegeben sind.

Zum Nachweis der Steuerbefreiung für Umsätze an die in der Bundesrepublik   272
Deutschland stationierten ausländischen NATO-Streitkräfte durch Unternehmer in den übrigen EU-Mitgliedstaaten vgl. BMF-Schreiben v. 12. 5. 1997.[1]

IV. Innergemeinschaftliche Reihengeschäfte

1. Begriff

Ein Reihengeschäft liegt vor, wenn mehrere Unternehmer über denselben Ge-   273
genstand Umsatzgeschäfte abschließen und bei diesen dieser Gegenstand im
Rahmen einer Beförderung oder Versendung unmittelbar vom ersten Unternehmer in der Reihe an den letzten Abnehmer gelangt (§ 3 Abs. 6 Satz 5
UStG).[2] Ein *innergemeinschaftliches* Reihengeschäft liegt vor, wenn die Warenbewegung im Gebiet eines Mitgliedstaates beginnt und im Gebiet eines anderen Mitgliedstaates endet.

Bei Reihengeschäften werden im Rahmen einer Warenbewegung mehrere Lieferungen ausgeführt, die in Bezug auf den Lieferzeitpunkt und den Lieferort
getrennt zu beurteilen sind. Es handelt sich um eine Kette von nacheinander
erfolgten Lieferungen, bei denen jeweils die Verfügungsmacht über die gelieferten Gegenstände auf den folgenden Abnehmer übergeht. Die Lieferungen
finden sowohl zeitlich als auch räumlich gedanklich nacheinander statt. Damit
liegt nicht zwingend ein einheitlicher Lieferant vor.

2. Bewegte Lieferung

Bei Reihengeschäften gelten die Ausführungen zum innergemeinschaftlichen   274
Erwerb entsprechend (vgl. Rz. 125 ff.). Bei Lieferungen im Rahmen eines Rei-
hengeschäfts liegt nach § 3 Abs. 6 Satz 5 UStG nur **eine** Beförderungs- oder
Versendungslieferung vor, für die sich der Ort der Lieferung nach § 3 Abs. 6
Satz 1 UStG nach dem Beginn der Beförderung oder Versendung bestimmt
(Lieferung mit Warenbewegung). Die Lieferung gilt bei diesen Beförderungs-
und Versendungslieferungen als dort ausgeführt, wo die Beförderung oder
Versendung beginnt (§ 3 Abs. 6 Satz 1 UStG).

---

1   UR 1997 S. 315.
2   Abschnitt 3.14 Abs. 1 UStAE.

275 Die Ortsbestimmungen für die weiteren Lieferungen im Zusammenhang mit diesem Reihengeschäft richten sich nach § 3 Abs. 7 Satz 2 UStG (**ruhende Lieferungen**). Für Lieferungen, die der Beförderungs- oder Versendungslieferung vorangehen, gilt der Abgangsort (§ 3 Abs. 7 Satz 2 Nr. 1 UStG), für Lieferungen, die der Beförderungs- oder Versendungslieferung folgen der Ankunftsort als Lieferort (§ 3 Abs. 7 Satz 2 Nr. 2 UStG).

BEISPIEL: ▶ A aus Amsterdam bestellt bei B aus Bochum eine Ware, die der wiederum bei seinem Lieferanten C aus Celle anfordert. C versendet die Ware unmittelbar an A.

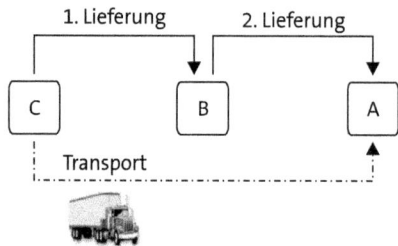

Es liegt ein Reihengeschäft vor, da mehrere Unternehmer über einen Gegenstand Umsatzgeschäfte abgeschlossen haben und diese dadurch erfüllen, dass der erste Unternehmer in der Reihe dem letzten Abnehmer unmittelbar die Verfügungsmacht verschafft (§ 3 Abs. 6 Satz 5 UStG).

Die Lieferung des C wurde in Celle ausgeführt (§ 3 Abs. 6 Satz 1 UStG); sie ist als innergemeinschaftliche Lieferung steuerfrei, denn C hat die Warenbewegung in das übrige Gemeinschaftsgebiet ausgeführt und sein Abnehmer B hat einen innergemeinschaftlichen Erwerb (in den Niederlanden, § 3d Satz 1 UStG) zu versteuern (§ 1a Abs. 1 UStG). Solange B jedoch nicht über eine niederländische USt-IdNr. verfügt, die C als Nachweis für die Erwerbsbesteuerung des B in den Niederlanden benötigt, ist die Lieferung des C an B als steuerpflichtig zu behandeln, da dieser mangels Benennung einer USt-IdNr. des Bestimmungslandes nicht davon ausgehen kann, dass sein Erwerber in diesem Bestimmungsland auch die vorgesehene Erwerbsbesteuerung vornimmt (§ 6a Abs. 1 Satz 1 Nr. 3 UStG).[1] Ob B diese Umsatzsteuer als Vorsteuer abziehen kann, erscheint höchst fraglich, da die Leistung nach dem System der Umsatzsteuer steuerfrei sein muss und B nur die formellen Voraussetzungen dafür nicht geschaffen hat. M. E. ist die Lieferung an B zwar steuerpflichtig, da sich B aber den formellen Regelungen des Europäischen Binnenmarktes verschließt und keine niederländische Registrierung vornimmt, ist die Vorsteuer für ihn vom Abzug ausgeschlossen.[2] Überträgt man die Grundsätze der Rechtsprechung des EuGH zum innergemeinschaftlichen Erwerb bei vom Bestimmungsland abweichend verwendeter USt-IdNr., dürfte man zu keinem anderen Ergebnis kommen.[3] Nach dem System

---

1 Abschnitt 3.14 Abs. 13 Beispiel a Satz 5 UStAE.
2 vgl. Abschnitt 18.11 Abs. 1a UStAE.
3 Abschnitt 3d.1 Abs. 4 UStAE.

der Umsatzsteuer im Binnenmarkt muss eine innergemeinschaftliche Lieferung stets mit einem innergemeinschaftlichen Erwerb einhergehen.[1]

Die Lieferung des B an A stellt keine innergemeinschaftliche Lieferung dar, weil der Ort der Lieferung nicht im Inland liegt, sondern in Amsterdam (§ 3 Abs. 7 Satz 2 Nr. 2 UStG). Die Lieferung des B an A ist somit im Inland nicht steuerbar.

B muss sich daher in diesem Fall in den Niederlanden umsatzsteuerlich registrieren lassen und dort Steuererklärungen abgeben. In diesem Zusammenhang wird ihm auf Antrag auch eine niederländische USt-IdNr. zugeteilt, die er wiederum C mitteilen kann zum Nachweis der steuerfreien Lieferung. Damit wird B im Ergebnis behandelt wie ein niederländischer Abnehmer. Dies entspricht auch dem System der Umsatzbesteuerung, denn die Umsatzsteuer ist eine Verkehrsteuer und entsteht letztendlich im Land des Verbrauchs.[2]

ABWANDLUNG 1: ▶ Wie oben, jedoch holt Abnehmer A die Ware unmittelbar selbst bei C ab.

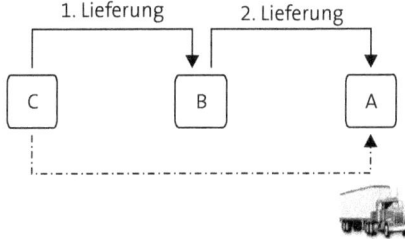

Die Warenbewegung ist der Lieferung des B an A zuzuordnen, da sein Abnehmer befördert oder versendet (§ 3 Abs. 6 Satz 5 UStG). Die Lieferung des B an A ist somit in Celle ausgeführt (§ 3 Abs. 6 Satz 1 UStG), im Inland steuerbar, aber als innergemeinschaftliche Lieferung steuerfrei (§ 6a Abs. 1 UStG), da die Warenbewegung von Deutschland in die Niederlande erfolgte und der Abnehmer des B einen innergemeinschaftlichen Erwerb in den Niederlanden bewirkt hat. In diesem Fall ist der Nachweis der Erfüllung der Voraussetzungen des § 6a Abs. 1 Nr. 3 UStG für B problemlos möglich, da ihm A seine niederländische USt-IdNr. mitteilt.

Die Lieferung des C an B ist als „bewegungslose" Lieferung in Celle ausgeführt (§ 3 Abs. 7 Satz 2 Nr. 1 UStG) und steuerpflichtig, da insoweit keine Warenbewegung ins Ausland erfolgte. Daher kann C keinen Abnehmer haben, der einen innergemeinschaftlichen Erwerb bewirkt hat. Dies wäre auch dann der Fall, wenn B ein ausländischer Unternehmer wäre, denn es kommt nur auf die Warenbewegung als solche an.

Die **Zuordnung der Beförderung oder Versendung** zu einer der Lieferungen des Reihengeschäfts ist davon abhängig, ob der Gegenstand der Lieferung durch den ersten Unternehmer, den letzten Abnehmer oder einen Unternehmer in

276

---

1 EuGH, Urteil v. 26. 7. 2017 – Rs. C-386/16, UR 2017 S. 678.
2 EuGH, Urteil v. 22. 4. 2010 – Rs. C-539/08, DStR 2010 S. 926.

der Reihe befördert oder versendet wird. Die Zuordnungsentscheidung muss einheitlich für alle Beteiligten getroffen werden. Aus den vorhandenen Belegen muss sich eindeutig und leicht nachprüfbar ergeben, wer die Beförderung oder Versendung veranlasst hat. Im Fall der Versendung ist dabei auf die Auftragserteilung an den selbständigen Beauftragten abzustellen. Sollte sich aus den Geschäftsunterlagen nichts anderes ergeben, ist auf die Frachtzahlerkonditionen abzustellen.[1]

277 Damit richtet sich für alle Beteiligten der Lieferort entweder nach dem Transportbeginn oder dem Transportende.[2] Bei Lieferungen vom übrigen Gemeinschaftsgebiet ins Inland liegt dabei regelmäßig durch einen Abnehmer in der Reihe ein innergemeinschaftlicher Erwerb vor, bei Lieferungen ins übrige Gemeinschaftsgebiet hat einer der liefernden Unternehmer zu prüfen, ob eine steuerfreie innergemeinschaftliche Lieferung vorliegt. Entscheidend ist dabei nicht die Nationalität des Lieferers, sondern ausschließlich die Warenbewegung. Nach dem System der Umsatzsteuer im Binnenmarkt muss eine innergemeinschaftliche Lieferung stets mit einem innergemeinschaftlichen Erwerb einhergehen.[3]

> **HINWEIS:**
>
> Der BFH hat der Auffassung der Finanzverwaltung[4] widersprochen, wonach die bewegte und damit die steuerfreie Lieferung stets der Lieferung des Zwischenhändlers an den letzten Abnehmer zuzurechnen sei.[5] Dies gelte nur dann, wenn dem letzten Abnehmer auch bereits im Inland die Verfügungsmacht an dem Gegenstand verschafft worden ist, de facto über den ersten Unternehmer in der Kette als Erfüllungsgehilfen
>
> Zur praktischen Vereinfachung führt der BFH aber auch aus, dass bei Reihengeschäften zwischen fremden Personen bei einer übereinstimmenden Zuordnung der Warenbewegung zu einer der Lieferungen durch die betroffenen Unternehmer der Sichtweise der Beteiligten gefolgt werden kann.
>
> Es kann daher nur angeraten werden, zur Beweissicherung entsprechende Dokumentationen vorzunehmen. Es empfiehlt sich, zusätzlich zu den vereinbarten Incoterms festzulegen, wann das Eigentum auf den letzten Abnehmer übergehen soll.
>
> Eine Änderung der gesetzlichen Vorschriften wird zurzeit kontrovers diskutiert. Die Finanzverwaltung hat den Umsatzsteuer-Anwendungserlass angepasst und Vereinfachungsregelungen für gebrochene Beförderungen oder Versendungen zugelassen insbesondere für Fälle, in denen in einem anderen Mitgliedstaat abweichende Regelungen gelten, um die Zeit bis zur Verabschiedung einer Gesetzesänderung praktikabel zu

---

1 Abschnitt 3.14 Abs. 7 UStAE.
2 EuGH, Urteil v. 26.7 2017 – C-386/16, BB 2017 S. 1813.
3 EuGH, Urteil v. 26.7.2017 – C-386/16, UR 2017 S. 678.
4 Abschnitt 3.14 Abs. 8 Satz 2 UStAE.
5 BFH v. 25.2.2015 – XI R 30/13, BFH/NV 2015 S. 769.

regeln.[1] Da nun auch die Mitgliedstaaten der EU eine Verbesserung der Rechtsvorschriften gefordert haben, um die Rechtssicherheit für die Wirtschaftsbeteiligten zu stärken, soll zum 1. 1. 2019 in die MwStSystRL ein neuer Art. 138a eingeführt werden. Einen entsprechenden Vorschlag für eine Richtlinie des Rates hat die Europäische Kommission zwischenzeitlich vorgelegt.[2] In die MwStVO soll ein neu eingefügter Art. 45a begleitende Regelungen dazu enthalten, einen entsprechenden Vorschlag für eine Durchführungsverordnung des Rates zur Änderung der MwStVO hat die Europäische Kommission ebenfalls vorgelegt.[3] Die weitere Entwicklung bleibt abzuwarten.

3. Zuordnung bei Befördern oder Versenden durch den Zwischenhändler

Wird der Transport durch einen Zwischenhändler ausgeführt oder veranlasst, enthält § 3 Abs. 6 Satz 6 UStG die widerlegbare Vermutung, dass die Lieferung mit Warenbewegung dem ersten Unternehmer in der Reihe zuzuordnen ist, d. h. die bewegte Lieferung wird grds. der Lieferung des vorangehenden Lieferers zugeordnet (§ 3 Abs. 6 Satz 6 Halbsatz 1 UStG). Diese Vermutung könnte der Zwischenhändler dadurch widerlegen, indem er anhand von Belegen, z. B. durch eine Auftragsbestätigung, das Doppel der Rechnung oder andere handelsübliche Belege und Aufzeichnungen nachweist, dass er als Lieferer aufgetreten und die Beförderung oder Versendung dementsprechend seiner eigenen Lieferung zuzuordnen ist (§ 3 Abs. 6 Satz 6 Halbsatz 2 UStG). Dies bedeutet in der Praxis de facto ein Wahlrecht des Zwischenhändlers eines Reihengeschäftes, wenn er für den Transport der Ware verantwortlich ist.

278

Dabei kommt es nicht auf die Verpflichtung bzw. Absichtsbekundung des Zwischenhändlers an, sondern allein auf die objektiven Umstände.[4] Die erforderliche Zuordnung setzt die Feststellung voraus, ob der Ersterwerber (Zwischenhändler) dem Zweiterwerber (letzter Unternehmer in der Reihe) die Befähigung, wie ein Eigentümer über den Gegenstand zu verfügen, im Inland übertragen hat. Die Übernahme der Kosten der Beförderung kann ein Indiz sein, die Kostenübernahme allein ist aber für die Abgrenzung unerheblich.[5]

---

1 BMF, Schreiben v. 7. 12. 2015, BStBl 2015 I S. 1014, Abschnitt 3.14 Abs. 9 UStAE.

2 Vorschlag für eine Richtlinie des Rates zur Änderung der Richtlinie 2006/112/EG in Bezug auf die Harmonisierung und Vereinfachung bestimmter Regelungen des Mehrwertsteuersystems (MwStSystRL) und zur Einführung des endgültigen Systems der Besteuerung des Handels zwischen den Mitgliedstaaten v. 4. 10. 2017, COM (2017) 569 final.

3 Vorschlag für eine Durchführungsverordnung des Rates zur Änderung der Durchführungsverordnung (EU) Nr. 282/2011 (MwStVO) hinsichtlich bestimmter Befreiungen bei innergemeinschaftlichen Umsätzen v. 4. 10. 2017, COM (2017) 568 final.

4 BFH v. 25. 2. 2015 – XI R 15/14, BFH/NV 2015 S. 772 und BFH v. 25. 2. 2015 – XI R 30/13, BFH/NV 2015 S. 769.

5 EuGH, Urteil v. 16. 12. 2010 – C-430/09, DStR 2011 S. 23.

ABWANDLUNG 2: ▸ Wie Beispiel aus Rz. 275, jedoch führt B den Transport der Ware aus.

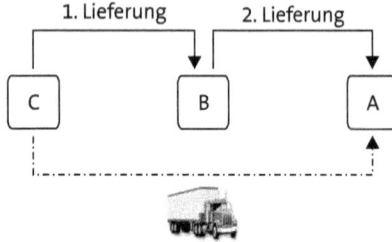

Die Warenbewegung ist grds. der Lieferung des C an B zuzuordnen (§ 3 Abs. 6 Satz 5 Halbsatz 1 UStG). Die Lieferung des C an B ist somit in Celle ausgeführt (§ 3 Abs. 6 Satz 1 UStG), im Inland steuerbar, aber grds. als innergemeinschaftliche Lieferung steuerfrei (§ 6a Abs. 1 UStG), da die Warenbewegung von Deutschland in die Niederlande erfolgte und der Abnehmer des B einen innergemeinschaftlichen Erwerb in den Niederlanden bewirkt hat.

Die Lieferung des B an A ist wie im Ausgangsfall als „bewegungslose" Lieferung in Amsterdam ausgeführt (§ 3 Abs. 7 Satz 2 Nr. 2 UStG); B hat einen innergemeinschaftlichen Erwerb in den Niederlanden zu erklären und die niederländische Lieferung zu versteuern.

Verwendet der die Ware transportierende B dagegen gegenüber seinem Lieferanten eine deutsche USt-IdNr. und erklärt sodann eine innergemeinschaftliche Lieferung in Deutschland an seinen Abnehmer in den Niederlanden, so dokumentiert er damit, dass er nicht als Abnehmer der ersten Lieferung aufgetreten ist, sondern als Lieferer. Darüber hinaus gibt er im Inland eine Zusammenfassende Meldung ab. Die Beförderungslieferung wird nunmehr dem Zwischenhändler B zugeordnet (§ 3 Abs. 6 Satz 6 Alternative 2 UStG), der Ort der Lieferung liegt nach § 3 Abs. 6 Satz 1 UStG im Abgangsland (Inland). Da der Gegenstand vom Inland in das übrige Gemeinschaftsgebiet gelangt, führt nunmehr der Zwischenhändler B die steuerfreie innergemeinschaftliche Lieferung aus (§ 6a Abs. 1 UStG), sein Abnehmer A hat in den Niederlanden einen innergemeinschaftlichen Erwerb. Die Lieferung des C an den Zwischenhändler B ist nunmehr als ruhende Lieferung (§ 3 Abs. 7 Satz 2 Nr. 1 UStG) im Inland steuerpflichtig, der Zwischenhändler kann die ihm in Rechnung gestellte Umsatzsteuer als Vorsteuer abziehen (§ 15 Abs. 1 Satz 1 Nr. 1, § 15 Abs. 2 Nr. 1, § 15 Abs. 3 Nr. 1a UStG). Aufgrund der entsprechenden Lieferkonditionen und Dokumentation seines Auftretens kann der Zwischenhändler damit im Ergebnis bestimmen, wo seine Lieferung ausgeführt worden ist.[1]

279 Wird die Beförderung oder Versendung der Lieferung des mittleren Unternehmers zugeordnet, muss dieser die Voraussetzungen der Zuordnung nachweisen, z. B. anhand der Voraussetzungen der §§ 8 – 17 bzw. 17a – 17c UStDV.[2]

---

1 Abschnitt 3.14 Abs. 9 und Abs. 10 UStAE.
2 Abschnitt 3.14 Abs. 10 UStAE, EuGH, Urteil v. 16. 12. 2010 – C-430/09, DStR 2011 S. 23.

Aus den Belegen eines mittleren Unternehmers muss sich ergeben, dass der Unternehmer die Beförderung oder Versendung in seiner Eigenschaft als Lieferer getätigt hat und nicht als Abnehmer der Vorlieferung. Hiervon kann regelmäßig ausgegangen werden, wenn der Unternehmer unter der USt-IdNr. des Mitgliedstaates auftritt, in dem die Beförderung oder Versendung des Gegenstands beginnt, und wenn er aufgrund der mit seinem Vorlieferanten und seinem Auftraggeber vereinbarten Lieferkonditionen Gefahr und Kosten der Beförderung oder Versendung übernommen hat.[1] Den Anforderungen an die Lieferkonditionen ist genügt, wenn handelsübliche Lieferklauseln (z. B. Incoterms) verwendet werden.

BEISPIEL: ▶ Der französische Unternehmer F bestellt bei seinem deutschen Lieferanten D1 eine Ware, die dieser wiederum bei D2 aus Dortmund anfordert. Da auch D2 die Ware nicht vorrätig hat, gibt er eine Bestellung an den Hersteller D3 aus Dülmen. D2 lässt die Ware von einem selbständigen Frachtführer bei D3 in Dülmen abholen und sie unmittelbar nach Frankreich transportieren. Dort übergibt sie der Frachtführer an F. Es wurden folgende Lieferklauseln vereinbart:

D1 vereinbart mit D2 „Lieferung frei Haus nach Frankreich" (Lieferklausel DDP),

D2 vereinbart mit D3 „Lieferung ab Werk Dülmen" (Lieferklausel EXW).

Die Lieferklauseln ergeben sich aus den Rechnungen und sind auch aus der Buchführung eindeutig ersichtlich. Alle beteiligten Unternehmer treten unter der USt-IdNr. ihres Herkunftslandes auf.

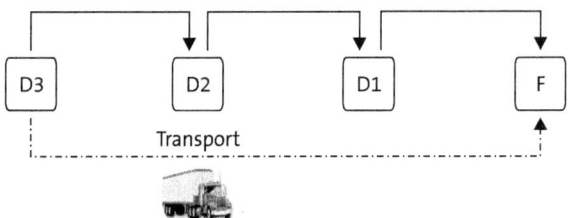

Es liegt ein Reihengeschäft vor, bei dem drei Lieferungen nacheinander ausgeführt werden. D3 liefert an D2, D2 liefert an D1 und D1 liefert an F; insoweit kommt es nicht auf die eigentliche Warenbewegung an. Die Versendung der Ware kann in diesem Fall der Lieferung D2 an D1 zugerechnet werden, da D2 als mittlerer Unternehmer in der Reihe die Maschine versendet und dabei seine Liefereigenschaft nachweist. Er tritt unter seiner deutschen USt-IdNr. auf und hat wegen der Lieferklauseln DDP mit seinem Kunden D1 und EXW mit seinem Vorlieferanten D3 Gefahr und Kosten des Transports übernommen. Darüber hinaus kann D2 nachweisen, dass die Voraussetzungen für die Zuordnung der Versendung zu seiner Lieferung erfüllt sind (§ 3

---

1 Abschnitt 3.14 Abs. 10 und 10a UStAE.

Abs. 6 Satz 6 Halbsatz 2 UStG).[1] Der Ort dieser Lieferung liegt somit in Deutschland (§ 3 Abs. 6 Satz 1 UStG), denn die Versendung beginnt mit Übergabe an den Frachtführer (§ 3 Abs. 6 Satz 2 UStG) in Dülmen.

Die erste Lieferung D3 an D2 und die dritte Lieferung D1 an F sind somit ruhende Lieferungen i. S. des § 3 Abs. 7 Satz 2 UStG. Da die erste Lieferung D3 an D2 der bewegten Lieferung vorangeht, gilt sie als in Dülmen ausgeführt (§ 3 Abs. 7 Satz 2 Nr. 1 UStG). Für die dritte Lieferung D1 an F liegt der Lieferort in Frankreich, da sie der Versendungslieferung folgt (§ 3 Abs. 7 Satz 2 Nr. 2 UStG). Sie ist nach französischem Recht zu behandeln, D1 muss sich in Frankreich umsatzsteuerlich registrieren lassen.

Die Lieferung des D2 an D1 ist eine bewegte Lieferung i. S. des § 3 Abs. 6 Satz 1 UStG und wird vom Inland in das übrige Gemeinschaftsgebiet ausgeführt. Sie ist daher grds. als innergemeinschaftliche Lieferung steuerfrei (§ 4 Nr. 1 Buchst. b i.V.m. § 6a Abs. 1 UStG), denn D1 hat als Abnehmer einen innergemeinschaftlichen Erwerb in einem anderen Mitgliedstaat bewirkt, da sich die Ware am Ende der Beförderung in Frankreich befindet (§ 3 Satz 1 UStG). In der Praxis ist dies problematisch, da D2 diese Erwerbsbesteuerung des D1 in Frankreich nicht nachvollziehen kann, da D1 eine deutsche USt-IdNr. verwendet (vgl. § 6a Abs. 1 Nr. 3 UStG). Die Lieferung des D2 an D1 ist daher als steuerpflichtig zu behandeln und von D2 mit Umsatzsteuer zu berechnen, da er nicht davon ausgehen kann, dass sein Abnehmer den Erwerb der Ware in einem anderen Mitgliedstaat erklärt. Gleichwohl hat D1 einen innergemeinschaftlichen Erwerb in Frankreich, da sich die Rechtsfolgen des § 3d Satz 1 UStG durch die Verwendung einer anderen USt-IdNr. nicht vermeiden lassen. Der Vorgang zeigt die ganze Schwäche des Systems bei Verwendung einer nicht zum Bestimmungsmitgliedsland gehörenden USt-IdNr., denn es stellt sich die Frage, ob die in Rechnung gestellte Umsatzsteuer überhaupt als Vorsteuer abzugsfähig ist oder ob D1 einen zusätzlichen innergemeinschaftlichen Erwerb in Deutschland ohne Vorsteuerabzug bewirkt hat.[2]

Die erste Lieferung D3 an D2 ist in Deutschland ausgeführt und als ruhende Lieferung steuerpflichtig, auch wenn die Ware später tatsächlich in das übrige Gemeinschaftsgebiet gelangt. Im Rahmen von Reihengeschäften kann nur für eine bewegte Lieferung die Steuerbefreiung für Ausfuhrlieferungen (§ 4 Nr. 1a UStG) bzw. für innergemeinschaftliche Lieferungen (§ 4 Nr. 1b UStG) in Betracht kommen.

Die dritte Lieferung D1 an F wurde in Frankreich ausgeführt, sie ist im Inland nicht steuerbar. D1 hat somit in Frankreich einen innergemeinschaftlichen Erwerb zu erklären (siehe vorn) und seine Lieferung an F der Umsatzsteuer zu unterwerfen. Dazu hat er sich bei einem französischen Finanzamt umsatzsteuerlich zu registrieren lassen. Da er am innergemeinschaftlichen Handel teilnimmt, wird ihm nunmehr eine französische USt-IdNr. zugewiesen. Diese USt-IdNr. sollte er gegenüber seinem Vorlieferanten D2 verwenden, der sodann die Steuerbefreiung nach § 4 Nr. 1b i.V.m. § 6a UStG in Anspruch nehmen kann, denn nunmehr kann D2 davon ausgehen, dass sein Abnehmer einen innergemeinschaftlichen Erwerb in einem anderen Mitgliedstaat versteuert.

---

1 EuGH, Urteil v. 16. 10. 2010 – C-430/09, DStR 2011 S. 23.
2 EuGH, Urteil v. 22. 4. 2010 – C-536/08, C-539/08, DStR 2010 S. 926.

Der BFH hat der Auffassung der Finanzverwaltung[1] widersprochen.[2] Er entschied, dass die Zuordnung der einen innergemeinschaftlichen Warenbewegung nur zu einer der Lieferungen insbesondere eine Feststellung voraussetzt, ob zwischen dem Erstabnehmer und dem Zweitabnehmer die Übertragung der Befähigung, wie ein Eigentümer über den Gegenstand zu verfügen, stattgefunden hat, bevor die innergemeinschaftliche Warenbewegung erfolgt.

Gerade in Fällen, in denen der Zwischenhändler eines Reihengeschäfts die Ware transportiert und die fiktive Zuordnungsregel des § 3 Abs. 6 Satz 6 UStG nicht angewandt werden soll, ist demnach besondere Sorgfalt angesagt. Es darf dabei nicht − wie von der Verwaltung angenommen − nur auf die verwendete USt-IdNr. und die abgesprochenen Incoterms abgestellt werden. Erlangt bei dieser Sichtweise der Zweitabnehmer eines Reihengeschäftes mit drei Unternehmern bereits die Verfügungsmacht im Abgangsland, kann daher nur die Lieferung des Zwischenhändlers an den letzten Abnehmer die bewegte und damit steuerfreie innergemeinschaftliche Lieferung sein.

Zur praktischen Vereinfachung führt der BFH jedoch auch aus, dass bei Reihengeschäften zwischen fremden Personen bei einer übereinstimmenden Zuordnung der Warenbewegung zu einer der Lieferungen durch die betroffenen Unternehmer der Sichtweise der Beteiligten gefolgt werden kann.

Es kann daher nur angeraten werden, zur Beweissicherung entsprechende Dokumentationen vorzunehmen. Es empfiehlt sich, zusätzlich zu den vereinbarten Incoterms festzulegen, wann das Eigentum auf den letzten Abnehmer übergehen soll.

Eine Änderung der gesetzlichen Vorschriften wird zurzeit kontrovers diskutiert, die bisher im UStAE dargelegten Rechtsgrundsätze sollen dabei unmittelbar ins Gesetz übernommen werden. Auch die Wirtschaft begrüßt die geplante gesetzliche typisierende Regelung, da die Urteile des BFH in der Praxis nicht umsetzbar sind. Da nun auch die Mitgliedstaaten der EU eine Verbesserung der Rechtsvorschriften gefordert haben, um die Rechtssicherheit für die Wirtschaftsbeteiligten zu stärken, soll zum 1.1.2019 in die MwStSystRL ein neuer Art. 138a eingeführt werden. Einen entsprechenden Vorschlag für eine Richtlinie des Rates hat die Europäische Kommission zwischenzeitlich vorgelegt.[3] In die MwStVO soll ein neu eingefügter Art. 45a begleitende Regelungen dazu enthalten, einen entsprechenden Vorschlag für eine Durchführungsverordnung des Rates zur Änderung der MwStVO hat die Europäische Kommission ebenfalls vorgelegt.[4] Die weitere Entwicklung bleibt abzuwarten.

---

1 Abschnitt 3.14 Abs. 8 Satz 2 UStAE.

2 BFH v. 28.5.2013 − XI R 11/09, BFH/NV 2013 S. 1524, BFH v. 25.2.2015 − XI R 15/14, BFH/NV 2015 S. 772, jeweils auf der Grundlage des EuGH, Urteil v. 27.9.2012 − C-587/10, DStR 2012 S. 2014.

3 Vorschlag für eine Richtlinie des Rates zur Änderung der Richtlinie 2006/112/EG in Bezug auf die Harmonisierung und Vereinfachung bestimmter Regelungen des Mehrwertsteuersystems (MwStSystRL) und zur Einführung des endgültigen Systems der Besteuerung des Handels zwischen den Mitgliedstaaten v. 4.10.2017, COM (2017) 569 final.

4 Vorschlag für eine Durchführungsverordnung des Rates zur Änderung der Durchführungsverordnung (EU) Nr. 282/2011 (MwStVO) hinsichtlich bestimmter Befreiungen bei innergemeinschaftlichen Umsätzen v. 4.10.2017, COM (2017) 568 final.

280   **Incoterms**[1] sind internationale Regeln für die Auslegung bestimmter im internationalen Handel gebräuchlichen Vertragsformeln, sie sind insbesondere wichtig für die Verteilung der Kosten für den Transport der Ware auf Käufer und Verkäufer und die Regelung über den Gefahrenübergang. Die bereits 1936 entworfenen Incoterms koppeln den Gefahrenübergang mit der Preisgefahr, woraus abgeleitet werden kann, dass der Käufer – sobald die Gefahr auf ihn übergeht – auch dann zur Zahlung des Kaufpreises verpflichtet ist, wenn die Ware untergeht oder eine Wertminderung erfährt. In Abweichung zum Zivilrecht wird durch die Incoterms weiterhin festgelegt, dass der Gefahrenübergang in Unabhängigkeit von der Eigentumsübertragung bei Erfüllung der Lieferfrist (Bereitstellung der Ware am vereinbarten Lieferort) vollzogen ist. Dazu müssen sie ausdrücklich in den Vertrag einbezogen sein. Sie haben heute nicht nur international Bedeutung, sondern werden regelmäßig auch bei nationalen Verträgen zugrunde gelegt.

Die Incoterms wurden von der internationalen Handelskammer (International Chamber of Commerce, ICC) erstmals 1936 aufgestellt, um eine gemeinsame Basis für den internationalen Handel zu schaffen. Aktuell gelten die *Incoterms 2010*, die nachfolgend im kurzen Überblick dargestellt werden. Die Einteilung erfolgt in vier Gruppen, jede Gruppe ist dadurch gekennzeichnet, dass die Kosten- und Risikotragung (Gefahrenübergang) innerhalb der Gruppe nach dem gleichen Grundprinzip ausgestaltet ist. Während die Pflichten des Verkäufers mit jeder Gruppe erhöht werden, mindern sich diejenigen des Käufers entsprechend. Die Pflichten des Verkäufers sind jeweils in der Erläuterung angegeben.

Gruppe E	Abholklausel
EXW	Ex Works (ab Werk) Der Verkäufer hat seine Lieferverpflichtung erfüllt, wenn er die Ware auf seinem Gelände dem Käufer zur Verfügung stellt. Der Käufer trägt alle Kosten des Transports und des Be- und Entladens sowie die Gefahren, die mit dem Transport der Ware von dem Gelände des Verkäufers zum Bestimmungsort verbunden sind. Im Vertrag ist der Standort des Werks anzugeben.

---

1 Englisch: International Commercial Terms, deutsch: Internationale Handelsklauseln.

Gruppe F	Absendeklausel ohne Übernahme der Kosten für den Haupttransport durch den Verkäufer
FCA	Free Carrier (frei Frachtführer) Der Verkäufer hat seine Lieferverpflichtung erfüllt, wenn er die Ware dem vom Verkäufer benannten Frachtführer am benannten Ort übergibt. Der Frachtführer ist frei vereinbar. Der Verkäufer übernimmt ▶ die Kosten für die Verladung der Ware auf das Transportmittel des Frachtführers ▶ die Zoll- bzw. Exportanmeldung.
FAS	Free Alongside Ship (frei längsseits Schiff) Der Verkäufer hat seine Lieferverpflichtung erfüllt, wenn er die Ware längsseits des Schiffs im benannten Verschiffungshafen verbracht hat. Der Code ist nur zur Schiffsverladung empfohlen. Der Verkäufer übernimmt ▶ die Kosten für die Verladung der Ware auf das Transportmittel des Frachtführers ▶ die Zoll- bzw. Exportanmeldung ▶ die Kosten für den Transport zum Exporthafen ▶ die Kosten für das Entladen des Lkws im Exporthafen.
FOB	Free On Bord (frei an Bord) Der Verkäufer hat seine Lieferverpflichtung erfüllt, wenn die Ware die Schiffsreling in dem benannten Verschiffungshafen überschritten hat. Von diesem Zeitpunkt an hat der Verkäufer alle Gefahren zu tragen. Der Code ist nur zur Schiffsverladung empfohlen. Der Verkäufer übernimmt ▶ die Kosten für die Verladung der Ware auf das Transportmittel des Frachtführers ▶ die Zoll- bzw. Exportanmeldung ▶ die Kosten für den Transport zum Exporthafen ▶ die Kosten für das Entladen des Lkws im Exporthafen ▶ die Ladegebühren im Exporthafen.

Gruppe C	Absendeklausel mit Übernahme der Transportkosten für den Haupttransport durch den Verkäufer
CFR	Cost And Freight (Kosten und Fracht bezahlt)

CFR Cost And Freight (Kosten und Fracht bezahlt)
Der Verkäufer hat seine Lieferverpflichtung erfüllt, wenn die Ware die Schiffsreling im Verschiffungshafen überschritten hat. Der Code ist nur zur Schiffsverladung empfohlen. Der Verkäufer übernimmt

▶ die Kosten für die Verladung der Ware auf das Transportmittel des Frachtführers

▶ die Zoll- bzw. Exportanmeldung

▶ die Kosten für den Transport zum Exporthafen

▶ die Kosten für das Entladen des Lkws im Exporthafen

▶ die Ladegebühren im Exporthafen

▶ die Kosten für den Transport zum Importhafen

▶ die Entladegebühren im Importhafen.

CIF Cost Insurance Freight (Kosten, Versicherung und Fracht bis Bestimmungshafen bezahlt)
Der Verkäufer hat seine Lieferverpflichtung erfüllt, wenn die Ware die Schiffsreling im Verschiffungshafen überschritten hat. Gleichwohl übernimmt er noch die Kosten für die Seetransportversicherung. Der Code ist nur zur Schiffsverladung empfohlen. Der Verkäufer übernimmt

▶ die Kosten für die Verladung der Ware auf das Transportmittel des Frachtführers

▶ die Zoll- bzw. Exportanmeldung

▶ die Kosten für den Transport zum Exporthafen

▶ die Kosten für das Entladen des Lkws im Exporthafen

▶ die Ladegebühren im Exporthafen

▶ die Kosten für den Transport zum Importhafen

▶ die Entladegebühren im Importhafen

▶ die Kosten für die Versicherung der Ware während des Transports.

CPT   Carriage Paid To (Fracht bezahlt bis)
Der Verkäufer hat seine Lieferverpflichtung erfüllt, wenn die Ware den vereinbarten Bestimmungsort erreicht hat. Der Bestimmungsort ist im Vertrag anzugeben. Die Gefahr des Verlusts oder der Beschädigung der Ware geht vom Verkäufer auf den Käufer über, sobald die Ware dem Frachtführer übergeben wurde. Der Verkäufer übernimmt

- ► die Kosten für die Verladung der Ware auf das Transportmittel des Frachtführers
- ► die Zoll- bzw. Exportanmeldung
- ► die Kosten für den Transport zum Exporthafen
- ► die Kosten für das Entladen des Lkws im Exporthafen
- ► die Ladegebühren im Exporthafen
- ► die Kosten für den Transport zum Importhafen
- ► die Entladegebühren im Importhafen
- ► die Kosten für das Verladen auf Lkw im Importhafen
- ► die Kosten für den Transport zum Zielort.

CIP   Carriage Insurance Paid (Fracht und Versicherung bezahlt)
Der Verkäufer hat seine Lieferverpflichtung erfüllt, wenn die Ware den vereinbarten Bestimmungsort erreicht hat. Der Bestimmungsort ist im Vertrag anzugeben. Die Gefahr des Verlusts oder der Beschädigung der Ware geht vom Verkäufer auf den Käufer über, sobald die Ware dem Frachtführer übergeben wurde. Der Verkäufer übernimmt

- ► die Kosten für die Verladung der Ware auf das Transportmittel des Frachtführers
- ► die Zoll- bzw. Exportanmeldung
- ► die Kosten für den Transport zum Exporthafen
- ► die Kosten für das Entladen des Lkws im Exporthafen
- ► die Ladegebühren im Exporthafen
- ► die Kosten für den Transport zum Importhafen
- ► die Entladegebühren im Importhafen
- ► die Kosten für das Verladen auf Lkw im Importhafen
- ► die Kosten für den Transport zum Zielort
- ► die Kosten für die Versicherung des Transports.

Gruppe D	Ankunftsklauseln
DAP	Delivered At Place (geliefert benannter Ort)

Der Verkäufer hat seine Lieferverpflichtung erfüllt, wenn die Ware dem Käufer auf dem ankommenden Beförderungsmittel entladebereit am vereinbarten Bestimmungsort zur Verfügung gestellt wird. Der Bestimmungsort ist im Vertrag anzugeben. Die Gefahr des Verlusts oder der Beschädigung der Ware geht vom Verkäufer auf den Käufer über, sobald die Ware dem Frachtführer übergeben wurde. Der Verkäufer übernimmt

- ► die Kosten für die Verladung der Ware auf das Transportmittel des Frachtführers
- ► die Zoll- bzw. Exportanmeldung
- ► die Kosten für den Transport zum Exporthafen
- ► die Kosten für das Entladen des Lkws im Exporthafen
- ► die Ladegebühren im Exporthafen
- ► die Kosten für den Transport zum Importhafen
- ► die Entladegebühren im Importhafen
- ► die Kosten für das Verladen auf Lkw im Importhafen
- ► die Kosten für den Transport zum Zielort.

DAT   Delivered At Terminal (geliefert Terminal)

Der Verkäufer hat seine Lieferverpflichtung erfüllt, sobald die Ware von dem ankommenden Beförderungsmittel entladen wurde und dem Käufer an einem benannten Terminal im benannten Bestimmungshafen oder -ort zur Verfügung gestellt wird. Terminal kann dabei jeder Ort sein, z. B. ein Kai, eine Lagerhalle oder ein Luftfrachtterminal. Der Verkäufer übernimmt

- ► die Kosten für die Verladung der Ware auf das Transportmittel des Frachtführers
- ► die Zoll- bzw. Exportanmeldung
- ► die Kosten für den Transport zum Exporthafen
- ► die Kosten für das Entladen des Lkws im Exporthafen
- ► die Ladegebühren im Exporthafen
- ► die Kosten für den Transport zum Importhafen
- ► die Entladegebühren im Importhafen.

DDP Delivered Duty Paid (geliefert verzollt und versteuert)
Der Verkäufer hat seine Lieferverpflichtung erfüllt, wenn er die Ware am benannten Ort im Einfuhrland zur Verfügung stellt. Der Verkäufer übernimmt

- ▶ die Kosten für die Verladung der Ware auf das Transportmittel des Frachtführers
- ▶ die Zoll- bzw. Exportanmeldung
- ▶ die Kosten für den Transport zum Exporthafen
- ▶ die Kosten für das Entladen des Lkws im Exporthafen
- ▶ die Ladegebühren im Exporthafen
- ▶ die Kosten für den Transport zum Importhafen
- ▶ die Entladegebühren im Importhafen
- ▶ die Kosten für das Verladen auf Lkw im Importhafen
- ▶ die Kosten für den Transport zum Zielort
- ▶ die Einfuhrverzollung und -versteuerung.

4. Steuerbefreiung für die bewegte Lieferung

Im Rahmen eines Reihengeschäfts, bei dem die Warenlieferung im Inland be- 281
ginnt und im Gebiet eines anderen Mitgliedstaates endet, kann mit der Beförderung oder Versendung des Liefergegenstands in das übrige Gemeinschaftsgebiet nur **eine** innergemeinschaftliche Lieferung i. S. des § 6a UStG bewirkt
werden. Die Steuerbefreiung nach § 4 Nr. 1 Buchst. b UStG kommt demnach
nur bei der Beförderungs- oder Versendungslieferung zur Anwendung.[1] Auf
„ruhende Lieferungen" finden weder die Steuerbefreiungen für Ausfuhrlieferungen (§ 4 Nr. 1a i.V. m. § 6 UStG) noch für innergemeinschaftliche Lieferungen (§ 4 Nr. 1b i.V. m. § 6a UStG) Anwendung.[2]

Die Grundsätze zur Bestimmung des Ortes der Lieferung findet natürlich auch 282
Anwendung, wenn keine grenzüberschreitende Warenbewegung stattfindet.
Auf Warenbewegungen, die sich auf das Inland beschränken, kann naturge-
mäß aber keine Steuerbefreiung für Exporte (§ 4 Nr. 1 UStG) anzuwenden sein.
Nimmt daher an einem solchen Reihengeschäft ein ausländischer Unterneh-
mer teil, muss er sich wegen der im Inland steuerbaren und steuerpflichtigen
Lieferung stets im Inland umsatzsteuerlich registrieren lassen.[3]

---

1 Abschnitt 3.14 Abs. 2 und Abs. 13 UStAE, Abschnitt 6a.1 Abs. 2 UStAE.
2 EuGH, Urteil v. 6. 4. 2006 – C-254/04, DStR 2006 S. 699.
3 Abschnitt 3.14 Abs. 12 UStAE.

BEISPIEL: A aus Aachen bestellt bei B aus Brüssel eine Ware, die B wiederum bei C in Coesfeld anfordert. C befördert die Ware unmittelbar nach Aachen.

C führt zwar die bewegte Lieferung i. S. des § 3 Abs. 6 Satz 1 UStG aus, die Lieferung ist steuerbar und steuerpflichtig, da die Ware das Inland nicht verlässt.

Die Lieferung des B an A ist ebenfalls im Inland (Aachen) ausgeführt (§ 3 Abs. 7 Satz 2 Nr. 2 UStG) und ebenfalls steuerpflichtig. B hat sich daher bei einem deutschen Finanzamt registrieren zu lassen, die Umsatzsteuer für die Lieferung an A anzumelden und kann zudem die Vorsteuer aus der Lieferung des C an ihn geltend machen.

HINWEIS:

EDV-gestützte Buchführungssysteme prüfen regelmäßig nur das Vorhandensein einer fremden USt-IdNr. in der Kundenstammdatei und erzeugen auf diese Weise eine Rechnung über eine steuerfreie Lieferung. Kann dem Umsatz keine oder nur eine inländische Warenbewegung zugeordnet werden, geht der Unternehmer ein entsprechendes Risiko in der Praxis ein, mit der Umsatzsteuer aus diesem Umsatz nachbelastet zu werden. Eine Berechnung einer Lieferung an einen im EU-Ausland ansässigen Kunden darf nicht allein deshalb steuerfrei erfolgen, weil der Kunde in einem anderen Land ansässig ist. Umgekehrt darf nicht lediglich die Warenbewegung in ein anderes EU-Land Ausgangspunkt für eine steuerfreie Abrechnung an einen Kunden sein. Die Rechnung an den Kunden muss auch die USt-IdNr. des Kunden in einem anderen Mitgliedstaat enthalten, um den innergemeinschaftlichen Erwerb durch diesen Kunden in eben diesem anderen Mitgliedstaat sicherzustellen. Dies kann nach dem Sinn und Zweck des Systems nur die USt-IdNr. des Bestimmungslands sein.

BEISPIEL: Ein schweizer Unternehmer S bestellt bei D aus Deutschland eine Ware und bittet D, diese Ware zu einer Baustelle des S in Klagenfurt (Österreich) zu liefern.

Es liegt eine Lieferung an S vor, die unter den Voraussetzungen des § 6a Abs. 1 UStG steuerfrei sein kann. Dazu muss D den Export nach Österreich durch geeignete Unterlagen nachweisen (§ 6a Abs. 1 Nr. 1 UStG i. V. m. §§ 17a bis c UStDV); außerdem hat er eine österreichische USt-IdNr. des S aufzuzeichnen (§ 6a Abs. 1 Nr. 3 UStG). Gerade durch diese USt-IdNr. gibt S zu erkennen, dass er beabsichtigt, den innergemeinschaftlichen Erwerb in Österreich auch selbst zu versteuern. Ausnahmsweise kann ein redlicher Lieferer aus dem Drittland, der alle zumutbaren Maßnahmen ergriffen hat und hinreichend die Ankunft der Ware im Bestimmungsland nachweisen kann, die Steuerbefreiung in Anspruch nehmen, der die Erwerbsbesteuerung anderweitig sichergestellt ist.[1]

5. Innergemeinschaftliche Dreiecksgeschäfte

283 Die Grundsätze zur Ortsbestimmung führen bei derartigen Lieferungen in der Reihe ggf. zu verfahrensrechtlichen Problemen, da sich Unternehmer in der Lieferkette nicht selten in einem anderen Mitgliedstaat umsatzsteuerlich registrieren lassen müssen. Daher wurde mit der Einführung der Regelungen zur

---

1 BFH v. 28. 5. 2013 – XI R 11/09, BFH/NV 2013 S. 1524.

Bestimmung des Ortes der Lieferungen im Rahmen von Reihengeschäften auch eine Sonderregelung für **innergemeinschaftliche Dreiecksgeschäfte** geschaffen (§ 25b UStG, unionsrechtliche Grundlage dieser Regelung ist Art. 141 MwStSystRL). Kerninhalt der Regelung ist der Übergang der Steuerschuldnerschaft vom ersten Abnehmer (Zwischenhändler) auf den letzten Abnehmer und der Wegfall der Besteuerung des innergemeinschaftlichen Erwerbs durch den Zwischenhändler. Eine ausführliche Darstellung dieser innergemeinschaftlichen Dreiecksgeschäfte enthalten Rz. 350 ff.

V. Bemessungsgrundlage

Hinsichtlich der **Lieferung** von Gegenständen gibt es keine Besonderheiten bei der Bemessungsgrundlage. Die Lieferungen werden nach dem Entgelt bemessen (§ 10 Abs. 1 UStG). Beim **Verbringen** eines Gegenstands des Unternehmens aus dem Inland in einen anderen Mitgliedstaat der EU durch einen Unternehmer zu seiner eigenen Verfügung (§ 3 Abs. 1a UStG) wird als Bemessungsgrundlage der Einkaufspreis zzgl. der Nebenkosten angesetzt oder mangels eines Einkaufspreises die Selbstkosten (§ 10 Abs. 4 Nr. 1 UStG), jeweils zum Zeitpunkt des Umsatzes.[1] Änderungen der Bemessungsgrundlage im Sinne des § 17 UStG sind ohne Bedeutung, wenn es sich um eine steuerfreie Lieferung handelt.[2]

284

BEISPIEL: Unternehmer A aus Aachen ließ am 10. 10. 2002 durch den Spediteur S aus Arnheim eine EDV-Anlage aus seinem Betrieb in Aachen in das neu eingerichtete Verkaufsbüro in Venlo (Niederlande) transportieren. Für die im Jahr 01 für 20.000 € zzgl. 19% Umsatzsteuer erworbene, inzwischen ein Jahr alte Anlage hätte A im Oktober 2002 nach Auskunft des Herstellers noch 16.000 € netto aufwenden müssen. A hat seinem Büro in Venlo daher am 15. 11. 2002 eine unternehmensinterne Rechnung über 16.000 € unter Angabe der deutschen und der niederländischen USt-IdNr. erteilt. S erteilte dem A am 5. 11. 2002 eine Rechnung über den ausgeführten Transport nach Venlo in Höhe von 1.000 €. Die Rechnung des S enthält den Vermerk „Betrag ohne Umsatzsteuer".

A führt eine innergemeinschaftliche Lieferung in Form des Verbringens aus (§ 3 Abs. 1a UStG), da die EDV-Anlage zu seiner eigenen Verfügung vom Inland in ein anderes Mitgliedsland gelangt. Der Ort der Lieferung liegt in Aachen (§ 3 Abs. 6 Satz 1 UStG), die Lieferung ist somit steuerbar (§ 1 Abs. 1 Nr. 1 UStG). Sie ist als innergemeinschaftliche Lieferung steuerfrei nach § 4 Nr. 1b i. V. m. § 6a Abs. 2 UStG. Die Höhe des steuerfreien Umsatzes beträgt 16.000 € (§ 10 Abs. 4 Nr. 1 UStG), der Umsatz ist im Voranmeldungszeitraum 11/02 zu erklären (§ 18b Satz 2 UStG).

---

1 Unionsrechtliche Rechtslage sind die Art. 73 ff. MwStSystRL.
2 BFH v. 4. 12. 2014 – V R 6/13, BStBl 2017 II S. 810.

S führt eine sonstige Leistung für das Unternehmen des A aus (§ 3 Abs. 9 UStG). Der Ort der sonstigen Leistung liegt nach dem Empfängersitzprinzip im Inland (§ 3a Abs. 2 UStG). Die Leistung des S ist folglich im Inland steuerbar und steuerpflichtig. Da S ein Unternehmer aus dem übrigen Gemeinschaftsgebiet ist, geht die Umsatzsteuer für diese Leistung auf den Leistungsempfänger A über (§ 13b Abs. 1 UStG). S hat zutreffend eine Rechnung ohne offenen Steuerausweis erteilt (§ 14a Abs. 5 Satz 3 UStG). In Höhe der Umsatzsteuer nach § 13b UStG steht A unter den übrigen Voraussetzungen § 15 UStG der Vorsteuerabzug zu (§ 15 Abs. 1 Satz 1 Nr. 4 UStG).

VI. Entstehung einer Steuer bei fehlender Steuerbefreiung

285 Regelungen über die Steuerschuldnerschaft und hinsichtlich der Entstehung der Umsatzsteuer sind grds. ohne Bedeutung, da die vorgenannten Lieferungen regelmäßig steuerfrei sind; insoweit ergeben sich keine Besonderheiten. Hat der Unternehmer eine innergemeinschaftliche Lieferung als steuerfrei behandelt, obwohl die Voraussetzungen dafür nicht vorliegen, so schuldet in den Fällen der Vertrauensschutzregelung des § 6a Abs. 4 UStG der Abnehmer die Steuer (§ 6a Abs. 4 Satz 2 i. V. m. § 13a Abs. 1 Nr. 3 UStG). Sie entsteht in dem Zeitpunkt, in dem die Lieferung ausgeführt wird (§ 13 Abs. 1 Nr. 8 UStG).

VII. Rechnungserteilung

286 Die Vorschriften über die Rechnungserteilung selbst (§ 14 UStG) bleiben durch die Regelungen im Zusammenhang mit dem Binnenmarkt unberührt. Darüber hinaus regelt § 14a zusätzliche Pflichten bei innergemeinschaftlichen Leistungen insbesondere wegen des Kontrollverfahrens.[1] Unternehmer, die innergemeinschaftliche Lieferungen ausführen, haben eine Rechnung zu erteilen, in der sie auf die **Steuerfreiheit** dieser Lieferung **hinweisen** müssen (§ 14a Abs. 3 Satz 1 i. V. m. § 14 Abs. 4 Nr. 8 UStG). Dies kann sowohl durch Stempelaufdruck als auch mittels EDV geschehen. Unionsrechtliche Rechtsgrundlage für die Erteilung von Rechnungen sind die Art. 217 ff. MwStSystRL, insbesondere im Hinblick auf notwendige Inhalte vgl. Art. 226 MwStSystRL.

---

1 Vgl. auch Abschnitt 14a.1 UStAE.

Darüber hinaus hat der Lieferer in der Rechnung sowohl die eigene als auch 287
die **USt-IdNr.** des Leistungsempfängers anzugeben (§ 14a Abs. 3 Satz 2 UStG).
Hierdurch kann der Leistungsempfänger erkennen, wie die Leistung umsatzsteuerlich zu behandeln ist, was für die Erwerbsbesteuerung und das Kontrollverfahren Bedeutung hat. Dies gilt nicht für Kleinunternehmer (§ 19 Abs. 1
Satz 4 und § 27a Abs. 1 Satz 2 UStG).

TAB. 3: Rechnungen über steuerfreie innergemeinschaftliche Lieferungen
► Hinweis auf Steuerbefreiung
► regelbesteuerte Unternehmer haben die eigene USt-IdNr. und die des Er-werbers anzugeben
► Aufbewahrungsfrist für Rechnungsdoppel 10 Jahre auch bei fehlender Buchführungspflicht

Darüber hinaus können auch die aufgrund der UStDV (§§ 17a bis c) erforderlichen Angaben in die Rechnung eingearbeitet werden. Die Regelung über die
Aufbewahrung eines Doppels der Rechnung (§ 14b Abs. 1 UStG) betrifft naturgemäß nur den Kreis der Lieferer, der nicht bereits zur Buchführung verpflichtet ist (vgl. § 147 AO); es ist jedoch zu beachten, dass im Falle der Nichtauf-
bewahrung ein **Bußgeld** festgesetzt werden kann (§ 26a UStG). Die Rechnungsvorschriften gelten auch bei Anwendung der Sonderregelung für innergemeinschaftliche Dreiecksgeschäfte (§ 25b UStG).

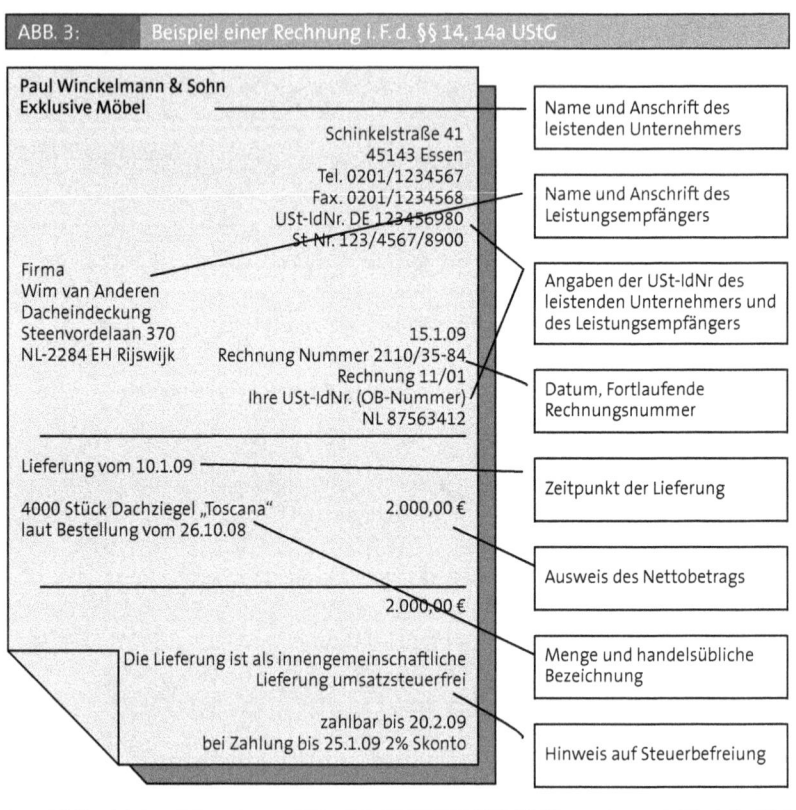

ABB. 3: Beispiel einer Rechnung i. F. d. §§ 14, 14a UStG

Paul Winckelmann & Sohn
Exklusive Möbel ————————————————— Name und Anschrift des
leistenden Unternehmers

Schinkelstraße 41
45143 Essen
Tel. 0201/1234567
Fax. 0201/1234568 ————————— Name und Anschrift des
USt-IdNr. DE 123456980 Leistungsempfängers
St-Nr. 123/4567/8900

Firma
Wim van Anderen
Dacheindeckung Angaben der USt-IdNr des
Steenvordelaan 370 15.1.09 leistenden Unternehmers und
NL-2284 EH Rijswijk Rechnung Nummer 2110/35-84 des Leistungsempfängers
Rechnung 11/01
Ihre USt-IdNr. (OB-Nummer) Datum, Fortlaufende
NL 87563412 Rechnungsnummer

Lieferung vom 10.1.09 ——————————— Zeitpunkt der Lieferung

4000 Stück Dachziegel „Toscana" 2.000,00 €
laut Bestellung vom 26.10.08 Ausweis des Nettobetrags

2.000,00 €

Menge und handelsübliche
Die Lieferung ist als innengemeinschaftliche Bezeichnung
Lieferung umsatzsteuerfrei

zahlbar bis 20.2.09
bei Zahlung bis 25.1.09 2% Skonto Hinweis auf Steuerbefreiung

288 In den Ländern der EU wird der Hinweis „steuerfreie innergemeinschaftliche Lieferung" regelmäßig wie folgt dargestellt:[1]

▶ **Belgien:**   Geen belgische BTW verschuldigd
                    Livraison intracommunautaire exonérée TVA

▶ **Bulgarien**   Основание за лрилагане на нулева ставка

▶ **Dänemark:**   Momsfritaget jf. momslovens

▶ **Estland:**   Nullmääraga maksustatav ühenduseisene käive

▶ **Finnland:**   veroton yhteisömyynti

▶ **Frankreich:**   livraison intracommunautaire exonérée TVA

---

1 Quelle: Küffner, Maunz, Langer, Zugmaier Rechtsanwaltsgesellschaft mbH, ww.kmlz.de.

- **Griechenland:** Απαλλάσσεται από ΘΠΑ άρθρο
- **Großbritannien:** Zero-rated intra-community supply of goods
- **Irland:** Intra-community supply of goods
- **Italien:** Cessione intracomunitaria non imponibile
- **Kroatien** Oslobodeno PDV-a sukladno
- **Lettland:** Piegāde ES teritorijā saskaņā ar PVN
- **Litauen:** PVM jstatymo 49 straipsnis
- **Luxemburg:** Non soumis à la TVA luxembourgeoise
- **Malta:** Intra Community supply of goods
- **Niederlande:** Vrijgestelde intracommunautaire levering
- **Österreich:** steuerfreie innergemeinschaftliche Lieferung
- **Polen:** Stawka 0% zgodnie z art. 41 ust. 3 w związku. z art. 42 ustawy o podatku od towarow i usług
- **Portugal:** Operação isenta - Transmissão intracomunitária de bens – artigo 14.º, alínea a), do RITI
- **Rumänien** Livrare intracomunitara scutita
- **Schweden:** Undantaget från moms enligt 3 kap. 30 a § mervärdess-registreringskattalagen (1994:200); gemenskapsintern varuförsäljning
- **Slowakei:** Oslobodenie od DPH
- **Slowenien:** Oprosceno v skladu s 46/1 clenom ZDDV-1
- **Spanien:** Entrega intracomunitaria exenta en virtud del artículo 25 de la Ley 37/1992
- **Tschechien:** Osvobozené dodání zboží do jiného členského státu dle § 64 zákona o DPH
- **Ungarn:** Adómentes Közösségi értékesítés (Áfa törvény 89.§)
- **Zypern:** Απαλλάγή από Τον ΘΠΑ ςύμωυα με το άρθρο

Über das **innergemeinschaftliche Verbringen** (§ 3 Abs. 1a UStG) kann keine 289 Rechnung im umsatzsteuerlichen Sinne erteilt werden. Dem ausländischen Unternehmensteil kann allerdings die Bemessungsgrundlage im Wege einer sog. Pro-Forma-Rechnung mitgeteilt werden.[1] Zur Abwicklung von Verbrin-

---

1 Abschnitt 14a.1 Abs. 3 und Abschnitt 22.3 Abs. 1 UStAE.

gensfällen hat der „liefernde Unternehmensteil" einen Beleg auszustellen, in dem die verbrachten Gegenstände aufgeführt sind und der die inländische und die ausländische USt-IdNr. enthält.

VIII. Aufzeichnungspflichten

290 Innergemeinschaftliche Lieferungen sind wie alle steuerfreien Lieferungen in der Buchführung gesondert aufzuzeichnen, da der Nachweis der Steuerfreiheit auch im Rahmen der Buchführung erbracht werden muss (§ 6a Abs. 3 UStG).[1] Die Bemessungsgrundlagen der innergemeinschaftlichen Lieferungen sind in den **Umsatzsteuer-Voranmeldungen** und in der **Umsatzsteuer-Jahreserklärung** gesondert zu erklären (§ 18b UStG). Dabei ist zu beachten, dass auch die Fälle des innergemeinschaftlichen Verbringens Lieferungen darstellen (§ 3 Abs. 1a UStG) und ebenso wie Lieferungen im Dreiecksgeschäft i. S. des § 25b UStG entsprechend erklärt werden müssen. Bereits aus diesen Gründen empfiehlt sich eine entsprechende Trennung der Umsätze in der Buchführung. Einer besonderen Aufzeichnung bedarf es auch dann, wenn der Leistungsempfänger nicht zum Vorsteuerabzug berechtigt ist. Die steuerfreien Lieferungen sind für den Monat des Ausstellens der Rechnung bzw. für den auf die Lieferung folgenden Monat zu erklären (§ 18b Satz 2 UStG).

TAB. 4:	Aufzeichnungspflichten bei innergemeinschaftlichen Lieferungen
▶ getrennte Aufzeichnung der Bemessungsgrundlagen in der Buchführung (§ 6a Abs. 3 UStG)	
▶ Erklärung der Bemessungsgrundlagen in den Umsatzsteuer-Voranmeldungen und der Umsatzsteuer-Jahreserklärung (§ 18b UStG)	
▶ Erklärung der Lieferungen in der Zusammenfassenden Meldung (§ 18a UStG)	

291 Lieferungen neuer Fahrzeuge an Personen ohne USt-IdNr. sind gesondert festzuhalten (vgl. § 18c UStG). Die Regelung über die Abgabe von Steuererklärungen gilt auch für Fahrzeuglieferer nach § 2a UStG, soweit Vorsteuerbeträge nach § 15 Abs. 4a UStG geltend gemacht werden.

Die Aufzeichnungspflichten betreffen auch das **innergemeinschaftliche Verbringen** von Gegenständen, auch beim Verbringen in das übrige Gemeinschaftsgebiet zur Ausführung von Werkleistungen (§ 22 Abs. 4a UStG) sowie die Ausführung **innergemeinschaftlicher Werkleistungen** im Inland für auslän-

---

1 Unionsrechtliche Rechtsgrundlagen finden sich in Art. 241 ff. MwStSystRL.

dische Unternehmer (§ 22 Abs. 4b UStG). Die Aufzeichnungen können auch außerhalb der Finanzbuchhaltung vorgenommen werden.[1]

IX. Zusammenfassende Meldungen

Um die innergemeinschaftliche Amtshilfe und das damit zusammenhängende Kontrollverfahren zu ermöglichen, haben alle Unternehmer i.S. des § 2 UStG neben den Umsatzsteuer-Voranmeldungen und Umsatzsteuer-Jahreserklärungen monatlich zusätzlich sog. **Zusammenfassende Meldungen** beim Bundeszentralamt für Steuern unter ihrer USt-IdNr. abzugeben (§ 18a UStG). Es empfiehlt sich eine entsprechende Kontierung in der Buchführung, z.B. über die Personenkonten.[2]

292

BEISPIEL: ▶ D aus Deutschland liefert an D aus Frankreich am 25.5. eine Ware für 10.000 €. Am 2.6. zahlt A unter Abzug von 2% Skonto.

Forderung F		an Erlöse innergemein-	
(USt-IdNr.)	10.000 €	schaftliche Lieferungen	10.000 €
Bank	9.800 €	an Kunde F ...	10.000 €
Skonto innergemein-			
schaftliche Erlöse	200 €		

Zur ausführlichen Darstellung der Zusammenfassenden Meldung vgl. Rz. 580 ff.

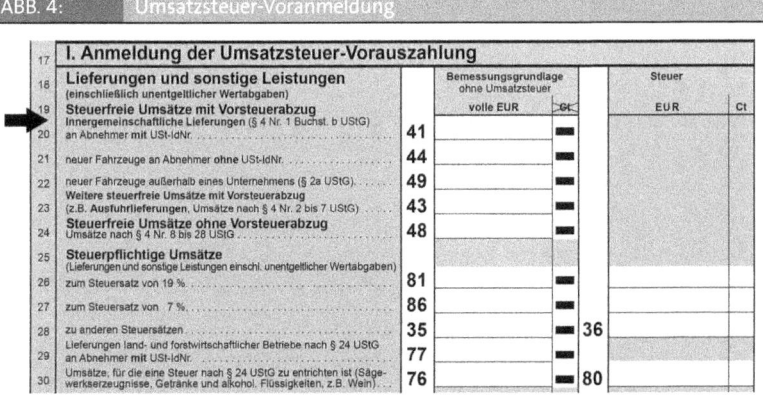

ABB. 4: Umsatzsteuer-Voranmeldung

---

1 Vgl. auch ausführlich zu den Aufzeichnungspflichten Abschnitt 22.3 UStAE.
2 Die unionsrechtlichen Grundlagen für die Abgabe der Zusammenfassenden Meldung finden sich in Art. 262 ff. MwStSystRL.

ABB. 5: Zusammenfassende Meldung

Umsatzsteuer-Identifikationsnummer (USt-IdNr.) Bitte 9 Ziffern eintragen	Jan.	April	Juli	Okt.
	Feb.	Mai	Aug.	Nov.
	März	Juni	Sept.	Dez.

01 D E ☐☐☐☐☐☐☐☐☐

| Jan/Feb | April/Mai | Juli/Aug | Okt/Nov |
| 1. Quart. | 2. Quart. | 3. Quart. | 4. Quart. |

Kalenderjahr ☐

Berichtigung **03** ☐
(falls ja, bitte "x" eintragen)

Meldung der Warenlieferungen vom Inland in das übrige Gemeinschaftsgebiet (§ 18a Abs. 7 Nr. 1 u. 2 UStG), der sonstigen Leistungen (§ 18a Abs. 7 Satz 1 Nr. 3 UStG) und der Lieferungen i.S.d. § 25 b Abs. 2 UStG im Rahmen innergemeinschaftlicher Dreiecksgeschäfte (18a Abs. 7Satz 1 Nr. 4 UStG)

Bitte beachten!
Sonstige Leistungen bzw. Dreiecksgeschäfte sind in Spalte 3 jeweils durch Eintragung der Ziffer "1" oder "2" entsprechend zu kennzeichnen. Wurden sowohl Warenlieferungen, sonstige Leistungen und/oder Dreiecksgeschäfte an denselben Unternehmer erbracht, sind diese in getrennten Zeilen anzugeben.

		1	2	3
Zeile	Länder-kenn-zeichen	USt-IdNr. des Erwerbers/ Unternehmers in einem anderen EU-Mitgliedstaat	Summe der Bemessungsgrundlagen volle EUR Ct	Sonstige Leistungen (falls JA, bitte 1 eintragen) ----------------- Dreiecksgeschäfte (falls JA, bitte 2 eintragen)
1			▬	
2			▬	
3			▬	
4			▬	
5			▬	
6			▬	

ABB. 6: Gelangensbestätigung

Bestätigung über das Gelangen des Gegenstands einer innergemeinschaftlichen Lieferung in einen anderen EU-Mitgliedstaat (Gelangensbestätigung)

(Name und Anschrift des Abnehmers der innergemeinschaftlichen Lieferung, ggf. E-Mail-Adresse)

Hiermit bestätige ich als Abnehmer, dass ich folgenden Gegenstand[1] / dass folgender Gegenstand[1] einer innergemeinschaftlichen Lieferung

---

(Menge des Gegenstands der Lieferung)

(handelsübliche Bezeichnung, bei Fahrzeugen zusätzlich die Fahrzeug-Identifikationsnummer)

im

(Monat und Jahr des Erhalts des Liefergegenstands im Mitgliedstaat, in den der Liefergegenstand gelangt ist, wenn der liefernde Unternehmer den Liefergegenstand befördert oder versendet hat oder wenn der Abnehmer den Liefergegenstand versendet hat)

(Monat und Jahr des Endes der Beförderung, wenn der Abnehmer den Liefergegenstand selbst befördert hat)

in / nach[1]

(Mitgliedstaat und Ort, wohin der Liefergegenstand im Rahmen einer Beförderung oder Versendung gelangt ist)

erhalten habe / gelangt ist[1].

(Datum der Ausstellung der Bestätigung)

(Unterschrift des Abnehmers oder seines Vertretungsberechtigten sowie Name des Unterzeichnenden in Druckschrift)
1) Nichtzutreffendes streichen.

Certification of the entry of the object of an intra-Community supply into another EU Member State (Entry Certificate)

_____

(Name and address of the customer of the intra-Community supply, e-mail address if applicable)

I as the customer hereby certify my receipt / the entry[1] of the following object of an intra-Community supply

_____

(Quantity of the object of the supply)

_____

(Standard commercial description – in the case of vehicles, including vehicle identification number)

in

_____

(Month and year the object of the supply was received in the Member State of entry if the supplying trader transported or dispatched the object of the supply or if the customer dispatched the object of the supply)

_____

(Month and year the transportation ended if the customer transported the object of the supply himself or herself)

in/at[1]

_____

(Member State and place of entry as part of the transport or dispatch of the object)

_____

(Date of issue of the certificate)

_____

(Signature of the customer or of the authorised representative as well as the signatory's name in capitals)

1) Delete as appropriate.

Attestation de la réception d'un bien ayant fait l'objet d'une livraison intracommunau-taire dans un autre Etat membre de l'UE (attestation de réception)

(nom et adresse du destinataire de la livraison intracommunautaire, adresse e-mail si disponible)

J'atteste par les présentes en qualité de destinataire que j'ai reçu[1] le bien suivant / que le bien suivant ayant fait l'objet d'une livraison intracommunautaire est parvenu[1]

(quantité du bien ayant fait l'objet de la livraison)

(appellation commerciale ; pour les véhicules : en plus : numéro d'identification du véhicule)

en

(le mois et l'année de la réception du bien objet de la livraison dans l'Etat membre dans lequel il est parvenu, lorsque l'entreprise qui a effectué la livraison a transporté ou expédié le bien objet de la livraison ou lorsque le destinataire a expédié le bien objet de la livraison)

(le mois et l'année de la fin du transport lorsque le destinataire a lui-même transporté le bien objet de la livraison)

à[1]

(Etat membre et lieu où le bien objet de la livraison est parvenu dans le cadre d'un transport ou d'une expédition)

(date d'établissement de l'attestation)

(signature du destinataire ou de son représentant et nom du soussigné en majuscules d'imprimerie)

(1) Rayer la mention inutile.

ABB. 9: Spediteurbescheinigung

Anlage 4 zum Umsatzsteuer-Anwendungserlass (zu Abschnitt 6a.5)

Name/Anschrift Spediteur   Name/Anschrift liefernder Unternehmer

Bescheinigung für Umsatzsteuerzwecke bei der Versendung/Beförderung durch einen Spediteur oder Frachtführer in
das übrige Gemeinschaftsgebiet (§ 17a Abs. 3 Satz 1 Nr. 1 Buchstabe b UStDV) -
Spediteurbescheinigung

An
Firma/Herrn/Frau

_____
(Name)

in _____
(Straße)

_____
(PLZ,
Sitz/Wohnort)

Ich bestätige hiermit, dass mir am _____

von Ihnen/von der Firma/von Herrn/von Frau [1] _____

_____   in   _____
(Straße)   (PLZ, Sitz/Wohnort)

die folgenden Gegenstände übergeben/übersandt [1] worden sind:

Menge und handelsübliche Bezeichnung der
Gegenstände
(bei Fahrzeugen zusätzlich die Fahrzeug-
Identifikationsnummer)

_____

Ich habe die Gegenstände
auftragsgemäß im _____
(Monat und Jahr des Erhalts der Gegenstände durch den Empfänger)

nach _____
(EU-Mitgliedstaat und Ort)

an _____
(Name des Empfängers der Lieferung)

versendet/befördert. [1]

Der Auftrag ist mir von _____

_____   in   _____
(Straße)   (PLZ, Sitz/Wohnort)

erteilt worden. Ich versichere, die Angaben in dieser Bescheinigung aufgrund von Geschäftsunterlagen gemacht zu haben, die im Gemeinschaftsgebiet nachgeprüft werden können.

[1] Nichtzutreffendes bitte streichen   (Datum, Unterschrift)

ABB. 10: Spediteurversicherung

Name/Firma und Anschrift des Spediteurs oder Frachtführers
(Straße, Hausnummer, Postleitzahl, Ort)

Name/Firma und Anschrift des liefernden Unternehmers
(Straße, Hausnummer, Postleitzahl, Ort)

Bescheinigung für Umsatzsteuerzwecke bei der Versendung/Beförderung durch einen Spediteur oder Frachtführer in das übrige Gemeinschaftsgebiet (§ 17a Abs. 3 Satz 1 Nr. 2 UStDV) - Spediteurversicherung

An
Firma/Herrn/Frau

☐ (als Abnehmer der Lieferung)

_____
(Name)

_____
(Straße)

in _____
(PLZ, Sitz/Wohnort)

Ich bestätige hiermit, dass mir am _____

von Ihnen/von der Firma/von Herrn/von Frau [1] _____

in _____

_____   _____
(Straße)   (PLZ, Sitz/Wohnort)

die folgenden Gegenstände übergeben/übersandt [1] worden sind:

**Menge und handelsübliche Bezeichnung der Gegenstände
(bei Fahrzeugen zusätzlich die Fahrzeug-Identifikationsnummer)**

Ich versichere, dass ich die Gegenstände auftragsgemäß

nach _____
(EU-Mitgliedstaat und Ort)

an _____
(Name des Empfängers der Lieferung)

befördern werde.

Der Auftrag ist mir von _____

_____ in _____
(Straße)   (PLZ, Sitz/Wohnort)

erteilt worden.

_____   _____
[1] Nichtzutreffendes bitte streichen   (Datum, Unterschrift)

223

ABB. 11: Vereinfachtes Begleitdokument verbrauchsteuerpflichtige Waren

EUROPÄISCHE GEMEINSCHAFT
VERBRAUCHSTEUERN

VEREINFACHTES BEGLEITDOKUMENT
INNERGEMEINSCHAFTLICHE BEFÖRDERUNG VON WAREN DES STEUERRECHTLICH FREIEN VERKEHRS

3

Ausfertigung zur Rücksendung an den Lieferer

3

1 Lieferer MwSt-Nummer
(Name und Adresse)

2 Bezugsnummer des Lieferers

3 Zuständige Behörde des Bestimmungslandes
(Bezeichnung und Anschrift)

4 Empfänger MwSt-Nummer
(Name und Adresse)

5 Beförderer/Beförderungsmittel

6 Bezugsnummer und Datum der Anmeldung bei der zuständigen Behörde des Bestimmungslandes

7 Ort der Lieferung

8 Zeichen, Anzahl und Art der Packstücke, Warenbeschreibung

9 Warencode (KN-Code)

10 Menge

11 Rohgewicht (kg)

12 Eigengewicht (kg)

13 Rechnungspreis/Warenwert

14 Bescheinigungen (bestimmte Weine und Spirituosen, kleine Brauereien und Brennereien)

A Kontrollvermerk der zuständigen Behörde

Fortsetzung auf der Rückseite der Ausfertigungen 2 und 3

15 Für die Richtigkeit der Angaben in Feld 1–13:
Rücksendung der Ausfertigung 3
gewünscht: Ja ☐ Nein ☐ (*)

Firma des Unterzeichners (mit Telefonnummer)

Name des Unterzeichners

Ort, Datum

Unterschrift

(*) Zutreffendes ankreuzen

Postanschrift Berlin: Bundesministerium der Finanzen, 11016 Berlin www.bundesfinanzministerium.de

Bescheinigung § 4 Nr. 7 UStG einschl. Erläuterungen:

EUROPÄISCHE UNION

BESCHEINIGUNG ÜBER DIE BEFREIUNG VON DER MEHRWERT
STEUER UND/ODER DER VERBRAUCHSTEUER (*)
Richtlinie 2006/112/EG Artikel 151 und Richtlinie 2008/118/EG Artikel 13

Laufende Nummer (nicht zwingend):

1. ANTRAGSTELLENDE EINRICHTUNG BZW. PRIVATPERSON

Bezeichnung/Name

Straße, Hausnummer

Postleitzahl, Ort

(Aufnahme-)Mitgliedstaat

2. FÜR DAS ANBRINGEN DES DIENSTSTEMPELS ZUSTÄNDIGE BEHÖRDE (BEZEICHNUNG, ANSCHRIFT UND RUFNUMMER)

3. ERKLÄRUNG DER ANTRAGSTELLENDEN EINRICHTUNG ODER PRIVATPERSON

Der Antragsteller (Einrichtung/Privatperson)[1] erklärt hiermit,

a) dass die in Feld 5 genannten Gegenstände und/oder Dienstleistungen bestimmt sind[2]

□ für amtliche Zwecke

    □ einer ausländischen diplomatischen Vertretung

    □ einer ausländischen berufskonsularischen Vertretung

    □ einer europäischen Einrichtung, auf die das Protokoll über die Vorrechte und Befreiungen der Europäischen Union Anwendung findet.

    □ einer internationalen Organisation

    □ der Streitkräfte eines der NATO angehörenden Staates

    □ der auf Zypern stationierten Streitkräfte des Vereinigten Königreichs

□ zur privaten Verwendung durch

    □ einen Angehörigen einer ausländischen diplomatischen Vertretung

    □ einen Angehörigen einer ausländischen berufskonsularischen Vertretung

    □ einen Bediensteten einer internationalen Organisation

(Bezeichnung der Einrichtung – siehe Feld 4)

b) dass die in Feld 5 genannten Gegenstände und/oder Dienstleistungen mit den Bedingungen und Beschränkungen vereinbar sind, die in dem in Feld 1 genannten Aufnahmemitgliedstaat für die Freistellung gelten, und

c) dass die obigen Angaben richtig und vollständig sind.

Der Antragsteller (Einrichtung/Privatperson) verpflichtet sich hiermit, an den Mitgliedstaat, aus dem die Gegenstände versandt wurden oder von dem aus die Gegenstände geliefert oder die Dienstleistungen erbracht wurden, die Mehrwertsteuer und/oder Verbrauchsteuer zu entrichten, die fällig wird, falls die Gegenstände und/oder Dienstleistungen die Bedingungen für die Befreiung nicht erfüllen oder nicht für die beabsichtigten Zwecke verwendet werden bzw. nicht den beabsichtigten Zwecken dienen.

Name und Stellung des Unterzeichnenden

Ort, Datum   Unterschrift

4. DIENSTSTEMPEL DER EINRICHTUNG (bei Freistellung zur privaten Verwendung)

		Name und Stellung des Unterzeichnenden
Ort, Datum	Dienststempel	Unterschrift

5. BEZEICHNUNG DER GEGENSTÄNDE UND/ODER DIENSTLEISTUNGEN, FÜR DIE DIE BEFREIUNG VON DER MEHRWERTSTEUER UND/ODER VERBRAUCHSTEUER BEANTRAGT WIRD

A. Angaben zu dem Unternehmer/zugelassenen Lagerinhaber

1) Name und Anschrift:

2) Mitgliedstaat

3) Mehrwertsteuer-Identifikationsnummer oder Steuerregisternummer/Verbrauchsteuernummer

B. Angaben zu den Gegenständen und/oder Dienstleistungen:

Nr.	Ausführliche Beschreibung der Gegenstände und/oder Dienstleistungen(3) (oder Verweis auf beigefügten Bestellschein)	Menge oder Anzahl	Preis ohne Mehrwertsteuer oder Verbrauchsteuer		Währung
			Preis pro Einheit	Gesamtpreis	
	Gesamtbetrag				

6. BESCHEINIGUNG DER ZUSTÄNDIGEN BEHÖRDE(N) DES AUFNAHMEMITGLIEDSTAATES

Die Versendung/Lieferung bzw. Erbringung der in Feld 5 genannten Gegenstände und/oder Dienstleistungen entspricht

☐ in vollem Umfang   ☐ in folgendem Umfang   (Menge bzw. Anzahl)(4)

den Bedingungen für die Befreiung von der Mehrwertsteuer und/oder Verbrauchsteuer.

Name und Stellung des Unterzeichnenden

Ort, Datum   Dienststempel   Unterschrift

7. VERZICHT AUF ANBRINGUNG DES DIENSTSTEMPELABDRUCKS IN FELD 6 (nur bei Freistellung für amtliche Zwecke)

Mit Schreiben Nr.

vom

wird für

Bezeichnung der antragstellenden Einrichtung:

auf die Anbringung des Dienststempelabdrucks in Feld 6 durch

Bezeichnung der zuständigen Behörde des Aufnahmemitgliedstaates

verzichtet.:

Name und Stellung des Unterzeichnenden

Ort, Datum   Dienststempel   Unterschrift

(*)	Je nach Fall streichen.
(1)	Nichtzutreffendes streichen.
(2)	Zutreffendes ankreuzen.
(3)	Nicht benutzte Felder durchstreichen. Dies gilt auch, wenn ein Bestellschein beigefügt ist.
(4)	Gegenstände und/oder Dienstleistungen, für die keine Befreiung gewährt werden kann, sind in Feld 5 oder auf dem Bestellschein durchzustreichen.

Erläuterungen

1. Dem Unternehmer und/oder zugelassenen Lagerinhaber dient diese Bescheinigung als Beleg für die Steuerbefreiung von Gegenständen oder Dienstleistungen, die an Einrichtungen bzw. Privatpersonen im Sinne von Artikel 151 der Richtlinie 2006/112/EG und Artikel 13 der Richtlinie 2008/118/EG versendet und/oder geliefert werden. Dementsprechend ist für jeden Lieferer/Lagerinhaber eine Bescheinigung auszufertigen. Der Lieferer/Lagerinhaber hat die Bescheinigung gemäß den in seinem Mitgliedstaat geltenden Rechtsvorschriften in seine Buchführung aufzunehmen.

2. a) Die allgemeinen Hinweise hinsichtlich des zu verwendenden Papiers und der Abmessungen der Felder sind dem *Amtsblatt der Europäischen Gemeinschaften* C 164 vom 1.7.1989, S. 3, zu entnehmen.

   Für alle Exemplare ist weißes Papier im Format 210 × 297 mm zu verwenden, wobei in der Länge Abweichungen von - 5 bis + 8 mm zulässig sind.

   Bei einer Befreiung von der Verbrauchsteuer ist die Befreiungsbescheinigung in zwei Exemplaren auszufertigen:

   – eine Ausfertigung für den Versender;

   – eine Ausfertigung, die die Bewegungen der der Verbrauchsteuer unterliegenden Produkte begleitet.

   b) Nicht genutzter Raum in Feld 5B ist so durchzustreichen, dass keine zusätzlichen Eintragungen vorgenommen werden können.

   c) Das Dokument ist leserlich und in dauerhafter Schrift auszufüllen. Löschungen oder Überschreibungen sind nicht zulässig. Die Bescheinigung ist in einer vom Aufnahmemitgliedstaat anerkannten Sprache auszufüllen.

   d) Wird bei der Beschreibung der Gegenstände und/oder Dienstleistungen (Feld 5 Buchstabe B der Bescheinigung) auf einen Bestellschein Bezug genommen, der nicht in einer vom Aufnahmemitgliedstaat anerkannten Sprache abgefasst ist, so hat der Antragsteller (Einrichtung/Privatperson) eine Übersetzung beizufügen.

   e) Ist die Bescheinigung in einer vom Mitgliedstaat des Lieferers/Lagerinhabers nicht anerkannten Sprache verfasst, so hat der Antragsteller (Einrichtung/Privatperson) eine Übersetzung der Angaben über die in Feld 5 Buchstabe B aufgeführten Gegenstände und Dienstleistungen beizufügen.

   f) Unter einer anerkannten Sprache ist eine der Sprachen zu verstehen, die in dem betroffenen Mitgliedstaat amtlich in Gebrauch ist, oder eine andere Amtssprache der Union, die der Mitgliedstaat als zu diesem Zwecke verwendbar erklärt.

3. In Feld 3 der Bescheinigung macht der Antragsteller (Einrichtung/Privatperson) die für die Entscheidung über den Freistellungsantrag im Aufnahmemitgliedstaat erforderlichen Angaben.

4. In Feld 4 der Bescheinigung bestätigt die Einrichtung die Angaben in den Feldern 1 und 3 Buchstabe a des Dokuments und bescheinigt, dass der Antragsteller – wenn es sich um eine Privatperson handelt – Bediensteter der Einrichtung ist.

5. a) Wird (in Feld 5 Buchstabe B der Bescheinigung) auf einen Bestellschein verwiesen, so sind mindestens Bestelldatum und Bestellnummer anzugeben. Der Bestellschein hat alle Angaben zu enthalten, die in Feld 5 der Bescheinigung genannt werden. Muss die Bescheinigung von der zuständigen Behörde des Aufnahmemitgliedstaates abgestempelt werden, so ist auch der Bestellschein abzustempeln.

   b) Die Angabe der in Artikel 22 Absatz 2 Buchstabe a der Verordnung Nr. 2073/2004 des Rates vom 16. November 2004 über die Zusammenarbeit der Verwaltungsbehörden auf dem Gebiet der Verbrauchsteuern genannten Registriernummer ist nicht zwingend; die Mehrwertsteuer-Identifikationsnummer oder die Steuerregisternummer ist anzugeben.

   c) Währungen sind mit den aus drei Buchstaben bestehenden Codes der internationalen ISOIDIS-4127-Norm zu bezeichnen, die von der Internationalen Normenorganisation festgelegt wurde[1].

6. Die genannte Erklärung einer antragstellenden Einrichtung/Privatperson ist in Feld 6 durch den Dienststempel der zuständigen Behörde(n) des Aufnahmemitgliedstaates zu beglaubigen. Diese Behörde(n) kann/können die Beglaubigung davon abhängig machen, dass eine andere Behörde des Mitgliedstaats zustimmt. Es obliegt der zuständigen Steuerbehörde, eine derartige Zustimmung zu erlangen.

7. Zur Vereinfachung des Verfahrens kann die zuständige Behörde darauf verzichten, von einer Einrichtung, die eine Befreiung für amtliche Zwecke beantragt, die Erlangung des Dienststempels zu fordern. Die antragstellende Einrichtung hat diese Verzichterklärung in Feld 7 der Bescheinigung anzugeben.

---

[1] Die Codes einiger häufig benutzter Währungen lauten: EUR (Euro), BGN (Leva), CZK (Tschechische Kronen), DKK (Dänische Kronen), GBP (Pfund Sterling), HUF (Forint), LTL (Litai), PLN (Zloty), RON (Rumänische Lei), SEK (Schwedische Kronen), USD (US-Dollar).

(unbesetzt)   293–300

D. Sonderregelungen bei innergemeinschaftlichen Warenbewegungen

Ergänzende Fachliteratur: *Birkenfeld,* Das große Umsatzsteuer-Handbuch, Loseblatt, Köln; *Gothmann,* Umsatzsteuerliche Aspekte beim Verkauf über Online-Handelsplattformen und Online-Versandhändler, UVR 2016, 380; *Robisch,* Innergemeinschaftliche Dreiecksgeschäfte auf dem Prüfstand, UR 2017, 497.

I. Innergemeinschaftlicher Versandhandel

1. Überblick

Zur Vermeidung von Wettbewerbsverzerrungen beim privaten Warenverkehr werden Lieferungen in das übrige Gemeinschaftsgebiet an bestimmte Abnehmer grds. im **Bestimmungsland** der Umsatzsteuer unterworfen, sofern die Gegenstände durch Befördern oder Versenden durch den Unternehmer an den Abnehmer gelangen (§ 3c Abs. 1 UStG).[1] Die Regelungen des § 3c UStG gehen den allgemeinen Bestimmungen über den Lieferort vor (§ 3 Abs. 5a UStG). Für die Anwendung dieser Regelung ist die Art der Warenbewegung, der Abnehmerkreis und der Umfang der innergemeinschaftlichen Lieferungen des Lieferers zu bestimmen; außerdem besteht bei bestimmten Wirtschaftsgütern eine Ausnahme (neue Fahrzeuge, verbrauchsteuerpflichtige Waren). Gerade diese Vorschrift ist für die Praxis kompliziert und unübersichtlich ausgefallen; sie war aber auf Wunsch der meisten Mitgliedsländer der EU nach Beibehaltung der Besteuerung im Bestimmungsland unumgänglich. Im Gegensatz zu der ursprünglichen Absicht der EU betrifft die Regelung des § 3c UStG nicht nur die eigentlichen Versandhandelsunternehmen („Versandhäuser"), sondern jede Lieferung durch Befördern oder Versenden durch den Unternehmer.

Der Ort der Lieferung liegt bei der Anwendung des § 3c UStG dort, wo die Beförderung oder Versendung **endet,** mithin im Bestimmungsland (§ 3c Abs. 1 Satz 1 UStG). Steuerschuldner ist der leistende Unternehmer, es ist der Steuersatz des Bestimmungslandes maßgebend. Ist die Versandhandelsregelung anwendbar, so wird der leistende Unternehmer im betreffenden EU-Mitgliedstaat steuerpflichtig. Er muss das Umsatzsteuerrecht dieses Landes beachten, bei den dortigen Finanzbehörden Steuererklärungen abgeben und die auslän-

301

---

1 Zur unionsrechtlichen Grundlage vgl. Art. 34 MwStSystRL.

dische Umsatzsteuer entrichten. Die Vorsteuerbeträge im Inland werden nach den allgemein gültigen Regelungen berücksichtigt (§ 15 UStG).

> **HINWEIS:**
>
> Für die Erfüllung der Erklärungspflichten im Ausland ist eine steuerliche Vertretung im entsprechenden Land dringend anzuraten.

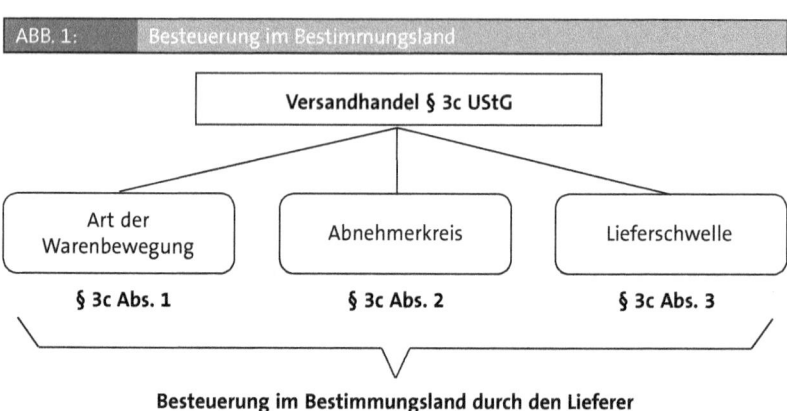

ABB. 1: Besteuerung im Bestimmungsland

Besteuerung im Bestimmungsland durch den Lieferer

302 Werden ausländische Unternehmer aufgrund der vorgenannten Regelung in Deutschland zur Umsatzsteuer veranlagt, ist aufgrund der Umsatzsteuer-Zuständigkeits-Verordnung (vgl. § 21 Abs. 1 Satz 2 AO) ein zentrales Finanzamt für Unternehmer aus einem bestimmten Land zuständig. Nähere Informationen enthält Rz. 516. Die Kleinunternehmerregelung findet für ausländische Unternehmer keine Anwendung (§ 19 Abs. 1 Satz 1 UStG). Ausländische Unternehmer sind verpflichtet, eine Rechnung mit gesondert ausgewiesener deutscher Umsatzsteuer zu erteilen (§ 14a Abs. 2 UStG). Dies gilt auch, wenn der Abnehmer kein Unternehmer ist. Ggf. ist vom ausländischen Unternehmer ein inländischer Empfangsbevollmächtigter zu bestellen (§ 123 AO).

> **BEISPIEL:** ▶ Der französische Weingroßhändler W verschickt im Jahre 03 ausnahmsweise zwei Kartons Wein an einen privaten deutschen Kunden. Der Kunde zahlt 700 €.
>
> Da W verbrauchsteuerpflichtige Waren an einen privaten Abnehmer versendet, ist die Versandhandelsregelung anwendbar. Der Ort der Lieferung bestimmt sich somit für W nicht nach dem Beginn der Versendung, sondern nach dem Ende (§ 3c Abs. 1 UStG). Eine Lieferschwelle ist bei der Lieferung von verbrauchsteuerpflichtiger Ware nicht zu prüfen. W hat daher in Deutschland eine Rechnung mit deutscher Umsatzsteuer zu erteilen, eine Umsatzsteuer-Voranmeldung und eine Umsatzsteuer-Jahreserklärung beim Finanzamt Kehl einzureichen und die Umsatzsteuer i. H. von 111,76 € (19% aus 700 €) zu entrichten. Die Kleinunternehmerregelung (Jahresumsatz bis

17.500 €) ist für W nicht anwendbar, da er ausländischer Unternehmer ist (§ 19 Abs. 1 Satz 1 UStG). Den Vorsteuerabzug erhält W in Frankreich.

Unter die vorgenannte Regelung fallen auch Land- und Forstwirte, die an Abnehmer liefern, die einen innergemeinschaftlichen Erwerb nicht zu versteuern haben. Die deutsche Besteuerung nach Durchschnittssätzen ist dann im Bestimmungsland nicht anzuwenden. Dies gilt auch bei Versendungsumsätzen von verbrauchsteuerpflichtigen Waren ohne Beachtung der Lieferschwelle. Wird dagegen die Lieferschwelle nicht überschritten, hat der Land- oder Forstwirt die Umsätze im Rahmen seiner Durchschnittsbesteuerung zu erfassen.

2. Art der Warenbewegung

Die Sonderregelung über den Versandhandel ist nur anwendbar beim **Befördern oder Versenden durch den liefernden Unternehmer** an einen bestimmten Abnehmerkreis (i. d. R. Privatpersonen). Maßgeblich ist, dass der liefernde Unternehmer die Beförderung oder Versendung veranlasst haben muss.[1] Holt der Abnehmer die Ware selbst ab oder wird die Ware im Auftrag und auf Rechnung des Empfängers befördert oder versendet, gilt § 3c UStG nicht und die Versteuerung ist vom Lieferer im Ursprungsland vorzunehmen, da es für ihn nicht möglich ist, nachzuprüfen, ob der Kunde den Gegenstand in ein anderes Mitgliedsland der EU mitnimmt oder im Inland verwendet. In Abholfällen ist somit der tatsächlich gedachte Binnenmarkt bereits realisiert, denn insoweit gilt die Ortsbestimmung des § 3 Abs. 6 Satz 1 UStG.

303

BEISPIEL: ▸ Ein dänischer Privatmann erwirbt während seines Urlaubs in Deutschland einen Ledermantel für 2.000 €.

Der Ledermantel ist in Deutschland der Umsatzsteuer zu unterwerfen, denn die Lieferung ist in Deutschland steuerbar (§ 3 Abs. 6 Satz 1 UStG) und mangels Steuerbefreiung auch steuerpflichtig. Insbesondere liegt keine innergemeinschaftliche Lieferung vor, da der Abnehmer in seinem Heimatland keinen innergemeinschaftlichen Erwerb zu versteuern hat (§ 6a Abs. 1 Nr. 3 UStG). Ein Grenzausgleich bei der „Einfuhr" nach Dänemark findet im Gegensatz zu Drittländern innerhalb der EU nicht statt.

Ein deutscher Privatmann erwirbt während seines Urlaubs in Italien dort einen Ledermantel für 2.000 €.

Der Ledermantel ist in Italien der Umsatzsteuer zu unterwerfen, d. h. die Lieferung unterliegt auch dem italienischen Steuersatz für derartige Umsätze. Ein Grenzausgleich bei der „Einfuhr" nach Deutschland findet nicht statt.

---

1 Abschnitt 3c.1 Abs. 1 Satz 3 UStAE.

304   Auf Lieferungen **neuer Fahrzeuge** ist die Vorschrift des § 3c UStG nicht anwendbar (§ 3c Abs. 5 Satz 1 UStG), sie unterliegen stets der Erwerbsbesteuerung (§ 1b UStG). In allen Fällen, in denen der Erwerb eines Gegenstands beim Erwerber bereits selbst der Versteuerung unterliegt, bedarf es keiner Ausnahmeregelung. § 3c UStG ist somit nur anwendbar auf Erwerber, die keinen innergemeinschaftlichen Erwerb zu versteuern haben. Zur umsatzsteuerlichen Behandlung Erwerb und Lieferung neuer Fahrzeuge vgl. ausführlich Rz. 318 ff.

Lieferungen **bestimmter verbrauchsteuerpflichtiger Wirtschaftsgüter** unterliegen der Versandhandelsregelung, wenn sie an private Endverbraucher gelangen (§ 3c Abs. 5 Satz 2 UStG), die Lieferschwelle ist in diesen Fällen jedoch unbeachtlich. Bei Verkäufen an Unternehmer sowie an „atypische Unternehmer" ist der Erwerb dieser Wirtschaftsgüter vom Abnehmer der Erwerbsbesteuerung im Bestimmungsland zu unterwerfen (§ 1a Abs. 5 UStG), die Versandhandelsregelung des § 3c UStG ist insoweit unbeachtlich.

Auf **Montagelieferungen,** bei denen der Gegenstand erst im Bestimmungsland fertig montiert wird, findet § 3c UStG keine Anwendung, da schon nach der Ortsbestimmung des § 3 Abs. 7 Satz 1 UStG die Lieferung im Bestimmungsland ausgeführt wurde. Wird dagegen das fertige Werk durch den Lieferer befördert oder versendet, kann ein Fall des § 3c UStG vorliegen.

305   Die Versandhandelsregelung des § 3c UStG gilt auch dann, wenn der gelieferte Gegenstand im Rahmen einer Beförderung oder Versendung durch den liefernden Unternehmer aus dem Drittland in einen Mitgliedstaat eingeführt und zum freien Verkehr abgefertigt wird und die Beförderung oder Versendung anschließend in einem anderen Mitgliedstaat endet.

> **BEISPIEL:** Ein Unternehmer aus Norwegen versendet eine Ware nach Deutschland an einen privaten Abnehmer und lässt die Ware in Dänemark bei der Einfuhr durch einen beauftragten Frachtführer zum freien Verkehr abfertigen.
>
> Der Ort der Lieferung liegt entgegen § 3 Abs. 6 Satz 1 UStG aufgrund der Abfertigung zum freien Verkehr für den Unternehmer aus Norwegen in Dänemark (§ 3 Abs. 8 UStG). Da die Ware nunmehr zur Gemeinschaftsware geworden ist und in einen anderen Mitgliedstaat an einen Abnehmer i. S. des § 3c UStG gelangt, kommt die Versandhandelsregelung ggf. zur Anwendung, sofern die Lieferschwelle in Deutschland überschritten ist.

3. Abnehmerkreis

306   Die Bestimmung des besonderen Lieferorts findet keine Anwendung, wenn der Abnehmer der Erwerbsbesteuerung im Bestimmungsland unterliegt. Daher sind Abnehmer i. S. des § 3c UStG in der Praxis die Personen, die ohne USt-IdNr. einkaufen. Der wichtigste Abnehmer ist danach der **private Endverbrau-**

cher (§ 3c Abs. 2 Nr. 1 UStG), wozu auch Unternehmer gehören, die außerhalb ihres Unternehmens einkaufen, sowie die **atypischen Unternehmer** oder **Gelegenheitseinkäufer,** die einen innergemeinschaftlichen Erwerb **nicht** zu versteuern haben (§ 3c Abs. 2 Nr. 2 UStG; vgl. § 1a Abs. 3 UStG), also z. B. Kleinunternehmer (vgl. dazu ausführlich Rz. 116 ff.).

BEISPIEL: ► Ein deutscher Unternehmer liefert zwei Computer an einen französischen Unternehmer, der einen Computer in seinem Betrieb verwendet. Der zweite Rechner ist für seinen Sohn bestimmt. Der deutsche Unternehmer versendet beide Geräte nach Frankreich.

Die Lieferung des Computers, der für das Unternehmen des Abnehmers bestimmt ist, ist im Inland steuerbar (§ 3 Abs. 6 Satz 1 UStG), aber steuerfrei (§ 4 Nr. 1b i. V. m. § 6a Abs. 1 UStG). Insoweit hat der Abnehmer in Frankreich den Gegenstand der Erwerbsbesteuerung zu unterwerfen, unabhängig von einer Erwerbschwelle. Die Lieferung des zweiten Computers, der nicht für das Unternehmen des Abnehmers bestimmt ist, fällt unter die Versandhandelsregelung des § 3c Abs. 1 UStG, da der Franzose insoweit wie ein Privatmann behandelt wird. Diese Lieferung ist daher vom deutschen Lieferer entweder im Inland (§ 3 Abs. 6 Satz 1 UStG) oder bei Überschreiten der Lieferschwelle in Frankreich zu versteuern (§ 3c Abs. 1 UStG). In jedem Fall aber hat insoweit der Lieferer Umsatzsteuer zu berechnen, denn diese Verpflichtung entfällt nur, wenn der Abnehmer einen innergemeinschaftlichen Erwerb selbst zu versteuern hat. In der Praxis wird sich der deutsche Unternehmer auf die Verwendung der USt-IdNr. des französischen Abnehmers verlassen müssen.[1]

Überschreitet der sog. **Gelegenheitserwerber** die **Erwerbschwelle** in seinem Heimatland, findet § 3c UStG keine Anwendung, da der Abnehmer selbst den Erwerb des Gegenstands im Bestimmungsland zu versteuern hat (vgl. § 1a Abs. 1 UStG). Für Lieferungen inländischer Unternehmer in das übrige Gemeinschaftsgebiet ist die Erwerbschwelle des jeweiligen Mitgliedstaates maßgebend (§ 3c Abs. 2 letzter Satz UStG).

307

HINWEIS:

Der Lieferer kann in der Praxis wohl kaum prüfen, ob der Abnehmer die Erwerbschwelle in seinem Heimatland überschritten hat,[2] er muss er sich daher auf die Angaben des Abnehmers verlassen. Verwendet dieser eine USt-IdNr., so bringt er damit zum Ausdruck, dass er steuerfrei einkaufen und die Besteuerung im Bestimmungsland selbst vornehmen will (vgl. auch § 6a Abs. 4 sowie § 1a Abs. 4 UStG). Verwendet er dagegen keine USt-IdNr., so hat der deutsche Lieferer regelmäßig die Besteuerung im Bestimmungsland selbst vorzunehmen. Darüber hinaus kann ein Erwerber zur Erwerbsbesteuerung im Bestimmungsland optieren, so dass für den Lieferer § 3c UStG keine Anwendung finden würde (vgl. § 1a Abs. 4 UStG). Auch dies bringt er in der Praxis durch Angabe seiner USt-IdNr. zum Ausdruck.

---

1 Abschnitt 6a.1 Abs. 13 UStAE.
2 Vgl. Abschnitt 3c.1 Abs. 2 sowie Abschnitt 6a.1 Abs. 13 UStAE.

Die USt-IdNr. ist einem Abnehmer als Unternehmer konkret zugeordnet. Daher ist es m. E. nicht zulässig, wenn dieser Abnehmer bei einigen Einkäufen die USt-IdNr. verwendet, bei anderen Einkäufen dagegen nicht. Ein solches „Splitting" wird vom Gesetzgeber nicht gewünscht (vgl. Art. 33 Abs. 1 Buchst. a MwStSystRL, § 3c Abs. 2 Satz 1 UStG). Durch Einsatz einer USt-IdNr. gegenüber dem Lieferanten hat der Abnehmer zur Erwerbsbesteuerung optiert (§ 1a Abs. 4 UStG) und kann anschließend für weitere Lieferungen an ihn nicht anders behandelt werden. Liefert daher ein ausländischer Unternehmer einem Abnehmer, dessen USt-IdNr. ihm aus anderen Rechtsgeschäften bekannt ist, Produkte nunmehr unter Beachtung des § 3c Abs. 1 UStG im Inland und stellt dabei deutsche Umsatzsteuer in Rechnung, ist m. E. diese Umsatzsteuer beim Leistungsempfänger nicht als Vorsteuer abzugsfähig.

308 Liefert der deutsche Unternehmer an atypische Unternehmer dagegen **verbrauchsteuerpflichtige Wirtschaftsgüter** oder liefert er **neue Fahrzeuge** an irgendeinen Abnehmer, so haben die Abnehmer die Erwerbsbesteuerung stets selbst vorzunehmen, unabhängig von der Prüfung einer Erwerbsschwelle.

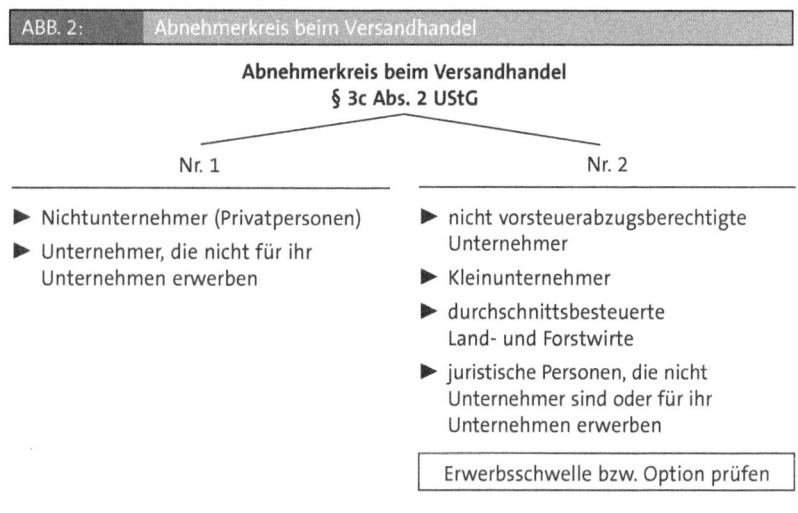

ABB. 2: Abnehmerkreis beim Versandhandel

Abnehmerkreis beim Versandhandel
§ 3c Abs. 2 UStG

Nr. 1

► Nichtunternehmer (Privatpersonen)
► Unternehmer, die nicht für ihr Unternehmen erwerben

Nr. 2

► nicht vorsteuerabzugsberechtigte Unternehmer
► Kleinunternehmer
► durchschnittsbesteuerte Land- und Forstwirte
► juristische Personen, die nicht Unternehmer sind oder für ihr Unternehmen erwerben

Erwerbsschwelle bzw. Option prüfen

4. Lieferschwelle

309 Weitere Voraussetzung für die Anwendung des § 3c UStG ist das Überschreiten der Lieferschwelle durch den Lieferanten, d. h. die Umsätze des Lieferanten in einen anderen Mitgliedstaat müssen einen bestimmten Betrag überschreiten (§ 3c Abs. 3 UStG). Diese Lieferschwelle beträgt für Lieferungen vom übrigen Gemeinschaftsgebiet ins Inland 100.000 €. Bei Lieferungen in das übrige Gemeinschaftsgebiet ist die jeweilige Lieferschwelle des anderen Mitgliedstaates maßgebend; sie kann bis zu 100.000 € betragen.

TAB. 1:	Lieferschwellen in den einzelnen Mitgliedstaaten[1]
Belgien	35.000 €
Bulgarien	70.000 BGN (ca. 35.791 €)[2]
Dänemark	280.000 DKK (ca. 37.498 €)
Deutschland	100.000 €
Estland	35.000 €
Finnland	35.000 €
Frankreich	35.000 €
Griechenland	35.000 €
Irland	35.000 €
Italien	35.000 €
Kroatien	270.000 HRK (ca. 35.621 €)
Lettland	35.000 €
Litauen	35.000 €
Luxemburg	100.000 €
Malta	35.000 €
Niederlande	100.000 €
Österreich	35.000 €
Polen	160.000 PLN (ca. 39.822 €)
Portugal	35.000 €
Rumänien	118.000 RON (ca. 26.700 €)
Schweden	320.000 SEK (ca. 34.366 €)
Slowakei	35.000 €
Slowenien	35.000 €
Spanien	35.000 €
Tschechien	1.140.000 CZK (ca. 41.583 €)
Ungarn	35.000 €
Vereinigtes Königreich	70.000 GBP (ca. 97.656 €)
Zypern	35.000 €

1 Veröffentlicht im Internet unter http://ec.europa.eu/taxation_customs.
2 Umgerechnet zum Zeitpunkt der Veröffentlichung der Werte im Internet durch die EU, Kurs kann naturgemäß abweichen.

Die Lieferschwelle darf im vorangegangenen Kalenderjahr nicht überschritten worden sein und im laufenden Kalenderjahr nicht überschritten werden. Bei der Berechnung der Lieferschwelle werden nur die Umsätze an Privatpersonen und an sog. Gelegenheitserwerber i. S. des § 3c UStG herangezogen. Umsätze an Abnehmer mit USt-IdNr. bleiben insoweit ebenso unberücksichtigt wie die Lieferungen verbrauchsteuerpflichtiger Waren.[1]

310 Bei bestimmten **verbrauchsteuerpflichtigen Wirtschaftsgütern** ist die Lieferschwelle unbeachtlich. Befördert oder versendet der Lieferer verbrauchsteuerpflichtige Waren in einen anderen Mitgliedstaat an Privatpersonen, verlagert sich der Ort der Lieferung demnach unabhängig von einer Lieferschwelle stets in den Bestimmungsmitgliedstaat.[2]

> **BEISPIEL:** ► Ein deutscher Weinlieferant liefert eine Kiste Wein an einen Privatabnehmer aus Belgien.
>
> Die Lieferung ist in Belgien zu versteuern, da bei privaten Abnehmern in diesen Fällen stets § 3c UStG gilt. Der deutsche Unternehmer hat sich daher in Belgien umsatzsteuerlich registrieren zu lassen und die belgische Umsatzsteuer abzuführen. Die Lieferschwelle gilt bei der Versendung verbrauchsteuerpflichtiger Wirtschaftsgüter nicht (§ 3c Abs. 5 Satz 2 UStG).

311 Wird die maßgebende Lieferschwelle nicht überschritten, so kann der Lieferer zur Besteuerung im Bestimmungsland **optieren** (§ 3c Abs. 4 UStG). Eine freiwillige Besteuerung der Versandumsätze im Bestimmungsland ist jedoch nur dann sinnvoll, wenn die Waren im Bestimmungsland geringer besteuert werden als im Inland und der damit verbundene höhere Verwaltungsaufwand nicht überwiegt. Eine Option ist nur für alle Lieferungen in ein EU-Mitgliedsland möglich, allerdings kann die Entscheidung für jeden Mitgliedstaat selbständig getroffen werden. An die Optionserklärung ist der Lieferer zwei Jahre gebunden (§ 3c Abs. 4 Satz 3 UStG). Zweckmäßigerweise sollte der Unternehmer sowohl seinem Finanzamt im Inland als auch dem zuständigen Finanzamt im Bestimmungsland mitteilen, dass er zur Besteuerung seiner Versendungsumsätze im Bestimmungsland optiert hat, insbesondere, um der inländischen Behörde die Nichtsteuerbarkeit dieser Umsätze anzuzeigen.

312 Wird die Lieferschwelle nicht überschritten und macht der Lieferer von der Optionsmöglichkeit keinen Gebrauch, so ist die Lieferung von ihm im eigenen Land zu versteuern. Damit gilt im Ergebnis das **Ursprungslandprinzip** bei Lieferungen an den privaten Endverbraucher in Abholfällen uneingeschränkt und in Versendungsfällen, sofern der Lieferer bestimmte Grenzwerte nicht erreicht.

---

1 Abschnitt 3c.1 Abs. 3 Satz 1 sowie Satz 3 UStAE.
2 Abschnitt 3c.1 Abs. 3 Satz 4 UStAE.

Bei Lieferungen an einen regelbesteuerten Unternehmer gilt dagegen § 3c UStG nicht; es ist somit auch keine Lieferschwelle zu prüfen.

Der Lieferer muss seine Versendungsumsätze im laufenden Jahr im Bestimmungsland versteuern, wenn er im vorangegangenen Jahr die Lieferschwelle des Bestimmungslandes überschritten hat, unabhängig von der Höhe der tatsächlichen Warenverkäufe im laufenden Jahr. Auch ohne Überschreiten der Lieferschwelle im Vorjahr findet die Versandhandelsregelung in dem Augenblick Anwendung, in dem die Versendungsumsätze im laufenden Jahr die Lieferschwelle überschreiten. Dies führt in der Praxis zu erheblichen Problemen, weil die Versandhandelsregelung in diesen Fällen nicht zum nächsten 1.1., sondern sofort zum Tragen kommt. Eine Versteuerung im Bestimmungsland hat bereits **im Augenblick des Überschreitens** der Lieferschwelle zu erfolgen, d. h. diese Unternehmer müssen in diesem Jahr Steuererklärungen in zwei Ländern abgeben. Die Regelung über die Verlagerung des Lieferorts gilt bereits für die Lieferung, mit der der Schwellenwert überschritten wird (Art. 14 Satz 2 Buchst. a MwStVO). **313**

5. Versteuerung im Ursprungsland oder Bestimmungsland

Der Ort der Lieferung liegt bei der Anwendung des § 3c UStG dort, wo die Beförderung oder Versendung **endet,** mithin im Bestimmungsland (§ 3c Abs. 1 Satz 1 UStG). Steuerschuldner ist der leistende Unternehmer, es ist der Steuersatz des Bestimmungslandes maßgebend. Gerade diese Regelung bedeutet in der Praxis einen Mehraufwand hinsichtlich der Weiterleitung der Steuerbeträge. Auch aus diesem Grunde ist die Lieferschwelle geschaffen worden, um Unternehmen mit geringem Versandanteil nicht zusätzlich zu belasten. Ist § 3c UStG nicht anwendbar, so erfolgt die Besteuerung im Ursprungsland, wie sie schon generell bei Verkäufen an Privatpersonen in Abholfällen vorgenommen wird (vgl. § 3 Abs. 5a UStG). Eine Steuerbefreiung ist nicht zu gewähren, da Abnehmer i. S. des § 3c UStG gerade keine Abnehmer i. S. des § 6a UStG sind und über keine USt-IdNr. verfügen. Das vom Bundesfinanzministerium herausgegebene Merkblatt zur Umsatzsteuerbefreiung für Ausfuhrlieferungen im nichtkommerziellen Reiseverkehr[1] ist nur interessant für inländische Unternehmer, die an private Abnehmer im Drittland liefern. **314**

---

1 BMF, Schreiben v. 12. 8. 2014, BStBl 2014 I S. 1202.

BEISPIEL: ▶ Ein deutscher Unternehmer versendet Ersatzteile an einen dänischen Abnehmer in Kopenhagen durch einen von ihm beauftragten Spediteur. Bei dem Abnehmer handelt es sich:

a) um einen regelbesteuerten Unternehmer,

b) um einen Kleinunternehmer,

c) um einen Privatmann.

Im Falle a) ist § 3c UStG nicht anwendbar, da es sich beim Abnehmer um einen regelbesteuerten Unternehmer handelt (§ 3c Abs. 2 Nr. 1 UStG), der den **Erwerbsvorgang** selbst in Dänemark zu versteuern hat (vgl. nach deutschem Recht § 1a UStG). Die Lieferung ist somit in Deutschland steuerfrei (§ 4 Nr. 1b i.V. m. § 6a UStG). Im Fall b) ergibt sich ebenfalls diese Lösung, sofern der Kleinunternehmer die Erwerbschwelle in Dänemark überschritten und daher auch als sog. atypischer Unternehmer die Erwerbsbesteuerung selbst vorzunehmen hat (§ 3c Abs. 2 Nr. 2b und Abs. 2 Satz 2 i.V. m. § 1a Abs. 3 UStG). Dies gilt auch in den Fällen der Option durch den Abnehmer (§ 1a Abs. 4 UStG).

Ist die Erwerbsbesteuerung im Fall b) nicht vorzunehmen, so ergeben sich in den Fällen b) und c) identische Lösungen, da beide Abnehmer nunmehr gleich behandelt werden (Abnehmer ohne USt-IdNr.). Da die Versendung durch den liefernden Unternehmer veranlasst wurde, ist in diesen Fällen vorrangig § 3c UStG zu prüfen. Danach befindet sich der Ort der Lieferung grds. dort, wo die Versendung endet, also in Kopenhagen (§ 3c Abs. 1 UStG). Dazu ist jedoch die Lieferschwelle, die in diesem Fall von Dänemark festgelegt wird, zu prüfen. Beim **Überschreiten der Lieferschwelle** wäre im Falle b) und c) die Lieferung als in Dänemark ausgeführt zu behandeln (§ 3c Abs. 1 UStG) und vom Deutschen in Dänemark zu versteuern (§ 3c Abs. 2 Nr. 1 i.V. m. Abs. 4 Nr. 2 UStG). Wird die **Lieferschwelle nicht überschritten**, ist § 3c UStG nicht anwendbar mit der Folge, dass in beiden Fällen der Ort der Lieferung im Inland liegt (§ 3 Abs. 6 Satz 1 UStG) und der Deutsche nunmehr eine im Inland steuerpflichtige Lieferung erbringt (vgl. § 6a Abs. 1 Nr. 2 und Nr. 3 UStG).

315 **Inländische Lieferer,** die ihre Versendungslieferungen in einem anderen Mitgliedstaat zu versteuern haben, müssen die entsprechenden **Vorschriften dieses anderen Mitgliedstaates** über die Versteuerung dieser Umsätze beachten, d. h. der deutsche Lieferer hat die ausländische Umsatzsteuer zu berechnen und ggf. eine Rechnung mit der Umsatzsteuer dieses Mitgliedstaates zu erstellen. Er hat dementsprechend eine ausländische Steuernummer zu beantragen, unter der er Steuererklärungen abzugeben und die entsprechenden Steuerbeträge zu entrichten hat. Dazu ist u. a. die Kenntnis des Steuersatzes dieses Landes erforderlich. In diesem Zusammenhang werden auch die Vorsteuerbeträge dieses Landes berücksichtigt, eine Erklärung im Vergütungsverfahren (vgl. nach deutschem Recht § 18 Abs. 9 UStG i.V. m. §§ 59 ff. UStDV) entfällt. Die Vorsteuerbeträge im Inland werden nach den allgemeinen Regelungen berücksichtigt (§ 15 UStG). Hinsichtlich der Aufzeichnung dieser Geschäftsvorfälle in der inländischen Buchführung gelten keine Besonderheiten, denn nach inländischem Recht handelt es sich um nicht steuerbare Vorgänge. Gleichwohl

müssen diese Umsätze am Jahresende im Rahmen der Umsatzsteuer-Jahreserklärung gesondert ausgewiesen werden (vgl. Anlage UR). Ist die Versandhandelsregelung nicht anwendbar, so gelten hinsichtlich der Aufzeichnungen und der Rechnungserteilung die Bestimmungen, die auch bei Lieferungen an inländische Abnehmer zu beachten sind. In der Zusammenfassenden Meldung brauchen Versandhandelsumsätze nicht angegeben zu werden, da diese Umsätze nicht in das Kontrollsystem einbezogen worden sind. Einbezogen werden nur steuerfreie Lieferungen, nicht aber nicht steuerbare Lieferungen.

Ausländische Unternehmer aus einem EU-Mitgliedstaat werden bei Anwendung der Versandhandelsregelung in Deutschland steuerpflichtig und haben ihre Umsätze bei einem deutschen Finanzamt anzumelden und die deutschen Umsatzsteuerbeträge zu entrichten (§ 21 Abs. 1 Satz 2 AO i. V. m. UStZustV).   316

Zur Veranlagung ausländischer Unternehmer bei einem deutschen Finanzamt aufgrund der Umsatzsteuer-Zuständigkeitsverordnung vgl. Rz. 516.

Nichtunternehmer als Abnehmer können auch im Rahmen von **Reihengeschäften** beliefert werden. Die Grundsätze zur Bestimmung des Ortes der Lieferung aufgrund der Regelungen in § 3 Abs. 6 Satz 1, 5 und 6 sowie § 3 Abs. 7 Satz 2 UStG sind auch in diesen Fällen anzuwenden (vgl. ausführlich zum Problem der Reihengeschäfte Rz. 244 ff.). Wenn der letzte Abnehmer im Rahmen eines Reihengeschäfts, beim dem die Warenbewegung in einem Mitgliedstaat beginnt und in einem anderen Mitgliedstaat endet, nicht die subjektiven Voraussetzungen für die Besteuerung des innergemeinschaftlichen Erwerbs erfüllt und demzufolge in der Praxis nicht mit einer USt-IdNr. auftritt, ist § 3c UStG zu beachten, wenn der letzten Lieferung in der Reihe die Beförderung oder Versendung zugeordnet wird.[1] Dies gilt nicht, wenn der private Abnehmer den Gegenstand selbst abholt (§ 3c Abs. 1 UStG).   317

> **BEISPIEL:** ▶ Ein niederländisches Rentnerehepaar R kauft für seinen privaten Bedarf beim Möbelhaus A in Aachen eine Polstergarnitur. A bestellt die Möbel beim Hersteller S in Steinfurt. Der Hersteller lässt die Möbel wie verabredet unmittelbar zum Abnehmer nach Venlo versenden.
>
> Im Rahmen dieses Reihengeschäfts werden zwei Lieferungen ausgeführt: S an A sowie A an R. Die erste Lieferung S an A ist die Versendungslieferung i. S. des § 3 Abs. 6 Satz 1 UStG, sie wurde mithin in Steinfurt ausgeführt. Sie ist grds. als innergemeinschaftliche Lieferung steuerfrei, denn die Ware gelangt in das übrige Gemeinschaftsgebiet. Solange A jedoch gegenüber seinem Lieferanten S nicht angibt, dass er den innergemeinschaftlichen Erwerb der Ware im übrigen Gemeinschaftsgebiet der Umsatzsteuer unterwirft (Verwendung einer niederländischen USt-IdNr. durch A), muss

---

1 Vgl. Abschnitt 3.14 Abs. 18 UStAE.

S die Lieferung der deutschen Umsatzsteuer unterwerfen (vgl. § 6a Abs. 1 Nr. 3 UStG).

A hat einen innergemeinschaftlichen Erwerb in den Niederlanden, da hier die Versendung der Ware endet (§ 3d Satz 1 UStG). Diese grds. Besteuerung in den Niederlanden kann er auch nicht durch den Einsatz einer anderweitigen USt-IdNr. verhindern. Seine anschließende Lieferung an den Abnehmer ist eine ruhende Lieferung i. S. des § 3 Abs. 7 Satz 2 UStG und wurde in den Niederlanden ausgeführt, weil die Lieferung der bewegten Lieferung folgt (§ 3 Abs. 7 Satz 2 Nr. 2 UStG). Als ruhende Lieferung kann sie auch nicht unter § 3c UStG fallen, da keine Warenbewegung durch den liefernden Unternehmer A vorliegt. Die Lieferung des Möbelhauses unterliegt daher in den Niederlanden der Umsatzsteuer. Wenn nunmehr A eine niederländische USt-IdNr. zugeteilt wird, kann er diese gegenüber S verwenden, die Lieferung des S an A wäre sodann als steuerfreie Lieferung zu behandeln (vgl. § 6a Abs. 1 Nr. 3 UStG).

Wäre die Warenbewegung der Lieferung A an R zuzuordnen, weil A den Transport übernimmt und nachweist, dass er als Lieferer auftritt (§ 3 Abs. 6 Satz 6 Halbsatz 2 UStG), so wäre die Lieferung des A nicht nach § 3 Abs. 6 Satz 1 UStG, sondern vorrangig nach § 3c UStG zu beurteilen (vgl. § 3 Abs. 5a UStG). Bei Überschreiten der Lieferschwelle oder bei entsprechender Optionserklärung hätte das Möbelhaus A eine Lieferung in den Niederlanden ausgeführt (§ 3c Abs. 1 UStG), ansonsten wäre der Ort nach § 3 Abs. 6 Satz 1 UStG zu bestimmen. Er läge sodann in Aachen, die Lieferung wäre im Inland steuerbar und steuerpflichtig, da das Rentnerehepaar nicht zu den Abnehmern i. S. des § 6a Abs. 1 Nr. 2 UStG gehört.

Ist die letzte Lieferung in der Reihe eine ruhende Lieferung, liegt der Ort der Lieferung nach § 3 Abs. 7 Satz 2 Nr. 2 UStG stets im Land des Endes der Beförderung oder Versendung, eine Prüfung der Anwendung des § 3c UStG (und der Lieferschwelle) entfällt.

ABB. 3: Anlage UR 2017

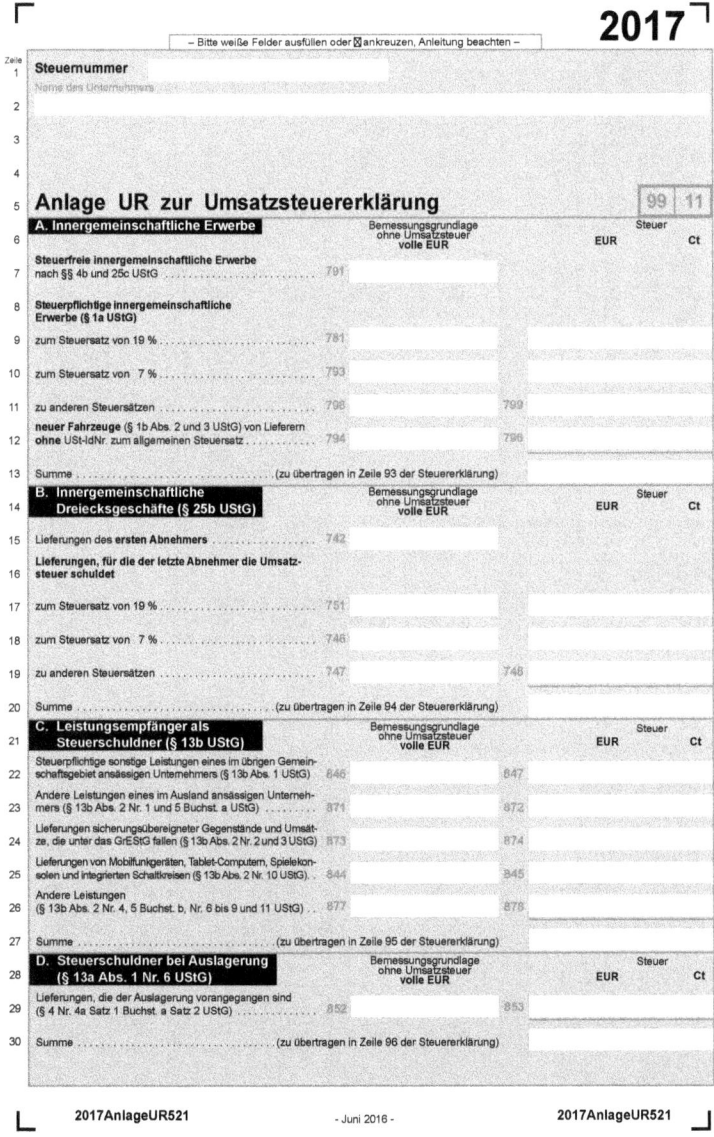

– 2 –

Zeile	E. Steuerfreie Lieferungen, sonstige Leistungen und unentgeltliche Wertabgaben		Bemessungsgrundlage ohne Umsatzsteuer volle EUR
31			
32	**Steuerfreie Umsätze mit Vorsteuerabzug**		
33	a) **Innergemeinschaftliche Lieferungen** (§ 4 Nr. 1 Buchst. b UStG) an Abnehmer **mit** USt-IdNr.	741	
34	neuer Fahrzeuge an Abnehmer **ohne** USt-IdNr.	744	
35	neuer Fahrzeuge außerhalb eines Unternehmens (§ 2a UStG)	749	
36	b) **Weitere steuerfreie Umsätze mit Vorsteuerabzug** (z. B. nach § 4 Nr. 1 Buchst. a, 2 bis 7 UStG)		
37	**Ausfuhrlieferungen** und Lohnveredelungen an Gegenständen der Ausfuhr (§ 4 Nr. 1 Buchst. a UStG)		
38	Umsätze nach § UStG		
39	Umsätze im Sinne des Offshore-Steuerabkommens, des Zusatzabkommens zum NATO-Truppen-statut und des Ergänzungsabkommens zum Protokoll über die NATO-Hauptquartiere		
40	Reiseleistungen nach § 25 Abs. 2 UStG		
41	Summe der Zeilen 37 bis 40	237	
42	**Steuerfreie Umsätze ohne Vorsteuerabzug**		
43	a) **nicht zum Gesamtumsatz** (§ 19 Abs. 3 UStG) gehörend nach § 4 Nr. 12 UStG (Vermietung und Verpachtung von Grundstücken usw.)	286	
44	nach § 4 Nr. UStG	287	
45	Summe der Zeilen 43 und 44		
46	b) **zum Gesamtumsatz** (§ 19 Abs. 3 UStG) gehörend		
47	nach § UStG	240	
48			
49	**F. Ergänzende Angaben zu Umsätzen**		
50	Umsätze, die auf Grund eines Verzichts auf Steuerbefreiung (§ 9 UStG) als steuerpflichtig behandelt worden sind		
51	Steuerpflichtige Umsätze im Sinne des § 13b Abs. 2 Nr. 2 bis 4, 5 Buchst. b, Nr. 6 bis 9 und 11 UStG eines im Inland ansässigen Unternehmers, für die der Leistungsempfänger die Umsatzsteuer schuldet	209	
52	Steuerpflichtige Umsätze im Sinne des § 13b Abs. 2 Nr. 10 UStG eines im Inland ansässigen Unternehmers, für die der Leistungsempfänger die Umsatzsteuer schuldet	210	
53	**Beförderungs- und Versendungslieferungen** in das übrige Gemeinschaftsgebiet (§ 3c UStG)		
54	a) in Abschnitt C der Steuererklärung (Hauptvordruck USt 2 A) enthalten	208	
55	b) in anderen EU-Mitgliedstaaten zu versteuern	206	
56	Nicht steuerbare Geschäftsveräußerung im Ganzen gem. § 1 Abs. 1a UStG	211	
57	Nicht steuerbare sonstige Leistungen gem. § 18b Satz 1 Nr. 2 UStG	721	
58	Übrige nicht steuerbare Umsätze (Leistungsort nicht im Inland)	205	
59	In den Zeilen 55, 57 und 58 enthaltene Umsätze, die nach § 15 Abs. 2 und 3 UStG den Vorsteuerabzug ausschließen	204	
60	Auf die inländischen Streckenanteile entfallende Umsätze grenzüberschreitender Personenbeförderungen im Luftverkehr (§ 26 Abs. 3 UStG)	212	

2017AnlageUR522   2017AnlageUR522

II. Erwerb und Lieferung neuer Fahrzeuge

1. Überblick

In das Umsatzsteuersystem werden ggf. auch Privatpersonen einbezogen, sofern sie neue Fahrzeuge in einem anderen EU-Mitgliedstaat erwerben oder an einen Abnehmer aus einem anderen EU-Mitgliedstaat veräußern.[1] Diese Regelungen wurden auf Wunsch der meisten Mitgliedstaaten eingeführt, um bei der Lieferung neuer Fahrzeuge eine **Versteuerung im Bestimmungsland** sicherzustellen, um so bis zur Angleichung der Mehrwertsteuersätze Wettbewerbsverzerrungen zu vermeiden, die wegen des hohen Stückwerts und der unterschiedlichen Steuersätze unvermeidlich gewesen wären. Obwohl man bei dieser Regelung wohl in erster Linie an Pkw gedacht hat, wurden auch bestimmte Luft- und Wasserfahrzeuge in die Neuregelung einbezogen. Wegen der Erfassung im Bestimmungsland findet auch die Differenzbesteuerung auf die innergemeinschaftliche Lieferung neuer Fahrzeuge keine Anwendung (§ 25a Abs. 7 Nr. 1b UStG), die bei der Erwerbsbesteuerung für atypische Unternehmer geltenden Einschränkungen (Erwerbsschwelle oder Option) gelten nicht beim Erwerb neuer Fahrzeuge (§ 1a Abs. 5 UStG).

318

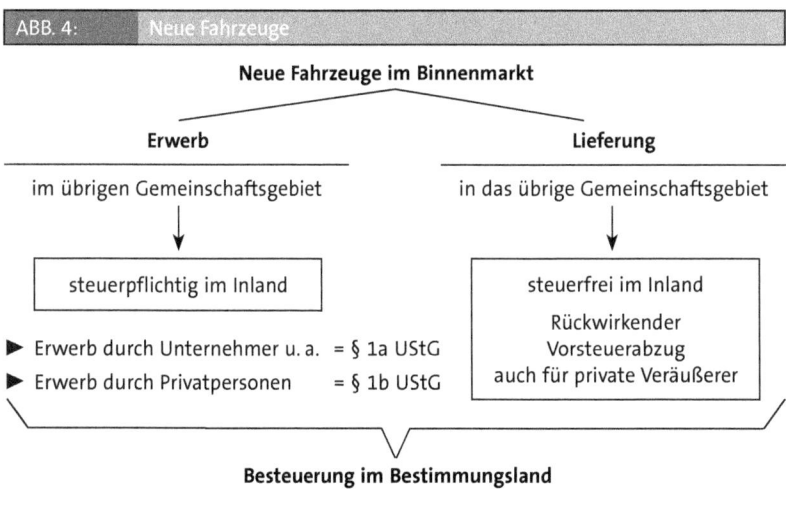

ABB. 4: Neue Fahrzeuge

---

1 Vgl. zur innergemeinschaftlichen Rechtsgrundlage Art. 2 und Art. 9 MwStSystRL.

Die Regelungen zu den neuen Fahrzeugen führen zu einer konsequenten Versteuerung des Erwerbs des Fahrzeugs im Land der erstmaligen Zulassung (Bestimmungsland), ganz gleich, von welcher Person das Fahrzeug erworben wurde.

HINWEIS:

Bei einem Wohnsitzwechsel löst die Mitnahme des eigenen Fahrzeugs durch einen Nichtsteuerpflichtigen keinen innergemeinschaftlichen Erwerb aus, auch nicht in Form des sog. Verbringens (Art. 2 MwStVO).

---

2. Erwerb neuer Fahrzeuge

319   Der innergemeinschaftliche Erwerb neuer Fahrzeuge **durch einen Unternehmer** oder durch eine juristische Person fällt bereits unter § 1a UStG. Für diese Abnehmergruppe, die unter Angabe ihrer USt-IdNr. einkauft, ergeben sich keine Besonderheiten, denn für diese Erwerber wird ein Fahrzeug wie jede andere Ware behandelt. Dies gilt auch für die sog. atypischen Unternehmer (§ 1a Abs. 3 UStG), denn diese müssen, wenn sie ein neues Fahrzeug für ihr Unternehmen erwerben, stets die Erwerbsbesteuerung des § 1a beachten (§ 1a Abs. 5 UStG). Ein ergänzender § 1b UStG regelt den Erwerb **durch eine andere Person,** die nicht bereits unter § 1a UStG fällt. Damit wird der Tatbestand des innergemeinschaftlichen Erwerbs auch auf Privatpersonen sowie nicht unternehmerisch tätige Personenzusammenschlüsse und Unternehmer, die neue Fahrzeuge für ihren privaten Bereich erwerben, erweitert und somit auf alle denkbaren Erwerber übertragen.[1] Es kommt nicht darauf an, wie das neue Fahrzeug in das Inland gelangt, z. B. ob die Lieferung durch den Verkäufer veranlasst wird oder ob der Käufer es im übrigen Gemeinschaftsgebiet abholt. Die Besteuerung erfolgt in dem Land, in dem die erste **Zulassung** erfolgt. Steuerschuldner ist derjenige, der die Erstzulassung vornimmt (§ 13 Abs. 2 Nr. 2 UStG). Dies entspricht der Behandlung bei der Einfuhr, denn auch insoweit sind Privatpersonen ggf. bereits Steuerschuldner (§ 1 Abs. 1 Nr. 4 UStG). Die Regelung bringt in der praktischen Ausführung einige Probleme mit sich, zumal dieser Personenkreis ohne USt-IdNr. einkauft.

320   **Fahrzeuge** i. S. der Vorschrift sind zur Personen- oder Güterbeförderung bestimmte Wasserfahrzeuge, Luftfahrzeuge und motorbetriebene Landfahrzeuge, die die im Gesetz genannten Merkmale aufweisen, insbesondere motorbetriebene Landfahrzeuge mit einem Hubraum von mehr als 48 cm³ Hubraum oder einer Leistung von mehr als 7,2 kW (§ 1b Abs. 2 UStG). Erfasst werden so-

---

1 Abschnitt 1b.1 UStAE.

mit neben Pkw und Lkw auch Motorräder, Motorroller, Mopeds, sog. Pocket-Bikes, Wohnmobile, Caravans und landwirtschaftliche Zugmaschinen[1] sowie größere Motorboote, Segeljachten und z. B. Sportflugzeuge. Die straßenverkehrsrechtliche Zulassung ist nicht erforderlich. Keine Landfahrzeuge sind dagegen Wohnwagen, Packwagen und andere Anhänger ohne eigenen Motor, die nur von Kraftfahrzeugen mitgeführt werden können, und selbstfahrende Arbeitsmaschinen, die nach ihrer Bauart oder ihren besonderen, mit dem Fahrzeug fest verbundenen Einrichtung nicht zur Beförderung von Personen oder Gütern bestimmt und geeignet sind (Art. 2 Abs. 2 Buchst. a MwStSystRL).[2] Für diese Fahrzeuge gelten die allgemeinen Grundsätze für den innergemeinschaftlichen Erwerb von Gegenständen, sie sind von der Sonderregelung des § 1b UStG ausgenommen. Unter diese Regelungen fallen auch Wasserfahrzeuge mit einer Länge von mehr als 7,5 m sowie Luftfahrzeuge, deren Starthöchstmasse mehr als 1.550 kg beträgt.

Neu ist ein Fahrzeug unter bestimmten gesetzlichen Voraussetzungen (§ 1b Abs. 3 UStG). Der maßgebende Beurteilungszeitpunkt ist der Zeitpunkt der Lieferung im übrigen Gemeinschaftsgebiet und nicht der Zeitpunkt des Erwerbs im Inland.[3] Als erste Inbetriebnahme eines Fahrzeugs ist die erste Nutzung zur Personen- oder Güterbeförderung zu verstehen. Bei Fahrzeugen, die einer Zulassung bedürfen, ist grds. davon auszugehen, dass der Zeitpunkt der Zulassung mit dem Zeitpunkt der ersten Inbetriebnahme identisch ist.[4] Danach ist z. B. ein Landfahrzeug neu, wenn zwischen dem Zeitpunkt der ersten Inbetriebnahme und des nun folgenden Erwerbs nicht mehr als sechs Monate liegen **oder** das Fahrzeug nicht mehr als 6.000 km zurückgelegt hat.

321

BEISPIEL: Ein deutscher Privatmann erwirbt in Eindhoven von einem Autohändler ein Fahrzeug, das vier Monate alt ist und 7.500 km gelaufen hat. Er holt das Fahrzeug selbst ab.

Das Fahrzeug ist neu, da nicht beide Grenzen des § 1b Abs. 3 UStG überschritten sind. Der Erwerb des Fahrzeugs fällt unter die Erwerbsbesteuerung, d. h. der Käufer hat das Fahrzeug in Deutschland im Rahmen einer Umsatzsteuer-Voranmeldung der Umsatzsteuer zu unterwerfen.

Der Nachweis, ob ein Fahrzeug neu ist, dürfte in der Praxis insbesondere in Grenzfällen (z. B. Vorführwagen) nicht immer ganz einfach sein. Dies gilt wohl auch insbesondere hinsichtlich der Feststellung der Betriebsstunden bei Was-

---

1 Abschnitt 1b.1 Satz 3 UStAE.
2 Abschnitt 1b.1 Satz 5 UStAE.
3 EuGH, Urteil v. 18. 11. 2010 – C-84/09, UR 2011 S. 103.
4 Abschnitt 1b.1 Satz 8 UStAE.

serfahrzeugen, denn ein Wasserfahrzeug gilt als neu, wenn es entweder nicht mehr als 100 Betriebsstunden auf dem Wasser zurückgelegt hat oder dessen erste Inbetriebnahme im Zeitpunkt des Erwerbs nicht mehr als drei Monate zurückliegt. Ein Luftfahrzeug gilt als neu, wenn es entweder nicht länger als 40 Betriebsstunden genutzt worden ist oder dessen erste Inbetriebnahme im Zeitpunkt des Erwerbs nicht mehr als drei Monate zurückliegt.

> **HINWEIS:**
>
> Da für die Beurteilung der Frage, ob ein Fahrzeug, das Gegenstand eines innergemeinschaftlichen Erwerbs ist, neu ist, auf den Zeitpunkt der Lieferung des betreffenden Gegenstandes vom Verkäufer an den Käufer und nicht auf den (späteren) Zeitpunkt der Verbringung in das Zielland abzustellen ist, hat der Erwerber folglich einen innergemeinschaftlichen Erwerb bewirkt, wenn der Veräußerer zutreffend die Steuerbefreiung für innergemeinschaftliche Lieferungen in Anspruch nimmt. Er kann die Besteuerung nicht dadurch umgehen, dass er das Fahrzeug monatelang außerhalb des Ziellandes nutzt, bevor er es in das Bestimmungsland einführt.

322 **Bemessungsgrundlage** ist das Entgelt (§ 10 Abs. 1 UStG) einschließlich der Nebenkosten, die der Lieferer dem Erwerber in Rechnung stellt. Ein Kaufpreis in fremder Währung ist umzurechnen (§ 16 Abs. 6 UStG). Es ist der Regelsteuersatz anzuwenden (§ 12 Abs. 1 UStG).

323 Die Steuer **entsteht** am Tag des Erwerbs (§ 13 Abs. 1 Nr. 7 UStG), weil eine sog. **Fahrzeugeinzelbesteuerung** durchgeführt wird (§ 16 Abs. 5a UStG). Der Erwerber ist Steuerschuldner (§ 13a Abs. 1 Nr. 2 UStG). Der genannte Personenkreis hat abweichend vom üblichen Anmeldungsverfahren für jeden einzelnen steuerpflichtigen Erwerb die Steuer zu berechnen, auf amtlich vorgeschriebenem Vordruck anzumelden und zu entrichten (§ 18 Abs. 5a UStG). Die Abgabe weiterer Voranmeldungen entfällt. Die Steuererklärung ist vom Erwerber spätestens zehn Tage nach dem Tag des Erwerbs auf amtlich vorgeschriebenem Vordruck bei dem Finanzamt abzugeben, welches auch für die Einkommensteuerfestsetzung des Erwerbers zuständig ist (§ 21 Abs. 2 AO). Gerade in diesem Zusammenhang ist zu beachten, dass bei Nichtabgabe der Steuererklärung Zwangsmittel (§§ 328 ff. AO) bzw. Verspätungszuschläge (§ 152 AO) festgesetzt werden können. Die vorsätzliche Nichtabgabe der Steuererklärung kann als Steuerhinterziehung geahndet werden (§ 370 Abs. 1 Nr. 2 AO).

> **HINWEIS:**
>
> Ein Vordruckmuster „Umsatzsteuererklärung für die Fahrzeugeinzelbesteuerung" ist am Ende dieses Kapitels abgedruckt.

324 Insbesondere zur **Sicherung des Steueranspruchs** in den Fällen des innergemeinschaftlichen Erwerbs von neuen Landfahrzeugen haben die für die Zulassung von Fahrzeugen zuständigen Behörden den Finanzbehörden die erst-

malige Zulassung neuer Fahrzeuge mitzuteilen und dabei neben dem amtlichen Kennzeichen eine Reihe von Angaben zu übermitteln (§ 18 Abs. 10 UStG), z. B. Name und Anschrift des Antragstellers sowie des Lieferers, Tag der Lieferung und der ersten Inbetriebnahme, Kilometerstand am Tag der Lieferung. Die Zulassungsstelle darf den Fahrzeugschein erst aushändigen, wenn der Antragsteller die erforderlichen Angaben erteilt hat. Die Erstellung der Kontrollmitteilung knüpft dabei an die Ausgabe des Fahrzeugbriefs an. Bei Nichtentrichtung der fälligen Umsatzsteuer kann eine Abmeldung von Amts wegen erfolgen (§ 18 Abs. 10 Nr. 2b UStG). Ähnliche Regelungen gelten für die Registrierung von Luftfahrzeugen beim Luftfahrt-Bundesamt, wonach bei Nichtentrichtung der Steuer auf Antrag des Finanzamts die Betriebserlaubnis zu widerrufen ist (§ 18 Abs. 10 Nr. 3 UStG).

Von der Fahrzeugeinzelbesteuerung nach § 16 Abs. 5a i. V. m. § 18 Abs. 5a UStG kann abgesehen werden, wenn das betreffende Fahrzeug von einem anderen Unternehmer aus dem übrigen Gemeinschaftsgebiet über einen im Inland ansässigen Unternehmer geliefert wurde und der inländische Unternehmer sowohl den innergemeinschaftlichen Erwerb gem. § 1 Abs. 1 Nr. 5 i. V. m. § 1a UStG als auch die Lieferung an den Letztverbraucher nach § 1 Abs. 1 Nr. 1 UStG der Umsatzsteuer unterworfen hat. Dabei ist unbeachtlich, ob gemäß vertraglicher Vereinbarung oder Rechnung der deutsche Zwischenhändler als Eigenhändler, als Kommissionär oder Vermittler gehandelt hat. § 14 Abs. 3 UStG ist insoweit nicht anzuwenden. Eine entsprechende Bescheinigung kann der Händler erstellen.[1]   325

3. Lieferung neuer Fahrzeuge

Die Lieferung eines neuen Fahrzeugs durch einen Unternehmer unterliegt den allgemeinen Bestimmungen des UStG (§ 1 Abs. 1 Nr. 1 UStG). Entsprechend ist die Lieferung stets steuerfrei, denn für die Steuerfreiheit kommt es nicht darauf an, ob der Abnehmer Unternehmer ist oder nicht (vgl. § 6a Abs. 1 Nr. 2c UStG). Der Lieferer hat jedoch gleichwohl darauf zu achten, ob der Abnehmer unter Angabe seiner USt-IdNr. erwirbt oder nicht. Kauft der ausländische Abnehmer ohne USt-IdNr. ein, so hat der Lieferer besondere Verpflichtungen bei der Ausstellung der Rechnung zu beachten (§ 14a Abs. 3 UStG). Insbesondere muss anhand der Rechnung erkennbar sein, dass es sich um ein neues Fahrzeug handelt. Eine Erklärung in der Zusammenfassenden Meldung entfällt jedoch in diesen Fällen. Verwendet der Abnehmer dagegen seine USt-IdNr., so   326

---

1 OFD Cottbus v. 13. 7. 1994, DB 1994 S. 1547.

wird diese Lieferung wie jede andere innergemeinschaftliche Lieferung behandelt. Dieser Vorgang ist in der Zusammenfassenden Meldung anzugeben.

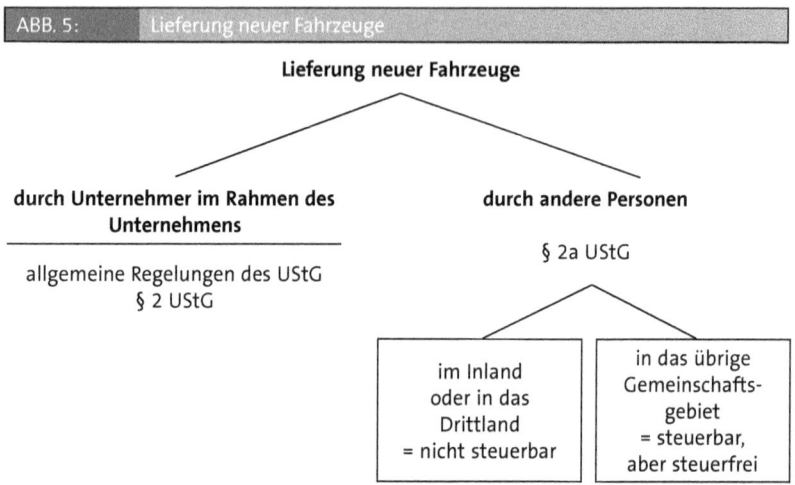

ABB. 5: Lieferung neuer Fahrzeuge

327 Ein Fahrzeuglieferer, der nicht Unternehmer ist, wird insoweit wie ein Unternehmer behandelt, wenn er im Inland ein neues Fahrzeug liefert und dieses im Rahmen dieser Lieferung in das übrige Gemeinschaftsgebiet gelangt (§ 2a UStG). § 2a UStG beinhaltet somit die **Fiktion eines Unternehmers** und betrifft jeden Nichtunternehmer bzw. Unternehmer, der außerhalb seines Unternehmens neue Fahrzeuge liefert, also Fahrzeuge des Privatvermögens. Die Vorschrift steht im Zusammenhang mit der umfassenden Erwerbsbesteuerung neuer Fahrzeuge im Bestimmungsland (§ 1b UStG). Sie hat die Aufgabe, die Belastung mit deutscher Umsatzsteuer bei der Weiterlieferung neuer Fahrzeuge rückgängig zu machen, um eine Doppelbesteuerung zu vermeiden. Dies geschieht durch die Gewährung eines **nachträglichen Vorsteuerabzugs** für den gelegentlichen Fahrzeuglieferer (§ 15 Abs. 4a UStG). Diese Vorschriften gelten auch für den Kleinunternehmer (§ 19 Abs. 4 UStG). Der Kleinunternehmer wird durch diese Regelung so behandelt, wie jede andere Person, die ein neues Fahrzeug in einen anderen Mitgliedstaat liefert, z. B. hinsichtlich der Vergütung der Vorsteuer aus der Anschaffung des Fahrzeugs (§ 15 Abs. 4a UStG).

328 Bei der innergemeinschaftlichen Lieferung neuer Fahrzeuge gelten die Vorschriften über das **Ausstellen einer Rechnung** mit dem Hinweis auf die Steuerfreiheit (§ 14a Abs. 3 Satz 3 UStG) und die Aufbewahrungsfristen (§ 14b Abs. 1 Satz 4 Nr. 1 UStG) entsprechend auch für den Fahrzeuglieferer i. S. des § 2a UStG. Bei der Lieferung neuer Fahrzeuge an Privatpersonen und für die Besteu-

erung gleichgestellter Personen (§ 1b Abs. 1 UStG) müssen die Rechnungen bestimmte Angaben enthalten (§ 14a Abs. 4 i. V. m. § 1b Abs. 2 und 3 UStG). Hierdurch können Erwerber und Finanzbehörden feststellen, ob ein Fahrzeug neu ist und der Erwerbsbesteuerung unterliegt. Bei Nichtbeachtung der Aufbewahrungspflichten kann ein Bußgeld festgesetzt werden (§ 26a UStG). Darüber hinaus ist zu beachten, dass der Fahrzeuglieferer die Voraussetzungen für die Steuerbefreiung seiner Lieferung nachzuweisen hat (§ 6a Abs. 3 UStG). Dabei gelten auch für den „privaten" Fahrzeuglieferer grds. die belegmäßigen Nachweise des § 17a UStDV. Darüber hinaus fordert die Finanzverwaltung den Nachweis der Erwerbsbesteuerung in einem anderen Mitgliedsland oder den Nachweis, dass das Fahrzeug in einem anderen Mitgliedstaat amtlich zum Straßenverkehr zugelassen worden ist.[1]

Für einen gelegentlichen Fahrzeuglieferer i. S. des § 2a UStG, der nicht Unternehmer i. S. des § 2 UStG ist, wurde eine Regelung hinsichtlich des **Vorsteuerabzugs** eingeführt (§ 15 Abs. 4a UStG). Dieser Fahrzeuglieferer erhält nunmehr aus dem ursprünglichen Kauf des neuen Fahrzeugs nachträglich einen Vorsteuerabzug, um eine Doppelbelastung des neuen Fahrzeugs mit Umsatzsteuer zu vermeiden, da der Erwerb des neuen Fahrzeugs im Bestimmungsland der Erwerbsbesteuerung unterliegt. Der Vorsteuerabzug wird jedoch auf die Umsatzsteuer aus dem Kauf des Fahrzeugs begrenzt (§ 15 Abs. 4a Nr. 1 UStG), ein weiterer Vorsteuerabzug, z. B. aus Nebenkosten oder laufenden Kosten, wird ausgeschlossen. Wird das Fahrzeug unter seinen Anschaffungskosten weiterveräußert, so ist der Vorsteuerabzug zudem auf den Teil begrenzt, der (bei unterstellter Steuerpflicht) für die Lieferung des Fahrzeugs als Umsatzsteuer geschuldet würde (§ 15 Abs. 4a Nr. 2 UStG). Der Vorsteuerabzug kann erst in dem **Zeitpunkt** in Anspruch genommen werden, in dem das Fahrzeug weiterveräußert wird (§ 15 Abs. 4a Nr. 3 UStG). Die Regelungen über den Vorsteuerabzug gelten auch für Kleinunternehmer, da diese für die Frage der Lieferung neuer Fahrzeuge im Ergebnis wie Privatpersonen behandelt werden.

329

BEISPIEL: ► Ein deutscher Privatmann erwirbt am 1. 4. ein neues Fahrzeug bei seinem Händler für 40.000 € zzgl. 19% USt und verkauft dieses bereits am 20. 6. wieder an einen privaten Abnehmer aus Dänemark für 38.000 €. Zu diesem Zeitpunkt hat das Fahrzeug 7.000 km gelaufen.

Der Deutsche verkauft ein neues Fahrzeug und wird daher insoweit wie ein Unternehmer behandelt (§ 2a UStG). Er erbringt eine innergemeinschaftliche Lieferung, die im Inland steuerbar, aber steuerfrei ist (§ 4 Nr. 1b i. V. m. § 6a Abs. 1 Nr. 2c UStG). Der Abnehmer hat die Anschaffung des Fahrzeugs als innergemeinschaftlichen Er-

---

1 OFD Frankfurt, Vfg. v. 8. 11. 1993, UR 1994 S. 482.

werb zu versteuern, auch als Privatmann. Der dänische Käufer muss daher 25% von 38.000 € an sein zuständiges Finanzamt in Dänemark anmelden und abführen. Der Deutsche kann die bei der Anschaffung gezahlte Umsatzsteuer bei seinem Finanzamt als Vorsteuer geltend machen, wobei allerdings nicht 7.600 €, sondern nur 7.220 € (19% von 38.000 €) zu vergüten sind (§ 15 Abs. 4a UStG), und zwar für den Voranmeldungszeitraum Juni.

330 Die Regelungen über die Abgabe von Steuererklärungen gelten auch für die Fahrzeuglieferer nach § 2a UStG, so dass ggf. auch Privatpersonen eine **Umsatzsteuer-Voranmeldung und** eine **Umsatzsteuer-Jahreserklärung** abzugeben haben, sofern Vorsteuerbeträge geltend gemacht werden (§ 18 Abs. 4a UStG). Zusammenfassende Meldungen haben diese Personen nicht abzugeben (§ 18a Abs. 1 Satz 1 UStG), womit diese Umsätze nicht durch das übliche Kontrollsystem und durch den Informationsaustausch erfasst werden. Zur Sicherung des Steueraufkommens sowie zum Schutz der inländischen Wirtschaft vor Wettbewerbsnachteilen hat der Gesetzgeber den Bundesfinanzminister ermächtigt, Einzelheiten eines **Meldeverfahrens** bei Lieferung neuer Fahrzeuge an Personen ohne USt-IdNr. durch Verordnung zu regeln (§ 18c UStG).[1]

ABB. 6: Umsatzsteuer-Voranmeldung

17	**I. Anmeldung der Umsatzsteuer-Vorauszahlung**						
18	**Lieferungen und sonstige Leistungen** (einschließlich unentgeltlicher Wertabgaben)		Bemessungsgrundlage ohne Umsatzsteuer			Steuer	
19	**Steuerfreie Umsätze mit Vorsteuerabzug**		volle EUR	Ct		EUR	Ct
20	Innergemeinschaftliche Lieferungen (§ 4 Nr. 1 Buchst. b UStG) an Abnehmer mit USt-IdNr.	41					
21	neuer Fahrzeuge an Abnehmer ohne USt-IdNr.	44					
22	neuer Fahrzeuge außerhalb eines Unternehmens (§ 2a UStG)	49					
23	Weitere steuerfreie Umsätze mit Vorsteuerabzug (z.B. Ausfuhrlieferungen, Umsätze nach § 4 Nr. 2 bis 7 UStG)	43					
24	**Steuerfreie Umsätze ohne Vorsteuerabzug** Umsätze nach § 4 Nr. 8 bis 28 UStG	48					
25	**Steuerpflichtige Umsätze** (Lieferungen und sonstige Leistungen einschl. unentgeltlicher Wertabgaben)						
26	zum Steuersatz von 19 %	81					
27	zum Steuersatz von 7 %	86					
28	zu anderen Steuersätzen	35			36		
29	Lieferungen land- und forstwirtschaftlicher Betriebe nach § 24 UStG an Abnehmer mit USt-IdNr.	77					
30	Umsätze, für die eine Steuer nach § 24 UStG zu entrichten ist (Sägewerkserzeugnisse, Getränke und alkohol. Flüssigkeiten, z.B. Wein)	76			80		

1 Fahrzeuglieferungs-Meldepflichtverordnung v. 18. 3. 2009, BGBl 2009 I S. 630.

ABB. 7: USt-Erklärung Fahrzeugeinzelbesteuerung

- Bitte weiße Felder ausfüllen oder [X] ankreuzen, Erläuterungen beachten -

Zeile 1	Fallart	Steuernummer	Unter-fallart	Zeitraum
2	11		59	0000

Finanzamt

30 Eingangsstempel oder -datum

Umsatzsteuererklärung
für die Fahrzeugeinzelbesteuerung

Abgabe- und Zahlungsfrist:
bis spätestens 10 Tage nach dem Erwerb

Berichtige Anmeldung
10 | (falls ja, bitte eine "1" eintragen)

A. Allgemeine Angaben

Erwerber (Name, Vorname)	Geburtsdatum

Straße, Haus-Nr.

PLZ, Ort

E-Mail-Adresse	Telefon

Unterschrift

Bei der Anfertigung dieser
Steuererklärung hat mitgewirkt:

Datum, eigenhändige Unterschrift des Erwerbers

Ein Umsatzsteuerbescheid ergeht nur, wenn von Ihrer Berechnung der Umsatzsteuer abgewichen wird.

Hinweis nach den Vorschriften der Datenschutzgesetze:
Die mit der Steuererklärung angeforderten Daten werden auf Grund der §§ 149 ff. der Abgabenordnung sowie des § 18 Abs. 5a des Umsatzsteuergesetzes (UStG) erhoben. Die Angabe der Telefonnummer und der E-Mail-Adresse ist freiwillig.

Erläuterungen zur Fahrzeugeinzelbesteuerung

Der entgeltliche innergemeinschaftliche Erwerb eines neuen Fahrzeugs durch eine Privatperson, eine nichtunternehmerisch tätige Personen-vereinigung und einen Unternehmer, der das Fahrzeug für seinen privaten Bereich erwirbt, unterliegt der Umsatzsteuer (§ 1b UStG).

Ein innergemeinschaftlicher Erwerb liegt vor, wenn das neue Fahrzeug bei einer Lieferung an den Abnehmer aus einem anderen EG-Mitgliedstaat in das Inland gelangt. Dabei kommt es nicht darauf an, ob der Lieferer oder der Abnehmer das Fahrzeug in das Inland befördert oder versendet hat. Für jedes erworbene neue Fahrzeug ist eine Umsatzsteuererklärung auszufüllen und eigenhändig zu unterschreiben.

Fahrzeuge sind:
1. motorbetriebene Landfahrzeuge mit einem Hubraum von mehr als 48 Kubikzentimetern oder einer Leistung von mehr als 7,2 Kilowatt
2. Wasserfahrzeuge mit einer Länge von mehr als 7,5 Metern
3. Luftfahrzeuge, deren Starthöchstmasse mehr als 1 550 Kilogramm beträgt

Als neu gilt:
1. ein Landfahrzeug, das nicht mehr als 6 000 km zurückgelegt hat oder dessen erste Inbetriebnahme im Zeitpunkt des Erwerbs nicht mehr als sechs Monate zurückliegt
2. ein Wasserfahrzeug, das nicht mehr als 100 Betriebstunden auf dem Wasser zurückgelegt hat oder dessen erste Inbetriebnahme im Zeitpunkt des Erwerbs nicht mehr als drei Monate zurückliegt
3. ein Luftfahrzeug, das nicht länger als 40 Betriebstunden genutzt worden ist oder dessen erste Inbetriebnahme im Zeitpunkt des Erwerbs nicht mehr als drei Monate zurückliegt

Bemessungsgrundlage für den Erwerb ist das **Entgelt**. Dies ist grundsätzlich der in Rechnung gestellte Betrag. Zur Bemessungsgrundlage gehören auch **Nebenkosten** (z. B. Beförderungskosten und Provisionen), die der Lieferer dem Erwerber berechnet. Die vom Lieferer erteilte Rechnung ist der Umsatzsteuererklärung beizufügen.

Bei Werten **in fremder Währung** ist der Bemessungsgrundlage nach dem Tageskurs umzurechnen, der am Tag des Erwerbs gilt. Der Tageskurs ist durch Bankmitteilung oder Kurszettel nachzuweisen.

Die Umsatzsteuer auf den Erwerb ist bis zum 10. Tag nach dem Tag des Erwerbs anzumelden und zu entrichten (§ 18 Abs. 5a UStG in Verbindung mit § 13 Abs. 1 Nr. 7 UStG).

USt 1 B - Umsatzsteuererklärung für die Fahrzeugeinzelbesteuerung -   034053

Steuernummer:

Zeile	
33	**B. Angaben zum innergemeinschaftlichen Erwerb eines neuen Fahrzeugs (§ 1b UStG)**
	Fahrzeuglieferer
34	
	Straße, Haus-Nr.
35	
	PLZ, Ort / EU-Mitgliedstaat
36	
37	Bei dem innergemeinschaftlich erworbenen Fahrzeug handelt es sich um:

38	☐ ein motorbetriebenes Landfahrzeug	**21** Tag des Erwerbs
39	**24** Hubraum in ccm **27** Leistung in kW	**22** Tag der ersten Inbetriebnahme
40	**25** Km-Stand im Zeitpunkt des Erwerbs	**23** Kraftfahrzeug-Identifikations-Nr./amtl. Kennzeichen
41	☐ ein Wasserfahrzeug	**31** Tag des Erwerbs
42	**34** Länge in m	**36** Tag der ersten Inbetriebnahme
43	**35** Zahl der Betriebsstunden bis zum Erwerb	**33** Schiffs-Identifikations-Nr. (IMO-Nr.)/amtl. Schiffs-Nr.
44	☐ ein Luftfahrzeug	**41** Tag des Erwerbs
45	**44** Starthöchstmasse in kg	**42** Tag der ersten Inbetriebnahme
46	**45** Zahl der Betriebsstunden bis zum Erwerb	**43** Baumusterbezeichnung/Werk-Nr./Luftfahrzeug-Kennzeichen

C. Innergemeinschaftliche Erwerbe

Zeile		Bemessungsgrundlage ohne Umsatzsteuer volle EUR	Steuer EUR	Ct
47				
48	**Steuerfreie innergemeinschaftliche Erwerbe** nach § 4b UStG			
49	(bei Fahrzeugerwerben durch ausländische Mitglieder der ausländischen ständigen diplomatischen und berufskonsularischen			
50	Vertretungen) .... - bitte Anlage USt 1 B beifügen -			
51	**Steuerpflichtige innergemeinschaftliche Erwerbe** zum Steuersatz von 19 % (vor dem 1. Januar 2007: 16 %) **50**		**83**	

	- Vom Finanzamt auszufüllen -		Erledigt (Datum/Nz)
52	1. ☐ Speicherkonto einrichten (sofern noch nicht vorhanden) ☐ Grundkennbuchstabe UFE setzen		
53	2. Geprüft ☐ ohne Beanstandung		
54	☐ mit Beanstandung - abweichende Festsetzung mit Vordruck USt 1 C/D durchführen		
55	3. ☐ Verspätungszuschlag festsetzen Steuerbetrag	EUR	
56	Tag des Erwerbs		
57	Tag des Eingangs der Anmeldung		
57	Verspätungszuschlag nach § 152 Abs. 1 AO	EUR	
58	Festsetzung mit gesondertem Vordruck Verspätungszuschlag geändert auf _____ EUR (Blatt _____)		

4. Datenerfassung/Bearbeitereingabe (ggf. über die Finanzkasse):

Zeile					
59	Steuernummer:		Progr.-Nr. 500		
60	Zeitraum[1]	Abgabeart	Betrag (Euro/Cent)	Wert/Fälligkeit[2]	Buchungstext[3]
60		110			
61	MPS				

1) Tag des Erwerbs (TTMMJJ)
2) Tag des Eingangs der Anmeldung (TTMMJJ)
3) 11 = erstmalige Anmeldung; 12 = berichtigte Anmeldung

			Kontrollzahl und/oder Datenerfassungsvermerk
62	5. Prüfung durch die Kassenaufsicht		
63	6. Z. d. A.		
64	_____ Datum _____ Sachgebietsleiter/in _____ Bearbeiter/in		

III. Ort der Lieferung während einer Beförderungsleistung

Wird ein Gegenstand an Bord eines Schiffes, in einem Luftfahrzeug oder in einer Eisenbahn während einer **Beförderungsleistung innerhalb des Gemeinschaftsgebiets** geliefert, so gilt insoweit die Sonderregelung des § 3e UStG. Die Vorschrift des § 3e UStG ist nur „während" einer Beförderung im Gemeinschaftsgebiet anwendbar und gilt nicht für während der Fahrt oder des Fluges im Drittlandsgebiet übergebene Gegenstände.[1]

331

Nach der Regelung des § 3e UStG gilt für sämtliche Gegenstände, die während einer Beförderung im Gemeinschaftsgebiet geliefert werden, der Abgangsort des jeweiligen Beförderungsmittels im Gemeinschaftsgebiet als Ort der Lieferung (§ 3e Abs. 1 UStG). **Abgangsort** ist danach der erste Ort innerhalb des Gemeinschaftsgebiets, an dem Reisende in das Beförderungsmittel einsteigen können (§ 3e Abs. 2 Satz 2 UStG). Wird eine Beförderungsleistung nur innerhalb des Gemeinschaftsgebiets erbracht, so steht allein dem Abgangsland das Besteuerungsrecht der Lieferungen zu.

> **BEISPIEL:** ▶ Während einer Zugreise von Kopenhagen nach Paris über Deutschland und den Niederlanden werden den Reisenden Zeitschriften veräußert. Die Belieferung in den Abteilen erfolgt durch den deutschen Unternehmer U, der bereits in Kopenhagen zugestiegen ist.
>
> Für die Lieferungen der Zeitschriften gilt § 3e UStG (vgl. § 3 Abs. 5a UStG). Unabhängig davon, in welchem Land sie den Empfängern tatsächlich übergeben wurden, sind sämtliche Lieferungen insoweit in Dänemark zu versteuern, da hier die erste Zusteigemöglichkeit für Reisende bestand. Die Regelung ist uneingeschränkt anwendbar, da sowohl Abgangsort als auch Ankunftsort innerhalb der EU lagen und kein Drittland berührt wurde.

Für eine solche Beförderungsleistung ist insgesamt darauf abzustellen, wo der frühestmögliche Zeitpunkt überhaupt liegt, an dem Reisende in das Beförderungsmittel zusteigen können. Es kommt nicht darauf an, wo der Beginn der Beförderungsleistung für den einzelnen Reisenden liegt.

Erstreckt sich eine Beförderungsleistung auch auf das **Drittlandsgebiet** und wird ein **Zwischenaufenthalt** eingelegt, so ist die Beförderungsleistung entsprechend auf Drittlandsgebiet und Gemeinschaftsgebiet aufzuteilen (§ 3e Abs. 2 Satz 1 UStG). Hin- und Rückfahrt gelten jeweils als gesonderte Beförderungsleistungen (§ 3e Abs. 2 Satz 4 UStG).[2]

332

---

1 Vgl. zur unionsrechtlichen Grundlage Art. 37 MwStSystRL.

2 Zu Drittlandaufenthalten insbesondere bei Kreuzfahrten vgl. BFH v. 20. 12. 2005 – V R 30/02, BStBl 2007 II S. 139 im Nachgang zum EuGH, Urteil v. 15. 9. 2005 – C-58/04, BStBl 2007 II S. 150.

ABWANDLUNG: Wie oben, jedoch führt die Zugreise von Dänemark nach Spanien. Die Fahrt geht über Deutschland und durch die Schweiz. Der Zug hält in Hamburg, Düsseldorf, Köln, München, Genf, Mailand und fährt anschließend über Frankreich nach Spanien.

Der erste Abgangsort der Zugreise liegt in Dänemark (Kopenhagen) und der insoweit letzte innergemeinschaftliche Ankunftsort liegt in Deutschland (München). Sämtliche Lieferungen i. S. des § 3e UStG während der Fahrt von Kopenhagen nach München sind somit in Dänemark zu versteuern. Für die Lieferungen der Gegenstände, die während der Fahrstrecke München–Mailand übergeben werden, gilt § 3 Abs. 6 Satz 1 UStG, d. h. diese Lieferungen werden dort erfasst, wo sie tatsächlich übergeben werden. § 3e ist nicht anwendbar, da eine Strecke mit Zwischenaufenthalt in einem Drittlandsgebiet vorliegt. Für die weitere Fahrstrecke Mailand–Spanien ist nunmehr wiederum § 3e UStG anwendbar, denn insoweit liegt wieder eine „innergemeinschaftliche Reise" vor. Sämtliche während dieser Fahrt übergebenen Gegenstände i. S. des § 3e UStG gelten als in Mailand geliefert und sind somit in Italien steuerbar und steuerpflichtig. Wäre die Schweiz dagegen Mitgliedsland der EU, so wären sämtliche Lieferungen i. S. des § 3e UStG während dieser Reise in Dänemark zu versteuern.

333   Hinsichtlich der Restaurationsleistungen (Verzehr an Ort und Stelle) während einer Beförderung an Bord eines Schiffes, in einem Luftfahrzeug oder in einer Eisenbahn vergleiche Rz. 445 ff. Snacks, kleine Süßigkeiten und Getränke, die an Bord eines Flugzeugs während einer Beförderung innerhalb des Gemeinschaftsgebiets gegen besonderes Entgelt abgegeben werden, werden nach § 3e UStG am Abgangsort des Flugzeugs geliefert. Es handelt sich nicht um eine Nebenleistung zur Flugbeförderung.[1]

IV. Differenzbesteuerung bei innergemeinschaftlichen Umsätzen

1. Sinn und Zweck der Regelung

334   Werden gebrauchte Gegenstände wieder in den Wirtschaftskreislauf gebracht, so unterliegen die Umsätze mit diesen Gegenständen grds. den allgemeinen Regelungen des Umsatzsteuerrechts. Bei Unternehmern, die mit diesen Gegenständen handeln, kommt es dadurch häufig zu Wettbewerbsstörungen, denn der spätere Verkauf des Gegenstands unterliegt der Umsatzsteuer (§ 1 Abs. 1 Nr. 1 UStG), während ein Vorsteuerabzug im Zusammenhang mit dem Einkauf des Gegenstands nur möglich ist, wenn dieser Gegenstand auch von einem Unternehmer erworben wurde (§ 15 Abs. 1 Satz 1 Nr. 1 UStG). Nach jahrelangem Ringen hat der Rat der Europäischen Union am 14. 2. 1994 die sog.

---

1 Abschnitt 3e.1 Satz 5 UStAE, BFH v. 27. 2. 2014 – V R 14/13, BStBl 2014 II S. 869.

7. Richtlinie verabschiedet, die eine Sonderregelung für die **Besteuerung von Gebrauchtgegenständen, Kunstgegenständen, Sammlungsstücken und Antiquitäten** vorsieht (Richtlinie 94/5/EG zur Ergänzung des gemeinsamen Mehrwertsteuersystems und zur Änderung der Richtlinie 77/388/EWG).[1] Durch die Änderung des § 25a UStG aufgrund des Umsatzsteuer-Änderungsgesetzes wurde diese Richtlinie zum 1.1.1995 in nationales Recht umgesetzt. Im Gegensatz zur Richtlinienvorgabe wurde jedoch das Merkmal „gebraucht" nicht im Gesetz aufgenommen, sondern stattdessen allgemein auf die Voraussetzung abgestellt, dass dem Wiederverkäufer für den Erwerb der Gegenstände kein Vorsteuerabzug zustand. Da es sich bei diesen Gegenständen in aller Regel um solche handelt, die bereits einmal im Wirtschaftskreislauf enthalten waren, werden sie unter Berücksichtigung der allgemeinen Verkehrsauffassung gleichwohl als **Gebrauchtgegenstände** bezeichnet.[2] Die genannte Richtlinie wurde mittlerweile in die Mehrwertsteuersystem-Richtlinie eingearbeitet (vgl. Art. 311 ff. MwStSystRL).

Die Umsatzsteuer wird aus dem Unterschiedsbetrag zwischen dem Verkaufspreis und dem Einkaufspreis der Ware („Marge") herausgerechnet. Auf diese Weise wird der fehlende Vorsteuerabzug kompensiert. Die Regelung lässt sich im Wesentlichen wie folgt beschreiben:

▶ Bei der Lieferung der vorgenannten Gegenstände, die ein Unternehmer von einem nicht zum Vorsteuerabzug Berechtigten erworben hat, ist die Bemessungsgrundlage für die Besteuerung nicht das gesamte Entgelt, sondern lediglich der **positive Unterschiedsbetrag** zwischen dem Ein- und Verkaufspreis eines Gegenstands. Damit sollen mehrfache Belastungen mit Umsatzsteuer und damit verbundene Wettbewerbsnachteile der Unternehmer bei Wiedereinführung von Gebrauchtgegenständen in den Wirtschaftskreislauf durch einen nicht zum Vorsteuerabzug Berechtigten vermieden werden. Die von Privatpersonen seinerzeit entrichtete und nicht abziehbare Umsatzsteuer wird nämlich zum Bestandteil des Verkaufspreises im Falle einer Weiterveräußerung. Diese „Restmehrwertsteuer" belastet damit dauerhaft den Gegenstand.

▶ Unter bestimmten Voraussetzungen kann aus Vereinfachungsgründen anstelle der Einzeldifferenz für jeden Umsatz eine **Gesamtdifferenz** für alle Umsätze eines Besteuerungszeitraums gebildet werden.

---

1 ABl EG 1994 Nr. L 60 S. 16.
2 Abschnitt 25a.1 Abs. 1 Satz 2 UStAE.

▶ Für jede Einzellieferung hat der Wiederverkäufer das Recht, die **Besteuerung nach den allgemeinen Vorschriften zu wählen.** Falls der Wiederverkäufer neben der Differenzbesteuerung von dem allgemeinen Besteuerungssystem Gebrauch macht, sind getrennte Aufzeichnungen erforderlich.

BEISPIEL: ▶ Gebrauchtwagenhändler G aus Gummersbach verkauft an den Kunden einen Pkw für 20.000 €. G hat das Fahrzeug vor einigen Wochen von einem Versicherungsvertreter für 17.620 € erworben.

a) Der Kunde ist Privatperson aus Gummersbach.

b) Der Kunde ist Unternehmer und erwirbt das Fahrzeug für sein Unternehmen.

c) Der Kunde ist Unternehmer aus der Schweiz und erwirbt das Fahrzeug für sein Unternehmen.

G führt eine Lieferung aus (§ 3 Abs. 1 UStG), der Ort der Lieferung liegt in Gummersbach (§ 3 Abs. 6 Satz 1 UStG). Die Lieferung ist daher steuerbar (§ 1 Abs. 1 Nr. 1 UStG) und mangels Befreiung grds. auch steuerpflichtig. Die Bemessungsgrundlage bestimmt sich abweichend von § 10 Abs. 1 Satz 2 UStG nach § 25a UStG, denn G hat einen Gegenstand weiterveräußert, für den ihm kein Recht auf Vorsteuerabzug beim Einkauf zustand. Daher hat er unter Beachtung dieser Margenbesteuerung die Bemessungsgrundlage nach dem Unterschiedsbetrag zwischen Verkaufs- und Einkaufspreis zu berechnen: 20.000 € − 17.620 € = 2.380 €. Darin ist die Umsatzsteuer mit 380 € enthalten.

U kann jedoch auch auf die Anwendung der Margenbesteuerung verzichten und stattdessen die Lieferung mit 20.000 € uneingeschränkt der Umsatzsteuer unterwerfen. Im Fall b) wäre dies ggf. sinnvoll, da der Kunde zum Vorsteuerabzug berechtigt ist. Im Fall c) könnte U auf die Anwendung des § 25a UStG verzichten und den Betrag von 20.000 € als steuerfrei behandeln (§ 4 Nr. 1a i. V. m. § 6 UStG). Sein Rohgewinn würde entsprechend um 380 € steigen, ein Vorteil, den er ganz oder teilweise auch an seinen Kunden weitergeben könnte.

335 Beim innergemeinschaftlichen Erwerb sowie bei der innergemeinschaftlichen Lieferung eines Gegenstands sind Besonderheiten zu beachten (§ 25a Abs. 7 UStG).

2. Voraussetzungen

336 Die Differenzbesteuerung ist grds. auf die Lieferung aller **beweglichen körperlichen Gegenstände** einschließlich Kunstgegenstände, Sammlungsstücke und Antiquitäten anwendbar, ausgenommen wurden jedoch ausdrücklich Edelmetalle und Edelsteine in unbearbeiteter Form (§ 25a Abs. 1 Nr. 3 UStG). Für aus Edelsteinen oder Edelmetallen hergestellte Gegenstände (z. B. Schmuckwaren, Gold- und Silberschmiedewaren) ist dagegen die Differenzbesteuerung ebenfalls anwendbar. Obwohl der Gesetzgeber (in seiner Begründung) als auch die Finanzverwaltung von Gebrauchtgegenständen sprechen, schließt dies nicht aus, dass § 25a UStG auf die Lieferung eines neuen Gegenstand an-

zuwenden ist (z. B. Verkauf eines neuen Pkw durch eine Privatperson an einen Autohändler nach einem Gewinn in einem Preisausschreiben). Ausgeschlossen wurde durch den Gesetzgeber lediglich die **innergemeinschaftliche** Lieferung eines neuen Fahrzeugs (§ 25a Abs. 7 Nr. 1b UStG).

Die Vorschriften über die Differenzbesteuerung können nicht von jedem Unternehmer angewandt werden, sondern nur von **Wiederverkäufern** (§ 25a Abs. 1 Nr. 1 UStG). Dies sind in erster Linie gewerbsmäßige Unternehmer, die im Rahmen ihres Unternehmens üblicherweise Gegenstände zum Zwecke des Wiederverkaufs einkaufen und sie anschließend – ggf. nach Reparatur oder Instandsetzung – wieder verkaufen. Der Begriff schließt aber auch die Veranstalter öffentlicher Versteigerungen mit ein, die Gegenstände im eigenen Namen versteigern (auf fremde oder eigene Rechnung).

337

Der Unternehmer muss die Gegenstände für sein Unternehmen erworben haben. Diese Voraussetzung ist nicht erfüllt, wenn der Wiederverkäufer Gegenstände aus seinem Privatvermögen in das Unternehmen **eingelegt** hat.[1]

Die Differenzbesteuerung ist auf solche Gegenstände beschränkt, die der Wiederverkäufer **im Inland** oder **im Übrigen Gemeinschaftsgebiet erworben** hat (§ 25a Abs. 1 Nr. 2 Satz 1 UStG). Die Differenzbesteuerung ist jedoch ausgeschlossen, wenn es sich für den Erwerber im Inland um einen innergemeinschaftlichen Erwerb (§ 1 Abs. 1 Nr. 5 UStG) handelt (§ 25a Abs. 7 Nr. 1a UStG). Bei Einkäufen aus dem Drittlandsgebiet ist die Differenzbesteuerung dagegen nicht möglich, es sei denn, es handelt sich um einen Fall des § 25a Abs. 2 UStG (Kunstgegenstände, Sammlungsstücke, Antiquitäten).

338

BEISPIEL: ▶ Gebrauchtwagenhändler G aus Gummersbach erwirbt in Belgien von einem Privatmann ein Fahrzeug für 40.000 €. Er verkauft dieses Fahrzeug im Inland an eine Privatperson für 50.000 €.

Der Einkauf ist weder in Belgien noch in Deutschland als Umsatz eines Unternehmers steuerbar, er unterliegt daher weder in Belgien noch im Inland der Umsatzsteuer. Insbesondere hat G auch keinen innergemeinschaftlichen Erwerb bewirkt, da er das Fahrzeug von einer Privatperson erworben hat (vgl. § 1a Abs. 1 Nr. 3 UStG). Auf die spätere Lieferung in Deutschland (§ 3 Abs. 6 UStG) kann G die Differenzbesteuerung anwenden. Abweichend vom allgemeinen Entgeltsbegriff des § 10 Abs. 1 UStG wird nur der positive Unterschiedsbetrag zwischen dem Einkaufspreis und dem Verkaufspreis des einzelnen Gegenstands der Besteuerung zugrunde gelegt. Da im Verkaufspreis die Umsatzsteuer nach § 25a UStG enthalten ist, ist sie aus diesem Differenzbetrag herauszurechnen (§ 25a Abs. 3 Satz 2 UStG). Die Umsatzsteuer ist somit in der Differenz von 50.000 € – 40.000 € = 10.000 € enthalten und beträgt 1.596 €.

---

1 Abschnitt 25a.1 Abs. 4 Satz 2 UStAE, BFH v. 18. 12. 2008 – V R 73/07, BStBl 2009 II S. 612.

339   Der Erwerb eines Gegenstands von einem Land- und Forstwirt, der auf die Umsätze aus seinem land- und forstwirtschaftlichen Betrieb die Durchschnittsbesteuerung des § 24 UStG anwendet, erfüllt nicht die Voraussetzungen des § 25a Abs. 1 Nr. 2a UStG, d. h. die Differenzbesteuerung ist insoweit vom Einkäufer nicht anzuwenden.[1] Eine Einbeziehung dieses Gegenstands in die Differenzbesteuerung würde nach Auffassung der Finanzverwaltung zu einem nicht gewollten unversteuerten Endverbrauch führen.

340   Darüber hinaus kann der Wiederverkäufer auch bei Kunstgegenständen, Sammlungsstücken und Antiquitäten, die er grds. **mit** Vorsteuerabzug erworben oder eingeführt hat, allgemein zur Differenzbesteuerung optieren (§ 25a Abs. 2 UStG). Insoweit geht die Möglichkeit der Differenzbesteuerung über den europäischen Binnenmarkt hinaus.

> **■ BEISPIEL:** ▶ A betreibt einen Antiquitätenhandel in Aachen und bezieht den großen Teil seiner Ware von Privatpersonen aus dem Inland und aus den Niederlanden. Nur gelegentlich kauft er auch von anderen Unternehmern.
>
> A kann die Besteuerung seiner Umsätze nach den allgemeinen Regelungen des UStG vornehmen oder zur Anwendung der Differenzbesteuerung optieren, was insbesondere wegen der hohen Einkäufe von Privatpersonen ratsam ist. A hat in diesem Fall sämtliche Verkäufe unter Beachtung der Differenzbesteuerung zu versteuern, ihm ggf. in Rechnung gestellte Umsatzsteuerbeträge sind dann jedoch nicht als Vorsteuer abzugsfähig. A ist sodann mindestens zwei Jahre an diese Wahl gebunden. Trotz dieser Entscheidung kann er später für einzelne Verkäufe zur Regelbesteuerung optieren (§ 25a Abs. 8 Satz 1 UStG), falls sich ein erhoffter Verkaufspreis nicht erzielen lässt und unter dem Einkaufspreis liegt. Der Vorsteuerabzug aus dem Einkauf des Gegenstand ist dann jedoch erst möglich im Voranmeldungszeitraum des Verkaufs des Gegenstandes (§ 25a Abs. 8 Satz 2 UStG).

341   Einkaufspreis ist in den Fällen der Nr. 1 der Wert i. S. des § 11 Abs. 1 zzgl. der Einfuhrumsatzsteuer. In den Fällen der Nr. 2 ist Bemessungsgrundlage der Einkaufspreis inklusive Umsatzsteuer (§ 25a Abs. 3 Satz 3 und 4 UStG), denn der Wiederverkäufer ist insoweit für die an ihn ausgeführten Lieferungen nicht berechtigt, Vorsteuerbeträge abzuziehen (§ 25a Abs. 5 Satz 3 UStG). Bei Kunstgegenständen kann ggf. ein pauschaler Einkaufspreis angesetzt werden, insbesondere falls sich der Einkaufspreis nicht mehr ermitteln lässt (§ 25a Abs. 3 Satz 2 UStG).

342   Darüber hinaus darf dem Wiederverkäufer beim Erwerb des Gegenstands **kein Vorsteuerabzug** zugestanden haben (§ 25a Abs. 1 Nr. 2 Satz 2 UStG). Dies ist der Fall, wenn für die Lieferung nach deutschem Recht oder nach dem Recht eines anderen Mitgliedstaates der Europäischen Union Umsatzsteuer nicht ge-

---

1 Abschnitt 25a.1 Abs. 5 Satz 3 UStAE.

schuldet oder nicht erhoben wird, also insbesondere beim Erwerb des Gegenstands von einer **Privatperson** bzw. von einem Unternehmer aus seinem nichtunternehmerischen Bereich, von juristischen **Personen,** die nicht Unternehmer sind, von einem anderen **steuerbefreiten Unternehmer** (z. B. Arzt, Versicherungsvertreter) oder von einem **Kleinunternehmer.** Die Differenzbesteuerung ist auch anwendbar beim Erwerb des Gegenstands von einem anderen Wiederverkäufer, der auf die Lieferung zutreffend die Differenzbesteuerung angewendet hat.[1]

3. Innergemeinschaftlicher Erwerb

Erwirbt der Wiederverkäufer Gegenstände im übrigen Gemeinschaftsgebiet von einem privaten Abnehmer, so kann er für die anschließende Lieferung die Differenzbesteuerung des § 25a UStG in Anspruch nehmen. Dagegen ist die Differenzbesteuerung nicht anwendbar, wenn der Wiederverkäufer den Gegenstand **innergemeinschaftlich erworben** hat und auf die Lieferung an ihn die Steuerbefreiung für **innergemeinschaftliche Lieferungen** im übrigen Gemeinschaftsgebiet angewendet worden ist (§ 25a Abs. 7 Nr. 1a UStG).[2]

343

BEISPIEL: ▶ Gebrauchtwagenhändler G aus Gummersbach erwirbt in Belgien mehrere gebrauchte Fahrzeuge von einem belgischen Autohaus für insgesamt 40.000 €. Der belgische Unternehmer, der die Fahrzeuge seinerseits von Privatpersonen erworben hat, hat eine Rechnung über steuerfreie innergemeinschaftliche Lieferungen erteilt. G veräußert die Fahrzeuge im Inland an verschiedene private Abnehmer für insgesamt 50.000 €.

G hat die Fahrzeuge steuerfrei im übrigen Gemeinschaftsgebiet erworben und somit im Inland einen innergemeinschaftlichen Erwerb bewirkt (§ 1 Abs. 1 Nr. 5 i.V. m. § 1a Abs. 1 i.V. m. § 3d Satz 1 UStG). Die auf den innergemeinschaftlichen Erwerb fallende Umsatzsteuer beträgt 7.600 € (§ 10 Abs. 1 i.V. m. § 12 Abs. 1 UStG). In gleicher Höhe besteht ein Vorsteueranspruch des G (§ 15 Abs. 1 Satz 1 Nr. 3 UStG). Da somit im Ergebnis der Gegenstand nicht umsatzsteuerlich belastet ist, unterliegt nach dem Willen des Gesetzgebers der weitere Verkauf der Fahrzeuge in Deutschland der Regelbesteuerung; die Anwendung der Differenzbesteuerung wurde für diese Fälle ausdrücklich ausgeschlossen (§ 25a Abs. 7 Nr. 1a UStG). G schuldet daher eine Umsatzsteuer von 7.983,19 € (= 19% aus 50.000 €).

Die Differenzbesteuerung erstreckt sich dagegen auch auf solche Gegenstände, die der Unternehmer von einem anderen Unternehmer erworben hat, der seinerseits im Inland oder im übrigen Gemeinschaftsgebiet auf die Lieferung die Differenzbesteuerung angewendet hat (§ 25a Abs. 1 Nr. 2b UStG). Wurde

344

---

1 Abschnitt 25a.1 Abs. 5 Satz 2 Nr. 5 Satz 2 UStAE.
2 Abschnitt 25a.1 Abs. 5 Satz 4 UStAE.

daher im übrigen Gemeinschaftsgebiet für eine Lieferung an den Wiederverkäufer die Differenzbesteuerung beachtet, so unterliegt der innergemeinschaftliche Erwerb im Inland nicht der Umsatzsteuer (§ 25a Abs. 7 Nr. 2 UStG).[1] Da der erwerbende Unternehmer kaum überprüfen kann, ob der Verkäufer in seinem Heimatland die Differenzbesteuerung auch tatsächlich vorgenommen hat, kann er sich in der Praxis regelmäßig auf den Rechnungsinhalt verlassen. Der EuGH überträgt insoweit die Rechtsgrundsätze zum Vertrauensschutz im Rahmen des § 6a Abs. 4 UStG auch auf diese Fälle und gestattet dem inländischen Wiederverkäufer die Anwendung der Differenzbesteuerung selbst dann, wenn eine spätere Prüfung der ausländischen Behörden ergibt, dass der steuerpflichtige Wiederverkäufer, der die Gebrauchtgegenstände geliefert hatte, die Differenzbesteuerung auf die Lieferung dieser Gegenstände im Ursprungsland in Wirklichkeit nicht angewandt hatte, es sei denn, die zuständigen Behörden weisen nach, dass der Erwerber nicht im guten Glauben gehandelt hat.[2]

ABWANDLUNG: ▶ Wie oben, jedoch hat der belgische Unternehmer eine Rechnung über die von ihm in Belgien beachtete Differenzbesteuerung erteilt. Die belgische Umsatzsteuer hat der Lieferer nicht in der Rechnung ausgewiesen.

Der belgische Unternehmer hat keine steuerfreie Lieferung ausgeführt, sondern die Differenzbesteuerung in Belgien angewandt. Somit hat G keinen innergemeinschaftlichen Erwerb bewirkt, denn der Vorgang unterlag bereits in Belgien der Umsatzsteuer (vgl. § 25a Abs. 8 UStG). Da diese Vorbelastung bei G keine abzugsfähige Vorsteuer auslöst, kann G bei der späteren Lieferung der Fahrzeuge seinerseits die Differenzbesteuerung im Inland anwenden. Die Umsatzsteuer beträgt daher bei G lediglich 1.596 € (50.000 € – 40.000 € = 10.000 €, daraus 19%). Der wirtschaftliche Vorteil der Differenzbesteuerung muss daher in den Fällen des § 25a Abs. 1 Nr. 2b UStG vom ausländischen Unternehmer an den inländischen Wiederverkäufer weitergegeben werden. Insoweit kommt in der Praxis der Eingangsrechnung erhebliche Bedeutung zu. Ein Hinweis auf der Rechnung auf die Durchführung der Differenzbesteuerung für den verkauften Gegenstand im Inland ist daher sinnvoll.

345 Darüber hinaus findet die Differenzbesteuerung keine Anwendung bei **neuen Fahrzeugen** (§ 25a Abs. 7 Nr. 1b UStG).[3]

4. Innergemeinschaftliche Lieferung

346 Die Differenzbesteuerung erstreckt sich auf die inländischen und innergemeinschaftlichen Lieferungen der genannten Gegenstände, d. h. § 25a UStG

---

1 Abschnitt 25a.1 Abs. 20 UStAE.
2 EuGH, Urteil v. 18. 5. 2017 – C-624/15, UR 2017 S. 552.
3 Abschnitt 25a.1 Abs. 19 UStAE.

kann bei Verkäufen an inländische Abnehmer und bei Verkäufen ins übrige Gemeinschaftsgebiet angewandt werden.[1] Bei Lieferungen an **private Abnehmer** oder sog. atypische Unternehmer (auch Gelegenheitseinkäufer) ohne USt-IdNr. (vgl. § 3c Abs. 2 Nr. 1 i.V. m. § 1a Abs. 1 Nr. 2 sowie § 3c Abs. 2 Nr. 2 UStG) ist in diesen Fällen die Sonderregelung zum Ort der Lieferung (sog. Versandhandelsregelung § 3c UStG) nicht anwendbar (§ 25a Abs. 7 Nr. 3 UStG). Der Vorgang ist im Inland zu versteuern, die Umsatzsteuer darf auch in diesen Fällen wie stets bei der Anwendung der Differenzbesteuerung nicht in der Rechnung gesondert ausgewiesen werden (§ 14a Abs. 6 Satz 2 UStG).

BEISPIEL: Gebrauchtmöbelhändler A aus Aachen verkauft einem belgischen Ehepaar einen gebrauchten Schreibtisch nebst Aktenschrank für 3.000 € und liefert die Möbel mit eigenem Fahrzeug zum Abnehmer. Die Gegenstände hat A erst vor wenigen Tagen von einem Privatmann in Aachen für 2.200 € erworben. Der Abnehmer verwendet die eingekauften Möbel ausschließlich privat.

A kann im vorliegenden Fall die Umsatzsteuer unter Anwendung der Differenzbesteuerung berechnen (§ 25a Abs. 1 UStG), da er die Gegenstände im Gemeinschaftsgebiet (im Inland) ohne Vorsteuerabzug erworben hat. Ungeachtet einer grds. für derartige Lieferungen an private Abnehmer aus dem übrigen Gemeinschaftsgebiet geltenden Lieferschwelle (vgl. § 3c Abs. 3 UStG) liegt der Ort der Lieferung im Inland (§ 3 Abs. 6 Satz 1 UStG), da § 3c UStG aufgrund ausdrücklicher gesetzlicher Regelung nicht anwendbar ist (§ 25a Abs. 7 Nr. 3 UStG). Die Lieferung ist daher in Deutschland steuerbar und steuerpflichtig. Die Steuerbefreiung des § 4 Nr. 1b i.V. m. § 6a UStG ist bereits deshalb nicht anwendbar, weil der Abnehmer nicht Unternehmer ist, der den Gegenstand für sein Unternehmen erwirbt. Darüber hinaus ist die Steuerbefreiung für innergemeinschaftliche Lieferungen bei Anwendung der Differenzbesteuerung auch ausdrücklich ausgeschlossen (§ 25a Abs. 5 Satz 2 und Abs. 7 Nr. 3 UStG). A schuldet also bei Beachtung der Differenzbesteuerung eine Umsatzsteuer i. H. von 127,73 € (19% aus 3.000 € − 2.200 € = 800 €). Auf die ermittelte Bemessungsgrundlage ist die Umsatzsteuer mit dem allgemeinen Steuersatz nach § 12 Abs. 1 UStG zu berechnen (§ 25a Abs. 5 Satz 1 UStG).

Bei der **Lieferung an Unternehmer** aus dem übrigen Gemeinschaftsgebiet kann ebenfalls die Differenzbesteuerung angewendet werden, dann ist jedoch die Steuerbefreiung für innergemeinschaftliche Lieferungen (§ 4 Nr. 1b i.V. m. § 6a UStG) ausgeschlossen (§ 25a Abs. 5 Satz 2 UStG).

In diesen Fällen der Verkäufe in das übrige Gemeinschaftsgebiet muss sich daher der Wiederverkäufer entscheiden, ob er den Gegenstand nach den allgemeinen Bestimmungen des UStG liefert (§ 25a Abs. 8 UStG) und er dann die Steuerbefreiung des § 4 Nr. 1b i.V. m. § 6a Abs. 1 UStG für innergemeinschaftliche Lieferungen in Anspruch nimmt oder ob er die Differenzbesteuerung an-

347

---

1 Abschnitt 25a.1 Abs. 18 UStAE.

wendet, die zur Steuerpflicht des Umsatzes führt und somit aus dem Differenzbetrag die Umsatzsteuer zu berechnen ist. Diese Entscheidung hängt wirtschaftlich in erster Linie von der beabsichtigten Verwendung beim Abnehmer ab.

ABWANDLUNG: ▶ Wie oben, jedoch handelt es sich bei dem Abnehmer um einen Unternehmer aus Belgien, der die Gegenstände für sein Unternehmen erwirbt.

A kann wie im Ursprungsfall die Differenzbesteuerung beachten und die Umsatzsteuer mit 127,73 € aus der erzielten Marge von 800 € berechnen (§ 25a Abs. 1 UStG), die Steuerbefreiung für innergemeinschaftliche Lieferungen gilt sodann nicht, obwohl es sich beim Abnehmer um einen Unternehmer aus dem übrigen Gemeinschaftsgebiet handelt (§ 25a Abs. 5 Satz 2 und Abs. 7 Nr. 3 UStG). A darf die geschuldete Umsatzsteuer nicht in der Rechnung ausweisen (§ 14a Abs. 6 Satz 2 UStG). Es erscheint in diesen Fällen sinnvoll, die Beachtung der Differenzbesteuerung im Inland auf der Rechnung gesondert zu vermerken, da der Erwerber, sofern er Wiederverkäufer ist, nunmehr in seinem Land bei einer späteren (Weiter-)Lieferung die Differenzbesteuerung in Belgien anwenden kann.

A kann jedoch auch auf die Anwendung der Differenzbesteuerung verzichten (§ 25a Abs. 8 UStG), was bei einem Unternehmer als Abnehmer ggf. sinnvoll ist, sofern durch diese Option keinem der Beteiligten ein wirtschaftlicher Nachteil entsteht. Bei Lieferungen an inländische Unternehmer kann dieser die ihm sodann für die Lieferung in Rechnung gestellte Umsatzsteuer regelmäßig als Vorsteuer abziehen, so dass ein Verzicht auf die Anwendung der Differenzbesteuerung regelmäßig in der Praxis erfolgt. Bei Abnehmern aus dem übrigen Gemeinschaftsgebiet führt dies jedoch ggf. zu einer wirtschaftlichen Belastung des Abnehmers, da dieser in seinem Heimatland bei einer Weiterveräußerung nunmehr ggf. die Differenzbesteuerung nicht mehr anwenden kann. Macht A von der Möglichkeit des Verzichts auf die Anwendung der Differenzbesteuerung Gebrauch, so unterliegt die Lieferung an den Unternehmer aus Belgien der Regelbesteuerung. Es läge eine innergemeinschaftliche Lieferung vor, die nunmehr steuerfrei wäre (§ 4 Nr. 1b i. V. m. § 6a UStG). A hätte nunmehr einen Rohgewinn von 800 € (3.000 € − 2.200 €) erzielt, denn eine Umsatzsteuer würde nicht entstehen. Aus Sicht des A wäre daher wirtschaftlich diese umsatzsteuerliche Behandlung ratsam.

Der Abnehmer hätte sodann in Belgien einen innergemeinschaftlichen Erwerb bewirkt, der sich wegen des regelmäßig zugleich bestehenden Vorsteuerabzugs steuerlich nicht auswirkt. Allerdings kann der Abnehmer in Belgien bei dieser Variante bei einem Weiterverkauf der Gegenstände seinerseits nicht die Differenzbesteuerung in seinem Heimatland anwenden, der von ihm wiederum erzielte Verkaufspreis würde in Belgien der Regelbesteuerung unterliegen. Daher ist ein Verzicht des Lieferers auf die Anwendung der Differenzbesteuerung aus Sicht des Abnehmers nur sinnvoll bei Gegenständen, die zum Verbrauch im Betrieb und nicht zum Wiederverkauf bestimmt sind. Ist dagegen der ausländische Abnehmer selbst Wiederverkäufer, wird er es regelmäßig als sinnvoller erachten, dass die Lieferung an ihn unter Beachtung der deutschen Differenzbesteuerung erfolgt. Dies führt aber zwangsläufig zu einer Belastung des deutschen Veräußerers, nämlich hinsichtlich der geschuldeten Umsatzsteuer. Im Ergebnis dürfte daher die Entscheidung, ob der deutsche Lieferer mit umsatzsteuerlicher Belastung (§ 25a UStG) oder steuerfrei (§ 6a UStG) ins übrige Gemeinschaftsgebiet veräußert, eine Frage des zu erzielenden Preises sein.

5. Aufzeichnungen

Über die Bemessungsgrundlagen und ihre Ermittlung hat der Unternehmer besondere und von den übrigen Aufzeichnungen getrennte Aufzeichnungen zu führen (§ 25a Abs. 6 Satz 1 UStG). Wendet der Wiederverkäufer neben der Differenzbesteuerung die Besteuerung nach den allgemeinen Vorschriften an, hat er getrennte Aufzeichnungen zu führen (§ 25a Abs. 6 Satz 2 UStG).

348

BEISPIEL: ▶ Eine Kinderboutique in Aachen handelt sowohl mit gebrauchten als auch mit neuen Kleidungsstücken. Die gebrauchte Kinderkleidung wird von Privatleuten erworben, die sowohl aus dem Inland als auch aus Belgien und den Niederlanden kommen. Verkäufe erfolgen ebenfalls sowohl an Abnehmer im Inland als auch aus dem übrigen Gemeinschaftsgebiet.

Die Kinderboutique kann ihre Lieferungen der Differenzbesteuerung unterwerfen, sofern die Gegenstände ohne Vorsteuerabzug erworben wurden. Dabei ist es unerheblich, ob die Verkäufe an Abnehmer im Inland oder an Abnehmer aus dem übrigen Gemeinschaftsgebiet erfolgen, denn die sog. Versandhandelsregelung des § 3c UStG ist nicht anwendbar (§ 25a Abs. 7 Nr. 3 UStG). Diese Verkäufe müssen jedoch gesondert aufgezeichnet und den ebenfalls gesondert zu erfassenden Einkäufen zugeordnet werden. Insoweit ist daher die Einrichtung weiterer Konten in der Praxis unumgänglich.

Die Einkäufe von anderen Unternehmern (mit Vorsteuerabzug) und die entsprechenden Verkäufe, die somit der Regelbesteuerung unterliegen, sind von diesen Umsätzen getrennt zu erfassen.

Zur Erleichterung kann anstelle der Einzeldifferenz für jeden einzelnen Umsatz für alle Umsätze des Besteuerungszeitraums (= Kalenderjahr) eine **Gesamtdifferenz** gebildet werden (§ 25a Abs. 4 Satz 1 UStG), d. h. der Wiederverkäufer kann die Bemessungsgrundlage für alle innerhalb eines Besteuerungszeitraums ausgeführten Umsätze durch Gegenüberstellung aller Verkaufspreise und Einkaufspreise des Besteuerungszeitraums ermitteln. Anschließend ist auch hier die Umsatzsteuer aus dem Differenzbetrag herauszurechnen. Die Besteuerung nach der Gesamtdifferenz ist nur bei solchen Gegenständen zulässig, deren Einkaufspreis 500 € nicht übersteigt (§ 25a Abs. 4 Satz 2 UStG). Im Übrigen gilt wieder die Berechnung der Einzeldifferenz nach § 25a Abs. 3 UStG (§ 25a Abs. 4 Satz 3 UStG). Dies erfordert eine weitere Aufbereitung und Ausweitung der Buchführung. Bei Ermittlung der Umsatzsteuer nach der Gesamtdifferenz ist eine Einzeloption zur Regelbesteuerung für den Gegenstand nicht möglich (§ 25a Abs. 8 Satz 1 UStG). Daher dürfte in diesen Fällen auch eine innergemeinschaftliche Lieferung i. S. des § 6a UStG nicht möglich sein.

349

V. Innergemeinschaftliche Dreiecksgeschäfte

1. Sinn und Zweck der Sonderregelung

350 Schließen mehrere Unternehmer über denselben Gegenstand Umsatzgeschäfte ab und erfüllen sie diese Geschäfte dadurch, dass der erste Unternehmer dem letzten Abnehmer in der Reihe unmittelbar die Verfügungsmacht über den Gegenstand verschafft, liegt ein sog. Reihengeschäft vor (§ 3 Abs. 6 Satz 5 UStG).[1] Jede Lieferung ist getrennt zu betrachten und zu beurteilen. Die Lieferungen finden sowohl zeitlich als auch räumlich gedanklich nacheinander statt. Auch bei Reihengeschäften liegt nur **eine** Beförderungs- oder Versendungslieferung vor, sie ist stets nur einer der Lieferungen zuzuordnen (§ 3 Abs. 6 Satz 5 UStG). Die Ortsbestimmung für **diese** Lieferung erfolgt nach § 3 Abs. 6 Satz 1 UStG **(bewegte Warenlieferung)**. Die Ortsbestimmung für die weiteren Lieferungen im Zusammenhang mit diesem Reihengeschäft richtet sich nach § 3 Abs. 7 Satz 2 UStG **(ruhende Lieferungen)**. Für ruhende Lieferungen, die der Beförderungs- oder Versendungslieferung vorangehen, gilt dabei der Abgangsort, für ruhende Lieferungen, die der Beförderungs- oder Versendungslieferung nachfolgen, gilt der Ankunftsort als Lieferungsort (§ 3 Abs. 7 Satz 2 UStG). Damit richtet sich der Lieferort für alle beteiligten Unternehmer entweder nach dem Transportbeginn oder dem Transportende. Diese Grundsätze zur Bestimmung des Ortes der Lieferungen im Rahmen von Reihengeschäften führen nicht selten zu verfahrensrechtlichen Problemen.

BEISPIEL: ▶ N aus den Niederlanden bestellt bei D aus Deutschland eine Ware, die dieser wiederum bei seinem Vorlieferanten F in Frankreich anfordert. F versendet die Ware auf Wunsch des D per Spedition unmittelbar an N.

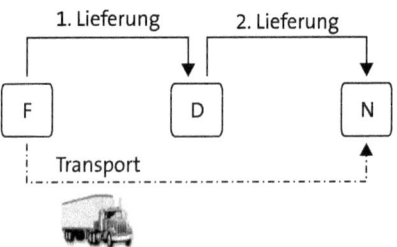

Die Lieferung von F an D ist in Frankreich ausgeführt (§ 3 Abs. 6 Satz 1 UStG), da die Versendung F zuzurechnen ist (§ 3 Abs. 6 Satz 5 UStG).[2] Die Lieferung des F ist als in-

---

1 Abschnitt 3.14 Abs. 1 UStAE.
2 Abschnitt 3.14 Abs. 8 Satz 1 UStAE.

nergemeinschaftliche Lieferung in Frankreich steuerfrei (vgl. die entsprechende Regelung in § 6a Abs. 1 UStG).

Unter Berücksichtigung der allgemeinen Regelungen für Reihengeschäfte (vgl. dazu ausführlich Rz. 125 ff. und Rz. 255 ff.) hätte D einen innergemeinschaftlichen Erwerb (§ 1a Abs. 1 UStG) in den Niederlanden bewirkt, da sich die Ware hier am Ende der Beförderung befindet (§ 3d Satz 1 UStG). Der Erwerb wäre in den Niederlanden steuerbar (§ 1 Abs. 1 Nr. 5 UStG) und steuerpflichtig, zugleich könnte D diese Erwerbsteuer als Vorsteuer in den Niederlanden berücksichtigen. Dieser Erwerb gilt nun kraft Gesetzes als besteuert (§ 25b Abs. 3 UStG). Die Regelung des § 3d Satz 2 UStG bei Verwendung einer deutschen USt-IdNr. geht ins Leere, da der Erwerb des D bereits Kraft Gesetzes als versteuert gilt, wenn D seinen steuerlichen Verpflichtungen zur Abgabe einer Zusammenfassenden Meldung mit den Angaben über die Lieferung an den letzten Abnehmer nachgekommen ist.[1]

Darüber hinaus führt D eine Lieferung in den Niederlanden aus (§ 3 Abs. 7 Satz 2 Nr. 2 UStG). Diese Lieferung ist in den Niederlanden steuerbar und steuerpflichtig. D hätte sich daher grds. in den Niederlanden umsatzsteuerlich registrieren zu lassen. Er müsste in den Niederlanden Steuererklärungen abgeben und die Umsatzsteuer an ein niederländisches Finanzamt entrichten. Gerade dieser enorme Verwaltungsaufwand soll durch die Sonderregelung in § 25b UStG vermieden werden. Schuldner der Umsatzsteuer dieser Lieferung ist Abnehmer N (§ 25b Abs. 2 UStG). D schuldet in den Niederlanden weder Umsatzsteuer auf den innergemeinschaftlichen Erwerb noch Umsatzsteuer auf die Lieferung an N, er hat folglich auch keinen Vorsteuerabzug aus diesem innergemeinschaftlichen Erwerb. Da der Erwerb als versteuert gilt und Schuldner der Umsatzsteuer der Lieferung Abnehmer N ist, muss sich D nicht in den Niederlanden steuerlich erfassen lassen. N hat keinen innergemeinschaftlichen Erwerb bewirkt, da die Lieferung an ihn in den Niederlanden ausgeführt wurde. N schuldet die Umsatzsteuer, die auf die Lieferung des D an ihn entfällt (vgl. im Inland § 25b Abs. 2 UStG) im Wege des Übergangs der Steuerschuldnerschaft, er kann diese Umsatzsteuer zudem im Regelfall als Vorsteuer abziehen (§ 25b Abs. 5 UStG).

Um die **Erfassung von Unternehmern in einem anderen Mitgliedstaat zu vermeiden,** wurde eine Sonderregelung für innergemeinschaftliche Dreiecksgeschäfte geschaffen (§ 25b UStG, zur unionsrechtlichen Rechtsgrundlage vgl. Art. 141 MwStSystRL). Kerninhalt dieser Regelung ist der **Übergang der Steuerschuld** vom ersten Abnehmer (mittlerer Unternehmer = Zwischenhändler) auf den letzten Abnehmer und der Wegfall der Besteuerung des innergemeinschaftlichen Erwerbs durch den Zwischenhändler. Die Vereinfachung besteht darin, dass eine steuerliche Erfassung des mittleren Unternehmers im Bestimmungsland vermieden wird.[2]

351

---

1 EuGH, Urteil v. 22. 4. 2010 – C-539/08, C-539/08, UVR 2010 S. 293, Abschnitt 15.10 Abs. 2 Satz 2 UStAE.

2 Abschnitt 25b.1 Abs. 1 Satz 2 UStAE.

2. Voraussetzungen

352   Ein innergemeinschaftliches Dreiecksgeschäft liegt vor bei einem Reihengeschäft, bei dem drei Unternehmer aus drei verschiedenen Mitgliedstaaten über denselben Gegenstand Umsatzgeschäfte abgeschlossen haben und diese dadurch erfüllt wurden, dass der Gegenstand unmittelbar vom ersten Lieferer an den letzten Abnehmer befördert oder versendet wurde (§ 25b Abs. 1 Nr. 1 UStG). Dazu sind folgende Grundvoraussetzungen erforderlich:

▶ Beteiligung von drei EU-Unternehmern, die in drei verschiedenen Mitgliedstaaten umsatzsteuerlich erfasst werden (§ 25b Abs. 1 Nr. 2 UStG),

▶ Warenbewegung von einem Mitgliedstaat in einen anderen Mitgliedstaat (§ 25b Abs. 1 Nr. 3 UStG),

▶ Beförderung oder Versendung durch den 1. oder 2. Unternehmer (§ 25b Abs. 1 Nr. 4 UStG).

Die Vereinfachungsregelung gilt jedoch nur bei der Beteiligung von drei Unternehmern aus drei verschiedenen Mitgliedstaaten und versagt bei anderen Konstellationen. Sind an einem Reihengeschäft mehr als drei Unternehmer beteiligt, liegt kein innergemeinschaftliches Dreiecksgeschäft vor. Die Vereinfachungsregelung findet auch Anwendung, wenn mehr als drei Unternehmer beteiligt sind, soweit die Voraussetzungen für die drei am Ende der Kette stehenden Unternehmer vorliegen.[1]

353   Der Liefergegenstand kann vom ersten Unternehmer oder vom Zwischenhändler unmittelbar an den letzten Abnehmer von dem Gebiet eines Mitgliedstaates (Abgangsmitgliedstaat) in das Gebiet eines anderen Mitgliedstaates (Ankunftsmitgliedstaat) **befördert oder versendet** werden.[2] Veranlasst der letzte Abnehmer die Warenbewegung, liegt kein Dreiecksgeschäft i. S. des § 25b UStG vor (§ 25b Abs. 1 Nr. 4 UStG).[3]

354   Weitere **Voraussetzung** ist, dass der Lieferung des Zwischenhändlers ein innergemeinschaftlicher Erwerb vorausgegangen ist (§ 25b Abs. 2 Nr. 1 UStG), der Zwischenhändler nicht in dem Ankunftsmitgliedstaat ansässig sein darf und dass er gegenüber dem ersten Lieferer und gegenüber dem letzten Abnehmer dieselbe USt-IdNr. verwendet (§ 25b Abs. 2 Nr. 2 UStG). Diese USt-IdNr. darf folglich weder von dem Abgangsmitgliedstaat noch von dem Ankunftsmit-

---

1 Abschnitt 25b.1 Abs. 2 UStAE.
2 Abschnitt 25b.1 Abs. 4 UStAE.
3 Abschnitt 25b.1 Abs. 5 UStAE.

gliedstaat erteilt werden. Die Rechnung an den letzten Abnehmer muss ohne Umsatzsteuerausweis erteilt werden (§ 25b Abs. 2 Nr. 3 i.V.m. § 14a Abs. 7 Satz 3 UStG). Der letzte Abnehmer muss eine USt-IdNr. des Ankunftsmitgliedstaates verwenden. Nicht erforderlich ist, dass der Unternehmer in einem anderen Mitgliedstaat ansässig ist. Die Registrierung in einem Land und die Verwendung der entsprechenden USt-IdNr. allein ist ausreichend.[1] Sind mehrere der beteiligten Unternehmer in demselben Mitgliedstaat registriert, liegt kein innergemeinschaftliches Dreiecksgeschäft vor.

Letzter Abnehmer in der Reihe sind auch Unternehmer, die nur steuerfreie, nicht zum Vorsteuerabzug berechtigte Umsätze ausführen, sowie Kleinunternehmer und Land- und Forstwirte, die ihre Umsätze nach Durchschnittssätzen versteuern (sog. atypische Unternehmer). Voraussetzung ist, dass sie in dem Mitgliedstaat umsatzsteuerlich erfasst sind, in dem die Beförderung oder Versendung endet. Folglich kann als letzter Abnehmer auch eine juristische Person des öffentlichen oder des privaten Rechts auftreten, die nicht Unternehmer ist oder nicht für ihr Unternehmen erwirbt, wenn sie in dem Mitgliedstaat, in dem die Warenbewegung endet, umsatzsteuerlich registriert ist.[2] Der USt-IdNr. kommt also auch insoweit in der Praxis entscheidende Bedeutung zu.

355

3. Rechtsfolgen

Ist die Vereinfachungsregelung des § 25b UStG anwendbar, so ergeben sich folgende Rechtsfolgen:

356

▶ Der erste Unternehmer führt im Abgangsmitgliedstaat eine steuerfreie innergemeinschaftliche Lieferung aus.

▶ Der Zwischenhändler bewirkt im Ankunftsmitgliedstaat einen innergemeinschaftlichen Erwerb. Dieser Erwerb gilt als besteuert (§ 25b Abs. 3 UStG).

▶ Der Zwischenhändler führt im Ankunftsmitgliedstaat eine Lieferung an den letzten Abnehmer aus. Der Schuldner der Umsatzsteuer, die auf die Lieferung im Ankunftsmitgliedstaat entfällt, ist nicht der Lieferer (Zwischenhändler), sondern der Abnehmer (§ 25b Abs. 2 UStG).

▶ Der letzte Abnehmer kann die von ihm geschuldete Umsatzsteuer unter den üblichen Voraussetzungen als Vorsteuer abziehen (§ 25b Abs. 5 UStG).

---

1 Abschnitt 25b.1 Abs. 3 UStAE.
2 Abschnitt 25b.1 Abs. 2 Sätze 4–6 UStAE.

Der Vorteil dieser Vereinfachungsregelung liegt darin, dass sich der Zwischenhändler nicht im Ankunftsland umsatzsteuerlich registrieren lassen muss.[1] Der Zwischenhändler hat lediglich eine Zusammenfassende Meldung nach Maßgabe des § 18b Abs. 4 Nr. 3 UStG abzugeben.

Liegen bei einem innergemeinschaftlichen Reihengeschäft sämtliche Voraussetzungen des § 25b UStG vor, geht die Steuerschuldnerschaft zwingend auf den letzten Abnehmer über.[2] Er wird nach § 13a Abs. 1 Nr. 5 UStG zum Steuerschuldner, ist aber vom Zwischenhändler darauf aufmerksam zu machen (§ 25b Abs. 2 Nr. 3 i. V. m. § 14a Abs. 7 Satz 1 UStG).

357 In **Abholfällen** ist § 25b UStG dagegen aufgrund der ausdrücklichen gesetzlichen Bestimmung nicht anwendbar (§ 25b Abs. 1 Nr. 4 UStG).

ABWANDLUNG: N aus den Niederlanden bestellt bei D aus Deutschland eine Ware, die dieser wiederum bei seinem Vorlieferanten F in Frankreich anfordert. N holt die Ware mit eigenem Lkw unmittelbar in Frankreich ab.

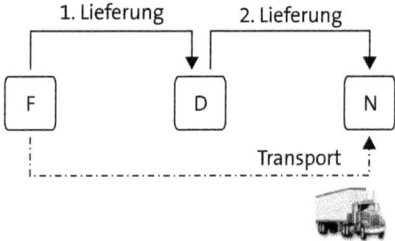

Die Lieferung mit Warenbewegung ist der Lieferung des D an N zuzurechnen,[3] folglich hat F eine unbewegte Lieferung i. S. des § 3 Abs. 7 UStG ausgeführt. Die Lieferung von F an D ist in Frankreich ausgeführt (§ 3 Abs. 7 Satz 2 Nr. 1 UStG), sie ist nicht als innergemeinschaftliche Lieferung in Frankreich steuerfrei (vgl. § 6a Abs. 1 UStG), da F keine Warenbewegung hat. Sie ist in Frankreich steuerpflichtig, F stellt daher dem D französische Umsatzsteuer in Rechnung.

Die Lieferung des D an N ist die bewegte Lieferung i. S. des § 3 Abs. 6 Satz 1 UStG und folglich dort ausgeführt, wo die Warenbewegung beginnt, mithin in Frankreich. Die Lieferung des D ist als innergemeinschaftliche Lieferung steuerfrei (§ 6a Abs. 1 UStG), da D einen Abnehmer hat, der einen innergemeinschaftlichen Erwerb in einem anderen Mitgliedstaat versteuern muss.

D muss sich daher in Frankreich als Unternehmer registrieren lassen, denn er hat eine steuerfreie Lieferung ausgeführt, die im Rahmen einer Umsatzsteuer-Voranmel-

---

1 Abschnitt 25b.1 Abs. 1 Satz 2 UStAE.
2 Abschnitt 25b.1 Abs. 6 UStAE.
3 Abschnitt 3.14 Abs. 8 Satz 2 UStAE.

dung in Frankreich zu erklären ist. In diesem Zusammenhang kann D seine Vorsteuerbeträge geltend machen (u. a. aus der Rechnung des F).

4. Formvorschriften

Zur Anwendung der Vereinfachungsregelung des § 25b UStG haben die beteiligten Unternehmer einige Formvorschriften zu beachten. Dabei haben sowohl der Zwischenhändler als auch der letzte Abnehmer bestimmte Melde- und Aufzeichnungspflichten wahrzunehmen.

a) Pflichten des Zwischenhändlers

Der Zwischenhändler muss dem letzten Abnehmer eine **Rechnung** i. S. des § 14a Abs. 7 UStG erteilen, in der die Steuer nicht gesondert ausgewiesen ist. Außerdem ist auf das Vorliegen eines innergemeinschaftlichen Dreiecksgeschäfts und die Steuerschuld des letzten Abnehmers hinzuweisen: „Die Lieferung erfolgt im Rahmen eines innergemeinschaftlichen Dreiecksgeschäfts. Steuerschuldner ist der Rechnungsempfänger" (§ 25b UStG; Art. 141 und 197 MwStSystRL). Formulierungshilfen finden sich in Rz. 360, sicherlich reicht auch ein allgemeiner Hinweis „Vereinfachungsregelung für innergemeinschaftliche Dreiecksgeschäfte nach Art. 141 MwStSystRL" aus. Die USt-IdNr. des Zwischenhändlers und des Abnehmers sind anzugeben (§ 14a Abs. 7 Satz 2 UStG).[1] Darüber hinaus muss die Rechnung die üblichen Angaben nach § 14 UStG enthalten. Der letzte Abnehmer soll durch die Hinweise in der Rechnung eindeutig und leicht erkennen können, dass er letzter Abnehmer in einem innergemeinschaftlichen Dreiecksgeschäft ist und die Steuerschuld auf ihn übertragen wird. Der in der Rechnung ausgewiesene Betrag ist naturgemäß ein Nettobetrag, auf den die Umsatzsteuer aufzuschlagen ist.[2]

358

359

---

1 Abschnitt 25b.1 Abs. 8 UStAE.
2 Abschnitt 25b.1 Abs. 9 UStAE.

ABB. 8: Innergemeinschaftliches Dreiecksgeschäft

Müller und Sohn KG
. Bauunternehmen .

Nibelungenweg 1a
45182 Essen
Tel. 0201/1234567
Fax 0201/1234568

USt-IdNr. DE 123498904
Steuernummer 211/1234/5566

Firma
Wim van Anderen
Dacheindeckungen
Steenvordelaan 370
NL-2284 EH Rijswijk

25. 6. 07

Ihre USt-IdNr. (OB-Nummer)
NL 123834048

Lieferung Dachziegel „Toscana"
Bestellung vom 26. 5. 07

Sehr geehrte Damen und Herren,

wir lieferten Ihnen ....

....

Die Lieferung erfolgte im Rahmen eines **innergemeinschaftlichen Dreiecks-geschäftes.**

Steuerschuldner der Umsatzsteuer dieser Leistung sind Sie als Leistungs-empfänger (Art. 141 und Art. 197 MwStSystRL).

360   In den einzelnen Ländern der EU wird der Hinweis „Innergemeinschaftliches Dreiecksgeschäft" oder „Vereinfachungsregelung nach Art. 197 MwStSystRL ist anzuwenden" wie folgt dargestellt:[1]

► **Begien:** Driehoeksverkeer, Opération triangulaire,

► **Bulgarien:** снование за неначисляване на данък,

► **Dänemark:** Omvendt betalingspligt, jf. momslovens,

---

1 Quelle: Küffner, Maunz, Langer, Zugmaier Rechtsanwaltsgesellschaft mbH, www.kmlz.de.

- ► **Estland:** Kolmnurktehing vastavalt,
- ► **Finnland:** Kolmikantakauppa,
- ► **Frankreich:** Application de l'article 141 de la directive 2006/112/CE Autoliquidation,
- ► **Griechenland:** Τριγωνική ςυναλλαγή υπόχρεος ο αγοραςτής άρθρο 15 του Κώδικα, ΦΠΑ, Triangulation,
- ► **Irland:** Supply subject to the simplified triangulation method,
- ► **Italien:** operazione triangolare comunitaria,
- ► **Kroatien:** Trostrani posao sukladno,
- ► **Lettland:** Piegāde saskaņā ar PVN,
- ► **Litauen:** PVM jstatymo 95 straipsnio 4 dalis,
- ► **Luxemburg:** Destinataire redevable de la taxe due au titre de la livraison effectué e par l'assujetti non é tabli à l'inté rieur du pays,
- ► **Malta:** Triangulation: Intra-Community supply,
- ► **Niederlande:** Vereenvoudigde ABC transactie,
- ► **Österreich:** Übergang der Steuerschuld auf den Leistungsempfänger – Dreiecksgeschäft,
- ► **Polen:** VAT: Faktura WE uproszczona na mocy,
- ► **Portugal:** Operação triangular – IVA devido pelo adquirente,
- ► **Rumänien:** Masuri de simplificare pentru operatiuni triunghiulare pentru care se aplica mecanismul taxarii inverse,
- ► **Schweden:** Undantag från skatteplikt,
- ► **Slowakei:** Ide o trojstranný obchod podl'a,
- ► **Slowenien:** Obrnjena davčna obveznost,
- ► **Spanien:** Inversión del sujeto pasivo,
- ► **Tschechische Republik:** Dodání zboží formou třístranného obchodu,
- ► **Ungarn:** Háromszögügylet, az adó fizetésére a vevõ kötelezett az áfa törvény,
- ► **Vereinigtes Königsreich:** Disregarded intra-Community supply of goods,
- ► **Zypern:** Τριγωνική ςυναλλαγή.

Der Zwischenhändler muss eine **Zusammenfassende Meldung** über diese Lieferung abgeben und dabei besondere Angaben machen (§ 18a Abs. 4 Nr. 3 UStG). Dazu ist in der Hinweisspalte „Dreiecksgeschäft" der Zusammenfassenden Meldung eine „1" einzutragen. Er hat die USt-IdNr. des letzten Abnehmers, die diesem vom Mitgliedsstaat erteilt wurde, in dem die Beförderung oder Ver-

361

sendung des Gegenstands endete, einzutragen sowie die Bemessungsgrundlage der an diesen Abnehmer ausgeführten Lieferung. Damit hat er im Ergebnis die Lieferung an den letzten Abnehmer so zu behandeln, als ob er die Ware entsprechend dem Rechnungslauf an ihn geliefert hat. Diese Angabe ist zur Funktion des innergemeinschaftlichen Kontrollverfahrens erforderlich.

362 Lieferungen, bei denen die Vereinfachungsregelung angewandt wurde, sind vom Zwischenhändler in der **Umsatzsteuer-Voranmeldung** gesondert zu erklären (§ 18b Satz 1 und 2 UStG).

> **BEISPIEL:** ▶ B aus Belgien bestellt bei D aus Deutschland eine Maschine, die dieser wiederum bei seinem Lieferanten in Frankreich anfordert. Der französische Lieferant transportiert die Ware unmittelbar zum Abnehmer B.
>
> Es liegt ein innergemeinschaftliches Dreiecksgeschäft vor. F führt in Frankreich eine innergemeinschaftliche Lieferung aus (vgl. entsprechend § 3 Abs. 6 Satz 1 i.V.m. § 6a Abs. 1 UStG), folglich hat D einen innergemeinschaftlichen Erwerb (§ 1a Abs. 1 UStG) in dem Land bewirkt, in dem die Beförderung endet (§ 3d Satz 1 UStG). Bei Anwendung der Sonderregelung gilt der innergemeinschaftliche Erwerb des D als besteuert (§ 25b Abs. 3 UStG).
>
> Darüber hinaus führt D eine Lieferung in Belgien an B aus (§ 3 Abs. 7 Satz 2 Nr. 2 UStG), die Umsatzsteuer für diese Lieferung schuldet jedoch Abnehmer B (§ 25b Abs. 2 UStG). Die Anwendung der Sonderregelung des § 25b UStG setzt eine ordnungsgemäße Abrechnung i.S. des Vorschrift durch D voraus. Er hat eine Rechnung i.S. des § 14a Abs. 7 UStG zu erteilen, in der keine Umsatzsteuer ausgewiesen sein darf und auf das Vorliegen eines Dreiecksgeschäfts und den Übergang der Steuerschuldnerschaft auf B hingewiesen werden muss. D muss diesen Vorgang in der Umsatzsteuer-Voranmeldung gesondert erklären und hat zudem eine Zusammenfassende Meldung mit entsprechendem Hinweis abzugeben.

363 Die Angaben sind für den Zeitraum zu machen, in dem diese Lieferungen tatsächlich ausgeführt worden sind (§ 18a Abs. 5 Satz 2 sowie § 18b Satz 1 und 3 UStG). Diese Angaben liefern die Grundlagen für den Informationsaustausch mit den anderen Mitgliedstaaten. Darüber hinaus bestehen für den Zwischenhändler im Inland besondere **Aufzeichnungspflichten** (§ 22 i.V.m. § 25b Abs. 6 Satz 1 Nr. 1 UStG). Endet dagegen die Beförderung oder Versendung der gelieferten Gegenstände im Inland, entfällt diese Verpflichtung zur Erstellung der Aufzeichnungen (§ 25b Abs. 6 Satz 2 UStG), womit der ausländische Zwischenhändler von diesen Aufzeichnungspflichten befreit wird.[1]

---

1 Abschnitt 25b.1 Abs. 10 UStAE.

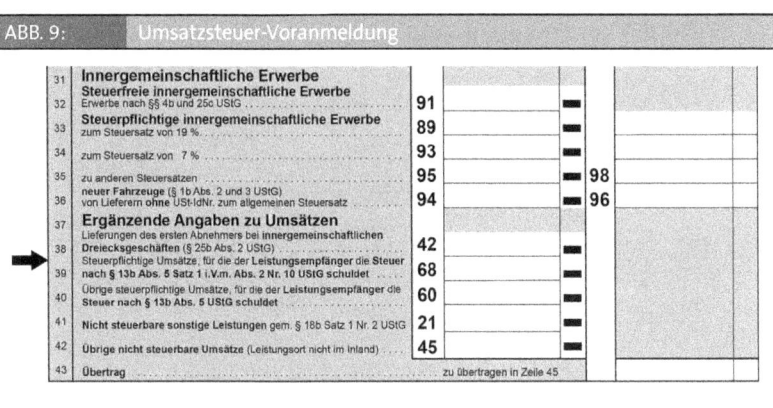

ABB. 9:   Umsatzsteuer-Voranmeldung

	Innergemeinschaftliche Erwerbe				
31	Steuerfreie innergemeinschaftliche Erwerbe				
32	Erwerbe nach §§ 4b und 25c UStG	91	▬		
33	Steuerpflichtige innergemeinschaftliche Erwerbe zum Steuersatz von 19 %	89	▬		
34	zum Steuersatz von 7 %	93	▬		
35	zu anderen Steuersätzen	95	▬	98	
36	neuer Fahrzeuge (§ 1b Abs. 2 und 3 UStG) von Lieferern ohne USt-IdNr. zum allgemeinen Steuersatz	94	▬	96	
37	Ergänzende Angaben zu Umsätzen				
38	Lieferungen des ersten Abnehmers bei innergemeinschaftlichen Dreiecksgeschäften (§ 25b Abs. 2 UStG)	42	▬		
39	Steuerpflichtige Umsätze, für die der Leistungsempfänger die Steuer nach § 13b Abs. 5 Satz 1 i.V.m. Abs. 2 Nr. 10 UStG schuldet	68	▬		
40	Übrige steuerpflichtige Umsätze, für die der Leistungsempfänger die Steuer nach § 13b Abs. 5 UStG schuldet	60	▬		
41	Nicht steuerbare sonstige Leistungen gem. § 18b Satz 1 Nr. 2 UStG	21	▬		
42	Übrige nicht steuerbare Umsätze (Leistungsort nicht im Inland)	45	▬		
43	Übertrag	zu übertragen in Zeile 45			

ABB. 10:   Zusammenfassende Meldung

Umsatzsteuer-Identifikationsnummer
(USt-IdNr.) Bitte 9 Ziffern eintragen

| 01 | D E | | | | | | | | | | |

Jan.	April	Juli	Okt.
Feb.	Mai	Aug.	Nov.
März	Juni	Sept.	Dez.
Jan/Feb	April/Mai	Juli/Aug	Okt/Nov
1. Quart.	2. Quart.	3. Quart.	4. Quart.

Kalenderjahr

Berichtigung   03
(falls ja, bitte "x" eintragen)

Bitte beachten!

Sonstige Leistungen bzw. Dreiecksgeschäfte sind in Spalte 3 jeweils durch Eintragung der Ziffer "1" oder "2" entsprechend zu kennzeichnen. Wurden sowohl Warenlieferungen, sonstige Leistungen und/oder Dreiecksgeschäfte an denselben Unternehmer erbracht, sind diese in getrennten Zeilen anzugeben.

Meldung der Warenlieferungen vom Inland in das übrige Gemeinschaftsgebiet (§ 18a Abs. 7 Nr. 1 u. 2 UStG), der sonstigen Leistungen (§ 18a Abs. 7 Satz 1 Nr. 3 UStG) und der Lieferungen i.S.d. § 25 b Abs. 2 UStG im Rahmen innergemeinschaftlicher Dreiecksgeschäfte (18a Abs. 7Satz 1 Nr. 4 UStG)

		1	2	3	
Zeile	Länder-kenn-zeichen	USt-IdNr. des Erwerbers/ Unternehmers in einem anderen EU-Mitgliedstaat	Summe der Bemessungsgrundlagen volle EUR Ct	Sonstige Leistungen (falls JA, bitte 1 eintragen) Dreiecksgeschäfte (falls JA, bitte 2 eintragen)	
1			▬		
2			▬		
3			▬		
4			▬		
5			▬		

b)   Pflichten des letzten Abnehmers

Der letzte Abnehmer wird Steuerschuldner der an ihn ausgeführten Lieferung (§ 13a Abs. 2 Nr. 5 UStG). Er hat daher die **Umsatzsteuer** auf die Bemessungsgrundlage zu berechnen (§ 25b Abs. 4 UStG) und in der entsprechenden Voranmeldung als Steuerschuld zu erklären (§ 25b Abs. 2 UStG).

364

Der Vorgang ist in der **Umsatzsteuer-Voranmeldung** des letzten Abnehmers gesondert auszuweisen.

365 Der letzte Abnehmer ist unter den üblichen Voraussetzungen zum **Vorsteuerabzug** der Umsatzsteuer nach § 25b Abs. 2 UStG berechtigt (§ 25b Abs. 5 UStG). Eine Rechnung mit gesondertem Steuerausweis ist naturgemäß (wie auch bei einem innergemeinschaftlichen Erwerb) nicht erforderlich.

366 Der letzte Abnehmer hat bestimmte **Aufzeichnungspflichten** im Rahmen der Buchführung zu beachten (§ 25b Abs. 6 UStG). So sind die Bemessungsgrundlagen der an ihn ausgeführten Lieferungen ebenso aufzuzeichnen wie die hierauf entfallende Umsatzsteuer. Name und Anschrift des Zwischenhändlers sind festzuhalten. Liegt ein innergemeinschaftliches Dreiecksgeschäft vor und endet die Warenbewegung im Inland, hat der entsprechende Abnehmer die Verpflichtungen aus § 25b UStG zu übernehmen.

> **BEISPIEL:** D aus Deutschland bestellt bei B aus Belgien eine Maschine, die dieser wiederum bei seinem Lieferanten in Frankreich anfordert. Der französische Lieferant transportiert die Ware unmittelbar zum Abnehmer D.

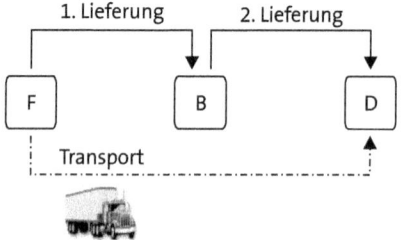

Es liegt ein innergemeinschaftliches Dreiecksgeschäft vor. F führt in Frankreich eine innergemeinschaftliche Lieferung aus (vgl. entsprechend § 3 Abs. 6 Satz 1 i. V. m. § 6a Abs. 1 UStG), folglich hat B einen innergemeinschaftlichen Erwerb (§ 1a Abs. 1 UStG) in dem Land bewirkt, in dem die Beförderung endet (§ 3d Satz 1 UStG). Bei Anwendung der Sonderregelung gilt der innergemeinschaftliche Erwerb des B als besteuert (§ 25b Abs. 3 UStG).

Darüber hinaus führt B eine Lieferung in Deutschland an D aus (§ 3 Abs. 7 Satz 2 Nr. 2 UStG), die Umsatzsteuer für diese Lieferung schuldet jedoch Abnehmer D (§ 25b Abs. 2 UStG). Diese Umsatzsteuer kann D im Regelfall als Vorsteuer abziehen (§ 25b Abs. 5 UStG). D hat daher in seiner Umsatzsteuer-Voranmeldung die Umsatzsteuer i. S. des § 25b UStG sowie die entsprechende Vorsteuer anzugeben. Auf diese Verpflichtung wird er durch die Rechnung des B aufmerksam gemacht.

367 Letzter Abnehmer kann dabei jeder Unternehmer sein, auch Unternehmer, die nicht zum Vorsteuerabzug berechtigt sind, sowie juristische Personen, die nicht

Unternehmer sind. Die Tatsache, dass der Abnehmer Steuerschuldner wird, lässt sich in der Praxis aus der Rechnung des Zwischenhändlers entnehmen. Dieser Abnehmer hat die Umsatzsteuer sowie ggf. die Vorsteuer aus diesem Übergang der Steuerschuldnerschaft gesondert in der Umsatzsteuer-Voranmeldung anzugeben (§ 16 Abs. 1 Satz 3 sowie § 18 Abs. 4a Satz 1 UStG). Außerdem hat er besondere Aufzeichnungspflichten zu erfüllen (§ 25b Abs. 6 Satz 1 Nr. 2 UStG). Die Umsatzsteuer für diese Lieferung des Zwischenhändlers entsteht mit Ablauf des Voranmeldungszeitraums der Lieferung, de facto kann der letzte Abnehmer diese jedoch erst anmelden, wenn er durch das Vorliegen einer entsprechenden Rechnung auf diese Steuerschuldnerschaft aufmerksam gemacht wird (§ 13a Abs. 1 Nr. 5 UStG). Mit der Übertragung der Steuerschuld ist auch die Übertragung von Erklärungs- und Aufzeichnungspflichten verbunden.

ABB. 11: Umsatzsteuer-Voranmeldung

55	**Abziehbare Vorsteuerbeträge**			
56	Vorsteuerbeträge aus Rechnungen von anderen Unternehmern (§ 15 Abs. 1 Satz 1 Nr. 1 UStG), aus Leistungen im Sinne des § 13a Abs. 1 Nr. 6 UStG (§ 15 Abs. 1 Satz 1 Nr. 5 UStG) und aus innergemeinschaftlichen Dreiecksgeschäften (§ 25b Abs. 5 UStG)	66		
57	Vorsteuerbeträge aus dem innergemeinschaftlichen Erwerb von Gegenständen (§ 15 Abs. 1 Satz 1 Nr. 3 UStG)	61		
58	Entstandene Einfuhrumsatzsteuer (§ 15 Abs. 1 Satz 1 Nr. 2 UStG)	62		
59	Vorsteuerbeträge aus Leistungen im Sinne des § 13b UStG (§ 15 Abs. 1 Satz 1 Nr. 4 UStG)	67		
60	Vorsteuerbeträge, die nach allgemeinen Durchschnittssätzen berechnet sind (§§ 23 und 23a UStG)	63		
61	Berichtigung des Vorsteuerabzugs (§ 15a UStG)	64		
62	Vorsteuerabzug für innergemeinschaftliche Lieferungen neuer Fahrzeuge außerhalb eines Unternehmens (§ 2a UStG) sowie von Kleinunternehmern im Sinne des § 19 Abs. 1 UStG (§ 15 Abs. 4a UStG)	59		
63	Verbleibender Betrag			
64	**Andere Steuerbeträge**			
65	In Rechnungen unrichtig oder unberechtigt ausgewiesene Steuerbeträge (§ 14c UStG) sowie Steuerbeträge, die nach § 6a Abs. 4 Satz 2, § 17 Abs. 1 Satz 6, § 25b Abs. 2 UStG oder von einem Auslagerer oder Lagerhalter nach § 13a Abs. 1 Nr. 6 UStG geschuldet werden	69		
66	**Umsatzsteuer-Vorauszahlung/Überschuss**			
67	**Anrechnung** (Abzug) der festgesetzten **Sondervorauszahlung** für Dauerfristverlängerung (nur auszufüllen in der letzten Voranmeldung des Besteuerungszeitraums, in der Regel Dezember)	39		
68	**Verbleibende Umsatzsteuer-Vorauszahlung** (bitte in jedem Fall ausfüllen) **Verbleibender Überschuss** - bitte dem Betrag ein Minuszeichen voranstellen -	83		

5. Vorsteuerabzug

368 Auch bei der Anwendung der Vereinfachungsregelung gelten hinsichtlich des Vorsteuerabzugs die üblichen Voraussetzungen. Werden dem Zwischenhändler im Ankunftsland Umsatzsteuerbeträge in Rechnung gestellt, kann er diese weiterhin im Wege des Umsatzsteuer-Vergütungsverfahrens zurückerhalten (§ 59 Abs. 1 Nr. 3 UStDV).

6. Regelungslücken

369 Unbefriedigend an der Regelung ist die Tatsache, dass sie nur bei Dreiecksgeschäften und bei drei verschiedenen Unternehmern aus drei Mitgliedslän-

dern greift, in allen anderen Fällen aber ins Leere geht.[1] Daher dürfte die Regelung wohl an den Bedürfnissen der Praxis vorbeigehen.

BEISPIEL: ➤ Der italienische Unternehmer I bestellt beim österreichischen Unternehmer A eine Ware, die dieser wiederum bei seinem Lieferanten B aus Belgien anfordert. Da auch B die Ware nicht vorrätig hat, bestellt er diese bei D aus Deutschland und bittet D, die Ware unmittelbar nach Italien zu versenden.

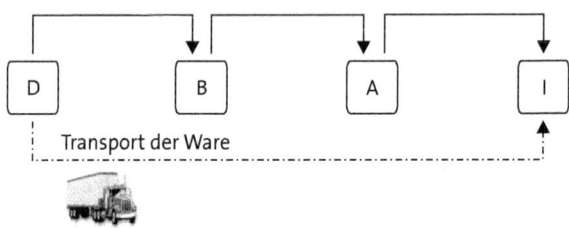

Bei diesem Reihengeschäft ist die bewegte Lieferung der Lieferung D an B zuzurechnen (§ 3 Abs. 6 Satz 5 UStG), folglich hat D eine steuerfreie innergemeinschaftliche Lieferung in Deutschland ausgeführt (§ 3 Abs. 6 Satz 1, § 6a Abs. 1 UStG). Entsprechend hat sein Abnehmer B einen innergemeinschaftlichen Erwerb bewirkt (§ 1a Abs. 1 UStG), Ort des Erwerbs ist Italien (§ 3d Satz 1 UStG). Die nachfolgende Lieferung des B an A ist somit in Italien ausgeführt (§ 3 Abs. 7 Satz 2 Nr. 2 UStG), sie ist in Italien steuerpflichtig. Entsprechend hat auch A eine steuerpflichtige Lieferung in Italien ausgeführt (§ 3 Abs. 7 Satz 2 Nr. 2 UStG). Somit haben B und A in Italien Steuererklärungen abzugeben.

BEISPIEL: ➤ D aus Deutschland bestellt bei B in Belgien Ware, die dieser wiederum bei seinem Lieferanten F aus Frankreich anfordert. Da F die Ware ebenfalls nicht vorrätig hat, bittet er seinen Geschäftspartner E aus Spanien, die Ware unmittelbar an D aus Deutschland zu liefern und die Rechnung an F zu schicken.

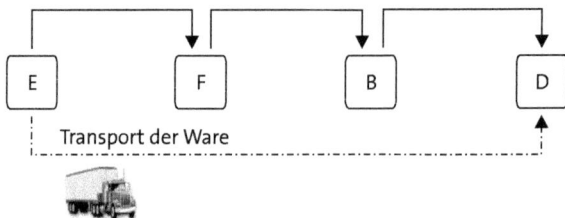

Die Warenbewegung ist der Lieferung E an F zuzuordnen, der Ort der Lieferung liegt daher in Spanien (§ 3 Abs. 6 Satz 1 UStG). Die Lieferung des E ist in Spanien als innergemeinschaftliche Lieferung steuerfrei. Entsprechend hat Abnehmer F aus Frankreich einen innergemeinschaftlichen Erwerb (§ 1a Abs. 1 UStG) in Deutschland bewirkt

---

1 Abschnitt 25b.1 Abs. 2 Satz 2 UStAE.

(§ 3d Satz 1 UStG). Der Erwerb ist steuerpflichtig, F kann diese Erwerbsteuer zugleich als Vorsteuer abziehen (§ 15 Abs. 1 Nr. 3 UStG). Die Lieferung des F an B wurde in Deutschland ausgeführt (§ 3 Abs. 7 Satz 2 Nr. 2 UStG), sie ist steuerbar und steuerpflichtig. Die Lieferung des B an D wurde somit ebenfalls in Deutschland bewirkt (§ 3 Abs. 7 Satz 2 Nr. 2 UStG), auch diese Lieferung ist steuerbar und steuerpflichtig. D kann folglich die ihm in Rechnung gestellte Umsatzsteuer als Vorsteuer abziehen (§ 15 Abs. 1 Nr. 1 UStG). Pflichten aus § 25b UStG ergeben sich für D nicht, da kein Dreiecksgeschäft i. S. der Vorschrift vorliegt.

Nach Auffassung der Finanzverwaltung in Deutschland können F, B und D den Vorgang wie ein Dreiecksgeschäft abwickeln, da sie am Ende der Kette stehen.[1]

ABWANDLUNG 1: ▶ Wie vor, jedoch haben F und B vereinbart, dass B die Ware in Spanien abholt und unmittelbar zu seinem Abnehmer D nach Deutschland transportiert.

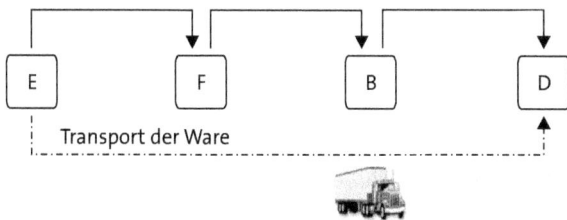

Die Warenbewegung ist der Lieferung F an B zuzuordnen (§ 3 Abs. 6 Satz 6 1. Alternative UStG), da mangels konkreter Zuordnungsmöglichkeit bei der Beförderung oder Versendung durch einen Zwischenhändler (hier B) die Warenbewegung kraft gesetzlicher Fiktion der Lieferung an ihn zuzuordnen ist, sofern er keinen Nachweis erbringt, dass er als Lieferer die Warenbewegung ausgeführt hat. Für die übrigen Lieferungen gilt § 3 Abs. 7 Satz 2 UStG. Für Lieferungen, die der Beförderungs- oder Versendungslieferung vorangehen, gilt der **Abgangsort,** für Lieferungen, die der Beförderungs- oder Versendungslieferung nachfolgen, gilt der **Ankunftsort** als Lieferungsort.

Der Ort der Lieferung liegt daher für die Lieferung E an F in Spanien (§ 3 Abs. 7 Satz 2 Nr. 1 UStG), die Lieferung ist als „bewegungslose" Lieferung in Spanien steuerbar und steuerpflichtig. Die Lieferung des F an B ist ebenfalls in Spanien ausgeführt (§ 3 Abs. 6 Satz 1 UStG), sie ist als „bewegte" innergemeinschaftliche Lieferung steuerfrei. F hat sich in Spanien steuerlich registrieren zu lassen. Entsprechend hat Abnehmer B einen innergemeinschaftlichen Erwerb (§ 1a Abs. 1 UStG) in Deutschland (§ 3d Satz 1 UStG). Der Erwerb ist steuerpflichtig, B kann diese Erwerbsteuer zugleich als Vorsteuer abziehen (§ 15 Abs. 1 Nr. 3 UStG). Die Lieferung des B an D wurde entsprechend in Deutschland ausgeführt (§ 3 Abs. 7 Satz 2 Nr. 2 UStG), sie ist steuerbar und steuerpflichtig. B muss sich in Deutschland registrieren lassen und Steuererklärungen abgeben. D kann folglich die ihm von B in Rechnung gestellte Umsatzsteuer als Vorsteuer abziehen (§ 15 Abs. 1 Satz 1 Nr. 1 UStG).

---

1 Abschnitt 25b.1 Abs. 2 Satz 2 UStAE.

Nach Auffassung der Finanzverwaltung im Inland können F, B und D den Vorgang wie ein Dreiecksgeschäft abwickeln, da sie am Ende der Kette stehen.[1]

ABWANDLUNG 2: ► Wie vor, jedoch beauftragt Abnehmer D eine deutsche Spedition, die Ware in Spanien abzuholen bzw. es gelingt B, den Nachweis der Beförderung oder Versendung als Lieferer zu erbringen.

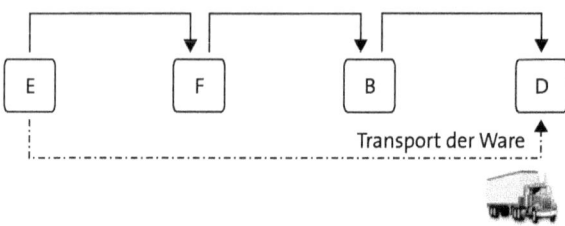

Die Warenbewegung ist der Lieferung B an D zuzurechnen, die übrigen Lieferungen gelten als „bewegungslose" Lieferungen i. S. des § 3 Abs. 7 UStG.

Die Lieferung des E an F ist in Spanien ausgeführt (§ 3 Abs. 7 Satz 2 Nr. 1 UStG), sie ist in Spanien steuerpflichtig. Dies gilt auch für die Lieferung des F an B. Die Lieferung des B an D ist ebenfalls in Spanien ausgeführt (§ 3 Abs. 6 Satz 1 UStG), sie ist allerdings als innergemeinschaftliche Lieferung steuerfrei. Folglich hat D einen innergemeinschaftlichen Erwerb in Deutschland (§ 1a Abs. 1, § 3d Satz 1 UStG). Auch bei nur drei Beteiligten oder unter Beachtung der Auffassung der deutschen Finanzverwaltung kommt die Anwendung der Sonderregelung in Abholfällen nicht in Betracht (§ 25b Abs. 1 Nr. 4 UStG).

HINWEIS:

In zwei aktuellen Urteilen hat der BFH der im UStAE geäußerten vereinfachten Rechtsansicht der Finanzverwaltung widersprochen.[2] Er entschied, dass die Zuordnung der einen innergemeinschaftlichen Warenbewegung nur zu einer der Lieferungen insbesondere eine Feststellung voraussetzt, ob zwischen dem Erstabnehmer und dem Zweitabnehmer die Übertragung der Befähigung, wie ein Eigentümer über den Gegenstand zu verfügen, stattgefunden hat, bevor die innergemeinschaftliche Warenbewegung erfolgt.

Gerade in Fällen, in denen der Zwischenhändler eines Reihengeschäfts die Ware transportiert und die fiktive Zuordnungsregel des § 3 Abs. 6 Satz 6 UStG nicht angewandt werden soll, ist demnach besondere Sorgfalt angesagt. Es darf dabei nicht − wie von der Verwaltung angenommen[3] − nur auf die verwendete USt-IdNr. und die abgesprochenen Incoterms abgestellt werden. Erlangt der Zweitabnehmer eines Reihengeschäftes mit drei Unternehmern bereits die Verfügungsmacht im Abgangsland, kann daher

---

1 Abschnitt 25b.1 Abs. 2 Satz 2 UStAE.
2 BFH v. 28. 5. 2013 − XI R 11/09, BFH/NV 2013 S. 1524 und BFH v. 25. 2. 2015 − XI R 15/14, BFH/ NV 2015 S. 772, jeweils auf der Grundlage des EuGH, Urteil v. 27. 9. 2012 − C-587/10, DStR 2012 S. 2014.
3 Abschnitt 3.14 Abs. 8 Satz 2 UStAE.

nur die Lieferung des Zwischenhändlers an den letzten Abnehmer die bewegte und damit steuerfreie innergemeinschaftliche Lieferung sein.

Zur praktischen Vereinfachung führt der BFH jedoch auch aus, dass bei Reihengeschäften zwischen fremden Personen bei einer übereinstimmenden Zuordnung der Warenbewegung zu einer der Lieferungen durch die betroffenen Unternehmer der Sichtweise der Beteiligten gefolgt werden kann.

Es kann daher nur angeraten werden, zur Beweissicherung entsprechende Dokumentationen vorzunehmen. Es empfiehlt sich, zusätzlich zu den vereinbarten Incoterms festzulegen, wann das Eigentum auf den letzten Abnehmer übergehen soll.

Eine Änderung der gesetzlichen Vorschriften wird zurzeit kontrovers diskutiert. Da nun auch die Mitgliedstaaten der EU eine Verbesserung der Rechtsvorschriften gefordert haben, um die Rechtssicherheit für die Wirtschaftsbeteiligten zu stärken, soll zum 1.1.2019 in die MwStSystRL ein neuer Art. 138a eingeführt werden. Einen entsprechenden Vorschlag für eine Richtlinie des Rates hat die Europäische Kommission zwischenzeitlich vorgelegt.[1] In die MwStVO soll ein neu eingefügter Art. 45a begleitende Regelungen dazu enthalten, einen entsprechenden Vorschlag für eine Durchführungsverordnung des Rates zur Änderung der MwStVO hat die Europäische Kommission ebenfalls vorgelegt.[2] Die weitere Entwicklung bleibt abzuwarten.

VI. Besteuerung von Umsätzen mit Anlagegold

1. Begriff Anlagegold

Unternehmer, die mit Anlagegold handeln oder Gold in Anlagegold umwandeln, fallen unter die Sonderregelung des § 25c UStG, wonach Umsätze mit Anlagegold von der Umsatzsteuer befreit sind. Die Änderung des UStG aufgrund des Steuerbereinigungsgesetzes vom 9.12.1999[3] führte im Ergebnis weitgehend die bisherige Steuerbefreiung nach § 4 Nr. 8k UStG fort und beinhaltet zudem noch einige – schwer verständliche – Optionsrechte.[4]

370

Anlagegold sind Goldbarren oder Goldplättchen, sofern sie einen Feingehalt von mindestens 995/1000 aufweisen (§ 25c Abs. 2 Nr. 1 UStG). Ebenfalls unter die Regelung fallen Goldmünzen mit einem Feingehalt von mindestens 900/1000. Sie müssen nach dem Jahr 1800 geprägt worden sein, sind oder wa-

---

1 Vorschlag für eine Richtlinie des Rates zur Änderung der Richtlinie 2006/112/EG in Bezug auf die Harmonisierung und Vereinfachung bestimmter Regelungen des Mehrwertsteuersystems (MwStSystRL) und zur Einführung des endgültigen Systems der Besteuerung des Handels zwischen den Mitgliedstaaten v. 4.10.2017, COM (2017) 569 final.

2 Vorschlag für eine Durchführungsverordnung des Rates zur Änderung der Durchführungsverordnung (EU) Nr. 282/2011 (MwStVO) hinsichtlich bestimmter Befreiungen bei innergemeinschaftlichen Umsätzen v. 4.10.2017, COM (2017) 568 final.

3 BGBl 1999 I S. 2601.

4 Zur unionsrechtlichen Rechtsgrundlage vgl. Art. 344 ff. MwStSystRL.

ren in ihrem Ursprungsland gesetzliches Zahlungsmittel und der Marktpreis der Münzen darf nicht mehr als 180% des reinen Goldwerts der Münze betragen. Zur Vereinfachung werden derartige Münzen in einer jährlich aufzulegenden Liste festgehalten und im Amtsblatt der Europäischen Gemeinschaften (Reihe C) veröffentlicht.[1] Nur soweit eine Münze nicht in dieser Liste enthalten ist, muss der Unternehmer nachweisen, dass die Münze als Anlagegold in den Anwendungsbereich der Steuerbefreiung des § 25c UStG fällt.

2. Steuerfreie Lieferung von Anlagegold

371   Die Lieferung, die Einfuhr und der innergemeinschaftliche Erwerb von Anlagegold sind steuerfrei (§ 25c Abs. 1 UStG). Der Ausschluss vom Vorsteuerabzug tritt entgegen § 15 Abs. 2 Nr. 1 UStG bei diesen Unternehmern nicht ein, soweit es sich um die Lieferung von Anlagegold oder Gold zur Umwandlung in Anlagegold an ihn handelt und der Vorlieferer die Lieferung unter Verzicht auf die Steuerbefreiung steuerpflichtig ausführt (§ 25c Abs. 4 Nr. 1 und 2 UStG). Dem Lieferer, der Anlagegold steuerfrei liefert, steht zudem der Vorsteuerabzug für sonstige Leistungen im Zusammenhang mit der Veränderung von Gold oder Anlagegold zu (§ 25c Abs. 4 Nr. 3 UStG). Bei einem Unternehmer, der Anlagegold herstellt oder Gold in Anlagegold umwandelt und es anschließend steuerfrei liefert, ist die Steuer für an ihn ausgeführte Umsätze, die in unmittelbaren Zusammenhang mit der Herstellung oder Umwandlung des Goldes stehen, nicht vom Vorsteuerabzug ausgeschlossen (§ 25c Abs. 5 UStG).

3. Verzicht auf die Steuerbefreiung

372   Der Unternehmer, der Anlagegold herstellt oder Gold in Anlagegold umwandelt, kann eine Lieferung als steuerpflichtig behandeln, wenn diese Lieferung an einen anderen Unternehmer für dessen Unternehmen ausgeführt wird (§ 25c Abs. 3 UStG). Da diesem Lieferer der Vorsteuerabzug aus angeschafftem Gold und Anlagegold uneingeschränkt auch bei eigenen steuerfreien Lieferungen zusteht (§ 25c Abs. 4 UStG), ist eine Option nur sinnvoll, wenn nicht unmittelbar zuzuordnende Eingangsumsätze ansonsten stark vorsteuerbehaftet sind.

373   Für Vermittlungsumsätze gelten die vorstehenden Ausführungen entsprechend (§ 25c Abs. 1 Satz 2 und § 25c Abs. 3 Satz 3 UStG). Optionsgeschäfte mit Anlagegold und die Vermittlung derartiger Dienstleistungen fallen unter die Steuerbefreiung nach § 4 Nr. 8e UStG.

374–400   *(unbesetzt)*

---

1 Z. B. für 2018 durch BMF, Schreiben v. 12. 12. 2017, ABl EU 2017 Nr. C 381 S. 3.

E. Sonstige Leistungen im Rahmen des Europäischen Binnenmarktes

Ergänzende Fachliteratur: *Birkenfeld*, Das große Umsatzsteuer-Handbuch, Loseblatt, Köln; *Feil/Weigl/Rothballer*, Neuregelung der Ortsbestimmung bei an Nichtunternehmer elektronisch erbrachter Dienstleistungen, BB 2014, 2072; *Grambeck*, Neuer Leistungsort bei elektronischen Dienstleistungen ab 2015, VR 2013, 241; *Grambeck*, Internationale Leitlinien der OECD für die Mehrwertbesteuerung, NWB 2017, 2514; *Hammerl/Fietz*, Grundstücksbezogene Dienstleistungen, DStR 2016, 2881; *Huschens*, Neuregelungen zum sog. Mini-One-Stop-Shop, NWB 2014, 2474; *Huschens*, Das sog. Digitalpaket des Rates v. 5.12.2017 und seine Auswirkungen auf das deutsche Umsatzsteuerrecht, UVR 2018, 46; *Ilsley/Paucksch/Rakhan*, Die umsatzsteuerliche Behandlung elektronischer Dienstleistungen ab 1.1.2015, MwStR 2014, 259; *Kemper*, Von umsatzsteuerlichen Nichtunternehmern bis zur Vermietung von Sportbooten, UR 2014, 417; *Korn/Robisch*, Durchführungsverordnung zur Mehrwertsteuersystem-Richtlinie, DStR Beihefter zu Heft 29/2011; *Kraeusel*, Neuregelung zur Verlagerung der Steuerschuld und zum Ort der sonstigen Leistung bei elektronischen Dienstleistungen, UVR 2014, 233; *Moldan*, Umsatzbesteuerung von Immobilieninvestitionen eines Steuerausländers in Deutschland, SteuerStud 2015, 401; *Scholz*, Ich handele (autonom), also bin ich (eine Betriebsstätte), UR 2015, 500; *Weber*, Ort der sonstigen Leistung im Zusammenhang mit einem Grundstück, UVR 2013, 110.

I. Überblick über die Besteuerung von Dienstleistungen

1. Allgemeines

Die umsatzsteuerlichen Regelungen über den Europäischen Binnenmarkt beschränkten sich ursprünglich nur auf den Warenverkauf und damit auf Lieferungen. Sonstige Leistungen wurden von diesen Regelungen nur berührt, sofern sie im Zusammenhang mit Warenlieferungen standen und daher im Bereich der Einfuhrumsatzsteuer Bedeutung hatten. So enthielt das Umsatzsteuer-Binnenmarktgesetz besondere Regelungen zu Vermittlungs- und Beförderungsleistungen im innergemeinschaftlichen Warenverkehr und qualifizierte innergemeinschaftliche Lohnveredelungen an Gegenständen vorübergehend zu Lieferungen um. Im Laufe der Jahre wurden jedoch jeweils ständig Nachbesserungen auch bei den sonstigen Leistungen vorgenommen, insbesondere im Bereich der Werkleistungen und Beförderungsleistungen.

Mittlerweile bieten immer mehr Unternehmen ihre Dienstleistungen nicht nur im jeweiligen Inland, sondern auch im EU-Ausland an, folglich nehmen Fragen zur Behandlung sonstiger Leistungen im praktischen Beratungsumfang immer mehr zu. Daher hat die Europäische Union nur folgerichtig umfassende

401

Änderungen des Unionsrechts (Art. 43 ff. MwStSystRL) durch das sog. Mehrwertsteuer-Paket insbesondere durch die Richtlinie 2008/8/EG vom 12. 2. 2008[1] betreffend die Neuregelung des Ortes der Dienstleistungen vorgenommen. Die Änderungen des Mehrwertsteuer-Pakets wurden größtenteils durch das JStG 2009[2] zum 1.1.2010 in nationales Recht umgesetzt sowie durch das Gesetz zur Umsetzung steuerrechtlicher EU-Vorgaben sowie weiterer steuerrechtlicher Regelungen[3] und das JStG 2010[4] nachgebessert. Seitdem gibt es immer wieder kleinere Änderungen dieser Regelungen, zuletzt durch das Gesetz zur Anpassung der Abgabenordnung an den Zollkodex der Union und zur Änderung weiterer steuerlichen Vorschriften.[5] Dieses Kapitel soll einen Komplettüberblick über die Besteuerung der sonstigen Leistungen im Europäischen Binnenmarkt insgesamt geben, der Schwerpunkt der Abhandlung liegt aber auf den Besonderheiten der **innergemeinschaftlichen Dienstleistungen**.

2. Begriff der sonstigen Leistung

402 Sonstige Leistungen sind alle Leistungen, die keine Lieferungen sind (§ 3 Abs. 9 Satz 1 UStG). Gemeinschaftsrechtliche Grundlage ist Art. 24 MwStSystRL, die Vorschrift spricht jedoch von „Dienstleistungen". In Betracht kommen insbesondere folgende Leistungen:[6]

► **aktive Tätigkeiten** (z. B. Dienstleistungen, Vermittlungsleistungen, Transportleistungen, Werkleistungen),

► **Duldungen** (Gebrauchs- und Nutzungsüberlassungen wie Vermietung, Verpachtung, Einräumung, Übertragung und Überlassung von Patenten sowie Urheber- und Lizenz- sowie anderen Rechten, Darlehensgewährung, Einräumung eines Nießbrauchs oder eines Erbbaurechts, Reiseleistungen, Übertragung immaterieller Wirtschaftsgüter),

► **Unterlassungen** (§ 3 Abs. 9 Satz 2 UStG, z. B. Verzicht auf Ausübung einer Tätigkeit oder die entgeltliche Unterlassung von Wettbewerb).[7]

---

1 ABl EU 2008 Nr. L 44 S. 11.
2 BGBl 2008 I S. 2794.
3 BGBl 2010 I S. 386.
4 BGBl 2010 I S. 1768.
5 BGBl 2014 I S. 2417.
6 Abschnitt 3.1 Abs. 1 Satz 5 UStAE, Abschnitt 3.1 Abs. 4 UStAE.
7 BFH v. 13. 11. 2003 - V R 59/02, BStBl 2004 II S. 472.

Unentgeltliche Wertabgaben aus dem Unternehmen, die in der Abgabe oder Ausführung von sonstigen Leistungen bestehen, sind nach § 3 Abs. 9a UStG den sonstigen Leistungen gleichgestellt.[1]

Eine sonstige Leistung gilt als erbracht, wenn der ihr zugrunde liegende Auftrag erfüllt ist. Eine konkrete gesetzliche Regelung besteht im Umsatzsteuerrecht nicht. Bei Dauerschuldverhältnissen (z. B. Miete, Pacht, Wartungsverträge) werden hilfsweise die Abrechnungszeiträume zugrunde gelegt. Ist also eine monatliche Miete vereinbart, liegen monatliche **Teilleistungen** vor (vgl. § 13 Abs. 1 Nr. 1 Buchst. a Sätze 2 und 3 UStG). 403

3. Abgrenzung zwischen Lieferungen und sonstigen Leistungen

Bei einheitlichen Leistungen, die sowohl Lieferungselemente als auch Elemente einer sonstigen Leistung enthalten, ist regelmäßig auf das wirtschaftliche Interesse des Leistungsempfängers abzustellen:[2] 404

▶ Überlassung von Nachrichten zur Veröffentlichung,[3]

▶ Übertragung ideeller Eigentumsanteile,[4]

▶ Überlassung von Lichtbildern zu Werbezwecken,[5]

▶ Überlassung von Konstruktionszeichnungen und Plänen für technische Bauvorhaben,[6]

▶ Veräußerung von Modellskizzen,[7]

▶ Übertragung eines Verlagsrechts,[8]

▶ Überlassung von Know-how und von Ergebnissen einer Meinungsumfrage,[9]

▶ Überlassung von nicht standardisierter Software und die elektronische Überlassung von Software zum Download,[10]

---

1 Abschnitt 3.2 UStAE, Abschnitt 3.4 UStAE.
2 Abschnitt 3.5 Abs. 1 UStAE.
3 Abschnitt 3.5 Abs. 3 Nr. 1 UStAE.
4 Abschnitt 3.5 Abs. 3 Nr. 2 UStAE.
5 Abschnitt 3.5 Abs. 3 Nr. 3 UStAE.
6 Abschnitt 3.5 Abs. 3 Nr. 4 UStAE.
7 Abschnitt 3.5 Abs. 3 Nr. 5 UStAE.
8 Abschnitt 3.5 Abs. 3 Nr. 6 UStAE.
9 Abschnitt 3.5 Abs. 3 Nr. 7 UStAE.
10 Abschnitt 3.5 Abs. 3 Nr. 8 UStAE; im Gegensatz dazu ist der Verkauf von Standardsoftware auf Datenträgern als Lieferung anzusehen, Abschnitt 3.5 Abs. 2 Nr. 1 UStAE.

► Überlassung sendefertiger Filme (Auftragsproduktion),[1]

► Überlassung von Fotografien zur Veröffentlichung durch Zeitungsverlage,[2]

► Entwicklung eines vom Kunden überlassenen Films sowie die Bearbeitung von auf physischen Datenträgern oder auf elektronischem Weg übersandten Bilddateien,[3]

► Herstellung von Fotokopien ohne weitere Leistung,[4]

► Nachbaugebühren, die ein Landwirt dem Inhaber eines Sortenschutzes zahlt,[5]

► entgeltliche Überlassung von Eintrittskarten,[6]

► Abgabe eines Mobilfunk-Startpakets ohne Mobilfunkgerät,[7]

► Zusammenbau einer Maschine,[8]

► An- und Verkauf in- und ausländischer Banknoten im Rahmen von Sortengeschäften,[9]

► entgeltliche Überlassung von Transporthilfsmitteln im Rahmen reiner Tauschsysteme, z. B. Euro-Paletten.[10]

Auch wenn sonstige Leistungen **gegenständlich verkörpert** werden, überwiegen gleichwohl die Elemente der sonstigen Leistungen. Daher gehören auch die entgeltliche Überlassung eines Buchmanuskripts zur Auswertung an einen Verlag, die Anfertigung von Gutachten und der Verkauf von Fahrkarten zu den sonstigen Leistungen. Auch die Übertragung von Aktien u. a. Wertpapieren und Anteilen an Gesellschaften ist als sonstige Leistung zu beurteilen.[11] Während der Verkauf eines Bildes oder der Verkauf historischer Wertpapiere als Lieferung anzusehen ist, da der Gegenstand für den Erwerber im Vordergrund

---

1 Abschnitt 3.5 Abs. 3 Nr. 9 UStAE.
2 Abschnitt 3.5 Abs. 3 Nr. 10 UStAE.
3 Abschnitt 3.5 Abs. 3 Nr. 11 UStAE; werden gleichzeitig Abzüge angefertigt oder dem Kunden die Bilder auf anderen Datenträgern übergeben, liegt dagegen eine Lieferung vor, Abschnitt 3.5 Abs. 2 Nr. 5 UStAE.
4 Abschnitt 3.5 Abs. 3 Nr. 12 UStAE; werden aus den Kopien dagegen neue Gegenstände hergestellt und den Abnehmern diese zur Verfügung gestellt, ist die Leistung als Lieferung zu beurteilen, z. B. bei der Herstellung von Broschüren, Abschnitt 3.5 Abs. 2 Nr. 2 UStAE; Gleiches gilt für die Überlassung von Offsetfilmen, Abschnitt 3.5 Abs. 2 Nr. 3 UStAE.
5 Abschnitt 3.5 Abs. 3 Nr. 13 UStAE.
6 Abschnitt 3.5 Abs. 3 Nr. 14 UStAE.
7 Abschnitt 3.5 Abs. 3 Nr. 15 UStAE.
8 Abschnitt 3.5 Abs. 3 Nr. 16 UStAE.
9 Abschnitt 3.5 Abs. 3 Nr. 17 UStAE.
10 Abschnitt 3.5 Abs. 3 Nr. 18 UStAE.
11 Abschnitt 3.5 Abs. 8 UStAE.

steht, ist der Verkauf einer Telefonkarte zum aufgedruckten Wert keine Lieferung, denn der Kaufpreis stellt tatsächlich das vorausbezahlte Entgelt für die spätere Telekommunikationsdienstleistung dar.[1] Wird dagegen ein vom aufgedruckten Wert unabhängiger Kaufpreis gezahlt (Sammlerobjekt), stellt der Verkauf eine Lieferung dar.[2]

In der Regel ist jede Lieferung und jede sonstige Leistung als eigene selbstständige Leistung anzusehen. Allerding darf ein einheitlicher wirtschaftlicher Vorgang zwischen zwei Vertragsbeteiligten nach dem Grundsatz der Einheitlichkeit der Leistung umsatzsteuerlich nicht in mehrere Leistungen aufgeteilt werden.[3] Entgeltliche Leistungen verschiedener Unternehmer sind aber auch dann einzeln für sich zu beurteilen, wenn sie gegenüber demselben Leistungsempfänger erbracht werden.

Werden Gegenstände im **Leasing-Verfahren** überlassen, ist die Übergabe des Leasing-Gegenstands durch den Leasing-Geber an den Leasing-Nehmer regelmäßig eine Lieferung, wenn der Leasing-Nehmer nach den vertraglichen Vereinbarungen und deren tatsächlicher Durchführung berechtigt ist, wie ein Eigentümer über den Leasing-Gegenstand zu verfügen. Davon kann i. d. R. ausgegangen werden, wenn der Leasing-Gegenstand ertragsteuerlich dem Leasing-Nehmer zuzurechnen ist.[4] Ähnliche Regelungen gelten für Mietkaufverträge.[5] Bei all diesen Verträgen richtet sich die endgültige Beurteilung nach dem Gesamtbild der Verhältnisse des Einzelfalls, d. h. den konkreten vertraglichen Vereinbarungen und deren jeweiliger tatsächlicher Durchführung unter Berücksichtigung der Interessenlage der Beteiligten.[6] Ist beispielsweise ein „Sale-and-lease-back"-Geschäft maßgeblich darauf gerichtet, dem Verkäufer und Leasing-Nehmer eine vorteilhafte bilanzielle Gestaltung zu ermöglichen und hat dieser die Anschaffung des Leasing-Gegenstands durch den Käufer und Leasing-Geber überwiegend mitfinanziert, stellt das Geschäft keine Lieferung mit nachfolgender Rücküberlassung und auch keine Kreditgewährung dar, sondern eine steuerpflichtige sonstige Leistung, die in der Mitwirkung des Käufers und Leasing-Gebers an einer bilanziellen Gestaltung des Verkäufers und Leasing-Nehmers besteht.[7]

405

---

1 EuGH, Urteil v. 3. 5. 2012 – C-520/10, DStRE 2013 S. 228.
2 OFD Frankfurt v. 14. 5. 1996, UR 1997 S. 109.
3 Abschnitt 3.10 UStAE.
4 Abschnitt 3.5 Abs. 5, 7 und 7a UStAE.
5 Abschnitt 3.5 Abs. 6 UStAE.
6 Abschnitt 3.5 Abs. 7 UStAE.
7 BFH v. 6. 4. 2016 – V R 12/15, BStBl 2017 II S. 188.

Der Verkauf von **Speisen und Getränken zum Verzehr an Ort und Stelle** stellt keine Lieferung dar, sondern eine Dienstleistung, da die Warenlieferung nur Teil einer umfassenden Dienstleistung ist.[1] Ob der Dienstleistungsanteil qualitativ überwiegt, ist insbesondere bei Verkäufen von zubereiteten Speisen nach dem Gesamtbild der Verhältnisse des Umsatzes zu beurteilen. Dabei sind insbesondere nicht notwendig mit der Vermarktung von Speisen verbundene Dienstleistungselemente besonders zu würdigen, z. B. die Bereitstellung einer die Bewirtung fördernden Infrastruktur.

Reparaturen beweglicher körperlicher Gegenstände können in Form einer Werklieferung oder Werkleistung erbracht werden. Grds. ist im Rahmen einer Gesamtbetrachtung zu entscheiden, ob die charakteristischen Merkmale einer Lieferung oder einer Dienstleistung überwiegen.[2] Dabei ist zu beachten, dass der Wert der Arbeitsleistung zum Wert der eingesetzten Materialien allein kein ausschlaggebendes Abgrenzungskriterium darstellt. Es kann aber einen Anhaltspunkt für die Einstufung des Umsatzes als Werklieferung oder Werkleistung bieten. In Zweifelsfällen lässt die Finanzverwaltung im Rahmen einer Nichtbeanstandungsregelung eine Abgrenzung anhand des Materialaufwands zu. Sofern nicht entschieden werden kann, ob die Reparaturleistung als Werklieferung oder Werkleistung zu qualifizieren ist, kann von einer Werklieferung ausgegangen werden, wenn der Entgeltanteil, der auf das bei der Reparatur verwendete Material entfällt, mehr als 50% des für die Reparatur berechneten Gesamtentgelts beträgt.[3]

Ob jemand als **Eigenhändler** tätig wird oder eine **Vermittlungsleistung** und damit eine sonstige Leistung erbringt, ist nach den Leistungsbeziehungen zwischen den Beteiligten zu entscheiden. Maßgebend für die Bestimmung der umsatzsteuerlichen Leistungsbeziehungen ist grds. das Zivilrecht.[4] Unternehmer, die im eigenen Laden Waren verkaufen, sind umsatzsteuerlich regelmäßig als Eigenhändler anzusehen, die folglich die verkaufte Ware im Wege der Lieferung an den Kunden übertragen haben. Gleichwohl kann ein Ladeninhaber Vermittler sein, wenn zwischen demjenigen, von dem er die Ware bezieht, und dem Käufer unmittelbare Rechtsbeziehungen zustande kommen. Wesentlich ist dabei das Außenverhältnis, d. h. das Auftreten des Ladeninha-

---

1 Abschnitt 3.6 UStAE.
2 EuGH, Urteil v. 2. 5. 1996 – C-231/94, BStBl 1998 II S. 282; EuGH, Urteil v. 17. 5. 2001 – C-322/99 und EuGH, Urteil – C-323/99, EuGHE 2001 I S. 4049; BFH v. 9. 6. 2005 – V R 50/02, BStBl 2006 II S. 98; EuGH, Urteil v. 29. 3. 2007 – C-111/05, EuGHE 2005 I S. 2697.
3 Abschnitt 3.8 Abs. 6 UStAE.
4 Abschnitt 3.7 UStAE.

bers dem Kunden gegenüber. Wenn der Ladeninhaber eindeutig zu erkennen gibt, dass er in fremden Namen und für fremde Rechnung handelt, kann seine Vermittlereigenschaft umsatzsteuerlich anerkannt werden, insoweit ist dann von einer Dienstleistung gegenüber dem Verkäufer der Waren auszugehen und Rechtsbeziehungen zum Abnehmer der Ware bestehen nicht. Entsprechende Grundsätze gelten für die Dienstleistungskommission nach § 3 Abs. 11 UStG.[1]

4. Bedeutung der Bestimmung des Ortes der sonstigen Leistung

Die Europäische Union wollte insbesondere bei Leistungen an Privatpersonen grds. eine Besteuerung der sonstigen Leistungen im Land des Verbrauchs der Dienstleistungen erreichen. Liegt der Ort der sonstigen Leistung nach den gesetzlichen Regelungen im Inland, richtet sich das Besteuerungsrecht nach inländischen Rechtsvorschriften. Liegt der Ort der sonstigen Leistung im Ausland, ist der Umsatz im Inland nicht steuerbar und die Besteuerung richtet sich folglich nach ausländischen Rechtsvorgaben. Ob sich der Unternehmer dabei im Ausland umsatzsteuerlich registrieren lassen muss oder ob die Steuerschuld im Wege des Übergangs der Steuerschuldnerschaft (sog. Reverse-Charge-Verfahren) auf den Empfänger der Dienstleistung übergeht, richtet sich nach den nationalen Vorschriften des Bestimmungslandes. Diese Regelungen sind leider nicht EU-einheitlich und können erheblich voneinander abweichen.

406

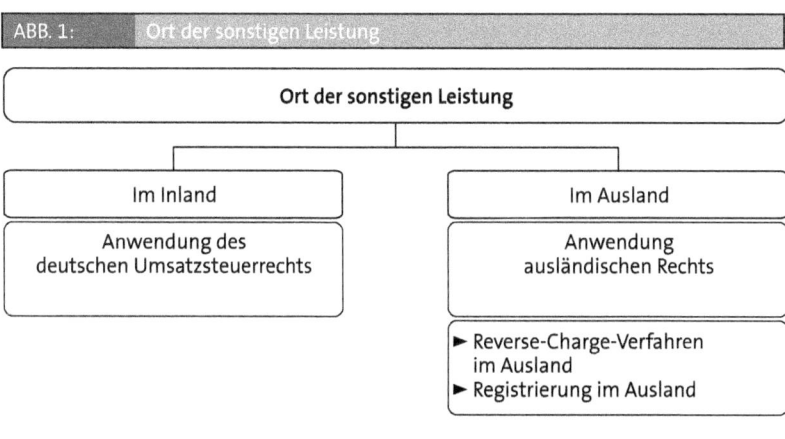

ABB. 1: Ort der sonstigen Leistung

1 Abschnitt 3.15 UStAE.

Die Bestimmungen hinsichtlich des Ortes der sonstigen Leistungen (Begriff des inländischen UStG) bzw. der Dienstleistungen (Begriff in der MwStSystRL) hat der Gesetzgeber sehr unübersichtlichen und schwer nachvollziehbaren Regelungen unterworfen. Dienstleistungen, die ein Unternehmer für ein anderes Unternehmen erbringt, werden dort besteuert, wo der Leistungsempfänger ansässig ist (**Empfängersitzprinzip**, Art. 44 MwStSystRL, § 3a Abs. 2 UStG). Dienstleistungen an private Verbraucher werden grds. an dem Ort besteuert, an dem der Dienstleistungserbringer ansässig ist (**Unternehmersitzprinzip**, Art. 45 MwStSystRL, § 3a Abs. 1 UStG).

Abweichungen von diesen Grundsätzen gibt es nur, wenn diese ausdrücklich geregelt sind. Bei bestimmten Dienstleistungen, teilweise unabhängig davon, ob sie an Unternehmer oder an Verbraucher erbracht werden, soll eine Besteuerung am Ort des Verbrauchs erfolgen. Mit diesen Regelungen soll erreicht werden, dass die Mehrwertsteuer auf Dienstleistungen verstärkt dem Land des Verbrauchs zufließt und der Wettbewerb zwischen den Mitgliedstaaten mit unterschiedlichen Steuersätzen nicht verzerrt wird. Insoweit besteht gerade bei Dienstleistungen an Nichtunternehmer eine Vielzahl von unübersichtlichen und kaum nachvollziehbaren Ausnahmeregelungen. Wesentliches Prüfkriterium für diese Ortsbestimmung ist der Inhalt der sonstigen Leistung. Darüber hinaus sind systemwidrige Besonderheiten im Verhältnis zum Drittlandsgebiet zu beachten. Unentgeltliche Wertabgaben in Form einer sonstigen Leistung werden außerhalb dieses Systems stets dort besteuert, wo der Unternehmer seinen Sitz hat (§ 3f UStG).

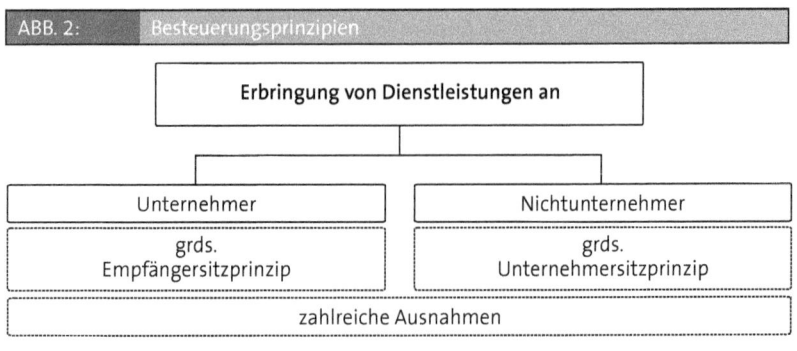

ABB. 2: Besteuerungsprinzipien

407 Liegt der Ort der Dienstleistungen nach der Generalklausel des Art. 44 MwStSystRL in einem anderen Mitgliedsland der EU, weil der Empfänger der Leistung ein in diesem Land registrierter Unternehmer ist, geht in den Mitgliedstaaten der Europäischen Union die **Steuerschuldnerschaft** zwingend auf

den Leistungsempfänger über (Art. 196 MwStSystRL). Nicht der leistende Unternehmer schuldet demnach gegenüber dem Fiskus die Umsatzsteuer, sondern der inländische Leistungsempfänger. Zur Kontrolle dieses Systems wurde ergänzend eine Verpflichtung zur Abgabe von **Zusammenfassenden Meldungen** für „innergemeinschaftliche Dienstleistungen" eingeführt (Art. 262 MwStSystRL). Leistungsempfänger innergemeinschaftlicher Dienstleistungen müssen dem leistenden Unternehmer ihre USt-IdNr. mitteilen, damit dieser seiner Verpflichtung zur Abgabe einer Zusammenfassenden Meldung auch nachkommen kann (Art. 55 MwStVO). Dies gilt auch für sog. atypische Unternehmer, die ggf. erst eine USt-IdNr. beim Finanzamt beantragen müssen.[1]

BEISPIEL: Rechtsanwalt A aus Österreich vertritt die deutsche Spedition S aus Stuttgart nach einem Verkehrsunfall vor einem österreichischen Gericht. A erteilt der deutschen Spedition eine Rechnung über 10.000 € zzgl. 2.000 € österreichischer Umsatzsteuer.

Die Leistung des A wurde an einen anderen Unternehmer für dessen Unternehmen ausgeführt, der Ort der Leistung liegt mithin im Land des Leistungsempfängers S und damit in Deutschland (§ 3a Abs. 2 UStG). Die Leistung ist folglich in Österreich nicht steuerbar, A hätte keine entsprechende Umsatzsteuer in Rechnung stellen dürfen. S kann diese Umsatzsteuer somit nicht im Vergütungsverfahren in Österreich zurückfordern, da diese Umsatzsteuer nicht für eine Leistung des A geschuldet wird. S kann hinsichtlich der fehlerhaft in Rechnung gestellten Umsatzsteuer die Zahlung verweigern bzw. bei bereits erfolgter Zahlung diese zurückfordern. Dies ist jedoch ein zivilrechtlicher, kein öffentlich-rechtlicher Anspruch.

Die Leistung des A ist in Deutschland steuerbar und steuerpflichtig. A hätte eine Nettorechnung ohne Steuerausweis erteilen müssen (§ 14a Abs. 5 Satz 3 UStG). S hat unabhängig von der Rechnungserteilung den Übergang der Steuerschuldnerschaft in Deutschland zu beachten (§ 13b Abs. 1 i. V. m. Abs. 5 Satz 1 UStG). Die für die Leistung des A entstandene Umsatzsteuer i. H. von 19% von 10.000 € (Nettobetrag der Rechnung) = 1.900 € schuldet S als Leistungsempfänger, kann diesen Betrag jedoch zugleich wieder als Vorsteuer abziehen (§ 15 Abs. 1 Satz 1 Nr. 4 UStG).

Dieses „Empfängersitzprinzip" gilt in allen Ländern der Europäischen Union (Art. 44 i. V. m. Art. 196 MwStSystRL). Bei Anwendung der Ausnahmeregelungen (insbes. bei Grundstücksleistungen) ist dagegen zu prüfen, ob eine Registrierung im anderen Mitgliedstaat erforderlich wird, da das Reverse-Charge-Verfahren *insoweit* in den einzelnen Mitgliedstaaten sehr unterschiedlich ausgebildet ist (vgl. Art. 199 MwStSystRL).

---

1 Abschnitt 3a.2 Abs. 9 UStAE.

5. Übergang der Steuerschuldnerschaft

408 Im Rahmen des Europäischen Binnenmarktes müssen die Regelungen zur Bestimmung des Ortes der sonstigen Leistung im engen Zusammenhang mit dem Übergang der Steuerschuldnerschaft gesehen werden. Ist eine Dienstleistung nach der grds. anzuwendenden Empfängersitzregelung (Art. 44 MwStSystRL) im Land des Leistungsempfängers zu versteuern, geht auch die Steuerschuldnerschaft auf diesen über (Art. 196 MwStSystRL). Dieses Reverse-Charge-Verfahren soll verhindern, dass sich der ausländische Unternehmer in diesem Land umsatzsteuerlich registrieren lassen muss. Diese beiden Rechtsfolgen (Verlagerung des Ortes der Dienstleistung in das Land des Leistungsempfängers und Übergang der Steuerschuldnerschaft auf den Leistungsempfänger) ergeben in ihrer Gesamtheit das sog. **Empfängersitzprinzip**.

Leider gilt dieses Besteuerungsprinzip nicht bei allen sonstigen Leistungen, sondern zwingend nur bei Dienstleistungen i. S. des Art. 44 MwStSystRL (in Deutschland § 3a Abs. 2 UStG). In der Praxis stellen sich daher beim Leistungsaustausch mit ausländischen Unternehmern oder Leistungen inländischer Unternehmer im Ausland regelmäßig folgende Fragen:

▶ In welchem Land wurde die Leistung nach den Vorschriften des UStG erbracht?

▶ Von wem ist die Leistung zu versteuern (vom leistenden Unternehmer oder im Wege des Übergangs der Steuerschuldnerschaft vom Leistungsempfänger)?

▶ Welche Rechnung ist zu erteilen (netto oder mit ausgewiesener Umsatzsteuer)?

▶ Muss sich der leistende Unternehmer im anderen Mitgliedstaat umsatzsteuerlich registrieren lassen?

ABB. 3: Überblick über den Ort der Dienstleistungen ab dem 1.1.2015

Dienstleistungen im Zusammenhang mit Grundstücken
► Belegenheitsprinzip § 3a Abs. 3 Nr. 1 UStG

Kurzfristige Vermietungen von Beförderungsmitteln
► Übergabeprinzip § 3a Abs. 3 Nr. 2 Satz 1 UStG

Eintrittsberechtigungen für Veranstaltungen
► Veranstaltungsort § 3a Abs. 3 Nr. 3a und Nr. 5 UStG

Restaurationsleistungen
► Bewirtungsort § 3a Abs. 3 Nr. 3b UStG

Personenbeförderungen
► Streckenprinzip § 3b Abs. 1 UStG

vorgenannte Ausnahmen greifen nicht

Leistung an anderen Unternehmer	**Leistung an Nichtunternehmer**

Dienstleistungen ausschließlich im Drittlandsgebiet

Vermietung von bestimmten Beförderungsmitteln
► Drittlandsgebiet § 3a Abs. 7 Satz 1 UStG

Güterbeförderung und ähnliche Leistung
► Drittlandsgebiet § 3a Abs. 8 UStG

Arbeiten an beweglichen Gegenständen
► Drittlandsgebiet § 3a Abs. 8 UStG

Leistungen im Zusammenhang mit Messen
► Drittlandsgebiet § 3a Abs. 8 UStG

Leistungen durch Unternehmer aus dem Drittland, die im Inland genutzt werden
► Nutzungsprinzip = Inland § 3a Abs. 6 UStG

langfristige Vermietung von Beförderungsmitteln
► Empfängersitzprinzip § 3a Abs. 3 Nr. 2 Satz 3 UStG

kulturelle und ähnliche Tätigkeiten
► Tätigkeitsprinzip § 3a Abs. 3 Nr. 3a UStG

Arbeiten an beweglichen Gegenständen
► Tätigkeitsprinzip § 3a Abs. 3 Nr. 3c UStG

Vermittlungsleistungen
► Ort der vermittelten Leistung § 3a Abs. 3 Nr. 4 UStG

Katalogleistungen an Empfänger aus dem Drittland
► Empfängersitzprinzip § 3a Abs. 4 UStG

Rundfunk- und Fernsehdienstleistungen, Telekommunikationsdienstleistungen, elektronische Dienstleistungen
► Empfängersitzprinzip § 3a Abs. 5 UStG

Güterbeförderungen
im Inland und Drittland
► Streckenprinzip § 3b Abs. 1 UStG
innergemeinschaftlich
► Abgangsort § 3b Abs. 3 UStG
damit zusammenhänge Leistungen
► Tätigkeitsprinzip § 3b Abs. 2 UStG

vorgenannte Ausnahmen greifen nicht

Empfängersitzprinzip **§ 3a Abs. 2 UStG**	**Unternehmersitzprinzip** **§ 3a Abs. 1 UStG**

291

II. Grundregeln für die Bestimmung des Ortes der sonstigen Leistung

1. Leistungen an einen anderen Unternehmer

a) Sinn und Zweck des Empfängersitzprinzips

409   Eine Dienstleistung an einen Unternehmer für dessen Unternehmen gilt als an dem Ort als ausgeführt, an dem der Leistungsempfänger den Sitz seiner wirtschaftlichen Tätigkeit hat (Art. 44 Satz 1 MwStSystRL, § 3a Abs. 2 Satz 1 UStG). Wird die Dienstleistung an eine feste Niederlassung erbracht, so gilt sie als an dem Ort dieser festen Niederlassung als erbracht (Art. 44 Satz 2 MwStSystRL, § 3a Abs. 2 Satz 2 UStG).

> **HINWEIS:**
>
> Der Im Inland verankerte allgemein gültige Begriff der „Betriebsstätte" kann dabei nicht auf das Umsatzsteuerrecht übertragen werden. Umsatzsteuerlich ist trotz des Wortlauts in § 3a Abs. 2 Satz 2 UStG auf das Vorhandensein einer „festen Niederlassung" abzustellen (vgl. ausführlich Rz. 418, 426).[1]

In der **Unternehmerkette** („business to business" – B2B) erfolgt in den Mitgliedstaaten der Europäischen Union regelmäßig eine Versteuerung der sonstigen Leistung im Land des Leistungsempfängers (Art. 44 MwStSystRL), zudem erfolgt eine Versteuerung durch den Leistungsempfänger selbst (Art. 196 MwStSystRL, im Inland umgesetzt durch § 13b Abs. 1 und Abs. 5 UStG). Durch das Zusammenspiel dieser beiden Regelungen wird erreicht, dass sich innerhalb der Unternehmerkette der Ort der Leistung nicht beim ausländischen Unternehmer befindet und folglich dem Leistungsempfänger keine ausländische Umsatzsteuer in Rechnung gestellt wird. Dieser vermeidet das verwaltungsaufwändige Vergütungsverfahren. Die Steuerschuld geht zudem vom leistenden ausländischen Unternehmer zwingend auf den inländischen Leistungsempfänger über, sämtliche verfahrensrechtlichen Pflichten aus diesem Umsatz gehen vom leistenden ausländischen Unternehmer auf den inländischen Leistungsempfänger über. Auf diese Weise wird die Registrierung des leistenden ausländischen Unternehmers im Land der Leistungserbringung vermieden.

---

1 Zum Begriff der festen Niederlassung vgl. Art. 11 und Art. 12 MwStVO sowie Abschnitt 3a.1 Abs. 1 i. V. m. Abschnitt 3a.2 Abs. 4 bis 6 UStAE.

BEISPIEL: ▶ Der deutsche Steuerberater S berät einen niederländischen Unternehmer im Hinblick auf die Frage, ob dieser für seine in Deutschland ausgeführten Bauleistungen eine Steuererklärung abgeben muss.

Der Ort der sonstigen Leistung des S liegt in den Niederlanden (§ 3a Abs. 2 UStG). Der Umsatz ist in Deutschland nicht steuerbar und in den Niederlanden vom niederländischen Leistungsempfänger im Wege des Übergangs der Steuerschuldnerschaft zu versteuern (Art. 196 MwStSystRL). Nur durch die Erbringung von sonstigen Leistungen im Inland hat der Niederländer keine feste Niederlassung (Betriebsstätte) im umsatzsteuerlichen Sinne in Deutschland.[1] S hat eine Zusammenfassende Meldung abzugeben, in der er diesen Umsatz zu erklären hat (§ 18a Abs. 2 UStG).

Ein **Unternehmer aus dem Inland** erbringt seine Dienstleistung nach dieser Vorschrift regelmäßig im übrigen Gemeinschaftsgebiet, wenn der Auftraggeber Unternehmer aus dem übrigen Gemeinschaftsgebiet ist. Da die Steuerschuldnerschaft auf den Leistungsempfänger übergeht, hat der inländische Unternehmer dem ausländischen Auftraggeber in diesen Fällen eine Nettorechnung zu erteilen und auf den Übergang der Steuerschuldnerschaft des Leistungsempfängers hinzuweisen (§ 14a Abs. 1 Satz 1 UStG). Die Rechnung ist bis zum fünfzehnten Tag des Monats, der auf den Monat folgt, in dem der Umsatz ausgeführt worden ist, auszustellen (§ 14a Abs. 1 Satz 2 UStG). 410

BEISPIEL: ▶ Rechtsanwalt R aus Rosenheim berät seinen Mandanten K aus Österreich im Zusammenhang mit einer Firmenumwandlung. K will in Deutschland eine Betriebsstätte eröffnen und ist sich über die Wahl der Rechtsform noch nicht schlüssig. R erteilt für seine Beratungsleistung eine Rechnung über 10.000 € zzgl. 1.900 € deutscher Umsatzsteuer.

Die Beratungsleistung des R ist in Österreich steuerbar und steuerpflichtig (§ 3a Abs. 2 UStG), sie ist in Deutschland nicht steuerbar (§ 1 Abs. 1 Nr. 1 UStG). Die in Rechnung gestellte Umsatzsteuer schuldet R nach § 14c Abs. 1 UStG, K kann diesen Betrag im Vergütungsverfahren nicht als Vorsteuer abziehen (§ 15 Abs. 1 Satz 1 Nr. 1 Satz 1 UStG). Für die Leistung des R in Österreich schuldet nicht R, sondern der Auftraggeber K diese Umsatzsteuer im Wege des Übergangs der Steuerschuldnerschaft (Art. 194 i. V. m. Art. 196 MwStSystRL). Bei Beachtung dieser Regelungen hätte R eine Nettorechnung mit dem Hinweis auf den Übergang der Steuerschuldnerschaft erteilen müssen (§ 14a Abs. 1 Satz 1 UStG). Außerdem hätte R eine Zusammenfassende Meldung abgeben müssen, in der er diesen Umsatz zu erklären hat (§ 18a Abs. 2 UStG).

Erbringt ein Unternehmer aus dem übrigen Gemeinschaftsgebiet gegenüber einem deutschen Unternehmer eine sonstige Leistung nach § 3a Abs. 2 UStG im Inland, geht die Steuerschuld vom ausländischen Unternehmer auf den inländischen Leistungsempfänger über (§ 13b Abs. 1 i. V. m. Abs. 5 Satz 1 UStG). 411

---

1 So auch FG München v. 25. 8. 2011 – 14 K 3656/09, DStRE 2012 S. 1335.

BEISPIEL: Der deutsche Unternehmer D bittet den ebenfalls in Deutschland ansässigen Frachtführer DF, Güter von Frankreich zu einem Abnehmer nach Deutschland zu transportieren. DF befördert die Ware von Frankreich nach Saarbrücken und beauftragt für die weitere Beförderung den in Belgien ansässigen Frachtführer BF.

Die Beförderungsleistung des DF an seinen Auftraggeber D umfasst die gesamte Beförderung von Frankreich nach Deutschland, denn er schuldet die gesamte Leistung. Die Leistung des DF ist in Deutschland steuerbar und steuerpflichtig, da sein Auftraggeber D hier seinen Sitz hat (§ 3a Abs. 2 UStG). D kann eine durch DF in Rechnung gestellte Umsatzsteuer als Vorsteuer berücksichtigen (§ 15 Abs. 1 Satz 1 Nr. 1 UStG). Da DF im Inland ansässig ist, ist der Übergang der Steuerschuldnerschaft nach § 13b UStG unbedeutend.

Die Beförderungsleistung des BF von Saarbrücken bis zum Abnehmer in Deutschland wird ebenfalls in Deutschland ausgeführt, da dessen Leistungsempfänger DF ebenfalls in Deutschland ansässig ist (§ 3a Abs. 2 UStG). Die Leistung ist steuerbar und steuerpflichtig. DF hat den Übergang der Steuerschuldnerschaft zu beachten, da BF ein ausländischer Unternehmer ist (§ 13b Abs. 1 i. V. m. Abs. 5 Satz 1 UStG).

HINWEIS:

In der Unternehmerkette liegt der Ort der Dienstleistung stets beim Leistungsempfänger, unabhängig davon, ob dieser im Inland, im übrigen Gemeinschaftsgebiet oder im Drittlandsgebiet seinen Sitz hat. Die Regelung des § 3a Abs. 2 UStG unterscheidet nicht zwischen In- und Ausland und nicht zwischen Drittlandsgebiet und übrigem Gemeinschaftsgebiet. Liegt der Ort der Dienstleistung danach im Drittlandsgebiet, ist der Umsatz im Inland nicht steuerbar (§ 1 Abs. 1 Nr. 1 UStG). Ob und welche Rechtsfolgen im Drittlandsgebiet zu beachten sind, bestimmt sich nach dem Recht dieses Landes. Die Europäische Union wollte auf eine Besteuerung dieser Leistungen aus Wettbewerbsgründen verzichten, daher führt die Ortsverlagerung in ein Drittland nicht zwangsläufig zur Registrierungspflicht in diesem Land.

Die Nachweispflichten des inländischen Unternehmers hinsichtlich der Ansässigkeit seines Leistungsempfängers im Ausland unterliegt zwar längst nicht derart strengen Regeln, wie sie aus § 6 bzw. § 6a UStG hinsichtlich der Steuerbefreiung von Warenlieferungen in das Ausland bekannt sind. Unter Berücksichtigung der sich aus § 1 Abs. 2 UStG ergebenden Unterscheidung zwischen In- und Ausland und der Definition des Auslands als „das Gebiet, das nicht Inland ist", folgt aber, dass bei Leistungen, bei denen sich der Ort der Leistung nach dem Empfängerort richtet, aus der Nichterweislichkeit eines ausländischen Empfängerort auf das Vorliegen eines inländischen Empfängerorts zu schließen ist.[1]

b) Der Leistungsempfänger

412 Unter das sog. Empfängersitzprinzip fallen Eingangsleistungen, die ein **Unternehmer für sein Unternehmen** erhält (Art. 44 Satz 1 MwStSystRL, § 3a Abs. 2 Satz 1 UStG).

---

1 BFH v. 28. 11. 2017 – V B 60/17, NWB DokID: XAAAG-70088.

Ein Unternehmer, der neben seiner eigentlichen Tätigkeit auch Umsätze ausführt, die **keine steuerbaren Leistungen** darstellen, gilt für die Zwecke der Anwendung der Regeln für die Bestimmung des Ortes der Dienstleistung in Bezug auf alle an ihn ausgeführten Leistungen als Unternehmer (Art. 43 Nr. 1 MwStSystRL). Dagegen gilt das Empfängersitzprinzip nach der Präambel der MwStSystRL nicht für Leistungen, die ein Unternehmer für seine **persönliche Verwendung** oder die Verwendung durch sein Personal bezieht. Insoweit gelten folglich die Leistungen als an einen Nichtsteuerpflichtigen erbracht, die Ortsbestimmung richtet sich nicht nach der Grundregel des Art. 44 MwStSystRL (§ 3a Abs. 2 UStG). Verfügt eine **juristische Person des privaten oder des öffentlichen Rechts**, die kein Unternehmer ist, über eine USt-IdNr., gilt sie in Bezug auf die Ortsbestimmung einer Dienstleistung, die an sie erbracht wird, als Unternehmer (Art. 43 Nr. 2 MwStSystRL, § 3a Abs. 2 Satz 3 UStG). Diese Fiktion ist nicht auf natürliche Personen übertragbar.

Die Ortsbestimmung des § 3a Abs. 2 UStG kommt daher zur Anwendung, wenn der Leistungsempfänger

► ein Unternehmer ist und die Leistung für sein Unternehmen bezieht,

► eine nicht unternehmerisch tätige Person ist, der eine USt-IdNr. erteilt wurde, oder

► eine sowohl unternehmerisch als auch nichtunternehmerisch tätige juristische Person ist und die Leistung für den unternehmerischen oder nichtunternehmerischen Bereich, nicht aber für den privaten Bereich des Personals, bezogen hat

und kein gesetzlicher Ausnahmetatbestand greift. Maßgebend für die Beurteilung ist der Zeitpunkt, in dem die Leistung erbracht wird.[1]

Auch die sog. **atypischen Unternehmer** (Kleinunternehmer, Land- und Forstwirte, die die Pauschalbesteuerung in Anspruch nehmen, sowie Unternehmer, die ausschließlich steuerfreie Umsätze ausführen, die zum Verlust des Vorsteuerabzugs führen, vgl. § 1a Abs. 3 Nr. 1 UStG), haben die Regelungen des Empfängersitzprinzips zu beachten, da dieses ja ausschließlich auf die Unternehmereigenschaft des Leistungsempfängers abstellt. Sie haben folglich bei Leistungsbezügen aus dem übrigen Gemeinschaftsgebiet für ihr Unternehmen eine USt-IdNr. zu beantragen, denn sie haben diese bei Auftragserteilung an einen Unternehmer aus dem übrigen Gemeinschaftsgebiet zu verwenden (Art. 55 MwStVO). Folglich werden auch diese Unternehmer nach § 3a Abs. 2

413

---

1 Abschnitt 3a.2 Abs. 1 Satz 1 UStAE.

i.V.m. § 13b Abs. 1 i.V.m. Abs. 5 Satz 1 UStG Steuerschuldner bei erhaltenen innergemeinschaftlichen Dienstleistungen für ihr Unternehmen.[1]

> **HINWEIS:**
>
> Die Verwendung einer USt-IdNr. durch einen atypischen Unternehmer bei an ihn erbrachte Dienstleistungen führt nicht automatisch dazu, dass er nunmehr auch seine innergemeinschaftlichen Erwerbe zu versteuern hat, denn insoweit gilt eine Erwerbsschwelle (Art. 4 MwStVO).

Für Zwecke der Bestimmung des Leistungsorts werden nach § 3a Abs. 2 Satz 3 UStG nicht unternehmerisch tätige **juristische Personen des privaten oder des öffentlichen Rechts**, die nicht Unternehmer sind, denen aber für die Umsatzbesteuerung innergemeinschaftlicher Erwerbe eine USt-IdNr. erteilt wurde, einem Unternehmer gleichgestellt (Art. 43 Nr. 2 MwStSystRL). Hierunter fallen insbesondere juristische Personen des öffentlichen Rechts, die ausschließlich hoheitlich tätig sind, aber auch juristische Personen, die nicht Unternehmer sind (z. B. eine Holding mit bloßer Vermögensverwaltung). Auch ausschließlich nicht unternehmerisch tätige juristische Personen, denen eine USt-IdNr. erteilt worden ist, haben diese an ihren Vertragspartner zur ordnungsgemäßen Abwicklung des Falles weiterzugeben. Ist einer Gebietskörperschaft eine USt-IdNr. erteilt worden, hat sie diese auch dann zu verwenden, wenn die bezogene Leistung ausschließlich für den hoheitlichen Bereich bestimmt ist. Daher hat der leistende Unternehmer bei diesen Leistungsempfängern auch nachzufragen, ob ggf. eine USt-IdNr. erteilt wurde.[2] Ausgeschlossen sind nur die der Art nach unter § 3a Abs. 2 UStG fallenden Dienstleistungen, die für den privaten Bereich des Personals der juristischen Person des öffentlichen Rechts bestimmt sind.[3]

414 Als Leistungsempfänger ist grds. derjenige zu behandeln, in dessen Auftrag die Leistung ausgeführt wird.[4] Aus Vereinfachungsgründen ist bei steuerpflichtigen Güterbeförderungen, steuerpflichtigen selbständigen Nebenleistungen zu Güterbeförderungen und bei der steuerpflichtigen Vermittlung der vorgenannten Leistungen, bei denen sich der Leistungsort nach § 3a Abs. 2 UStG richtet, der Rechnungsempfänger auch als Leistungsempfänger anzusehen (vgl. auch § 40 Abs. 1 Satz 1 UStDV).

---

1 Abschnitt 3a.2 Abs. 9 UStAE.
2 Abschnitt 3a.2 Abs. 7 UStAE.
3 Abschnitt 3a.2 Abs. 14 UStAE.
4 Abschnitt 3a.2 Abs. 2 UStAE, Abschnitt 15.5 UStAE.

c) Leistung für das Unternehmen des Leistungsempfängers

Voraussetzung für die Anwendung der Ortsbestimmung nach § 3a Abs. 2 Satz 1 UStG ist, dass die Leistung für den unternehmerischen Bereich des Leistungsempfängers ausgeführt worden ist. Grds. bleibt es dem leistenden Unternehmer überlassen, wie er den Nachweis führt, dass der **Leistungsempfänger Unternehmer** ist. Teilt ein Leistungsempfänger aus dem übrigen Gemeinschaftsgebiet beim Bezug der Leistung dem leistenden Unternehmer eine gültige USt-IdNr. eines anderen Mitgliedstaates mit, kann der leistende Unternehmer grds. zudem davon ausgehen, dass der Leistungsempfänger als Unternehmer auftritt und die Leistung **für sein Unternehmen** bezieht, sofern ihm keine anderen Informationen vorliegen (Art. 19 Abs. 2 MwStVO).

415

> **HINWEIS:**
>
> Es empfiehlt sich, die USt-IdNr. vor Ausführung der Leistung zu erfragen und in den Auftragsunterlagen festzuhalten, z. B. in den Stammdaten. Eine Erklärung des Leistungsempfängers, dass diese USt-IdNr. bei allen künftigen unternehmerischen Einzelaufträgen verwendet werden soll, scheint sinnvoll. Eine im Briefkopf ausgedruckte USt-IdNr. reicht allein nicht aus, um die Unternehmereigenschaft des Leistungsempfängers, aber insbesondere den unternehmerischen Bezug der zu erbringenden Leistung zu dokumentieren. Allerdings kann die USt-IdNr. auch jederzeit nachgereicht werden.[1]

Sofern einem Dienstleistungserbringer keine gegenteiligen Informationen vorliegen, kann er sich bei Dienstleistungsempfängern aus dem übrigen Gemeinschaftsgebiet regelmäßig auf die individuelle USt-IdNr. des Leistungsempfängers verlassen, sofern er eine qualifizierte Abfragebestätigung der Finanzverwaltung erhalten hat (Art. 18 Abs. 1 MwStVO). Stellt sich später heraus, dass die Leistung vom Leitungsempfänger tatsächlich nicht für unternehmerische Zwecke verwendet worden ist, lässt die Finanzverwaltung folgerichtig bei Leistungsempfängern aus dem übrigen Gemeinschaftsgebiet eine Vertrauensschutzregelung zu.[2] Diese Regelung findet ihre Grenzen bei Leistungen, die ihrer Art nach aber mit hoher Wahrscheinlichkeit nicht für das Unternehmen bezogen werden. In derartigen Fällen fordert die Finanzverwaltung vom leistenden Unternehmer, dass er eine positive Bestätigung des Leistungsempfängers hinsichtlich des Leistungsbezugs für dessen Unternehmen einholt. Leistungen dieser Art sind insbesondere:[3]

▶ Krankenhausbehandlungen, ärztliche und zahnärztliche Heilbehandlungen und von Zahntechnikern erbrachte Leistungen,

---

1 Abschnitt 3a.2 Abs. 10 UStAE.
2 Abschnitt 3a.2 Abs. 9 UStAE.
3 Abschnitt 3a.2 Abs. 11a UStAE.

- ► persönliche und häusliche Pflegeleistungen, sonstige Leistungen im Bereich der Sozialfürsorge und der sozialen Sicherheit,
- ► Betreuung und Erziehung von Kindern und Jugendlichen, Schul- und Hochschulunterricht sowie Nachhilfeunterricht für Schüler und Studenten,
- ► Beratungsleistungen in familiären und persönlichen Angelegenheiten,[1]
- ► sonstige Leistungen im Zusammenhang mit sportlicher Betätigung einschließlich der entgeltlichen Nutzung von Anlagen wie Turnhallen und vergleichbaren Anlagen,
- ► Wetten, Lotterien und sonstige Glücksspiele mit Geldeinsatz,
- ► Herunterladen von Filmen und Musik im Internet und das Bereitstellen von digitalisierten Texten einschließlich Büchern, Abonnements von Online-Zeitungen und -Zeitschriften,[2]
- ► Online-Nachrichten einschließlich Verkehrsinformationen und Wettervorhersagen.

HINWEIS:

Auch wenn keine gesetzliche Verpflichtung zur Kontrolle besteht, dürfte sich eine Überprüfung der USt-IdNr. in der Praxis bei anderen Leistungen aufdrängen.[3] Es empfiehlt sich zudem, die USt-IdNr. nach Überprüfung beim BZSt in den Stammdaten des Vertragspartners zu erfassen und eine Erklärung des Leistungsempfängers darüber einzuholen, dass er seine Dienstleistungen auch künftig unter dieser USt-IdNr. beziehen will.

Bezieht eine sowohl unternehmerisch als auch hoheitlich tätige juristische Person des öffentlichen Rechts die sonstige Leistung für den privaten Bedarf ihres Personals, hat sie weder die ihr für den unternehmerischen Bereich noch die ihr für Zwecke der Umsatzbesteuerung innergemeinschaftlichen Erwerbe erteilte USt-IdNr. zu verwenden.[4]

Hat der Leistungsempfänger noch keine USt-IdNr. erhalten, eine solche Nummer aber bei der zuständigen Behörde des EU-Mitgliedstaats, von dem aus er sein Unternehmen betreibt, beantragt, bleibt es dem leistenden Unternehmer überlassen, auf welche Weise er den Nachweis der Unternehmereigenschaft und der unternehmerischen Verwendung führt (Art. 18 Abs. 1 Buchst. b MwStVO). Dieser Nachweis hat nach Auffassung der Finanzverwaltung nur

---

1 Dazu gehören auch die persönliche Einkommensteuer-Erklärung sowie Sozialversicherungsfragen von Arbeitnehmern.
2 Bei Fachliteratur kann dagegen ein Bezug für das Unternehmen unterstellt werden.
3 Abschnitt 3a.2 Abs. 9 Satz 5 UStAE.
4 Abschnitt 3a.2 Abs. 14 Satz 7 UStAE.

vorläufigen Charakter. Für den endgültigen Nachweis bedarf es der Vorlage der dem Leistungsempfänger erteilten USt-IdNr.[1]

BEISPIEL: Schreiner S aus Frankreich erneuert für den Unternehmer U mit Sitz in Freiburg einen antiken Schreibtisch in seiner Werkstatt in Frankreich. U verwendet bei der Auftragsvergabe seine deutsche USt-IdNr., S erteilt daraufhin eine Nettorechnung mit dem Hinweis auf den Übergang der Steuerschuldnerschaft. Der Schreibtisch steht im Einfamilienhaus des deutschen U, eine betriebliche Verwendung war nie beabsichtigt. Eine Anmeldung des Umsatzes in Deutschland erfolgte auch durch U nicht.

Der Ort der Reparaturleistung liegt grds. in Frankreich (§ 3a Abs. 3 Nr. 3 Buchst. c UStG). S kann aber nicht erkennen, ob die Leistung für das Unternehmen des U erbracht wurde und darf dies bei Verwendung einer gültigen USt-IdNr. unterstellen.

U hat durch Einsatz seiner USt-IdNr. gegenüber dem leistenden Unternehmer suggeriert, dass ein Leistungsbezug für sein Unternehmen beabsichtigt sei. Nach Treu und Glauben liegt daher der Ort der Leistung in Deutschland (§ 3a Abs. 2 UStG) und U hat den Übergang der Steuerschuldnerschaft zu beachten (§ 13b Abs. 1 und Abs. 5 Satz 1 UStG). Die geschuldete Umsatzsteuer ist nicht als Vorsteuer abzugsfähig, da kein Leistungsbezug für das Unternehmen vorliegt (§ 15 Abs. 1 Satz 1 Nr. 4 UStG).

Wird eine Dienstleistung sowohl für den unternehmerischen als auch für den nichtunternehmerischen Bereich des Leistungsempfängers bezogen, ist der Leistungsort einheitlich nach § 3a Abs. 2 UStG zu bestimmen (Art. 19 MwStVO).[2]

BEISPIEL: U aus Viersen bezieht ein Computerprogramm einschließlich laufender Updates per Download von einem Unternehmer aus den Niederlanden. Das Programm wird überwiegend betrieblich genutzt, aber gelegentlich auch für die Anfertigung privater Korrespondenz.

Der Ort der Leistung des niederländischen Unternehmens bestimmt sich nach § 3a Abs. 2 UStG und liegt am Sitz des Leistungsempfängers in Deutschland.

Da sich der Ort der Leistung auch bei Unternehmern aus dem **Drittlandsgebiet** in das Ausland verlagert, müssen insoweit geeignete Kriterien gefunden werden, wie der Ausländer seinen unternehmerischen Status gegenüber dem inländischen Unternehmer anzeigt, um eine Belastung mit Umsatzsteuer ggf. zu vermeiden. Häufig wird schon die Art der Leistung Auskunft darüber geben, ob sie für das Unternehmen des Leistungsempfängers erbracht wurde oder nicht. Ansonsten bleibt einem Unternehmer aus dem Drittland, der ja ein entsprechendes wirtschaftliches Interesse an einer Nettorechnung hat, auch die Möglichkeit, durch eine Unternehmerbescheinigung seines Heimatlandes oder einen Handelsregisterauszug seine Unternehmereigenschaft nachzuweisen. Die- 416

---

1 Abschnitt 3a.2 Abs. 9 Satz 7 und 8 UStAE.
2 Abschnitt 3a.2 Abs. 8 UStAE, Abschnitt 3a.2 Abs. 13 und 14 UStAE.

se Bescheinigung sollte inhaltlich der Unternehmensbescheinigung nach § 61a Abs. 4 UStDV entsprechen. Kann der Leistungsempfänger den Nachweis nicht anhand einer Unternehmerbescheinigung führen, bleibt es den Vertragsparteien überlassen, auf welche Weise sie nachweisen, dass der Leistungsempfänger ein im Drittlandsgebiet ansässiger Unternehmer ist (Art. 18 Abs. 3 MwStVO). Anders als bei steuerfreien Umsätzen muss der Unternehmer keinen Buch- oder Belegnachweis erbringen, der einfache Nachweis, dass die Leistung an einen ausländischen Unternehmer erbracht wurde, reicht aus.[1] Er kann zudem in Zweifelsfällen jederzeit nachträglich erbracht werden.

> **HINWEIS:**
>
> In der Schweiz ist seit 2014 die USt-IdNr. (UID) die gültige Identifikationsnummer für die 28 kantonalen Handelsregister und für die Mehrwertsteuer. Unter dem Link https://www.uid.admin.ch/search.aspx sind Such- und Bestätigungsabfragen möglich, die deutsche Unternehmer nutzen sollten.[2] Die Datenbank enthält u. a. Angaben darüber, ob die UID-Nummer aktiv ist und ob das Unternehmen nur unter einer c/o-Adresse geführt wird.
>
> Liegt der Ort der Leistung dagegen ungeachtet der Person des Abnehmers unter Beachtung auch der Ausnahmeregelungen auf jeden Fall im Ausland, erübrigen sich entsprechende Nachweise. Es empfiehlt sich daher, zunächst die Anwendung von Sonderregelungen zu prüfen. Erbringt der Unternehmer eine in § 3a Abs. 4 Satz 2 UStG bezeichnete Leistung gegenüber einem in Drittlandsgebiet ansässigen Auftraggeber, ist eine Überprüfung des Status des Abnehmers regelmäßig nicht notwendig, da der Leistungsort unabhängig vom Leistungsempfänger in jedem Fall im Drittlandsgebiet liegt (§ 3a Abs. 2 oder § 3a Abs. 4 Satz 1 UStG). Lediglich in den Fällen des § 3a Abs. 4 Satz 2 Nr. 11 und 12 UStG ist ggf. eine Unterscheidung erforderlich.[3]
>
> Eine Prüfung der Unternehmereigenschaft entfällt auch bei Vermittlungsleistungen gegenüber einem im Drittlandsgebiet ansässigen Auftraggeber, wenn der Ort der vermittelten Leistung im Drittlandsgebiet liegt, da der Ort der Vermittlungsleistung unabhängig vom Status des Leistungsempfängers in solchen Fällen immer im Drittlandsgebiet liegt (nach § 3a Abs. 2 UStG oder nach § 3a Abs. 3 Nr. 1 UStG oder nach § 3a Abs. 3 Nr. 4 UStG).[4]

d) Sitz des Leistungsempfängers

417 Nach § 3a Abs. 2 UStG bestimmt sich der Leistungsort maßgeblich nach dem Ort, von dem aus der Leistungsempfänger sein Unternehmen betreibt. Dies ist der Ort, an dem die Handlungen zur zentralen Verwaltung des Unternehmens vorgenommen (Art. 10 Abs. 1 MwStVO) und die wesentlichen Entscheidungen

---

1 Abschnitt 3a.2 Abs. 11 UStAE, Abschnitt 18.13 Abs. 6 UStAE.

2 OFD Niedersachsen v. 15. 6. 2015, UR 2015 S. 926.

3 Abschnitt 3a.2 Abs. 12 UStAE.

4 Abschnitt 3a.2 Abs. 12 Satz 3 UStAE.

zur allgemeinen Leitung des Unternehmens getroffen werden (Art. 10 Abs. 2 MwStVO).[1]

> **HINWEIS:**
>
> Zur Klarstellung verwendet das deutsche UStG in § 3a Abs. 1 Satz 1 die Formulierung „wo der Unternehmer sein Unternehmen betreibt." Diese Formulierung schließt von vorne herein aus, dass dem statuarischen Sitz eine entscheidende Bedeutung beikommt.[2] Die Darlegungs- bzw. Beweislast hinsichtlich eines möglichen Leistungsortes nach § 3a Abs. 2 UStG im Ausland liegt beim leistenden Unternehmer.[3]

Die sonstige Leistung kann auch an eine **feste Niederlassung** des Leistungsempfängers ausgeführt werden, aber nur, wenn die Leistung ausschließlich oder zumindest überwiegend für die feste Niederlassung bestimmt ist. Das Vorhandensein einer solchen festen Niederlassung erfordert einen hinreichenden Grad an Beständigkeit sowie eine Struktur, die es von ihrer personellen und technischen Ausstattung her erlaubt, Dienstleistungen für den eigenen Bedarf zu empfangen und zu verwenden (Art. 11 und 21 MwStVO).[4] Dies ist der Fall, wenn die Leistung ausschließlich oder überwiegend für die feste Niederlassung oder Betriebsstätte bestimmt ist, also dort verwendet werden soll. In diesem Fall ist es nicht erforderlich, dass der Auftrag von der festen Niederlassung oder Betriebsstätte aus an den leistenden Unternehmer erteilt wird, der die sonstige Leistung durchführt, z. B. bei Verlegern, Werbeagenturen und Werbungsmittlern. Auch ist es unerheblich, ob das Entgelt für die Leistung von der festen Niederlassung oder Betriebsstätte aus bezahlt wird.

418

Allein aus dem Vorliegen einer **Postanschrift** kann nicht geschlossen werden, dass sich dort der Sitz der wirtschaftlichen Tätigkeit eines Unternehmens befindet (Art. 10 Abs. 3 MwStVO).[5] Auch aus der Tatsache, dass eine Identifikationsnummer erteilt wurde, kann nicht geschlossen werden, dass ein Steuerpflichtiger in diesem Land auch eine feste Niederlassung hat (Art. 11 Abs. 3 MwStVO).

419

---

1 Abschnitt 3a.1 Abs. 1 Satz 4 UStAE, Abschnitt 3a.2 Abs. 3 UStAE, EuGH, Urteil v. 28. 6. 2007 – C-73/06, DStRE 2008 S. 827.

2 Die OFD Karlsruhe hat mit Verfügung v. 5. 4. 2011 darauf hingewiesen, dass Unternehmerbescheinigungen an ausländische Unternehmer nur noch erteilt werden dürfen, wenn diese eine feste Niederlassung im Inland unterhalten, UVR 2011 S. 262.

3 FG Berlin-Brandenburg v. 12. 7. 2017 – 7 K 7094/16.

4 Abschnitt 3a.2 Abs. 4 und 5 UStAE; EuGH, Urteil v. 4. 7. 1985 – C-168/84, EuGHE 1984 S. 2251, EuGH, Urteil v. 2. 5. 1996 – C-231/94, BStBl 1998 II S. 282, EuGH, Urteil v. 17. 7. 1997 – C-190/95, DStRE 1997 S. 725; EuGH, Urteil v. 20. 2. 1997 – C-260/95, DStRE 1997 S. 342, EuGH, Urteil v. 16. 10. 2014 – C-605/12, DStR 2014 S. 2169.

5 Abschnitt 3a.2 Abs. 3 Satz 1 UStAE, Abschnitt 3a.1 Abs. 1 Satz 6 UStAE.

Der leistende Unternehmer hat die Angaben des Leistungsempfängers hinsichtlich seines Sitzes mittels handelsüblicher Sicherheitsmaßnahmen zu prüfen (Art. 20 MwStVO). Soll die Leistung an eine feste Niederlassung in einem anderen Land als im Mitgliedsland des Sitzes des Leistungsempfängers erbracht werden, hat er insbesondere zu prüfen, ob der Vertrag, der Bestellschein oder ähnliche Unterlagen die feste Niederlassung als Leistungsempfänger ausweist oder ob die feste Niederlassung auch die Zahlung anweist (Art. 22 Abs. 1 MwStVO). Kann der Unternehmer anhand dieser Kriterien nicht bestimmen, ob die Leistung tatsächlich an eine feste Niederlassung des Leistungsempfängers erbracht wird, kann der Unternehmer davon ausgehen, dass die Leistung am Sitz des Leistungsempfängers (Hauptunternehmen) erbracht wurde.[1] Maßgebend für die Frage des Status des Abnehmers (Unternehmer/ Nichtunternehmer) und seiner Eigenschaft (privater oder unternehmerischer Gebrauch) ist der Zeitpunkt der Leistungserbringung (Art. 25 MwStVO).

Bei Werbeanzeigen in Zeitungen und Zeitschriften und bei Werbesendungen im Rundfunk und Fernsehen oder im Internet ist davon auszugehen, dass sie ausschließlich oder überwiegend für im Ausland belegene feste Niederlassungen bestimmt und daher im Inland nicht steuerbar sind, wenn folgende Voraussetzungen erfüllt sind:

► es handelt sich um fremdsprachige Zeitungen und Zeitschriften, um fremdsprachige Rundfunk- und Fernsehsendungen oder um fremdsprachige Internetseiten oder um entsprechende deutschsprachige Medien, die überwiegend im Ausland verbreitet werden und

► die im Ausland belegenen festen Niederlassungen sind in der Lage, die Leistungen zu erbringen, für die geworben wird.

Wird eine in § 3a Abs. 5 Satz 2 UStG bezeichnete sonstige Leistung (Rundfunk- und Fernsehdienstleistung, Telekommunikationsdienstleistung, elektronische Dienstleistung) an Orten wie Telefonzellen, Kiosk-Telefonen, WLAN-Hotspots, Internetcafés und dergleichen erbracht und muss der Leistungsempfänger an diesem Ort auch physisch anwesend sein, damit ihm der leistende Unternehmer die sonstige Leistung erbringen kann, gilt der Leistungsempfänger insoweit ausnahmsweise unabhängig von seinem tatsächlichen Wohnsitz oder Sitz als an diesem Ort ansässig (Art. 24a Abs. 1 MwStVO). Werden diese Leistungen an Bord eines Schiffs, eines Flugzeugs oder in einer Eisenbahn während des innerhalb des Gemeinschaftsgebiets stattfindenden Teils einer Per-

---

[1] Abschnitt 3a.2 Abs. 4 Satz 5 UStAE.

sonenbeförderung (vgl. § 3e Abs. 2 UStG) erbracht, gilt der Abgangsort des jeweiligen Beförderungsmittels im Gemeinschaftsgebiet als Leistungsort (Art. 24a Abs. 2 MwStVO).[1]

Bei einer einheitlichen Dienstleistung ist es nicht möglich, für einen Teil der Leistung den Ort der festen Niederlassung und für den anderen Teil der Leistung den Sitz des Unternehmens als maßgebend anzusehen und die Leistung aufzuteilen.[2] Ist die Zuordnung zu einer festen Niederlassung zweifelhaft und verwendet der Leistungsempfänger eine ihm von einem anderen Mitgliedstaat erteilte USt-IdNr., kann davon ausgegangen werden, dass die Leistung für die im EU-Mitgliedstaat der verwendeten USt-IdNr. belegenen festen Niederlassung bestimmt ist. Entsprechendes gilt bei der Verwendung einer deutschen USt-IdNr.[3]

Bedient sich der Unternehmer bei Ausführung einer sonstigen Leistung eines anderen Unternehmers als **Erfüllungsgehilfen**, der die sonstige Leistung im eigenen Namen und für eigene Rechnung ausführt, ist der Ort der Leistung für jede dieser Leistungen für sich zu bestimmen.[4]　　　　　　　　　　420

BEISPIEL: ▶ Die juristische Person des öffentlichen Rechts P mit Sitz im Inland, der keine USt-IdNr. zugeteilt worden ist, erteilt dem Unternehmer F in Frankreich den Auftrag, ein Gutachten zu erstellen, das P in ihrem Hoheitsbereich auswerten will. F vergibt bestimmte Teilbereiche an den Unternehmer U im Inland und beauftragt ihn, die Ergebnisse seiner Ermittlungen unmittelbar P zur Verfügung zu stellen.

Die Leistung des U wird nach § 3a Abs. 2 UStG dort ausgeführt, wo F sein Unternehmen betreibt; sie ist daher im Inland nicht steuerbar. Der Ort der Leistung des F an P ist nach § 3a Abs. 1 UStG zu bestimmen; die Leistung ist damit ebenfalls im Inland nicht steuerbar.

e) Abgrenzung zu Ausnahmetatbeständen

Der Leistungsort bestimmt sich nur dann nach § 3a Abs. 2 UStG, wenn kein　　421
Ausnahmetatbestand vorliegt. Nicht unter die Ortsregelung des § 3a Abs. 2 UStG fallen folgende sonstige Leistungen:[5]

▶ sonstige Leistungen im Zusammenhang mit einem Grundstück (§ 3a Abs. 3 Nr. 1 UStG),

---

1 Abschnitt 3a.2 Abs. 5a UStAE.
2 Abschnitt 3a.2 Abs. 6 UStAE; EuGH, Urteil v. 4.7.1985 – C-168/84, EuGHE 1984 S. 2251; EuGH, Urteil v. 2.5.1996 – C-231/94, BStBl 1998 II S. 282; EuGH, Urteil v. 17.7.1997 – C-190/95, DStRE 1997 S. 725; EuGH, Urteil v. 20.2.1997 – C-260/95, DStRE 1997 S. 342.
3 Abschnitt 3a.2 Abs. 6 UStAE.
4 Abschnitt 3a.15 UStAE.
5 Abschnitt 3a.2 Abs. 19 UStAE.

- ▶ die kurzfristige Vermietung von Beförderungsmitteln (§ 3a Abs. 3 Nr. 2 und Abs. 7 UStG),

- ▶ die Abgabe von Speisen und Getränken zum Verzehr an Ort und Stelle (§ 3a Abs. 3 Buchst. c und § 3e UStG),

- ▶ die Einräumung der Eintrittsberechtigung für kulturelle, künstlerische, wissenschaftliche, unterrichtende, sportliche, unterhaltende oder ähnliche Leistungen wie Leistungen im Zusammenhang mit Messen und Ausstellungen (§ 3a Abs. 3 Nr. 5 UStG),

- ▶ im Inland genutzte Leistungen eines Unternehmers aus dem Drittland (§ 3a Abs. 6 UStG),

- ▶ kurzfristige Vermietung von bestimmten Fahrzeugen an Unternehmer aus dem Drittlandsgebiet (§ 3a Abs. 7 UStG),

- ▶ Güterbeförderungsleistungen, die ausschließlich im Drittlandsgebiet erbracht werden (§ 3a Abs. 8 UStG),

- ▶ Arbeiten an beweglichen Gegenständen, die ausschließlich im Drittlandsgebiet erbracht werden (§ 3a Abs. 8 UStG),

- ▶ Veranstaltungsleistungen im Zusammenhang mit Messen oder Ausstellungen, die im Drittland stattfinden (§ 3a Abs. 8 UStG),

- ▶ Personenbeförderungsleistungen (§ 3b Abs. 1 UStG).

422 Aufgrund ausdrücklicher gesetzlicher Regelungen fallen dagegen folgende Leistungen unter die Grundregelung des § 3a Abs. 2 UStG:

- ▶ Die Erteilung des Rechts zur Fernsehübertragung von Fußballspielen an Unternehmer (Art. 26 MwStVO)

- ▶ Dienstleistungen, die in der Beantragung oder Vereinnahmung von Erstattungen der Mehrwertsteuer bestehen (Art. 27 MwStVO)[1]

- ▶ einheitliche Dienstleistungen im Rahmen von Bestattungen (Art. 28 MwStVO)

- ▶ Dienstleistungen der Textübersetzung (Art. 29 MwStVO).

423 Es empfiehlt sich daher folgende Prüfungsreihenfolge anhand der Ausnahmeregelungen:

---

1 Abschnitt 3a.2 Abs. 17 UStAE.

ABB. 4:	Leistungen an Unternehmer

Leistungen an einen anderen Unternehmer (B2B)

Grundsatz: Empfängersitzprinzip § 3a Abs. 2 UStG

Sonderregelungen:
Dienstleistungen im Zusammenhang mit Grundstücken: Lage des Grundstücks (Belegenheitsprinzip) § 3a Abs. 3 Nr. 1 UStG
Kurzfristige Vermietung von Beförderungsmitteln: Ort, an dem das Beförderungsmittel zur Verfügung gestellt wird (Übergabeprinzip) 3a Abs. 3 Nr. 2 Satz 1 UStG
Besonderheit Drittland § 3a Abs. 7 UStG
Eintrittsberechtigung für Veranstaltungen: Veranstaltungsort § 3a Abs. 3 Nr. 5 UStG
Restaurations- und Verpflegedienstleistungen: tatsächlicher Leistungsort (Bewirtungsort) 3a Abs. 3 Nr. 3b UStG
beachte: Schiffe, Flugzeuge, Eisenbahn § 3e UStG
Personenbeförderung: Wegstrecke (Streckenprinzip) § 3b Abs. 1 UStG
Im Inland genutzte Leistungen eines Unternehmers aus dem Drittland: Inland (Nutzungsprinzip) § 3a Abs. 6 UStG
Vermietung von bestimmten Fahrzeugen im Drittlandsgebiet: Drittlandsgebiet § 3a Abs. 7 Satz 1 UStG
Güterbeförderungsleistungen und ähnliche Leistungen, die ausschließlich im Drittlandsgebiet bewirkt werden: Drittlandsgebiet § 3a Abs. 8 UStG
Arbeiten an beweglichen Gegenständen, die ausschließlich im Drittlandsgebiet bewirkt werden: Drittlandsgebiet § 3a Abs. 8 UStG
Einheitliche Leistungen im Zusammenhang mit Messen und Ausstellungen, die ausschließlich im Drittlandsgebiet bewirkt werden: Drittlandsgebiet § 3a Abs. 8 UStG

2. Leistungen an einen Nichtunternehmer

a) Sinn und Zweck des Unternehmersitzprinzips

424 Ist der Dienstleistungsempfänger kein Unternehmer oder erhält er die Leistung nicht für sein Unternehmen („business to consumer" – B2C), so gilt die Dienstleistung an dem Ort als erbracht, an dem der Leistende den Sitz seiner wirtschaftlichen Tätigkeit hat (Art. 45 MwStSystRL, § 3a Abs. 1 Satz 1 UStG). Unter diese Regelung fallen auch juristische Personen, denen keine USt-IdNr. erteilt wurde sowie Leistungen, die ein Unternehmer für seinen privaten Bereich oder zur Verwendung durch sein Personal bezieht. Das Unternehmersitzprinzip gilt daher für

▶ Leistungsempfänger, die nicht Unternehmer sind,

▶ Unternehmer, wenn die Leistung nicht für das Unternehmen bezogen wird,

▶ sowohl unternehmerisch als auch nichtunternehmerisch tätige juristische Personen, wenn die Leistung für den privaten Bedarf des Personals bestimmt ist,

▶ nichtunternehmerisch tätige juristische Personen, denen keine USt-IdNr. erteilt wurde

und kein gesetzlicher Ausnahmetatbestand vorliegt. Maßgebend für diese Beurteilung ist der Zeitpunkt, in dem die Leistung an den Leistungsempfänger erbracht wird.[1]

b) Sitz des leistenden Unternehmers

425 Maßgeblich ist der Ort, von dem aus der leistende **Unternehmer sein Unternehmen betreibt** (§ 21 AO). Das ist der Ort, an dem die Handlungen zur zentralen Verwaltung des Unternehmens vorgenommen werden. Hierbei werden der Ort, an dem die wesentlichen Entscheidungen zur allgemeinen Leitung des Unternehmens getroffen werden, der Ort seines satzungsmäßigen Sitzes und der Ort, an dem die Unternehmensleitung zusammenkommt, berücksichtigt. Kann danach der Ort, von dem aus der Unternehmer sein Unternehmen betreibt, nicht mit Sicherheit bestimmt werden, ist der Ort, an dem die wesentlichen Entscheidungen zur allgemeinen Leitung des Unternehmens getroffen werden, vorrangiger Anknüpfungspunkt. Allein aus dem Vorliegen einer Postanschrift kann nicht geschlossen werden, dass sich dort der Ort befindet, von dem aus der Unternehmer sein Unternehmen betreibt (Art. 10 MwStVO).[2]

---

1 Abschnitt 3a.1 Abs. 1 UStAE.
2 Abschnitt 3a.1 Abs. 1 Sätze 4 bis 6 UStAE

Verfügt eine natürliche Person weder über einen Unternehmenssitz noch über eine feste Niederlassung oder Betriebsstätte, kommen als Leistungsort der Wohnsitz des leistenden Unternehmers oder der Ort seines gewöhnlichen Aufenthaltes in Betracht. Dabei ist regelmäßig die Eintragung in einem Melderegister maßgebend, es sei denn, es liegen Anhaltspunkte dafür vor, dass diese Eintragung nicht die tatsächlichen Gegebenheiten widerspiegelt (Art. 12 MwStVO). Als gewöhnlicher Aufenthaltsort einer natürlichen Person gilt der Ort, an dem diese natürliche Person auf Grund persönlicher und beruflicher Bedingungen gewöhnlich lebt. Liegen die beruflichen Bindungen in einem anderen Land als dem der persönlichen Bindungen, bestimmt sich der gewöhnliche Aufenthalt nach dem Land der persönlichen Bindungen (Art. 13 MwStVO). Der Ort einer einheitlichen sonstigen Leistung liegt nach § 3a Abs. 1 UStG auch dann an dem Ort, von dem aus der Unternehmer sein Unternehmen betreibt, wenn einzelne Leistungsteile nicht von diesem Ort aus erbracht werden.[1]

Wird die Dienstleistung von einer **festen Niederlassung** erbracht, gilt sie als von dieser festen Niederlassung erbracht (§ 3a Abs. 1 Satz 2 UStG). Der Ort der festen Niederlassung ist nur dann maßgeblich, wenn die sonstige Leistung auch von dort ausgeführt worden ist, wobei die operative Beteiligung an der Leistungserbringung sicherlich ausreicht.[2] Dies ist dann der Fall, wenn die für die sonstige Leistung erforderlichen einzelnen Arbeiten ganz oder überwiegend durch Angehörige oder Einrichtungen der festen Niederlassung ausgeführt werden. Es ist nicht erforderlich, dass das Umsatzgeschäft von der festen Niederlassung aus abgeschlossen wurde. Wird ein Umsatz sowohl an dem Ort, von dem aus der Unternehmer sein Unternehmen betreibt, als auch von einer festen Niederlassung oder Betriebsstätte ausgeführt, ist der Leistungsort nach dem Ort zu bestimmen, an dem die sonstige Leistung überwiegend erbracht wird.

426

Eine feste Niederlassung im Sinne des Umsatzsteuerrechts ist jede feste Geschäftseinrichtung, die der Tätigkeit des Unternehmers dient. Eine solche Einrichtung kann aber nur dann als feste Niederlassung angesehen werden, wenn sie über einen ausreichenden Mindestbestand an Personal- und Sachmitteln verfügt, der für die Erbringung der betreffenden Dienstleistungen erforderlich ist.[3] Die Einrichtung muss über einen hinreichenden Grad an Beständigkeit sowie eine Struktur aufweisen, die von der personellen und tech-

---

1 BFH v. 26. 3. 1992 – V R 16/88, BStBl 1992 II S. 929.
2 Abschnitt 3a.1 Abs. 2 und 3 UStAE.
3 Abschnitt 3a.1 Abs. 3 UStAE.

nischen Ausstattung her eine autonome Erbringung der jeweiligen Dienstleistungen ermöglicht (Art. 11 MwStVO).[1] Eine solche beständige Struktur liegt vor, wenn die Einrichtung über eine Anzahl von Beschäftigten verfügt, von hier aus Verträge geschlossen werden können, Rechnungslegung und Aufzeichnungen dort erfolgen und Entscheidungen getroffen werden. Auch eine Organgesellschaft kann eine solche feste Niederlassung sein. Der Ort der sonstigen Leistungen, die an Bord eines Schiffes tatsächlich von einer dort belegenen festen Niederlassung erbracht werden, bestimmt sich ebenfalls nach § 3a Abs. 1 Satz 2 UStG.

BEISPIEL: ▶ Der deutsche Steuerberater S berät einen niederländischen Kunden und fertigt für ihn eine Erbschaftsteuererklärung, die dieser in Deutschland abzugeben hat. Der niederländische Kunde verwendet seine niederländische USt-IdNr. bei der Auftragserteilung.

Der Ort der sonstigen Leistung des S liegt in Deutschland (§ 3a Abs. 1 UStG), da eine Leistung für den privaten Bereich des Abnehmers vorliegt. Die Leistung ist folglich in Deutschland steuerbar und steuerpflichtig. Auf die Verwendung einer USt-IdNr. kann es hier nicht ankommen, da die Leistung erkennbar nicht für den unternehmerischen Bereich des Leistungsempfängers ausgeführt wurde.

Wird eine in § 3a Abs. 5 Satz 2 UStG bezeichnete sonstige Leistung (Rundfunk- und Fernsehdienstleistung, Telekommunikationsdienstleistung, elektronische Dienstleistung) an Orten wie Telefonzellen, Kiosk-Telefonen, WLAN-Hotspots, Internetcafés und dergleichen erbracht und muss der Leistungsempfänger an diesem Ort auch physisch anwesend sein, damit ihm der leistende Unternehmer die sonstige Leistung erbringen kann, gilt der Leistungsempfänger insoweit ausnahmsweise unabhängig von seinem tatsächlichen Wohnsitz oder Sitz als an diesem Ort ansässig (Art. 24a Abs. 1 MwStVO). Werden diese Leistungen an Bord eines Schiffs, eines Flugzeugs oder in einer Eisenbahn während des innerhalb des Gemeinschaftsgebiets stattfindenden Teils einer Personenbeförderung (vgl. § 3e Abs. 2 UStG) erbracht, gilt der Abgangsort des jeweiligen Beförderungsmittels im Gemeinschaftsgebiet als Leistungsort (Art. 24a Abs. 2 MwStVO).[2]

---

1 EuGH, Urteil v. 4.7.1985 – C-168/84, EuGHE 1984 S. 2251; EuGH, Urteil v. 2.5.1996 – C-231/94, BStBl 1998 II S. 282; EuGH, Urteil v. 17.7.1997 – C-190/95, DStRE 1997 S. 725; EuGH, Urteil v. 20.2.1997 – C-260/95, DStRE 1997 S. 342; EuGH, Urteil v. 16.10.2014 – C-605/12, DStR 2014 S. 2169.

2 Abschnitt 3a.9a Abs. 3 UStAE.

c) Abgrenzung zu den Ausnahmetatbeständen

Wegen der zahlreichen Ausnahmeregelungen ist der Sitzort des leistenden Unternehmers nur selten als Ort der sonstigen Leistung anzunehmen. Die Leistungsortbestimmung nach dem Unternehmersitzprinzip i. S. des § 3a Abs. 1 UStG kommt insbesondere in folgenden Fällen in Betracht:[1]

▶ Leistungen der Ärzte und Tierärzte,[2]

▶ Reiseleistungen (§ 25 Abs. 1 Satz 4 UStG) einschließlich der Reisebetreuungsleistungen,[3]

▶ Leistungen der Vermögensverwalter und Testamentsvollstrecker,[4]

▶ Leistungen der Notare, soweit sie nicht Grundstücksgeschäfte beurkunden oder nicht Beratungsleistungen an im Drittlandsgebiet ansässige Leistungsempfänger erbringen,

▶ die in § 3a Abs. 4 Satz 2 UStG bezeichneten sonstigen Leistungen, wenn der Leistungsempfänger im Gemeinschaftsgebiet ansässig ist,

▶ sonstige Leistungen im Rahmen einer Bestattung, soweit diese Leistungen als einheitliche Leistungen anzusehen sind (Art. 28 MwStVO).

Gerade bei Leistungen an Privatpersonen bestehen unzählige Ausnahmeregelungen, sodass der Unternehmersitz als Leistungsort nur selten in Betracht kommt. Es empfiehlt sich eine sorgfältige Prüfung des Leistungsortes.

Es empfiehlt sich daher folgende Prüfungsreihenfolge anhand der Ausnahmeregelungen:

427

428

---

1 Abschnitt 3a.1 Abs. 4 UStAE.

2 EuGH, Urteil v. 6. 3. 1997 – C-167/95, DStRE 1997 S. 340.

3 BFH v. 23. 9. 1993 – V R 132/99, BStBl 1994 II S. 272.

4 EuGH, Urteil v. 6. 12. 2007 – C-401/06, DStRE 2008 S. 1387.

ABB. 5:	Leistungen an Nichtunternehmer

Leistungen an einen Nichtunternehmer (B2C)

Grundsatz: Unternehmersitzprinzip § 3a Abs. 1 UStG

Sonderregelungen:

Dienstleistungen im Zusammenhang mit Grundstücken:
Lage des Grundstücks (Belegenheitsprinzip)
§ 3a Abs. 3 Nr. 1 UStG

Kurzfristige Vermietung von Beförderungsmitteln:
Ort, an dem das Beförderungsmittel zur Verfügung gestellt wird (Übergabeprinzip)
§ 3a Abs. 3 Nr. 2 Satz 1 UStG

Langfristige Vermietung von Beförderungsmitteln:
Empfängersitzprinzip
§ 3a Abs. 3 Nr. 2 Satz 3 UStG
beachte: gilt nicht für Sportboote

kulturelle, unterhaltende und ähnliche Tätigkeiten einschließlich der
Eintrittsberechtigung für die Veranstaltungen:
Veranstaltungsort (Tätigkeitsprinzip)
§ 3a Abs. 3 Nr. 3a UStG

Restaurations- und Verpflegedienstleistungen:
tatsächlicher Leistungsort (Bewirtungsort)
§ 3a Abs. 3 Nr. 3b UStG
beachte: Schiffe, Flugzeuge, Eisenbahn (§ 3e UStG)

Personenbeförderungen/Güterbeförderungen:
Wegstrecke (Streckenprinzip)
§ 3b Abs. 1 UStG

Innergemeinschaftliche Güterbeförderungen:
Abgangsort
§ 3b Abs. 3 UStG

Leistungen im Zusammenhang mit Güterbeförderungen:
tatsächlicher Leistungsort (Tätigkeitsprinzip)
§ 3b Abs. 2 UStG

Arbeiten an beweglichen Gegenständen:
tatsächlicher Leistungsort (Tätigkeitsprinzip)
§ 3a Abs. 3 Nr. 3c UStG

Vermittlungsleistungen:
Ort der vermittelten Leistung
§ 3a Abs. 3 Nr. 4 UStG

Katalogleistung an Empfänger aus dem Drittland:
Empfängersitzprinzip
§ 3a Abs. 4 UStG

Rundfunk- und Fernsehdienstleistungen, Telekommunikationsleistungen,
elektronische Dienstleistungen:
Empfängersitzprinzip
§ 3a Abs. 5 UStG

III. Besteuerung am tatsächlichen Leistungsort

1. Leistungen im Zusammenhang mit Grundstücken

a) Sinn und Zweck der Regelung

Dienstleistungen im Zusammenhang mit einem Grundstück werden dort ausgeführt, wo das Grundstück liegt (Art. 47 MwStSystRL, § 3a Abs. 3 Nr. 1 UStG). Für sonstige Leistungen einschließlich der entsprechenden Werkleistungen im Zusammenhang mit einem Grundstück ist die Lage des Grundstücks entscheidend, um eine Versteuerung am tatsächlichen Verbrauchsort sicherzustellen. **Das Bestimmungslandprinzip gilt sowohl für Dienstleistungen an Unternehmer als auch an Nichtunternehmer.**[1] 429

> **BEISPIEL:** ▶ Architekt A aus Ahaus plant für den in Stadtlohn ansässigen Unternehmer U ein für eigene Wohnzwecke genutztes Ferienhaus auf Mallorca.
>
> Der Ort der sonstigen Leistung des A liegt auf Mallorca (§ 3a Abs. 3 Nr. 1 UStG), da hier das Grundstück liegt. § 3a Abs. 1 UStG kommt folglich nicht zur Anwendung. A hat sich zwangsläufig mit dem spanischen Umsatzsteuerrecht auseinanderzusetzen und ggf. in Spanien registrieren zu lassen.

In § 3a Abs. 3 Nr. 1 Satz 1 UStG hat der Gesetzgeber eine Generalklausel festgelegt, unter die alle Dienstleistungen fallen, die nicht ohne unmittelbaren Kontakt mit dem Grundstück erbracht werden können. Ein derartiger Zusammenhang ist immer gegeben, wenn sich die Leistung nach den tatsächlichen Umständen überwiegend auf die Bebauung, Verwertung, Nutzung oder Unterhaltung des Grundstücks selbst bezieht.[2] So fallen z. B. die Leistungen der Schornsteinfeger, Gebäudereinigungen oder die Pflege von Grünflächen eines Gebäudes unter diese Generalklausel. Daneben hat der Gesetzgeber in § 3a Abs. 3 Nr. 1 Satz 2 UStG die wichtigsten Anwendungsfälle beispielhaft aufgezählt:

- ▶ Vermietungs- und Verpachtungsleistungen (§ 3a Abs. 3 Nr. 1 Satz 2 Buchst. a UStG),

- ▶ Dienstleistungen im Zusammenhang mit der Veräußerung oder dem Erwerb eines Grundstücks (§ 3a Abs. 3 Nr. 1 Satz 2 Buchst. b UStG),

- ▶ Leistungen zur Erschließung von Grundstücken und zur Ausführung von Bauleistungen (§ 3a Abs. 3 Nr. 1 Satz 2 Buchst. c UStG).

---

1 Abschnitt 3a.3 Abs. 1 UStAE.
2 Abschnitt 3a.3 Abs. 3 UStAE.

b) Grundstücksbegriff

430 Der Grundstücksbegriff i. S. des Umsatzsteuerrechts ist ein eigenständiger Begriff des Unionsrechts. Er richtet sich nicht nach dem zivilrechtlichen Begriff eines Grundstücks. Unter einem Grundstück im Sinne des § 3a Abs. 3 Nr. 1 UStG ist zu verstehen:[1]

▶ ein bestimmter über- oder unterirdischer Teil der Erdoberfläche, an dem Eigentum und Besitz begründet werden kann,

▶ jedes mit oder in dem Boden über oder unter dem Meeresspiegel befestigte Gebäude oder jedes derartige Bauwerk, das nicht leicht abgebaut oder bewegt werden kann,

▶ jede Sache, die einen wesentlichen Bestandteil eines Gebäudes oder eines Bauwerks bildet, ohne die das Gebäude oder das Bauwerk unvollständig ist, wie z. B. Türen, Fenster, Dächer, Treppenhäuser oder Aufzüge,

▶ Sachen, Ausstattungsgegenstände oder Maschinen, die auf Dauer in einem Gebäude oder einem Bauwerk installiert sind, und die nicht bewegt werden können, ohne das Gebäude oder das Bauwerk zu zerstören oder zu verändern. Die Veränderung ist immer dann unerheblich, wenn die betreffenden Sachen einfach an der Wand hängen und wenn sie mit Nägeln oder Schrauben so am Boden oder an der Wand befestigt werden, dass nach ihrer Entfernung lediglich Spuren oder Markierung zurückbleiben (z. B. Dübellöcher), die leicht überdeckt oder ausgebessert werden können.

Die Leistung muss in engem Zusammenhang mit einem ausdrücklich bestimmten Grundstück stehen. Ein enger Zusammenhang ist gegeben, wenn sich die sonstige Leistung nach den tatsächlichen Umständen überwiegend auf die Bebauung, Verwertung, Nutzung oder Unterhaltung des Grundstücks selbst bezieht.[2] Der Leistungsempfänger muss nicht Eigentümer des Grundstücks sein. Das Grundstück selbst muss zudem Gegenstand der sonstigen Leistung sein. Dies ist u. a. dann der Fall, wenn ein ausdrücklich bestimmtes Grundstück insoweit als wesentlicher Bestandteil einer sonstigen Leistung anzusehen ist, als es einen zentralen und unverzichtbaren Bestandteil dieser sonstigen darstellt.[3]

> **HINWEIS:**
>
> Der Grundstücksbegriff i. S. des § 3a Abs. 3 Nr. 1 UStG ist nicht identisch mit dem Grundstücksbegriff im Sinne des § 13b Abs. 2 Nr. 4 oder § 14 Abs. 2 Satz 1 Nr. 1 UStG

---

1 Abschnitt 3a.3 Abs. 2 UStAE.
2 Abschnitt 3a.3 Abs. 3 UStAE.
3 Abschnitt 3a.3 Abs. 3a UStAE.

(vgl. auch Art. 13b und Art. 31a bis 31c MwStVO). Die Europäische Union hat umfassende Erläuterungen zu den „EU-Mehrwertsteuerbestimmungen im Zusammenhang mit Grundstücken" herausgegeben.[1]

c) Vermietungs- und Verpachtungsleistungen

Leistungen im Zusammenhang mit einem Grundstück sind insbesondere Vermietungs- und Verpachtungsleistungen (§ 3a Abs. 3 Nr. 1 Satz 2 Buchst. a i.V. m. § 4 Nr. 12 UStG), wobei unter die Ortsbestimmung naturgemäß nicht nur die von der Umsatzsteuer befreiten Leistungen i. S. des § 4 Nr. 12 Buchst. a UStG fallen. Zu diesen Leistungen gehören auch die Vermietung von Wohn- und Schlafräumen, die ein Unternehmer bereithält, um kurzfristig Fremde zu beherbergen, die Vermietung von Parkflächen für Fahrzeuge, die Überlassung von Bootsanliegeplätzen, die Vermietung auf Campingplätzen sowie die entgeltliche Unterbringung auf einem Schiff, das für längere Zeit auf einem Liegeplatz befestigt ist. Auch die Überlassung von Wochenmarkt-Standplätzen an Markthändler und dergleichen fällt unter die Leistungen.

431

Da der umsatzsteuerliche Begriff des Grundstücks nicht zwingend mit dem zivilrechtlichen Begriff übereinstimmt, fällt auch die Verpachtung eines dauerhaft am Flussufer vertäuten Hausboots ohne Eigenantrieb nebst Steganlage und Liegefläche zu den genannten Vermietungsleistungen. Ein solches Hausboot stellt kein Fahrzeug dar, insbesondere wenn es zur dauerhaften anderweitigen Nutzung ausgestattet wurde.[2] Die Zurverfügungstellung von Unterkünften in der Hotelbranche oder in Branchen ähnlicher Funktion, wie z. B. in Ferienlagern oder auf einem als Campingplatz hergerichteten Gelände einschließlich Umwandlung von Teilnutzungsrechten und dergleichen für Aufenthalte an einem bestimmten Ort fällt ebenfalls unter die genannten Leistungen. Vermieten Unternehmer Wohnwagen, die auf Campingplätzen aufgestellt sind und ausschließlich zum stationären Gebrauch als Wohnung überlassen werden, ist die Vermietung als sonstige Leistung im Zusammenhang mit einem Grundstück anzusehen. Dies gilt auch in den Fällen, in denen die Wohnwagen nicht fest mit dem Grund und Boden verbunden sind und deshalb auch als Beförderungsmittel verwendet werden können. Maßgebend ist nicht die abstrakte Eignung eines Gegenstands als Beförderungsmittel, sondern entscheidend ist, dass die Wohnwagen nach dem Inhalt der abgeschlossenen Mietverträge zum stationären Gebrauch als Wohnungen überlassen

---

1 Merkblatt v. 26. 10. 2015, ISBN 978-92-79-522238-3, download auf den Internetseiten der EU (http://ec.europa.eu/taxation).
2 EuGH, Urteil v. 15. 11. 2012 – C-532/11, UR 2012 S. 30.

werden. Dies gilt ferner in den Fällen, in denen die Vermietung der Wohnwagen nicht die Überlassung des jeweiligen Standplatzes umfasst und die Mieter über die Standplätze besondere Verträge mit dem Inhaber des Campingplatzes abschließen müssen.[1]

> **HINWEIS:**
>
> Die Auffassung der Finanzverwaltung, in derartigen Fällen keine Vermietung eines Beförderungsmittels anzusehen – so praxisnah und sinnvoll sie auch erscheint – steht nicht mit Art. 38 MwStVO im Einklang, da es danach nur auf die Eignung, nicht auf die Nutzung als Beförderungsmittel ankommt.

Leistungen im Zusammenhang mit einem Grundstück liegen auch vor bei der Überlassung von Räumlichkeiten für Aufnahme- und Sendezwecke von inländischen und ausländischen Rundfunk- und Fernsehanstalten untereinander sowie bei der Vermietung und Verpachtung von Maschinen und Vorrichtungen aller Art, die zu einer Betriebsanlage gehören, wenn sie wesentliche Bestandteile eines Grundstücks sind.

Auch die Einräumung und Übertragung von dinglichen Grundstücksrechten oder die Umwandlung von Teilnutzungsrechten fällt unter diese Vorschrift, denn auch insoweit ist der geforderte enge, hinreichend direkte Zusammenhang mit einem Grundstück gegeben. Gleiches gilt für die Gewährung von Fischereirechten und Jagdrechten, die Benutzung einer Straße, einer Brücke oder eines Tunnels gegen eine Mautgebühr und der selbstständigen Zugangsberechtigung zu Warteräumen auf Flugplätzen gegen Entgelt.[2] Auch die Eigentumsverwaltung, die sich auf den Betrieb von Geschäfts-, Industrie- oder Wohnimmobilien durch oder für den Eigentümer des Grundstücks bezieht, gehört zu diesen Umsätzen (z. B. Mietzinsverwaltung, Buchhaltung und Verwaltung der laufenden Ausgaben), nicht aber das Portfolio-Management im Zusammenhang mit Eigentumsanteilen an Grundstücken.[3]

Zu den Leistungen i. S. des § 3a Abs. 3 Nr. 1 Satz 2 Buchst. a i. V. m. § 4 Nr. 12 UStG zählen auch die Überlassung von Grundstücken und Grundstücksteilen zur Nutzung auf Grund eines auf Übertragung des Eigentums gerichteten Vertrags oder Vorvertrags (§ 4 Nr. 12 Satz 1 Buchst. b UStG) sowie die Bestellung und Veräußerung von Dauerwohnrechten und Dauernutzungsrechten (§ 4 Nr. 12 Satz 1 Buchst. c UStG).[4]

---

1 Abschnitt 3a.3 Abs. 5 UStAE, Art. 43 MwStVO.
2 Abschnitt 3a.3 Abs. 4 UStAE.
3 Abschnitt 3a.3 Abs. 3 Satz 3 und Abschnitt 3a.3 Abs. 9 Nr. 2a UStAE.
4 Abschnitt 3a.3 Abs. 6 UStAE.

Auch die **Vermittlung** von Vermietungen von Grundstücken steht grds. in Zusammenhang mit einem Grundstück, nicht aber die Vermittlung der kurzfristigen Vermietung von Zimmern in Hotels, Gaststätten oder Pensionen, von Fremdenzimmern, Ferienwohnungen, Ferienhäusern und vergleichbaren Einrichtungen aufgrund ausdrücklicher gesetzlicher Sonderregelung.[1]

HINWEIS:

Aufgrund der ausdrücklichen Sonderregelung in Art. 31 MwStVO fällt die Vermittlung von Beherbergungsleistungen in der Hotelbranche oder in Branchen ähnlicher Funktion unter das Empfängersitzprinzip des Art. 44 MwStSystRL (§ 3a Abs. 2 UStG), wenn die Vermittlungsleistung an einen Unternehmer erbracht werden. Werden derartige Vermittlungsleistungen an Nichtunternehmer erbracht, gilt die Sonderregelung für Vermittlungsleistungen i. S. des Art. 46 MwStSystRL (§ 3a Abs. 3 Nr. 4 UStG).[2]

Tritt der Unternehmer bei einer Vermietung von fremden Grundstücken im eigenen Namen und für eigene Rechnung auf, erbringt er umsatzsteuerlich eine Vermietungs-, keine Vermittlungsleistung (sog. Leistungskommission § 3 Abs. 11 UStG), die o. g. Abgrenzungsfrage stellt sich folglich nicht.[3]

Für die Frage des Ortes der Dienstleistung ist die Verpflegung von Hotelgästen als Nebenleistung zur Übernachtung anzusehen. Auch das gesetzliche Aufteilungsgebot in § 12 Abs. 2 Nr. 11 Satz 2 UStG zur Ermittlung des Steuersatzes hat keinen Einfluss auf die Ortsbestimmung der Verpflegedienstleistung, sofern sie keine selbstständige Hauptleistung ist.[4]

Auch das Überlassen von Standflächen auf **Messen oder Ausstellungen** sind regelmäßig Leistungen, die im Zusammenhang mit einem Grundstück stehen (§ 3a Abs. 3 Nr. 1 UStG).[5] Die Vermietung eines Messestandes allein stellt dagegen die Vermietung von beweglichen körperlichen Gegenständen dar,[6] es sei denn, sie erfolgt als Nebenleistung zur Überlassung der Standfläche selbst.[7] Unternehmer, die lediglich einen Messestand auf- und abbauen (sog. Messebauer), erbringen regelmäßig keine Leistungen im Zusammenhang mit einem Grundstück.

---

1 Abschnitt 3a.3 Abs. 9 Nr. 2 UStAE.
2 Abschnitt 3a.7 Abs. 1 Satz 4 UStAE.
3 OFD Magdeburg v. 26. 8. 2012, DStR 2012 S. 2083.
4 BMF, Schreiben v. 9. 12. 2014, BStBl 2014 I S. 1620.
5 Abschnitt 3a.4 Abs. 1 UStAE, so auch die Empfehlung des Mehrwertsteuerausschusses der EU v. 1. 7. 2011 in seiner 93. Sitzung, UR 2012 S. 919.
6 Abschnitt 3a.9 Abs. 17a UStAE.
7 Abschnitt 3a.4 Abs. 1 Satz 1 UStAE.

d) Dienstleistungen im Zusammenhang mit der Veräußerung oder dem Erwerb eines Grundstücks

432 Leistungen im Zusammenhang mit der Veräußerung oder dem Erwerb von Grundstücken (§ 3a Abs. 3 Nr. 1 Satz 2 Buchst. b UStG) sind insbesondere die Leistungen der Grundstücksmakler, der Grundstückssachverständigen sowie die Leistungen der Notare bei der Beurkundung von Grundstücksgeschäften oder anderen Verträgen, die auf die Veränderung von Rechten an einem Grundstück gerichtet sind und deshalb zwingend einer notariellen Beurkundung bedürfen, z. B. bei der Bestellung einer Grundschuld. Dies gilt auch in Fällen, in denen die Veränderung des Rechts an dem Grundstück tatsächlich nicht durchgeführt wird. Bei selbstständigen Beratungsleistungen der Notare, die nicht im Zusammenhang mit der Beurkundung von Grundstückskaufverträgen und Grundstücksrechten stehen, richtet sich der Leistungsort nach den Grundregelungen in § 3a Abs. 1 oder Abs. 2 UStG oder bei Beratungsleistungen an Nichtunternehmer aus dem Drittland nach § 3a Abs. 4 Sätze 1 und 2 und Nr. 3 UStG.[1]

e) Leistungen zur Erschließung von Grundstücken und zur Ausführung von Bauleistungen

433 Sonstige Leistungen, die der Erschließung von Grundstücken oder der Vorbereitung oder der Ausführung von Bauleistungen dienen (§ 3a Abs. 3 Nr. 1 Satz 2 Buchst. c UStG) sind insbesondere die Leistungen der Architekten, Bauingenieure, Vermessungsingenieure, Bauträgergesellschaften, Sanierungsträger sowie der Unternehmer, die Abbruch- und Erdarbeiten ausführen. Voraussetzung ist, dass die Leistung in engem Zusammenhang mit einem ausdrücklich bestimmten Grundstück erbracht wird, d. h., dass beispielsweise bei Ingenieur- und Planungsleistungen der Standort des Grundstücks zum Zeitpunkt der Erbringung der Dienstleistungen bereits feststeht. Zu diesen Leistungen gehören insbesondere[2]

► Bau- und Erschließungsleistungen,

► Ausführung von Erdarbeiten,

► Bauaufsichtsmaßnahmen,

► die Vermessung von Grundstücken,

► die Errichtung eines Baugerüsts,[3]

---

1 Abschnitt 3a.3 Abs. 7 UStAE.
2 Abschnitt 3a.3 Abs. 8 und 9 UStAE.
3 BayLfSt v. 6. 2. 2013, UR 2013 S. 280.

- ► Wartungs-, Renovierungs- und Reparaturarbeiten an einem Gebäude oder an Gebäudeteilen einschließlich der Durchführung von Abrissarbeiten, dem Verlegen von Fliesen und Parkett sowie Tapezieren,

- ► Reinigung von Gebäuden oder Gebäudeteilen,

- ► Errichtung von auf Dauer angelegten Konstruktionen wie Gas-, Wasser- oder Abwasserleitungen

- ► die Installation oder die Montage sowie Wartung und Überwachung einschließlich der Fernwartung von Maschinen und Ausrüstungsgegenständen, soweit diese wesentliche Bestandteile des Grundstücks sind,

- ► Leistungen zum Aufsuchen oder Gewinnen von Bodenschätzen,

- ► die Begutachtung und die Bewertung von Grundstücken, auch zu Versicherungszwecken und zur Ermittlung des Grundstückswerts,

- ► grundstücksbezogene Sicherheitsleistungen,

- ► Bearbeitung landwirtschaftlicher Grundstücke einschließlich sonstiger Leistungen wie Landbestellung, Säen, Bewässerung, Düngung,

- ► Lagerung von Gegenständen, wenn dem Empfänger dieser sonstigen Leistung ein Recht auf Nutzung eines ausdrücklich bestimmten Grundstücks oder eines Teils desselben gewährt wird,[1]

- ► die Überlassung von Personal, insbesondere bei der Einschaltung von Subunternehmern, wenn gleichzeitig eine bestimmte Leistung oder ein bestimmter Erfolg des überlassenen Personals im Zusammenhang mit einem Grundstück geschuldet wird,[2]

- ► die Einräumung dinglicher Rechte, z. B. dinglicher Nießbrauch, Dienstbarkeiten, Erbbaurechte, sowie sonstige Leistungen, die dabei ausgeführt werden, z. B. Beurkundungsleistungen eines Notars,

- ► Leistungen bei der Errichtung eines Windparks im Zusammenhang mit einem ausdrücklich bestimmten Grundstück, insbesondere Studien und Untersuchungen zur Prüfung der Voraussetzungen zur Errichtung eines Windparks sowie für bereits genehmigte Windparks, ingenieurtechnische und gutachterliche Leistungen sowie Planungsleistungen im Rahmen der Projektzertifizierung, die parkinterne Verkabelung einschließlich Umspannplattform sowie der parkexterne Netzanschluss zur Stromabführung an Land einschließlich der Konverterplattform,

---

1 EuGH, Urteil v. 27. 6. 2013 – C-155/12, DStRE 2013 S. 1015.
2 Vgl. aber Abschnitt 3a.9 Abs. 18a UStAE.

► sonstige Leistungen juristischer Art im Zusammenhang mit Grundstücksübertragungen sowie mit der Begründung oder Übertragung von bestimmten Rechten an Grundstücken oder dinglichen Rechten an Grundstücken (unabhängig davon, ob diese Rechte einem körperlichen Gegenstand gleichgestellt sind), selbst wenn die zugrunde liegende Transaktion, die zur rechtlichen Veränderung an dem Grundstück führt, letztendlich nicht stattfindet. Zu den bestimmten Rechten an Grundstücken zählen z. B. das Miet und Pachtrecht. Die Erbringung sonstiger Leistungen juristischer Art ist nicht auf bestimmte Berufsgruppen beschränkt, erforderlich ist jedoch, dass die Dienstleistung mit einer zumindest beabsichtigten Veränderung des rechtlichen Status des Grundstücks zusammenhängt. Zu diesen Leistungen zählen z. B. das Aufsetzen eines Vertrags über den Verkauf oder den Kauf eines Grundstücks, die Beratung hinsichtlich einer Steuerklausel in einem Grundstücksübertragungsvertrag, das Aufsetzen und Verhandeln der Vertragsbedingungen eines sale-and-lease-back-Vertrags über ein Grundstück sowie damit in Zusammenhang stehende Beratungsleistungen, das Aufsetzen und Verhandeln von Miet- und Pachtverträgen über ein bestimmtes Grundstück, die rechtliche Prüfung bestimmter Miet- und Pachtverträge im Hinblick auf den Eigentumswechsel.[1]

Nicht unter diese Regelung fallen Leistungen der Bauunternehmer, sofern sie Werk*lieferungen* darstellen, wenngleich sich der Ort der Werklieferung gleichwohl regelmäßig dort befindet, wo das Grundstück liegt, allerdings nach § 3 Abs. 7 Satz 1 UStG. Der Ort der Werk*leistungen* im Zusammenhang mit einem Grundstück wird dagegen nach § 3a Abs. 3 Nr. 1 Satz 2 Buchst. c UStG bestimmt.

BEISPIEL: ► Tiefbauunternehmer T aus Bocholt führt in Luxemburg Ausschachtungsarbeiten für ein Geschäftshaus im Auftrag des deutschen Unternehmers D aus, der bei der Auftragserteilung seine deutsche USt-IdNr. einsetzt.

Der Ort der Leistung des T liegt in Luxemburg (§ 3a Abs. 3 Nr. 1 UStG, vgl. auch Art. 47 MwStSystRL), weil hier das Grundstück liegt. Auf die Verwendung einer anderen USt-IdNr. kommt es nicht an, der Leistungsort wird dadurch nicht beeinflusst. Eine gültige USt-IdNr. zeigt, dass der Inhaber Unternehmer ist, mehr nicht.

Da sich der Ort der Leistung nicht nach Art. 44 MwStSystRL bestimmt (im Inland § 3a Abs. 2 UStG), finden die Regelungen über den Übergang der Steuerschuldnerschaft nicht zwingend Anwendung (Art. 196 MwStSystRL greift nur auf Art. 44 MwStSystRL zurück, nicht auch auf andere Ortsbestimmungen). Eine Auseinandersetzung mit dem Umsatzsteuerrecht in Luxemburg ist daher unverzichtbar, T hat sich nach zurzeit gültigem Recht in Luxemburg registrieren zu lassen.

---

1 Abschnitt 3a.3 Abs. 9 Nr. 9 UStAE.

f) Leistungen, die nicht im Zusammenhang mit einem Grundstück stehen

Das Belegenheitsprinzip gilt nicht für Leistungen, die nur **mittelbar** mit einem Grundstück zusammenhängende Leistungen (Immobilienanzeigen durch die Zeitung, Grundstücksfinanzierung durch die Bank, Rechts- und Steuerberatung in Grundstückssachen), weil kein räumlicher und daher kein enger Zusammenhang mit dem Grundstück mehr gegeben ist (Art. 31a Abs. 3 MwStSystRL). Darüber hinaus hat die Finanzverwaltung einen Abgrenzungskatalog erstellt und einen Überblick über typische Dienstleistungen gegeben, die keine Leistungen im Zusammenhang mit einen Grundstück darstellen:[1]

434

▶ Erstellung von Bauplänen für Gebäude und Gebäudeteile, die keinem bestimmten Grundstückteil zugeordnet werden können,

▶ Installation oder Montage, Arbeiten an sowie Kontrolle und Überwachung von Maschinen oder Ausstattungsgegenständen, die kein wesentlicher Bestandteil eines Grundstücks sind bzw. werden,

▶ Portfolio-Management im Zusammenhang mit Eigentumsanteilen an Grundstücken,

▶ Verkauf von Anteilen und die Vermittlung der Umsätze von Anteilen an Grundstücksgesellschaften sowie Beratungsleistungen hinsichtlich des Abschlusses eines Kaufvertrags über Anteile an einer Grundstücksgesellschaft,

▶ sonstige Leistungen juristischer Art einschließlich Beratungsleistungen betreffend die Vertragsbedingungen eines Grundstücksübertragungsvertrags, die Durchsetzung eines solchen Vertrags oder den Nachweis betreffen, dass ein solcher Vertrag besteht, sofern diese Leistungen nicht speziell mit der Übertragung von Rechten an Grundstücken zusammenhängen (z. B. Rechts- und Steuerberatung in Grundstückssachen, Erstellung von Mustermietverträgen ohne Bezug zu einem konkreten Grundstück, Durchsetzung von Ansprüchen aus einer bereits vorgenommenen Übertragung von Rechten an Grundstücken),

▶ Lagerung von Gegenständen auf einem Grundstück, wenn hierfür zwischen den Beteiligten kein bestimmter Teil eines Grundstücks zur ausschließlichen Nutzung festgelegt wurde,[2]

▶ Planung, Gestaltung sowie Aufbau, Umbau und Abbau von Ständen im Zusammenhang mit Messen und Ausstellungen,[3]

---

1 Abschnitt 3a.3 Abs. 10 UStAE.
2 EuGH, Urteil v. 27. 6. 2013 – C-155/12, DStRE 2013 S. 1015.
3 EuGH, Urteil v. 27. 10. 2011 – C-530/09, BStBl 2012 II S. 160.

- ► Werbeleistungen, selbst wenn sie die Nutzung eines Grundstücks einschließen,

- ► Zurverfügungstellung von Gegenständen und Vorrichtungen, mit oder ohne Personal für deren Betrieb, mit denen der Leistungsempfänger Arbeit im Zusammenhang mit einem Grundstück durchführt (z. B. Vermietung eines Baugerüsts), wenn der leistende Unternehmer mit dem Zurverfügungstellen keinerlei Verantwortung für die Durchführung der genannten Arbeiten übernimmt,

- ► Verkauf von Anteilen an Grundstücksgesellschaften und die Vermittlung von Umsätzen von Anteilen an Grundstücksgesellschaften,

- ► Veröffentlichung von Immobilienanzeigen, z. B. durch Zeitungen,

- ► Finanzierung und Finanzierungsberatung mit Zusammenhang mit dem Erwerb eines Grundstücks und dessen Bebauung und

- ► Leistungen bei der Errichtung eines Windparks, die nicht im Zusammenhang mit einem ausdrücklich bestimmten Grundstück stehen, insbesondere die Übertragung von Rechten im Rahmen der öffentlich-rechtlichen Projektverfahren sowie von Rechten an in Auftrag gegebenen Studien und Untersuchungen, Planungsarbeiten und Konzeptionsleistungen (z. B. Ermittlung der Eigentümer oder Abstimmung mit Versorgungsträgern), Projektsteuerungsarbeiten wie Organisation, Terminplanung, Kostenplanung, Kostenkontrolle und Dokumentation (z. B. im Zusammenhang mit der Kabelverlegung, Gleichstromübertragung und Anbindung an das Umspannwerk als Leistungsbündel bei der Netzanbindung),[1]

- ► Einräumung der Berechtigung, auf einem Golfplatz Golf zu spielen.[2]

g) Grenzüberschreitende Folgen des Belegenheitsprinzips

435 Dienstleistungen im Zusammenhang mit einem Grundstück werden dort ausgeführt, wo das Grundstück liegt, unabhängig davon, wo der leistende Unternehmer oder der Leistungsempfänger ihren Sitz oder Wohnsitz haben. Bei einer im Inland erbrachten selbständigen Leistung nach dem Belegenheitsprinzip durch einen im Ausland ansässigen Unternehmer hat der Leistungsempfänger, wenn er Unternehmer oder eine juristische Person ist, grds. den Übergang der Steuerschuldnerschaft nach § 13b Abs. 2 Nr. 1 i.V. m. Abs. 5 Satz 1 UStG zu beachten. Der ausländische Vertragspartner wird durch diesen Vorgang nicht im Inland registrierungspflichtig.

---

1 Abschnitt 3a.3 Abs. 10 Nr. 12 UStAE.
2 Abschn. 3a.3 Abs. 10 Nr. 13 UStAE.

Erbringt ein Unternehmer aus dem Inland seine sonstige Leistung nach § 3a Abs. 3 Nr. 3 Buchst. a UStG im Ausland, ist diese sonstige Leistung im Inland nicht steuerbar und die Besteuerung richtet sich nach **ausländischem Recht**. Bei derartigen Leistungen geht die Steuerschuldnerschaft vom leistenden Unternehmer *nicht zwingend* auf den Auftraggeber und Leistungsempfänger über, Art. 196 MwStSystRL ist insoweit nicht anzuwenden. Dies bedeutet, dass sich der leistende Unternehmer im Ausland ggf. umsatzsteuerlich registrieren lassen und Steuererklärungen abgeben muss. Die Mitgliedstaaten können jedoch Ausnahmen zulassen und andere Regelungen und Bedingungen treffen (vgl. Art. 199 MwStSystRL). Eine vorherige Information, ob im Einzelfall der Mitgliedstaat für diese Leistung das sog. „Reverse-Charge-Verfahren" anwendet oder ob eine Registrierungspflicht besteht, ist daher unerlässlich.

HINWEIS:

Einen ersten kurzen Überblick gibt Kapitel G dieses Buches.

2. Vermietung von Beförderungsmitteln

a) Allgemeiner Überblick

Bei der Vermietung von Beförderungsmitteln ist zunächst einmal zu unterscheiden, ob eine langfristige oder kurzfristige Vermietung vorliegt. Darüber hinaus sind Besonderheiten im Verhältnis zum Drittland zu beachten.

436

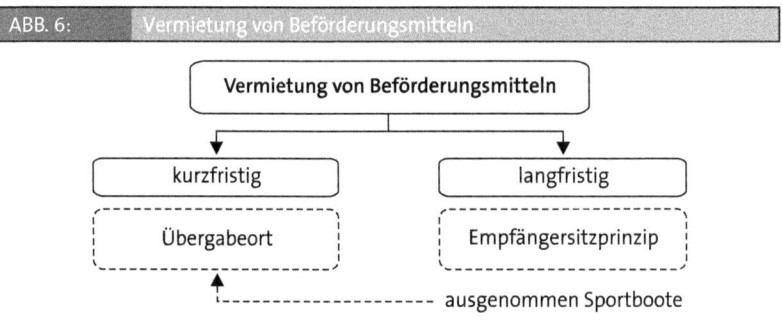

ABB. 6: Vermietung von Beförderungsmitteln

„Kürzerer Zeitraum" bedeutet der Besitz oder die Verwendung von Beförderungsmitteln während eines ununterbrochenen Zeitraums von nicht mehr als 30 Tagen bzw. bei Wasserfahrzeugen von nicht mehr als 90 Tagen (Art. 56 Abs. 2 MwStSystRL, § 3a Abs. 3 Nr. 2 Satz 2 UStG). Dabei ist die tatsächliche, nicht die vereinbarte Dauer maßgeblich.[1] Der dazu gehörende Vertrag begründet eine widerlegbare Vermutung (Art. 39 Abs. 1 MwStVO). Wird ein Beförderungsmittel mehrfach unmittelbar hintereinander an denselben Leistungsempfänger vermietet, liegt eine kurzfristige Vermietung grds. nur dann vor, wenn der ununterbrochene Vermietungszeitraum von nicht mehr als 90 Tagen bzw. 30 insgesamt nicht überschritten wird, d. h., bei aufeinanderfolgenden Mietverträgen für ein und dasselbe Beförderungsmittel ist die Gesamtlaufzeit aller Verträge maßgebend (Art. 39 Abs. 2 MwStVO). Wird ein zunächst kurzfristig angelegter Mietvertrag aufgrund einer neuen Entscheidung in einen langfristigen umgewandelt, wird der kurzfristige Mietvertrag regelmäßig nicht in Frage gestellt, wenn keine Missbrauchsgestaltung vorliegt. Entsprechendes gilt bei aufeinanderfolgenden Mietverträgen für unterschiedliche Beförderungsmittel (Art. 39 Abs. 2 und 3 MwStVO).[2]

Als **Beförderungsmittel** sind Gegenstände anzusehen, deren Hauptzweck auf die Beförderung von Personen und Gütern zu Lande, zu Wasser oder in der Luft gerichtet ist und die sich auch tatsächlich fortbewegen. Daher gelten insbesondere motorbetriebene Fahrzeuge oder Fahrzeuge ohne Motor und sonstige Ausrüstungen und Vorrichtungen, die zur Beförderung von Gegenständen oder Personen von einem Ort an einen anderen konzipiert wurden und von Fahrzeugen gezogen oder geschoben werden können und die normalerweise für die Beförderung von Gegenständen oder Personen konzipiert und tatsächlich geeignet sind, als Beförderungsmittel (Art. 38 Abs. 1 MwStVO). Zu den Beförderungsmitteln gehören auch Auflieger, Sattelanhänger, Fahrzeuganhänger, Eisenbahnwaggons, Elektro-Caddywagen, Transportbetonmischer, Segelboote, Ruderboote, Paddelboote, Motorboote, Sportflugzeuge, Segelflugzeuge, Wohnmobile, Wohnwagen sowie landwirtschaftliche Zugmaschinen und andere landwirtschaftliche Fahrzeuge, Fahrzeuge, die speziell für den Transport von kranken oder verletzten Menschen konzipiert sind, und Rollstühle und ähnliche Fahrzeuge mit mechanischen oder elektrischen Vorrichtungen zur Fortbewegung kranker oder körperbehinderter Menschen. Keine Beförderungsmittel sind z. B. Bagger, Planierraupen, Bergungskräne, Schwertransportkräne, Transportbänder, Gabelstapler, Elektrokarren, Rohrleitungen, Ladekräne, Schwimmkräne, Schwimmrammen, Container, Panzer sowie Fahrzeuge, die dauerhaft stillgelegt sind (Art. 38 Abs. 3 MwStVO),[3] auch wenn mit diesen Gegenständen eine Beförderungsleistung ausgeführt wird.

---

1 Abschnitt 3a.5 Abs. 1 UStAE.
2 Abschnitt 3a.5 Abs. 1 UStAE.
3 Abschnitt 3a.5 Abs. 2 UStAE.

Das Vermieten von Wohnwagen, die auf Campingplätzen abgestellt sind und ausschließlich zum stationären Gebrauch überlassen werden, ist nach Auffassung der Finanzverwaltung eine sonstige Leistung im Zusammenhang mit einem Grundstück und nicht als Vermietung eines Beförderungsmittels anzusehen.[1] Diese Regelung – so praxisnah und sinnvoll sie auch erscheint – steht nicht mit Art. 38 MwStVO im Einklang, da es danach nur auf die Eignung, nicht auf die Nutzung als Beförderungsmittel ankommt.

Überlässt ein Unternehmer seinem Personal ein Fahrzeug auch zur privaten Nutzung ist dies regelmäßig als entgeltliche Vermietung eines Beförderungsmittels anzusehen. Der Leistungsort bestimmt sich nach § 3a Abs. 3 Nr. 2 UStG. Entsprechendes gilt nach Auffassung der Verwaltung auch für die Überlassung eines Rundfunk- oder Fernsehübertragungswagens inländischer und ausländischer Rundfunkanstalten des öffentlichen Rechts untereinander. Bei einer unentgeltlicher Überlassung von Beförderungsmitteln an das Personal i. S. des § 3 Abs. 9a Nr. 1 UStG bestimmt sich dagegen der Leistungsort nach § 3f UStG.[2]

Wird eine Segel- oder Motoryacht oder ein Luftfahrzeug ohne Besatzung verchartert, ist eine Vermietung eines Beförderungsmittels anzunehmen.[3] Gleiches gilt bei der Vercharterung mit Besatzung ohne festgelegte Reiseroute. Dagegen ist eine Beförderungsleistung anzunehmen, wenn die Yacht oder das Luftfahrzeug mit Besatzung an eine geschlossene Gruppe vermietet wird, die mit dem Vercharterer vorher die Reiseroute festgelegt hat, die Reiseroute aber im Verlauf der Reise ändern oder in anderer Weise auf den Ablauf der Reise Einfluss nehmen kann. Dies gilt auch, wenn nach dem Chartervertrag eine bestimmte Beförderung geschuldet wird und der Unternehmer diese unter eigener Verantwortung vornimmt, z. B. bei einer vom Vercharterer organisierten Rundreise mit Teilnehmern, die auf Ablauf und nähere Ausgestaltung der Reise keinen Einfluss haben.[4] Die Überlassung eines Fahrzeugs mit Chauffeur zu im Voraus vereinbarten und für zusätzliche fakultative Fahrstrecken ist dagegen eine Beförderungsleistung.[5] Keine Vermietung eines Beförderungsmittels liegt vor, wenn ein Unternehmer einen vollständigen Rennservice mit Fahrzeug für Motorrennen zur Verfügung stellt.[6]

---

1 Abschnitt 3a.3 Abs. 5 Satz 2 UStAE.
2 Abschnitt 3a.5 Abs. 4 UStAE.
3 FG München v. 13. 10. 2011 – 14 K 1703/09, DStRE 2012 S. 1270.
4 Abschnitt 3a.5 Abs. 3 UStAE.
5 BFH v. 8. 9. 2011 – V R 5/10, BStBl 2012 II S. 620.
6 BFH v. 1. 12. 2010 – XI R 27/09, BStBl 2011 II S. 458.

b) Ort der Dienstleistung bei kurzfristiger Vermietung von Beförderungsmitteln

437 Bei einer Vermietung eines Beförderungsmittels über einen **kürzeren Zeitraum** gilt als Ort der Leistung der Ort, an dem das Beförderungsmittel dem Leistungsempfänger tatsächlich zur Verfügung gestellt wird (Art. 56 Abs. 1 MwStSystRL, § 3a Abs. 3 Nr. 2 Satz 1 UStG). Dies ist der Ort, an dem das Beförderungsmittel dem Leistungsempfänger unmittelbar physisch übergeben wird, da der Unternehmer in der Praxis kaum nachvollziehen kann, wo das Fahrzeug tatsächlich genutzt wird (Art. 40 MwStVO).[1] **Diese Regelung gilt für Vermietungen sowohl an Unternehmer als auch an Nichtunternehmer.**[2] **Darüber hinaus** sind Besonderheiten bei der kurzfristigen Fahrzeugvermietung zur Nutzung im Drittlandsgebiet (§ 3a Abs. 7 UStG) und bei der kurzfristigen Vermietung eines Beförderungsmittels durch einen im Drittlandsgebiet ansässigen Unternehmer zu beachten (§ 3a Abs. 6 Satz 1 Nr. 1 UStG).

BEISPIEL 1: ▶ Autovermieter U mit Sitz in Hamburg vermietet an einen Touristen aus Australien für eine Woche einen Pkw. Der Tourist ist soeben am Hamburger Flughafen angekommen und will mit dem Auto Verwandte besuchen.

Der Mitarbeiter des Autovermieters wird kaum prüfen können, wohin der Tourist mit dem Auto fährt und ob er mit dem Fahrzeug im Inland verbleibt. Die MwStVO geht daher aus Vereinfachungsgründen davon aus, dass am Ort der körperlichen Übergabe des Fahrzeugs dasselbe auch zur Verfügung gestellt wird. Der Ort der Leistung liegt somit bei dieser Betrachtung in Hamburg, ungeachtet der Verwendung des Fahrzeugs.

BEISPIEL 2: ▶ U mit Sitz in Hamburg vermietet an den Unternehmer A aus Aachen eine Jacht für drei Wochen. Die Übergabe der Jacht erfolgt in einem italienischen Hafen, wo das Boot dauernd vor Anker liegt.

Der Leistungsort für die kurzfristige Vermietung der Jacht ist Italien, dem Ort, an dem das vermietete Boot dem Leistungsempfänger tatsächlich übergeben wird.

c) Ort der Dienstleistung bei langfristiger Vermietung von Beförderungsmitteln

438 Bei der Vermietung von Beförderungsmitteln über einen längeren Zeitraum gilt unabhängig vom Leistungsempfänger das Empfängersitzprinzip, sei es bei der Vermietung an Unternehmer nach § 3a Abs. 2 UStG oder bei der Vermietung an Nichtunternehmer nach § 3a Abs. 3 Nr. 2 Satz 3 UStG. Leistungsort ist

---

1 Abschnitt 3a.5 Abs. 6 Satz 1 UStAE.
2 Abschnitt 3a.5 Abs. 5 UStAE.

der Ort, an dem der Leistungsempfänger seinen Wohnsitz, seinen gewöhnlichen Aufenthalt oder seinen Sitz hat.[1]

Als Beweismittel für den Wohnsitz des Leistungsempfängers gelten insbesondere (vgl. Art. 24e MwStVO):

▶ die Rechnungsanschrift des Leistungsempfängers,

▶ Bankangaben, wie der Ort, an dem das bei der unbaren Zahlung der Gegenleistung verwendete Bankkonto geführt wird, oder die der Bank vorliegende Rechnungsanschrift des Leistungsempfängers,

▶ die Zulassungsdaten des vom Leistungsempfängers gemieteten Beförderungsmittels, wenn dieses in dem Staat, in dem es genutzt wird, zugelassen sein muss, oder vergleichbare Informationen,

▶ sonstige für die Vermietung wirtschaftlich wichtige Informationen.

Liegen Hinweise vor, dass der leistende Unternehmer den Ort danach falsch oder missbräuchlich festgelegt hat, kann das für den leistenden Unternehmer zuständige Finanzamt die Vermutungen widerlegen (Art. 24d Abs. 2 MwStVO).

Während insbesondere gewerbliche Autovermieter einschließlich der Leasingunternehmer innerhalb der Europäischen Union bei langfristiger Vermietung von Fahrzeugen an ausländische Unternehmer wegen des zwingenden Übergangs der Steuerschuldnerschaft im anderen Mitgliedstaat lediglich Nettorechnungen mit dem Hinweis auf den Übergang der Steuerschuldnerschaft auf den Leistungsempfänger erteilen (Art. 44, Art. 196 MwStSystRL), werden sie bei privaten Leistungsempfängern zwangsläufig in einem anderen EU-Land registrierungspflichtig.

BEISPIEL: ▶ Ein italienischer Geschäftsmann mietet für eine Europareise einen Pkw bei einem Unternehmer aus Hamburg für 4 Monate. Er nutzt das Fahrzeug in mehreren Ländern im Gemeinschaftsgebiet.

Es handelt sich um eine langfristige Vermietung von Beförderungsmitteln, § 3a Abs. 3 Nr. 2 Satz 1 UStG ist nicht anwendbar. Da die Vermietung an einen Unternehmer und nicht an eine Privatperson erfolgt, kommt auch § 3a Abs. 3 Nr. 2 Satz 3 UStG nicht zur Anwendung. Folglich bestimmt sich der Ort der Dienstleistung nach § 3a Abs. 2 UStG und liegt somit in Italien. Der Vorgang ist daher im Inland nicht steuerbar. Der Vermietungsunternehmer erteilt eine Nettorechnung und weist den Kunden auf den Übergang der Steuerschuldnerschaft hin.

---

1 Abschnitt 3a.5 Abs. 8 UStAE.

ABWANDLUNG: ► Ein italienischer Tourist mietet für eine Europareise einen Pkw bei einem Unternehmer aus Hamburg für 4 Monate. Er nutzt das Fahrzeug in mehreren Ländern im Gemeinschaftsgebiet.

Es handelt sich um eine langfristige Vermietung von Beförderungsmitteln, § 3a Abs. 3 Nr. 2 Satz 1 UStG ist nicht anwendbar. Da die Vermietungsleistung an einen Nichtunternehmer erfolgt, bestimmt sich der Ort der Vermietungsleistung nach § 3a Abs. 3 Nr. 2 Satz 3 UStG und liegt dort, wo der Leistungsempfänger seinen Wohnsitz hat, mithin in Italien. Der Vorgang ist zwar im Inland nicht steuerbar, der Vermietungsunternehmer hat sich aber in Italien umsatzsteuerlich registrieren zu lassen.

Wird die langfristige Vermietung eines Beförderungsmittels an einen Nichtunternehmer erbracht, der in verschiedenen Ländern ansässig ist oder seinen Wohnsitz in einem Land und seinen gewöhnlichen Aufenthaltsort in einem anderen Land hat, ist bei Leistungen an eine nicht unternehmerisch tätige juristische Person, der keine USt-IdNr. erteilt worden ist, der Leistungsort vorrangig an dem Ort, an dem die Handlungen zur zentralen Verwaltung der juristischen Person vorgenommen werden, soweit keine Anhaltspunkte dafür vorliegen, dass die Leistung an deren festen Niederlassung oder Betriebsstätte genutzt oder ausgewertet wird (Art. 24 Buchst. a MwStVO). Bei derartigen Leistungen an eine natürliche Person ist der Leistungsort vorrangig an deren gewöhnlichen Aufenthaltsort, soweit keine Anhaltspunkte dafür vorliegen, dass die Leistung an deren Wohnsitz genutzt oder ausgewertet wird (Art. 24 Buchst. b MwStVO).[1]

HINWEIS:

Seit dem 1. 1. 2013 ist unionsrechtlich die Vermietung von Beförderungsmitteln für einen nicht kürzeren Zeitraum an Unternehmer und Nichtunternehmer vereinheitlicht und gleichermaßen am Ort des Leistungsempfängers zu versteuern (ausgenommen Vermietung von Sportbooten an Nichtunternehmer). Da die Umsetzung des Empfängersitzprinzips bei Nichtunternehmer als Leistungsempfänger in das nationale UStG nicht fristgerecht, sondern erst zum 30. 6. 2013 erfolgte, können sich betroffene Unternehmer für Umsätze vom 1.1. bis zum 29. 6. 2013 entweder auf den Anwendungsvorrang der MwStSystRL berufen (Besteuerung beim Leistungsempfänger nach Art. 56 Abs. 2 MwStSystRL) oder sie können die bisherige Regelung in § 3a Abs. 1 UStG anwenden (Besteuerung am Unternehmenssitz des leistenden Unternehmers). Die Regelung ist in Deutschland erst zwingend für Umsätze ab dem 30. 6. 2013 zu beachten, für Umsätze vom 1.1. - 29. 6. 2013 muss abgewogen werden, auf welche Rechtsauffassung der Unternehmer sich berufen will. Bei der Vermietung an Unternehmer ist bereits seit dem 1. 1. 2010 mangels Ausnahmeregelung der Sitzort des Leistungsempfängers maßgebend (Art. 44 MwStSystRL, § 3a Abs. 2 UStG).

---

1 Abschnitt 3a.5 Abs. 8a UStAE.

Die langfristige Vermietung von Sportbooten an Nichtunternehmer ist davon jedoch ausdrücklich ausgenommen (§ 3a Abs. 3 Nr. 2 Satz 4 UStG).

d) Fahrzeugüberlassung an Mitarbeiter aus dem übrigen Gemeinschaftsgebiet

Überlässt ein Unternehmer seinem Personal ein Fahrzeug auch zur privaten Nutzung ist dies regelmäßig als entgeltliche Vermietung eines Beförderungsmittels anzusehen. Gerade die langfristige Überlassung von Firmenfahrzeugen an Mitarbeiter ist keine unentgeltliche Wertabgabe, sondern vollzieht sich im Leistungsaustausch.[1] Die Gegenleistung des Arbeitnehmers für die Fahrzeugüberlassung besteht regelmäßig in der anteiligen Arbeitsleistung, die er für die Privatnutzung des gestellten Fahrzeugs erbringt.[2] Die Überlassung des Fahrzeugs ist als Vergütung für geleistete Dienste und damit als entgeltlich anzusehen, wenn sie im Arbeitsvertrag geregelt ist oder auf mündlichen Abreden oder sonstigen Umständen des Arbeitsverhältnisses beruht. Von Entgeltlichkeit ist stets auszugehen, wenn das Fahrzeug dem Arbeitnehmer für eine gewisse Dauer und nicht nur gelegentlich zur Privatnutzung überlassen wird.[3]

439

BEISPIEL: ▶ Unternehmer U aus Gronau überlässt seinem Außendienstmitarbeiter M aus den Niederlanden einen betrieblichen Pkw auch für private Zwecke, die Fahrzeugüberlassung ist Gegenstand des Arbeitsvertrages.

U führt mit der Überlassung des Fahrzeugs an seinen Mitarbeiter zur privaten Nutzung eine sonstige Leistung aus, es handelt sich um einen tauschähnlichen Umsatz (§ 3 Abs. 12 UStG). Der Ort der langfristigen Überlassung eines Beförderungsmittels an eine Privatperson liegt nach § 3a Abs. 3 Nr. 2 Satz 3 UStG dort, wo der Leistungsempfänger seinen Wohnsitz hat, mithin in den Niederlanden. Der Vorgang unterliegt in Deutschland nicht der Umsatzsteuer, vielmehr muss sich der leistende Unternehmer in den Niederlanden umsatzsteuerlich registrieren lassen, auch wenn es sich bei diesem Vorgang um den einzig umsatzsteuerlich relevanten Vorgang für ihn in den Niederlanden handelt, denn bei Dienstleistungen gibt es keine Schwellenwerte wie bei Lieferungen (vgl. § 3c UStG).

Da die niederländische Finanzverwaltung in diesen Fällen zurzeit die Rechtsauffassung vertritt, es liegt eine unentgeltliche Wertabgabe vor, wonach das Besteuerungsrecht in Deutschland liegt, kommt es de facto überhaupt nicht zur Besteuerung der Fahrzeugüberlassung. Überlässt ein niederländischer Unternehmer ein Fahrzeug einem Mitarbeiter, der in Deutschland lebt, käme es dagegen zu einer Doppelbesteuerung des Vorgangs.

---

1 Abschnitt 3a.5 Abs. 4 UStAE, Abschnitt 15.23 Abs. 8 UStAE.
2 BFH v. 10. 6. 1999 – V R 87/98, BStBl 1999 II S. 580, so auch BFH v. 12. 1. 2011 – XI R 9/08, BStBl 2012 II S. 58.
3 Abschnitt 15.23 Abs. 9 UStAE.

HINWEIS:

Die Regelung bezieht sich nur auf das Umsatzsteuerrecht. Lohnsteuer und Sozialversicherungsbeiträge müssen in Deutschland abgeführt werden.

Zudem hat uns die Vergangenheit gelehrt, dass Rechtsbegriffe in den einzelnen Mitgliedstaaten unterschiedlich ausgelegt werden, da sie nicht selten historisch gewachsen sind. Daher wurde mittlerweile auch dieses Rechtsproblem zur Festlegung, ob eine Vermietung eines Beförderungsmittels oder eine unentgeltliche Wertabgabe vorliegt, dem Mehrwertsteuer-Ausschuss der EU vorgelegt.

Sollte dieser die Auffassung vertreten, der Vorgang sei als Vermietung eines Beförderungsmittels zu behandeln, müsste im vorliegenden Fall der deutsche Arbeitgeber sich für umsatzsteuerliche Zwecke in den Niederlanden registrieren lassen, während in Deutschland Lohnsteuern und Sozialversicherungsbeiträge abführt. Er hat die Berechnung der Umsatzsteuer nach den Vorschriften des anderen Mitgliedslandes vorzunehmen, d. h., er hat den Steuersatz dieses Landes zu beachten und ggf. abweichende Bestimmungen bei der Berechnung der Besteuerungsgrundlagen, die nicht selten deutlich von der deutschen Rechtslage abweichen.

Sollte der Mehrwertsteuer-Ausschuss dagegen die Rechtsauffassung vertreten, der Vorgang sei als unentgeltliche Wertabgabe anzusehen, wäre der Leistungsort der Sitz des Unternehmers und die Umsatzsteuer würde das Schicksal der Lohnsteuer und Sozialversicherungsbeiträge teilen. Aber ob sich der Ausschuss auch entscheidet, einen solchen Beitrag zur Steuervereinfachung zu leisten?

Von einer **unentgeltlichen Fahrzeugüberlassung** an das Personal zu Privatzwecken kann ausnahmsweise ausgegangen werden, wenn die vereinbarte private Nutzung des Fahrzeugs derart gering ist, dass sie für die Gehaltsbemessung keine wirtschaftliche Rolle spielt und nach den objektiven Gegebenheiten eine weitergehende private Nutzungsmöglichkeit ausscheidet. Danach kann Unentgeltlichkeit nur angenommen werden, wenn dem Arbeitnehmer das Fahrzeug aus besonderem Anlass oder zu einem besonderen Zweck nur gelegentlich an nicht mehr als fünf Kalendertagen im Kalendermonat für private Zwecke überlassen wird.

BEISPIEL: Elektromeister U aus Aachen überlässt einen Transporter seines Unternehmens ausnahmsweise für ein Wochenende einem niederländischen Mitarbeiter, damit dieser den Umzug seiner Schwiegermutter von Maastricht nach Amsterdam durchführen kann.

Da U das Fahrzeug nicht auf Dauer oder regelmäßig seinem Mitarbeiter überlässt, liegt eine unentgeltliche Wertabgabe i. S. des § 3 Abs. 9a Nr. 1 Satz 1 UStG vor. Der Ort dieser unentgeltlichen Wertabgabe liegt in Aachen (§ 3f UStG, vgl. auch Art. 45 MwStSystRL), der Umsatz ist daher in Deutschland steuerbar und steuerpflichtig.

Aus Vereinfachungsgründen ist es nicht zu beanstanden, wenn dabei für die umsatzsteuerrechtliche Bemessungsgrundlage von den lohnsteuerrechtlichen Werten ausgegangen wird.[1]

e) Langfristige Überlassung eines Sportbootes

Bei der Vermietung von Sportbooten an einen Nichtunternehmer wird die Vermietungsleistung dort ausgeführt, wo dem Empfänger das Sportboot tatsächlich zur Verfügung gestellt wird, d. h., ihm übergeben wird, wenn sich auch der Sitz oder eine feste Niederlassung des Unternehmers an diesem Ort befindet (§ 3a Abs. 3 Nr. 2 Satz 4 UStG).[2]

440

> **BEISPIEL:** Der Bootsvermieter H mit Sitz in Hamburg vermietet an den Nichtunternehmer K aus Köln eine Yacht für 4 Monate. Die Yacht liegt in einem italienischen Adriahafen an der festen Niederlassung des H und wird auch hier übergeben.
>
> Der Leistungsort für H liegt nach § 3a Abs. 3 Nr. 2 Satz 4 UStG in Italien, da hier das Sportboot tatsächlich körperlich übergeben wird und sich in Italien eine feste Niederlassung des H befindet.

Sportboote i. S. dieser Regelung sind unabhängig von der Antriebsart sämtliche Boote mit einer Rumpflänge von 2,5 bis 24 Metern, die ihrer Bauart nach für Sport- oder Freizeitzwecke bestimmt sind, insbesondere Segelyachten, Motoryachten, Segelboote, Ruderboote, Paddelboote oder Motorboote.[3]

f) Besonderheiten im Verhältnis zum Drittlandsgebiet

Wird ein Beförderungsmittel durch einen **im Drittlandsgebiet ansässigen Unternehmer** kurzfristig an einen anderen Unternehmer vermietet, bestimmt sich der Leistungsort grds. nach § 3a Abs. 3 Nr. 2 Satz 1 UStG und liegt dort, wo das Beförderungsmittel körperlich übergeben wird. Wird ein Beförderungsmittel durch einen im Drittlandsgebiet ansässigen Unternehmer langfristig an einen anderen Unternehmer vermietet, bestimmt sich der Leistungsort grds. nach § 3a Abs. 2 UStG und liegt beim Leistungsempfänger, da § 3a Abs. 3 Nr. 2 Satz 3 UStG bei Unternehmern als Leistungsempfänger nicht greift.

441

Hat der Leistungsempfänger seinen Sitz im Inland, liegt häufig schon nach diesen Grundregelungen der Ort der Leistung im Inland. Sollte er dagegen nach diesen Grundregelungen nicht im Inland liegen, verlagert sich der Ort der Leistung ins Inland, falls das Beförderungsmittel im Inland genutzt wird (§ 3 Abs. 6 Satz 1 Nr. 1 UStG).

---

1 Abschnitt 15.23 Abs. 12 Satz 6 und 7 UStAE.
2 Abschnitt 3a.5 Abs. 11 UStAE.
3 Abschnitt 3a.5 Abs. 12 UStAE.

Werden Beförderungsmittel langfristig durch einen im Drittlandsgebiet ansässigen Unternehmer an Nichtunternehmer zur Nutzung im Inland vermietet, bestimmt sich der Leistungsort nach § 3a Abs. 6 Satz 1 Nr. 1 UStG, falls er nicht schon nach der Grundregelung des § 3a Abs. 3 Nr. 2 Satz 3 UStG im Inland liegt.

Vermietet ein Unternehmer **aus dem Inland** kurzfristig ein Schienenfahrzeug, einen Kraftomnibus oder ein ausschließlich zur Beförderung von Gegenständen bestimmtes Straßenfahrzeug an einen Drittlandsunternehmer und wird der Gegenstand im Drittland genutzt, gilt die Leistung als im Drittland ausgeführt (§ 3a Abs. 7 UStG). Bei langfristiger Nutzung liegt der Ort der Leistung ebenfalls im Drittlandsgebiet, allerdings bereits nach der Grundregelung des § 3a Abs. 2 UStG.

> **BEISPIEL:** Unternehmer Z aus Zürich vermietet einen Reisebus an Unternehmer F aus Freiburg, der den Bus als Schulbus nutzt. Bei Abholung des Busses in der Schweiz durch U steht die Dauer der Verwendung noch nicht fest.
>
> Bei einer langfristigen Vermietung von Beförderungsmitteln durch Z läge der Ort der Dienstleistung in Freiburg (§ 3a Abs. 2 UStG). F hätte den Übergang der Steuerschuldnerschaft zu beachten (§ 13b Abs. 2 Nr. 1 i. V. m. Abs. 5 Satz 1 UStG), Z hätte eine Rechnung ohne deutsche Umsatzsteuer zu erteilen.
>
> Bei einer kurzfristigen Vermietung des Beförderungsmittels läge der Ort der Dienstleistung grds. in der Schweiz, dem Übergabeort (§ 3a Abs. 3 Nr. 2 Satz 2 UStG). Da F aber seinen Sitz im Drittland hat, verlagert sich der Ort der Leistung ins Inland (§ 3a Abs. 6 Satz 1 Nr. 1 UStG). F hätte den Übergang der Steuerschuldnerschaft zu beachten (§ 13b Abs. 2 Nr. 1 i. V. m. Abs. 5 Satz 1 UStG), Z hätte eine Rechnung ohne deutsche Umsatzsteuer zu erteilen.
>
> In der Praxis bedeutet dies de facto, dass die Beteiligten bei Übergabe des Fahrzeugs die Dauer der Nutzungsüberlassung tatsächlich gar nicht kennen und festlegen müssen.

> **HINWEIS:**
> Zur Abgrenzung dieser Umsätze im Verhältnis zum Drittland siehe auch Rz. 486 ff.

3. Kulturelle, künstlerische, wissenschaftliche, unterrichtende, sportliche und unterhaltende Tätigkeiten einschließlich der Veranstaltungsleistungen

a) Allgemeiner Überblick

442 Bei bestimmten sonstigen Leistungen, die in einem aktiven Tun bestehen, bestimmt die Leistung selbst den Leistungsort, wenn sie an einen Nichtunternehmer erbracht wird (§ 3a Abs. 3 Nr. 3 Buchst. a UStG). Bei diesen Leistungen bestimmt sich der Leistungsort nach dem Ort, an dem die sonstige Leistung

tatsächlich bewirkt wird.[1] Wird die Leistung dagegen an einen Unternehmer erbracht, gilt mangels Ausnahmeregelung das Empfängersitzprinzip (§ 3a Abs. 2 UStG). Leistungen, die darin bestehen, die Eintrittsberechtigung zu derartigen Veranstaltungen einzuräumen, werden dagegen stets am Veranstaltungsort erbracht, unabhängig davon, ob der Leistungsempfänger ein Nichtunternehmer (§ 3a Abs. 3 Nr. 3 Buchst. a UStG) oder ein Unternehmer (§ 3a Abs. 3 Nr. 5 UStG) ist.

> **HINWEIS:**
>
> Damit gilt bei der Verschaffung der Eintrittsberechtigung für Veranstaltungen der Ort der Veranstaltung selbst als Leistungsort, unabhängig vom jeweiligen Leistungsempfänger. Für die Erbringung aller anderen Dienstleistungen in diesem Zusammenhang gilt regelmäßig
>
> ► das Empfängersitzprinzip, wenn der Leistungsempfänger Unternehmer ist (§ 3a Abs. 2 UStG),
>
> ► der Veranstaltungsort, wenn der Leistungsempfänger kein Unternehmer ist (§ 3a Abs. 3 Nr. 3 Buchst. a UStG).
>
> Darüber hinaus ist für Veranstaltungsleistungen bei Messen und Ausstellungen eine Ausnahmeregelung für Veranstaltungen im Drittlandsgebiet zu beachten (§ 3a Abs. 8 UStG).

b) Dienstleistungen an Unternehmer

Für Leistungen in der Unternehmerkette (also insbesondere für Dienstleistungen zur Vorbereitung der Veranstaltungen) gilt mangels Ausnahmeregelung die Grundregelung des **Empfängersitzprinzips** (Art. 44 MwStSystRL, § 3a Abs. 2 UStG). Diese Leistungen gelten mithin als am Ort des Leistungsempfängers erbracht, wenn er die Leistung für sein Unternehmen bezieht. 443

Dienstleistungen, die darin bestehen, die **Eintrittsberechtigung** zu derartigen Veranstaltungen einzuräumen, werden jedoch stets am Veranstaltungsort ausgeführt (Art. 53 MwStSystRL, § 3a Abs. 3 Nr. 5 UStG). 444

> **BEISPIEL:** ► Eine Popband aus London tritt in der Dortmunder Westfalenhalle auf, Veranstalter ist ein Unternehmer aus Hamburg, der auch das Honorar gegenüber der Band schuldet. Die Ton- und Lichttechnik wird von einem Unternehmen aus Ungarn im Auftrag des Veranstalters durchgeführt.
>
> Der Ort der Leistung des Veranstalters bestimmt sich nach § 3a Abs. 3 Nr. 3 Buchst. a bzw. § 3a Abs. 3 Nr. 5 UStG nach dem sog. Veranstaltungsort und wurde somit in Dortmund ausgeführt. Der Verkauf der Eintrittskarten an die Konzertbesucher unterliegt somit der deutschen Umsatzsteuer. Dies gilt auch, wenn die Konzertbesucher Unternehmer sind und die Leistung für ihr Unternehmen bezogen haben. Steuer-

---

1 Abschnitt 3a.6 Abs. 1 UStAE.

schuldner ist der Veranstalter (§ 13a Abs. 1 Nr. 1 UStG), die Regelungen über den Übergang der Steuerschuldnerschaft gelten aus Praktikabilitätsgründen insoweit nicht (§ 13b Abs. 6 Nr. 4 UStG).

Die Leistung der Band erfolgt an einen anderen Unternehmer (Veranstalter) und wurde folglich nach dem Empfängersitzprinzip in Hamburg ausgeführt (§ 3a Abs. 2 UStG). Der Veranstalter aus Hamburg hat bei der Abrechnung den Übergang der Steuerschuldnerschaft zu beachten (§ 13b Abs. 1 i. V. m. Abs. 5 Satz 1 UStG). Die Band erhält in der Praxis ihr Honorar regelmäßig im Wege der Gutschrift, diese hat folglich netto zu erfolgen.

Die Leistungen des Unternehmers aus Ungarn werden ebenfalls in Hamburg ausgeführt, auch insoweit gilt das Empfängersitzprinzip einschließlich des Übergangs der Steuerschuldnerschaft auf den Veranstalter für diese Leistung (§ 3a Abs. 2 i. V. m. § 13b Abs. 1 i. V. m. Abs. 5 Satz 1 UStG). Auch insoweit ist folglich netto abzurechnen.

c) Dienstleistungen an Nichtunternehmer

445 Als Ort der Dienstleistungen auf dem Gebiet der Kultur, der Künste, des Sports, der Wissenschaften, des Unterrichts, der Unterhaltung oder ähnlicher Leistungen wie Leistungen im Zusammenhang mit Messen und Ausstellungen einschließlich der Dienstleistungen der Veranstalter solcher Tätigkeiten sowie der damit zusammenhängenden Tätigkeiten, die für die Ausübung der Leistungen unerlässlich sind, gilt als Leistungsort der Ort, an dem diese Leistungen tatsächlich ausgeübt werden, wenn der Empfänger kein Unternehmer bzw. juristische Person mit USt-IdNr. ist (Art. 54 Abs. 1 MwStSystRL, § 3a Abs. 3 Buchst. a UStG). Unter die genannten Leistungen i. S. des § 3a Abs. 3 Nr. 3 Buchst. a UStG fallen auch Dienstleistungen, die darin bestehen, die Eintrittsberechtigung zu derartigen Veranstaltungen einzuräumen. Die Regelung ist auch anzuwenden beim Verkauf von Eintrittskarten für derartige Veranstaltungen durch einen anderen Unternehmer als den Veranstalter, nicht aber bei bloßen Vermittlungsleistungen.[1] Auch die Einräumung der Berechtigung, auf mehreren Golfplätzen im In- und Ausland Golf zu spielen, richtet sich nach dieser Vorschrift.[2]

Bei diesen Leistungen ist maßgebend, wo die entscheidenden Bedingungen zum Erfolg gesetzt werden. Es kommt nicht darauf an, wo der Unternehmer im Rahmen seiner Gesamttätigkeit überwiegend tätig wird, sondern wo er den einzelnen zu beurteilenden Umsatz ausführt, also regelmäßig am Veranstaltungsort. Dies gilt auch für die Leistungen der Veranstalter und für Un-

---

1 Abschnitt 3a.6 Abs. 2 UStAE.
2 Abschnitt 3a.6 Abs. 5a UStAE; BFH v. 12. 10. 2016 – XI R 5/14, BStBl 2017 II S. 500.

ternehmer, die die tontechnischen Leistungen (z. B. Akustik) dieser Veranstaltungen übernehmen.[1]

BEISPIEL: ▶ Ein selbständiger Artist aus Pisa tritt auf einem Kindergeburtstag in Rosenheim auf und erteilt den Eltern eine Rechnung über 400 €. Seine Darbietungen, die er auf solchen Feierlichkeiten anbietet, hat er ausnahmslos in Italien einstudiert und erprobt.

Der Ort der sonstigen Leistung liegt in Rosenheim am Veranstaltungsort (§ 3a Abs. 3 Nr. 3a UStG).

Insbesondere bei künstlerischen und wissenschaftlichen Leistungen ist zu beachten, dass sich im Falle der reinen **Übertragung von Nutzungsrechten** wie Urheberrechten und ähnlichen Rechten an Abnehmer, die keine Unternehmer sind, der Leistungsort nicht nach § 3a Abs. 3 Nr. 3 Buchst. a UStG richtet, sondern nach § 3a Abs. 1 oder Abs. 4 UStG.[2]

Die Frage, ob bei einem wissenschaftlichen **Gutachten** eine wissenschaftliche Leistung nach § 3a Abs. 3 Nr. 3 Buchst. a UStG oder eine Beratungsleistung vorliegt, ist nach dem Zweck zu beurteilen, den der Auftraggeber mit dem von ihm bestellten Gutachten verfolgt. Eine wissenschaftliche Leistung i. S. des § 3a Abs. 3 Nr. 3 Buchst. a UStG setzt voraus, dass das erstellte Gutachten nicht auf Beratung des Auftraggebers gerichtet ist; dies ist der Fall, wenn das Gutachten nach seinem Zweck keine konkrete Entscheidungshilfe für den Auftraggeber darstellt. Soll das Gutachten dem Auftraggeber dagegen als Entscheidungshilfe für die Lösung konkreter technischer, wirtschaftlicher oder rechtlicher Fragen dienen, liegt eine Beratungsleistung vor. Der Leistungsort bestimmt sich dann nach § 3a Abs. 1, Abs. 2 oder Abs. 4 Satz 1 UStG.[3]

BEISPIEL: ▶ Ein Wirtschaftsforschungsunternehmen aus Den Haag erhält von einer inländischen juristischen Person des öffentlichen Rechts, die nicht unternehmerisch tätig und der keine USt-IdNr. erteilt worden ist, den Auftrag, in Form eines Gutachtens Struktur- und Standortanalysen für die Errichtung von Gewerbebetrieben zu erstellen.

Auch wenn das Gutachten nach wissenschaftlichen Grundsätzen erstellt worden ist, handelt es sich um eine Beratung, da das Gutachten zur Lösung konkreter wirtschaftlicher Fragen verwendet werden soll. Der Leistungsort bestimmt sich nach § 3a Abs. 1 UStG und liegt folglich in Den Haag.

Eine sonstige Leistung, die darin besteht, der Allgemeinheit gegen Entgelt die **Benutzung von Geldspielautomaten** zu ermöglichen, die in Spielhallen auf-

---

1 Abschnitt 3a.6 Abs. 3 UStAE, EuGH, Urteil v. 26. 9. 1996 – C-327/94, BStBl 1998 II S. 313.
2 Abschnitt 3a.6 Abs. 4 UStAE.
3 Abschnitt 3a.6 Abs. 5 UStAE.

gestellt sind, ist als unterhaltende oder ähnliche Tätigkeit nach § 3a Abs. 3 Nr. 3 Buchst. a UStG anzusehen.[1] Für die Benutzung von Geldspielautomaten außerhalb von Spielhallen richtet sich der Leistungsort nach § 3a Abs. 1 UStG.[2]

d) Eintrittsberechtigung zu entsprechenden Veranstaltungen

446   Dienstleistungen, die darin bestehen, die Eintrittsberechtigungen zu Veranstaltungen einzuräumen, werden stets am Veranstaltungsort ausgeführt, ungeachtet der Frage, ob der Leistungsempfänger Nichtunternehmer (§ 3a Abs. 3 Nr. 3 Buchst. a UStG) oder Unternehmer (§ 3a Abs. 3 Nr. 5 UStG) ist.

Zu den Dienstleistungen betreffend die Eintrittsberechtigung zu entsprechenden Veranstaltungen gehören Dienstleistungen, deren wesentliche Merkmale darin bestehen, gegen eine Eintrittskarte oder eine Vergütung, auch in Form eines Abonnements oder einer regelmäßigen Gebühr, das Recht auf Eintritt zu einer Veranstaltung zu gewähren (Art. 32 MwStVO). Zu den Eintrittsberechtigungen i. S. des § 3a Abs. 3 Nr. 3 Buchst. a UStG bzw. § 3a Abs. 3 Nr. 5 UStG gehören demnach insbesondere:[3]

- ▶ das Recht auf Zugang zu Darbietungen, Theateraufführungen, Zirkusvorstellungen, Freizeitparks, Konzerten, Ausstellungen sowie zu anderen ähnlichen kulturellen Veranstaltungen, auch wenn das Entgelt in Form eines Abonnements oder eines Jahresbeitrags entrichtet wird,

- ▶ das Recht auf Zugang zu Sportveranstaltungen wie Spiele und Wettkämpfe gegen Entgelt, auch wenn das Entgelt in Form einer Zahlung für einen bestimmten Zeitraum oder eine festgelegte Anzahl von Veranstaltungen in einem Betrag erfolgt,

- ▶ das Recht auf Zugang zu der Allgemeinheit offen stehenden Veranstaltungen auf dem Gebiet des Unterrichts und der Wissenschaft, wie bspw. Konferenzen und Seminare (Art. 32 Abs. 2 Buchst. c MwStVO). Dies gilt unabhängig davon, ob der Unternehmer selbst oder ein Arbeitnehmer an der Veranstaltung teilnimmt und das Entgelt vom Unternehmer (Arbeitgeber) entrichtet wird. Zu den damit zusammenhängenden Dienstleistungen gehören insbesondere die Nutzung der Garderobe oder von sanitären Einrichtungen, nicht aber bloße Vermittlungsleistungen im Zusammenhang mit dem Verkauf der Eintrittskarten (Art. 33 MwStVO).

---

1 EuGH, Urteil v. 12. 5. 2005 – C-452/03, UR 2005 S. 443.
2 EuGH, Urteil v. 4. 7. 1985 – C-168/84, EuGHE 1985 S. 2251.
3 Abschnitt 3a.6 Abs. 13 UStAE.

BEISPIEL: ▶ Ein deutscher Seminaranbieter schult die Mitarbeiter eines niederländischen Unternehmens während ihres Aufenthaltes in Barcelona.

Der Ort der Dienstleistung des Seminaranbieters gegenüber dem niederländischen Unternehmer liegt in Barcelona, denn das Honorar des niederländischen Kunden stellt die „Eintrittsberechtigung" für das Seminar dar (§ 3a Abs. 3 Nr. 5 UStG). Folglich hat der deutsche Seminaranbieter gegenüber dem niederländischen Kunden nach spanischem Recht abzurechnen.

ABWANDLUNG 1: ▶ Wie vor, es handelt sich um deutsche Seminarteilnehmer, der deutsche Seminaranbieter rechnet mit dem deutschen Unternehmen ab.

Der Ort der Dienstleistung liegt wiederum in Barcelona, d. h., der deutsche Seminaranbieter hat gegenüber dem deutschen Kunden nach spanischem Recht abzurechnen. Da sich der Ort der Dienstleistung gerade nicht nach der Grundregelung des § 3a Abs. 2 UStG richtet, wäre eine Abrechnung mit deutscher Umsatzsteuer zwischen den beiden deutschen Unternehmen unzutreffend. Ob und für wen in der Kette dieser Leistungen eine Registrierungspflicht in Spanien besteht oder ob und dann ggf. für wen der Übergang der Steuerschuldnerschaft zur Anwendung kommt, richtet sich ausschließlich nach spanischem Recht und muss daher von den Beteiligten in der Praxis erfragt werden.

ABWANDLUNG 2: ▶ Wie vor, der deutsche Dozent D schult im Auftrag des deutschen Seminaranbieters die Mitarbeiter des deutschen Unternehmens während des Aufenthalts in Barcelona.

Der Ort der Leistung des Dozenten gegenüber dem deutschen Seminaranbieter liegt nicht am Veranstaltungsort in Barcelona, da § 3a Abs. 3 Nr. 3 Buchst. a UStG für derartige Leistungen in der Unternehmerkette nicht zur Anwendung kommt. Der Dozent erbringt keine Veranstaltungsleistung, sondern eine Dienstleistung gegenüber dem deutschen Seminaranbieter. Der Ort der Leistung bestimmt sich nach § 3a Abs. 2 UStG und liegt in Deutschland.

Zu den Eintrittsberechtigungen gehören auch die damit im Zusammenhang stehenden Nebenleistungen, wie z. B. Beförderungsleistungen, Vermietung von Fahrzeugen oder Unterbringung, wenn diese Leistungen vom Veranstalter der Messe, der Ausstellung oder des Kongresses zusammen mit der Einräumung der Eintrittsberechtigung als einheitliche Leistung angeboten werden.[1]

Fachtagungen und Fachseminare fallen unter § 3a Abs. 3 Nr. 5 UStG, auch wenn sich diese Seminare naturgemäß nur an ein entsprechend begrenztes Fachpublikum richten. Ist dagegen ein Seminar nicht für die Öffentlichkeit allgemein zugänglich (z. B. Inhouse-Seminare), fällt der Umsatz nicht unter die Eintrittsberechtigungen nach § 3a Abs. 3 Nr. 5 UStG. Der Leistungsort richtet sich dann wiederum nach den allgemeinen Regelungen und fällt regelmäßig unter § 3a Abs. 2 UStG.

---

1 Abschnitt 3a.6 Abs. 13 Satz 4 UStAE.

Die Regelung in § 3a Abs. 3 Nr. 3 Buchst. a bzw. in § 3a Abs. 3 Nr. 5 UStG ist auch anzuwenden beim Verkauf von Eintrittskarten durch einen anderen Unternehmer als den Veranstalter, denn durch den Verkauf von Eintrittskarten wird dem Erwerber das Recht auf Zugang zu den jeweiligen Veranstaltungen verschafft.[1] Dies gilt nicht für die Vermittlung von Eintrittsberechtigungen (Art. 33 Satz 2 MwStVO).[2]

Nicht unter § 3a Abs. 3 Nr. 5 UStG fallen Leistungen, die die ausschließliche Nutzung von Räumlichkeiten zum Inhalt haben, z. B. die Anmietung von Turnhallen (Art. 32 Abs. 3 MwStVO).[3]

4. Dienstleistungen im Zusammenhang mit Messen, Ausstellungen und Kongressen

a) Leistungen im Zusammenhang mit einem Grundstück

447 Bei der Überlassung von Standflächen auf Messen und Ausstellungen an die Aussteller handelt es sich regelmäßig um sonstige Leistungen im Zusammenhang mit einem Grundstück. Diese Leistungen werden dort ausgeführt, wo die Standflächen liegen. Dies gilt entsprechend für die Überlassung von Räumen und ihren Einrichtungen an die Aussteller auf dem Messegelände für Informationsveranstaltungen einschließlich der üblichen Nebenleistungen sowie die Überlassung von Parkplätzen auf dem Messegelände. Übliche Nebenleistungen sind z. B. die Überlassung von Mikrofonanlagen und Simultandolmetscheranlagen sowie Bestuhlungsdienste, Garderobendienste und Hinweisdienste.[4]

HINWEIS:

Die Vermietung eines Messestandes allein stellt dagegen die Vermietung von beweglichen körperlichen Gegenständen dar,[5] die nach dem Empfängersitzprinzip zu versteuern ist. Wird der Messestand zusammen mit der Standfläche überlassen, gilt wiederum das Belegenheitsprinzip des § 3a Abs. 3 Nr. 1 UStG.

b) Einheitliche Veranstaltungsleistungen

448 Leistungen bei Messen, Ausstellungen und Kongressen werden regelmäßig im Rahmen eines Vertrages besonderer Art erbracht. In der Regel erbringen Unternehmer neben der Überlassung von Standflächen eine Reihe weiterer Leis-

---

1 Abschnitt 3a.6 Abs. 2 Satz 2 UStAE.
2 Abschnitt 3a.6 Abs. 2 Satz 4 i. V. m. Abschnitt 3a.6 Abs. 13 Satz 7 UStAE.
3 Abschnitt 3a.6 Abs. 13 Satz 6 UStAE.
4 Abschnitt 3a.4 Abs. 1 UStAE.
5 Abschnitt 3a.9 Abs. 19 UStAE.

tungen an die Aussteller, z. B. die technische Versorgung der überlassenen Stände, die Standbetreuung und die Reinigung der Stände. Erbringen Dienstleistungsunternehmen eine Vielzahl von sonstigen Leistungen an Messeaussteller, liegt regelmäßig eine **einheitliche Veranstaltungsleistung** vor.[1] Entsprechendes Handelt es sich um eine solche einheitliche Veranstaltungsleistung, bestimmt sich der Ort dieser Dienstleistung grds. nach dem Empfängersitzprinzip i. S. des § 3a Abs. 2 UStG, wenn der Leistungsempfänger Unternehmer oder ein vergleichbarer Leistungsempfänger ist. Ist in den Fällen einer einheitlichen Veranstaltungsleistung der Leistungsempfänger ein Nichtunternehmer, richtet sich der Leistungsort nach § 3a Abs. 3 Nr. 3 Buchst. a UStG. Gleiches gilt für die Überlassung von Flächen in einem Hotel einschließlich der Konferenztechnik.[2]

Eine derartige einheitliche Veranstaltungsleistung kann zur Vereinfachung nach Auffassung der Finanzverwaltung angenommen werden, wenn neben der Überlassung von Standflächen zumindest noch drei weitere Leistungen vertraglich vereinbart worden sind und auch tatsächlich erbracht werden. Werden nachträglich die Erbringung weiterer Leistungen zwischen Auftragnehmer und Auftraggeber vereinbart, gilt dies als Vertragsergänzung und wird in die Beurteilung für das Vorliegen einer einheitlichen Veranstaltungsleistung einbezogen.[3]

c) Erbringung einzelner Leistungen

Werden im Zusammenhang mit Messen, Ausstellungen und Kongressen Leistungen als selbständige Leistungen *einzeln* erbracht, gilt nach Auffassung der Finanzverwaltung folgende Rechtsauffassung:[4]   449

▶ Der Leistungsort bei der Abgabe von Energie als Nebenleistung zur Überlassung der Standflächen (Strom, Gas, Wasser und Druckluft) bestimmt sich nach § 3a Abs. 3 Nr. 1 Buchst. a UStG, wenn diese Leistungen umsatzsteuerlich Nebenleistungen zur Hauptleistung der Überlassung der Standflächen darstellen.[5]

▶ Bei der Herstellung der Anschlüsse für Strom, Gas, Wasser, Wärme, Druckluft, Telefon, Telefax, Internetzugang und Lautsprecheranlagen für die über-

---

1 EuGH, Urteil v. 9. 3. 2006 – C-114/05, UR 2006 S. 350.

2 Abschnitt 3a.4 Abs. 2a UStAE.

3 Abschnitt 3a.4 Abs. 2 Satz 5 und 6 UStAE.

4 Abschnitt 3a.4 Abs. 3 UStAE.

5 Abschnitt 3a.4 Abs. 2 Nr. 1 Buchst. b UStAE, Abschnitt 3a.4 Abs. 1 UStAE.

lassenen Stände richtet sich der Leistungsort nach den Grundregeln des § 3a Abs. 1 und 2 UStG.[1]

► Der Leistungsort bei der Planung, Gestaltung sowie dem Aufbau, Umbau und Abbau von Ständen bestimmt sich nach den Grundregeln des § 3a Abs. 2 und Abs. 1 UStG, ggf. auch nach § 3a Abs. 3 Nr. 3 Buchst. a oder § 3a Abs. 4 Nr. 2 UStG. Unter „Planung" fallen auch insbesondere Architektenleistungen, z. B. der Entwurf für einen Stand, zur „Gestaltung" zählt z. B. die Leistung eines Gartengestalters oder eines Beleuchtungsfachmanns.[2]

► Der Leistungsort bei der Standbetreuung und -überwachung, bei der bei der Reinigung der Stände, bei der Überlassung von Garderoben und Schließfächern auf dem Messegelände, bei der Überlassung von Informationssystemen, z. B. von Bildschirmgeräten oder Lautsprecheranlagen, mit deren Hilfe die Besucher der Messen oder Ausstellungen unterrichtet werden sollen, und bei der Zurverfügungstellung von Schreibdiensten und ähnlichen Leistungen auf dem Messegelände wird nach den Grundregeln des § 3a Abs. 2 und Abs. 1 UStG bestimmt.[3]

► Hinsichtlich der Überlassung von Standbauteilen und Einrichtungsgegenständen bestimmt sich der Ort der sonstigen Leistung nach den Grundregeln des § 3a Abs. 2 und Abs. 1 UStG, ggf. auch nach § 3a Abs. 4 Nr. 10 UStG.[4]

► Bei der Überlassung von Telefonapparaten, Telefaxgeräten und sonstigen Kommunikationsmitteln zur Nutzung durch die Aufsteller richtet sich der Leistungsort nach den Grundregeln des § 3a Abs. 2 UStG, ggf. auch nach § 3a Abs. 5 oder § 3a Abs. 6 Nr. 3 UStG.[5]

► Bei der Beförderung und Lagerung von Ausstellungsgegenständen wie Exponaten und Standausrüstungen richtet sich der Leistungsort nach der Grundregelung des § 3a Abs. 2 UStG, ggf. nach § 3a Abs. 8 UStG, bei Nichtunternehmern als Leistungsempfänger ggf. nach § 3b UStG.[6]

---

1 Abschnitt 3a.4 Abs. 2 Nr. 1 Buchst. a UStAE, Abschnitt 3a.4 Abs. 3 Nr. 1 UStAE.
2 Abschnitt 3a.4 Abs. 2 Nr. 2 UStAE, Abschnitt 3a.4 Abs. 3 Nr. 2 UStAE, Abschnitt 3a.6 Abs. 7 UStAE, Abschnitt 3a.9 Abs. 8a UStAE.
3 Abschnitt 3a.4 Abs. 2 Nr. 4, 5, 6, 9 und 10 UStAE, Abschnitt 3a.4 Abs. 3 Nr. 1 UStAE.
4 Abschnitt 3a.4 Abs. 2 Nr. 3 UStAE, Abschnitt 3a.4 Abs. 3 Nr. 3 UStAE i. V. m. Abschnitt 3a.2 Abs. 16 UStAE, Abschnitt 3a.9 Abs. 19 UStAE.
5 Abschnitt 3a.4 Abs. 2 Nr. 8 UStAE, Abschnitt 3a.4 Abs. 3 Nr. 5 UStAE.
6 Abschnitt 3a.4 Abs. 2 Nr. 11 UStAE, Abschnitt 3a Abs. 3 Nr. 6 und 7 UStAE.

▶ Bei Übersetzungsdiensten richtet sich der Ort der Dienstleistungen nach den Grundregeln in § 3a Abs. 2 und Abs. 1 UStG, ggf. auch nach § 3a Abs. 4 Nr. 3 und Abs. 6 Nr. 2 UStG.[1]

▶ Bei Leistungen im Zusammenhang mit Eintragungen in Messekatalogen, der Aufnahme von Werbeanzeigen usw. in Messekatalogen, Zeitungen, Zeitschriften usw., Anbringen von Werbeplakaten, Verteilung von Werbeprospekten und ähnliche Werbemaßnahmen richtet sich der Leistungsort nach den Grundregeln des § 3a Abs. 2 und Abs. 1 UStG, ggf. auch nach § 3a Abs. 4 Nr. 2 und Abs. 6 Nr. 2 UStG.[2]

▶ Bei Leistungen im Zusammenhang mit dem Besuchermarketing sowie der Vorbereitung und Durchführung von Foren und Sonderschauen, von Pressekonferenzen von Eröffnungsveranstaltungen und Ausstellerabenden und dergleichen richtet sich die Bestimmung des Leistungsortes nach den Grundregeln des § 3a Abs. 2 und Abs. 1 UStG, ggf. auch nach § 3a Abs. 4 Nr. 2 und Abs. 6 Nr. 2 UStG.[3]

▶ Bei der Gestellung von Personal, insbesondere Hosts und Hostessen, richtet sich der Leistungsort nach den Grundregeln in § 3a Abs. 2 und 1 UStG, ggf. nach § 3a Abs. 4 Nr. 7 oder § 3a Abs. 6 Nr. 2 UStG.[4]

HINWEIS:

Messebauer, die lediglich Stände auf- und abbauen und ihre Leistung gegenüber anderen Unternehmen erbringen, haben daher ihre Leistungen nach den Grundregelungen des Empfängersitzprinzips zu versteuern (§ 3a Abs. 2 UStG); Leistungen gegenüber Nichtunternehmern unterliegen der Sonderregelung des § 3a Abs. 3 Nr. 3 Buchst. b UStG.[5]

Bei der Planung und Gestaltung von Ständen im Zusammenhang mit Messen und Ausstellungen liegt eine Leistung i. S. des § 3a Abs. 3 Nr. 3 Buchst. a UStG vor, wenn dieser Stand für eine bestimmte Messe oder Ausstellung im Bereich der Kultur, der Künste, des Sports, der Wissenschaften, des Unterrichts, der Unterhaltung oder einem ähnlichen Gebiet bestimmt ist.[6]

Übernachtungs- und Verpflegungsleistungen sind stets als eigenständige Leistungen zu beurteilen.[7]

---

1 Abschnitt 3a.4 Abs. 2 Nr. 12 UStAE, Abschnitt 3a.4 Abs. 3 Nr. 8 UStAE.
2 Abschnitt 3a.4 Abs. 2 Nr. 13 UStAE, Abschnitt 3a Abs. 3 Nr. 9 UStAE.
3 Abschnitt 3a.4 Abs. 2 Nr. 14 und 15 UStAE, Abschnitt 3a.4 Abs. 3 Nr. 10 UStAE.
4 Abschnitt 3a.4 Abs. 2 Nr. 16 UStAE, Abschnitt 3a.4 Abs. 3 Nr. 11 UStAE.
5 EuGH, Urteil-Urteil v. 27. 10. 2011 – C-530/09, DStR 2011 S. 2145.
6 Abschnitt 3a.6 Abs. 7 UStAE, EuGH, Urteil v. 27. 10. 2011 – C-530/09, BStBl 2012 II S. 160.
7 Abschnitt 3a.4 Abs. 2 Satz 7 UStAE.

450 Im Rahmen von Messen und Ausstellungen werden häufig auch Gemeinschaftsausstellungen durchgeführt, z. B. von Ausstellern, die in demselben ausländischen Staat ansässig sind. Vielfach ist in diesen zwischen dem Veranstalter und den Ausstellern ein Unternehmen zwischengeschaltet, das im eigenen Namen die Gemeinschaftsausstellung organisiert (sog. **Durchführungsgesellschaft**). In diesen Fällen erbringt der Veranstalter seine sonstigen Leistungen an die zwischengeschaltete Durchführungsgesellschaft, diese wiederum erbringt die sonstigen Leistungen an die an der Gemeinschaftsausstellung beteiligten Aussteller. Für die umsatzsteuerliche Behandlung der Leistungen der Durchführungsgesellschaften gelten die Ausführungen entsprechend.[1]

Beauftragten ausländische Staaten mit der Organisation von Gemeinschaftsausstellungen keine Durchführungsgesellschaft, sondern eine staatliche Stelle, sind diese Stellen als Unternehmer und damit de facto als Durchführungsgesellschaft anzusehen.[2]

> **BEISPIEL:** ► Ein Messeveranstalter aus Ungarn organisiert eine Messe in Köln und lässt sich durch eine Durchführungsgesellschaft aus Frankreich alle dazu notwendigen Dienstleistungen besorgen.
>
> Der Ort der Leistung für die Leistung des Veranstalters aus Ungarn liegt in Köln, da alle derartige Leistungen („Eintrittsberechtigungen") am Veranstaltungsort als ausgeführt gelten (§ 3a Abs. 3 Nr. 3 Buchst. a bzw. § 3a Abs. 3 Nr. 5 UStG).
>
> Die Dienstleistungen der französischen Durchführungsgesellschaft an den Veranstalter aus Ungarn gelten beim Leistungsempfänger in Ungarn als erbracht (§ 3a Abs. 2 UStG).

> **HINWEIS:**
>
> Ist die Festlegung des Leistungsorts bei Veranstaltungsleistungen auf Grund des Rechts eines anderen Mitgliedstaates ausnahmsweise abweichend von diesen Grundsätzen vorgenommen worden, lässt die Finanzverwaltung zu, dass dieser Ortsregelung gefolgt wird.[3]

d) Veranstaltungsleistungen im Drittlandsgebiet

451 Bei Messen, Ausstellungen und Kongressen, die im Drittlandsgebiet stattfinden, ist dagegen der Veranstaltungsort maßgebend (§ 3a Abs. 8 UStG). Unternehmer, die neben der Überlassung von Standflächen noch weitere Leistungen ausführen (z. B. technische Versorgung der Stände, Auf- und Abbau der Stände, Betreuung und Reinigung der Stände und dergleichen), haben danach ihre sog.

---

1 Abschnitt 3a.4 Abs. 4 UStAE.
2 Abschnitt 3a.4 Abs. 5 UStAE.
3 Abschnitt 3a.4 Abs. 6 UStAE.

einheitlichen Veranstaltungsleistungen abweichend von § 3a Abs. 2 UStG nicht beim Leistungsempfänger, sondern doch wieder am Veranstaltungsort erbracht, wenn dieser im Drittland liegt. Die Regelung gilt nur für Veranstaltungsleistungen und nur für Leistungsempfänger i. S. des § 3a Abs. 2 UStG, also regelmäßig andere Unternehmer. Ausgenommen hiervon sind Leistungen, die in einem der in § 1 Abs. 3 UStG genannten Gebiete (insbesondere Freihäfen) erbracht werden (§ 3a Abs. 8 Satz 2 UStG).[1]

5. Restaurationsleistungen

a) Grundregelung

Als Restaurations- und Verpflegedienstleistungen gelten die Abgabe zubereiteter oder nicht zubereiteter Speisen und/oder Getränke, zusammen mit ausreichend unterstützenden Dienstleistungen, die deren sofortigen Verzehr ermöglichen. Die Abgabe von Speisen und Getränken ist nur eine Komponente der gesamten Leistung, bei der der Dienstleistungsanteil überwiegt. Restaurationsleistungen sind die Erbringung solcher Dienstleistungen in den Räumlichkeiten des Dienstleistungserbringers, Verpflegedienstleistungen sind die Erbringung solcher Dienstleistungen an einem anderen Ort als den Räumlichkeiten des Dienstleistungserbringers (Art. 6 Abs. 1 MwStVO). Die Regelung umfasst auch Cateringunternehmen, sofern sie Dienstleistungen und keine Lieferungen erbringen. Die Abgabe von zubereiteten Speisen oder nicht zubereiteten Speisen und/oder Getränken mit oder ohne Beförderung, jedoch ohne andere unterstützende Dienstleistungen, gilt nicht als Restaurations- oder Verpflegedienstleistung. Insoweit liegen Lieferungen vor (Art. 6 Abs. 2 MwStVO).[2]

452

Als Ort der einer Restaurations- oder Verpflegedienstleistung gilt der Ort, an dem die Leistungen tatsächlich erbracht werden (Art. 55 MwStSystRL, § 3a Abs. 3 Nr. 3 Buchst. b UStG). **Die Ortsbestimmung gilt für Restaurantleistungen sowohl an Unternehmer als auch an Nichtunternehmer.**[3]

BEISPIEL: Ein Cateringunternehmen aus Borken erbringt eine Bewirtungsleistung in Winterswijk (NL) und liefert ein warmes Buffet für eine größere Feier. Geschirr und Personal werden gestellt. Der Leistungsempfänger ist

a) Unternehmer.

b) Privatperson.

---

1 Abschnitt 3a.14 Abs. 5 UStAE.
2 BMF, Schreiben v. 16. 10. 2008, BStBl 2008 I S. 949; BMF, Schreiben v. 29. 3. 2010, BStBl 2010 I S. 330.
3 Abschnitt 3a.6 Abs. 8 UStAE.

Es liegt eine sonstige Leistung vor, da bei einem Catering-Unternehmen die Dienstleistungselemente überwiegen.[1] Der Ort der sonstigen Leistung ist in den Niederlanden (§ 3a Abs. 3 Nr. 3 Buchst. b UStG), unabhängig von der Person des Leistungsempfängers.

b) Sonderregel für Restaurations- und Verpflegungsdienstleistungen an Bord eines Schiffes, eines Flugzeugs oder in der Eisenbahn

453 Als Ort der Abgabe von Speisen und Getränken zum Verzehr an Ort und Stelle (Restaurationsleistungen), die an Bord eines Schiffes, eines Flugzeugs oder in der Eisenbahn während des innerhalb der EU stattfinden Teils einer Personenbeförderung tatsächlich erbracht werden, gilt der Abgangsort der Personenbeförderung (Art. 57 Abs. 1 MwStSystRL, § 3e Abs. 1 UStG). Die Regelung gilt nur für Restaurationsleistungen, die selbständige Hauptleistungen darstellen.[2] **Die Vorschrift gilt für Leistungen sowohl an Unternehmer als auch an Nichtunternehmer.**

Werden Restaurant- oder Verpflegedienstleistungen an Bord eines Beförderungsmittels erbracht, ist die Reisestrecke des Beförderungsmittels, nicht die der beförderten Personen für die Ortsbestimmung maßgebend (Art. 35 MwStVO). Als „innerhalb der Gemeinschaft stattfindender Teil einer Personenbeförderung" gilt der Teil einer Beförderung zwischen dem Abgangsort und dem Ankunftsort einer Personenbeförderung, der ohne Zwischenaufenthalt außerhalb der Gemeinschaft erfolgt. „Abgangsort einer Personenbeförderung" ist der erste Ort innerhalb der Gemeinschaft, an dem Reisende in das Beförderungsmittel einsteigen können, gegebenenfalls nach einem Zwischenaufenthalt außerhalb der Gemeinschaft. „Ankunftsort einer Personenbeförderung" ist der letzte Ort innerhalb der Gemeinschaft, an dem in der Gemeinschaft zugestiegene Reisende das Beförderungsmittel verlassen können, ggf. vor einem Zwischenaufenthalt außerhalb der Gemeinschaft. Im Falle einer Hin- und Rückfahrt gilt die Rückfahrt als gesonderte Beförderung (Art. 57 Abs. 2 MwStSystRL, § 3e Abs. 2 UStG).

BEISPIEL: ▶ In Frankfurt steigt ein Passagier in den TGV von Paris nach Basel und isst ausgiebig im Speisewagen.

Als Ort der Dienstleistung gilt Paris, da hier die Beförderungsstrecke begonnen hat. Maßgebend ist der Abgangsort des Beförderungsmittels, nicht des beförderten Passagiers. Dies gilt auch dann, wenn eine Mahlzeit über die Grenze zum Drittland (hier Schweiz) hinweg fortdauert.

---

1 EuGH, Urteile v. 10. 3. 2011 – C-497/09, C-501/09, C-502/09, DStR 2011 S. 515.
2 BFH v. 27. 2. 2014 – V R 14/13, BStBl 2014 II S. 869.

Ausgenommen sind lediglich Restaurationsleistungen während eines Zwischenaufenthalts eines Schiffs im Drittland, bei denen die Reisenden das Schiff, und sei es nur für kurze Zeit, verlassen können, sowie während des Aufenthalts des Schiffs im Hoheitsgebiet dieses Staates. Restaurationsleistungen auf einem Schiff während eines solchen Zwischenaufenthalts und im Verlauf der Beförderung im Hoheitsgebiet dieses Staates unterliegen der Besteuerungskompetenz des Staates, in dem der Zwischenaufenthalt erfolgt.[1]

HINWEIS:

Restaurationsleistungen an Bord von Schiffen, in Luftfahrzeugen oder in einer Eisenbahn sind aus dem Anwendungsbereich der Steuerschuldnerschaft des Leistungsempfängers herausgenommen (§ 13b Abs. 6 Nr. 6 UStG). Steuerschuldner ist daher insoweit der leistende ausländische Unternehmer.

6. Personenbeförderungen

Eine selbständige Beförderungsleistung liegt vor, wenn ein Unternehmer eine bestimmte Beförderung von Personen schuldet und der Unternehmer diese unter eigener Verantwortung vornimmt. In den Fällen, in denen der mit der Beförderung beauftragte Unternehmer die Beförderung durch einen anderen Unternehmer (Subunternehmer) ausführen lässt, werden sowohl die Beförderungsleistung des Hauptunternehmers als auch diejenige des Subunternehmers dort ausgeführt, wo der Subunternehmer die Beförderung bewirkt. Die Sonderregelung für Reiseleistungen (§ 25 UStG) bleibt davon unberührt.

454

Bei einer Personenbeförderungsleistung gilt stets die Ausnahmeregelung des § 3b Abs. 1 UStG, unabhängig davon, ob der Leistungsempfänger Unternehmer oder Nichtunternehmer ist.[2] Als Ort einer Personenbeförderungsleistung gilt der Ort, an dem die Beförderung nach Maßgabe der zurückgelegten Beförderungsstrecke jeweils stattfindet (Art. 48 MwStSystRL, § 3b Abs. 1 Satz 1 UStG). Entsprechend wird eine Beförderungsleistung im Inland erbracht, wenn die Beförderungsstrecke nur im Inland liegt (z. B. Taxifahrt im Inland). Die Beförderungsleistung ist folglich **aufzuteilen**, wenn sich die Beförderungsstrecke über mehrere Länder erstreckt (§ 3b Abs. 1 Satz 2 UStG).

BEISPIEL: ▸ Der Reiseveranstalter A veranstaltet im eigenen Namen und für eigene Rechnung einen Tagesausflug für Privatpersonen ins benachbarte Ausland. Er befördert die teilnehmenden Reisenden (Nichtunternehmer) jedoch nicht selbst, sondern bedient sich zur Ausführung der Beförderung des Omnibusunternehmers B. Dieser

---

1 EuGH, Urteil v. 15. 9. 2005 – C-58/04, BStBl 2007 II S. 150, BFH v. 20. 12. 2005 – V R 30/02, BStBl 2007 II S. 139.
2 Abschnitt 3b.1 Abs. 1 UStAE.

bewirkt an A eine Beförderungsleistung, indem er die Beförderung im eigenen Namen, unter eigener Verantwortung und für eigene Rechnung durchführt.

Der Ort der Beförderungsleistung des B liegt dort, wo dieser die Beförderung bewirkt (§ 3b Abs. 1 UStG), die Grundregelung des § 3a Abs. 2 UStG kommt bei der Personenbeförderung nicht zur Anwendung. Die Beförderungsleistung des B ist daher aufzuteilen (§ 3b Abs. 1 Satz 2 UStG). Für A stellt die Beförderungsleistung des B eine Reisevorleistung dar. A führt deshalb umsatzsteuerrechtlich keine Beförderungsleistung, sondern eine sonstige Leistung i.S. des § 25 Abs. 1 UStG aus. Diese sonstige Leistung wird dort ausgeführt, von wo aus A sein Unternehmen betreibt (§ 25 Abs. 1 Satz 4 i.V. m. § 3a Abs. 1 UStG).

455 Bei einer Personenbeförderung, die sich auf das Inland und das Ausland (Drittland und übriges Gemeinschaftsgebiet) erstreckt, ist der inländische Anteil steuerbar und steuerpflichtig. Hinsichtlich des ausländischen (nicht steuerbaren) Streckenanteils wird nicht zwischen Mitgliedsstaaten der EU und Drittländern unterschieden. Maßgebend ist die Reisestrecke des Beförderungsmittels, nicht die der beförderten Personen (Art. 15 MwStVO). Die Aufteilung unterbleibt jedoch bei grenzüberschreitenden Beförderungen mit kurzen in- oder ausländischen Beförderungsstrecken, wenn diese Beförderungen entweder insgesamt als steuerbar oder insgesamt als nicht steuerbar zu behandeln sind.[1]

Bei Beförderungsleistungen, bei der nur ein Teil der Leistung steuerbar ist und bei der die Umsatzsteuer für diesen Teil auch erhoben wird, ist Bemessungsgrundlage das Entgelt, das auf diesen Teil der Leistung entfällt.[2] Bei Personenbeförderungen im Gelegenheitsverkehr mit Kraftomnibussen, die nicht im Inland zugelassen sind und die bei der Ein- oder Ausreise eine Grenze zu einem Drittland überqueren, ist ein Durchschnittsbeförderungsentgelt für den Streckenanteil im Inland maßgebend.[3] In allen übrigen Fällen ist das auf den steuerbaren Leistungsteil entfallende tatsächlich vereinbarte oder vereinnahmte Entgelt anhand des anteiligen Gesamtentgelts zu ermitteln.[4] Innerhalb eines Besteuerungszeitraums muss bei allen Beförderungen einer Verkehrsart, z. B. bei Personenbeförderungen im Gelegenheitsverkehr mit Kraftfahrzeugen, nach ein und derselben Berechnungsmethode verfahren werden.[5] Im Ausland ansässige Unternehmer haben dem im Inland zuständigen Finanzamt anzuzeigen, wenn sie grenzüberschreitende Personenbeförderungsleistungen ausführen. Das Finanzamt erteilt darüber eine **Bescheinigung**, die während jeder

---

1 Abschnitt 3b.1 Abs. 4 Satz 2 UStAE; Abschnitt 3b.1 Abs. 7 bis 17 UStAE.
2 Abschnitt 3b.1 Abs. 5 UStAE.
3 Abschnitte 3b.1 Abs. 4 ff, Abschnitt 10.8, Abschnitt 16.2 UStAE.
4 Abschnitt 3b.1 Abs. 6 UStAE.
5 Abschnitt 3b.1 Abs. 6 Satz 3 UStAE.

Fahrt mitzuführen ist (§ 18 Abs. 12 UStG). Kann diese Bescheinigung auf Verlangen des Zolls nicht vorgelegt werden, kann dieser eine Sicherheitsleistung in Höhe der für die einzelne Beförderungsleistung voraussichtlich zu entrichtende Steuer erheben, die im Veranlagungsverfahren anzurechnen ist. Zugleich ist das Nichtvorlegen der Bescheinigung eine Ordnungswidrigkeit, die mit einer Geldbuße von bis zu 5.000 € geahndet werden kann (§ 26a Abs. 1 Nr. 1a UStG).

BEISPIEL: Unternehmer U fährt im Auftrag eines Reiseveranstalters mit seinem Bus Touristen von Köln nach Zürich bzw. nach Paris.

Die Beförderungsleistung des U ist in einen inländischen und damit steuerbaren und einen ausländischen und damit nicht steuerbaren Teil aufzuteilen, das Beförderungsentgelt unterliegt nur insoweit der deutschen Umsatzsteuer, als es auf den inländischen Streckenanteil entfällt. Dieser Anteil ist steuerbar und steuerpflichtig zu 19 % (§ 12 Abs. 1 UStG). Dabei ist es ohne Bedeutung, ob die Fahrt in das Drittlandsgebiet oder das übrige Gemeinschaftsgebiet erfolgt, lediglich bei Güterbeförderungen sind insoweit unterschiedliche Regelungen zu beachten. U hat daher auch in der Schweiz bzw. in Frankreich Umsatzsteuer für seine anteiligen Beförderungsleistungen zu entrichten (vgl. auch § 16 Abs. 5 i. V. m. § 18 Abs. 5 UStG). In der Schweiz geschieht dies regelmäßig beim Zoll an der Grenze, in Frankreich hat sich der deutsche Unternehmer zwangsläufig umsatzsteuerlich registrieren zu lassen.

Die Aufteilung der Leistung erfolgt regelmäßig nach dem Verhältnis der jeweils in den einzelnen Staaten zurückgelegten Strecken. Es ist grds. nicht zu beanstanden, wenn zur Ermittlung des auf den inländischen Streckenanteil entfallenden Entgelts von dem für die Gesamtstrecke vereinbarten oder vereinnahmten Bruttobeförderungspreis ausgegangen und dieser Betrag nach dem Anteil der gefahrenen Kilometer aufgeteilt wird. Die §§ 2 bis 7 UStDV enthalten Vereinfachungsregeln, wenn der inländische bzw. ausländische Anteil geringfügig ist. Die Aufteilung unterbleibt bei grenzüberschreitenden Beförderungsleistungen mit kurzen in- oder ausländischen Beförderungsstrecken, wenn diese Beförderungen entweder insgesamt als steuerbar oder insgesamt als nicht steuerbar zu behandeln sind.

HINWEIS:

Einzelheiten mit zahlreichen Beispielen enthält der Anwendungserlass, insbesondere zur Aufteilung des Entgelts, zum Begriff der kurzen Straßenstrecken im Inland bzw. Ausland sowie zu den Besonderheiten im Schienenbahnverkehr, im Passagier- und Fährverkehr mit Wasserfahrzeugen und ähnlichen Problemfeldern.[1]

Die Finanzverwaltung hat ein entsprechendes Merkblatt für ausländische Unternehmer herausgegeben.[2]

---

1 Abschnitt 3b.1 Abs. 4 bis 18 UStAE.
2 BMF, Schreiben v. 4. 2. 2014, BStBl 2014 I S. 220.

Im Hinblick auf die Nichtbesteuerung des inländischen Teils bestimmter grenzüberschreitender Personenbeförderungsleistungen nach § 5 UStDV hat die EU-Kommission am 28. 4. 2016 ein Vertragsverletzungsverfahren gegen Deutschland eingeleitet.

7. Arbeiten an beweglichen Gegenständen

a) Allgemeiner Überblick

456 Arbeiten an beweglichen körperlichen Gegenständen sind insbesondere Werkleistungen in Gestalt der Be- oder Verarbeitung von beweglichen körperlichen Gegenständen. Hierzu ist grds. eine Veränderung des beweglichen Gegenstands erforderlich.[1] Werkleistungen sind Leistungen, bei denen der Unternehmer aufgrund eines Werkvertrages Gegenstände be- oder verarbeitet, ohne dabei selbstbeschaffte Hauptstoffe zu verwenden (vgl. § 3 Abs. 4 UStG). Typische Werkleistungen sind Wartungs- und Inspektionsarbeiten und Reparaturen an beweglichen Sachen. Wartungsleistungen an Anlagen, Maschinen und Kraftfahrzeugen können als Werkleistungen angesehen werden, nicht aber das bloße Bergen und Abschleppen von Fahrzeugen.[2] Baut der leistende Unternehmer die ihm vom Leistungsempfänger sämtlich zur Verfügung gestellten Teile einer Maschine nur zusammen und wird die zusammengebaute Maschine nicht Bestandteil eines Grundstücks, liegen Arbeiten an beweglichen körperlichen Gegenständen i. S. des § 3a Abs. 3 Nr. 3 Buchst. c UStG vor. Die Werkleistung kann auch von einem Subunternehmer als Erfüllungsgehilfen erbracht werden. Als Werkleistung gilt auch der Sonderfall der Leistung nach § 3 Abs. 10 UStG.[3]

Bei der **Begutachtung** körperlicher Gegenstände durch Sachverständige hat § 3a Abs. 3 Nr. 3 Buchst. c UStG Vorrang vor § 3a Abs. 4 Satz 2 Nr. 3 UStG. Ein Gutachter erbringt daher seine Leistung dort, wo er die wesentliche Arbeit erbringt, also in aller Regel bei der Begutachtung vor Ort.[4]

Werkleistungen an **unbeweglichen Sachen** werden naturgemäß am Belegenheitsort erbracht (§ 3a Abs. 3 Nr. 1 Buchst. c UStG, Art. 34 MwStVO).

> HINWEIS:
>
> Verwendet der Unternehmer bei der Be- oder Verarbeitung eines Gegenstands selbstbeschaffte Stoffe, die nicht nur Zutaten oder sonstige Nebensachen sind, ist keine

---

1 Abschnitt 3a.6 Abs. 11 UStAE.
2 LFD Thüringen v. 18. 12. 2008, UR 2009 S. 174.
3 Abschnitt 3a.6 Abs. 11 UStAE.
4 Abschnitt 3a.6 Abs. 12 UStAE.

Werkleistung, sondern eine Werklieferung gegeben (§ 3 Abs. 4 UStG), ohne Ortsbestimmung nach § 3a UStG scheidet aus.

b) Dienstleistungen an Unternehmer

Arbeiten an körperlichen beweglichen Gegenständen und deren Begutachtung an Unternehmer fallen unter die Grundregel von Art. 44 MwStSystRL bzw. § 3a Abs. 2 UStG und gelten als am Ort des Leistungsempfängers erbracht.[1]   457

BEISPIEL: Der belgische Unternehmer B bittet den deutschen Unternehmer A aus Aachen, eine Maschine in dessen Werkstatt in Aachen zu reparieren. Hauptstoffe werden dabei nicht verwendet.

Der Ort der Werkleistung liegt in Belgien (§ 3a Abs. 2 UStG). A erbringt somit in Belgien eine steuerbare und steuerpflichtige Leistung, die USt schuldet jedoch B als in Belgien umsatzsteuerlich registrierter Auftraggeber (Art. 196 MwStSystRL), da sich die Bestimmung des Ortes der Dienstleistung nach der Grundregel des Art. 44 MwStSystRL richtet.

Verlagert sich der Ort der Leistung bei einer Leistung durch einen inländischen Unternehmer in das übrige Gemeinschaftsgebiet, so unterliegt diese Leistung folglich dem Umsatzsteuerrecht des anderen Staates. Die Steuerschuld geht jedoch in diesen Fällen zwingend vom leistenden Unternehmer auf den Leistungsempfänger über (Art. 44 i. V. m. Art. 196 MwStSystRL). Der leistende Unternehmer erteilt eine Nettorechnung und muss sich nicht im übrigen Gemeinschaftsgebiet registrieren lassen.

Verlagert sich der Ort der Leistung bei einer entsprechenden von einem ausländischen Unternehmer erbrachten Leistung vom übrigen Gemeinschaftsgebiet in das Inland, so unterliegt diese Leistung demzufolge dem deutschen Umsatzsteuerrecht. Dabei haben die inländischen Auftraggeber in aller Regel den Übergang der Steuerschuldnerschaft zu beachten (§ 13b Abs. 1 i. V. m. Abs. 5 Satz 1 UStG).

Wird eine derartige Leistung gegenüber einem Unternehmer tatsächlich **ausschließlich im Drittlandsgebiet** erbracht, so liegt der Ort der Dienstleistung abweichend von § 3a Abs. 2 UStG im Drittlandsgebiet (§ 3a Abs. 8 Satz 1 UStG). Diese Verlagerungsregelung gilt nicht, wenn die vorgenannte Leistung tatsächlich in einem der in § 1 Abs. 3 UStG genannten Gebiete ausgeführt wird, z. B. in einem Freihafen (§ 3a Abs. 8 Satz 2 UStG).   458

---

1 Abschnitt 3a.6 Abs. 10 Satz 2 UStAE.

c) Dienstleistungen an Nichtunternehmer

459 Ist der Leistungsempfänger ein Nichtunternehmer, gilt als Ort der Arbeiten an körperlichen beweglichen Gegenständen und der Begutachtung solcher Gegenstände der Ort, an dem sie tatsächlich erbracht werden (Art. 54 Abs. 2 Buchst. b MwStSystRL, Art. 34 MwStVO, § 3a Abs. 3 Nr. 3 Buchst. c UStG).[1]

> **BEISPIEL:** ▶ Die Autowerkstatt A aus Ahaus schleppt einen Pkw eines niederländischen Touristen nach einem Defekt in Deutschland ab und repariert das Fahrzeug in der Werkstatt in Ahaus.
> Die Werkleistung wird in Deutschland ausgeführt (§ 3a Abs. 3 Nr. 3 Buchst. c UStG).

> **BEISPIEL:** ▶ Die Autowerkstatt R aus Rosenheim repariert einen Pkw eines niederländischen Touristen nach einem Defekt in Österreich auf einem Autobahnrastplatz in Österreich.
> Die Werkleistung wird in Österreich ausgeführt, da hier die Leistung tatsächlich erbracht wurde.

8. Vermittlungsleistungen

a) Allgemeiner Überblick

460 Unter den Begriff der Vermittlungsleistung fallen sowohl Vermittlungsleistungen, die im Namen und für Rechnung des Empfängers vermittelt werden, als auch Vermittlungsleistungen, die im Namen und für Rechnung des Unternehmers erbracht werden, der die vermittelte Leistung ausführt. Der Begriff der Vermittlungsleistung ist daher nicht davon abhängig, ob der Vermittler durch den leistenden Unternehmer oder durch den Leistungsempfänger beauftragt wurde (Art. 30 MwStVO).

Bei der Vermittlung von Vermietungen von **Grundstücken** gilt jedoch unabhängig vom Leistungsempfänger grds. vorrangig § 3a Abs. 3 Nr. 1 UStG. Unter das sog. Belegenheitsprinzip fällt daher regelmäßig auch die Vermittlung der Vermietung von Grundstücken. Aufgrund der ausdrücklichen Sonderregelung in Art. 31 MwStVO fällt jedoch die Vermittlung von Beherbergungsleistungen in der Hotelbranche oder in Branchen ähnlicher Funktion nicht unter § 3a Abs. 3 Nr. 1 UStG, sondern unter die üblichen Regelungen.

> **HINWEIS:**
> Tritt der Unternehmer bei einer Vermietung von fremden Grundstücken im eigenen Namen und für eigene Rechnung auf, erbringt er umsatzsteuerlich eine Vermietungs-, keine Vermittlungsleistung (sog. Leistungskommission § 3 Abs. 11 UStG).[2]

---

1 Abschnitt 3a.6 Abs. 10 Satz 1 UStAE.
2 OFD Magdeburg v. 26. 8. 2012, DStR 2012 S. 2083.

Bei der Werbung von Mitgliedschaften liegt keine Vermittlung eines Umsatzes vor, weil die Begründung der Mitgliedschaft in einem Verein keinen Leistungsaustausch darstellt; der Leistungsort dieser Leistung richtet sich somit nach den Grundregelungen des § 3a Abs. 1 und Abs. 2 UStG.[1]

b) Dienstleistungen an Unternehmer

Bei Leistungen an einen anderen Unternehmer gilt die Grundregel des Art. 44 MwStSystRL (§ 3a Abs. 2 UStG), mithin das Bestimmungslandprinzip.

461

BEISPIEL: Handelsvertreter V aus Köln vermittelt für einen Auftraggeber Lieferungen von Kanada nach Mexiko. Dieser Auftraggeber hat seinen Sitz

a) in Deutschland

b) in Italien.

Der Ort der Vermittlungsleistung bestimmt sich nach § 3a Abs. 2 UStG und liegt im Fall a) im Inland. Die Vermittlungsleistungen sind somit im Inland steuerbar, aber steuerfrei (§ 4 Nr. 5 Buchst. a UStG).

Im Fall b) liegt der Ort der Vermittlungsleistung des V in Italien. Die Vermittlungsleistung ist im Inland nicht steuerbar. Die Besteuerung dieser sonstigen Leistung erfolgt im Wege des Übergangs der Steuerschuldnerschaft durch den italienischen Auftraggeber (Art. 44 i. V. m. Art. 196 MwStSystRL).

HINWEIS:

Bei der Vermittlung von Vermietungen von Grundstücken gilt unabhängig vom Leistungsempfänger grds. vorrangig § 3a Abs. 3 Nr. 1 UStG. Aufgrund der ausdrücklichen Sonderregelung in Art. 31 Buchst. a MwStVO fällt jedoch die Vermittlung von Beherbergungsleistungen in der Hotelbranche oder in Branchen ähnlicher Funktion nicht unter § 3a Abs. 3 Nr. 1 UStG, sondern unter die üblichen Regelungen. Dies bedeutet, dass die Vermittlung der kurzfristigen Vermietung von Zimmern in Hotels, Pensionen und Ferienhäusern an Unternehmer unter das Empfängersitzprinzip des § 3a Abs. 2 UStG fallen.[2]

c) Dienstleistungen an Nichtunternehmer

Erbringt ein Vermittler Dienstleistungen im Namen und für Rechnung eines Dritten an einen Nichtunternehmer, so bestimmt sich der Ort der Vermittlungsleistung nach dem Ort, an dem die vermittelte Leistung als ausgeführt gilt (Art. 46 MwStSystRL, § 3a Abs. 3 Nr. 4 UStG). Vermittlungsleistungen an Privatpersonen werden daher dort erbracht, wo auch der zugrunde liegende Umsatz ausgeführt wird. Daher ist bei diesen Vermittlungsleistungen zunächst der Ort des zugrunde liegenden Umsatzes zu bestimmen, unabhängig davon,

462

---

1 Abschnitt 3a.7 Abs. 2 Satz 2 UStAE.
2 Abschnitt 3a.7 Abs. 1 Satz 4 UStAE.

ob eine Lieferung oder sonstige Leistung vermittelt wurde. Bei der Vermittlung von Warenlieferungen ist daher der Ort der Vermittlungsleistung dort, wo die Warenlieferung bewirkt wird (§ 3 Abs. 6 bis 8 sowie § 3c und § 3e UStG), bei der Vermittlung von sonstigen Leistungen bestimmt sich der Leistungsort folglich grds. nach §§ 3a, 3b und 3e UStG. Bei der Vermittlung von Reiseleistungen durch ein Reisebüro i. S. des § 25 UStG ist der Ort der Leistung am Sitz des Reiseveranstalters (§ 25 Abs. 1 Satz 4 i. V. m. § 3a Abs. 1 i. V. m. § 3a Abs. 3 Nr. 4 Satz 1 UStG).

Die Vermittlung einer nicht steuerbaren Leistung zwischen Nichtunternehmern wird an dem Ort erbracht, an dem die vermittelte Leistung ausgeführt wird.[1]

BEISPIEL: ▶ Millionär N aus den Niederlanden beauftragt den deutschen Vermittler D mit der Beschaffung einer seltenen Skulptur. D findet diese bei der Galerie A in Österreich und vermittelt den Verkauf und die Lieferung des Gegenstandes von Österreich an den Abnehmer in den Niederlanden.

Die Lieferung der Skulptur ist in Österreich steuerbar und steuerpflichtig, da eine Lieferung an eine Privatperson erfolgt. Die Vermittlungsleistung folgt dem Ort der vermittelten Leistung und liegt ebenfalls in Österreich (§ 3a Abs. 3 Nr. 4 UStG). Die Grundregelung des § 3a Abs. 1 UStG kommt bei Vermittlungsleistungen an Privatpersonen nicht zur Anwendung. D hat daher in Österreich registrieren zu lassen.

HINWEIS:

Bei der Vermittlung von Vermietungen von Grundstücken gilt unabhängig vom Leistungsempfänger grds. vorrangig § 3a Abs. 3 Nr. 1 UStG. Aufgrund der ausdrücklichen Sonderregelung in Art. 31 Buchst. b MwStVO fällt jedoch die Vermittlung von Beherbergungsleistungen in der Hotelbranche oder in Branchen ähnlicher Funktion nicht unter § 3a Abs. 3 Nr. 1 UStG, sondern unter die üblichen Regelungen. Dies bedeutet, dass die Vermittlung der kurzfristigen Vermietung von Zimmern in Hotels, Pensionen und Ferienhäusern an Nichtunternehmer unter die Sonderregelung für Vermittlungsleistungen i. S. des Art. 46 MwStSystRL bzw. § 3a Abs. 3 Nr. 4 UStG fallen.[2]

d) Steuerbefreiung der Vermittlungsleistung

463 Die Vermittlung steuerfreier Ausfuhrlieferungen in das Drittlandsgebiet (§ 4 Nr. 1 Buchst. a UStG) ist ebenso steuerfrei wie die nach § 4 Nr. 2 – 4b, 6 und 7 UStG befreiten Leistungen (§ 4 Nr. 5 Buchst. a UStG). Steuerfrei ist zudem die Vermittlung von grenzüberschreitenden Personenbeförderungsleistungen mit Luftfahrzeugen oder Seeschiffen (§ 4 Nr. 5 Buchst. b UStG), die Vermittlung von Umsätzen, die ausschließlich im Drittlandsgebiet bewirkt werden (§ 4

---

1 EuGH, Urteil v. 27. 5. 2004 – C-68/03, DStRE 2004 S. 987, Abschnitt 3a.7 Abs. 2 Satz 1 UStAE.
2 Abschnitt 3a.7 Abs. 1 Satz 3 UStAE.

Nr. 5 Buchst. c UStG) sowie die Vermittlung von Lieferungen, die nach § 3 Abs. 8 UStG als im Inland ausgeführt gelten. Die Vermittlung innergemeinschaftlicher Lieferungen (§ 4 Nr. 1 Buchst. b UStG) ist ebenso wenig von der Umsatzsteuer befreit wie die Vermittlung von innergemeinschaftlichen Güterbeförderungen.

9. Telekommunikationsdienstleistungen, Rundfunk- und Fernsehdienstleistungen und elektronische Dienstleistungen an Nichtsteuerpflichtige

a) Allgemeiner Überblick

aa) Empfängersitzprinzip mit vereinfachtem Besteuerungsverfahren

§ 3a Abs. 5 UStG enthält eine Sonderregelung für   **464**

▶ sonstige Leistungen auf dem Gebiet der Telekommunikation,

▶ Rundfunk- und Fernsehdienstleistungen und

▶ auf elektronischem Weg erbrachte sonstige Leistungen

an Empfänger, die nicht Unternehmer sind oder einem vergleichbaren Personenkreis i. S. des § 3a Abs. 2 UStG angehören (§ 3a Abs. 5 Satz 2 UStG). Diese Leistungen werden nach § 3a Abs. 5 Satz 1 UStG an dem Ort ausgeführt, an dem der Leistungsempfänger seinen Wohnsitz oder Sitz hat.

Mit dem **Empfängersitzprinzip** für die genannten Dienstleistungen geht auch eine **Erweiterung des allgemeinen Besteuerungsverfahrens** einher. Unternehmer, die derartige Dienstleistungen erbringen, bewirken ihre Dienstleistungen an Nichtunternehmer jeweils am Wohnort des Empfängers, unabhängig davon, wo der leistende Unternehmer selbst seinen Sitz hat, und werden folglich in unzähligen Ländern registrierungspflichtig. Zur Verfahrensvereinfachung wurde für diese Unternehmer ein vereinfachtes Besteuerungsverfahren geschaffen, nach dem sie sich in nur einem Mitgliedstaat umsatzsteuerlich registrieren lassen und dort die Umsatzsteuer aller Mitgliedstaaten, in denen sie umsatzsteuerpflichtige Dienstleistungen dieser Art erbringen und deren Umsatzsteuer sie schulden, abführen können, anstatt in all diesen Mitgliedstaaten registriert zu sein und die Umsatzsteuer in jedem einzelnen Mitgliedstaat gesondert abzuführen. Es gelten allerdings die Steuersätze der einzelnen Leistungsstaaten. Diese „einzige Anlaufstelle" mit seinen vereinfachten Besteuerungsverfahren (MOSS = Mini-one-shop-stop) gilt sowohl für nicht im Gemeinschaftsgebiet ansässige Unternehmer (Art. 358 bis 369 MwStSystRL, im Inland § 13 Abs. 1 Nr. 1 Buchst. d, § 16 Abs. 1a, § 18 Abs. 4c UStG) als auch für in der

EU ansässige Unternehmer (Art. 369a bis 369k MwStSystRL, im Inland § 13 Abs. 1 Nr. 1 Buchst. e, § 16 Abs. 1b, § 18 Abs. 4e UStG). Erbringen inländische Unternehmer derartige Leistungen an Nichtunternehmer mit Wohnsitz im übrigen Gemeinschaftsgebiet, gilt als Leistungsort jeweils der Wohnsitzstaat des Kunden. Für diese inländischen Unternehmer gilt nach § 18h UStG das vereinfachte Verfahren in Bezug auf die Abgabe der Umsatzsteuererklärungen für diese Umsätze in einem anderen Mitgliedstaat.

> **HINWEIS:**
>
> Der Mitgliedstaat der einzigen Registrierung darf für eine Übergangszeit von 2015 bis 2018 einen bestimmten Prozentsatz der an den anderen Mitgliedstaat abzuführenden Steuereinnahmen einbehalten (Art. 2 Nr. 12 der Amtshilfeverordnung EG Nr. 143/2008). Die Regelungen, wie der Verbrauchsmitgliedstaat die ihm zustehende Umsatzsteuer erhält und wie eine Kontrolle der Unternehmer erfolgen soll, beinhaltet eine gleichzeitig verabschiedete Verordnung der Europäischen Union.[1]
>
> Die Europäische Kommission hat einen Leitfaden herausgegeben, der betroffenen Unternehmern die Beachtung dieses Verfahrens erleichtern soll:
>
> http://ec.europa.eu/taxation_customs/taxation/vat/how_vat_works/telecom/index_de.html

465 Wird eine in § 3a Abs. 5 Satz 2 UStG bezeichnete sonstige Leistung an Orten wie Telefonzellen, Kiosk-Telefonen, WLAN-Hotspots, Internetcafés, Restaurants oder Hotels erbracht und muss der Leistungsempfänger an diesem Ort physisch anwesend sein, damit ihm der leistende Unternehmer die sonstige Leistung erbringen kann, gilt der Leistungsempfänger insoweit als an diesem Ort ansässig (Art. 24a Abs. 1 MwStSystRL). Werden diese Leistungen an Bord eines Schiffs, eines Flugzeugs oder in einer Eisenbahn währen des innerhalb des Gemeinschaftsgebiets stattfindenden Teils einer Personenbeförderung erbracht (vgl. § 3e UStG), gilt der Abgangsort des jeweiligen Beförderungsmittels im Gemeinschaftsgebiet als Leistungsort (Art. 24a Abs. 2 MwStVO). Diese Fiktion des Empfängersitzes gilt sowohl bei Unternehmern[2] als auch bei Nichtunternehmern[3] als Leistungsempfänger.

---

1 Verordnung (EG) Nr. 143/2008 des Rates v. 12. 2. 2008 zur Änderung der Verordnung (EG) Nr. 1798/2003 hinsichtlich der Einführung von Verwaltungsvereinbarungen und des Informationsaustauschs im Hinblick auf die Regelungen bezüglich des Ortes der Dienstleistung, die Sonderregelungen und die Regelung der Erstattung der Mehrwertsteuer (ABl EU 2008 Nr. L 44 S. 1), zwischenzeitlich ersetzt die Verordnung (EU) Nr. 904/2010 des Rates v. 7. 10. 2010 über die Zusammenarbeit der Verwaltungsbehörden und die Betrugsbekämpfung auf dem Gebiet der Mehrwertsteuer.

2 Abschnitt 3a.2 Abs. 5a UStAE.

3 Abschnitt 3a.9a Abs. 3 UStAE.

Wird an einen Nichtunternehmer neben der kurzfristigen Vermietung von Wohn- und Schlafräumen oder Campingplätzen noch eine in § 3a Abs. 5 Satz 2 UStG bezeichnete sonstige Leistung erbracht, gilt diese Leistung als am Ort der Vermietungsleistung erbracht (Art. 31c MwStVO).[1]

> **HINWEIS:**
>
> Zum 1.1.2019 wurde die Sonderregelung zum Ort der Telekommunikationsdienstleistungen, Rundfunk- und Fernsehdienstleistungen sowie elektronische Dienstleistungen (Art. 58 MwStSystRL) dahingehend geändert, dass eine Umsatzschwelle von 10.000 € eingeführt wird.[2] Bei Drucklegung dieses Buches war zwar die Richtlinie von allen EU-Mitgliedstaaten angenommen, die Regelungen müssen noch in nationales Recht umgesetzt werden. Solange diese Schwelle im Vorjahr oder im laufenden Jahr nicht überschritten wurde, soll – anders als bisher – die Besteuerung im Ursprungsland, also im Land des leistenden Unternehmers, erfolgen. Außerdem wird ein Optionsrecht eingeführt, sich für die sofortige Besteuerung im Bestimmungsland zu entscheiden. Steuerpflichtige aus Drittstaaten, die in einem Mitgliedsland der EU registriert sind, können ebenfalls diese Sonderregelung in Anspruch nehmen.
>
> Beim Überschreiten der Umsatzschwelle kommt es jedoch nicht zu einer Registrierungspflicht im Bestimmungsland, die Besteuerung erfolgt wie bisher nach dem sog. MOSS-Verfahren („mini one stop shop"). Ergänzend dazu wurde eine Verordnung zur Änderung von Art. 24b MwStVO erlassen, um den Wohnort des Leistungsempfängers nur noch nach einem Beweismittel festzulegen.[3]

bb) Dienstleistungen auf dem Gebiet der Telekommunikation

Als sonstige Leistungen auf dem Gebiet der Telekommunikation sind solche Leistungen anzusehen, mit denen die Übertragung, die Ausstrahlung oder der Empfang von Signalen, Schrift, Bild und Ton oder Informationen jeglicher Art über Draht, Funk, optische oder sonstige elektromagnetische Medien ermöglicht und gewährleistet werden, einschließlich der damit im Zusammenhang stehenden Abtretung und Einräumung von Nutzungsrechten an Einrichtungen zur Übertragung, zur Ausstrahlung oder zum Empfang (Art. 6a MwStVO).   466

Wird eine in § 3a Abs. 5 Satz 2 UStG bezeichnete sonstige Leistung an einen Nichtunternehmer über dessen Festnetzanschluss erbracht, gilt der Leistungsempfänger an dem Ort als ansässig, an dem sich dieser Anschluss befindet (Art. 24b Buchst. a MwStVO).[4] Wird die Leistung über ein mobiles Telekommunikationsnetz erbracht, gilt der Leistungsempfänger in dem Land als ansäs-

---

1 Abschnitt 3a.9a Abs. 8 UStAE.
2 Richtlinie (EU) 2017/2455 des Rates v. 5.12.2017, ABl EU Nr. L 348 S. 7.
3 Durchführungsverordnung (EU) 2017/2459 des Rates v. 5.12.2017, ABl EU Nr. L 348 S. 32.
4 Abschnitt 3a.9a Abs. 4 Nr. 1 UStAE.

sig, das durch den Ländercode bei der Inanspruchnahme dieser Leistung verwendeten SIM-Karte bezeichnet wird (Art. 24b Buchst. b MwStVO).[1]

> **HINWEIS:**
>
> Die Finanzverwaltung hat zur Erläuterung einen umfangreichen Katalog der Telekommunikationsdienstleistungen aufgestellt.[2] So gehören insbesondere folgende Dienstleistungen zu den Kommunikationsleistungen:
>
> ► die Übertragung von Signalen, Schrift, Bild, Ton, Sprache oder Informationen jeglicher Art,
>
> ► die Bereitstellung von Leitungskapazitäten oder Frequenzen im Zusammenhang mit der Einräumung von Übertragungskapazitäten,
>
> ► die Verschaffung von Zugangsberechtigungen,
>
> ► die Vermietung und das Zurverfügungstellen von Telekommunikationsanlagen im Zusammenhang mit der Einräumung von Nutzungsmöglichkeiten der verschiedenen Übertragungskapazitäten,
>
> ► die Einrichtung von „voice-mail-box-Systemen."
>
> Nicht zu den Telekommunikationsdienstleistungen gehören nach Auffassung der Finanzverwaltung insbesondere Angebote im Bereich Onlinebanking und Datenaustausch, Angebote zur Information, Angebote zur Nutzung des Internets, Angebote zur Nutzung von Onlinespielen sowie Angebote von Waren und Dienstleistungen in elektronisch abrufbaren Datenbanken mit interaktiven Zugriff und unmittelbarer Bestellmöglichkeit.[3]

467 Die **Anbieter globaler Informationsdienste** erbringen häufig ein Bündel sonstiger Leistungen an ihre Abnehmer. Zu den Dienstleistungen auf dem Gebiet der Telekommunikation gehören insoweit die Einräumung des Zugangs zum Internet, die Ermöglichung des Bewegens im Internet, die Übertragung elektronischer Post sowie die Einrichtung einer Mailbox. Besteht die vom Online-Anbieter als sog. Zugangsanbieter erbrachte Leistung vornehmlich darin, dem Abnehmer den Zugang zum Internet zu ermöglichen, handelt es sich bei daneben erbrachten Dienstleistungen aus Vereinfachungsgründen um unselbständige Nebenleistungen, die das Schicksal der Hauptleistung (Telekommunikationsdienstleistung) teilen. Erbringt der Online-Anbieter dagegen als Zugangs- und sog. Inhalts-Anbieter (Misch-Anbieter) neben den Telekommunikationsdienstleistungen weitere sonstige Leistungen, die nicht als Nebenleistungen anzusehen sind, handelte es sich um selbstständige Nebenleistungen, die gesondert zu beurteilen sind. Wird insoweit jeweils ein gesondertes Entgelt berechnet, ist es den jeweiligen sonstigen Leistungen zuzuordnen, ein einheitli-

---

1 Abschnitt 3a.9a Abs. 4 Nr. 2 UStAE.
2 Abschnitt 3a.10 Abs. 2 und Abs. 3 UStAE.
3 Abschnitt 3a.10 Abs. 4 UStAE.

ches Entgelt ist ggf. aufzuteilen, dies kann auch im Schätzungswege geschehen.[1] Dies ist immer dann erforderlich, wenn der Leistungsort unterschiedlich zu beurteilen ist, die erbrachten Leistungen verschiedenen Steuersätzen unterliegen oder teilweise steuerfrei sind.

cc) Rundfunk- und Fernsehdienstleistungen

Rundfunk- und Fernsehdienstleistungen sind Rundfunk- und Fernsehprogramme, die auf der Grundlage eines Sendeplans über Kommunikationsnetze, wie Kabel, Antenne oder Satellit, durch einen Mediendienstanbieter unter dessen redaktioneller Verantwortung der Öffentlichkeit zum zeitgleichen Anhören oder Ansehen verbreitet werden (Art. 6b MwStVO). Dies gilt auch dann, wenn gleichzeitig über das Internet verbreitet wird.[2]

468

Ein Rundfunk- und Fernsehprogramm, das dagegen nur über das Internet oder ein ähnliches elektronisches Netz verbreitet und nicht zeitgleich durch herkömmliche Rundfunk- oder Fernsehdienstleister übertragen wird, gehört nicht zu den Rundfunk- und Fernsehdienstleistungen, sondern gilt als eine auf elektronischem Weg erbrachte sonstige Leistung. Die Bereitstellung von Sendungen und Veranstaltungen aus den Bereichen Politik, Kultur, Sport, Wissenschaft und Unterhaltung ist ebenfalls eine auf elektronischem Weg erbrachte sonstige Leistung. Hierunter fällt u. a. der Web-Rundfunk.[3] Auch die Bereitstellung von Informationen über bestimmte auf Abruf erhältliche Programme, die Übertragung von Sende- und Verbreitungsrechten sowie das Leasing von Geräten und technischer Ausrüstung zum Empfang von Rundfunk- und Fernsehdienstleistungen gehören nicht zu den Rundfunk- und Fernsehdienstleistungen i. S. des § 3a Abs. 5 Satz 1 UStG.

Wird eine in § 3a Abs. 5 Satz 2 UStG bezeichnete sonstige Leistung an einen Nichtunternehmer erbracht, für die ein Decoder oder ein ähnliches Gerät, eine Programm- oder Satellitenkarte verwendet wird, gilt der Leistungsempfänger an dem Ort als ansässig, an dem sich der Decoder befindet. Ist dieser Ort unbekannt, gilt der Leistungsempfänger an dem Ort als ansässig, an den die Programm- oder Satellitenkarte vom leistenden Unternehmer zur Verwendung gesendet worden ist (Art. 24b Buchst. c MwStVO).[4]

---

1 Abschnitt 3a.10 Abs. 6 bis 8 UStAE.
2 Abschnitt 3a.11 Abs. 1 UStAE.
3 Abschnitt 3a.11 Abs. 2 UStAE.
4 Abschnitt 3a.9a Abs. 4 Nr. 3 UStAE.

dd) Elektronisch erbrachte Dienstleistungen

469 Eine auf elektronischem Weg erbrachte Dienstleistung ist eine Leistung, die über das Internet oder ein elektronisches Netz, einschließlich Netze zur Übermittlung digitaler Inhalte, erbracht wird und deren Erbringung auf Grund der Merkmale der sonstigen Leistung in hohem Maße auf Informationstechnologie angewiesen ist. Elektronisch erbrachte Dienstleistungen sind dadurch gekennzeichnet, dass sie im Wesentlichen automatisiert und nur mit minimaler menschlicher Beteiligung erbracht werden und ohne Informationstechnologie gar nicht möglich wären (Art. 7 Abs. 1 MwStVO). Maßgeblich ist insoweit, ob eine „menschliche Beteiligung" den eigentlichen Leistungsvorgang betrifft. Deshalb stellen weder die (ursprüngliche) Inbetriebnahme noch die Wartung des elektronischen Systems eine wesentliche „menschliche Beteiligung" dar. Auf Leistungselemente, welche nur der Vorbereitung und der Sicherung der Hauptleistung dienen, kommt es dabei nicht an. Die menschliche Betätigung durch die Nutzer ist dabei nicht zu berücksichtigen. Eine auf elektronischem Weg erbrachte Dienstleistung ist nicht deshalb ausgeschlossen, weil dieselbe Nutzung auch ohne Internetzugang denkbar wäre, maßgeblich ist nur, wie die Ausführung der Leistung tatsächlich geschieht.[1]

Auf die Nutzung oder Auswertung der Leistung kommt es grds. nicht an. Damit erfolgt eine systemgerechte Umsatzbesteuerung dieser Leistungen am Verbrauchsort. Die Ortsregelung gilt auch dann, wenn die sonstige Leistung auf elektronischem Weg tatsächlich von einer sich im Drittlandsgebiet befindlichen festen Niederlassung oder Betriebsstätte eines Unternehmers ausgeführt wird. Ein im Drittland befindlicher Server ist jedenfalls für umsatzsteuerliche Zwecke nicht als feste Niederlassung oder Betriebsstätte anzusehen.

Zu den auf elektronischem Weg erbrachten sonstigen Leistungen gehören insbesondere der Verkauf von Software und dazugehörige Update im sog. Download, Internetservice-Pakete und die Bereitstellung von Internet-Online-Marktplätzen und dergleichen (Art. 7 Abs. 2 MwStVO). Von der Regelung betroffen sind elektronische Dienstleistungen wie die Bereitstellung von Websites, Webhosting, Fernwartung von Programmen und Ausrüstungen, die Bereitstellung von Bildern, Texten und Informationen zum Download (z. B. Hintergrundbilder, Bildschirmschoner, E-Books), die Bereitstellung von Datenbanken und Suchmaschinen, die Bereitstellung von Filmen, Spielen und Musik einschließlich der Glücksspiele und Lotterien, die Bereitstellung von Sendungen und Veranstaltungen aus den Bereichen Politik, Kultur, Kunst, Sport, Wissen-

---

1 Abschnitt 3a.12 Abs. 1 UStAE.

schaft und Unterhaltung, die Erbringung von Audio und audiovisuellen Inhalten über Kommunikationsnetze, die Erbringung von Fernunterrichtsleistungen, Online-Versteigerungen oder Fernsehen auf Abruf bzw. Video-on-Demand (Art. 7 Abs. 2 Buchst. f und Anhang I Nr. 4 Buchst. g MwStVO).[1]

Von den auf elektronischem Weg erbrachten sonstigen Leistungen sind die Leistungen zu unterscheiden, bei denen es sich um Lieferungen oder um andere sonstige Leistungen handelt, z. B. die Lieferung von Gegenständen nach elektronischer Bestellung, die Lieferung von Datenträgern, die Lieferung von Programmen und Spielen auf CD-ROM und die Lieferung von Druckerzeugnissen. In diesen Fällen wird das Internet oder ein elektronisches Netz ggf. als Kommunikationsmittel genutzt, ohne aber die Qualität der Leistung selbst zu beeinflussen. Beratungsleistungen, die lediglich per E-Mail verschickt werden, fallen daher nicht unter den Begriff der elektronischen Dienstleistung (Art. 7 Abs. 3 MwStVO). Auch die Anpassung von Software an die besonderen Bedürfnisse des Abnehmers, die Internettelefonie, Telefon-Helpdesks, die Zugangsgewährung zum Internet, Rundfunk- und Fernsehdienstleistungen, online gebuchte Eintrittskarten, online gebuchte Beherbergungsleistungen, online gebuchte Restaurationsleistungen, online gebuchte Personenbeförderungen und online gemietete Beförderungsmittel fallen nicht unter die Begriffsbestimmung der elektronisch erbrachten Dienstleistung. Allerdings ist eine auf elektronischem Weg erbrachte Dienstleistung nicht deshalb ausgeschlossen, weil dieselbe Leistung auch ohne Internetzugang denkbar wäre.[2]

470

HINWEIS:

Die Finanzverwaltung hat zur Erläuterung einen umfangreichen Katalog der elektronischen Dienstleistungen und der davon abzugrenzenden Leistungen aufgestellt.[3]

b) Dienstleistungen an Unternehmer

Werden die genannten Dienstleistungen an andere Unternehmer für ihr Unternehmen bzw. vergleichbare Leistungsempfänger i. S. des § 3a Abs. 2 UStG erbracht, liegt der Ort der sonstigen Leistung nach der Grundregelung des § 3a Abs. 2 UStG dort, wo diese Leistungsempfänger ihren Sitz haben. Dies gilt unabhängig davon, ob der leistende Unternehmer im Inland, im übrigen Gemeinschaftsgebiet oder im Drittland seinen Sitz hat. Erbringen inländische Unternehmer danach ihre Dienstleistungen an Unternehmer aus dem übrigen Ge-

471

---

1 Abschnitt 3a.12 Abs. 2 UStAE.
2 Abschnitt 3a.12 Abs. 6 UStAE.
3 Abschnitt 3a.12 Abs. 2 bis 6 UStAE.

meinschaftsgebiet, geht die Steuerschuldnerschaft auf den Leistungsempfänger im jeweils anderen Mitgliedstaat über (Art. 44, Art. 196 MwStSystRL).

Der leistende Unternehmer kann regelmäßig davon ausgehen, dass der Leistungsempfänger ein im übrigen Gemeinschaftsgebiet ansässiger Unternehmer ist, wenn dieser dem leistenden Unternehmer gegenüber eine gültige USt-IdNr. dieses Mitgliedstaates verwendet.[1]

BEISPIEL: U aus München unterhält ein E-Mail-Konto und einen Webservice bei einem Dienstleistungsunternehmen mit Sitz in den USA bzw. Frankreich. Dafür zahlt er monatlich pauschal 25 €, der Betrag wird von seinem Konto eingezogen. Eine weitere Abrechnung erhält U nicht. U ist.

a) regelbesteuerter Unternehmer

b) Arzt

c) Privatperson.

Der leistende Unternehmer erbringt eine sonstige Leistung, es liegt eine sog. elektronische Dienstleistung vor (§ 3a Abs. 5 Satz 2 Nr. 3 UStG). Werden derartige Leistungen an andere Unternehmer erbracht (Fälle a und b), liegt der Ort der sonstigen Leistung nach § 3a Abs. 2 UStG im Inland beim Leistungsempfänger. Diese Umsätze des leistenden Unternehmers sind folglich im Inland steuerbar und steuerpflichtig. Die Umsatzsteuer wird jeweils vom Leistungsempfänger im Wege des Übergangs der Steuerschuldnerschaft geschuldet (§ 13b Abs. 1 UStG beim leistenden Unternehmer aus Frankreich bzw. § 13b Abs. 2 Nr. 1 UStG beim leistenden Unternehmer mit Sitz in den USA, jeweils in Verbindung mit § 13b Abs. 5 Satz 1 UStG). U hat daher in den Fällen a) und b) jeden Monat 4,75 € bei seinem Finanzamt als Umsatzsteuerbetrag anzumelden, in gleicher Höhe steht ihm grds. auch der Vorsteuerabzug zu (§ 15 Abs. 1 Satz 1 Nr. 4 UStG). Eine Belastung für U ergibt sich im Fall a) folglich nicht. Im Abwandlungsfall b) hat er ebenfalls die Umsatzsteuer im Wege des Übergangs der Steuerschuldnerschaft nach § 13b UStG mit monatlich 4,75 € anzumelden. Da er jedoch als Arzt steuerfreie Umsätze ausführt (§ 4 Nr. 14 UStG), ist er nicht zum Vorsteuerabzug berechtigt (§ 15 Abs. 2 Nr. 1 UStG). Die Umsatzsteuer, die er für die Leistung durch das ausländische Unternehmen schuldet, wird daher für ihn zu einer echten wirtschaftlichen Belastung, da auch Vorsteuerbeträge nach § 15 Abs. 1 Satz 1 Nr. 4 UStG den allgemeinen Voraussetzungen für den Vorsteuerabzug unterliegen.

Im Fall c) kommt § 3a Abs. 2 UStG nicht zur Anwendung, weil Leistungsempfänger U eine Privatperson ist. Unabhängig davon, ob der leistende Unternehmer in den USA oder in Frankreich sitzt, gilt insoweit als Ort der sonstigen Leistung das Inland (§ 3a Abs. 5 Satz 1 UStG). Beide ausländischen Unternehmer haben sich dazu in einem Mitgliedstaat der EU registrieren zu lassen. Für Drittlandsunternehmer gilt insoweit § 16 Abs. 1a i.V. m. § 18 Abs. 4c UStG, für Unternehmer aus dem übrigen Gemeinschaftsgebiet gelten ähnliche Regelungen nach § 16 Abs. 1b i.V. m. § 18 Abs. 4e UStG. Da bei privaten Abnehmern die Steuerschuldnerschaft regelmäßig nicht auf den Leis-

---

1 Abschnitt 3a.9a Abs. 1 Satz 2 UStAE.

tungsempfänger übergeht (vgl. § 13b Abs. 5 UStG), schuldet der leistende Unternehmer die Umsatzsteuer für diese Leistungen selbst und muss sich daher im Gemeinschaftsgebiet umsatzsteuerlich registrieren lassen.

c) Dienstleistungen an Nichtunternehmer

Werden die genannten Dienstleistungen an Nichtunternehmer erbracht, liegt der Ort der sonstigen Leistung nach § 3a Abs. 5 Satz 1 UStG dort, wo diese Leistungsempfänger ihren Wohnsitz oder Sitz haben.   472

Der leistende Unternehmer kann regelmäßig davon ausgehen, dass ein im Inland oder im übrigen Gemeinschaftsgebiet ansässiger Leistungsempfänger ein Nichtunternehmer ist, wenn dieser dem leistenden Unternehmer keine USt-IdNr. mitgeteilt hat (Art. 18 Abs. 2 Unterabs. 2 MwStVO).[1]

BEISPIEL: ▶ Internetprovider D aus Deutschland bietet verschiedene Internetleistungen (Einrichten von privaten Websites, E-Mail-Adressen) an private Abnehmer aus dem Inland und dem übrigen Gemeinschaftsgebiet an.

D erbringt elektronische Dienstleistungen i. S. des § 3a Abs. 5 Satz 2 Nr. 3 UStG, sie gelten als dort ausgeführt, wo der Leistungsempfänger seinen Wohnsitz hat (§ 3a Abs. 5 Satz 1 UStG).

Wird eine der genannten Leistungen an einen Nichtunternehmer erbracht, der in verschiedenen Ländern ansässig ist oder einen Wohnsitz in einem Land und seinen gewöhnlichen Aufenthaltsort in einem anderen Land hat, ist

▶ bei Leistungen an eine natürliche Person der Leistungsort vorrangig an deren gewöhnlichen Aufenthaltsort, soweit keine Anhaltspunkte dafür vorliegen, dass die Leistung an deren Wohnsitz genutzt oder ausgewertet wird (Art. 24 Buchst. b MwStVO),

▶ bei Leistungen an eine nicht unternehmerisch tätige juristische Person, der keine USt-IdNr. erteilt worden ist, der Leistungsort vorrangig an dem Ort, an dem die Handlungen zur zentralen Verwaltung der juristischen Person vorgenommen werden, soweit keine Anhaltspunkte dafür vorliegen, dass die Leistung an deren festen Niederlassung oder Betriebsstätte genutzt oder ausgewertet wird (Art. 24 Buchst. a MwStVO).[2]

Zur Verfahrensvereinfachung gilt die Vermutung, dass der Leistungsempfänger an dem Ort ansässig ist, der vom leistenden Unternehmer unter Darlegung von drei sich nicht widersprechenden Beweismitteln als solcher bestimmt

---

1 Abschnitt 3a.9a Abs. 1 Satz 2 UStAE.
2 Abschnitt 3a.9a Abs. 2 UStAE.

worden ist (Art. 24b Buchst. d, Art. 24d Abs. 1, Art. 24f MwStVO). Dabei gelten insbesondere folgende Beweismittel:[1]

► Rechnungsanschrift des Leistungsempfängers,

► Internet-Protokolladresse des vom Leistungsempfänger verwendeten Geräts oder jedes Verfahren der Geolokalisierung,

► Bankangaben des Leistungsempfängers, wie z. B. der Ort, an dem das bei der unbaren Zahlung der Gegenleistung verwendete Bankkonto geführt wird, oder die der Bank vorliegende Rechnungsanschrift des Leistungsempfängers,

► Mobilfunk-Ländercode, der auf der vom Leistungsempfänger verwendeten SIM-Karte gespeichert ist,

► Ort des Festnetzanschlusses des Dienstleistungsempfängers,

► sonstige für die Leistungserbringung wirtschaftlich wichtige Informationen.

Das Finanzamt kann die Vermutungen widerlegen, wenn ihm Hinweise vorliegen, dass der leistende Unternehmer den Leistungsort falsch oder missbräuchlich festgelegt hat.[2]

d) Dienstleistungskommission im Telekommunikationsbereich

473 In den Fällen, in denen elektronische Dienstleistungen über ein Telekommunikationsnetz, eine Schnittstelle oder ein Portal wie z. B. einen Appstore erbracht werden, ist davon auszugehen, dass ein an dieser Erbringung beteiligter Unternehmer im eigenen Namen, aber für Rechnung des leistenden Unternehmers der elektronischen Dienstleistung tätig ist (Art. 9a Abs. 1 Satz 1 MwStVO). Die im Inland in § 3 Abs. 11a UStG umgesetzte Regelung dient dem Zweck, den für die Besteuerung maßgeblichen leistenden Unternehmer zu bestimmen.

Nach Sinn und Zweck der Regelung ist es eine reine Branchenlösung. Daher sind unter § 3 Abs. 11a UStG sämtliche sonstige Leistungen erfasst, die über den Anschluss eines Teilnehmernetzbetreibers in Anspruch genommen werden. Unter § 3 Abs. 11a UStG fallen ausschließlich Telekommunikationsdienste, Auskunftsdienste und telekommunikationsgestützte Dienste i. S. des Telekommunikationsgesetzes, also z. B. die Einräumung des Zugangs zum Internet, die Nutzung von Onlinespielen oder Beratungsleistungen unter Nutzung einer

---

1 Abschnitt 3a.9a Abs. 5 bis 7 UStAE.
2 Abschnitt 3a.9a Abs. 7 UStAE.

Service-Nummer. Reine Inhaltsleistungen werden nicht erfasst. Werden Inhaltsleistungen jedoch während der Telekommunikationsverbindung erbracht, stellen diese Leistungen i. S. dieser Regelung dar.

Die Ausnahme von der Anwendung der Branchenlösung ergibt sich aus Art. 9a Abs. 1 Satz 2 MwStVO, wonach die Vermutung dann widerlegt werden kann, wenn der Anbieter der elektronischen Dienstleistung von dem Unternehmer ausdrücklich als Leistungserbringer genannt wird und dies in den vertraglichen Vereinbarungen zwischen den Parteien zum Ausdruck kommt. Die Widerlegbarkeit ist an erhebliche Voraussetzungen sowohl in Bezug auf die Rechnungstellung als auch die tatsächliche Durchführung dieser Leistung geknüpft. Die Widerlegbarkeit der Vermutungsreglung gilt insoweit für alle fraglichen Leistungen, an deren Erbringung der Unternehmer i. S. der Branchenlösung eingeschaltet wird.

Die Rückausnahme in § 3 Abs. 11a Satz 4 UStG entspricht inhaltlich Art. 9a Abs. 1 Satz 3 MwStVO, nach dem es einem Steuerpflichtigen nicht gestattet ist, eine andere Person ausdrücklich als Erbringer von elektronischen Dienstleistungen anzugeben, wenn er hinsichtlich der Erbringung dieser Dienstleistungen die Abrechnung mit dem Dienstleistungsempfänger autorisiert oder die Erbringung der Dienstleistungen genehmigt oder die allgemeinen Bedingungen der Erbringung festlegt. Von einer Autorisierung der Abrechnung ist auszugehen, wenn der Unternehmer die Abrechnung gegenüber dem Leistungsempfänger entscheidend beeinflusst. Dies beinhaltet insbesondere die Beeinflussung des Zeitpunktes der Zahlungen und die eigentliche Belastung des Kundenkontos. So autorisiert regelmäßig der Plattforminhaber, über dessen Plattform die Leistung bezogen worden ist, die Zahlung, wenn er hierfür entsprechende Zahlungsmodalitäten auf elektronischem Weg zur Verfügung stellt. Die gleichen Schlussfolgerungen gelten hinsichtlich der Genehmigung der Erbringung der sonstigen Leistung. So gilt die Vermutung als nicht widerlegbar, wenn der Unternehmer die Erbringung der sonstigen Leistung genehmigt oder die Erbringung selbst übernimmt oder einen Dritten damit beauftragt. Hiervon ist regelmäßig auszugehen, wenn der Unternehmer als Inhaber der Plattform, über die die Leistung bezogen werden kann, auftritt. Der Unternehmer legt die allgemeinen Bedingungen hinsichtlich der Leistungserbringung fest, wenn die Erbringung der sonstigen Leistung zwischen den beteiligten Unternehmen in der Kette oder an den eigentlichen Endverbraucher auf Grundlage der allgemeinen Geschäftsbedingungen des Unternehmers von seiner Entscheidung abhängig wird.

10. Güterbeförderungen

a) Allgemeiner Überblick

474 Eine selbständige Güterbeförderungsleistung liegt vor, wenn ein Unternehmer eine bestimmte Beförderung von Gütern schuldet und der Unternehmer diese unter eigener Verantwortung vornimmt. In den Fällen, in denen der mit der Beförderung beauftragte Unternehmer die Beförderung durch einen anderen Unternehmer (Subunternehmer) ausführen lässt, werden sowohl die Beförderungsleistung des Hauptunternehmers als auch diejenige des Subunternehmers dort ausgeführt, wo der Subunternehmer die Beförderung bewirkt. Im Falle der Besorgung einer Beförderungsleistung, z. B. durch einen Spediteur, liegt der Ort der Leistung dort, wo auch die besorgte Beförderung, z. B. von dem beauftragten Frachtführer, bewirkt wird (§ 3 Abs. 11 UStG).[1]

Gerade bei Beförderungsleistungen ist sorgfältig zu unterscheiden, wer oder was befördert wird und wer der Empfänger der Leistung ist. Während bei einer **Personenbeförderungsleistung** stets die Ausnahmeregelung des § 3b Abs. 1 UStG gilt, unabhängig davon, ob der Leistungsempfänger Unternehmer oder Nichtunternehmer ist, ist bei einer **Güterbeförderung** zu unterscheiden, wer Leistungsempfänger ist. Für Güterbeförderungen an einen anderen Unternehmer gilt regelmäßig die Grundregel des § 3a Abs. 2 UStG, während bei einer Güterbeförderung an einen Nichtunternehmer dagegen vielfältige Sonderregelungen in § 3b UStG bestehen.

> **HINWEIS:**
> Darüber hinaus gilt eine Sonderregelung für Güterbeförderungen, die ausschließlich im Drittlandsgebiet bewirkt werden(siehe Rz. 455).

b) Güterbeförderungen an Unternehmer

475 Beförderungsleistungen an Unternehmer fallen unter die **Grundregel** des Art. 44 MwStSystRL (§ 3a Abs. 2 UStG) und sind daher regelmäßig am Ort des Leistungsempfängers steuerbar. Entsprechendes gilt für selbständige Nebenleistungen. Eine Sonderregelung besteht nur für Güterbeförderungsleistungen, die ausschließlich im Drittlandsgebiet bewirkt werden (§ 3a Abs. 8 UStG).

> **BEISPIEL:** ▸ Der belgische Unternehmer B beauftragt den ebenfalls in Belgien ansässigen Frachtführer F, die Beförderung einer Ware von Deutschland nach Belgien auszuführen. F bittet den deutschen Frachtführer D, die Ware von Berlin nach Aachen zu

---

1 Abschnitt 3a.15 UStAE, Abschnitt 3b.1 Abs. 2 UStAE.

transportieren. Die Beförderung von Aachen zum Zielort Antwerpen übernimmt F selbst.

Die Beförderungsleistung des F umfasst die gesamte Beförderung von Berlin nach Antwerpen, denn er schuldet B gegenüber die gesamte Leistung, unabhängig davon, ob er sie selbst tatsächlich ausführt oder teilweise durch einen anderen Unternehmer (Unterfrachtführer) besorgt. Der Ort der Beförderungsleistung des F liegt in Belgien (§ 3a Abs. 2 UStG), da der Auftraggeber seinen Sitz in Belgien hat. Steuerschuldner in Belgien ist der leistende Unternehmer F, da er auch in Belgien ansässig ist.

Die Güterbeförderung des D wird zwar wirtschaftlich im Inland ausgeführt, der Auftraggeber des D ist jedoch in Belgien ansässig. Folglich liegt der Ort dieser Beförderungsleistung auch in Belgien (§ 3a Abs. 2 UStG). D erbringt eine im Inland nicht steuerbare Leistung, die Leistung ist in Belgien steuerbar und steuerpflichtig. Die Umsatzsteuer für diese Leistung schuldet jedoch F als Auftraggeber (Art. 196 MwStSystRL). D erteilt eine Nettorechnung.

Die vorgenannten Regelungen gelten auch, wenn ein Leistungsaustausch zwischen zwei inländischen Unternehmern vorliegt.

BEISPIEL: ▸ Der deutsche Unternehmer D aus Münster bittet den deutschen Frachtführer DF, eine Ware von Rotterdam nach Deutschland zu transportieren. DF wiederum bittet den deutschen Frachtführer UF, die Ware in Rotterdam abzuholen und sie nach Eindhoven zu bringen. Dort wird sie von DF in Empfang genommen und nach Münster weiter transportiert.

Die Beförderungsleistung des DF gegenüber D wurde in Deutschland ausgeführt (§ 3a Abs. 2 UStG). Den Übergang der Steuerschuldnerschaft hat D nicht zu beachten, da auch DF inländischer Unternehmer ist. DF hat eine Rechnung mit deutscher Umsatzsteuer zu erteilen. Aus diesem Grund ist auch keine Erklärung in der Zusammenfassenden Meldung erforderlich, denn es werden nur im Inland nicht steuerbare (also unversteuerte) Leistungen gemeldet.

Die Beförderungsleistung des UF an DF wurde ebenfalls in Deutschland ausgeführt (§ 3a Abs. 2 UStG). Damit ist auch die Leistung des UF in Deutschland steuerbar und steuerpflichtig, auch in diesem Fall ist der Übergang der Steuerschuldnerschaft ohne Bedeutung. Auch UF hat eine Rechnung mit deutscher Umsatzsteuer zu erteilen.

Wird eine Güterbeförderungsleistung gegenüber einem Unternehmer tatsächlich **ausschließlich im Drittlandsgebiet erbracht**, so liegt der Ort der Dienstleistung abweichend von § 3a Abs. 2 UStG im Drittlandsgebiet (§ 3a Abs. 8 Satz 1 UStG). Diese Verlagerungsregelung gilt nicht, wenn die vorgenannte Leistung tatsächlich in einem der in § 1 Abs. 3 UStG genannten Gebiete ausgeführt wird, z. B. in einem Freihafen (§ 3a Abs. 8 Satz 2 UStG). 476

HINWEIS:

Für Güterbeförderungen vom Inland ins Drittland oder umgekehrt gilt dagegen wiederum § 3b Abs. 1 Satz 2 UStG, der inländische Anteil ist steuerbar, aber steuerfrei (§ 4 Nr. 3 UStG).

477 Bei **Frachtnachnahmen** wird regelmäßig vereinbart, dass der Beförderungs-unternehmer die Kosten der Beförderung dem Empfänger der Sendung in Rechnung stellt und dieser die Transportkosten zahlt. Dieser Empfänger ist umsatzsteuerlich für diese Fälle als Leistungsempfänger anzusehen, auch wenn er den Transportauftrag nicht erteilt hat.

> **BEISPIEL:** Frachtführer F aus Deutschland befördert auf Bitten des deutschen Liefe-ranten eine Ware von Deutschland nach Belgien. Der belgische Abnehmer B (eben-falls Unternehmer) zahlt vereinbarungsgemäß die Transportkosten, die F diesem in Rechnung stellt.
>
> Der belgische Abnehmer B gilt als Auftraggeber, obwohl er mit F keine Absprachen getroffen hat. F erteilt daher dem belgischen Abnehmer eine Rechnung über die Transportleistung. Da der Abnehmer Unternehmer ist, liegt der Leistungsort in Bel-gien (§ 3a Abs. 2 UStG). Es ist eine Nettorechnung zu erteilen und der Vorgang ist in der Zusammenfassenden Meldung des F anzugeben.

Werden besondere **Frankaturen** (Abrechnungsmodalitäten) vereinbart, so sind diese als vereinbarte und durchgeführte Leistungen anzusehen, auch wenn der Beförderungsunternehmer regelmäßig nur mit einem Auftraggeber Ab-sprachen getroffen hat.

> **BEISPIEL:** Frachtführer F befördert im Auftrag des belgischen Herstellers eine Ware von Belgien nach Deutschland. Dabei wurde zwischen dem Lieferanten und dem Hersteller „frei belgisch-deutsche Grenze" vereinbart.
>
> F erbringt bei der Frankatur „frei belgisch-deutsche Grenze" zwei Beförderungsleis-tungen, nämlich eine Beförderungsleistung in Belgien vom Sitz des Herstellers bis zur Grenze im Auftrag des Herstellers und eine Beförderungsleistung von Belgien nach Deutschland im Auftrag des deutschen Abnehmers, auch wenn dieser mögli-cherweise gar keine vertraglichen Vereinbarungen mit F getroffen hat. Die erste Leis-tung ist in Belgien, die zweite in Deutschland zu versteuern (§ 3a Abs. 2 UStG), wenn beide Auftraggeber Unternehmer sind. Über die Leistung im Inland hat F eine Rech-nung mit offenem Steuerausweis zu erteilen, der Empfänger ist insoweit zum Vor-steuerabzug berechtigt (§ 40 UStDV).

c) Güterbeförderungen an Nichtunternehmer

478 Bei Güterbeförderungsleistungen an Nichtunternehmer ist zu prüfen, ob eine

▶ inländische Güterbeförderung i. S. des § 3b Abs. 1 Satz 1 UStG,

▶ eine grenzüberschreitende Güterbeförderung i. S. des § 3b Abs. 1 Satz 2 UStG oder

▶ eine innergemeinschaftliche Güterbeförderung nach § 3b Abs. 3 UStG vor-liegt.[1]

---

1 Abschnitt 3b.1 Abs. 3 UStAE.

Inländische Güterbeförderungen sind naturgemäß im Inland vollumfänglich steuerbar, innergemeinschaftliche Güterbeförderungen sind im Abgangsland vollumfänglich steuerbar, während grenzüberschreitende Güterbeförderungsleistungen aufzuteilen sind, wenn sich die Beförderungsstrecke über mehrere Länder erstreckt (Art. 49 MwStSystRL, § 3b Abs. 1 Satz 2 und 3 UStG).

Bei einer **grenzüberschreitenden Güterbeförderung** (Beförderungen vom Inland ins Drittland oder umgekehrt) ist die Beförderungsleistung in einen inländischen (steuerbaren) und einen ausländischen (nicht steuerbaren) Anteil aufzuteilen, die vorstehenden Ausführungen zu Personenbeförderungen gelten entsprechend. Aus Vereinfachungsgründen kann eine Aufteilung unterbleiben bei grenzüberschreitenden Beförderungen mit kurzen in- oder ausländischen Beförderungsstrecken, wenn diese Beförderungen entweder insgesamt als steuerbar oder insgesamt als nicht steuerbar zu behandeln sind.[1]

Bei Beförderungsleistungen, bei der nur ein Teil der Leistung steuerbar ist und bei der die Umsatzsteuer für diesen Teil auch erhoben wird, ist Bemessungsgrundlage das Entgelt, das auf diesen Teil der Leistung entfällt,[2] es ist anhand des anteiligen Gesamtentgelts zu ermitteln.[3] Die Aufteilung der Leistung erfolgt regelmäßig nach dem Verhältnis der jeweils in den einzelnen Staaten zurückgelegten Strecken. Es ist grds. nicht zu beanstanden, wenn zur Ermittlung des auf den inländischen Streckenanteil entfallenden Entgelts von dem für die Gesamtstrecke vereinbarten oder vereinnahmten Bruttobeförderungspreis ausgegangen und dieser Betrag nach dem Anteil der gefahrenen Kilometer aufgeteilt wird. Die §§ 2 bis 7 UStDV enthalten Vereinfachungsregeln, wenn der inländische bzw. ausländische Anteil geringfügig ist. Das Finanzamt kann Unternehmer, die nach § 4 Nr. 3 UStG steuerfreie Umsätze bewirken, von der Verpflichtung befreien, die Entgelte für die vorbezeichneten steuerfreien Umsätze und die Entgelte für nicht steuerbare Beförderungen getrennt aufzuzeichnen.[4]

HINWEIS:

Einzelheiten mit zahlreichen Beispielen enthält der Anwendungserlass zur Umsatzsteuer, insbesondere zur Aufteilung des Entgelts, zum Begriff der kurzen Straßenstrecken im Inland bzw. Ausland sowie zu den Besonderheiten im Schienenbahnverkehr, im Passagier- und Fährverkehr mit Wasserfahrzeugen und ähnlichen Problemfeldern.[5]

---

1 Abschnitt 3b.1 Abs. 4 Satz 2 UStAE, Abschnitt 3b.1 Abs. 7 bis 17 UStAE.
2 Abschnitt 3b.1 Abs. 5 UStAE.
3 Abschnitt 3b.1 Abs. 6 UStAE.
4 Abschnitt 3b.1 Abs. 5 Satz 4 UStAE, Abschnitt 22.6 Abs. 18 und 19 UStAE.
5 Abschnitt 3b.1 Abs. 4 bis 18 UStAE.

Die Finanzverwaltung hat ein entsprechendes Merkblatt für ausländische Unternehmer herausgegeben.[1]

479 Der inländische Anteil einer grenzüberschreitenden Güterbeförderung ist **steuerfrei** (§ 4 Nr. 3a Doppelbuchst. aa UStG).[2] Bei Güterbeförderungen vom Drittland in das Inland wird die inländische Besteuerung indirekt dadurch vorgenommen, dass die Kosten für die Beförderung bis zum ersten inländischen Bestimmungsort in die Bemessungsgrundlage für die Einfuhr einbezogen werden (§ 11 Abs. 3 Nr. 3 und 4 UStG). Die Steuerbefreiung gilt nicht für innergemeinschaftliche Güterbeförderungen.

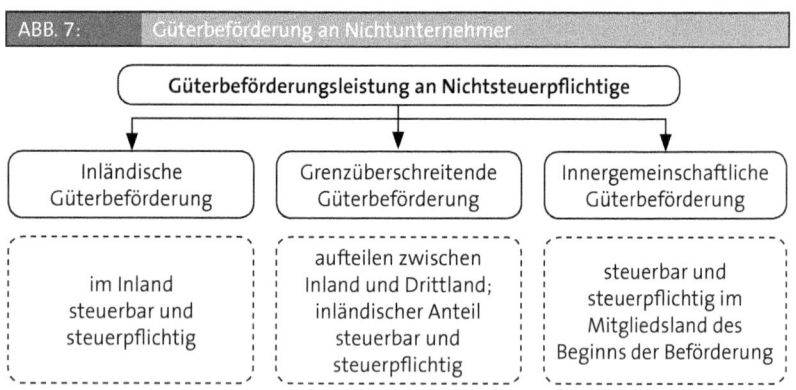

ABB. 7: Güterbeförderung an Nichtunternehmer

480 Als Ort einer **innergemeinschaftlichen Güterbeförderung an Nichtunternehmer** gilt der Abgangsort der Beförderung (Art. 50 MwStSystRL, § 3b Abs. 3 UStG), d. h., sie wird stets dort ausgeführt, wo die Beförderung beginnt. Die Beförderungsleistung ist nicht in einen nicht steuerbaren und einen steuerbaren Anteil aufzuteilen. Als innergemeinschaftliche Güterbeförderung gilt die Beförderung von Gegenständen, bei der Abgangs- und Ankunftsort in zwei verschiedenen Mitgliedstaaten liegen.[3] „Abgangsort" ist der Ort, an dem die Beförderung tatsächlich beginnt, ungeachtet der Strecken, die bis zu dem Ort zurückzulegen sind, an dem sich die Gegenstände ggf. befinden, und „Ankunftsort" ist der Ort, an dem die Güterbeförderung tatsächlich endet (Art. 51 MwStSystRL).

---

1 BMF, Schreiben v. 4. 2. 2014, BStBl I S. 220.
2 Abschnitt 4.3.4 Abs. 7 UStAE, Abschnitt 3b.1 UStAE.
3 Abschnitt 3b.3 Abs. 2 UStAE.

Eine Anfahrt des Beförderungsunternehmers zum Abgangsort ist ebenso unmaßgeblich wie die Durchfuhr durch ein Drittland oder der Sitz des leistenden Unternehmers. Für die Annahme einer innergemeinschaftlichen Güterbeförderung ist es unerheblich, ob die Beförderungsstrecke ausschließlich über Gemeinschaftsgebiet oder auch über Drittlandsgebiet führt. Die deutschen Freihäfen gehören unionsrechtlich zum Gebiet der Bundesrepublik Deutschland (Art. 5 MwStSystRL). Deshalb ist eine innergemeinschaftliche Güterbeförderung auch dann gegeben, wenn die Beförderung in einem deutschen Freihafen beginnt und in einem anderen EU-Mitgliedstaat endet oder umgekehrt.[1] Weil die Freihäfen aber nicht zum umsatzsteuerlichen Inland gehören (§ 1 Abs. 2 Satz 1 UStG), ist eine innergemeinschaftliche Güterbeförderung, die in einem deutschen Freihafen beginnt, ggf. nicht steuerbar (§ 3b Abs. 2 Satz 1 UStG).

Die Voraussetzungen einer innergemeinschaftlichen Güterbeförderung sind für jeden Beförderungsauftrag gesondert zu prüfen; sie müssen sich aus den im Beförderungs- oder Speditionsgewerbe üblicherweise verwendeten Unterlagen (z. B. schriftlicher Speditionsauftrag oder Frachtbrief) ergeben.[2]

BEISPIEL: ▶ Ein Privatmann zieht von Eindhoven nach Ahaus um und beauftragt einen deutschen Unternehmer mit der Durchführung des Umzugs.

Die sonstige Leistung ist in den Niederlanden zu versteuern, da die Beförderung dort beginnt. Der Sitz des leistenden Unternehmers ist ohne Bedeutung.

Keine innergemeinschaftliche Güterbeförderung liegt vor, wenn die Beförderung in Deutschland beginnt und endet und dabei das Ausland durchfahren wird, auch wenn es sich dabei um ein Mitgliedsland der Europäischen Union handelt. Insoweit gelten die allgemeinen Grundsätze des § 3b Abs. 1 UStG. Somit ist der inländische Streckenanteil steuerbar und steuerpflichtig. Da das Ausland nur durchfahren wird, ist auch die bei Drittländern grds. mögliche Befreiung nach § 4 Nr. 3 UStG nicht anwendbar. Der ausländische Streckenanteil ist im Ausland steuerpflichtig und vom Beförderungsunternehmer im Ausland der Besteuerung zu unterwerfen, sofern er nicht geringfügig ist.[3]

BEISPIEL: ▶ Die Privatperson P aus Italien beauftragt den in der Schweiz ansässigen Frachtführer F, Güter von Deutschland über die Schweiz nach Italien zu befördern.

Bei der Beförderungsleistung des F handelt es sich um eine innergemeinschaftliche Güterbeförderung, weil der Transport in zwei verschiedenen EU-Mitgliedstaaten beginnt und endet. Der Ort dieser Leistung bestimmt sich nach dem inländischen Ab-

---

1 Abschnitt 3b.3 Abs. 3 UStAE.
2 Abschnitt 3b.3 Abs. 2 UStAE.
3 Abschnitt 3b.1 Abs. 9 UStAE.

gangsort (§ 3b Abs. 3 UStG). Die Leistung ist in Deutschland steuerbar und steuerpflichtig. Unbeachtlich ist dabei, dass ein Teil der Beförderungsstrecke auf das Drittland Schweiz entfällt. Der leistende Unternehmer F ist Steuerschuldner (§ 13a Abs. 1 Nr. 1 UStG) und hat den Umsatz im Rahmen des allgemeinen Besteuerungsverfahrens (§ 18 Abs. 1–4 UStG) zu versteuern und muss sich folglich in Deutschland umsatzsteuerlich registrieren lassen.

d) Gebrochene Güterbeförderungen

481 Eine gebrochene innergemeinschaftliche Güterbeförderung liegt vor, wenn einem Beförderungsunternehmer für eine Güterbeförderung über die gesamte Beförderungsstrecke ein Auftrag erteilt wird, jedoch bei der Durchführung der Beförderung mehrere Beförderungsunternehmer nacheinander mitwirken. Liegen Beginn und Ende der gesamten Beförderung in den Gebieten verschiedener EU-Mitgliedstaaten, ist hinsichtlich der Beförderungsleistung des Beförderungsunternehmers an den Auftraggeber eine innergemeinschaftliche Güterbeförderung nach § 3b Abs. 3 UStG gegeben, wenn der Auftraggeber ein Nichtunternehmer ist. Die Beförderungsleistungen der vom Auftragnehmer eingeschalteten weiteren Beförderungsunternehmer sind für sich zu beurteilen. Da es sich insoweit jeweils um Leistungen an einen anderen Unternehmer für dessen unternehmerischen Bereich handelt, richtet sich der Leistungsort für diese Beförderungsleistungen nicht nach § 3b Abs. 1 Sätze 1–3 oder Abs. 3 UStG, sondern nach § 3a Abs. 2 UStG.[1]

BEISPIEL 1: ▶ Die in Deutschland ansässige Privatperson P beauftragt den in Frankreich ansässigen Frachtführer S, Güter von Paris nach Rostock zu befördern. S befördert die Güter von Paris nach Aachen und beauftragt für die Strecke von Aachen nach Rostock den in Köln ansässigen Unterfrachtführer F mit der Beförderung. Dabei teilt S im Frachtbrief an F den Abgangsort und den Bestimmungsort der Gesamtbeförderung mit.

Die Beförderungsleistung des S an seinen Auftraggeber P umfasst die Gesamtbeförderung von Paris nach Rostock. Die Leistung ist in Deutschland nicht steuerbar, da eine innergemeinschaftliche Güterbeförderung an eine Privatperson vorliegt und der Abgangsort in Frankreich liegt (§ 3b Abs. 3 UStG).

Hinsichtlich der Beförderungsleistung des F von Aachen nach Rostock an seinen Auftraggeber S ist zu beachten, dass § 3b UStG nicht zu prüfen ist. Da der Auftraggeber S Unternehmer ist, liegt der Leistungsort insoweit in Frankreich (§ 3a Abs. 2 UStG). Steuerschuldner der französischen Umsatzsteuer ist der Leistungsempfänger S, da der leistende Unternehmer F den Ort der Dienstleistung nach der Grundregel bestimmt (Art. 44 MwStSystRL) und nicht in Frankreich ansässig ist (vgl. Art. 196 MwStSystRL). In der Rechnung an S darf keine französische Umsatzsteuer enthalten sein.

---

[1] Abschnitt 3b.4 Abs. 1 UStAE.

BEISPIEL 2: ▶ Die deutsche Privatperson P beauftragt den in Deutschland ansässigen Frachtführer S, Güter von Amsterdam nach Dresden zu befördern. S beauftragt den in den Niederlanden ansässigen Unterfrachtführer F, die Güter von Amsterdam nach Venlo zu bringen. Dort übernimmt S die Güter und befördert sie weiter nach Dresden. Dabei teilt S im Frachtbrief an F den Abgangsort und den Bestimmungsort der Gesamtbeförderung mit.

Die Beförderungsleistung des S an seinen Auftraggeber P umfasst die Gesamtbeförderung von Amsterdam nach Dresden und ist eine innergemeinschaftliche Güterbeförderung. Die Leistung ist in Deutschland nicht steuerbar, der Leistungsort ist am Abgangsort in den Niederlanden (§ 3b Abs. 3 UStG). Steuerschuldner in den Niederlanden ist der leistende Unternehmer S.

Die Beförderungsleistung des F an seinen Auftraggeber S von Amsterdam nach Venlo wurde im Inland ausgeführt, da der Leistungsempfänger S Unternehmer ist (§ 3a Abs. 2 UStG). Steuerschuldner in Deutschland ist der Leistungsempfänger S (§ 13b Abs. 1 und Abs. 5 Satz 1 UStG). F darf in der Rechnung an S die deutsche Umsatzsteuer nicht gesondert ausweisen.

Wird bei Vertragsabschluss einer gebrochenen innergemeinschaftlichen Güterbeförderung eine „unfreie Versendung" bzw. „Nachnahme der Fracht beim Empfänger" vereinbart, trägt der Empfänger der Frachtsendung die gesamten Beförderungskosten. Dabei erhält jeder nachfolgende Beförderungsunternehmer die Rechnung des vorhergehenden Beförderungsunternehmers über die Kosten der bisherigen Teilbeförderung. Der letzte Beförderungsunternehmer rechnet beim Empfänger der Ware über die Gesamtbeförderung ab. In diesen Fällen ist aus Vereinfachungsgründen jeder Rechnungsempfänger als Leistungsempfänger i. S. des § 3b Abs. 3 bzw. § 3a Abs. 2 UStG anzusehen.[1]

Die Mitgliedstaaten haben die Möglichkeit, auf den Teil der Mehrwertsteuer zu verzichten, der auf den Teil der innergemeinschaftlichen Güterbeförderung an Nichtsteuerpflichtige entfällt, der den Beförderungsstrecken über Gewässer entspricht, die nicht zum Gebiet der Gemeinschaft gehören (Art. 52 MwStSystRL).   **482**

e) Dienstleistungen im Zusammenhang mit Güterbeförderungen

aa) Dienstleistungen an Unternehmer

Selbständige Leistungen zur Beförderung wie Beladen, Entladen, Umschlagen und ähnliche Tätigkeiten **an andere Unternehmer** fallen unter die **Grundregel** des Art. 44 MwStSystRL (§ 3a Abs. 2 UStG) und gelten als am Ort des Leistungsempfängers erbracht.   **483**

---

1 Abschnitt 3b.4 Abs. 2 UStAE.

Sofern das Beladen, das Entladen, der Umschlag, die Lagerung oder eine andere sonstige Leistung Nebenleistungen zu einer Güterbeförderung darstellen, teilen sie deren umsatzsteuerliches Schicksal.[1]

484 Wird eine im Zusammenhang mit einer Güterbeförderung stehende Leistung gegenüber einem Unternehmer tatsächlich **ausschließlich im Drittlandsgebiet** erbracht, so liegt der Ort der Dienstleistung abweichend von § 3a Abs. 2 UStG im Drittlandsgebiet (§ 3a Abs. 8 Satz 1 UStG). Diese Verlagerungsregelung gilt nicht, wenn die vorgenannte Leistung tatsächlich in einem der in § 1 Abs. 3 UStG genannten Gebiete ausgeführt wird (z. B. in einem Freihafen).

bb) Dienstleistungen an Nichtunternehmer

485 Die genannten Dienstleistungen an Nichtunternehmer gelten als an dem Ort ausgeführt, an dem sie tatsächlich erbracht werden (Art. 54 Abs. 2 Buchst. a MwStSystRL, § 3b Abs. 2 UStG). Bei der Anwendung der Ortsregelung kommt es nicht darauf an, ob die Leistung mit einer rein inländischen, einer grenzüberschreitenden oder einer innergemeinschaftlichen Güterbeförderung im Zusammenhang steht.[2]

BEISPIEL: ► Der deutsche Unternehmer U liefert Ware an eine nichtunternehmerische juristische Person des öffentlichen Rechts F in Frankreich. Er beauftragt das belgische Unternehmen B mit dem Umladen der Ware vom Schiff auf einen Lkw in Belgien im Hafen von Antwerpen.

Als Ort der sonstigen Leistung des B ist wirtschaftlich sicherlich Antwerpen anzusehen. Er richtet sich tatsächlich aber danach, mit wem ein Leistungsaustausch anzunehmen ist. Erteilt B seine Rechnung vereinbarungsgemäß an U aus Deutschland, liegt insoweit der Ort der Leistung in Deutschland (§ 3a Abs. 2 UStG), B erteilt eine Nettorechnung, U hat den Übergang der Steuerschuldnerschaft zu beachten (§ 13b Abs. 1 i. V. m. Abs. 5 Satz 1 UStG).

Ist die Rechnung dagegen vereinbarungsgemäß von F zu übernehmen, liegt der Ort der sonstigen Leitung des B in Belgien (vgl. sinngemäß § 3b Abs. 1 UStG). B schuldet belgische Umsatzsteuer.

---

1 Abschnitt 3b.2 Abs. 3 UStAE.
2 Abschnitt 3b.2 Abs. 2 UStAE.

IV. Besonderheiten im Verhältnis zum Drittlandsgebiet

1. Allgemeines

Die MwStSystRL kennt einige Besonderheiten bei Leistungsbeziehungen im Verhältnis zum Drittlandsgebiet. So bestimmt Art. 58 MwStSystRL, dass Telekommunikationsdienstleistungen, Rundfunk- und Fernsehdienstleistungen sowie elektronisch erbrachte Dienstleistungen an Nichtsteuerpflichtige im Gemeinschaftsgebiet dort versteuert werden, wo der nichtsteuerpflichtige Leistungsempfänger ansässig ist (im Inland umgesetzt durch § 3a Abs. 5 UStG). Die Regelung gilt auch für leistende Unternehmer aus dem Drittland. Art. 59 MwStSystRL benennt einen Katalog von Dienstleistungen an Nichtsteuerpflichtige aus dem Drittlandsgebiet, bei denen der Ort im Drittlandsgebiet liegt (im Inland umgesetzt durch § 3a Abs. 4 UStG). Außerdem räumt die MwStSystRL den Mitgliedstaaten die Möglichkeit ein, den Ort einer Dienstleistung abweichend von den allgemeinen Regelungen nach der tatsächlichen Nutzung oder Auswertung der Leistung zu verlagern (Art. 59a MwStSystRL). Von dieser Möglichkeit hat Deutschland in § 3a Abs. 6 bis 8 UStG Gebrauch gemacht.

486

2. Katalogleistungen an Nichtunternehmer aus dem Drittlandsgebiet

Bestimmte Dienstleistungen an einen Nichtunternehmer, der seinen Wohnsitz außerhalb des Gemeinschaftsgebiets (also im Drittlandsgebiet) hat, gelten an dem Ort als erbracht, an dem dieser Nichtsteuerpflichtige ansässig ist (Art. 59 MwStSystRL, § 3a Abs. 4 Satz 1 UStG). Der Katalog der Leistungen, für den diese Ortsverlagerung vom Sitz des leistenden Unternehmers an den Wohnsitz des Leistungsempfängers gilt, ist abschließend geregelt (§ 3a Abs. 4 Satz 2 UStG):

487

▶ Einräumung, Übertragung und Wahrnehmung von Patenten und Urheberrechten, Markenrechten, Gebrauchsmuster- und Verlagsrechte u. ä. Rechte (§ 3a Abs. 4 Satz 2 Nr. 1 UStG).[1]

▶ Leistungen der Werbung und der Öffentlichkeitsarbeit (§ 3a Abs. 4 Satz 2 Nr. 2 UStG), die Ortsbestimmung gilt auch für Werbungsmittler und Werbeagenturen.[2] Darunter sind Leistungen zu verstehen, die bei den Wer-

---

1 Abschnitt 3a.9 Abs. 1 und 2 UStAE.
2 Abschnitt 3a.9 Abs. 3 bis 8a UStAE.

beadressaten den Entschluss zum Erwerb von Gegenständen oder zur Inanspruchnahme von sonstigen Leistungen auslösen sollen. Unter den Begriff fallen auch die Leistungen, die bei den Werbeadressaten ein bestimmtes außerwirtschaftliches, z. B. politisches, soziales, religiöses Verhalten herbeiführen sollen. Es ist nicht erforderlich, dass die Leistungen üblicherweise und ausschließlich der Werbung dienen. Eine Leistung in diesem Sinne liegt auch vor bei der Planung, Gestaltung sowie Aufbau, Umbau und Abbau von Ständen im Zusammenhang mit Messen und Ausstellungen, wenn dieser Stand für Werbezwecke verwendet wird.[1]

► **Beratungsleistungen,** insbesondere die Tätigkeit als Rechtsanwalt, Patentanwalt, Steuerberater, Wirtschaftsprüfer, vereidigter Buchprüfer, Ingenieur, Aufsichtsratsmitglied, Dolmetscher und Übersetzer und dergleichen (§ 3a Abs. 4 Satz 2 Nr. 3 UStG). Auch Dienstleistungen, die in der Beantragung der Vereinnahmung von Vorsteuervergütungen bestehen, fallen unter diese Regelung (Art. 27 MwStVO). Keine berufstypische Leistung eines Rechtsanwalts oder Steuerberaters ist die Tätigkeit als Testamentsvollstrecker oder Nachlasspfleger.[2] Buchhaltungsleistungen, die das Erfassen und Kontieren von Belegen sowie die Vorbereitung der Abschlusserstellung umfassen, gehören nicht zu den Beratungsleistungen im Sinne dieser Regelung.[3] Notare erbringen nur dann selbständige Beratungsleistungen i. S. des § 3a Abs. 4 UStG, wenn die Beratungen nicht im Zusammenhang mit einer Beurkundung stehen. Leistungen i. S. des § 3a Abs. 3 Nr. 1 UStG (Grundstücksleistungen) gehen den Beratungsleistungen in dieser Regelung vor.[4] Unter § 3a Abs. 4 Satz 2 Nr. 3 UStG fallen auch die Beratungsleistungen von Sachverständigen. Hierzu gehören z. B. die Anfertigung von rechtlichen, wirtschaftlichen und technischen Gutachten, soweit letztere nicht in engem Zusammenhang mit einem Grundstück (§ 3a Abs. 3 Nr. 1 UStG) oder mit beweglichen Gegenständen (§ 3a Abs. 3 Nr. 3 Buchst. c UStG) stehen, sowie die Aufstellung von Finanzierungsplänen, die Auswahl von Herstellungsverfahren und die Prüfung ihrer Wirtschaftlichkeit. Leistungen von Handelschemikern sind als Beratungsleistungen zu beurteilen, wenn sie Auftraggeber neben der chemischen Analyse von Warenproben insbesondere über Kennzeichnungsfragen beraten.[5] Ingenieurleistungen sind alle sonstigen Leistungen, die zum Berufsbild eines Ingenieurs gehören, also nicht nur be-

---

1 Abschnitt 3a.9 Abs. 3 bis 8a UStAE.
2 BFH v. 3. 4. 2008 – V R 62/05, BStBl 2008 II S. 900.
3 BFH v. 9. 2. 2012 – V R 20/11, BFH/NV 2012 S. 1336.
4 Abschnitt 3a.9 Abs. 11 UStAE.
5 Abschnitt 3a.9 Abs. 12 UStAE.

ratende Tätigkeiten.[1] Die Ausübung von Ingenieurleistungen ist dadurch gekennzeichnet, Kenntnisse und bestehende Prozesse auf konkrete Probleme anzuwenden sowie neue Erkenntnisse zu erwerben und neue Prozesse zur Lösung dieser und neuer Probleme zu entwickeln.[2] Es ist nicht erforderlich, dass der leistende Unternehmer Ingenieur ist. Ingenieurleistungen, die in engem Zusammenhang mit einem Grundstück stehen, fallen unter § 3a Abs. 3 Nr. 1 UStG. Die Anpassung von Software an die besonderen Bedürfnisse des Abnehmers gehört zu den sonstigen Leistungen, die von Ingenieuren erbracht werden oder zu denen, die Ingenieurleistungen ähnlich sind.[3] Auch berufstypische Beratungsleistungen sog. Personalberater, die diese im Rahmen der Suche nach Führungskräften für ihre Auftraggeber erbringen, stellen Beratungsleistungen dar.[4] Dienstleistungen, die darin bestehen, Forschungs- und Entwicklungsarbeiten im Umwelt- und Technologiebereich auszuführen, sind als Leistungen von Ingenieuren anzusehen.[5] Auch Textübersetzer fallen unter diese Regelung (Art. 41 MwStVO).[6]

► Unter **Datenverarbeitung** i. S. des § 3a Abs. 4 Satz 2 Nr. 4 UStG ist die manuelle, mechanische oder elektronische Speicherung, Umwandlung, Verknüpfung und Verarbeitung von Daten zu verstehen. Hierzu gehören insbesondere die Automatisierung von gleichförmig wiederholbaren Abläufen, die Sammlung, Aufbereitung, Organisation, Speicherung und Wiedergewinnung von Informationsmengen sowie die Verknüpfung von Datenmengen oder Datenstrukturen mit der Verarbeitung dieser Informationen auf Grund computerorientierter Verfahren. Die Erstellung von Datenverarbeitungsprogrammen (Software) ist keine Datenverarbeitung in diesem Sinne.[7]

► **Überlassung von Informationen** und Know-how (§ 3a Abs. 4 Satz 2 Nr. 5 UStG). Gewerbliche Verfahren und Erfahrungen können im Rahmen der laufenden Produktion oder der laufenden Handelsgeschäfte gesammelt werden und daher bei einer Auftragserteilung bereits vorliegen, z. B. Überlassung von Betriebsvorschriften, Unterrichtung über Fabrikationsverbesserungen, Unterweisung von Arbeitern des Auftraggebers im Betrieb des Unternehmers. Gewerbliche Verfahren und Erfahrungen können auch auf

---

1 Abschnitt 3a.9 Abs. 13 UStAE.
2 BFH v. 13. 1. 2011 – V R 63/09, BStBl 2011 II S. 461.
3 EuGH, Urteil v. 27. 10. 2005 – C-41/04, DStRE 2006 S. 41.
4 BFH v. 18. 6. 2009 – V R 57/07, BStBl 2010 II S. 83.
5 EuGH, Urteil v. 7. 10. 2010 – C-222/09, UR 2010 S. 854.
6 Abschnitt 3a.9 Abs. 14 UStAE.
7 Abschnitt 3a.9 Abs. 15 UStAE.

Grund besonderer Auftragsforschung gewonnen werden, z. B. Analysen für chemische Produkte, Methoden der Stahlgewinnung, Formeln für die Automation. Es ist ohne Belange, in welcher Weise die Verfahren und Erfahrungen übermittelt werden, z. B. durch Vortrag, Zeichnungen, Gutachten oder durch Übergabe von Mustern und Prototypen. Unter die Vorschrift fällt die Überlassung aller Erkenntnisse, die ihrer Art nach geeignet sind, technisch oder wirtschaftlich verwendet zu werden. Dies gilt z. B. auch für die Informationen durch Journalisten oder Pressedienste, soweit es sich nicht um die Überlassung urheberrechtlich geschützter Rechte handelt. Auch bei den sonstigen Leistungen der Detektive handelt es sich um Überlassung von Informationen, dagegen stellt die Unterrichtung des Erben über den Erbfall durch einen Erbermittler keine Überlassung von Informationen dar.[1]

► **Finanzumsätze,** unabhängig davon, ob diese unter die Befreiungsvorschrift des § 4 Nr. 8 UStG fallen, sowie **Versicherungsumsätze,** aber nur, wenn sie unter die Befreiungsvorschrift des § 4 Nr. 11 UStG fallen (§ 3a Abs. 4 Satz 2 Nr. 6 UStG).[2]

► **Überlassung von Arbeitnehmern** (§ 3a Abs. 4 Satz 2 Nr. 7 UStG). Unter einer Gestellung von Personal ist die entgeltliche Überlassung von weiterhin beim leistenden Unternehmer angestellten Arbeitnehmern an einen Dritten zu verstehen, welcher das Personal für seine Zwecke einsetzt. Dabei muss der Leistungsempfänger in der Lage sein, das Personal entsprechend seines Weisungsrechts einzusetzen. Die Verantwortung für die Durchführung der Arbeiten muss beim Leistungsempfänger liegen. Schuldet hingegen der leistende Unternehmer den Eintritt eines bestimmten Erfolges oder Ereignisses, steht nicht die Überlassung von Personal, sondern die Ausführung einer anderen Art der Leistung im Vordergrund.[3]

► **Verzicht** auf die Ausübung von Patenten und Urheberrechten (§ 3a Abs. 4 Satz 2 Nr. 8 UStG).

► **Verzicht** auf die Ausübung einer gewerblichen oder beruflichen Tätigkeit (§ 3a Abs. 4 Satz 2 Nr. 9 UStG).

► **Vermietung beweglicher körperlicher Gegenstände** mit Ausnahme von Beförderungsmitteln (§ 3a Abs. 4 Satz 2 Nr. 10 UStG). Eine Vermietung von beweglichen körperlichen Gegenständen liegt auch vor, wenn ein bestehender Messestand oder wesentliche Teile eines Standes im Zusammenhang

---

1 Abschnitt 3a.9 Abs. 16 UStAE.
2 Abschnitt 3a.9 Abs. 17 und 18 UStAE, vgl. auch EuGH, Urteil v. 19. 7. 2012 – C-44/11, BStBl 2012 II S. 945.
3 Abschnitt 3a.9 Abs. 18a UStAE.

mit Messen oder Ausstellungen an Aussteller vermietet werden und die Vermietung ein wesentliches Element dieser Dienstleistung ist.[1]

▶ Die **Gewährung des Zugangs zu Erdgas- und Elektrizitätsnetzen** oder zu Wärme- und Kältenetzen und damit zusammenhängender Leistungen wie die Fernleitung, die Übertragung oder die Verteilung über diese Netze sowie andere mit diesen Leistungen unmittelbar zusammenhängende Leistungen in Bezug auf Gas für alle Druckstufen und in Bezug auf Elektrizität für alle Spannungsstufen sowie in Bezug auf Wärme und auf Kälte (§ 3a Abs. 4 Satz 2 Nr. 14 UStG). Zu den mit der Gewährung des Zugangs zu Erdgas-, Elektrizitäts-, Wärme- oder Kältenetzen und der Fernleitung, der Übertragung oder der Verteilung über diese Netze unmittelbar zusammenhängenden Umsätzen gehören insbesondere Serviceleistungen wie Überwachung, Netzoptimierung und Notrufbereitschaften.[2]

Ist der Empfänger einer in § 3a Abs. 4 Satz 2 UStG genannten Dienstleistung ein Nichtunternehmer und hat er seinen Wohnsitz oder Sitz im Gemeinschaftsgebiet, gilt die Sonderregelung des § 3a Abs. 4 UStG nicht und die sonstige Leistung wird nach der Grundregel dort ausgeführt, wo der leistende Unternehmer sein Unternehmen betreibt (§ 3a Abs. 1 UStG). Werden die genannten Leistungen an einen anderen Unternehmer für dessen Unternehmen ausgeführt, gilt die Sonderregelung ebenfalls nicht und es verbleibt bei der Grundregelung des § 3a Abs. 2 UStG.

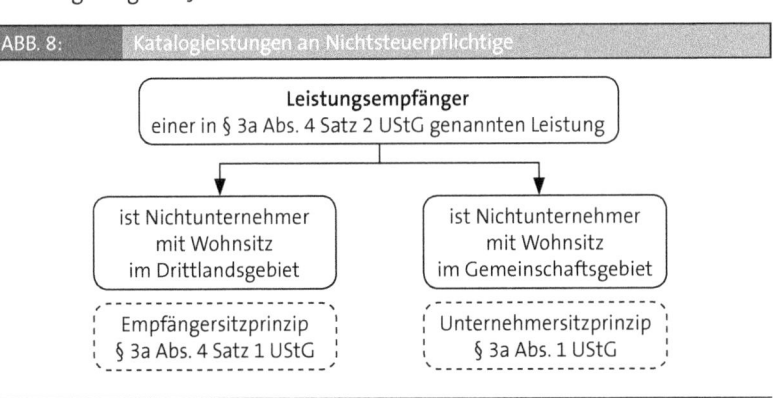

ABB. 8: Katalogleistungen an Nichtsteuerpflichtige

Leistungsempfänger
einer in § 3a Abs. 4 Satz 2 UStG genannten Leistung

ist Nichtunternehmer mit Wohnsitz im Drittlandsgebiet

ist Nichtunternehmer mit Wohnsitz im Gemeinschaftsgebiet

Empfängersitzprinzip § 3a Abs. 4 Satz 1 UStG

Unternehmersitzprinzip § 3a Abs. 1 UStG

8 BEISPIEL: ▶ Ein Rechtsanwalt aus Köln berät einen Mandanten in einer Scheidungsangelegenheit. Der ehemals in Deutschland wohnende Mandant lebt zwischenzeit-

---

1 Abschnitt 3a.9 Abs. 19 UStAE; EuGH, Urteil v. 27. 10. 2011 – C-530/09, BStBl 2012 II S. 160.
2 Abschnitt 3a.13 UStAE.

lich seit seiner Trennung von seiner deutschen Ehefrau in der Schweiz bzw. in Griechenland.

Die sonstige Leistung des Rechtsanwalts fällt unter § 3a Abs. 4 Satz 2 Nr. 3 UStG und wurde im Hinblick auf seinen schweizer Mandanten im Drittland erbracht (§ 3a Abs. 4 Satz 1 UStG). Die Leistung gegenüber dem griechischen Mandanten gilt als in Deutschland erbracht (§ 3a Abs. 4 Satz 1 i. V. m. § 3a Abs. 1 UStG).

Wird die sonstige Leistung an einen Nichtunternehmer erbracht, der in verschiedenen Ländern ansässig ist oder seinen Wohnsitz in einem Land und seinen gewöhnlichen Aufenthalt in einem anderen Land hat, ist bei Leistungen an eine natürliche Person der Leistungsort vorrangig an deren gewöhnlichen Aufenthaltsort, soweit keine Anhaltspunkte dafür vorliegen, dass die Leistung an deren Wohnsitz genutzt oder ausgewertet wird (Art. 24 Buchst. b MwStVO). Bei Leistungen an eine nicht unternehmerisch tätige juristische Person, der keine USt-IdNr. erteilt worden ist, ist der Leistungsort vorrangig an dem Ort, an dem die Handlungen zur zentralen Verwaltung der juristischen Person vorgenommen werden, soweit keine Anhaltspunkte dafür vorliegen, dass die Leistung an deren festen Niederlassung genutzt oder ausgewertet wird (Art. 24 Buchst. a MwStVO).[1]

3. Im Inland genutzte Leistungen eines Unternehmers aus dem Drittland

a) Allgemeiner Überblick

488   Die Sonderregelung des § 3a Abs. 6 UStG betrifft sonstige Leistungen, die von einem im Drittlandsgebiet ansässigen Unternehmer erbracht und im Inland genutzt oder verwertet werden.[2] Es handelt sich dabei um folgende Leistungen:

► die kurzfristige Vermietung eines Beförderungsmittels an einen Unternehmer oder einen Nichtunternehmer (§ 3a Abs. 6 Satz 1 Nr. 1 i. V. m. § 3a Abs. 3 Nr. 2 Satz 1 UStG),

► die langfristige Vermietung eines Beförderungsmittels an einen Nichtunternehmer (§ 3a Abs. 6 Satz 1 Nr. 1 i. V. m. § 3a Abs. 3 Nr. 2 Satz 3 UStG),

► eine in § 3a Abs. 4 Satz 2 Nr. 1 bis 10 UStG bezeichnete Katalogleistung an eine im Inland ansässige juristische Person des öffentlichen Rechts (§ 3a Abs. 6 Satz 1 Nr. 2 i. V. m. § 3a Abs. 4 Satz 2 UStG),

---

1 Abschnitt 3a.8 Nr. 2a UStAE.
2 Abschnitt 3a.14 Abs. 1 UStAE.

► Dienstleistungen auf dem Gebiet der Telekommunikation oder Rundfunk- und Fernsehdienstleistungen (§ 3a Abs. 6 Satz 1 Nr. 3 i.V. m. § 3a Abs. 5 Satz 2 Nr. 1 und Nr. 2 UStG).

b) Vermietung eines Beförderungsmittels

Vermietet ein Drittlandsunternehmer ein Beförderungsmittel, das im Inland genutzt wird, gilt somit Folgendes:[1]

489

► Liegt eine kurzfristige Vermietung eines Beförderungsmittels an einen Unternehmer vor, ist der Ort der Dienstleistung abweichend von § 3a Abs. 3 Nr. 2 Satz 1 UStG nach § 3a Abs. 6 Satz 1 UStG zu bestimmen und liegt im Inland.

► Liegt eine kurzfristige Vermietung eines Beförderungsmittels an einen Nichtunternehmer vor, ist der Ort der Dienstleistung abweichend von § 3a Abs. 3 Nr. 2 Satz 1 UStG nach § 3a Abs. 6 Satz 1 UStG zu bestimmen und liegt im Inland.

► Liegt eine langfristige Vermietung eines Beförderungsmittels an einen Nichtunternehmer vor, ist der Ort der sonstigen Leistung abweichend von § 3a Abs. 3 Nr. 2 Satz 3 nach § 3a Abs. 6 Satz 1 UStG zu bestimmen und liegt im Inland.

► Liegt eine langfristige Vermietung eines Beförderungsmittels an einen Unternehmer vor, bestimmt sich der Ort der sonstigen Leistung nach § 3a Abs. 2 UStG und liegt am Ort des Leistungsempfängers. Obwohl der Gesetzestext ganz allgemein von „langfristiger Vermietung" spricht und zunächst nicht hinsichtlich der Leistungsempfänger unterscheidet, fehlt im zweiten Halbsatz die Negativabgrenzung zu § 3a Abs. 2 UStG, so dass die langfristige Vermietung eines Beförderungsmittels an einen Unternehmer eben nicht von der Sonderregelung des § 3a Abs. 6 UStG erfasst wird.

BEISPIEL : ► Privatmann P aus Potsdam mietet einen Pkw von einem in der Schweiz ansässigen Autovermieter:

a) für ein Jahr

b) für eine Woche.

Das Fahrzeug wird dem P in Potsdam durch einen Mitarbeiter des Schweizers übergeben.

Der Ort der Vermietungsleistung bestimmt sich im Fall a) grds. nach § 3a Abs. 1 UStG und liegt somit in der Schweiz. Aufgrund der Sonderregelung in § 3a Abs. 3 Nr. 2 Satz 3 UStG liegt der Ort der sonstigen Leistung jedoch im Inland. Da der Ort

---

1 Abschnitt 3a.14 Abs. 2 UStAE.

der sonstigen Leistung nunmehr bereits im Inland liegt, kommt der weiteren Sonderregelung in § 3a Abs. 6 Nr. 1 UStG keine weitere Bedeutung mehr zu. Steuerschuldner der deutschen Umsatzsteuer ist der schweizer Unternehmer.

Im Fall b) bestimmt sich der Ort der Dienstleistung wegen der kurzfristigen Vermietung nach § 3a Abs. 3 Nr. 2 Satz 1 UStG und liegt ebenfalls im Inland. Steuerschuldner ist auch insoweit der Unternehmer aus der Schweiz.

c) Erbringung einer Katalogleistung an eine juristische Person des öffentlichen Rechts

490 Erbringt ein Unternehmer aus dem Drittland eine Katalogleistung i. S. des § 3a Abs. 4 Satz 2 Nr. 1–10 UStG an eine im Inland ansässige juristische Person des öffentlichen Rechts (§ 3a Abs. 6 Nr. 2 UStG), so gilt die Dienstleistung als im Inland ausgeführt, wenn sie dort genutzt oder ausgewertet wird (§ 3a Abs. 6 Nr. 3 UStG). Die Regelung gilt nur für juristische Personen des öffentlichen Rechts, wenn diese Nichtunternehmer sind. Die Leistungen eines Aufsichtsratsmitglieds werden am Sitz der Gesellschaft genutzt oder ausgewertet. Sonstige Leistungen, die der Werbung oder der Öffentlichkeitsarbeit dienen, werden dort genutzt oder ausgewertet, wo die Werbung oder Öffentlichkeitsarbeit wahrgenommen werden soll. Wird eine sonstige Leistung sowohl im Inland als auch im Ausland genutzt oder ausgewertet, ist darauf abzustellen, wo die Leistung überwiegend genutzt oder ausgewertet wird.[1]

d) Telekommunikationsdienstleistungen und Rundfunk- und Fernsehdienstleistungen durch Unternehmer aus dem Drittland

491 Erbringt ein Unternehmer aus dem Drittland Telekommunikationsdienstleistungen bzw. Rundfunk- und Fernsehdienstleistungen i. S. des § 3a Abs. 5 Satz 2 Nr. 1 und 2 UStG an einen privaten Abnehmer, so gilt die Dienstleistung als im Inland ausgeführt, wenn sie dort genutzt oder ausgewertet wird (§ 3a Abs. 6 Nr. 3 UStG).[2] Diese Regelung gilt nur für Nichtunternehmer als Leistungsempfänger.

4. Kurzfristige Vermietung von Fahrzeugen zur Nutzung im Drittland

492 Vermietet ein Unternehmer **aus dem Inland** kurzfristig ein Schienenfahrzeug, einen Kraftomnibus oder ein ausschließlich zur Beförderung von Gegenstän-

---

1 Abschnitt 3a.14 Abs. 3 UStAE.
2 Abschnitt 3a.14 Abs. 3 UStAE.

den bestimmtes Straßenfahrzeug an einen Drittlandsunternehmer und wird der Gegenstand im Drittland genutzt, gilt die Leistung als im Drittland ausgeführt (§ 3a Abs. 7 UStG). Die Regelung gilt auch, sofern eine feste Niederlassung eines Unternehmers im Drittlandsgebiet Leistungsempfänger ist.

BEISPIEL: ▸ U aus Ulm vermietet an einen in der Schweiz ansässigen Vermieter S einen Lkw für drei Wochen. Der Lkw wird von S bei U abgeholt. Der Lkw wird ausschließlich in der Schweiz genutzt.

Der Ort der Leistung bei der kurzfristigen Vermietung des Beförderungsmittels richtet sich grds. nach § 3a Abs. 3 Nr. 2 UStG und liegt im Land der Übergabe des Fahrzeugs, mithin in Deutschland. Da der Lkw aber nicht im Inland, sondern in der Schweiz genutzt wird, ist die Leistung nach § 3a Abs. 7 UStG als in der Schweiz ausgeführt zu behandeln.

Wird eine sonstige Leistung sowohl im Inland als auch im Drittlandsgebiet genutzt, ist darauf abzustellen, wo die Leistung überwiegend genutzt wird.

Bei langfristiger Nutzung liegt der Ort der Leistung bereits nach der Grundregelung in § 3a Abs. 2 UStG im Drittlandsgebiet.[1]

5. Ausschließlich im Drittlandsgebiet erbrachte Leistungen

Werden bestimmte **Leistungen an Unternehmer** tatsächlich im Drittlands-gebiet erbracht, so gilt die Leistung abweichend von der Grundregelung des § 3a Abs. 2 UStG als im Drittland ausgeführt, wenn die Leistung tatsächlich im Drittlandsgebiet genutzt oder ausgewertet wird (§ 3a Abs. 8 UStG). Zu diesen Leistungen gehören

493

▶ Güterbeförderungsleistungen,

▶ Beladen, Entladen, Umschlagen oder ähnliche mit einer Güterbeförderung zusammenhängende Leistungen i. S. des § 3b UStG,

▶ Arbeiten an beweglichen Gegenständen,

▶ Begutachtung von beweglichen Gegenständen,

▶ Veranstaltungsleistungen im Zusammenhang mit Messen und Ausstellungen,

▶ Reisevorleistungen i. S. des § 25 Abs. 1 Satz 5 UStG.

Die Regelung gilt nur für Leistungsempfänger i. S. des § 3a Abs. 2 UStG. Güter-beförderungsleistungen, im Zusammenhang mit einer Güterbeförderung stehende sonstige Leistungen wie Beladen, Entladen, Umschlagen oder ähnliche mit der Beförderung eines Gegenstands stehende Leistungen, Arbeit an und

---

1 Abschnitt 3a.14 Abs. 4 UStAE.

die Begutachtung von beweglichen körperlichen Gegenständen, Reisevorleistungen und Veranstaltungsleistungen im Zusammenhang mit Messen und Ausstellungen werden regelmäßig im Drittlandsgebiet genutzt oder ausgewertet, wenn sie tatsächlich ausschließlich dort in Anspruch genommen werden können.

HINWEIS:

Die Ausnahmeregelung gilt nicht für Drittlandsgebiet i. S. des § 1 Abs. 3 UStG, z. B. für Freihäfen (§ 3a Abs. 8 Satz 2 UStG).

V. Besteuerungsverfahren

1. Allgemeines

494 Grds. schuldet die Mehrwertsteuer der Steuerpflichtige, der eine steuerpflichtige Lieferung von Gegenständen ausführt bzw. eine steuerpflichtige Dienstleistung erbringt (Art. 193 MwStSystRL). Die Steuerschuldnerschaft des leistenden Unternehmers wurde im Inland umgesetzt durch § 13a Abs. 1 Nr. 1 UStG. Erbringt ein Unternehmer seine Leistungen im Ausland, so richtet sich folglich die Besteuerung nach ausländischem Recht. Daher hat z. B. ein deutscher Unternehmer grds. in anderen Mitgliedstaaten Steuererklärungen abzugeben und die Steuer zu entrichten, wenn er in diesem Land Leistungen erbringt. Natürlich hat er dann die Steuer nach dem Steuersatz und den umsatzsteuerlichen Regelungen dieses Landes zu berechnen und abzuführen. Folglich hat er sich in diesem anderen Land umsatzsteuerlich registrieren zu lassen.

2. Reverse-Charge-Verfahren

495 Um eine Registrierung in einem anderen Mitgliedstaat zu vermeiden, kennt die MwStSystRL das Instrument des Übergangs der Steuerschuldnerschaft, wonach die Steuerschuld auf den Leistungsempfänger übergeht, wenn die steuerpflichtige Leistung von einem Steuerpflichtigen bewirkt wurde, der nicht in dem Mitgliedstaat ansässig ist, in dem die Mehrwertsteuer geschuldet wird (Art. 194 Abs. 1 MwStSystRL). Bei einigen Leistungen geht die Steuerschuldnerschaft zwingend auf den Leistungsempfänger über (Art. 195 bis 198 MwStSystRL), bei anderen Umsätzen wiederum können die Mitgliedstaaten selbst festlegen, ob der leistende Unternehmer oder die Person, für die die Lieferung oder Dienstleistung bestimmt ist, die Steuer schuldet (Art. 199 MwStSystRL). Die inhaltlichen Bedingungen für die Anwendung des sog. Reverse-Charge-Verfahrens legen die Mitgliedstaaten dabei zudem selbst fest (Art. 194 Abs. 2 MwStSystRL), folglich sind die Regelungen insoweit nicht EU-

einheitlich und können in den einzelnen Mitgliedstaaten differieren.[1] Auch viele Drittländer kennen zwischenzeitlich diese Form der Verlagerung der Steuerschuldnerschaft vom leistenden (ausländischen) Unternehmer auf den (inländischen) Leistungsempfänger.

Gerade die Bestimmung des Ortes der sonstigen Leistungen steht im Gemeinschaftsgebiet in engem Zusammenhang mit diesem Übergang der Steuerschuldnerschaft. Ist der leistende Unternehmer bei Dienstleistungen i. S. der Grundregelung „B2B" des Art. 44 MwStSystRL nicht im Land der Leistung, sondern im Ausland ansässig, schuldet **zwingend** der Leistungsempfänger die Steuer, wenn er ein Unternehmer oder eine juristische Person mit einer USt-IdNr. (Art. 196 MwStSystRL).

Bei Ortsbestimmungen nach anderen Vorschriften als der Grundregel des Art. 44 MwStSystRL muss die Steuerschuldnerschaft jedoch nicht zwingend auf den Leistungsempfänger übergehen, so dass insoweit abweichende Regelungen in den einzelnen Mitgliedstaaten bestehen können. Ist der Leistungsempfänger ein Nichtunternehmer, so hat der ausländische Unternehmer den Umsatz stets selbst im allgemeinen Besteuerungsverfahren zu versteuern.[2]

HINWEIS:

Im Inland gilt das Reverse-Charge-Verfahren nicht nur Dienstleistungen nach der Grundregelung des § 3a Abs. 2 UStG (§ 13b Abs. 1 i. V. m. Abs. 5 Satz 1 UStG), sondern auch für alle anderen Dienstleistungen für Unternehmer sowohl aus dem übrigen Gemeinschaftsgebiet als auch für Unternehmer aus dem Drittlandsgebiet (§ 13b Abs. 2 Nr. 1 i. V. m. Abs. 5 Satz 1 UStG).

Gerade diese Bestimmungen können von Mitgliedsland zu Mitgliedsland abweichen.

Führt ein **im Inland ansässiger Unternehmer** eine sonstige Leistung aufgrund der Grundregel in § 3a Abs. 2 UStG in einem anderen EU-Mitgliedstaat aus, schuldet regelmäßig der Leistungsempfänger die Umsatzsteuer (Art. 196 MwStSystRL).[3] In der Rechnung des leistenden Unternehmers ist auf den Übergang der Steuerschuldnerschaft des Leistungsempfängers hinzuweisen (§ 14a Abs. 1 Satz 1 UStG).[4]

---

1 vgl. auch FG Hamburg v. 4. 12. 2008 – 5 K 32/07, DStRE 2009 S. 1262; NZB zurückgewiesen durch BFH v. 6. 4. 2010 – XI B 1/09, BFH/NV 2010 S. 2131.
2 Abschnitt 3a.16 Abs. 2 UStAE.
3 Abschnitt 3a.16 Abs. 4 und 5 UStAE.
4 Abschnitt 3a.16 Abs. 6 UStAE.

BEISPIEL: ► Die Vermittlungsagentur V aus Deutschland vermittelt die Lieferung einer Maschine des deutschen Herstellers H aus Hannover von Hannover nach Belgien. Sie wurde durch den belgischen Abnehmer B mit der Vermittlung beauftragt.

Der Ort der Vermittlungsleistung liegt in Belgien (§ 3a Abs. 2 UStG). Die Besteuerung richtet sich grds. nach belgischem Recht. V kann B eine Nettorechnung erteilen mit dem Hinweis auf das „Reverse-Charge-Verfahren". Die Steuerschuld geht auf B über, ebenso der entsprechende Vorsteueranspruch. In Deutschland hat V seinen Umsatz im Rahmen der USt-Voranmeldung und der USt-Jahreserklärung als „nichtsteuerbaren Umsatz" auszuweisen, er hat über diesen Umsatz eine Zusammenfassende Meldung abzugeben.

3. Erfassung der innergemeinschaftlichen Dienstleistungen in der Zusammenfassenden Meldung

496 Zur Sicherung des Steueranspruchs müssen die vom Mitgliedstaat des Dienstleistungserbringers erhobenen Daten dem Mitgliedstaat, in dem der Dienstleistungsempfänger einer innergemeinschaftlichen Dienstleistung ansässig ist, mitgeteilt werden. Dazu hat der leistende Unternehmer die innergemeinschaftlichen Dienstleistungen, die unter das Empfängersitzprinzip des Art. 44 MwStSystRL (= § 3a Abs. 2 UStG) fallen, in seinem Mitgliedstaat im Rahmen einer Zusammenfassenden Meldung zu erklären (Art. 262 Buchst. c MwStSystRL, § 18a Abs. 2 UStG).[1] Innergemeinschaftliche Dienstleistungen sind zudem vom Unternehmer in Voranmeldungen und in der Jahreserklärung gesondert auszuweisen Art. 250, 251 MwStSystRL, im Inland § 18b Satz 1 Nr. 2 UStG).

Zu diesem Zweck erhalten sowohl der Leistende als auch die Leistungsempfänger eine Umsatzsteuer-Identifikationsnummer, wenn sie an solchen Dienstleistungen beteiligt sind (§ 27a Abs. 1 UStG, Art. 214 Buchst. d und e MwStSystRL). Leistungsempfänger innergemeinschaftlicher Dienstleistungen müssen dem leistenden Unternehmer ihre USt-IdNr. mitteilen, damit dieser seiner Verpflichtung zur Abgabe einer Zusammenfassenden Meldung nachkommen kann (Art. 55 MwStVO).

Kleinunternehmer sind von der Abgabe von Zusammenfassenden Meldungen befreit (§ 18a Abs. 4 UStG).[2] Dagegen sind pauschal versteuernde Land- und Forstwirte zur Abgabe einer Zusammenfassenden Meldung verpflichtet.[3]

---

1 Abschnitt 3a.16 Abs. 7 UStAE.
2 Abschnitt 18a.1 Abs. 1 Satz 2 UStAE.
3 Abschnitt 18a.1 Abs. 3 UStAE.

Es sind nur die Umsätze zu melden, die unter die Grundregelung für sonstige Leistungen an Unternehmer nach Art. 44 MwStSystRL (im Inland § 3a Abs. 2 UStG) fallen, nicht jedoch die weiteren Umsätze, bei denen sich der Ort der Dienstleistung nach einer anderen Vorschrift bestimmt, z. B. Grundstücksumsätze (§ 3a Abs. 3 Nr. 1 UStG).[1] Diese Umsätze sind auch dann nicht in der Zusammenfassenden Meldung zu erklären, wenn diese individuell in diesem Mitgliedstaat ggf. nach dem Reverse-Charge-Verfahren zu versteuern sind.

4. Besonderes Besteuerungsverfahren „Mini-One-Stop-Shop"

Für Telekommunikationsdienstleistungen, Rundfunk- und Fernsehdienstleistungen und elektronische Dienstleistungen an Leistungsempfänger, die nicht Unternehmer sind, gilt nach Art. 58 MwStSystRL das Empfängersitzprinzip (im Inland § 3a Abs. 5 UStG). Da diese Dienstleistungen am Wohnort des Empfängers als ausgeführt gelten, wäre eine Registrierung der leistenden Unternehmer in allen Mitgliedstaaten, in denen die Kunden dieser Unternehmer ansässig sind, erforderlich. Für diese Unternehmer wurde ein besonderes Besteuerungsverfahren eingeführt. Sie können wählen, ob sie die Regelbesteuerung oder dieses besondere Besteuerungsverfahren (sog. Mini-One-Stop-Shop – MOSS) anwenden wollen (Art. 357 ff. MwStSystRL). Wesentlicher Inhalt dieser Sonderregelung ist es, dass sich Unternehmer dafür entscheiden können, sich nur in einem Mitgliedstaat der EU registrieren zu lassen und dort die Umsatzsteuer aller Mitgliedstaaten, in denen sie entsprechende steuerpflichtige Dienstleistungen erbringen und deren Umsatzsteuer sie schulden, abzuführen, anstatt in allen Mitgliedstaaten registriert zu sein und die Umsatzsteuer in jedem einzelnen Mitgliedstaat gesondert anzumelden und abzuführen. Die Verteilung der Umsatzsteuer auf die einzelnen Mitgliedstaaten der Leistungserbringung ist dann nicht Sache des Unternehmers.

497

Erbringen Unternehmer aus dem Inland Leistungen i. S. des § 3a Abs. 5 UStG im übrigen Gemeinschaftsgebiet, können sie sich unter bestimmten Bedingungen abweichend von §§ 16 bis 18 UStG dafür entscheiden, am besonderen Besteuerungsverfahren teilzunehmen, um die mehrfache Registrierung in verschieden Mitgliedstaaten im übrigen Gemeinschaftsgebiet zu vermeiden (§ 18h UStG).[2]

Das besondere Besteuerungsverfahren für Unternehmer aus dem übrigen Gemeinschaftsgebiet richtet sich nach § 16 Abs. 1b i. V. m. § 18 Abs. 4e UStG, Ein-

---

1 Abschnitt 18a.3 Abs. 1 UStAE.
2 Abschnitt 3.16 Abs. 10 UStAE.

zelheiten zum besonderen Besteuerungsverfahren für Unternehmer aus dem Drittlandsgebiet enthalten § 16 Abs. 1a i.V.m. § 18 Abs. 4c UStG.

5. Registrierungspflicht im übrigen Gemeinschaftsgebiet

498 Bei Dienstleistungen mit einer Ortsbestimmung nach anderen Vorschriften als der Grundregelung des § 3a Abs. 2 UStG geht im anderen Mitgliedstaat die Steuerschuldnerschaft nicht zwingend auf den Leistungsempfänger über. Gerade bei Dienstleistungen im Zusammenhang mit Grundstücken (§ 3a Abs. 2 Nr. 1 UStG) muss sich der Praktiker zwangsläufig mit den Regelungen in den anderen EU-Staaten auseinandersetzen, um festzustellen, ob für diese Leistungen vielleicht Regelungen über den Übergang der Steuerschuldnerschaft in diesem anderen Mitgliedsland bestehen oder ob der leistende Unternehmer in diesem Land registriert werden muss.

> **BEISPIEL:** ▶ Handwerker H aus Hannover erbringt eine Dienstleistung für seinen Auftraggeber M aus Münster auf einer Baustelle in Dänemark. Auftraggeber M nennt H nur seine deutsche USt-IdNr. und erbittet die Rechnungserteilung durch den Subunternehmer an seine Anschrift in Münster.

Der Ort der Leistung liegt in Dänemark (Art. 47 MwStSystRL, § 3a Abs. 3 Nr. 1 Buchst. c UStG). Daher hat H dem M dänische Umsatzsteuer in Rechnung zu stellen. Ein Übergang der Steuerschuldnerschaft nach Art. 196 MwStSystRL ist nicht zwingend vorgesehen für derartige Leistungen. Ohne ausdrückliche gesetzliche Grundlage kann sich H nicht darauf verlassen, dass er dem M eine Nettorechnung erteilen kann. Er muss sich daher zwingend mit dem dänischen Umsatzsteuerrecht auseinandersetzen, das hinsichtlich des Übergangs der Steuerschuldnerschaft deutlich vom deutschen Umsatzsteuerrecht abweichen kann. Insbesondere die Tatsache, dass der Auftraggeber keine dänische USt-IdNr. besitzt, macht deutlich, dass dieser nicht in Dänemark für Mehrwertsteuerzwecke registriert ist. Aber selbst bei Einsatz einer dänischen USt-IdNr. durch M aus Münster müsste H aus Hannover vorab prüfen, ob Dänemark den Übergang der Steuerschuldnerschaft für derartige Leistungen überhaupt kennt. Eine Auseinandersetzung mit dem dänischen Recht ist daher unumgänglich.

Während die Steuerschuldnerschaft bei Dienstleistungen nach der Grundregel des Art. 44 MwStSystRL („B2B"-Umsätze, im Inland § 3a Abs. 2 UStG) in allen Mitgliedstaaten zwingend auf den Leistungsempfänger übergeht (Art. 196 MwStSystRL), können die Mitgliedstaaten in allen anderen Fällen selbst entscheiden, ob sie den Übergang der Steuerschuldnerschaft für diese Leistungen überhaupt einführen. Sie haben zudem die Möglichkeit, die Kategorien, für die sie von diesen Maßnahmen Gebrauch machen, selbst zu bestimmen. Gerade aber dieses Wahlrecht der Mitgliedstaaten macht den Binnenmarkt umsatzsteuerlich nicht wirklich einfacher. Ein Steuerpflichtiger, der in einem anderen Mitgliedstaat Leistungen ausführt, wird sich daher in diesen Fällen zwangsläufig mit dem Umsatzsteuerrecht dieses Landes auseinandersetzen müssen.

Vom inländischen Unternehmer, der im übrigen Gemeinschaftsgebiet Dienstleistungen erbringt, die nicht nach der Grundregelung des § 3a Abs. 2 UStG zu beurteilen ist, ist zudem noch Folgendes zu beachten:

► Die Steuerschuldnerschaft kann regelmäßig nur übergehen, wenn der Leistungsempfänger Unternehmer ist. Leistet daher ein deutscher Unternehmer an eine Privatperson im übrigen Gemeinschaftsgebiet, schuldet er die Umsatzsteuer dieses Landes selbst und muss sich zwingend registrieren lassen.

► Gerade bei Leistungen im Zusammenhang mit einem Grundstück geht in vielen Mitgliedstaaten die Steuerschuldnerschaft gar nicht vom leistenden Unternehmer auf den Leistungsempfänger über, auch nicht, wenn dieser Unternehmer ist.

► Ist im Umsatzsteuerrecht des anderen Mitgliedstaates der Übergang der Steuerschuldnerschaft für die fragliche Dienstleistung des ausländischen Unternehmers vorgesehen, muss der Auftraggeber auch über eine entsprechende USt-IdNr. verfügen, mit der er die Registrierung in diesem Land nachweist. Dies gilt insbesondere bei Leistungen von Subunternehmern, die nicht wissen, ob ihre Auftraggeber gleich welcher Nationalität überhaupt im fraglichen Mitgliedsland registriert sind. Verfügt der Leistungsempfänger nicht über eine USt-IdNr. des Lands der Leistung, kann der leistende Unternehmer nicht sicher sein, dass der Übergang der Steuerschuldnerschaft vom Leistungsempfänger auch in diesem Land beachtet wird. Er muss ggf. die Umsatzsteuer des Landes der Leistung in Rechnung stellen und sich in diesem Land registrieren lassen. Die deutsche Regelung, wonach im Inland die Steuerschuldnerschaft auch übergeht, wenn der Leistungsempfänger nicht für umsatzsteuerliche Zwecke im Inland registriert ist und daher auch von Ausländern ohne Registrierung in Deutschland beachtet werden muss, kann nicht ohne weitere Prüfung auf die übrigen Mitgliedstaaten übertragen werden (§ 13b Abs. 2 Nr. 1 i. V. m. Abs. 5 Satz 1 UStG).

HINWEIS:

Es ist daher unverzichtbar, sich bei entsprechenden Umsätzen mit dem Steuerrecht des anderen Landes vertraut zu machen. Die Bundesstelle für Außenhandelsinformationen (bfai), Agrippastraße 87–93, 50676 Köln (0221/2057-0) gibt deutschen Unternehmern entsprechende Hilfestellung, ebenso wie die Wirtschaftsförderungsgesellschaft „Germany Trade and Invest" (GTaI), Gesellschaft für Außenwirtschaft und Standortmarketing mbH, Agrippastraße 87-93, 50676 Köln (0221/2057-3116).

HINWEIS:

Vertiefende Ausführungen zum besonderen Besteuerungsverfahren MOSS finden sich in Rz. 510 ff.

499–500   *(unbesetzt)*

F. Besteuerungsverfahren

I. Veranlagung zur Umsatzsteuer

1. Steuererklärung

Die Umsatzsteuer ist eine Jahressteuer, der Besteuerungszeitraum ist regelmäßig das Kalenderjahr (§ 16 Abs. 1 Satz 2 UStG). Der Unternehmer hat jährlich eine Steuererklärung nach amtlich vorgeschriebenem Datensatz durch Datenfernübertragung zu übermitteln, in der er die zu entrichtende Steuer oder den Vergütungs- bzw. Erstattungsanspruch selbst zu berechnen hat (§ 18 Abs. 3 Satz 1 UStG). In Härtefällen kann auf Antrag durch das Finanzamt auf die elektronische Übermittlung verzichtet werden (§ 18 Abs. 3 Satz 3 UStG).

501

TAB. 1:	Veranlagung zur Umsatzsteuer
	steuerbare Umsätze
./.	steuerfreie Umsätze
=	Summe der steuerpflichtigen Umsätze
u	Steuersatz
=	Steuerschuld
./.	Vorsteuern
=	Zahllast / Überschuss

In die Steuerberechnung sind sämtliche Umsätze aller Betriebe oder beruflichen Tätigkeiten zusammenzufassen (§ 2 Abs. 1 Satz 2 UStG), so dass von jedem Unternehmer für sein gesamtes Unternehmen nur eine Steuererklärung abzugeben ist. Dies gilt auch für Organschaften. Die Selbstberechnung der Steuer in der Steuererklärung wird **Steueranmeldung** genannt und entfaltet die gleichen Rechtswirkungen wie eine Steuerfestsetzung durch Steuerbescheid (§ 150 Abs. 1 Satz 3, § 167 Abs. 1, § 168 Satz 1 AO). Ergibt sich eine Zahllast zuungunsten des Steuerpflichtigen, so steht die Steuererklärung mit Eingang beim Finanzamt einer Steuerfestsetzung unter dem Vorbehalt der Nachprüfung gleich (§ 168 Satz 1 i.V. m. § 164 Abs. 1 Satz 1 AO). Sie kann jederzeit durch das Finanzamt oder auf Antrag des Steuerpflichtigen geändert werden (§ 164 Abs. 2 AO). Weicht das Finanzamt von der erklärten Steuerfestsetzung nicht ab, entfällt eine Festsetzung durch Steuerbescheid (§ 167 Abs. 1 Satz 1 UStG). Eine Zahllast ist innerhalb eines Monats nach Eingang der Steuererklärung beim Finanzamt zu entrichten (§ 18 Abs. 4 Satz 1 UStG). Errechnet sich der Unternehmer einen Erstattungs- oder Vergütungsbetrag, so ist zur

Wirksamkeit der Steuerfestsetzung die (formlose) Zustimmung des Finanzamts erforderlich (§ 168 Sätze 2 und 3 AO).

502 Bei der Steuerberechnung sind **fremde Werte** zur Berechnung der Umsatzsteuer nach amtlichen Briefkursen umzurechnen, soweit nicht auf Antrag die Umrechnung mit dem Tageskurs gestattet wird (§ 16 Abs. 6 UStG). Aus Vereinfachungsgründen kann das Finanzamt gestatten, dass die Umrechnung regelmäßig nach den Durchschnittskursen vorgenommen wird, die der Bundesminister der Finanzen für den Monat bekannt gegeben hat, der dem Monat vorangeht, in dem die Leistung ausgeführt bzw. das Entgelt vereinnahmt wird.[1] Kursänderungen zwischen der Ausführung der Leistung und der Vereinnahmung des Entgelts bleiben unberücksichtigt.[2]

503 In der Steuererklärung sind auch die im Inland nicht steuerbaren Umsätze, die der Unternehmer im Ausland bewirkt hat, anzugeben. Zu erklären sind deshalb insbesondere Lieferungen bei Anwendung der Versandhandelsregelung des § 3c UStG oder Montagelieferungen sowie Dienstleistungen im Ausland.

2. Voranmeldungsverfahren

504 Auf die Jahressteuer hat der Unternehmer **Vorauszahlungen** zu entrichten (§ 18 Abs. 1 Satz 3 UStG), zu diesem Zweck muss er Umsatzsteuer-Voranmeldungen abgeben (§ 18 Abs. 1 Satz 1 UStG). Voranmeldungszeitraum ist grds. das Kalendervierteljahr (§ 18 Abs. 1 Satz 1 UStG). Beträgt die Steuer für das vorangegangene Jahr mehr als 7.500 €, ist der Kalendermonat Voranmeldungszeitraum (§ 18 Abs. 2 Satz 2 UStG). Auf Antrag kann das Finanzamt ganz auf die Abgabe von Voranmeldungen verzichten, wenn die Zahllast für das vorangegangene Kalenderjahr den Betrag von 1.000 € nicht überstiegen hat (§ 18 Abs. 2 Satz 3 UStG). Die Befreiung von der Abgabepflicht gilt aufgrund ausdrücklicher Verwaltungsanweisung grds. von Amts wegen,[3] Anträgen auf vierteljährliche Abgabe der Voranmeldungen ist daher nur in besonders begründeten Ausnahmefällen stattzugeben. Nimmt der Unternehmer seine gewerbliche oder berufliche Tätigkeit neu auf, so ist im laufenden und folgenden Kalenderjahr Voranmeldungszeitraum der Kalendermonat (§ 18 Abs. 2 Satz 4 UStG). Gleiches gilt für sog. Vorratsgesellschaften oder bei Übernahme eines Firmenmantels (§ 18 Abs. 2 Satz 5 UStG). Für die Frage, ob der Monat oder das Vierteljahr Voranmeldungszeitraum ist, wird die Umsatzsteuerzahllast ohne

---

1 Abschnitt 16.4 Abs. 2 UStAE.
2 Abschnitt 16.4 Abs. 1 Satz 2 UStAE.
3 Abschnitt 18.2 Abs. 2 Satz 2 UStAE.

Einfuhrumsatzsteuer zugrunde gelegt (§ 16 Abs. 1 Satz 3 UStG). Die innergemeinschaftlichen Erwerbe sind dabei jedoch zu berücksichtigen, wobei sich bei regelbesteuerten Unternehmern wegen des regelmäßig in gleicher Höhe bestehenden Vorsteuerabzugs im Ergebnis keine Auswirkungen ergeben.

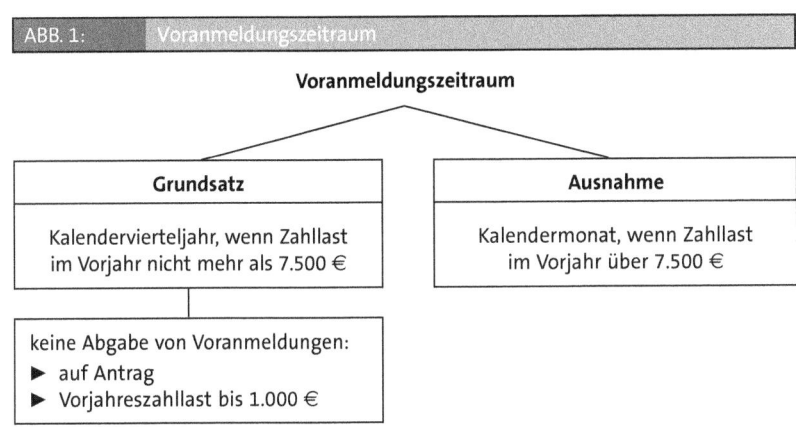

ABB. 1: Voranmeldungszeitraum

Auch Voranmeldungen sind auf elektronischem Weg zu übermitteln, auch insoweit kann in Härtefällen auf Antrag durch das Finanzamt auf die elektronische Übermittlung verzichtet werden (§ 18 Abs. 1 Satz 1 UStG).

Unternehmer, deren **Vorsteuer-Überschüsse** im vorangegangenen Kalenderjahr mehr als 7.500 € betragen haben, haben ein Wahlrecht, ob sie ihre Umsatzsteuer-Voranmeldungen vierteljährlich oder monatlich abgeben (§ 18 Abs. 2a UStG). In diesem Fall hat der Unternehmer bis zum 10. Februar des laufenden Kalenderjahres eine Voranmeldung für den ersten Kalendermonat (Januar) abzugeben. Die Frist zur Ausübung dieses Wahlrechts ist nicht verlängerbar. Ist dem Unternehmer für die Abgabe der Voranmeldungen Dauerfristverlängerung gewährt worden, gilt diese Frist auch für die Ausübung des Wahlrechts. Die Ausübung des Wahlrechts bindet den Unternehmer für dieses Kalenderjahr (§ 18 Abs. 2a Satz 3 UStG).

Neben regelbesteuerten Unternehmern haben auch andere Personen Voranmeldungen und Steuererklärungen abzugeben, die Steuern für Erwerbsvorgänge zu entrichten (§ 1 Abs. 1 Nr. 5 UStG) oder den Übergang der Steuerschuldnerschaft zu beachten haben (§ 13b Abs. 5 UStG), z. B. Kleinunternehmer und andere nicht regelbesteuerte Unternehmer sowie juristische Personen. Voranmeldungen sind von diesem Personenkreis jedoch nur abzugeben, sofern sie tatsächlich Erwerbsvorgänge oder Fälle des Übergangs der Steuerschuld-

505

506

nerschaft anzumelden haben (§ 18 Abs. 4a UStG). Eine Umsatzsteuer-Voranmeldung ist von diesen sog. atypischen Unternehmern in jedem Falle abzugeben, wenn sie neue Fahrzeuge oder verbrauchsteuerpflichtige Wirtschaftsgüter im übrigen Gemeinschaftsgebiet erworben haben (§ 1a Abs. 5 UStG). Zur Erfassung der innergemeinschaftlichen Erwerbe von sog. atypischen Unternehmern vgl. ausführlich Rz. 116 ff., zum Übergang der Steuerschuldnerschaft vgl. ausführlich Rz. 517 ff.

Private Fahrzeuglieferer (§ 2a UStG) haben Voranmeldungen abzugeben, soweit Vorsteuerbeträge nach § 15 Abs. 4a UStG geltend gemacht werden.

3. Dauerfristverlängerung

507 Die Fristen für die Abgabe der Voranmeldungen und für die Entrichtung der entsprechenden Vorauszahlung können auf Antrag um **einen Monat verlängert** werden (§ 18 Abs. 6 Satz 1 UStG i.V. m. § 46 UStDV). Bei **monatlichen** Voranmeldungen ist darüber hinaus eine **Sondervorauszahlung** zu leisten (§ 18 Abs. 6 Satz 2 UStG i.V. m. § 47 Abs. 1 UStDV). Die Sondervorauszahlung beträgt 1/11 der Vorjahres-Zahllast und ist auf die letzte Vorauszahlung des Besteuerungszeitraums anzurechnen (§ 48 Abs. 4 UStDV). Ein entsprechender Antrag muss nicht jährlich wiederholt, die Sondervorauszahlung jedoch jährlich entrichtet werden. Die Gewährung der Dauerfristverlängerung läuft bis zu einem ausdrücklichen Widerruf weiter.[1]

4. Sonderfälle

a) Beförderungseinzelbesteuerung

508 In den Fällen der Einzelbesteuerung bei der **Personenbeförderung** durch ausländische Beförderer im Kraftomnibus-Gelegenheitsverkehr (§ 16 Abs. 5 UStG) besteht eine Sonderregelung, wonach für jede Fahrt eine Umsatzsteuererklärung bei der zuständigen Zolldienststelle vorzulegen und die Umsatzsteuer gleichzeitig zu entrichten ist, wenn eine Grenze aus dem Drittlandsgebiet überschritten wurde (§ 18 Abs. 5 UStG). Diese Steuerquittung hat der Beförderer während der Fahrt mit sich zu führen. Darüber hinaus können ausländische Unternehmer durch Abgabe einer Umsatzsteuer-Jahreserklärung das übliche Besteuerungsverfahren beantragen (§ 16 Abs. 5b UStG); die bei der Beförderungseinzelbesteuerung entrichtete Steuer ist auf die so ermittelte Umsatzsteuer anzurechnen (§18 Abs. 5b UStG). Die Höhe der anzurechnenden

---

1 Abschnitt 18.4 Abs. 3 Satz 1 UStAE.

Umsatzsteuer ist durch Vorlage aller im Verfahren über die Beförderungseinzelbesteuerung ergangenen Steuerbescheide nachzuweisen.[1]

b) Fahrzeugeinzelbesteuerung

In den Fällen der Fahrzeugeinzelbesteuerung beim innergemeinschaftlichen   509
Erwerb neuer Fahrzeuge (§ 16 Abs. 5a UStG) entsteht die Umsatzsteuer am
Tag des Erwerbs (§ 13 Abs. 1 Nr. 7 UStG). Der Fahrzeugerwerber hat, sofern er
nicht regelbesteuerter Unternehmer ist, für jeden einzelnen steuerpflichtigen
Erwerb die Steuer zu berechnen, anzumelden und zu entrichten (§ 18 Abs. 5a
UStG). Die Steuererklärung ist vom Erwerber spätestens zehn Tage nach dem
Tag des Erwerbs nach amtlich vorgeschriebenem Vordruck bei dem Finanzamt
abzugeben, welches auch für die Einkommensteuerfestsetzung des Erwerbers
zuständig ist (§ 21 Abs. 2 AO). Ist der Fahrzeugerwerber Unternehmer, so hat
er den Erwerb des Fahrzeugs in seine laufende Umsatzsteuer-Voranmeldung
einzubeziehen. Insbesondere zur **Sicherung des Steueranspruchs** in den Fällen
des innergemeinschaftlichen Erwerbs von neuen Landfahrzeugen haben die
für die Zulassung von Fahrzeugen zuständigen Behörden den Finanzbehörden
die erstmalige Zulassung neuer Fahrzeuge mitzuteilen und dabei eine Reihe
von Angaben zu übermitteln (§ 18 Abs. 10 UStG). Die Zulassungsstelle darf
den Fahrzeugschein erst aushändigen, wenn der Antragsteller die erforderlichen Angaben erteilt hat. Wird die Steueranmeldung vom Erwerber nicht eingereicht, kann das Finanzamt die Umsatzsteuer – ggf. im Schätzungswege –
festsetzen.[2] Bei Nichtentrichtung der fälligen Umsatzsteuer kann eine Abmeldung des Fahrzeugs von Amts wegen erfolgen (§ 18 Abs. 10 Nr. 2b UStG). Ähnliche Regelungen gelten für die Registrierung von Luftfahrzeugen beim Luftfahrt-Bundesamt (§ 18 Abs. 10 Nr. 3 UStG).

c) Besonderes Besteuerungsverfahren für elektronische Dienstleistungen und dergleichen

aa) Allgemeines

Die Einführung des konsequenten Empfängerortsprinzips für   510

► Telekommunikationsdienstleistungen,

► Rundfunk- und Fernsehdienstleistungen und

► elektronische Dienstleistungen

---

1 Abschnitt 18.8 Abs. 3 UStAE.
2 Abschnitt 18.9 Abs. 2 UStAE.

sowohl bei Leistungen an andere Unternehmer (§ 3a Abs. 2 UStG) als auch an Leistungsempfänger, die nicht Unternehmer sind (§ 3a Abs. 5 UStG), brachte auch eine Erweiterung des Besteuerungsverfahrens mit sich. Während bei Leistungen in der Unternehmerkette das Empfängersitzprinzip einschließlich des Übergangs der Steuerschuldnerschaft auf den Leistungsempfänger ausschließlich Nettorechnungen nach sich zieht, muss sich der leistende Unternehmer bei Erbringungen dieser Leistungen an Nichtunternehmer ggf. im Land des Leistungsempfängers registrieren lassen, bei Beachtung der Regelbesteuerung somit in allen Ländern, in denen Kunden dieses Unternehmers ansässig sind. Diese Unternehmer können wählen, ob sie die Regelbesteuerung oder ein besonderes Besteuerungsverfahren anwenden wollen (sog. Mini-One-Stop-Shop – MOSS).

BEISPIEL: ▶ Unternehmer A aus den USA erbringt in der Zeit vom 1.10. 01 bis zum 31.12. 01 elektronische Dienstleistungen ausschließlich an Privatpersonen:

▶ in Deutschland für 50.000 €,

▶ in den Niederlanden für 40.000 €,

▶ in Dänemark für 100.000 DKK.

In Deutschland sind 5.000 € Vorsteuern angefallen.

A hat sonstige Leistungen i. S. des § 3a Abs. 5 Satz 2 Nr. 3 UStG erbracht, der Ort seiner Leistungen liegt in Deutschland, Italien und Dänemark (§ 3a Abs. 5 Satz 1 UStG). A hat grds. in all diesen Ländern Steuererklärungen abzugeben und die genannten Leistungen nach dem dort geltenden Recht zu versteuern. Er hat jedoch auch die Möglichkeit, sich ein Registrierungsland auszusuchen und nur dort Steuererklärungen einzureichen („einzige Anlaufstelle"). Sollte sich A in Deutschland registrieren lassen, hat er seine Umsätze elektronisch zu übermitteln und die Umsatzsteuerbeträge anhand der für die jeweiligen Mitgliedstaaten geltenden Steuersätze zu berechnen:

▶ Deutschland 50.000 € x 19% = 9.500 €,

▶ Niederlande 40.000 € x 21% = 8.400 €,

▶ Dänemark 100.000 DKK x 25% = 25.000 DKK.

Den gesamten Steuerbetrag hat er in Deutschland zu zahlen und dabei die DKK in € umzurechnen. Deutschland hat die Dänemark und den Niederlanden zustehenden Beträge jeweils an diese Staaten weiterzuleiten.

Die Vorsteuerbeträge aus Deutschland kann er nicht im Rahmen dieses Verfahrens berücksichtigen, sondern hat die Auszahlung im Vergütungsverfahren zu beantragen.

Wesentlicher Inhalt der Sonderregelung ist es, dass sich Unternehmer dafür entscheiden können, sich **nur in einem Mitgliedstaat** der EU registrieren zu lassen und dort die Umsatzsteuer aller Mitgliedstaaten, in denen sie entsprechende steuerpflichtige Dienstleistungen erbringen und deren Umsatzsteuer sie schulden, abzuführen, anstatt in allen Mitgliedstaaten registriert zu sein und die Umsatzsteuer in jedem einzelnen Mitgliedstaat gesondert abzuführen (Art. 357 ff. MwStSystRL). Erbringen Unternehmer aus dem Inland derartige Leistungen im übrigen Gemeinschaftsgebiet, können sie sich abweichend von § 18 Abs. 1 bis 4 UStG unter bestimmten Bedingungen dafür entscheiden, an diesem besonderen Besteuerungsverfahren teilzunehmen, um die mehrfache Registrierung im übrigen Gemeinschaftsgebiet zu vermeiden.[1] Die Einzelheiten des besonderen Besteuerungsverfahrens für im Inland ansässige Unternehmer, die sonstige Leistungen nach § 3a Abs. 5 UStG im übrigen Gemeinschaftsgebiet erbringen, regelt § 18h UStG. Entsprechende Regelungen gelten für im übrigen Gemeinschaftsgebiet ansässige Unternehmer,[2] für die das Besteuerungsverfahren in § 18 Abs. 4e i.V. m. § 16 Abs. 1b UStG geregelt ist, und für Unternehmer aus dem Drittland, bei denen sich das Besteuerungsverfahren aus § 18 Abs. 4c i.V. m. § 16 Abs. 1a UStG ergibt.[3]

HINWEIS:

Zu beachten ist, dass der Unternehmer sich für alle in anderen EU-Mitgliedstaaten erbrachte Umsätze nur einheitlich für oder gegen die Teilnahme am sog. MOSS-Verfahren („Mini-One-Stop-Shop" oder „Einzige kleine Anlaufstelle") entscheiden kann. Die Europäische Kommission hat einen Leitfaden herausgegeben, der betroffenen Unternehmern die Umstellung auf dieses Verfahren erleichtern soll:

http://ec.europa.eu/taxation_customs/taxation/vat/how_vat_works/telecom/index_de.html

Der Leitfaden ist in 23 Sprachen verfügbar, jedoch nicht bindend. Er enthält lediglich praktische und informelle Erläuterungen darüber, wie aus Sicht der Kommission das Unionsrecht in der Praxis anzuwenden ist.

Die Regelungen, wie der Verbrauchsmitgliedstaat die ihm zustehende Umsatzsteuer erhält und wie eine Kontrolle der Unternehmer erfolgen soll, beinhaltet eine gleichzeitig verabschiedete Verordnung der Europäischen Union.[4]

---

1 Abschnitt 3.16 Abs. 10 i.V. m. Abschnitt 18h.1 UStAE.
2 Abschnitt 3.16 Abs. 9 i.V. m. Abschnitt 18.7b UStAE.
3 Abschnitt 3.16 Abs. 8 i.V. m. Abschnitt 18.7a UStAE.
4 Verordnung (EG) Nr. 143/2008 des Rates v. 12. 2. 2008 zur Änderung der Verordnung (EG) Nr. 1798/2003 hinsichtlich der Einführung von Verwaltungsvereinbarungen und des Informationsaustauschs im Hinblick auf die Regelungen bezüglich des Ortes der Dienstleistung, die Sonderregelungen und die Regelung der Erstattung der Mehrwertsteuer (ABl EU 2008 Nr. L 44 S. 1), zwischenzeitlich ersetzt die Verordnung (EU) Nr. 904/2010 des Rates v. 7. 10. 2010 über die Zusammenarbeit der Verwaltungsbehörden und die Betrugsbekämpfung auf dem Gebiet der Mehrwertsteuer.

bb) Besteuerungsverfahren für im Inland ansässige Unternehmer, die entsprechende sonstige Leistungen im übrigen Gemeinschaftsgebiet erbringen

511 Im Inland ansässige Unternehmer, die Telekommunikationsdienstleistungen, Rundfunk- und Fernsehdienstleistungen und/oder auf elektronischem Weg erbrachten Dienstleistungen an im übrigen Gemeinschaftsgebiet ansässige Nichtunternehmer erbringen, für die sie dort die Umsatzsteuer schulden und Umsatzsteuererklärungen abzugeben haben, können sich dafür entscheiden, an dem besonderen Besteuerungsverfahren teilzunehmen (Art. 369b – 369f MwStSystRL, § 18h UStG). Dies gilt auch für Kleinunternehmer.[1] Die Teilnahme an diesem besonderen Besteuerungsverfahren ist nur einheitlich für alle EU-Mitgliedstaaten möglich, in denen der Unternehmer keine Betriebsstätte (feste Niederlassung) hat. Diese Sonderregelung gilt auch dann, wenn der Unternehmer im Verbrauchsmitgliedstaat auch andere Umsätze erbringt, die nicht der Sonderregelung unterliegen und für die er die Umsatzsteuer schuldet. Das Besteuerungsverfahren gilt ggf. auch für im Drittlandsgebiet ansässige Unternehmer, die im Inland eine feste Niederlassung haben (§ 18h Abs. 5 UStG).[2]

Macht ein Unternehmer von diesem Wahlrecht Gebrauch, muss er dies dem BZSt vor Beginn des Besteuerungszeitraums, ab dessen Beginn er von dem besonderen Besteuerungsverfahren Gebrauch machen will, nach amtlich vorgeschriebenen Datensatz durch Datenfernübertragung nach Maßgabe der StDÜV **anzeigen** (§ 18h Abs. 1 Satz 1 und 2 UStG).[3] Damit wird es diesen Unternehmern ermöglicht, ihren umsatzsteuerlichen Pflichten in diesen Staaten unmittelbar durch Übermittlung der Steuererklärungen auf elektronischem Weg über ein inländisches Portal und Zahlung der Steuerschuld über ein Konto der inländischen Finanzverwaltung nachzukommen. Unabhängig davon, ob die Unternehmer diese Leistungen in einem oder mehreren Mitgliedstaaten erbringen, können sie die genannten Pflichten soweit insoweit bei einer Stelle im Inland erfüllen. Allerdings ist für die Umsätze der allgemeine Steuersatz des Verbrauchsmitgliedstaates anzuwenden, also des Staates, in dem der Leistungsempfänger jeweils ansässig ist. Diesem Mitgliedstaat steht naturgemäß auch die Umsatzsteuer zu.

Das BZSt stellt durch **Verwaltungsakt** fest, wenn der Unternehmer nicht oder nicht mehr die Voraussetzungen für die Anwendung des besonderen Besteue-

---

1 Abschnitt 18h.1 Abs. 1 Satz 2 UStAE.
2 Abschnitt 18h.1 Abs. 8 UStAE.
3 Abschnitt 18h.1 Abs. 1 UStAE.

rungsverfahrens erfüllt (§ 18h Abs. 2 UStG). Dies ist insbesondere dann der Fall, wenn der Unternehmer mitteilt, dass er keine Telekommunikationsdienstleistungen, Rundfunk- und Fernsehdienstleistungen oder Dienstleistungen auf elektronischem Weg an in einem anderen Mitgliedstaat ansässige Nichtunternehmer erbringt oder diese wirtschaftliche Tätigkeit nicht mehr ausübt oder er die Voraussetzungen für die Inanspruchnahme des besonderen Besteuerungsverfahrens nicht mehr erfüllt, weil er z. B. im Inland keinen Sitz mehr hat oder in allen anderen EU-Mitgliedstaaten, in denen er die vorgenannten Dienstleistungen erbringt, eine Betriebsstätte unterhält.

Die Teilnahme an dem besonderen Besteuerungsverfahren kann vom Unternehmer **widerrufen** werden. Der Widerruf ist gegenüber dem BZSt zu erklären. Ein Widerruf ist nur bis zum Beginn eines neuen Besteuerungszeitraums mit Wirkung ab diesem Zeitraum möglich (§ 18h Abs. 1 Satz 4 UStG).[1]

Der Unternehmer hat bis zum 20. Tag nach Ende jedes Kalendervierteljahres (= Besteuerungszeitraum) eine Umsatzsteuererklärung auf elektronischem Weg über ein elektronisches Portal (ELSTER-Portal oder BZSt Online Portal) zunächst dem BZSt zu **übermitteln** (§ 18h Abs. 3 UStG). Dies gilt unabhängig davon, ob der Unternehmer in diesem Besteuerungszeitraum entsprechende Umsätze ausgeführt hat oder nicht.[2] Der Datenübermittler muss authentifiziert sein. Das BZSt übermittelt die Erklärungen an das für den Unternehmer zuständige Finanzamt im jeweiligen Mitgliedstaat weiter. Der Unternehmer hat die Steuer selbst zu berechnen und an das BZSt zu entrichten. Die Beträge sind in € anzugeben, es sei denn, der entsprechende EU-Mitgliedstaat sieht die Angabe der Beträge in seiner Landeswährung vor. In diesen Fällen muss der Unternehmer bei der Umrechnung einheitlich den von der Europäischen Zentralbank festgestellten Wechselkurs des letzten Tages des Besteuerungszeitraums anwenden. Die Anwendung eines monatlichen Durchschnittskurses ist ausgeschlossen.[3]

Der im Inland ansässige Unternehmer kann von dem besonderen Besteuerungsverfahren durch das BZSt **ausgeschlossen** werden, wenn er seinen Verpflichtungen in diesem Verfahren wiederholt nicht oder nicht rechtzeitig nachkommt (§ 18h Abs. 4 UStG). Der Ausschluss kann auch dann erfolgen, wenn der Unternehmer seinen Aufzeichnungspflichten und der Verpflichtung, die Aufzeichnungen der zuständigen Finanzbehörde auf elektronischem Weg

---

1 Abschnitt 18h.1 Abs. 4 und 5 UStAE.
2 Abschnitt 18h.1 Abs. 2 UStAE.
3 Abschnitt 18h.1 Abs. 3 UStAE.

zur Verfügung zu stellen, nicht nachkommt (vgl. § 22 Abs. 1 Satz 4 UStG). Der Ausschluss gilt ab dem Besteuerungszeitraum, der nach dem Zeitpunkt der Bekanntgabe des Ausschlusses gegenüber dem Unternehmer beginnt.[1]

Nach § 18h Abs. 6 UStG gelten für das Verfahren, soweit es vom BZSt durchgeführt wird, die angeführten Vorschriften der AO und der FGO. Die Regelung war erforderlich, da § 18h UStG ausländische Umsatzsteuer und somit keine durch Bundesrecht geregelte Steuer betrifft und deshalb die AO und die FGO nicht unmittelbar anwendbar sind. Aus der angeordneten Anwendung von Vorschriften der AO und der FGO folgt u. a., dass die dem BZSt bekannt gewordenen Daten dem Steuergeheimnis (§ 30 AO) unterliegen und gegen Verwaltungsakte des BZSt nach § 18h Abs. 2 und 4 UStG das Einspruchsverfahren (§§ 347 ff. AO) und Klage (§ 40 FGO) beim Finanzgericht gegeben sind. Aufgrund EU-rechtlicher Vorgaben sind insbesondere die Regelungen zum Verspätungszuschlag (§ 152 AO), zum Säumniszuschlag (§ 240 AO) sowie zum Vollstreckungs- und zum Strafverfahren von der Anwendung ausgeschlossen.

Vorsteuerbeträge, die in einem anderen EU-Mitgliedstaat angefallen sind, können in diesem besonderen Besteuerungsverfahren nicht berücksichtigt werden. Sie müssen daher regelmäßig im Vorsteuer-Vergütungsverfahren geltend gemacht werden.[2]

cc) Besteuerungsverfahren für im übrigen Gemeinschaftsgebiet ansässige Unternehmer

512 Im übrigen Gemeinschaftsgebiet ansässige Unternehmer, die im Inland Telekommunikationsdienstleistungen, Rundfunk- und Fernsehdienstleistungen oder Dienstleistungen auf elektronischem Weg an im Inland ansässige Nichtunternehmer erbringen, können sich für das besondere Besteuerungsverfahren entscheiden (Art. 369a – 369k MwStSystRL). Will ein Unternehmer von dieser Möglichkeit Gebrauch machen, muss er dies der für dieses Besteuerungsverfahren zuständigen Behörde in dem Mitgliedstaat, in dem er ansässig ist, vor Beginn des Besteuerungszeitraums auf amtlich vorgeschriebenen, elektronisch zu übermittelnden Dokument **anzeigen**, ab dem er von dieser Möglichkeit Gebrauch machen will (§ 18 Abs. 4e Satz 5 UStG).[3] Obwohl grds. das Kalenderjahr der umsatzsteuerliche Besteuerungszeitraum ist (§ 16 Abs. 1 UStG), gilt für Unternehmer aus dem übrigen Gemeinschaftsgebiet, die Dienstleis-

---

1 Abschnitt 18h.1 Abs. 6 UStAE.
2 Abschnitt 18h.1 Abs. 7 UStAE.
3 Abschnitt 18.7b Abs. 1 UStAE.

tungen i. S. des § 3a Abs. 5 im Inland anmelden, als Besteuerungszeitraum das Kalendervierteljahr (§ 16 Abs. 1b Satz 1 UStG).

Der Unternehmer hat dann abweichend von § 18 Abs. 1 bis 4 UStG für jeden Besteuerungszeitraum (= Kalendervierteljahr) eine Steuererklärung bis zum 20. Tag nach Ablauf des Besteuerungszeitraums über die zuständige Stelle in dem EU-Mitgliedstaat, in dem der Unternehmer ansässig ist, **elektronisch zu übermitteln.** Die Steuererklärung gilt als fristgemäß übermittelt, wenn sie der vorgenannten Behörde bis zum 20. Tag nach Ablauf des Besteuerungszeitraums übermittelt wurde und dort in bearbeitbarer Weise aufgezeichnet wurde (§ 18 Abs. 4e Satz 10 UStG). Sie ist ab dem Zeitpunkt des Eingangs beim BZSt eine Steueranmeldung im Sinne des § 150 Abs. 1 Satz 3 AO (§ 18 Abs. 4e Satz 2 UStG).[1] Ab diesem Zeitpunkt steht die Steueranmeldung unter den Voraussetzungen des § 168 AO einer Steuerfestsetzung unter dem Vorbehalt der Nachprüfung gleich. Der Unternehmer hat die Steuer entsprechend § 16 Abs. 1b UStG selbst zu berechnen. Die Steuer ist spätestens am 20. Tag nach Ende des Besteuerungszeitraums an die für dieses Besteuerungsverfahren in dem Mitgliedstaat, in dem er ansässig ist, zuständige Behörde zu entrichten (§ 18 Abs. 4e Satz 4 UStG). Die Entrichtung der Steuer erfolgt fristgemäß, wenn sie bei der vorgenannten Behörde bis zum 20. Tag nach Ablauf des Besteuerungszeitraums eingegangen ist (§ 18 Abs. 4e Satz 11 UStG). Eine Säumnis im Sinne von § 240 AO tritt frühestens mit Ablauf des 10. Tags nach Ablauf des auf den Besteuerungszeitraum folgenden übernächsten Monat ein (§ 18 Abs. 4e Satz 12 UStG).[2] Bei einer Umrechnung von fremden Währungen ist einheitlich der von der Europäischen Zentralbank festgestellte Wechselkurs des letzten Tages des Besteuerungszeitraums anzuwenden. Die Anwendung eines monatlichen Durchschnittskurses nach § 16 Abs. 6 Satz 1 UStG ist ausgeschlossen.[3]

Der Unternehmer kann die Inanspruchnahme dieser Regelung **widerrufen** (§ 18 Abs. 4c Satz 4 UStG). Ein Widerruf ist nur bis zum Beginn eines neuen Besteuerungszeitraums mit Wirkung ab diesem Zeitraum möglich (§ 18 Abs. 4c Satz 5 UStG). Dadurch wird vermieden, dass der Unternehmer für ein Kalendervierteljahr sowohl Voranmeldungen nach § 18 Abs. 1 UStG als auch eine Steuererklärung nach § 18 Abs. 4c UStG abgeben muss. Außerdem wären die ihm in Rechnung gestellten Vorsteuerbeträge zum Teil im Vorsteuer-Vergütungsverfahren, zum Teil im allgemeinen Besteuerungsverfahren geltend zu

---

1 Abschnitt 18.7b Abs. 2 UStAE.
2 Abschnitt 18.7b Abs. 3 UStAE.
3 Abschnitt 18.7b Abs. 4 UStAE.

machen. Dies wäre für die betroffenen Unternehmer und die Finanzverwaltung ein nicht zu rechtfertigender Aufwand.[1]

Der Unternehmer kann von diesem Besteuerungsverfahren **ausgeschlossen** werden, wenn er seinen Verpflichtungen in diesem Verfahren wiederholt nicht oder nicht rechtzeitig nachkommt (§ 18 Abs. 4e Satz 8 und 9 UStG). Der Ausschluss hat durch die für dieses Besteuerungsverfahren in dem Mitgliedstaat, in dem der Unternehmer ansässig ist, zuständige Stelle zu erfolgen. Das im Inland zuständige Finanzamt kann die zuständige Stelle ersuchen, den Unternehmer von diesem besonderen Besteuerungsverfahren auszuschließen, insbesondere wenn der Unternehmer seinen Aufzeichnungspflichten und der Verpflichtung, die Aufzeichnungen der zuständigen Finanzbehörde auf elektronischem Weg zur Verfügung zu stellen, wiederholt nicht nachkommt. Der Ausschluss gilt ab dem Besteuerungszeitraum, der nach dem Zeitpunkt der Bekanntgabe des Ausschlusses gegenüber dem Unternehmer beginnt. Die Gültigkeit des Ausschlusses endet nicht vor Ablauf von acht Besteuerungszeiträumen (= Kalendervierteljahr), die dem Zeitpunkt der Bekanntgabe des Ausschlusses folgen (Art. 58b Abs. 1 MwStVO).[2]

Im übrigen Gemeinschaftsgebiet ansässige Unternehmer, die im Inland ausschließlich Telekommunikationsdienstleistungen, Rundfunk- und Fernsehdienstleistungen oder Dienstleistungen auf elektronischem Weg an im Inland ansässige Nichtunternehmer erbringen und von dem Wahlrecht nach § 18 Abs. 4e UStG Gebrauch machen, können **Vorsteuerbeträge** grds. nur im Rahmen des Vorsteuer-Vergütungsverfahrens geltend machen (§ 16 Abs. 1b Satz 3, § 16 Abs. 2 UStG i. V. m. § 18 Abs. 9 UStG und § 59 Satz 1 Nr. 5 UStDV). Das Vorsteuer-Vergütungsverfahren findet auch dann Anwendung, wenn die vorgenannten Unternehmer im Inland ausschließlich Telekommunikationsdienstleistungen, Rundfunk- und Fernsehdienstleistungen oder Dienstleistungen auf elektronischem Weg an im Inland ansässige Nichtunternehmer erbringen. Erbringen diese Unternehmer im Inland noch andere Umsätze als die genannten Dienstleistungen an Nichtunternehmer mit Sitz im Inland, sind sowohl die Vorsteuerbeträge im Zusammenhang mit den Telekommunikationsdienstleistungen, Rundfunk- und Fernsehdienstleistungen und/oder auf elektronischem Weg erbrachten Dienstleistungen als auch die mit den anderen Umsätzen zusammenhängenden Vorsteuerbeträge im Wege des allgemeinen Besteuerungsverfahrens geltend zu machen.[3]

---

1 Abschnitt 18.7b Abs. 5 UStAE.
2 Abschnitt 18.7b Abs. 6 UStAE.
3 Abschnitt 18.7b Abs. 7 UStAE.

dd) Besteuerungsverfahren für nicht im Gemeinschaftsgebiet ansässige Unternehmer

Nicht im übrigen Gemeinschaftsgebiet ansässige Unternehmer, die im Gemeinschaftsgebiet Telekommunikationsdienstleistungen, Rundfunk- und Fernsehdienstleistungen oder Dienstleistungen auf elektronischem Weg an in der EU ansässige Nichtunternehmer erbringen, können sich für das besondere Besteuerungsverfahren entscheiden (Art. 358 – 369 MwStSystRL, § 18 Abs. 4c UStG). Will ein Unternehmer von dieser Möglichkeit Gebrauch machen und entscheidet er sich dafür, nur in Deutschland umsatzsteuerlich erfasst zu werden, muss er dies dem BZSt vor Beginn des Besteuerungszeitraums auf amtlich vorgeschriebenen, elektronisch zu übermittelnden Dokumenten **anzeigen**, ab dem er von dieser Möglichkeit Gebrauch machen will (§ 18 Abs. 4e Satz 5 UStG).[1] Obwohl grds. das Kalenderjahr der umsatzsteuerliche Besteuerungszeitraum ist (§ 16 Abs. 1 UStG), gilt für Unternehmer aus dem Drittland, die Dienstleistungen im Sinne des § 3a Abs. 5 UStG im Inland anmelden, als Besteuerungszeitraum das Kalendervierteljahr (§ 16 Abs. 1a Satz 1 UStG).

513

Der Unternehmer hat dann abweichend von § 18 Abs. 1 bis 4 UStG für jeden Besteuerungszeitraum (= Kalendervierteljahr) eine Steuererklärung bis zum 20. Tag nach Ablauf des Besteuerungszeitraums **elektronisch an das BZSt zu übermitteln** (§ 18 Abs. 4c Satz 1 UStG). Dies gilt unabhängig davon, ob er im Besteuerungszeitraum tatsächlich entsprechende Dienstleistungen ausgeführt hat oder nicht. Hierbei hat er die auf den jeweiligen EU-Mitgliedstaat entfallenden Umsätze zu trennen und dem im betreffenden EU-Mitgliedstaat geltenden allgemeinen Steuersatz zu unterwerfen. Der Unternehmer hat die Steuer entsprechend § 16 Abs. 1a UStG selbst zu berechnen. Die Steuer ist spätestens am 20. Tag nach Ende des Besteuerungszeitraums an das BZSt zu entrichten (§ 18 Abs. 4c Satz 2 UStG).[2] Die Beträge sind in € anzugeben, bei einer Umrechnung ist einheitlich der von der Europäischen Zentralbank festgestellte Wechselkurs des letzten Tages des Besteuerungszeitraums anzuwenden. Die Anwendung eines monatlichen Durchschnittskurses nach § 16 Abs. 6 Satz 1 UStG ist ausgeschlossen.[3]

Der Unternehmer kann die Inanspruchnahme dieser Regelung **widerrufen** (§ 18 Abs. 4e Satz 6 UStG). Der Widerruf ist gegenüber der für dieses Besteuerungsverfahren in dem Mitgliedstaat, in dem der Unternehmer ansässig ist,

---

1 Abschnitt 18.7a Abs. 1 UStAE.
2 Abschnitt 18.7a Abs. 2 UStAE.
3 Abschnitt 18.7a Abs. 3 UStAE.

zuständige Behörde zu erklären (§ 18 Abs. 4e Satz 7 UStG). Ein Widerruf ist nur bis zum Beginn eines neuen Besteuerungszeitraums mit Wirkung ab diesem Zeitraum möglich. Dadurch wird vermieden, dass der Unternehmer für ein Kalendervierteljahr sowohl Voranmeldungen nach § 18 Abs. 1 UStG als auch eine Steuererklärung nach § 18 Abs. 4e UStG abgeben muss. Außerdem wären die ihm in Rechnung gestellten Vorsteuerbeträge zum Teil im Vorsteuer-Vergütungsverfahren, zum Teil im allgemeinen Besteuerungsverfahren geltend zu machen. Dies wäre für die betroffenen Unternehmer und die Finanzverwaltung ein nicht zu rechtfertigender Aufwand.[1]

Der Unternehmer kann von diesem Besteuerungsverfahren **ausgeschlossen** werden, wenn er seinen Verpflichtungen in diesem Verfahren wiederholt nicht oder nicht rechtzeitig nachkommt (§ 18 Abs. 4c Satz 6 und 7 UStG). Der Ausschluss gilt ab dem Besteuerungszeitraum, der nach dem Zeitpunkt der Bekanntgabe des Ausschlusses gegenüber dem Unternehmer beginnt. Die Gültigkeit des Ausschlusses endet nicht vor Ablauf von acht Besteuerungszeiträumen (= Kalendervierteljahr), die dem Zeitpunkt der Bekanntgabe des Ausschlusses folgen (Art. 58b Abs. 1 MwStVO).[2]

Nicht im Gemeinschaftsgebiet ansässige Unternehmer, die im Inland als Steuerschuldner ausschließlich für die genannten Dienstleistungen sind, deren Umsatzbesteuerung aber in einem dem Besteuerungsverfahren nach § 18 Abs. 4c UStG entsprechenden Verfahren in einem anderen EU-Mitgliedstaat durchgeführt wird, sind nach § 18 Abs. 4d UStG von der Verpflichtung zur Abgabe von Voranmeldungen und der Jahreserklärung im Inland befreit.[3]

Nicht im Gemeinschaftsgebiet ansässige Unternehmer, die im Gemeinschaftsgebiet ausschließlich Telekommunikationsdienstleistungen, Rundfunk- und Fernsehdienstleistungen oder Dienstleistungen auf elektronischem Weg an in der EU ansässige Nichtunternehmer erbringen und von dem Wahlrecht der steuerlichen Erfassung in nur einem EU-Mitgliedstaat Gebrauch machen, können **Vorsteuerbeträge** grds. nur im Rahmen des Vorsteuer-Vergütungsverfahrens geltend machen (§ 16 Abs. 1a Satz 3, § 16 Abs. 2 UStG i. V. m. § 18 Abs. 9 UStG und § 59 Satz 1 Nr. 4 UStDV). Stehen die Vorsteuerbeträge mit den genannten Dienstleistungen im Zusammenhang und sind die Steuerbeträge für die Dienstleistungen entrichtet, sind die Einschränkungen in § 18 Abs. 9 Sätze 4 und 5 UStG dann nicht zu beachten.[4]

---

1 Abschnitt 18.7a Abs. 5 UStAE.
2 Abschnitt 18.7a Abs. 6 UStAE.
3 Abschnitt 18.7a Abs. 7 UStAE.
4 Abschnitt 18.7a Abs. 8 UStAE.

ee) Aufzeichnungspflichten

Der **im Inland ansässige Unternehmer** hat über die im Rahmen der Regelung   514
nach § 18h UStG getätigten Umsätze Aufzeichnungen mit ausreichenden Angaben zu führen, es gelten die üblichen Aufzeichnungspflichten des UStG und
der AO. Diese Aufzeichnungen sind dem BZSt und/oder der zuständigen Stelle
des EU-Mitgliedstaates, in dessen Gebiet der Leistungsort liegt, auf Anfrage
auf elektronischem Weg zur Verfügung zu stellen (Art. 369k Abs. 2 Unterabs. 1
MwStSystRL).[1] Die Aufbewahrungsfrist dieser Unterlagen beträgt zehn Jahre.

Der **im übrigen Gemeinschaftsgebiet ansässige Unternehmer** hat über die im
Rahmen der Regelung nach § 18 Abs. 4e UStG getätigten Umsätze Aufzeichnungen mit ausreichenden Angaben zu führen. Diese Aufzeichnungen sind
der für das Besteuerungsverfahren zuständigen Finanzbehörde auf Anfrage
auf elektronischem Weg zur Verfügung zu stellen (§ 22 Abs. 1 Satz 4 UStG).[2]

Der **nicht im Gemeinschaftsgebiet ansässige Unternehmer** hat über die im
Rahmen der Regelung nach § 18 Abs. 4c UStG getätigten Umsätze Aufzeichnungen mit ausreichenden Angaben zu führen. Diese Aufzeichnungen sind
der für das Besteuerungsverfahren zuständigen Finanzbehörde auf Anfrage
auf elektronischem Weg zur Verfügung zu stellen (§ 22 Abs. 1 Satz 4 UStG).[3]

> **HINWEIS:**
> Einzelheiten zu den Aufzeichnungspflichten finden sich in Abschn. 22.3a Abs. 4 UStAE.

5. Zuständigkeit

Für die Festsetzung und Erhebung der Umsatzsteuer mit Ausnahme der Ein-   515
fuhrumsatzsteuer ist das Finanzamt zuständig, von dessen Bezirk aus der Unternehmer sein Unternehmen im Geltungsbereich des Gesetzes ganz oder vor-
wiegend betreibt (§ 21 Abs. 1 Satz 1 AO). Da nur eine Umsatzsteuer-Erklärung
für das gesamte Unternehmen abzugeben ist, muss der Unternehmer ggf. entscheiden, welche seiner Niederlassungen der Unternehmenssitz ist. Dies wird
in der Praxis in aller Regel keine Schwierigkeiten bereiten.

Wird das Unternehmen von einem nicht zum Geltungsbereich des Gesetzes   516
gehörenden Ort aus betrieben, reicht diese Regelung für die vollständige Erfassung der Inlandsumsätze **ausländischer Unternehmer,** insbesondere in den
Fällen der sog. Versandhandelsregelung (§ 3c UStG) nicht aus. Aufgrund der

---

1 Abschnitt 22.3a Abs. 3 UStAE.
2 Abschnitt 22.3a Abs. 2 UStAE.
3 Abschnitt 22.3a Abs. 1 UStAE.

entsprechenden Ermächtigung in § 21 Abs. 1 Satz 2 AO wurde die Verordnung über die örtliche Zuständigkeit für die Umsatzsteuer im Ausland ansässiger Unternehmer geschaffen (UStZustV), wonach eine bessere umsatzsteuerliche Erfassung durch Schaffung zentraler Zuständigkeiten erreicht werden soll.[1] Danach haben Unternehmer aus folgenden Ländern ihre Umsatzsteuer-Erklärungen bei folgenden Finanzämtern abzugeben:

TAB. 2: Besondere Zuständigkeit für ausländische Unternehmer

Unternehmer aus	zuständiges Finanzamt
Belgien	Finanzamt Trier
	Hubert-Neuerburgstraße 1, 54290 Trier
	Telefon: 0651/9360-0; Telefax: 0651/9360-34900
	Poststelle@fa-tr.fin-rlp.de
Bulgarien	Finanzamt Neuwied
	Augustastraße 54, 56564 Neuwied
	Telefon: 02631/910-0; Telefax: 02631/910-29906
	Poststelle@fa-nr.fin-rlp.de
Dänemark	Finanzamt Flensburg
	Duburger Straße 60–64, 24939 Flensburg
	Telefon: 0461/813-0; Telefax: 0461/813-254
	poststelle@fa-flensburg.landsh.de
Estland	Finanzamt Rostock
	Möllner Straße 13, 18109 Rostock
	Telefon: 0381/12845-0; Telefax: 0381/1245-4300
	poststelle@finanzamt-rostock.de

---

1 StÄndG 2001 v. 20.12.2001, BGBl 2001 I S. 3794; zuletzt geändert durch die Dritte Verordnung zur Änderung steuerlicher Verordnungen v. 18.7.2016, BGBl 2016 I S. 1722.

Unternehmer aus	zuständiges Finanzamt
Finnland	Finanzamt Bremen-Mitte
	Rudolf-Hilferding-Platz 1, 28079 Bremen
	Telefon: 0421/361-90909; Telefax: 0421/361-94055
	office@FinanzamtMitte.bremen.de
Frankreich einschl. Monaco	Finanzamt Offenburg
	Zeller Straße 1-3, 77654 Offenburg
	Telefon: 0781/9330; Telefax: 0781/933-2444
	poststelle@fa-offenburg.fv.bwl.de
Griechenland	Finanzamt Berlin-Neukölln
	Thiemannstraße 1, 12059 Berlin
	Telefon: 030/902416-0; Telefax: 030/902416-900
	poststelle@fa-neukoelln.verwalt-berlin.de
Großbritannien und Nordirland sowie Isle of Man	Finanzamt Hannover-Nord
	Vahrenwalder Straße 206, 30165 Hannover
	Telefon: 0511/6790-0; Telefax: 0511/6790-6090
	poststelle@fa-h-no.niedersachsen.de
Irland	Finanzamt Hamburg-Nord
	Borsteler Chaussee 45, 22453 Hamburg
	Telefon: 040/4287070; Telefax 040/42806220
	FAHamburgNord@finanzamt.hamburg.de
Italien	Finanzamt München
	Deroystraße 20, 80335 München
	Telefon: 089/1252-0; Telefax: 089/1252-2222
	poststelle@fa-m2.bayern.de

Unternehmer aus	zuständiges Finanzamt
Kroatien	Finanzamt Kassel-Hofgeismar
	Goethestraße 43, 34119 Kassel
	Telefon: 061/7208-0; Telefax: 061/7208-2000
	poststelle@FA-KH.Hessen.de
Lettland	Finanzamt Bremen
	Rudolf-Hilferding-Platz 1, 28079 Bremen
	Telefon: 0421/361-90909; Telefax: 0421/361-94055
	office@FinanzamtMitte.bremen.de
Liechtenstein	Finanzamt Konstanz
	Bahnhofplatz 12, 78462 Konstanz
	Telefon: 07531/289-0; Telefax: 07531/289-312
	poststelle@fa-konstanz.fv.bwl.de
Litauen	Finanzamt Mühlhausen
	Martinistraße 22, 99974 Mühlhausen
	Telefon: 03601/456-0; Telefax: 03601/456-100
	poststelle@finanzamt-muehlhausen.thueringen.de
Luxemburg	Finanzamt Saarbrücken Am Stadtgraben
	Am Stadtgraben 2–4, 66111 Saarbrücken
	Telefon: 0681/3000-0; Telefax: 0681/3000-329
	poststelle@fasb.saarland.de
Mazedonien	Finanzamt Berlin-Neukölln
	Thiemannstraße 1, 12059 Berlin
	Telefon: 030/902416-0; Telefax: 030/902416-900
	poststelle@fa-neukoelln.verwalt-berlin.de

Unternehmer aus	zuständiges Finanzamt
Niederlande	Finanzamt Kleve
	Emmericher Straße 182, 47533 Kleve
	Telefon: 02821/803-1020; Telefax: 0800-10092675116
	service@FA-5116.fin-nrw.de
Norwegen	Finanzamt Bremen
	Rudolf-Hilferding-Platz 1, 28079 Bremen
	Telefon: 0421/361-90909; Telefax: 0421/361-94055
	office@FinanzamtMitte.bremen.de
Österreich	Finanzamt München
	Deroystraße 20, 80335 München
	Telefon: 089/1252-0; Telefax: 089/1252-2222
	poststelle@fa-m2.bayern.de
Polen	Firmenname A-G
	Finanzamt Hameln
	Süntelstraße 2, 31785 Hameln
	Telefon: 05151/204-0
	poststelle@fa-hm.niedersachsen.de
	Firmenname H-L
	Finanzamt Oranienburg
	Heinrich-Grüber-Platz 3, 16515 Oranienburg
	Telefon: 03301/857-0; Telefax: 03301/857-334
	poststelle@fa-oranienburg@fa.branden-burg.de

Unternehmer aus	zuständiges Finanzamt
	Firmenname M-R
	sowie alle Unternehmer im Sinne des § 18 Abs. 4e UStG
	Finanzamt Cottbus
	Vom-Stein-Straße 29, 03050 Cottbus
	Telefon: 0355/4991-4100; Telefax: 0355/4991-4150
	poststelle.fa-cottbus@fa.brandenburg.de
	Firmenname S-Z
	Finanzamt Nördlingen
	Tändelmarkt 1, 86720 Nördlingen
	Telefon: 09081/215-0; Telefax: 09081/2151010
	Poststelle.fa-noe@finanzamt.bayern.de
Portugal	Finanzamt Kassel-Hofgeismar
	Goethestraße 43, 34119 Kassel
	Telefon: 061/7208-0; Telefax: 061/7208-2000
	poststelle@FA-KH.Hessen.de
Rumänien	Finanzamt Chemnitz-Süd
	Paul-Bertz-Straße 1, 09120 Chemnitz
	Telefon: 0371/279-0; Telefax: 0371/227065
	poststelle@fa-chemnitz.sued.smf.sachsen.de
Russland	Finanzamt Magdeburg
	Tessenowstraße 10, 39114 Magdeburg
	Telefon: 0391/885-12; Telefax: 0391/885-1000
	poststelle@fa-md.mf.sachsen-anhalt.de
Schweden	Finanzamt Hamburg-Nord
	Borsteler Chaussee 45, 22453 Hamburg
	Telefon: 040/4287070; Telefax 040/42806220
	FAHamburgNord@finanzamt.hamburg.de

Unternehmer aus	zuständiges Finanzamt
Schweiz	Finanzamt Konstanz
	Bahnhofplatz 12, 78462 Konstanz
	Telefon: 07531/289-0; Telefax: 07531/289-312
	poststelle@fa-konstanz.fv.bwl.de
Slowakei	Finanzamt Chemnitz-Süd
	Paul-Bertz-Straße 1, 09120 Chemnitz
	Telefon: 0371/279-0; Telefax: 0371/227065
	poststelle@fa-chemnitz.sued.smf.sachsen.de
Slowenien	Finanzamt Oranienburg
	Heinrich-Grüber-Platz 3, 16515 Oranienburg
	Telefon: 03301/857-0; Telefax: 03301/857-334
	poststelle@fa-oranienburg@fa.branden-burg.de
Spanien	Finanzamt Kassel-Hofgeismar
	Goethestraße 43, 34119 Kassel
	Telefon: 061/7208-0; Telefax: 061/7208-2000
	poststelle@FA-KH.Hessen.de
Tschechien	Finanzamt Chemnitz-Süd
	Paul-Bertz-Straße 1, 09120 Chemnitz
	Telefon: 0371/279-0; Telefax: 0371/227065
	poststelle@fa-chemnitz.sued.smf.sachsen.de
Türkei	Finanzamt Dortmund-Unna
	Trakehnerweg 4, 44143 Dortmund
	Telefon: 0231/5188-1; Telefax: 0800-10092675316
	service@FA-5316.fin-nrw.de

Unternehmer aus	zuständiges Finanzamt
Ukraine	Finanzamt Magdeburg
	Tessenowstraße 10, 39114 Magdeburg
	Telefon: 0391/885-12; Telefax: 0391/885-1000
	poststelle@fa-md.mf.sachsen-anhalt.de
Ungarn	Zentralfinanzamt Nürnberg
	Kirchweg 10, 90419 Nürnberg
	Telefon: 0911/39980; Telefax: 0911/3998296
	poststelle@fa-n-n.bayern.de
Vereinigte Staaten von Amerika	Finanzamt Bonn-Innenstadt
	Welschnonnenstraße 15, 53111 Bonn
	Telefon: 0228/718-0; Telefax: 0800-10092675205
	service@FA-5205.fin-nrw.de
Weißrussland	Finanzamt Magdeburg
	Tessenowstraße 10, 39114 Magdeburg
	Telefon: 0391/885-12; Telefax: 0391/885-1000
	poststelle@fa-md.mf.sachsen-anhalt.de

In allen anderen Fällen sollen sich ausländische Unternehmer für Umsatzsteuerzwecke an das Finanzamt Berlin-Neukölln wenden:

Finanzamt Berlin-Neukölln
Thiemannstraße 1
12059 Berlin
Tel.: 0 30/9 02 41 60
Fax: 0 30/9 02 41 69 00
poststelle@fa-neukoelln.verwalt-berlin.de

Aktuelle Angaben finden Sie auch auf den Internetseiten des Bundeszentralamts für Steuern unter www.bzst.de, dort unter „Schnellsuche, Steuern International, USt im In- und Ausland."

Unternehmer i. S. des § 21 Abs. 1 Satz 2 AO, die von dieser Zuordnung nicht erfasst werden, haben ihre Steuererklärungen beim Finanzamt Berlin-Neukölln-Nord abzugeben (§ 1 Abs. 2 USt-ZustV).

Die Regelungen über die Vergütung der abziehbaren Vorsteuerbeträge an im Ausland ansässige Unternehmer (§ 18 Abs. 9 UStG i. V. m. §§ 59 ff. UStDV) bleibt unberührt (§ 1 Abs. 2 USt-ZustV). Die Vorschrift des § 61 Abs. 1 Satz 1 UStDV geht der genannten Verordnung vor.

Die Zuständigkeit für die Umsatzbesteuerung der Unternehmer, die nicht im Inland ansässig sind und im Inland auf dem Rhein oder dessen Nebenflüssen Personenschifffahrt betreiben oder Hotelschiffe einsetzen, ist nach § 17 Abs. 2 Satz 3 FVG durch VO des FinMin Nordrhein-Westfalen über die Zuständigkeiten der Finanzämter vom 16. 12. 1987 für die Bezirke aller Finanzämter des Landes Nordrhein-Westfalen[1] dem Finanzamt Köln-Ost übertragen worden.

II. Übergang der Steuerschuldnerschaft

1. Sinn und Zweck des sog. Reverse-Charge-Verfahrens

Grds. schuldet die Mehrwertsteuer der Steuerpflichtige, der eine steuerpflichtige Lieferung von Gegenständen ausführt bzw. eine steuerpflichtige Dienstleistung erbringt (Art. 193 MwStSystRL). Die Steuerschuldnerschaft des leistenden Unternehmers wurde im Inland umgesetzt durch § 13a Abs. 1 Nr. 1 UStG. Erbringt ein Unternehmer seine Leistungen im Ausland, so richtet sich folglich die Besteuerung nach ausländischem Recht. Daher hat z. B. ein deutscher Unternehmer grds. in anderen EU-Mitgliedstaaten Steuererklärungen abzugeben und die Steuer zu entrichten, wenn er in diesem Land Leistungen erbringt. Natürlich hat er die Steuer dann nach dem Steuersatz und den umsatzsteuerlichen Regelungen dieses Landes zu berechnen und abzuführen. Folglich hat er sich in diesem anderen Land umsatzsteuerlich registrieren zu lassen.

Um eine **Registrierung in einem anderen Mitgliedstaat** zu vermeiden, kennt die MwStSysRL das Instrument des Übergangs der Steuerschuldnerschaft, wonach die Steuerschuld auf den Leistungsempfänger übergeht, wenn die steuerpflichtige Leistung von einem Steuerpflichtigen bewirkt wurde, der nicht in dem Mitgliedstaat ansässig ist, in dem die Mehrwertsteuer geschuldet wird (Art. 194 ff. MwStSystRL). Bei einigen Leistungen geht die Steuerschuldnerschaft zwingend auf den Leistungsempfänger über (Art. 195 bis 198

517

---

1 BStBl 1988 I S. 47.

MwStSystRL), insbesondere bei Dienstleistungen i. S. d. Art. 44 MwStSytRL bzw. § 3a Abs. 2 UStG (Art. 196 MwStSystRL bzw. § 13b Abs. 1 UStG).

Die Regelungen über den Übergang der Steuerschuldnerschaft dienen aber auch der **Sicherung des Steueranspruchs** (Art. 198, 199 und 199a MwStSystRL). Leider sind gerade die Vorschriften insbesondere zur Bekämpfung des Steuerbetrugs innerhalb der EU nicht einheitlich geregelt und können daher in den einzelnen Mitgliedstaaten differieren. Auch viele Drittländer kennen zwischenzeitlich diese Form der Verlagerung der Steuerschuldnerschaft vom leistenden Unternehmer auf den Leistungsempfänger.

Die Umsatzsteuer beim Übergang der Steuerschuldnerschaft entsteht kraft Gesetzes und ist damit nicht frei disponibel, d. h., die beteiligten Unternehmer haben kein Wahlrecht, wie sie untereinander abrechnen. In Höhe der Steuerschuld entsteht zudem kraft Gesetzes ein entsprechender Vorsteueranspruch beim Leistungsempfänger. Ein Unternehmer ist somit durch den Übergang der Steuerschuldnerschaft nur belastet, wenn die Vorsteuer letztlich nicht abzugsfähig ist. Die nicht abzugsfähigen Vorsteuerbeträge gehören dann wie andere nicht abzugsfähige Vorsteuerbeträge auch zu den Kosten des Betriebs bzw. bei Wirtschaftsgütern des Anlagevermögens zu den Anschaffungs- oder Herstellungskosten.

HINWEIS:

Angesichts des derzeitigen Ausmaßes des Mehrwertsteuerbetrugs und der Tatsache, dass es mehrere Jahre dauern wird, bevor das angedachte endgültige Mehrwertsteuersystem umgesetzt ist, hat die Kommission auf Ersuchen einiger Mitgliedstaaten als eine mögliche Sofortmaßnahme die Möglichkeit geprüft, diesen Mitgliedstaaten für Rechnungsbeträge über 10.000 € auf Antrag die Anwendung einer befristeten generellen Umkehrung der Steuerschuldnerschaft (Reverse-Charge-Verfahren) zu erlauben.[1]

Beschließt ein Mitgliedstaat die Anwendung der generellen Umkehrung der Steuerschuldnerschaft, hat er diese auf alle Lieferungen von Gegenständen und Dienstleistungen anzuwenden, die den genannten Schwellenwert übersteigen. Die generelle Umkehrung der Steuerschuldnerschaft darf nicht auf einen bestimmten Wirtschaftszweig beschränkt sein.

Gerade Deutschland hat in den letzten Jahren die Kommission immer wieder zu einer solchen Maßnahme gedrängt. Es wird interessant sein zu sehen, ob nun die generelle Umkehrung der Steuerschuldnerschaft in Deutschland auch tatsächlich eingeführt werden wird. Gegen eine solche Maßnahme des Gesetzgebers dürfte der gewaltige buch-

---

[1] Vorschlag für eine Richtlinie des Rates zur Änderung der Richtlinie 2006/112/EG über das gemeinsame Mehrwertsteuersystem (MwStSystRL) im Hinblick auf die befristete generelle Umkehrung der Steuerschuldnerschaft auf Lieferungen bestimmter Gegenstände und Dienstleistungen über einem bestimmten Schwellenwert v. 21. 12. 2016, COM (2016) 811 final, BR-Drucks. 820/16 v. 23. 12. 2016.

halterische wie organisatorische Aufwand sprechen, dem ja nur eine zeitlich befristete Regelung - die zum 30.6.2022 wieder ausläuft - gegenüberstehen würde.

2. Eingangsleistungen für die Anwendung des Reverse-Charge-Verfahrens

a) Überblick

In Deutschland wurden in Regelungen über den Übergang der Steuerschuld-   518
nerschaft in § 13b UStG umgesetzt. Um die Registrierung von ausländischen Unternehmern größtenteils zu vermeiden und zur Sicherung des Steueranspruchs geht bei bestimmten im Inland steuerpflichtigen Leistungen die Steuerschuld vom leistenden Unternehmer auf den Leistungsempfänger über, insbesondere wenn der Leistungsempfänger Unternehmer oder eine juristische Person ist (§ 13b Abs. 5 UStG). Auch Kleinunternehmer, pauschalversteuernde Land- und Forstwirte und Unternehmer, die ausschließlich steuerfreie Umsätze tätigen, schulden die Umsatzsteuer aus dem Übergang der Steuerschuldnerschaft.[1] Da das wesentliche Tatbestandsmerkmal die Unternehmereigenschaft des Leistungsempfängers ist, nicht aber der Leistungsbezug für das Unternehmen, geht die Steuerschuldnerschaft ggf. auch dann über, wenn der Leistungsempfänger entsprechende Leistungen für seinen privaten Bereich bezieht (§ 13b Abs. 5 Satz 6 UStG). Echte Privatpersonen bleiben vom Anwendungsbereich des § 13b UStG unberührt, ebenso in einigen im Gesetz abschließend aufgezählten Fällen juristische Personen des öffentlichen Rechts, die Leistungen für den nichtunternehmerischen Bereich beziehen (§ 13b Abs. 5 Satz 10 UStG).

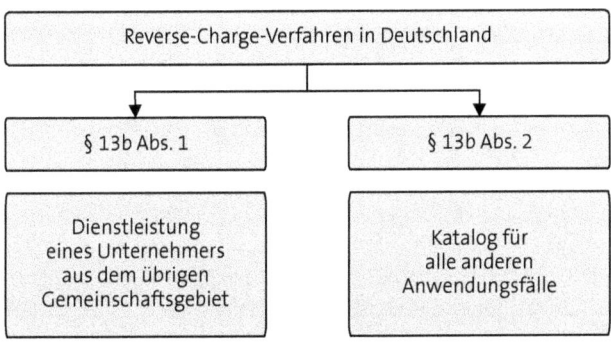

---

1 Abschnitt 13b.1 Abs. 1 Satz 3 UStAE.

519 Für die nach § 3a Abs. 2 UStG im Inland steuerbaren und steuerpflichtigen **Dienstleistungen** eines im **übrigen Gemeinschaftsgebiet** ansässigen Unternehmers geht die Steuerschuldnerschaft regelmäßig auf den Leistungsempfänger über, wenn dieser ein Unternehmer oder eine juristische Person ist (§ 13b Abs. 1 i. V. m. § 13b Abs. 5 Satz 1 UStG). Die Regelung entspricht der Vorgabe aus Art. 196 MwStSystRL und gilt sinngemäß in allen Mitgliedstaaten der Europäischen Union.

520 Ob bei anderen Leistungen die Steuerschuldnerschaft auf den Leistungsempfänger übergeht, regelt § 13b Abs. 2 UStG. Die Vorschrift ist aus Art. 198, 199, 199a MwStSystRL abgeleitet, wonach die Mitgliedstaaten selbst bestimmen können, ob sie den Übergang der Steuerschuldnerschaft insoweit anwenden wollen oder nicht. Gerade hinsichtlich dieser Anwendungsregeln bestehen starke Unterschiede in den einzelnen Mitgliedstaaten. In Deutschland gelten zurzeit folgende Anwendungsfälle für den Übergang der Steuerschuldnerschaft auf den Leistungsempfänger:

► **Werklieferungen** eines im **Ausland ansässigen Unternehmers** (§ 13b Abs. 2 Nr. 1 UStG), unabhängig davon, ob der Unternehmer im übrigen Gemeinschaftsgebiet oder im Drittlandsgebiet seinen Sitz hat.

► **Sonstige Leistungen** eines im **Ausland ansässigen Unternehmers**, sofern diese Leistungen nicht bereits unter § 13b Abs. 1 UStG fallen (§ 13b Abs. 2 Nr. 1 UStG), also Dienstleistungen durch Drittlandsunternehmer sowie Dienstleistungen durch Unternehmer aus dem übrigen Gemeinschaftsgebiet, die nicht unter die Grundregelung der Ortsbestimmung nach § 3a Abs. 2 UStG („Empfängersitzprinzip") fallen.

► Lieferungen **sicherungsübereigneter Gegenstände** durch den Sicherungsgeber an den Sicherungsnehmer außerhalb des Insolvenzverfahrens (§ 13b Abs. 2 Nr. 2 UStG). Die Regelung findet keine Anwendung, wenn ein sicherungsübereigneter Gegenstand vom Sicherungsgeber unter den Voraussetzungen des § 25a UStG geliefert wird (§ 13b Abs. 5 Satz 9 UStG).[1]

► Umsätze, die unter das **Grunderwerbsteuergesetz** fallen (§ 13b Abs. 2 Nr. 3 UStG).

► Werklieferungen und sonstige Leistungen im Zusammenhang mit **Bauwerken** (§ 13b Abs. 2 Nr. 4 UStG).

► Lieferung von **Gas, Elektrizität, Wärme oder Kälte** eines im Ausland ansässigen Unternehmers unter den Bedingungen des § 3g UStG (§ 13b Abs. 2 Nr. 5 Buchst. a UStG).

---

[1] Abschnitt 13b.1 Abs. 2 Nr. 4 UStAE.

- ▶ Lieferung von **Gas oder Elektrizität** durch einen im Inland ansässigen Unternehmer (§ 13b Abs. 2 Nr. 5 Buchst. b UStG).

- ▶ Übertragung von Berechtigungen nach dem **Treibhaus-Emissionshandelsgesetz** (§ 13b Abs. 2 Nr. 6 UStG).

- ▶ Lieferung von **Industrieschrott, Altmetallen und sonstigen Abfallstoffen** (§ 13b Abs. 2 Nr. 7 UStG i.V.m. Anlage 3 zum UStG). Die Regelung findet keine Anwendung, wenn ein in der Anlage 3 zum UStG bezeichneter Gegenstand von dem liefernden Unternehmer unter den Voraussetzungen des § 25a UStG geliefert wird (§ 13b Abs. 5 Satz 9 UStG).[1]

- ▶ **Reinigen** von Gebäuden und Gebäudeteilen (§ 13b Abs. 2 Nr. 8 UStG).

- ▶ Lieferung von **Gold oder Goldplattierungen** mit einem Feingoldgehalt von mindestens 325 Tausendstel (§ 13b Abs. 2 Nr. 9 UStG). Die Regelung findet keine Anwendung, wenn ein in § 13b Abs. 2 Nr. 9 UStG bezeichneter Gegenstand von dem liefernden Unternehmer unter den Voraussetzungen des § 25a UStG geliefert wird (§ 13b Abs. 5 Satz 9 UStG).[2]

- ▶ Lieferung von **Mobilfunkgeräten, Tablet-Computern und Spielekonsolen sowie von integrierten Schaltkreisen** (§ 13b Abs. 2 Nr. 10 UStG). Die Regelung findet keine Anwendung, wenn ein in § 13b Abs. 2 Nr. 10 UStG bezeichneter Gegenstand von dem liefernden Unternehmer unter den Voraussetzungen des § 25a UStG geliefert wird (§ 13b Abs. 5 Satz 9 UStG).[3]

- ▶ Lieferung von **Edelmetallen und unedlen Metallen** (§ 13b Abs. 2 Nr. 11 UStG i.V.m. Anlage 4 zum UStG). Die Regelung findet keine Anwendung, wenn ein in der Anlage 4 zum UStG bezeichneter Gegenstand von dem liefernden Unternehmer unter den Voraussetzungen des § 25a UStG geliefert wird (§ 13b Abs. 5 Satz 9 UStG).[4]

Der leistende Unternehmer ist zur Erteilung einer Rechnung mit dem Hinweis „Steuerschuldnerschaft des Leistungsempfängers" verpflichtet (§ 14a Abs. 1 Satz 1 bzw. § 14a Abs. 5 Satz 1 UStG). Fehlt diese Angabe in der Rechnung, wird der Leistungsempfänger gleichwohl von der Steuerschuldnerschaft nicht entbunden, denn die Steuerschuldnerschaft geht kraft Gesetzes über, nicht aufgrund eines Hinweises oder fehlenden Hinweises in einer Rechnung.[5] Weist

---

1 Abschnitt 13b.1 Abs. 2 Nr. 9 UStAE.
2 Abschnitt 13b.1 Abs. 2 Nr. 11 UStAE.
3 Abschnitt 13b.1 Abs. 2 Nr. 12 UStAE.
4 Abschnitt 13b.1 Abs. 2 Nr. 13 UStAE.
5 Abschnitt 13b.14 Abs. 1 Satz 4 UStAE.

der Unternehmer in derartigen Fällen entgegen § 14a Abs. 5 Satz 2 UStG die Steuer gesondert aus, wird diese Steuer von ihm nach § 14c Abs. 1 UStG geschuldet.[1]

HINWEIS:

Bei der Lieferung von sicherungsübereigneten Gegenständen, von Industrieschrott, Altmetallen und sonstigen Abfallstoffen, von Gold, Mobilfunkgeräten, Tablet-Computern, Spielekonsolen und von integrierten Schaltkreisen sowie bei der Lieferung von Edelmetallen und unedlen Metallen ist vorrangig § 25a UStG zu beachten, d. h., die Regelungen über den Übergang der Steuerschuldnerschaft sind nicht zu beachten, wenn die Differenzbesteuerung zur Anwendung kommt (§ 13b Abs. 5 Satz 9 UStG).

---

521   Die **steuerlichen Pflichten** im Inland hat nicht der leistende ausländische Unternehmer, sondern der Leistungsempfänger zu übernehmen. Geht die Steuerschuldnerschaft auf den Leistungsempfänger über, obliegt diesem folglich auch die umsatzsteuerliche Würdigung des Sachverhalts, d. h. die Prüfung der Steuerbarkeit und Steuerpflicht, die Ermittlung der Bemessungsgrundlage und des Steuersatzes. Werte in fremder Währung sind in € umzurechnen (§ 16 Abs. 6 UStG). Der leistende Unternehmer bewirkt zwar einen steuerbaren und steuerpflichtigen Umsatz, hat aber die verfahrensrechtlichen Folgen daraus nicht zu ziehen. Er wird mit diesem Vorgang grds. nicht erklärungspflichtig: Ein inländischer Unternehmer erklärt diesen Vorgang nur nachrichtlich in seiner Steuererklärung, ein ausländischer Unternehmer muss folglich im Inland umsatzsteuerlich nicht registriert werden. Aus diesem Grund erteilt der leistende Unternehmer eine Nettorechnung, die Umsatzsteuer wird vom Leistungsempfänger im Rahmen seiner USt-Voranmeldung angemeldet, selbst dann, wenn dieser für seine eigenen Umsätze keine Steueranmeldung abzugeben hat (§ 18 Abs. 4a UStG). Bei regelbesteuerten Unternehmern als Leistungsempfänger ist die im Rahmen des Übergangs der Steuerschuldnerschaft anzumeldende Umsatzsteuer zeitgleich wieder als Vorsteuer abzugsfähig (§ 15 Abs. 1 Satz 1 Nr. 4 UStG), sofern keine Ausschlussumsätze i. S. des § 15 Abs. 2 UStG ausgeführt werden.

522   Die Steuerschuldnerschaft des Leistungsempfängers gilt auch beim **Tausch** und bei tauschähnlichen Umsätzen (§ 3 Abs. 12 UStG).[2] Insoweit ist zu beachten, dass bei Vereinbarung eines Tauschumsatzes bei der Berechnung der Bemessungsgrundlage (gemeiner Wert der Gegenleistung) zu den hingegebenen Wirtschaftsgütern noch die Steuerlast im Inland kommt.

---

1 Abschnitt 13b.14 Abs. 1 Satz 5 UStAE, bestätigt durch BFH v. 31. 5. 2017 – V B 5/17, BFH/NV 2017 S. 1202.
2 Abschnitt 13b.1 Abs. 2 Satz 2 UStAE.

BEISPIEL: ▶ Der deutsche Unternehmer D erhält vom rumänischen Unternehmer R im Inland steuerpflichtige Werkleistungen, die einen Wert von 119.000 € haben. Die fällige Schuld wird jedoch nicht im Wege der Zahlung beglichen, sondern U hat mit R verabredet, entsprechend Ware im Gesamtwert der Leistung hinzugeben.

U muss Ware im Wert von 100.000 € an R übergeben und zudem dessen Umsatzsteuer i. H. von 19.000 € in Deutschland entrichten (= 119.000 €). Die Steuerschuld von 19.000 € geht nach § 13b Abs. 1 und Abs. 5 Satz 1 UStG auf U über, in gleicher Höhe steht im der Vorsteuerabzug zu (§ 15 Abs. 1 Satz 1 Nr. 4 UStG). U hat daher definitiv einen Aufwand von 100.000 €, dies wäre auch bei einer Zahlung der Rechnung der Fall gewesen.

Für sonstige Leistungen, die dauerhaft für einen Zeitraum von mehr als einem Jahr erbracht werden, wird als Entstehungszeitpunkt jeweils der Ablauf eines jeden Kalenderjahres geregelt (§ 13b Abs. 3 UStG). In diesen Fällen der **Dauerleistungen** entsteht die Umsatzsteuer mit Ablauf eines jeden Kalenderjahres, in dem die Leistung (anteilig) erbracht wurde, unabhängig davon, wann die Leistung tatsächlich endet und ausgeführt wurde. 523

Bei der Vereinnahmung von **Anzahlungen oder Vorauszahlungen** entsteht die Umsatzsteuer entsprechend mit der Vereinnahmung der Beträge, § 13 Abs. 1 Nr. 1 Buchst. a Satz 2 und 3 UStG geltend entsprechend (§ 13b Abs. 4 UStG).

Werden Leistungen durch **Kleinunternehmer** erbracht, hat der Leistungsempfänger den Übergang der Steuerschuldnerschaft nicht zu beachten (§ 13b Abs. 5 Satz 4 UStG), während ein Kleinunternehmer als Leistungsempfänger dagegen ebenfalls Steuerschuldner i. S. des § 13b UStG wird (§ 13b Abs. 8 UStG). Insoweit gibt es auch keine Wertgrenzen.

HINWEIS:

Die Sonderregelungen der Art. 199 und 199a MwStSystRL, auf die § 13b Abs. 2 UStG basiert, sind bis zum 31. 12. 2018 befristet.[1] Die Mitgliedstaaten, die diese Sonderregelungen anwenden, waren verpflichtet, bis zum 30. 6. 2017 jeweils entsprechende Berichte vorzulegen, die in einen Gesamtbericht der EU-Kommission einfließen, den diese wiederum bis zum 1. 1. 2018 dem Europäischen Parlament und dem Rat vorlegen musste.

---

1 Rat der EU v. 22. 7. 2013, ABl EU 2013 Nr. L 201 S. 4.

b) Übergang der Steuerschuldnerschaft bei grenzüberschreitenden Leistungen

aa) Dienstleistungen eines im übrigen Gemeinschaftsgebiets ansässigen Unternehmers nach dem Empfängersitzprinzip

524 Für die nach § 3a Abs. 2 UStG im Inland steuerbaren und steuerpflichtigen Dienstleistungen eines im übrigen Gemeinschaftsgebiet ansässigen Unternehmers geht die Steuerschuldnerschaft auf den Leistungsempfänger über, wenn dieser ein Unternehmer oder eine juristische Person ist (§ 13b Abs. 1 i.V. m. Abs. 5 Satz 1 UStG). Die Steuer entsteht mit Ablauf des Voranmeldungszeitraums, in dem die Leistungen ausgeführt worden sind, spätestens jedoch mit Ablauf des der Ausführung der Leistung folgenden Kalendermonats.

BEISPIEL. ▶ Der niederländische Rechtsanwalt N berät einen deutschen Unternehmer wegen eines Verkehrsdelikts eines Außendienstmitarbeiters in den Niederlanden.

Der Ort der durch den niederländischen Anwalt erbrachten sonstigen Leistung liegt im Inland (§ 3a Abs. 2 UStG). Die Steuerschuld für diese steuerbare und steuerpflichtige Leistung geht auf den deutschen Unternehmer über (§ 13b Abs. 1 i.V. m. Abs. 5 Satz 1 UStG). Er schuldet für den Niederländer die Umsatzsteuer, ist aber regelmäßig in gleicher Höhe zum Vorsteuerabzug berechtigt (§ 15 Abs. 1 Satz 1 Nr. 4 UStG), sofern keine Ausschlussumsätze i. S. des § 15 Abs. 2 UStG vorliegen.

bb) Andere Dienstleistungen oder Werklieferungen eines ausländischen Unternehmers

525 Darüber hinaus geht die Steuerschuldnerschaft über bei im Inland ausgeführten steuerbaren und steuerpflichtigen **Werklieferungen** und nicht unter § 13b Abs. 1 UStG fallenden **sonstigen Leistungen eines ausländischen Unternehmers**, wenn der Leistungsempfänger Unternehmer oder eine juristische Person ist (§ 13b Abs. 2 Nr. 1 i.V. m. Abs. 5 Satz 1 UStG). Die Regelung ist vorrangig gegenüber der Regelung in § 13b Abs. 2 Nr. 4 UStG, d. h., Bauleistungen ausländischer Unternehmer fallen unter § 13b Abs. 2 Nr. 1 UStG, nicht unter § 13b Abs. 2 Nr. 4 Satz 1 UStG (§ 13b Abs. 2 Nr. 4 Satz 3 UStG). Die Einordnung ist wichtig wegen des unterschiedlichen Abnehmerkreises, denn bei Leistungen durch ausländische Unternehmer ist jeder Leistungsempfänger, der Unternehmer oder eine juristische Person ist, verpflichtet, den Übergang der Steuerschuldnerschaft zu beachten (§ 13b Abs. 5 Satz 1 UStG), während bei Bauleistungen i. S. des § 13b Abs. 2 Nr. 4 Satz 1 UStG nur Unternehmer, die selbst Bauleistungen erbringen, Steuerschuldner sein können (§ 13b Abs. 5 Satz 2 UStG).

Zu den **Werklieferungen** gehören insbesondere die Werklieferungen der Bauunternehmer, der Montagefirmen und anderer Handwerksbetriebe, wie die Errichtung eines Gebäudes oder einer Betriebsanlage sowie die Anfertigung spezieller Maschinen und Geräte aus vom Lieferer selbst beschafften Materialien. Ort der Werklieferung ist der Ort der Verschaffung der Verfügungsmacht.

BEISPIEL: ► Der Dortmunder Bauunternehmer D hat den Auftrag erhalten, in Unna ein Geschäftshaus zu errichten. Lieferung und Einbau der Fenster lässt er von einem niederländischen Subunternehmen ausführen.

D erbringt eine Werklieferung an seinen Auftraggeber, der Vorgang unterliegt den allgemeinen Regelungen des UStG. Der niederländische Subunternehmer erbringt im Inland eine steuerpflichtige Werklieferung an D. Die Umsatzsteuer für diese Werklieferung i.S. des § 13b Abs. 2 Nr. 1 UStG schuldet D als Leistungsempfänger (§ 13b Abs. 5 Satz 1 UStG). Die Regelung in § 13b Abs. 2 Nr. 4 UStG („Bauleistungen") ist bedeutungslos, da § 13b Abs. 2 Nr. 1 UStG vorgeht.

Darüber hinaus fallen fast sämtliche **sonstige Leistungen** ausländischer Unternehmer, die sie im Inland erbringen, unter die Regelungen des Übergangs der Steuerschuldnerschaft, ausgenommen die in § 13b Abs. 6 UStG genannten Leistungen. Da die Dienstleistungen von Unternehmern aus dem übrigen Gemeinschaftsgebiet nach der Grundregelung des § 3a Abs. 2 UStG bereits unter den Übergang der Steuerschuldnerschaft nach § 13b Abs. 1 UStG fallen, kommen für die Anwendung des § 13b Abs. 2 Nr. 1 UStG nur Dienstleistungen von Unternehmern aus dem übrigen Gemeinschaftsgebiet in Betracht, bei denen sich der Ort der sonstigen Leistung nicht nach der Grundregelung des § 3a Abs. 2 UStG, sondern nach anderen Vorschriften über die Ortsbestimmung von Dienstleistungen richtet. Außerdem fallen Dienstleistungen von Unternehmern aus dem Drittlandsgebiet unter diese Vorschrift.

BEISPIEL: ► Ein Schweizer Frachtführer befördert im Auftrag eines deutschen Unternehmers Waren von Belgien nach Deutschland.

Der Schweizer Unternehmer erbringt eine Beförderungsleistung, die nach § 3a Abs. 2 UStG in Deutschland steuerbar (§ 1 Abs. 1 Nr. 1 UStG) und zu 19% (§ 12 Abs. 1 UStG) steuerpflichtig ist. Da somit ein ausländischer Unternehmer gegenüber einem deutschen Unternehmer eine steuerpflichtige sonstige Leistung im Inland erbracht hat, ist der Auftraggeber Schuldner der aus dieser Leistung entstandenen Umsatzsteuer (§ 13b Abs. 2 Nr. 1 i.V.m. Abs. 5 Satz 1 UStG). Der Unternehmer hat dazu eine Nettorechnung zu erteilen und auf die Steuerschuldnerschaft hinzuweisen (§ 14a Abs. 5 UStG). Der deutsche Auftraggeber muss von diesem Nettobetrag die Umsatzsteuer im Inland zu berechnen und bei seinem Finanzamt anzumelden (§§ 16–18 UStG). Die nach § 13b UStG geschuldete Umsatzsteuer stellt unter den sonstigen Voraussetzungen für den Auftraggeber zugleich einen abziehbaren Vorsteuerbetrag dar (§ 15 Abs. 1 Satz 1 Nr. 4 UStG). Bei einem regelbesteuerten Abnehmer ergibt sich somit de facto keine steuerliche Auswirkung.

cc) Ausländischer Unternehmer

526 Ein im Ausland ansässiger Unternehmer ist ein Unternehmer, der weder im Inland noch auf der Insel Helgoland oder in einem Freihafen seinen Wohnsitz oder Sitz hat (§ 13b Abs. 7 Satz 1 UStG). Er gilt auch dann als ausländischer Unternehmer, wenn er im Inland seinen Wohnsitz, den Sitz seiner Geschäftsleitung aber im Ausland hat. Ein im übrigen Gemeinschaftsgebiet ansässiger Unternehmer ist ein Unternehmer, der in den Gebieten der anderen EU-Mitgliedstaaten, die nach dem Unionsrecht als Inland dieser Mitgliedstaaten gelten, seinen Wohnsitz oder seinen Sitz hat. Dies gilt nicht, wenn der Unternehmer ausschließlich eine Wohnsitz im übrigen Gemeinschaftsgebiet, aber seinen Sitz oder den Ort seiner Geschäftsleitung im Drittlandsgebiet hat (§ 13b Abs. 7 Satz 2 UStG).[1] Für die Frage, ob ein Unternehmer im Ausland ansässig ist, ist der Zeitpunkt maßgebend, in dem die Leistung ausgeführt wird (§ 13b Abs. 7 Satz 4 UStG). Die Tatsache, dass ein Unternehmer bei einem Finanzamt im Inland steuerlich geführt wird, ist allein kein Merkmal dafür, dass er im Inland ansässig ist. Dies gilt auch insbesondere dann, wenn einem ausländischen Unternehmer eine deutsche USt-IdNr. erteilt wurde.[2] Ist es für den Leistungsempfänger nach den Umständen des Einzelfalls ungewiss, ob der leistende Unternehmer im Zeitpunkt der Gegenleistung **im Inland ansässig** ist, schuldet der Leistungsempfänger die Steuer nur dann nicht, wenn ihm der leistende Unternehmer durch eine Bescheinigung des nach den abgaberechtlichen Vorschriften für die Besteuerung seiner Umsätze zuständigen Finanzamts nachweist, dass er kein Unternehmer i. S. des § 13b Abs. 7 Satz 1 UStG ist (§ 13b Abs. 7 Satz 5 UStG). Für diese Bescheinigung hat die Finanzverwaltung ein eigenständiges Vordruckmuster eingeführt (USt 1 TS – Bescheinigung über die Ansässigkeit im Inland), der leistende Unternehmer kann diese beim Finanzamt beantragen.[3] Auch dabei ist ausschließlich der Zeitpunkt der Leistungserbringung und nicht der Zeitpunkt der Entgeltzahlung maßgebend.

Verfügt ein Unternehmer im Gebiet des Mitgliedstaates, in dem die Steuer geschuldet wird, über eine **feste Niederlassung im Inland**, gilt er gleichwohl als ausländischer Unternehmer, wenn

---

1 Abschnitt 13b.11 Abs. 1 UStAE.
2 Abschnitt 13b.11 Abs. 2 Satz 5 und 6 UStAE.
3 Art. 10, 11 und 21 MwStVO, Abschnitt 13b.11 Abs. 3 UStAE, BMF, Schreiben v. 10. 10. 2013, BStBl 2013 I S. 1623.

▶ er im Gebiet dieses Mitgliedstaates eine steuerpflichtige Leistung ausführt und

▶ die Niederlassung des Leistenden im Gebiet dieses Mitgliedstaates nicht an der Leistung beteiligt ist (Art. 192a MwStSystRL).

Dies bedeutet, dass ein ausländischer Unternehmer, der in Deutschland über eine feste Zulassung verfügt, trotzdem für Zwecke des Reverse-Charge-Verfahrens als nicht in Deutschland ansässig betrachtet wird, wenn eine von ihm ausgeführte in Deutschland steuerpflichtige Leistung nicht über eine inländische feste Niederlassung erbracht wird. Dies ist regelmäßig dann der Fall, wenn der Unternehmer hierfür nicht die technische und personelle Ausstattung dieser Betriebsstätte nutzt. Nicht als Nutzung der technischen und personellen Ausstattung dieser Betriebsstätte gelten unterstützende Arbeiten durch die Betriebsstätte wie Buchhaltung, Rechnungsausstellung oder Einziehung von Forderungen. Folglich ist genau zu hinterfragen, ob der ausländische oder der inländische Unternehmensteil die Leistung erbracht hat (§ 13b Abs. 7 Satz 3 UStG). Die operative Beteiligung an der Leistungserbringung reicht wohl regelmäßig aus, die Leistung muss nicht ausschließlich von der Niederlassung ausgeführt werden. Die Verwendung der USt-IdNr. der Niederlassung ist allein als Nachweis nicht ausreichend, aber ein Indiz für eine widerlegbare Vermutung.[1] Eine entsprechende Dokumentation ist in der Praxis unentbehrlich. Den Begriff der festen Niederlassung, der nicht dem ertragsteuerlichen Begriff der Betriebsstätte entspricht, regelt die MwStVO.[2] Auf einen möglichen Wohnsitz im Inland kommt es bei natürlichen Personen nicht an, wenn der Ort ihrer wirtschaftlichen Tätigkeit im Ausland liegt.[3]

HINWEIS:

Unternehmer, die ein im Inland belegenes Grundstück besitzen und steuerpflichtig vermieten, werden von der Finanzverwaltung systemwidrig *insoweit* als im Inland ansässig behandelt. Auf die Vermietungsleistungen ist der Übergang der Steuerschuldnerschaft daher nicht anzuwenden und befreit insbesondere gewerbliche Mieter von der Anwendung des Reverse-Charge-Verfahrens.[4]

---

1 Abschnitt 13b.11 Abs. 1 UStAE.
2 Verordnung (EU) v. 15. 3. 2011, ABl EU 2011 Nr. L 77 S. 1.
3 EuGH, Urteil v. 6. 10. 2011 – C-421/10, DStR 2011 S. 1947.
4 Abschnitt 13b.11 Abs. 2 Sätze 2 bis 4 UStAE.

ABB. 2: Ansässigkeitsbescheinigung

Finanzamt		Auskunft erteilt	Zimmer
Steuernummer / Geschäftszeichen		Telefon	Durchwahl
(Bitte bei allen Rückfragen angeben)			

Umsatzsteuer-Identifikationsnummer

Bescheinigung über die Ansässigkeit im Inland
nach § 13b Abs. 7 Satz 4 Umsatzsteuergesetz (UStG)

Hiermit wird zur **Vorlage bei dem Leistungsempfänger**

_____
(Name und Vorname bzw. Firma)

_____
(Anschrift)

bescheinigt, dass der leistende Unternehmer

_____
(Name und Vorname bzw. Firma)

_____
(Art der Tätigkeit bzw. Gewerbezweig)

☐ zur Zeit in _____
(Anschrift, Sitz)

und damit **im Inland ansässig ist.**

Für sonstige Leistungen im Sinne von § 13b Abs. 1 UStG, für Werklieferungen und sonstige Leistungen im Sinne von § 13b Abs. 2 Nr. 1 UStG und für Lieferungen im Sinne von § 13b Abs. 2 Nr. 5 UStG wird deshalb die Steuer **nicht vom Leistungsempfänger geschuldet** (§ 13b Abs. 5 Satz 1 und 3 UStG).

☐ zur Zeit in _____
(Anschrift, Betriebsstätte)

eine Betriebsstätte im umsatzsteuerlichen Sinne unterhält.

Für sonstige Leistungen im Sinne von § 13b Abs. 1 UStG, für Werklieferungen und sonstige Leistungen im Sinne von § 13b Abs. 2 Nr. 1 UStG und für Lieferungen im Sinne von § 13b Abs. 2 Nr. 5 UStG wird die Steuer **nicht vom Leistungsempfänger geschuldet** (§ 13b Abs. 5 Satz 1 und 3 UStG), **wenn der Umsatz von dieser Betriebsstätte ausgeführt wird.**

Diese Bescheinigung verliert ihre Gültigkeit mit Ablauf des: _____
(Die Gültigkeitsdauer der Bescheinigung ist auf einen Zeitraum von längstens einem Jahr nach Ausstellungsdatum zu beschränken.)

_____   _____
(Datum)   (Unterschrift)

(Dienststempel)

USt 1 TS - Bescheinigung über die Ansässigkeit im Inland (§ 13b Abs. 7 Satz 4 UStG) - (09.11)

dd) Der Leistungsempfänger

Voraussetzung für den Übergang der Steuerschuldnerschaft ist bei Leistungen durch ausländische Unternehmer regelmäßig, dass der Abnehmer der Leistung **Unternehmer** oder eine **juristische Person** ist (§ 13b Abs. 5 Satz 1 UStG). Daher sind auch juristische Personen des öffentlichen Rechts sowie juristische Personen des privaten Rechts, die keine Unternehmer sind, zur Beachtung des Übergangs der Steuerschuldnerschaft verpflichtet. Lediglich in den Fällen des § 13b Abs. 2 Nr. 4, Nr. 5 Buchst. b und Nr. 7 bis 11 UStG schulden juristische Personen des öffentlichen Rechts die Steuer nicht, wenn sie die Leistung für den nichtunternehmerischen Bereich beziehen (§ 13b Abs. 5 Satz 10 UStG). Auch Kleinunternehmer (§ 19 UStG) sowie Land- und Forstwirte, deren Umsätze der Besteuerung nach allgemeinen Durchschnittssätzen unterliegen (§ 24 UStG) und Unternehmer, die ausschließlich steuerfreie Umsätze erbringen, schulden diese Steuer (§ 13b Abs. 8 UStG). Die Umsatzsteuer wird zudem sowohl von im Inland ansässigen als auch von im Ausland ansässigen Leistungsempfängern geschuldet. Unbeachtlich ist auch, ob ein ausländischer Leistungsempfänger im Inland selbst steuerpflichtige Umsätze bewirkt, die dem allgemeinen Besteuerungsverfahren unterliegen.

527

Die Steuerschuldnerschaft erstreckt sich sowohl auf die Umsätze für den unternehmerischen als auch auf Umsätze für den **nichtunternehmerischen Bereich** (§ 13b Abs. 5 Satz 6 und Satz 10 UStG). Lediglich Privatpersonen sind daher völlig vom Übergang der Steuerschuldnerschaft ausgenommen.

BEISPIEL: Vermieter V, der im Inland eine Wohnung steuerfrei vermietet, hat von einem im Ausland ansässigen Handwerker eine im Inland steuerpflichtige Werklieferung für sein privates Einfamilienhaus bezogen.

V ist Steuerschuldner nach § 13b Abs. 2 Nr. 1 i. V. m. Abs. 5 Satz 1 UStG, aber mangels Bezug für das Unternehmen nicht zum Vorsteuerabzug berechtigt (§ 15 Abs. 1 Satz 1 Nr. 4 UStG). Er hat die Steuer gem. § 18 Abs. 4a UStG anzumelden (= Abgabe USt-Voranmeldung für das betreffende Quartal und zusätzlich Abgabe einer USt-Jahreserklärung für das betreffende Kalenderjahr).

HINWEIS:

Der BFH bestätigte die bis zum 31.12.2001 im Rahmen des damals gültigen Abzugsverfahrens ergangene Verwaltungsauffassung, wonach der Übergang der Steuerschuldnerschaft auch zur Anwendung kommt, wenn der Privatbereich eines Unternehmers betroffen ist.[1] Die aufgrund der nunmehr im Gesetz selbst verankerte Pflicht dürfte damit nicht zu beanstanden sein.

---

1 § 51 Abs. 2 UStDV a. F.; Abschnitt 233 Abs. 1 Satz 4 UStR 2000, BFH v. 3. 11. 2005 – V R 56/02, BStBl 2006 II S. 477.

c) Die weiteren Anwendungsfälle des Übergangs der Steuerschuldnerschaft

aa) Lieferung sicherungsübereigneter Gegenstände

528 Der Übergang der Steuerschuldnerschaft gilt auch für die Lieferungen von sicherungsübereigneten Gegenständen durch den Sicherungsgeber an den Sicherungsnehmer außerhalb des Insolvenzverfahrens (§ 13b Abs. 2 Nr. 2 UStG). Werden sicherungsübereignete Gegenstände durch den Sicherungsnehmer verwertet, fallen regelmäßig gleichzeitig zwei Lieferungen an: der Sicherungsgeber leistet an den Sicherungsnehmer, und der Sicherungsnehmer leistet an den Dritten.[1] Alle Lieferungen werden im Zeitpunkt der Verwertung ausgeführt.[2] Regelmäßig gleichen sich zwar der Vorsteueranspruch des Sicherungsnehmers und die Umsatzsteuerschuld des Sicherungsgebers aus, der Fiskus kann häufig aber den Anspruch gegen den Sicherungsgeber nicht mehr realisieren. Ist der Leistungsempfänger ein Unternehmer oder eine juristische Person, hat er § 13b UStG zu beachten (§ 13b Abs. 5 Satz 1 UStG). Die Einbeziehung der Lieferungen von sicherungsübereigneten Gegenständen durch den Sicherungsgeber an den Sicherungsnehmer außerhalb des Insolvenzverfahrens in den Übergang der Steuerschuldnerschaft dient daher ebenfalls der Sicherung des Steueranspruchs. Dabei ist es ohne Bedeutung, ob es sich bei dem Sicherungsgeber um einen inländischen oder um einen ausländischen Unternehmer handelt.

BEISPIEL: ► A aus Österreich hat seinem Gläubiger B aus Deutschland einen Baukran sicherungsübereignet. Da A seine Raten nicht mehr zahlen kann, veräußert B den Baukran für netto 100.000 € an C aus Deutschland. Der Kran wird im Auftrag des B von der Baustelle des A in Hamburg zum Abnehmer C nach Hannover transportiert.

Mit der Veräußerung des Krans durch B an C liegen umsatzsteuerlich eine Lieferung von A an B sowie eine Lieferung von B an C vor. Der Ort beider Lieferungen liegt im Inland (Hamburg), da sich der Kran im Moment der Verfügungsmacht hier befindet (§ 3 Abs. 7 Satz 1 UStG für die Lieferung A an B) bzw. der Transport zum Abnehmer hier beginnt (§ 3 Abs. 6 Satz 1 UStG für die Lieferung B an C). Folglich unterliegen beide Lieferungen der Umsatzsteuer in Deutschland. B ist als Leistungsempfänger des A Steuerschuldner für die Lieferung des A an ihn geworden (§ 13b Abs. 1 Nr. 2 UStG), ungeachtet der Tatsache, dass A seinen Sitz in Österreich hat (kein Anwendungsfall des § 13b Abs. 1 Nr. 1 UStG). Er hat daher die Umsatzsteuer des A i. H. von 19.000 € bei dem für ihn selbst zuständigen Finanzamt anzumelden und abzuführen. Unter den sonstigen Voraussetzungen des § 15 UStG ist der nach § 13b UStG geschuldete Betrag bei B als Vorsteuer abzugsfähig (§ 15 Abs. 1 Satz 1 Nr. 4 UStG). Da B den Kran steuerpflichtig weiterverkauft, kommt es insoweit nicht zum Ausschluss des Vor-

---

1 Abschnitt 1.2 Abs. 1 UStAE, BFH v. 21. 7. 1994 – V R 114/91, BStBl 1994 II S. 878.
2 Abschnitt 1.2 Abs. 1 UStAE.

steuerabzugs nach § 15 Abs. 2 Nr. 1 UStG. Es ergibt sich allein aus dem Übergang der Steuerschuldnerschaft keine umsatzsteuerliche Belastung des B. Die Abrechnung (i. d. R. Gutschrift des B an A) hat zum Nettobetrag zu erfolgen (§ 14a Abs. 5 Satz 3 UStG). Darüber hinaus schuldet B die Umsatzsteuer aus der eigenen Lieferung an C i. H. von 19.000 €. Diesen Betrag kann wiederum C als Vorsteuer abziehen (§ 15 Abs. 1 Satz 1 Nr. 1 UStG).

Der gesamte Vorgang ist letztlich ohne umsatzsteuerliche Auswirkung. Ohne diese Rechtslage stünde dem Vorsteuerabzug des B aus der Eingangslieferung des A der Zahlungsanspruch des A selbst gegenüber, der jedoch im Regelfall nicht mehr zu realisieren war.

bb) Grundstückslieferungen

Bei der infolge einer Option steuerpflichtigen Übertragung von Grundstücken geht die Steuerschuld auf den Erwerber über (§ 13b Abs. 2 Nr. 3 UStG). Voraussetzung für den Übergang der Steuerschuldnerschaft ist, dass der Abnehmer der Leistung Unternehmer oder eine juristische Person ist (§ 13b Abs. 5 Satz 1 UStG). In den letztgenannten Fällen kommt es trotz des Gesetzeswortlauts tatsächlich nicht zur Anwendung des § 13b UStG, da ein Verzicht auf die Steuerbefreiung von Lieferungen an juristische Personen, die nicht Unternehmer sind, nicht möglich ist (§ 9 Abs. 1 UStG). Entsprechendes gilt für die Lieferung von Grundstücken an Privatpersonen.

529

> **BEISPIEL:** ▶ Unternehmer C aus Coesfeld ist Eigentümer eines Gebäudes, dessen Errichtung mit Darlehen der Bank B finanziert wurde. Da C seinen Zahlungsverpflichtungen nicht mehr nachkommt, betreibt die Bank die Zwangsversteigerung des Grundstücks. Den Zuschlag erhält Unternehmer A aus Ahaus. C verzichtet rechtzeitig auf die Steuerbefreiung, um die negativen Folgen des § 15a UStG für sein eigenes Unternehmen zu vermeiden.
>
> Mit dem Zuschlag in der Zwangsversteigerung tätigt C eine Lieferung an den Ersteher A (§ 3 Abs. 1 UStG), die infolge des Verzichts auf die Steuerbefreiung steuerpflichtig ist. A schuldet als Leistungsempfänger die Umsatzsteuer für diese Lieferung (§ 13b Abs. 1 Nr. 3, Abs. 2 UStG).

Zu den Umsätzen, die unter das Grunderwerbsteuergesetz fallen, gehören insbesondere die Umsätze von bebauten und unbebauten Grundstücken.[1] Sofern die Übertragung nicht im Rahmen einer nicht steuerbaren Geschäftsveräußerung im Ganzen erfolgt (vgl. § 1 Abs. 1a UStG), sind diese Umsätze grds. nach § 4 Nr. 9a UStG steuerfrei. Eine Steuerschuld nach § 13b UStG entsteht somit regelmäßig nicht. Für die Anwendung der Steuerschuldnerschaft des Leistungsempfängers (Abnehmers) bei einer steuerpflichtigen Grundstückslieferung ist es erforderlich, dass ein **wirksamer Verzicht** auf die Steuerbefreiung

---

[1] Abschnitt 13b.1 Abs. 2 Nr. 5 UStAE, Abschnitt 4.9.1 UStAE.

(Option) durch den Lieferer vorliegt. Der Verzicht auf die Steuerbefreiung bei der Lieferung von Grundstücken im Zwangsversteigerungsverfahren durch den Vollstreckungsschuldner an den Ersteher ist nur bis zur Aufforderung zur Abgabe von Geboten im Zwangsversteigerungstermin zulässig (§ 9 Abs. 3 Abs. 1 UStG). Bei anderen Umsätzen ist zum Schutz des Käufers die Option zwingend im notariell zu beurkundenden Vertrag (§ 311b Abs. 1 BGB) oder einer notariell zu beurkundenden Vertragsergänzung oder -änderung zu erklären (§ 9 Abs. 3 Satz 2 UStG). Eine spätere Vertragsergänzung ist unzulässig.[1]

cc) Bauleistungen

530 Bei steuerpflichtigen Werklieferungen und sonstigen Leistungen, die der Herstellung, Instandsetzung, Instandhaltung, Änderung oder Beseitigung von Bauwerken dienen (sog. Bauleistungen), geht die Steuerschuldnerschaft unter den Voraussetzungen des § 13b Abs. 5 Satz 2 UStG auf den Leistungsempfänger über (§ 13b Abs. 2 Nr. 4 Satz 1 UStG).

Entsprechende Bauleistungen ausländischer Unternehmer fallen jedoch nicht unter diese Regelung des § 13b Abs. 2 Nr. 4 Satz 1 UStG, sondern unter § 13b Abs. 2 Nr. 1 UStG. Diese Regelungen sind vorrangig, um sicherzustellen, dass bei Leistungen ausländischer Unternehmer grds. sämtliche Werklieferungen und sonstigen Leistungen dem Übergang der Steuerschuldnerschaft an Unternehmer und juristische Personen unterliegen und nicht nur Bauleistungen an Bauleister (§ 13b Abs. 2 Nr. 4 Satz 3 UStG). § 13b Abs. 2 Nr. 4 Satz 1 UStG wurde geschaffen für Bauleistungen inländischer Unternehmer, ist aber auch anwendbar auf eine feste Niederlassung eines ausländischen Unternehmers im Inland.

Der Begriff der Bauleistung wird im Umsatzsteuerrecht eigenständig geregelt, allerdings in Anlehnung an das Ertragsteuerrecht. Der Begriff des Bauwerks ist weit auszulegen und umfasst nicht nur Gebäude, sondern darüber hinaus sämtliche irgendwie mit dem Erdboden verbundene oder infolge ihrer eigenen Schwere auf ihm ruhende, aus Baustoffen oder Bauteilen hergestellte Anlagen.[2]

---

1 BFH v. 21. 10. 2015 – XI R 40/13, BStBl 2017 II S. 852, DStR 2016 S. 50 entgegen BMF, Schreiben v. 30. 4. 2004, BStBl 2004 I S. 453, das zum 31. 12. 2017 unter Änderung von Abschnitt 9.2 Abs. 9 UStAE mit BMF, Schreiben v. 2. 8. 2017, DStR 2017 S. 1765, aufgehoben wurde.

2 Abschnitt 13b.2 Abs. 1 UStAE; OFD Karlsruhe v. 31. 1. 2017, UVR 2017 S. 195.

Zu den Bauleistungen gehören insbesondere[1]

► der Einbau von Fenstern und Türen sowie Bodenbelägen, Aufzügen, Rolltreppen und Heizungsanlagen sowie die Errichtung von Dächern und Treppenhäusern,

► der Einbau von Einrichtungsgegenständen oder Maschinenanlagen, wenn sie mit einem Gebäude fest verbunden sind und nicht bewegt werden können, ohne das Gebäude oder das Bauwerk zu zerstören oder erheblich zu verändern, wie z. B. Ladeneinbauten, Schaufensteranlagen, Gaststätteneinrichtungen,

► Erdarbeiten im Zusammenhang mit der Erstellung eines Bauwerks,

► die Installation von EDV- oder Telefonanlagen, die fest mit dem Gebäude verbunden sind, in das sie eingebaut werden, nicht aber die Lieferung von Endgeräten,

► die Dachbegrünung eines Bauwerks, nicht aber das Anlegen von Bepflanzungen und deren Pflege,[2]

► der Hausanschluss durch Versorgungsunternehmen, wenn es sich um eine eigenständige Leistung handelt,

► die Reinigung von Gebäuden und Gebäudeteilen, bei denen die zu reinigende Oberfläche verändert wird, z. B. Fassadenreinigungen durch Sandstrahlarbeiten, bei anderen Reinigungsvorgängen ist allerdings ggf. § 13b Abs. 2 Nr. 8 UStG zu beachten,

► die Werklieferung von Photovoltaikanlagen, die auf oder an einem Gebäude oder Bauwerk installiert werden oder mit dem Grund und Boden auf Dauer verbunden werden (§ 13b Abs. 2 Nr. 4 Satz 2 UStG).

Die Leistung muss sich unmittelbar auf die Substanz des Bauwerks auswirken, daher fallen auch Reparaturleistungen, Erhaltungsaufwendungen sowie künstlerische Leistungen, die sich unmittelbar auf die Substanz auswirken, unter den Begriff der Bauleistung.[3] Die Veränderung ist immer dann unerheblich, wenn die betreffenden Sachen einfach an der Wand hängen und wenn sie mit Nägeln oder Schrauben so am Boden oder an der Wand befestigt sind, dass nach ihrer Entfernung lediglich Spuren oder Markierung zurück bleiben (z. B. Dübellöcher), die leicht überdeckt oder ausgebessert werden können.

---

1 Abschnitt 13b.2 Abs. 5 UStAE.
2 Abschnitt 13b.2 Abs. 6 i.V. m. Abs. 7 Nr. 10 UStAE.
3 Abschnitt 13b.2 Abs. 3 UStAE.

Nachdem der BFH der Auffassung der Finanzverwaltung widersprochen und Betriebs-vorrichtungen (insbesondere Photovoltaikanlagen) nicht als Bauwerke i.S. des § 13b Abs. 2 Nr. 4 Satz 1 UStG angesehen[1] und die Finanzverwaltung dieses Urteil mit Bann eines Nichtanwendungserlasses belegt hatte,[2] wurde im Rahmen des Steueränderungs-gesetzes 2015[3] zur Korrektur dieser Rechtsprechung umgehend § 13b Abs. 2 Nr. 4 UStG dahingehend geändert, dass die Lieferung von und Leistungen an Betriebsvorrichtun-gen unter den Begriff der Bauleistung fallen. Dabei stellt sich möglicherweise die Frage, ob Unternehmer, die für derartige Leistungen die Umsatzsteuer im Wege des Über-gangs der Steuerschuldnerschaft an das Finanzamt abgeführt haben, weil sie nicht oder nicht uneingeschränkt zum Vorsteuerabzug berechtigt sind, für Leistungen bis zum 5.11.2015 (Inkrafttreten der Gesetzesänderung) einen Erstattungsanspruch ge-genüber dem Finanzamt haben.[4]

Reparatur- und Wartungsarbeiten an Bauwerken sind nach einer Vereinfachungsrege-lung der Finanzverwaltung bei Nettobeträgen bis 500 € nicht als Bauleistung zu be-handeln.[5] Dies vereinfacht gerade bei Handwerksbetrieben die tägliche Abwicklung kleinerer Geschäftsvorfälle.

Die Arbeiten muss der leistende Unternehmer nicht selbst erbringen, sondern kann sie auch an einen Subunternehmer vergeben.

Die bloße **Anlieferung von Material** auf einer Baustelle, die bloße Lieferung einzelner Maschinen, die Lieferung von Energie oder Wasser, die bloße Vermie-tung oder das Zurverfügungstellen von Baugeräten, das Aufstellen von Büro- und Materialcontainern, mobilen Toilettenhäuschen, Gerüsten, Messeständen und die Entsorgung von Baumaterial fallen nicht unter den Begriff der Bauleis-tung. Das Anlegen von Bepflanzungen und deren Pflege mit Ausnahme von Dachbegrünungen, das bloße Aufhängen von Beleuchtungen und das An-schließen von Elektrogeräten mit Ausnahme der Installation einer Lichtwer-beanlage oder die Montage komplexer Beleuchtungssysteme, Verkehrssiche-rungsleistungen, die bloße Reinigung von Gebäuden, Luftdurchlässigkeitsmes-sungen an Gebäuden und die Überlassung von Arbeitnehmern stellen keine Bauleistungen dar.[6]

Bei der Bebauung von eigenen Grundstücken zum Zwecke des Verkaufs liegen Lieferungen und keine Werklieferungen vor. Die Regelung des § 13b Abs. 2

---

1 BFH v. 28.8.2014 – V R 7/14, BStBl 2015 II S. 682.
2 BMF, Schreiben v. 28.7.2015, BStBl 2015 I S. 623.
3 Gesetz v. 2.11.2015, BGBl 2015 I S. 1834.
4 vgl. auch *Sterzinger*, DStR 2016 S. 733.
5 Abschnitt 13b.2 Abs. 7 Nr. 15 UStAE.
6 Abschnitt 13b.2 Abs. 7 UStAE.

Nr. 4 UStG ist daher auf diese Leistungen nicht anwendbar.[1] Auf die Bezeichnung der Leistung kommt es naturgemäß nicht an, sondern nur auf ihren Inhalt.[2]

Ausgenommen vom Übergang der Steuerschuldnerschaft sind ausdrücklich **Planungs- und Überwachungsleistungen**, z. B. Statiker, Architekten, Vermessungsingenieure, Garten- und Innenarchitekten (§ 13b Abs. 2 Nr. 4 Satz 1 UStG).[3]

HINWEIS:

Die Finanzverwaltung hat im UStAE einen Positivkatalog[4] und einen Negativkatalog[5] zur Orientierung für den Praktiker festgelegt. Eine ergänzende Verfügung wurde von der OFD Karlsruhe aufgrund der Gesetzesänderung in § 13b Abs. 2 Nr. 4 Satz 2 UStG herausgegeben.[6]

Die OFD Niedersachsen hat auf ihrer Internetseite ein umfassendes Merkblatt eingestellt: Aktuelles/Merkblätter & Broschüren.

Die Finanzverwaltung hat in Abschn. 13b.2 Abs. 5 UStAE einen Positiv-, in Abschn. 13b.2 Abs. 7 UStAE einen Negativkatalog zur Orientierung für den Praktiker festgelegt.

Der Leistungsempfänger ist nur dann Steuerschuldner, wenn er ein Unternehmer ist, der selbst nachhaltig Bauleistungen i. S. von § 13b Abs. 2 Nr. 4 Satz 1 UStG erbringt (§ 13b Abs. 5 Satz 2 UStG). Es ist nicht erforderlich, dass die an den Leistungsempfänger erbrachten Bauleistungen mit von ihm erbrachten Bauleistungen unmittelbar zusammenhängen.[7]

Danach haben alle Unternehmer, die selbst **nachhaltig Bauleistungen** erbringen (z. B. Bauunternehmer, aber auch Handwerker, die Subunternehmer beschäftigen), als Leistungsempfänger den Übergang der Steuerschuldnerschaft zu beachten. Der Übergang der Steuerschuldnerschaft gilt dagegen nicht für Baustoffhändler, die ausschließlich Baumaterial liefern, oder für Unternehmer, die ausschließlich Lieferungen erbringen, die unter das Grunderwerbsteuergesetz fallen.[8] Bauträger, die eigene Grundstücke zum Zwecke des Verkaufs bebauen, erbringen Lieferungen, keine Werklieferungen, und folglich keine Bauleistungen, da sie die von ihnen bebauten Grundstücke erst nach Fertigstellung vermarkten. Folglich sind sie für ihre Eingangsleistungen von der Steuer-

531

---

1 Abschnitt 13b.2 Abs. 7 Nr. 17 UStAE.
2 Abschnitt 13b.2 Abs. 4 UStAE.
3 Abschnitt 13b.2 Abs. 6 UStAE.
4 Abschnitt 13b.2 Abs. 5 UStAE.
5 Abschnitt 13b.2 Abs. 7 UStAE.
6 OFD Karlsruhe v. 31. 1. 2017, UVR 2017 S. 195.
7 Abschnitt 13b.3 Abs. 1 und Abs. 10 UStAE.
8 Abschnitt 13b.2 Abs. 7 Nr. 17 und Abschnitt 13b.3 Abs. 1 UStAE.

schuldnerschaft ausgenommen.[1] Dies gilt auch dann, wenn die Verträge mit den Abnehmern bereits zu einem Zeitpunkt geschlossen werden, in dem der Kunde noch Einfluss auf die Bauausführung und Baugestaltung nehmen kann. Unternehmer, die sowohl Grundstückslieferungen i. S. des Grunderwerbsteuergesetzes ausführen als auch Bauleistungen erbringen, haben dagegen ggf. den Übergang der Steuerschuldnerschaft zu beachten, und zwar für alle Eingangsleistungen. Wohnungseigentümergemeinschaften sind für Bauleistungen als Leistungsempfänger nicht Steuerschuldner, wenn diese Leistungen als Leistungen der Wohnungseigentümergemeinschaft nach § 4 Nr. 13 UStG weitergegeben werden.[2] Arbeitsgemeinschaften sind auch dann als Leistungsempfänger Steuerschuldner, wenn sie nur eine Bauleistung als Gesamtleistung erbringen. Soweit Gesellschafter einer ARGE Bauleistungen an die ARGE erbringen, ist die ARGE folglich als Leistungsempfänger Steuerschuldner.[3]

Wann ein Unternehmer nachhaltig Bauleistungen erbringt, wurde nicht gesetzlich festgeschrieben. Stattdessen sieht § 13b Abs. 5 Satz 2 UStG vor, dass die zuständige Finanzbehörde dem Leistungsempfänger eine **Bescheinigung** ausstellt, aus der sich die Nachhaltigkeit der Tätigkeit des Unternehmers ergibt.

> **HINWEIS:**
>
> Für den Nachweis, dass ein Unternehmer nachhaltig Bauleistungen erbringt, wurde den Finanzämtern das Vordruckmuster UST 1 TG „Nachweis der Steuerschuldnerschaft des Leistungsempfängers bei Bau- und/oder Gebäudereinigungsleistungen" zur Verfügung gestellt.[4]

Bei Erteilung dieser Bescheinigung stellen die zuständigen Finanzämter aus Vereinfachungsgründen auf den Weltumsatz des im Zeitpunkt der Ausstellung der Bescheinigung abgelaufenen Besteuerungszeitraums ab, für den dem Finanzamt bereits Umsatzsteuer-Voranmeldungen bzw. Erklärungen für das Kalenderjahr vorliegen.[5] Ein Unternehmer erbringt nach Auffassung der Finanzverwaltung dann nachhaltig Bauleistungen, wenn er mindestens 10% seines Weltumsatzes als Bauleistungen erbringt. Hat ein Unternehmer zunächst keine Bauleistungen ausgeführt oder nimmt er seine Tätigkeit in diesem Bereich erst auf, stellt das Finanzamt dem Unternehmer eine Bescheinigung aus,

---

1 Abschnitt 13b.3 Abs. 8 UStAE.
2 Abschnitt 13b.3 Abs. 9 UStAE.
3 Abschnitt 13b.3 Abs. 6 UStAE.
4 Abschnitt 13b.3 Abs. 3 UStAE; BMF, Schreiben v. 1. 10. 2014, BStBl 2014 I S. 1322.
5 Abschnitt 13b.3 Abs. 2 UStAE.

wenn er nach außen erkennbar mit ersten Handlungen zur nachhaltigen Erbringung von Bauleistungen begonnen hat und die Bauleistungen voraussichtlich mehr als 10% des Weltumsatzes betragen werden.

HINWEIS:

Das Festlegen einer starren Grenze durch die Finanzverwaltung für die Frage, ob der Leistungsempfänger nachhaltig Bauleistungen erbringt, ist nicht nachzuvollziehen, aber für den Praktiker letztlich ohne Bedeutung. Der leistende Unternehmer wird in der Praxis auf Vorlage der gesetzlich normierten Bescheinigung des Leistungsempfängers bestehen, bevor er ihm eine Nettorechnung erteilen wird. Welche Umsätze der Inhaber der Bescheinigung irgendwo auf der Welt ausführt, wird den leistenden Unternehmer wohl eher nicht interessieren. Da die Voraussetzungen vom leistenden Unternehmer nicht erkannt und geprüft werden können, ist in der Praxis aus seiner Sicht davon auszugehen, dass ein Leistungsempfänger diese Voraussetzung der Nachhaltigkeit der Bauleistungen erfüllt, wenn ihm vom Finanzamt eine entsprechende gültige Bescheinigung erteilt wurde (§ 13b Abs. 5 Satz 2 UStG).

Die gesetzlich normierte **besondere Bescheinigung** ist eine von der Freistellungsbescheinigung nach § 48b EStG abweichende gesonderte Bescheinigung für Umsatzsteuerzwecke. Um Rechtssicherheit für den leistenden Unternehmer als auch für den Leistungsempfänger zu erlangen, ist die Bescheinigung auf längstens drei Jahre zu befristen. Sie kann aus Rechtschutzgründen nur mit Wirkung für die Zukunft widerrufen werden. Hat das Finanzamt dem Unternehmer eine Bescheinigung ausgestellt, ist dieser als Leistungsempfänger Steuerschuldner. Dies gilt nach der Begründung der Gesetzesänderung auch dann, wenn er diese Bescheinigung gegenüber dem leistenden Unternehmer gar nicht verwendet.[1]

HINWEIS:

Wird die Bescheinigung von der Finanzverwaltung widerrufen, schuldet der leistende Unternehmer nur dann die Umsatzsteuer, wenn er hiervon Kenntnis hatte oder hätte haben können. Hatte der leistende Unternehmer in diesen Fällen keine Kenntnis, wird es von der Verwaltung nicht beanstandet, wenn beide einvernehmlich von einer Steuerschuldnerschaft des Leistungsempfängers ausgegangen sind und der Umsatz vom Leistungsempfänger in zutreffender Höhe versteuert wurde.[2]

Erbringt in einem **Organschaftsverhältnis** nur ein Teil des Organkreises nachhaltig Bauleistungen, ist der Organträger nur für die Bauleistungen Steuerschuldner, die an diesen Teil des Organkreises erbracht werden.[3]

---

1 BT-Drucks. 18/1995 v. 2.7.2014; Abschnitt 13b.3 Abs. 5 UStAE.
2 Abschnitt 13b.3 Abs. 5 UStAE.
3 Abschnitt 13b.3 Abs. 7 UStAE.

Erfüllt der Leistungsempfänger die Voraussetzungen des § 13b Abs. 5 Satz 2 UStG, ist er auch dann Steuerschuldner, wenn die Leistung für den **nichtunternehmerischen Bereich** erbracht wird (§ 13b Abs. 5 Satz 6 UStG).[1] Er muss daher auch bei Auftragserteilung im Privatvermögen die genannte Bescheinigung verwenden. Dies gilt nicht bei Gesellschaften, wenn eine Bauleistung für den privaten Bereich des Gesellschafters erbracht wird.[2] Juristische Personen des öffentlichen Rechts, die Bauleistungen erbringen, schulden die Umsatzsteuer nicht, wenn sie die Leistung für den nichtunternehmerischen Bereich beziehen (§ 13b Abs. 5 Satz 10 UStG).

Erbringt ein Unternehmer eine Leistung, die keine Bauleistung ist, und bezeichnet er sie dennoch in seiner Rechnung an den Leistungsempfänger als Bauleistung, wird der Leistungsempfänger für den Umsatz nicht Steuerschuldner i. S. des § 13b UStG sind.[3]

dd) Lieferung von Gas, Elektrizität, Wärme oder Kälte

532 Bei der Lieferung von **Gas über das Erdgasverteilungsnetz, bei der Lieferung von Elektrizität, Wärme oder Kälte** durch einen Unternehmer an einen steuerpflichtigen Wiederverkäufer ist der Ort der Lieferung dort, wo der Abnehmer sein Unternehmen betreibt (§ 3g Abs. 1 UStG). Erfolgt die Lieferung durch einen im Ausland ansässigen Unternehmer an einen anderen Unternehmer, geht nach § 13b Abs. 2 Nr. 5 Buchst. a i. V. m. Abs. 5 Satz 1 UStG die Steuerschuldnerschaft auf diesen Leistungsempfänger über.[4]

Bei Lieferungen von Gas über das Erdgasnetz durch einen **im Inland ansässigen Unternehmer** ist der Leistungsempfänger Steuerschuldner nach § 13b Abs. 2 Nr. 5 Buchst. b i. V. m. Abs. 5 Satz 3 UStG, wenn er ein Wiederverkäufer von Erdgas i. S. d. § 3g UStG ist. Bei Lieferungen von Elektrizität durch einen im Inland ansässigen Unternehmer ist der Leistungsempfänger Steuerschuldner nach § 13b Abs. 2 Nr. 5 Buchst. b i. V. m. Abs. 5 Satz 4 UStG, wenn er und der liefernde Unternehmer Wiederverkäufer von Elektrizität im Sinne des § 3g UStG sind.[5]

Als Leistungsempfänger, die selbst Gas über das Erdgasnetz und Elektrizität liefern, sind insbesondere die Unternehmer anzusehen, denen eine entsprechende Erlaubnis nach § 4 Abs. 2 StromStG erteilt worden ist bzw. die eine Be-

---

1 Abschnitt 13b.3 Abs. 12 UStAE.
2 Abschnitt 13b.3 Abs. 11 UStAE.
3 Abschnitt 13b.3 Abs. 13 UStAE.
4 Abschnitt 13b.3a Abs. 1 UStAE.
5 Abschnitt 13b.3a Abs. 2 UStAE.

stätigung des zuständigen Hauptzollamtes über eine Anmeldung nach § 38 Abs. 3 EnergieStG erhalten haben, nach der sie Erdgas im Inland liefern wollen. Nicht unter die Regelung fallen Betreiber von dezentralen Stromgewinnungsanlagen (z. B. Photovoltaikanlagen, Windkraftanlagen, Biogas-Blockheizkraftwerke), selbst dann, wenn ihnen eine Erlaubnis nach § 4 Abs. 2 StromStG erteilt wurde. § 13b Abs. 5 Satz 4 UStG stellt ausdrücklich auf Lieferer ab, die Wiederverkäufer sind und an Wiederverkäufer liefern. Wiederverkäufer sind nach der Legaldefinition in § 25a Abs. 1 Nr. 1 Satz 2 UStG Unternehmer, die gewerbsmäßig mit diesen Gegenständen handeln, nicht aber Unternehmer, die Strom selbst erzeugen.[1]

> **HINWEIS:**
>
> Es ist davon auszugehen, dass ein Unternehmer Wiederverkäufer von Erdgas oder Elektrizität ist, wenn er einen im Zeitpunkt der Ausführung des Umsatzes gültigen Nachweis nach einem von der Finanzverwaltung herausgegebenen Vordruckmuster USt 1 TH im Original oder in Kopie vorlegt. Verwendet der Leistungsempfänger bei der Lieferung von Gas dieses Vordruckmuster gegenüber dem liefernden Unternehmer, ist er Steuerschuldner, auch wenn er im Zeitpunkt der Lieferung tatsächlich kein Wiederverkäufer ist. Bei der Lieferung von Elektrizität gilt dies entsprechend für die Verwendung des Vordruckmusters durch den leistenden Unternehmer und den Leistungsempfänger.[2]

Erfüllt bei einem Organschaftsverhältnis nur ein Teil des Organkreises die Voraussetzungen als Wiederverkäufer nach § 3g Abs. 1 UStG, ist für Zwecke der Anwendung der Steuerschuldnerschaft des Leistungsempfängers nach § 13b Abs. 2 Nr. 5 Buchst. b und Abs. 5 Satz 3 und 4 UStG nur dieser Teil des Organkreises als Wiederverkäufer anzusehen.[3]

533

Erfüllen der leistende Unternehmer und der Leistungsempfänger die Voraussetzungen des § 13b Abs. 5 Satz 3 und 4 UStG, ist der Leistungsempfänger auch dann Steuerschuldner, wenn die Leistung für den nichtunternehmerischen Bereich erbracht wird (§ 13b Abs. 5 Satz 6 UStG). Ausgenommen hiervon sind die Lieferungen von Erdgas und Elektrizität, die ausschließlich für den nichtunternehmerischen Bereich von juristischen Personen des öffentlichen Rechts erbracht werden, auch wenn diese im Rahmen von Betrieben gewerblicher Art als Wiederverkäufer von Erdgas bzw. Elektrizität i. S. von § 3g Abs. 1 UStG unternehmerisch tätig sind (§ 13b Abs. 5 Satz 10 UStG).[4]

---

1 Abschnitt 13b.3a Abs. 2 Satz 3 UStAE.
2 Abschnitt 13b.3a Abs. 2 UStAE, herausgegeben mit BMF, Schreiben v. 19. 9. 2013, DStR 2013 S. 2118, download unter www.bundesfinanzministerium.de.
3 Abschnitt 13b.3a Abs. 3 UStAE.
4 Abschnitt 13b.3a Abs. 4 UStAE.

Finanzamt		Auskunft erteilt	Zimmer
Steuernummer/Geschäftszeichen		Telefon	Durchwahl

(Bitte bei allen Rückfragen angeben)

■   ■

■   ■

Nachweis für Wiederverkäufer von Erdgas und/oder Elektrizität für
Zwecke der Steuerschuldnerschaft des Leistungsempfängers

(§ 13b Abs. 2 Nr. 5 Buchstabe b und Abs. 5 UStG)

Hiermit wird zur **Vorlage bei dem leistenden Unternehmer bzw. unternehmerischen Leistungsempfänger** bescheinigt, dass

_____

(Name und Vorname bzw. Firma)

_____

(Anschrift, Sitz)

Wiederverkäufer von

☐   Erdgas [1)]

☐   Elektrizität [2)]

im Sinne von § 3g Abs. 1 UStG ist und

☐   unter der Steuernummer _____

☐   unter der Umsatzsteuer-Identifikationsnummer _____

registriert ist.

Diese Bescheinigung verliert ihre Gültigkeit mit Ablauf des: _____

(Die Gültigkeitsdauer der Bescheinigung ist auf einen Zeitraum von längstens drei Jahren nach Ausstellungsdatum zu beschränken.)

_____

(Datum)

(Dienststempel)

_____

(Unterschrift)
(Name und Dienstbezeichnung)

1) Für empfangene Lieferungen von Erdgas im Sinne von § 13b Abs. 2 Nr. 5 Buchstabe b UStG wird **die Steuer vom Leistungsempfänger geschuldet** (§ 13b Abs. 5 Satz 3 UStG).
2) Für Lieferungen von Elektrizität im Sinne von § 13b Abs. 2 Nr. 5 Buchstabe b UStG wird **die Steuer vom Leistungsempfänger geschuldet**, wenn auch der Vertragspartner Wiederverkäufer im Sinne von § 3g Abs. 1 UStG ist (§ 13b Abs. 5 Satz 4 UStG).

USt 1 TH – Nachweis für Wiederverkäufer von Erdgas und/oder Elektrizität – (09.14)

ee) Übertragung von Treibhausgas-Emissionen

In den Fällen des sog. **Treibhausgas-Emissionshandels** geht die Steuerschuldnerschaft auf den Leistungsempfänger über (§ 13b Abs. 2 Nr. 6 UStG), wenn dieser ein Unternehmer ist (§ 13b Abs. 5 Satz 1 UStG).

534

ff) Lieferung von Industrieschrott und sonstigen Abfallstoffen

Bei der Lieferung von Schrott, Altmetallen und sonstigen Abfallstoffen (§ 13b Abs. 2 Nr. 7 UStG i.V.m. Anlage 3 zum UStG) geht die Steuerschuldnerschaft auf den Erwerber über, wenn dieser Unternehmer ist (§ 13b Abs. 5 Satz 1 UStG).[1]

535

HINWEIS:

Die Regelung in § 13b Abs. 2 Nr. 7 UStG entspricht Art. 66 Abs. 1 Buchst. a und c und Art. 199 Abs. 1 Buchst. d und Abs. 2 MwStSystRL. Die betreffenden Gegenstände sind in der Anlage 3 zum UStG aufgezählt. Bestehen Zweifel, ob bei einer Lieferung ein Gegenstand unter die Anlage 3 des UStG fällt, haben der Lieferer und der Abnehmer die Möglichkeit, von dem zuständigen Bildungs- und Wissenschaftszentrum der Bundesfinanzverwaltung eine unverbindliche Zolltarifauskunft für Umsatzsteuerzwecke (uvZTA) mit dem Vordruckmuster 0310 einzuholen. Es steht auf den Internetseiten der Zollabteilung des BMF (www.zoll.de) unter der Rubrik Vorschriften und Vordrucke/Formularcenter zum Herunterladen bereit.

Die Finanzverwaltung hat eine detaillierte Beschreibung der Gegenstände der Anlage 3 herausgegeben.[2]

Werden sowohl Gegenstände geliefert, die vom Empfänger der Leistung im Wege der Steuerschuldnerschaft geschuldet werden, als auch andere Gegenstände, ergeben sich unterschiedliche Steuerschuldner. Dies ist auch bei der Rechnungserteilung zu beachten.[3] Dies gilt auch beim Tausch oder bei tauschähnlichen Umsätzen.

Werden Mischungen oder Warenzusammensetzungen geliefert, die sowohl aus in der Anlage 3 des UStG bezeichneten als auch dort nicht genannten Gegenständen bestehen, sind die Bestandteile grds. getrennt zu beurteilen. Ist eine getrennte Beurteilung nicht möglich, werden Waren nach dem Stoff oder Bestandteil beurteilt, der ihnen ihren wesentlichen Charakter verleiht; die Steuerschuldnerschaft des Leistungsempfängers ist demnach auf Lieferungen von Gegenständen anzuwenden, sofern der Stoff oder der Bestandteil, der den

---

1 Abschnitt 13b.4 UStAE.
2 Abschnitt 13b.4 Abs. 1 UStAE.
3 Abschnitt 13b.4 Abs. 2 UStAE.

Gegenständen ihren wesentlichen Charakter verleiht, in der Anlage 3 des UStG bezeichnet ist.[1]

Erfüllt der Leistungsempfänger die Voraussetzungen des § 13b Abs. 5 Satz 1 UStG, ist er auch dann Steuerschuldner, wenn die Leistung für den nichtunternehmerischen Bereich erbracht wird (§ 13b Abs. 5 Satz 6 UStG). Ausgenommen hiervon sind Lieferungen der in der Anlage 3 zum UStG bezeichneten Gegenstände, die ausschließlich an den nichtunternehmerischen Bereich von juristischen Personen des öffentlichen Rechts erbracht werden, auch wenn diese im Rahmen von Betrieben gewerblicher Art unternehmerisch tätig sind (§ 13b Abs. 5 Satz 10 UStG).[2]

Handelt es sich bei den gelieferten Gegenständen nicht um Gegenstände der Anlage 3 zum UStG, ist zudem zu prüfen, ob es sich um Edelmetalle oder unedle Metalle handelt, die in Anlage 4 zum UStG aufgeführt sind, denn dann liegt ein Anwendungsfall des § 13b Abs. 2 Nr. 11 UStG vor.

Werden Gegenstände geliefert, für die der liefernde Unternehmer die Differenzbesteuerung anwendet, bleibt er wie bisher Steuerschuldner (§ 13b Abs. 5 Satz 9 UStG).

gg) Reinigen von Gebäuden

536 Bei der Reinigung von Gebäuden oder Gebäudeteilen geht die Steuerschuldnerschaft auf den Leistungsempfänger über (§ 13b Abs. 2 Nr. 8 UStG), wenn der Leistungsempfänger selbst Gebäudereiniger ist (§ 13b Abs. 5 Satz 5 UStG), unabhängig davon, ob er sie für eine von ihm erbrachte Gebäudereinigungsleistung verwendet. Es ist nicht erforderlich, dass die an die Leistungsempfänger erbrachten Gebäudereinigungsleistungen mit von ihm erbrachten Gebäudereinigungsleistungen unmittelbar zusammenhängen.[3]

Unter den Begriff der Gebäudereinigungsleistungen fallen insbesondere die Reinigung und die pflegende und schützende Behandlung von Gebäuden und Gebäudeteilen im Innen- und Außenbereich, die Hausfassadenreinigung einschließlich der Graffitientfernung (beachte aber den Vorrang von § 13b Abs. 2 Nr. 4 Satz 1 UStG), die Fensterreinigung, die Reinigung von Dachrinnen und Fallrohren, die Bauendreinigung, die Reinigung von haustechnischen Anlagen, soweit es sich nicht um Wartungsarbeiten handelt.[4]

---

1 Abschnitt 13b.4 Abs. 3 UStAE.
2 Abschnitt 13b.4 Abs. 4 UStAE.
3 Abschnitt 13b.5 Abs. 4 und 5 UStAE.
4 Abschnitt 13b.5 Abs. 2 UStAE.

Keine Gebäudereinigungsleistungen sind insbesondere die Schornsteinreinigung, die Schädlingsbekämpfung, der eigenständige Winterdienst und die Reinigung von Inventar wie Möbel, Teppiche, Gardinen und dergleichen.[1] Auch die Überlassung von Arbeitnehmer ist keine Gebäudereinigungsleistung, selbst dann nicht, wenn die überlassenen Arbeitnehmer für den Entleiher Gebäudereinigungsleistungen erbringen.[2] Hausmeisterdienste und Objektbetreuung können unter § 13b UStG fallen, wenn sie auch Gebäudereinigungsleistungen enthalten.[3]

Erfüllt der Leistungsempfänger die Voraussetzungen des § 13b Abs. 5 Satz 5 UStG, ist er auch dann Steuerschuldner, wenn die Leistung für den nichtunternehmerischen Bereich erbracht wird (§ 13b Abs. 5 Satz 6 UStG). Ausgenommen hiervon sind Gebäudereinigungsleistungen, die ausschließlich an den nichtunternehmerischen Bereich von juristischen Personen des öffentlichen Rechts erbracht werden, auch wenn diese im Rahmen von Betrieben gewerblicher Art unternehmerisch tätig sind (§ 13b Abs. 5 Satz 10 UStG).[4]

HINWEIS:

Für den Nachweis, dass ein Unternehmer nachhaltig Gebäudereinigungsleistungen erbringt, wurde den Finanzämtern das Vordruckmuster UST 1 TG „Nachweis zur Steuerschuldnerschaft des Leistungsempfängers bei Bau- und/oder Gebäudereinigungsleistungen" zur Verfügung gestellt.

hh) Lieferung von Gold mit einem Feingoldgehalt von mindestens 325 Tausendstel

Bei der Lieferung von Gold oder Goldplattierungen mit einem Feingehalt von mindestens 325 Tausendstel (§ 13b Abs. 2 Nr. 9 UStG) geht die Steuerschuldnerschaft auf den Erwerber über, wenn dieser Unternehmer ist (§ 13b Abs. 5 Satz 1 UStG). Ebenfalls hierunter fällt die Lieferung von Barren, die in einer zufälligen groben Verschmelzung von Schrott und verschiedenen goldhaltigen Metallgegenständen sowie verschiedenen anderen Metallen, Stoffen und Substanzen bestehen und die einen Goldgehalt von mindestens 325 Tausendstel haben.[5]

537

---

1 Abschnitt 13b.5 Abs. 3 Nr. 1 bis 4 UStAE.
2 Abschnitt 13b.5 Abs. 3 Nr. 5 UStAE.
3 Abschnitt 13b.5 Abs. 2 Nr. 7 UStAE.
4 Abschnitt 13b.5 Abs. 6 UStAE.
5 Abschnitt 13b.6 Abs. 1 UStAE.

Für die Lieferung von Gold, die nicht unter § 13b Abs. 2 Nr. 9 UStG fällt, war für die Zeit vom 1. 10. 2014 bis zum 31. 12. 2014 ggf. § 13b Abs. 2 Nr. 11 UStG zu beachten.[1]

Erfüllt der Leistungsempfänger die Voraussetzungen des § 13b Abs. 5 Satz 1 UStG, ist er auch dann Steuerschuldner, wenn die Leistung für den nichtunternehmerischen Bereich erbracht wird (§ 13b Abs. 5 Satz 6 UStG). Ausgenommen hiervon sind Lieferungen von Gold in der in § 13b Abs. 2 Nr. 9 UStG genannten Art, die ausschließlich an den nichtunternehmerischen Bereich von juristischen Personen des öffentlichen Rechts erbracht werden, auch wenn diese im Rahmen von Betrieben gewerblicher Art unternehmerisch tätig sind (§ 13b Abs. 5 Satz 10 UStG).[2]

Werden Gegenstände geliefert, für die der liefernde Unternehmer die Differenzbesteuerung anwendet, bleibt er insoweit Steuerschuldner (§ 13b Abs. 5 Satz 9 UStG).

ii) Lieferung von Mobilfunkgeräten, Tablet-Computern, Spielekonsolen und integrierten Schaltkreisen

538 Bei der Lieferung von Mobilfunkgeräten, Tablet-Computern, Spielekonsolen und integrierten Schaltkreisen vor Einbau in einen zur Lieferung auf der Einzelhandelsstufe geeigneten Gegenstand (§ 13b Abs. 2 Nr. 10 UStG) geht die Steuerschuldnerschaft auf den Erwerber über, wenn dieser Unternehmer ist (§ 13b Abs. 5 Satz 1 UStG).[3]

Diese Lieferungen fallen zudem nur unter die Regelung zur Steuerschuldnerschaft des Leistungsempfängers, wenn die Summe der für die steuerpflichtigen Lieferungen dieser Gegenstände in Rechnung zu stellenden Bemessungsgrundlage mindestens 5.000 € beträgt. Abzustellen ist dabei auf alle im Rahmen eines zusammenhängenden wirtschaftlichen Vorgangs gelieferten Gegenstände der genannten Art. Nachträgliche Entgeltsminderungen bleiben dabei unberücksichtigt.[4] Ist aufgrund der vertraglichen Vereinbarungen nicht absehbar oder erkennbar, ob die Betragsgrenze von 5.000 € für Lieferungen erreicht oder überschritten wird, wird es aus Vereinfachungsgründen nicht be-

---

1 Abschnitt 13b.6 bzw. Abschnitt 13b.7a UStAE, aufgrund der Übergangsregelungen lt. BMF, Schreiben v. 26. 9. 2014 (BStBl 2014 I S. 1297), BMF, Schreiben v. 5. 12. 2014 (BStBl 2014 I S. 1618) und BMF, Schreiben v. 22. 1. 2015 (BStBl 2015 I S. 123) ist die Regelung in der Praxis de facto ohne Bedeutung.
2 Abschnitt 13b.6 Abs. 2 UStAE.
3 Abschnitt 13b.7 UStAE.
4 Abschnitt 13b.7 Abs. 3 UStAE.

anstandet, wenn die Steuerschuldnerschaft des Leistungsempfängers nach § 13b Abs. 2 Nr. 10 und Abs. 5 Satz 1 UStG angewendet wird, sofern beide Vertragsparteien übereinstimmend vom Vorliegen der Voraussetzungen zur Anwendung des § 13b UStG ausgegangen sind und dadurch keine Steuerausfälle entstehen. Dies gilt als erfüllt, wenn der Umsatz vom Leistungsempfänger in zutreffender Höhe versteuert wird. Dies gilt auch dann, wenn sich im Nachhinein herausstellt, dass die Betragsgrenze von 5.000 € nicht überschritten wird.[1]

> **HINWEIS:**
>
> Hinsichtlich der Begrifflichkeiten hat die Finanzverwaltung eine Entscheidungshilfe formuliert.[2]

Werden sowohl Gegenstände geliefert, die vom Empfänger der Leistung im Wege der Steuerschuldnerschaft geschuldet werden, als auch andere Gegenstände, ergeben sich unterschiedliche Steuerschuldner. Dies ist auch bei der Rechnungserteilung zu beachten.

Erfüllt der Leistungsempfänger die Voraussetzungen des § 13b Abs. 5 Satz 1 UStG, ist er auch dann Steuerschuldner, wenn die Leistung für den nichtunternehmerischen Bereich erbracht wird (§ 13b Abs. 5 Satz 6 UStG). Ausgenommen hiervon sind Lieferungen, die ausschließlich an den nichtunternehmerischen Bereich von juristischen Personen des öffentlichen Rechts erbracht werden, auch wenn diese im Rahmen von Betrieben gewerblicher Art unternehmerisch tätig sind (§ 13b Abs. 5 Satz 10 UStG).[3]

Werden Gegenstände geliefert, für die der liefernde Unternehmer die Differenzbesteuerung anwendet, bleibt er wie bisher Steuerschuldner (§ 13b Abs. 5 Satz 9 UStG).

jj) Lieferung von Edelmetallen, unedlen Metallen und Cermets

Die Anlage 4 zum UStG enthält Gegenstände, für deren Lieferungen der Leistungsempfänger nach § 13b Abs. 2 Nr. 11 i.V.m. Abs. 5 Satz 1 UStG Steuerschuldner wird, wenn er ein Unternehmer ist. Die Abgrenzung der Gegenstände beruht auf Art. 199a Abs. 1 Buchst. j MwStSystRL. 539

Diese Lieferungen fallen zudem nur unter die Regelung zur Steuerschuldnerschaft des Leistungsempfängers, wenn die Summe der für die steuerpflichti-

---

1 Abschnitt 13b.7 Abs. 3 Satz 7 und 8 UStAE.
2 Abschnitt 13b.7 Abs. 1 und 2 UStAE.
3 Abschnitt 13b.7 Abs. 4 UStAE.

gen Lieferungen dieser Gegenstände in Rechnung zu stellenden Bemessungsgrundlage mindestens 5.000 € beträgt.

HINWEIS:

Die Finanzverwaltung hat einen umfassenden Anwendungskatalog der Gegenstände aufgeführt, die unter den Anwendungsbereich des Reverse-Charge-Verfahrens fallen.[1] Wie der Lieferung von Schrott und anderen Abfallstoffen hat man zudem in Abgrenzungsfällen die Möglichkeit, von dem zuständigen Bildungs- und Wissenschaftszentrum der Bundesfinanzverwaltung eine unverbindliche Zolltarifauskunft für Umsatzsteuerzwecke (uvZTA) mit dem Vordruckmuster 0310 einzuholen. Es steht auf den Internetseiten der Zollabteilung des BMF (www.zoll.de) unter der Rubrik Vorschriften und Vordrucke/Formularcenter zum Herunterladen bereit.

Erfüllt der Leistungsempfänger die Voraussetzungen des § 13b Abs. 5 Satz 1 UStG, ist er auch dann Steuerschuldner, wenn die Leistung für den nichtunternehmerischen Bereich erbracht wird (§ 13b Abs. 5 Satz 6 UStG). Ausgenommen hiervon sind Lieferungen, die ausschließlich an den nichtunternehmerischen Bereich von juristischen Personen des öffentlichen Rechts erbracht werden, auch wenn diese im Rahmen von Betrieben gewerblicher Art unternehmerisch tätig sind (§ 13b Abs. 5 Satz 10 UStG).[2]

Werden Edelmetalle oder unedle Metalle geliefert, für die der liefernde Unternehmer die **Differenzbesteuerung** anwendet, bleibt er Steuerschuldner (§ 13b Abs. 5 Satz 9 UStG).

d) Gesetzliche Vereinfachungsregelung

540 In Fällen, in denen beide an dem Umsatz beteiligten Unternehmer die Art des Umsatzes (z. B. danach, ob es sich inhaltlich um eine Bauleistung handelt) nicht zutreffend beurteilt haben, weil sie Zweifel an der Anwendbarkeit der Regelung über den Übergang der Steuerschuldnerschaft hatten, ist es nicht zu beanstanden, wenn sich beide Vertragspartner über die Anwendung der Steuerschuldnerschaft des Leistungsempfängers einig sind und der Umsatz vom Leistungsempfänger auch in zutreffender Höhe versteuert wird (§ 13b Abs. 5 Satz 7 UStG). Die Vereinfachungsregelung gilt aber aufgrund der ausdrücklichen gesetzlichen Vorgabe nur für Fälle des § 13b Abs. 2 Nr. 4, Nr. 5 Buchst. b und Nrn. 7 bis 11 UStG. Voraussetzung ist zudem, dass durch diese Handhabung keine Steuerausfälle eintreten. Dies gilt als erfüllt, wenn der Umsatz vom Leistungsempfänger in zutreffender Höhe versteuert wird.[3]

---

1 Abschnitt 13b.7a UStAE.
2 Abschnitt 13b.7a Abs. 3 UStAE.
3 Abschnitt 13b.8 Abs. 1 UStAE.

Gleichwohl ist die Anwendung des Reverse-Charge-Verfahren nicht in das Belieben der Beteiligten gegeben, denn Zweifel an der Anwendung des § 13b UStG sind Grundvoraussetzung für die Anwendung der Vereinfachungsregelung. Es darf sich also nicht um einen Umsatz handeln, bei dem eindeutig der leistende Unternehmer Steuerschuldner ist. So kann beispielsweise bei der Arbeitnehmerüberlassung keine Nettorechnung erteilt werden, da nach herrschender Meinung keine Bauleistung gegeben ist.[1] Darüber hinaus gilt die Vereinfachung des § 13b Abs. 5 Satz 7 UStG nur bei der Beurteilung des Umsatzes selbst, nicht dagegen, wenn fraglich ist, ob die Voraussetzungen in der Person der beteiligten Unternehmer erfüllt sind.[2]

Vor der Rechnungserteilung sollte stets der von der Finanzverwaltung aufgestellte Katalog der entsprechenden Leistungen zugrunde zu legen. Dies ist allerdings im täglichen Büroalltag eine kaum zu leistende Herausforderung.

e) Vorrang der Differenzbesteuerung

Durch § 13b Abs. 5 Satz 9 UStG wird klargestellt, dass bei Lieferungen von in § 13b Abs. 2 Nr. 2, 7 und 9 bis 11 genannten Gegenständen, insbesondere die Lieferungen von Schrott, Altmetallen und Abfall oder Lieferungen von Edelmetallen oder unedlen Metallen, für die die Voraussetzungen der Differenzbesteuerung nach § 25a UStG vorliegen und der Unternehmer diese Regelung auch anwendet, der Leistungsempfänger nicht Steuerschuldner wird. Die Anwendung der Steuerschuldnerschaft ist für den Leistungsempfänger in diesen Fällen de facto nicht möglich, weil er regelmäßig den Einkaufspreis der an ihn gelieferten Gegenstände nicht kennt und so die Bemessungsgrundlage für die Umsatzbesteuerung (= Differenz zwischen Verkaufspreis und Einkaufspreis des liefernden Unternehmers) nicht ermitteln kann. Die Regelung beruht auf Art. 198 Abs. 2, Art. 199 Abs. 1 Buchst. d und e und Art. 199a Abs. 1 Buchst. c, d und j MwStSystRL.

541

f) Ausnahmen von der Steuerschuldnerschaft des Leistungsempfängers

Die Steuerschuldnerschaft erstreckt sich sowohl auf die Umsätze für den unternehmerischen als auch auf Umsätze für den nichtunternehmerischen Bereich (§ 13b Abs. 5 Satz 6 UStG). Juristische Personen des öffentlichen Rechts sind in den Fällen des § 13b Abs. 2 Nr. 4 UStG (Bauleistungen), § 13b Abs. 2 Nr. 5 Buchst. b UStG (Lieferung von Gas und Elektrizität) und Nummer 7 bis 11 UStG (Lieferung von Industrieschrott, Lieferung von Gold, Lieferung von Mobilfunkgeräten u. a. und Lieferung von Metallen) ausgenommen, falls die Leis-

542

---

1 Abschnitt 13b.2 Abs. 7 Nr. 13 UStAE.
2 Abschnitt 13b.8 Abs. 2 UStAE.

tung für den nichtunternehmerischen Bereich bezogen wird (§ 13b Abs. 5 Satz 10 UStG). Lediglich Privatpersonen sind völlig vom Übergang der Steuerschuldnerschaft ausgenommen.

Die Regelungen in § 13b Abs. 1 bis 5 UStG finden keine Anwendung, wenn die Leistung des im Ausland ansässigen Unternehmers in einer **Personenbeförderung** im grenzüberschreitenden Gelegenheitsverkehr mit Drittstaaten mit nicht im Inland zugelassenen Kraftomnibussen besteht und bei der Beförderung eine Drittlandsgrenze überschritten wird (§ 13b Abs. 6 Nr. 1 UStG). Ist die erforderliche Beförderungseinzelbesteuerung tatsächlich nicht durchgeführt worden, ist der Leistungsempfänger gleichwohl Steuerschuldner nach § 13b UStG. Bei der Personenbeförderung durch ein **anderes Landfahrzeug** (z. B. Taxi) entfällt die Steuerschuldnerschaft des Leistungsempfängers in jedem Fall, da der Verwaltungsaufwand in keinem Verhältnis zum angestrebten Ziel stehen würde (§ 13b Abs. 6 Nr. 2 UStG). Der leistende ausländische Unternehmer hat insoweit die Besteuerung im allgemeinen Besteuerungsverfahren durchzuführen. Entsprechendes gilt für grenzüberschreitende Personenbeförderungen im Luftverkehr (§ 13b Abs. 6 Nr. 3 UStG).[1]

Bei der Einräumung der **Eintrittsberechtigung** für Messen, Ausstellungen und Kongresse im Inland durch ausländische Unternehmer entfällt der Übergang der Steuerschuldnerschaft für den Leistungsempfänger aus Gründen der Praktikabilität (§ 13b Abs. 6 Nr. 4 UStG) ebenso wie bei Leistungen ausländischer Durchführungsgesellschaften im Zusammenhang mit der Veranstaltung von **Messen und Ausstellungen** (§ 13b Abs. 6 Nr. 5 UStG). Diese ausländischen Unternehmer sind selbst Steuerschuldner und müssen sich bei einem inländischen Finanzamt registrieren lassen. Unter die Umsätze, die zur Einräumung der Eintrittsberechtigung für Messen, Ausstellungen und Kongresse gehören, fallen insbesondere Leistungen, für die der Leistungsempfänger Kongress-, Teilnehmer- oder Seminargebühren entrichtet, sowie damit im Zusammenhang stehende Nebenleistungen, wie z. B. die Beförderungsleistungen, Vermietung von Fahrzeugen oder Unterbringung, wenn diese Leistungen vom Veranstalter zusammen mit der Einräumung der Eintrittsberechtigung als einheitliche Leistung angeboten werden.[2]

Restaurationsleistungen an Bord von Schiffen, in Luftfahrzeugen oder in einer Eisenbahn (§ 3e UStG) sind ebenfalls aus dem Anwendungsbereich der Steuerschuldnerschaft des Leistungsempfängers ausgenommen (§ 13b Abs. 6 Nr. 6

---

1 Abschnitt 13b.10 Abs. 1 UStAE.
2 Abschnitt 13b.10 Abs. 2 und 3 UStAE.

UStG). Steuerschuldner ist daher insoweit der leistende ausländische Unternehmer.[1]

In den Fällen der **unfreien Versendung** wird regelmäßig vereinbart, dass der Beförderungsunternehmer die Beförderungskosten dem Empfänger der Sendung in Rechnung stellt und dieser die Beförderungskosten zahlt. Die Abrechnung erfolgt daher nicht gegenüber dem eigentlichen Auftraggeber, sondern gegenüber dem Empfänger der Frachtsendung. Aus Vereinfachungsgründen wird daher dieser Empfänger anstelle des Auftraggebers zum Steuerschuldner bestimmt, wenn er seine Steuerschuldnerschaft anhand der Rechnungsangaben erkennt.[2]

BEISPIEL 1: ▶ Der in Österreich ansässige Unternehmer Ö versendet Waren per Frachtnachnahme durch den ebenfalls in Österreich ansässigen Frachtführer FÖ von Wien nach Koblenz an den Empfänger K, der hier als Unternehmer ansässig ist. FÖ stellt dem K die Beförderungsleistung von Österreich nach Deutschland in Rechnung, die K auch begleicht.

FÖ erbringt eine sonstige Leistung, der Ort dieser Beförderungsleistung liegt im Inland (§ 3a Abs. 2 UStG). In diesem Sonderfall gilt K als Leistungsempfänger. Er bestimmt durch seine Unternehmereigenschaft nicht nur den Ort der Leistung, sondern er wird auch zum Steuerschuldner für diesen Umsatz nach § 13b Abs. 1 i.V.m. Abs. 5 Satz 1 UStG, auch wenn er den Transportauftrag gar nicht unmittelbar erteilt hat.

BEISPIEL 2: ▶ Schokoladenhersteller K aus Köln beliefert die Süßwarenkette S in Bonn regelmäßig mit in Belgien produzierter Schokolade. K beauftragt hierzu den niederländischen Frachtführer N, die Schokolade von Belgien nach Bonn zu transportieren. Die Frachtkosten übernimmt S per Frachtnachnahme, d. h. sie bezahlt den von K beauftragten N bei Erhalt der Ware.

Hinsichtlich der Transportleistung des N sind die Voraussetzungen des § 13b Abs. 1 i.V. m. Abs. 5 Satz 1 UStG erfüllt. Seine Leistung gilt gegenüber S als erbracht, der Ort der Leistung liegt somit im Inland (§ 3a Abs. 2 UStG). Da N ein im Ausland ansässiger Unternehmer, der eine steuerbare und steuerpflichtige sonstige Leistung im Inland erbringt, ist und K als Rechnungsempfänger für die Frachtkosten und insoweit auch als Leitungsempfänger gilt, hat er den Übergang der Steuerschuldnerschaft zu beachten.[3] Entsprechend schuldet nicht der wirtschaftliche Leistungsempfänger (= Auftraggeber K), sondern nach § 30a UStDV der Empfänger der Frachtsendung (= S) die Steuer:

▶ Der im Ausland ansässige N erbringt eine Güterbeförderung.

▶ Der Absender K versendet die Ware unfrei, d. h., die Transportrechnung zahlt nicht er, sondern der Warenempfänger S.

---

1 Abschnitt 13b.10 Abs. 4 UStAE.
2 Abschnitt 13b.9 UStAE.
3 Vgl. Abschnitt 3a.2 Abs. 2 UStAE.

► Warenempfänger S ist Unternehmer, zahlt die Transportrechnung per Frachtnachnahme und erhält hierüber von N einen Beleg, aus dem der Übergang der Steuerschuldnerschaft für ihn erkennbar ist.

g) Rechtsfolgen für die am Leistungsaustausch beteiligten Vertragsparteien

aa) Rechtsfolgen für den leistenden Unternehmer

543 Geht die Steuerschuldnerschaft auf den Leistungsempfänger über, obliegt diesem die umsatzsteuerliche Würdigung des Sachverhalts. Der leistende Unternehmer hat zwar eine steuerbare und steuerpflichtige Leistung erbracht, die umsatzsteuerlichen und verfahrensrechtlichen Folgen darauf hat jedoch der Leistungsempfänger zu ziehen. Der leistende Unternehmer erteilt eine **Nettorechnung**, die Vorschrift über den gesonderten Steuerausweis in einer Rechnung (§ 14 Abs. 4 Nr. 8 UStG) findet keine Anwendung. Die Rechnung des leistenden Unternehmers muss neben den allgemeinen Angaben auch einen Hinweis auf die Steuerschuldnerschaft des Leistungsempfängers enthalten (§ 14a Abs. 1 Satz 1, § 14a Abs. 5 Satz 1 UStG).[1]

> **HINWEIS:**
>
> Auch wenn der Hinweis in der Rechnung fehlt, schuldet der Leistungsempfänger kraft Gesetzes die entsprechende Umsatzsteuer, denn der Hinweis ist keine materiell-rechtliche Voraussetzung für den Übergang der Steuerschuldnerschaft. Vielmehr muss sich der Rechnungsempfänger bei Nettorechnung und gerade bei Rechnungen eines ausländischen Unternehmers Fragen zum Übergang der Steuerschuldnerschaft stellen, auch ohne einen entsprechenden Hinweis zu erhalten.

Der leistende Unternehmer hat die erforderlichen Angaben i. S. des § 13b UStG gesondert aufzuzeichnen (§ 22 Abs. 2 Nr. 8 UStG).

Bei einem gesonderten Steuerausweis durch den leistenden Unternehmer schuldet dieser die ausgewiesene Steuer nach § 14c Abs. 1 UStG.[2]

Die Anwendbarkeit der Regelung über Kleinbetragsrechnungen wird ausdrücklich ausgeschlossen (§ 33 Satz 3 UStDV), d. h., der Übergang der Steuerschuldnerschaft ist ungeachtet der Rechnungshöhe stets zu beachten. Dies gilt insbesondere wegen des erforderlichen Hinweises nach § 14a Abs. 5 Satz 1 UStG. Bei steuerfreien Umsätzen ist der Leistungsempfänger naturgemäß nicht Steuerschuldner.

---

1 Abschnitt 13b.14 UStAE.
2 Abschnitt 13b.14 Abs. 1 Satz 5 UStAE.

Ausländische Unternehmer müssen die Rechnungsvorschriften des § 14 Abs. 1 bis 6 und des § 14a UStG nicht beachten, für sie gilt das Recht ihres Heimatlandes (§ 14 Abs. 7 Satz 1 UStG). Da die Vorschriften über die Rechnungserteilung in allen Ländern der EU harmonisiert sind, erteilt der leistende Unternehmer folglich regelmäßig eine Nettorechnung, da er die Umsatzsteuer ja nicht selbst schuldet. Erteilt dagegen der inländische Leistungsempfänger eine Gutschrift über die erbrachte Leistung, gelten die inländischen Rechnungsvorschriften (§ 14 Abs. 7 Satz 3 UStG).

HINWEIS:

Die Finanzverwaltung hat ein Merkblatt herausgegeben, aus dem sich u. a. die gebräuchlichen Rechnungshinweise in Bezug auf den Übergang der Steuerschuldnerschaft in den verschiedenen Landessprachen ergeben.[1]

TAB. 3:	Rechnungshinweise beim Übergang der Steuerschuldnerschaft	544
Bulgarisch	Обратно начисляване	
Dänisch	Omvendt betalingspligt	
Deutsch	Steuerschuldnerschaft des Leistungsempfängers	
Englisch	Reverse Charge	
Estnisch	Pöördmaksustamine	
Finnisch	Käännetty verovelvollisuus	
Französisch	Autoliquidation	
Griechisch	Αντίστροφη επιβάρυνση	
Italienisch	Inversione contabile	
Kroatisch	Prijenos porezne obveze	
Lettisch	Nodokļa apgrieztā maksāšana	
Litauisch	Atvirkštinis apmokestinimas	
Maltesisch	Inverzjoni tallas	
Niederländisch	Btw verlegd	
Polnisch	Odwrotne obciążenie	
Portugiesisch	Autoliquidação	
Rumänisch	Taxare inversă	
Schwedisch	Omvänd betalningsskyldighet	

---

1 BMF, Schreiben v. 25. 10. 2013, BStBl 2013 I S. 1305.

Slowakisch	Prenesenie daňovej povinnosti
Slowenisch	Obrnjena davčna obveznost
Spanisch	Inversión del sujeto pasívo
Tschechisch	Daň odvede zákaznik
Ungarisch	Fordított adózás

bb) Rechtsfolgen für den Leistungsempfänger

545 Die steuerlichen Pflichten hat in den Fällen des § 13b UStG nicht der leistende Unternehmer, sondern der Leistungsempfänger zu übernehmen. Ihm obliegt die **umsatzsteuerliche Würdigung des Sachverhalts**, d. h. die Prüfung der Steuerbarkeit und der Steuerpflicht, die Ermittlung der Bemessungsgrundlage und des Steuersatzes.[1] Werte in fremder Währung sind ggf. in € umzurechnen (§ 16 Abs. 6 UStG). Für die genannten steuerpflichtigen Umsätze entsteht die Steuer mit Ablauf des Voranmeldungszeitraums der Leistung (§ 13b Abs. 1 UStG) bzw. mit Ausstellung der Rechnung, spätestens jedoch mit Ablauf des der Ausführung der Leistung folgenden Kalendermonats (§ 13b Abs. 1 bzw. Abs. 2 UStG). Wird das Entgelt oder ein Teil des Entgelts vereinnahmt, bevor die Leistung oder Teilleistung ausgeführt worden ist, entsteht die Steuer insoweit mit Ablauf des Voranmeldungszeitraums, in dem das Entgelt oder Teilentgelt vereinnahmt worden ist (§ 13b Abs. 4 UStG).[2]

> **BEISPIEL:** Der in Belgien ansässige Unternehmer B führt am 8.1. eine Werklieferung im Inland an seinen deutschen Abnehmer D aus. Die Rechnung erstellt B am 27.2., sie geht am 3.3. bei D ein. Am 4.4. begleicht D die Rechnung.
>
> Die Steuer entsteht mit Ablauf des Monats, in dem die Rechnung ausgestellt worden ist, mithin mit Ablauf des Monats Februar (§ 13b Abs. 2 Satz 1 UStG). Daher hat D die Steuer im Rahmen seiner Voranmeldung 2/.. beim Finanzamt anzumelden und abzuführen. Unbeachtlich ist es, wann die Rechnung zugeht bzw. bezahlt wird.

> **ABWANDLUNG:** Wie oben, die Rechnung wird am 27.3. erteilt.
>
> Die USt entsteht nunmehr bereits mit Ablauf des auf die Leistung folgenden Monats, also ebenfalls im Rahmen der Voranmeldung Februar. Die Erteilung der Rechnung im März hat keine Auswirkung mehr auf die Entstehung der Steuer.

Abweichend von § 13b Abs. 1 und Abs. 2 Nr. 1 UStG entsteht die Steuer für sonstige Leistungen, die dauerhaft über einen Zeitraum von mehr als einem Jahr erbracht werden, spätestens mit Ablauf eines jeden Kalenderjahres, in dem sie tatsächlich erbracht werden (§ 13b Abs. 3 UStG).

---

1 Abschnitt 13b.13 UStAE.
2 Abschnitt 13b.12 UStAE.

Aus Vereinfachungsgründen kann der Leistungsempfänger die Steuer bereits in dem Voranmeldungszeitraum anmelden, in dem er das Entgelt vereinnahmt hat.[1]

Auch wenn der Hinweis auf den Übergang der Steuerschuldnerschaft in der Rechnung fehlt, schuldet der Leistungsempfänger kraft Gesetzes die entsprechende Umsatzsteuer, denn der Hinweis ist keine materiell-rechtliche Voraussetzung für den Übergang der Steuerschuldnerschaft.[2]

Neben den allgemeinen Aufzeichnungspflichten nach § 22 UStG müssen in den Fällen des § 13b Abs. 1 bis 5 UStG beim Leistungsempfänger die in § 22 Abs. 2 Nr. 1 und 2 UStG enthaltenen Angaben über die an ihn ausgeführten oder noch nicht ausgeführten Lieferungen und sonstigen Leistungen aus den Aufzeichnungen zu sehen sein. Die Verpflichtung, zur Feststellung der Steuer und der Grundlagen ihrer Berechnung Aufzeichnungen zu führen, gilt in den Fällen der Steuerschuldnerschaft des Leistungsempfängers auch für Personen, die nicht Unternehmer sind (§ 22 Abs. 1 Satz 2 UStG), z. B. beim Bezug einer Leistung für den Hoheitsbereich einer juristischen Person des öffentlichen Rechts mit Ausnahme der in § 13b Abs. 5 Satz 10 UStG genannten Leistungen, die ausschließlich an den nichtunternehmerischen Bereich von juristischen Personen des öffentlichen Rechts erbracht werden.[3]

Nach § 15 Abs. 1 Satz 1 Nr. 4 UStG ist der **Vorsteuerabzug** für den Leistungsempfänger für Leistungen, bei denen die Steuerschuld auf ihn übergegangen ist, unter den sonstigen Voraussetzungen des § 15 UStG möglich. Die Vorsteuer entsteht zeitgleich mit der Umsatzsteuer, die der Leistungsempfänger nach § 13b Abs. 5 UStG schuldet. Leistungen, die für das Unternehmen ausgeführt worden sind, lösen daher wie beim innergemeinschaftlichen Erwerb von Gegenständen Umsatzsteuerschuld und Vorsteuerbeträge zugleich aus und führen bei einem regelbesteuerten Unternehmer in aller Regel zu keiner Belastung. Soweit die Steuer auf eine Zahlung vor Ausführung dieser Leistung entfällt, ist sie bereits abziehbar, wenn die Zahlung geleistet worden ist.[4]

546

Für die nach § 15 Abs. 1 Satz 1 Nr. 4 UStG abzugsfähige Vorsteuer sind die allgemeinen Abzugsbeschränkungen nach § 15 UStG zu beachten. Nur soweit der Unternehmer die Leistung für sein Unternehmen bezieht (§ 15 Abs. 1 Satz 1 UStG) und die Ausgangsumsätze den Vorsteuerabzug nicht ausschließen (§ 15 Abs. 2 UStG), ist auch die Vorsteuer nach § 15 Abs. 1 Satz 1 Nr. 4

---

1 Abschnitt 13b.12 Abs. 3 Satz 2 UStAE.
2 Abschnitt 13b.15 Abs. 2 UStAE.
3 Abschnitt 13b.17 UStAE.
4 Abschnitt 13b.15 Abs. 1 UStAE.

UStG abziehbar. Im Gegensatz zu § 15 Abs. 1 Satz 1 Nr. 1 UStG ist aber für den Vorsteuerabzug nicht erforderlich, dass der Leistungsempfänger im Besitz einer nach §§ 14, 14a UStG ausgestellten, ordnungsgemäßen Rechnung ist.[1] Auch wenn der leistende Unternehmer eine Rechnung erstellt, die den gesetzlich normierten Hinweis auf den Übergang der Steuerschuldnerschaft nicht enthält, ist daher dem Leistungsempfänger dennoch der Vorsteuerabzug unter den weiteren Voraussetzungen des § 15 UStG zu gewähren.[2]

BEISPIEL: ▶ Architekt B aus Belgien plant für A aus Aachen die Errichtung eines Gebäudes in Aachen, das A nach Fertigstellung zu 80% für steuerpflichtige und zu 20% für steuerfreie Umsätze verwenden will. B stellt am 5. 5. eine Rechnung über 20.000 € aus. A überweist den Betrag am 6. 6. an B.

B erbringt im Inland (§ 3a Abs. 3 Nr. 1c UStG) eine steuerbare und steuerpflichtige sonstige Leistung. Die Bemessungsgrundlage beträgt 20.000 € (§ 10 Abs. 1 UStG), die Umsatzsteuer mithin 3.800 € (§ 12 Abs. 1 UStG). Sie ist mit Ausstellung der Rechnung entstanden, also im Voranmeldungszeitraum Mai (§ 13b Abs. 2 UStG). Schuldner der Umsatzsteuer ist nicht der leistende Unternehmer B, sondern A als Leistungsempfänger, weil er Empfänger einer im Inland steuerpflichtigen sonstigen Leistung eines ausländischen Unternehmers ist (§ 13b Abs. 2 i. V. m. Abs. 5 Satz 1 UStG). Die nach § 13b UStG geschuldete Umsatzsteuer ist als Vorsteuer bei A abzugsfähig (§ 15 Abs. 1 Satz 1 Nr. 4 UStG), allerdings nur i. H. von 80% von 3.800 € = 3.040 €, da A zu 20% steuerfreie Umsätze ausführt (§ 15 Abs. 2 Nr. 1 UStG). Die Regelung des § 13b Abs. 2 Nr. 4 UStG ist für die Beteiligten wegen des Vorrangs von § 13b Abs. 2 Nr. 1 UStG ohne Bedeutung.

Die Regelungen über den Übergang der Steuerschuldnerschaft gelten in Deutschland auch, wenn der Leistungsempfänger selbst ein ausländischer Unternehmer ist. Soweit an nicht im Inland ansässige Unternehmer Umsätze ausgeführt werden, für die diese die Steuer nach § 13b Abs. 5 UStG schulden, haben sie die für Vorleistungen in Rechnung gestellte Steuer im allgemeinen Besteuerungsverfahren und nicht im Vorsteuervergütungsverfahren als Vorsteuer geltend zu machen. Für Unternehmer, die nicht im Gemeinschaftsgebiet ansässig sind, und nur die Steuer nach § 13b UStG schulden, gelten die Einschränkungen des § 18 Abs. 9 Satz 4 und 5 UStG entsprechend (§ 15 Abs. 4b UStG). Damit dürfen Finanzämter Vorsteuerbeträge, die Unternehmer aus dem Drittland geltend machen, weil sie Steuerschuldner nach § 13b UStG geworden sind, nicht anerkennen, wenn das Prinzip der Gegenseitigkeit nicht erfüllt ist. Die Liste der Länder, die das Prinzip der Gegenseitigkeit nicht erfüllen, wird laufend im Bundessteuerblatt bzw. UStAE aktualisiert.[3]

---

1 EuGH, Urteil v. 1. 4. 2004 – Rs. C-90/02, DStRE 2004 S. 1172, BFH v. 17. 6. 2004 – V R 61/00, BStBl 2004 II S. 970, Abschnitt 15.10 Abs. 1 und 4 UStAE.

2 Abschnitt 13b.15 Abs. 2 UStAE.

3 Zuletzt mit BMF, Schreiben v. 18. 4. 2017, BStBl 2017 I S. 713.

Ändern sich die Verwendungsverhältnisse eines erworbenen Wirtschaftsgutes, bei dessen Erwerb der Übergang der Steuerschuldnerschaft zutreffend beachtet wurde, ist ggf. die **Berichtigung des Vorsteuerabzugs** nach § 15a UStG zu beachten, denn der geschuldeten Umsatzsteuer nach § 13b Abs. 5 UStG stand seinerzeit in gleicher Höhe ein Vorsteuerabzug gegenüber (§ 15 Abs. 1 Satz 1 Nr. 4 UStG).

Während regelbesteuerte Unternehmer die Umsatzsteuer nach § 13b Abs. 5 UStG und ggf. einen Vorsteuerabzug nach § 15 Abs. 1 Satz 1 Nr. 4 UStG im Rahmen ihrer laufenden USt-Voranmeldungen und ihrer USt-Jahreserklärung angeben, wurden auch Leistungsempfänger, die ausschließlich eine Steuer nach § 13b UStG zu entrichten haben, insoweit ausdrücklich zur Abgabe von Voranmeldungen und **Steuererklärungen** verpflichtet (§ 18 Abs. 4a UStG). Unter diese Regelung fallen nicht nur insbesondere Unternehmer, die nur steuerfreie Umsätze ausführen, sondern Kleinunternehmer (vgl. § 19 Abs. 1 Satz 3 UStG). Auch ausländische Unternehmer als Leistungsempfänger, die im Inland selbst keine Steuererklärungen abgeben müssen, weil ihre Leistungen bereits nach § 13b UStG im Wege des Übergangs durch ihre Auftraggeber besteuert wurden, können insoweit für ihre Eingangsleistungen zu Steuerschuldnern werden.

547

> **BEISPIEL:** ► Der polnische Bauunternehmer P hat vom inländischen Unternehmer U den Auftrag erhalten, in Unna ein Geschäftshaus zu errichten. Lieferung und Einbau der Fenster lässt er von einem niederländischen Subunternehmen ausführen.
>
> P erbringt eine Werklieferung an seinen Auftraggeber, der Vorgang unterliegt dem Übergang der Steuerschuldnerschaft nach § 13b UStG, Steuerschuldner anstelle des P ist Auftraggeber U. P hat U eine Nettorechnung mit Hinweis auf den Übergang der Steuerschuldnerschaft zu erteilen.
>
> Der niederländische Subunternehmer erbringt im Inland eine steuerpflichtige Werklieferung an P. Die Umsatzsteuer für diese Werklieferung i. S. des § 13b Abs. 2 Nr. 1 UStG schuldet P als Leistungsempfänger, da im Gegensatz zur Vorgabe in der MwStSystRL das deutsche UStG nur auf die Unternehmereigenschaft des Leistungsempfängers abstellt. P hat daher die Umsatzsteuer, die für die Leistung des Niederländers auf ihn nach § 13b Abs. 2 Nr. 1 UStG übergegangen ist, bei einem deutschen Finanzamt anzumelden (Finanzamt Oranienburg, siehe Rz. 516). Gleichzeitig kann er diese Umsatzsteuer als Vorsteuer abziehen (§ 15 Abs. 1 Satz 1 Nr. 4 UStG), so dass sich de facto lediglich formelle Pflichten für P ergeben.

Steuererklärungen sind von diesem Personenkreis nur abzugeben, wenn eine Steuer für Umsätze i. S. des § 13b Abs. 5 UStG auch zu erklären ist (§ 18 Abs. 4a Satz 2 UStG). Eine Besteuerung bzw. Anmeldung des Umsatzes in der Steuererklärung ist auch dann vorzunehmen, wenn der Leistungsempfänger hinsichtlich des an ihn ausgeführten Umsatzes in vollem Umfang zum Vorsteuerabzug berechtigt ist und demnach tatsächlich eine „Nullsituation" eintritt. Der Leistungsempfänger hat in der Steuererklärung die Umsatzsteuer nach § 13b UStG und die entsprechende Vorsteuer nach § 15 Abs. 1 Satz 1 Nr. 4 UStG jeweils gesondert auszuweisen.

ABB. 3: Umsatzsteuer-Voranmeldung

		Kz	Bemessungsgrundlage ohne Umsatzsteuer volle EUR	Ct	Kz	Steuer EUR	Ct
44	**Steuernummer:**						
45	Übertrag						
46	**Leistungsempfänger als Steuerschuldner**						
47	**(§ 13b UStG)**						
48	Im Inland steuerpflichtige sonstige Leistungen von im übrigen Gemeinschaftsgebiet ansässigen Unternehmern (§13b Abs. 1 UStG)	46			47		
49	Andere Leistungen eines im Ausland ansässigen Unternehmers (§ 13b Abs. 2 Nr. 1 und 5 UStG)	52			53		
50	Lieferungen sicherungsübereigneter Gegenstände und Umsätze, die unter das GrEStG fallen (§ 13b Abs. 2 Nr. 2 und 3 UStG)	73			74		
51	Andere Umsätze eines im Inland ansässigen Unternehmers (§ 13b Abs. 2 Nr. 4, 6 bis 9 UStG)	84			85		
52	Steuer infolge Wechsels der Besteuerungsform sowie Nachsteuer auf versteuerte Anzahlungen u. ä. wegen Steuersatzänderung				65		
53	**Umsatzsteuer**						
54	**Abziehbare Vorsteuerbeträge**						
55	Vorsteuerbeträge aus Rechnungen von anderen Unternehmern (§ 15 Abs. 1 Satz 1 Nr. 1 UStG), aus Leistungen im Sinne des § 13a Abs. 1 Nr. 6 UStG (§ 15 Abs. 1 Satz 1 Nr. 5 UStG) und aus innergemeinschaftlichen Dreiecksgeschäften (§ 25b Abs. 5 UStG)				66		
56	Vorsteuerbeträge aus dem innergemeinschaftlichen Erwerb von Gegenständen (§ 15 Abs. 1 Satz 1 Nr. 3 UStG)				61		
57	Entrichtete Einfuhrumsatzsteuer (§ 15 Abs. 1 Satz 1 Nr. 2 UStG)				62		
58	Vorsteuerbeträge aus Leistungen im Sinne des § 13b UStG (§ 15 Abs. 1 Satz 1 Nr. 4 UStG)				67		
59	Vorsteuerbeträge, die nach allgemeinen Durchschnittssätzen berechnet sind (§§ 23 und 23a UStG)				63		

Hat ein **ausländischer Unternehmer** nur Umsätze ausgeführt, für die der Leistungsempfänger die Steuer schuldet, sind von ihm nur dann Steuererklärungen abzugeben, wenn er selbst als Leistungsempfänger eine Steuer nach § 13b Abs. 5 UStG schuldet, er eine Steuer nach § 14c UStG schuldet oder wenn ihn das Finanzamt hierzu besonders auffordert. Dies wird insbesondere dann geschehen, wenn zweifelhaft ist, ob er tatsächlich nur Umsätze ausgeführt hat, für die der Leistungsempfänger die Steuer schuldet. Eine Besteuerung der Umsätze des ausländischen Unternehmers im allgemeinen Besteuerungsverfahren ist immer dann erforderlich, wenn er im Inland steuerpflichtige Umsätze ausgeführt hat, für die der Leistungsempfänger die Steuer nicht schuldet. Er hat dann auch seine Vorsteuerbeträge im allgemeinen Besteuerungsverfahren geltend zu machen, sofern diese nicht bereits im Vorsteuervergütungsverfahren berücksichtigt wurden. Umsätze, für die der Leistungsempfänger die Steuer schuldet, bleiben ebenfalls unberücksichtigt.[1]

1 Abschnitt 13b.16 UStAE.

h) Schnellreaktionsmechanismus

Durch das Gesetz zur Anpassung der Abgabenordnung an den Zollkodex der Union und zur Anpassung weiterer steuerlicher Vorschriften vom 22.12.2014[1] wurde § 13b UStG um einen neuen Abs. 10 erweitert, wonach das Bundesministerium der Finanzen mit Zustimmung des Bundesrates durch Rechtsverordnung den Anwendungsbereich der Steuerschuldnerschaft des Leistungsempfängers auf weitere Umsätze erweitern kann, wenn im Zusammenhang mit diesen Umsätzen unvermittelt schwerwiegende Betrugsfälle aufgetreten sind, die voraussichtlich zu erheblichen und unwiederbringlichen Steuermindereinnahmen führen. Entsprechende Erweiterungen der Tatbestände des § 13b UStG treten aber erst in Kraft, wenn die Europäischen Kommission mitgeteilt hat, dass keine Einwände gegen diese erweiternden Regelungen erhoben werden (vgl. Art. 199b MwStSystRL). Wird die entsprechende Regelung später nicht in den originären Anwendungsbereich des § 13b Abs. 2 UStG übernommen, tritt die betroffene Verordnung spätestens nach 9 Monaten außer Kraft (§ 13b Abs. 10 Nr. 3 UStG). 548

III. Leistungen inländischer Unternehmer in den übrigen Mitgliedstaaten

1. Allgemeines

Grds. schuldet die Mehrwertsteuer der Steuerpflichtige, der eine steuerpflichtige Lieferung von Gegenständen ausführt bzw. eine steuerpflichtige Dienstleistung erbringt (Art. 193 MwStSystRL). Die Steuerschuldnerschaft des leistenden Unternehmers wurde im Inland umgesetzt durch § 13a Abs. 1 Nr. 1 UStG. Erbringt ein Unternehmer seine Leistungen im Ausland, so richtet sich folglich die Besteuerung nach ausländischem Recht. Daher hat z. B. ein deutscher Unternehmer grds. in anderen Mitgliedstaaten Steuererklärungen abzugeben und die Steuer zu entrichten, wenn er in diesem Land Leistungen erbringt. Natürlich hat er dann die Steuer nach dem Steuersatz und den umsatzsteuerlichen Regelungen dieses Landes zu berechnen und abzuführen. Folglich hat er sich in diesem anderen Land umsatzsteuerlich registrieren zu lassen. 549

BEISPIEL: ▶ Ein deutscher Handwerker erbringt eine Dienstleistung im Rahmen eines Werkvertrags als Subunternehmer für einen Bauunternehmer aus Ungarn auf einer Baustelle in den Niederlanden.
Der Ort der sonstigen Leistung liegt in den Niederlanden, nämlich dort, wo das Grundstück liegt (Art. 45 MwStSystRL, § 3a Abs. 3 Nr. 1 Buchst. c UStG). Daher hat der

---

1 BGBl 2014 I S. 2417.

deutsche Handwerker dem Auftraggeber aus Ungarn grds. niederländische Umsatzsteuer in Rechnung zu stellen (Art. 193 MwStSystRL). Von diesem Grundsatz darf er nur abweichen, wenn es in den Niederlanden für derartige Leistungen eine anderweitige Regelung gibt, z. B. den Übergang der Steuerschuldnerschaft auf den Auftraggeber. Leider sind diese Regelungen nicht einheitlich (vgl. Teil G. dieses Buches).

550 Um eine Registrierung in einem anderen Mitgliedstaat zu vermeiden, kennt die MwStSystRL das Instrument des Übergangs der Steuerschuldnerschaft, wonach die Steuerschuld auf den Leistungsempfänger übergeht, wenn die steuerpflichtige Leistung von einem Steuerpflichtigen bewirkt wurde, der nicht in dem Mitgliedstaat ansässig ist, in dem die Mehrwertsteuer geschuldet wird (Art. 194 Abs. 1 MwStSystRL). Bei einigen Leistungen geht die Steuerschuldnerschaft zwingend auf den Leistungsempfänger über (Art. 195 bis 198 MwStSystRL), bei anderen Umsätzen wiederum können die Mitgliedstaaten grds. selbst festlegen, ob der leistende Unternehmer oder die Person, für die die Lieferung oder Dienstleistung bestimmt ist, die Steuer schuldet (Art. 199, 199a MwStSystRL). Die inhaltlichen Bedingungen für die Anwendung des sog. Reverse-Charge-Verfahrens legen die Mitgliedstaaten dabei zudem selbst fest (§ 194 Abs. 2 MwStSystRL), folglich sind die Regelungen nicht einheitlich und können in den einzelnen Mitgliedstaaten differieren. Auch viele Drittländer kennen zwischenzeitlich diese Form der Verlagerung der Steuerschuldnerschaft vom leistenden (ausländischen) Unternehmer auf den (inländischen) Leistungsempfänger.

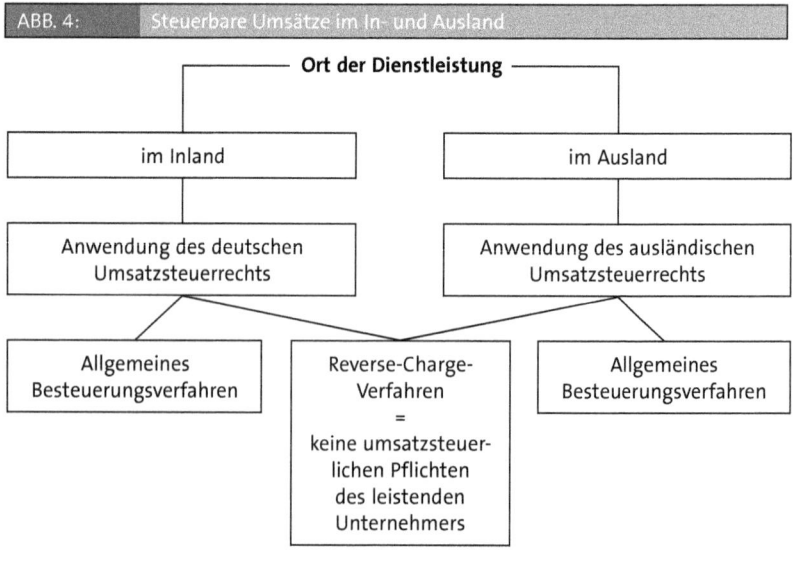

ABB. 4: Steuerbare Umsätze im In- und Ausland

2. Zwingender Übergang der Steuerschuldnerschaft

Nach Art. 196 MwStSystRL wird die Umsatzsteuer für eine Dienstleistung i. S. des Art. 44 MwStSystRL (Generalklausel zum Ort der Dienstleistung) vom Leistungsempfänger zwingend geschuldet, wenn dieser Unternehmer (oder eine juristische Person mit einer ihr erteilten USt-IdNr.) ist und die Dienstleistung von einem nicht in diesem Mitgliedstaat ansässigen Unternehmer erbracht wird.[1] Dies bedeutet eine erhebliche Vereinfachung für Unternehmer, die innergemeinschaftliche Dienstleistungen erbringen, da immer dann, wenn der Ort der Leistung nach der Grundregel des Empfängersitzprinzips ermittelt wird, eine Nettorechnung mit dem Hinweis auf den Übergang der Steuerschuldnerschaft auf den Leistungsempfänger möglich ist. Führt ein im Inland ansässiger Unternehmer eine sonstige Leistung aufgrund der Grundregel in § 3a Abs. 2 UStG in einem anderen EU-Mitgliedstaat aus, schuldet regelmäßig der Leistungsempfänger die Umsatzsteuer. In der Rechnung des leistenden Unternehmers ist auf den Übergang der Steuerschuldnerschaft des Leistungsempfängers hinzuweisen (§ 14a Abs. 1 Satz 1 UStG).

551

BEISPIEL: Rechtsanwalt R aus Regensburg berät einen rumänischen Kunden in einer vertraglichen Angelegenheit. Der Kunde bezieht die Leistung

a) für sein Unternehmen

b) für seinen privaten Bereich.

Rechtsanwalt R erbringt eine Dienstleistung gegenüber dem rumänischen Abnehmer. Im Falle a) bestimmt sich der Ort der Leistung nach dem Empfängersitzprinzip und liegt in Rumänien (Art. 44 MwStSystRL, § 3a Abs. 2 Satz 1 UStG). R erteilt dem Kunden eine Nettorechnung, da der Leistungsempfänger das Reverse-Charge-Verfahren in Rumänien zu beachten hat (Art. 196 MwStSystRL, § 14a Abs. 1 Satz 1 UStG). Auf diese Pflicht ist der Leistungsempfänger hinzuweisen (§ 14a Abs. 1 Satz 1 UStG). Außerdem sind die USt-IdNrn. des leistenden Unternehmers und des Leistungsempfängers anzugeben.

Im Falle b) liegt der Ort der Dienstleistung in Deutschland (Art. 45 MwStSystRL, § 3a Abs. 1 UStG). Die Leistung des R ist daher im Inland steuerbar und steuerpflichtig. R hat eine Bruttorechnung nach deutschem Recht zu erteilen (§ 14 UStG).

Zwar verlangt Art. 196 MwStSystRL nicht ausdrücklich die Ansässigkeit des Leistungsempfängers im entsprechenden Bestimmungsland. Aufgrund des Zusammenspiels der Verlagerung des Ortes der Leistung in das Land des Leistungsempfängers bei gleichzeitigem Übergang der Steuerschuldnerschaft und der neu eingeführten Verpflichtung des leistenden Unternehmers, in seiner Zusammenfassenden Meldung die Leistung an den anderen Unternehmer unter dessen USt-IdNr. zu erklären, ist jedoch die Registrierung des Leistungs-

552

---

[1] In Deutschland wurde diese Generalregelung umgesetzt in § 3a Abs. 2 i. V. m. § 13b Abs. 1 UStG.

empfängers im jeweiligen Land folgerichtig Voraussetzung für die Anwendung dieser Regelung.

BEISPIEL: ► Der deutsche Unternehmer U repariert in den Niederlanden einen Lkw der deutschen Spedition S.

Der Ort der Dienstleistung liegt nicht in den Niederlanden, sondern in Deutschland, da der Leistungsempfänger seinen Sitz in Deutschland hat. U hat eine Rechnung mit deutscher Umsatzsteuer zu erteilen.

ABWANDLUNG: ► Die deutsche Spedition S hat auch eine feste Niederlassung in den Niederlanden. U repariert einen Lkw mit einem niederländischen Kennzeichen dieser Betriebsstätte.

Der Ort der Dienstleistung liegt in den Niederlanden, da die feste Niederlassung Empfänger der Leistung ist. U hat eine Nettorechnung zu erteilen, da der Ort aufgrund des Empfängersitzprinzips in den Niederlanden liegt und zugleich die Steuerschuld auf den Empfänger aus den Niederlanden übergeht.

553 Darüber hinaus geht die Steuerschuldnerschaft bei folgenden Leistungen zwingend auf den Leistungsempfänger über:

► Lieferungen von **Gas und Elektrizität** durch einen im Ausland ansässigen Unternehmer an eine für Mehrwertsteuerzwecke in diesem Mitgliedstaat erfasste Person (Art. 195 MwStSystRL);

► Steuerschuldnerschaft des letzten Abnehmers in einem innergemeinschaftlichen **Dreiecksgeschäft**, wenn der Empfänger dieser Lieferung ein Steuerpflichtiger ist, der in dem Mitgliedstaat, in dem die Lieferung bewirkt wird, für Mehrwertsteuerzwecke erfasst ist (Art. 197 MwStSystRL);

► zwischenunternehmerische Umsätze mit **Anlagegold** (Art. 198 MwStSystRL).

3. Optionaler Übergang der Steuerschuldnerschaft

554 Bei Lieferungen vor Ort (z. B. Marktstand, Messen) und bei Dienstleistungen mit einer Ortsbestimmung nach anderen Vorschriften als der Grundregel des § 3a Abs. 2 UStG geht die Steuerschuldnerschaft nicht zwingend auf den Leistungsempfänger über. Dies gilt insbesondere bei Dienstleistungen im Zusammenhang mit Grundstücken. Hier muss sich der Praktiker zwangsläufig mit den Regelungen in den anderen EU-Staaten auseinandersetzen, um festzustellen, ob der leistende Unternehmer in diesem Land registriert werden muss oder ob für diese Leistungen vielleicht Regelungen über den Übergang der Steuerschuldnerschaft in diesem anderen Mitgliedsland bestehen – und vor allem: welche.

BEISPIEL: ► Handwerker H aus Hannover erbringt eine Dienstleistung für seinen Auftraggeber M aus Münster auf einer Baustelle in Dänemark. Auftraggeber M nennt H nur seine deutsche USt-IdNr. und erbittet die Rechnungserteilung durch den Subunternehmer an seine Anschrift in Münster.

Der Ort der Leistung liegt in Dänemark (Art. 47 MwStSystRL, § 3a Abs. 3 Nr. 1 Buchst. c UStG). Daher hat H dem M dänische Umsatzsteuer in Rechnung zu stellen. Ein Übergang der Steuerschuldnerschaft nach Art. 196 MwStSystRL ist nicht zwingend vorgesehen für derartige Leistungen. Ohne ausdrückliche gesetzliche Grundlage kann sich H nicht darauf verlassen, dass er dem M eine Nettorechnung erteilen kann. Er muss sich daher zwingend mit dem dänischen Umsatzsteuerrecht auseinandersetzen, das hinsichtlich des Übergangs der Steuerschuldnerschaft deutlich vom deutschen Umsatzsteuerrecht abweichen kann. Insbesondere die Tatsache, dass der Auftraggeber keine dänische USt-IdNr. besitzt, macht deutlich, dass dieser nicht in Dänemark für Mehrwertsteuerzwecke registriert ist. Aber selbst bei Einsatz einer dänischen USt-IdNr. durch M aus Münster müsste H aus Hannover vorab prüfen, ob Dänemark den Übergang der Steuerschuldnerschaft für derartige Leistungen überhaupt kennt. Eine Auseinandersetzung mit dem dänischen Recht ist daher unumgänglich.

Die MwStSystRL sieht optional den Übergang der Steuerschuldnerschaft für eine Vielzahl von Leistungen vor (Art. 199 und 199a MwStSystRL), z. B.:   555

► Bauleistungen (Art. 199 Abs. 1 Buchst. a MwStSystRL) einschließlich der Gestellung von Personal für diese Leistungen (Art. 199 Abs. 1 Buchst. b MwStSystRL),

► Grundstückslieferungen, in denen der Lieferer für die Besteuerung optiert hat (Art. 199 Abs. 1 Buchst. c MwStSystRL),

► Lieferung von Gebrauchtmaterial, Schrott, Abfallstoffen, recyclingfähigen Abfallstoffen und dergleichen und ggf. damit zusammenhänge Dienstleistungen (Art. 199 Abs. 1 Buchst. d MwStSystRL),

► Lieferung sicherungsübereigneter Gegenstände durch einen steuerpflichtigen Sicherungsgeber an einen ebenfalls steuerpflichtigen Sicherungsnehmer (Art. 199 Abs. 1 Buchst. e MwStSystRL),

► Lieferung von Gegenständen im Anschluss an die Übertragung des Eigentumsvorbehalts auf einen Zessionar und die Ausübung des übertragenen Rechts durch den Zessionar (Art. 199 Abs. 1 Buchst. f MwStSystRL),

► Lieferung von Grundstücken, die vom Schuldner im Rahmen eines Zwangsversteigerungsverfahrens verkauft werden (Art. 199 Abs. 1 Buchst. g MwStSystRL),

► Übertragung von Treibhausgasemissionszertifikaten (Art. 199a MwStSystRL).

556   Die Mitgliedstaaten können in diesen Fällen selbst entscheiden, ob sie den Übergang der Steuerschuldnerschaft für diese Leistungen überhaupt einführen. Sie haben zudem die Möglichkeit, die Voraussetzungen, für die sie von diesen Maßnahmen Gebrauch machen, selbst zu bestimmen. Gerade aber dieses Wahlrecht der Mitgliedstaaten macht den Binnenmarkt umsatzsteuerlich nicht wirklich einfacher. So sind auch im Inland die meisten dieser Maßnahmen umgesetzt worden, aber eben auch nicht alle. Ein Steuerpflichtiger, der in einem anderen Mitgliedstaat Leistungen ausführt, wird sich somit zwangsläufig mit dem Umsatzsteuerrecht dieses Landes auseinandersetzen müssen. Die Harmonisierung des materiellen Rechts ist nahezu umfassend erfolgt, nicht aber die Harmonisierung des dazu gehörenden Verfahrensrechts.

Ob die Mitgliedstaaten den Übergang der Steuerschuldnerschaft für andere Leistungen auch umgesetzt haben, richtet sich nach nationalem Recht und muss daher vom leistenden Unternehmer im Ausland erfragt werden. Die Anwendung des Reverse-Charge-Verfahrens wurde in Deutschland auf nahezu alle sonstigen Leistungen ausgeweitet (Ausnahmen siehe § 13b Abs. 6 und 9 UStG), was nach Art. 194 MwStSystRL möglich ist. Der leistende Unternehmer kann sich auf eine entsprechende Umsetzung in einzelnen Ländern jedoch nicht verlassen. Daher wird sich in diesen Fällen ein leistender deutscher Unternehmer zwangsläufig mit dem ausländischen Recht auseinandersetzen müssen. Darüber hinaus ist zu beachten, dass hinsichtlich der Einzelheiten die Bestimmungen des jeweiligen EU-Mitgliedstaates maßgebend sind und je nach Nation voneinander abweichen können. Insbesondere ist das Reverse-Charge-Verfahren in anderen Ländern regelmäßig davon abhängig, dass der Leistungsempfänger auch in diesem Land für Umsatzsteuerzwecke registriert ist.

HINWEIS:

Zurzeit kennen folgende Länder nur den Übergang der Steuerschuldnerschaft für den Leistungsaustausch nach dem sog. Empfängersitzprinzip (Art. 44 und Art. 196 MwStSystRL = § 3a Abs. 2 i. V. m. § 13b Abs. 1 UStG) und haben die Sonderfälle des Art. 199 MwStSystRL nicht oder nur sehr begrenzt ins nationale Recht übernommen: Luxemburg, Griechenland, Irland, Slowenien. Kaum ein Mitgliedsland hat einen so umfassenden Katalog für den Übergang der Steuerschuldnerschaft wie Deutschland. Eine Registrierung in diesen Ländern bei Leistungen, die nicht nach dem Grundprinzip „B2B" zu versteuern sind, ist daher unumgänglich.

4. Mögliche Registrierung im übrigen Gemeinschaftsgebiet

557   Bei Dienstleistungen mit einer Ortsbestimmung nach anderen Vorschriften als der Grundregelung des § 3a Abs. 2 UStG und bei Lieferungen geht im anderen

Mitgliedstaat die Steuerschuldnerschaft nicht zwingend auf den Leistungs-empfänger über. Gerade bei Leistungen im Zusammenhang mit einem Grund-stück, die im Ausland erbracht werden (§ 3a Abs. 3 Nr. 1 UStG, § 3 Abs. 7 Satz 1 UStG), muss sich der Praktiker zwangsläufig mit den Regelungen in den an-dern EU-Mitgliedstaaten auseinandersetzen, um festzustellen, ob für diese Leistungen vielleicht Regelungen über den Übergang der Steuerschuldner-schaft in diesem anderen Land bestehen, denn insoweit können die Mitglied-staaten selbst entscheiden, ob sie den Übergang der Steuerschuldnerschaft für diese Leistungen überhaupt einführen (Art. 199 MwStSystRL) oder ob sich der leistende Unternehmer in diesem Land registrieren lassen muss. Eine vor-herige Information ist daher unerlässlich. Die umfassenden Regelungen des § 13b UStG können nicht ungeprüft auf die übrigen Mitgliedstaaten übertra-gen werden.

Vom inländischen Unternehmer, der im übrigen Gemeinschaftsgebiet Leistun-gen erbringt, ist zudem noch Folgendes zu beachten:

558

▶ Die Steuerschuldnerschaft kann regelmäßig nur übergehen, wenn der Leis-tungsempfänger Unternehmer ist. Leistet daher ein deutscher Unterneh-mer an eine Privatperson im übrigen Gemeinschaftsgebiet, kann die Steu-erschuldnerschaft nicht übergehen. Er schuldet die Umsatzsteuer dieses Landes selbst und muss sich zwingend registrieren lassen.

▶ Gerade bei Leistungen im Zusammenhang mit einem Grundstück geht in vielen Mitgliedstaaten die Steuerschuldnerschaft gar nicht vom leistenden Unternehmer auf den Leistungsempfänger über, auch nicht, wenn dieser Unternehmer ist.

▶ Ist im Umsatzsteuerrecht des anderen Mitgliedstaates der Übergang der Steuerschuldnerschaft für die fragliche Leistung vorgesehen, muss der Auf-traggeber über eine entsprechende USt-IdNr. verfügen, mit der er die Regis-trierung in diesem Land nachweist. Dies gilt insbesondere bei Leistungen von Subunternehmern, die nicht wissen, ob ihre Auftraggeber gleich wel-cher Nationalität überhaupt im fraglichen Mitgliedstaat registriert sind. Verfügt der Leistungsempfänger nicht über eine USt-IdNr. des Landes der Leistung, kann der leistende Unternehmer nicht sicher sein, dass der Über-gang der Steuerschuldnerschaft vom Leistungsempfänger auch in diesem Land beachtet wird. Er muss ggf. die Umsatzsteuer des Landes der Leistung in Rechnung stellen und sich in diesem Land registrieren lassen. Die deut-sche Regelung, wonach im Inland die Steuerschuldnerschaft auch über-geht, wenn der Leistungsempfänger nicht für umsatzsteuerliche Zwecke im Inland registriert ist und daher auch von Ausländern ohne Registrierung in Deutschland beachtet werden muss, kann nicht ohne Prüfung auf die übrigen Mitgliedstaaten übertragen werden (§ 13b Abs. 2 Nr. 1 i.V. m. Abs. 5 Satz 1 UStG).

► Bei Werklieferungen geht im Inland die Steuerschuldnerschaft auf den Leistungsempfänger über (§ 13b Abs. 2 Nr. 1 UStG). Die MwStSystRL kennt weder den Begriff der Werklieferung, noch den zwingenden Übergang der Steuerschuldnerschaft in derartigen Fällen. Sie benennt stattdessen die Einzelfälle, in denen die Steuerschuldnerschaft auf den Leistungsempfänger übergeht. Die deutsche Rechtsauffassung kann, muss aber nicht deckungsgleich mit der Rechtslage in anderen Mitgliedstaaten sein.

559 HINWEIS:

Auch die Bundesstelle für Außenhandelsinformationen (bfai), Agrippastraße 87–93, 50676 Köln (0221/20570) gibt deutschen Unternehmern entsprechende Hilfestellung, ebenso wie die neu geschaffene Wirtschaftsförderungsgesellschaft „Germany Trade and Invest" (GTaI), Gesellschaft für Außenwirtschaft und Standortmarketing mbH, Agrippastraße 87-93, 50676 Köln (0221/2057-3116).

Bei zutreffender Anwendung des „Reverse-Charge-Verfahrens" im übrigen Gemeinschaftsgebiet treffen den deutschen Unternehmer im Bestimmungsland keine besonderen Pflichten, insbesondere muss er im Bestimmungsland umsatzsteuerlich nicht registriert werden. Seine Pflichten gehen auf den Leistungsempfänger über, der deshalb nach den Bestimmungen der meisten Mitgliedsländer im anderen Land registriert sein muss. Darüber hinaus muss beachtet werden, dass bei Verstößen des Leistungsempfängers gegen seine Pflichten im Bestimmungsland der leistende Unternehmer regelmäßig gegenüber den ausländischen Finanzbehörden für die Steuerschuld haftet. Daher sollte ein deutscher Unternehmer, der für einen anderen Unternehmer eine entsprechende Leistung in einem anderen Mitgliedsland erbringt, die ausländische USt-IdNr. des Leistungsempfängers erfragen und ggf. überprüfen. Insbesondere deutsche Subunternehmer, die für deutsche Auftraggeber im übrigen Gemeinschaftsgebiet entsprechende Leistungen erbringen (insbesondere im Baugewerbe) müssen sich möglicherweise im übrigen Gemeinschaftsgebiet registrieren lassen und dem deutschen Auftraggeber die ausländische Umsatzsteuer in Rechnung stellen, wenn der Übergang der Steuerschuldnerschaft in diesem Land für diese Leistung nicht gilt oder der Auftraggeber im anderen Land umsatzsteuerlich nicht registriert ist.

Die Mitgliedsländer können es einem ausländischen Unternehmer gestatten, einen Fiskalvertreter zu bestellen, sie können die Bestellung jedoch nicht verlangen. Eine Ausnahme gilt insoweit nur für die Länder, mit denen kein Rechtsinstrument vereinbart ist, das die gegenseitige Amtshilfe regelt. Darüber hinaus können die Mitgliedstaaten Regelungen treffen, nach denen der Leistungsempfänger auch in den nicht oben genannten Fällen die Steuer schuldet, wenn der Umsatz von einem nicht im Inland ansässigen Unternehmer erbracht wird. Daher können auch insoweit wieder Sonderregelungen für Werklieferungen bestehen.

IV. Vergütungsverfahren

1. Anspruch eines ausländischen Unternehmers auf Vorsteuervergütung

a) Unter das Vorsteuer-Vergütungsverfahren fallende Unternehmer

Vorsteuerbeträge kann **jeder** Unternehmer fordern, insbesondere wenn ihm aufgrund einer Leistung für sein Unternehmen Umsatzsteuerbeträge in einer Rechnung gesondert ausgewiesen werden (Art. 168 MwStSystRL, § 15 Abs. 1 Satz 1 UStG). **Ausländische** Unternehmer, die im Inland keine anzumeldenden Umsätze ausführen, und folglich auch keine Steuererklärungen abzugeben haben, haben abweichend vom allgemeinen Besteuerungsverfahren ihre Vorsteueransprüche im Rahmen des sog. Vergütungsverfahrens geltend zu machen (Art. 170 MwStSystRL, § 18 Abs. 9 Satz 1 UStG, §§ 59 ff. UStDV). Die Regelung hat ihre Grundlage in der Richtlinie 2008/9/EG des Rates zur Regelung der Erstattung der Mehrwertsteuer an nicht im Mitgliedstaat der Erstattung, sondern in einem anderen Mitgliedstaat ansässige Steuerpflichtige.[1]

560

Ein im **Ausland ansässiger Unternehmer** ist ein Unternehmer, der im Inland, auf der Insel Helgoland und in einem der in § 1 Abs. 3 UStG bezeichneten Gebiete weder einen Wohnsitz, seinen gewöhnlichen Aufenthalt, seinen Sitz, seine Geschäftsleitung noch eine feste Niederlassung hat (§ 59 Satz 2 UStDV). Ein Unternehmer ist bereits dann im Inland ansässig, wenn er eine feste Niederlassung im Inland hat und von dieser Niederlassung auch Umsätze ausführt.[2] Von einem ausländischen Unternehmer ist auch auszugehen, wenn ein Unternehmer seinen Betriebssitz im Ausland, aber im Inland seinen Wohnsitz hat. Maßgebend hierfür ist der Vergütungszeitraum, für den der Unternehmer eine Vergütung beantragt (§ 59 Satz 3 UStDV). Unternehmer, die ein im Inland gelegenes Grundstück besitzen und vermieten, sind nach Auffassung der Finanzverwaltung insoweit als im Inland ansässig zu behandeln.[3] Der Regelung liegt die Überlegung zugrunde, dass diese Unternehmer ja bereits Steuererklärungen im allgemeinen Besteuerungsverfahren abzugeben haben.

Das Vergütungsverfahren setzt nach § 59 Satz 1 UStDV voraus, dass der im Ausland ansässige Unternehmer in einem Vergütungszeitraum, der regel-

561

---

1 Richtlinie 2008/9/EG des Rates v. 12. 2. 2008, ABl EU 2008 Nr. L 44 S. 2.
2 Abschnitt 18.10 Abs. 1 UStAE.
3 Abschnitt 18.10 Abs. 1 Satz 4 UStAE.

mäßig einen Zeitraum von drei aufeinanderfolgenden Monaten umfasst, im Inland

- ► **keine Umsätze** i. S. des § 1 Abs. 1 Nr. 1 UStG (Leistungsumsätze) und § 1 Abs. 1 Nr. 5 UStG (innergemeinschaftliche Erwerbe) ausgeführt hat (§ 59 Satz 1 Nr. 1 UStDV) oder

- ► **nur steuerfreie Umsätze** i. S. des § 4 Nr. 3 UStG ausgeführt hat (§ 59 Satz 1 Nr. 1 UStDV) oder

- ► nur Umsätze ausgeführt hat, für die die Leistungsempfänger die Steuer nach § 13b UStG schulden (§ 59 Satz 1 Nr. 2 UStDV), oder

- ► nur Umsätze ausgeführt hat, die der Beförderungseinzelbesteuerung nach § 16 Abs. 5 i. V. m. § 18 Abs. 5 UStG unterlegen haben (§ 59 Satz 1 Nr. 2 UStDV), oder

- ► nur innergemeinschaftliche Erwerbe (§ 1 Abs. 1 Nr. 5 UStG) und daran anschließend Lieferungen i. S. des § 25b Abs. 2 UStG (innergemeinschaftliche Dreiecksgeschäfte) ausgeführt haben (§ 59 Satz 1 Nr. 3 UStDV), oder

- ► nur Umsätze i. S. des § 3a Abs. 5 UStG erbracht und von dem Wahlrecht nach § 18 Abs. 4c UStG Gebrauch gemacht hat oder diese Umsätze in einem anderen Mitgliedstaat der EU erklärt sowie die darauf entfallende Steuer entrichtet hat (§ 59 Satz 1 Nr. 4 UStDV), oder

- ► nur Umsätze i. S. des § 3a Abs. 5 UStG erbracht und von dem Wahlrecht nach § 18 Abs. 4e UStG Gebrauch gemacht hat (§ 59 Satz 1 Nr. 5 UStDV).

Sind diese Voraussetzungen erfüllt, kann die Vergütung der Vorsteuerbeträge nur im Vorsteuer-Vergütungsverfahren durchgeführt werden, eine Berücksichtigung von Vorsteuerbeträge durch Abgabe von Steuererklärungen im allgemeinen Besteuerungsverfahren ist für diese ausländischen Unternehmer nicht möglich.[1] Sind die Voraussetzungen für die Anwendung des Vorsteuer-Vergütungsverfahrens nach § 59 UStDV nicht erfüllt, können Vorsteuerbeträge nur im allgemeinen Besteuerungsverfahren (§§ 16 und 18 Abs. 1 bis 4 UStG) berücksichtigt werden. Der Unternehmer hat kein Wahlrecht, Vorsteuerbeträge im Vergütungsverfahren oder im Rahmen der Umsatzsteuer-Jahreserklärung geltend zu machen.[2]

---

1 Abschnitt 18.10 Abs. 2 UStAE.
2 BFH v. 14. 11. 2017, V B 65/17, BFH/NV 2018 S. 243.

b) Vorsteuerabzugsberechtigung des ausländischen Unternehmers

Auch ausländischen Unternehmern steht der Vorsteuerabzug nur insoweit zu, als die Vorsteuerbeträge ihrer **unternehmerischen Tätigkeit** zuzurechnen sind (§ 15 Abs. 1 Satz 1 Nr. 1 bis 5 UStG) und sie keine Umsätze ausführen, die den Vorsteuerabzug ausschließen (§ 18 Abs. 9 Satz 3 UStG).[1] Für die Frage der Vorsteuerabzugsberechtigung ist grds. das Recht des Landes, in dem der vergütungsberechtigte Unternehmer seinen Sitz hat, maßgebend.[2] Einem ausländischen Unternehmer, der in seinem Heimatland Umsätze ausführt, die zum Teil den Vorsteuerabzug ausschließen, wird die Vorsteuer höchstens in der Höhe vergütet, in der er in dem Mitgliedstaat, in dem er ansässig ist, bei Anwendung eines Prorata-Satzes zum Vorsteuerabzug berechtigt wäre. Ein Rechtsanwalt, der in einem Mitgliedstaat ansässig ist, welcher ihm für seine Leistungen in diesem Staat eine Umsatzsteuerbefreiung gewährt, ist aus diesem Grunde nicht berechtigt, von der zuständigen Behörde dieses Mitgliedstaates die Bestätigung seiner Eigenschaft als regelbesteuerter Unternehmer zu verlangen. Er hat folglich keinen Anspruch auf Vergütung der Mehrwertsteuer, mit der die ihm in einem anderen Mitgliedstaat, in dem die Leistungen der Rechtsanwälte nicht befreit sind, erbrachten Dienstleistungen belastet wurden. Da auch Reiseveranstalter nicht berechtigt sind, die ihnen für Reisevorleistungen in Rechnung gestellten Steuerbeträge als Vorsteuer abzuziehen (§ 25 Abs. 4 UStG), entfällt insoweit auch das Vergütungsverfahren.[3]

562

Nicht vergütet werden zudem Vorsteuerbeträge, die mit Umsätzen in Zusammenhang stehen, die den Vorsteuerabzug im Inland ausschließen (§ 15 Abs. 2 UStG), denn ein ausländischer Unternehmer kann keinen anderen Vergütungsanspruch haben als ein inländischer Unternehmer.

563

Einem Unternehmer aus dem **Drittlandsgebiet** wird die Vorsteuer zudem nur vergütet, wenn die Voraussetzung der Gegenseitigkeit zu diesem Land gegeben ist (§ 18 Abs. 9 Satz 4 UStG), d.h., die Steuer wird nur vergütet, wenn in dem Land, in dem der Unternehmer seinen Sitz hat, keine Umsatzsteuer oder ähnliche Steuer erhoben oder im Fall der Erhebung im Inland ansässigen Unternehmern vergütet wird.[4] Vorsteuerbeträge aus dem Bezug von Kraftstoffen sind bei Drittlandsunternehmern vom Abzug ausgeschlossen (§ 18 Abs. 9

---

1 Abschnitt 18.13 Abs. 6 UStAE.
2 EuGH, Urteil v. 26.9.1996 – C-302/93, DStRE 1997 S. 162; EuGH, Urteil v. 13.7.2000 – C-136/99, UStB 2000 S. 232.
3 Abschnitt 18.11 Abs. 2 UStAE.
4 Abschnitt 18.11 Abs. 4 UStAE, BMF, Schreiben v. 18.4.2017, BStBl 2017 I S. 713.

Satz 5 UStG), es sei denn, sie erbringen ausschließlich elektronische Dienstleistungen i. S. des § 18 Abs. 4c UStG (§ 18 Abs. 9 Satz 6 UStG).

Nicht vergütet werden Vorsteuerbeträge, die in Rechnungen für steuerfreie Ausfuhrlieferungen oder steuerfreie innergemeinschaftliche Lieferungen gesondert ausgewiesen werden, wenn feststeht, dass die Voraussetzungen für die Steuerbefreiung nach § 6 bzw. § 6a UStG vorliegen. In diesen Fällen handelt es sich für die Beurteilung des Vergütungsanspruchs um eine unrichtig ausgewiesene Steuer nach § 14c Abs. 1 UStG, die vom Leistungsempfänger nicht als Vorsteuer abgezogen und die demnach auch nicht im Vorsteuer-Vergütungsverfahren vergütet werden kann.[1] Ein derartiger Ausgleich hat zwischen den Beteiligten grds. auf zivilrechtlicher Ebene zu erfolgen. Allerdings müssen die Mitgliedstaaten Verfahren vorsehen, wonach die Erstattung dann durch die Steuerbehörden zu erfolgen hat, wenn die Erstattung durch den Vertragspartner nicht mehr möglich ist (z. B. bei Insolvenz des Leistenden). Hier besteht in Deutschland noch ein Umsetzungsdefizit. Auch die Berufung auf Ausschlussfristen für den Fall nachträglichen Ausweises der Mehrwertsteuer ist unzulässig.[2]

2. Vergütung inländischer Vorsteuerbeträge an ausländische Unternehmer

a) Allgemeine Voraussetzungen

564 Das Vergütungsverfahren ist gesetzlich geregelt in § 18 Abs. 9 UStG und §§ 59 ff. UStDV. Neben allgemein gültigen Voraussetzungen (§ 18 Abs. 9 Satz 2 UStG) wie

▶ die Mindesthöhe des Vergütungsanspruchs

▶ die Frist zur Antragstellung

▶ die Form der Antragstellung

▶ den Umfang der einzureichenden Nachweise

▶ die Bescheiderteilung auf elektronischem Wege und

▶ den möglichen Umfang der Verzinsung

unterscheidet der Gesetzgeber zudem, ob der ausländische Unternehmer im übrigen Gemeinschaftsgebiet (§ 61 UStDV) oder im Drittlandsgebiet (§ 61a UStDV) ansässig ist.

---

1 Abschnitt 18.11 Abs. 1a UStAE, Abschnitt 14c.1 Abs. 1 UStAE, Abschnitt 15.2 Abs. 1 UStAE.
2 EuGH v. 21. 3. 2018 – Rs. C-533/16, NWB DokID: CAAAG-79401.

Die Vergütung von Vorsteuerbeträgen an im Ausland ansässige Unternehmer erfolgt nur, wenn sie eine bestimmte **Mindesthöhe** erreicht (§ 18 Abs. 9 Satz 2 Nr. 1 UStG). Darüber hinaus bestehen besondere **Ausschlussfristen**, innerhalb deren die Vergütung beantragt werden muss (§ 18 Abs. 9 Satz 2 Nr. 2 UStG).

Vergütungszeitraum ist nach Wahl des Unternehmers ein Zeitraum von mindestens drei aufeinanderfolgenden Monaten bis zu höchstens einem Kalenderjahr (§ 60 Satz 1 UStDV). Der Vergütungszeitraum kann weniger als drei Monate umfassen, wenn es sich um den restlichen Zeitraum des Kalenderjahres handelt, also November und Dezember (§ 60 Satz 2 UStDV).[1] In einen Vergütungsantrag kann der Unternehmer auch Vorsteuerbeträge aufnehmen, die in vergangene Vergütungszeitraume des betreffenden Jahres fallen (§ 60 Satz 3 UStDV). Hat der Unternehmer einen Vergütungsantrag für das Kalenderjahr oder für den letzten Zeitraum des Kalenderjahres gestellt, kann er für das betreffende Jahr einmalig einen weiteren Vergütungsantrag stellen, in welchem ausschließlich abziehbare Vorsteuerbeträge aufgenommen werden dürfen, die in den bisherigen Vergütungsanträgen nicht enthalten sind (§ 60 Satz 4 UStDV), insbesondere um Vorsteuerbeträge nachträglich geltend zu machen. Dabei sind die Mindestbeträge von 50 € (§ 61 Abs. 3 Satz 3 UStDV) bzw. 500 € (§ 61a Abs. 3 Satz 3 UStDV) zu beachten (§ 60 Satz 4 UStDV).

Ist im Laufe eines Kalenderjahres auf den ausländischen Unternehmer das **allgemeine Besteuerungsvefahren** anzuwenden, endet die Zuständigkeit des BZSt.[2] Zuständig wird sodann das Finanzamt, dem die örtliche Zuständigkeit für die Besteuerung aller Umsätze des in einem bestimmten Staates ansässigen Unternehmers aufgrund der USt-Zuständigkeitsverordnung übertragen worden ist (§ 21 Abs. 1 AO i. V. m. § 1 UStZustV). Das allgemeine Besteuerungsverfahren und das Vorsteuer-Vergütungsverfahren schließen sich für den gleichen Voranmeldungszeitraum aus. Für diese Fälle hat die Finanzverwaltung folgende Regelung getroffen:

► Vom Beginn des Voranmeldungszeitraums an, in dem erstmalig das allgemeine Besteuerungsverfahren durchzuführen ist, endet die Zuständigkeit des BZSt.

► Der im Ausland ansässige Unternehmer hat seine Vorsteuerbeträge für diesen Voranmeldungszeitraum und für die weiteren verbleibenden Voranmeldungszeiträume dieses Kalenderjahres im allgemeinen Besteuerungsverfahren geltend zu machen. Erfüllt der Unternehmer im Laufe des

---

1 Abschnitt 18.12 UStAE.
2 Abschnitt 18.15 UStAE.

weiteren Kalenderjahres erneut die Voraussetzungen des Vorsteuer-Vergütungsverfahrens, bleibt es gleichwohl für dieses Kalenderjahr dann bei der Zuständigkeit des Finanzamts und dem allgemeinen Besteuerungsverfahren. Ein unterjähriger erneuter Wechsel (vom allgemeinen Besteuerungsverfahren zum Vorsteuer-Vergütungsverfahren) ist nicht möglich.

▶ Hat der im Ausland ansässige Unternehmer Vorsteuerbeträge, die in einem Voranmeldungszeitraum entstanden sind, für den das allgemeine Besteuerungsverfahren noch nicht durchzuführen war, nicht im Vorsteuer-Vergütungsverfahren geltend gemacht, kann er diese Vorsteuerbeträge nur noch im allgemeinen Besteuerungsverfahren geltend machen.[1] Beim Abzug dieser Vorsteuerbeträge gelten die Einschränkungen des § 18 Abs. 9 Sätze 3 bis 5 und des § 61 Abs. 3 bzw. § 61a Abs. 3 UStDV entsprechend.

▶ Ab dem Zeitraum, ab dem erstmalig die Voraussetzungen für das allgemeine Besteuerungsverfahren vorliegen, hat der Unternehmer unter den Voraussetzungen des § 18 Abs. 2 bzw. § 18 Abs. 2a UStG eine Voranmeldung zu übermitteln. In diesem Fall sind die abziehbaren Vorsteuerbeträge durch Vorlage der Belege im Original nachzuweisen (§ 62 Abs. 2 UStDV).

▶ Nach Ablauf des Kalenderjahres, in dem das allgemeine Besteuerungsverfahren durchzuführen ist, hat der im Ausland ansässige Unternehmer an das Finanzamt eine Umsatzsteuererklärung für das Kalenderjahr zu übermitteln. Das Finanzamt hat die Steuer für das Kalenderjahr festzusetzen. Hierbei sind die Vorsteuerbeträge, die bereits im Vorsteuer-Vergütungsverfahren vergütet worden sind, nicht zu berücksichtigen (§ 62 Abs. 1 UStDV).

b) Vergütungsverfahren für Unternehmer aus dem übrigen Gemeinschaftsgebiet

565 Der im übrigen Gemeinschaftsgebiet ansässige Unternehmer hat den Vergütungsantrag nach amtlich vorgeschriebenem Datensatz über das im jeweiligen Mitgliedstaat eingerichtete elektronische Portal dem Bundeszentralamt für Steuern zu übermitteln (§ 61 Abs. 1 Satz 1 UStDV, Art. 7 der Richtlinie 2008/9/EG, § 5 Abs. 1 Nr. 8 FVG). Eine unmittelbare Übermittlung des Vergütungsantrags an das Bundeszentralamt für Steuern (BZSt) ist nicht möglich.[2] Der Vergütungsantrag gilt nur dann als vorgelegt, wenn der Unternehmer alle erforderlichen Angaben gemacht hat (§ 61 Abs. 1 Satz 2 Nr. 1 UStDV)

---

1 BFH v. 28. 8. 2013 – XI R 5/11, BFH/NV 2014 S. 1018.
2 Abschnitt 18.13 Abs. 1 und 2 UStAE.

und eine Beschreibung seiner Geschäftstätigkeit anhand harmonisierter Codes vorgenommen hat (§ 61 Abs. 1 Satz 2 Nr. 2 UStDV).

Der **Antrag** ist spätestens bis zum 30.9. des Folgejahres zu stellen (§ 61 Abs. 2 Satz 1 UStDV), dabei hat der Unternehmer die Vergütung selbst zu berechnen (§ 61 Abs. 2 Satz 2 UStDV). Bei dieser Antragsfrist handelt es sich um eine Ausschlussfrist,[1] d. h., eine Fristverlängerung kommt nicht in Betracht. Dem Antrag sind Rechnungen und Einfuhrbelege als eingescannte Originale vollständig beizufügen, wenn das Entgelt für den Umsatz oder die Einfuhr mindestens 1.000 € beträgt. Bei Tankrechnungen gilt eine Bemessungsgrundlage von 250 € (§ 61 Abs. 2 Satz 3 UStDV). Bei begründeten Zweifeln kann das Bundeszentralamt die Vorlage der Originalrechnungen verlangen (§ 61 Abs. 2 Satz 4 UStDV, Art. 20 der Richtlinie 2008/9/EG).

Zur Vermeidung unnötiger Verwaltungsarbeit muss die **Vergütung** mindestens 400 € betragen (§ 61 Abs. 3 Satz 1 UStDV). Ist der Vergütungszeitraum das Kalenderjahr oder der letzte Zeitraum des Kalenderjahres, muss der Vergütungsbetrag zumindest 50 € betragen (§ 61 Abs. 3 Satz 2 und 3 UStDV), d. h. ein Betrag, der darunter liegt, wird aus verwaltungsökonomischen Gründen gar nicht vergütet. Liegt der Vorsteuerbetrag unter diesem Betrag, so ist er für den ausländischen Unternehmer nicht vergütungsfähig und kann auch nicht in den nächsten Vergütungszeitraum übertragen werden. 566

Der **Bescheid** über die Vergütung von Vorsteuerbeträgen ist durch Bereitstellung zum Datenabruf nach § 122a AO i. V. m. § 87a Abs. 8 AO bekannt zu geben (§ 61 Abs. 4 Satz 1 UStDV). Hat der Empfänger des Bescheids der Bekanntgabe durch Bereitstellung zum Datenabruf nicht zugestimmt, ist der Bescheid schriftlich zu erteilen (§ 61 Abs. 4 Satz 2 UStDV). Die Vergütungsbeträge sind in allen Mitgliedstaaten zwingend **zu verzinsen**, wenn die sog. Erstattungsfrist überschritten ist. Für die Höhe und Berechnung der Zinsen gelten §§ 238, 239 AO (§ 61 Abs. 5 Satz 7 und 8 UStDV). Die Erstattungsfrist beträgt grds. 4 Monate (§ 61 Abs. 5 Satz 2 UStDV, Art. 19 Abs. 2 der Richtlinie 2008/9/EG) zzgl. einer Auszahlungsfrist von 10 Tagen (Art. 22 Abs. 1 der Richtlinie 2008/9/EG). Übermittelt der Antragsteller eingescannte Originale der Rechnungen nicht zusammen mit dem Vergütungsantrag, sondern erst zu einem späteren Zeitpunkt, beginnt der Zinslauf erst mit Ablauf von 4 Monaten und 10 Tagen nach Eingang dieser Belege beim Bundeszentralamt (§ 61 Abs. 5 Satz 3 UStDV, Art. 19 Abs. 2 und Art. 20 der Richtlinie 2008/9/EG). Hat das Bundeszentralamt für 567

---

1 Abschnitt 18.13 Abs. 3 UStAE, BFH v. 21.10.1999 – V R 76/98, BStBl 2000 II S. 214, BFH v. 23.10.2003 – V R 48/01, BStBl 2004 II S. 196, EuGH, Urteil v. 21.1.2010 – C-472/08, DStRE 2010 S. 493, EuGH, Urteil v. 21.6.2012 – C-294/11, DStRE 2012 S. 1272.

Steuern zusätzliche oder weitere zusätzliche Informationen anfordert, beginnt der Zinslauf erst mit Ablauf von zehn Werktagen nach Ablauf der Fristen in Art. 21 der Richtlinie 2008/9/EG (§ 61 Abs. 5 Satz 4 UStDV). Der Zinslauf endet mit der Auszahlung des zu vergütenden Betrages (§ 61 Abs. 5 Satz 5 UStDV). Wird die Festsetzung oder Anmeldung der Steuervergütung geändert, ist eine bisherige Zinsfestsetzung zu ändern (§ 61 Abs. 5 Satz 6 UStDV i.V. m. § 233a Abs. 5 AO).[1] Ein Anspruch auf Verzinsung besteht nicht, wenn der Unternehmer seiner Mitwirkungspflicht nicht innerhalb von einem Monat nach Zugang einer entsprechenden Aufforderung des Bundeszentralamts nachkommt (§ 61 Abs. 6 UStDV).

c) Vergütungsverfahren für Unternehmer aus dem Drittlandsgebiet

568 Bei Unternehmern aus dem Drittlandsgebiet ist das Vergütungsverfahren nur anzuwenden, wenn im entsprechenden Drittland keine Umsatzsteuer oder ähnliche Steuer erhoben wird oder im Fall der Erhebung einer Umsatzsteuer eine Vergütung der Vorsteuerbeträge dort auch für inländische Unternehmer vorgesehen ist (§ 18 Abs. 9 Satz 4 UStG).[2] Welche Staaten das Merkmal der Gegenseitigkeit erfüllen, ergibt sich aus einer vom Bundesfinanzministerium herausgegebenen Liste, die ständig aktualisiert wird.[3] Dieses **Gegenseitigkeitserfordernis** verstößt weder gegen das Grundgesetz noch gegen geltende DBA-Vorschriften.[4] Bei fehlender Gegenseitigkeit ist das Vorsteuer-Vergütungsverfahren nur durchzuführen, wenn der nicht im Gemeinschaftsgebiet ansässige ausländische Unternehmer

▶ nur Umsätze ausgeführt hat, für die der Leistungsempfänger die Steuer schuldet (§ 13b Abs. 5 Satz 1 und Satz 6 UStG) oder die der Beförderungseinzelbesteuerung (§ 16 Abs. 5, § 18 Abs. 5 UStG) unterlegen haben,

▶ im Inland nur innergemeinschaftliche Erwerbe und daran anschließende Lieferungen nach § 25b Abs. 2 UStG ausgeführt haben, oder

▶ im Gemeinschaftsgebiet als Steuerschuldner ausschließlich sonstige Leistungen auf elektronischem Weg an im Gemeinschaftsgebiet ansässige Nichtunternehmer erbracht und von dem Wahlrecht der steuerlichen Erfassung in nur einem Mitgliedstaat der EU (§ 18 Abs. 4c und Abs. 4d UStG) Gebrauch gemacht hat.[5]

---

1 Abschnitt 18.13 Abs. 9 und 10 UStAE.
2 Abschnitt 18.11 Abs. 4 UStAE.
3 Zuletzt mit BMF, Schreiben v. 18. 4. 2017, BStBl 2017 I S. 713.
4 BFH v. 10. 4. 2003 – V R 35/01, BStBl 2003 II S. 782.
5 Abschnitt 18.11 Abs. 4 UStAE.

Generell von der Vergütung ausgenommen sind kraft Gesetzes bei Unternehmern aus dem Drittlandsgebiet Vorsteuerbeträge, die auf den Bezug von **Kraftstoffen** entfallen (§ 18 Abs. 9 Satz 5 UStG), es sei denn, sie erbringen elektronische Dienstleistungen i. S. des § 18 Abs. 4c UStG.

Unternehmer, die ihren Sitz auf den Kanarischen Inseln, in Ceuta oder in Melilla haben, sind für die Durchführung des Vorsteuer-Vergütungsverfahrens wie Unternehmer mit Sitz im Gemeinschaftsgebiet zu behandeln.[1]

ABB. 5:	Drittstaaten, bei denen die Gegenseitigkeit gegeben ist

Verzeichnis der Drittstaaten, bei denen die Voraussetzungen des § 18 Abs. 9 Satz 6 UStG vorliegen (Gegenseitigkeit gegeben)

Andorra	Korea, Dem. Volksrepublik
Antigua und Barbadua	Korea, Republik
Australien	Kroatien
Bahamas	Kuwait
Bahrain	Libanon
Bermudas	Liberia
Bosnien und Herzegowina	Libyen
Britische Jungferninseln	Liechtenstein
Brunei Darussalam	Macao
Cayman-Insel	Malediven
China	Marshallinseln
Gibraltar	Mazedonien
Grenada	Moldau
Grönland	Neuseeland
Guernsey	Norwegen
Hongkong (VR China)	Oman
Irak	Pakistan
Iran	Salmonen
Island	San Marino
Israel	Saudi Arabien
Jamaika	Schweiz
Japan	St. Vincent und die Grenadinen
Jersey	Swasiland
Kanada	Vatikan
Katar	Vereinigte Arabische Emirate
	Vereinigte Staaten von Amerika (USA)

Die Vergütung ist nach **amtlich vorgeschriebenem Datensatz** durch Datenfernübertragung an das Bundeszentralamt für Steuern zu übermitteln (§ 61 Abs. 1 Satz 1 UStDV). Auf Antrag kann das Bundeszentralamt für Steuern zur

569

---

1 Abschnitt 18.13 Abs. 7 Satz 3 UStAE.

Vermeidung von unbilligen Härten auf eine elektronische Übermittlung verzichten, wenn die elektronische Übermittlung für den Unternehmer wirtschaftlich oder persönlich unzumutbar ist (§ 61a Abs. 1 Satz 2 UStDV). Die Vergütung ist dann auf amtlich vorgeschriebenem Vordruck zu beantragen, der dann auch eigenhändig zu unterschreiben ist (§ 61a Abs. 1 Satz 3 UStAE).[1]

570 Ungeachtet seiner Form muss der Antrag spätestens **bis zum 30.6.** des Folgejahres beim Bundeszentralamt eingegangen sein (§ 61a Abs. 2 Satz 1 UStDV). Bei dieser Frist handelt es sich um eine Ausschlussfrist.[2] Dabei hat der Unternehmer die Höhe der Vergütung selbst zu berechnen (§ 61a Abs. 2 Satz 2 UStDV) und eine vereinfachte Einzelaufstellung beizufügen. Die Vorsteuerbeträge, deren Vergütung beantragt wird, sind einzeln aufzuführen, es ist aber nicht erforderlich darzulegen, zu welcher konkreten unternehmerischen Tätigkeit die erworbenen Gegenstände oder empfangenen sonstigen Leistungen verwendet worden sind; einfache, pauschale Angaben reichen insoweit aus.[3] Die Vorsteuerbeträge sind durch Vorlage von Rechnungen und Einfuhrbelegen im Original nachzuweisen (§ 61a Abs. 2 Satz 3 UStDV).[4] Die Finanzverwaltung lässt Vereinfachungen insbesondere bei Kleinbetragsrechnungen und zusammenfassende Aufstellungen zu.[5] Die Belege können allerdings allenfalls bis zum Ende der Antragsfrist nachgereicht werden.[6]

571 Zur Vermeidung unnötiger Verwaltungsarbeit muss die **Vergütung** mindestens 1.000 € betragen, sofern nicht der Vergütungszeitraum das Kalenderjahr oder der letzte Zeitraum des Kalenderjahres ist (§ 18 Abs. 9 Satz 2 Nr. 1 UStG, § 61a Abs. 3 UStDV). Die Vergütung muss auch für das Kalenderjahr oder den letzten Vergütungszeitraum zumindest 500 € betragen, d. h. ein Betrag, der darunter liegt, wird aus **verwaltungsökonomischen Gründen** nicht vergütet (§ 61a Abs. 3 Satz 3 UStDV). Liegt der Vorsteuerbetrag unter diesen Beträgen, so ist er für den ausländischen Unternehmer nicht vergütungsfähig und kann auch nicht in den nächsten Vergütungszeitraum übertragen werden. Der nach § 18 Abs. 9 UStG zu vergütende Betrag ist nach § 233a AO zu verzinsen.[7]

---

1 Abschnitt 18.14 Abs. 2 UStAE.
2 Abschnitt 18.14 Abs. 5 UStAE, EuGH, Urteil v. 21. 6. 2012 – C-294/11, DStRE 2012 S. 1272.
3 Abschnitt 18.14 Abs. 2a UStAE.
4 BFH v. 19. 11. 2014 – V R 39/13, BStBl 2015 II S. 352.
5 Abschnitt 18.14 Abs. 3 UStAE.
6 Abschnitt 18.14 Abs. 4 UStAE, BFH v. 18. 1. 2007 – V R 23/05, BStBl 2007 II S. 430, BFH v. 20. 8. 1998 – V R 55/96, BStBl 1999 II S. 324.
7 BFH v. 17. 4. 2008 – V R 41/06, BStBl 2009 II S. 2, AEAO Nr. 62 zu § 233a.

Der Drittlandsunternehmer hat durch eine **Bescheinigung** der Finanzbehörde 572
seines Landes seine **Unternehmereigenschaft** nachzuweisen (§ 61a Abs. 4
UStDV).[1] Die Bescheinigung muss den Vergütungszeitraum abdecken. Bei
staatlichen Stellen, die als Unternehmer i. S. des § 2 Abs. 3 UStG anzusehen
sind, verzichtet die Finanzverwaltung auf die Vorlage der Bescheinigung.[2] Die
Bindungswirkung der Unternehmerbescheinigung entfällt, wenn das Bundeszentralamt für Steuern bei Zweifeln an deren Richtigkeit aufgrund von Aufklä-
rungsmaßnahmen Informationen erhält, aus denen hervorgeht, dass die in der
Bescheinigung enthaltenen Angaben unrichtig sind.[3]

---

1 Abschnitt 18.14 Abs. 7 Satz 1 bis 4 UStAE.
2 Abschnitt 18.14 Abs. 7 Satz 5 UStAE.
3 BFH v. 14. 5. 2008 – XI R 58/06, BStBl 2008 II S. 831.

ABB. 6: Antrag auf Vergütung der Umsatzsteuer

Kenn-Nr.	Länderkennzeichen
	/

oder

Steuernummer in der Bundesrepublik Deutschland

Eingangsstempel

Annehmende Behörde in der Bundesrepublik Deutschland

Deutschland

Antrag auf Vergütung der Umsatzsteuer

(Beim Ausfüllen bitte Anleitung beachten)

Zustellungsvertreter/-in

1	Name oder Firma des im Ausland ansässigen Unternehmers	Vorname
	Straße und Hausnummer	
	Postleitzahl und Ort	
	Art der Tätigkeit oder Gewerbezweig	
2		
3	Finanzamt und Umsatzsteuer-Nr. in dem Staat, in dem der Unternehmer seinen Sitz, Wohnsitz oder gewöhnlichen Aufenthalt hat	

		von	bis		
4	Vergütungszeitraum				
5	Gesamtbetrag der Vergütung - in Zahlen - Einzelaufstellung siehe Anlage(n)		EUR	Ct	
6	Der Unternehmer beantragt die Vergütung des zu Nr. 5 angegebenen Betrags gemäß den Angaben zu Nr. 7.				
7	Zahlung erbeten auf folgendes Konto:				

Name des Geldinstituts

Ort des Geldinstituts

Bankleitzahl (Sortcode)	Nur vom BZSt auszufüllen! Inländerkonto	BIC	Nur vom BZSt auszufüllen! Korr-Bank

Kontonummer/IBAN

Währungskonto in Euro ☐

Name des Kontoinhabers/der Kontoinhaberin

Wohnort des Kontoinhabers / der Kontoinhaberin

USt 1 T   www.bzst.bund.de

| 8 | Anzahl der Anlagen | 1 | (Einzelaufstellung der Umsatzsteuerbeträge im Vergütungszeitraum) |

9 Der Unternehmer erklärt,

a) dass die aufgeführten Gegenstände und sonstige Leistungen für seine Zwecke als Unternehmer verwendet worden sind anlässlich

b) dass er in diesem Vergütungszeitraum in der Bundesrepublik Deutschland

Zutreffendes ankreuzen ▸

   ☐ keine Lieferungen und sonstige Leistungen ausgeführt und keinen innergemeinschaftlichen Erwerb getätigt hat.

   ☐ nur bestimmte steuerfreie Beförderungsleistungen und damit andere sonstige Leistungen im Sinne des § 4 Nr. 3 UStG ausgeführt hat

▸   ☐ nur Umsätze ausgeführt hat,

▸   ☐ für die der Leistungsempfänger die Steuer schuldet (§ 13 b UStG)

▸   ☐ die der Beförderungseinzelbesteuerung (§ 16 Abs. 5 und § 18 Abs. 5 UStG) unterlegen haben.

▸   ☐ nur innergemeinschaftliche Erwerbe und daran anschließende Lieferungen im Sinne des § 25b Abs. 2 UStG ausgeführt hat (innergemeinschaftliche Dreiecksgeschäfte).

▸   ☐ nur Umsätze nach § 3a Abs. 3a UStG (elektronische Dienstleistungen) erbracht hat und diese gemäß § 18 Abs. 4c UStG beim Bundeszentralamt für Steuern oder in einem anderen Mitgliedstaat der EU erklärt sowie die darauf entfallene Steuer entrichtet hat.

c) dass er die Angaben in diesem Antrag nach bestem Wissen und Gewissen gemacht hat. Der Unternehmer verpflichtet sich, jeden unrechtmäßig empfangenen Betrag zurückzuzahlen.

Ort, Datum   Eigenhändige Unterschrift und Firmenstempel

Die mit dieser Steueranmeldung angeforderten Daten werden aufgrund der §§ 149 ff AO sowie des § 61 UStDV erhoben.

Nur von der Finanzbehörde ausfüllen

                Namenszeichen, Datum

1 Kenn-Nr./Registrier-Nr. zugeteilt (nur BZSt)

2 Ergebnis der Prüfung:

   ☐ Der Steueranmeldung wird zugestimmt (§ 168 Satz 2 AO)

   ☐ Vergütungsantrag wird abgelehnt.

   ☐ Vergütung wird abweichend festgesetzt auf   EUR

Begründung bei abweichender Festsetzung der Vergütung, bei Ablehnung des Antrags oder sonstige Hinweise:

Stichwort: (maximal 31 Zeichen)

Bearbeitungshinweise für manuellen Bescheid (nur BZSt)

3 Es liegt vor   Namenszeichen, Datum

Pfändung   ☐ ja   ☐ nein

Abtretung   ☐ ja   ☐ nein

4 Daten erfasst (nur BZSt)
Eintragung in die Vergütungsliste (lfd. Nr. ....)

5 Mitteilung/Bescheid mit Belegen an

   ☐ Antragsteller / -in

   ☐ Zustellungsvertreter / -in

zur Post gegeben am:

6 Finanzkasse: Zum Soll gestellt

      (Datum)   (Bearbeiter/ -in)

3. Vorsteuervergütung in den übrigen Mitgliedsländern

a) Allgemeiner Überblick

573 Das Recht, einen Antrag auf Vergütung gezahlter Umsatzsteuern als Vorsteuerbeträge zu stellen, besitzen auch **deutsche Unternehmer** in Bezug auf die im Ausland in Rechnung gestellten Umsatzsteuerbeträge. Dies gilt nicht nur im Verhältnis zu allen anderen Mitgliedstaaten der Europäischen Union, sondern auch in vielen Ländern im Drittlandsgebiet. Dabei ist jedoch zu beachten, dass in vielen Mitgliedsländern der Vorsteuerabzug im Zusammenhang mit Aufwendungen für Repräsentation, Geschenke und Bewirtung, mit der Beherbergung und der entsprechenden Verpflegung nicht zulässig ist. Auch der Vorsteuerabzug im Zusammenhang mit Pkw-Kosten ist in vielen Mitgliedsländern ausgeschlossen oder zumindest eingeschränkt. Da der Vorsteuerabzug im Zusammenhang mit diesen Aufwendungen in diesem Mitgliedsland nicht zulässig ist, kommt auch eine Vergütung für ausländische Unternehmer insoweit nicht in Betracht.

> **HINWEIS:**
>
> Für Unternehmer, die für die Vergütung von Vorsteuerbeträgen in einem Drittstaat eine Bestätigung ihrer Unternehmereigenschaft benötigen, stellt das zuständige Finanzamt eine Bescheinigung nach dem Muster USt 1 TN aus. Sie darf nicht erteilt werden, wenn der Unternehmer nur steuerfreie Umsätze ausführt, die den Vorsteuerabzug ausschließen oder die Besteuerung nach § 19 Abs. 1 UStG erfolgt.[1]

ABB. 7: Ansässigkeitsnachweis

Nachweis der Eintragung als Steuerpflichtiger **(Unternehmer)**
(Name und Anschrift der zuständigen Behörde)
bescheinigt, dass _(Name und Vorname bzw. Firma)_
(Art der Tätigkeit bzw. Gewerbezweig)
(Anschrift, Sitz)
als Mehrwertsteuerpflichtiger (Unternehmer) unter folgender Steuernummer eingetragen ist 1):
(Datum)   Dienststempel   (Unterschrift)   (Name und Dienstbezeichnung)
1) Hat der Antragsteller keine Steuernummer, ist von der zuständigen Behörde der Grund dafür anzugeben.

---

1 Abschnitt 18.16 Abs. 2 UStAE, BMF, Schreiben v. 2. 6. 2017, BStBl 2017 I S. 850.

b) Form und Inhalt des Antrags

Der Antrag auf Vergütung von Vorsteuerbeträgen in einem anderen Mitglied-   574
staat ist nach amtlich vorgeschriebenem Datensatz dem Bundeszentralamt
für Steuern zu übermitteln (§ 18g UStG), er kann nicht unmittelbar im Mitgliedstaat der Vergütung eingereicht werden. Vielmehr muss der nicht im Mitgliedstaat der Vergütung ansässige Steuerpflichtige entsprechend Art. 7 der
Richtlinie 2008/9/EG einen elektronischen Vergütungsantrag über das vom
Ansässigkeitsmitgliedstaat einzurichtende elektronische Portal an den Mitgliedstaat der Vergütung richten (der Mitgliedstaat der Erstattung bleibt also
weiterhin Adressat des Vergütungsantrags). Der Ansässigkeitsmitgliedstaat
hat insoweit die Funktion eines elektronischen Briefkastens.

Das Bundeszentralamt fungiert als Sammelstelle und nimmt vor der Weiterleitung eine formelle Vorprüfung der Anträge vor. Insbesondere werden dabei
überprüft:

► Ist die angegebene USt-IdNr. des Antragstellers korrekt und dem Antragsteller zweifelsfrei zuzuordnen?

► Ist der Antragsteller ein zum Vorsteuerabzug berechtigter Unternehmer?

► Enthält der übermittelte Antrag alle erforderlichen Pflichtangaben?

Die Weiterleitung des Antrags an den Erstattungsstaat erfolgt nicht, wenn der
Antragsteller

► kein Unternehmer oder Kleinunternehmer ist,

► im Ansässigkeitsstaat nur steuerfreie Leistungen erbringt, die den Vorsteuerabzug ausschließen, oder

► nach den Durchschnittssätzen für land- und forstwirtschaftliche Betriebe
besteuert wird.

Ergibt die Vorprüfung keine Beanstandungen, leitet das BZSt den Antrag über
eine elektronische Schnittstelle innerhalb der nächsten 15 Tage nach Antrags-
eingang weiter (Art. 34a Abs. 1 Amtshilfeverordnung Nr. 1793/2003). Mit der
Weiterleitung bestätigt das BZSt der ausländischen Behörde, dass es sich beim
Antragsteller um einen ordnungsgemäß im Inland registrierten Unternehmer
handelt. Andernfalls weist das BZSt den Antrag ab. Gegen diese Zurückwei-
sung ist der Rechtsbehelf des Einspruchs statthaft.

Der Vergütungsantrag muss dem Mitgliedstaat, in dem der Steuerpflichtige   575
ansässig ist, spätestens am 30.9. des auf den Vergütungszeitraum folgenden
Kalenderjahres vorliegen (Art. 15 der Richtlinie 2008/9/EG). Der Erstattungsantrag gilt nur dann als vorgelegt, wenn der Antragsteller alle geforderten
Pflichtangaben gemacht hat (Art. 15 Abs. 1 der Richtlinie 2008/9/EG). Über

den Eingang des Antrags erhält der Antragsteller unverzüglich eine elektronische Empfangsbestätigung des Erstattungsstaates (Art. 15 Abs. 2 der Richtlinie 2008/9/EG). Der Ansässigkeitsmitgliedstaat prüft zunächst, ob der Unternehmer berechtigt ist, einen Vergütungsantrag zu stellen und leitet bei entsprechender Zustimmung den Antrag an den Erstattungsmitgliedstaat weiter (Art. 18 der Richtlinie 2008/9/EG). Bei der Antragsfrist handelt es sich um eine Ausschlussfrist, die nicht rückwirkend verlängert werden kann.[1]

576 Die Vollständigkeitsprüfung durch das BZSt erfolgt automationsgestützt durch die Festlegung von Pflichtfeldern. Dazu sind vom Unternehmer im Rahmen des Vergütungsantrags anzugeben:

▶ Mitgliedstaat der Erstattung,

▶ Name und vollständige Anschrift des Antragstellers,

▶ Adresse für die elektronische Kommunikation,

▶ Beschreibung der Geschäftstätigkeit des Antragstellers, für die die Gegenstände oder Dienstleistungen erworben bzw. bezogen wurden,

▶ Vergütungszeitraum, auf den sich der Antrag bezieht,

▶ Erklärung des Antragstellers, dass er während des Erstattungszeitraums keine Lieferungen von Gegenständen bewirkt und keine Dienstleistungen erbracht hat,

▶ USt-IdNr. oder Steuernummer des Antragstellers,

▶ Bankverbindung einschließlich IBAN und BIC.

Der Mitgliedstaat der Erstattung kann zudem die Vorlage einer Beschreibung der Geschäftsführertätigkeit des Antragstellers verlangen.

Neben diesen allgemeinen Angaben sind im Erstattungsantrag für jeden Mitgliedstaat der Erstattung und für jede einzelne Rechnung oder jedes Einfuhrdokument noch folgende Einzelangaben zu machen:

▶ Präfix des Mitgliedstaates der Erstattung,

▶ Name und vollständige Anschrift des Lieferers oder des Dienstleistungserbringers,

▶ die USt-IdNr. des Lieferers oder Dienstleistungserbringers oder die ihm vom Mitgliedstaat der Erstattung zugeteilte Steuerregisternummer,

▶ Datum und Nummer der Rechnung oder des Einfuhrdokuments,

---

1 BFH v. 21. 10. 1999 – V R 76/98, BStBl 2000 II S. 214; EuGH, Urteil v. 21. 6. 2012 – C-294/11, DStRE 2012 S. 1272.

► Steuerbemessungsgrundlage und Mehrwertsteuerbetrag in der Währung des Mitgliedstaates der Erstattung,

► der selbst berechnete Betrag der abziehbaren Mehrwertsteuer in der Währung des Mitgliedstaates der Erstattung,

► ggf. der selbst berechnete und als Prozentsatz ausgedrückte Pro-rata-Satz des Vorsteuerabzugs,

► Art der erworbenen Gegenstände und Dienstleistungen, aufgeschlüsselt nach Kennziffern (Art. 8 und 9 der Richtlinie 2008/9/EG):

1 Kraftstoffe

2 die Vermietung von Beförderungsmitteln

3 Ausgaben für Transportmittel (andere als in Kennziffer 1 und 2 beschriebene Gegenstände und Dienstleistungen)

4 Maut und Straßenbenutzungsgebühren

5 Fahrkosten wie Taxikosten, Kosten für die Benutzung öffentlicher Verkehrsmittel

6 Beherbergung

7 Speisen, Getränke und Restaurantdienstleistungen

8 Eintrittsgelder für Messen und Ausstellungen

9 Luxusausgaben, Ausgaben für Vergnügungen und Repräsentationsaufwendungen

10 Sonstiges (mit genauen Angaben).

Diese Angaben werden vom BZSt inhaltlich nicht geprüft, insbesondere prüft der Ansässigkeitsstaat nicht die Höhe der Vergütungsbeträge.

Der Mitgliedstaat der Erstattung kann vorgeben, in welcher Sprache oder welchen Sprachen die Angaben in dem Erstattungsantrag oder andere zusätzliche Angaben von dem Antragsteller vorgelegt werden müssen. Da die Inhaltsangaben des Antrags für alle Mitgliedstaaten verbindlich vorgegeben sind, dürften sich regelmäßig beim eigentlichen Vergütungsantrag keine Sprachprobleme ergeben. Bei Leistungen der Kennziffer 10 sowie bei weiteren Nachfragen durch den Mitgliedstaat der Erstattungen kann eine Übersetzung notwendig werden. Jeder Mitgliedstaat kann zudem verlangen, dass der Antragsteller zusätzliche elektronisch verschlüsselte Angaben zu jeder Kennziffer macht.

577

Der Unternehmer muss in einem Antrag auf Vorsteuervergütung bestimmte Angaben machen, aber keine Originalbelege beifügen. Er hat zusammen mit dem Vergütungsantrag auf elektronischem Wege eingescannte Rechnungen oder Einfuhrdokumente zu übermitteln, falls die Steuerbemessungsgrundlage sich auf mindestens 1.000 € (für Kraftstoffe auf 250 €) beläuft (Art. 10 der Richtlinie 2008/9/EG).

Darüber hinaus kann der Mitgliedstaat der Erstattung, soweit er der Auffassung ist, dass er nicht über alle relevanten Informationen für die Entscheidung über eine vollständige oder teilweise Vergütung verfügt, insbesondere beim Antragsteller zusätzliche und weitere zusätzliche Informationen anfordern. Diese können die Einreichung des Originals oder einer Durchschrift einer Rechnung oder eines Einfuhrdokuments umfassen, wenn der Vergütungsmitgliedstaat begründete Zweifel am Bestehen einer bestimmten Forderung hat (Art. 20 der Richtlinie 2008/9/EG).

Der Anspruch auf Vorsteuervergütung bestimmt sich nach dem Recht des Mitgliedstaats, der die Vergütung vorzunehmen hat (Art. 5 Abs. 2 der Richtlinie 2008/9/EG). Entsprechend der EuGH-Rechtsprechung ist dabei allerdings bei gemischten Umsätzen das Recht das Ansässigkeitsmitgliedstaates zu beachten und der Vergütungsbetrag unter Zugrundelegung des Pro-rata-Satzes zu begrenzen (Art. 6 Abs. 2 der Richtlinie 2008/9/EG).

Die Mindestbeträge für die Antragstellung betragen entsprechend Art. 17 der Richtlinie 2008/9/EG 50 € für Jahresanträge und 400 € für Dreimonatsanträge bzw. Anträge, die mehr als drei Monate, aber weniger als ein Jahr betreffen.

578 Der Mitgliedstaat der Erstattung teilt dem Antragsteller innerhalb von vier Monaten ab Eingang des Erstattungsantrags in diesem Mitgliedstaat mit, ob er die Erstattung gewährt oder den Erstattungsantrag abweist (Art. 19 Abs. 2 der Richtlinie 2008/9/EG). Der Erstattungsmitgliedstaat darf vom Antragsteller zusätzliche Informationen einfordern, wenn diese für eine ordnungsgemäße Bearbeitung des Antrags erforderlich sind. Bei begründeten Zweifeln darf der Erstattungsmitgliedstaat auch die Einreichung der Originalbelege verlangen (Art. 20 der Richtlinie 2008/9/EG). Wenn der Mitgliedstaat der Erstattung weitere Informationen oder Unterlagen anfordert, muss er dies innerhalb der Viermonatsfrist tun und hat dann max. sechs Monate Zeit, über den Antrag zu entscheiden (Art. 21 der Richtlinie 2008/9/EG). Nach Sinn und Zweck der Vorschrift muss dieses Nachfordern von Belegen sich auf Einzelfälle beschränken. Eine Nachforderung zum Zwecke der Fristverlängerung ist nicht zulässig, allerdings wird der Unternehmer im Einzelfall kaum diese Rechtswidrigkeit der An-

forderung prüfen können. Benötigt der Mitgliedstaat weitere Informationen, muss er dem Antragsteller innerhalb von acht Monaten die Entscheidung über den Antrag mitteilen.

Die Erstattung muss spätestens zehn Tage nach Ablauf der Fristen des Art. 19 und 21 erfolgen (Art. 22 Abs. 1 der Richtlinie 2008/9/EG). Erfolgt die Vergütung erst nach Ablauf der Erstattungsfrist (grds. vier Monate; bei Nachfragen der Finanzbehörde bis zu acht Monate; vgl. Art. 19 bis 21 der Richtlinie 2008/9/EG) zzgl. der Erstattungsfrist von zehn Tagen (Art. 22 Abs. 1 der Richtlinie 2008/9/EG), ist der Vergütungsbetrag zu verzinsen (Art. 26 Abs. 1 der Richtlinie 2008/9/EG). Die Zinshöhe entspricht den jeweiligen nationalen Vorschriften des Erstattungsstaates (Art. 27 Abs. 2 der Richtlinie 2008/9/EG). **579**

V. Zusammenfassende Meldungen

1. Sinn und Zweck

Trotz des Wegfalls der Binnengrenzen und damit verbunden der Grenzkontrollen wollten die meisten EU-Mitgliedstaaten schon bei Einführung des Binnenmarktes zum 1. 1. 1993 nicht auf Kontrollmöglichkeiten insbesondere hinsichtlich ihres eigenen Umsatzsteueraufkommens verzichten. Da innergemeinschaftliche Lieferungen im Ursprungsland steuerfrei und i. d. R. im Bestimmungsland als innergemeinschaftlicher Erwerb zu erfassen sind, haben schon seit jeher zur Kontrolle für die einführenden und damit umsatzsteuerberechtigten Nationen alle Unternehmer, die steuerfreie innergemeinschaftliche Lieferungen oder innergemeinschaftliche Dreiecksgeschäfte an andere Unternehmer im übrigen Gemeinschaftsgebiet ausführen, diese Lieferungen in der sog. Zusammenfassenden Meldung zu erklären, aufgegliedert nach USt-IdNr. der Empfänger (§ 18a Abs. 1 UStG). Neben dem Steueraufkommen soll dabei auch die Wettbewerbsgleichheit der beteiligten Unternehmer gesichert werden. Damit die Besteuerung des innergemeinschaftlichen Erwerbs sichergestellt und hinreichend überprüft werden kann, benötigen die Finanzbehörden der EU-Mitgliedstaaten Informationen darüber, von wem und in welchem Umfang innergemeinschaftliche Erwerbe getätigt worden sind. Diese Informationen erhalten sie aus den Zusammenfassenden Meldungen, denn der Unternehmer, der eine steuerfreie innergemeinschaftliche Lieferung tätigt, meldet in seiner Zusammenfassenden Meldung diesen Vorgang im Ergebnis dem Land des Erwerbers. Sind sämtliche Daten eingegeben, so muss die Meldung des ausführenden Unternehmers dem Einkauf eines anderen Unternehmers entsprechen. Bei Unstimmigkeiten können die einzelnen Mitgliedstaaten Einzelauskunftsersuchen stellen, wobei anschließend eine Überprüfung vor Ort im Unterneh- **580** men erfolgen kann. Lieferungen an private Abnehmer bleiben ebenso unberücksichtigt wie Erwerbsvorgänge.[1]

Sind Dienstleistungserbringer und Dienstleistungsempfänger in zwei verschiedenen Mitgliedstaaten ansässig, ist regelmäßig die Leistung nicht im Ursprungsland, sondern im Bestimmungsland steuerbar, der Ansässigkeit des Leistungsempfängers. In diesen Fällen geht die Steuerschuldnerschaft regelmäßig auf den Leistungsempfänger über, wenn es sich um eine Leistung i. S. des § 44 MwStSystRL handelt (im Inland § 3a Abs. 2 UStG). Erbringt der Unternehmer eine Leistung im übrigen Gemeinschaftsgebiet nach der Grundregelung zur Bestimmung des Ortes der Dienstleistung, schuldet nicht der leistende Unternehmer, sondern der Leistungsempfänger als Unternehmer bzw. als eine über eine USt-IdNr. verfügende juristische Person, die kein Unternehmer ist, die Umsatzsteuer nach Art. 196 MwStSystRL. Diesen Umstand hat der leistende Unternehmer in seinem Heimatland zur Sicherung des Steueranspruchs in einer Zusammenfassenden Meldung anzugeben (§ 18a Abs. 2 UStG). Aufgrund dieser Verpflichtung wurde der Begriff der „innergemeinschaftlichen Dienstleistung" geschaffen (Art. 1 Nr. 2 der Amtshilfeverordnung EG Nr. 143/2008).

Sämtliche Zusammenfassende Meldungen sind elektronisch zu übermitteln (§ 18a Abs. 1 UStG).

2. Verpflichteter Personenkreis

581 Jeder **Unternehmer** hat neben den abzugebenden Umsatzsteuer-Voranmeldungen und Umsatzsteuererklärungen auch sog. Zusammenfassende Meldungen beim Bundeszentralamt für Steuern (Außenstelle Saarlouis) abzugeben und dabei Angaben über innergemeinschaftlichen Lieferungen oder Dreiecksgeschäfte i. S. des § 25b UStG (§ 18a Abs. 1 Satz 1 UStG) oder innergemeinschaftliche Dienstleistungen (§ 18a Abs. 2 Satz 1 UStG) zu machen. Die Meldungen haben in erster Linie die Aufgabe, die Besteuerung im Bestimmungsland überprüfbar zu machen. Zu diesem Zweck erhalten sowohl der Leistende als auch die Leistungsempfänger eine USt-IdNr., wenn sie an solchen Dienstleistungen beteiligt sind (Art. 214 Buchst. d und e MwStSystRL, § 27a Abs. 1 UStG). Leistungsempfänger innergemeinschaftlicher Lieferungen oder innergemeinschaftlicher Dienstleistungen müssen dem leistenden Unternehmer ihre USt-IdNr. mitteilen, damit dieser seiner Verpflichtung zur Abgabe einer Zusammenfassenden Meldung nachkommen kann (Art. 55 MwStVO).

---

1 Unionsrechtliche Rechtsgrundlage sind die Art. 262 ff. MwStSystRL.

Wegen der Besonderheiten bei der **Organschaft** mussten für das Funktionieren des Informationsaustauschs auch die einzelnen Organgesellschaften zur Abgabe einer solchen Meldung verpflichtet werden (§ 18a Abs. 5 Satz 4 UStG). Dies gilt unabhängig davon, dass diese Vorgänge umsatzsteuerlich weiterhin als Umsätze des Organträgers behandelt werden und in dessen Umsatzsteuer-Voranmeldungen bzw. -jahreserklärungen anzumelden sind. Diese meldepflichtigen Organgesellschaften benötigen daher eine eigene USt-IdNr. Auch von diesen Unternehmern ist eine Zusammenfassende Meldung auch abzugeben, wenn nur Lieferungen i. S. des § 25b Abs. 2 UStG ausgeführt wurden.[1]

Obwohl pauschalierende **Land- und Forstwirte** die Steuerbefreiung für innergemeinschaftliche Lieferungen nicht in Anspruch nehmen können, müssen sie gleichwohl diese ebenfalls in einer Zusammenfassenden Meldung erklären (§ 24 Abs. 1 Satz 4 UStG).[2] **Kleinunternehmer** sind von der Abgabe von Zusammenfassenden Meldungen bereit (§ 18a Abs. 4 UStG).[3]

3. Meldezeitraum

Die Zusammenfassende Meldung ist nach amtlich vorgeschriebenem Datensatz durch Datenfernübertragung zu übermitteln (siehe auch www.bzst.de). Zur Vermeidung von unbilligen Härten hat das zuständige Finanzamt auf Antrag zulassen, dass die Zusammenfassende Meldung auf Papier abgegeben werden kann (§ 18a Abs. 5 UStG).[4] Soweit das Finanzamt nach § 18 Abs. 1 Satz 1 UStG auf eine elektronische Übermittlung der Voranmeldung verzichtet hat, gilt dies auch für die Abgabe der Zusammenfassenden Meldung.

582

Hinsichtlich des Meldezeitraums ist zu unterscheiden, ob innergemeinschaftliche Lieferungen (§ 18a Abs. 1 UStG) oder innergemeinschaftliche Dienstleistungen (§ 18a Abs. 2 UStG) ausgeführt werden. Zusammenfassende Meldungen betreffend innergemeinschaftliche Lieferungen und innergemeinschaftliche Dreiecksgeschäfte sind grds. monatlich abzugeben (§ 18a Abs. 1 Satz 1 UStG). Zusammenfassende Meldungen betreffend „innergemeinschaftliche Dienstleistungen", die unter das Empfängersitzprinzip fallen und für die die in anderen Mitgliedstaaten ansässigen Leistungsempfänger die Steuer schulden, sind dagegen vierteljährlich abzugeben.

---

1 Abschnitt 18a.1 Abs. 2 Satz 1 UStAE.
2 Abschnitt 18a.1 Abs. 3 UStAE.
3 Abschnitt 18a.1 Abs. 1 Satz 2 UStAE.
4 Abschnitt 18a.1 Abs. 4 UStAE.

Hat das Finanzamt den Unternehmer von der Verpflichtung zur Abgabe von Voranmeldungen und Entrichtung der Vorauszahlungen befreit (§ 18 Abs. 2 Satz 3 UStG), kann er ggf. die Zusammenfassende Meldung bis zum 25. Tag nach Ablauf jedes Kalenderjahres abgeben, wenn bestimmte Wertgrenzen nicht überschritten werden (§ 18a Abs. 9 UStG).

583 Die monatliche Meldung für **innergemeinschaftliche Lieferungen** ist bis zum 25. Tag nach Ablauf jedes Kalendermonats abzugeben (§ 18a Abs. 1 Satz 1 UStG). Eine vierteljährliche Übermittlung bis zum 25. Tag nach Ablauf eines Kalendervierteljahres genügt nur dann, wenn die Summe der Bemessungsgrundlagen weder im laufenden Quartal noch für eines der vier vorausgegangenen Kalendervierteljahre 50.000 € überstiegen hat (§ 18a Abs. 1 Satz 2 UStG). Wird innerhalb eines Kalenderjahres in einem Quartal diese Grenze überschritten, muss der Unternehmer die Zusammenfassenden Meldungen auch für die bereits abgelaufenen Monate dieses Quartals nachreichen (§ 18a Abs. 1 Satz 3 UStG). Die erforderlichen Angaben sind für den Meldezeitraum zu erbringen, in dem die Rechnung ausgestellt wird, spätestens jedoch für den Meldezeitraum, in dem der auf die Ausführung der innergemeinschaftlichen Lieferung folgende Monat endet (§ 18a Abs. 8 Satz 1 UStG). Die Möglichkeit einer Dauerfristverlängerung wie bei Umsatzsteuer-Voranmeldungen besteht nicht.[1] Die Meldung einer innergemeinschaftlichen Lieferung muss zum gleichen Meldezeitraum erfolgen, in dem der entsprechende Erwerb zu versteuern ist. Andernfalls können Unstimmigkeiten weitere Ermittlungen durch die Finanzbehörde zur Folge haben, die letztlich auch Ermittlungen beim Meldepflichtigen zur Beantwortung von Einzelauskunftsersuchen anderer EU-Mitgliedstaaten nach sich ziehen können.

584 Innergemeinschaftliche **Dienstleistungen**, die unter das Empfängersitzprinzip fallen und für die die in anderen Mitgliedstaaten ansässigen Leistungsempfänger die Steuer schulden, sind gesondert im Rahmen der Zusammenfassenden Meldung zu erklären (§ 18a Abs. 2 UStG). Insoweit ist das Kalendervierteljahr der Meldezeitraum. Die Abgabefrist endet am 25. Tag nach Ablauf jedes Kalendervierteljahres. Die erforderlichen Angaben sind für den Meldezeitraum zu machen, in dem die im übrigen Gemeinschaftsgebiet steuerpflichtige sonstige Leistung i. S. des § 3a Abs. 2 UStG ausgeführt wurde (§ 18a Abs. 8 Satz 2 UStG).[2]

---

1 Abschnitt 18a.2 Abs. 1 Satz 2 UStAE.
2 Abschnitt 18a.2 Abs. 4 UStAE.

Ergibt sich die Pflicht zur Übermittlung einer Zusammenfassenden Meldung sowohl aus § 18a Abs. 1 UStG (innergemeinschaftliche Warenlieferungen) als auch aus § 18a Abs. 2 UStG (innergemeinschaftliche Dienstleistungen), ist für den letzten Monat des Quartals nur eine Zusammenfassende Meldung abzugeben (§ 18a Abs. 2 Satz 2 UStG). Dabei sind die Angaben zu den sonstigen Leistungen i. S. des § 18a Abs. 2 UStG jeweils in der Zusammenfassenden Meldung für den letzten Monat eines jeden Kalendervierteljahres zu machen (§ 18a Abs. 2 Satz 2 UStG), es sei denn, der Unternehmer zeigt dem Bundeszentralamt für Steuern an, dass er von der Sonderregelung des § 18a Abs. 3 UStG Gebrauch machen und auch die Angaben über innergemeinschaftliche Dienstleistungen monatlich übermitteln will.[1] Er gibt dann jeweils monatlich nur eine gemeinsame Meldung ab.

585

Auf die Zusammenfassenden Meldungen sind die für Steuererklärungen geltenden Vorschriften der Abgabenordnung entsprechend anzuwenden (§ 18a Abs. 11 Satz 1 UStG), wodurch die Abgabe der Meldungen insbesondere durch die Festsetzung eines Zwangsgelds erzwingbar wird (§§ 328 ff. AO). Die Möglichkeit zur Festsetzung eines **Verspätungszuschlags** wurde jedoch ausdrücklich gesetzlich ausgenommen. Allerdings sind Sanktionen auch über ein **Bußgeld** möglich, denn die Nichtabgabe oder verspätete Abgabe von Zusammenfassenden Meldungen stellt eine Ordnungswidrigkeit dar (§ 26a Abs. 1 Nr. 2 UStG). Diese Regelungen waren erforderlich, da die deutsche Finanzverwaltung ihren Informationspflichten gegenüber den anderen EU-Mitgliedstaaten nachkommen muss und dabei in hohem Maße auf die Angaben der Unternehmer in den Zusammenfassenden Meldung angewiesen ist.

586

4. Inhalt der Zusammenfassenden Meldung

a) Erstmalige Zusammenfassende Meldung

In der Zusammenfassenden Meldung sind alle **innergemeinschaftlichen Warenlieferungen** (§ 18a Abs. 7 Nr. 1 UStG) einschließlich der Verbringensfälle i. S. des § 6a Abs. 2 UStG (§ 18a Abs. 7 Nr. 2 UStG) sowie die im übrigen Gemeinschaftsgebiet ausgeführten steuerpflichtigen **Dienstleistungen** i. S. des § 3a Abs. 2 UStG anzugeben (§ 18a Abs. 7 Nr. 3 UStG). Dabei sind bei innergemein-

587

---

1 Abschnitt 18a.2 Abs. 5 und 6 UStAE.

schaftlichen Lieferungen folgende Einzelangaben erforderlich (§ 18a Abs. 7 Nr. 1 UStG):

► **USt-IdNr. jedes Erwerbers,** unter der der Unternehmer innergemeinschaftliche Lieferungen an ihn ausgeführt hat,

► für jeden Erwerber die **Summe der Bemessungsgrundlagen** (Nettoentgelte ohne Umsatzsteuer) der an ihn ausgeführten steuerfreien innergemeinschaftlichen Lieferungen.

> **HINWEIS:**
>
> Entsprechendes gilt sinngemäß für Verbringensfälle (§ 18a Abs. 7 Nr. 2 UStG) sowie innergemeinschaftliche Dreiecksgeschäfte (§ 18a Abs. 7 Nr. 4 UStG). Innergemeinschaftliche Warenlieferungen sind alle innergemeinschaftlichen Lieferungen mit Ausnahme von innergemeinschaftlichen Lieferungen neuer Fahrzeuge an Abnehmer ohne USt-IdNr. Innergemeinschaftliche Dreiecksgeschäfte (§ 25b UStG) sind in der Zusammenfassenden Meldung besonders zu kennzeichnen. Für Lieferungen neuer Fahrzeuge an Abnehmer ohne USt-IdNr. erfolgt eine Meldung in einem gesonderten Verfahren (§ 18c UStG).[1]

Bei innergemeinschaftlichen Dienstleistungen sind alle sonstigen Leistungen, die im EU-Mitgliedstaat des Leistungsempfängers steuerbar sind und für die das Reverse-Charge-Verfahren anzuwenden ist, zu melden (§ 18a Abs. 1 Satz 2 UStG). Anzugeben ist jeweils die Summe der Bemessungsgrundlagen der erbrachten Umsätze pro USt-IdNr. der Leistungsempfänger (§ 18a Abs. 7 Nr. 3 UStG):

► **USt-IdNr. jedes Leistungsempfängers,** unter der der Unternehmer innergemeinschaftliche Dienstleistungen an ihn erbracht hat,

► für jeden Leistungsempfänger die **Summe der Bemessungsgrundlagen** (Nettoentgelte ohne Umsatzsteuer) der an ihn erbrachten steuerpflichtigen sonstigen Leistungen,

► einen Hinweis auf das Vorliegen einer innergemeinschaftlichen Dienstleistung mit Übergang der Steuerschuldnerschaft.

Es sind jedoch nur die Umsätze zu melden, die unter die Grundregelung für sonstige Leistungen an Unternehmer fallen, nicht jedoch die weiteren, individuell in diesem Mitgliedstaat nach dem Reverse-Charge-Verfahren zu versteuernden Umsätze (z. B. Grundstücksumsätze).[2]

---

1 Abschnitt 18c.1 UStAE.
2 Abschnitt 18a.3 Abs. 1 UStAE.

Für Meldezeiträume, in denen keine der bezeichneten Lieferungen oder Dienstleistungen ausgeführt wurden, ist eine Zusammenfassende Meldung nicht zu übermitteln.[1]

Die Zusammenfassende Meldung muss dem Kontrollzweck entsprechend die **USt-IdNr.** des Leistungsempfängers und die **Summe der Bemessungsgrundlagen** der an ihn ausgeführten innergemeinschaftlichen Leistungen enthalten. Die Bemessungsgrundlagen sind in Euro anzugeben und daher ggf. umzurechnen (§ 16 Abs. 6 i. V. m. § 18a Abs. 7 Satz 2 UStG). Grds. sind die amtlichen Briefkurse heranzuziehen, die das Bundesministerium als Durchschnittskurse für den Monat bekannt gibt, in dem die innergemeinschaftlichen Leitungen ausgeführt werden.[2] Auf Antrag kann das Finanzamt dem Unternehmer gestatten, dass die Umrechnung nach dem Tageskurs erfolgt, der durch Bankmitteilung oder Kurszettel nachzuweisen ist (§ 16 Abs. 6 Satz 3 UStG). Ferner kann das Finanzamt gestatten, dass die Umrechnung regelmäßig nach den Durchschnittskursen vorgenommen wird, die das Bundesministerium für den Monat bekannt gegeben hat, der dem Monat vorangeht, in dem die Leistung ausgeführt oder das Entgelt vereinnahmt wird. In diesem Fall ist die umsatzsteuerliche Umrechnungsmethode im Rahmen der Voranmeldungen auch für die Zusammenfassende Meldung zu übernehmen. Maßgeblich sind die umsatzsteuerlichen Bemessungsgrundlagen der ausgeführten Umsätze, letztendlich also die Beträge, die auch in den Umsatzsteuer-Voranmeldungen bzw. -jahreserklärungen angemeldet werden. In **Verbringensfällen** (§ 6a Abs. 2 UStG) ist die ausländische USt-IdNr. sowie die Summe der Bemessungsgrundlagen für Verbringensfälle anzugeben.

Änderungen der Bemessungsgrundlagen (z. B. Skonti, Boni) sind in dem Meldezeitraum, in dem die Änderung der Bemessungsgrundlagen eingetreten ist, mit der in diesem Zeitraum zu meldenden Beträgen zu saldieren, denn § 17 UStG ist entsprechend anzuwenden (§ 18a Abs. 7 Satz 2 UStG).[3] Die zu meldenden Beträge können daher auch negativ sein. Sie sind in der Zusammenfassenden Meldung mit einem Minuszeichen zu kennzeichnen. Eine Meldung über Null Euro hat daher zu erfolgen, wenn im Meldezeitraum anderweitig innergemeinschaftliche Lieferungen an den Abnehmer ausgeführt wurden und die zu berücksichtigenden Korrekturen gleich hoch sind.

588

---

1 Abschnitt 18a.1 Abs. 1 Satz 4 UStAE.
2 Abschnitt 18a.3 Abs. 2 i. V. m. Abschnitt 16.4 UStAE.
3 Abschnitt 18a.4 Abs. 1 UStAE.

> **BEISPIEL:** ➤ Ein deutscher Unternehmer liefert im März Waren für 100.000 € an seinen Abnehmer van Anderen nach Holland. Im April zahlt der Abnehmer unter Abzug von 2% Skonto.
>
> Die Lieferung an den niederländischen Abnehmer ist in der Umsatzsteuer-Voranmeldung für März auszuweisen, eine Korrektur im April erfolgt nicht, da es sich um einen steuerfreien Umsatz handelt (vgl. § 17 Abs. 1 Satz 1 UStG). In seiner Zusammenfassenden Meldung für März ist die USt-IdNr. des van Anderen mit einer Bemessungsgrundlage von 100.000 € einzutragen. Für den Monat April ist die Bemessungsgrundlage für van Anderen um den Betrag von 2.000 € zu mindern oder, falls an ihn keine Lieferungen ausgeführt wurden, ein Betrag von ./. 2.000 € unter seiner USt-IdNr. einzutragen.
>
> Bei Zahlungsabzügen, die innerhalb des Meldezeitraums liegen, wird die gekürzte Bemessungsgrundlage unmittelbar eingetragen.

b) Berichtigung von Zusammenfassenden Meldungen

589 Unrichtige oder unvollständige Zusammenfassende Meldungen sind innerhalb eines Monats zu berichtigen (§ 18a Abs. 10 UStG), wenn der Unternehmer ihre Unrichtigkeit erkennt. Eine Berichtigung ist z. B. erforderlich, wenn sich bei der Ermittlung der Bemessungsgrundlagen Additionsfehler eingeschlichen haben, ein Erwerber nicht in der Meldung angegeben wurde oder falsche USt-IdNrn. gemeldet wurden.[1] In diesen Fällen ist für den bereits abgelaufenen Meldezeitraum eine **berichtigte Zusammenfassende Meldung** abzugeben, eine Saldierung mit Anmeldungen des laufenden Meldezeitraums ist nicht zulässig.

In der berichtigten Zusammenfassenden Meldung sollen die Angaben, die in der ursprünglichen Zusammenfassenden Meldung korrekt gemeldet wurden, nicht wiederholt werden (sog. **Nettoberichtigung**). Werden berichtigte Zusammenfassende Meldungen maschinell erstellt, können abweichend hiervon alle für den Meldezeitraum zu meldenden Angaben wiederholt werden. In diesem Fall sind die berichtigten Angaben deutlich zu kennzeichnen.

Wurde eine nicht zutreffende Summe der **Bemessungsgrundlagen** gemeldet, so ist in der berichtigten Meldung unter der USt-IdNr. des Erwerbers der korrekte Betrag zu melden und nicht der Unterschiedsbetrag zwischen der ursprünglich gemeldeten Summe der Bemessungsgrundlagen und dem korrekten Betrag.

Wurde versehentlich die **USt-IdNr.** eines Abnehmers falsch eingetragen, so ist in der berichtigten Zusammenfassenden Meldung die falsche USt-IdNr. erneut aufzuführen und als Summe der Bemessungsgrundlagen der Betrag von

---

1 Abschnitt 18a.5 UStAE.

Null € anzugeben. Damit werden die ursprünglichen Angaben gelöscht. In einer weiteren Zeile sind nunmehr unter der zutreffenden USt-IdNr. des Abnehmers die zu meldenden Angaben erneut vollständig anzugeben.

Wurden irrtümlich innergemeinschaftliche Leistungen gemeldet, obwohl im Meldezeitraum tatsächlich keiner dieser Vorgänge ausgeführt wurde, so sind die unrichtigen Angaben wie oben geschildert zu löschen.

BEISPIEL: ▶ Unternehmer U meldet für das 1. Kalendervierteljahr Lieferungen an einen niederländischen Abnehmer über 100.000 € versehentlich unter der USt-IdNr. NL 123456789012. Zwei Monate später fällt ihm auf, dass die USt-IdNr. des Abnehmers NL 123456789011 lautet.

U hat in der ursprünglichen Zusammenfassenden Meldung u. a. folgende Angaben gemacht:

.....	.....
NL 123456789012	100.000
.....	

Er hat nunmehr in einer berichtigten Zusammenfassenden Meldung folgende Angaben zu machen:

NL 123456789012	0	0
NL 123456789011	100.000	

ABB. 8:	Zusammenfassende Meldung

**Umsatzsteuer-Identifikationsnummer
(USt-IdNr.) Bitte 9 Ziffern eintragen**

| 01 | D E | | | | | | | | | | |

**Bundeszentralamt für Steuern
- Dienstsitz Saarlouis -**

66738 Saarlouis

Zusammenfassende Meldung
über innergemeinschaftliche Warenlieferungen
und innergemeinschaftliche sonstige Leistungen
und innergemeinschaftliche Dreiecksgeschäfte

Unternehmer, Anschrift, Telefon (Angabe freiwillig)

| 02 | **201** |

(Bitte nur **einen** Meldezeitraum ankreuzen)

Jan.		April		Juli		Okt.	
Feb.		Mai		Aug.		Nov.	
März		Juni		Sept.		Dez.	

Jan/Feb		April/Mai		Juli/Aug		Okt/Nov	

1. Quart.		2. Quart.		3. Quart.		4. Quart.	

Kalenderjahr	

Berichtigung | 03 | |
(falls ja, bitte "x" eintragen)

Einlagebogen | 04 | Anzahl | |

Anzeige nach § 18a Abs. 1 UStG

☐ Die in § 18a Abs. 1 Satz 2 enthaltene Regelung nehme ich nicht in Anspruch. Ich gebe die ZM künftig monatlich ab. Diese Anzeige bindet mich bis zum Zeitpunkt des Widerrufes, mindestens aber für die Dauer von 12 Kalendermonaten.

☐ Widerruf meiner Anzeige nach § 18a Abs. 1 UStG

Ich versichere, die Angaben in dieser Zusammenfassenden Meldung wahrheitsgemäß nach bestem Wissen und Gewissen gemacht zu haben.

Hinweis:
Wer vorsätzlich oder leichtfertig entgegen seinen Verpflichtungen gem. § 18 a Umsatzsteuergesetz (UStG) eine Zusammenfassende Meldung nicht, nicht richtig, nicht vollständig oder nicht rechtzeitig abgibt oder nicht bzw. nicht rechtzeitig berichtigt, handelt ordnungswidrig. Die Ordnungswidrigkeit kann mit einer Geldbuße bis zu 5.000 Euro geahndet werden (§ 26 a UStG).

Bei der Anfertigung dieser ZM hat mitgewirkt:

Name, Anschrift, Telefon (Angabe freiwillig)

Datum, Unterschrift

Hinweis nach den Vorschriften der Datenschutzgesetze:
Die mit der Zusammenfassenden Meldung angeforderten Daten
werden aufgrund der §§ 149 ff Abgabenordnung (AO) und
§ 18 a UStG erhoben.
Die Angaben der Telefonnummern sind freiwillig.

Einlagebogen Nr. [| |] **zur Zusammenfassenden Meldung für den Meldezeitraum**

[02] **201** [ ]

Jan.		April		Juli		Okt.	
Feb.		Mai		Aug.		Nov.	
März		Juni		Sept.		Dez.	

Umsatzsteuer-Identifikationsnummer
(USt-IdNr.) Bitte 9 Ziffern eintragen

Jan/Feb		April/Mai		Juli/Aug		Okt/Nov	

[01] **D E** [| | | | | | | | |]

1. Quart.		2. Quart.		3. Quart.		4. Quart.	

Kalenderjahr [ ]

Berichtigung
(falls ja, bitte "x" eintragen)   [03] [ ]

Meldung der Warenlieferungen vom Inland in das
übrige Gemeinschaftsgebiet (§ 18a Abs. 7 Nr. 1 u. 2
UStG), der sonstigen Leistungen (§ 18a Abs. 7 Satz
1 Nr. 3 UStG) und der Lieferungen i.S.d. § 25 b Abs.
2 UStG im Rahmen innergemeinschaftlicher
Dreiecksgeschäfte (18a Abs. 7Satz 1 Nr. 4 UStG)

Bitte beachten!

Sonstige Leistungen bzw. Dreiecksgeschäfte sind in Spalte 3
jeweils durch Eintragung der Ziffer "1" oder "2" entsprechend
zu kennzeichnen. Wurden sowohl Warenlieferungen, sonstige
Leistungen und/oder Dreiecksgeschäfte an denselben
Unternehmer erbracht, sind diese in getrennten Zeilen
anzugeben.

		1	2		3
Zeile	Länder-kenn-zeichen	USt-IdNr. des Erwerbers/ Unternehmers in einem anderen EU-Mitgliedstaat	Summe der Bemessungsgrundlagen		Sonstige Leistungen (falls JA, bitte **1** eintragen)
			volle EUR	Ct	Dreiecksgeschäfte (falls JA, bitte **2** eintragen)
1				▄▄	
2				▄▄	
3				▄▄	
4				▄▄	
5				▄▄	
6				▄▄	
7				▄▄	
8				▄▄	
9				▄▄	
10				▄▄	
11				▄▄	
12				▄▄	
13				▄▄	
14				▄▄	
15				▄▄	
16				▄▄	
17				▄▄	
18				▄▄	
19				▄▄	
20				▄▄	
21				▄▄	
22				▄▄	
23				▄▄	
24				▄▄	
25				▄▄	

5. Informationsaustausch

590 Die umsatzsteuerliche Übergangsregelung für Warenumsätze im Binnenmarkt erforderte bereits seit dem 1.1.1993 eine intensive Zusammenarbeit der Verwaltungsbehörden der EU-Mitgliedstaaten. Mit der Amtshilfeverordnung vom 27.1.1992 über die Zusammenarbeit der Verwaltungsbehörden auf dem Gebiet der indirekten Besteuerung (EWG-Verordnung Nr. 218/92)[1] hatte der Rat der Wirtschafts- und Finanzminister die hierzu erforderlichen Regelungen verabschiedet. Die Regelungen mussten nicht in nationales Recht umgesetzt werden, weil sie unmittelbar anwendbar sind (Art. 189 Abs. 2 EGV). Als Maßnahmen wurden ein EDV-gestützter Informationsaustausch sowie die Möglichkeit von Einzelauskunftsersuchen geschaffen.

Aufgrund der Neuregelung zum Ort der Dienstleistung findet ab 2010 der Übergang der Steuerschuldnerschaft (Reverse-Charge-Verfahren) häufiger als bisher Anwendung, wenn Dienstleistungserbringer und Dienstleistungsempfänger in verschiedenen Mitgliedstaaten ansässig sind. Zur Sicherung des Steueranspruchs in diesen Fällen müssen die vom Mitgliedstaat des Dienstleistungserbringers erhobenen Daten dem Mitgliedstaat, in dem der Dienstleistungsempfänger ansässig ist, mitgeteilt werden. Dazu war eine Änderung der genannten „Informationsrichtlinie" erforderlich, zugleich wurde der Anwendungsbereich der Sonderregelung für elektronische Dienstleistungen von Steuerpflichtigen, die außerhalb der Gemeinschaft ansässig sind, ausgedehnt. Die Änderungen zum 1.1.2010 führen dazu, dass wesentlich mehr Informationen als bisher ausgetauscht werden müssen. So sind grenzüberschreitende innergemeinschaftliche Dienstleistungen in der Zusammenfassenden Meldung anzugeben, wenn der Ort der Leistung im Bestimmungsland liegt und der Leistungsempfänger die Steuer im Wege des Übergangs der Steuerschuldnerschaft schuldet. Derartige Informationen sollen ausnahmslos elektronisch ausgetauscht werden. Im Rahmen des sog. Mehrwertsteuer-Pakets wurde auch die Verordnung (EG) Nr. 143/2008[2] v. 12.2.2008 zur Änderung der VO (EG) Nr. 1798/2003 verabschiedet.

Die von den Unternehmern anhand der Zusammenfassenden Meldung erhobenen Informationen werden vom Bundeszentralamt für Steuern als zentrale Behörde in einer Datenbank für den Abruf durch die Finanzbehörden des EU-Mitgliedstaates bereitgehalten, in dem der Dienstleistungsempfänger seine steuerlichen Pflichten zu erfüllen hat. Durch einen Vergleich der Daten aus

---

1 ABl EG 1992 Nr. L 24 S. 1.
2 ABl EU 2008 Nr. L 44 S. 1.

den Umsatzsteuer-Voranmeldungen bzw. -Jahreserklärungen mit den Daten, die die anderen Mitgliedstaaten über innergemeinschaftliche Leistungen an inländische Leistungsempfänger erheben und bereitstellen, kann die Finanzverwaltung Hinweise auf Unregelmäßigkeiten und Unstimmigkeiten erhalten. Lässt sich durch Ermittlungen im Inland keine eindeutige Klärung herbeiführen, können im Rahmen von Einzelauskunftsersuchen weitere Informationen aus anderen EU-Mitgliedstaaten angefordert werden. Einzelauskunftsersuchen anderer Mitgliedstaaten werden von diesen Mitgliedstaaten an das Bundeszentralamt für Steuern gerichtet, welches sodann die zuständige Finanzbehörde des betroffenen inländischen Unternehmers mit der Durchführung der notwendigen Ermittlungsmaßnahmen beauftragt. Zur Einhaltung des Datenschutzes können die Finanzbehörden der einzelnen Mitgliedstaaten Informationen aus den Datenbanken anderer EU-Mitgliedstaaten abrufen. Die Daten dürfen nur für das Besteuerungsverfahren und für Verfahren zur Verfolgung von Steuerstraftaten oder -ordnungswidrigkeiten verwendet werden.

Kann das Finanzamt im Rahmen der Überprüfung der zutreffenden umsatzsteuerlichen Behandlung innergemeinschaftlicher Erwerbe oder die Beachtung des Übergangs der Steuerschuldnerschaft durch einen inländischen Unternehmer nicht klären, ob die Angaben des inländischen Unternehmers insgesamt zutreffend sind, kann es über das Bundeszentralamt für Steuern auf der Grundlage der von den jeweiligen zentralen Behörden im Ursprungsland aufbereiteten Daten aus den Zusammenfassenden Meldungen der dort ansässigen Unternehmer weiter Informationen abrufen oder das Bundeszentralamt für Steuern mit Amtshilfe bitten. Die jeweils zentrale Behörde im Ursprungsland wird dann versuchen, eine Klärung herbeizuführen und die Anfrage des Bundeszentralamts zu beantworten.

Zum Nachweis etwaiger Steuerverkürzungen können in Einzelfällen auch Informationen über Lieferungen eines Unternehmers an einen in einem anderen EU-Mitgliedstaat ansässigen Abnehmer ausgetauscht werden. Hierzu kann die zentrale Behörde des Bestimmungslandes insbesondere auch um Mitteilung der Rechnungsnummern, Rechnungsdaten und der Rechnungsbeträge ersuchen. Nach § 18d UStG ist die hierfür zuständige Finanzbehörde (§ 5 Abs. 1 Nr. 9 Buchst. d FVG) berechtigt, von Unternehmern die Vorlage der für die Beantwortung von Anfragen eines anderen Mitgliedstaates im Einzelfall erforderlichen Unterlagen zur Einsicht und Prüfung zu verlangen.[1]

---

1 Abschnitt 18d.1 UStAE.

VI. Aufzeichnungspflichten

591 Aus den Aufzeichnungen des Unternehmers müssen die Grundlagen für die Berechnung der zu entrichtenden Steuer und die abziehbaren Vorsteuerbeträge in nachprüfbarer Weise zu ersehen sein (§ 22 Abs. 1 Satz 1 UStG; § 63 Abs. 1 UStDV, zur unionsrechtlichen Grundlage vgl. Art. 241 ff. MwStSystRL). Aus den Aufzeichnungen müssen insbesondere zu entnehmen sein:

▶ Die vereinbarten Entgelte für alle Lieferungen und sonstigen Leistungen, getrennt nach steuerfreien und steuerpflichtigen Umsätzen, diese wiederum getrennt nach Steuersätzen. Umsätze, für die der Unternehmer nach § 9 UStG optiert hat, müssen erkennbar sein (§ 22 Abs. 2 Nr. 1 UStG).

▶ Die vereinnahmten Entgelte und Teilentgelte (z. B. Abschlagszahlungen) für noch nicht ausgeführte Leistungen (§ 22 Abs. 2 Nr. 2 UStG).

▶ Die Bemessungsgrundlage für verbilligte Wertabgaben i. S. des § 10 Abs. 5 UStG (§ 22 Abs. 2 Nr. 1 UStG).

▶ Die Bemessungsgrundlagen für unentgeltliche Wertabgaben i. S. des § 3 Abs. 1b bzw. § 3 Abs. 9a UStG (§ 22 Abs. 2 Nr. 3 UStG).

▶ Die wegen eines unberechtigten Steuerausweises nach § 14c Abs. 1 und 2 UStG geschuldeten Beträge (§ 22 Abs. 1 Nr. 4 UStG).

▶ Die Entgelte für die steuerpflichtigen Lieferungen und sonstigen Leistungen, die an den Unternehmer für sein Unternehmen ausgeführt worden sind (**Vorumsätze**) sowie die geleisteten Anzahlungen und die entsprechenden Vorsteuerbeträge (§ 22 Abs. 2 Nr. 5 UStG).

▶ Die Bemessungsgrundlage für die Einfuhr und die entrichtete Einfuhrumsatzsteuer (§ 22 Abs. 2 Nr. 6 UStG).

▶ Die Bemessungsgrundlage für den innergemeinschaftlichen Erwerb sowie die hierauf entfallenden Steuerbeträge (§ 22 Abs. 2 Nr. 7 UStG). Da im Rahmen der Umsatzsteuer-Voranmeldungen und der Umsatzsteuer-Jahreserklärung sowohl die Bemessungsgrundlagen für innergemeinschaftliche Erwerbe als auch die entsprechende Erwerbsteuer gesondert zu erklären sind, empfiehlt sich die Einrichtung besonderer Konten für Einkäufe aus EU-Mitgliedstaaten. Diese Aufzeichnungspflichten gelten auch in den Fällen des innergemeinschaftlichen Verbringens (§ 1a Abs. 2 UStG).

▶ In den Fällen des Übergangs der Steuerschuldnerschaft nach § 13b UStG entsprechende Aufzeichnung der Entgelte und der darauf entfallenden Steuerbeträge (§ 22 Abs. 2 Nr. 8 UStG). Der Leistende hat die Umsätze ebenfalls gesondert aufzuzeichnen.

▶ Die Bemessungsgrundlage für Umsätze i. S. des § 4 Nr. 4a UStG (Steuerlager) sowie die hierauf entfallenden Steuerbeträge (§ 22 Abs. 2 Nr. 9 UStG).

▶ Gegenstände, die der Unternehmer zu seiner Verfügung vom Inland in das übrige Gemeinschaftsgebiet verbringt, müssen auch aufgezeichnet werden, wenn an den Gegenständen im übrigen Gemeinschaftsgebiet Arbeiten ausgeführt werden oder der Unternehmer mit den Gegenständen im übrigen Gemeinschaftsgebiet sonstige Leistungen ausführt (§ 22 Abs. 4a UStG). Die Aufzeichnungspflichten gelten auch bei der Ausführung von Werkleistungen für Gegenstände, die der Unternehmer von einem ausländischen Unternehmer erhält (§ 22 Abs. 4b UStG).

Ist der Unternehmer nur teilweise zum Vorsteuerabzug berechtigt, so müssen aus den Aufzeichnungen die Vorsteuerbeträge eindeutig und leicht nachprüfbar zu ersehen sein, die den zum Vorsteuerabzug berechtigten Umsätzen ganz oder teilweise zuzurechnen sind (§ 22 Abs. 3 UStG). In den Fällen des § 15a UStG sind die Korrekturbeträge gesondert aufzuzeichnen (§ 22 Abs. 4 UStG).

In den Fällen des § 18 Abs. 4c und 4d UStG sind die erforderlichen Aufzeichnungen auf Anfrage des BZSt auf elektronischem Weg zur Verfügung zu stellen, in den Fällen des § 18 Abs. 4e UStG der zuständigen Finanzbehörde (§ 22 Abs. 1 Satz 4 UStG).

Einzelheiten zu den Aufzeichnungspflichten beim innergemeinschaftlichen Erwerb enthalten Rz. 139 ff.; zu den Aufzeichnungspflichten bei innergemeinschaftlichen Lieferungen vgl. Rz. 258 ff.

VII. Fiskalvertreter

1. Fiskalvertretung im Inland

Mit Ausnahme der Bundesrepublik Deutschland kannten vor Schaffung des Binnenmarktes die anderen Mitgliedstaaten in unterschiedlicher Ausgestaltung das Institut des Fiskalvertreters, der die Rechte und Pflichten des nicht im jeweiligen Staat ansässigen Unternehmers wahrzunehmen hatte. In einigen Mitgliedstaaten war die Inanspruchnahme des Fiskalvertreters obligatorisch, in anderen war sie dem Unternehmer freigestellt. In Deutschland wurde in der Vergangenheit ein unabweisbarer Bedarf für die allgemeine Einführung eines Fiskalvertreters nicht gesehen, insbesondere weil ein umfassend geregeltes Steuerberatungswesen besteht. Zum 1. 1. 1997 wurde der Fiskalvertreter für einen Teilbereich der Verfahrensabwicklung bei der Umsatzsteuer im Inland

592

eingeführt. In bestimmten Fällen, insbesondere bei der Einfuhr von Waren in das Inland und deren anschließender Weiterlieferung in einen anderen Mitgliedstaat, können sich ausländische Unternehmer im Inland durch einen Fiskalvertreter vertreten lassen.

Im Ausland ansässige Unternehmer müssen sich grds. im Inland bei einem Finanzamt wie inländische Unternehmer registrieren lassen, wenn sie im Inland Umsätze ausführen, und zwar selbst dann, wenn die Umsätze steuerfrei sind und eine Umsatzsteuer-Zahllast somit nicht entsteht. Sie müssen Umsatzsteuererklärungen sowie Zusammenfassende Meldungen abgeben. Dies ist auch dann der Fall, wenn ein im Ausland ansässiger Unternehmer Waren über Deutschland als „Durchgangsland" einführt und an einen Unternehmer in einem anderen Mitgliedstaat liefert. Damit der Importeur, der weder Umsatzsteuer (§ 4 Nr. 1b i. V. m. § 6a UStG) noch Vorsteuerbeträge anzumelden hat, sich nicht beim Finanzamt registrieren lassen muss, wurde für diese Vorgänge die Möglichkeit der Benennung eines Fiskalvertreters eingeführt (§ 22a UStG), der die Erklärungs- und Meldepflichten des ausländischen Unternehmers wahrnehmen kann (§ 22b Abs. 1 und Abs. 2 UStG).

BEISPIEL: Unternehmer R aus Russland liefert eine Ware an Abnehmer N aus den Niederlanden. Er übergibt die Ware dem in Deutschland ansässigen Frachtführer F, der die Ware von Russland zum Abnehmer N nach Utrecht bringt. F lässt auf Rechnung des R die Ware beim deutschen Zoll zum freien Verkehr abfertigen.

R führt eine Lieferung aus, der Ort der Lieferung verlagert sich aufgrund der Sonderregelung des § 3 Abs. 8 UStG von Polen (§ 3 Abs. 6 Satz 1 UStG) ins Inland, da R grds. Schuldner der Einfuhrumsatzsteuer ist, die ohne Anwendung des § 5 Abs. 1 Nr. 3 UStG anfallen würde. Die Lieferung des R ist somit im Inland steuerbar (§ 1 Abs. 1 Nr. 1 UStG), aber als innergemeinschaftliche Lieferung steuerfrei (§ 4 Nr. 1b i. V. m. § 6a UStG). Da R die Ware im Anschluss an die Einfuhr unmittelbar zur Ausführung einer innergemeinschaftlichen Lieferung verwendet, ist die Einfuhr ebenfalls steuerfrei (§ 5 Abs. 1 Nr. 3 UStG).

R muss in Deutschland eine steuerfreie innergemeinschaftliche Lieferung in einer Steuererklärung angeben und eine Zusammenfassende Meldung abgeben. Zur Erfüllung seiner Erklärungs- und Aufzeichnungspflichten kann er sich eines Fiskalvertreters bedienen. Diese Aufgaben kann F wahrnehmen (§ 22a Abs. 2 UStG i. V. m. § 4 Nr. 9c StBerG).

Die Fiskalvertretung beschränkt sich auf die Fälle, in denen für den Vertretenen weder eine Steuerschuld noch ein Vorsteuerüberschuss entsteht (§ 22a Abs. 1 UStG). Dem ausländischen Unternehmer bleibt es unbenommen, ob er einen Fiskalvertreter einschaltet oder nicht (§ 22a Abs. 1 und Abs. 3 UStG). In den Fällen, in denen ein ausländischer Unternehmer in Deutschland steuerpflichtige Umsätze zu erklären hat oder Vorsteuerbeträge geltend macht, hat er selbst Steuererklärungen abzugeben oder einen Steuerberater zu beauftragen.

Als Anwendungsfälle der Fiskalvertretung kommen insbesondere in Betracht:[1]

a) steuerfreie Einfuhren, an die sich unmittelbar eine innergemeinschaftliche Lieferung anschließt (§ 5 Abs. 1 Nr. 3 UStG),

b) steuerfreie innergemeinschaftliche Erwerbe, an die sich unmittelbar eine innergemeinschaftliche Lieferung anschließt (§ 4b Nr. 4 UStG),

c) steuerfreie grenzüberschreitende Beförderungen von Gegenständen i. S. des § 4 Nr. 3 UStG, sofern der Unternehmer keine Lieferungen oder sonstige Leistungen bezieht, für die er die Vorsteuer nach § 15 UStG abziehen kann.

Die Fiskalvertretung ist ausgeschlossen, wenn der Vertretene im Inland neben seinen steuerfreien Umsätzen auch steuerpflichtige Umsätze ausführt, also auch dann, wenn der Vertretene

a) steuerpflichtige Werklieferungen oder sonstige Leistungen ausführt, für die der Leistungsempfänger die Umsatzsteuer nach § 13b UStG schuldet,

b) steuerpflichtige Umsätze ausführt, für die gem. § 18 Abs. 7 UStG i. V. m. § 49 und § 50 UStDV auf die Erhebung der darauf entfallenden Steuer verzichtet wird,

c) für den gleichen Zeitraum am Vorsteuer-Vergütungsverfahren nach § 18 Abs. 9 UStG teilnimmt,

d) innergemeinschaftliche Erwerbe im Rahmen von innergemeinschaftlichen Dreiecksgeschäften tätigt, die nach § 25b Abs. 3 UStG als besteuert gelten, und steuerpflichtige Lieferungen im Rahmen von innergemeinschaftlichen Dreiecksgeschäften erbringt, für die die Steuer vom letzten Abnehmer gem. § 25b Abs. 2 UStG geschuldet wird,

e) Empfänger einer steuerpflichtigen Werklieferung oder sonstigen Leistung eines im Ausland ansässigen Unternehmers ist, bei denen der Übergang der Steuerschuldnerschaft nach § 13b UStG zur Anwendung kommt.

Der Fiskalvertreter übernimmt nicht nur die Erklärungs- und Meldepflichten des ausländischen Unternehmers, er hat auch die Aufzeichnungen i. S. des § 22 UStG für den von ihm vertretenen Unternehmer zu führen (§ 22b Abs. 3 UStG).

Die Fiskalvertretung können die Angehörigen der steuerberatenden Berufe sowie – entsprechend den Bedürfnissen der Wirtschaft – insbesondere auch Spe-

593

---

1 Vgl. BMF, Schreiben v. 11. 5. 1999, BStBl 1999 I S. 515.

diteure und Zolldeklaranten, Lagerhalter und dgl. wahrnehmen, da sie bereits die zollrechtlichen Erklärungs- und Meldepflichten bei Abfertigung von Drittlandsware für den im Ausland ansässigen Unternehmer erfüllen (§ 22a Abs. 2 UStG i. V. m. § 3 und § 4 Nr. 9c StBerG). Diese Personen müssen aber im Inland ansässig sein; Kleinunternehmer sind von der Befugnis zur Vertretung ausgeschlossen. Bei Übernahme auch der umsatzsteuerlichen Erklärungs- und Meldepflichten für den ausländischen Unternehmer können somit alle Pflichten von einer Person erfüllt werden. Für einen Unternehmer können auch mehrere Fiskalvertreter tätig werden, d. h. für mehrere Umsätze kann der Unternehmer unterschiedliche Fiskalvertreter einschalten. In dem Umfang, in welchem der Fiskalvertreter Aufgaben des Vertretenen wahrnimmt (§ 22b Abs. 1 Satz 1 UStG), müssen ihm die Rechte des Vertretenen gewährt werden (§ 22b Abs. 1 Satz 2 UStG). Der Fiskalvertreter hat unter der ihm für diese Aufgaben erteilten gesonderten Steuernummer eine Steuererklärung abzugeben, in der er die Besteuerungsgrundlagen für jeden von ihm vertretenen Unternehmer zusammenfasst (§ 22b Abs. 2 UStG). Dies gilt für die Zusammenfassende Meldung entsprechend. Auf Verlangen der Finanzverwaltung hat ein Fiskalvertreter seine Vollmacht schriftlich nachzuweisen, § 80 Abs. 1 AO gilt sinngemäß.

594 Die Fiskalvertretung muss nach außen deutlich werden. Daher schreibt § 22c UStG vor, welche besonderen Angaben die Rechnung bei der Fiskalvertretung zu enthalten hat. In der Rechnung ist auf die Fiskalvertretung hinzuweisen sowie Name und die Anschrift des Fiskalvertreters anzugeben. Zudem muss die Rechnung die USt-IdNr. des Fiskalvertreters ausweisen. Dem Fiskalvertreter wird für seine Fiskalvertretung eine gesonderte Steuernummer und eine gesonderte USt-IdNr. nach § 27a UStG erteilt (§ 22d UStG). Diese für die Vertretung erteilte Steuer- und Identifikationsnummer verwendet der Fiskalvertreter für alle von ihm vertretenen Unternehmer. Die Verordnung über die örtliche Zuständigkeit für die Umsatzsteuer im Ausland ansässiger Unternehmer (USt-ZustV) findet insoweit keine Anwendung, da das Finanzamt des Fiskalvertreters zuständig ist. Der Fiskalvertreter wird bei dem Finanzamt gesondert geführt, von dessen Bezirk aus er sein Unternehmen ganz oder überwiegend betreibt (§ 21 Abs. 1 Satz 1 AO). Innerhalb des betreffenden Finanzamts ist die für die eigenen steuerlichen Angelegenheiten des Fiskalvertreters zuständige Stelle auch mit der Bearbeitung der vertretenen Fälle zu betrauen.[1]

---

1 OFD Frankfurt/Main v. 4. 8. 1999, UR 2000 S. 44.

Das zuständige Finanzamt kann die Fiskalvertretung untersagen, wenn der Fiskalvertreter wiederholt gegen die ihm auferlegten Pflichten nach § 22b UStG verstößt oder ordnungswidrig nach § 26a UStG handelt (§ 22e UStG). Dies gilt nicht für die in § 3 StBerG genannten Personen, denn in diesen Fällen sieht das Steuerberatungsgesetz eigene Sanktionen vor. Nach § 22e Abs. 2 UStG haben Einspruch und Klage gegen die Untersagung der Fiskalvertretung die Hemmung der Vollziehung des angefochtenen Verwaltungsakts zur Folge.

Die Fiskalvertretung endet – außer in den Fällen des Widerrufs der Vollmacht –, wenn der Vertretene, der zunächst einen Fiskalvertreter wirksam bestellt hat, im weiteren Verlauf des Besteuerungszeitraums (§ 18 Abs. 3 Satz 1 UStG) im Inland steuerpflichtige Umsätze ausführt oder Vorsteuerbeträge abzieht.

Der **Fiskalvertreter selbst erbringt eine Beratungsleistung**, denn die Erfüllung 595
der umsatzsteuerlichen Pflichten und Ausübung der umsatzsteuerlichen Rechte ist der Tätigkeit eines Rechtsanwalts oder Steuerberaters ähnlich. Der Fiskalvertreter erbringt seine sonstige Leistung somit dort, wo der von ihm vertretene Unternehmer (Leistungsempfänger) sein Unternehmen betreibt (§ 3a Abs. 2 UStG). Die Leistung ist somit im Inland nicht steuerbar.[1]

Ist der Leistungsempfänger in einem anderen Mitgliedstaat der Europäischen Union ansässig, verlagert sich der Ort der Leistung des Fiskalvertreters nach § 3a Abs. 2 UStG in diesen Mitgliedstaat. Der Fiskalvertreter wird in diesem Mitgliedstaat regelmäßig nicht ansässig sein. Daher schuldet grds. der in diesem Mitgliedstaat als Unternehmer steuerlich erfasste Leistungsempfänger die Umsatzsteuer für die Fiskalvertretung (Art. 196 MwStSystRL). In diesem Fall darf der Fiskalvertreter weder ausländische noch deutsche Umsatzsteuer in Rechnung stellen.

Ist der Leistungsempfänger im Drittlandsgebiet ansässig, so verlagert sich der Ort der Leistung des Fiskalvertreters nach § 3a Abs. 2 UStG dorthin. Der Fiskalvertreter schuldet somit auch für diese Leistung keine deutsche Umsatzsteuer.

2. Fiskalvertretung im übrigen Gemeinschaftsgebiet

Führen Unternehmer aus dem Inland in anderen Mitgliedstaaten Umsätze 596
aus, bei denen es nicht zur Anwendung des sog. Reverse-Charge-Verfahrens kommt, so müssen sie sich in aller Regel in diesen Mitgliedstaaten umsatzsteuerlich registrieren lassen, haben Steuererklärungen abzugeben und ggf. Steuerbeträge zu entrichten. Die meisten Mitgliedsländer hatten schon vor

---

1 BMF, Schreiben v. 11. 5. 1999, BStBl 1999 I S. 515.

Schaffung des Binnenmarktes in unterschiedlicher Ausgestaltung das Institut des Fiskalvertreters eingeführt, der die Rechte und Pflichten des nicht im jeweiligen Staat ansässigen Unternehmers zu übernehmen hat. Im Gegensatz zum deutschen Umsatzsteuerrecht hat der Fiskalvertreter im Ausland zudem die Aufgabe, den Steueranspruch des Fiskus zu sichern. Er ist i.d.R. Haftungsschuldner. Die Mitgliedstaaten sind allerdings nicht berechtigt, für Unternehmer aus Mitgliedsländern der EU einen Fiskalvertreter zwingend vorzuschreiben. Die steuerlichen Angelegenheiten kann der ausländische Unternehmer auch selbst wahrnehmen. Das erweist sich jedoch in der Praxis zumeist als äußerst schwierig. Eine vorherige Kontaktaufnahme mit einschlägigen Stellen, z.B. der Deutschen Auslandshandelskammer (AHK) erscheint sinnvoll, besser ist eine steuerliche Vertretung durch einen Angehörigen der steuerberatenden Berufe im entsprechenden Mitgliedstaat.

597–600   *(unbesetzt)*

G. Umsatzsteuerrecht der anderen EU-Mitgliedstaaten im Überblick

I. Allgemeines

Das Gebiet der Mitgliedstaaten der Europäischen Union ist zwischenzeitlich ein weitgehend vereinheitlichter Wirtschaftsraum, in dem sowohl der Warenverkehr als auch der Dienstleistungsverkehr nicht mit steuerlichen Grenzformalitäten belastet ist. Ungeachtet dessen müssen inländische Unternehmer, die in anderen EU-Mitgliedstaaten Umsätze ausführen, diese ggf. auch nach den im jeweiligen EU-Mitgliedstaat geltenden umsatzsteuerlichen Regelungen versteuern. Insbesondere Versendungsumsätze an private Verbraucher, aber auch die meisten Dienstleistungen sind im Bestimmungsland der Umsatzsteuer zu unterwerfen. Problematisch ist zudem gerade die Abwicklung von Werk- und Montagelieferungen, insbesondere bei Subunternehmern. Liegt der Ort der Besteuerung im Ausland, richtet sich auch das Besteuerungsverfahren nach ausländischem Recht. 601

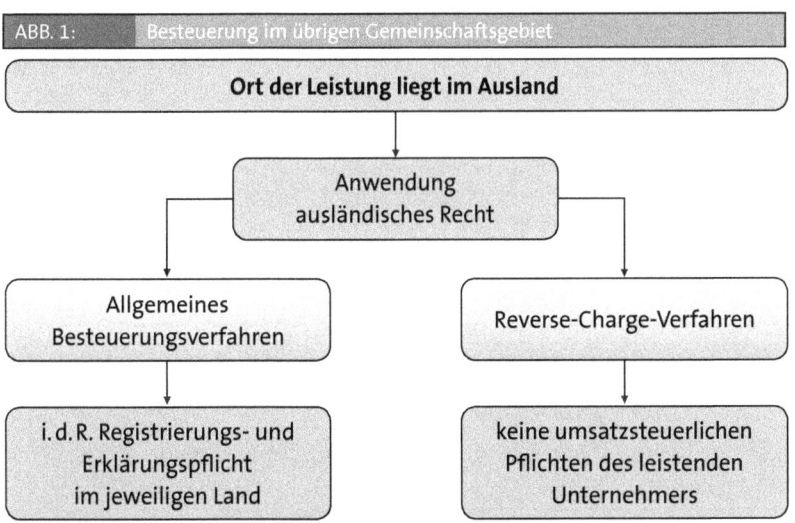

ABB. 1: Besteuerung im übrigen Gemeinschaftsgebiet

Liegt der Ort der Leistung im Ausland, so hat der Unternehmer grds. Registrierungs- und Erklärungspflichten in diesem Land zu beachten, denn nach Art. 193 MwStSystRL schuldet die Mehrwertsteuer für die Leistung grds. der Steuerpflichtige, der Gegenstände steuerpflichtig liefert oder eine Dienstleistung steuerpflichtig erbringt. Um diese formellen Belastungen für Unterneh- 602 mer weitgehend zu vermeiden, wurden Regelungen für den Übergang der Steuerschuldnerschaft auf den Empfänger der Leistung in die MwStSystRL aufgenommen. Wird die steuerpflichtige Lieferung von Gegenständen bzw. die steuerpflichtige Dienstleistung von einem Steuerpflichtigen (Unternehmer) bewirkt, der nicht in dem Mitgliedstaat ansässig ist, in dem die Mehrwertsteuer geschuldet wird, können die Mitgliedstaaten vorsehen, dass die Person, für die die Lieferung bzw. Dienstleistung bestimmt ist, die Steuer schuldet (Art. 194 MwStSystRL). Dabei ist bei diesem sog. Reverse-Charge-Verfahren zu unterscheiden, ob die Steuerschuldnerschaft bereits zwingend nach der MwStSystRL übergeht (vgl. z. B. Art. 196 MwStSystRL) oder ob den Mitgliedstaaten ein Ermessensspielraum eingeräumt wurde (vgl. z. B. Art. 199, 199a MwStSystRL). Zwangsläufig muss sich daher ein Unternehmer mit dem Umsatzsteuerrecht des anderen Mitgliedstaates beschäftigen, weil er prüfen muss, ob er selbst Registrierungs- und Erklärungspflichten beachten muss oder ob diese Pflichten von seinem Leistungsempfänger übernommen werden. Dabei kommt auch der Person des Leistungsempfängers (Unternehmer oder Nichtunternehmer) und seiner Ansässigkeit im genannten Mitgliedstaat regelmäßig Bedeutung zu.

603 Unionsrechtlich liegt dem innerstaatlichen Umsatzsteuerrecht aller Mitgliedstaaten im Wesentlichen die MwStSystRL zugrunde. Die EU-Mitgliedstaaten sind verpflichtet, diese unionsrechtlichen Grundsätze in innerstaatliches Recht umzusetzen. Daher kann grds. davon ausgegangen werden, dass die umsatzsteuerlichen Regelungen in den EU-Mitgliedstaaten inhaltlich vom Grundsatz untereinander und mit der MwStSystRL weitgehend übereinstimmen. Allerdings gibt es in einigen Bereichen Unterschiede, da die MwStSystRL den Mitgliedstaaten verschiedene Wahlrechte einräumt, abweichende Regelungen sowie unterschiedliche Übergangsregelungen zulässt (vgl. z. B. Art. 199 MwStSystRL zum Reverse-Charge-Verfahren für bestimmte Leistungen: „Die Mitgliedstaaten *können* vorsehen …"). Gerade aber diese landesspezifischen Fragen gilt es möglicherweise zu beachten, zumal im Steuerrecht der Teufel bekanntlich immer im Detail steckt. Die Verfahrensabläufe bei der Steuerfestsetzung und -erhebung selbst sind zudem unionsrechtlich weitgehend noch nicht geregelt und unterliegen deshalb regelmäßig der Organisationshoheit der verschiedenen EU-Mitgliedstaaten.

II. Grundinformationen zu den einzelnen Mitgliedstaaten

Erbringt ein Unternehmer in einem anderen Mitgliedstaat steuerbare Umsätze, muss er sich daher zwangsläufig mit dem (ggf. abweichenden) Umsatzsteuerrecht dieses Landes befassen. Aber auch dann, wenn die materiellen Vorschriften mit den inländischen Regelungen identisch sind, bleiben zumindest verfahrensrechtliche Probleme. Zwar kennt die MwStSystRL in vielen Fällen Vereinfachungsregelungen (z. B. Übergang der Steuerschuldnerschaft bei Dienstleistungen an andere Unternehmer), gleichwohl muss zunächst geprüft werden, ob diese Vereinfachung im vorliegenden konkreten Fall überhaupt zum Tragen kommt. Nicht selten müssen Umsätze von deutschen Unternehmern tatsächlich im übrigen Gemeinschaftsgebiet versteuert und entsprechend Steuererklärungen abgegeben werden. Für eine ordnungsgemäße Abwicklung dieser Umsätze ist das Recht des EU-Mitgliedstaates maßgebend, in dem der umsatzsteuerliche Leistungsort liegt. Damit verbunden sind nicht nur formelle Fragen, wie z. B. die Suche nach dem zuständigen Finanzamt im anderen Mitgliedsland, sondern es sind ggf. auch materielle Fragen zu klären. So gibt es innerhalb der EU weder einen einheitlichen Steuersatz noch eine einheitliche Zuordnung von Umsätzen zum allgemeinen bzw. ermäßigten Steuersatz. Die Frage, ob ein Umsatz z. B. mit 19% oder mit 25% zu versteuern ist, ist aber gerade bei der Preisgestaltung und Angeboten gegenüber privaten und nicht vorsteuerabzugsberechtigten Abnehmern von hoher Bedeutung für die Praxis. 604

Zur Beurteilung der Frage, wie in anderen EU-Mitgliedstaaten ausgeführte Umsätze im Einzelfall zu versteuern sind, sind allein der amtliche Gesetzestext dieses Mitgliedstaates und die dazu ergangenen Ausführungsbestimmungen verbindlich. Der nachfolgende Überblick über die grundsätzlichen Bestimmungen in den einzelnen Mitgliedstaaten kann daher allenfalls die betroffenen Personenkreise für die aufgeworfenen Fragen sensibilisieren, nicht aber eine endgültige Antwort auf die zahlreichen Fragen geben, von denen die meisten Teilnehmer am innergemeinschaftlichen Handel betroffen sind. Während der vorhergehende Teil dieses Buchs die deutsche Rechtslage umfassend darstellen konnte, würde eine detaillierte Abhandlung des Umsatzsteuerrechts der übrigen Mitgliedstaaten außerdem den Rahmen dieses Werks sprengen. 605

Die nachfolgenden Ausführungen zu den grundlegenden Informationen zur Anwendung der auf Gemeinschaftsebene erlassenen Mehrwertsteuer-Vorschriften in den Mitgliedstaaten sind sorgfältig von den Mitarbeitern des Fachbereichs Umsatzsteuer der „BDO AG Wirtschaftsprüfungsgesellschaft" unter 606

Leitung von Frau StB Annette Pogodda-Grünwald, Berlin zusammengetragen worden. Leider müssen sich diese Informationen aber zwangsläufig auf grundsätzliche Informationen und Basisdaten der einzelnen Mitgliedstaaten beschränken und unterliegen – wie auch das inländische Recht – einem ständigen Wandel. Sie erfolgen daher entsprechend ohne Gewähr. Hat ein deutscher Unternehmer nach den Vorschriften der MwStSystRL seine Leistung im übrigen Gemeinschaftsgebiet erbracht, ist sinnvollerweise zunächst zu prüfen, ob in diesem Land Vereinfachungen bei der Steuerschuldnerschaft gelten, z. B. der Übergang der Steuerschuldnerschaft. Für die Beantwortung dieser Frage sollten nur die Rechtsvorschriften dieses Landes herangezogen werden. Eine Analogie zum deutschen Umsatzsteuerrecht sollte ebenso wenig versucht werden wie die bloße Berücksichtigung der Vorschriften der MwStSystRL. Wer in einem anderen Mitgliedstaat Leistungen ausführt, muss sich zwangsläufig auch mit dem Umsatzsteuerrecht dieses Landes beschäftigten. Es wird dringend geraten, einen steuerlichen Berater im anderen Mitgliedstaat zu beauftragen, erst recht, wenn Registrierungs- und Erklärungspflichten in den anderen Mitgliedstaaten tatsächlich zu beachten sind. Hilfreiche Informationen können auch die örtlichen Industrie- und Handelskammern oder die Außenhandelskammern geben. Auch die Mitarbeiter der BDO weisen ausdrücklich darauf hin, dass vor Vertragsabschluss die Kontaktaufnahme mit einem Angehörigen der steuerberatenden Berufe im jeweiligen Mitgliedstaat unverzichtbar ist. So hat die BDO – wie auch die anderen großen internationalen Steuerberatungsgesellschaften – Niederlassungen in allen Mitgliedsländern. Sicherlich hilft auch die Bundessteuerberaterkammer bei der Suche nach Ansprechpartnern.

Auch die im Internet zur Verfügung gestellten Informationen der einzelnen Mitgliedstaaten beschränken sich auf grundsätzliche Informationen und Basisdaten und sind niemals wirklich aktuell. Sie sollten daher mit Vorsicht betrachtet werden. Die Veröffentlichung dient auch nach Angaben der Europäischen Kommission nur der Information und hat keinen bindenden Charakter. Die Dokumentation soll lediglich eine grundlegende Information für Unternehmer sein, die im Binnenmarkt Leistungen erbringen und sich dabei zwangsläufig auch mit dem Umsatzsteuerrecht der übrigen Mitgliedstaaten erstmalig befassen müssen.

1. Belgien

a) Allgemeine Informationen

607

		Informationsstelle
Währung	Euro (€)	CENTRUM BUITENLAND -
MwSt-Standardsatz	21%	BEHEER TEAM 1
Ermäßigter Satz	0%, 6%, 12%	Kruidtuinlaan 50 bus 3410
Lieferschwelle	€ 35.000	B - 1000 Bruxelles
Erwerbsschwelle	€ 11.200	Belgium
		Tel.: (+32) 257 740 70
		Fax: (+32) 255 963 59
		E-Mail:
		contr.btw.ckbb@minfin.fed.be
		https://financien.belgium.be
Bezeichnung der Umsatzsteuer	taxe sur la valeur ajoutée (TVA) *oder* belasting over de toegevoegde waarde (BTW)	**Anträge auf MwSt-Vergütung sind zu richten an:**
Name der Mehrwertsteuer-Identifikationsnummer (MwSt-IdNr.)	Numéro d'identification à la taxe sur la valeur ajoutée/ BTW - identificatienummer (No. TVA/ BTW-Nr.)	RemboursementCentraal Btw-kantoor voor Buitenlandse Belastingplichten Dienst Controle Kruidtuinlaan 50 bus 3625 18th Floor R
Aufbau der MwSt-IdNr.	BE + zehn Ziffern	B - 1000 Bruxelles Belgium Tel.: (+32) 257 740 40 Fax: (+32) 257 963 58 E-Mail: vat.refund.ckbb@minfin.fed.be https://financien.belgium.be
Umsatzsteuerliche Organschaft	Voraussetzung: Die finanzielle, wirtschaftliche und organisatorische Eingliederung der Organgesellschaft in den Organträger muss erfüllt sein. Die beteiligten Personen haben umsatzsteuerliche Unternehmer zu sein. Die Organschaft wirkt nur im Inland. Eine ausländische Gesellschaft kann nicht Teil eines Organkreises werden,	

	dies ist nur für eine inländische Betriebsstätte der ausländischen Gesellschaft möglich. Grds. besteht ein Wahlrecht zur Anwendung der Regelungen zur umsatzsteuerlichen Organschaft.	
Fiskalvertreter erforderlich	nur für Nicht-EU Unternehmer	**Mindestsumme der MwSt-Vergütungsanträge**[1]
Drittlandsgebiete	keine	Jährliche Antragstellung €50
		Quartalsanträge €400
Kleinunternehmergrenze	€ 25.000 für Inländer	

b) Registrierung ausländischer Unternehmer

Registrierungspflicht	Eine Mehrwertsteuer-Registrierung ist verpflichtend
	► bei Ausführung von Lieferungen,
	► bei der Erbringung von Dienstleistungen,
	► beim innergemeinschaftlichen Erwerb (bzw. bei Überschreitung der Erwerbsschwelle von €11.200) und
	► im Versandhandel bei Überschreitung der Lieferschwelle von €35.000.
Ausnahmen	► Die Registrierungspflicht entfällt bei Lieferungen und sonstigen Leistungen, die dem Reverse-Charge-Verfahren unterliegen.
	► Eine Ausnahme gilt auch für Kleinunternehmer mit einer Niederlassung in Belgien, wenn diese die Umsatzgrenze von €25.000 im vorangegangenen Kalenderjahr nicht überschritten haben.
	► Eine Registrierung kann in Fällen, in denen die Schwellenwerte nicht überschritten worden sind, freiwillig erfolgen, wenn der in einem anderen Mitgliedstaat ansässige Steuerpflichtige Umsätze tätigt, für die er nicht die MwSt schuldet und wenn der Gesamtbetrag der ihm von seinen Lieferanten in Rech-

---

1 €50 (jährlich) und €400 (Quartal) für Antragsteller aus dem Drittland.

nung gestellten belgischen Mehrwertsteuer, für die er den Vorsteuerabzug in Anspruch nehmen kann, den Schwellenwert von € 10.000 pro Jahr überschreitet.

Antragstellung

Für im Ausland ansässige Unternehmer ist zuständig:
► CENTRUM BUITENLAND - BEHEER TEAM 1
Kruidtuinlaan 50 bus 3410
B - 1000 Bruxelles
Belgium
Tel.: (+32) 257 740 70
Fax: (+32) 257 963 58
https://financien.belgium.be

Abhängig von der gewählten Registrierung sind unterschiedliche Dokumente/Nachweise beizubringen. Grds. sind folgende Unterlagen dem Antrag beizufügen:

► Eine von den zuständigen Behörden des Landes, in dem der Steuerpflichtige ansässig ist, ausgestellte Bescheinigung, dass es sich bei dem Antragsteller um einen Steuerpflichtigen handelt,

► eine Kopie des Handelsregisterauszugs des Landes, in dem der Steuerpflichtige ansässig ist,

► eine Kopie der Gründungsurkunde, wenn es sich bei dem Steuerpflichtigen um eine juristische Person handelt und

► eine Kopie von Auftragsformularen oder Verträgen, durch die die Ausübung einer zukünftigen Geschäftstätigkeit in Belgien nachgewiesen wird.

c) Anwendung des Reverse-Charge-Verfahrens

Nationale Regelung

► Art. 51 § 2 Belgisches Mehrwertsteuergesetz

Leistender

► Ausländischer Unternehmer, der nicht in Belgien ansässig ist.
Die mehrwertsteuerliche Registrierung des ausländischen Unternehmers in Belgien ist für die Anwendung des Reverse-Charge-Verfahrens unschädlich.

Leistungs-empfänger	▶ Unternehmer oder juristische Person des öffentlichen Rechts, die in Belgien mehrwertsteuerlich registriert ist.
Anwendungsfälle	▶ Gilt für alle steuerpflichtigen Lieferungen und sonstige Leistungen, die von einem ausländischen Unternehmer an einen in Belgien mehrwertsteuerlich registrierten Unternehmer erbracht werden. ▶ Zudem wurde mit Art. 194 der MwStSystRL ein erweitertes Reverse-charge-Verfahren in Belgien implementiert. Demnach ist das Reverse-Charge-Verfahren auch anwendbar in Fällen der Durchführung eines steuerpflichtigen Umsatzes durch einen nicht in Belgien niedergelassenen Lieferanten oder Dienstleister an einen Empfänger, der: – in Belgien ansässig ist und regelmäßig Umsatzsteuererklärungen einreicht. – in Belgien nicht ansässig ist und in Belgien durch einen Fiskalvertreter umsatzsteuerlich registriert ist.
Rechtsfolgen	▶ Steuerschuld und Vorsteuerabzug fallen in der Person des Leistungsempfängers zusammen.
Rechnungs-anforderungen	▶ Ausweis des Nettobetrags in der Rechnung. ▶ Angabe der MwSt-Nummer des Leistungsempfängers. ▶ Hinweis in der Rechnung auf die Anwendung des Reverse-Charge-Verfahrens. Es ist empfehlenswert die entsprechende belgische oder europäische Vorschrift zu nennen.

d) Bestellung eines Steuer-/Fiskalvertreters

Pflicht für nicht in der EU ansässige Unternehmer	▶ Für nicht in der EU ansässige Unternehmer ist die Bestellung eines Fiskalvertreters in Belgien verpflichtend.
Voraussetzungen für die Vertretung	▶ Der Vertretene darf im Inland nicht über einen Sitz, eine Geschäftsleitung oder eine Zweigniederlassung verfügen.

Anwendungsfälle

► Der Unternehmer ist verpflichtet, einen Steuervertreter zu bestellen, bevor er Umsätze ausführt, die der belgischen Mehrwertsteuer unterliegen und für die der ausländische Unternehmer in Belgien zum Vorsteuerabzug berechtigt ist und die Mehrwertsteuer schuldet.

Vertretungsbefugte

Die zur Zulassung durch die Steuerverwaltung als Steuervertreter vorgeschlagene Person muss folgende Bedingungen erfüllen:

► Sie muss vertragsfähig sein,

► sie muss in Belgien ansässig sein,

► sie muss über ausreichende Mittel verfügen, um den nach belgischen Rechtsvorschriften für Steuerpflichtige geltenden Pflichten nachzukommen und

► sie muss sich zur Übernahme der Vertretung des Steuerpflichtigen bereit erklären.

Dieser Vertreter kann eine juristische oder natürliche Person sein. Er kann die belgische oder eine andere Staatsangehörigkeit besitzen, muss aber in Belgien ansässig sein. Es kann sich hierbei insbesondere um ein in Belgien ansässiges Steuerbüro, eine Tochtergesellschaft des Steuerpflichtigen ohne Sitz in der Gemeinschaft oder um einen Vertragspartner dieses Steuerpflichtigen handeln.

Rechte und Pflichten

► Der Vertreter hat die gleichen Rechte und Pflichten wie der Vertretene.

► Der Steuervertreter und der Vertretene haften gesamtschuldnerisch für die Zahlung der Mehrwertsteuer sowie der Zinsen und Geldbußen, die im Zusammenhang mit den in Belgien getätigten Umsätzen anfallen können.

► Sowohl der Steuerpflichtige als auch der Vertreter müssen eine Bankbürgschaft in Höhe von 25% der erwarteten jährlich zu zahlenden Mehrwertsteuer stellen.

e) Rechnungserteilung

Pflicht zur Rechnungserteilung

▶ Ein Unternehmer ist generell verpflichtet, eine Rechnung spätestens am fünfzehnten Tag des Monats auszustellen, der auf die Erbringung einer Lieferung oder sonstigen Leistung folgt.

Im Falle einer Anzahlungsrechnung ist die Rechnung bis zum fünften Tag des Monats auszustellen, der auf die Zahlung folgt.

Inhalt und Fristen

Eine Rechnung muss folgende Angaben enthalten:

▶ Den vollständigen Namen und die vollständige Anschrift des leistenden Unternehmers und des Leistungsempfängers,

▶ die dem leistenden Unternehmer und dem Leistungsempfänger von der Steuerverwaltung erteilte MwSt-Nummer,

▶ das Ausstellungsdatum,

▶ eine fortlaufende Nummer mit einer oder mehreren Zahlenreihen, die zur Identifizierung der Rechnung vom Rechnungsaussteller einmalig vergeben wird (Rechnungsnummer),

▶ die Menge und die Art (handelsübliche Bezeichnung) der gelieferten Gegenstände oder den Umfang und die Art der sonstigen Leistung,

▶ den Zeitpunkt der Lieferung oder sonstigen Leistung oder den Zeitpunkt der Vereinnahmung des Entgelts oder eines Teils des Entgelts, sofern der Zeitpunkt der Vereinnahmung feststeht und nicht mit dem Ausstellungsdatum der Rechnung übereinstimmt,

▶ das nach Steuersätzen und einzelnen Steuerbefreiungen aufgeschlüsselte Entgelt für die Lieferung oder sonstige Leistung sowie jede im Voraus vereinbarte Minderung des Entgelts, sofern sie nicht bereits im Entgelt berücksichtigt ist,

▶ den anzuwendenden Steuersatz sowie den auf das Entgelt entfallenden Steuerbetrag oder im Fall einer Steuerbefreiung einen Hinweis darauf, dass für die Lieferung oder sonstige Leistung eine Steuerbefreiung gilt und

▶ bei Fiskalvertretung, den vollständigen Namen, die vollständige Anschrift und die MwSt-Nummer des Vertreters

▶ der Steuerbetrag ist in der Rechnung in € auszuweisen.

Vereinfachte Rechnungen

Eine vereinfachte Rechnung, mit einem Gesamtbetrag nicht höher als € 100 (ohne MwSt), muss lediglich die folgenden Angaben enthalten:

▶ Den vollständigen Namen und die vollständige Anschrift des leistenden Unternehmers und des Leistungsempfängers,

▶ die dem leistenden Unternehmer und dem Leistungsempfänger von der Steuerverwaltung erteilte MwSt-Nummer,

▶ das Ausstellungsdatum,

▶ eine fortlaufende Nummer mit einer oder mehreren Zahlenreihen, die zur Identifizierung der Rechnung vom Rechnungsaussteller einmalig vergeben wird (Rechnungsnummer),

▶ die Menge und die Art (handelsübliche Bezeichnung) der gelieferten Gegenstände oder den Umfang und die Art der sonstigen Leistung,

▶ den anzuwendenden Steuersatz sowie den auf das Entgelt entfallenden Steuerbetrag.

Die Vereinfachung ist allerdings nicht anwendbar auf Rechnungen für:

▶ Steuerbefreite Umsätze oder unter Steueraussetzung getätigte Umsätze,

▶ Umsätze, für die der Vertragspartner die Steuer schuldet (Reverse-Charge-Verfahren).

Weitere Vereinfachungen bestehen für Lieferungen von Gegenständen und Dienstleistungen auf kontinuierlicher Basis, z. B. Lieferung von Wasser, Gas und Strom durch Versorgungsunternehmen, Fahrausweise sowie Bank- und Finanzumsätze.

Selbstfakturierung (Gutschrift)	Eine Rechnung für eine Lieferung oder sonstige Leistung des Unternehmers kann vom Leistungsempfänger unter Einhaltung der nachstehenden Voraussetzungen ausgestellt werden:

▶ Die Selbstfakturierung muss im Voraus zwischen den Parteien vereinbart werden; auf Verlangen der für die Mehrwertsteuer zuständigen Verwaltung muss jede Partei in der Lage sein, das Bestehen einer solchen Vereinbarung nachzuweisen.

▶ Rechnung muss die Referenz „Invoice issued by the customer" enthalten.

▶ Jede Rechnung muss gemäß einem festgelegten Verfahren von dem Leistenden ausdrücklich angenommen werden.

▶ Ist auf diesen Rechnungen keine Steuer ausgewiesen, z. B. bei Umkehrung der Steuerschuldnerschaft oder bei Vorliegen einer Steuerbefreiung, können die Parteien ein implizites Annahmeverfahren wählen, bei dem die Rechnung vom Lieferanten bzw. Dienstleistungserbringer als angenommen gilt, sofern eine Reaktion innerhalb der vorgeschriebenen Frist unterbleibt.

▶ Die Vertragspartner müssen in Ausnahmefällen, bspw. bei Anwendung des Reverse-Charge-Verfahrens, die jeweiligen Finanzbehörden informieren.

Rechnungskorrekturen	▶ Steuerpflichtige müssen grds. einen Korrekturbeleg ausstellen, wenn nach Ausstellung der Rechnung eine Berichtigung der Rechnungsangaben erforderlich wird.

▶ Wird ein Betrag mit Mehrwertsteuer gutgeschrieben, muss der Korrekturbeleg folgenden Hinweis enthalten: „Taxe à reverser au Trésor dans la mesure où elle a été initialement déduite" (als Vorsteuer geltend gemachte Mehrwertsteuer, die an die Finanzbehörde zurück zu zahlen ist).

Elektronische Rechnungen	▶ Eine Rechnung kann auf elektronischem Weg übermittelt werden. Grds. sind alle Übermittlungsformen zulässig (z. B. EDI-Verfahren oder E-Mail).

	▶ Die elektronische Rechnung muss durch den Leistungsempfänger akzeptiert werden.
	▶ Wird eine Rechnung auf elektronischem Weg übermittelt, müssen die Echtheit der Herkunft, die Unversehrtheit des Inhalts und die Lesbarkeit der Rechnung gewährleistet sein. Dies kann bspw. durch eine qualifizierte elektronische Signatur oder durch ein geeignetes innerbetriebliches Kontrollverfahren erfolgen.
Aufbewahrung	▶ Die Aufbewahrungspflicht für Rechnungen beträgt 7 Jahre. Rechnungen/Dokumente im Zusammenhang mit Immobilien sind 15 Jahre lang aufzubewahren.
Reverse-Charge	▶ Führt der Unternehmer eine Leistung aus, für die der Leistungsempfänger die Steuer schuldet, ist er zur Ausstellung einer Rechnung verpflichtet, die einen Hinweis auf die Steuerschuldnerschaft des Leistungsempfängers enthält. Die Angabe der MwSt-Nummer des Leistungsempfängers ist bspw. bei innergemeinschaftlichen Dienstleistungen verpflichtend.
Wichtige Rechnungshinweise:	
Rechnungshinweis für steuerfreie innergemeinschaftliche Lieferungen	„Geen Belgische BTW verschuldigd" und Bezug auf „Vrijstelling op grond van artikel 39 bis WBTW - intracommunautaire leveringen / Pas de TVA due – exemption sur la base de l'article 39 bis CTVA - livraison intracommunautaire"
Rechnungshinweis für Dreiecksgeschäfte	„Driehoeksverkeer" und Bezug auf „medecontractant aangeduid als schuldenaar van de belasting – Verlegging van heffing op grond van artikel 51 § 2, 2° WBTW / Opération triangulaire - cocontractant désigné comme redevable de la taxe – report de paiement sur la base de l'article 51 § 2, 2° CTVA"
Rechnungshinweis beim Übergang der Steuerschuldnerschaft	„Btw-verlegd" oder „Autoliquidation"

| Rechnungshinweis bei Gutschriften | „Factuur uitgereikt door afnemer" oder „Autofacturation" |

f) Steuererklärungen

Pflicht zur Abgabe	▶ Jeder in Belgien registrierte Steuerpflichtige muss Steuererklärungen abgeben.
Ausnahmen	▶ Hiervon sind Kleinunternehmer, pauschalierende Landwirte sowie Steuerpflichtige, die kein Recht zum Vorsteuerabzug haben, ausgenommen.
Zeitraum und Zahlungsfristen	▶ Die Steuererklärung ist monatlich einzureichen und die zugehörige Zahlung spätestens am 20. Tag des darauffolgenden Monats zu leisten.
	▶ Einreichung der Erklärung und zugehörige Zahlungen können vierteljährlich erfolgen, wenn – der jährliche Umsatz des Steuerpflichtigen € 2.500.000 nicht übersteigt, – er keine Lieferungen von Mineralölen oder Mobilfunkgeräten und Computern und deren Peripheriegeräten, Zubehör und Bestandteilen und/oder von neuen motorgetriebenen Kraftfahrzeugen tätigt, die den Rechtsvorschriften über die Zulassung unterliegen und deren jährlicher Umsatz vor Steuern einen Betrag von € 200.000 nicht überschreitet oder – der jährliche Betrag der innergemeinschaftlichen Lieferungen unter € 400.000 liegt.
	▶ In diesem Fall muss der Steuerpflichtige jedoch monatliche Vorauszahlungen auf den geschuldeten Betrag leisten, der sich aus der einzureichenden Erklärung ergibt.
Verfahrensvereinfachung	Der Jahresumsatz wird pauschal auf der Grundlage der Einkäufe anhand eines Koeffizienten ermittelt, der von den Behörden nach Anhörung der betreffenden Branchenverbände festgelegt wird, wenn ▶ der Steuerpflichtige eine natürliche Person oder eine Personengesellschaft (mit Ausnahme von Genossenschaften) ist,

	► sein Jahresumsatz einen Betrag von € 750.000 nicht übersteigt und
	► dieser im Wesentlichen aus Umsätzen mit Privatpersonen stammt, über die keine Rechnungen ausgestellt werden müssen.
Elektronische Steuererklärungen	Steuerpflichtige, die ihre Steuererklärungen monatlich abgeben müssen, müssen dies auf elektronischem Wege tun:
	► Über das System INTERVAT. Der Steuerpflichtige muss, um die periodischen Steuererklärungen mittels eines gesicherten elektronischen Versands an die Behörde zu übermitteln, eine elektronische Signatur – gekoppelt an ein digitales Zertifikat Klasse 3 oder an die Identifikationsdaten seines Personalausweises – nutzen.
	Nach Eingang der Erklärung bei der Behörde erhält der Steuerpflichtige automatisch eine Eingangsbestätigung auf elektronischem Wege.
	Weitere Auskünfte erhalten Steuerpflichtige auf der folgenden Webseite:
	https://financien.belgium.be/nl/E-services/ (Rubrik „e-services")

g) Zusammenfassende Meldungen

Abgabepflicht	Eine Abgabepflicht besteht für einen
	► Unternehmer, der innergemeinschaftliche Warenlieferungen ausführt,
	► Unternehmer, der Beteiligter an einem innergemeinschaftlichen Dreiecksgeschäft ist,
	► Unternehmer, der innergemeinschaftliche Dienstleistungen ausführt.
Zeitraum	► Grds. gilt der gleiche Abgabezeitraum, wie für die Steuererklärung. Steuerpflichtige, die nicht zur Abgabe monatlicher Steuererklärungen verpflichtet sind, können eine vierteljährliche Zusammenfassende Meldung abgeben.

Inhalt	Die Zusammenfassende Meldung muss folgende Angaben enthalten:
	▶ Die MwSt-Nummer inklusive dem Ländercode „BE" des Unternehmers, die ihm in Belgien erteilt worden ist,
	▶ die MwSt-Nummer inklusive dem entsprechenden Ländercode jedes Erwerbers, die ihm in einem anderen Mitgliedstaat erteilt worden ist,
	▶ für jeden Erwerber die Summe der Bemessungsgrundlagen, der an ihn ausgeführten innergemeinschaftlichen Warenlieferungen/Dienstleistungen,
	▶ für jeden Erwerber die Summe der Bemessungsgrundlagen der innergemeinschaftlichen Dreiecksgeschäfte.
Elektronische Abgabe	▶ Zusammenfassende Meldungen können auf die gleiche Weise wie die Steuererklärung auf elektronischem Wege abgegeben werden.

h) Vorsteuerabzug

Einschränkung	Der Vorsteuerabzug ist u. a. für folgende Eingangsleistungen nicht möglich:
	▶ Alkoholische Getränke und Tabakwaren,
	▶ Bewirtungs- und Unterhaltungsaufwendungen,
	▶ Repräsentationsaufwendungen,
	▶ Beherbergung, Mahlzeiten und Getränke in Hotels und Restaurants,
	▶ Sonstige Leistungen (Vorleistungen) von Reiseveranstaltern,
	▶ 50% von Aufwendungen für Benzin,
	▶ 50% von Erwerb, Import oder Miete von Personenkraftwagen.
Abziehbare Vorsteuerbeträge	Der Vorsteuerabzug ist insbesondere für folgende Kosten, sofern sie betrieblich veranlasst sind, möglich:
	▶ Beratungsleistungen,
	▶ Personalbeschaffungskosten,
	▶ Park- und Straßenbenutzungsgebühren,
	▶ Taxikosten,

▶ Kosten für Telekommunikation,

▶ Seminar- und Tagungskosten,

▶ Messekosten,

▶ Kosten für Werbung.

Vergütungs-verfahren

Ausländische Unternehmer, die im Inland keine oder nur steuerfreie Umsätze bewirkt haben, können in Rechnung gestellte Mehrwertsteuerbeträge grds. nur in einem so genannten Vergütungsverfahren geltend machen.

Bei diesem Verfahren ist zwischen einer Mehrwertsteuervergütung an Unternehmer aus EU-Mitgliedstaaten und Unternehmer aus Drittländern zu unterscheiden.

Mehrwertsteuervergütung an Unternehmer aus EU-Mitgliedstaaten:

▶ Der Antrag auf Mehrwertsteuervergütung muss bis zum 30. September nach Ablauf des Kalenderjahres, in dem der Vergütungsanspruch entstanden ist, gestellt werden.

▶ Die Mindestsumme der Erstattungsbeträge beträgt für Quartalsanträge € 400 und bei jährlicher Antragstellung € 50.

▶ Der Unternehmer hat die Vergütung selbst zu berechnen und die Vorsteuerbeträge bei einem Rechnungsbetrag von über € 1.000 (€ 250 bei Rechnungen über Kraftstoff) durch Vorlage von Rechnungen und Einfuhrbelegen in Kopie nachzuweisen.

▶ Der Antrag wird über ein elektronisches Portal im jeweiligen Ansässigkeitsstaat eingereicht.

Mehrwertsteuervergütung an Unternehmer aus Drittländern:

▶ Der Antrag auf Mehrwertsteuervergütung muss bis zum 30. September nach Ablauf des Kalenderjahres, in dem der Vergütungsanspruch entstanden ist, gestellt werden.

▶ Die Mindestsumme der Erstattungsbeträge beträgt für Quartalsanträge € 400 und bei jährlicher Antragstellung € 50.

▶ Der Unternehmer hat die Vergütung selbst zu berechnen und die Vorsteuerbeträge bei Nachfrage durch die Behörde durch Vorlage von Rechnungen und Einfuhrbelegen im Original nachzuweisen.

► Der Antrag muss nach amtlich vorgeschriebenem Vordruck bei der zuständigen Behörde eingereicht werden. Dies geschieht regelmäßig noch papierhaft.

► Centraal Btw-kantoor voor Buitenlandse
Belastingplichten
Dienst Controle
Kruidtuinlaan 50 bus 3625
18th Floor R
1000 Brussel
Belgium
Tel.: (+32) 257 740 40
Fax: (+32) 257 963 58
https://financien.belgium.be

2. Bulgarien

a) Allgemeine Informationen

608

Währung	Bulgarischer Lew (BGN)	**Informationsstelle**
MwSt-Standardsatz	20%	National Revenue Agency (NRA)
Ermäßigter Satz	0%, 9%	52, Kniaz Aleksander Dondukov
Lieferschwelle	BGN 70.000	Bvd.
Erwerbsschwelle	BGN 20.000	BG - 1000 Sofia
		Bulgaria
		Tel: (+359) 2 9859 6801
		E-Mail: infocenter@nra.bg
		http://www.nap.bg/en/
Umrechnungskurs (Euro-Referenzkurs Sept. 2017)	1 € = 1,9558 BGN	**Anträge auf MwSt-Vergütung sind zu richten an:**
Bezeichnung der Umsatzsteuer	Dana Dobavena Stoynost (DDS)	
Name der Mehrwertsteuer-Identifikationsnummer (MwSt-IdNr.)	Dank dobaweha stoinost (DDS)	National Revenue Agency (NRA) 52, Kniaz Aleksander Dondukov Bvd. BG - 1000 Sofia
Aufbau der MwSt-IdNr.	BG + neun oder zehn Ziffern	Bulgaria Tel: (+359) 2 9859 6801 E-Mail: infocenter@nra.bg http://www.nap.bg/en/
Umsatzsteuerliche Organschaft	Eine umsatzsteuerliche Organschaft ist in Bulgarien nicht vorgesehen.	
Fiskalvertreter erforderlich	nur für Nicht-EU Unternehmer	**Mindestsumme der MwSt-Vergütungsanträge[1]**
Drittlandsgebiete	keine	Jährliche Antragstellung BGN 100
		Quartalsanträge BGN 800
Kleinunternehmergrenzen	BGN 50.000	

---

1 BGN 100 (jährlich) und BGN 800 (Quartal) für Antragsteller aus dem Drittland.

b) Registrierung ausländischer Unternehmer

Registrierungs-pflicht	Eine Mehrwertsteuer-Registrierung ist verpflichtend ▶ bei Ausführung von Lieferungen, ▶ bei der Erbringung von Dienstleistungen, ▶ beim innergemeinschaftlichen Erwerb bei Überschreitung der Erwerbsschwelle von BGN 20.000 und ▶ im Versandhandel bei Überschreitung der Lieferschwelle von BGN 70.000.
Ausnahmen	▶ Die Registrierungspflicht entfällt bei Lieferungen und sonstigen Leistungen, die dem Reverse-Charge-Verfahren unterliegen. ▶ Eine Ausnahme gilt auch für Kleinunternehmer mit einer Niederlassung in Bulgarien, wenn diese die Umsatzgrenze von BGN 50.000 in den vorangegangenen zwölf Monaten nicht überschritten haben. ▶ Eine Registrierung kann in allen Fällen, in denen die Schwellenwerte nicht überschritten worden sind, freiwillig erfolgen.
Antragstellung	Für ausländische Unternehmer ist zuständig: ▶ National Revenue Agency (NRA) 52, Kniaz Aleksander Dondukov Bvd. BG - 1000 Sofia Bulgaria Tel: (+359) 2 9859 6801 E-Mail: infocenter@nra.bg http://www.nap.bg/en/

c) Anwendung des Reverse-Charge-Verfahrens

Leistender	▶ Ausländischer Unternehmer, der nicht in Bulgarien ansässig ist. Die mehrwertsteuerliche Registrierung des ausländischen Unternehmers in Bulgarien ist für die Anwendung des Reverse-Charge-Verfahrens unschädlich.
Leistungs-empfänger Anwendungsfälle	▶ Unternehmer oder juristische Person des öffentlichen Rechts, der eine USt-IdNr. erteilt wurde, die in Bulgarien ansässig ist.

(Aufzählung nicht abschließend)	► grenzüberschreitende Dienstleistungen gemäß Art. 44 MwStSystRL,
	► grundstücksbezogene sonstige Leistungen,
	► Personenbeförderung,
	► kulturelle, künstlerische, wissenschaftliche, unterrichtende, sportliche, unterhaltende oder ähnliche Tätigkeiten,
	► Restaurationsleistungen,
	► Kurzfristige Vermietung eines Beförderungsmittels,
	► Restaurationsleistungen an Bord eines Beförderungsmittels.
Rechtsfolgen	► Steuerschuld und Vorsteuerabzug fallen in der Person des Leistungsempfängers zusammen.
Rechnungs- anforderungen	► Ausweis des Nettobetrags in der Rechnung.
	► Angabe der MwSt-Nummer des Leistungsempfängers.
	► Hinweis in der Rechnung auf die Anwendung des Reverse-Charge-Verfahrens.

d) Bestellung eines Steuer-/Fiskalvertreters

Pflicht für nicht in der EU ansässige Unternehmer	► Für nicht in der EU ansässige Unternehmer ist die Bestellung eines Fiskalvertreters in Bulgarien verpflichtend.
Voraussetzungen für die Vertretung	► Der Vertretene darf im Inland nicht über einen Sitz, eine Geschäftsleitung oder eine Zweigniederlassung verfügen.
Anwendungsfälle	► Der Unternehmer ist verpflichtet, einen Steuervertreter zu bestellen, bevor er Umsätze ausführt, die der bulgarischen Mehrwertsteuer unterliegen und für die der ausländische Unternehmer in Bulgarien zum Vorsteuerabzug berechtigt ist und die Mehrwertsteuer schuldet.
	► Dies gilt nicht für ausländische Unternehmer, die ausschließlich Umsätze aus elektronisch erbrachten Dienstleistungen bewirken.
Vertretungsbefugte	► Zum Fiskalvertreter können natürliche oder juristische Personen bestellt werden, die die bulgarische

Staatsangehörigkeit besitzen und in Bulgarien über einen ständigen Wohn- oder Geschäftssitz verfügen.

Rechte und Pflichten

► Der Vertreter hat die gleichen Rechte und Pflichten wie der Vertretene.
► Der Vertretene haftet gesamtschuldnerisch für die Zahlung der Mehrwertsteuer sowie der Zinsen und Geldbußen, die im Zusammenhang mit den in Bulgarien getätigten Umsätzen anfallen können.
► Eine Bankbürgschaft ist nicht verpflichtend,

e) Rechnungserteilung

Pflicht zur Rechnungserteilung

Der Unternehmer ist in den folgenden Fällen verpflichtet, innerhalb von fünf Tagen nach Ausführung der Leistung, eine Rechnung auszustellen:

► Bei der Ausführung eines steuerpflichtigen Umsatzes,
► bei Erhalt einer Vorauszahlung für einen steuerpflichtigen Umsatz, sofern diese nicht in einer Meldung dokumentiert wird.

Bei innergemeinschaftlichen Lieferungen ist die Rechnung spätestens am 15. Tag des Monats, nach dem der Steuertatbestand eingetreten ist, auszustellen.

In den nachstehend aufgeführten Fällen kann von der Ausstellung einer Rechnung abgesehen werden:

► Ausführung einer Leistung an eine nichtsteuerpflichtige natürliche Person,
► Verkauf von Flugtickets,
► Erbringung von elektronischen Dienstleistungen durch nicht in der EU ansässige Personen,
► Finanzdienstleistungen,
► Versicherungsdienstleistungen.

Inhalt

Eine Rechnung muss folgende Angaben enthalten:

► Bezeichnung des Dokuments,
► den vollständigen Namen und die vollständige Anschrift des leistenden Unternehmers und des Leistungsempfängers,

- ▶ die dem leistenden Unternehmer und dem Leistungsempfänger von der Steuerverwaltung erteilte MwSt-Nummer,
- ▶ das Ausstellungsdatum,
- ▶ zehnstellige laufende Nummer, die nur aus arabischen Ziffern besteht und je nach den Meldeerfordernissen des Steuerpflichtigen zur Kennzeichnung der Rechnung auf einer oder zwei Serien beruht (Rechnungsnummer),
- ▶ Vor- und Zuname sowie Unterschrift des Bearbeiters,

- ▶ die Menge und die Art (handelsübliche Bezeichnung) der gelieferten Gegenstände oder den Umfang und die Art der sonstigen Leistung,
- ▶ den Zeitpunkt der Lieferung oder sonstigen Leistung oder den Zeitpunkt der Vereinnahmung des Entgelts oder eines Teils des Entgelts, sofern der Zeitpunkt der Vereinnahmung feststeht und nicht mit dem Ausstellungsdatum der Rechnung übereinstimmt,
- ▶ das nach Steuersätzen und einzelnen Steuerbefreiungen aufgeschlüsselte Entgelt für die Lieferung oder sonstige Leistung sowie jede im Voraus vereinbarte Minderung des Entgelts, sofern sie nicht bereits im Entgelt berücksichtigt ist,
- ▶ den anzuwendenden Steuersatz sowie den auf das Entgelt entfallenden Steuerbetrag oder im Fall einer Steuerbefreiung einen Hinweis darauf, dass für die Lieferung oder sonstige Leistung eine Steuerbefreiung gilt,
- ▶ bei innergemeinschaftlicher Lieferung eines neuen Fahrzeuges, eine hinreichende Beschreibung, mit der das Fahrzeug identifiziert werden kann,
- ▶ bei Ausführung eines innergemeinschaftlichen Dreiecksgeschäfts einen Hinweis auf die Steuerbefreiung und eine Referenz auf die entsprechende Gesetzesgrundlage.

Selbstfakturierung (Gutschrift)

- ▶ Damit eine Rechnung zum Zwecke der Selbstfakturierung anerkannt wird, muss dies vorab zwischen Leistenden und Empfänger vereinbart werden.

Rechnungs-korrekturen	Eine Rechnung kann berichtigt werden, wenn ► sie nicht alle gesetzlich geforderten Angaben enthält und ► Angaben in der Rechnung unzutreffend sind. Dabei müssen nur die fehlenden oder unzutreffenden Angaben durch ein Dokument, das spezifisch und eindeutig auf die Rechnung bezogen ist, übermittelt werden. Es gelten die gleichen Anforderungen an Form und Inhalt wie bei der Rechnung.
Elektronische Rechnungen	► Eine Rechnung kann auf elektronischem Weg übermittelt werden. Grds. sind alle Übermittlungsformen zulässig (z. B. EDI-Verfahren oder E-Mail). ► Die elektronische Rechnung muss durch den Leistungsempfänger akzeptiert werden. ► Wird eine Rechnung auf elektronischem Weg übermittelt, müssen die Echtheit der Herkunft, die Unversehrtheit des Inhalts und die Lesbarkeit der Rechnung gewährleistet sein. Dies kann bspw. durch eine qualifizierte elektronische Signatur oder durch ein geeignetes innerbetriebliches Kontrollverfahren erfolgen.
Aufbewahrung	► Die Aufbewahrungspflicht für Rechnungen beträgt 6 Jahre.
Reverse-Charge	► Führt der Unternehmer eine Leistung aus, für die der Leistungsempfänger die Steuer schuldet, ist er zur Ausstellung einer Rechnung verpflichtet, die einen Hinweis auf die Steuerschuldnerschaft des Leistungsempfängers enthält. Die Angabe der MwSt-Nummer des Leistungsempfängers ist verpflichtend.
Wichtige Rechnungshinweise	
Rechnungshinweis für steuerfreie innergemeinschaftliche Lieferungen	„Основание за прилагане на нулева ставка - чл. 53, ал. 1 от ЗДДС" „Основание за неначисляване на данък - чл. 141 2006/112/ЕО"

Rechnungshinweis für Dreiecksgeschäfte	
Rechnungshinweis beim Übergang der Steuerschuldnerschaft	„Обратно начисляване"
Rechnungshinweis bei Gutschriften	„Самофактуриране"

f) Steuererklärungen

Pflicht zur Abgabe	► Jeder in Bulgarien registrierte Steuerpflichtige muss Steuererklärungen abgeben.
Zeitraum und Zahlungsfristen	► Der Zeitraum für die Steuererklärung ist der Kalendermonat.
	► Die Steuererklärung muss spätestens am 14. Tag des folgenden Monats nach Ende des Erklärungszeitraums abgegeben und die Steuer entsprechend entrichtet werden.
Verfahrensvereinfachung	► Vereinfachte Verfahren zur Ermittlung der Steuerschuld gibt es in Bulgarien nicht.
Elektronische Steuererklärungen	► Steuererklärungen sind nach vorheriger Registrierung über die Internetseite der Steuerverwaltung, http://www.nap.bg, elektronisch abzugeben.

g) Zusammenfassende Meldungen

Abgabepflicht	Eine Abgabepflicht besteht für einen
	► Unternehmer, der innergemeinschaftliche Warenlieferungen ausführt,
	► Unternehmer, der innergemeinschaftliche Dienstleistungen ausführt,
	► Unternehmer, der Beteiligter an einem innergemeinschaftlichen Dreiecksgeschäft ist.
Zeitraum	► Die Zusammenfassende Meldung ist monatlich abzugeben.

Zuständige Behörde	Für ausländische Unternehmer ist zuständig: ► National Revenue Agency (NRA) 52, Kniaz Aleksander Dondukov Bvd. BG - 1000 Sofia Bulgaria Tel: (+359) 2 9859 6801 E-Mail: infocenter@nra.bg http://www.nap.bg/en/.bg http://www.minfin.bg
Inhalt	Die Zusammenfassende Meldung muss folgende Angaben enthalten: ► Die MwSt-Nummer inklusive dem Ländercode „BG" des Unternehmers, die ihm in Bulgarien erteilt worden ist, ► die MwSt-Nummer inklusive dem entsprechenden Ländercode jedes Erwerbers, die ihm in einem anderen Mitgliedstaat erteilt worden ist, ► für jeden Erwerber die Summe der Bemessungsgrundlagen der an ihn ausgeführten innergemeinschaftlichen Warenlieferungen/Dienstleistungen, ► für jeden Erwerber die Summe der Bemessungsgrundlagen der innergemeinschaftlichen Dreiecksgeschäfte.
Ausnahmen	► Vereinfachte Verfahren im Zusammenhang mit der Zusammenfassenden Meldung gibt es in Bulgarien nicht.
Elektronische Abgabe	► Zusammenfassende Meldungen sind nach vorheriger Registrierung über die Internetseite der Steuerverwaltung, http://www.nap.bg, elektronisch abzugeben.

h) Vorsteuerabzug

Einschränkung	Der Vorsteuerabzug ist u. a. für folgende Eingangsleistungen nicht möglich: ► Nahrungsmittel, Getränke und Tabakwaren, ► Dienstleistungen im Unterhaltungsbereich, ► Repräsentationsaufwendungen,

- ► Bewirtungsaufwendungen,
- ► Übernachtungsaufwendungen und Reisekosten,
- ► Erwerb, Import oder Miete von Personenkraftwagen oder Motorrädern,
- ► Betriebs- oder Reparaturkosten von Personenkraftwagen oder Motorrädern,
- ► Sonstige Leistungen (Vorleistungen) von Reiseveranstaltern,
- ► Taxikosten.

Abziehbare Vorsteuerbeträge

Der Vorsteuerabzug ist insbesondere für folgende Kosten, sofern sie betrieblich veranlasst sind, möglich:

- ► Beratungsleistungen,
- ► Personalbeschaffungskosten,
- ► Kosten für Telekommunikation,
- ► Seminar- und Tagungskosten,
- ► Messekosten,
- ► Kosten für Werbung.

Vergütungsverfahren

Ausländische Unternehmer, die im Inland keine oder nur steuerfreie Umsätze bewirkt haben, können in Rechnung gestellte Mehrwertsteuerbeträge grds. nur in einem so genannten Vergütungsverfahren geltend machen.

Bei diesem Verfahren ist zwischen einer Mehrwertsteuervergütung an Unternehmer aus EU-Mitgliedstaaten und Unternehmer aus Drittländern zu unterscheiden.

Mehrwertsteuervergütung an Unternehmer aus EU-Mitgliedstaaten:

- ► Der Antrag auf Mehrwertsteuervergütung muss bis zum 30. September nach Ablauf des Kalenderjahres, in dem der Vergütungsanspruch entstanden ist, gestellt werden.
- ► Die Mindestsumme der Erstattungsbeträge beträgt für Quartalsanträge BGN 800 und bei jährlicher Antragstellung BGN 100.
- ► Der Unternehmer hat die Vergütung selbst zu berechnen und die Vorsteuerbeträge bei Nachfrage durch die Behörde durch Vorlage von Rechnungen und Einfuhrbelegen in Kopie nachzuweisen.

► Der Antrag wird über ein elektronisches Portal im jeweiligen Ansässigkeitsstaat eingereicht.
Mehrwertsteuervergütung an Unternehmer aus Drittländern:

► Der Antrag auf Mehrwertsteuervergütung muss bis zum 30. Juni nach Ablauf des Kalenderjahres, in dem der Vergütungsanspruch entstanden ist, gestellt werden.

► Die Mindestsumme der Erstattungsbeträge beträgt für Quartalsanträge BGN 400 und bei jährlicher Antragstellung BGN 50.

► Der Unternehmer hat die Vergütung selbst zu berechnen und die Vorsteuerbeträge durch Vorlage von Rechnungen und Einfuhrbelegen im Original nachzuweisen.

► Der Unternehmer hat den Nachweis seiner Unternehmereigenschaft anhand einer Bescheinigung seines Finanzamts (nicht älter als ein Jahr) gegenüber der Steuerverwaltung zu erbringen.

► Der Antrag muss nach amtlich vorgeschriebenem Vordruck bei der zuständigen Behörde eingereicht werden.

Zuständige Behörde	National Revenue Agency (NRA) 52, Kniaz Aleksander Dondukov Bvd. BG - 1000 Sofia Bulgaria Tel: (+359) 2 9859 6801 E-Mail: infocenter@nra.bg http://www.nap.bg/en/

3. Dänemark

a) Allgemeine Informationen

609

Währung	Dänische Krone (DKK)	**Informationsstelle**
MwSt-Standardsatz	25%	Skattecenter Tønder
Ermäßigter Satz	0%	Pionér Allé 1
Lieferschwelle	DKK 280.000	DK - 6270 Tønder
Erwerbsschwelle	DKK 80.000	Denmark
		Tel.: (+45) 7238 0440
		E-Mail: skat@skat.dk
		http://www.skat.dk
Umrechnungskurs (Euro-Referenzkurs Sept. 2017)	1 € = 7,4401 DKK	**Anträge auf MwSt-Vergütung sind zu richten an:**
Bezeichnung der Umsatzsteuer	omsaetningsavgift (MOMS)	
Name der Umsatzsteuer-Identifikationsnummer (MwSt-IdNr.)	Momsregistrerings-Nr. (SE-Nr.)	Skattecenter Tønder Foreign Affairs - VAT refunds Pionér Allé 1 DK - 6270 Tønder
Aufbau der MwSt-IdNr.	DK + acht Ziffern	Denmark Tel.: (+45) 7238 0440 E-Mail: emomsrefusion@skat.dk http://www.skat.dk
Umsatzsteuerliche Organschaft	Voraussetzung: Die finanzielle, wirtschaftliche und organisatorische Eingliederung der Organgesellschaft in den Organträger muss erfüllt sein. Die Organschaft wirkt nur im Inland. Eine ausländische Gesellschaft kann nicht Teil eines Organkreises werden. Grds. besteht ein Wahlrecht zur Anwendung der Regelungen zur umsatzsteuerlichen Organschaft.	
Fiskalvertreter erforderlich	nur für Nicht-EU Unternehmer	**Mindestsumme der MwSt-Vergütungsanträge**
Drittlandsgebiete	Grönland, Färöer Inseln	Jährliche Antragstellung DKK 3.000 Quartalsanträge DKK 3.000

Kleinunternehmer-grenzen	50.000 DKK

b) Registrierung ausländischer Unternehmer

Registrierungs-pflicht	Eine Mehrwertsteuer-Registrierung ist verpflichtend
	▶ bei Ausführung von Lieferungen,
	▶ bei der Erbringung von Dienstleistungen,
	▶ beim innergemeinschaftlichen Erwerb bei Überschreitung der Erwerbsschwelle von DKK 50.000 und
	▶ im Versandhandel bei Überschreitung der Lieferschwelle von DKK 280.000.
Ausnahmen	▶ Die Registrierungspflicht entfällt bei Lieferungen und sonstigen Leistungen, die dem Reverse-Charge-Verfahren unterliegen.
	▶ Eine Ausnahme gilt auch für Kleinunternehmer mit einer Niederlassung in Dänemark, wenn diese die Umsatzgrenze von DKK 50.000 im laufenden Kalenderjahr voraussichtlich nicht überschreiten werden.
	▶ Eine Registrierung kann in allen Fällen, in denen die Schwellenwerte nicht überschritten worden sind, freiwillig erfolgen.
Antragstellung	Für ausländische Unternehmer ist zuständig:
	▶ Erherversstyrelsen Langelinie Alle 17 DK – 2100 København ø Denmark http://www.skat.dk Verfahrensablauf:
	▶ Die Registrierung erfolgt mit einem Antragsformular, das auf der Internetseite http://www.skat.dk zu finden ist.
	▶ Das Formular ist spätestens acht Tage vor Beginn der unternehmerischen Tätigkeit ausgefüllt und unterschrieben an die oben genannte Adresse zu senden.
	▶ Unternehmer mit Sitz in Drittstaaten (außer Norwegen, Grönland, Island und Färöer Inseln) müssen sich durch einen in Dänemark ansässigen Steuervertreter

registrieren lassen. Das Antragsformular ist ebenfalls auf der Internetseite http://www.skat.dk zu finden. Nach der Registrierung erhält das Unternehmen einen Registrierungsnachweis.

c) Anwendung des Reverse-Charge-Verfahrens

Nationale Regelung	§ 46 und § 46a des dänischen Umsatzsteuergesetzes
Leistender	► Ausländischer Unternehmer, der nicht in Dänemark ansässig ist. Die mehrwertsteuerliche Registrierung des ausländischen Unternehmers in Dänemark ist für die Anwendung des Reverse-Charge-Verfahrens unschädlich.
Leistungsempfänger	► Unternehmer oder juristische Person des öffentlichen Rechts, die in Dänemark mehrwertsteuerlich registriert ist.
Anwendungsfälle (Aufzählung nicht abschließend)	► grenzüberschreitende Dienstleistungen gemäß Art. 44 MwStSystRL ► grundstücksbezogene sonstige Leistungen, ► Restaurationsleistungen, ► Kurzfristige Vermietung eines Beförderungsmittels, ► Restaurationsleistungen an Bord eines Beförderungsmittels.
Rechtsfolgen	► Steuerschuld und Vorsteuerabzug fallen in der Person des Leistungsempfängers zusammen.
Rechnungsanforderungen	► Ausweis des Nettobetrags in der Rechnung. ► Angabe der MwSt-Nummer des Leistungsempfängers. ► Hinweis in der Rechnung auf die Anwendung des Reverse-Charge-Verfahrens.

d) Bestellung eines Steuer-/Fiskalvertreters

Pflicht für nicht in der EU ansässige Unternehmer	► Für nicht in der EU ansässige Unternehmer (mit Ausnahme von Norwegen, Island, Grönland und den Färöer Inseln) ist die Bestellung eines Fiskalvertreters in Dänemark verpflichtend.

Voraussetzungen für die Vertretung	► Der Vertretene darf im Inland nicht über einen Sitz, eine Geschäftsleitung oder eine Zweigniederlassung verfügen.
Anwendungsfälle	► Der Unternehmer ist verpflichtet, einen Steuervertreter zu bestellen, bevor er Umsätze ausführt, die der dänischen Mehrwertsteuer unterliegen und für die der ausländische Unternehmer in Dänemark zum Vorsteuerabzug berechtigt ist und die Mehrwertsteuer schuldet.
Vertretungsbefugte	► Zum Fiskalvertreter können juristische oder natürliche Personen bestellt werden, die in Dänemark über einen ständigen Wohn- oder Geschäftssitz verfügen.
Rechte und Pflichten	► Der Fiskalvertreter muss für seine Tätigkeit eine gesonderte MwSt-Nummer beantragen. Die gesonderte MwSt-Nummer ist von der regionalen Steuerverwaltung, die für die Mehrwertbesteuerung des Fiskalvertreters zuständig ist, zu erteilen.
	► Er hat die Pflicht zur Abgabe der Steuererklärungen und der Zusammenfassenden Meldungen im Namen des Vertretenen.
	► Der Vertretene haftet zusammen mit dem Vertreter gesamtschuldnerisch für die Zahlung der Mehrwertsteuer sowie der Zinsen und Geldbußen, die im Zusammenhang mit den in Dänemark getätigten Umsätzen anfallen können.

e) Rechnungserteilung

Pflicht zur Rechnungserteilung	► Ein Unternehmer ist generell verpflichtet bei der Ausführung eines steuerpflichtigen Umsatzes eine Rechnung auszustellen.
Inhalt	Eine Rechnung muss folgende Angaben enthalten:
	► Den vollständigen Namen und die vollständige Anschrift des leistenden Unternehmers und des Leistungsempfängers,
	► die dem leistenden Unternehmer von der Steuerverwaltung erteilte MwSt-Nummer,
	► das Ausstellungsdatum,

► eine fortlaufende Nummer mit einer oder mehreren Zahlenreihen, die zur Identifizierung der Rechnung vom Rechnungsaussteller einmalig vergeben wird (Rechnungsnummer),

► die Menge und die Art (handelsübliche Bezeichnung) der gelieferten Gegenstände oder den Umfang und die Art der sonstigen Leistung,

► den Zeitpunkt der Lieferung oder sonstigen Leistung oder den Zeitpunkt der Vereinnahmung des Entgelts oder eines Teils des Entgelts, sofern der Zeitpunkt der Vereinnahmung feststeht und nicht mit dem Ausstellungsdatum der Rechnung übereinstimmt,

► das nach Steuersätzen und einzelnen Steuerbefreiungen aufgeschlüsselte Entgelt für die Lieferung oder sonstige Leistung sowie jede im Voraus vereinbarte Minderung des Entgelts, sofern sie nicht bereits im Entgelt berücksichtigt ist,

► den anzuwendenden Steuersatz sowie den auf das Entgelt entfallenden Steuerbetrag oder im Fall einer Steuerbefreiung einen Hinweis darauf, dass für die Lieferung oder sonstige Leistung eine Steuerbefreiung gilt und

► bei innergemeinschaftlicher Lieferung eines neuen Fahrzeuges, eine hinreichende Beschreibung, mit der das Fahrzeug identifiziert werden kann.

Zusätzlich ist in der Rechnung die MwSt-Nummer des Leistungsempfängers anzugeben, wenn

► der leistende Unternehmer eine innergemeinschaftliche Lieferung oder innergemeinschaftliche sonstige Leistung ausführt,

► der Leistungsempfänger die Steuer schuldet (Reverse-Charge-Verfahren).

Vereinfachte Rechnungen

Vereinfachungsregeln gelten für

► Rechnungen, mit einem Gesamtbetrag nicht höher als DKK 3.000.

Diese Rechnungen müssen lediglich die folgende Angaben enthalten:

► Das Ausstellungsdatum,

► die Rechnungsnummer,

▶ den vollständigen Namen und die MwSt-Nummer des leistenden Unternehmers,

▶ die Menge und die Art (handelsübliche Bezeichnung) der gelieferten Gegenstände oder den Umfang und die Art der sonstigen Leistung,

▶ das Entgelt sowie

▶ den Steuerbetrag.

Selbstfakturierung (Gutschrift)

▶ Damit eine Rechnung zum Zwecke der Selbstfakturierung anerkannt wird, muss dies vorab schriftlich zwischen dem Leistenden und dem Empfänger vereinbart werden.

▶ Zusätzlich müssen Leistender und Empfänger mehrwertsteuerlich in Dänemark registriert sein.

Rechnungskorrekturen

▶ Eine Rechnung kann berichtigt werden, wenn sich der Steuerbetrag oder die zu dessen Ermittlung erforderlichen Positionen ändern.

▶ Eine Rechnungskorrektur muss ausdrücklich und eindeutig auf die ursprüngliche Rechnung Bezug nehmen.

▶ Es gelten die gleichen Anforderungen an Form und Inhalt wie bei der Rechnung.

▶ Die Referenz „Self-billing" und die MwSt-Nummer des Empfängers muss auf der Rechnung vorhanden sein.

Elektronische Rechnungen

▶ Eine Rechnung kann auf elektronischem Weg übermittelt werden. Grds. sind alle Übermittlungsformen zulässig (z. B. EDI-Verfahren oder E-Mail).

▶ Die elektronische Rechnung muss durch den Leistungsempfänger akzeptiert werden.

▶ Wird eine Rechnung auf elektronischem Weg übermittelt, müssen die Echtheit der Herkunft, die Unversehrtheit des Inhalts und die Lesbarkeit der Rechnung gewährleistet sein. Dies kann bspw. durch eine qualifizierte elektronische Signatur oder durch ein geeignetes innerbetriebliches Kontrollverfahren erfolgen.

▶ Die zuständige Behörde muss Zugang zu den Dokumenten haben auf Anfrage.

Aufbewahrung	► Die Aufbewahrungspflicht für Rechnungen beträgt 5 Jahre.
Reverse-Charge	► Führt der Unternehmer eine Leistung aus, für die der Leistungsempfänger die Steuer schuldet, ist er zur Ausstellung einer Rechnung verpflichtet, die einen Hinweis auf die Steuerschuldnerschaft des Leistungsempfängers enthält. Die Angabe der MwSt-Nummer des Leistungsempfängers ist verpflichtend.
Wichtige Rechnungshinweise	
Rechnungshinweis für steuerfreie innergemeinschaftliche Lieferungen	„Momsfritaget, jf. momslovens § 34, stk. 1, nr. 1" oder „VAT free" oder „Zero rated"
Rechnungshinweis für Dreiecksgeschäfte	„Omvendt betalingspligt, jf. momslovens § 46, stk. 1, nr. 1" oder „triangular supply - reverse charge"
Rechnungshinweis beim Übergang der Steuerschuldnerschaft	„Omvendt betalingspligt" oder „reverse charge" sowie Bezugnahme auf § 41 des dänischen Mehrwertsteuergesetzes
Rechnungshinweis bei Gutschriften	„Selvfakturering" oder „self billing"

f) Steuererklärungen

Pflicht zur Abgabe	► Jeder in Dänemark registrierte Steuerpflichtige muss Steuererklärungen abgeben.
Zeitraum und Zahlungsfristen	► Die Steuererklärung ist monatlich abzugeben, wenn der Gesamtbetrag der steuerpflichtigen Umsätze im laufenden Kalenderjahr voraussichtlich DKK 50.000.000 übersteigen wird. Die Steuererklärung muss spätestens 25 Tage nach Ende des Steuerzeitraums abgegeben und die Steuer entsprechend entrichtet werden.
	► Die Steuererklärung ist vierteljährlich abzugeben, wenn der Gesamtbetrag der steuerpflichtigen Um-

sätze im laufenden Kalenderjahr voraussichtlich zwischen DKK 5.000.000 und DKK 50.000.000 liegen wird. Die Steuererklärung muss spätestens am ersten Tag des dritten Monats nach Ende des Steuerzeitraums abgegeben und die Steuer entsprechend entrichtet werden.

▶ Die Steuererklärung ist halbjährlich abzugeben, wenn der Gesamtbetrag der steuerpflichtigen Umsätze im laufenden Kalenderjahr voraussichtlich DKK 5.000.000 nicht übersteigen wird. Die Steuererklärung muss spätestens am ersten Tag des dritten Monats nach Ende des Steuerzeitraums abgegeben und die Steuer entsprechend entrichtet werden.

Verfahrens-
vereinfachung

▶ Vereinfachte Verfahren zur Ermittlung der Steuerschuld gibt es in Dänemark nicht.

Elektronische
Steuererklärungen

▶ Steuererklärungen können, nach vorheriger Registrierung, über die Internetseite der Steuerverwaltung, http://www.skm.dk, abgegeben werden.

g) Zusammenfassende Meldungen

Abgabepflicht

Eine Abgabepflicht besteht für einen

▶ Unternehmer, der innergemeinschaftliche Warenlieferungen ausführt,

▶ Unternehmer, der innergemeinschaftliche Dienstleistungen ausführt,

▶ Unternehmer, der Beteiligter an einem innergemeinschaftlichen Dreiecksgeschäft ist.

Zeitraum

▶ Die Zusammenfassende Meldung ist grds. monatlich bis zum 20. des auf den Berichtsmonat folgenden Monats abzugeben.

▶ Übersteigen die Gesamtumsätze nicht DKK 400.000 im Quartal , so ist eine quartalsweise Abgabe auf Antrag möglich.

Zuständige
Behörde

Für ausländische Unternehmer ist zuständig:

▶ Skattecenter Tønder
8/13 moms
Pionér Allé 1

	DK – 6270 Tønder http://www.skat.dk
Inhalt	Die Zusammenfassende Meldung muss folgende Angaben enthalten:
	► Die MwSt-Nummer inklusive dem Ländercode „DK" des Unternehmers, die ihm in Dänemark erteilt worden ist,
	► die MwSt-Nummer inklusive dem entsprechenden Ländercode jedes Erwerbers, die ihm in einem anderen Mitgliedstaat erteilt worden ist,
	► für jeden Erwerber die Summe der Bemessungsgrundlagen der an ihn ausgeführten innergemeinschaftlichen Warenlieferungen/Dienstleistungen,
	► für jeden Erwerber die Summe der Bemessungsgrundlagen der innergemeinschaftlichen Dreiecksgeschäfte.
Elektronische Abgabe	► Zusammenfassende Meldungen können nach vorheriger Registrierung über die Internetseite der Steuerverwaltung, http://www.skat.dk abgegeben werden.

h) Vorsteuerabzug

Einschränkung	Der Vorsteuerabzug ist u. a. für folgende Eingangsleistungen nicht möglich:
	► 75% der Bewirtungsaufwendungen für Beschäftigte und Eigentümer des Unternehmens,
	► Erwerb und Unterhalt von Personenkraftwagen, die für die Beförderung von höchstens neun Personen zugelassen sind,
	► Repräsentationsaufwendungen,
	► Dienstleistungen im Unterhaltungsbereich,
	► Geschenke,
	► Dienstleistungen von Reiseveranstaltern.

Abziehbare Vorsteuerbeträge	Der Vorsteuerabzug ist insbesondere für folgende Kosten, sofern sie betrieblich veranlasst sind, möglich:

- ▶ Beratungsleistungen,
- ▶ 25 % der Bewirtungskosten,
- ▶ Personalbeschaffungskosten,
- ▶ Kosten für Telekommunikation,
- ▶ Seminar- und Tagungskosten,
- ▶ Messekosten,
- ▶ Kosten für Werbung.

Vergütungsverfahren	Ausländische Unternehmer, die im Inland keine oder nur steuerfreie Umsätze bewirkt haben, können in Rechnung gestellte Mehrwertsteuerbeträge grds. nur in einem so genannten Vergütungsverfahren geltend machen. Bei diesem Verfahren ist zwischen einer Mehrwertsteuervergütung an Unternehmer aus EU-Mitgliedstaaten und Unternehmer aus Drittländern zu unterscheiden.

Mehrwertsteuervergütung an Unternehmer aus EU-Mitgliedstaaten:

- ▶ Der Antrag auf Mehrwertsteuervergütung muss bis zum 30. September nach Ablauf des Kalenderjahres, in dem der Vergütungsanspruch entstanden ist, gestellt werden.
- ▶ Die Mindestsumme der Erstattungsbeträge beträgt DKK 3.000.
- ▶ Der Unternehmer hat die Vergütung selbst zu berechnen und die Vorsteuerbeträge bei Nachfrage durch die Behörde durch Vorlage von Rechnungen und Einfuhrbelegen in Kopie nachzuweisen.
- ▶ Der Antrag wird über ein elektronisches Portal im jeweiligen Ansässigkeitsstaat eingereicht.

Mehrwertsteuervergütung an Unternehmer aus Drittländern:

- ▶ Der Antrag auf Mehrwertsteuervergütung muss bis zum 30. September nach Ablauf des Kalenderjahres, in dem der Vergütungsanspruch entstanden ist, gestellt werden.

	► Die Mindestsumme der Erstattungsbeträge beträgt DKK 3.000.
	► Der Unternehmer hat die Vergütung selbst zu berechnen und die Vorsteuerbeträge durch Vorlage von Rechnungen und Einfuhrbelegen im Original nachzuweisen.
	► Der Unternehmer hat den Nachweis seiner Unternehmereigenschaft anhand einer Bescheinigung seines Finanzamts (nicht älter als ein Jahr) gegenüber der Steuerverwaltung zu erbringen.
	► Der Antrag muss nach amtlich vorgeschriebenem Vordruck bei der zuständigen Behörde eingereicht werden. Der Vordruck ist auf der Internetseite http://www.skat.dk abrufbar.
Zuständige Behörde	Skattecenter Tønder Foreign Affairs - VAT refunds Pionér Allé 1 DK - 6270 Tønder Denmark Tel.: (+45) 7238 0440 E-Mail: emomsrefusion@skat.dk http://www.skat.dk

4. Estland

a) Allgemeine Informationen

Währung	Euro (€)	**Informationsstelle**	610
MwSt-Standardsatz	20%	Taxation Division	
Ermäßigter Satz	9%; 0%	Tax and Customs Board	
Lieferschwelle	€ 35.000	Lootsa 8a	
Erwerbsschwelle	€ 10.000	EE - 15176 Tallin	
		Estonia	
		Tel: (+372) 676 1187	
		E-Mail: vatrefund@emta.ee	
		http://www.emta.ee	
Bezeichnung der Umsatzsteuer	Käibemaks (KMKR)	**Anträge auf MwSt-Vergütung sind zu richten an:**	
Name der Mehrwertsteuer-Identifikationsnummer (MwSt-IdNr.)	Käibemaksukohustuslasenaregistreerimise number	Taxation Division Tax and Customs Board Lootsa 8a EE - 15176 Tallin	
Aufbau der MwSt-IdNr.	EE + neun Ziffern	Estonia Tel: (+372) 676 1187 E-Mail: vatrefund@emta.ee http://www.emta.ee	
Umsatzsteuerliche Organschaft	Voraussetzung: Der Organträger muss über eine Mindestbeteiligung i. H.v. 50% an den Organgesellschaften verfügen. Die Organschaft wirkt nur im Inland. Eine ausländische Gesellschaft kann nicht Teil eines Organkreises werden. Grds. besteht ein Wahlrecht zur Anwendung der Regelungen zur umsatzsteuerlichen Organschaft.		
Fiskalvertreter erforderlich	nur für Nicht-EU Unternehmer	**Mindestsumme der MwSt-Vergütungsanträge**	
Drittlandsgebiete	keine	Jährliche Antragstellung	€ 50
		Quartalsanträge	€ 400
Kleinunternehmergrenzen	€ 16.000		

b) Registrierung ausländischer Unternehmer

Registrierungs-pflicht

Eine Mehrwertsteuer-Registrierung ist verpflichtend
- bei Ausführung von Lieferungen,
- bei der Erbringung von Dienstleistungen,
- beim innergemeinschaftlichen Erwerb bei Überschreitung der Erwerbsschwelle von € 10.000 und
- im Versandhandel bei Überschreitung der Lieferschwelle von € 35.000.

Ausnahmen

- Die Registrierungspflicht entfällt bei Lieferungen und sonstigen Leistungen, die dem Reverse-Charge-Verfahren unterliegen.
- Eine Ausnahme gilt auch für Kleinunternehmer mit einer Niederlassung in Estland, wenn diese die Umsatzgrenze von € 16.000 im laufenden Kalenderjahr voraussichtlich nicht überschreiten werden. Eine Registrierung kann in diesem Fall freiwillig erfolgen.

Antragstellung

Für ausländische Unternehmer ist zuständig:
- Taxation Division
  Tax and Customs Board
  Lootsa 8a
  EE - 15176 Tallin
  Estonia
  Tel: (+372) 676 1187
  E-Mail: vatrefund@emta.ee
  http://www.emta.ee
  Verfahrensablauf:
- Die Registrierung erfolgt mit Hilfe des Formulars FORM KR. Dies ist auf der Internetseite http://www.emta.ee zu finden.
- Eine Vertretungsvollmacht für den Unterzeichnenden ist, im Falle von juristischen Personen, nachzuweisen.
- Das Formular ist innerhalb von drei Werktagen nach Ausführung des ersten steuerpflichtigen Umsatzes, ausgefüllt und unterschieben an die oben genannte Adresse zu senden.

c) Anwendung des Reverse-Charge-Verfahrens

Leistender	▶ Ausländischer Unternehmer, der nicht in Estland ansässig ist. Die mehrwertsteuerliche Registrierung des ausländischen Unternehmers in Estland ist für die Anwendung des Reverse-Charge-Verfahrens unschädlich.
Leistungs-empfänger	▶ Unternehmer oder juristische Person des öffentlichen Rechts, der eine USt-IdNr. erteilt wurde, die in Estland ansässig ist.
Anwendungsfälle (Aufzählung nicht abschließend)	▶ grenzüberschreitende Dienstleistungen gemäß Art. 44 MwStSystRL, ▶ grundstücksbezogene sonstige Leistungen, ▶ Personenbeförderung, ▶ kulturelle, künstlerische, wissenschaftliche, unterrichtende, sportliche, unterhaltende oder ähnliche Tätigkeiten, ▶ Restaurationsleistungen, ▶ Kurzfristige Vermietung eines Beförderungsmittels, ▶ Restaurationsleistungen an Bord eines Beförderungsmittels, ▶ Schrott und Edelmetalle.
Rechtsfolgen	▶ Steuerschuld und Vorsteuerabzug fallen in der Person des Leistungsempfängers zusammen.
Rechnungs-anforderungen	▶ Ausweis des Nettobetrags in der Rechnung. ▶ Angabe der MwSt-Nummer des Leistungsempfängers. ▶ Hinweis in der Rechnung auf die Anwendung des Reverse-Charge-Verfahrens.

d) Bestellung eines Steuer-/Fiskalvertreters

Pflicht für nicht in der EU ansässige Unternehmer	▶ Für nicht in der EU ansässige Unternehmer ist die Bestellung eines Fiskalvertreters in Estland verpflichtend.
Voraussetzungen für die Vertretung	▶ Der Vertretene darf im Inland nicht über einen Sitz, eine Geschäftsleitung oder eine Zweigniederlassung verfügen.

Anwendungsfälle	► Der Unternehmer ist verpflichtet, einen Steuervertreter zu bestellen, bevor er Umsätze ausführt, die der estnischen Mehrwertsteuer unterliegen und für die der ausländische Unternehmer in Estland zum Vorsteuerabzug berechtigt ist und die Mehrwertsteuer schuldet.
Vertretungsbefugte	► Zum Fiskalvertreter können juristische Personen bestellt werden, die von der Finanzverwaltung zugelassen sind, steuerpflichtig sind und in Estland über einen ständigen Geschäftssitz verfügen.
Rechte und Pflichten	► Der Vertreter hat die gleichen Rechte und Pflichten wie der Vertretene.
	► Er hat die Pflicht zur Abgabe der Steuererklärungen und der Zusammenfassenden Meldungen im Namen des Vertretenen.
	► Der Vertretene haftet zusammen mit dem Vertreter gesamtschuldnerisch für die Zahlung der Mehrwertsteuer sowie der Zinsen und Geldbußen, die im Zusammenhang mit den in Estland getätigten Umsätzen anfallen können.
	► Eine Bankbürgschaft ist grds. nicht erforderlich, kann in Ausnahmefällen jedoch von der Finanzverwaltung verlangt werden.

e) Rechnungserteilung

Pflicht zur Rechnungserteilung	Der Unternehmer ist in den folgenden Fällen verpflichtet, innerhalb von sieben Tagen nach Ausführung der Leistung, eine Rechnung auszustellen:
	► Bei der Ausführung eines steuerpflichtigen Umsatzes an einen anderen Unternehmer für dessen Unternehmen oder an eine juristische Person,
	► bei Erhalt einer Vorauszahlung für einen steuerpflichtigen Umsatz von einem anderen Unternehmer für dessen Unternehmen oder von einer juristischen Person.
	Bei Ausführung einer Leistung im Versandhandel, bei der Lieferung neuer Fahrzeuge oder bei Exporten an

in Drittland ansässige natürliche Personen ist grds. eine Rechnung auszustellen.

Inhalt

Eine Rechnung muss folgende Angaben enthalten:
- ► Den vollständigen Namen und die vollständige Anschrift des leistenden Unternehmers und des Leistungsempfängers,
- ► die dem leistenden Unternehmer von der Steuerverwaltung erteilte MwSt-Nummer,
- ► das Ausstellungsdatum,
- ► eine fortlaufende Nummer mit einer oder mehreren Zahlenreihen, die zur Identifizierung der Rechnung vom Rechnungsaussteller einmalig vergeben wird (Rechnungsnummer),
- ► die Menge und die Art (handelsübliche Bezeichnung) der gelieferten Gegenstände oder den Umfang und die Art der sonstigen Leistung,
- ► den Zeitpunkt der Lieferung oder sonstigen Leistung oder den Zeitpunkt der Vereinnahmung des Entgelts oder eines Teils des Entgelts, sofern der Zeitpunkt der Vereinnahmung feststeht und nicht mit dem Ausstellungsdatum der Rechnung übereinstimmt,
- ► das nach Steuersätzen und einzelnen Steuerbefreiungen aufgeschlüsselte Entgelt für die Lieferung oder sonstige Leistung sowie jede im Voraus vereinbarte Minderung des Entgelts, sofern sie nicht bereits im Entgelt berücksichtigt ist,
- ► den anzuwendenden Steuersatz sowie den auf das Entgelt entfallenden Steuerbetrag oder im Fall einer Steuerbefreiung einen Hinweis darauf, dass für die Lieferung oder sonstige Leistung eine Steuerbefreiung gilt,
- ► bei innergemeinschaftlicher Lieferung eines neuen Fahrzeuges, eine hinreichende Beschreibung, mit der das Fahrzeug identifiziert werden kann,
- ► bei Ausführung eines innergemeinschaftlichen Dreiecksgeschäfts einen Hinweis auf die Steuerbefreiung und eine Referenz auf die entsprechende Gesetzesgrundlage,

▶ bei Anwendung einer Sonderregelung für Reiseveranstalter, Gebrauchtgegenstände, Kunstgegenstände, Sammlungsstücke und Antiquitäten, einen Verweis auf die entsprechende nationale Regelung oder einen anderen Hinweis darauf, dass diese Regelung angewandt wurde und

▶ bei Fiskalvertretung, den vollständigen Namen, die vollständige Anschrift und die MwSt-Nummer des Vertreters.

Zusätzlich ist in der Rechnung die MwSt-Nummer des Leistungsempfängers anzugeben, wenn

▶ der leistende Unternehmer eine innergemeinschaftliche Lieferung ausführt,

▶ der Leistungsempfänger die Steuer schuldet (Reverse-Charge-Verfahren).

Vereinfachte Rechnungen

Vereinfachte Rechnungen, mit einem Nettobetrag nicht höher als € 160 können ausgestellt werden für

▶ die Erbringung von Dienstleistungen der Personenbeförderung und

▶ Leistungen, für die Rechnungen von Parkscheinautomaten, vollautomatischen Tankstellen und ähnlichen Automaten erstellt werden. Diese Rechnungen müssen lediglich die folgende Angaben enthalten:

▶ Das Ausstellungsdatum,

▶ den vollständigen Namen und die vollständige Anschrift des leistenden Unternehmers,

▶ die dem leistenden Unternehmer von der Steuerverwaltung erteilte MwSt-Nummer,

▶ die Menge und die Art (handelsübliche Bezeichnung) der gelieferten Gegenstände oder den Umfang und die Art der sonstigen Leistung,

▶ das Entgelt für die Lieferung oder sonstige Leistung und

▶ den auf das Entgelt entfallenden Steuerbetrag.

Selbstfakturierung (Gutschrift)

▶ Damit eine Rechnung zum Zwecke der Selbstfakturierung anerkannt wird, muss dies vorab zwischen Leistendem und Empfänger schriftlich vereinbart werden.

Rechnungs-korrekturen	▶ Eine Rechnungskorrektur muss ausdrücklich und eindeutig auf die ursprüngliche Rechnung Bezug nehmen.
Elektronische Rechnungen	▶ In Estland gibt es keine besonderen Anforderungen für die Ausstellung von elektronischen Rechnungen.
Aufbewahrung	▶ Die Aufbewahrungspflicht für Rechnungen beträgt 7 Jahre.
Reverse-Charge	▶ Führt der Unternehmer eine Leistung aus, für die der Leistungsempfänger die Steuer schuldet, ist er zur Ausstellung einer Rechnung verpflichtet, die einen Hinweis auf die Steuerschuldnerschaft des Leistungsempfängers enthält. Die Angabe der MwSt-Nummer des Leistungsempfängers ist verpflichtend.
Wichtige Rechnungshinweise	
Rechnungshinweis für steuerfreie innergemeischaftliche Lieferungen	„Nullmääraga maksustatav ühendusesisene käive, KMS § 15" oder Bezug auf alternativ Art. 138 MwStSystRL
Rechnungshinweis für Dreiecksgeschäfte	„Kolmnurktehing vastavalt Direktiivi 112/2006/EÜ artiklile 197"
Rechnungshinweis beim Übergang der Steuerschuldnerschaft	„Pöördmaksustamine" - § 37 Abs. 8 des estnischen Mehrwertsteuergesetzes
Rechnungshinweis bei Gutschriften	„Endale arve koostamine" oder „self-billing"

f) Steuererklärungen

Pflicht zur Abgabe	▶ Jeder in Estland registrierte Steuerpflichtige muss grds. Steuererklärungen abgeben.
Ausnahmen	▶ Hiervon sind Kleinunternehmer, die nicht zur Anwendung der Regelbesteuerung optieren, ausgenommen.

Zeitraum und Zahlungsfristen	▶ Der Zeitraum für die Steuererklärung ist der Kalendermonat.
	▶ Die Steuererklärung muss spätestens am 20. Tag des folgenden Monats nach Ende des Erklärungszeitraums abgegeben und die Steuer entsprechend entrichtet werden.
Verfahrensvereinfachung	▶ Vereinfachte Verfahren zur Ermittlung der Steuerschuld gibt es in Estland nicht.
Elektronische Steuererklärungen	▶ Sobald der Steuerpflichtige länger als 12 Monate in Estland für MwSt-Zwecke registriert ist, sind die Steuererklärungen nach vorheriger Registrierung über die Internetseite der Steuerverwaltung http://www.emta.ee elektronisch abzugeben.

g) Zusammenfassende Meldungen

Abgabepflicht	Eine Abgabepflicht besteht für einen
	▶ Unternehmer, der innergemeinschaftliche Warenlieferungen ausführt,
	▶ Unternehmer, der innergemeinschaftliche Dienstleistungen ausführt,
	▶ Unternehmer, der Beteiligter an einem innergemeinschaftlichen Dreiecksgeschäft ist.
Zeitraum	▶ Die Zusammenfassende Meldung ist monatlich bis zum 20. Tag nach Ablauf jedes Kalendermonats abzugeben.
Zuständige Behörde	Für ausländische Unternehmer ist zuständig:
	▶ Taxation Division Tax and Customs Board Lootsa 8a EE - 15176 Tallin Estonia Tel: (+372) 676 1187 E-Mail: vatrefund@emta.ee http://www.emta.ee

Inhalt	Die Zusammenfassende Meldung muss folgende Angaben enthalten: ▶ Die MwSt-Nummer inklusive dem Ländercode „EE" des Unternehmers, die ihm in Estland erteilt worden ist, ▶ die MwSt-Nummer inklusive dem entsprechenden Ländercode jedes Erwerbers, die ihm in einem anderen Mitgliedstaat erteilt worden ist, ▶ für jeden Erwerber die Summe der Bemessungsgrundlagen der an ihn ausgeführten innergemeinschaftlichen Warenlieferungen/Dienstleistungen, ▶ für jeden Erwerber die Summe der Bemessungsgrundlagen der innergemeinschaftlichen Dreiecksgeschäfte.
Ausnahmen	▶ Vereinfachte Verfahren im Zusammenhang mit der Zusammenfassenden Meldung gibt es in Estland nicht.
Elektronische Abgabe	▶ Sobald der Steuerpflichtige länger als 12 Monate für MwSt-Zwecke in Estland registriert ist, sind die Zusammenfassenden Meldungen nach vorheriger Registrierung über die Internetseite der Steuerverwaltung http://www.emta.ee elektronisch abzugeben.

h) Vorsteuerabzug

Einschränkung	Der Vorsteuerabzug ist u. a. für folgende Eingangsleistungen nicht möglich: ▶ Nahrungsmittel, Getränke und Tabakwaren, ▶ Beherbergung und Verpflegung von Beschäftigten, ▶ Bewirtungskosten, Beherbergung und Verpflegung von Geschäftspartnern, ▶ Repräsentationsaufwendungen, ▶ Geschenke, ▶ Straßenbenutzungsgebühren.
Abziehbare Vorsteuerbeträge	Der Vorsteuerabzug ist insbesondere für folgende Kosten, sofern sie betrieblich veranlasst sind, möglich: ▶ Beratungsleistungen, ▶ Personalbeschaffungskosten,

► Mietwagen,

► Kosten für Telekommunikation,

► Seminar- und Tagungskosten,

► Messekosten,

► Kosten für Werbung.

Vergütungs-verfahren

Ausländische Unternehmer, die im Inland keine oder nur steuerfreie Umsätze bewirkt haben, können in Rechnung gestellte Mehrwertsteuerbeträge grds. nur in einem so genannten Vergütungsverfahren geltend machen.

Beim diesem Verfahren ist zwischen einer Mehrwertsteuervergütung an Unternehmer aus EU-Mitgliedstaaten und Unternehmer aus Drittländern zu unterscheiden.

Mehrwertsteuervergütung an Unternehmer aus EU-Mitgliedstaaten:

► Der Antrag auf Mehrwertsteuervergütung muss bis zum 30. September nach Ablauf des Kalenderjahres, in dem der Vergütungsanspruch entstanden ist, gestellt werden.

► Die Mindestsumme der Erstattungsbeträge beträgt für Quartalsanträge € 400 und bei jährlicher Antragstellung € 50.

► Der Unternehmer hat die Vergütung selbst zu berechnen und die Vorsteuerbeträge bei einem Rechnungsbetrag von über € 1.000 (€ 250 bei Rechnungen über Kraftstoff) durch Vorlage von Rechnungen und Einfuhrbelegen in Kopie nachzuweisen.

► Der Antrag wird über ein elektronisches Portal im jeweiligen Ansässigkeitsstaat eingereicht.

Mehrwertsteuervergütung an Unternehmer aus Drittländern:

► Der Antrag auf Mehrwertsteuervergütung muss bis zum 30. Juni nach Ablauf des Kalenderjahres, in dem der Vergütungsanspruch entstanden ist, gestellt werden.

► Die Mindestsumme der Erstattungsbeträge beträgt bei jährlicher Antragstellung € 320.

► Der Unternehmer hat die Vergütung selbst zu berechnen und die Vorsteuerbeträge durch Vorlage von Rechnungen und Einfuhrbelegen im Original nachzuweisen.

▶ Der Unternehmer hat den Nachweis seiner Unternehmereigenschaft anhand einer Bescheinigung seines Finanzamts (nicht älter als ein Jahr) gegenüber der Steuerverwaltung zu erbringen.

▶ Der Antrag muss nach amtlich vorgeschriebenem Vordruck bei der zuständigen Behörde eingereicht werden.

Zuständige Behörde	Taxation Division Tax and Customs Board Lootsa 8a EE - 15176 Tallin Estonia Tel: (+372) 676 1187 E-Mail: vatrefund@emta.ee http://www.emta.ee http://www.emta.ee

5. Finnland

a) Allgemeine Informationen

611

Währung	Euro (€)	**Informationsstelle**
MwSt-Standardsatz	24%	Uusimaa Corporate Tax Office
Ermäßigter Satz	10%, 14%	P.O. Box 30
Lieferschwelle	€ 35.000	FIN - 00052 Vero
Erwerbsschwelle	€ 10.000	Finland
		Tel: (+358) 20 697 051
		Fax: (+358) 20 612 4391
		https://www.vero.fi
Bezeichnung der Umsatzsteuer	Arvonlisävero (ALV) oder mervärdesskatt (ML)	**Anträge auf MwSt-Vergütung sind zu richten an:**
Name der Mehr-wertsteuer-Identifi-kationsnummer (MwSt-IdNr.)	arvonlisäverorekis-teröintinumero Mervärdesskattere-gistreringsnummer (momsregistrerings-nummer)	Uusimaa Corporate Tax Office P.O. Box 34 FIN - 00052 Vero Finland Tel: (+358) 20 697 063 Fax: (+358) 97 311 4895
Aufbau der MwSt-IdNr.	FI + acht Ziffern	https://www.vero.fi
Umsatzsteuerliche Organschaft	Voraussetzung: Eine umsatzsteuerliche Organschaft ist in Finnland grds. nur unter Beteiligung einer Holding-gesellschaft, eines Finanzdienstleistungs- oder Ver-sicherungsunternehmens möglich. Zusätzlich müssen die finanzielle, wirtschaftliche und organisatorische Eingliederung der Organgesellschaft in den Organträ-ger erfüllt sein. Die Organschaft wirkt nur im Inland. Eine ausländische Gesellschaft kann nicht Teil eines Organkreises werden, dies ist nur für eine finnische Betriebsstätte einer aus-ländischen Gesellschaft möglich. Grds. besteht ein Wahlrecht zur Anwendung der Rege-lungen zur umsatzsteuerlichen Organschaft.	

Fiskalvertreter erforderlich	nur für Nicht-EU Unternehmer	**Mindestsumme der MwSt-Vergütungsanträge**	
Drittlandsgebiete	Åland Inseln	Jährliche Antragstellung	€ 50
		Quartalsanträge	€ 400
Kleinunternehmergrenzen	€ 10.000 (nicht für Ausländer, die keine feste Betriebsstätte in Finnland haben)		

b) Registrierung ausländischer Unternehmer

Registrierungspflicht	Eine Mehrwertsteuer-Registrierung ist verpflichtend ► bei Ausführung von Lieferungen, ► bei der Erbringung von Dienstleistungen, ► beim innergemeinschaftlichen Erwerb und ► im Versandhandel bei Überschreitung der Lieferschwelle von € 35.000.
Ausnahmen	► Die Registrierungspflicht entfällt bei Lieferungen und sonstigen Leistungen, die dem Reverse-Charge-Verfahren unterliegen. ► Eine Ausnahme gilt auch für Kleinunternehmer mit einer Niederlassung in Finnland, wenn diese die Umsatzgrenze von € 10.000 im laufenden Kalenderjahr voraussichtlich nicht überschreiten werden. Eine Registrierung kann in diesem Fall freiwillig erfolgen.
Antragstellung	Für im Ausland ansässige Unternehmer ist zuständig: ► Uusimaa Corporate Tax Office PRH – Verohallinto Yritystietojärjestelmä, PL 2000, 00231 Helsinki https://www.vero.fi Für Unternehmer mit einer Niederlassung in Finnland sind die regionalen Direktionen der finnischen Steuerverwaltung zuständig. Eine Übersicht ist unter https://www.vero.fi zu finden.

Verfahrensablauf:
- ► Die Registrierung erfolgt mit Hilfe des Formulars Y. Diese sind auf der Internetseite http://www.ytj.fi zu finden.
- ► Eine Vertretungsvollmacht für den Unterzeichnenden ist im Falle von juristischen Personen nachzuweisen.
- ► Ein Auszug aus dem Unternehmensregister mit einer Übersetzung ins Finnische oder Schwedische, ausgestellt von der für den ausländischen Unternehmer in einem anderen Mitgliedstaat zuständigen Behörde, ist beizufügen.
- ► Beizufügen ist weiterhin eine beglaubigte Kopie des Gesellschaftsvertrages sowie eine finnische oder schwedische Übersetzung.
- ► Das Formular ist ausgefüllt und unterschieben an die oben genannte Adresse zu senden.

c) Anwendung des Reverse-Charge-Verfahrens

Leistender	► Ausländischer Unternehmer, der nicht in Finnland ansässig ist. Das Reverse-Charge-Verfahren kann nur angewendet werden, wenn der ausländische Unternehmer für MwSt-Zwecke in Finnland nicht registriert ist.
Leistungs-empfänger	► Unternehmer oder juristische Person des öffentlichen Rechts, der eine USt-IdNr. erteilt wurde, die in Finnland ansässig ist.
Anwendungsfälle (Aufzählung nicht abschließend)	► grenzüberschreitende Dienstleistungen gemäß Art. 44 MwStSystRL, ► grundstücksbezogene sonstige Leistungen, ► kulturelle, künstlerische, wissenschaftliche, unterrichtende, sportliche, unterhaltende oder ähnliche Tätigkeiten, ► Restaurationsleistungen, ► Kurzfristige Vermietung eines Beförderungsmittels, ► Restaurationsleistungen an Bord eines Beförderungsmittels.

Rechtsfolgen	► Steuerschuld und Vorsteuerabzug fallen in der Person des Leistungsempfängers zusammen.
Rechnungs-anforderungen	► Ausweis des Nettobetrags in der Rechnung. ► Angabe der MwSt-Nummer des Leistungsempfängers. ► Hinweis in der Rechnung auf die Anwendung des Reverse-Charge-Verfahrens.

d) Bestellung eines Steuer-/Fiskalvertreters

Pflicht für nicht in der EU ansässige Unternehmer	► Für nicht in der EU ansässige Unternehmer ist die Bestellung eines Fiskalvertreters in Finnland verpflichtend.
Voraussetzungen für die Vertretung	► Der Vertretene darf im Inland nicht über einen Sitz, eine Geschäftsleitung oder eine Zweigniederlassung verfügen oder aus anderen Gründen in Finnland umsatzsteuerlich registriert sein.
Anwendungsfälle	► Der Unternehmer ist verpflichtet, einen Steuervertreter zu bestellen, bevor er Umsätze ausführt, die der finnischen Mehrwertsteuer unterliegen und für die der ausländische Unternehmer in Finnland zum Vorsteuerabzug berechtigt ist und die Mehrwertsteuer schuldet.
Vertretungsbefugte	► Zum Fiskalvertreter können juristische Personen (in Ausnahmefällen auch natürliche Personen) bestellt werden, die vom Finanzamt der Provinz Uusimaa zugelassen sind, steuerpflichtig sind und in Finnland über einen ständigen Geschäftssitz verfügen.
Rechte und Pflichten	► Der Vertreter hat die gleichen Rechte und Pflichten wie der Vertretene. ► Der Vertreter hat im Namen des Vertretenen alle notwendigen Register- und Meldeverpflichtungen einzuhalten. ► Er hat die Pflicht zur Abgabe der Steuererklärungen und der Zusammenfassenden Meldungen im Namen des Vertretenen. ► Der Vertretene haftet weiterhin allein für die Zahlung der Mehrwertsteuer sowie der Zinsen und Geld-

bußen, die im Zusammenhang mit den in Finnland getätigten Umsätzen anfallen können.

► Eine Bankbürgschaft wird regelmäßig nicht verlangt, kann im Einzelfall jedoch gefordert werden.

e) Rechnungserteilung

Pflicht zur Rechnungserteilung

Der Unternehmer ist in den folgenden Fällen verpflichtet, eine Rechnung auszustellen:

► Bei der Ausführung eines steuerpflichtigen Umsatzes an einen anderen Unternehmer für dessen Unternehmen oder an eine juristische Person,

► bei Erhalt einer Vorauszahlung für einen steuerpflichtigen Umsatz von einem anderen Unternehmer für dessen Unternehmen oder von einer juristischen Person.

Inhalt

Eine Rechnung muss folgende Angaben enthalten:

► Den vollständigen Namen und die vollständige Anschrift des leistenden Unternehmers und des Leistungsempfängers,

► die dem leistenden Unternehmer von der Steuerverwaltung erteilte MwSt-Nummer,

► das Ausstellungsdatum,

► eine fortlaufende Nummer mit einer oder mehreren Zahlenreihen, die zur Identifizierung der Rechnung vom Rechnungsaussteller einmalig vergeben wird (Rechnungsnummer),

► die Menge und die Art (handelsübliche Bezeichnung) der gelieferten Gegenstände oder den Umfang und die Art der sonstigen Leistung,

► den Zeitpunkt der Lieferung oder sonstigen Leistung oder den Zeitpunkt der Vereinnahmung des Entgelts oder eines Teils des Entgelts, sofern der Zeitpunkt der Vereinnahmung feststeht und nicht mit dem Ausstellungsdatum der Rechnung übereinstimmt,

► das nach Steuersätzen und einzelnen Steuerbefreiungen aufgeschlüsselte Entgelt für die Lieferung oder sonstige Leistung sowie jede im Voraus vereinbarte Minderung des Entgelts, sofern sie nicht bereits im Entgelt berücksichtigt ist,

► den anzuwendenden Steuersatz sowie den auf das Entgelt entfallenden Steuerbetrag oder im Fall einer Steuerbefreiung einen Hinweis darauf, dass für die Lieferung oder sonstige Leistung eine Steuerbefreiung gilt,

► bei innergemeinschaftlicher Lieferung eines neuen Fahrzeuges, eine hinreichende Beschreibung, mit der das Fahrzeug identifiziert werden kann,

► bei Ausführung eines innergemeinschaftlichen Dreiecksgeschäft einen Hinweis auf die Steuerbefreiung und eine Referenz auf die entsprechende Gesetzesgrundlage,

► bei Anwendung einer Sonderregelung für Reiseveranstalter, Gebrauchtgegenstände, Kunstgegenstände, Sammlungsstücke und Antiquitäten, einen Verweis auf die entsprechende nationale Regelung oder einen anderen Hinweis darauf, dass diese Regelung angewandt wurde, und

► bei Lieferung von Investmentgold, einen Hinweis darauf.

Zusätzlich ist in der Rechnung die MwSt-Nummer des Leistungsempfängers anzugeben, wenn

► der leistende Unternehmer eine innergemeinschaftliche Lieferung ausführt,

► der Leistungsempfänger die Steuer schuldet (Reverse-Charge-Verfahren).

Vereinfachte Rechnungen

Vereinfachungsregeln gelten für

► Rechnungen, mit einem Gesamtbetrag nicht höher als € 400,

► Rechnungen von Einzelhändlern, wenn der Empfänger eine Privatperson ist,

► Restaurantrechnungen,

► Personenbeförderungsleistungen,

► Rechnungen über Parkgebühren.

Diese Rechnungen müssen lediglich die folgende Angaben enthalten:

► Das Ausstellungsdatum,

► den vollständigen Namen und die MwSt-Nummer des leistenden Unternehmers,

► die Menge und die Art (handelsübliche Bezeichnung) der gelieferten Gegenstände oder den Umfang und die Art der sonstigen Leistung,

► das Entgelt und den darauf entfallenden Steuerbetrag für die Lieferung oder sonstige Leistung in einer Summe und

► den anzuwendenden Steuersatz.

Dies gilt nicht für innergemeinschaftliche Warenlieferungen, für den Versandhandel und im Fällen von Reverse-Charge.

Selbstfakturierung (Gutschrift)

► Damit eine Rechnung zum Zwecke der Selbstfakturierung anerkannt wird, muss dies zwischen Leistenden und Empfänger vereinbart werden (die Vereinbarung kann auch stillschweigend erfolgen, d.h. wenn der Empfänger der Gutschrift dieser nicht explizit widerspricht).

Rechnungskorrekturen

Eine Rechnung kann berichtigt werden, wenn

► sie nicht alle gesetzlich geforderten Angaben enthält oder

► Angaben in der Rechnung unzutreffend sind.

Eine Rechnungskorrektur muss ausdrücklich und eindeutig auf die ursprüngliche Rechnung Bezug nehmen.

Elektronische Rechnungen

► In Finnland gibt es keine besonderen Anforderungen für die Ausstellung von elektronischen Rechnungen.

Der Empfänger der elektronischen Rechnung muss der elektronischen Übermittlung durch den Leistenden lediglich im Vorhinein zustimmen.

Aufbewahrung

► Die Aufbewahrungspflicht für Rechnungen beträgt 6 Jahre.

Reverse-Charge

► Führt der Unternehmer eine Leistung aus, für die der Leistungsempfänger die Steuer schuldet, ist er zur Ausstellung einer Rechnung verpflichtet, die einen der folgenden Hinweise auf die Steuerschuldnerschaft des Leistungsempfängers enthält: „käännetty verovelvollisuus", „reverse charge" oder „omvänd skatteskyldighet". Die Angabe der MwSt-Nummer des Leistungsempfängers ist verpflichtend.

Wichtige Rechnungshinweise

Rechnungshinweis für steuerfreie innergemeinschaftliche Lieferungen
„Veroton yhteisömyynti (AVL 72 b §)" oder : „VAT 0% Intra Community supply" oder „VAT Directive 2006/112/EY 138 art."

Rechnungshinweis für Dreiecksgeschäfte
„Triangulation ALV 0%" oder „VAT Directive 2006/112/EY 141 art." Oder „Kolmikantakauppa (AVL 2 a §)" oder „Trepartshandel"

Rechnungshinweis beim Übergang der Steuerschuldnerschaft
„Reverse charge, VAT Directive art 44" oder „käännetty verovelvollisuus" oder „omvänd skatteskyldighet"

Rechnungshinweis bei Gutschriften
„Itselaskutus" oder „Selfbilling"

f) Steuererklärungen

Pflicht zur Abgabe
▶ Jeder in Finnland registrierte Steuerpflichtige muss Steuererklärungen abgeben.

Ausnahmen
▶ Hiervon sind Kleinunternehmer, die nicht zur Anwendung der Regelbesteuerung optieren, ausgenommen.

Zeitraum und Zahlungsfristen
▶ Der normale Zeitraum für die Steuererklärung ist der Kalendermonat.
▶ Bei der elektronischen Übermittlung muss die Steuererklärung spätestens am 12. Tag des übernächsten Monats nach Ende des Erklärungszeitraums abgeben und die Steuer entsprechend entrichtet werden.
▶ Beträgt der Jahresumsatz nicht mehr als € 100.000 kann die Steuererklärung quartalsweise abgegeben werden. Hierbei sind o. g. Abgabefristen einzuhalten.

▶ Bei einem Jahresumsatz von weniger als € 30.000 ist lediglich eine Jahreserklärung bis Ende Februar des folgenden Jahres einzureichen und die Steuer entsprechend zu entrichten.

▶ Für Land- und Forstwirte sowie Fischer beträgt der Erklärungszeitraum grds. ein Kalenderjahr.

Verfahrens-vereinfachung

▶ Vereinfachte Verfahren zur Ermittlung der Steuerschuld gibt es in Finnland nicht.

Elektronische Steuererklärungen

▶ Um Steuererklärungen auf dem elektronischen Wege abgeben zu können, ist eine vorherige Registrierung auf der Internetseite http://www.vero.fi notwendig.

g) Zusammenfassende Meldungen

Abgabepflicht

Eine Abgabepflicht besteht für einen

▶ Unternehmer, der innergemeinschaftliche Warenlieferungen ausführt,

▶ Unternehmer, der innergemeinschaftliche Dienstleistungen ausführt,

▶ Unternehmer, der Beteiligter an einem innergemeinschaftlichen Dreiecksgeschäft ist.

Zeitraum

▶ Die Zusammenfassende Meldung ist monatlich abzugeben.

Zuständige Behörde

Für im Ausland ansässige Unternehmer ist zuständig:

▶ Uusimaa Regional Tax Office
P.O. Box 30
FIN - 00052 Vero
Finland
Tel: (+358) 20 697 051
Fax: (+358) 20 612 4391
http://www.vero.fi

Für Unternehmer mit einer Niederlassung in Finnland sind die regionalen Direktionen der finnischen Steuerverwaltung zuständig. Eine Übersicht ist unter http://www.vero.fi zu finden.

Inhalt	Die Zusammenfassende Meldung muss folgende Angaben enthalten:
	▶ Die MwSt-Nummer inklusive dem Ländercode „FI" des Unternehmers, die ihm in Finnland erteilt worden ist,
	▶ die MwSt-Nummer inklusive dem entsprechenden Ländercode jedes Erwerbers, die ihm in einem anderen Mitgliedstaat erteilt worden ist,
	▶ für jeden Erwerber die Summe der Bemessungsgrundlagen der an ihn ausgeführten innergemeinschaftlichen Warenlieferungen/Dienstleistungen,
	▶ für jeden Erwerber die Summe der Bemessungsgrundlagen der innergemeinschaftlichen Dreiecksgeschäfte.
Ausnahmen	▶ Vereinfachte Verfahren im Zusammenhang mit der Zusammenfassenden Meldung gibt es in Finnland nicht.
Elektronische Abgabe	▶ Zusammenfassende Meldungen sind auf elektronischem Weg abzugeben. Hierzu ist eine vorherige Registrierung auf der Internetseite http://www.vero.fi notwendig. In Ausnahmefällen wird eine Abgabe in Papierform von der Finanzverwaltung akzeptiert.

h) Vorsteuerabzug

Einschränkung	Der Vorsteuerabzug ist u. a. für folgende Eingangsleistungen nicht möglich:
	▶ für alle Erwerbe oder Dienstleistungen, die nicht für das Unternehmen bezogen werden,
Abziehbare Vorsteuerbeträge	Der Vorsteuerabzug ist insbesondere für folgende Kosten, sofern sie betrieblich veranlasst sind, möglich:
	▶ Beratungsleistungen,
	▶ Hotel- und Übernachtungskosten,
	▶ Personalbeschaffungskosten,
	▶ Mietwagen,
	▶ Kosten für Telekommunikation,
	▶ Seminar- und Tagungskosten,

► Messekosten,
► Kosten für Werbung.

**Vergütungs-
verfahren**

Ausländische Unternehmer, die im Inland keine oder nur steuerfreie Umsätze bewirkt haben, können in Rechnung gestellte Mehrwertsteuerbeträge grds. nur in einem so genannten Vergütungsverfahren geltend machen.

Bei diesem Verfahren ist zwischen einer Mehrwertsteuervergütung an Unternehmer aus EU-Mitgliedstaaten und Unternehmer aus Drittländern zu unterscheiden.

Mehrwertsteuervergütung an Unternehmer aus EU-Mitgliedstaaten:

► Der Antrag auf Mehrwertsteuervergütung muss bis zum 30. September nach Ablauf des Kalenderjahres, in dem der Vergütungsanspruch entstanden ist, gestellt werden.

► Die Mindestsumme der Erstattungsbeträge beträgt für Quartalsanträge € 400 und bei jährlicher Antragstellung € 50.

► Der Unternehmer hat die Vergütung selbst zu berechnen

► Die Vorlage von Rechnungen und Einfuhrbelegen kann angefordert werden.

► Der Antrag wird über ein elektronisches Portal im jeweiligen Ansässigkeitsstaat eingereicht.

Mehrwertsteuervergütung an Unternehmer aus Drittländern:

► Der Antrag auf Mehrwertsteuervergütung muss bis zum 30. Juni nach Ablauf des Kalenderjahres, in dem der Vergütungsanspruch entstanden ist, gestellt werden.

► Die Mindestsumme der Erstattungsbeträge beträgt für Quartalsanträge € 400 und bei jährlicher Antragstellung € 50.

► Der Unternehmer hat die Vergütung selbst zu berechnen .

► Die Vorlage von Rechnungen und Einfuhrbelegen kann angefordert werden.

▶ Der Unternehmer hat den Nachweis seiner Unternehmereigenschaft anhand einer Bescheinigung seines Finanzamts (nicht älter als ein Jahr) gegenüber der Steuerverwaltung zu erbringen.

▶ Der Antrag muss nach amtlich vorgeschriebenem Vordruck bei der zuständigen Behörde in Papierform eingereicht werden. Dieser ist auf der Internetseite http://www.vero.fi verfügbar.

Zuständige Behörde

Uusimaa Corporate Tax Office
P. O. Box 34
FIN - 00052 Vero
Finland
Tel: (+358) 20 697 063
Fax: (+358) 97 311 4895
http://www.vero.fi

6. Frankreich

a) Allgemeine Informationen

612

Währung	Euro (€)	**Informationsstelle**
MwSt-Standard-satz[1]	20%	Direction générale des Impôts
		Bureau GF2A animation de la fis-
Ermäßigter Satz	0%, 2,1%, 5,5%, 10%	calité des professionnels
Lieferschwelle	€ 35.000	86-92, Allée de Bercy
Erwerbsschwelle	€ 10.000	F - 75574 Paris Cedex 12
		France
		Tel: (+33) 1 53 18 11 95
		Fax: (+33) 1 53 18 95 01
		E-Mail:
		Bureau.gf2a@dgfip.finan-
		ces.gouv.fr
		http://www.impots.gouv.fr
Bezeichnung der Umsatzsteuer	taxe sur la valeur ajoutée (TVA)	**Anträge auf MwSt-Vergütung sind zu richten an:**
Name der Mehr-wertsteuer-Identifi-kationsnummer (MwSt-IdNr.)	le numéro d'identification à la taxe sur la valeur ajoutée (numéro TVA)	Direction des Résidents à l´étranger et des services généraux
		Services des remboursements de
		la TVA
		10, rue de Centre
		TSA 60015
		F - 93465 Noisy-le-grand Cedex
		France
		Tel: (+33) 1 57 33 84 00
		Fax: (+33) 1 57 33 84 85
		E-Mail: sr-tva.dresg@dgfip.fi-
		nances.gouv.fr
		http://www.impots.gouv.fr

---

1 Für Korsika gelten ermäßigte Sätze von 0,9 %, 2,1 %, 10 % und 13 %.

Aufbau der MwSt-IdNr.	FR + elf Zeichen		
Umsatzsteuerliche Organschaft	Voraussetzung: Mindestbeteiligung des Organträgers an der Organgesellschaft i. H. v. 50% (direkte oder indirekte Beteiligung). Die Organschaft wirkt nur im Inland. Eine ausländische Gesellschaft kann nicht Teil eines Organkreises werden. Grds. besteht ein Wahlrecht zur Anwendung der Regelungen zur umsatzsteuerlichen Organschaft.		
Fiskalvertreter erforderlich	nur für Nicht-EU Unternehmer	**Mindestsumme der MwSt-Vergütungsanträge**	
Drittlandsgebiete[1]	Départements Guadeloupe, Guyana, Martinique und Réunion	Jährliche Antragstellung Quartalsanträge	€ 50 € 400
Kleinunternehmergrenzen	€ 82.800; € 33.200		

b) Registrierung ausländischer Unternehmer

Registrierungspflicht	Eine Mehrwertsteuer-Registrierung ist vor allem verpflichtend ► bei Ausführung von innergemeinschaftlichen Lieferungen, ► bei Ausfuhrlieferungen ► bei Umsätzen, wo der Leistungsempfänger nicht in Frankreich registriert ist ► beim innergemeinschaftlichen Erwerb und ► im Versandhandel bei Überschreitung der Lieferschwelle von € 35.000.
Ausnahmen	Für Unternehmer mit einer Niederlassung in Frankreich gelten zusätzlich folgende Schwellenwerte, bei deren Überschreitung eine Registrierung verpflichtend ist: ► € 82.800 bei Ausführung von Lieferungen, ► € 33.200 bei der Erbringung von Dienstleistungen.

---

1 Das Fürstentum Monaco gehört zum Gemeinschaftsgebiet.

Antragstellung

Die Registrierungspflicht entfällt ebenfalls bei Lieferungen und sonstigen Leistungen, die dem Reverse-Charge-Verfahren unterliegen.

Für im Ausland ansässige Unternehmer ist zuständig:
► Services des impôts des entreprises étrangères (SIEE)
10, Rue de Centre
TSA 2001
F - 93465 Noisy-le-grand Cedex
France
Tel: (+33) 1 57 33 85 00
Fax: (+33) 1 57 33 84 04
E-Mail: sie.entreprises-entrangeres@dgi.finances.gouv.fr
http://www.impots.gouv.fr
Für Unternehmer mit einer Niederlassung in Frankreich sind die regionalen Direktionen der französischen Steuerverwaltung zuständig. Eine Übersicht ist unter http://www.impots.gouv.fr zu finden.

Verfahrensablauf:
► Die Registrierung erfolgt mit Hilfe des Formulars „déclaration d´identification", das auf der Internetseite http://www.impots.gouv.fr zu finden ist. Für die Registrierung notwendige Unterlagen werden von der oben genannten Behörde zur Verfügung gestellt.

► Ein Auszug aus dem Unternehmensregister, ausgestellt von der für den ausländischen Unternehmer in einem anderen Mitgliedstaat zuständigen Behörde, ist beizufügen sowie eine Kopie des Gesellschaftsvertrags nebst Übersetzung ins Französische und der Bescheinigung zur umsatzsteuerlichen Registrierung des Ansässigkeitsstaates

c) Anwendung des Reverse-Charge-Verfahrens

Nationale Regelung	Art. 283 Abs. 2 französisches Umsatzsteuergesetz
Leistender	▶ Ausländischer Unternehmer, der nicht in Frankreich ansässig ist. Die mehrwertsteuerliche Registrierung des ausländischen Unternehmers in Frankreich ist für die Anwendung des Reverse-Charge-Verfahrens unschädlich.
Leistungs-empfänger	▶ Unternehmer oder juristische Person des öffentlichen Rechts, die in Frankreich registriert ist.
Anwendungsfälle	▶ Gilt für alle steuerpflichtigen Lieferungen und sonstige Leistungen, die von einem ausländischen Unternehmer an einen mehrwertsteuerlich registrierten Unternehmer in Frankreich erbracht werden.
Rechtsfolgen	▶ Steuerschuld und Vorsteuerabzug fallen in der Person des Leistungsempfängers zusammen.
Rechnungs-anforderungen	▶ Ausweis des Nettobetrags in der Rechnung. ▶ Angabe der MwSt-Nummer des Leistungsempfängers. ▶ Hinweis in der Rechnung auf die Anwendung des Reverse-Charge-Verfahrens.

d) Bestellung eines Steuer-/Fiskalvertreters

Pflicht für nicht in der EU ansässige Unternehmer	▶ Für nicht in der EU ansässige Unternehmer ist die Bestellung eines Fiskalvertreters in Frankreich verpflichtend.
Voraussetzungen für die Vertretung	▶ Der Vertretene darf im Inland nicht über einen Sitz, eine Geschäftsleitung oder eine Zweigniederlassung verfügen und muss vorab von der französischen Finanzverwaltung als Fiskalvertreter akzeptiert worden sein.
Anwendungsfälle	▶ Der Unternehmer ist verpflichtet, einen Steuervertreter zu bestellen, bevor er Umsätze ausführt, die der französischen Mehrwertsteuer unterliegen und für die der ausländische Unternehmer in Frankreich zum

	Vorsteuerabzug berechtigt ist und die Mehrwertsteuer schuldet.
Vertretungsbefugte	▶ Zum Fiskalvertreter können juristische oder natürliche Personen bestellt werden, die steuerpflichtig sind und in Frankreich über einen ständigen Wohn- oder Geschäftssitz verfügen.
Rechte und Pflichten	▶ Der Vertreter hat die gleichen Rechte und Pflichten wie der Vertretene.
	▶ Der Vertreter hat im Namen des Vertretenen alle notwendigen Register- und Meldeverpflichtungen einzuhalten.
	▶ Er hat die Pflicht zur Abgabe der Steuererklärungen und der Zusammenfassenden Meldungen im Namen des Vertretenen.
	▶ Die Gestellung einer Bankbürgschaft ist verpflichtend.

e) Rechnungserteilung

Pflicht zur Rechnungserteilung	Der Unternehmer ist in den folgenden Fällen verpflichtet spätestens bis zum 15. Tag des auf die Lieferung folgenden Monats eine Rechnung auszustellen:
	▶ Bei der Ausführung eines steuerpflichtigen Umsatzes an einen anderen Unternehmer für dessen Unternehmen oder an eine juristische Person,
	▶ bei Ausführung einer Lieferung oder sonstigen Leistung in das Gemeinschaftsgebiet,
	▶ bei der Lieferung von Gebrauchtgegenständen, Kunstgegenständen, Sammlungsstücken oder Antiquitäten im Wege öffentlicher Versteigerungen.
Inhalt	Eine Rechnung muss folgende Angaben enthalten:
	▶ Den vollständigen Namen und die vollständige Anschrift des leistenden Unternehmers und des Leistungsempfängers,
	▶ die dem leistenden Unternehmer von der Steuerverwaltung erteilte MwSt-Nummer,
	▶ das Ausstellungsdatum,

- ► eine fortlaufende Nummer mit einer oder mehreren Zahlenreihen, die zur Identifizierung der Rechnung vom Rechnungsaussteller einmalig vergeben wird (Rechnungsnummer),
- ► die Menge und die Art (handelsübliche Bezeichnung) der gelieferten Gegenstände oder den Umfang und die Art der sonstigen Leistung,
- ► den Zeitpunkt der Lieferung oder sonstigen Leistung oder den Zeitpunkt der Vereinnahmung des Entgelts oder eines Teils des Entgelts, sofern der Zeitpunkt der Vereinnahmung feststeht und nicht mit dem Ausstellungsdatum der Rechnung übereinstimmt,
- ► das nach Steuersätzen und einzelnen Steuerbefreiungen aufgeschlüsselte Entgelt für die Lieferung oder sonstige Leistung sowie jede im Voraus vereinbarte Minderung des Entgelts, sofern sie nicht bereits im Entgelt berücksichtigt ist,
- ► den anzuwendenden Steuersatz sowie den auf das Entgelt entfallenden Steuerbetrag oder im Fall einer Steuerbefreiung einen Hinweis darauf, dass für die Lieferung oder sonstige Leistung eine Steuerbefreiung gilt,
- ► bei innergemeinschaftlicher Lieferung eines neuen Fahrzeuges, eine hinreichende Beschreibung, mit der das Fahrzeug identifiziert werden kann,
- ► bei Fiskalvertretung, den vollständigen Namen, die vollständige Anschrift und die MwSt-Nummer des Vertreters und

Zusätzlich ist in der Rechnung die MwSt-Nummer des Leistungsempfängers anzugeben, wenn

- ► der leistende Unternehmer eine innergemeinschaftliche Lieferung ausführt,
- ► der Leistungsempfänger die Steuer schuldet (Reverse-Charge-Verfahren).

Vereinfachte Rechnungen	Eine vereinfachte Rechnung mit einem Gesamtbetrag nicht höher als €150 (ohne MwSt) muss die folgende Angaben nicht enthalten: ► Die dem leistenden Unternehmer von der Steuerverwaltung erteilte MwSt-Nummer und ► im Fall einer Steuerbefreiung einen Hinweis darauf, dass für die Lieferung oder sonstige Leistung eine Steuerbefreiung gilt. Dies gilt nicht für innergemeinschaftliche Warenlieferungen, Lieferungen von neuen Fahrzeugen und für den Versandhandel.
Selbstfakturierung (Gutschrift)	► Damit eine Rechnung zum Zwecke der Selbstfakturierung anerkannt wird, muss dies vorab zwischen Leistendem und Empfänger schriftlich vereinbart werden.
Rechnungs-korrekturen	► Eine Rechnungskorrektur muss ausdrücklich und eindeutig auf die ursprüngliche Rechnung Bezug nehmen. ► Es müssen nur die fehlenden oder unzutreffenden Angaben in der Korrekturrechnung angegeben werden. ► Korrekturrechnungen an ausländische Steuerpflichtige, die nicht in Frankreich ansässig sind und sich die Steuer erstatten lassen können, sind nicht zulässig.
Elektronische Rechnungen	► Eine Rechnung kann auf elektronischem Weg übermittelt werden. Grds. sind alle Übermittlungsformen zulässig (z. B. EDI-Verfahren oder E-Mail). ► Die elektronische Rechnung muss durch den Leistungsempfänger akzeptiert werden. ► Wird eine Rechnung auf elektronischem Weg übermittelt, müssen die Echtheit der Herkunft, die Unversehrtheit des Inhalts und die Lesbarkeit der Rechnung gewährleistet sein. Dies kann bspw. durch eine qualifizierte elektronische Signatur oder durch ein geeignetes innerbetriebliches Kontrollverfahren erfolgen.

Aufbewahrung	► Die Aufbewahrungspflicht für Rechnungen beträgt 6 Jahre aus steuerrechtlicher und 10 Jahre aus handelsrechtlicher Sicht.
Reverse-Charge	► Führt der Unternehmer eine Leistung aus, für die der Leistungsempfänger die Steuer schuldet, ist er zur Ausstellung einer Rechnung verpflichtet, die einen Hinweis auf die Steuerschuldnerschaft des Leistungsempfängers enthält. Die Angabe der MwSt-Nummer des Leistungsempfängers ist verpflichtend.
Wichtige Rechnungshinweise	
Rechnungshinweis für steuerfreie innergemeinschaftliche Lieferungen	„livraison intracommunautaire exonérée TVA, article 262 ter I du CGI" oder „Opération exonérée de TVA - Article 262 ter I du CGI" oder Bezug auf den entsprechenden Art. in der MwStSystRL
Rechnungshinweis für Dreiecksgeschäfte	„Application de l'article 141 de la directive 2006/112/CE du 28 novembre 2006, Autoliquidation BO1 – TVA – CHAMP – 20-40 n° 240"
Rechnungshinweis beim Übergang der Steuerschuldnerschaft	„Autoliquidation" und Bezugnahme (je nach Sachlage) auf Art. 283.2 oder Art. 283.1 Abs. 2 des französischen Mehrwertsteuergesetzes
Rechnungshinweis bei Gutschriften	„Autofacturation" oder „Facture établie" par (der Auftraggeber) au nom et pour le compte de (der Lieferant)

f) Steuererklärungen

Pflicht zur Abgabe	► Jeder in Frankreich registrierte Steuerpflichtige muss Steuererklärungen abgeben.
Ausnahmen	► Hiervon sind Kleinunternehmer, die nicht zur Anwendung der Regelbesteuerung optieren, ausgenommen.
Zeitraum und Zahlungsfristen	Der normale Zeitraum für die Steuererklärung ist der Kalendermonat oder das Kalendervierteljahr.
	► Die Abgabefrist unterscheidet sich je nach Art und Sitz des Unternehmens. Die Steuer ist bis zum 19. Tag des auf den Steuerzeitraum folgenden Monats entsprechend zu entrichten.

Verfahrens-vereinfachung	
Elektronische Steuererklärungen	► Steuererklärungen können, nach vorheriger Registrierung, über die Internetseite http://www.impots.gouv.fr abgegeben werden.

g) Zusammenfassende Meldungen

Abgabepflicht	Eine Abgabepflicht besteht für einen ► Unternehmer, der innergemeinschaftliche Warenlieferungen ausführt, ► Unternehmer, der innergemeinschaftliche Dienstleistungen ausführt, ► Unternehmer, der Beteiligter an einem innergemeinschaftlichen Dreiecksgeschäft ist, ► Unternehmer, der innergemeinschaftliche Erwerbe bewirkt.
Zeitraum	► Die Zusammenfassende Meldung ist monatlich bis zum 10. Werktag des folgenden Monats abzugeben.
Zuständige Behörde	► Centre de collecte (CISD) de LILLE Port Fluvial de Lille 10, place Leroux De Fauquemont 59040 Lille CEDEX France
Inhalt	Die Zusammenfassende Meldung muss folgende Angaben enthalten: ► Die MwSt-Nummer inklusive dem Ländercode „FR" des Unternehmers, die ihm in Frankreich erteilt worden ist, ► die MwSt-Nummer inklusive dem entsprechenden Ländercode jedes Erwerbers, die ihm in einem anderen Mitgliedstaat erteilt worden ist, ► für jeden Erwerber die Summe der Bemessungsgrundlagen der an ihn ausgeführten innergemeinschaftlichen Warenlieferungen/Dienstleistungen, ► für jeden Erwerber die Summe der Bemessungsgrundlagen der innergemeinschaftlichen Dreiecksgeschäfte.

| Elektronische Abgabe | ► Zusammenfassende Meldungen können über die Internetseite https://pro.douane.gouv.fr/ abgegeben werden.
► Eine vorherige Registrierung bei der Zollverwaltung ist hierzu notwendig. |

h) Vorsteuerabzug

Einschränkung	Der Vorsteuerabzug ist u. a. für folgende Eingangsleistungen nicht möglich: ► Hotel- und Übernachtungskosten für leitende Angestellte, bei Kraftstoff nur anteilig (besondere Regelungen), Dienstleistungen iZm Personenkraftwagen, ► Geschenke,
Abziehbare Vorsteuerbeträge	Der Vorsteuerabzug ist insbesondere für folgende Kosten, sofern sie betrieblich veranlasst sind, möglich: ► Beratungsleistungen, ► Bewirtungskosten, ► Personalbeschaffungskosten, ► Erwerb, Leasing und Miete für Lastkraftwagen, ► Kosten für Telekommunikation, ► Seminar- und Tagungskosten, ► Messekosten, ► Kosten für Werbung.
Vergütungs-verfahren	Ausländische Unternehmer, die im Inland keine oder nur steuerfreie Umsätze bewirkt haben, können in Rechnung gestellte Mehrwertsteuerbeträge grds. nur in einem so genannten Vergütungsverfahren geltend machen. Beim diesem Verfahren ist zwischen einer Mehrwertsteuervergütung an Unternehmer aus EU-Mitgliedstaaten und Unternehmer aus Drittländern zu unterscheiden. Mehrwertsteuervergütung an Unternehmer aus EU-Mitgliedstaaten: ► Der Antrag auf Mehrwertsteuervergütung muss bis zum 30. September nach Ablauf des Kalenderjahres,

in dem der Vergütungsanspruch entstanden ist, gestellt werden.

► Die Mindestsumme der Erstattungsbeträge beträgt für Quartalsanträge € 400 und bei jährlicher Antragstellung € 50.

► Der Unternehmer hat die Vergütung selbst zu berechnen und die Vorsteuerbeträge bei einem Rechnungsbetrag von über € 1.000 (€ 250 für Kraftstoff) durch Vorlage von Rechnungen und Einfuhrbelegen in Kopie nachzuweisen.

► Der Antrag wird über ein elektronisches Portal im jeweiligen Ansässigkeitsstaat eingereicht.

Mehrwertsteuervergütung an Unternehmer aus Drittländern:

► Der Antrag auf Mehrwertsteuervergütung muss bis zum 30. Juni nach Ablauf des Kalenderjahres, in dem der Vergütungsanspruch entstanden ist, gestellt werden.

► Die Mindestsumme der Erstattungsbeträge beträgt für Quartalsanträge € 400 und bei jährlicher Antragstellung € 50.

► Der Unternehmer hat die Vergütung selbst zu berechnen und die Vorsteuerbeträge durch Vorlage von Rechnungen und Einfuhrbelegen im Original nachzuweisen.

► Der Unternehmer hat den Nachweis seiner Unternehmereigenschaft anhand einer Bescheinigung seines Finanzamts (nicht älter als ein Jahr) gegenüber der Steuerverwaltung zu erbringen.

► Der Antrag muss nach amtlich vorgeschriebenem Vordruck 3559 bei der zuständigen Behörde eingereicht werden.

Zuständige Behörde	Direction des Résidents à l´étranger et des services généraux Services des remboursements de la TVA 10, rue de Centre TSA 60015 F - 93465 Noisy-le-grand Cedex France Tel: (+33) 1 57 33 84 00 Fax: (+33) 1 57 33 84 85 E-Mail: sr-tva.dresg@dgfip.finances.gouv.fr http://www.impots.gouv.fr
Monaco	Direction des Services Fiscaux 57, Rue Grimaldi B.P. 475 MC - 98012 Monaco Cedex Monaco Tel: (+377) 98 98 81 21 Fax: (+377) 98 98 81 55 http://www.impots.gouv.fr

7. Griechenland

a) Allgemeine Informationen

613

Währung	Euro (€)	**Informationsstelle**
MwSt-Standardsatz	24%	Ministry of Finance
Ermäßigter Satz	6%, 13%,	Directorate General of Tax and
Lieferschwelle	€ 35.000	Customs Issues
Erwerbsschwelle	€ 10.000	14th Directorate of VAT, VAT Repayments Section
		Sina str. 2-4
		GR - 10672 Athen
		Greece
		Tel: (+30) 210 3644 960
		Fax: (+30) 210 3645 413
		E-Mail: d14-ctm@otenet.gr
		http://www.minfin.gr/
Bezeichnung der Umsatzsteuer	Foros prostithemenis axias (FPA)	**Anträge auf MwSt-Vergütung sind zu richten an:**
Name der Mehrwertsteuer-Identifikationsnummer (MwSt-IdNr.)	Arithmos Forologikou Mitroou (FPA)	Ministry of Finance Directorate General of Tax and Customs Issues 14th Directorate of VAT, VAT Repayments Section
Aufbau der MwSt-IdNr.	EL + neun Ziffern	Sina str. 2-4 GR - 10672 Athen Greece Tel: (+30) 210 3644 960 Fax: (+30) 210 3645 413 E-Mail: d14-ctm@otenet.gr http://www.minfin.gr/
Umsatzsteuerliche Organschaft	Eine umsatzsteuerliche Organschaft ist in Griechenland nicht vorgesehen.	
Fiskalvertreter erforderlich	nur für Nicht-EU Unternehmer	**Mindestsumme der MwSt-Vergütungsanträge**
Drittlandsgebiete	Berg Athos	Jährliche Antragstellung € 50
		Quartalsanträge € 400

Kleinunternehmer-grenzen	€ 10.000

b) Registrierung ausländischer Unternehmer

Registrierungs-pflicht	Eine Mehrwertsteuer-Registrierung ist verpflichtend ▶ bei Ausführung von Lieferungen, ▶ bei der Erbringung von Dienstleistungen, ▶ beim innergemeinschaftlichen Erwerb und ▶ im Versandhandel bei Überschreitung der Liefer-schwelle von € 35.000.
Ausnahmen	▶ Die Registrierungspflicht entfällt bei Lieferungen und sonstigen Leistungen, die dem Reverse-Charge-Ver-fahren unterliegen. ▶ Eine Ausnahme gilt auch für Kleinunternehmer mit einer Niederlassung in Griechenland, wenn diese die Umsatzgrenze von € 10.000 im laufenden Kalender-jahr voraussichtlich nicht überschreiten werden.
Antragstellung	Für im Ausland ansässige Unternehmer ist zuständig: ▶ Ministry of Finance Directorate General of Tax and Customs Issues 14th Directorate of VAT, VAT Repayments Section Sina str. 2-4 GR - 10672 Athen Greece Tel: (+30) 210 3644 960 Fax: (+30) 210 3645 413 E-Mail: d14-ctm@otenet.gr http://www.minfin.gr/ Für Unternehmer mit einer Niederlassung in Grie-chenland sind die regionalen Direktionen der grie-chischen Steuerverwaltung zuständig. Eine Übersicht ist unter http://www.minfin.gr/ zu finden.

c) Anwendung des Reverse-Charge-Verfahrens

Nationale Regelung	▶ § 14 i.V.m. § 35 2859/2000 griechisches Mehrwert-steuergesetz

Leistender	▶ Ausländischer Unternehmer, der nicht in Griechenland ansässig ist. Das Reverse-Charge-Verfahren kann nur angewendet werden, wenn der ausländische Unternehmer für MwSt-Zwecke in Griechenland nicht registriert ist.
Leistungs-empfänger	▶ Unternehmer oder juristische Person des öffentlichen Rechts, der eine USt-IdNr. erteilt wurde, die in Griechenland ansässig ist.
Anwendungsfälle (Aufzählung nicht abschließend)	▶ grenzüberschreitende Dienstleistungen gemäß Art. 44 MwStSystRL ▶ Übertragung von Rechten im Zusammenhang mit der Emmision von Treibhausgasen ▶ Lieferung von bestimmten Secondhandgütern und Abfällen
Rechtsfolgen	▶ Steuerschuld und Vorsteuerabzug fallen in der Person des Leistungsempfängers zusammen.
Rechnungs-anforderungen	▶ Ausweis des Nettobetrags in der Rechnung. ▶ In bestimmten Fällen die Angabe der MwSt-Nummer des Leistungsempfängers. ▶ Hinweis in der Rechnung auf die Anwendung des Reverse-Charge-Verfahrens.

d) Bestellung eines Steuer-/Fiskalvertreters

Pflicht für nicht in der EU ansässige Unternehmer	▶ Für nicht in der EU ansässige Unternehmer ist die Bestellung eines Fiskalvertreters in Griechenland verpflichtend.
Voraussetzungen für die Vertretung	▶ Der Vertretene darf im Inland nicht über einen Sitz, eine Geschäftsleitung oder eine Zweigniederlassung verfügen. ▶ Eine beglaubigte Vertretungsvollmacht ist erforderlich.
Anwendungsfälle	▶ Der Unternehmer ist verpflichtet, einen Steuervertreter zu bestellen, bevor er Umsätze ausführt, die der griechischen Mehrwertsteuer unterliegen und für die der ausländische Unternehmer in Griechenland zum

Vorsteuerabzug berechtigt ist und die Mehrwertsteuer schuldet.

Vertretungsbefugte

▶ Zum Fiskalvertreter können juristische oder natürliche Personen bestellt werden, die in Griechenland über einen ständigen Wohn- oder Geschäftssitz verfügen.

Rechte und Pflichten

▶ Der Fiskalvertreter muss für seine Tätigkeit eine gesonderte MwSt-Nummer beantragen. Die gesonderte MwSt-Nummer ist von der regionalen Steuerverwaltung, die für die Mehrwertbesteuerung des Fiskalvertreters zuständig ist, zu erteilen.

▶ Der Fiskalvertreter ist verpflichtet, die Bücher des von ihm vertretenen Steuerpflichtigen in Griechenland zu führen.

▶ Weiterhin ist der Fiskalvertreter befugt, Rechnungen über die Leistungen des Vertretenen auszustellen.

▶ Der Vertretene haftet zusammen mit dem Vertreter gesamtschuldnerisch für die Zahlung der Mehrwertsteuer sowie der Zinsen und Geldbußen, die im Zusammenhang mit den in Griechenland getätigten Umsätzen anfallen können.

▶ Eine Bankbürgschaft ist nicht verpflichtend.

▶ In Fällen in denen ein (nicht) in der EU ansässiges Unternehmen gelegentlich kulturelle, künstlerische, sportliche, wissenschaftliche, schulische, unterhaltende oder ähnliche Events organisiert, kann das Unternehmen sich statt einer Registrierung für umsatzsteuerliche Zwecke in Griechenland, eine Bankgarantie in Höhe des Umsatzsteuerbetrags der erwarteten Einnahmen des Events, durch eine in Griechenland ansässigen Bank, ausstellen lassen. Nach Fertigstellung des Events wird die tatsächlich vereinnahmte Umsatzsteuer an das entsprechende griechische Finanzamt gezahlt und die Bankgarantie erlischt.

e) Rechnungserteilung

Pflicht zur Rechnungserteilung

Der Unternehmer ist in den folgenden Fällen verpflichtet, innerhalb eines Monats nach Ausführung der Leistung eine Rechnung auszustellen:

► Bei der Ausführung eines steuerpflichtigen Umsatzes an einen anderen Unternehmer für dessen Unternehmen oder an eine juristische Person,
► bei Ausführung einer Lieferung oder sonstigen Leistung in das Gemeinschaftsgebiet.

Inhalt

Eine Rechnung muss folgende Angaben enthalten:

► Den vollständigen Namen und die vollständige Anschrift des leistenden Unternehmers und des Leistungsempfängers,
► die dem leistenden Unternehmer und dem Leistungsempfänger von der Steuerverwaltung erteilte MwSt-Nummer,
► das Ausstellungsdatum,
► eine fortlaufende Nummer mit einer oder mehreren Zahlenreihen, die zur Identifizierung der Rechnung vom Rechnungsaussteller einmalig vergeben wird (Rechnungsnummer),
► die Menge und die Art (handelsübliche Bezeichnung) der gelieferten Gegenstände oder den Umfang und die Art der sonstigen Leistung,
► den Zeitpunkt der Lieferung oder sonstigen Leistung (nur wenn vom Rechnungsdatum abweichend),
► das nach Steuersätzen und einzelnen Steuerbefreiungen aufgeschlüsselte Entgelt für die Lieferung oder sonstige Leistung und
► den anzuwendenden Steuersatz sowie den auf das Entgelt entfallenden Steuerbetrag.

Vereinfachte Rechnungen

Eine vereinfachte Rechnung kann bei Umsätzen von für den Empfänger nicht handelbaren Gegenständen oder der Erbringung von Dienstleistungen an steuerpflichtige oder nichtsteuerpflichtige Personen mit einem Wert von bis zu € 100 ausgestellt werden.

Selbstfakturierung (Gutschrift)

► Damit eine Rechnung zum Zwecke der Selbstfakturierung anerkannt wird, muss dies vorab zwischen Leistenden und Empfänger schriftlich vereinbart werden.

► Jede, im Zuge der Selbstfakturierung, ausgestellte Rechnung muss den Hinweis „self-billing" enthalten.

Rechnungs-korrekturen

► Eine Rechnung kann berichtigt werden, wenn sich der Steuerbetrag oder die zu dessen Ermittlung erforderlichen Positionen ändern.

► Eine Rechnungskorrektur muss ausdrücklich und eindeutig auf die ursprüngliche Rechnung Bezug nehmen.

► Es gelten die gleichen Anforderungen an Form und Inhalt wie bei der Rechnung.

Elektronische Rechnungen

► Eine Rechnung kann auf elektronischem Weg übermittelt werden. Grds. sind alle Übermittlungsformen zulässig (z. B. EDI-Verfahren oder E-Mail).

► Die elektronische Rechnung muss durch den Leistungsempfänger akzeptiert werden.

► Wird eine Rechnung auf elektronischem Weg übermittelt, müssen die Echtheit der Herkunft, die Unversehrtheit des Inhalts und die Lesbarkeit der Rechnung gewährleistet sein. Dies kann bspw. durch eine qualifizierte elektronische Signatur oder durch ein geeignetes innerbetriebliches Kontrollverfahren erfolgen.

Aufbewahrung

► Die Aufbewahrungspflicht für Rechnungen beträgt grds. 6 Jahre (in Ausnahmefällen bis zu 20 Jahren).

Reverse-Charge

► Führt der Unternehmer eine Leistung aus, für die der Leistungsempfänger die Steuer schuldet, ist er zur Ausstellung einer Rechnung verpflichtet, die einen Hinweis auf die Steuerschuldnerschaft des Leistungsempfängers enthält. Die Angabe der MwSt-Nummer des Leistungsempfängers ist verpflichtend.

Wichtige Rechnungshinweise	
Rechnungshinweis für steuerfreie innergemeinschaftliche Lieferungen	„Απαλλάςςεται από ΦΠΑ άρθρο 28 του Κώδικα ΦΠΑ"
Rechnungshinweis für Dreiecksgeschäfte	„Τριγωνική ςυναλλαγή υπόχρεος ο αγοραςτής άρθρο 15 του Κώδικα ΦΠΑ oder „Triangulation"
Rechnungshinweis beim Übergang der Steuerschuldnerschaft	„Αντίςτροφη επιβάρυνςη" oder „Reverse charge"
Rechnungshinweis bei Gutschriften	„Αυτοτιμολόγηςη" oder „Self-billing"

f) Steuererklärungen

Pflicht zur Abgabe	► Jeder in Griechenland registrierte Steuerpflichtige muss Steuererklärungen abgeben.
Ausnahmen	Keine Steuererklärung abzugeben haben Kleinunternehmer, ► bei denen der Jahresumsatz aus der Lieferung von Gegenständen weniger als € 10.000 beträgt oder ► bei denen der Jahresumsatz aus der Erbringung von Dienstleistungen weniger als € 5.000 beträgt.
Zeitraum und Zahlungsfristen	► Der Abgabezeitraum der Umsatzsteueranmeldungen ist monatlich oder quartalsweise. ► Bei Abgabe in Papierform ist die Steuererklärung bis zum letzten Arbeitstag des auf den Steuerzeitraum folgenden Monats abzugeben und die geschuldete Steuer entsprechend zu entrichten. Im elektronischen Verfahren über die TAXISnet-Website ist die Abgabefrist der 26. Tag des folgenden Monats. ► Zusätzlich ist am Ende des Wirtschaftsjahres, spätestens am 20. Tag des fünften auf das Ende des Wirt-

	schaftsjahres folgenden Monats, eine zusammenfassende Steuererklärung abzugeben.
Verfahrens-vereinfachung	keine
Elektronische Steuererklärungen	▶ Grds. müssen alle Steuererklärungen nach vorheriger Registrierung über das System TAXISnet (http://www.gsis.gr) elektronisch abgegeben werden.

g) Zusammenfassende Meldungen

Abgabepflicht	Eine Abgabepflicht besteht für einen ▶ Unternehmer, der innergemeinschaftliche Warenlieferungen ausführt, ▶ Unternehmer, der innergemeinschaftliche Erwerbe ausführt, ▶ Unternehmer, der innergemeinschaftliche Dienstleistungen ausführt und empfängt, ▶ Unternehmer, der Beteiligter an einem innergemeinschaftlichen Dreiecksgeschäft ist.
Zeitraum	▶ Die Zusammenfassende Meldung ist monatlich bis zum 26. Tag des auf den Berichtszeitraum folgenden Monats abzugeben.
Zuständige Behörde	▶ Ministry of Finance Directorate General of Tax and Customs Issues 14th Directorate of VAT, VAT Repayments Section Sina str. 2-4 GR - 10672 Athen Greece Tel: (+30) 210 3644 960 Fax: (+30) 210 3645 413 E-Mail: d14-ctm@otenet.gr http://www.minfin.gr
Inhalt	Die Zusammenfassende Meldung muss folgende Angaben enthalten: ▶ Die MwSt-Nummer inklusive dem Ländercode „EL" des Unternehmers, die ihm in Griechenland erteilt worden ist,

	▸ die MwSt-Nummer inklusive dem entsprechenden Ländercode jedes Erwerbers, die ihm in einem anderen Mitgliedstaat erteilt worden ist, ▸ für jeden Erwerber die Summe der Bemessungsgrundlagen der an ihn ausgeführten innergemeinschaftlichen Warenlieferungen/Dienstleistungen, ▸ für jeden Erwerber die Summe der Bemessungsgrundlagen der innergemeinschaftlichen Dreiecksgeschäfte, ▸ Bei innergemeinschaftlichen Erwerben sind das Land und die MwSt-Nummer des Lieferanten anzugeben.
Ausnahmen	▸ Vereinfachte Verfahren im Zusammenhang mit der Zusammenfassenden Meldung gibt es in Griechenland nicht.
Elektronische Abgabe	▸ Zusammenfassende Meldungen müssen nach vorheriger Registrierung über das System TAXISnet (http://www.gsis.gr) elektronisch abgegeben werden.

h) Vorsteuerabzug

Einschränkung	Der Vorsteuerabzug ist u. a. für folgende Eingangsleistungen nicht möglich: ▸ Tabakwaren, alkoholische Getränke, ▸ Hotel-, Übernachtungskosten und Beförderungsleistungen für Beschäftigte des Unternehmens, ▸ Bewirtungskosten, ▸ Dienstleistungen im Unterhaltungsbereich, ▸ Kraftstoff für private Personenkraftwagen, ▸ Erwerb, Miete, Leasing, Reparatur und Parkgebühren für private Personenkraftwagen, ▸ Taxikosten, ▸ Repräsentationsaufwendungen und Geschenke.
Abziehbare Vorsteuerbeträge	Der Vorsteuerabzug ist insbesondere für folgende Kosten, sofern sie betrieblich veranlasst sind, möglich: ▸ Beratungsleistungen, ▸ Erwerb, Miete, Leasing, Reparatur und Parkgebühren für Lastkraftwagen,

▶ Personalbeschaffungskosten,

▶ Kosten für Telekommunikation,

▶ Seminar- und Tagungskosten,

▶ Messekosten,

▶ Kosten für Werbung.

Vergütungs-verfahren

Ausländische Unternehmer, die im Inland keine oder nur steuerfreie Umsätze bewirkt haben, können in Rechnung gestellte Mehrwertsteuerbeträge grds. nur in einem so genannten Vergütungsverfahren geltend machen.

Bei diesem Verfahren ist zwischen einer Mehrwertsteuervergütung an Unternehmer aus EU-Mitgliedstaaten und Unternehmer aus Drittländern zu unterscheiden.

Mehrwertsteuervergütung an Unternehmer aus EU-Mitgliedstaaten:

▶ Der Antrag auf Mehrwertsteuervergütung muss bis zum 30. September nach Ablauf des Kalenderjahres, in dem der Vergütungsanspruch entstanden ist, gestellt werden.

▶ Die Mindestsumme der Erstattungsbeträge beträgt für Quartalsanträge € 400 und bei jährlicher Antragstellung € 50.

▶ Der Unternehmer hat die Vergütung selbst zu berechnen und die Vorsteuerbeträge bei einem Rechnungsbetrag von über € 1.000 (€ 250 bei Rechnungen über Kraftstoff) durch Vorlage von Rechnungen und Einfuhrbelegen in Kopie nachzuweisen.

▶ Der Antrag wird über ein elektronisches Portal im jeweiligen Ansässigkeitsstaat eingereicht.

Mehrwertsteuervergütung an Unternehmer aus Drittländern:

▶ Der Antrag auf Mehrwertsteuervergütung muss bis zum 30. September nach Ablauf des Kalenderjahres, in dem der Vergütungsanspruch entstanden ist, gestellt werden.

▶ Die Mindestsumme der Erstattungsbeträge beträgt für Quartalsanträge € 400 und bei jährlicher Antragstellung € 50.

► Der Unternehmer hat die Vergütung selbst zu berechnen und die Vorsteuerbeträge durch Vorlage von Rechnungen und Einfuhrbelegen im Original nachzuweisen.

► Der Unternehmer hat den Nachweis seiner Unternehmereigenschaft anhand einer Bescheinigung seines Finanzamts (nicht älter als ein Jahr) gegenüber der Steuerverwaltung zu erbringen.

► Der Antrag muss nach amtlich vorgeschriebenem Vordruck bei der zuständigen Behörde eingereicht werden.

Zuständige Behörde

Ministry of Finance
Directorate General of Tax and Customs Issues
14th Directorate of VAT, VAT Repayments Section
Sina str. 2-4
GR - 10672 Athen
Greece
Tel: (+30) 210 3644 960
Fax: (+30) 210 3645 413
E-Mail: d14-ctm@otenet.gr
http://www.minfin.gr

8. Irland

a) Allgemeine Informationen

Währung	Euro (€)	**Informationsstelle**	614
MwSt-Standardsatz	23%	Collector General's Division	
Ermäßigter Satz	0%, 4,8%, 9%, 13,5%	Sarsfield House,	
Lieferschwelle	€ 35.000	Francis Street,	
Erwerbsschwelle	€ 41.000	Limerick	
		V94 R97	
		Ireland	
		Tel: (+353) 61 310 310	
		E-Mail: citycentrectvat@revenue.ie	
		http://www.revenue.ie	
Bezeichnung der Umsatzsteuer	value added tax (VAT)	**Anträge auf MwSt-Vergütung sind zu richten an:**	
Name der Mehrwertsteuer-Identifikationsnummer (MwSt-IdNr.)	value added tax identification no. (VAT No)	Collector General Office VAT Repayments Office Sarsfield House	
		Francis Street	
Aufbau der MwSt-IdNr.	IE + acht Zeichen	IRL - Limerick	
		Ireland	
		Tel: (+353) 61 488060	
		Fax: (+353) 61 488095	
		E-Mail: unregvat@revenue.ie	
		http://www.revenue.ie	
Umsatzsteuerliche Organschaft	Voraussetzung: Die finanzielle, wirtschaftliche und organisatorische Eingliederung der Organgesellschaft in den Organträger muss erfüllt sein. Die Organschaft wirkt nur im Inland. Eine ausländische Gesellschaft kann nicht Teil eines Organkreises werden. Grds. besteht ein Wahlrecht zur Anwendung der Regelungen zur umsatzsteuerlichen Organschaft.		

Fiskalvertreter erforderlich	nein	**Mindestsumme der MwSt-Vergütungsanträge**[1]	
Drittlandsgebiete	keine	Jährliche Antragstellung	€ 50
		Quartalsanträge	€ 400
Kleinunternehmer-grenzen	€ 75.000 (Warenlieferungen); € 37.500 (Dienstleistungen)		

b) Registrierung ausländischer Unternehmer

Registrierungs-pflicht	Eine Mehrwertsteuer-Registrierung ist verpflichtend ▶ bei Ausführung von Lieferungen, ▶ bei der Erbringung von Dienstleistungen, ▶ beim innergemeinschaftlichen Erwerb bei Überschreitung der Erwerbsschwelle von € 41.000 und ▶ im Versandhandel bei Überschreitung der Lieferschwelle von € 35.000.
Ausnahmen	Für Unternehmer mit einer Niederlassung in Irland gelten zusätzlich folgende Schwellenwerte, bei deren Überschreitung eine Registrierung verpflichtend ist: ▶ € 75.000 bei Ausführung von Lieferungen ▶ € 37.500 bei der Erbringung von Dienstleistungen Die Registrierungspflicht entfällt ebenfalls bei Lieferungen und sonstigen Leistungen, die dem Reverse-Charge-Verfahren unterliegen.
Antragstellung	Für im Ausland ansässige Unternehmer ist zuständig: ▶ Office of the Revenue Commissioners (die genaue Adresse hängt vom Ort der Niederlassung des Antragsstellers ab) Ireland Tel: (+353) 61 212799 Fax: (+353) 61 402125 E-Mail: unregvat@revenue.ie http://www.revenue.ie

---

1 € 25 (jährlich) und € 200 (Quartal) für Antragsteller aus dem Drittland.

Für Unternehmer mit einer Niederlassung in Irland sind die regionalen Direktionen der irischen Steuerverwaltung zuständig. Eine Übersicht ist unter http://www.revenue.ie zu finden.

Verfahrensablauf:

► Die Registrierung erfolgt mit dem Formular TR1 für natürliche Personen und Personengesellschaften oder TR2 für Unternehmen, die auf der Internetseite http://www.revenue.ie zu finden sind.

► Das Formular ist ausgefüllt und unterschrieben an die entsprechende Adresse zu senden.

c) Anwendung des Reverse-Charge-Verfahrens

Nationale Regelung	► § 12 Abs. 1, § 33 Abs. 2 bis Abs. 5, § 34 und § 35 irisches Mehrwertsteuergesetz 2010
Leistender	► Ausländischer Unternehmer, der nicht in Irland ansässig oder registriert ist.
Leistungsempfänger	► Unternehmer oder juristische Person des öffentlichen Rechts, der eine USt-IdNr. erteilt wurde, die in Irland ansässig ist.
Anwendungsfälle (Aufzählung nicht abschließend)	► grenzüberschreitende Dienstleistungen gemäß Art. 44 MwStSystRL,
	► kulturelle, künstlerische, wissenschaftliche, unterrichtende, sportliche, unterhaltende oder ähnliche Tätigkeiten (nicht für Eintrittsberechtigungen) sowie Bewirtungsleistungen und Vermietung von Beförderungsmitteln (mit Einschränkungen)
	► gewisse Metallschrotte
Rechtsfolgen	► Steuerschuld und Vorsteuerabzug fallen in der Person des Leistungsempfängers zusammen.
Rechnungsanforderungen	► Ausweis des Nettobetrags in der Rechnung.
	► Angabe der MwSt-Nummer des Leistungsempfängers.
	► Hinweis in der Rechnung auf die Anwendung des Reverse-Charge-Verfahrens.

d) Rechnungserteilung

Pflicht zur Rechnungserteilung

Der Unternehmer ist in den folgenden Fällen verpflichtet, spätestens am 15. Tag des auf die Ausführung der Leistung folgenden Monats eine Rechnung auszustellen:

► Bei der Ausführung eines steuerpflichtigen Umsatzes an einen anderen Unternehmer für dessen Unternehmen oder an eine juristische Person,

► bei Ausführung einer Lieferung oder sonstigen Leistung in das Gemeinschaftsgebiet.

Inhalt

Eine Rechnung muss folgende Angaben enthalten:

► Den vollständigen Namen und die vollständige Anschrift des leistenden Unternehmers und des Leistungsempfängers,

► die dem leistenden Unternehmer von der Steuerverwaltung erteilte MwSt-Nummer,

► das Ausstellungsdatum,

► eine fortlaufende Nummer mit einer oder mehreren Zahlenreihen, die zur Identifizierung der Rechnung vom Rechnungsaussteller einmalig vergeben wird (Rechnungsnummer),

► die Menge und die Art (handelsübliche Bezeichnung) der gelieferten Gegenstände oder den Umfang und die Art der sonstigen Leistung,

► den Zeitpunkt der Lieferung oder sonstigen Leistung oder den Zeitpunkt der Vereinnahmung des Entgelts oder eines Teils des Entgelts, sofern der Zeitpunkt der Vereinnahmung feststeht und nicht mit dem Ausstellungsdatum der Rechnung übereinstimmt,

► das nach Steuersätzen und einzelnen Steuerbefreiungen aufgeschlüsselte Entgelt für die Lieferung oder sonstige Leistung sowie jede im Voraus vereinbarte Minderung des Entgelts, sofern sie nicht bereits im Entgelt berücksichtigt ist,

► den anzuwendenden Steuersatz sowie den auf das Entgelt entfallenden Steuerbetrag oder im Fall einer Steuerbefreiung einen Hinweis darauf, dass für die Lieferung oder sonstige Leistung eine Steuerbefreiung gilt,

▶ bei innergemeinschaftlicher Lieferung eines neuen Fahrzeuges, eine hinreichende Beschreibung, mit der das Fahrzeug identifiziert werden kann,

▶ bei Anwendung einer Sonderregelung für Gebrauchtgegenstände, Kunstgegenstände, Sammlungsstücke und Antiquitäten, einen Verweis auf die entsprechende nationale Regelung oder einen anderen Hinweis darauf, dass diese Regelung angewandt wurde.

Zusätzlich ist in der Rechnung die MwSt-Nummer des Leistungsempfängers anzugeben, wenn

▶ der leistende Unternehmer eine innergemeinschaftliche Lieferung ausführt,

▶ der Leistungsempfänger die Steuer schuldet (Reverse-Charge-Verfahren).

Vereinfachte Rechnungen

Um in Irland vereinfachte Rechnungen ausstellen zu können ist dies vorab mit der Steuerverwaltung abzustimmen. Vereinfachte Rechnungen können ausgestellt werden, wenn

▶ technische oder administrative Methoden bestimmter Unternehmen die Ausstellung einer vollständigen Rechnung erschweren würden oder

▶ der Rechnungsbetrag unter € 100 liegt.

Vereinfachte Rechnungen müssen lediglich die folgende Angaben enthalten:

▶ Den vollständigen Namen und die vollständige Anschrift des leistenden Unternehmers,

▶ die dem leistenden Unternehmer von der Steuerverwaltung erteilte MwSt-Nummer,

▶ das Ausstellungsdatum,

▶ eine fortlaufende Nummer mit einer oder mehreren Zahlenreihen, die zur Identifizierung der Rechnung vom Rechnungsaussteller einmalig vergeben wird (Rechnungsnummer),

▶ die Menge und die Art der gelieferten Gegenstände oder den Umfang und die Art der sonstigen Leistung,

▶ das Entgelt und den darauf entfallenden Steuerbetrag für die Lieferung oder sonstige Leistung in einer Summe und

▶ den anzuwendenden Steuersatz.

Selbstfakturierung (Gutschrift)	▶ Damit eine Rechnung zum Zwecke der Selbstfakturierung anerkannt wird, muss dies vorab zwischen Leistendem und Empfänger vereinbart werden. Weiterhin müssen Prozesse implementiert werden, welche eine Validitäts-Überprüfung der Gutschrift gewährleisten. Die Gutschrift muss die Referenz „selfbilling" beinhalten.
Rechnungskorrekturen	▶ Eine Rechnungskorrektur muss ausdrücklich und eindeutig auf die ursprüngliche Rechnung Bezug nehmen.
Elektronische Rechnungen	▶ Wird eine Rechnung auf elektronischem Weg übermittelt, müssen die Echtheit der Herkunft und die Unversehrtheit des Inhalts durch eine qualifizierte elektronische Signatur gewährleistet sein.
	▶ Zusätzlich muss die elektronische Übermittlung zwischen den Parteien vorab vereinbart worden sein.
	▶ Die Rechnungen müssen aufbewahrt werden und der Finanzverwaltung auf Verlangen zugänglich gemacht werden.
Aufbewahrung	▶ Die Aufbewahrungspflicht für Rechnungen beträgt 6 Jahre.
Reverse-Charge	▶ Führt der Unternehmer eine Leistung aus, für die der Leistungsempfänger die Steuer schuldet, ist er zur Ausstellung einer Rechnung verpflichtet, die einen Hinweis auf die Steuerschuldnerschaft des Leistungsempfängers enthält. Die Angabe der MwSt-Nummer des Leistungsempfängers ist verpflichtend.
Wichtige Rechnungshinweise	
Rechnungshinweis für steuerfreie innergemeinschaftliche Lieferungen	„Intra-Community supply of goods under Section 24 of VAT Consolidation Act 2010"
Rechnungshinweis für Dreiecksgeschäfte	„Supply subject to the simplified triangulation method under Section 32 of VAT Consolidation Act 2010, recipient is liable to account for VAT on the supply in accordance with Section 23 of VAT Consolidation Act 2010"

Rechnungshinweis beim Übergang der Steuerschuldnerschaft	„Reverse charge" und Ausweis des Art. 196 MwStSystRL auf der Rechnung, sowie Ausweis der MwSt-Nummer des Leistungsempfängers
Rechnungshinweis bei Gutschriften	„Self-billing"

e) Steuererklärungen

Pflicht zur Abgabe	▶ Jeder in Irland registrierte Steuerpflichtige muss Steuererklärungen abgeben.
Zeitraum und Zahlungsfristen	▶ Der normale Zeitraum für die Steuererklärung beträgt zwei Kalendermonate.
	▶ Steuerpflichtige, deren Gesamtbetrag der Steuerschuld im vorangegangenen Kalenderjahr höchstens € 3.000 betragen hat, können ihre Steuererklärung halbjährlich abgeben.
	▶ Steuerpflichtige, deren Gesamtbetrag der Steuerschuld im vorangegangenen Kalenderjahr zwischen € 3.001 und 14.400 betragen hat, können ihre Steuererklärung viermonatlich abgeben.
	▶ Die Steuererklärung ist bis zum 23. Tag des auf den Steuerzeitraum folgenden Monats abzugeben und die Steuer entsprechend zu entrichten.
	▶ Zusätzlich ist, zusammen mit der letzten periodischen Erklärung, eine zusammenfassende jährliche Steuererklärung abzugeben.
Verfahrensvereinfachung	▶ Jeder Steuerpflichtige kann die Steuerschuld monatlich vorauszahlen. Die Verrechnung der Vorsteuer erfolgt dabei erst in der zusammenfassenden jährlichen Steuererklärung.
Elektronische Steuererklärungen	▶ Steuererklärungen müssen grds. nach vorheriger Registrierung über die Internetseite der Steuerverwaltung, http://www.revenue.ie, elektronisch abgegeben werden.

f) Zusammenfassende Meldungen

Abgabepflicht	Eine Abgabepflicht besteht für einen ▶ Unternehmer, der innergemeinschaftliche Warenlieferungen ausführt, ▶ Unternehmer, der innergemeinschaftliche Dienstleistungen ausführt, ▶ Unternehmer, der Beteiligter an einem innergemeinschaftlichen Dreiecksgeschäft ist.
Zeitraum	▶ Die Zusammenfassende Meldung ist grds. quartalsweise abzugeben. Überstieg der Betrag der Lieferungen € 50.000 in einem der vier vorangehenden Quartale, sind monatliche Zusammenfassende Meldungen abzugeben. Bezüglich der Ausführung von sonstigen Leistungen können weiterhin quartalsweise Zusammenfassende Meldungen abgegeben werden.
Zuständige Behörde	▶ Collector General Office VAT Repayments Office Sarsfield House Francis Street IRL - Limerick Ireland Tel: (+353) 61 488060 Fax: (+353) 61 488095 http://www.revenue.ie
Inhalt	Die Zusammenfassende Meldung muss folgende Angaben enthalten: ▶ Die MwSt-Nummer inklusive dem Ländercode „IE" des Unternehmers, die ihm in Irland erteilt worden ist, ▶ die MwSt-Nummer inklusive dem entsprechenden Ländercode jedes Erwerbers, die ihm in einem anderen Mitgliedstaat erteilt worden ist, ▶ für jeden Erwerber die Summe der Bemessungsgrundlagen der an ihn ausgeführten innergemeinschaftlichen Warenlieferungen/Dienstleistungen, ▶ für jeden Erwerber die Summe der Bemessungsgrundlagen der innergemeinschaftlichen Dreiecksgeschäfte.

Elektronische Abgabe	▶ Zusammenfassende Meldungen sind nach vorheriger Registrierung über die Internetseite der Steuerverwaltung http://www.revenue.ie elektronisch abzugeben.

g) Vorsteuerabzug

Einschränkung	Der Vorsteuerabzug ist u. a. für folgende Eingangsleistungen nicht möglich: ▶ Aufwendungen für Nahrungsmittel, Getränke und Beherbergung für einen Steuerpflichtigen, seine Vertreter oder Angestellten. ▶ Tabakwaren, ▶ Benzin, ▶ Erwerb, Miete und Parkgebühren für Personenkraftwagen, wenn nicht für Zwecke einer Autovermietung oder einer Fahrschule bestimmt, ▶ Unterhaltungskosten.
Abziehbare Vorsteuerbeträge	Der Vorsteuerabzug ist insbesondere für folgende Kosten, sofern sie betrieblich veranlasst sind, möglich: ▶ Beratungsleistungen, ▶ Erwerb, Miete und Parkgebühren für Personenkraftwagen, wenn für Zwecke einer Autovermietung oder einer Fahrschule bestimmt, ▶ Personalbeschaffungskosten, ▶ Kosten für Telekommunikation, ▶ Seminar- und Tagungskosten, ▶ Messekosten, ▶ Kosten für Werbung.
Vergütungsverfahren	Ausländische Unternehmer, die im Inland keine oder nur steuerfreie Umsätze bewirkt haben, können in Rechnung gestellte Mehrwertsteuerbeträge grds. nur in einem so genannten Vergütungsverfahren geltend machen. Beim diesem Verfahren ist zwischen einer Mehrwertsteuervergütung an Unternehmer aus EU-Mitgliedstaaten und Unternehmer aus Drittländern zu unterscheiden.

Mehrwertsteuervergütung an Unternehmer aus EU-Mitgliedstaaten:

► Der Antrag auf Mehrwertsteuervergütung muss bis zum 30. September nach Ablauf des Kalenderjahres, in dem der Vergütungsanspruch entstanden ist, gestellt werden.

► Die Mindestsumme der Erstattungsbeträge beträgt für Quartalsanträge € 400 und bei jährlicher Antragstellung € 50.

► Der Unternehmer hat die Vergütung selbst zu berechnen und die Vorsteuerbeträge bei Nachfrage durch die Behörde durch Vorlage von Rechnungen und Einfuhrbelegen in Kopie nachzuweisen.

► Der Antrag wird über ein elektronisches Portal im jeweiligen Ansässigkeitsstaat eingereicht.

Mehrwertsteuervergütung an Unternehmer aus Drittländern:

► Der Antrag auf Mehrwertsteuervergütung muss bis zum 30. Juni nach Ablauf des Kalenderjahres, in dem der Vergütungsanspruch entstanden ist, gestellt werden.

► Die Mindestsumme der Erstattungsbeträge beträgt für Quartalsanträge € 200 und bei jährlicher Antragstellung € 25.

► Der Unternehmer hat die Vergütung selbst zu berechnen und die Vorsteuerbeträge durch Vorlage von Rechnungen und Einfuhrbelegen im Original und in Kopie nachzuweisen.

► Der Unternehmer hat den Nachweis seiner Unternehmereigenschaft anhand einer Bescheinigung seines Finanzamts (nicht älter als ein Jahr) gegenüber der Steuerverwaltung zu erbringen.

► Der Antrag muss nach amtlich vorgeschriebenem Vordruck (Formular VAT 60EC) bei der zuständigen Behörde eingereicht werden.

Zuständige Behörde	Collector General Office
	VAT Repayments Office
	Sarsfield House
	Francis Street
	IRL - Limerick
	Ireland
	Tel: (+353) 61 488060
	Fax: (+353) 61 488095
	E-Mail: unregvat@revenue.ie
	http://www.revenue.ie

9. Italien

a) Allgemeine Informationen

615

Währung	Euro (€)	**Informationsstelle**
MwSt-Standardsatz	22%	Agenzia delle Entrate
Ermäßigter Satz	0%, 4%, 5%, 10%	Via C. Colombo, 426 c/d
Lieferschwelle	€ 35.000	I - 00145 Roma
Erwerbsschwelle	€ 10.000	Italy
		Tel: (+39) 06 50543200
		http://www.agenziaentra-te.gov.it
Bezeichnung der Umsatzsteuer	Imposta sul valore aggiunto (IVA)	**Anträge auf MwSt-Vergütung sind zu richten an:**
Name der Mehr-wertsteuer-Identifi-kationsnummer (MwSt-IdNr.)	il numero di registrazione (IVA)	Agenzia delle Entrade Centro Operativo di Pescara Via Rio Sparto 21 I - 65100 Pescara Italy Tel: (+39) 848 448 833
Aufbau der MwSt-IdNr.	IT + elf Ziffern	Fax: (+39) 0855772325 E-Mail: cop.pescara.rimborsinonresiden-ti@agenziaentrate.it http://www.agenziaentra-te.gov.it
Umsatzsteuerliche Organschaft	Die italienischen Regelungen zur umsatzsteuerlichen Organschaft weichen grundlegend von den üblichen Regelungen zur Organschaft der EU-Mitgliedstaaten ab. Demnach sind Umsätze innerhalb der Organschaft weiterhin steuerbar. Besteht eine umsatzsteuerliche Organschaft, so können Umsatzsteuerforderungen der dem Organkreis angehörigen Gesellschaften mit deren Umsatzsteuerverbindlichkeiten verrechnet werden. Voraussetzung für die Annahme einer umsatzsteuerlichen Organschaft ist eine Mindestbeteiligung (direkt oder indirekt) des Organträgers i.H.v. 50% an der Organgesellschaft, ausgehend vom 1. Juli des vorangegangenen Kalenderjahres.	

Eine ausländische Gesellschaft kann grds. auch als Organgesellschaft auftreten, sofern sie in einem Mitgliedstaat der EU ansässig sind und eine Rechtsform vergleichbar einer ital. Kapitalgesellschaft besitzen. Weiterhin muss die ausländische Gesellschaft entweder über eine umsatzsteuerliche Betriebsstätte in Italien verfügen, einen in Italien ansässigen Steuervertreter benennen oder eine eigene ital. MwSt-Nummer besitzen.

Grds. besteht ein Wahlrecht zur Anwendung der Regelungen zur umsatzsteuerlichen Organschaft. Ab dem Kalenderjahr 2017 ist die Option über die ital. Umsatzsteuererklärung möglich und eine separate Anmeldung entfällt. Die Organschaft gilt für den gesamten Besteuerungszeitraum und wird nicht automatisch erneuert.

Ab 1.1.2019 wird zusätzlich eine Form der umsatzsteuerliche Organschaft eingeführt, wie sie schon in anderen EU-Mitgliedstaaten existiert. Es ist dann ein Wahlrecht zwischen der alten und neuen Form vorgesehen. Diese Organschaft ist für jeden ital. Umsatzsteuerpflichtigen (nicht nur Kapitalgesellschaften) möglich, welcher sowohl finanziell als auch wirtschaftlich und unternehmerisch eingegliedert ist. Ausländische Unternehmen können nicht Mitglieder der Organschaft sein, auch wenn sie eine umsatzsteuerliche Betriebsstätte in Italien unterhalten. Der Antrag zur Ausübung der Organschaft muss mittels eines speziellen Formulars elektronisch übermittelt werden. Die Organschaft gilt, bei Anmeldung zwischen dem 1. Januar und dem 30. April, ab dem 1. Januar des darauffolgenden Jahres, ansonsten ab dem 1. Januar des dem Jahr folgenden Jahres. Sie ist bindend für mindestens 3 Jahre und verlängert sich automatisch, wenn sie nicht widerrufen wird.

Fiskalvertreter erforderlich	nur für Nicht-EU Unternehmer ohne Zugang zum Vorsteuervergütungsverfahren	**Mindestsumme der MwSt-Vergütungsanträge**[1]	
Drittlandsgebiete	Livigno, Campione d'Italia, San Marino, Vatikan und der italienische Teil des Luganer Sees	Jährliche Antragstellung	€50
		Quartalsanträge	€400
Kleinunternehmergrenzen	€25.000; €30.000; €40.000; €45.000; €50.000		

b) Registrierung ausländischer Unternehmer

Registrierungspflicht	Eine Mehrwertsteuer-Registrierung ist verpflichtend ▶ bei Ausführung von Lieferungen, ▶ bei der Erbringung von Dienstleistungen, ▶ beim innergemeinschaftlichen Erwerb und ▶ im Versandhandel bei Überschreitung der Lieferschwelle von €35.000.
Ausnahmen	▶ Die Registrierungspflicht entfällt bei Lieferungen und sonstigen Leistungen, die dem Reverse-Charge-Verfahren unterliegen.
Antragstellung	Für im Ausland ansässige Unternehmer ist zuständig: ▶ Agenzia delle Entrade Centro Operativo di Pescara Via Rio Sparto 21 I - 65100 Pescara Italy Tel: (+39) 848 448 833 Fax: (+39) 0855772325 E-Mail: cop.pescara.rimborsinonresidenti@agenziaentrate.it http://www.agenziaentrate.gov.it

---

1 Keine Mindestsumme für Antragsteller aus dem Drittland.

Für Unternehmer mit einem Fiskalvertreter in Italien sind die regionalen Direktionen der italienischen Steuerverwaltung zuständig. Eine Übersicht ist unter http://www.agenziaentrate.gov.it zu finden.
Verfahrensablauf:

► Die Registrierung erfolgt mit dem Formular ANR/3, das auf der Internetseite http://www.agenziaentrate.gov.it zu finden ist.

► Dem Antrag ist ein Nachweis der Unternehmereigenschaft anhand einer Bescheinigung des Finanzamts beizufügen.

► Ein Auszug aus dem Unternehmensregister, von der für den ausländischen Unternehmer in einem anderen Mitgliedstaat zuständigen Behörde, ist dem Antrag beizufügen.

► Das Formular ist ausgefüllt und unterschrieben an die oben genannte Adresse zu senden.

c) Anwendung des Reverse-Charge-Verfahrens

Nationale Regelung	► Art. 17 italienisches Mehrwertsteuergesetz
Leistender	► Ausländischer Unternehmer, der nicht in Italien ansässig ist. Die mehrwertsteuerliche Registrierung des ausländischen Unternehmers in Italien ist für die Anwendung des Reverse-Charge-Verfahrens unschädlich.
Leistungsempfänger	► Unternehmer oder juristische Person des öffentlichen Rechts, der eine USt-IdNr. erteilt wurde, die in Italien ansässig ist.
Anwendungsfälle (Aufzählung nicht abschließend)	► Gilt für alle steuerpflichtigen Lieferungen und sonstige Leistungen, die von einem ausländischen Unternehmer an einen mehrwertsteuerlich registrierten Unternehmer in Italien erbracht werden.
	► Grenzüberschreitende Dienstleistungen gem. Art. 44 MwStSystRL, Investmentgold, Gebäudereinigung
Rechtsfolgen	► Steuerschuld und Vorsteuerabzug fallen in der Person des Leistungsempfängers zusammen.

Rechnungs-anforderungen	► Ausweis des Nettobetrags in der Rechnung.
	► Angabe der MwSt-Nummer des Leistungsempfängers.
	► Ein Hinweis in der Rechnung auf die Anwendung des Reverse-Charge-Verfahrens und die Angabe der MwSt-Nummer des Leistungsempfängers ist verpflichtend.

d) Bestellung eines Steuer-/Fiskalvertreters

Pflicht für nicht in der EU ansässige Unternehmer	► Für nicht in der EU ansässige Unternehmer ist die Bestellung eines Fiskalvertreters in Italien freiwillig. In Fällen, in denen keine Berechtigung zum Vorsteuervergütungsverfahren gegeben ist, ist die Bestellung verpflichtend.
Anwendungsfälle	► Der Unternehmer kann einen Steuervertreter bestellen, bevor er Umsätze ausführt, die der italienischen Mehrwertsteuer unterliegen und für die der ausländische Unternehmer in Italien zum Vorsteuerabzug berechtigt ist und die Mehrwertsteuer schuldet.
Vertretungsbefugte	► Zum Fiskalvertreter können juristische oder natürliche Personen bestellt werden, die in Italien über einen ständigen Wohn- oder Geschäftssitz verfügen.
Rechte und Pflichten	► Der Fiskalvertreter muss für seine Tätigkeit eine gesonderte Steuernummer beantragen. Die gesonderte Steuernummer ist von dem Finanzamt, das für die Mehrwertbesteuerung des Fiskalvertreters zuständig ist, zu erteilen.
	► Der Vertreter hat die gleichen Rechte und Pflichten wie der Vertretene.
	► Es besteht die Pflicht zur Berechnung und Abführung der Steuerschuld sowie zur Abgabe von Steuererklärungen.
	► Weiterhin ist der Fiskalvertreter befugt, Rechnungen über die Leistungen des Vertretenen auszustellen.
	► Der Vertreter haftet zusammen mit dem Vertretenen gesamtschuldnerisch für die Zahlung der Mehrwertsteuer sowie der Zinsen und Geldbußen, die im Zu-

sammenhang mit den in Italien getätigten Umsätzen anfallen können.

► Eine Bankbürgschaft ist nicht verpflichtend.

e) Rechnungserteilung

Pflicht zur Rechnungserteilung

Der Unternehmer ist grds. dazu verpflichtet zum Zeitpunkt der Ausführung eines steuerpflichtigen Umsatzes eine Rechnung auszustellen.

Inhalt

Eine Rechnung muss folgende Angaben enthalten:

► Den vollständigen Namen und die vollständige Anschrift des leistenden Unternehmers und des Leistungsempfängers,

► die dem leistenden Unternehmer und dem Leistungsempfänger von der Steuerverwaltung erteilte MwSt-Nummer,

► das Ausstellungsdatum,

► eine fortlaufende Nummer mit einer oder mehreren Zahlenreihen, die zur Identifizierung der Rechnung vom Rechnungsaussteller einmalig vergeben wird (Rechnungsnummer),

► die Menge und die Art (handelsübliche Bezeichnung) der gelieferten Gegenstände oder den Umfang und die Art der sonstigen Leistung,

► den Zeitpunkt der Lieferung oder sonstigen Leistung (freiwillige Angabe),

► das nach Steuersätzen und einzelnen Steuerbefreiungen aufgeschlüsselte Entgelt für die Lieferung oder sonstige Leistung,

► den anzuwendenden Steuersatz sowie den auf das Entgelt entfallenden Steuerbetrag oder im Fall einer Steuerbefreiung einen Hinweis darauf, dass für die Lieferung oder sonstige Leistung eine Steuerbefreiung gilt und

► bei Fiskalvertretung, den vollständigen Namen, die vollständige Anschrift und die MwSt-Nummer des Vertreters.

597

Vereinfachte Rechnungen	Eine vereinfachte Rechnung, mit einem Gesamtbetrag nicht höher als € 100 (inkl. MwSt), muss lediglich die folgende Angaben enthalten: ► Den vollständigen Namen und die vollständige Anschrift des leistenden Unternehmers, ► die Steuernummer des Leistungsempfängers, ► das Ausstellungsdatum, ► eine fortlaufende Nummer mit einer oder mehreren Zahlenreihen, die zur Identifizierung der Rechnung vom Rechnungsaussteller einmalig vergeben wird (Rechnungsnummer), ► die Menge und die Art der gelieferten Gegenstände oder den Umfang und die Art der sonstigen Leistung, ► den Gesamtbetrag der Rechnung, ► den Steuerbetrag für die Lieferung oder sonstige Leistung und ► den anzuwendenden Steuersatz.
Selbstfakturierung (Gutschrift)	► Selbstfakturierung ist möglich, aber der Leistende verbleibt verantwortlich für die Rechnungsstellung. Die Gutschrift muss den Zusatz „autofattura" enthalten.
Rechnungskorrekturen	► Beruhen die Rechnungskorrekturen (Verringerung der Bemessungsgrundlage) auf vorherigen vertraglichen Vereinbarungen, ist die Rechnungskorrektur unbegrenzt möglich. Allerdings hat diese, damit die ital. Finanzverwaltung die verringerte Vorsteuer beim Käufer anerkennt, bis zur Abgabefrist der jeweiligen Jahreserklärung ausgestellt zu werden. Sollte keine vertragliche Vereinbarung existieren, ist eine Rechnungskorrektur (Verringerung der Bemessungsgrundlage) innerhalb eines Jahres nach der Leistung möglich. Die Ausstellung von Rechnungskorrekturen (Erhöhung der Bemessungsgrundlage) ist verpflichtend und unbegrenzt möglich.
Elektronische Rechnungen	► Eine Rechnung kann auf elektronischem Weg übermittelt werden. Grds. sind alle Übermittlungsformen zulässig (z. B. EDI-Verfahren oder E-Mail).

▶ Die elektronische Rechnung muss durch den Leistungsempfänger akzeptiert werden.

▶ Wird eine Rechnung auf elektronischem Weg übermittelt, müssen die Echtheit der Herkunft, die Unversehrtheit des Inhalts und die Lesbarkeit der Rechnung gewährleistet sein. Dies kann bspw. durch eine qualifizierte elektronische Signatur oder durch ein geeignetes innerbetriebliches Kontrollverfahren erfolgen.

Aufbewahrung

▶ Die Aufbewahrungspflicht für Rechnungen besteht generell bis zum 31. Dezember 5 Jahre nach Übermittlung der Steuererklärung. Falls keine Steuererklärung übermittelt wurde, sind Rechnungen bis zum 31. Dezember 7 Jahre nachdem die Erklärung hätte abgegeben werden müssen aufzubewahren. Im Falle einer Steuerprüfung müssen Rechnungen solange aufbewahrt werden, bis jegliche Streitigkeit bezüglich dieser Rechnung beigelegt ist. Die zivilrechtliche Aufbewahrungspflicht beträgt 10 Jahre.

Reverse-Charge

▶ Bei Anwendung des Reverse-Charge-Verfahrens ist ein Hinweis auf der Rechnung auf die Anwendung des Verfahrens und die Angabe der MwSt-Nummer des Leistungsempfängers verpflichtend.

Wichtige Rechnungshinweise:

Rechnungshinweis für steuerfreie innergemeinschaftliche Lieferungen

„operazione non imponibile" oder alternativ „zero rated transaction"

Rechnungshinweis für Dreiecksgeschäfte

„operazione non imponibile" sowie Bezugnahme auf Art. 41 DL 331/93 (italienische Mehrwertsteuerrichtlinie) oder Bezug auf Art. 138 der MwStSystRL (2006/112/EG) und zusätzlich der Hinweis „operazione triangolare" (Dreiecksgeschäft)

Rechnungshinweis beim Übergang der Steuerschuldnerschaft	„inversione contabile" oder alternative „reverse charge"
Rechnungshinweis bei Gutschriften	„autofattura" oder alternativ „self billing"

f) Steuererklärungen

Pflicht zur Abgabe	▶ In Italien registrierte Steuerpflichtige müssen Steuererklärungen abgeben.
Ausnahmen	Folgende Steuerpflichtige müssen keine Steuererklärung abgeben: ▶ Steuerpflichtige, die im laufenden Kalenderjahr nur steuerfreie Umsätze bewirkt haben oder ▶ Steuerpflichtige, bei denen der Gesamtbetrag der Umsätze € 30.000 – 50.000 (je nach Geschäftsbetrieb) im laufenden Kalenderjahr nicht übersteigt.
Zeitraum und Zahlungsfristen	▶ Der Zeitraum für die Steuererklärung ist grds. das Kalenderjahr. ▶ Die Steuererklärung muss ab 2018 auf elektronischem Wege spätestens bis zum 30. April des folgenden Jahres abgegeben werden. ▶ Zusätzlich sind in Italien monatliche Vorauszahlungen zu leisten, die von den Steuerpflichtigen selbst zu berechnen sind. Die Zahlungen sind bis zum 16. Tag des darauf folgenden Monats zu leisten. ▶ Steuerpflichtige, deren Jahresumsatz im vorangegangenen Kalenderjahr aus sonstigen Leistungen maximal € 400.000, oder aus Lieferungen maximal € 700.000 betragen hat, können die Vorauszahlungen vierteljährlich entrichten.
Verfahrensvereinfachung	▶ Für Kleinunternehmer, Landwirte und Reiseveranstalter gelten Sonderregelungen zur Ermittlung der Steuerschuld.

| Elektronische Steuererklärungen | ► Steuererklärungen müssen nach vorheriger Registrierung über die Internetseite der Steuerverwaltung, http://www.agenziaentrate.gov.it, abgegeben werden. |

g) Zusammenfassende Meldungen

Abgabepflicht	Eine Abgabepflicht besteht für einen ► Unternehmer, der innergemeinschaftliche Warenlieferungen ausführt, ► Unternehmer, der innergemeinschaftliche Dienstleistungen ausführt, ► Unternehmer, der Beteiligter an einem innergemeinschaftlichen Dreiecksgeschäft ist. Die Zusammenfassende Meldung ist in Italien zusammen mit der Intrastat Meldung abzugeben.
Zeitraum	Die Zusammenfassenden Meldungen können vierteljährlich eingereicht werden, wenn der Gesamtumsatz der Steuerpflichtigen in den vier vorhergehenden Quartalen pro Tätigkeitskategorie nicht über € 50.000 lag. Bei Überschreitung dieses Schwellenwertes müssen die Meldungen monatlich erfolgen.
Zuständige Behörde	Für im Ausland ansässige Unternehmer ist zuständig: ► Die genaue Zuständigkeit unterscheidet sich je nach Sitzstaat des Unternehmers oder seines Fiskalvertreters. Eine Übersicht ist unter http://www.agenziaentrate.gov.it zu finden. Für Unternehmer mit einer Niederlassung in Italien sind die regionalen Direktionen der italienischen Steuerverwaltung zuständig. Eine Übersicht ist unter http://www.agenziaentrate.gov.it zu finden.
Inhalt	Die Zusammenfassende Meldung muss folgende Angaben enthalten: ► Die MwSt-Nummer inklusive dem Ländercode „IT" des Unternehmers, die ihm in Italien erteilt worden ist,

▶ die MwSt-Nummer inklusive dem entsprechenden Ländercode jedes Erwerbers, die ihm in einem anderen Mitgliedstaat erteilt worden ist,

▶ für jeden Erwerber die Summe der Bemessungsgrundlagen der an ihn ausgeführten innergemeinschaftlichen Warenlieferungen/Dienstleistungen,

▶ für jeden Erwerber die Summe der Bemessungsgrundlagen der innergemeinschaftlichen Dreiecksgeschäfte.

Ausnahmen

▶ Vereinfachte Verfahren im Zusammenhang mit der Zusammenfassenden Meldung gibt es in Italien nicht.

Elektronische Abgabe

▶ Zusammenfassende Meldungen können, nach vorheriger Registrierung, über die Internetseite http://www.agenziadogane.gov.it abgegeben werden.

h) Vorsteuerabzug

Einschränkung

Der Vorsteuerabzug ist u. a. für folgende Eingangsleistungen nicht möglich:

▶ Nahrungsmittel, Getränke und Tabakwaren (privater Konsum),

▶ Erwerb von Immobilien,

▶ Sonstige Leistungen (Vorleistungen) von Reiseveranstaltern,

▶ 60% der Kosten eines Firmenwagens,

▶ 50% der Telefonkosten von Mobiltelefonen.

Abziehbare Vorsteuerbeträge

Der Vorsteuerabzug ist insbesondere für folgende Kosten, sofern sie betrieblich veranlasst sind, möglich:

▶ Beratungsleistungen,

▶ Mietwagen,

▶ Personalbeschaffungskosten,

▶ Parkgebühren,

▶ Taxikosten,

▶ Kosten für Telekommunikation,

▶ Seminar- und Tagungskosten,

► Messekosten,

► Kosten für Werbung.

Vergütungs-
verfahren

Ausländische Unternehmer, die im Inland keine oder nur steuerfreie Umsätze bewirkt haben, können in Rechnung gestellte Mehrwertsteuerbeträge grds. nur in einem so genannten Vergütungsverfahren geltend machen.

Bei diesem Verfahren ist zwischen einer Mehrwertsteuervergütung an Unternehmer aus EU-Mitgliedstaaten und Unternehmer aus Drittländern zu unterscheiden.

Mehrwertsteuervergütung an Unternehmer aus EU-Mitgliedstaaten:

► Der Antrag auf Mehrwertsteuervergütung muss bis zum 30. September nach Ablauf des Kalenderjahres, in dem der Vergütungsanspruch entstanden ist, gestellt werden.

► Die Mindestsumme der Erstattungsbeträge beträgt für Quartalsanträge € 400 und bei jährlicher Antragstellung € 50.

► Der Unternehmer hat die Vergütung selbst zu berechnen und die Vorsteuerbeträge bei Nachfrage durch die Behörde durch Vorlage von Rechnungen und Einfuhrbelegen in Kopie nachzuweisen.

► Der Antrag wird über ein elektronisches Portal im jeweiligen Ansässigkeitsstaat eingereicht.

Mehrwertsteuervergütung an Unternehmer aus Drittländern:

► Der Antrag auf Mehrwertsteuervergütung muss bis zum 30. September nach Ablauf des Kalenderjahres, in dem der Vergütungsanspruch entstanden ist, gestellt werden.

► Die Mindestsumme der Erstattungsbeträge, beträgt für Quartalsanträge € 400 und bei jährlicher Antragstellung € 50.

► Der Unternehmer hat die Vergütung selbst zu berechnen und die Vorsteuerbeträge durch Vorlage von Rechnungen und Einfuhrbelegen im Original und in Kopie nachzuweisen.

▶ Der Unternehmer hat den Nachweis seiner Unternehmereigenschaft anhand einer Bescheinigung seines Finanzamts (nicht älter als ein Jahr) gegenüber der Steuerverwaltung zu erbringen.

▶ Der Antrag muss nach amtlich vorgeschriebenem Vordruck bei der zuständigen Behörde eingereicht werden.

Zuständige Behörde	Agenzia delle Entrade Centro Operativo di Pescara Via Rio Sparto 21 I - 65100 Pescara Italy Tel: (+39) 848 448 833 Fax: (+39) 0855772325 E-Mail: cop.pescara.rimborsinonresidenti@agenziaentrate.it http://www.agenziaentrate.gov.it

10. Kroatien

a) Allgemeine Informationen

Währung	Kuna (HRK)	**Informationsstelle**	616
MwSt-Standardsatz	25%	Tax Administration of the Repu-	
Ermäßigter Satz	5%, 13%	blic of Croatia - Central office	
Lieferschwelle	HRK 270.000	Boškovićeva 5	
Erwerbsschwelle	HRK 77.000	HR - 10000 Zagreb	
		Kroatien	
		Tel: (+385) 480 9000	
		http://www.porezna-uprava.hr	
Umrechnungskurs (Euro-Referenzkurs Sept. 2017)	1 € = 7,4639 HRK	**Anträge auf MwSt-Vergütung sind zu richten an:**	
Bezeichnung der Umsatzsteuer	Porez na dodanu vrijednost (PDV)		
Name der Mehrwertsteuer-Identifikationsnummer (MwSt-IdNr.)	PDV identifikacijski broj	Tax Administration of the Republic of Croatia - Central office Avenija Dubrovnik 32	
Aufbau der MwSt-IdNr.	HR + elf Ziffern	HR - 10000 Zagreb Kroatien	
Umsatzsteuerliche Organschaft	keine	http://www.porezna-uprava.hr	
Fiskalvertreter erforderlich	nur für Nicht-EU Unternehmer	**Mindestsumme der MwSt-Vergütungsanträge**	
Drittlandsgebiete	keine	Jährliche Antragstellung	HRK 400
		Quartalsanträge	HRK 3.100
Kleinunternehmergrenzen	HRK 230.000		

b) Registrierung ausländischer Unternehmer

Registrierungspflicht	Eine Mehrwertsteuer-Registrierung ist verpflichtend
	▶ bei Ausführung von Lieferungen,
	▶ bei der Erbringung von Dienstleistungen,
	▶ beim innergemeinschaftlichen Erwerb beim Überschreiten der Erwerbsschwelle von HRK 77.000,
	▶ im Versandhandel bei Überschreitung der Lieferschwelle von HRK 270.000.
Ausnahmen	▶ Die Registrierungspflicht entfällt bei Lieferungen und sonstigen Leistungen, die dem Reverse-Charge-Verfahren unterliegen.
Antragstellung	Für im Ausland ansässige Unternehmer ist zuständig:
	▶ Tax Administration of the Republic of Croatia - Central office
	Avenija Dubrovnik 32
	HR - 10000 Zagreb
	Kroatien
	Verfahrensablauf:
	▶ Beantragung einer OIB-Nummer. Diesem Antrag ist eine beglaubigte Übersetzung des Handelsregisterauszuges beizufügen.
	▶ Antrag auf umsatzsteuerliche Registrierung.
	▶ Bestätigung der Erteilung einer OIB-Nummer.
	▶ Dem Antrag ist ein Nachweis der Unternehmereigenschaft anhand einer Bescheinigung des Finanzamts beizufügen.
	▶ Ein Auszug aus dem Handelsregister, von der für den ausländischen Unternehmer in einem anderen Mitgliedstaat zuständigen Behörde, ist dem Antrag beizufügen. Es ist eine beglaubigte Übersetzung erforderlich.
	▶ Beschreibung der in Kroatien ausgeführten Tätigkeiten.

c) Anwendung des Reverse-Charge-Verfahrens

Nationale Regelung	▶ Art. 17 kroatischen Mehrwertsteuergesetzes
Leistender	▶ Ausländischer Unternehmer, der nicht in Kroatien ansässig ist. Die mehrwertsteuerliche Registrierung des ausländischen Unternehmers in Kroatien ist für die Anwendung des Reverse-Charge-Verfahrens unschädlich.
Leistungs-empfänger	▶ Unternehmer oder juristische Person des öffentlichen Rechts, der eine USt-IdNr. erteilt wurde, die in Kroatien ansässig ist.
Anwendungsfälle (Aufzählung nicht abschließend)	▶ Gilt für alle steuerpflichtigen Lieferungen und sonstige Leistungen, die von einem (ausländischen) Unternehmer an einen mehrwertsteuerlich registrierten Unternehmer in Kroatien erbracht werden.
	▶ Grenzüberschreitende Dienstleistungen gemäß Art. 44 MwStSystRL,
	▶ Grundstücksbezogene sonstige Leistungen gem. Art. 47 MwStSystRL
Rechtsfolgen	▶ Steuerschuld und möglicher Vorsteuerabzug fallen in der Person des Leistungsempfängers zusammen.
Rechnungs-anforderungen	▶ Ausweis des Nettobetrags in der Rechnung.
	▶ Angabe der MwSt-Nummer des Leistungsempfängers.
	▶ Ein Hinweis in der Rechnung auf die Anwendung des Reverse Charge Verfahrens ist verpflichtend.

d) Bestellung eines Steuer-/Fiskalvertreters

Pflicht für nicht in der EU ansässige Unternehmer	▶ Für nicht in der EU ansässige Unternehmer ist die Bestellung eines Fiskalvertreters in Kroatien verpflichtend. Für in einem anderen Mitgliedstaat ansässige Unternehmen ist die Bestellung eines Fiskalvertreters freiwillig.
Anwendungsfälle	▶ Der Unternehmer kann einen Steuervertreter bestellen, bevor er Umsätze ausführt, die der kroatischen Mehrwertsteuer unterliegen und für die der ausländische Unternehmer in Kroatien zum Vorsteuer-

abzug berechtigt ist und die Mehrwertsteuer schuldet.

Vertretungsbefugte

▶ Zum Fiskalvertreter können juristische oder natürliche Personen bestellt werden, die in Kroatien über einen ständigen Wohn- oder Geschäftssitz verfügen.

Rechte und Pflichten

▶ Der Vertreter hat die gleichen Rechte und Pflichten wie der Vertretene.

▶ Es besteht die Pflicht zur Berechnung und Abführung der Steuerschuld sowie zur Abgabe von Steuererklärungen.

▶ Weiterhin ist der Fiskalvertreter befugt, sowohl Rechnungen über die Leistungen des Vertretenen auszustellen als auch Rechnungen im Rahmen seiner Befugnisse entgegenzunehmen.

▶ Eine Bankbürgschaft ist nicht verpflichtend.

e) Rechnungserteilung

Pflicht zur Rechnungserteilung

Der Unternehmer ist grds. dazu verpflichtet, zum Zeitpunkt der Ausführung eines steuerpflichtigen Umsatzes eine Rechnung auszustellen.
Grds. sind Rechnungen spätestens am 15. Tag des Folgemonats auszustellen.

Inhalt

Eine Rechnung muss folgende Angaben enthalten:

▶ Den vollständigen Namen und die vollständige Anschrift des leistenden Unternehmers und des Leistungsempfängers,

▶ die dem leistenden Unternehmer und dem Leistungsempfänger von der Steuerverwaltung erteilte MwSt-Nummer,

▶ das Ausstellungsdatum,

▶ eine fortlaufende Nummer mit einer oder mehreren Zahlenreihen, die zur Identifizierung der Rechnung vom Rechnungsaussteller einmalig vergeben wird (Rechnungsnummer),

▶ die Menge und die Art (handelsübliche Bezeichnung) der gelieferten Gegenstände oder den Umfang und die Art der sonstigen Leistung,

▶ den Zeitpunkt der Lieferung oder sonstigen Leistung,

▶ das nach Steuersätzen und einzelnen Steuerbefreiungen aufgeschlüsselte Entgelt für die Lieferung oder sonstige Leistung,

▶ den anzuwendenden Steuersatz sowie den auf das Entgelt entfallenden Steuerbetrag oder im Fall einer Steuerbefreiung einen Hinweis darauf, dass für die Lieferung oder sonstige Leistung eine Steuerbefreiung gilt.

Vereinfachte Rechnungen

Eine vereinfachte Rechnung, mit einem Gesamtbetrag nicht höher als HRK 700 (inkl. MwSt), muss lediglich die folgende Angaben enthalten:

▶ Den vollständigen Namen und die vollständige Anschrift des leistenden Unternehmers,

▶ die Steuernummer des Leistungsempfängers,

▶ das Ausstellungsdatum sowie eine Rechnungsnummer,

▶ die Menge und die Art der gelieferten Gegenstände oder den Umfang und die Art der sonstigen Leistung,

▶ den Gesamtbetrag der Rechnung,

▶ den Steuerbetrag für die Lieferung oder sonstige Leistung und

▶ den anzuwendenden Steuersatz.

Selbstfakturierung (Gutschrift)

▶ Damit eine Rechnung zum Zwecke der Selbstfakturierung anerkannt wird, muss dies vorab zwischen Leistenden und Empfänger vereinbart werden. Die Gutschrift muss den Hinweis „Samoizdavanje računa" enthalten.

Rechnungskorrekturen

▶ Eine Rechnungskorrektur muss ausdrücklich und eindeutig auf die ursprüngliche Rechnung Bezug nehmen. Der Erwerber hat den Vorsteuerabzug zu berichtigen und den Verkäufer schriftlich über diese Berichtigung zu unterrichten.

Elektronische Rechnungen

▶ Eine Rechnung kann auf elektronischem Weg übermittelt werden. Grds. sind alle Übermittlungsformen zulässig (z. B. EDI-Verfahren oder E-Mail).

▶ Die elektronische Rechnung muss durch den Leistungsempfänger akzeptiert werden.

▶ Wird eine Rechnung auf elektronischem Weg übermittelt, müssen die Echtheit der Herkunft, die Unversehrtheit des Inhalts und die Lesbarkeit der Rechnung gewährleistet sein. Dies kann beispielsweise durch eine qualifizierte elektronische Signatur oder durch ein geeignetes innerbetriebliches Kontrollverfahren erfolgen.

Aufbewahrung

▶ Die Aufbewahrungspflicht für Rechnungen beträgt 11 bzw. 7 Jahre.

Reverse-Charge

▶ Bei Anwendung des Reverse-Charge-Verfahrens ist ein Hinweis auf der Rechnung auf die Anwendung des Verfahrens und die Angabe der MwSt-Nummer des Leistungsempfängers verpflichtend.

Wichtige Rechnungshinweise

Rechnungshinweis für steuerfreie innergemeinschaftliche Lieferungen

Hinweis auf Art. 41 des kroatischen Mehrwertsteuergesetzes - „Oslobođeno PDV-a sukladno članku 41, stavak 1"

Rechnungshinweis für Dreiecksgeschäfte

Hinweis auf Art. 10 des kroatischen Mehrwertsteuergesetzes „Trostrani posao sukladno članku 10 Zakon o PDV-u, sukladno članku 45"

Rechnungshinweis beim Übergang der Steuerschuldnerschaft

„reverse charge" oder „Prijenos porezne obveze" sowie Bezugnahme auf Art. 17 des kroatischen Mehrwertsteuergesetzes

Rechnungshinweis bei Gutschriften

„Samoizdavanje računa" oder „self billing"

f) Steuererklärungen

Pflicht zur Abgabe	▶ In Kroatien registrierte Steuerpflichtige müssen Steuererklärungen abgeben.
Ausnahmen	Folgende Steuerpflichtige müssen keine Steuererklärung abgeben: ▶ Steuerpflichtige, bei denen der Gesamtbetrag der Umsätze HRK 230.000 im laufenden Kalenderjahr nicht übersteigt.
Zeitraum und Zahlungsfristen	▶ Monatliche Abgabepflicht zum 20. des dem Erklärungszeitraums folgenden Monats.
Verfahrensvereinfachung	Keine
Elektronische Steuererklärungen	▶ Steuererklärungen müssen nach vorheriger Registrierung über die Internetseite der Steuerverwaltung, http://www.porezna-uprava.hr abgegeben werden.

g) Zusammenfassende Meldungen

Abgabepflicht	Eine Abgabepflicht besteht für einen ▶ Unternehmer, der innergemeinschaftliche Warenlieferungen ausführt, ▶ Unternehmer, der innergemeinschaftliche Dienstleistungen ausführt, ▶ Unternehmer, der Beteiligter an einem innergemeinschaftlichen Dreiecksgeschäft ist. Die Zusammenfassende Meldung ist in Kroatien zusammen mit der Intrastat Meldung abzugeben.
Zeitraum	Die Zusammenfassenden Meldungen können monatlich eingereicht werden.
Zuständige Behörde	Für im Ausland ansässige Unternehmer ist zuständig: ▶ Tax Administration of the Republic of Croatia - Central office Avenija Dubrovnik 32 HR - 10000 Zagreb Kroatien http://www.porezna-uprava.hr.

Inhalt	Die Zusammenfassende Meldung muss folgende Angaben enthalten: ▶ Die MwSt-Nummer inklusive dem Ländercode „HR" des Unternehmers, die ihm in Kroatien erteilt worden ist, ▶ die MwSt-Nummer inklusive dem entsprechenden Ländercode jedes Erwerbers, die ihm in einem anderen Mitgliedstaat erteilt worden ist, ▶ für jeden Erwerber die Summe der Bemessungsgrundlagen der an ihn ausgeführten innergemeinschaftlichen Warenlieferungen/Dienstleistungen, ▶ für jeden Erwerber die Summe der Bemessungsgrundlagen der innergemeinschaftlichen Dreiecksgeschäfte
Ausnahmen	▶ Vereinfachte Verfahren im Zusammenhang mit der Zusammenfassenden Meldung gibt es in Kroatien nicht.
Elektronische Abgabe	▶ Zusammenfassende Meldungen können, nach vorheriger Registrierung, über die Internetseite http://www.porezna-uprava.hr abgegeben werden.

h) Vorsteuerabzug

Einschränkung

Abziehbare Vorsteuerbeträge	Der Vorsteuerabzug ist grds. für Kosten, sofern sie betrieblich veranlasst sind, möglich.
Vergütungsverfahren	Ausländische Unternehmer, die im Inland keine oder nur steuerfreie Umsätze bewirkt haben, können in Rechnung gestellte Mehrwertsteuerbeträge grds. nur in einem so genannten Vergütungsverfahren geltend machen. Bei diesem Verfahren ist zwischen einer Mehrwertsteuervergütung an Unternehmer aus EU-Mitgliedstaaten und Unternehmer aus Drittländern zu unterscheiden. Mehrwertsteuervergütung an Unternehmer aus EU-Mitgliedstaaten: ▶ Der Antrag auf Mehrwertsteuervergütung muss bis zum 30. September nach Ablauf des Kalenderjahres,

in dem der Vergütungsanspruch entstanden ist, gestellt werden.

► Die Mindestsumme der Erstattungsbeträge beträgt für Quartalsanträge HRK 3.100 und bei jährlicher Antragstellung HRK 400.

► Der Unternehmer hat die Vergütung selbst zu berechnen und die Vorsteuerbeträge bei Nachfrage durch die Behörde durch Vorlage von Rechnungen und Einfuhrbelegen in Kopie nachzuweisen.

► Der Antrag wird über ein elektronisches Portal im jeweiligen Ansässigkeitsstaat eingereicht.

Mehrwertsteuervergütung an Unternehmer aus Drittländern:

► Der Antrag auf Mehrwertsteuervergütung muss bis zum 30. Juni nach Ablauf des Kalenderjahres, in dem der Vergütungsanspruch entstanden ist, gestellt werden.

► Der Unternehmer hat die Vergütung selbst zu berechnen und die Vorsteuerbeträge durch Vorlage von Rechnungen und Einfuhrbelegen im Original und in Kopie nachzuweisen.

► Der Unternehmer hat den Nachweis seiner Unternehmereigenschaft anhand einer Bescheinigung seines Finanzamts (nicht älter als ein Jahr) gegenüber der Steuerverwaltung zu erbringen.

► Der Antrag muss nach amtlich vorgeschriebenem Vordruck bei der zuständigen Behörde eingereicht werden.

Zuständige Behörde

Tax Administration of the Republic of Croatia - Central office
Avenija Dubrovnik 32
HR - 10000 Zagreb
Kroatien
Tel:(+385) 16 501 111
Fax: (+385) 16 501 192
http://www.porezna-uprava.hr

11. Lettland

a) Allgemeine Informationen

617

Währung	Euro (€)	**Informationsstelle**
MwSt-Standardsatz	21%	State Revenue Service of Latvia
Ermäßigter Satz	0%, 12%	1 Talejas iela
Lieferschwelle	€ 35.000	LV - 1978 Riga
		Latvia
Erwerbsschwelle	€ 10.000	Tel: (+371) 67120000
		E-Mail:
		VID.konsultanti@vid.gov.lv
		http://www.vid.gov.lv
		Anträge auf MwSt-Vergütung
Bezeichnung der Umsatzsteuer	Pievienotas vertibas nodoklis	**sind zu richten an:**
Name der Mehrwertsteuer-Identifikationsnummer (MwSt-IdNr.)	pievienotās vērtības nodokļa (PVN) rēistrācijas numurs	The non-Resident Tax Data Credibility Assessment Division of the State Revenue Service Tax board
Aufbau der MwSt-IdNr.	LV + elf Ziffern	1 Jeruzalemes Street
		LV - 1978 Riga
		Latvia
		Tel: (+371) 67121984
		E-Mail: NP.lietvediba@vid.gov.lv
		http://www.vid.gov.lv
Umsatzsteuerliche Organschaft	Voraussetzung: Die steuerpflichtigen Umsätze mindestens einer Organgesellschaft des Organkreises müssen die Umsatzgrenze von € 350.000 innerhalb der letzten 12 Monate übersteigen. Zusätzlich ist ein Abkommen zur Gründung einer umsatzsteuerlichen Organschaft notwendig. Die Organgesellschaften können den Organträger frei innerhalb des Organkreises wählen. Die Organschaft wirkt nur im Inland. Eine ausländische Gesellschaft kann nicht Teil eines Organkreises werden, dies ist nur für eine lettische Betriebsstätte der ausländischen Gesellschaft möglich. Grds. besteht ein Wahlrecht zur Anwendung der Regelungen zur umsatzsteuerlichen Organschaft.	

Fiskalvertreter erforderlich	nein	**Mindestsumme der MwSt-Vergütungsanträge**	
Drittlandsgebiete	keine	Jährliche Antragstellung	€ 50
		Quartalsanträge	€ 400
Kleinunternehmer-grenzen	€ 50.000 (€ 40.000 ab 2018)		

b) Registrierung ausländischer Unternehmer

Registrierungs-pflicht	Eine Mehrwertsteuer-Registrierung ist verpflichtend ► bei Ausführung von Lieferungen, ► bei der Erbringung von Dienstleistungen, ► beim innergemeinschaftlichen Erwerb bei Überschreitung der Erwerbsschwelle von € 10.000 und ► im Versandhandel bei Überschreitung der Lieferschwelle von € 35.000.
Ausnahmen	Keine
Antragstellung	► Für ausländische Unternehmer sind die regionalen Direktionen der lettischen Steuerverwaltung zuständig. Eine Übersicht ist unter http://www.vid.gov.lv zu finden. Verfahrensablauf: ► Die Registrierung erfolgt mit Hilfe des Formulars VAT-22. Dies ist auf der Internetseite http://www.vid.gov.lv zu finden. ► Handelsregisterauszug ► Eine Vertretungsvollmacht für den Unterzeichnenden ist im Falle von juristischen Personen nachzuweisen. ► Das Formular ist ausgefüllt und unterschrieben an das zuständige Finanzamt zu senden. Innerhalb von 15 Tagen bekommt man in der Regel eine MwSt-Nummer zugewiesen.

c) Anwendung des Reverse-Charge-Verfahrens

Leistender	▶ Ausländischer Unternehmer, der nicht in Lettland ansässig ist. Die mehrwertsteuerliche Registrierung des ausländischen Unternehmers in Lettland ist für die Anwendung des Reverse-Charge-Verfahrens unschädlich.
Leistungs-empfänger	▶ Unternehmer oder juristische Person des öffentlichen Rechts, der eine USt-IdNr. erteilt wurde, die in Lettland ansässig ist.
Anwendungsfälle (Aufzählung nicht abschließend)	▶ grenzüberschreitende Dienstleistungen gemäß Art. 44 MwStSystRL, ▶ grundstücksbezogene sonstige Leistungen, ▶ bestimmte Lieferungen (beispielsweise Holz, Schrotte, Lieferung von Mobiltelefonen und Laptops, Getreide und bestimmte Edelmetalllieferungen).
Rechtsfolgen	▶ Steuerschuld und möglicher Vorsteuerabzug fallen in der Person des Leistungsempfängers zusammen.
Rechnungs-anforderungen	▶ Ausweis des Nettobetrags in der Rechnung. ▶ Angabe der MwSt-Nummer des Leistungsempfängers. ▶ Hinweis in der Rechnung auf die Anwendung des Reverse-Charge-Verfahrens.

d) Bestellung eines Steuer-/Fiskalvertreters

Pflicht für nicht in der EU ansässige Unternehmer	▶ Für nicht in der EU ansässige Unternehmer ist die Bestellung eines Fiskalvertreters in Lettland freiwillig.
Anwendungsfälle	▶ Der Unternehmer kann einen Steuervertreter bestellen, sofern er Umsätze ausführt, die der lettischen Mehrwertsteuer unterliegen und für die der ausländische Unternehmer in Lettland zum Vorsteuerabzug berechtigt ist und die Mehrwertsteuer schuldet.
Vertretungsbefugte	▶ Zum Fiskalvertreter können juristische oder natürliche Personen bestellt werden, die in Lettland steuerpflichtig sind und über einen ständigen Wohn- oder Geschäftssitz verfügen.

Rechte und Pflichten	▶ Der Vertreter hat die gleichen Rechte und Pflichten wie der Vertretene. ▶ Es besteht bspw. die Pflicht zur Berechnung und Abführung der Steuerschuld sowie zur Abgabe von Steuererklärungen. ▶ Weiterhin ist der Fiskalvertreter befugt, Rechnungen über die Leistungen des Vertretenen auszustellen. ▶ Die Einrichtung einer Bankbürgschaft ist verpflichtend.

e) Rechnungserteilung

Pflicht zur Rechnungserteilung	Grds. ist der Unternehmer verpflichtet eine Rechnung innerhalb von 15 Tagen nach Ausführung der Lieferung oder sonstigen Leistung auszustellen. Davon ausgenommen sind Rechnungen über steuerfreie (den Vorsteuerabzug ausschließende) Leistungen. In den folgenden Fällen ist der Unternehmer verpflichtet, bis zum 15. Tag des Folgemonats nach Ausführung der Leistung eine Rechnung auszustellen: ▶ bei Ausführung einer innergemeinschaftlichen Lieferung oder ▶ bei Ausführung einer sonstigen Leistung an einen Leistungsempfänger mit Sitz im Gemeinschaftsgebiet. Rechnungen, welche sich auf Ausfuhr-Transportdienstleistungen beziehen, sind spätestens 90 Tage nach dem Transport auszustellen.
Inhalt	Eine Rechnung muss folgende Angaben enthalten: ▶ Den vollständigen Namen und die vollständige Anschrift des leistenden Unternehmers und des Leistungsempfängers, ▶ die dem leistenden Unternehmer und dem Leistungsempfänger von der Steuerverwaltung erteilte MwSt-Nummer, ▶ das Ausstellungsdatum, ▶ eine fortlaufende Nummer mit einer oder mehreren Zahlenreihen, die zur Identifizierung der Rechnung

vom Rechnungsaussteller einmalig vergeben wird (Rechnungsnummer),

► die Menge und die Art (handelsübliche Bezeichnung) der gelieferten Gegenstände oder den Umfang und die Art der sonstigen Leistung,

► den Zeitpunkt der Lieferung oder sonstigen Leistung oder den Zeitpunkt der Vereinnahmung des Entgelts oder eines Teils des Entgelts, sofern der Zeitpunkt der Vereinnahmung feststeht und nicht mit dem Ausstellungsdatum der Rechnung übereinstimmt,

► das nach Steuersätzen und einzelnen Steuerbefreiungen aufgeschlüsselte Entgelt für die Lieferung oder sonstige Leistung sowie jede im Voraus vereinbarte Minderung des Entgelts, sofern sie nicht bereits im Entgelt berücksichtigt ist,

► den anzuwendenden Steuersatz sowie den auf das Entgelt entfallenden Steuerbetrag oder im Fall einer Steuerbefreiung einen Hinweis darauf, dass für die Lieferung oder sonstige Leistung eine Steuerbefreiung gilt,

► bei innergemeinschaftlicher Lieferung eines neuen Fahrzeuges, eine hinreichende Beschreibung, mit der das Fahrzeug identifiziert werden kann,

► bei Fiskalvertretung, den vollständigen Namen, die vollständige Anschrift und die MwSt-Nummer des Vertreters und

► bei Anwendung einer Sonderregelung für Gebrauchtgegenstände, Kunstgegenstände, Sammlungsstücke und Antiquitäten, einen Verweis auf die entsprechende nationale Regelung oder einen anderen Hinweis darauf, dass diese Regelung angewandt wurde.

Vereinfachte Rechnungen

Eine vereinfachte Rechnung, die sich auf eine inländische Lieferung oder sonstige Leistung beschränkt und einen Gesamtbetrag nicht mehr als € 150 ausweist, muss lediglich die folgende Angaben enthalten:

► Den vollständigen Namen und die vollständige Anschrift des leistenden Unternehmers und des Leistungsempfängers,

► die dem leistenden Unternehmer und dem Leistungsempfänger von der Steuerverwaltung erteilte MwSt-Nummer,

► das Ausstellungsdatum,

► die Menge und die Art der gelieferten Gegenstände oder den Umfang und die Art der sonstigen Leistung,

► das Entgelt und den darauf entfallenden Steuerbetrag für die Lieferung oder sonstige Leistung in einer Summe und

► den anzuwendenden Steuersatz.

Selbstfakturierung (Gutschrift)

► Damit eine Rechnung zum Zwecke der Selbstfakturierung anerkannt wird, muss dies vorab zwischen Leistenden und Empfänger vereinbart werden.

► Jede Gutschrift muss vom Gutschriftenempfänger akzeptiert werden.

Rechnungs-korrekturen

► Eine Rechnungskorrektur muss ausdrücklich und eindeutig auf die ursprüngliche Rechnung Bezug nehmen.

Elektronische Rechnungen

► Wird eine Rechnung auf elektronischem Weg übermittelt, müssen die Echtheit der Herkunft und die Unversehrtheit des Inhalts durch eine qualifizierte elektronische Signatur gewährleistet sein.

► Die elektronische Übermittlung muss im Vorhinein vom Rechnungsempfänger akzeptiert worden sein.

Aufbewahrung

► Die Aufbewahrungspflicht für Rechnungen beträgt grds. 5 Jahre. Betrifft die Rechnung einen Erwerb einer Immobilie und wurde die Vorsteuer auf den Erwerb geltend gemacht, so ist die Rechnung 10 Jahre aufzubewahren.

Reverse-Charge

► Führt der Unternehmer eine Leistung aus, für die der Leistungsempfänger die Steuer schuldet, ist er zur Ausstellung einer Rechnung verpflichtet, die einen Hinweis auf die Steuerschuldnerschaft des Leistungsempfängers enthält. Die Angabe der MwSt-Nummer des Leistungsempfängers ist verpflichtend.

Wichtige Rechnungshinweise	
Rechnungshinweis für steuerfreie innergemeinschaftliche Lieferungen	„Piegāde ES teritorijā saskaņā ar PVN likuma 43.panta (4) daļu"
Rechnungshinweis für Dreiecksgeschäfte	„Piegāde saskaņā ar PVN likuma 16.panta (4) daļu"
Rechnungshinweis beim Übergang der Steuerschuldnerschaft	„Nodokļa apgrieztā maksāšana"
Rechnungshinweis bei Gutschriften	„Pašaprēkins"

f) Steuererklärungen

Pflicht zur Abgabe	► Jeder in Lettland registrierte Steuerpflichtige muss regelmäßig Steuererklärungen abgeben.
Zeitraum und Zahlungsfristen	► Der Zeitraum für die Steuererklärung ist in der Regel der Kalendermonat.
	► Die Steuererklärung kann viertel- oder halbjährlich abgegeben werden, wenn der Gesamtbetrag der Steuerschuld im vorangegangenen Kalenderjahr bestimmte Grenzen nicht überschreitet.
	► Für ausländische Unternehmer ist der Erklärungszeitraum generell der Kalendermonat.
	► Die Steuererklärung muss spätestens 20 Tage nach Ende des Erklärungszeitraums abgegeben und die Steuer entsprechend entrichtet werden.
	► Ggf. ist eine zusätzliche jährliche Steuererklärung bis zum 1. Mai des folgenden Jahres abzugeben.
Verfahrensvereinfachung	► Vereinfachte Verfahren hinsichtlich der Steuererklärung gibt es in Lettland nicht.
Elektronische Steuererklärungen	► Steuererklärungen können elektronisch mit dem System EDS abgegeben werden.

▶ Um Steuererklärungen auf dem elektronischen Wege abgeben zu können, ist eine vorherige Registrierung auf der Internetseite http://www.vid.gov.lv notwendig.

g) Zusammenfassende Meldungen

Abgabepflicht

Eine Abgabepflicht besteht für einen
▶ Unternehmer, der innergemeinschaftliche Warenlieferungen ausführt,
▶ Unternehmer, der innergemeinschaftliche Dienstleistungen ausführt,
▶ Unternehmer, der Beteiligter an einem innergemeinschaftlichen Dreiecksgeschäft ist.

Zeitraum

▶ Die Zusammenfassende Meldung ist bis zum 20. Tag nach Ablauf jedes Kalendermonats abzugeben.

Zuständige Behörde

▶ Für ausländische Unternehmer sind die regionalen Direktionen der lettischen Steuerverwaltung zuständig. Eine Übersicht ist unter http://www.vid.gov.lv zu finden.

Inhalt

Die Zusammenfassende Meldung muss folgende Angaben enthalten:
▶ Die MwSt-Nummer inklusive dem Ländercode „LV" des Unternehmers, die ihm in Lettland erteilt worden ist,
▶ die MwSt-Nummer inklusive dem entsprechenden Ländercode jedes Erwerbers, die ihm in einem anderen Mitgliedstaat erteilt worden ist,
▶ für jeden Erwerber die Summe der Bemessungsgrundlagen der an ihn ausgeführten innergemeinschaftlichen Warenlieferungen/Dienstleistungen,
▶ für jeden Erwerber die Summe der Bemessungsgrundlagen der innergemeinschaftlichen Dreiecksgeschäfte.

Ausnahmen

▶ Vereinfachte Verfahren im Zusammenhang mit der Zusammenfassenden Meldung gibt es in Lettland nicht.

| Elektronische Abgabe | ► Zusammenfassende Meldungen können elektronisch mit dem System EDS abgegeben werden.
► Um Zusammenfassende Meldungen auf dem elektronischen Wege abgeben zu können, ist eine vorherige Registrierung auf der Internetseite http://www.vid.gov.lv notwendig. |

h) Vorsteuerabzug

Einschränkung	Der Vorsteuerabzug ist u. a. für folgende Eingangsleistungen nicht möglich: ► Nahrungsmittel, Getränke und Tabakwaren (für den privaten Gebrauch), ► Erwerb von (ungenutzten) Immobilien und damit im Zusammenhang stehende sonstige Leistungen, die der Herstellung, Instandhaltung, Instandsetzung oder Änderung dienen.
Abziehbare Vorsteuerbeträge	Der Vorsteuerabzug ist insbesondere für folgende Kosten, sofern sie betrieblich veranlasst sind, möglich: ► Beratungsleistungen, ► Hotelkosten, ► Personalbeschaffungskosten, ► Mietwagen, ► Kosten für Telekommunikation, ► Seminar- und Tagungskosten, ► Messekosten, ► Kosten für Werbung.
Vergütungsverfahren	Ausländische Unternehmer, die im Inland keine oder nur steuerfreie Umsätze bewirkt haben, können in Rechnung gestellte Mehrwertsteuerbeträge grds. nur in einem so genannten Vergütungsverfahren geltend machen. Bei diesem Verfahren ist zwischen einer Mehrwertsteuervergütung an Unternehmer aus EU-Mitgliedstaaten und Unternehmer aus Drittländern zu unterscheiden.

Mehrwertsteuervergütung an Unternehmer aus EU-Mitgliedstaaten:

► Der Antrag auf Mehrwertsteuervergütung muss bis zum 30. September nach Ablauf des Kalenderjahres, in dem der Vergütungsanspruch entstanden ist, gestellt werden.

► Die Mindestsumme der Erstattungsbeträge beträgt für Quartalsanträge € 400 und bei jährlicher Antragstellung € 50.

► Der Unternehmer hat die Vergütung selbst zu berechnen und die Vorsteuerbeträge bei Nachfrage durch die Behörde durch Vorlage von Rechnungen und Einfuhrbelegen im Original nachzuweisen.

► Der Antrag wird über ein elektronisches Portal im jeweiligen Ansässigkeitsstaat eingereicht.

Mehrwertsteuervergütung an Unternehmer aus Drittländern:

► Handelt es sich um einen Antrag auf Vergütung der Vorsteuer des gesamten Kalenderjahrs, so ist der Antrag bis zum 30. September nach Ablauf des Kalenderjahres, in dem der Vergütungsanspruch entstanden ist, zu stellen.

► Handelt es sich um einen Antrag auf Vergütung der Vorsteuer eines Zeitraums von mindestens drei Monaten aber geringer als ein Jahr, so ist der Antrag innerhalb der auf diesen Zeitraum folgenden drei Monate zu stellen.

► Die Mindestsumme der Erstattungsbeträge beträgt für Quartalsanträge € 400 und bei jährlicher Antragstellung € 50.

► Zusätzlich ist die tatsächlich erfolgte Zahlung durch einen Zahlungsbeleg (Kontoauszug, etc.) nachzuweisen.

► Der Unternehmer hat den Nachweis seiner Unternehmereigenschaft anhand einer Bescheinigung seines Finanzamts (nicht älter als ein Jahr) gegenüber der Steuerverwaltung zu erbringen.

	▶ Der Antrag muss nach amtlich vorgeschriebenem Vordruck (Formular VAT 1221) bei der zuständigen Behörde eingereicht werden.
Zuständige Behörde	The non-Resident Tax Data Credibility Assessment Division of the State Revenue Service Tax board
	1 Jeruzalemes Street
	LV - 1978 Riga
	Latvia
	Tel: (+371) 67121984
	E-Mail: NP.lietvediba@vid.gov.lv
	http://www.vid.gov.lv

12. Litauen

a) Allgemeine Informationen

Währung	Euro (€)	**Informationsstelle**	618
MwSt-Standardsatz	21%	State Tax Inspectorate	
Ermäßigter Satz	0%, 5%, 9%	Vasario 16-th str. 14	
Lieferschwelle	€ 35.000	LT - 01514 Vilnius	
Erwerbsschwelle	€ 14.000	Lithuania	
		Tel.: (+370) 5 266 8200	
		Fax: (+370) 5 212 5604	
		E-Mail:	
		vmi@vmi.lt	
		http://www.vmi.lt	

Umrechnungskurs		**Anträge auf MwSt-Vergütung sind zu richten an:**
Bezeichnung der Umsatzsteuer	Pridétinés vertés mokestis	
Name der Mehr-wertsteuer-Identifi-kationsnummer (MwSt-IdNr.)	Pridetines vertes mo-kescio moketojo kodas (PVM mokétojo ko-das)	VAT Refund Unit Vilnius County State Tax In-spectorate Ulonu Street 2 LT - 01509 Vilnius
Aufbau der MwSt-IdNr.	LT + neun oder zwölf Ziffern	Lithuania Tel.: (+370) 5 274 2 530 Fax: (+370) 5 272 3005 E-Mail: vilniaus.apskr.rastai@vmi.lt http://www.vmi.lt
Umsatzsteuerliche Organschaft	Eine umsatzsteuerliche Organschaft ist in Litauen nicht vorgesehen.	
Fiskalvertreter erforderlich	nur für Nicht-EU Unternehmer	**Mindestsumme der MwSt-Vergütungsanträge**
Drittlandsgebiete	keine	Jährliche Antragstellung € 50 Quartalsanträge € 400

Kleinunternehmer-grenzen	Lediglich für in Litauen steuerbare Personen Grenze von € 45.000 steuerpflichtiger Umsätze im Jahr

b) Registrierung ausländischer Unternehmer

Registrierungs-pflicht	Eine Mehrwertsteuer-Registrierung ist verpflichtend ▶ bei Ausführung von Lieferungen, ▶ bei der Erbringung von Dienstleistungen, ▶ beim innergemeinschaftlichen Erwerb bei Überschreitung der Erwerbsschwelle von € 14.000, und ▶ im Versandhandel bei Überschreitung der Lieferschwelle von € 35.000.
Ausnahmen	▶ Die Registrierungspflicht entfällt bei Lieferungen und sonstigen Leistungen, die dem Reverse-Charge-Verfahren unterliegen. ▶ Eine Ausnahme gilt auch für Kleinunternehmer mit einer Niederlassung in Litauen, wenn diese die Umsatzgrenze von € 45.000 im laufenden Kalenderjahr voraussichtlich nicht überschreiten werden.
Antragstellung	▶ Für Unternehmer mit einer Niederlassung in Litauen sind die regionalen Direktionen der litauischen Steuerverwaltung zuständig. Eine Übersicht ist unter http://www.vmi.lt zu finden. ▶ Ein Unternehmer aus einem EU-Mitgliedstaat ohne feste Niederlassung in Litauen hat sich an das Finanzamt zu wenden, in welchem Zuständigkeitsbereich die wirtschaftliche Tätigkeit ausgeübt wird. ▶ Unternehmer aus Drittländern, die in Litauen keine feste Niederlassung haben, müssen einen inländischen Fiskalvertreter bestellen und diesen mit der Registrierung beauftragen.

Verfahrensablauf:

► Die Registrierung erfolgt mit Hilfe des Formulars FR 0224 für natürliche Personen und mit Hilfe des Formulars FR 0388 und FR 0227 für juristische Personen. Diese sind auf der Internetseite http://www.vmi.lt zu finden.

► Das Formular ist ausgefüllt und unterschrieben an die oben genannte Adresse zu senden oder elektronisch einzureichen.

c) Anwendung des Reverse-Charge-Verfahrens

Leistender	► Ausländischer Unternehmer, der nicht in Litauen ansässig ist. Die mehrwertsteuerliche Registrierung des ausländischen Unternehmers in Litauen ist für die Anwendung des Reverse-Charge-Verfahrens unschädlich.
Leistungs-empfänger	► Unternehmer oder juristische Person des öffentlichen Rechts, der eine USt-IdNr. erteilt wurde, die in Litauen ansässig ist.
Anwendungsfälle (Aufzählung nicht abschließend)	► Grenzüberschreitende Dienstleistungen gem. Art. 44 MwStSystRL, ► grundstücksbezogene sonstige Leistungen, ► Personenbeförderung, ► kulturelle, künstlerische, wissenschaftliche, unterrichtende, sportliche, unterhaltende oder ähnliche Tätigkeiten, ► Restaurationsleistungen, ► Kurzfristige Vermietung eines Beförderungsmittels, ► Restaurationsleistungen an Bord eines Beförderungsmittels, ► Verkauf von Holz.
Rechtsfolgen	► Steuerschuld und Vorsteuerabzug fallen in der Person des Leistungsempfängers zusammen.
Rechnungsanforderungen	► Ausweis des Nettobetrags in der Rechnung. ► Ein Hinweis in der Rechnung auf die Anwendung des Reverse-Charge-Verfahrens und die Angabe der

MwSt-Nummer des Leistungsempfängers sind verpflichtend.

d) Bestellung eines Steuer-/Fiskalvertreters

Pflicht für nicht in der EU ansässige Unternehmer

▶ Für nicht in der EU ansässige Unternehmer ist die Bestellung eines Fiskalvertreters in Litauen verpflichtend.

Voraussetzungen für die Vertretung

▶ Der Vertretene darf im Inland nicht über einen Sitz, eine Geschäftsleitung oder eine Zweigniederlassung verfügen.

Anwendungsfälle

▶ Der Unternehmer ist verpflichtet, einen Steuervertreter zu bestellen, sofern er Umsätze ausführt, die der litauischen Mehrwertsteuer unterliegen und für die der ausländische Unternehmer in Litauen zum Vorsteuerabzug berechtigt ist und die Mehrwertsteuer schuldet.

Vertretungsbefugte

Zum Fiskalvertreter können Personen bestellt werden, die

▶ als Jurist, Buchhalter, Wirtschaftsprüfer oder Steuerberater tätig sind, oder

▶ bereits über drei Jahre in Litauen für MwSt-Zwecke registriert sind (dies gilt nicht für oben genannte Berufe) und

▶ in den vergangenen zwölf Monaten keine Steuerschulden aufwiesen und nicht gegen Zoll- oder andere Rechtsvorschriften verstoßen haben.

Rechte und Pflichten

▶ Der Fiskalvertreter muss für seine Tätigkeit eine gesonderte Steuernummer beantragen. Die gesonderte Steuernummer ist von dem Finanzamt, das für die Mehrwertbesteuerung des Fiskalvertreters zuständig ist, zu erteilen.

▶ Es besteht die Pflicht zur Berechnung und Abführung der Steuerschuld sowie zur Abgabe von Steuererklärungen.

▶ Der Fiskalvertreter und der Vertretene haften gesamtschuldnerisch für die Zahlung der Mehrwertsteuer sowie der Zinsen und Geldbußen, die im Zusammenhang mit den in Litauen getätigten Umsätzen anfallen können.

► Eine Bankbürgschaft ist nicht zwingend erforderlich.

e) Rechnungserteilung

Pflicht zur Rechnungserteilung

Grds. ist der Unternehmer verpflichtet eine Rechnung umgehend nach Erbringung der steuerpflichtigen Leistung an einen anderen Unternehmer für dessen Unternehmen oder an eine juristische Person auszustellen. Handelt es sich bei der Leistung um eine Lieferung oder sonstige Leistung in das Gemeinschaftsgebiet, so ist die Rechnung spätestens bis zum 15. Tag des folgenden Monats auszustellen.

Inhalt

Eine Rechnung muss folgende Angaben enthalten:

► Den vollständigen Namen und die vollständige Anschrift des leistenden Unternehmers und des Leistungsempfängers,

► die dem leistenden Unternehmer und dem Leistungsempfänger von der Steuerverwaltung erteilte MwSt-Nummer,

► das Ausstellungsdatum,

► eine fortlaufende Nummer mit einer oder mehreren Zahlenreihen, die zur Identifizierung der Rechnung vom Rechnungsaussteller einmalig vergeben wird (Rechnungsnummer),

► die Menge und die Art (handelsübliche Bezeichnung) der gelieferten Gegenstände oder den Umfang und die Art der sonstigen Leistung,

► den Zeitpunkt der Lieferung oder sonstigen Leistung oder den Zeitpunkt der Vereinnahmung des Entgelts oder eines Teils des Entgelts, sofern der Zeitpunkt der Vereinnahmung feststeht und nicht mit dem Ausstellungsdatum der Rechnung übereinstimmt,

► das nach Steuersätzen und einzelnen Steuerbefreiungen aufgeschlüsselte Entgelt für die Lieferung oder sonstige Leistung sowie jede im Voraus vereinbarte Minderung des Entgelts, sofern sie nicht bereits im Entgelt berücksichtigt ist,

629

► den anzuwendenden Steuersatz sowie den auf das Entgelt entfallenden Steuerbetrag oder im Fall einer Steuerbefreiung einen Hinweis darauf, dass für die Lieferung oder sonstige Leistung eine Steuerbefreiung gilt,

► bei innergemeinschaftlicher Lieferung eines neuen Fahrzeuges, eine hinreichende Beschreibung, mit der das Fahrzeug identifiziert werden kann,

► bei Ausführung eines innergemeinschaftlichen Dreiecksgeschäfts einen Hinweis auf die Steuerbefreiung und eine Referenz auf die entsprechende Gesetzesgrundlage, und

► bei Anwendung einer Sonderregelung für Gebrauchtgegenstände, Kunstgegenstände, Sammlungsstücke und Antiquitäten, einen Hinweis auf die entsprechende nationale Regelung oder einen anderen Hinweis darauf, dass diese Regelung angewandt wurde und

► bei Fiskalvertretung, den vollständigen Namen, die vollständige Anschrift und die MwSt-Nummer des Vertreters.

Vereinfachte Rechnungen

Eine vereinfachte Rechnung mit einem Gesamtbetrag unter € 100 muss lediglich die folgenden Angaben enthalten:

► Den vollständigen Namen des leistenden Unternehmers,

► die dem leistenden Unternehmer sowie dem Leistungsempfänger von der Steuerverwaltung erteilte MwSt-Nummer,

► eine fortlaufende Nummer mit einer oder mehreren Zahlenreihen, die zur Identifizierung der Rechnung vom Rechnungsaussteller einmalig vergeben wird (Rechnungsnummer),

► das Ausstellungsdatum,

► die Menge und die Art (handelsübliche Bezeichnung) der gelieferten Gegenstände oder den Umfang und die Art der sonstigen Leistung,

▶ das Entgelt und den darauf entfallenden Steuerbetrag für die sonstige Leistung in einer Summe und

▶ den anzuwendenden Steuersatz.

Selbstfakturierung (Gutschrift)

▶ Damit eine Rechnung zum Zwecke der Selbstfakturierung anerkannt wird, muss dies vorab zwischen Leistenden und Empfänger vereinbart werden.

Rechnungs-korrekturen

Eine Rechnung kann berichtigt werden, wenn sich der Steuerbetrag oder die zu dessen Ermittlung erforderlichen Positionen ändern. Die Korrektur der Rechnung sollte Folgendes enthalten:

▶ Das Ausstellungsdatum der zu korrigierenden Rechnung,

▶ die Rechnungsnummer der zu korrigierenden Rechnung und

▶ den Grund der Rechnungskorrektur.

Elektronische Rechnungen

▶ Eine Rechnung kann auf elektronischem Weg übermittelt werden. Grundsätzlich sind alle Übermittlungsformen zulässig (z. B. EDI-Verfahren oder E-Mail).

▶ Die elektronische Rechnung muss durch den Leistungsempfänger akzeptiert werden.

▶ Wird eine Rechnung auf elektronischem Weg übermittelt, müssen die Echtheit der Herkunft, die Unversehrtheit des Inhalts und die Lesbarkeit der Rechnung gewährleistet sein. Dies kann bspw. durch eine qualifizierte elektronische Signatur oder durch ein geeignetes innerbetriebliches Kontrollverfahren erfolgen.

Aufbewahrung

▶ Die Aufbewahrungspflicht für Rechnungen beträgt 10 Jahre.

Reverse-Charge

▶ Ein Hinweis in der Rechnung auf die Anwendung des Reverse-Charge-Verfahrens und die Angabe der MwSt-Nummer des Leistungsempfängers ist empfehlenswert.

Wichtige Rechnungshinweise	
Rechnungshinweis für steuerfreie innergemeinschaftliche Lieferungen	„PVM įstatymo 49 straipsnis"
Rechnungshinweis für Dreiecksgeschäfte	„PVM įstatymo 95 straipsnio 4 dalis"
Rechnungshinweis beim Übergang der Steuerschuldnerschaft	„Atvirkštinis apmokestinimas"
Rechnungshinweis bei Gutschriften	„Sąskaitų faktūrų išsirašymas"

f) Steuererklärungen

Pflicht zur Abgabe	► Jeder in Litauen registrierte Steuerpflichtige muss Steuererklärungen abgeben.
Zeitraum und Zahlungsfristen	► Der Zeitraum für die Steuererklärung ist in der Regel der Kalendermonat.
	► Die Steuererklärung kann halbjährlich abgegeben werden, wenn der Gesamtbetrag der Umsätze im vorangegangenen Kalenderjahr zwischen € 45.000 und € 60.000 betragen hat. Dazu ist ein entsprechender Antrag beim zuständigen Finanzamt zu stellen.
	► Die Steuererklärung muss spätestens 25 Tage nach Ende des Steuerzeitraums abgegeben und die Steuer entsprechend entrichtet werden.
	► Eine zusätzliche jährliche Steuererklärung muss bis zum 1. Oktober des folgenden Jahres abgegeben werden, wenn die Steuerschuld der unterjährigen Erklärungen von der jährlichen Steuerschuld abweicht.
Verfahrensvereinfachung	► Vereinfachte Verfahren zur Ermittlung der Steuerschuld gibt es in Litauen nicht.

Elektronische Steuererklärungen	▶ Steuererklärungen können nach vorheriger Registrierung über die Internetseite der Steuerverwaltung, http://deklaravimas.vmi.lt, elektronisch abgegeben werden. ▶ Hierzu ist zusätzlich vorab eine Vereinbarung über das Einreichen der Steuererklärung auf elektronischem Weg mit der Steuerverwaltung abzuschließen.

g) Zusammenfassende Meldungen

Abgabepflicht	Eine Abgabepflicht besteht für einen ▶ Unternehmer, der innergemeinschaftliche Warenlieferungen ausführt, ▶ Unternehmer, der innergemeinschaftliche Dienstleistungen ausführt, ▶ Unternehmer, der Beteiligter an einem innergemeinschaftlichen Dreiecksgeschäft ist.
Zeitraum	▶ Die Zusammenfassende Meldung ist bis zum 25. Tag nach Ablauf jedes Kalendermonats abzugeben.
Zuständige Behörde	▶ Für Unternehmer mit einer Niederlassung in Litauen sind die regionalen Direktionen der litauischen Steuerverwaltung zuständig. Eine Übersicht ist unter http://www.vmi.lt zu finden. ▶ Ein Unternehmer aus einem EU-Mitgliedstaat ohne feste Niederlassung in Litauen hat die Zusammenfassenden Meldungen bei dem Finanzamt abzugeben, bei dem er für MwSt-Zwecke registriert ist. ▶ Unternehmer aus Drittländern, die in Litauen keine feste Niederlassung haben, müssen einen inländischen Fiskalvertreter bestellen und diesen mit der Abgabe der Zusammenfassenden Meldung beauftragen.
Inhalt	Die Zusammenfassende Meldung muss folgende Angaben enthalten: ▶ Die MwSt-Nummer inklusive dem Ländercode „LT" des Unternehmers, die ihm in Litauen erteilt worden ist,

633

▶ die MwSt-Nummer inklusive dem entsprechenden Ländercode jedes Erwerbers, die ihm in einem anderen Mitgliedstaat erteilt worden ist,

▶ für jeden Erwerber die Summe der Bemessungsgrundlagen der an ihn ausgeführten innergemeinschaftlichen Warenlieferungen/Dienstleistungen,

▶ für jeden Erwerber die Summe der Bemessungsgrundlagen der innergemeinschaftlichen Dreiecksgeschäfte.

Ausnahmen

▶ Vereinfachte Verfahren im Zusammenhang mit der Zusammenfassenden Meldung gibt es in Litauen nicht.

Elektronische Abgabe

▶ Zusammenfassende Meldungen können nach vorheriger Registrierung über die Internetseite der Steuerverwaltung, http://deklaravimas.vmi.lt, abgegeben werden.

▶ Hierzu ist zusätzlich vorab eine Vereinbarung über das Einreichen der Zusammenfassenden Meldung auf elektronischem Weg mit der Steuerverwaltung abzuschließen.

h) Vorsteuerabzug

Einschränkung

Der Vorsteuerabzug ist u. a. für folgende Eingangsleistungen nicht möglich:

▶ Nahrungsmittel, Getränke und Tabakwaren (für privaten Gebrauch).

Abziehbare Vorsteuerbeträge

Der Vorsteuerabzug ist insbesondere für folgende Kosten, sofern sie betrieblich veranlasst sind, möglich:

▶ Beratungsleistungen,

▶ Hotelkosten,

▶ Personalbeschaffungskosten,

▶ Erwerb, Miete und Reparatur von Lastkraftwagen,

▶ Kosten für Telekommunikation,

▶ Seminar- und Tagungskosten,

▶ Messekosten,

▶ Kosten für Werbung.

Vergütungs-
verfahren

Ausländische Unternehmer, die im Inland keine oder nur steuerfreie Umsätze bewirkt haben, können in Rechnung gestellte Mehrwertsteuerbeträge grds. nur in einem so genannten Vergütungsverfahren geltend machen.

Bei diesem Verfahren ist zwischen einer Mehrwertsteuervergütung an Unternehmer aus EU-Mitgliedstaaten und Unternehmer aus Drittländern zu unterscheiden.

Mehrwertsteuervergütung an Unternehmer aus EU-Mitgliedstaaten:

► Der Antrag auf Mehrwertsteuervergütung muss bis zum 30. September nach Ablauf des Kalenderjahres, in dem der Vergütungsanspruch entstanden ist, gestellt werden.

► Die Mindestsumme der Erstattungsbeträge beträgt für Quartalsanträge € 400 und bei jährlicher Antragstellung € 50.

► Der Unternehmer hat die Vergütung selbst zu berechnen und die Vorsteuerbeträge durch Vorlage von Rechnungen und Einfuhrbelegen in Kopie nachzuweisen (sofern der Rechnungsbetrag bestimmte Grenzen übersteigt).

► Der Antrag wird über ein elektronisches Portal im jeweiligen Ansässigkeitsstaat eingereicht.

► Der Unternehmer hat den Nachweis seiner Unternehmereigenschaft anhand einer Bescheinigung seines Finanzamts (nicht älter als ein Jahr) gegenüber der Steuerverwaltung zu erbringen.

► Der Antrag muss nach amtlich vorgeschriebenem Vordruck (FR 0445) bei der zuständigen Behörde eingereicht werden.

Mehrwertsteuervergütung an Unternehmer aus Drittländern:

► Der Antrag auf Mehrwertsteuervergütung muss bis zum 30. September nach Ablauf des Kalenderjahres, in dem der Vergütungsanspruch entstanden ist, gestellt werden.

► Die Mindestsumme der Erstattungsbeträge beträgt für Quartalsanträge € 400 und bei jährlicher Antragstellung € 50.

► Der Unternehmer hat die Vergütung selbst zu berechnen und die Vorsteuerbeträge durch Vorlage von Rechnungen und Einfuhrbelegen im Original nachzuweisen.

► Der Unternehmer hat den Nachweis seiner Unternehmereigenschaft anhand einer Bescheinigung seines Finanzamts (nicht älter als ein Jahr) gegenüber der Steuerverwaltung zu erbringen.

► Der Antrag muss nach amtlich vorgeschriebenem Vordruck (FR 0445) bei der zuständigen Behörde eingereicht werden.

Zuständige Behörde

VAT Refund Unit
Vilnius County State Tax Inspectorate
Ulonu Street 2
LT - 01509 Vilnius
Lithuania
Tel.: (+370) 5 274 2 530
Fax: (+370) 5 272 3005
E-Mail:
vilniaus.apskr.rastai@vmi.lt
http://www.vmi.lt

13. Luxemburg

a) Allgemeine Informationen

Währung	Euro (€)	**Informationsstelle**	619
MwSt-Standardsatz	17%	Administration de l'Enregistre-	
Ermäßigter Satz	3%, 8%, 14%	ment et des	
Lieferschwelle	€ 100.000	Domaines	
Erwerbsschwelle	€ 10.000	Bureau d'imposition Luxem-	
		bourg 10	
		14 Avenue de la gare	
		L - 2010 Luxembourg	
		Luxembourg	
		Tel: (+352) 247 80669	
		Fax: (+352) 29 11 93	
		E-Mail: lux.imp10@en.etat.lu	
		http://www.aed.public.lu	
Bezeichnung der Umsatzsteuer	taxe sur la valeur ajoutée (TVA)	**Anträge auf MwSt-Vergütung sind zu richten an:**	
Name der Mehr-wertsteuer-Identifi-kationsnummer (MwSt-IdNr.)	le numéro d'identification à la taxe sur la valeur ajoutée	Administration de l'Enregistre-ment et des Domaines Bureau d'Imposition Luxem-	
Aufbau der MwSt-IdNr.	LU + acht Ziffern	bourg 11 67-69, rue Verte L - 2010 Luxembourg Luxembourg Tel: (+352) 247 80690 Fax: (+352) 25 07 96 E-Mail: lux.imp11@en.etat.lu http://www.aed.public.lu	
Umsatzsteuerliche Organschaft	Eine umsatzsteuerliche Organschaft ist in Luxemburg nicht vorgesehen.		

Fiskalvertreter erforderlich	nein	Mindestsumme der MwSt-Vergütungsanträge[1]	
Drittlandsgebiete	keine	Jährliche Antragstellung	€ 50
		Quartalsanträge	€ 400
Kleinunternehmer-grenzen	€ 30.000		

b) Registrierung ausländischer Unternehmer

Registrierungs-pflicht	Eine Mehrwertsteuer-Registrierung ist verpflichtend ► bei Ausführung von Lieferungen, ► bei der Erbringung von Dienstleistungen, ► beim innergemeinschaftlichen Erwerb von Waren im Wert von über € 10.000 und ► im Versandhandel bei Überschreitung der Liefer-schwelle von € 100.000.
Ausnahmen	► Die Registrierungspflicht entfällt bei Lieferungen und sonstigen Leistungen, die dem Reverse-Charge-Ver-fahren unterliegen. ► Eine Ausnahme gilt auch für Kleinunternehmer, die in Luxemburg ansässig sind, wenn diese die Umsatz-grenze von € 30.000 im vergangenen oder im laufen-den Kalenderjahr nicht überschreiten.
Antragstellung	Für ausländische Unternehmer ist zuständig: ► Administration de l´Enregistrement et des Domaines Bureau d'Imposition Luxembourg 10 BP 31 L - 2010 Luxembourg Luxembourg Tel: (+352) 247 80669 Fax: (+352) 29 11 93 E-Mail: lux.imp10@en.etat.lu http://www.aed.public.lu

---

1 € 250 für Antragsteller aus dem Drittland (Vergütungsanträge sind jeweils nur für ein gesam-tes Kalenderjahr möglich).

Verfahrensablauf:

▶ Die Registrierung erfolgt mit dem Formular „Erstanmeldung für natürliche bzw. juristische Personen", das auf der Internetseite http://www.aed.public.lu zu finden ist.

▶ Dem Antrag ist bei natürlichen Personen eine Kopie des Ausweisdokuments und bei juristischen Personen eine Kopie des Gesellschaftsvertrages beizufügen.

▶ Das Formular ist ausgefüllt und unterschieben an die oben genannte Adresse zu senden.

Umsatzsteuer-Identifikationsnummer

▶ Die Steuerpflichtigen bekommen bei der Registrierung zwei MwSt-Nummern zugeteilt.

▶ Die nationale MwSt-Nummer ist stets bei Lieferungen oder sonstigen Leistungen innerhalb Luxemburgs anzugeben, die internationale MwSt-Nummer inklusive dem Ländercode „LU" ist bei innergemeinschaftlichen Warenlieferungen zu verwenden.

c) Anwendung des Reverse-Charge-Verfahrens

Nationale Regelung Leistender

▶ Art. 17, § 1 b) und Art. 61, § 5 luxemburgisches Mehrwertsteuergesetz

▶ Ausländischer Unternehmer, der nicht in Luxemburg ansässig ist.
Die mehrwertsteuerliche Registrierung des ausländischen Unternehmers in Luxemburg ist für die Anwendung des Reverse-Charge-Verfahrens schädlich.

Leistungsempfänger

▶ Unternehmer oder juristische Person des öffentlichen Rechts, der eine USt-IdNr. erteilt wurde, die in Luxemburg ansässig ist.

Anwendungsfälle (Aufzählung nicht abschließend)

▶ grenzüberschreitende Dienstleistungen gemäß Art. 44 MwStSystRL.

Rechtsfolgen

▶ Steuerschuld und Vorsteuerabzug fallen in der Person des Leistungsempfängers zusammen.

Rechnungs-anforderungen	► Ausweis des Nettobetrags in der Rechnung.
	► Angabe der MwSt-Nummer des Leistungsempfängers.
	► Hinweis in der Rechnung auf die Anwendung des Reverse-Charge-Verfahrens.

d) Bestellung eines Steuer-/Fiskalvertreters

Pflicht für nicht in der EU ansässige Unternehmer	► Für nicht in der EU ansässige Unternehmer ist die Bestellung eines Fiskalvertreters in Luxemburg freiwillig.
Vertretungsbefugte	► Zum Fiskalvertreter können juristische oder natürliche Personen bestellt werden, die von der Steuerverwaltung zugelassen worden sind.
Rechte und Pflichten	► Der Vertreter hat die gleichen Rechte und Pflichten wie der Vertretene.
	► Der Fiskalvertreter muss für seine Tätigkeit eine gesonderte Steuernummer beantragen.
	► Er muss weiterhin eine Bankbürgschaft von mindestens € 10.000 (oder 50% der Steuerschuld der letzten drei Monate) gegenüber der Steuerverwaltung nachweisen.

e) Rechnungserteilung

Pflicht zur Rechnungserteilung	Der Unternehmer ist in den folgenden Fällen verpflichtet, spätestens am 15. Tag des folgenden Monats eine Rechnung auszustellen:
	► Bei der Ausführung eines steuerpflichtigen Umsatzes an einen anderen Unternehmer für dessen Unternehmen oder an eine juristische Person,
	► bei Ausführung einer Lieferung oder sonstigen Leistung in das Gemeinschaftsgebiet.
	Ausgenommen von der Pflicht zur Rechnungsstellung sind steuerbefreite (den Vorsteuerabzug ausschließende) Finanz-, Investitions- und Versicherungsdienstleistungen.

Inhalt

Eine Rechnung muss folgende Angaben enthalten:

► Den vollständigen Namen und die vollständige Anschrift des leistenden Unternehmers und des Leistungsempfängers,

► die dem leistenden Unternehmer und dem Leistungsempfänger von der Steuerverwaltung erteilte MwSt-Nummer,

► das Ausstellungsdatum,

► eine fortlaufende Nummer mit einer oder mehreren Zahlenreihen, die zur Identifizierung der Rechnung vom Rechnungsaussteller einmalig vergeben wird (Rechnungsnummer),

► die Menge und die Art (handelsübliche Bezeichnung) der gelieferten Gegenstände oder den Umfang und die Art der sonstigen Leistung,

► den Zeitpunkt der Lieferung oder sonstigen Leistung oder den Zeitpunkt der Vereinnahmung des Entgelts oder eines Teils des Entgelts, sofern der Zeitpunkt der Vereinnahmung feststeht und nicht mit dem Ausstellungsdatum der Rechnung übereinstimmt,

► das nach Steuersätzen und einzelnen Steuerbefreiungen aufgeschlüsselte Entgelt für die Lieferung oder sonstige Leistung sowie jede im Voraus vereinbarte Minderung des Entgelts, sofern sie nicht bereits im Entgelt berücksichtigt ist,

► den anzuwendenden Steuersatz sowie den auf das Entgelt entfallenden Steuerbetrag oder im Fall einer Steuerbefreiung einen Hinweis darauf, dass für die Lieferung oder sonstige Leistung eine Steuerbefreiung gilt,

► bei innergemeinschaftlicher Lieferung eines neuen Fahrzeuges, eine hinreichende Beschreibung, mit der das Fahrzeug identifiziert werden kann,

► bei Ausführung eines innergemeinschaftlichen Dreiecksgeschäfts einen Hinweis auf die Steuerbefreiung und eine Referenz auf die entsprechende Gesetzesgrundlage und

► bei Anwendung einer Sonderregelung für Gebrauchtgegenstände, Kunstgegenstände, Sammlungsstücke und Antiquitäten, einen Verweis auf die entsprechende nationale Regelung oder einen anderen Hinweis darauf, dass diese Regelung angewandt wurde.

Vereinfachte Rechnungen

Eine vereinfachte Rechnung, mit einem Gesamtbetrag nicht höher als € 100 (inkl. MwSt), muss lediglich die folgende Angaben enthalten:

► Den vollständigen Namen und die vollständige Anschrift des leistenden Unternehmers,

► das Ausstellungsdatum,

► die Menge und die Art der gelieferten Gegenstände oder den Umfang und die Art der sonstigen Leistung,

► das Entgelt und den darauf entfallenden Steuerbetrag für die Lieferung oder sonstige Leistung in einer Summe und

► den anzuwendenden Steuersatz.

Selbstfakturierung (Gutschrift)

► Damit eine Rechnung zum Zwecke der Selbstfakturierung anerkannt wird, muss dies vorab zwischen Leistendem und Empfänger vereinbart werden.

Rechnungs-korrekturen

► Eine Rechnungskorrektur muss ausdrücklich und eindeutig auf die ursprüngliche Rechnung Bezug nehmen.

Elektronische Rechnungen

► Eine Rechnung kann auf elektronischem Weg übermittelt werden. Grds. sind alle Übermittlungsformen zulässig (z. B. EDI-Verfahren oder E-Mail).

► Die elektronische Rechnung muss durch den Leistungsempfänger akzeptiert werden.

► Wird eine Rechnung auf elektronischem Weg übermittelt, müssen die Echtheit der Herkunft, die Unversehrtheit des Inhalts und die Lesbarkeit der Rechnung gewährleistet sein. Dies kann bspw. durch eine qualifizierte elektronische Signatur oder durch ein geeignetes innerbetriebliches Kontrollverfahren erfolgen.

Aufbewahrung

► Die Aufbewahrungspflicht für Rechnungen beträgt 10 Jahre.

Reverse-Charge

► Führt der Unternehmer eine Leistung aus, für die der Leistungsempfänger die Steuer schuldet, ist er zur Ausstellung einer Rechnung verpflichtet, die einen

Hinweis auf die Steuerschuldnerschaft des Leistungsempfängers enthält. Die Angabe der MwSt-Nummer
des Leistungsempfängers ist verpflichtend.

Wichtige Rechnungshinweise	
Rechnungshinweis für steuerfreie innergemeinschaftliche Lieferungen	„VAT exempt intracommunity supply" oder „Non soumis à la TVA luxembourgeoise en vertu de l'article 43 de la LTVA"
Rechnungshinweis für Dreiecksgeschäfte	„Destinataire redevable de la taxe due au titre de la livraison effectué e par l'assujetti non é tabli à l'inté rieur du pays, en application de l'article 26, § 1, a) de la LTVA"
Rechnungshinweis beim Übergang der Steuerschuldnerschaft	„Autoliquidation" „Supply of services not VAT taxable in Luxembourg pursuant to art. 17 §1 b) LVL or article 44 of the Directive 2006/112/EC. The recipient may have to account for VAT under the reverse-charge procedure."
Rechnungshinweis bei Gutschriften	„Autofacturation"

f) Steuererklärungen

Pflicht zur Abgabe	► Jeder in Luxemburg registrierte Steuerpflichtige muss Steuererklärungen abgeben.
Zeitraum und Zahlungsfristen	► Der Zeitraum für die Steuererklärung ist in der Regel der Kalendermonat.
	► Steuerpflichtige, deren Jahresumsatz ohne Steuer im vorangegangenen Kalenderjahr über € 112.000, höchstens jedoch € 620.000 betragen hat, können ihre Steuererklärung quartalweise bis zum 15. Tag des jeweils folgenden Quartals abgeben und die geschuldete Steuer entrichten.
	► Steuerpflichtige, deren Jahresumsatz ohne Steuer im vorangegangenen Kalenderjahr höchstens € 112.000 betragen hat, können ihre Steuererklärung jährlich bis zum 1. März des jeweils folgenden Jahres (verlängerbar auf Antrag bis zum 31. Oktober) abgeben und die geschuldete Steuer entrichten.

▶ Steuerpflichtige, deren Jahresumsatz ohne Steuer im vorangegangenen Kalenderjahr über € 620.000 betragen hat, müssen eine monatliche Steuererklärung jeweils bis zum 15. des Folgemonats abgeben und die geschuldete Steuer entrichten.

▶ Steuerpflichtige, die monatliche oder vierteljährliche Erklärungen abgeben müssen, haben außerdem bis zum 1. Mai eines jeden Jahres (verlängerbar auf Antrag bis zu, 31. Dezember) eine Erklärung über die im vorangehenden Kalenderjahr angefallene Mehrwertsteuer abzugeben und gleichzeitig eine sich möglicherweise aus dieser Erklärung ergebende Steuerschuld zu begleichen.

Verfahrensvereinfachung

▶ In Luxemburg ansässige Steuerpflichtige, deren Umsätze unter € 30.000 pro Jahr liegen, können eine vereinfachte jährliche Steuererklärung abgeben. Hierin werden nur Importe, innergemeinschaftliche Erwerbe und Dienstleistungen, die dem Reverse-Charge-Verfahren unterliegen erklärt.

Elektronische Steuererklärungen

▶ Steuererklärungen können, nach vorheriger Registrierung, über die Internetseite der Steuerverwaltung, http://www.aed.public.lu, abgegeben werden (für monatliche, bzw. quartalsweise Steuererklärungen ist die elektronische Abgabe ab dem 1.1.2013 verpflichtend).

g) Zusammenfassende Meldungen

Abgabepflicht

Eine Abgabepflicht besteht für einen
▶ Unternehmer, der innergemeinschaftliche Warenlieferungen ausführt,
▶ Unternehmer, der innergemeinschaftliche Dienstleistungen ausführt,
▶ Unternehmer, der Beteiligter an einem innergemeinschaftlichen Dreiecksgeschäft ist.

Zeitraum

Die Zusammenfassende Meldung ist bis zum 25. Tag nach Ablauf jedes Anmeldezeitraumes vierteljährlich abzugeben, wenn die Summe der innergemeinschaftlichen Warenlieferungen im Kalendervierteljahr oder in einem der vorangegangenen Kalendervierteljahre € 100.000 nicht überstiegen hat.

Hat die Summe der innergemeinschaftlichen Warenlieferungen im Kalendervierteljahr € 100.000 überstiegen, ist die Zusammenfassende Meldung monatlich unter Berücksichtigung der o. g. Fristen abzugeben.

Eine Option zur monatlichen Abgabe ist möglich.

Für erbrachte innergemeinschaftliche Dienstleistungen existiert kein Schwellenwert. Der Steuerpflichtige hat ein Wahlrecht, ob er monatlich oder quartalsweise die Zusammenfassende Meldung abgeben möchte.

Zuständige Behörde

▶ Administration de l'Enregistrement et des Domaines
Bureau d'Imposition Luxembourg 11
67-69, rue Verte
L - 2010 Luxembourg
Luxembourg
Tel: (+352) 247 80690
Fax: (+352) 25 07 96
E-Mail: lux.imp11@en.etat.lu
http://www.aed.public.lu

Inhalt

Die Zusammenfassende Meldung muss folgende Angaben enthalten:

▶ Die MwSt-Nummer inklusive dem Ländercode „LU" des Unternehmers, die ihm in Luxemburg erteilt worden ist,

▶ die MwSt-Nummer inklusive dem entsprechenden Ländercode jedes Erwerbers, die ihm in einem anderen Mitgliedstaat erteilt worden ist,

▶ für jeden Erwerber die Summe der Bemessungsgrundlagen der an ihn ausgeführten innergemeinschaftlichen Warenlieferungen/Dienstleistungen,

▶ für jeden Erwerber die Summe der Bemessungsgrundlagen der innergemeinschaftlichen Dreiecksgeschäfte.

Elektronische Abgabe

► Zusammenfassende Meldungen sind über die Internetseite der Steuerverwaltung, http://www.aed.public.lu abzugeben.

h) Vorsteuerabzug

Einschränkung

Der Vorsteuerabzug ist u. a. für folgende Eingangsleistungen nicht möglich:
► Nahrungsmittel, Getränke und Tabakwaren (für den privaten Gebrauch),
► Bewirtungsaufwendungen,
► Repräsentationsaufwendungen und
► Luxusgüter, Geschenke.

Abzugsfähige Vorsteuerbeträge

Der Vorsteuerabzug ist insbesondere für folgende Kosten, sofern sie betrieblich veranlasst sind, möglich:
► Beratungsleistungen,
► Hotelkosten,
► Mietwagen,
► Personalbeschaffungskosten,
► Parkgebühren,
► Taxikosten,
► Kosten für Telekommunikation,
► Seminar- und Tagungskosten,
► Messekosten,
► Kosten für Werbung.

Vergütungsverfahren

Ausländische Unternehmer, die im Inland keine oder nur steuerfreie Umsätze bewirkt haben, können in Rechnung gestellte Mehrwertsteuerbeträge grds. nur in einem so genannten Vergütungsverfahren geltend machen.

Bei diesem Verfahren ist zwischen einer Mehrwertsteuervergütung an Unternehmer aus EU-Mitgliedstaaten und Unternehmer aus Drittländern zu unterscheiden.

Mehrwertsteuervergütung an Unternehmer aus EU-Mitgliedstaaten:
► Der Antrag auf Mehrwertsteuervergütung muss bis zum 30. September nach Ablauf des Kalenderjahres,

in dem der Vergütungsanspruch entstanden ist, gestellt werden.

► Die Mindestsumme der Erstattungsbeträge beträgt für Quartalsanträge € 400 und bei jährlicher Antragstellung € 50.

► Der Unternehmer hat die Vergütung selbst zu berechnen und die Vorsteuerbeträge bei Nachfrage durch die Behörde durch Vorlage von Rechnungen und Einfuhrbelegen in Kopie nachzuweisen.

► Der Antrag wird über ein elektronisches Portal im jeweiligen Ansässigkeitsstaat eingereicht.

Mehrwertsteuervergütung an Unternehmer aus Drittländern:

► Der Antrag auf Mehrwertsteuervergütung muss bis zum 30. Juni nach Ablauf des Kalenderjahres, in dem der Vergütungsanspruch entstanden ist, gestellt werden.

► Die Mindestsumme der Erstattungsbeträge beträgt € 250. Eine Antragsstellung ist nur für ein vollständiges Kalenderjahr möglich.

► Der Unternehmer hat die Vergütung selbst zu berechnen und die Vorsteuerbeträge durch Vorlage von Rechnungen und Einfuhrbelegen im Original nachzuweisen.

► Der Unternehmer hat den Nachweis seiner Unternehmereigenschaft anhand einer Bescheinigung seines Finanzamts (nicht älter als ein Jahr) gegenüber der Steuerverwaltung zu erbringen.

► Der Antrag muss nach amtlich vorgeschriebenem Vordruck bei der zuständigen Behörde eingereicht werden.

Zuständige Behörde	Administration de l'Enregistrement et des Domaines Bureau d'Imposition Luxembourg 11 67-69, rue Verte L - 2010 Luxembourg Luxembourg Tel: (+352) 247 80690 Fax: (+352) 25 07 96 E-Mail: lux.imp11@en.etat.lu http://www.aed.public.lu

14. Malta

a) Allgemeine Informationen

Währung	Euro (€)	**Informationsstelle**	620
MwSt-Standardsatz	18%	VAT Department	
Ermäßigter Satz	0%, 5%, 7%	16, Centre Point Building	
Lieferschwelle	€ 35.000	Triq ta' Paris	
Erwerbsschwelle	€ 10.000	Birkirkara BKR 4633	
		Malta	
		Tel: (+356) 2149 9330	
		Fax: (+356) 2149 9365	
		E-Mail: vat@gov.mt	
		http://www.vat.gov.mt	
Bezeichnung der Umsatzsteuer	value added tax (VAT)	**Anträge auf MwSt-Vergütung sind zu richten an:**	
Name der Mehr-wertsteuer-Identifi-kationsnummer (MwSt-IdNr.)	value added tax identification num-ber (VAT No)	VAT Department 16, Centre Point Building Triq ta' Paris Birkirkara BKR 4633	
Aufbau der MwSt-IdNr.	MT + acht Ziffern	Malta Tel: (+356) 2149 9330 Fax: (+356) 2149 9365 E-Mail: vat@gov.mt http://www.vat.gov.mt	
Umsatzsteuerliche Organschaft	Eine umsatzsteuerliche Organschaft ist in Malta nicht vorgesehen.		
Fiskalvertreter erforderlich	nein	**Mindestsumme der MwSt-Vergütungsanträge**[1]	
Drittlandsgebiete	keine	Jährliche Antrag-stellung	€ 50
		Quartalsanträge	€ 400

---

1 € 23 (jährlich) und € 186 (Quartal) für Antragsteller aus dem Drittland.

Kleinunternehmer-grenzen	seit 2015 keine Kleinunternehmer-regelung (aber: € 35.000 für Lieferungen, € 24.000 für Dienstleistungen mit geringem Mehrwert und € 14.000 für andere Leistungen)

b) Registrierung ausländischer Unternehmer

Registrierungs-pflicht	Eine Mehrwertsteuer-Registrierung ist verpflichtend ► bei Ausführung von Lieferungen, ► bei der Erbringung von Dienstleistungen, ► beim innergemeinschaftlichen Erwerb bei Überschreitung der Erwerbsschwelle von € 10.000 und ► im Versandhandel bei Überschreitung der Lieferschwelle von € 35.000.

Ausnahmen	► Die Registrierungspflicht entfällt bei Lieferungen und sonstigen Leistungen, die dem Reverse-Charge-Verfahren unterliegen.
	► Für Unternehmer gelten zusätzlich die folgenden Schwellenwerte, bei denen eine Registrierung verpflichtend ist:
	  − € 14.000 im Zusammenhang mit andere Leistungen
	  − € 24.000 im Zusammenhang mit Dienstleistungen mit geringem Mehrwert
	  − € 35.000 im Zusammenhang mit Lieferungen.
	Dieser Schwellenwert gilt jedoch nicht, wenn innergemeinschaftliche Lieferungen oder innergemeinschaftliche sonstige Leistungen erbracht werden.
	In diesen Fällen kann eine Registrierung freiwillig erfolgen.

Antragstellung	Für ausländische Unternehmer ist zuständig:

► VAT Department

16, Centre Point Building

Triq ta' Paris

Birkirkara BKR 4633

Malta

Tel: (+356) 2149 9330

Fax: (+356) 2149 9365

E-Mail: vat@gov.mt

http://www.vat.gov.mt

Verfahrensablauf:

► Die Registrierung erfolgt mit Hilfe des Formulars VAT FORM 001/2004. Dies ist auf der Internetseite http://www.vat.gov.mt zu finden. Ebenso kann ein Online-Antragsformular auf der Internetseite der Finanzverwaltung ausgefüllt und die notwendigen Anlagen vorab per E-Mail und anschließend auf dem Postweg nachgereicht werden.

► Eine Vertretungsvollmacht für den Unterzeichnenden ist, im Falle von juristischen Personen, nachzuweisen.

► Dem Antrag ist ein Nachweis der MwSt-Registrierung anhand einer Bescheinigung des Finanzamts beizufügen.

► Ebenfalls ist ein Auszug aus dem Unternehmensregister, von der für den ausländischen Unternehmer in einem anderen Mitgliedstaat zuständigen Behörde, beizufügen.

► Das Formular ist ausgefüllt und unterschieben an die oben genannte Adresse zu senden.

c) Anwendung des Reverse-Charge-Verfahrens

Nationale Regelung	Art. 7 des maltesischen Mehrwertsteuergesetzes
Leistender	► Ausländischer Unternehmer, der nicht in Malta ansässig ist.

	Das Reverse-Charge-Verfahren kann nur angewendet werden, wenn der ausländische Unternehmer für MwSt-Zwecke in Malta nicht registriert ist.
Leistungs-empfänger	▶ Unternehmer oder juristische Person des öffentlichen Rechts, der eine USt-IdNr. erteilt wurde, die in Malta ansässig, bzw. für MwSt-Zwecke registriert ist.
Anwendungsfälle (Aufzählung nicht abschließend)	▶ grenzüberschreitende Dienstleistungen gemäß Art. 44 MwStSystRL, ▶ grundstücksbezogene sonstige Leistungen, ▶ Personenbeförderung, ▶ kulturelle, künstlerische, wissenschaftliche, unterrichtende, sportliche, unterhaltende oder ähnliche Tätigkeiten, (außer Eintrittsberechtigungen) ▶ Restaurationsleistungen, ▶ Kurzfristige Vermietung eines Beförderungsmittels, ▶ Restaurationsleistungen an Bord eines Beförderungsmittels.
Rechtsfolgen	▶ Steuerschuld und Vorsteuerabzug fallen in der Person des Leistungsempfängers zusammen.
Rechnungs-anforderungen	▶ Ausweis des Nettobetrags in der Rechnung. ▶ Angabe der MwSt-Nummer des Leistungsempfängers. ▶ Hinweis in der Rechnung auf die Anwendung des Reverse-Charge-Verfahrens.

d) Bestellung eines Steuer-/Fiskalvertreters

Pflicht für nicht in der EU ansässige Unternehmer	▶ Für nicht in der EU ansässige Unternehmer ist die Bestellung eines Fiskalvertreters in Malta freiwillig.
Vertretungsbefugte	▶ Zum Fiskalvertreter können juristische oder natürliche Personen bestellt werden, die in Malta über einen ständigen Wohn- oder Geschäftssitz verfügen und von der Steuerverwaltung zugelassen worden sind.
Rechte und Pflichten	▶ Der Vertreter hat alle steuerlichen Pflichten des Vertretenen zu erfüllen.

▶ Der Vertreter haftet zusammen mit dem Vertretenen gesamtschuldnerisch für die Zahlung der Mehrwertsteuer sowie der Zinsen und Geldbußen, die im Zusammenhang mit den in Malta getätigten Umsätzen anfallen können.

▶ Die maltesische Steuerverwaltung kann im Einzelfall eine Sicherheit in Form einer Bankbürgschaft von einem ausländischen Unternehmer verlangen.

e) Rechnungserteilung

Pflicht zur Rechnungserteilung

Der Unternehmer ist in den folgenden Fällen verpflichtet, spätestens am 15. Tag des folgenden Monats eine Rechnung auszustellen:

▶ Bei der Ausführung eines steuerpflichtigen Umsatzes an einen anderen Unternehmer für dessen Unternehmen oder an eine juristische Person,

▶ bei Ausführung einer Lieferung oder sonstigen Leistung in das Gemeinschaftsgebiet.

Inhalt

Eine Rechnung muss folgende Angaben enthalten:

▶ Den vollständigen Namen und die vollständige Anschrift des leistenden Unternehmers und des Leistungsempfängers,

▶ die dem leistenden Unternehmer und dem Leistungsempfänger von der Steuerverwaltung erteilte MwSt-Nummer,

▶ das Ausstellungsdatum,

▶ eine fortlaufende Nummer mit einer oder mehreren Zahlenreihen, die zur Identifizierung der Rechnung vom Rechnungsaussteller einmalig vergeben wird (Rechnungsnummer),

▶ die Menge und die Art (handelsübliche Bezeichnung) der gelieferten Gegenstände oder den Umfang und die Art der sonstigen Leistung,

▶ den Zeitpunkt der Lieferung oder sonstigen Leistung oder den Zeitpunkt der Vereinnahmung des Entgelts oder eines Teils des Entgelts, sofern der Zeitpunkt der Vereinnahmung feststeht und nicht mit dem Ausstellungsdatum der Rechnung übereinstimmt,

▶ das nach Steuersätzen und einzelnen Steuerbefreiungen aufgeschlüsselte Entgelt für die Lieferung oder sonstige Leistung sowie jede im Voraus vereinbarte Minderung des Entgelts, sofern sie nicht bereits im Entgelt berücksichtigt ist,

▶ den anzuwendenden Steuersatz sowie den auf das Entgelt entfallenden Steuerbetrag,

▶ bei innergemeinschaftlicher Lieferung eines neuen Fahrzeuges, eine hinreichende Beschreibung, mit der das Fahrzeug identifiziert werden kann,

▶ bei innergemeinschaftlichen Warenlieferungen und Ausführung eines innergemeinschaftlichen Dreiecksgeschäfts einen Hinweis auf die Steuerbefreiung und eine Referenz auf die entsprechende Gesetzesgrundlage, und

▶ bei Anwendung einer Sonderregelung für Gebrauchtgegenstände, Kunstgegenstände, Sammlungsstücke und Antiquitäten, einen Verweis auf die entsprechende nationale Regelung oder einen anderen Hinweis darauf, dass diese Regelung angewandt wurde.

Vereinfachte Rechnungen

Eine vereinfachte Rechnung kann ausgestellt werden, wenn der Rechnungsbetrag unter € 100 (ohne MwSt) liegt. Diese muss lediglich folgende Angaben enthalten:

▶ Den vollständigen Namen und die vollständige Anschrift des leistenden Unternehmers,

▶ die dem leistenden Unternehmer und gegebenenfalls dem Leistungsempfänger von der Steuerverwaltung erteilte MwSt-Nummer,

▶ die Menge und die Art (handelsübliche Bezeichnung) der gelieferten Gegenstände oder den Umfang und die Art der sonstigen Leistung,

▶ den Zeitpunkt der Lieferung oder sonstigen Leistung,

▶ das Entgelt und den darauf entfallenden Steuerbetrag für die Lieferung oder sonstige Leistung in einer Summe und

▶ den anzuwendenden Steuersatz.

Selbstfakturierung (Gutschrift)	► Damit eine Rechnung zum Zwecke der Selbstfakturierung anerkannt wird, muss dies vorab zwischen Leistenden und Empfänger vereinbart werden.
	► Zusätzlich muss die Gutschrift durch folgenden Rechnungsvermerk auch als solche gekennzeichnet werden: „self-billing".
Rechnungskorrekturen	► Eine Rechnungskorrektur muss ausdrücklich und eindeutig auf die ursprüngliche Rechnung Bezug nehmen.
Elektronische Rechnungen	► Eine Rechnung kann auf elektronischem Weg übermittelt werden. Grds. sind alle Übermittlungsformen zulässig (z. B. EDI-Verfahren oder E-Mail).
	► Die elektronische Rechnung muss durch den Leistungsempfänger akzeptiert werden.
	► Wird eine Rechnung auf elektronischem Weg übermittelt, müssen die Echtheit der Herkunft, die Unversehrtheit des Inhalts und die Lesbarkeit der Rechnung gewährleistet sein. Dies kann bspw. durch eine qualifizierte elektronische Signatur oder durch ein geeignetes innerbetriebliches Kontrollverfahren erfolgen.
Aufbewahrung	► Die Aufbewahrungspflicht für Rechnungen beträgt 6 Jahre. Betrifft eine Rechnung den Erwerb eines Anlageguts, ist die Rechnung für 11 Jahre aufzubewahren. Ist der Erwerb grundstücksbezogen, ist die Rechnung für 26 Jahre aufzubewahren.
Reverse-Charge	► Führt der Unternehmer eine Leistung aus, für die der Leistungsempfänger die Steuer schuldet, ist er zur Ausstellung einer Rechnung verpflichtet, die einen Hinweis auf die Steuerschuldnerschaft des Leistungsempfängers enthält. Die Angabe der MwSt-Nummer des Leistungsempfängers ist verpflichtend.

Wichtige Rechnungshinweise	
Rechnungshinweis für steuerfreie innergemeinschaftliche Lieferungen	„VAT 0% Intra Community supply of goods" sowie Bezug auf „Item 3, Part One of the Fifth Schedule to the Malta Value Added Tax Act 1998"
Rechnungshinweis für Dreiecksgeschäfte	„Triangular supply" und Bezug auf „Article 20(2)(a) and Item 2(2) of Part 3 of the Third Schedule to the Malta Value Added Tax Act 1998 - Reverse Charge"
Rechnungshinweis beim Übergang der Steuerschuldnerschaft	„Reverse charge" oder „Inverzjani tallas"
Rechnungshinweis bei Gutschriften	„Self-billing"

f) Steuererklärungen

Pflicht zur Abgabe	▶ Jeder in Malta registrierte Steuerpflichtige muss Steuererklärungen abgeben.
Ausnahmen	▶ Hiervon sind Kleinunternehmer, die nicht zur Anwendung der Regelbesteuerung optieren, ausgenommen.
Zeitraum und Zahlungsfristen	▶ Der Zeitraum für die Steuererklärung sind in der Regel drei Monate. Davon abweichend besteht auch die Möglichkeit zur monatlichen oder jährlichen Abgabe der Steuererklärung.
	▶ Steuerpflichtige, die ausschließlich Leistungen zum Nullsatz erbringen, können den Zeitraum auf Antrag auf einen Monat verkürzen.
	▶ Die Steuererklärung muss spätestens sechs Wochen nach Ablauf des Besteuerungszeitraums eingereicht und die Steuer entsprechend entrichtet werden.
	▶ Für Kleinunternehmer, deren steuerpflichtiger Umsatz unter den Schwellenwerten liegt und die nicht die Steuerbefreiung gewählt wählen, gilt auf Antrag ein Steuerzeitraum von 12 Monaten.

Verfahrens-vereinfachung	► Vereinfachte Verfahren zur Ermittlung der Steuerschuld gibt es in Malta nicht.
Elektronische Steuererklärungen	► Steuererklärungen können, nach vorheriger Registrierung, über die Internetseite der Steuerverwaltung, http://www.mygov.mt, abgegeben werden.

g) Zusammenfassende Meldungen

Abgabepflicht	Eine Abgabepflicht besteht für einen ► Unternehmer, der innergemeinschaftliche Warenlieferungen ausführt, ► Unternehmer, der innergemeinschaftliche Dienstleistungen ausführt, ► Unternehmer, der Beteiligter an einem innergemeinschaftlichen Dreiecksgeschäft ist.
Zeitraum	► Die Meldung ist bis zum 15. Tag nach Ablauf jedes Kalendervierteljahres bzw. Kalendermonats abzugeben.
Zuständige Behörde	► VAT Department 16, Centre Point Building Triq ta' Paris Birkirkara BKR 4633 Malta Tel: (+356) 2149 9330 Fax: (+356) 2149 9365 E-Mail: vat@gov.mt http://www.vat.gov.mt
Inhalt	Die Zusammenfassende Meldung muss folgende Angaben enthalten: ► Die MwSt-Nummer inklusive dem Ländercode „MT" des Unternehmers, die ihm in Malta erteilt worden ist, ► die MwSt-Nummer inklusive dem entsprechenden Ländercode jedes Erwerbers, die ihm in einem anderen Mitgliedstaat erteilt worden ist, ► für jeden Erwerber die Summe der Bemessungsgrundlagen, der an ihn ausgeführten innergemeinschaftlichen Warenlieferungen/Dienstleistungen,

Ausnahmen	► für jeden Erwerber die Summe der Bemessungsgrundlagen der innergemeinschaftlichen Dreiecksgeschäfte. ► Vereinfachte Verfahren im Zusammenhang mit der Zusammenfassenden Meldung gibt es in Malta nicht.
Elektronische Abgabe	► Zusammenfassende Meldungen sind, nach vorheriger Registrierung über die Internetseite der Steuerverwaltung http://www.mygov.mt, elektronisch abzugeben.

h) Vorsteuerabzug

Einschränkung	Der Vorsteuerabzug ist u. a. für folgende Eingangsleistungen nicht möglich: ► Nahrungsmittel, alkoholische Getränke und Tabakwaren (für den privaten Gebrauch), ► Erwerb von Kunstgegenständen, Antiquitäten, ► Dienstleistungen im Unterhaltungsbereich, ► Bewirtungsaufwendungen, ► Repräsentationsaufwendungen, ► Erwerb, Leasing, Miete und Unterhalt von Kraftfahrzeugen.
Abziehbare Vorsteuerbeträge	Der Vorsteuerabzug ist insbesondere für folgende Kosten, sofern sie betrieblich veranlasst sind, möglich: ► Beratungsleistungen, ► Benzin für Lastkraftwagen, ► Hotelkosten, ► Personalbeschaffungskosten, ► Parkgebühren, ► Taxikosten, ► Kosten für Telekommunikation, ► Seminar- und Tagungskosten, ► Messekosten, ► Kosten für Werbung.
Vergütungsverfahren	Ausländische Unternehmer, die im Inland keine oder nur steuerfreie Umsätze bewirkt haben, können in Rechnung gestellte Mehrwertsteuerbeträge grds. nur in

einem so genannten Vergütungsverfahren geltend machen.

Bei diesem Verfahren ist zwischen einer Mehrwertsteuervergütung an Unternehmer aus EU-Mitgliedstaaten und Unternehmer aus Drittländern zu unterscheiden.

Mehrwertsteuervergütung an Unternehmer aus EU-Mitgliedstaaten:

▶ Der Antrag auf Mehrwertsteuervergütung muss bis zum 30. September nach Ablauf des Kalenderjahres, in dem der Vergütungsanspruch entstanden ist, gestellt werden.

▶ Die Mindestsumme der Erstattungsbeträge beträgt für Quartalsanträge € 400 und bei jährlicher Antragstellung € 50.

▶ Der Unternehmer hat die Vergütung selbst zu berechnen und die Vorsteuerbeträge bei einem Rechnungsbetrag von über € 1.000 (€ 250 bei Rechnungen über Kraftstoff) durch Vorlage von Rechnungen und Einfuhrbelegen in Kopie nachzuweisen.

▶ Der Antrag wird über ein elektronisches Portal im jeweiligen Ansässigkeitsstaat eingereicht.

Mehrwertsteuervergütung an Unternehmer aus Drittländern:

▶ Der Antrag auf Mehrwertsteuervergütung muss bis zum 30. Juni nach Ablauf des Kalenderjahres, in dem der Vergütungsanspruch entstanden ist, gestellt werden.

▶ Die Mindestsumme der Erstattungsbeträge beträgt für Quartalsanträge € 186 und bei jährlicher Antragstellung € 23.

▶ Der Unternehmer hat die Vergütung selbst zu berechnen und die Vorsteuerbeträge durch Vorlage von Rechnungen und Einfuhrbelegen im Original nachzuweisen.

▶ Der Unternehmer hat den Nachweis seiner Unternehmereigenschaft anhand einer Bescheinigung seines Finanzamts (nicht älter als ein Jahr) gegenüber der Steuerverwaltung zu erbringen.

Zuständige Behörde	► Der Antrag muss nach amtlich vorgeschriebenem Vordruck bei der zuständigen Behörde eingereicht werden.
	VAT Department
	16, Centre Point Building
	Triq ta' Paris
	Birkirkara BKR 4633
	Malta
	Tel: (+356) 2149 9330
	Fax: (+356) 2149 9365
	E-Mail: vat@gov.mt
	http://www.vat.gov.mt

15. Niederlande

a) Allgemeine Informationen

Währung	Euro (€)	**Informationsstelle**	621
MwSt-Standardsatz	21%	Tax and Customs Administration/Department of International Issues	
Ermäßigter Satz	0%, 6%		
Lieferschwelle	€ 100.000	Kloosterweg 22	
Erwerbsschwelle	€ 10.000	PO Box 2865	
		NL-6401 DJ Heerlen	
		Netherlands	
		Tel: (+31) 55 53 85 385	
		http://www.belastingdienst.nl	
Bezeichnung der Umsatzsteuer	omzetbelasting (OB) oder belasting over de toegevoegde waarde (BTW)	**Anträge auf MwSt-Vergütung sind zu richten an:**	
Name der Mehrwertsteuer-Identifikationsnummer (MwSt-IdNr.)	BTW-identificatienummer oder Omzetbelastingnummer (OB-Nummer)	Tax and Customs Administration/Department of International Issues Kloosterweg 22 PO Box 2865	
Aufbau der MwSt-IdNr.	NL + zwölf Zeichen	NL-6401 DJ Heerlen Netherlands Tel: (+31) 55 53 85 385 http://www.belastingdienst.nl	
Umsatzsteuerliche Organschaft	Voraussetzung: Eine Mindestbeteiligung des Organträgers an der Organgesellschaft i.H.v. 50% sowie eine finanzielle, wirtschaftliche und organisatorische Eingliederung der Organgesellschaft in den Organträger müssen erfüllt sein. Die Organschaft wirkt nur im Inland. Eine ausländische Gesellschaft kann nicht Teil eines Organkreises werden. Sind die o.g. Voraussetzungen erfüllt, besteht eine Pflicht zur Anwendung der Regelungen zur umsatzsteuerlichen Organschaft. Die Organschaft endet, sobald die Voraussetzungen nicht mehr gegeben sind.		

Fiskalvertreter erforderlich	nur für Nicht-EU Unternehmer mit deren Ansässigkeitsstaat die Niederlande keine Vereinbarung über Amtshilfe abgeschlossen haben, bzw. im Falle von Inanspruchnahme einer Sonderregelungen hinsichtlich eines Umsatzsteuerlagers.	**Mindestsumme der MwSt-Vergütungsanträge**[1]	
Drittlandsgebiete	Niederländische Antillen	Jährliche Antragstellung	€ 50
		Quartalsanträge	€ 400
Kleinunternehmergrenzen	MwSt-Zahllast von € 1.883 p. a.		

b) Registrierung ausländischer Unternehmer

Registrierungspflicht	Eine Mehrwertsteuer-Registrierung ist verpflichtend
	▶ bei Ausführung von Lieferungen,
	▶ bei der Erbringung von Dienstleistungen,
	▶ beim innergemeinschaftlichen Erwerb und
	▶ im Versandhandel bei Überschreitung der Lieferschwelle von € 100.000.
Ausnahmen	▶ Die Registrierungspflicht entfällt bei Lieferungen und sonstigen Leistungen, die dem Reverse-Charge-Verfahren unterliegen.
Antragstellung	Für ausländische Unternehmer ist zuständig:
	▶ Tax and Customs Administration/Department of International Issues Kloosterweg 22 PO Box 2865 NL-6401 DJ Heerlen Netherlands

---

1 € 25 (jährlich) und € 200 (Quartal) für Antragsteller aus dem Drittland.

Tel: (+31) 55 53 85 385

http://www.belastingdienst.nl

Verfahrensablauf:

► Übermittlung eines Fragebogens, welcher auf www.belastingdienst.nl gefunden werden kann, an das Finanzamt, in dem persönliche und unternehmensbezogene Daten abgefragt werden. Handelsregisterauszug und Unternehmerbescheinigung ist beizufügen.

► Rücksendung des vervollständigten und unterzeichneten Vordrucks an das zuständige Finanzamt.

► Nach Art und Umfang der Tätigkeiten in den Niederlanden entscheidet das zuständige Finanzamt, ob regelmäßig Steuererklärungen einzureichen sind oder ob ein Antragsformular auf Rückerstattung ausreichend ist.

► Mitteilung der Steuernummer durch das Finanzamt.

c) Anwendung des Reverse-Charge-Verfahrens

Nationale Regelung	► Art. 12 Wet OB (niederländisches Mehrwertsteuergesetz)
Leistender	► Ausländischer Unternehmer, der nicht in den Niederlanden ansässig ist. Die mehrwertsteuerliche Registrierung des ausländischen Unternehmers in den Niederlanden ist für die Anwendung des Reverse-Charge-Verfahrens unschädlich.
Leistungs- empfänger	► Unternehmer oder juristische Person des öffentlichen Rechts, der eine USt-IdNr. erteilt wurde, die in den Niederlanden ansässig ist.
Anwendungsfälle (Aufzählung nicht abschließend)	► grenzüberschreitende Dienstleistungen gemäß Art. 44 MwStSystRL, ► grundstücksbezogene sonstige Leistungen, ► Personenbeförderung, ► kulturelle, künstlerische, wissenschaftliche, unterrichtende, sportliche, unterhaltende oder ähnliche Tätigkeiten,

	► Restaurationsleistungen,
	► Kurzfristige Vermietung eines Beförderungsmittels,
	► Restaurationsleistungen an Bord eines Beförderungsmittels.
Rechtsfolgen	► Steuerschuld und Vorsteuerabzug fallen in der Person des Leistungsempfängers zusammen.
Rechnungsanforderungen	► Ausweis des Nettobetrags in der Rechnung. ► Angabe der MwSt-IdNr. des Leistungsempfängers. ► Hinweis in der Rechnung auf die Anwendung des Reverse-Charge-Verfahrens.

d) Bestellung eines Steuer-/Fiskalvertreters

Pflicht für nicht in der EU ansässige Unternehmer	► Für nicht in der EU ansässige Unternehmer, mit deren Ansässigkeitsstaat die Niederlande keine Vereinbarung über Amtshilfe abgeschlossen hat, sowie für Unternehmer, die eine Sonderregelung hinsichtlich eines Umsatzsteuerlagers in Anspruch nehmen, ist die Ernennung eines Fiskalvertreters verpflichtend.
Voraussetzungen für die Vertretung	► Der Vertretene darf im Inland nicht über einen Sitz, eine Geschäftsleitung oder eine Zweigniederlassung verfügen.
Vertretungsbefugte	► Zum Fiskalvertreter können juristische oder natürliche Personen bestellt werden, die von der Steuerverwaltung zugelassen sind und in den Niederlanden über einen ständigen Wohn- oder Geschäftssitz verfügen.
Rechte und Pflichten	► Der Vertreter hat die gleichen Rechte und Pflichten wie der Vertretene. ► Der Fiskalvertreter muss für seine Tätigkeit eine gesonderte Steuernummer beantragen. Die gesonderte Steuernummer ist von dem Finanzamt, das für die Mehrwertbesteuerung des Fiskalvertreters zuständig ist, zu erteilen. ► Es besteht die Pflicht zur Berechnung und Abführung der Steuerschuld sowie zur Abgabe von Steuererklärungen.

> ► Der Vertretene haftet weiterhin allein für die Zahlung der Mehrwertsteuer sowie der Zinsen und Geldbußen, die im Zusammenhang mit den in den Niederlanden getätigten Umsätzen, anfallen können.
> ► Die niederländische Steuerverwaltung kann im Einzelfall eine Sicherheit in Form einer Bankbürgschaft vom Fiskalvertreter verlangen.

e) Rechnungserteilung

Pflicht zur Rechnungserteilung

Der Unternehmer ist in den folgenden Fällen verpflichtet, spätestens am 15. Tag des folgenden Monats eine Rechnung auszustellen:

► Bei der Ausführung eines steuerpflichtigen Umsatzes an einen anderen Unternehmer für dessen Unternehmen oder an eine juristische Person,

► bei Erhalt einer Vorauszahlung für einen steuerpflichtigen Umsatz von einem anderen Unternehmer für dessen Unternehmen oder von einer juristischen Person,

► bei Versendungslieferungen und

► bei Lieferung eines neuen Fahrzeuges an eine nichtsteuerpflichtige Person im Gemeinschaftsgebiet.

Inhalt

Eine Rechnung muss folgende Angaben enthalten:

► Den vollständigen Namen und die vollständige Anschrift des leistenden Unternehmers und des Leistungsempfängers,

► die dem leistenden Unternehmer von der Steuerverwaltung erteilte MwSt-Nummer,

► das Ausstellungsdatum,

► eine fortlaufende Nummer mit einer oder mehreren Zahlenreihen, die zur Identifizierung der Rechnung vom Rechnungsaussteller einmalig vergeben wird (Rechnungsnummer),

► die Menge und die Art (handelsübliche Bezeichnung) der gelieferten Gegenstände oder den Umfang und die Art der sonstigen Leistung,

► den Zeitpunkt der Lieferung oder sonstigen Leistung; oder den Zeitpunkt der Vereinnahmung des Entgelts oder eines Teils des Entgelts, sofern der Zeitpunkt der Vereinnahmung feststeht und nicht mit dem Ausstellungsdatum der Rechnung übereinstimmt,

▶ das nach Steuersätzen und einzelnen Steuerbefreiungen aufgeschlüsselte Entgelt für die Lieferung oder sonstige Leistung sowie jede im Voraus vereinbarte Minderung des Entgelts, sofern sie nicht bereits im Entgelt berücksichtigt ist,

▶ den anzuwendenden Steuersatz sowie den auf das Entgelt entfallenden Steuerbetrag oder im Fall einer Steuerbefreiung einen Hinweis darauf, dass für die Lieferung oder sonstige Leistung eine Steuerbefreiung gilt,

▶ bei innergemeinschaftlicher Lieferung eines neuen Fahrzeuges, eine hinreichende Beschreibung, mit der das Fahrzeug identifiziert werden kann,

▶ bei Anwendung einer Sonderregelung für Reiseveranstalter, Gebrauchtgegenstände, Kunstgegenstände, Sammlungsstücke und Antiquitäten, einen Verweis auf die entsprechende nationale Regelung oder einen anderen Hinweis darauf, dass diese Regelung angewandt wurde und

▶ bei Fiskalvertretung, den vollständigen Namen, die vollständige Anschrift und die MwSt-Nummer des Vertreters.

Zusätzlich ist in der Rechnung die MwSt-Nummer des Leistungsempfängers anzugeben, wenn

▶ der leistende Unternehmer eine innergemeinschaftliche Lieferung ausführt,

▶ der Leistungsempfänger die Steuer schuldet (Reverse-Charge-Verfahren).

Vereinfachte Rechnungen

Vereinfachte Rechnungen können ggf. ausgestellt werden für

▶ Personenbeförderungsleistungen durch öffentliche Verkehrsmittel oder Taxis,

▶ Lieferung von Speisen oder Getränken im Hotel- und Gaststättengewerbe sowie

▶ für Rechnungen mit einem Rechnungsbetrag unter € 100 (inkl. USt).

Diese Rechnungen müssen lediglich die folgenden Angaben enthalten:

▶ Das Ausstellungsdatum,

▶ den vollständigen Namen und die vollständige Anschrift des leistenden Unternehmers,

▶ die Menge und die Art (handelsübliche Bezeichnung) der gelieferten Gegenstände oder den Umfang und die Art der sonstigen Leistung und

▶ das Entgelt sowie den Steuerbetrag.

Selbstfakturierung (Gutschrift)

▶ Damit eine Rechnung zum Zwecke der Selbstfakturierung anerkannt wird, muss dies vorab zwischen Leistenden und Empfänger vereinbart werden.

Rechnungs-korrekturen

▶ Eine Rechnungskorrektur muss ausdrücklich und eindeutig auf die ursprüngliche Rechnung Bezug nehmen.

Elektronische Rechnungen

▶ Wird eine Rechnung auf elektronischem Weg übermittelt, müssen die Echtheit der Herkunft und die Unversehrtheit des Inhalts mindestens durch eine qualifizierte elektronische Signatur gewährleistet sein.

▶ Bei Übermittlung im Wege des elektronischen Datenaustauschs (EDI-Verfahren) muss kein zusammenfassendes Dokument in Papierform übersendet werden.

▶ Auf andere Weise übermittelte elektronische Rechnungen müssen die Echtheit der Herkunft und Unversehrtheit des Inhalts gewährleisten und das System bedarf der Genehmigung durch die Steuerverwaltung.

Aufbewahrung

▶ Die Aufbewahrungspflicht für Rechnungen beträgt 7 Jahre. Rechnungen mit Bezug zu Immobiliengeschäften sind 10 Jahre aufzubewahren.

Reverse-Charge

▶ Führt der Unternehmer eine Leistung aus, für die der Leistungsempfänger die Steuer schuldet, ist er zur Ausstellung einer Rechnung verpflichtet, die einen Hinweis auf die Steuerschuldnerschaft des Leistungsempfängers enthält. Die Angabe der MwSt-Nummer des Leistungsempfängers ist verpflichtend.

Wichtige Rechnungshinweise	
Rechnungshinweis für steuerfreie innergemeinschaftliche Lieferungen	„Vrijgestelde intracommunautaire levering; Tabel II post a.6 WET OB"
Rechnungshinweis für Dreiecksgeschäfte	„Vereenvoudigde ABC transactie; art. 37c WET OB"
Rechnungshinweis beim Übergang der Steuerschuldnerschaft	„Btw verlegd" oder „VAT reverse charged to recipient"
Rechnungshinweis bei Gutschriften	„Factuur uitgereikt door afnemer"

f) Steuererklärungen

Pflicht zur Abgabe	▶ Jeder in den Niederlanden registrierte Steuerpflichtige muss Steuererklärungen abgeben.
Ausnahmen	▶ Hiervon sind Kleinunternehmer, die nicht zur Anwendung der Regelbesteuerung optieren, Landwirte und Unternehmer, welche lediglich steuerfrei Umsätze ausführen, auf Antrag ausgenommen.
Zeitraum und Zahlungsfristen	▶ Der Zeitraum für die Abgabe der Steuererklärung ist in der Regel das Kalendervierteljahr.
	▶ Die Steuererklärung ist monatlich abzugeben, wenn der Gesamtbetrag der Steuerschuld im vorangegangenen Kalendervierteljahr mehr als € 15.000 betragen hat.
	▶ Die Steuererklärung kann jährlich abgegeben werden, wenn der Gesamtbetrag der Steuerschuld im laufenden Kalenderjahr voraussichtlich nicht mehr als € 1.883 betragen wird. Dazu ist ein entsprechender Antrag beim zuständigen Finanzamt zu stellen.
	▶ Der Erklärungszeitraum für ausländische Unternehmer ist grds. das Kalendervierteljahr.

▶ Die Steuererklärung muss spätestens am letzten Tag des auf das Ende des Steuerzeitraums folgenden Monat abgegeben und die Steuer entsprechend entrichtet werden.

Verfahrensvereinfachung

▶ Vereinfachte Verfahren zur Ermittlung der Steuerschuld gibt es in den Niederlanden nicht.

Elektronische Steuererklärungen

▶ Steuererklärungen müssen in den Niederlanden auf elektronischem Wege abgegeben werden.

▶ Weitere Informationen sind auf der Internetseite der Steuerverwaltung, http://www.belastingdienst.nl, zu finden.

g) Zusammenfassende Meldungen

Abgabepflicht

Eine Abgabepflicht besteht für einen

▶ Unternehmer, der innergemeinschaftliche Warenlieferungen ausführt,

▶ Unternehmer, der innergemeinschaftliche Dienstleistungen ausführt,

▶ Unternehmer, der Beteiligter an einem innergemeinschaftlichen Dreiecksgeschäft ist.

Zeitraum

▶ Die Zusammenfassende Meldung ist grds. bis zum letzten Tag des ersten Monats nach Ablauf jedes Kalendervierteljahres abzugeben.

▶ Wird die Summe von € 50.000 der innergemeinschaftlichen Lieferungen im Kalendervierteljahr überschritten, ist eine monatliche Meldung erforderlich. In diesem Fall kann die Meldung der innergemeinschaftlichen Dienstleistungen weiterhin pro Kalendervierteljahr erfolgen. Gibt der Steuerpflichtige eine jährliche Umsatzsteuererklärung ab, so kann er die Zusammenfassende Meldung ebenfalls jährlich abgeben, sofern der Betrag der gesamten Lieferungen und Dienstleistungen € 200.000 nicht übersteigt, die jährlichen innergemeinschaftlichen Lieferungen unter € 15.000 liegen und der Unternehmer keine innergemeinschaftlichen Lieferungen von Neufahrzeugen ausführt.

Zuständige Behörde	Für ausländische Unternehmer ist zuständig: ► Belastingdienst Zentrales Verbindungsbüro Postbus 378 NL - 7600 AJ Almelo Netherlands http://www.belastingdienst.nl
Inhalt	Die Zusammenfassende Meldung muss folgende Angaben enthalten: ► Die MwSt-Nummer inklusive dem Ländercode „NL" des Unternehmers, die ihm in den Niederlanden erteilt worden ist, ► die MwSt-Nummer inklusive dem entsprechenden Ländercode jedes Erwerbers, die ihm in einem anderen Mitgliedstaat erteilt worden ist, ► für jeden Erwerber die Summe der Bemessungsgrundlagen der an ihn ausgeführten innergemeinschaftlichen Warenlieferungen/Dienstleistungen, ► für jeden Erwerber die Summe der Bemessungsgrundlagen der innergemeinschaftlichen Dreiecksgeschäfte.
Elektronische Abgabe	► Informationen über die elektronische Abgabe von Zusammenfassenden Meldungen sind auf der Internetseite der Steuerverwaltung, http://www.belastingdienst.nl, zu finden.

h) Vorsteuerabzug

Einschränkung	Der Vorsteuerabzug ist u. a. für folgende Eingangsleistungen nicht möglich: ► Nahrungsmittel, Getränke und Tabakwaren, ► Bewirtungsaufwendungen.
Abziehbare Vorsteuerbeträge	Der Vorsteuerabzug ist insbesondere für folgende Kosten, sofern sie betrieblich veranlasst sind, möglich: ► Beratungsleistungen, ► Übernachtungskosten, ► Personalbeschaffungskosten, ► Park- und Straßenbenutzungsgebühren,

▶ Mietwagen,

▶ Kosten für Telekommunikation,

▶ Seminar- und Tagungskosten,

▶ Messekosten,

▶ Kosten für Werbung.

Vergütungsverfahren Ausländische Unternehmer, die im Inland keine oder nur steuerfreie Umsätze bewirkt haben, können in Rechnung gestellte Mehrwertsteuerbeträge grds. nur in einem so genannten Vergütungsverfahren geltend machen.

Bei diesem Verfahren ist zwischen einer Mehrwertsteuervergütung an Unternehmer aus EU-Mitgliedstaaten und Unternehmer aus Drittländern zu unterscheiden.

Mehrwertsteuervergütung an Unternehmer aus EU-Mitgliedstaaten:

▶ Der Antrag auf Mehrwertsteuervergütung muss bis zum 30. September nach Ablauf des Kalenderjahres, in dem der Vergütungsanspruch entstanden ist, gestellt werden.

▶ Die Mindestsumme der Erstattungbeträge beträgt für Quartalsanträge € 400 und bei jährlicher Antragstellung € 50.

▶ Der Unternehmer hat die Vergütung selbst zu berechnen und die Vorsteuerbeträge bei Nachfrage durch die Behörde durch Vorlage von Rechnungen und Einfuhrbelegen in Kopie nachzuweisen.

▶ Der Antrag wird über ein elektronisches Portal im jeweiligen Ansässigkeitsstaat eingereicht.

Mehrwertsteuervergütung an Unternehmer aus Drittländern:

▶ Der Antrag auf Mehrwertsteuervergütung muss bis zum 30. Juni nach Ablauf des Kalenderjahres, in dem der Vergütungsanspruch entstanden ist, gestellt werden.

▶ Die Mindestsumme der Erstattungbeträge beträgt für Quartalsanträge € 400 und bei jährlicher Antragstellung € 50.

► Der Unternehmer hat die Vergütung selbst zu berechnen und die Vorsteuerbeträge durch Vorlage von Rechnungen und Einfuhrbelegen im Original nachzuweisen.

► Der Unternehmer hat den Nachweis seiner Unternehmereigenschaft anhand einer Bescheinigung seines Finanzamts (nicht älter als ein Jahr) gegenüber der Steuerverwaltung zu erbringen.

► Der Antrag muss nach amtlich vorgeschriebenem Vordruck bei der zuständigen Behörde eingereicht werden.

Zuständige Behörde

Belastingdienst Buitenland
Afdeling omzetbelasting
PO Box 2865
NL-6401 DJ Heerlen
Tel: (+31) 55 53 85 385
http://www.belastingdienst.nl

16. Österreich

a) Allgemeine Informationen

Währung	Euro (€)	**Informationsstelle**	622
MwSt-Standardsatz	20%	Finanzamt Graz-Stadt	
Ermäßigter Satz	10%, 13%, 19%	Betriebsveranlagungsteams Aus-	
Lieferschwelle	€ 35.000	länderreferate	
Erwerbsschwelle	€ 11.000	Conrad-von-Hötzendorf-Straße 14-18	
		A - 8018 Graz	
		Austria	
		Tel.: (+43) 50 233 233	
		Fax: (+43) 50 233 593 8001	
		https://www.bmf.gv.at	
Bezeichnung der Umsatzsteuer	Umsatzsteuer (USt oder MwSt)	**Anträge auf MwSt-Vergütung sind zu richten an:**	
Name der Mehr- wertsteuer-Identifi- kationsnummer (MwSt-IdNr.)	Umsatzsteuer Iden- tifikationsnummer (UID-Nr.)	Finanzamt Graz-Stadt Betriebsveranlagungsteams Aus- länderreferate Conrad-von-Hötzendorf-Straße	
Aufbau der MwSt- IdNr.	AT - „U" + acht Zif- fern	14-18 A - 8018 Graz Austria Tel.: (+43) 50 233 233 Fax: (+43) 50 233 593 8001 https://www.bmf.gv.at	
Umsatzsteuerliche Organschaft	Voraussetzung: Die finanzielle, wirtschaftliche und or- ganisatorische Eingliederung der Organgesellschaft in den Organträger muss erfüllt sein. Die Organschaft wirkt nur im Inland. Eine ausländische Gesellschaft kann nicht Teil eines Organkreises werden, dies ist nur für eine inländische Betriebsstätte der aus- ländischen Gesellschaft möglich. Sind die Voraussetzungen einer umsatzsteuerlichen Organschaft erfüllt, besteht eine Verpflichtung zur An- wendung der diesbezüglichen Regelungen.		

Fiskalvertreter erforderlich	nur für Nicht-EU Unternehmer	Mindestsumme der MwSt-Vergütungsanträge[1]	
Drittlandsgebiete	keine	Jährliche Antragstellung	€ 50
		Quartalsanträge	€ 400
Kleinunternehmergrenzen	€ 30.000		

b) Registrierung ausländischer Unternehmer

Registrierungspflicht	Eine Mehrwertsteuer-Registrierung ist verpflichtend ▶ bei Ausführung von Lieferungen, ▶ bei der Erbringung von Dienstleistungen, ▶ beim innergemeinschaftlichen Erwerb und ▶ im Versandhandel bei Überschreitung der Lieferschwelle von € 35.000.
Ausnahmen	▶ Die Registrierungspflicht entfällt bei Lieferungen und sonstigen Leistungen, die dem Reverse-Charge-Verfahren unterliegen.
Antragstellung	▶ Eine Ausnahme gilt auch für Kleinunternehmer mit einer Niederlassung in Österreich, wenn diese die Umsatzgrenze von € 30.000 im vorangegangenen Kalenderjahr nicht überschritten haben. Für ausländische Unternehmer ist zuständig: ▶ Finanzamt Graz-Stadt Betriebsveranlagungsteams Ausländerreferate Conrad-von-Hötzendorf-Straße 14-18 A - 8018 Graz Austria Tel.: (+43) 50 233 233 Fax: (+43) 50 233 593 8001 https://www.bmf.gv.at

---

1 € 25 (jährlich) und € 200 (Quartal) für Antragsteller aus dem Drittland.

Folgende vollständig ausgefüllte Formulare sind dem Antrag beizufügen:

► Fragebogen anlässlich der Erteilung einer Steuernummer (Verf19),
► Unterschriftsprobenblatt bei Kapitalgesellschaften (Verf26) im Original,
► Kopie des Handelsregisterauszugs und des Gesellschaftsvertrages bei Kapitalgesellschaften,
► Nachweis über die Erfassung als Unternehmer (U 70) im Original und
► Verträge oder sonstige Unterlagen, die die umsatzsteuerliche Registrierungspflicht belegen.

Die Formulare sind zu finden unter:
http://www.bmf.gv.at/

c) Anwendung des Reverse-Charge-Verfahrens

Nationale Regelung	► § 19 Abs. 1 österreichisches Mehrwertsteuergesetz
Leistender	► Ausländischer Unternehmer, der nicht in Österreich ansässig ist. Die mehrwertsteuerliche Registrierung des ausländischen Unternehmers in Österreich ist für die Anwendung des Reverse-Charge-Verfahrens unschädlich.
Leistungs-empfänger	► Unternehmer oder juristische Person des öffentlichen Rechts, die in Österreich ansässig ist.
Anwendungsfälle (Aufzählung nicht abschließend)	► grenzüberschreitende Dienstleistungen gemäß Art. 44 MwStSystRL, ► grundstücksbezogene sonstige Leistungen, ► Personenbeförderung, ► kulturelle, künstlerische, wissenschaftliche, unterrichtende, sportliche, unterhaltende oder ähnliche Tätigkeiten, (Ausnahme: Eintrittsberechtigungen) ► Restaurationsleistungen, ► Kurzfristige Vermietung eines Beförderungsmittels, ► Restaurationsleistungen an Bord eines Beförderungsmittels.

Rechtsfolgen	► Steuerschuld und Vorsteuerabzug fallen in der Person des Leistungsempfängers zusammen.
Rechnungsanforderungen	► Ausweis des Nettobetrags in der Rechnung. ► Angabe der MwSt-Nummer des Leistungsempfängers. ► Hinweis in der Rechnung auf die Anwendung des Reverse-Charge-Verfahrens.

d) Bestellung eines Steuer-/Fiskalvertreters

Pflicht für nicht in der EU ansässige Unternehmer	► Für nicht in der EU ansässige Unternehmer ist die Bestellung eines Fiskalvertreters in Österreich verpflichtend.
Voraussetzungen für die Vertretung	► Der Vertretene darf im Inland nicht über einen Sitz, eine Geschäftsleitung oder eine Zweigniederlassung verfügen.
Anwendungsfälle	Der Unternehmer ist verpflichtet, einen Steuervertreter zu bestellen, bevor er ► Umsätze ausführt, die der österreichischen Mehrwertsteuer unterliegen und für die der ausländische Unternehmer in Österreich zum Vorsteuerabzug berechtigt ist und die Mehrwertsteuer schuldet oder ► innergemeinschaftliche Warenlieferungen oder innergemeinschaftliche Erwerbe bewirkt.
Vertretungsbefugte	Zur Fiskalvertretung sind ausschließlich die folgenden Personen befugt: ► Wirtschaftstreuhänder, Rechtsanwälte und Notare mit Wohnsitz oder Sitz im Inland, ► Spediteure, die Mitglieder des Fachverbandes der Wirtschaftskammer Österreich sind oder ► auf Antrag und unter dem Vorbehalt des jederzeitigen Widerrufes jeder Unternehmer mit Wohnsitz oder Sitz im Inland, wenn er in der Lage ist, den abgabenrechtlichen Pflichten nachzukommen.
Rechte und Pflichten	► Der Fiskalvertreter ist berechtigt, die Rechte des ausländischen Unternehmers wahrzunehmen. ► Er muss in der Lage sein, den abgabenrechtlichen Pflichten nachzukommen.

► Der Fiskalvertreter muss vorab eine separate USt-IdNr. für die Fiskalvertretung beantragen.

► Eine Bankbürgschaft ist nicht verpflichtend.

e) Rechnungserteilung

Pflicht zur Rechnungserteilung

► Der Unternehmer ist verpflichtet bei der Ausführung eines steuerpflichtigen Umsatzes an einen anderen Unternehmer für dessen Unternehmen oder an eine juristische Person eine Rechnung innerhalb von 6 Monaten nach Leistungserbringung auszustellen.

Inhalt

Eine Rechnung muss folgende Angaben enthalten:

► Den vollständigen Namen und die vollständige Anschrift des leistenden Unternehmers und des Leistungsempfängers,

► die dem leistenden Unternehmer von der Steuerverwaltung erteilte MwSt-Nummer, soweit der leistende Unternehmer im Inland Lieferungen oder sonstige Leistungen erbringt, für die das Recht auf Vorsteuerabzug besteht,

► das Ausstellungsdatum,

► eine fortlaufende Nummer mit einer oder mehreren Zahlenreihen, die zur Identifizierung der Rechnung vom Rechnungsaussteller einmalig vergeben wird (Rechnungsnummer),

► die Menge und die Art (handelsübliche Bezeichnung) der gelieferten Gegenstände oder den Umfang und die Art der sonstigen Leistung,

► den Zeitpunkt der Lieferung oder sonstigen Leistung; oder den Zeitraum, über den sich die sonstige Leistung erstreckt,

► das nach Steuersätzen und einzelnen Steuerbefreiungen aufgeschlüsselte Entgelt für die Lieferung oder sonstige Leistung,

► den anzuwendenden Steuersatz sowie den auf das Entgelt entfallenden Steuerbetrag oder im Fall einer Steuerbefreiung einen Hinweis darauf, dass für die Lieferung oder sonstige Leistung eine Steuerbefreiung gilt und

▶ bei Rechnungen, deren Gesamtbetrag € 10.000 (inkl. MwSt) übersteigt, die MwSt-Nummer des Leistungsempfängers, wenn der leistende Unternehmer in Österreich ansässig ist.

Vereinfachte Rechnungen

Eine vereinfachte Rechnung, mit einem Gesamtbetrag nicht höher als € 400 (inkl. MwSt), muss lediglich die folgende Angaben enthalten:

▶ Das Ausstellungsdatum,

▶ den vollständigen Namen und die vollständige Anschrift des leistenden Unternehmers,

▶ die Menge und die Art (handelsübliche Bezeichnung) der gelieferten Gegenstände oder den Umfang und die Art der sonstigen Leistung,

▶ den Zeitpunkt der Lieferung oder sonstigen Leistung; oder den Zeitraum, über den sich die sonstige Leistung erstreckt,

▶ das Entgelt und der Steuerbetrag für die Lieferung oder sonstige Leistung in einer Summe und

▶ den anwendbaren Steuersatz.

Selbstfakturierung (Gutschrift)

An die Stelle von Rechnungen können Gutschriften treten, die vom Leistungsempfänger ausgestellt werden. Gutschriften gelten als Rechnungen, wenn

▶ der leistende Unternehmer (Empfänger der Gutschrift) zum gesonderten Ausweis der Steuer in einer Rechnung berechtigt ist,

▶ zwischen dem Aussteller und dem Empfänger der Gutschrift Einverständnis darüber besteht, dass mit einer Gutschrift über die Lieferung oder sonstige Leistung abgerechnet wird,

▶ die allgemeinen Formvorschriften für Rechnungen erfüllt sind und

▶ die Gutschrift dem leistenden Unternehmer zugeleitet worden ist.

Die Gutschrift verliert jedoch die Wirkung einer Rechnung, sobald der Empfänger der Gutschrift dieser und dem in ihr enthaltenen Steuerbetrag widerspricht.

Rechnungskorrekturen

▶ Eine Rechnung kann berichtigt werden, wenn der Unternehmer einen Steuerbetrag ausweist, den er für diesen Umsatz nicht schuldet oder wenn die sonstigen Rechnungsangaben nicht korrekt waren.

▶ Eine zu Unrecht in Rechnung gestellte Mehrwertsteuer kann berichtigt werden, wenn der Aussteller der Rechnung die Gefährdung des Steueraufkommens rechtzeitig und vollständig beseitigt hat, ohne dass eine solche Berichtigung vom guten Glauben des Ausstellers der betreffenden Rechnung abhängig gemacht werden darf.

▶ Die vorzunehmende Berichtigung oder Ergänzung einer Rechnung kann in der Weise erfolgen, dass unter Hinweis auf die ursprüngliche Rechnung die notwendigen Ergänzungen oder Berichtigungen vorgenommen werden oder eine berichtigte Rechnung zur ursprünglichen Rechnung ausgestellt wird. Der Unternehmer muss nachweisen, dass die berichtigte Rechnung dem Leistungsempfänger zugekommen ist.

Elektronische Rechnungen

▶ Eine Rechnung kann auf elektronischem Weg übermittelt werden. Grds. sind alle Übermittlungsformen zulässig (z. B. EDI-Verfahren oder E-Mail).

▶ Die elektronische Rechnung muss durch den Leistungsempfänger akzeptiert werden.

▶ Wird eine Rechnung auf elektronischem Weg übermittelt, müssen die Echtheit der Herkunft, die Unversehrtheit des Inhalts und die Lesbarkeit der Rechnung gewährleistet sein. Dies kann bspw. durch eine qualifizierte elektronische Signatur oder durch ein geeignetes innerbetriebliches Kontrollverfahren erfolgen.

Aufbewahrung

▶ Die Aufbewahrungspflicht für Rechnungen beträgt 7 Jahre, für Rechnungen im Zusammenhang mit Grundstücken 12 Jahre und in sehr speziellen Fällen 22 Jahre.

Reverse-Charge

▶ Führt der Unternehmer eine Leistung aus, für die der Leistungsempfänger die Steuer schuldet, ist er zur Ausstellung einer Rechnung verpflichtet, die den folgenden Hinweis auf die Steuerschuldnerschaft des Leistungsempfängers enthält: „Die Steuerschuld geht auf den Leistungsempfänger über. The reverse charge system applies.". Die Angabe der MwSt-Nummer des Leistungsempfängers ist verpflichtend.

Wichtige Rechnungshinweise	
Rechnungshinweis für steuerfreie innergemeinschaftliche Lieferungen	„Steuerfreie innergemeinschaftliche Lieferung gemäß Art. 7 UStG" oder „VAT exempt intra-Community supply"
Rechnungshinweis für Dreiecksgeschäfte	„Übergang der Steuerschuld auf den Leistungsempfänger - Dreiecksgeschäft gem. Art. 25 UStG" oder „Intra-Community triangulation transaction. The VAT liability shifts to the customer."
Rechnungshinweis beim Übergang der Steuerschuldnerschaft	„Übergang der Steuerschuld auf den Leistungsempfänger" oder „The reverse charge system applies"
Rechnungshinweis bei Gutschriften	Das Dokument muss als „Gutschrift" oder „Self-invoice" bezeichnet werden.

f) Steuererklärungen

Pflicht zur Abgabe	► In Österreich registrierte Steuerpflichtige müssen periodische Mehrwertsteuererklärungen (so genannte Mehrwertsteuer-Voranmeldungen) abgeben. Dabei ist die Vorauszahlung vom Unternehmer selbst zu berechnen.
	► Weiterhin ist eine Mehrwertsteuererklärung für das Kalenderjahr einzureichen.
Ausnahmen	► Hiervon ausgenommen sind Kleinunternehmer mit einer Niederlassung in Österreich, deren Umsätze im laufenden Kalenderjahr voraussichtlich € 30.000 nicht überschreiten werden, sofern dies nicht angefordert wird.

Zeitraum und Zahlungsfristen	Mehrwertsteuer-Voranmeldung:

Mehrwertsteuer-Voranmeldung:

- ► Die Umsatzsteuer-Voranmeldung ist grds. monatlich abzugeben.
- ► Der Unternehmer hat spätestens am 15. Tag (Fälligkeitstag) des zweiten Monats, der auf einen Kalendermonat (Voranmeldungszeitraum) folgt, bei dem für die Erhebung der Mehrwertsteuer zuständigen Finanzamt, eine Voranmeldung auf elektronischem Weg einzureichen.
- ► In der Voranmeldung hat er die für den Voranmeldungszeitraum zu entrichtende Steuer (Vorauszahlung) oder den auf den Voranmeldungszeitraum entfallenden Überschuss selbst zu berechnen.
- ► Eine sich ergebende Vorauszahlung ist spätestens am Fälligkeitstag zu entrichten.
- ► Im Falle von Unternehmern, deren Umsätze im vorangegangen Kalenderjahr nicht mehr als € 100.000 betragen haben, ist das Kalendervierteljahr der Voranmeldungszeitraum. Dies gilt auch für Jungunternehmer, sofern in dem Jahr, in dem sie ihre geschäftliche Tätigkeit aufnehmen, mit einem Umsatz von höchstens € 100.000 zu rechnen ist.
- ► Der Unternehmer kann an Stelle des Kalendervierteljahres den Kalendermonat als Voranmeldungszeitraum wählen, wenn er die Voranmeldung für den ersten Kalendermonat eines Veranlagungszeitraums fristgerecht abgibt, und zwar mit Wirkung für den gesamten Veranlagungszeitraum.
- ► Für Unternehmer, deren Umsätze im vorangegangenen Kalenderjahr € 100.000 nicht überstiegen haben, entfällt die Verpflichtung zur Einreichung der Voranmeldung, wenn die Vorauszahlung spätestens am Fälligkeitstag vollständig entrichtet wird oder sich für einen Voranmeldungszeitraum keine Vorauszahlung ergibt.

Mehrwertsteuererklärung für das Kalenderjahr:

- ► Der Unternehmer wird nach Ablauf des Kalenderjahres zur Steuer veranlagt. Zu diesem Zweck hat er für das abgelaufene Kalenderjahr eine Steuererklärung auf elektronischem Wege abzugeben, die alle in diesem Kalenderjahr endenden Veranlagungszeiträume zu umfassen hat.

► Die Erklärung ist bis zum 30. April des Folgejahres abzugeben. Diese Frist kann auf Antrag ggf. verlängert werden.

Verfahrensverein-fachung

► Für bestimmte Berufsgruppen besteht die Möglichkeit der Anwendung von Durchschnittssätzen für die Ermittlung von Betriebsausgaben und Vorsteuerbeträgen.

Elektronische Steuererklärungen

► Sowohl Mehrwertsteuer-Voranmeldungen als auch Mehrwertsteuererklärungen für das Kalenderjahr müssen auf elektronischem Wege abgegeben werden. Ist dem Unternehmer die elektronische Übermittlung mangels technischer Voraussetzungen unzumutbar, hat die Übermittlung auf dem amtlichen Vordruck zu erfolgen.

► Die elektronische Übermittlung von Steuererklärungen erfolgt über das Online-Portal der österreichischen Finanzverwaltung, „FinanzOnline", welches über die Internetseite https://finanzonline.bmf.gv.at zu erreichen ist.

g) Zusammenfassende Meldungen

Abgabepflicht

Eine Abgabepflicht besteht für einen
► Unternehmer, der innergemeinschaftliche Warenlieferungen ausführt,
► Unternehmer, der innergemeinschaftliche Dienstleistungen ausführt und
► Unternehmer, der Beteiligter an einem innergemeinschaftlichen Dreiecksgeschäft ist.

Zeitraum

► Die Meldung ist bis zum Ablauf des Monats, der auf einen Kalendermonat (Meldezeitraum) folgt, abzugeben.

► Unternehmer, für die das Kalendervierteljahr der Voranmeldungszeitraum ist, haben die Meldung bis zum Ablauf des auf jedes Kalendervierteljahr (Meldezeitraum) folgenden Kalendermonats abzugeben.

Zuständige Behörde

Für ausländische Unternehmer ist zuständig:
► Finanzamt Graz-Stadt
Betriebsveranlagungsteams Ausländerreferate
Conrad-von-Hötzendorf-Straße 14-18
A - 8018 Graz
Austria
Tel.: (+43) 50 233 233
Fax: (+43) 50 233 593 8001
E-Mail: FA68-BV11@bmf.gv.at
https://www.bmf.gv.at

Inhalt

Die Zusammenfassende Meldung muss folgende Angaben enthalten:
► Die MwSt-Nummer inklusive dem Ländercode „AT" des Unternehmers, die ihm in Österreich erteilt worden ist,
► die MwSt-Nummer inklusive dem entsprechenden Ländercode jedes Erwerbers, die ihm in einem anderen Mitgliedstaat erteilt worden ist,
► für jeden Erwerber die Summe der Bemessungsgrundlagen der an ihn ausgeführten innergemeinschaftlichen Warenlieferungen/Dienstleistungen,
► für jeden Erwerber die Summe der Bemessungsgrundlagen der innergemeinschaftlichen Dreiecksgeschäfte.

Ausnahmen

► Vereinfachte Verfahren im Zusammenhang mit der Zusammenfassenden Meldung gibt es in Österreich nicht.

Elektronische Abgabe

► Die Zusammenfassende Meldung muss grds. elektronisch über FinanzOnline (https://finanzonline.bmf.gv.at) eingereicht werden.
► Ist dem Unternehmer die elektronische Übermittlung mangels technischer Voraussetzungen unzumutbar, hat die Übermittlung der Zusammenfassenden Meldung auf dem amtlichen Vordruck zu erfolgen.

h) Vorsteuerabzug

Einschränkung	Der Vorsteuerabzug ist u. a. für folgende Eingangsleistungen nicht möglich: ▶ Nahrungsmittel, Getränke und Tabakwaren (für den privaten Gebrauch), ▶ Erwerb, Miete, Leasing, Betrieb und Reparatur von Personenkraftwagen und Motorrädern (ausgenommen Fahrschulen, Taxis, Mietwagen), ▶ Sonstige Leistungen (Vorleistungen) von Reiseveranstaltern, ▶ Reisekosten, ▶ Repräsentationsaufwendungen.
Abziehbare Vorsteuerbeträge	Der Vorsteuerabzug ist insbesondere für folgende Kosten, sofern sie betrieblich veranlasst sind, möglich: ▶ Beratungsleistungen, ▶ Bewirtungskosten, ▶ Personalbeschaffungskosten, ▶ Hotel- und Übernachtungskosten, ▶ Taxikosten, ▶ Kosten für Telekommunikation, ▶ Seminar- und Tagungskosten, ▶ Messekosten, ▶ Kosten für Werbung.
Vergütungsverfahren	Ausländische Unternehmer, die im Inland keine oder nur steuerfreie Umsätze bewirkt haben, können in Rechnung gestellte Mehrwertsteuerbeträge grds. nur in einem so genannten Vergütungsverfahren geltend machen. Bei diesem Verfahren ist zwischen einer Mehrwertsteuervergütung an Unternehmer aus EU-Mitgliedstaaten und Unternehmer aus Drittländern zu unterscheiden. Mehrwertsteuervergütung an Unternehmer aus EU-Mitgliedstaaten: ▶ Der Antrag auf Mehrwertsteuervergütung muss bis zum 30. September nach Ablauf des Kalenderjahres, in dem der Vergütungsanspruch entstanden ist, gestellt werden.

► Die Mindestsumme der Erstattungsbeträge beträgt für Quartalsanträge € 400 und bei jährlicher Antragstellung € 50.

► Der Unternehmer hat die Vergütung selbst zu berechnen und die Vorsteuerbeträge bei Nachfrage durch die Behörde durch Vorlage von Rechnungen und Einfuhrbelegen in Kopie nachzuweisen.

► Der Antrag wird über ein elektronisches Portal im jeweiligen Ansässigkeitsstaat eingereicht.

Mehrwertsteuervergütung an Unternehmer aus Drittländern:

► Der Antrag auf Mehrwertsteuervergütung muss bis zum 30. Juni nach Ablauf des Kalenderjahres, in dem der Vergütungsanspruch entstanden ist, gestellt werden.

► Die Mindestsumme der Erstattungsbeträge beträgt für Quartalsanträge € 400 und bei jährlicher Antragstellung € 50.

► Der Unternehmer hat die Vergütung selbst zu berechnen und die Vorsteuerbeträge durch Vorlage von Rechnungen und Einfuhrbelegen im Original nachzuweisen.

► Der Unternehmer hat den Nachweis seiner Unternehmereigenschaft anhand einer Bescheinigung seines Finanzamts (nicht älter als ein Jahr) gegenüber der Steuerverwaltung zu erbringen.

► Der Antrag muss nach amtlich vorgeschriebenem Vordruck (U5) bei der zuständigen Behörde eingereicht werden.

Zuständige Behörde	Finanzamt Graz-Stadt Betriebsveranlagungsteams Ausländerreferate Conrad-von-Hötzendorf-Straße 14-18 A - 8018 Graz Austria Tel.: (+43) 50 233 233 Fax: (+43) 50 233 593 8001 E-Mail: FA68-BV11@bmf.gv.at https://www.bmf.gv.at

17. Polen

a) Allgemeine Informationen

623

Währung	Zloty (PLN)	**Informationsstelle**
MwSt-Standardsatz	23%	Ministerstwo Finansów
Ermäßigter Satz	0%, 5%, 8%	Ul. Swietokrzyska 12
Lieferschwelle	PLN 160.000	PL 00-916 Warszawa
Erwerbsschwelle	PLN 50.000	Poland
		Tel: (+48) 22 694 55 55
		Fax: (+48) 22 694 41 77
		E-Mail:
		kancelaria@@mf.gov.pl
		http://www.mf.gov.pl
Umrechnungskurs (Euro-Referenzkurs Sept. 2017)	1 € = 4,2693 PLN	**Anträge auf MwSt-Vergütung sind zu richten an:**
Bezeichnung der Umsatzsteuer	podatek od towarów i usług	
Name der Mehrwertsteuer-Identifikationsnummer (MwSt-IdNr.)	Numer identyfikacji podatkowej	Drugi Urzad Skarbowy Warszanawa-Śródmieście ul. Jagiellońska 15 PL - 03-719 Warszawa
Aufbau der MwSt-IdNr.	PL + zehn Ziffern	Poland Tel: (+48) 22 511 35 00 Fax: (+48) 22 511 35 02 E-Mail: us1436@mz.mofnet.gov.pl http://www.mazowie-ckie.kas.gov.pl
Umsatzsteuerliche Organschaft	In Polen ist eine umsatzsteuerliche Organschaft bisher nicht vorgesehen.	
Fiskalvertreter erforderlich	nur für Nicht-EU Unternehmer	**Mindestsumme der MwSt-Vergütungsanträge**
Drittlandsgebiete	keine	Jährliche Antragstellung € 50
		Quartalsanträge € 400

Kleinunternehmer-grenzen	Der Gesamtbetrag der steuerbaren Umsätze darf im Kalenderjahr den Betrag von 200.000 PLN nicht übersteigen.

b) Registrierung ausländischer Unternehmer

Registrierungs-pflicht	Eine Mehrwertsteuer-Registrierung ist verpflichtend ▶ bei Ausführung von Lieferungen, ▶ bei der Erbringung von Dienstleistungen, ▶ beim innergemeinschaftlichen Erwerb und ▶ im Versandhandel bei Überschreitung der Lieferschwelle von PLN 160.000.
Ausnahmen	▶ Die Registrierungspflicht entfällt bei Lieferungen und sonstigen Leistungen, die dem Reverse-Charge-Verfahren unterliegen. ▶ Eine Ausnahme gilt auch für Kleinunternehmer, die über eine Niederlassung in Polen verfügen, wenn diese die Umsatzgrenze von PLN 200.000 im vergangenen Kalenderjahr nicht überschritten haben.
Antragstellung	Für im Ausland ansässige Unternehmer ist zuständig: ▶ Drugi Urzad Skarbowy Warszanawa-Śródmieście ul. Jagiellońska 15 PL - 03-719 Warszawa Poland Tel: (+48) 22 511 35 00 Fax: (+48) 22 511 35 02 E-Mail: us1436@mz.mofnet.gov.pl http://www.mazowieckie.kas.gov.pl Für Unternehmer mit einer Niederlassung in Polen sind die regionalen Direktionen der polnischen Steuerverwaltung zuständig. Eine Übersicht ist unter http://www.mf.gov.pl zu finden.

Verfahrensablauf:
▶ Die Registrierung erfolgt mit Hilfe des Formulars VAT-R.
▶ Das Formular ist ausgefüllt und unterschrieben an die oben genannte Adresse zu senden.

c) Anwendung des Reverse-Charge-Verfahrens

Nationale Regelung	▶ Art. 17 § 1 polnisches Mehrwertsteuergesetz
Leistender	▶ Ausländischer Unternehmer, der nicht in Polen ansässig ist.
	▶ Die mehrwertsteuerliche Registrierung des ausländischen Unternehmers in Polen ist für die Anwendung des Reverse-Charge-Verfahrens in den meisten Fällen unschädlich.
Leistungs-empfänger	▶ Unternehmer oder juristische Person des öffentlichen Rechts im Rahmen des Unternehmens, denen eine USt-IdNr. erteilt wurde und die in Polen ansässig sind.
Anwendungsfälle (Aufzählung nicht abschließend)	▶ grenzüberschreitende Dienstleistungen gemäß Art. 44 MwStSystRL,
	▶ grundstücksbezogene sonstige Leistungen,
	▶ Personenbeförderung,
	▶ kulturelle, künstlerische, wissenschaftliche, unterrichtende, sportliche, unterhaltende oder ähnliche Tätigkeiten,
	▶ Restaurationsleistungen,
	▶ Restaurationsleistungen an Bord eines Beförderungsmittels.
Rechtsfolgen	▶ Steuerschuld und Vorsteuerabzug fallen in der Person des Leistungsempfängers zusammen.
Rechnungs-anforderungen	▶ Ausweis des Nettobetrags in der Rechnung.
	▶ Angabe der MwSt-Nummer des Leistungsempfängers.
	▶ Hinweis in der Rechnung auf die Anwendung des Reverse-Charge-Verfahrens.

d) Bestellung eines Steuer-/Fiskalvertreters

Pflicht für nicht in der EU ansässige Unternehmer	▶ Für nicht in der EU ansässige Unternehmer ist die Bestellung eines Fiskalvertreters in Polen verpflichtend.
Voraussetzungen für die Vertretung	▶ Der Vertretene darf im Inland nicht über einen Sitz, eine Geschäftsleitung oder eine Zweigniederlassung verfügen. ▶ Die Bestellung eines Fiskalvertreters muss vorab zwischen Vertreter und Vertretenen schriftlich und notariell vereinbart werden.
Anwendungsfälle	▶ Der Unternehmer ist verpflichtet, einen Fiskalvertreter zu bestellen, sofern er sich für MwSt-Zwecke hat registrieren lassen müssen.
Vertretungsbefugte	Zum Fiskalvertreter können ausschließlich juristische oder natürliche Personen bestellt werden, die ▶ in Polen über einen ständigen Wohn- oder Geschäftssitz verfügen, ▶ für MwSt-Zwecke registriert sind, ▶ in den vorangegangenen zwei Jahren keine Steuerschulden hatten und ▶ die nach dem Gesetz berechtigt sind als Steuerberater oder Buchführer zu arbeiten.
Rechte und Pflichten	▶ Der Vertreter hat im Namen des Vertretenen alle notwendigen Register-, Erklärungs- und Meldeverpflichtungen einzuhalten. ▶ Der Vertretene haftet zusammen mit dem Vertreter gesamtschuldnerisch für die Zahlung der Mehrwertsteuer sowie der Zinsen und Geldbußen, die im Zusammenhang mit den in Polen getätigten Umsätzen anfallen können. ▶ Eine Bankgarantie ist nicht vorgeschrieben.

e) Rechnungserteilung

Pflicht zur Rechnungserteilung	Der Unternehmer ist in den folgenden Fällen verpflichtet, frühestens 30 Tage vor Leistungserbringung und spätestens bis zum 15. des auf die Leistung folgenden Monats eine Rechnung auszustellen:

Inhalt

▶ Bei der Ausführung eines steuerpflichtigen Umsatzes an einen anderen Unternehmer für dessen Unternehmen oder an eine juristische Person,

▶ bei Ausführung einer Lieferung oder sonstigen Leistung in das Gemeinschaftsgebiet.

Eine Rechnung muss folgende Angaben enthalten:

▶ Den vollständigen Namen und die vollständige Anschrift des leistenden Unternehmers und des Leistungsempfängers,

▶ die dem leistenden Unternehmer und dem Leistungsempfänger von der Steuerverwaltung erteilte MwSt-Nummer,

▶ das Ausstellungsdatum,

▶ eine fortlaufende Nummer mit einer oder mehreren Zahlenreihen, die zur Identifizierung der Rechnung vom Rechnungsaussteller einmalig vergeben wird (Rechnungsnummer),

▶ den Hinweis: „FAKTURA VAT",

▶ die Menge und die Art (handelsübliche Bezeichnung) der gelieferten Gegenstände oder den Umfang und die Art der sonstigen Leistung,

▶ den Zeitpunkt der Lieferung oder sonstigen Leistung,

▶ das nach Steuersätzen und einzelnen Steuerbefreiungen aufgeschlüsselte Entgelt für die Lieferung oder sonstige Leistung,

▶ den anzuwendenden Steuersatz sowie den auf das Entgelt entfallenden Steuerbetrag oder im Fall einer Steuerbefreiung einen Hinweis darauf, dass für die Lieferung oder sonstige Leistung eine Steuerbefreiung gilt,

▶ den Hinweis: „ORYGINAL" oder „KOPIA",

▶ bei Rechnungen von Kleinunternehmern, die ihre Steuerschuld auf Grundlage von Zahlungsein- und Ausgängen (Istbesteuerung) berechnen, den Hinweis: „FAKTURA VAT-MP",

▶ bei innergemeinschaftlicher Lieferung eines neuen Fahrzeuges, eine hinreichende Beschreibung, mit der das Fahrzeug identifiziert werden kann und

▶ bei innergemeinschaftlichen Warenlieferungen den entsprechenden Ländercode der MwSt-Nummer des leistenden Unternehmers und des Leistungsempfängers.

Selbstfakturierung (Gutschrift)

▶ Damit eine Rechnung zum Zwecke der Selbstfakturierung anerkannt wird, muss dies vorab zwischen Leistenden und Empfänger schriftlich vereinbart werden.

▶ Die zuständigen Finanzämter sind innerhalb von 10 Tagen schriftlich darüber zu informieren.

Vereinfachte Rechnungen

Es ist möglich bei einem Rechnungsbetrag nicht höher als PLN 450 (inkl. MwSt) eine vereinfachte Rechnung zu stellen.

Rechnungskorrekturen

Eine Rechnung kann berichtigt werden, wenn

▶ sie nicht alle gesetzlich geforderten Angaben enthält oder

▶ Angaben in der Rechnung unzutreffend sind.
Dabei müssen nur die fehlenden oder unzutreffenden Angaben durch ein Dokument, das spezifisch und eindeutig auf die Rechnung bezogen ist, übermittelt werden. Es gelten die gleichen Anforderungen an Form und Inhalt wie bei der Rechnung.

Elektronische Rechnungen

▶ Wird eine Rechnung auf elektronischem Weg übermittelt, müssen die Echtheit der Herkunft und die Unversehrtheit des Inhalts durch eine qualifizierte elektronische Signatur gewährleistet sein.

▶ Bei Übermittlung im Wege des elektronischen Datenaustauschs (EDI-Verfahren) muss kein zusätzliches zusammenfassendes Dokument in Papierform ausgestellt werden.

Aufbewahrung

▶ Die Aufbewahrungspflicht für Rechnungen endet 5 Jahre nach Fälligkeit der Steuerschuld.

Reverse-Charge

▶ Führt der Unternehmer eine Leistung aus, für die der Leistungsempfänger die Steuer schuldet, ist er zur Ausstellung einer Rechnung verpflichtet, die einen Hinweis auf die Steuerschuldnerschaft des Leistungs-

	empfängers enthält. Die Angabe der MwSt-Nummer des Leistungsempfängers ist verpflichtend.
Wichtige Rechnungshinweise	
Rechnungshinweis für steuerfreie innergemeinschaftliche Lieferungen	„Stawka 0% zgodnie z art. 41 ust. 3 w związku. z art. 42 ustawy o podatku od towarow i usług"
Rechnungshinweis für Dreiecksgeschäfte	„VAT: Faktura WE uproszczona na mocy art. 135-138 ustawy o ptu" oder „VAT: Faktura WE uproszczona na mocy artykułu 141 dyrektywy 2006/112/WE"
Rechnungshinweis beim Übergang der Steuerschuldnerschaft	„odwrotne obciążenie"
Rechnungshinweis bei Gutschriften	„samofakturowanie"

f) Steuererklärungen

Pflicht zur Abgabe	▶ Jeder in Polen registrierte Steuerpflichtige muss Steuererklärungen abgeben.
Zeitraum und Zahlungsfristen	▶ Der Zeitraum für die Steuererklärung ist grds. der Kalendermonat.
	▶ Kleinunternehmer und Landwirte können die Steuererklärung vierteljährlich abgeben.
	▶ Die Steuererklärung muss spätestens 25 Tage nach Ende des Steuerzeitraums abgegeben und die Steuer entsprechend entrichtet werden.
Verfahrensvereinfachung	▶ Die Ermittlung der Steuerschuld kann bei Kleinunternehmern nach dem Kassenverfahren (Ist-Besteuerung nach den vereinnahmten Entgelten) erfolgen.
Elektronische Steuererklärungen	▶ Steuererklärungen können in Polen elektronisch übermittelt werden.
	▶ Informationen zur Abgabe von elektronischen Steuererklärungen sowie zur Beantragung des notwendigen elektronischen Zertifikats sind auf der Internet-

seite des Finanzministeriums http://www.mf.gov.pl im Abschnitt „E-Steuererklärungen" oder auf der Internetseite https://www.finanse.mf.gov.pl bzw. www.e-deklaracje.gov.pl abrufbar.

► Ebenfalls ist das zuständige Finanzamt über die Abgabe der Steuererklärung auf elektronischem Wege zu informieren.

g) Zusammenfassende Meldungen

Abgabepflicht

Eine Abgabepflicht besteht für einen

► Unternehmer, der innergemeinschaftliche Warenlieferungen ausführt,

► Unternehmer, der innergemeinschaftliche Dienstleistungen ausführt,

► Unternehmer, der Beteiligter an einem innergemeinschaftlichen Dreiecksgeschäft ist.

Zeitraum

► Die Meldung ist grds. bis zum 25. Tag nach Ablauf jedes Kalendermonats abzugeben.

Zuständige Behörde

► Drugi Urzad Skarbowy
Warszanawa-Śródmieście
ul. Jagiellońska 15
PL - 03-719 Warszawa
Poland
Tel: (+48) 22 511 35 00
Fax: (+48) 22 511 35 02
E-Mail:
us1436@mz.mofnet.gov.pl
http://www.mazowieckie.kas.gov.pl

Inhalt

Die Zusammenfassende Meldung muss folgende Angaben enthalten:

► Die MwSt-Nummer inklusive dem Ländercode „PL" des Unternehmers, die ihm in Polen erteilt worden ist,

► die MwSt-Nummer inklusive dem entsprechenden Ländercode jedes Erwerbers, die ihm in einem anderen Mitgliedstaat erteilt worden ist,

	► für jeden Erwerber die Summe der Bemessungsgrundlagen der an ihn ausgeführten innergemeinschaftlichen Warenlieferungen/Dienstleistungen,
	► für jeden Erwerber die Summe der Bemessungsgrundlagen der innergemeinschaftlichen Dreiecksgeschäfte.
Elektronische Abgabe	► Zusammenfassende Meldungen können in Polen elektronisch übermittelt werden.
	► Ebenfalls ist das zuständige Finanzamt über die Abgabe der Zusammenfassenden Meldung auf elektronischem Wege zu informieren.
	► Das Verfahren zur elektronischen Übermittlung von Zusammenfassenden Meldungen wird auf der Internetseite https://www.finanse.mf.gov.pl beschrieben.

h) Vorsteuerabzug

Einschränkung	Der Vorsteuerabzug ist u.a. für folgende Eingangsleistungen nicht möglich:
	► Nahrungsmittel, Getränke und Tabakwaren,
	► Übernachtungskosten,
	► Bewirtungsaufwendungen,
	► Repräsentationsaufwendungen.
Abziehbare Vorsteuerbeträge	Der Vorsteuerabzug ist insbesondere für folgende Kosten, sofern sie betrieblich veranlasst sind, möglich:
	► Beratungsleistungen,
	► Aufwendungen für Benzin und Diesel
	► Miet- und Reparaturkosten, sowie Parkgebühren,
	► Personalbeschaffungskosten,
	► Taxikosten,
	► Kosten für Telekommunikation,
	► Seminar- und Tagungskosten,
	► Messekosten,
	► Kosten für Werbung.
Vergütungsverfahren	Ausländische Unternehmer, die im Inland keine oder nur steuerfreie Umsätze bewirkt haben, können in Rechnung gestellte Mehrwertsteuerbeträge grds. nur in einem so genannten Vergütungsverfahren geltend ma-

chen. Bei diesem Verfahren ist zwischen einer Mehrwertsteuervergütung an Unternehmer aus EU-Mitgliedstaaten und Unternehmer aus Drittländern zu unterscheiden.

Mehrwertsteuervergütung an Unternehmer aus EU-Mitgliedstaaten:

► Der Antrag auf Mehrwertsteuervergütung muss bis zum 30. September nach Ablauf des Kalenderjahres, in dem der Vergütungsanspruch entstanden ist, gestellt werden.

► Die Mindestsumme der Erstattungsbeträge beträgt für Quartalsanträge € 400 und bei jährlicher Antragstellung € 50.

► Der Unternehmer hat die Vergütung selbst zu berechnen und die Vorsteuerbeträge bei einem Rechnungsbetrag von über € 1.000 (€ 250 bei Rechnungen über Kraftstoff) durch Vorlage von Rechnungen und Einfuhrbelegen in Kopie nachzuweisen.

► Der Antrag wird über ein elektronisches Portal im jeweiligen Ansässigkeitsstaat eingereicht.

Mehrwertsteuervergütung an Unternehmer aus Drittländern:

► Der Antrag auf Mehrwertsteuervergütung muss bis zum 30. September nach Ablauf des Kalenderjahres, in dem der Vergütungsanspruch entstanden ist, gestellt werden.

► Die Mindestsumme der Erstattungsbeträge beträgt für Quartalsanträge € 400 und bei jährlicher Antragstellung € 50.

► Der Unternehmer hat die Vergütung selbst zu berechnen und die Vorsteuerbeträge durch Vorlage von Rechnungen und Einfuhrbelegen im Original nachzuweisen.

► Der Unternehmer hat den Nachweis seiner Unternehmereigenschaft anhand einer Bescheinigung seines Finanzamts (nicht älter als ein Jahr) gegenüber der Steuerverwaltung zu erbringen.

	▶ Der Antrag muss nach amtlich vorgeschriebenem Vordruck bei der zuständigen Behörde eingereicht werden.
Zuständige Behörde	Drugi Urzad Skarbowy Warszanawa-Śródmieście ul. Jagiellońska 15 PL - 03-719 Warszawa Poland Tel: (+48) 22 511 35 00 Fax: (+48) 22 511 35 02 E-Mail: us1436@mz.mofnet.gov.pl http://www.mazowieckie.kas.gov.pl

18. Portugal

a) Allgemeine Informationen

Währung	Euro (€)	**Informationsstelle**	624
MwSt-Standardsatz	23%[1]	Direcção Geral dos Impostos	
Ermäßigter Satz	6%, 13%	Rua do Comércio n.º 49	
Lieferschwelle	€ 35.000	PT-1149-017 Lisboa	
Erwerbsschwelle	€ 10.000	Portugal	
		Tel: (+351) 218 812 600	
		Fax: (+351) 218 812 938	
		E-Mail:	
		dsiva@dgci.min-financas.pt	
		http://www.portaldasfinan-cas.gov.pt	
Bezeichnung der Umsatzsteuer	imposto sobre valor acresantado (IVA)	**Anträge auf MwSt-Vergütung sind zu richten an:**	
Name der Mehrwertsteuer-Identifikationsnummer (MwSt-IdNr.)	o numero de identificaçao para efeitos do imposto sobre o valor acrescentado (NIPC)	Direcção Geral de Contribuições e Impostos Direcção Serviço de Reembolsos do IVA Avenida João XXI, 76-5	
Aufbau der MwSt-IdNr.	PT + neun Ziffern	Apartado 8220 P-1049-065 Lisboa Portugal Tel: (+351) 217 610 000 Fax: (+351) 217 938 133 E-Mail: dsr@dgci.min-financas.pt http://www.portaldasfinan-cas.gov.pt	
Umsatzsteuerliche Organschaft	Eine umsatzsteuerliche Organschaft ist in Portugal nicht vorgesehen.		

---

1 Für die Azoren und Madeira gelten folgende Steuersätze: Madeira 22 %, 5 % und Azoren 18 %, 5 %

Fiskalvertreter erforderlich	nur für Nicht-EU Unternehmer	**Mindestsumme der MwSt-Vergütungsanträge**[1]
Drittlandsgebiete	keine	Jährliche Antragstellung €50
		Quartalsanträge €400
Kleinunternehmergrenzen	€ 10.000; € 12.500	

b) Registrierung ausländischer Unternehmer

Registrierungspflicht	Eine Mehrwertsteuer-Registrierung ist verpflichtend ► Bei Ausführung von Lieferungen, ► bei der Erbringung von Dienstleistungen, ► beim innergemeinschaftlichen Erwerb und ► im Versandhandel bei Überschreitung der Lieferschwelle von € 35.000.
Ausnahmen	► Die Registrierungspflicht entfällt bei Lieferungen und sonstigen Leistungen, die dem Reverse-Charge-Verfahren unterliegen.
Antragstellung	Für ausländische Unternehmer ist zuständig: ► Serviço de Finanças de Lisboa 3 R. dos Correeiros 70 PT-1100-167 Lisboa Portugal Tel: (+351) 217206 707 Fax: (+351) 707 206 707 http://www.portaldasfinancas.gov.pt Für Unternehmer mit einer Niederlassung in Portugal sind die regionalen Direktionen der portugiesischen Steuerverwaltung zuständig. Eine Übersicht ist unter http://www.portaldasfinancas.gov.pt zu finden.

---

[1] € 50 (jährlich) und € 400 (Quartal) für Antragsteller aus dem Drittland.

Verfahrensablauf:

▶ Bevor eine Registrierung für MwSt-Zwecke erfolgen kann, müssen sich juristische Personen an folgendes Amt wenden:
Registo Nacional de Pessoas Colectivas
(Nationales Register für juristische Personen)
Praça Silvestre Pinheiro Ferreira, 1-C, Apartado 4064
P-1500-803 Lisboa
Portugal
Tel: (+351) 217 714 300
E-Mail: rnpc@irn.mj.pt
http://www.irn.mj.pt

▶ Hier ist ein entsprechender Anmeldeantrag auszufüllen, dem ein Auszug aus dem Unternehmensregister, von der für den ausländischen Unternehmer in einem anderen Mitgliedstaat zuständigen Behörde, beizufügen ist.

▶ Zusätzlich ist eine Vertretungsvollmacht für den Unterzeichnenden nachzuweisen.

▶ Die Registrierung bei der Steuerverwaltung erfolgt mit Hilfe des Formulars „Modell Nr. 1886".

▶ Das Formular ist ausgefüllt und unterschrieben an die oben genannte Adresse zu senden.

▶ Für natürliche Personen ist die Registrierung bei der Steuerverwaltung ausreichend.

c) Anwendung des Reverse-Charge-Verfahrens

Nationale Regelung	Art. 6 Abs. 6a portugiesisches Umsatzsteuergesetz
Leistender	▶ Ausländischer Unternehmer, der nicht in Portugal ansässig ist. ▶ Die mehrwertsteuerliche Registrierung des ausländischen Unternehmers in Portugal ist für die Anwendung des Reverse-Charge-Verfahrens grds. unschädlich.
Leistungsempfänger	▶ Unternehmer oder juristische Person des öffentlichen Rechts, die in Portugal mehrwertsteuerlich registriert ist.

Anwendungsfälle (Aufzählung nicht abschließend)	► Grenzüberschreitende Dienstleistungen gemäß Art. 44 MwStSystRL, ► grundstücksbezogene sonstige Leistungen, ► Personenbeförderung, ► kulturelle, künstlerische, wissenschaftliche, unterrichtende, sportliche, unterhaltende oder ähnliche Tätigkeiten, ► Restaurationsleistungen, ► Kurzfristige Vermietung eines Beförderungsmittels, ► Restaurationsleistungen an Bord eines Beförderungsmittels.
Rechtsfolgen	► Steuerschuld und Vorsteuerabzug fallen in der Person des Leistungsempfängers zusammen.
Rechnungsanforderungen	► Ausweis des Nettobetrags in der Rechnung. ► Angabe der MwSt-Nummer des Leistungsempfängers. ► Hinweis in der Rechnung auf die Anwendung des Reverse-Charge-Verfahrens.

d) Bestellung eines Steuer-/Fiskalvertreters

Pflicht für nicht in der EU ansässige Unternehmer	► Für nicht in der EU ansässige Unternehmer ist die Bestellung eines Fiskalvertreters in Portugal verpflichtend.
Voraussetzungen für die Vertretung	► Der Vertretene darf im Inland nicht über einen Sitz, eine Geschäftsleitung oder eine Zweigniederlassung verfügen.
Anwendungsfälle	Der Unternehmer ist verpflichtet, einen Fiskalvertreter zu bestellen, sofern er folgende Umsätze ausführt: ► Umsätze, die der portugiesischen Mehrwertsteuer unterliegen und für die der ausländische Unternehmer in Portugal zum Vorsteuerabzug berechtigt ist und die Mehrwertsteuer schuldet.
Vertretungsbefugte	► Zum Fiskalvertreter können juristische oder natürliche Personen bestellt werden, die in Portugal über einen ständigen Wohn- oder Geschäftssitz verfügen und für MwSt-Zwecke registriert sind.

Rechte und Pflichten	▸ Der Vertreter hat die gleichen Rechte und Pflichten wie der Vertretene.
	▸ Der Vertreter hat im Namen des Vertretenen alle notwendigen Register- und Meldeverpflichtungen einzuhalten.
	▸ Er hat die Pflicht zur Abgabe der Steuererklärungen und der Zusammenfassenden Meldungen im Namen des Vertretenen.
	▸ Der Vertreter hat über jede vertretene Person gesondert Buch zu führen.
	▸ Der Vertretene haftet zusammen mit dem Vertreter gesamtschuldnerisch für die Zahlung der Mehrwertsteuer sowie der Zinsen und Geldbußen, die im Zusammenhang mit den in Portugal getätigten Umsätzen anfallen können.
	▸ Eine Bankgarantie ist nicht verpflichtend.

e) Rechnungserteilung

Pflicht zur Rechnungserteilung	Der Unternehmer ist in den folgenden Fällen verpflichtet, innerhalb von 5 Tagen (bei innergemeinschaftlichen Lieferungen innerhalb von 15 Tagen) nach Ausführung der Leistung eine Rechnung auszustellen:
	▸ Bei der Ausführung eines steuerpflichtigen Umsatzes und
	▸ bei Ausführung einer Lieferung oder sonstigen Leistung in das Gemeinschaftsgebiet.
Inhalt	Eine Rechnung muss folgende Angaben enthalten:
	▸ den vollständigen Namen und die vollständige Anschrift des leistenden Unternehmers und des Leistungsempfängers,
	▸ die dem leistenden Unternehmer und dem Leistungsempfänger von der Steuerverwaltung erteilte MwSt-Nummer,
	▸ das Ausstellungsdatum,
	▸ eine fortlaufende Nummer mit einer oder mehreren Zahlenreihen, die zur Identifizierung der Rechnung vom Rechnungsaussteller einmalig vergeben wird (Rechnungsnummer),

- ► die Menge und die Art (handelsübliche Bezeichnung) der gelieferten Gegenstände oder den Umfang und die Art der sonstigen Leistung,
- ► den Zeitpunkt der Lieferung oder sonstigen Leistung oder den Zeitpunkt der Vereinnahmung des Entgelts oder eines Teils des Entgelts, sofern der Zeitpunkt der Vereinnahmung feststeht und nicht mit dem Ausstellungsdatum der Rechnung übereinstimmt,
- ► das nach Steuersätzen und einzelnen Steuerbefreiungen aufgeschlüsselte Entgelt für die Lieferung oder sonstige Leistung sowie jede im Voraus vereinbarte Minderung des Entgelts, sofern sie nicht bereits im Entgelt berücksichtigt ist,
- ► den anzuwendenden Steuersatz sowie den auf das Entgelt entfallenden Steuerbetrag oder im Fall einer Steuerbefreiung einen Hinweis darauf, dass für die Lieferung oder sonstige Leistung eine Steuerbefreiung gilt,
- ► bei Fiskalvertretung, den vollständigen Namen, die vollständige Anschrift und die MwSt-Nummer des Vertreters und
- ► bei innergemeinschaftlicher Lieferung eines neuen Fahrzeuges, eine hinreichende Beschreibung, mit der das Fahrzeug identifiziert werden kann.

Vereinfachte Rechnungen

Eine vereinfachte Rechnung kann ausgestellt werden, wenn der Rechnungsbetrag unter € 100 (bei Einzelhändlern, welche Rechnungen an Verbraucher ausstellen, unter € 1.000) liegt. In diesem Fall müssen lediglich folgende Rechnungsangaben berücksichtigt werden:

- ► Der vollständige Name und die vollständige Anschrift des leistenden Unternehmers,
- ► die dem leistenden Unternehmer von der Steuerverwaltung erteilte MwSt-Nummer,
- ► die Menge und die Art (handelsübliche Bezeichnung) der gelieferten Gegenstände oder den Umfang und die Art der sonstigen Leistung,

▶ das Entgelt und den darauf entfallenden Steuerbetrag für die Lieferung oder sonstige Leistung in einer Summe und

▶ den anzuwendenden Steuersatz.

Selbstfakturierung (Gutschrift)

▶ Damit eine Rechnung zum Zwecke der Selbstfakturierung anerkannt wird, muss dies vorab zwischen Leistenden und Empfänger schriftlich vereinbart werden.

▶ Der Empfänger muss nachweisen können, dass der Leistende mit der Ausstellung der Rechnung durch den Empfänger und deren Inhalt einverstanden ist.

▶ Auf der Gutschrift muss der folgende Hinweis vermerkt werden: „Self-billing-Autofaturação".

Rechnungskorrekturen

▶ Eine Rechnungskorrektur muss ausdrücklich und eindeutig auf die ursprüngliche Rechnung Bezug nehmen.

Elektronische Rechnungen

▶ Wird eine Rechnung auf dem elektronischem Weg übermittelt, müssen die Echtheit der Herkunft und die Unversehrtheit des Inhalts mit Hilfe einer qualifizierten elektronischen Signatur gewährleistet werden.

▶ Damit eine elektronische Rechnung anerkannt wird, muss dies vorab zwischen Leistenden und Empfänger schriftlich vereinbart werden.

Aufbewahrung

▶ Die Aufbewahrungspflicht für Rechnungen beträgt 10 Jahre.

Reverse-Charge

▶ Führt der Unternehmer eine Leistung aus, für die der Leistungsempfänger die Steuer schuldet, ist er zur Ausstellung einer Rechnung verpflichtet, die einen Hinweis auf die Steuerschuldnerschaft des Leistungsempfängers enthält. Die Angabe der MwSt-Nummer des Leistungsempfängers ist verpflichtend.

Wichtige Rech- nungshinweise	
Rechnungshinweis für steuerfreie innergemeinschaftliche Lieferungen	„Operação isenta - Transmissão intracomunitária de bens – artigo 14.º, alínea a), do RITI "
Rechnungshinweis für Dreiecksgeschäfte	„Operação triangular – IVA devido pelo adquirente – artigo 8.º, n.º3, do RITI"
Rechnungshinweis beim Übergang der Steuerschuldnerschaft	„IVA - Autoliquidação"
Rechnungshinweis bei Gutschriften	„Autofaturação"

f) Steuererklärungen

Pflicht zur Abgabe	▶ Jeder in Portugal registrierte Steuerpflichtige muss Steuererklärungen abgeben.
Zeitraum und Zahlungsfristen	▶ Die Steuererklärung ist monatlich abzugeben, wenn der Gesamtbetrag der steuerpflichtigen Umsätze im vorangegangenen Kalenderjahr mehr als € 650.000 betragen hat.
	▶ Die monatliche Steuererklärung muss bis zum zehnten Tag des zweiten Monats nach dem Monat, den die Umsätze betreffen, abgegeben und die Steuer entsprechend entrichtet werden.
	▶ Die Steuererklärung kann vierteljährlich abgegeben werden, wenn der Gesamtbetrag der steuerpflichtigen Umsätze im vorangegangenen Kalenderjahr weniger als € 650.000 betragen hat.
	▶ Die vierteljährliche Steuererklärung muss bis zum 15. Tag des zweiten Monats nach dem Quartal, das die Umsätze betreffen, abgegeben und die Steuer entsprechend entrichtet werden.

Verfahrensverein-fachung	▶ Für Kleinunternehmer, Gebrauchtwarenhändler und für Reiseveranstalter gelten Sonderregelungen zur Ermittlung der Steuerschuld.
Elektronische Steuererklärungen	▶ Steuerpflichtige sind verpflichtet ihre Steuererklärungen elektronisch über die Internetseite der Steuerverwaltung (http://www.portaldasfinancas.gov.pt) abzugeben.
	▶ Hierzu ist vorab ein persönliches Passwort zu beantragen, dass dem Steuerpflichtigen per Post zugesandt wird.
	▶ Die Zahlung der Steuerschuld kann mittels Onlineüberweisung, über die Kassenautomaten „Multibanco", in den Finanzämtern oder an den Schaltern der portugiesischen Post (CTT) geleistet werden.

g) Zusammenfassende Meldungen

Abgabepflicht	Eine Abgabepflicht besteht für einen
	▶ Unternehmer, der innergemeinschaftliche Warenlieferungen ausführt,
	▶ Unternehmer, der innergemeinschaftliche Dienstleistungen ausführt,
	▶ Unternehmer, der Beteiligter an einem innergemeinschaftlichen Dreiecksgeschäft ist.
Zeitraum	▶ Die Meldung ist monatlich oder vierteljährlich zusammen mit der Steuererklärung abzugeben. Für den Fall, dass in den vorherigen vier Kalendervierteljahren innergemeinschaftliche Lieferungen von mehr als € 50.000 ausgeführt wurden, ist die Meldung monatlich einzureichen.
Zuständige Behörde	▶ Direcção Geral dos Impostos Rua do Comércio n.º 49 PT-1149-017 Lisboa Portugal Tel: (+351) 218 812 600 Fax: (+351) 218 812 938 http://www.portaldasfinancas.gov.pt

Inhalt	Die Zusammenfassende Meldung muss folgende Angaben enthalten: ▶ Die MwSt-Nummer inklusive dem Ländercode „PT" des Unternehmers, die ihm in Portugal erteilt worden ist, ▶ die MwSt-Nummer inklusive dem entsprechenden Ländercode jedes Erwerbers, die ihm in einem anderen Mitgliedstaat erteilt worden ist, ▶ für jeden Erwerber die Summe der Bemessungsgrundlagen der an ihn ausgeführten innergemeinschaftlichen Warenlieferungen/Dienstleistungen, ▶ für jeden Erwerber die Summe der Bemessungsgrundlagen der innergemeinschaftlichen Dreiecksgeschäfte, ▶ für jeden Erwerber die Summe der Bemessungsgrundlagen der innergemeinschaftlichen Lieferungen neuer Fahrzeuge an Personen ohne MwSt-Nummer.
Ausnahmen	▶ Vereinfachte Verfahren im Zusammenhang mit der Zusammenfassenden Meldung gibt es in Portugal nicht.
Elektronische Abgabe	▶ Es gelten die Regelungen über die elektronische Abgabe von Steuererklärungen.

h) Vorsteuerabzug

Einschränkung	Der Vorsteuerabzug ist u. a. für folgende Eingangsleistungen nicht möglich: ▶ Nahrungsmittel, Getränke und Tabakwaren, ▶ Übernachtungskosten, ▶ Bewirtungsaufwendungen, ▶ Benzin für Personenkraftwagen, ▶ Reisekosten, ▶ Taxikosten, ▶ Repräsentationsaufwendungen und Geschenke, ▶ Miet- und Reparaturkosten, sowie Parkgebühren für Personenkraftwagen, ▶ Benzin, ▶ 50% der Kosten für Diesel für Personenkraftwagen.

Abziehbare Vorsteuerbeträge

Der Vorsteuerabzug ist insbesondere für folgende Kosten, sofern sie betrieblich veranlasst sind, möglich:

▶ Beratungsleistungen,

▶ Benzin für Lastkraftwagen,

▶ Miet- und Reparaturkosten, sowie Parkgebühren für Lastkraftwagen,

▶ Personalbeschaffungskosten,

▶ Kosten für Telekommunikation,

▶ Seminar- und Tagungskosten (teilabzugsfähig),

▶ Messekosten,

▶ Kosten für Werbung.

Vergütungsverfahren

Ausländische Unternehmer, die im Inland keine oder nur steuerfreie Umsätze bewirkt haben, können in Rechnung gestellte Mehrwertsteuerbeträge grds. nur in einem so genannten Vergütungsverfahren geltend machen.

Bei diesem Verfahren ist zwischen einer Mehrwertsteuervergütung an Unternehmer aus EU-Mitgliedstaaten und Unternehmer aus Drittländern zu unterscheiden.

Mehrwertsteuervergütung an Unternehmer aus EU-Mitgliedstaaten:

▶ Der Antrag auf Mehrwertsteuervergütung muss bis zum 30. September nach Ablauf des Kalenderjahres, in dem der Vergütungsanspruch entstanden ist, gestellt werden.

▶ Die Mindestsumme der Erstattungsbeträge beträgt für Quartalsanträge € 400 und bei jährlicher Antragstellung € 50.

▶ Der Unternehmer hat die Vergütung selbst zu berechnen und die Vorsteuerbeträge durch Vorlage von Rechnungen und Einfuhrbelegen in Kopie nachzuweisen.

▶ Der Antrag wird über ein elektronisches Portal im jeweiligen Ansässigkeitsstaat eingereicht.

Mehrwertsteuervergütung an Unternehmer aus Drittländern:

▶ Der Antrag auf Mehrwertsteuervergütung muss bis zum 30. September nach Ablauf des Kalenderjahres,

in dem der Vergütungsanspruch entstanden ist, gestellt werden.

▶ Die Mindestsumme der Erstattungsbeträge beträgt für Quartalsanträge € 400 und bei jährlicher Antragstellung € 50.

▶ Der Unternehmer hat die Vergütung selbst zu berechnen und die Vorsteuerbeträge durch Vorlage von Rechnungen und Einfuhrbelegen im Original nachzuweisen.

▶ Der Unternehmer hat den Nachweis seiner Unternehmereigenschaft anhand einer Bescheinigung seines Finanzamts (nicht älter als ein Jahr) gegenüber der Steuerverwaltung zu erbringen.

▶ Der Antrag muss nach amtlich vorgeschriebenem Vordruck bei der zuständigen Behörde eingereicht werden.

Zuständige Behörde

Direcção Geral de Contribuições e Impostos
Direcção Serviço de Reembolsos do IVA
Avenida João XXI, 76-5
Apartado 8220
P-1049-065 Lisboa
Portugal
Tel: (+351) 217 610 000
Fax: (+351) 217 938 133
E-Mail:
dsr@dgci.min-financas.pt
http://www.portaldasfinancas.gov.pt

19. Rumänien

a) Allgemeine Informationen

Währung	Leu (RON)	**Informationsstelle**	625
MwSt-Standardsatz	19%	Ministry of Public Finance	
Ermäßigter Satz	5%, 9%	General Directorate for Indirect	
Lieferschwelle	RON 118.000[1]	Taxation Legislation	
Erwerbsschwelle	RON 34.000[2]	17 Apolodor Street	
		5th District	
		050741 Bucharest	
		Romania	
		Tel: (+40) 21 312 0160	
		Fax: (+40) 21 312 2509	
		http://www.mfinante.ro	
Umrechnungskurs (Euro-Referenzkurs Sept. 2017)	1 € = 4,5992 RON	**Anträge auf MwSt-Vergütung sind zu richten an:**	
Bezeichnung der Umsatzsteuer	Taxa pe valoarea adăugată		
Name der Mehrwertsteuer-Identifikationsnummer (MwSt-IdNr.)	Cod de înregistrare în scopuri de TVA (TVA)	Public Finance General Directorate of the Municipality of Bucharest	
Aufbau der MwSt-IdNr.	RO + zehn Ziffern	Str. Prof. Dr. Dimitrie Gerota nr. 13	
		2nd District	
		020027 Bucharest	
		Romania	
		Tel: (+40) 21 305 7454	
		E-Mail: date.contribuabiliNerezidenti.MB@mfinante.ro	
		http://www.mfinante.ro	
Umsatzsteuerliche Organschaft	Voraussetzung: Die finanzielle, wirtschaftliche und organisatorische Eingliederung der Organgesellschaft in		

---

1 Nach Auskunft BDO Member Firm Rumänien € 35.000.
2 Nach Auskunft BDO Member Firm Rumänien € 10.000.

	den Organträger muss erfüllt sein (dies ist regelmäßig bei einer Mindestbeteiligung i. H. v. 50% gegeben). Grds. besteht ein Wahlrecht zur Anwendung der Regelungen zur umsatzsteuerlichen Organschaft.	
Fiskalvertreter erforderlich	nur für Nicht-EU Unternehmer	**Mindestsumme der MwSt-Vergütungsanträge**
Drittlandsgebiete	keine	Jährliche Antragstellung € 50
		Quartalsanträge € 400
Kleinunternehmer-grenzen	RON 220.000[1]	

b) Registrierung ausländischer Unternehmer

Registrierungs-pflicht	Eine Mehrwertsteuer-Registrierung ist verpflichtend ► bei Ausführung von Lieferungen, ► bei der Erbringung von Dienstleistungen, ► beim innergemeinschaftlichen Erwerb und ► im Versandhandel bei Überschreitung der Lieferschwelle i. H. v. RON 118.000
Ausnahmen	► Die Registrierungspflicht entfällt bei Lieferungen und sonstigen Leistungen, die dem Reverse-Charge-Verfahren unterliegen. ► Eine Ausnahme gilt auch für Kleinunternehmer, wenn diese die Umsatzgrenze von RON 220.000 im vergangenen Kalenderjahr nicht überschritten haben.
Antragstellung	Für im Ausland ansässige Unternehmer ist zuständig: ► Public Finance General Directorate of the Municipality of Bucharest Str. Prof. Dr. Dimitrie Gerota nr. 13 2nd District 020027 Bucharest Romania Tel: (+40) 21 305 7454

---

1 Nach Auskunft BDO Member Firm Rumänien € 65.000.

Fax: (+40) 21 305 7081

http://www.mfinante.ro

Für Unternehmer mit einer Niederlassung in Rumänien sind die regionalen Direktionen der rumänischen Steuerverwaltung zuständig. Eine Übersicht ist unter http://www.mfinante.ro zu finden.

c) Anwendung des Reverse-Charge-Verfahrens

Leistender	► Ausländischer Unternehmer, der nicht in Rumänien ansässig ist. Die mehrwertsteuerliche Registrierung des ausländischen Unternehmers in Rumänien ist bei Katalogleistungen des Reverse-Charge-Verfahrens unschädlich.
Leistungs-empfänger	► Unternehmer oder juristische Person des öffentlichen Rechts für ihr Unternehmen, denen eine USt-IdNr. erteilt wurde und die in Rumänien ansässig sind.
Anwendungsfälle (Aufzählung nicht abschließend)	► grenzüberschreitende Dienstleistungen gemäß Art. 44 MwStSystRL, ► grundstücksbezogene sonstige Leistungen, ► Personenbeförderung, ► kulturelle, künstlerische, wissenschaftliche, unterrichtende, sportliche, unterhaltende oder ähnliche Tätigkeiten, ► Restaurationsleistungen, ► Kurzfristige Vermietung eines Beförderungsmittels.
Rechtsfolgen	► Steuerschuld und Vorsteuerabzug fallen in der Person des Leistungsempfängers zusammen.
Rechnungs-anforderungen	► Ausweis des Nettobetrags in der Rechnung. ► Angabe der MwSt-Nummer des Leistungsempfängers. ► Hinweis in der Rechnung auf die Anwendung des Reverse-Charge-Verfahrens.

d) Bestellung eines Steuer-/Fiskalvertreters

Pflicht für nicht in der EU ansässige Unternehmer	▶ Für nicht in der EU ansässige Unternehmer ist die Bestellung eines Fiskalvertreters in Rumänien verpflichtend.
Voraussetzungen für die Vertretung	▶ Der Vertretene darf im Inland nicht über einen Sitz, eine Geschäftsleitung oder eine Zweigniederlassung verfügen.
Anwendungsfälle	Der Unternehmer ist verpflichtet, einen Fiskalvertreter zu bestellen, sofern er folgende Umsätze ausführt: ▶ Umsätze, die der rumänischen Mehrwertsteuer unterliegen und für die der ausländische Unternehmer in Rumänien zum Vorsteuerabzug berechtigt ist und die Mehrwertsteuer schuldet oder ▶ innergemeinschaftliche Warenlieferungen.
Vertretungsbefugte	▶ Zum Fiskalvertreter können juristische oder natürliche Personen bestellt werden, die in Rumänien über einen ständigen Wohn- oder Geschäftssitz verfügen und für MwSt-Zwecke registriert sind.
Rechte und Pflichten	▶ Der Vertreter hat die gleichen Rechte und Pflichten wie der Vertretene. ▶ Er hat die Pflicht zur Abgabe der Steuererklärungen und der Zusammenfassenden Meldungen im Namen des Vertretenen. ▶ Der Fiskalvertreter muss für seine Tätigkeit eine gesonderte MwSt-Nummer beantragen. ▶ Der Vertreter hat über jede vertretene Person gesondert Buch zu führen. ▶ Die Einrichtung einer Bankgarantie ist nicht verpflichtend.

e) Rechnungserteilung

Pflicht zur Rechnungserteilung	Der Unternehmer ist in den folgenden Fällen verpflichtet, spätestens am 15. Tag des Folgemonats nach Ausführung der Leistung eine Rechnung auszustellen: ▶ Bei der Ausführung eines steuerpflichtigen Umsatzes oder

▶ bei Ausführung einer Lieferung oder sonstigen Leistung in das Gemeinschaftsgebiet.Im Falle des Reverse-Charge-Verfahrens und des innergemeinschaftlichen Erwerbes ist der Leistungsempfänger grds. verpflichtet sich selbst eine Rechnung auszustellen, wenn er nicht bis zum 15. Tag des Folgemonats nach Leistungserbringung vom Leistenden die Rechnung erhalten hat.

Inhalt

Eine Rechnung muss folgende Angaben enthalten:

▶ Den vollständigen Namen und die vollständige Anschrift des leistenden Unternehmers und des Leistungsempfängers,

▶ die dem leistenden Unternehmer und dem Leistungsempfänger von der Steuerverwaltung erteilte MwSt-Nummer,

▶ das Ausstellungsdatum,

▶ eine fortlaufende Nummer mit einer oder mehreren Zahlenreihen, die zur Identifizierung der Rechnung vom Rechnungsaussteller einmalig vergeben wird (Rechnungsnummer),

▶ die Menge und die Art (handelsübliche Bezeichnung) der gelieferten Gegenstände oder den Umfang und die Art der sonstigen Leistung,

▶ den Zeitpunkt der Lieferung oder sonstigen Leistung oder den Zeitpunkt der Vereinnahmung des Entgelts oder eines Teils des Entgelts, sofern der Zeitpunkt der Vereinnahmung feststeht und nicht mit dem Ausstellungsdatum der Rechnung übereinstimmt,

▶ das nach Steuersätzen und einzelnen Steuerbefreiungen aufgeschlüsselte Entgelt für die Lieferung oder sonstige Leistung sowie jede im Voraus vereinbarte Minderung des Entgelts, sofern sie nicht bereits im Entgelt berücksichtigt ist,

▶ den anzuwendenden Steuersatz sowie den auf das Entgelt entfallenden Steuerbetrag (in RON) oder im Fall einer Steuerbefreiung einen Hinweis darauf, dass für die Lieferung oder sonstige Leistung eine Steuerbefreiung gilt,

► bei Fiskalvertretung, den vollständigen Namen, die vollständige Anschrift und die MwSt-Nummer des Vertreters,

► bei innergemeinschaftlicher Lieferung eines neuen Fahrzeuges, eine hinreichende Beschreibung, mit der das Fahrzeug identifiziert werden kann und

► bei Anwendung der Istversteuerung einen Hinweis auf deren Anwendung.

Vereinfachte Rechnungen

Eine vereinfachte Rechnung kann ausgestellt werden, wenn der Rechnungsbetrag unter € 100 liegt. In diesem Fall müssen lediglich folgende Rechnungsangaben berücksichtigt werden:

► Der vollständige Name und die vollständige Anschrift des leistenden Unternehmers,

► Ausstellungsdatum,

► die dem leistenden Unternehmer von der Steuerverwaltung erteilte MwSt-Nummer,

► die Menge und die Art (handelsübliche Bezeichnung) der gelieferten Gegenstände oder den Umfang und die Art der sonstigen Leistung,

► den anzuwendenden Steuersatz.

Selbstfakturierung (Gutschrift)

► Damit eine Rechnung zum Zwecke der Selbstfakturierung anerkannt wird, muss dies vorab zwischen Leistenden und Empfänger vereinbart werden.

Rechnungskorrekturen

► Eine Rechnungskorrektur muss ausdrücklich und eindeutig auf die ursprüngliche Rechnung Bezug nehmen.

Elektronische Rechnungen

► Wird eine Rechnung auf elektronischem Weg übermittelt, müssen die Echtheit der Herkunft und die Unversehrtheit des Inhalts durch eine qualifizierte elektronische Signatur gewährleistet sein.

Aufbewahrung

► Die Aufbewahrungspflicht für Rechnungen beträgt 10 Jahre.

Reverse-Charge

► Führt der Unternehmer eine Leistung aus, für die der Leistungsempfänger die Steuer schuldet, ist er zur Ausstellung einer Rechnung verpflichtet, die einen Hinweis auf die Steuerschuldnerschaft des Leistungs-

	empfängers enthält. Die Angabe der MwSt-Nummer des Leistungsempfängers ist verpflichtend.
Wichtige Rechnungshinweise	
Rechnungshinweis für steuerfreie innergemeinschaftliche Lieferungen	„Intra-Community supply of goods" und Bezug auf Art. 138 der MwStSystRL oder „Livrare intracomunitara scutita - Art. 143 (2) Codul Fiscal"
Rechnungshinweis für Dreiecksgeschäfte	„Intra-Community triangular supply of goods" mit Bezug auf Art. 141 der MwStSystRL oder „Masuri de simplificare pentru operatiuni triunghiulare pentru care se aplica mecanismul taxarii inverse - Art. 150 (4) Codul Fiscal"
Rechnungshinweis beim Übergang der Steuerschuldnerschaft	„exempted supply of goods/services, the beneficiary will account the VAT through reverse charge", „Taxare inversa"
Rechnungshinweis bei Gutschriften	„Autofactura"

f) Steuererklärungen

Pflicht zur Abgabe	▶ Jeder in Rumänien registrierte Steuerpflichtige muss Steuererklärungen abgeben.
Ausnahmen	▶ Hiervon ausgenommen sind Kleinunternehmer, wenn diese die Umsatzgrenze von € 65.000 im vergangenen Kalenderjahr nicht überschritten haben.
Zeitraum und Zahlungsfristen	▶ Der Zeitraum für die Steuererklärung ist grds. der Kalendermonat.
	▶ Die Steuererklärung ist vierteljährlich abzugeben, wenn der Umsatz des vorangehenden Kalenderjahres € 100.000 nicht überstiegen hat. Unter bestimmten Bedingungen ist eine halb-jährliche bzw. jährliche Abgabe der Steuererklärung auf Antrag möglich.
	▶ Die Steuererklärung muss spätestens 25 Tage nach Ende des Steuerzeitraums abgegeben und die Steuer entsprechend entrichtet werden.

Verfahrensvereinfachung	▶ Für Reiseveranstalter und Lieferer von Gebrauchtgegenständen, Kunstwerken, Sammlungsstücken und Antiquitäten gelten Sonderregelungen zur Ermittlung der Steuerschuld.
Elektronische Steuererklärungen	▶ Steuererklärungen können, nach vorheriger Registrierung, über die Internetseite der Steuerverwaltung, http://anaf.mfinante.ro, abgegeben werden.

g) Zusammenfassende Meldungen

Abgabepflicht	Eine Abgabepflicht besteht für einen ▶ Unternehmer, der innergemeinschaftliche Warenlieferungen ausführt, ▶ Unternehmer, der innergemeinschaftliche Dienstleistungen ausführt, ▶ Unternehmer, der Beteiligter an einem innergemeinschaftlichen Dreiecksgeschäft ist.
Zeitraum	▶ Die Meldung ist monatlich, spätestens am 25. Tag des auf das Ende des Meldezeitraums folgenden Monats abzugeben.
Zuständige Behörde	Für im Ausland ansässige Unternehmer ist zuständig: ▶ Public Finance General Directorate of the Municipality of Bucharest Str. Prof. Dr. Dimitrie Gerota nr. 13 2nd District 020027 Bucharest Romania Tel: (+40) 21 305 7454 Fax: (+40) 21 305 7081 http://www.mfinante.ro Für Unternehmer mit einer Niederlassung in Rumänien sind die regionalen Direktionen der rumänischen Steuerverwaltung zuständig. Eine Übersicht ist unter http://www.mfinante.ro zu finden.

Inhalt	Die Zusammenfassende Meldung muss folgende Angaben enthalten:
	▶ Die MwSt-Nummer inklusive dem Ländercode „RO" des Unternehmers, die ihm in Rumänien erteilt worden ist,
	▶ die MwSt-Nummer inklusive dem entsprechenden Ländercode jedes Erwerbers, die ihm in einem anderen Mitgliedstaat erteilt worden ist,
	▶ für jeden Erwerber die Summe der Bemessungsgrundlagen der an ihn ausgeführten innergemeinschaftlichen Warenlieferungen/Dienstleistungen,
	▶ für jeden Erwerber die Summe der Bemessungsgrundlagen der innergemeinschaftlichen Dreiecksgeschäfte.
Ausnahmen	▶ Vereinfachte Verfahren im Zusammenhang mit der Zusammenfassenden Meldung gibt es in Rumänien nicht.
Elektronische Abgabe	▶ Zusammenfassende Meldungen können, nach vorheriger Registrierung, über die Internetseite der Steuerverwaltung, http://anaf.mfinante.ro, abgegeben werden.

h) Vorsteuerabzug

Einschränkung	Der Vorsteuerabzug ist u. a. für folgende Eingangsleistungen nicht möglich:
	▶ alkoholische Getränke und Tabakwaren,
Abziehbare Vorsteuerbeträge	Der Vorsteuerabzug ist insbesondere für folgende Kosten, sofern sie betrieblich veranlasst sind, möglich:
	▶ Beratungsleistungen,
	▶ Übernachtungskosten,
	▶ Bewirtungskosten,
	▶ 50% der Aufwendungen im Zusammenhang mit einem Kraftfahrzeug (unter bestimmten Voraussetzungen),
	▶ Mietwagen,
	▶ Personalbeschaffungskosten,
	▶ Kosten für Telekommunikation,

▶ Seminar- und Tagungskosten,

▶ Messekosten,

▶ Kosten für Werbung.

Vergütungs-
verfahren
Ausländische Unternehmer, die im Inland keine oder nur steuerfreie Umsätze bewirkt haben, können in Rechnung gestellte Mehrwertsteuerbeträge grds. nur in einem so genannten Vergütungsverfahren geltend machen.

Bei diesem Verfahren ist zwischen einer Mehrwertsteuervergütung an Unternehmer aus EU-Mitgliedstaaten und Unternehmer aus Drittländern zu unterscheiden.

Mehrwertsteuervergütung an Unternehmer aus EU-Mitgliedstaaten:

▶ Der Antrag auf Mehrwertsteuervergütung muss bis zum 30. September nach Ablauf des Kalenderjahres, in dem der Vergütungsanspruch entstanden ist, gestellt werden.

▶ Die Mindestsumme der Erstattungsbeträge beträgt für Quartalsanträge € 400 und bei jährlicher Antragstellung € 50.

▶ Der Unternehmer hat die Vergütung selbst zu berechnen und die Vorsteuerbeträge bei einem Rechnungsbetrag von über RON 4.228,20 (RON 1.057,05 bei Rechnungen über Kraftstoff) durch Vorlage von Rechnungen und Einfuhrbelegen in Kopie nachzuweisen.

▶ Der Antrag wird über ein elektronisches Portal im jeweiligen Ansässigkeitsstaat eingereicht.

Mehrwertsteuervergütung an Unternehmer aus Drittländern:

▶ Der Antrag auf Mehrwertsteuervergütung muss bis zum 30. September nach Ablauf des Kalenderjahres, in dem der Vergütungsanspruch entstanden ist, gestellt werden.

▶ Die Mindestsumme der Erstattungsbeträge beträgt für Quartalsanträge € 400 und bei jährlicher Antragstellung € 50.

▶ Der Unternehmer hat die Vergütung selbst zu berechnen und die Vorsteuerbeträge durch Vorlage von Rechnungen und Einfuhrbelegen im Original nachzuweisen.

▶ Der Unternehmer hat den Nachweis seiner Unternehmereigenschaft anhand einer Bescheinigung seines Finanzamts (nicht älter als ein Jahr) gegenüber der Steuerverwaltung zu erbringen.

▶ Der Antrag muss nach amtlich vorgeschriebenem Vordruck bei der zuständigen Behörde eingereicht werden.

Zuständige Behörde	Public Finance General Directorate of the Municipality of Bucharest Str. Prof. Dr. Dimitrie Gerota nr. 13 2nd District 020027 Bucharest Romania Tel: (+40) 21 305 7454 Tel: (+40) 21 305 7081 E-Mail: date.contribuabiliNerezidenti.MB@mfinante.ro http://www.mfinante.ro

20. Schweden

a) Allgemeine Informationen

626

Währung	Schwedische Krone (SEK)	**Informationsstelle**
MwSt-Standardsatz	25%	Skatteverket
Ermäßigter Satz	0%, 6%, 12%	Utlandsskattekontoret
Lieferschwelle	SEK 320.000	S - 17194 Solna
Erwerbsschwelle	SEK 90.000	Sweden
		Tel: (+46) 771 567 567 oder (+46) 856 485 160
		Fax: (+46) 10 574 18 11
		E-Mail: stockholm@skatteverket.se
		http://www.skatteverket.se
Umrechnungskurs (Euro-Referenzkurs Sept. 2017)	1 € = 9,5334 SEK	**Anträge auf MwSt-Vergütung sind zu richten an:**
Bezeichnung der Umsatzsteuer	mervärdesskatt (MOMS)	
Name der Mehrwertsteuer-Identifikationsnummer (MwSt-IdNr.)	Mervärdeskatteregistreringsnummer	Skatteverket Utlandsskattekontoret S - 20531 Malmö Sweden
Aufbau der MwSt-IdNr.	SE + zwölf Ziffern	Tel: (+46) 771 567 567 oder (+46) 856 485 160
		Fax: (+46) 10 574 62 03
		E-Mail: uk.malmo@skatteverket.se
		http://www.skatteverket.se
Umsatzsteuerliche Organschaft	Voraussetzung: Die Organgesellschaften müssen unter Aufsicht der schwedischen Finanzdienstleistungsaufsichtsbehörde stehen. Demnach ist eine umsatzsteuerliche Organschaft nur im Finanzsektor möglich. Die Organschaft wirkt nur im Inland. Eine ausländische Gesellschaft kann nicht Teil eines Organkreises werden. Dies ist nur für eine schwedische Betriebsstätte der ausländischen Gesellschaft möglich.	

	Grds. besteht ein Wahlrecht zur Anwendung der Regelungen zur umsatzsteuerlichen Organschaft.		
Fiskalvertreter erforderlich	nur für Nicht-EU Unternehmer	**Mindestsumme der MwSt-Vergütungsanträge**	
Drittlandsgebiete	keine	Jährliche Antragstellung	SEK 500
		Quartalsanträge	SEK 4.000
Kleinunternehmer-grenzen	SEK 30.000		

b) Registrierung ausländischer Unternehmer

Registrierungspflicht	Eine Mehrwertsteuer-Registrierung ist verpflichtend ▶ bei Ausführung von Lieferungen, ▶ bei der Erbringung von Dienstleistungen, ▶ beim innergemeinschaftlichen Erwerb und ▶ im Versandhandel bei Überschreitung der Lieferschwelle von SEK 320.000.
Ausnahmen	▶ Die Registrierungspflicht entfällt bei Lieferungen und sonstigen Leistungen, die dem Reverse-Charge-Verfahren unterliegen.
Antragstellung	Für Unternehmer aus Dänemark, den Färöer-Inseln, Grönland, Island, Polen, der Slowakei, Slowenien, Tschechien, Deutschland und Österreich ist zuständig: ▶ Skatteverket Utlandsskattekontoret S - 20531 Malmö Sweden Tel: (+46) 771 567 567 oder (+46) 856 485 160 Fax: (+46) 10 574 62 03 E-Mail: uk.malmo@skatteverket.se http://www.skatteverket.se Für Unternehmer aus anderen Ländern ist zuständig: ▶ Skatteverket Utlandsskattekontoret S - 17194 Solna Sweden

Tel: (+46) 771 567 567 oder
(+46) 856 485 160
Fax: (+46) 10 574 18 11
E-Mail:
stockholm@skatteverket.se
http://www.skatteverket.se
Für Unternehmer mit einer Niederlassung in Schweden sind die regionalen Direktionen der schwedischen Steuerverwaltung zuständig. Eine Übersicht ist unter http://www.skatteverket.se zu finden.

Verfahrensablauf:

► Die Registrierung erfolgt mit Hilfe des Formulars SKV 4632. Dies ist auf der Internetseite http://www.skatteverket.se zu finden.

► Das Formular ist ausgefüllt und unterschrieben an eine der oben genannten Adressen zu senden.

► Dem Antrag ist eine Bescheinigung der zuständigen Behörde des Heimatlandes beizufügen, aus der hervorgeht, dass im Heimatland keine Steuerschulden vorliegen.

► Bei Bestellung eines Steuervertreters ist zusätzlich die Vollmacht zur Vertretung im Original beizufügen.

► Die Bestätigung und die damit verbundene Zuweisung einer MwSt-Nummer dauern in der Regel zwei bis sechs Wochen.

c) Anwendung des Reverse-Charge-Verfahrens

Nationale Regelung	► Teil 1 § 2 1. Abschnitt schwedisches Mehrwertsteuergesetz
Leistender	► Ausländischer Unternehmer, der nicht in Schweden ansässig ist. Das Reverse-Charge-Verfahren kann grds. nur angewendet werden, wenn der ausländische Unternehmer für MwSt-Zwecke in Schweden nicht registriert ist.
Leistungs- empfänger	► Unternehmer oder juristische Person des öffentlichen Rechts im Rahmen des Unternehmens, denen eine

	USt-IdNr. erteilt wurde und die in Schweden ansässig sind.
Anwendungsfälle (Aufzählung nicht abschließend)	► Grenzüberschreitende Dienstleistungen gemäß Art. 44 MwStSystRL, ► grundstücksbezogene sonstige Leistungen.
Sonstiges	► Für Bauleistungen gilt in Schweden grds. das Reverse-Charge-Verfahren, es kommt nicht darauf an wo der Leistende und der Empfänger ihren Sitz haben.
Rechtsfolgen	► Steuerschuld und Vorsteuerabzug fallen in der Person des Leistungsempfängers zusammen.
Rechnungs-anforderungen	► Ausweis des Nettobetrags in der Rechnung. ► Angabe der MwSt-Nummer des Leistungsempfängers. ► Hinweis in der Rechnung auf die Anwendung des Reverse-Charge-Verfahrens.

d) Bestellung eines Steuer-/Fiskalvertreters

Pflicht für nicht in der EU ansässige Unternehmer	► Für nicht in der EU ansässige Unternehmer (mit Ausnahme von Norwegen und Island) ist die Bestellung eines Fiskalvertreters in Schweden verpflichtend.
Voraussetzungen für die Vertretung	► Der Vertretene darf im Inland nicht über einen Sitz, eine Geschäftsleitung oder eine Zweigniederlassung verfügen.
Vertretungsbefugte	► Zum Fiskalvertreter können juristische oder natürliche Personen bestellt werden, die von der Steuerverwaltung zugelassen sind und in Schweden über einen ständigen Wohn- oder Geschäftssitz verfügen.
Rechte und Pflichten	► Der Vertreter hat die gleichen Rechte und Pflichten wie der Vertretene. ► Er hat die Pflicht zur Abgabe der Steuererklärungen und der Zusammenfassenden Meldungen im Namen des Vertretenen. ► Grds. ist keine Bankbürgschaft erforderlich, diese kann in Einzelfällen jedoch verlangt werden.

▶ Der Vertretene haftet weiterhin allein für die Zahlung der Mehrwertsteuer sowie der Zinsen und Geldbußen, die im Zusammenhang mit den in Schweden getätigten Umsätzen anfallen können.

e) Rechnungserteilung

Pflicht zur Rechnungserteilung

Der Unternehmer ist in den folgenden Fällen verpflichtet, eine Rechnung auszustellen:

▶ Bei der Ausführung eines steuerpflichtigen Umsatzes an einen anderen Unternehmer für dessen Unternehmen oder an eine juristische Person,

▶ bei Ausführung einer Lieferung oder sonstigen Leistung in das Gemeinschaftsgebiet bis zum 15. Tag des Folgemonats nach Ausführung der Leistung.

Inhalt

Eine Rechnung muss folgende Angaben enthalten:

▶ Den vollständigen Namen und die vollständige Anschrift des leistenden Unternehmers und des Leistungsempfängers,

▶ die dem leistenden Unternehmer und dem Leistungsempfänger von der Steuerverwaltung erteilte MwSt-Nummer,

▶ das Ausstellungsdatum,

▶ eine fortlaufende Nummer mit einer oder mehreren Zahlenreihen, die zur Identifizierung der Rechnung vom Rechnungsaussteller einmalig vergeben wird (Rechnungsnummer),

▶ die Menge und die Art (handelsübliche Bezeichnung) der gelieferten Gegenstände oder den Umfang und die Art der sonstigen Leistung,

▶ den Zeitpunkt der Lieferung oder sonstigen Leistung oder den Zeitpunkt der Vereinnahmung des Entgelts oder eines Teils des Entgelts, sofern der Zeitpunkt der Vereinnahmung feststeht und nicht mit dem Ausstellungsdatum der Rechnung übereinstimmt,

▶ das nach Steuersätzen und einzelnen Steuerbefreiungen aufgeschlüsselte Entgelt für die Lieferung oder sonstige Leistung sowie jede im Voraus vereinbarte Minderung des Entgelts, sofern sie nicht bereits im Entgelt berücksichtigt ist,

▶ den anzuwendenden Steuersatz sowie den auf das Entgelt entfallenden Steuerbetrag oder im Fall einer Steuerbefreiung einen Hinweis darauf, dass für die Lieferung oder sonstige Leistung eine Steuerbefreiung gilt,

▶ bei innergemeinschaftlicher Lieferung eines neuen Fahrzeuges, eine hinreichende Beschreibung, mit der das Fahrzeug identifiziert werden kann und

▶ bei Anwendung einer Sonderregelung für Gebrauchtgegenstände, Kunstgegenstände, Sammlungsstücke und Antiquitäten, einen Verweis auf die entsprechende nationale Regelung oder einen anderen Hinweis darauf, dass diese Regelung angewandt wurde.

Vereinfachte Rechnungen

Eine vereinfachte Rechnung mit einem Gesamtbetrag nicht höher als SEK 4.000 (inkl. MwSt), muss lediglich die folgenden Angaben enthalten:

▶ Den vollständigen Namen und die vollständige Anschrift des leistenden Unternehmers,

▶ das Ausstellungsdatum,

▶ die Menge und die Art der gelieferten Gegenstände oder den Umfang und die Art der sonstigen Leistung,

▶ das Entgelt und den darauf entfallenden Steuerbetrag für die Lieferung oder sonstige Leistung in einer Summe und

▶ den anzuwendenden Steuersatz.

Selbstfakturierung (Gutschrift)

▶ Damit eine Rechnung zum Zwecke der Selbstfakturierung anerkannt wird, muss dies vorab zwischen Leistenden und Empfänger vereinbart werden.

▶ In der Rechnung ist anzugeben, dass sie vom Empfänger ausgestellt wurde.

Rechnungskorrekturen

Eine Rechnungskorrektur muss folgende Angaben enthalten:

▶ Einen eindeutigen Bezug auf die zu korrigierende Rechnung und

▶ Angaben über den Steuerbetrag und über deren Änderung.

Elektronische Rechnungen	▶ Eine elektronische Rechnungsstellung ist in Schweden zulässig.
	▶ Eine Vorschrift, wie die Echtheit der Herkunft und die Unversehrtheit des Inhalts der Rechnung gewährleistet werden sollen, gibt es nicht.
Aufbewahrung	▶ Die Aufbewahrungspflicht für Rechnungen beträgt 7 Jahre bzw. 17 Jahre bei Rechnungen mit Bezug zu Grundstücken.
Reverse-Charge	▶ Führt der Unternehmer eine Leistung aus, für die der Leistungsempfänger die Steuer schuldet, ist er zur Ausstellung einer Rechnung verpflichtet, die einen Hinweis auf die Steuerschuldnerschaft des Leistungsempfängers enthält. Die Angabe der MwSt-Nummer des Leistungsempfängers ist verpflichtend.
Wichtige Rechnungshinweise	
Rechnungshinweis für steuerfreie innergemeinschaftliche Lieferungen	„Undantaget från moms enligt 3 kap. 30 a § mervärdessregistreringskattalagen (1994:200); gemenskapsintern varuförsäljning"
Rechnungshinweis für Dreiecksgeschäfte	„Undantag från skatteplikt enligt 3 kap. 30 b § mervärdesskattelagen (1994:200) avseende trepartshandel"
Rechnungshinweis beim Übergang der Steuerschuldnerschaft	„Omvänd betalningsskyldighet "
Rechnungshinweis bei Gutschriften	„Självfakturering"

f) Steuererklärungen

Pflicht zur Abgabe	▶ Jeder in Schweden registrierte Steuerpflichtige muss Steuererklärungen abgeben.
Zeitraum und Zahlungsfristen	▶ Der Zeitraum für die Steuererklärung sind in der Regel drei Monate.

▶ Die Steuererklärung kann jährlich abgegeben werden, wenn der Gesamtbetrag der Umsätze im laufenden Kalenderjahr SEK 1.000.000 voraussichtlich nicht übersteigen wird.

▶ Die Steuererklärung ist quartalsweise abzugeben, wenn der Gesamtbetrag der Umsätze im laufenden Kalenderjahr SEK 1.000.000 übersteigt aber SEK 40.000.000 voraussichtlich nicht übersteigen wird.

▶ Übersteigen die Umsätze SEK 40.000.000, so ist die Steuererklärung monatlich abzugeben.

▶ Die Steuererklärung muss spätestens bis zum 12. Tag des übernächsten Monats nach Ende des Steuerzeitraums abgegeben und die Steuer entsprechend entrichtet werden.

▶ Bei Steuerpflichtigen mit einem Gesamtbetrag der steuerpflichtigen Umsätze im Kalenderjahr über SEK 40.000.000 endet die Frist zur Abgabe der Steuererklärung 26 Tage nach Ende des Steuerzeitraums.

Verfahrensvereinfachung

▶ Vereinfachte Verfahren zur Ermittlung der Steuerschuld gibt es in Schweden nicht.

Elektronische Steuererklärungen

Eine Abgabe der Steuererklärung auf elektronischem Wege ist in Schweden möglich. Dazu ist eine vorherige Genehmigung der Steuerverwaltung notwendig. Jedoch sind folgende Bedingungen bzw. Ausnahmen zu beachten:

▶ Für die Genehmigung sind eine Adresse in Schweden und ein schwedischer Personalausweis des Geschäftsführers bzw. Zeichnungsberechtigten erforderlich.

Der Antrag auf Abgabe der Steuererklärung auf elektronischem Wege ist nach amtlich vorgeschriebenem Vordruck bei der schwedischen Steuerverwaltung zu stellen. Die Antragsformulare sind unter http://www.skatteverket.se oder bei der Steuerverwaltung erhältlich.

g) Zusammenfassende Meldungen

Abgabepflicht	Eine Abgabepflicht besteht für einen ► Unternehmer, der innergemeinschaftliche Warenlieferungen ausführt, ► Unternehmer, der innergemeinschaftliche Dienstleistungen ausführt, ► Unternehmer, der Beteiligter an einem innergemeinschaftlichen Dreiecksgeschäft ist.
Zeitraum	► Die Meldung ist monatlich, spätestens am 15. Tag des auf das Ende des Meldezeitraums folgenden Monats abzugeben. ► Für den Fall, dass in den vorherigen vier Kalendervierteljahren innergemeinschaftliche Lieferungen von mehr als SEK 500.000 ausgeführt worden sind, ist die Meldung monatlich einzureichen. Werden nur innergemeinschaftliche Dienstleistungen erbracht, ist die Zusammenfassende Meldung quartalsweise einzureichen.
Zuständige Behörde	Skatteverket Utlandsskattekontoret S - 17194 Solna Sweden Tel: (+46) 771 567 567 oder (+46) 856 485 160 Fax: (+46) 10 574 18 11 E-Mail: stockholm@skatteverket.se http://www.skatteverket.se
Inhalt	Die Zusammenfassende Meldung muss folgende Angaben enthalten: ► Die MwSt-Nummer inklusive dem Ländercode „SE" des Unternehmers, die ihm in Schweden erteilt worden ist, ► die MwSt-Nummer inklusive dem entsprechenden Ländercode jedes Erwerbers, die ihm in einem anderen Mitgliedstaat erteilt worden ist,

► für jeden Erwerber die Summe der Bemessungsgrundlagen der an ihn ausgeführten innergemeinschaftlichen Warenlieferungen/Dienstleistungen,

► für jeden Erwerber die Summe der Bemessungsgrundlagen der innergemeinschaftlichen Dreiecksgeschäfte.

Ausnahmen

Vereinfachte Verfahren im Zusammenhang mit der Zusammenfassenden Meldung gibt es in Schweden nicht.

**Elektronische
Abgabe**

► Die Zusammenfassende Meldung kann mit Hilfe des
Programms ELDA, welches auf der Internetseite der
schwedischen Steuerverwaltung (http://www.skatte-
verket.se) erhältlich ist, auf elektronischem Weg abgegeben werden.

h) Vorsteuerabzug

Einschränkung

Der Vorsteuerabzug ist u. a. für folgende Eingangsleistungen nicht möglich:

► Repräsentationsaufwendungen, soweit diese bei der
schwedischen Einkommensteuer nicht abzugsfähig
sind,

► Nahrungsmittel, alkoholische Getränke und Tabakwaren,

► 50% der Miet- und Leasingkosten für Personenkraftwagen.

**Abziehbare
Vorsteuerbeträge**

Der Vorsteuerabzug ist insbesondere für folgende Kosten, sofern sie betrieblich veranlasst sind, möglich:

► Beratungsleistungen,

► Übernachtungskosten,

► Bewirtungskosten,

► Benzin,

► Straßenbenutzungs- und Parkgebühren,

► Personalbeschaffungskosten,

► Kosten für Telekommunikation,

► Seminar- und Tagungskosten,

► Messekosten,

► Kosten für Werbung.

Vergütungs-verfahren

Ausländische Unternehmer, die im Inland keine oder nur steuerfreie Umsätze bewirkt haben, können in Rechnung gestellte Mehrwertsteuerbeträge grds. nur in einem so genannten Vergütungsverfahren geltend machen.

Bei diesem Verfahren ist zwischen einer Mehrwertsteuervergütung an Unternehmer aus EU-Mitgliedstaaten und Unternehmer aus Drittländern zu unterscheiden.

Mehrwertsteuervergütung an Unternehmer aus EU-Mitgliedstaaten:

► Der Antrag auf Mehrwertsteuervergütung muss bis zum 30. September nach Ablauf des Kalenderjahres, in dem der Vergütungsanspruch entstanden ist, gestellt werden.

► Die Mindestsumme der Erstattungsbeträge beträgt für Quartalsanträge EUR 400 und bei jährlicher Antragstellung EUR 50.

► Der Unternehmer hat die Vergütung selbst zu berechnen und die Vorsteuerbeträge bei Nachfrage durch die Behörde durch Vorlage von Rechnungen und Einfuhrbelegen in Kopie nachzuweisen.

► Der Antrag wird über ein elektronisches Portal im jeweiligen Ansässigkeitsstaat eingereicht.

Mehrwertsteuervergütung an Unternehmer aus Drittländern:

► Der Antrag auf Mehrwertsteuervergütung muss bis zum 30. Juni nach Ablauf des Kalenderjahres, in dem der Vergütungsanspruch entstanden ist, vollständig gestellt werden. Eine Nachreichung von Dokumenten ist nicht vorgesehen.

► Die Mindestsumme der Erstattungsbeträge beträgt für Quartalsanträge SEK 4.000 und bei jährlicher Antragstellung SEK 500.

► Dem Antrag muss eine Unternehmerbescheinigung beiliegen, welche nicht älter als 12 Monate sein darf.

▶ Der Unternehmer hat die Vergütung selbst zu berechnen und die Vorsteuerbeträge bei Nachfrage
durch die Behörde durch Vorlage von Rechnungen
und Einfuhrbelegen im Original nachzuweisen.

▶ Der Antrag muss nach amtlich vorgeschriebenem
Vordruck bei der zuständigen Behörde über ein elektronisches Portal eingereicht werden.

Zuständige
Behörde

Skatteverket
Utlandsskattekontoret
SE - 205 31 Malmö
Sweden
Tel: (+46) 10 574 62 03
Fax: (+46) 10 574 18 11
E-Mail:
uk.malmo@skatteverket.se

21. Slowakische Republik

a) Allgemeine Informationen

627

Währung	Euro (€)	Informationsstelle
MwSt-Standardsatz	20%	Daňový úrad Bratislava
Ermäßigter Satz	10%	VAT Unit
Lieferschwelle	€ 35.000	Sevcenkova 32
Erwerbsschwelle	€ 13.941,45	SK – 850 00 Bratislava
		Slovakia
		Tel: (+421) 2 5737 8111
		E-Mail: duba-ba.kontakt@
		financnasprava.sk
		www.financnasprava.sk
Bezeichnung der Umsatzsteuer	daň z pridanej hodnoty (DPH)	**Anträge auf MwSt-Vergütung sind zu richten an:**
Name der Mehrwertsteuer-Identifikationsnummer (MwSt-IdNr.)	Iidentifikačné čjslo pre daň (IČ DPH)	Daňový úrad Bratislava VAT Unit Sevcenkova 32 SK – 850 00 Bratislava
Aufbau der MwSt-IdNr.	SK + zehn Ziffern	Slovakia Tel: (+421) 2 5737 8111 E-Mail: duba-ba.kontakt@ financnasprava.sk http://www.financnasprava.sk
Umsatzsteuerliche Organschaft	Voraussetzung: Die finanzielle, wirtschaftliche und organisatorische Eingliederung der Organgesellschaft in den Organträger muss erfüllt sein. Die Organschaft wirkt nur im Inland. Eine ausländische Gesellschaft kann nicht Teil eines Organkreises werden, dies ist nur für eine slowakische Betriebsstätte der ausländischen Gesellschaft möglich. Grds. besteht ein Wahlrecht zur Anwendung der Regelungen zur umsatzsteuerlichen Organschaft.	

Fiskalvertreter erforderlich	nein	**Mindestsumme der MwSt-Vergütungsanträge**	
Drittlandsgebiete	keine	Jährliche Antragstellung	€ 50
		Quartalsanträge	€ 400
Kleinunternehmer-grenzen	€ 49.790 in maximal zwölf aufeinanderfolgenden Monaten		

b) Registrierung ausländischer Unternehmer

Registrierungs-pflicht	Eine Mehrwertsteuer-Registrierung ist verpflichtend ▶ bei Ausführung von Lieferungen, ▶ bei der Erbringung von Dienstleistungen, ▶ beim innergemeinschaftlichen Erwerb und ▶ im Versandhandel bei Überschreiten der Lieferschwelle i. H. v. € 35.000.
Ausnahmen	▶ Die Registrierungspflicht entfällt bei Lieferungen und sonstigen Leistungen, die dem Reverse-Charge-Verfahren unterliegen. ▶ Eine Ausnahme gilt auch für Kleinunternehmer, wenn diese die Umsatzgrenze von € 49.790 im vergangenen Kalenderjahr nicht überschritten haben.
Antragstellung	Für im Ausland ansässige Unternehmer ist zuständig: ▶ Daňový úrad Bratislava VAT Unit Sevcenkova 32 SK – 850 00 Bratislava Slovakia Tel: (+421) 2 5737 8111 E-Mail: duba-ba.kontakt@financnasprava Für Unternehmer mit einer Niederlassung in der Slowakischen Republik sind die regionalen Direktionen der slowakischen Steuerverwaltung zuständig. Eine Übersicht ist unter http://www.financnasprava.sk zu finden.

Verfahrensablauf:
- ▶ Die Registrierung hat innerhalb von 20 Tagen nach Beendigung des Monats, innerhalb dessen die o. g. Umsatzgrenzen überschritten wurden, zu erfolgen.
- ▶ Das entsprechende Formular ist auf der Internetseite der slowakischen Steuerverwaltung (http://www.financnasprava.sk) zu finden.
- ▶ Das Formular ist ausgefüllt und unterschrieben an die oben genannte Adresse zu senden. Innerhalb von 7 Tagen bekommt man in der Regel eine MwSt-Nummer zugewiesen.

c) Anwendung des Reverse-Charge-Verfahrens

Nationale Regelung	▶ § 22 slowakisches Mehrwertsteuergesetz (Nr. 222/2004)
Leistender	▶ Ausländischer Unternehmer, der nicht in der Slowakischen Republik ansässig ist. Die mehrwertsteuerliche Registrierung des ausländischen Unternehmers in der Slowakischen Republik ist für die Anwendung des Reverse-Charge-Verfahrens unschädlich.
Leistungs-empfänger	▶ Unternehmer oder juristische Person des öffentlichen Rechts, der eine USt-IdNr. erteilt wurde, die in der Slowakischen Republik ansässig ist.
Anwendungsfälle (Aufzählung nicht abschließend)	▶ Grenzüberschreitende Dienstleistungen gem. Art. 44 MwStSystRL, ▶ grundstücksbezogene sonstige Leistungen, ▶ Personenbeförderung, ▶ kulturelle, künstlerische, wissenschaftliche, unterrichtende, sportliche, unterhaltende oder ähnliche Tätigkeiten, ▶ Restaurationsleistungen, ▶ Kurzfristige Vermietung eines Beförderungsmittels, ▶ Restaurationsleistungen an Bord eines Beförderungsmittels, ▶ Lieferung von Metallabfällen und Schrott.

Rechtsfolgen	▶ Steuerschuld und Vorsteuerabzug fallen in der Person des Leistungsempfängers zusammen.
Rechnungs-anforderungen	▶ Ausweis des Nettobetrags in der Rechnung. ▶ Angabe der MwSt-Nummer des Leistungsempfängers. ▶ Hinweis in der Rechnung auf die Anwendung des Reverse-Charge-Verfahrens.

d) Bestellung eines Steuer-/Fiskalvertreters

Pflicht für nicht in der EU ansässige Unternehmer	▶ Für nicht in der EU ansässige Unternehmer ist die Bestellung eines Fiskalvertreters in der Slowakischen Republik freiwillig.
Vertretungsbefugte	▶ Zum Fiskalvertreter können juristische oder natürliche Personen bestellt werden, die in der Slowakischen Republik ansässig und steuerpflichtig sind.
Rechte und Pflichten	▶ Der Vertreter hat die gleichen Rechte und Pflichten wie der Vertretene. ▶ Es besteht bspw. die Pflicht zur Abgabe von Steuererklärungen und Zusammenfassenden Meldungen. ▶ Die Bestellung eines Fiskalvertreters hat durch eine notarielle Vollmacht zu erfolgen und ist der Steuerverwaltung mitzuteilen. ▶ Der Fiskalvertreter muss für seine Tätigkeit eine gesonderte Steuernummer beantragen. Die gesonderte Steuernummer ist von dem Finanzamt, das für die Mehrwertbesteuerung von im Ausland ansässigen Unternehmern zuständig ist, zu erteilen. ▶ Eine Bankbürgschaft ist nicht verpflichtend.

e) Rechnungserteilung

Pflicht zur Rechnungserteilung	Der Unternehmer ist in den folgenden Fällen verpflichtet, innerhalb von 15 Tagen nach Ausführung der Leistung, bzw. innerhalb der ersten 15 Tage, des auf den Leistungszeitpunkt folgenden Monats, eine Rechnung auszustellen:

Inhalt

▶ Bei der Ausführung eines steuerpflichtigen Umsatzes an einen anderen Unternehmer für dessen Unternehmen oder an eine juristische Person oder

▶ bei Ausführung einer Lieferung oder sonstigen Leistung in das Gemeinschaftsgebiet.

Eine Rechnung muss folgende Angaben enthalten:

▶ Den vollständigen Namen und die vollständige Anschrift des leistenden Unternehmers und des Leistungsempfängers,

▶ die dem leistenden Unternehmer und dem Leistungsempfänger von der Steuerverwaltung erteilte MwSt-Nummer,

▶ das Ausstellungsdatum,

▶ eine fortlaufende Nummer mit einer oder mehreren Zahlenreihen, die zur Identifizierung der Rechnung vom Rechnungsaussteller einmalig vergeben wird (Rechnungsnummer),

▶ die Menge und die Art (handelsübliche Bezeichnung) der gelieferten Gegenstände oder den Umfang und die Art der sonstigen Leistung,

▶ den Zeitpunkt der Lieferung oder sonstigen Leistung oder den Zeitpunkt der Vereinnahmung des Entgelts oder eines Teils des Entgelts, sofern der Zeitpunkt der Vereinnahmung feststeht und nicht mit dem Ausstellungsdatum der Rechnung übereinstimmt,

▶ das nach Steuersätzen und einzelnen Steuerbefreiungen aufgeschlüsselte Entgelt für die Lieferung oder sonstige Leistung sowie jede im Voraus vereinbarte Minderung des Entgelts, sofern sie nicht bereits im Entgelt berücksichtigt ist,

▶ den anzuwendenden Steuersatz sowie den auf das Entgelt entfallenden Steuerbetrag oder im Fall einer Steuerbefreiung einen Hinweis darauf, dass für die Lieferung oder sonstige Leistung eine Steuerbefreiung gilt und

▶ bei innergemeinschaftlicher Lieferung eines neuen Fahrzeuges, eine hinreichende Beschreibung, mit der das Fahrzeug identifiziert werden kann.

Vereinfachte Rechnungen	Eine vereinfachte Rechnung, mit einem Gesamtbetrag nicht höher als € 100 (inkl. MwSt), muss lediglich die folgenden Angaben enthalten:

► Den vollständigen Namen und die vollständige Anschrift des leistenden Unternehmers,

► die dem leistenden Unternehmer von der Steuerverwaltung erteilte MwSt-Nummer,

► das Ausstellungsdatum,

► eine fortlaufende Nummer mit einer oder mehreren Zahlenreihen, die zur Identifizierung der Rechnung vom Rechnungsaussteller einmalig vergeben wird (Rechnungsnummer),

► den Zeitpunkt der Lieferung oder sonstigen Leistung,

► die Menge und die Art der gelieferten Gegenstände oder den Umfang und die Art der sonstigen Leistung,

► das Entgelt und den darauf entfallenden Steuerbetrag für die Lieferung oder sonstige Leistung in einer Summe und

► den anzuwendenden Steuersatz.

Selbstfakturierung (Gutschrift)	► Damit eine Rechnung zum Zwecke der Selbstfakturierung anerkannt wird, muss dies vorab zwischen Leistenden und Empfänger schriftlich vereinbart werden.

► Zusätzlich ist der folgende Rechnungsvermerk zu berücksichtigen: „vyhotovenie faktúry odberateom".

Rechnungskorrekturen	► Eine Rechnungskorrektur muss ausdrücklich und eindeutig auf die ursprüngliche Rechnung Bezug nehmen.

► Die Angabe der Rechnungsnummer der ursprünglichen Rechnung ist verpflichtend.

Elektronische Rechnungen	► Eine Rechnung kann auf elektronischem Weg übermittelt werden. Grds. sind alle Übermittlungsformen zulässig (z. B. EDI-Verfahren oder E-Mail).

► Die elektronische Rechnung muss durch den Leistungsempfänger akzeptiert werden.

► Wird eine Rechnung auf elektronischem Weg übermittelt, müssen die Echtheit der Herkunft, die Unversehrtheit des Inhalts und die Lesbarkeit der Rech-

	nung gewährleistet sein. Dies kann bspw. durch eine qualifizierte elektronische Signatur oder durch ein geeignetes innerbetriebliches Kontrollverfahren erfolgen.
Aufbewahrung	▶ Die Aufbewahrungspflicht für Rechnungen beträgt 10 Jahre.
Reverse-Charge	▶ Führt der Unternehmer eine Leistung aus, für die der Leistungsempfänger die Steuer schuldet, ist er zur Ausstellung einer Rechnung verpflichtet, die den folgenden Hinweis auf die Steuerschuldnerschaft des Leistungsempfängers enthält: „prenesenie danovej povinnosti". Die Angabe der MwSt-Nummer des Leistungsempfängers ist verpflichtend.
Wichtige Rechnungshinweise	
Rechnungshinweis für steuerfreie innergemeinschaftliche Lieferungen	„Dodanie je oslobodené od dane podľa par. 43 alebo 43 zákona č. 222/2004 Z. z. o DPH"
Rechnungshinweis für Dreiecksgeschäfte	„Ide o trojstranný obchod podľa § 45 zákona č. 222/2004 Z.z. o DPH"
Rechnungshinweis beim Übergang der Steuerschuldnerschaft	„prenesenie daňovej povinnosti"
Rechnungshinweis bei Gutschriften	„Vyhotovenie faktúry odberateľom"

f) Steuererklärungen

Pflicht zur Abgabe	▶ Jeder in der Slowakischen Republik registrierte Steuerpflichtige muss Steuererklärungen abgeben.
Ausnahmen	▶ Hiervon ausgenommen sind ausländische Steuerpflichtige, bei denen im Steuerzeitraum keine Steuerschuld entstanden ist oder die kein Recht auf Vorsteuererstattung haben und die keine innergemein-

schaftlichen Lieferungen, bzw. Exporte ausgeführt haben.

Zeitraum und Zahlungsfristen

▶ Der Zeitraum für die Steuererklärung ist in der Regel der Kalendermonat.

▶ Die Steuererklärung kann vierteljährlich abgegeben werden, wenn der Gesamtbetrag der Umsätze im vorangegangenen Kalenderjahr weniger als € 100.000 betragen hat und der Steuerpflichtige bereits 12 Monate in der Slowakischen Republik registriert ist.

▶ Die Steuererklärung muss spätestens 25 Tage nach Ende des Steuerzeitraums abgegeben und die Steuer entsprechend entrichtet werden.

Verfahrensvereinfachung

▶ Vereinfachte Verfahren zur Ermittlung der Steuerschuld gibt es in der Slowakischen Republik nicht.

Elektronische Steuererklärungen

▶ Die Steuererklärung kann mit Hilfe des Antrags von der Internetseite der slowakischen Steuerverwaltung (http://www.financnasprava.sk) und unter Verwendung einer qualifizierten elektronischen Signatur abgegeben werden.

▶ Wird die Steuererklärung ohne eine qualifizierte elektronische Signatur abgegeben, ist eine schriftliche Vereinbarung mit der Steuerverwaltung abzuschließen, die insbesondere die Erfordernisse der elektronischen Zustellung, die Art der Prüfung der Einreichung der mit elektronische Mitteln erstellten Erklärung und die Art des Nachweises der Zustellung enthält.

▶ Wird die Steuerklärung ohne eine entsprechende Vereinbarung mit der Steuerverwaltung erstellt und elektronisch übermittelt, ist die schriftliche Form innerhalb von 5 Werktagen ab ihrer Zusendung der Steuerverwaltung zu übermitteln.

g) Zusammenfassende Meldungen

Abgabepflicht

Eine Abgabepflicht besteht für einen
▶ Unternehmer, der innergemeinschaftliche Warenlieferungen ausführt,

	► Unternehmer, der innergemeinschaftliche Dienstleistungen ausführt,
	► Unternehmer, der Beteiligter an einem innergemeinschaftlichen Dreiecksgeschäft ist.
Zeitraum	► Die Meldung ist quartalweise, spätestens am 25. Tag des auf das Ende des Meldezeitraums folgenden Monats abzugeben.
	► Für den Fall, dass in den vorherigen vier Kalendervierteljahren innergemeinschaftliche Lieferungen von mehr als € 50.000 ausgeführt worden sind, ist die Meldung monatlich einzureichen.
Zuständige Behörde	► Daňový úrad Bratislava VAT Unit Sevcenkova 32 SK – 850 00 Bratislava Slovakia Tel: (+421) 2 5737 8111 E-Mail: duba-ba.kontakt@financnasprava http://www.financnasprava.sk
Inhalt	Die Zusammenfassende Meldung muss folgende Angaben enthalten:
	► Die MwSt-Nummer inklusive dem Ländercode „SK" des Unternehmers, die ihm in der Slowakischen Republik erteilt worden ist,
	► die MwSt-Nummer inklusive dem entsprechenden Ländercode jedes Erwerbers, die ihm in einem anderen Mitgliedstaat erteilt worden ist,
	► für jeden Erwerber die Summe der Bemessungsgrundlagen der an ihn ausgeführten innergemeinschaftlichen Warenlieferungen/Dienstleistungen,
	► für jeden Erwerber die Summe der Bemessungsgrundlagen der innergemeinschaftlichen Dreiecksgeschäfte.
Ausnahmen	► Vereinfachte Verfahren im Zusammenhang mit der Zusammenfassenden Meldung gibt es in der Slowakischen Republik nicht.
Elektronische Abgabe	► Die Zusammenfassende Meldung ist mit Hilfe des Antrags von der Internetseite der slowakischen Steu-

erverwaltung (http://www.financnasprava.sk) und unter Verwendung einer qualifizierten elektronischen Signatur elektronisch abzugeben.

► Wird die Zusammenfassende Meldung ohne eine qualifizierte elektronische Signatur abgegeben, ist eine schriftliche Vereinbarung mit der Steuerverwaltung abzuschließen, die insbesondere die Erfordernisse der elektronischen Zustellung, die Art der Prüfung der Einreichung der mit elektronischen Mitteln erstellten Erklärung und die Art des Nachweises der Zustellung enthält.

h) Vorsteuerabzug

Einschränkung

Der Vorsteuerabzug ist u. a. für folgende Eingangsleistungen nicht möglich:

► Nahrungsmittel, Getränke und Tabakwaren,
► Dienstleistungen im Unterhaltungsbereich,
► Bewirtungsaufwendungen,
► Repräsentationsaufwendungen,
► Erwerb, Miete und Leasing von Personenkraftwagen.

Abziehbare Vorsteuerbeträge

Der Vorsteuerabzug ist insbesondere für folgende Kosten, sofern sie betrieblich veranlasst sind, möglich:

► Beratungsleistungen,
► Übernachtungskosten,
► Parkgebühren,
► Personalbeschaffungskosten,
► Kosten für Telekommunikation,
► Seminar- und Tagungskosten,
► Messekosten,
► Kosten für Werbung.

Vergütungsverfahren

Ausländische Unternehmer, die im Inland keine oder nur steuerfreie Umsätze bewirkt haben, können in Rechnung gestellte Mehrwertsteuerbeträge grds. nur in einem so genannten Vergütungsverfahren geltend machen.

Bei diesem Verfahren ist zwischen einer Mehrwertsteuervergütung an Unternehmer aus EU-Mitgliedstaaten und Unternehmer aus Drittländern zu unterscheiden.

Mehrwertsteuervergütung an Unternehmer aus EU-Mitgliedstaaten:

► Der Antrag auf Mehrwertsteuervergütung muss bis zum 30. September nach Ablauf des Kalenderjahres, in dem der Vergütungsanspruch entstanden ist, gestellt werden.

► Die Mindestsumme der Erstattungsbeträge beträgt für Quartalsanträge € 400 und bei jährlicher Antragstellung € 50.

► Der Unternehmer hat die Vergütung selbst zu berechnen und die Vorsteuerbeträge ab einem Rechnungsbetrag von über € 1.000 (€ 250 bei Kraftstoff) durch Vorlage von Rechnungen und Einfuhrbelegen in Kopie nachzuweisen.

► Der Antrag wird über ein elektronisches Portal im jeweiligen Ansässigkeitsstaat eingereicht.

Mehrwertsteuervergütung an Unternehmer aus Drittländern:

► Der Antrag auf Mehrwertsteuervergütung muss bis zum 30. Juni nach Ablauf des Kalenderjahres, in dem der Vergütungsanspruch entstanden ist, gestellt werden.

► Die Mindestsumme der Erstattungsbeträge beträgt für Quartalsanträge € 400 und bei jährlicher Antragstellung € 50.

► Der Unternehmer hat die Vergütung selbst zu berechnen und die Vorsteuerbeträge durch Vorlage von Rechnungen und Einfuhrbelegen im Original nachzuweisen.

► Der Unternehmer hat den Nachweis seiner Unternehmereigenschaft anhand einer Bescheinigung seines Finanzamts (nicht älter als ein Jahr) gegenüber der Steuerverwaltung zu erbringen.

► Der Antrag muss nach amtlich vorgeschriebenem Vordruck bei der zuständigen Behörde eingereicht werden.

Zuständige Behörde

Daňový úrad Bratislava
VAT Unit

Sevcenkova 32
SK – 850 00 Bratislava
Slovakia
Tel: (+421) 2 5737 8111
E-Mail: duba-ba.kontakt@financnasprava

22. Slowenien

a) Allgemeine Informationen

628

Währung	Euro (€)	**Informationsstelle**
MwSt-Standardsatz	22%	Ljubljana Tax Office
Ermäßigter Satz	9,5%	Davčna ulica 1
Lieferschwelle	€ 35.000	SI - 1001 Ljubljana
Erwerbsschwelle	€ 10.000	Slovenia
		Tel: (+386) 1 369 3000
		Fax: (+386) 1 369 3010
		E-Mail: lj.fu@gov.si
		http://www.fu.gov.si/
Bezeichnung der Umsatzsteuer:	Davek na dodano vrednost	**Anträge auf MwSt-Vergütung sind zu richten an:**
Name der Mehrwertsteuer-Identifikationsnummer (MwSt-IdNr.)	Davčna številka (DDV)	Ljubljana Tax Office
		Davčna ulica 1
		SI - 1001 Ljubljana
		Slovenia
Aufbau der MwSt-IdNr.	SI + acht Ziffern	Tel: (+386) 1 369 3000
		Fax: (+386) 1 369 3010
		E-Mail: lj.fu@gov.si
		http://www.fu.gov.si/
Umsatzsteuerliche Organschaft	Eine umsatzsteuerliche Organschaft ist in Slowenien nicht vorgesehen.	
Fiskalvertreter erforderlich	nur für Nicht-EU Unternehmer	**Mindestsumme der MwSt-Vergütungsanträge[1]**
Drittlandsgebiete	keine	Jährliche Antragstellung € 50
		Quartalsanträge € 400
Kleinunternehmergrenzen	€ 50.000	

---

1 € 400 (halbjährlich) oder € 50 (jährlich) für Antragsteller aus dem Drittlandsgebiet.

b) Registrierung ausländischer Unternehmer

Registrierungs-pflicht	Eine Mehrwertsteuer-Registrierung ist verpflichtend ► bei Ausführung von Lieferungen, ► bei der Erbringung von Dienstleistungen, ► beim innergemeinschaftlichen Erwerb und ► im Versandhandel bei Überschreitung der Liefer-schwelle von € 35.000.
Ausnahmen	► Die Registrierungspflicht entfällt bei Lieferungen und sonstigen Leistungen, die dem Reverse-Charge-Ver-fahren unterliegen. ► Eine Ausnahme gilt auch für Kleinunternehmer mit einer Niederlassung in Slowenien, wenn diese die Umsatzgrenze von € 50.000 im vorangegangenen Kalenderjahr nicht überschritten haben.
Antragstellung	Für im In- und Ausland ansässige Unternehmer ist zu-ständig: ► Nova Gorica Financial Office P. O. Box 45 SI - 5001 Nova Gorica Slovenia Tel: (+386) 5 336 5600 Fax: (+386) 5 336 5584 E-Mail: ng.fu@gov.si http://www.fu.gov.si/ Verfahrensablauf: ► Die Registrierung erfolgt über die eTax Internetprä-senz der Finanzbehörde https://edavki.durs.si. ► Die dortigen Formulare sind ausgefüllt und unter-schrieben an die oben genannte Adresse zu senden. ► Dem Antrag ist ein Nachweis der MwSt-Registrie-rung anhand einer Bescheinigung des Finanzamts, ein übersetzter Handelsregisterauszug, eine Bank-bestätigung und eine Kopie des Ausweises der Ge-schäftsführung beizufügen.

c) Anwendung des Reverse-Charge-Verfahrens

Nationale Regelung	▶ Art. 24, 25, 76 slowenisches Mehrwertsteuergesetz
Leistender	▶ Ausländischer Unternehmer, der nicht in Slowenien ansässig ist. Die mehrwertsteuerliche Registrierung des ausländischen Unternehmers in Slowenien ist für die Anwendung des Reverse-Charge-Verfahrens unschädlich.
Leistungs-empfänger	▶ Unternehmer oder juristische Person des öffentlichen Rechts im Rahmen des Unternehmens, denen eine USt-IdNr. erteilt wurde und die in Slowenien ansässig sind.
Anwendungsfälle (Aufzählung nicht abschließend)	▶ Grenzüberschreitende Dienstleistungen gemäß Art. 44 MwStSystRL
Rechtsfolgen	▶ Steuerschuld und Vorsteuerabzug fallen in der Person des Leistungsempfängers zusammen.
Rechnungs-anforderungen	▶ Ausweis des Nettobetrags in der Rechnung. ▶ Angabe der MwSt-Nummer des Leistungsempfängers. ▶ Hinweis in der Rechnung auf die Anwendung des Reverse-Charge-Verfahrens.

d) Bestellung eines Steuer-/Fiskalvertreters

Pflicht für nicht in der EU ansässige Unternehmer	▶ Für nicht in der EU ansässige Unternehmer ist die Bestellung eines Fiskalvertreters in Slowenien verpflichtend. ▶ Für in anderen EU Mitgliedstaaten ansässige Unternehmer ohne slowenische MwSt-Nummer, welche Waren nach Slowenien einführen, um sie danach im Rahmen einer innergemeinschaftlichen Lieferung in einen anderen Mitgliedstaat der EU zu liefern, ist die Bestellung eines Fiskalvertreters empfehlenswert. ▶ Seit 1. Juli 2016 kann das Reverse-Charge-Verfahren auf slowenische Einfuhr-Umsatzsteuer angewandt werden. Beabsichtigen nicht in Slowenien ansässige,

aber für umsatzsteuerliche Zwecke registrierte Unternehmer diese Regelung anzuwenden, ist dafür die Bestellung eines Fiskalvertreters erforderlich.

Voraussetzungen für die Vertretung	▶ Der Vertretene darf im Inland nicht über einen Sitz, eine Geschäftsleitung oder eine Zweigniederlassung verfügen.
Anwendungsfälle	▶ Wenn ein Fiskalvertreter erforderlich ist, ist der Unternehmer verpflichtet, diesen zu bestellen, bevor er steuerpflichtige Umsätze in Slowenien ausführt.
Vertretungsbefugte	▶ Zum Fiskalvertreter können juristische oder natürliche Personen bestellt werden, die in Slowenien ansässig und steuerpflichtig sind.
Rechte und Pflichten	▶ Der Vertreter hat die gleichen Rechte und Pflichten wie der Vertretene.
	▶ Der Vertreter haftet gesamtschuldnerisch für die Zahlung der Mehrwertsteuer sowie der Zinsen und Geldbußen, die im Zusammenhang mit den in Slowenien getätigten Umsätzen anfallen können.
Bankgarantie	▶ Eine Bankbürgschaft ist grds. nicht erforderlich, kann von der Finanzverwaltung jedoch im Einzelfall gefordert werden.

e) Rechnungserteilung

Pflicht zur Rechnungserteilung	Der Unternehmer ist in den folgenden Fällen verpflichtet eine Rechnung auszustellen:
	▶ Bei der Ausführung eines steuerpflichtigen Umsatzes an einen anderen Unternehmer für dessen Unternehmen oder an eine juristische Person oder
	▶ bei Ausführung einer Lieferung oder sonstigen Leistung in das Gemeinschaftsgebiet ist die Rechnung innerhalb von 15 Tagen nach Ende des Monats nach Ausführung der Leistung zu erstellen
Inhalt	Eine Rechnung muss folgende Angaben enthalten:
	▶ Den vollständigen Namen und die vollständige Anschrift des leistenden Unternehmers und des Leistungsempfängers,

- ► die dem leistenden Unternehmer von der Steuerverwaltung erteilte MwSt-Nummer,
- ► das Ausstellungsdatum,
- ► eine fortlaufende Nummer mit einer oder mehreren Zahlenreihen, die zur Identifizierung der Rechnung vom Rechnungsaussteller einmalig vergeben wird (Rechnungsnummer),
- ► die Menge und die Art (handelsübliche Bezeichnung) der gelieferten Gegenstände oder den Umfang und die Art der sonstigen Leistung,
- ► den Zeitpunkt der Lieferung oder sonstigen Leistung oder den Zeitpunkt der Vereinnahmung des Entgelts oder eines Teils des Entgelts, sofern der Zeitpunkt der Vereinnahmung feststeht und nicht mit dem Ausstellungsdatum der Rechnung übereinstimmt,
- ► das nach Steuersätzen und einzelnen Steuerbefreiungen aufgeschlüsselte Entgelt für die Lieferung oder sonstige Leistung sowie jede im Voraus vereinbarte Minderung des Entgelts, sofern sie nicht bereits im Entgelt berücksichtigt ist,
- ► den anzuwendenden Steuersatz sowie den auf das Entgelt entfallenden Steuerbetrag oder im Fall einer Steuerbefreiung einen Hinweis darauf, dass für die Lieferung oder sonstige Leistung eine Steuerbefreiung gilt,
- ► bei innergemeinschaftlicher Lieferung eines neuen Fahrzeuges, eine hinreichende Beschreibung, mit der das Fahrzeug identifiziert werden kann,
- ► bei Anwendung einer Sonderregelung für Gebrauchtgegenstände, Kunstgegenstände, Sammlungsstücke und Antiquitäten, einen Verweis auf die entsprechende nationale Regelung oder einen anderen Hinweis darauf, dass diese Regelung angewandt wurde und
- ► bei Fiskalvertretung, den vollständigen Namen, die vollständige Anschrift und die MwSt-Nummer des Vertreters.

Zusätzlich ist in der Rechnung die MwSt-Nummer des Leistungsempfängers anzugeben, wenn

► der leistende Unternehmer eine innergemeinschaftliche Lieferung ausführt,

► der Leistungsempfänger die Steuer schuldet (Reverse-Charge-Verfahren).

Vereinfachte Rechnungen

Eine vereinfachte Rechnung darf nur für Lieferungen oder sonstige Leistungen innerhalb Sloweniens ausgestellt werden, deren Rechnungsbetrag unter € 100 (ohne MwSt) liegt. Die Rechnung muss lediglich die folgenden Angaben enthalten:

► Den vollständigen Namen und die vollständige Anschrift des leistenden Unternehmers,

► die MwSt-Nummer des leistenden Unternehmers,

► das Ausstellungsdatum,

► eine fortlaufende Nummer mit einer oder mehreren Zahlenreihen, die zur Identifizierung der Rechnung vom Rechnungsaussteller einmalig vergeben wird (Rechnungsnummer),

► die Menge und die Art (handelsübliche Bezeichnung) der gelieferten Gegenstände oder den Umfang und die Art der sonstigen Leistung,

► das Entgelt und den darauf entfallenden Steuerbetrag für die Lieferung oder sonstige Leistung.

Selbstfakturierung (Gutschrift)

Damit eine Rechnung zum Zwecke der Selbstfakturierung anerkannt wird, muss vorab zwischen Leistenden und Empfänger eine detaillierte schriftliche Vereinbarung getroffen werden

Rechnungskorrekturen

► Eine Rechnungskorrektur muss ausdrücklich und eindeutig auf die ursprüngliche Rechnung Bezug nehmen.

Elektronische Rechnungen

► Eine Rechnung kann auf elektronischem Weg übermittelt werden. Grds. sind alle Übermittlungsformen zulässig (z. B. EDI-Verfahren oder E-Mail).

► Die elektronische Rechnung muss durch den Leistungsempfänger akzeptiert werden.

► Wird eine Rechnung auf elektronischem Weg übermittelt, müssen die Echtheit der Herkunft, die Unversehrtheit des Inhalts und die Lesbarkeit der Rechnung gewährleistet sein. Dies kann bspw. durch eine

	qualifizierte elektronische Signatur oder durch ein geeignetes innerbetriebliches Kontrollverfahren erfolgen.
Aufbewahrung	▶ Die Aufbewahrungspflicht für Rechnungen beträgt grds. 10 Jahre. Sie beträgt 20 Jahre, wenn es sich um Rechnungen handelt, die die Besteuerung von Immobilien betreffen.
Reverse-Charge	▶ Führt der Unternehmer eine Leistung aus, für die der Leistungsempfänger die Steuer schuldet, ist er zur Ausstellung einer Rechnung verpflichtet, die einen Hinweis auf die Steuerschuldnerschaft des Leistungsempfängers enthält. Die Angabe der MwSt-Nummer des Leistungsempfängers ist verpflichtend.
Wichtige Rechnungshinweise	
Rechnungshinweis für steuerfreie innergemeinschaftliche Lieferungen	„Oprosceno v skladu s 46/1 clenom ZDDV-1" oder „VAT exempt intra-Community supply of goods - Article 138 (1) of 2006/112/EC Directive""
Rechnungshinweis für Dreiecksgeschäfte	„Obrnjena davčna obveznost" oder „reverse charge"
Rechnungshinweis beim Übergang der Steuerschuldnerschaft	„Obrnjena davčna obveznost" oder „reverse charge"
Rechnungshinweis bei Gutschriften	„Samofakturiranje" oder „self-billing"

f) Steuererklärungen

Pflicht zur Abgabe	▶ Jeder in Slowenien registrierte Steuerpflichtige muss Steuererklärungen abgeben.
Zeitraum und Zahlungsfristen	▶ Der Zeitraum für die Steuererklärung ist in der Regel der Kalendermonat.
	▶ Die Steuererklärung ist vierteljährlich abzugeben, wenn der Gesamtbetrag der Lieferungen und sonsti-

gen Leistungen im vorangegangenen Kalenderjahr weniger als € 210.000 betragen hat und keine innergemeinschaftlichen Lieferungen oder Dienstleistungen ausgeführt wurden.

► Die Steuererklärung muss bis zum 20. Tag des auf das Ende des Steuerzeitraums folgenden Monats abgegeben werden. Die Steuer ist bis zum letzten Tag des auf das Ende des Steuerzeitraums folgenden Monats abzuführen. Wurden keine innergemeinschaftlichen Lieferungen oder Dienstleistungen ausgeführt, kann die Steuererklärung ebenfalls bis zum letzten Tag des auf das Ende des Steuerzeitraums folgenden Monats eingereicht werden.

► Für nicht in Slowenien ansässige Unternehmer ist der Erklärungszeitraum grds. der Kalendermonat.

Verfahrensvereinfachung

► Liegt der Gesamtumsatz des Steuerpflichtigen in den letzten 12 Monaten unter € 400.000 kann eine Istversteuerung angewandt werden.

Elektronische Steuererklärungen

► Die elektronische Steuererklärung erfolgt mit dem System eDavki, welches von der Internetseite der Steuerverwaltung (http://www.fu.gov.si) heruntergeladen werden kann.

► Die Steuererklärung ist mit einer elektronischen Signatur, die auf einem qualifizierten Zertifikat beruhen muss, zu versehen.

g) Zusammenfassende Meldungen

Abgabepflicht

Eine Abgabepflicht besteht für einen
► Unternehmer, der innergemeinschaftliche Warenlieferungen ausführt,
► Unternehmer, der innergemeinschaftliche Dienstleistungen ausführt,
► Unternehmer, der Beteiligter an einem innergemeinschaftlichen Dreiecksgeschäft ist.

Zeitraum

► Die Meldung ist monatlich, spätestens am 20. Tag nach dem Kalendermonat (Meldezeitraum) abzugeben.

Zuständige Behörde	▶ Davčna uprava Republike Slovenije Generalni davčni urad Šmartinska 55 SI - 1000 Ljubljana Slovenia http://www.fu.gov.si
Inhalt	Die Zusammenfassende Meldung muss folgende Angaben enthalten: ▶ Die MwSt-Nummer inklusive dem Ländercode „SI" des Unternehmers, die ihm in Slowenien erteilt worden ist, ▶ die MwSt-Nummer inklusive dem entsprechenden Ländercode jedes Erwerbers, die ihm in einem anderen Mitgliedstaat erteilt worden ist, ▶ für jeden Erwerber die Summe der Bemessungsgrundlagen der an ihn ausgeführten innergemeinschaftlichen Warenlieferungen/Dienstleistungen, ▶ für jeden Erwerber die Summe der Bemessungsgrundlagen der innergemeinschaftlichen Dreiecksgeschäfte.
Ausnahmen	▶ Vereinfachte Verfahren im Zusammenhang mit der Zusammenfassenden Meldung gibt es in Slowenien nicht.
Elektronische Abgabe	▶ Die Abgabe der Zusammenfassenden Meldung erfolgt mit dem System eDavki, welches von der Internetseite der Steuerverwaltung (http://www.fu.gov.si) heruntergeladen werden kann. ▶ Die Zusammenfassende Meldung ist mit einer elektronischen Signatur, die auf einem qualifizierten Zertifikat beruhen muss, zu versehen.

h) Vorsteuerabzug

Einschränkung	Der Vorsteuerabzug ist u. a. für folgende Eingangsleistungen nicht möglich: ▶ Alkoholische Getränke und Tabakprodukte, ▶ Hotelübernachtungen für privaten Bedarf, ▶ Bewirtungsaufwendungen für privaten Bedarf,

► Erwerb, Miete, Leasing und Betriebskosten von Personenkraftwagen,

► Benzin für Personenkraftwagen,
Boote/Yachten/Flugzeuge für Sport- und Freizeitbedarf;
Entertainment.

Abziehbare Vorsteuerbeträge

Der Vorsteuerabzug ist insbesondere für folgende Kosten, sofern sie betrieblich veranlasst sind, möglich:

► Beratungsleistungen,

► Miet-, Benzin- und Reparaturkosten für Lastkraftwagen,

► Straßenbenutzungsgebühren,

► Personalbeschaffungskosten,

► Kosten für Telekommunikation,

► Seminar- und Tagungskosten,

► Messekosten,

► Kosten für Werbung.

Vergütungs-verfahren

Ausländische Unternehmer, die im Inland keine oder nur steuerfreie Umsätze bewirkt haben, können in Rechnung gestellte Mehrwertsteuerbeträge grds. nur in einem so genannten Vergütungsverfahren geltend machen.

Bei diesem Verfahren ist zwischen einer Mehrwertsteuervergütung an Unternehmer aus EU-Mitgliedstaaten und Unternehmer aus Drittländern zu unterscheiden.

Mehrwertsteuervergütung an Unternehmer aus EU-Mitgliedstaaten:

► Der Antrag auf Mehrwertsteuervergütung muss bis zum 30. September nach Ablauf des Kalenderjahres, in dem der Vergütungsanspruch entstanden ist, gestellt werden.

► Die Mindestsumme der Erstattungsbeträge beträgt für Quartalsanträge € 400 und bei jährlicher Antragstellung € 50.

► Der Unternehmer hat die Vergütung selbst zu berechnen und die Vorsteuerbeträge bei Nachfrage durch die Behörde durch Vorlage von Rechnungen und Einfuhrbelegen in Kopie nachzuweisen.

► Der Antrag wird über ein elektronisches Portal im jeweiligen Ansässigkeitsstaat eingereicht.

Mehrwertsteuervergütung an Unternehmer aus Drittländern:

► Der Antrag auf Mehrwertsteuervergütung muss bis zum 30. Juni nach Ablauf des Kalenderjahres, in dem der Vergütungsanspruch entstanden ist, gestellt werden.

► Die Mindestsumme der Erstattungsbeträge beträgt für Anträge über einen Zeitraum von 6-12 Monaten € 400 und für jährliche Anträge bzw. für Anträge über einen Zeitraum kleiner als 6 Monate (Rest des Jahres) € 50.

► Der Unternehmer hat die Vergütung selbst zu berechnen und die Vorsteuerbeträge durch Vorlage von Rechnungen und Einfuhrbelegen in Kopie nachzuweisen.

► Der Unternehmer hat den Nachweis seiner Unternehmereigenschaft anhand einer Bescheinigung seines Finanzamts (nicht älter als ein Jahr) gegenüber der Steuerverwaltung zu erbringen.

► Der Antrag muss elektronisch bei der zuständigen Behörde eingereicht werden (über das elektronische Portal der slowenischen Finanzverwaltung eDavki). Hierzu muss der Unternehmer aus dem Drittland vorab eine slowenische Steuernummer beantragen (keine Umsatzsteueridentifikationsnummer).

| **Zuständige Behörde** | Ljubljana Tax Office
Davčna ulica 1
SI - 1001 Ljubljana
Slovenia
Tel: (+386) 1 369 3000
Fax: (+386) 1 369 3010
E-Mail: lj.fu@gov.si
http://www.fu.gov.si |

23. Spanien

a) Allgemeine Informationen

Währung	Euro (€)	**Informationsstelle**	629
MwSt-Standardsatz	21%	Subdirección de Asistencia Tributaria	
Ermäßigter Satz	4%, 10%	Agencia Estatal de Administración Tributaria (AEAT)	
Lieferschwelle	€ 35.000		
Erwerbsschwelle	€ 10.000	Calle Guzmán el Bueno 139	
		E-28003 Madrid	
		Spain	
		Tel: (+34) 91 582 61 78	
		E-Mail: consultas@aeat.es	
		http://www.agenciatributaria.es	
Bezeichnung der Umsatzsteuer	Impuesto sobre el valor añadido (IVA)	**Anträge auf MwSt-Vergütung sind zu richten an:**	
Name der Mehrwertsteuer-Identifikationsnummer (MwSt-IdNr.)	el número de identificación a efectos del Impuesto sobre el Valor Añadido	Agencia Tributaria Oficina Nacional de Gestion Tributaria Calle Infanta Mercedes, 37	
Aufbau der MwSt-IdNr.	ES + neun Zeichen	E-28020 Madrid, Spain Tel: (+34) 91 583 89 78 E-Mail: ivanes@correo.aeat.es http://www.agenciatributaria.es	
Umsatzsteuerliche Organschaft	Voraussetzung: Die finanzielle, wirtschaftliche und organisatorische Eingliederung der Organgesellschaft in den Organträger muss erfüllt sein. Die Organschaft wirkt nur im Inland. Eine ausländische Gesellschaft kann nicht Teil eines Organkreises werden. Bei dem Organträger muss es sich immer um eine in Spanien ansässige Gesellschaft handeln, die an den Organgesellschaften eine Mindestbeteiligung i.H.v. 50% hält. In Spanien gelegene Betriebsstätten ausländischer Gesellschaften können nicht Teil des Organkreises werden. Grds. besteht ein Wahlrecht zur Anwendung der Regelungen zur umsatzsteuerlichen Organschaft.		

Fiskalvertreter erforderlich	nur für Nicht-EU Unternehmer	**Mindestsumme der MwSt-Vergütungsanträge**	
Drittlandsgebiete	Kanarische Inseln, Ceuta, Melilla	Jährliche Antragstellung	€ 50
		Quartalsanträge	€ 400
Kleinunternehmergrenzen	keine		

b) Registrierung ausländischer Unternehmer

Registrierungspflicht	Eine Mehrwertsteuer-Registrierung ist verpflichtend ▶ bei Ausführung von Lieferungen, ▶ bei der Erbringung von Dienstleistungen, ▶ beim innergemeinschaftlichen Erwerb und ▶ im Versandhandel, soweit der entsprechende Schwellenwert i. H. v. € 35.000 überschritten wird.
Ausnahmen	▶ Die Registrierungspflicht entfällt bei Lieferungen und sonstigen Leistungen, die dem Reverse-Charge-Verfahren unterliegen. ▶ Eine Freistellung von der Registrierungspflicht aufgrund von weiteren Schwellenwerten ist in Spanien nicht möglich.
Antragstellung	Für im Ausland ansässige Unternehmer ist zuständig: ▶ Subdirección de Asistencia Tributaria Agencia Estatal de Administración Tributaria (AEAT) Calle Guzmán el Bueno 139 E-28003 Madrid Spain Tel: (+34) 91 582 61 78 E-Mail: consultas@aeat.es http://www.agenciatributaria.es Für Unternehmer mit einer Niederlassung in Spanien sind die regionalen Direktionen der spanischen Steuerverwaltung zuständig. Eine Übersicht ist unter http://www.agenciatributaria.es zu finden.

c) Anwendung des Reverse-Charge-Verfahrens

Nationale Regelung	Art. 84 spanisches Umsatzsteuergesetz des Gesetzes 37/1992 vom 28. Dezember über Umsatzsteuer.
Leistender	▶ Ausländischer Unternehmer, der nicht in Spanien ansässig ist. Die mehrwertsteuerliche Registrierung des ausländischen Unternehmers in Spanien ist für die Anwendung des Reverse-Charge-Verfahrens unschädlich.
Leistungsempfänger	▶ Unternehmer, der in Spanien ansässig oder registriert ist. ▶ Gilt für alle steuerpflichtigen Lieferungen, die von einem ausländischen Unternehmer an einen mehrwertsteuerlich registrierten Unternehmer in Spanien erbracht werden. ▶ Im Falle von sonstigen Leistungen gilt das Reverse-Charge-Verfahren nur, wenn es sich bei dem Leistungsempfänger um ein in Spanien ansässiges Unternehmen handelt.
Anwendungsfälle (Aufzählung nicht abschließend)	▶ Grenzüberschreitende Dienstleistungen gemäß Art. 44 MwStSystRL, ▶ grundstücksbezogene sonstige Leistungen, ▶ Personenbeförderung, ▶ kulturelle, künstlerische, wissenschaftliche, unterrichtende, sportliche, unterhaltende oder ähnliche Tätigkeiten, ▶ Restaurationsleistungen, ▶ Kurzfristige Vermietung eines Beförderungsmittels, ▶ Restaurationsleistungen an Bord eines Beförderungsmittels in Spanien.
Rechtsfolgen	▶ Steuerschuld und Vorsteuerabzug fallen in der Person des Leistungsempfängers zusammen.
Rechnungsanforderungen	▶ Ausweis des Nettobetrags in der Rechnung. ▶ Angabe der MwSt-Nummer des Leistungsempfängers. ▶ Hinweis in der Rechnung auf die Anwendung des Reverse-Charge-Verfahrens.

d) Bestellung eines Steuer-/Fiskalvertreters

Pflicht für nicht in der EU ansässige Unternehmer	► Für nicht in der EU ansässige Unternehmer ist die Bestellung eines Fiskalvertreters in Spanien verpflichtend. Weitere Sondertatbestände, die zur Bestellungspflicht eines Fiskalvertreters führen, existieren.
Voraussetzungen für die Vertretung	► Der Vertretene darf im Inland nicht über einen Sitz, eine Geschäftsleitung oder eine Zweigniederlassung verfügen.
Anwendungsfälle	► Wenn ein Fiskalvertreter erforderlich ist, ist der Unternehmer verpflichtet, diesen zu bestellen, bevor er steuerpflichtige Umsätze in Spanien ausführt.
Vertretungsbefugte	► Zum Fiskalvertreter können juristische oder natürliche Personen bestellt werden, die in Spanien ansässig sind.
Rechte und Pflichten	► Der Vertreter hat die gleichen Rechte und Pflichten wie der Vertretene.
	► Der Fiskalvertreter haftet mit dem Vertretenen gemeinsam für die Zahlung der Mehrwertsteuer sowie für Zinsen und Geldbußen, die im Zusammenhang mit den in Spanien getätigten Umsätzen anfallen können.
	► Die Bestellung eines Fiskalvertreters hat durch eine notarielle Vollmacht zu erfolgen und ist der Steuerverwaltung mitzuteilen.
	► Die spanische Finanzverwaltung kann eine Bankgarantie von nicht in der EU ansässigen Unternehmern fordern.

e) Rechnungserteilung

Pflicht zur Rechnungserteilung	Der Unternehmer ist in den folgenden Fällen verpflichtet, innerhalb von 30 Tagen nach Ausführung der Leistung, spätestens jedoch bis zum 16. des Monats, der auf den Steuerzeitraum folgt, in dessen Verlauf der Umsatz bewirkt wurde, eine Rechnung auszustellen:
	► Bei der Ausführung eines steuerpflichtigen Umsatzes an einen anderen Unternehmer für dessen Unternehmen oder an eine juristische Person oder

► bei Ausführung einer Lieferung oder sonstigen Leistung in das Gemeinschaftsgebiet.

Inhalt

Eine Rechnung muss folgende Angaben enthalten:

► Den vollständigen Namen und die vollständige Anschrift des leistenden Unternehmers und des Leistungsempfängers,

► die dem leistenden Unternehmer von der Steuerverwaltung erteilte MwSt-Nummer,

► das Ausstellungsdatum,

► eine fortlaufende Nummer mit einer oder mehreren Zahlenreihen, die zur Identifizierung der Rechnung vom Rechnungsaussteller einmalig vergeben wird (Rechnungsnummer),

► die Menge und die Art (handelsübliche Bezeichnung) der gelieferten Gegenstände oder den Umfang und die Art der sonstigen Leistung,

► den Zeitpunkt der Lieferung oder sonstigen Leistung oder den Zeitpunkt der Vereinnahmung des Entgelts oder eines Teils des Entgelts, sofern der Zeitpunkt der Vereinnahmung feststeht und nicht mit dem Ausstellungsdatum der Rechnung übereinstimmt,

► das nach Steuersätzen und einzelnen Steuerbefreiungen aufgeschlüsselte Entgelt für die Lieferung oder sonstige Leistung sowie jede im Voraus vereinbarte Minderung des Entgelts, sofern sie nicht bereits im Entgelt berücksichtigt ist,

► den anzuwendenden Steuersatz sowie den auf das Entgelt entfallenden Steuerbetrag oder im Fall einer Steuerbefreiung einen Hinweis darauf, dass für die Lieferung oder sonstige Leistung eine Steuerbefreiung gilt,

► bei Ausführung eines innergemeinschaftlichen Dreiecksgeschäfts, einen entsprechenden Verweis darauf, sowie die MwSt-Nummern aller Beteiligten und

► bei innergemeinschaftlicher Lieferung eines neuen Fahrzeuges, eine hinreichende Beschreibung, mit der das Fahrzeug identifiziert werden kann.

Zusätzlich ist in der Rechnung die MwSt-Nummer des Leistungsempfängers anzugeben, wenn

▶ der leistende Unternehmer eine innergemeinschaftliche Lieferung ausführt,

▶ der Leistungsempfänger die Steuer schuldet (Reverse-Charge-Verfahren),

▶ der Leistungsempfänger die Rechnung ausstellt (Selbstfakturierung).

Vereinfachte Rechnungen

Eine vereinfachte Rechnung mit einem Gesamtbetrag unter € 400 darf nur für bestimmte sonstige Leistungen ausgestellt werden. Die Rechnung muss lediglich die folgenden Angaben enthalten:

▶ Den vollständigen Namen des leistenden Unternehmers,

▶ die dem leistenden Unternehmer von der Steuerverwaltung erteilte MwSt-Nummer,

▶ eine fortlaufende Nummer mit einer oder mehreren Zahlenreihen, die zur Identifizierung der Rechnung vom Rechnungsaussteller einmalig vergeben wird (Rechnungsnummer),

▶ das Entgelt und den darauf entfallenden Steuerbetrag für die sonstige Leistung in einer Summe und

▶ den anzuwendenden Steuersatz.

Selbstfakturierung (Gutschrift)

▶ Damit eine Rechnung zum Zwecke der Selbstfakturierung anerkannt wird, muss dies vorab zwischen Leistenden und Empfänger vereinbart werden. Eigener Rechnungsnummernkreis allein für Gutschriften ist empfehlenswert.

Rechnungskorrekturen

Eine Rechnung kann berichtigt werden, wenn

▶ sich die zur Ermittlung des Steuerbetrags erforderlichen Positionen ändern oder

▶ sich der Steuersatz ändert.

Dabei müssen nur die fehlenden oder unzutreffenden Angaben durch ein Dokument, das spezifisch und eindeutig auf die Rechnung bezogen ist, übermittelt werden. Ein eigener Rechnungsnummernkreis für Korrekturen ist empfehlenswert.

Elektronische Rechnungen

▶ Wird eine Rechnung auf elektronischem Weg übermittelt, muss die Echtheit der Herkunft und die Unversehrtheit des Inhalts durch eine qualifizierte elektronische Signatur gewährleistet sein. Hierfür ist bspw. das EDI-Verfahren oder jedes, im Vorhinein von der Finanzverwaltung akzeptierte Verfahren, zulässig.

Aufbewahrung	► Die Aufbewahrungspflicht für Rechnungen beträgt grds. 6 Jahre. Im Falle von Verlustvorträgen ggf. länger.
Reverse-Charge	► Führt der Unternehmer eine Leistung aus, für die der Leistungsempfänger die Steuer schuldet, ist er zur Ausstellung einer Rechnung verpflichtet, die einen Hinweis auf die Steuerschuldnerschaft des Leistungsempfängers enthält. Die Angabe der MwSt-Nummer des Leistungsempfängers ist verpflichtend.
Wichtige Rechnungshinweise	
Rechnungshinweis für steuerfreie innergemeinschaftliche Lieferungen	„Entrega intracomunitaria exenta en virtud del artículo 25 de la Ley 37/1992"
Rechnungshinweis für Dreiecksgeschäfte	„Inversión del sujeto pasivo en virtud del artículo 84 de la Ley 37/1992, de 28 de diciembre del Impuesto sobre el Valor Añadido"
Rechnungshinweis beim Übergang der Steuerschuldnerschaft	„Inversión del sujeto pasivo"
Rechnungshinweis bei Gutschriften	„Facturación por el destinatario"

f) Steuererklärungen

Pflicht zur Abgabe	► Jeder in Spanien registrierte Steuerpflichtige muss Steuererklärungen abgeben.
Zeitraum und Zahlungsfristen	► Der Zeitraum für die Steuererklärung ist in der Regel das Kalenderquartal.
	► Die Steuererklärung ist monatlich abzugeben, wenn der Gesamtbetrag der Umsätze im vorangegangenen

Kalenderjahr mehr als € 6.000.000 betragen hat.

▶ Die Steuererklärung muss 20 Tage nach Ende des Steuerzeitraums abgegeben und die Steuer entsprechend entrichtet werden.

▶ Zusätzlich ist eine zusammenfassende jährliche Steuererklärung abzugeben, die bis zum 30. Januar des folgenden Jahres abzugeben ist.

Verfahrensvereinfachung

▶ Vereinfachte Verfahren zur Ermittlung der Steuerschuld gibt es bspw. für Kleinunternehmer, Einzelhändler oder Landwirte.

Elektronische Steuererklärungen

▶ Steuererklärungen können, nach vorheriger Registrierung, über die Internetseite der Steuerverwaltung, http://www.agenciatributaria.es, abgegeben werden.

g) Zusammenfassende Meldungen

Abgabepflicht

Eine Abgabepflicht besteht für einen

▶ Unternehmer, der innergemeinschaftliche Warenlieferungen ausführt,

▶ Unternehmer, der innergemeinschaftliche Dienstleistungen ausführt,

▶ Unternehmer, der Beteiligter an einem innergemeinschaftlichen Dreiecksgeschäft ist.

Zeitraum

▶ Die Meldung ist monatlich, am 20. Tag des folgenden Monats abzugeben.

▶ Die Meldung ist zweimonatlich abzugeben, wenn am Ende des zweiten Monats eines Quartals der Gesamtbetrag der zu meldenden Lieferungen und sonstigen Leistungen € 50.000 nicht übersteigt.

▶ Wenn weder im betreffenden Kalendervierteljahr noch in einem der vier vorangegangenen Kalendervierteljahre der Gesamtbetrag der in der Zusammenfassenden Meldung auszuweisenden Lieferungen und sonstigen Leistungen € 50.000 überstiegen hat, kann die Meldung quartalsweise abgegeben werden. Übersteigen die in der Zusammenfassenden Meldung auszuweisenden Lieferungen und sonstigen

Leistungen zusammen nicht einen Betrag i. H. v. € 35.000 und übersteigen die innergemeinschaftlichen Lieferungen (ausgenommen die Lieferung von Neufahrzeugen) nicht einen Betrag i. H. v. € 15.000 im vorherigen Kalenderjahr, ist die Zusammenfassende Meldung jährlich abzugeben.

Zuständige Behörde

Subdirección de Asistencia Tributaria
Agencia Estatal de Administración Tributaria (AEAT)
Calle Guzmán el Bueno 139
E-28003 Madrid
Spain
Tel: (+34) 91 582 61 78
E-Mail: consultas@aeat.es
http://www.agenciatributaria.es

Inhalt

Die Zusammenfassende Meldung muss folgende Angaben enthalten:

► Die MwSt-Nummer inklusive dem Ländercode „ES" des Unternehmers, die ihm in Spanien erteilt worden ist,

► die MwSt-Nummer inklusive dem entsprechenden Ländercode jedes Erwerbers, die ihm in einem anderen Mitgliedstaat erteilt worden ist,

► für jeden Erwerber die Summe der Bemessungsgrundlagen der an ihn ausgeführten innergemeinschaftlichen Warenlieferungen/Dienstleistungen,

► für jeden Erwerber die Summe der Bemessungsgrundlagen der innergemeinschaftlichen Dreiecksgeschäfte.

Elektronische Abgabe

► Zusammenfassende Meldungen können, nach vorheriger Registrierung, über die Internetseite der Steuerverwaltung, http://www.agenciatributaria.es, abgegeben werden.

h) Vorsteuerabzug

Einschränkung

Der Vorsteuerabzug ist u. a. für folgende Eingangsleistungen nicht möglich:
► Juwelen, Schmuck, Edelsteine, Natur- oder Zuchtperlen, Gold, Platin,
► Nahrungsmittel, Getränke und Tabakwaren,
►Entertainment
► Reise- und Übernachtungskosten, soweit diese bei der Einkommensteuer nicht abzugsfähig sind,
► Bewirtungsaufwendungen,
► Reparaturleistungen von Personenkraftwagen.

Abziehbare Vorsteuerbeträge

Der Vorsteuerabzug ist grds. für folgende Kosten, sofern sie betrieblich veranlasst sind, möglich:
► Beratungsleistungen,
► Reise- und Hotelkosten, soweit diese bei der Einkommensteuer abzugsfähig sind,
► Parkgebühren,
► Benzin,
► Kosten für Telekommunikation,
► Seminar- und Tagungskosten,
► Messekosten,
► Kosten für Werbung.

Vergütungsverfahren

Ausländische Unternehmer, die im Inland keine oder nur steuerfreie Umsätze bewirkt haben, können in Rechnung gestellte Mehrwertsteuerbeträge grds. nur in einem so genannten Vergütungsverfahren geltend machen.

Bei diesem Verfahren ist zwischen einer Mehrwertsteuervergütung an Unternehmer aus EU-Mitgliedstaaten und Unternehmer aus Drittländern zu unterscheiden.

Mehrwertsteuervergütung an Unternehmer aus EU-Mitgliedstaaten:
► Der Antrag auf Mehrwertsteuervergütung muss bis zum 30. September nach Ablauf des Kalenderjahres, in dem der Vergütungsanspruch entstanden ist, gestellt werden.

► Die Mindestsumme der Erstattungsbeträge beträgt für Quartalsanträge € 400 und bei jährlicher Antragstellung € 50.

► Der Unternehmer hat die Vergütung selbst zu berechnen und die Vorsteuerbeträge ab einem Rechnungsbetrag von € 1.000 (€ 250 bei Kraftstoff) durch Vorlage von Rechnungen und Einfuhrbelegen in Kopie nachzuweisen.

► Der Antrag wird über ein elektronisches Portal im jeweiligen Ansässigkeitsstaat eingereicht.

Mehrwertsteuervergütung an Unternehmer aus Drittländern:

► Der Antrag auf Mehrwertsteuervergütung muss bis zum 30. September nach Ablauf des Kalenderjahres, in dem der Vergütungsanspruch entstanden ist, gestellt werden.

► Die Mindestsumme der Erstattungsbeträge beträgt für Quartalsanträge € 400 und bei jährlicher Antragstellung € 50.

► Der Unternehmer hat die Vergütung selbst zu berechnen und die Vorsteuerbeträge durch Vorlage von Rechnungen und Einfuhrbelegen im Original nachzuweisen.

► Der Unternehmer hat den Nachweis seiner Unternehmereigenschaft anhand einer Bescheinigung seines Finanzamts (nicht älter als ein Jahr) gegenüber der Steuerverwaltung zu erbringen.

► Der Antrag muss elektronisch durch den verpflichtend zu beauftragenden Fiskalvertreter eingereicht werden.

Zuständige Behörde

Agencia Tributaria
Oficina Nacional de Gestion Tributaria
Calle Infanta Mercedes, 37
E-28020 Madrid, Spain
Tel: (+34) 91 583 89 78
E-Mail:
ivanes@correo.aeat.es
http://www.agenciatributaria.es

24. Tschechische Republik

a) Allgemeine Informationen

630

Währung	Tschechische Krone (CZK)	**Informationsstelle**
MwSt-Standardsatz	21%	Ministry of Finance
Ermäßigter Satz	10% /15%	Central Financial and Tax Directorate
Lieferschwelle	CZK 1.140.000	Department of Indirect Taxes
Erwerbsschwelle	CZK 326.000	Letenská 15
		118 10 Praha
		Czech Republic
		Tel: (+420) 257 041 111
		Fax: (+420) 257 042 788
		E-Mail: podatelna@mfcr.cz
		http://www.mfcr.cz
Umrechnungskurs (Euro-Referenzkurs Sept. 2017)	1 € = 26,075 CZK	**Anträge auf MwSt-Vergütung sind zu richten an:**
Bezeichnung der Umsatzsteuer	Daňi z přidané hodnoty	
Name der Mehrwertsteuer-Identifikationsnummer (MwSt-IdNr.)	Daňové Identifikační Číslo (DIČ)	Finanční správa Lazarská 7 117 22 Praha 1 Czech Republic
Aufbau der MwSt-IdNr.	CZ + acht, neun oder zehn Ziffern	Tel: (+420) 296 854 201 Fax: (+420) 224 043 198 E-Mail: vies.dph@fs.mfcr.cz http://www.financnisprava.cz
Umsatzsteuerliche Organschaft	Bei dem Organträger muss es sich immer um eine in der Tschechischen Republik ansässige Gesellschaft handeln, die an den Organgesellschaften eine Mindestbeteiligung i. H.v. 40% hält. Die Organschaft wirkt nur im Inland. Eine ausländische Gesellschaft kann nicht Teil eines Organkreises werden, dies ist nur für eine inländische Betriebsstätte der ausländischen Gesellschaft möglich. Grds. besteht ein Wahlrecht zur An-	

	wendung der Regelungen zur umsatzsteuerlichen Organschaft.		
Fiskalvertreter erforderlich	nein	**Mindestsumme der MwSt-Vergütungsanträge**	
Drittlandsgebiete	keine	Jährliche Antragstellung	€ 50
		Quartalsanträge	€ 400[1]
Kleinunternehmergrenzen	CZK 1.000.000 nur für Steuerpflichtige mit Geschäftssitz in der Tschechischen Republik gültig		

b) Registrierung ausländischer Unternehmer

Registrierungspflicht	Eine Mehrwertsteuer-Registrierung ist verpflichtend ► bei Ausführung von Lieferungen, ► bei der Erbringung von Dienstleistungen, ► beim innergemeinschaftlichen Erwerb und ► im Versandhandel bei Überschreitung der Lieferschwelle von CZK 1.140.000.
Ausnahmen	► Die Registrierungspflicht entfällt bei Lieferungen und sonstigen Leistungen, die dem Reverse-Charge-Verfahren unterliegen.
Antragstellung	Für im Ausland ansässige Unternehmer ist zuständig: ► Územní pracoviště Ostrava I Jurečkova 940/2 700 39 Ostrava Přívoz Czech Republic Tel: (+420) 596 150 111 E-Mail: podatelna3201@fs.mfcr.cz http://www.mfcr.cz Für Unternehmer mit einer Niederlassung in der Tschechischen Republik sind die regionalen Direktio-

---

1 CZK 1.000 (jährlicher Antrag) und CZK 7.000 (quartalsweiser Antrag) bei Antragsstellern aus dem Drittlandsgebiet.

nen der tschechischen Steuerverwaltung zuständig. Eine Übersicht ist unter http://www.mfcr.cz zu finden.

Verfahrensablauf:

► Dem Antrag ist ein Auszug aus dem Unternehmensregister, von der für den ausländischen Unternehmer in einem anderen Mitgliedstaat zuständigen Behörde, beizufügen.

► Ebenfalls in ein Nachweis über die MwSt-Registrierung anhand einer Bescheinigung seines Finanzamts zu erbringen.

c) Anwendung des Reverse-Charge-Verfahrens

Leistender	► Ausländischer Unternehmer, der nicht in der Tschechischen Republik ansässig ist. Die mehrwertsteuerliche Registrierung des ausländischen Leistenden in der Tschechischen Republik ist für die Anwendung des Reverse-Charge-Verfahrens unschädlich.
Leistungsempfänger	► Unternehmer oder juristische Person des öffentlichen Rechts im Rahmen des Unternehmens, denen eine USt-IdNr. erteilt wurde und die in Tschechien ansässig sind.
Anwendungsfälle (Aufzählung nicht abschließend)	► Grenzüberschreitende Dienstleistungen gemäß Art. 44 MwStSystRL, ► grundstücksbezogene sonstige Leistungen, ► Personenbeförderung, ► kulturelle, künstlerische, wissenschaftliche, unterrichtende, sportliche, unterhaltende oder ähnliche Tätigkeiten, ► Restaurationsleistungen, ► Kurzfristige Vermietung eines Beförderungsmittels, ► Restaurationsleistungen an Bord eines Beförderungsmittels.

Rechtsfolgen	▶ Steuerschuld und Vorsteuerabzug fallen in der Person des Leistungsempfängers zusammen.
Rechnungs-anforderungen	▶ Ausweis des Nettobetrags in der Rechnung.
	▶ Angabe der MwSt-Nummer des Leistungsempfängers.
	▶ Hinweis in der Rechnung auf die Anwendung des Reverse-Charge-Verfahrens.

d) Bestellung eines Steuer-/Fiskalvertreters

Pflicht für nicht in der EU ansässige Unternehmer	▶ Ausländische Unternehmer ohne Geschäftssitz in der Tschechischen Republik können für der MwSt unterliegende Umsätze einen Steuervertreter bzw. -bevollmächtigten bestellen.
Voraussetzungen für die Vertretung	▶ Die Steuervertreter müssen der zuständigen Steuerbehörde Mitteilung über die Vertretung machen und erhalten eine besondere Kennnummer für die Zwecke der Vertretung.
Anwendungsfälle	▶ Ausländische Unternehmer können einen Fiskalvertreter bestellen, sofern sie in der Tschechischen Republik MwSt-Schuldner sind.
Vertretungsbefugte	▶ Zum Fiskalvertreter können juristische oder natürliche Personen bestellt werden, die in der Tschechischen Republik ansässig sind, über eine feste Anschrift verfügen und dort eine Geschäftstätigkeit ausüben.
Rechte und Pflichten	▶ Die Steuervertreter haben die gleichen Rechte und Pflichten wie der Vertretene.
	▶ Die Steuervertreter sind verpflichtet MwSt-Erklärungen für den Vertretenen einzureichen und haften für die Zahlung der geschuldeten Mehrwertsteuer.
	▶ Die Steuervertreter müssen für jede vertretene Person gesondert Buch führen.
	▶ Eine Bankbürgschaft ist nicht erforderlich.

e) Rechnungserteilung

Pflicht zur Rechnungserteilung

Der Unternehmer ist in den folgenden Fällen verpflichtet, innerhalb von 15 Tagen nach Ausführung der Leistung eine Rechnung auszustellen:

▶ Bei der Ausführung eines steuerpflichtigen Umsatzes an einen anderen Unternehmer für dessen Unternehmen oder an eine juristische Person oder

Der Unternehmer ist in den folgenden Fällen verpflichtet, innerhalb von 15 Tagen nach Ende des Monats in dem Ausführung der Leistung erfolgt ist eine Rechnung auszustellen:

▶ bei Ausführung einer Lieferung oder sonstigen Leistung in das Gemeinschaftsgebiet.

Inhalt

Eine Rechnung muss folgende Angaben enthalten:

▶ Den vollständigen Namen und die vollständige Anschrift des leistenden Unternehmers und des Leistungsempfängers,

▶ die dem leistenden Unternehmer von der Steuerverwaltung erteilte MwSt-Nummer,

▶ das Ausstellungsdatum,

▶ eine fortlaufende Nummer mit einer oder mehreren Zahlenreihen, die zur Identifizierung der Rechnung vom Rechnungsaussteller einmalig vergeben wird (Rechnungsnummer),

▶ die Menge und die Art (handelsübliche Bezeichnung) der gelieferten Gegenstände oder den Umfang und die Art der sonstigen Leistung,

▶ den Zeitpunkt der Lieferung oder sonstigen Leistung oder den Zeitpunkt der Vereinnahmung des Entgelts oder eines Teils des Entgelts, sofern der Zeitpunkt der Vereinnahmung feststeht und nicht mit dem Ausstellungsdatum der Rechnung übereinstimmt,

▶ das nach Steuersätzen und einzelnen Steuerbefreiungen aufgeschlüsselte Entgelt für die Lieferung oder sonstige Leistung sowie jede im Voraus vereinbarte Minderung des Entgelts, sofern sie nicht bereits im Entgelt berücksichtigt ist und

▶ den anzuwendenden Steuersatz sowie den auf das Entgelt entfallenden Steuerbetrag (in CZK).

Bei innergemeinschaftlichen Warenlieferungen sind zusätzlich folgende Angaben erforderlich:

▶ Die MwSt-Nummer inklusive dem entsprechenden Ländercode des Leistungsempfängers, die ihm in einem anderen Mitgliedstaat erteilt worden ist,

▶ einen Hinweis auf die Steuerbefreiung und eine Referenz auf die entsprechende Gesetzesgrundlage und

▶ bei innergemeinschaftlicher Lieferung eines neuen Fahrzeuges und bei Ausführung eines innergemeinschaftlichen Dreiecksgeschäfts, einen entsprechenden Verweis darauf.

Vereinfachte Rechnungen

Eine vereinfachte Rechnung, mit einem Gesamtbetrag nicht mehr als CZK 10.000, muss lediglich die folgenden Angaben enthalten:

▶ Den vollständigen Namen und die vollständige Anschrift des leistenden Unternehmers,

▶ die dem leistenden Unternehmer von der Steuerverwaltung erteilte MwSt-Nummer,

▶ den Zeitpunkt der Lieferung oder sonstigen Leistung, Ausstellungsdatum,

▶ die Menge und die Art (handelsübliche Bezeichnung) der gelieferten Gegenstände oder den Umfang und die Art der sonstigen Leistung,

▶ eine fortlaufende Nummer mit einer oder mehreren Zahlenreihen, die zur Identifizierung der Rechnung vom Rechnungsaussteller einmalig vergeben wird (Rechnungsnummer),

▶ das Entgelt und den darauf entfallenden Steuerbetrag für die Lieferung oder sonstige Leistung in einer Summe und

▶ den anzuwendenden Steuersatz.

Selbstfakturierung (Gutschrift)

Damit eine Rechnung zum Zwecke der Selbstfakturierung anerkannt wird, müssen folgende Anforderungen erfüllt sein:

▶ Die Selbstfakturierung muss vorab zwischen Leistenden und Empfänger schriftlich vereinbart werden

771

und

► der Leistende muss sämtliche vom Empfänger erstellten Rechnungen anerkennen.

Rechnungskorrekturen

Eine Rechnung kann berichtigt werden, wenn

► sich die zur Ermittlung des Steuerbetrags erforderlichen Positionen ändern oder

► sich der Steuersatz ändert.

Dabei müssen nur die fehlenden oder unzutreffenden Angaben durch ein Dokument, das spezifisch und eindeutig auf die Rechnung bezogen ist, übermittelt werden.

Elektronische Rechnungen

► Wird eine Rechnung auf elektronischem Weg übermittelt, müssen die Echtheit der Herkunft und die Unversehrtheit des Inhalts durch eine qualifizierte elektronische Signatur nach dem Gesetz über die elektronische Signatur (Nr. 227/2000 Sb.) gewährleistet sein.

► Zur Ausstellung von qualifizierten Zertifikaten sind die I.CA (http://www.ica.cz), die Tschechische Post (http://qca.postsignum.cz) und eIdentity (http://www.eidentity.cz/app) derzeit berechtigt.

► Bei Übermittlung im Wege des elektronischen Datenaustauschs (EDI-Verfahren) ist keine zusätzliche Rechnung in Papierform notwendig.

Aufbewahrung

► Die Aufbewahrungspflicht für Rechnungen beträgt 10 Jahre.

Reverse-Charge

► Führt der Unternehmer eine Leistung aus, für die der Leistungsempfänger die Steuer schuldet, ist er zur Ausstellung einer Rechnung verpflichtet, die folgenden Hinweis auf die Steuerschuldnerschaft des Leistungsempfängers in tschechischer Sprache enthält: „daň odvede zákazník". Die Angabe der MwSt-Nummer des Leistungsempfängers ist verpflichtend.

Wichtige Rechnungshinweise	
Rechnungshinweis für steuerfreie innergemeinschaftliche Lieferungen	„Osvobozené dodání zboží do jiného členského státu dle § 64 zákona o DPH"
Rechnungshinweis für Dreiecksgeschäfte	„třístranný obchod" und „Dodání zboží formou třístranného obchodu dle § 17 zákona o DPH. Daňová povinnost přechází dle § 108 odst. 1 písm. e) zákona o DPH na příjemce plnění"
Rechnungshinweis beim Übergang der Steuerschuldnerschaft	„daň odvede zákazník"
Rechnungshinweis bei Gutschriften	„vystaveno zákazníkem"

f) Steuererklärungen

Pflicht zur Abgabe	► Jeder in Tschechien registrierte Steuerpflichtige muss Steuererklärungen abgeben.
Zeitraum und Zahlungsfristen	► Die Steuererklärung ist monatlich abzugeben, wenn der Gesamtbetrag der steuerpflichtigen Umsätze im vorangegangenen Kalenderjahr mehr als CZK 10.000.000 betragen hat.
	► Die Steuererklärung kann vierteljährlich abgegeben werden, wenn der Gesamtbetrag der steuerpflichtigen Umsätze im vorangegangenen Kalenderjahr weniger als CZK 10.000.000 betragen hat.
	► Die Steuererklärung muss 25 Tage nach Ende des Steuerzeitraums abgegeben und die Steuer entsprechend entrichtet werden.
Verfahrensvereinfachung	► Vereinfachte Verfahren zur Ermittlung der Steuerschuld gibt es in der Tschechischen Republik nicht.
Elektronische Steuererklärungen	► Die Steuererklärung kann mit Hilfe des Antrags von der Internetseite der tschechischen Steuerverwaltung (http://adisepo.mfcr.cz) und unter Verwendung

einer qualifizierten elektronischen Signatur abgegeben werden.

► Wird die Steuererklärung ohne eine qualifizierte elektronische Signatur abgegeben, ist innerhalb von drei Tagen zusätzlich eine Erklärung in Schriftform abzugeben.

g) Zusammenfassende Meldungen

Abgabepflicht

Eine Abgabepflicht besteht für einen

► Unternehmer, der innergemeinschaftliche Warenlieferungen ausführt,

► Unternehmer, der innergemeinschaftliche Dienstleistungen ausführt,

► Unternehmer, der Beteiligter an einem innergemeinschaftlichen Dreiecksgeschäft ist.

Zeitraum

► Der Berichtszeitraum entspricht dem Meldezeitraum der Steuererklärung (monatlich/quartalsweise). Die Zusammenfassende Meldung ist spätestens am 25. Tag nach Ende des Meldezeitraums abzugeben.

Zuständige Behörde

Für im Ausland ansässige Unternehmer ist zuständig:

► Územní pracoviště Ostrava I
Jurečkova 940/2
700 39 Ostrava Přívoz
Czech Republic
Tel: (+420) 596 150 111
E-Mail:
podatelna3201@fs.mfcr.cz
http://www.mfcr.cz
Für Unternehmer mit einer Niederlassung in der Tschechischen Republik sind die regionalen Direktionen der tschechischen Steuerverwaltung zuständig. Eine Übersicht ist unter http://www.mfcr.cz zu finden.

Inhalt	Die Zusammenfassende Meldung muss folgende Angaben enthalten:
	▶ Die MwSt-Nummer inklusive dem Ländercode „CZ" des Unternehmers, die ihm in der Tschechischen Republik erteilt worden ist,
	▶ die MwSt-Nummer inklusive dem entsprechenden Ländercode jedes Erwerbers, die ihm in einem anderen Mitgliedstaat erteilt worden ist,
	▶ für jeden Erwerber die Summe der Bemessungsgrundlagen der an ihn ausgeführten innergemeinschaftlichen Warenlieferungen/Dienstleistungen,
	▶ für jeden Erwerber die Summe der Bemessungsgrundlagen der innergemeinschaftlichen Dreiecksgeschäfte.
Ausnahmen	▶ Vereinfachte Verfahren im Zusammenhang mit der Zusammenfassenden Meldung gibt es in der Tschechischen Republik nicht.
Elektronische Abgabe	▶ Die Zusammenfassende Meldung ist nach vorheriger Registrierung auf der Internetseite der tschechischen Steuerverwaltung (http://adisepo.mfcr.cz) unter Verwendung einer qualifizierten elektronischen Signatur elektronisch abzugeben.
	▶ Wird die Zusammenfassende Meldung ohne eine qualifizierte elektronische Signatur abgegeben, ist innerhalb von drei Tagen zusätzlich eine Erklärung in Schriftform abzugeben.

h) Vorsteuerabzug

Einschränkung	Der Vorsteuerabzug ist u. a. für folgende Eingangsleistungen nicht möglich:
	▶ Nahrungsmittel, Getränke und Tabakwaren,
	▶ Bewirtungsaufwendungen, Reisekosten, Hotelkosten,
	▶ Repräsentationsaufwendungen, Benzinkosten (für nicht in der EU ansässige Unternehmer),
	▶ Telekommunikationsaufwendungen (für nicht in der EU ansässige Unternehmer),

► Taxikosten (für nicht in der EU ansässige Unternehmer).

Abziehbare Vorsteuerbeträge

Der Vorsteuerabzug ist insbesondere für folgende Kosten, sofern sie betrieblich veranlasst sind, möglich:
► Beratungsleistungen,
► Straßenbenutzungs- und Parkgebühren,
► Mietwagen,
► Personalbeschaffungskosten,
► Seminar- und Tagungskosten,
► Messekosten,
► Wartungskosten,
► Kosten für Werbung.

Vergütungsverfahren

Ausländische Unternehmer, die im Inland keine oder nur steuerfreie Umsätze bewirkt haben, können in Rechnung gestellte Mehrwertsteuerbeträge grds. nur in einem so genannten Vergütungsverfahren geltend machen.

Beim diesem Verfahren ist zwischen einer Mehrwertsteuervergütung an Unternehmer aus EU-Mitgliedstaaten und Unternehmer aus Drittländern zu unterscheiden.

Mehrwertsteuervergütung an Unternehmer aus EU-Mitgliedstaaten:
► Der Antrag auf Mehrwertsteuervergütung muss bis zum 30. September nach Ablauf des Kalenderjahres, in dem der Vergütungsanspruch entstanden ist, gestellt werden.
► Die Mindestsumme der Erstattungsbeträge beträgt für Quartalsanträge € 400 und bei jährlicher Antragstellung € 50.
► Der Unternehmer hat die Vergütung selbst zu berechnen und die Vorsteuerbeträge bei Nachfrage durch die Behörde durch Vorlage von Rechnungen und Einfuhrbelegen in Kopie nachzuweisen.
► Der Antrag wird über ein elektronisches Portal im jeweiligen Ansässigkeitsstaat eingereicht.

Mehrwertsteuervergütung an Unternehmer aus Drittländern:

► Der Antrag auf Mehrwertsteuervergütung muss bis zum 30. Juni nach Ablauf des Kalenderjahres, in dem der Vergütungsanspruch entstanden ist, gestellt werden.

► Die Mindestsumme der Erstattungsbeträge beträgt für Quartalsanträge CZK 7.000 und bei jährlicher Antragstellung CZK 1.000.

► Der Unternehmer hat die Vergütung selbst zu berechnen und die Vorsteuerbeträge durch Vorlage von Rechnungen und Einfuhrbelegen im Original nachzuweisen.

► Der Unternehmer hat den Nachweis seiner Unternehmereigenschaft anhand einer Bescheinigung seines Finanzamts (nicht älter als ein Jahr) gegenüber der Steuerverwaltung zu erbringen.

► Der Antrag muss nach amtlich vorgeschriebenem Vordruck bei der zuständigen Behörde eingereicht werden.

Zuständige Behörde

Územní pracoviště Ostrava I
Jurečkova 940/2
700 39 Ostrava Přívoz
Czech Republic
Tel: (+420) 596 150 111
E-Mail:
podatelna3201@fs.mfcr.cz
http://www.mfcr.cz

25. Ungarn

a) Allgemeine Informationen

631

		Informationsstelle
Währung	Forint (HUF)	Large Taxpayers Tax and Cus-
MwSt-Standardsatz	27%	toms Directorate (KAVIG)
Ermäßigter Satz	5%, 18%	Dob u. 75-81
Lieferschwelle	€ 35.000	1077 Budapest
Erwerbsschwelle	€ 10.000	Hungary
		Tel: (+36) 1-461-3300
		http://www.nav.gov.hu
Umrechnungskurs (Euro-Referenzkurs Juni 2015)	1 € = 308,37 HUF	Anträge auf MwSt-Vergütung sind zu richten an:
Bezeichnung der Umsatzsteuer	Általános forgalmi adó	
Name der Mehrwertsteuer-Identifikationsnummer (MwSt-IdNr.)	Közösségi Adószám	Adó-és Pénzügyi Ellenırzési Hivatal Pf. 138 1410 Budapest
Aufbau der MwSt-IdNr.	HU + acht Ziffern	Hungary Tel: (+36) 1-461-3300 E-Mail: ugyfelszolga- lat.apeh@matavnet.hu http://www.apeh.hu
Umsatzsteuerliche Organschaft	Voraussetzung: Bei der Organgesellschaft und dem Organträger muss es sich um verbundene Unternehmen handeln, welche in Ungarn ansässig sind. Die Organschaft wirkt nur im Inland. Eine ausländische Gesellschaft kann nicht Organgesellschaft eines inländischen Organkreises werden. Dies ist lediglich für eine inländische Betriebsstätte der ausländischen Gesellschaft möglich. Grds. besteht ein Wahlrecht zur Anwendung der Regelungen zur umsatzsteuerlichen Organschaft.	

Fiskalvertreter erforderlich	nur für Nicht-EU Unternehmer	Mindestsumme der MwSt-Vergütungsanträge	
Drittlandsgebiete	keine	Jährliche Antragstellung	€ 50
		Quartalsanträge	€ 400
Kleinunternehmer-grenzen	8.000.000 HUF (ca. € 26.067)		

b) Registrierung ausländischer Unternehmer

Registrierungs-pflicht	Eine Mehrwertsteuer-Registrierung ist verpflichtend ► bei Ausführung von Lieferungen, ► bei der Erbringung von Dienstleistungen, ► beim innergemeinschaftlichen Erwerb und ► im Versandhandel bei Überschreitung der Liefer-schwelle von EUR 35.000.
Ausnahmen	► Die Registrierungspflicht entfällt bei Lieferungen und sonstigen Leistungen, die dem Reverse-Charge-Ver-fahren unterliegen. ► Eine Ausnahme gilt auch für Kleinunternehmer mit einer Niederlassung in Ungarn, wenn diese die Um-satzgrenze von HUF 8.000.000 im vorangegangenen Kalenderjahr nicht überschritten haben.
Antragstellung	Für im Ausland ansässige Unternehmer ist zuständig: ► Large Taxpayers Tax and Customs Directorate (KAVIG) Dob u. 75-81 1077 Budapest Hungaria Tel: (+36) 1-461-3300 http://www.nav.gov.hu Für Unternehmer mit einer Niederlassung in Ungarn sind die regionalen Direktionen der ungarischen Steuerverwaltung zuständig. Eine Übersicht ist unter http://www.nav.gov.hu zu finden.

Verfahrensablauf:
► Die Registrierung erfolgt mit Hilfe des Formulars T201. Dies ist auf der Internetseite http://www.nav.gov.hu zu finden.
► Das Formular ist ausgefüllt und unterschrieben an die oben genannte Adresse zu senden.
► Dem Antrag ist ein Auszug aus dem Unternehmensregister, von der für den ausländischen Unternehmer in einem anderen Mitgliedstaat zuständigen Behörde, beizufügen.
► Bei Bestellung eines Vertretungsberechtigten ist zusätzlich die Vollmacht zur Vertretung im Original beizufügen.

c) Anwendung des Reverse-Charge-Verfahrens

Nationale Regelung	§ 140 und § 142 des ungarischen Mehrwertsteuergesetzes
Leistender	► Ausländischer Unternehmer, der nicht in Ungarn ansässig ist. Die mehrwertsteuerliche Registrierung des ausländischen Unternehmers in Ungarn ist für die Anwendung des Reverse-Charge-Verfahrens unschädlich.
Leistungsempfänger	► Unternehmer oder juristische Person des öffentlichen Rechts im Rahmen des Unternehmens, denen eine USt-IdNr. erteilt wurde und die in Ungarn ansässig sind.
Anwendungsfälle (Aufzählung nicht abschließend)	► Grenzüberschreitende Dienstleistungen gemäß Art. 44 MwStSystRL, ► grundstücksbezogene sonstige Leistungen, ► Personenbeförderung, ► kulturelle, künstlerische, wissenschaftliche, unterrichtende, sportliche, unterhaltende oder ähnliche Tätigkeiten, ► Restaurationsleistungen, ► Kurzfristige Vermietung eines Beförderungsmittels, ► Restaurationsleistungen an Bord eines Beförderungsmittels.

Rechtsfolgen	▶ Steuerschuld und Vorsteuerabzug fallen in der Person des Leistungsempfängers zusammen.
Rechnungs-anforderungen	▶ Ausweis des Nettobetrags in der Rechnung.
	▶ Hinweis in der Rechnung auf die Anwendung des Reverse-Charge-Verfahrens.
	▶ Die Angabe der MwSt-Nummer des Leistungsempfängers ist verpflichtend.

d) Bestellung eines Steuer-/Fiskalvertreters

Pflicht für nicht in der EU ansässige Unternehmer	▶ Für nicht in der EU ansässige Unternehmer ist die Bestellung eines Fiskalvertreters in Ungarn verpflichtend.
Voraussetzungen für die Vertretung	▶ Der Vertretene darf im Inland nicht über einen Sitz, eine Geschäftsleitung oder eine Zweigniederlassung verfügen.
Anwendungsfälle	▶ Der Unternehmer ist verpflichtet, einen Fiskalvertreter zu bestellen, sofern er steuerpflichtige Umsätze in Ungarn bewirkt.
Vertretungsbefugte	Zum Fiskalvertreter können nur juristische Personen bestellt werden
	▶ deren gezeichnetes Kapital höher als HUF 50.000.000 ist oder die eine Bankbürgschaft in dieser Höhe vorlegen können,
	▶ die über einen Geschäftssitz in Ungarn verfügen und im Unternehmensregister eingetragen sind und
	▶ die keine Schulden bei der Steuerverwaltung haben.
Rechte und Pflichten	▶ Der Vertreter hat innerhalb von 15 Tagen gegenüber der Steuerverwaltung nachzuweisen, dass er berechtigt ist als Fiskalvertreter aufzutreten.
	▶ Der Vertreter hat die gleichen Rechte und Pflichten wie der Vertretene und kann bspw. die erforderlichen Anträge im Inland stellen.
	▶ Der Fiskalvertreter muss für seine Tätigkeit eine gesonderte Steuernummer beantragen. Die gesonderte Steuernummer ist von dem Finanzamt, das für die Besteuerung des Fiskalvertreters zuständig ist, zu erteilen.

	▶ Der Vertretene und der Vertreter haften gesamtschuldnerisch für die Zahlung der Mehrwertsteuer sowie der Zinsen und Geldbußen, die im Zusammenhang mit den in Ungarn getätigten Umsätzen anfallen können.
Ausschluss und Beendigung	▶ Der Fiskalvertreter kann jederzeit von seiner Bestellung zurücktreten. Dies hat er innerhalb von 15 Tagen der Steuerverwaltung zu melden.

e) Rechnungserteilung

Pflicht zur Rechnungserteilung	Der Unternehmer ist in den folgenden Fällen verpflichtet, innerhalb von 15 Tagen nach Ausführung der Leistung eine Rechnung auszustellen: ▶ Bei der Ausführung eines steuerpflichtigen Umsatzes an einen anderen Unternehmer für dessen Unternehmen oder an eine juristische Person und Bei Anzahlungsrechnungen. Der Unternehmer ist in den folgenden Fällen verpflichtet, bis zum 15. Tag des der Ausführung der Leistung folgenden Monats eine Rechnung auszustellen: ▶ bei Ausführung einer Lieferung oder sonstigen Leistung in das Gemeinschaftsgebiet.
Inhalt	Eine Rechnung muss folgende Angaben enthalten: ▶ Den vollständigen Namen und die vollständige Anschrift des leistenden Unternehmers und des Leistungsempfängers, ▶ die dem leistenden Unternehmer von der Steuerverwaltung erteilte MwSt-Nummer, die dem in Ungarn registrierten Leistungsempfänger von der Steuerverwaltung erteilte MwSt-Nummer, sofern der Steuerbetrag die Summe von HUF 100.000 überschreitet (HUF 1.000.000 vor dem 1. Januar 2017), ▶ das Ausstellungsdatum, ▶ eine fortlaufende Nummer mit einer oder mehreren Zahlenreihen, die zur Identifizierung der Rechnung

vom Rechnungsaussteller einmalig vergeben wird (Rechnungsnummer),

► die Menge und die Art (handelsübliche Bezeichnung) der gelieferten Gegenstände oder den Umfang und die Art der sonstigen Leistung,

► den Zeitpunkt der Lieferung oder sonstigen Leistung bzw. Vereinnahmung des Entgelts bei Anzahlungsrechnung,

► das nach Steuersätzen und einzelnen Steuerbefreiungen aufgeschlüsselte Entgelt für die Lieferung oder sonstige Leistung sowie jede im Voraus vereinbarte Minderung des Entgelts, sofern sie nicht bereits im Entgelt berücksichtigt ist,

► den anzuwendenden Steuersatz sowie den auf das Entgelt entfallenden Steuerbetrag,

► bei innergemeinschaftlicher Lieferung eines neuen Fahrzeuges, eine hinreichende Beschreibung, mit der das Fahrzeug identifiziert werden kann,

► bei innergemeinschaftlichen Warenlieferungen die MwSt-Nummer des Leistungsempfängers, die ihm in einem anderen Mitgliedstaat erteilt worden ist,

► bei Fiskalvertretung, den vollständigen Namen, die vollständige Anschrift und die MwSt-Nummer des Vertreters und

► bei Anwendung einer Sonderregelung für Gebrauchtgegenstände, Kunstgegenstände, Sammlungsstücke und Antiquitäten, einen Verweis auf die entsprechende Regelung.

Vereinfachte Rechnungen Eine vereinfachte Rechnung darf nur für Lieferungen oder sonstige Leistungen ausgestellt werden die ausschließlich in bar bezahlt werden und deren Betrag unter EUR 100 liegt.

Abhängig von der jeweiligen Vereinfachungsregelung sollte die Rechnung die folgenden Angaben enthalten:

► Den vollständigen Namen und die vollständige Anschrift des leistenden Unternehmers und des Leistungsempfängers,

► die dem leistenden Unternehmer von der Steuerverwaltung erteilte MwSt-Nummer,

▶ das Ausstellungsdatum,

▶ eine fortlaufende Nummer mit einer oder mehreren Zahlenreihen, die zur Identifizierung der Rechnung vom Rechnungsaussteller einmalig vergeben wird (Rechnungsnummer),

▶ die Menge und die Art (handelsübliche Bezeichnung) der gelieferten Gegenstände oder den Umfang und die Art der sonstigen Leistung,

▶ das Entgelt und den darauf entfallenden Steuerbetrag für die Lieferung oder sonstige Leistung in einer Summe und

▶ den anzuwendenden Steuersatz.

Selbstfakturierung (Gutschrift)

Damit eine Rechnung zum Zwecke der Selbstfakturierung anerkannt wird, müssen folgende Anforderungen erfüllt sein:

▶ Die vom Empfänger selbst ausgestellten Rechnungen müssen alle Angaben enthalten, die für eine MwSt-Rechnung vorgeschrieben sind und

▶ die Selbstfakturierung muss vorab zwischen Leistenden und Empfänger schriftlich vereinbart werden und

▶ die Rechnung hat einen entsprechenden Hinweis zu enthalten.

Rechnungskorrekturen

Eine Rechnung kann berichtigt werden, wenn

▶ sich der Steuerbetrag oder die zu dessen Ermittlung erforderlichen Positionen ändern oder

▶ der Steuerbetrag nachträglich ausgewiesen werden soll.

Die Korrektur der Rechnung muss Folgendes enthalten:

▶ Das Ausstellungsdatum der zu korrigierenden Rechnung und der Korrekturrechnung,

▶ die Rechnungsnummer der zu korrigierenden Rechnung und der Korrekturrechnung

▶ den vollständigen Namen und die vollständige Anschrift des leistenden Unternehmers und des Leistungsempfängers und

▶ die veränderten Positionen sowie die Differenz.

Elektronische Rechnungen	► Wird eine Rechnung auf elektronischem Weg übermittelt, müssen die Echtheit der Herkunft und die Unversehrtheit des Inhalts durch eine qualifizierte elektronische Signatur gewährleistet sein. ► Zusätzlich muss die elektronische Übermittlung im Vorhinein zwischen den beteiligten Parteien vereinbart worden sein. ► Als Übermittlungsart kommt sowohl das EDI-Verfahren als auch ein Verfahren mit elektronischer Signatur in Betracht. Daneben sind alle Verfahren zulässig, welche im Einklang mit der EU-Richtlinie stehen
Aufbewahrung	► Die Aufbewahrungspflicht für Rechnungen beträgt 5-6 Jahre.
Reverse-Charge	► Führt der Unternehmer eine Leistung aus, für die der Leistungsempfänger die Steuer schuldet, ist er zur Ausstellung einer Rechnung verpflichtet, die folgenden Hinweis enthält: „out of the scope of Hungarian VAT", bzw. „fordított adózás". Die Angabe der MwSt-Nummer des Leistungsempfängers ist verpflichtend.
Wichtige Rechnungshinweise	
Rechnungshinweis für steuerfreie innergemeinschaftliche Lieferungen	„Adómentes Közösségi értékesítés (Áfa törvény 89.§)"
Rechnungshinweis für Dreiecksgeschäfte	the customer is liable to pay VAT according to the par. 141 of the HU VAT law" bzw. "Háromszögügylet, az adó fizetésére a vevõ kötelezett az áfa törvény 141.§ alapján (Áfa törvény 91.§(2) és 141.§)"
Rechnungshinweis beim Übergang der Steuerschuldnerschaft	„Fordított adózás"
Rechnungshinweis bei Gutschriften	„Önszámlázás"

f) Steuererklärungen

Pflicht zur Abgabe

► Jeder in Ungarn registrierte Steuerpflichtige muss Steuererklärungen abgeben.

Zeitraum und Zahlungsfristen

► Der Zeitraum für die Steuererklärung sind in der Regel das Quartal.

► Die Steuererklärung ist jährlich abzugeben, wenn der Gesamtbetrag der Steuerschuld im vorangegangenen Kalenderjahr unter HUF 250.000 lag.

► Die Steuererklärung ist monatlich abzugeben, wenn der Gesamtbetrag der Steuerschuld im vorangegangenen Kalenderjahr über HUF 1.000.000 lag.

► Bei monatlicher und vierteljährlicher Steuererklärung muss diese bis zum 20. Tag des Folgemonats abgegeben und die Steuer entsprechend entrichtet werden, bei jährlicher Steuererklärung endet die Frist zur Abgabe und zur Zahlung am 25. Februar des Folgejahres.

Verfahrensvereinfachung

► Vereinfachte Verfahren zur Ermittlung der Steuerschuld gibt es in Ungarn nicht.

Elektronische Steuererklärungen

► Für die Abgabe der elektronischen Steuererklärung sind zwei Registrierungen erforderlich, zum einen beim „National Document office" (Okmányiroda) und zum anderen bei den Steuerbehörden.

► Die elektronische Steuererklärung erfolgt mit dem System eBEV, welches von der Internetseite der Steuerverwaltung (http://en.nav.gov.hu/e_services) heruntergeladen werden kann.

g) Zusammenfassende Meldungen

Abgabepflicht

Eine Abgabepflicht besteht für einen

► Unternehmer, der innergemeinschaftliche Warenlieferungen ausführt und erhält,

► Unternehmer, der innergemeinschaftliche Dienstleistungen ausführt und erhält,

► Unternehmer, der Beteiligter an einem innergemeinschaftlichen Dreiecksgeschäft ist.

Zeitraum	▶ Es gilt für den Steuerpflichtigen grds. der gleiche Abgabezeitraum (Monat/Quartal/Jahr) wie für die Steuererklärung. Die Meldung ist bis zum 25. Tag nach dem Meldezeitraum abzugeben. ▶ Übersteigen die innergemeinschaftlichen Lieferungen, bzw. die innergemeinschaftlichen sonstigen Leistungen die Umsatzgrenze i. H. v. € 50.000, so ist eine monatliche Abgabe vorgeschrieben.
Zuständige Behörde	Für im Ausland ansässige Unternehmer ist zuständig: ▶ Large Taxpayers Tax and Customs Directorate (KAVIG) Dob u. 75-81 1077 Budapest Hungaria Tel: (+36) 1-461-3300 http://www.nav.gov.hu Für Unternehmer mit einer Niederlassung in Ungarn sind die regionalen Direktionen der ungarischen Steuerverwaltung zuständig. Eine Übersicht ist unter http://www.nav.gov.hu zu finden.
Inhalt	Die Zusammenfassende Meldung muss folgende Angaben enthalten: ▶ Die MwSt-Nummer inklusive dem Ländercode „HU" des Unternehmers, die ihm in Ungarn erteilt worden ist, ▶ die MwSt-Nummer inklusive dem entsprechenden Ländercode jedes Erwerbers, die ihm in einem anderen Mitgliedstaat erteilt worden ist, ▶ für jeden Erwerber die Summe der Bemessungsgrundlagen der an ihn ausgeführten innergemeinschaftlichen Warenlieferungen/Dienstleistungen, ▶ für jeden Erwerber die Summe der Bemessungsgrundlagen der innergemeinschaftlichen Dreiecksgeschäfte.
Ausnahmen	▶ Vereinfachte Verfahren im Zusammenhang mit der Zusammenfassenden Meldung gibt es in Ungarn nicht.

Elektronische Abgabe	► Die elektronische Abgabe der Zusammenfassenden Meldung erfolgt mit dem System eBEV, welches von der Internetseite der Steuerverwaltung (http://en.nav.gov.hu/e_services) heruntergeladen werden kann.

h) Vorsteuerabzug

Einschränkung	Der Vorsteuerabzug ist u. a. für folgende Eingangsleistungen nicht möglich: ► Nahrungsmittel, Getränke und Tabakwaren für den privaten Gebrauch, ► 50% vom Erwerb, Leasing, Miete oder Reparatur von Personenkraftwagen und Motorrädern, ► Dienstleistung im Unterhaltungsbereich, ► Bewirtungsaufwendungen, ► Parkdienstleistungen, ► Taxikosten, ► 30% von Telekommunikationsaufwendungen, ► Benzinkosten.
Abziehbare Vorsteuerbeträge	Der Vorsteuerabzug ist insbesondere für folgende Kosten, sofern sie betrieblich veranlasst sind, möglich: ► Beratungsleistungen, ► Hotelkosten, ► Mietkosten für Lastkraftwagen, ► Personalbeschaffungskosten, ► Seminar- und Tagungskosten, ► Messekosten, ► Kosten für Werbung.
Vergütungsverfahren	Ausländische Unternehmer, die im Inland keine oder nur steuerfreie Umsätze bewirkt haben, können in Rechnung gestellte Mehrwertsteuerbeträge grds. nur in einem so genannten Vergütungsverfahren geltend machen.

Bei diesem Verfahren ist zwischen einer Mehrwertsteuervergütung an Unternehmer aus EU-Mitgliedstaaten und Unternehmer aus Drittländern zu unterscheiden.

Mehrwertsteuervergütung an Unternehmer aus EU-Mitgliedstaaten:

► Der Antrag auf Mehrwertsteuervergütung muss bis zum 30. September nach Ablauf des Kalenderjahres, in dem der Vergütungsanspruch entstanden ist, gestellt werden.

► Die Mindestsumme der Erstattungsbeträge beträgt für Quartalsanträge € 400 und bei jährlicher Antragstellung € 50.

► Der Unternehmer hat die Vergütung selbst zu berechnen und die Vorsteuerbeträge ab einem Rechnungsbetrag von € 1.000 (€ 250 bei Kraftstoff) durch Vorlage von Rechnungen und Einfuhrbelegen in Kopie nachzuweisen.

► Der Antrag wird über ein elektronisches Portal im jeweiligen Ansässigkeitsstaat eingereicht.

Mehrwertsteuervergütung an Unternehmer aus Drittländern:

► Der Antrag auf Mehrwertsteuervergütung muss bis zum 30. September nach Ablauf des Kalenderjahres, in dem der Vergütungsanspruch entstanden ist, gestellt werden.

► Die Mindestsumme der Erstattungsbeträge beträgt für Quartalsanträge € 400 und bei jährlicher Antragstellung € 50.

► Der Unternehmer hat die Vergütung selbst zu berechnen und die Vorsteuerbeträge durch Vorlage von Rechnungen und Einfuhrbelegen im Original nachzuweisen.

► Der Antrag muss nach amtlich vorgeschriebenem Vordruck bei der zuständigen Behörde eingereicht werden.

Zuständige Behörde	Adó-és Pénzügyi Ellenırzési Hivatal
	Pf. 138
	1410 Budapest
	Hungary
	Tel: (+36) 1-461-3300
	E-Mail: ugyfelszolgalat.apeh@matavnet.hu
	http://www.apeh.hu

26. Vereinigtes Königreich

a) Allgemeine Informationen

Währung	Britisches Pfund (GBP)	Informationsstelle	632
MwSt-Standardsatz	20%	HM Revenue & Customs	
Ermäßigter Satz	0%, 5%	VAT Written Enquiries Team-	
Lieferschwelle	GBP 70.000	Aberdeen VAT Office,	
Erwerbsschwelle	GBP 83.000	Alexander House 21 Victoria Avenue Southend-On-Sea SS99 1BD United Kingdom Tel: (+44) 2920 501 261 http://www.hmrc.gov.uk	
Umrechnungskurs (Euro-Referenzkurs Sept. 2017)	1 € = 0,89470 GBP	Anträge auf MwSt-Vergütung sind zu richten an:	
Bezeichnung der Umsatzsteuer	value added tax (VAT)		
Name der Mehrwertsteuer-Identifikationsnummer (MwSt-IdNr.)	Value added tax registration number (VAT Reg. No.)	HM Revenue & Customs VAT Overseas Repayment Unit S1250 Benton Park View	
Aufbau der MwSt-IdNr.	GB + neun oder zwölf Ziffern	Newcastle-Upon-Tyne NE98 IYX United Kingdom Tel: (+44) 3000 545 316 Fax: (+44) 3000 556 302 http://www.hmrc.gov.uk	
Umsatzsteuerliche Organschaft	Voraussetzung: Die finanzielle, wirtschaftliche und organisatorische Eingliederung der Organgesellschaft in den Organträger muss erfüllt sein. Die Organschaft wirkt nur im Inland. Eine ausländische Gesellschaft kann nicht Teil eines Organkreises werden, dies ist nur für eine inländische Betriebsstätte der ausländischen Gesellschaft möglich.		

	Grds. besteht ein Wahlrecht zur Anwendung der Regelungen zur umsatzsteuerlichen Organschaft.		
Fiskalvertreter erforderlich	nein	**Mindestsumme der MwSt-Vergütungsanträge**[1]	
Drittlandsgebiete	Kanalinseln (Jersey, Guernsey,) und die Britischen Überseegebiete	Jährliche Antragstellung Quartalsanträge	GBP 35 GBP 295
Kleinunternehmergrenzen	GBP 83.000 pro Jahr für in der UK ansässige steuerpflichtige Personen (für nicht in der UK ansässige steuerpflichtige Personen, bestehen keine Schwellenwerte für die Umsatzsteuerregistrierung)		

b) Registrierung ausländischer Unternehmer

Registrierungspflicht	Eine Mehrwertsteuer-Registrierung ist verpflichtend ► bei Ausführung von Lieferungen oder sonstigen Leistungen, ► beim innergemeinschaftlichen Erwerb und ► im Versandhandel bei Überschreitung der Lieferschwelle von GBP 70.000.
Ausnahmen	► Eine Ausnahme gilt für im Vereinigten Königreich ansässige Kleinunternehmer, wenn diese die Umsatzgrenze von GBP 83.000 im vergangenen Kalenderjahr nicht überschritten haben. Eine Registrierung kann in diesem Fall freiwillig erfolgen. ► Die Registrierungspflicht entfällt auch bei Lieferungen und sonstigen Leistungen, die dem Reverse-Charge-Verfahren unterliegen.

---

1 GBP 16 (jährlich) und GBP 130 (Quartal) für Antragsteller aus dem Drittland.

Antragstellung	Für im Ausland ansässige Unternehmer ist zuständig:
	► Non-established Taxable Persons Unit (NETPU)
	HM Revenue & Customs
	Aberdeen VAT Office
	Ruby House
	8 Ruby Place
	Aberdeen AB10 1ZP
	United Kingdom
	Tel: (+44) 1224 404807
	Fax: (+44) 1224 401726
	E-Mail: netpu@hmrc.gsi.gov.uk
	http://www.hmrc.gov.uk
	Verfahrensablauf:
	► Die Registrierung erfolgt mit Hilfe des Formulars VAT 1 (und VAT 2 für Personengesellschaften), für Registrierungen aufgrund der Überschreitung der Lieferschwelle nach Großbritannien das Formular VAT 1A und für Registrierungen aufgrund der Überschreitung der Erwerbsschwelle in Großbritannien das Formular VAT 1B. Dies ist auf der Internetseite http://www.hmrc.gov.uk zu finden.
	► Das Formular ist ausgefüllt und unterschrieben an die oben genannte Adresse zu senden. Innerhalb von 15 Tagen bekommt man in der Regel eine MwSt-Nummer zugewiesen.

c) Anwendung des Reverse-Charge-Verfahrens

Nationale Regelung	► §§ 7a ff. britisches Mehrwertsteuergesetz
Leistender	► Ausländischer Unternehmer, der nicht im Vereinigten Königreich ansässig ist.
	Die mehrwertsteuerliche Registrierung des ausländischen Unternehmers im Vereinigten Königreich ist für die Anwendung des Reverse-Charge-Verfahrens unschädlich.
Leistungs-empfänger	► Unternehmer oder juristische Person des öffentlichen Rechts im Rahmen des Unternehmens, denen eine

	USt-IdNr. erteilt wurde und die im Vereinigten König-reich ansässig oder für MwSt-Zwecke registriert sind.
Anwendungsfälle (Aufzählung nicht abschließend)	► Grenzüberschreitende Dienstleistungen gemäß Art. 44 MwStSystRL, ► grundstücksbezogene sonstige Leistungen, ► kulturelle, künstlerische, wissenschaftliche, unterrichtende, sportliche, unterhaltende oder ähnliche Tätigkeiten, ► Kurzfristige Vermietung eines Beförderungsmittels.
Rechtsfolgen	► Steuerschuld und Vorsteuerabzug fallen in der Person des Leistungsempfängers zusammen.
Rechnungsanforderungen	► Ausweis des Nettobetrags in der Rechnung. ► Angabe der MwSt-Nummer des Leistungsempfängers. ► Einen Hinweis in der Rechnung auf die Anwendung des Reverse-Charge-Verfahrens.

d) Bestellung eines Steuer-/Fiskalvertreters

Pflicht für nicht in der EU ansässige Unternehmer	► Für nicht in der EU ansässige Unternehmer ist die Bestellung eines Fiskalvertreters im Vereinigten Königreich freiwillig. Sie können allerdings von der Steuerverwaltung verpflichtet werden, einen Fiskalvertreter zu bestellen.
Vertretungsbefugte	► Zum Fiskalvertreter kann jede im Vereinigten Königreich ansässige Person bestellt werden.
Rechte und Pflichten	► Der Vertreter haftet gesamtschuldnerisch für die Zahlung der Mehrwertsteuer sowie der Zinsen und Geldbußen, die im Zusammenhang mit den im Vereinigten Königreich getätigten Umsätzen anfallen können. ► Er hat die Pflicht zur Abgabe der Steuererklärungen und der Zusammenfassenden Meldungen im Namen des Vertretenen.
Ausschluss und Beendigung	► Der Fiskalvertreter kann jederzeit von seiner Bestellung zurücktreten.

► Eine Bankbürgschaft ist grds. nicht gefordert, kann jedoch u.U. von der Finanzverwaltung gefordert werden.

e) Rechnungserteilung

Pflicht zur Rechnungserteilung

Der Unternehmer ist in den folgenden Fällen in der Regel verpflichtet, innerhalb von 30 Tagen nach Ausführung der Leistung eine Rechnung auszustellen:

► Bei der Ausführung eines steuerpflichtigen Umsatzes an einen anderen Unternehmer für dessen Unternehmen oder an eine juristische Person,

► bei Erhalt einer Anzahlung eines in einem anderen EU-Mitgliedstaat ansässigen Unternehmers.

Der Unternehmer ist in den folgenden Fällen verpflichtet, innerhalb von 15 Tagen nach Ausführung folgender Leistung eine Rechnung auszustellen:

► bei Ausführung einer Lieferung oder sonstigen Leistung in das Gemeinschaftsgebiet.

Inhalt

Eine Rechnung muss folgende Angaben enthalten:

► Den vollständigen Namen und die vollständige Anschrift des leistenden Unternehmers und des Leistungsempfängers,

► die dem leistenden Unternehmer von der Steuerverwaltung erteilte MwSt-Nummer,

► das Ausstellungsdatum,

► eine fortlaufende Nummer mit einer oder mehreren Zahlenreihen, die zur Identifizierung der Rechnung vom Rechnungsaussteller einmalig vergeben wird (Rechnungsnummer),

► die Menge und die Art (handelsübliche Bezeichnung) der gelieferten Gegenstände oder den Umfang und die Art der sonstigen Leistung,

► den Zeitpunkt der Lieferung oder sonstigen Leistung oder der vorherigen Vereinnahmung des Entgelts,

► das nach Steuersätzen und einzelnen Steuerbefreiungen aufgeschlüsselte Entgelt in GBP für die Lieferung oder sonstige Leistung sowie jede im Voraus vereinbarte Minderung des Entgelts, sofern sie nicht bereits im Entgelt berücksichtigt ist und

► den anzuwendenden Steuersatz sowie den auf das Entgelt entfallenden Steuerbetrag.

Bei innergemeinschaftlichen Warenlieferungen sind zusätzlich folgende Angaben erforderlich:

► die MwSt-Nummer des leistenden Unternehmers,

► die MwSt-Nummer des Leistungsempfängers, die ihm in einem anderen Mitgliedstaat erteilt worden ist und

► bei innergemeinschaftlicher Lieferung eines neuen Fahrzeuges, eine hinreichende Beschreibung, mit der das Fahrzeug identifiziert werden kann.

Vereinfachte Rechnungen

Eine vereinfachte Rechnung, mit einem Gesamtbetrag nicht höher als GBP 250, muss lediglich die folgende Angaben enthalten:

► Den vollständigen Namen und die vollständige Anschrift des leistenden Unternehmers,

► die dem leistenden Unternehmer von der Steuerverwaltung erteilte MwSt-Nummer,

► den Zeitpunkt der Lieferung oder sonstigen Leistung,

► die Menge und die Art der gelieferten Gegenstände oder den Umfang und die Art der sonstigen Leistung,

► das Entgelt und den darauf entfallenden Steuerbetrag in GBP für die Lieferung oder sonstige Leistung in einer Summe und

► den anzuwendenden Steuersatz.

Selbstfakturierung (Gutschrift)

Damit eine Rechnung zum Zwecke der Selbstfakturierung anerkannt wird, müssen folgende Anforderungen erfüllt sein:

► Die vom Empfänger selbst ausgestellten Rechnungen müssen alle Angaben enthalten, die für eine MwSt-Rechnung vorgeschrieben sind.

► Die Selbstfakturierung muss vorab zwischen Leistenden und Empfänger schriftlich vereinbart werden.

► Der Empfänger muss ein Verzeichnis mit Namen, Anschriften und MwSt-Nummern der Leistenden führen, die der Selbstfakturierung zugestimmt haben, und dieses Verzeichnis auf Verlangen jederzeit vorweisen können.

▶ Der Empfänger darf an Leistende, die nicht oder nicht mehr für MwSt-Zwecke registriert sind, keine Rechnungen im Verfahren der Selbstfakturierung ausstellen.

▶ Jede im Verfahren der Selbstfakturierung ausgestellte Rechnung muss folgenden Satz enthalten: „The VAT shown is your output tax due to Revenue and Customs".

Rechnungskorrekturen

▶ Eine Rechnung kann berichtigt werden, wenn sich der Steuerbetrag oder die zu dessen Ermittlung erforderlichen Positionen ändern.

▶ Eine Rechnungskorrektur muss spezifisch und eindeutig auf die ursprüngliche Rechnung Bezug nehmen und als Korrekturrechnung eindeutig erkennbar sein.

▶ Es gelten die gleichen Anforderungen an Form und Inhalt wie bei der Rechnung.

Eine Rechnungskorrektur ist entbehrlich, wenn der Leistungsempfänger zum vollen Vorsteuerabzug berechtigt ist und die Parteien sich einig sind, keine Korrektur durchzuführen.

Elektronische Rechnungen

▶ Eine Rechnung kann auf elektronischem Weg übermittelt werden. Grds. sind alle Übermittlungsformen zulässig (z. B. EDI-Verfahren oder E-Mail).

▶ Die elektronische Rechnung muss durch den Leistungsempfänger akzeptiert werden.

▶ Wird eine Rechnung auf elektronischem Weg übermittelt, müssen die Echtheit der Herkunft, die Unversehrtheit des Inhalts und die Lesbarkeit der Rechnung gewährleistet sein. Dies kann bspw. durch eine qualifizierte elektronische Signatur oder durch ein geeignetes innerbetriebliches Kontrollverfahren erfolgen.

Aufbewahrung

▶ Die Aufbewahrungspflicht für Rechnungen beträgt 6 Jahre.

Reverse-Charge	▶ Führt der Unternehmer eine Leistung aus, für die der Leistungsempfänger die Steuer schuldet, ist in der Rechnung ein Hinweis auf die Steuerschuldnerschaft des Leistungsempfängers empfehlenswert. Die Angabe der MwSt-Nummer des Leistungsempfängers ist verpflichtend.
Wichtige Rechnungshinweise	
Rechnungshinweis für steuerfreie innergemeinschaftliche Lieferungen	„Zero-rated intra-Community supply of goods under Section 30(8) of the VAT Act 1994 and regulation 134 of the VAT Regulations 1995"
Rechnungshinweis für Dreiecksgeschäfte	„Disregarded intra-Community supply of goods under Section 14(6) of the VAT Act 1994 and regulation 17 of the VAT Regulations 1995, subject to VAT in the member state of the end customer"
Rechnungshinweis beim Übergang der Steuerschuldnerschaft	„Reverse charge"
Rechnungshinweis bei Gutschriften	„self billing" und „The VAT shown is your output tax due to revenue & customs"

f) Steuererklärungen

Pflicht zur Abgabe	▶ Jeder im Vereinigten Königreich registrierte Steuerpflichtige muss Steuererklärungen abgeben.
Zeitraum und Zahlungsfristen	▶ Der Zeitraum für die Steuererklärung ist in der Regel das Quartal.
	▶ Die Quartalserklärung ist grds. bis zum 7. Tag des zweiten Monats nach Ablauf des Erklärungszeitraums abzugeben und die Steuer entsprechend zu entrichten.
	▶ Übersteigt der Betrag der jährlich abzuführenden MwSt einen Betrag i. H. v. GBP 2,3 Mio. ist der Steuerpflichtige verpflichtet, am Ende des zweiten und des

dritten Monats des Quartals eine Abschlagszahlung zu leisten.

► Die Steuerverwaltung, bzw. der Steuerpflichtige, haben jederzeit die Möglichkeit, den Erklärungszeitraum auf einen Monat zu begrenzen, wenn bspw. regelmäßige Steuererstattungen an den Unternehmer zu erwarten sind.

► Wird der steuerpflichtige Umsatz des kommenden Jahres voraussichtlich GBP 1.350.000 nicht übersteigen, kann auf Antrag eine jährliche Steuererklärung abgegeben werden.

Verfahrensvereinfachung

Die Ermittlung der Steuerschuld kann auf Grundlage von Zahlungsein- und Ausgängen (Istbesteuerung) erfolgen, wenn

► der steuerpflichtige Gesamtumsatz im laufenden Kalenderjahr GBP 1.350.000 voraussichtlich nicht überschreiten wird und

► der Unternehmer mindestens seit zwölf Monaten im Vereinigten Königreich für MwSt-Zwecke registriert ist.

Die Steuererklärung ist in diesem Fall jährlich, innerhalb von zwei Monaten nach Ablauf des Erklärungszeitraums abzugeben und die Steuer entsprechend zu entrichten.

Elektronische Steuerererklärungen

► Steuererklärungen sind nach vorheriger Registrierung über die Internetseite der Steuerverwaltung http://www.hmrc.gov.uk/online/index.htm elektronisch abzugeben.

g) Zusammenfassende Meldungen

Abgabepflicht

Eine Abgabepflicht besteht für einen

► Unternehmer, der innergemeinschaftliche Warenlieferungen ausführt,

► Unternehmer, der innergemeinschaftliche Dienstleistungen ausführt,

► Unternehmer, der Beteiligter an einem innergemeinschaftlichen Dreiecksgeschäft ist.

Zeitraum	► Die Meldung ist grds. quartalsweise, spätestens zum 14. Tag nach dem Meldezeitraum abzugeben (bis zum 21. Tag bei elektronischer Abgabe). Eine Option zur monatlichen Abgabe ist möglich. ► Die monatliche Abgabe ist erforderlich, wenn der Umsatz der innergemeinschaftlichen Lieferungen GBP 35.000 übersteigt. ► Es besteht abhängig vom Umsatz die Möglichkeit vereinfachte Zusammenfassende Meldungen abzugeben.
Zuständige Behörde	► HM Revenue & Customs ECSL Comben House Farriers Way L75 1AY Liverpool United Kingdom
Inhalt	Die Zusammenfassende Meldung muss folgende Angaben enthalten: ► Die MwSt-Nummer inklusive dem Ländercode „GB" des Unternehmers, die ihm im Vereinigten Königreich erteilt worden ist, ► die MwSt-Nummer inklusive dem entsprechenden Ländercode jedes Erwerbers, die ihm in einem anderen Mitgliedstaat erteilt worden ist, ► für jeden Erwerber die Summe der Bemessungsgrundlagen der an ihn ausgeführten innergemeinschaftlichen Warenlieferungen/Dienstleistungen, ► für jeden Erwerber die Summe der Bemessungsgrundlagen der innergemeinschaftlichen Dreiecksgeschäfte.
Elektronische Abgabe	► Zusammenfassende Meldungen können nach vorheriger Registrierung über die Internetseite der Steuerverwaltung, http://www.hmrc.gov.uk, elektronisch abgegeben werden.

h) Vorsteuerabzug

Einschränkung	Der Vorsteuerabzug ist u. a. für folgende Eingangsleistungen nicht möglich: ► Nahrungsmittel, Getränke und Tabakwaren, ► Repräsentationsaufwendungen, ► Sonstige Leistungen (Vorleistungen) von Reiseveranstaltern, ► Bewirtungskosten, dies gilt nicht für Angestellte des Steuerpflichtigen, ► Import oder Erwerb von Personenkraftwagen, ► 50% der Kosten für die Miete oder Leasing von Personenkraftwagen.
Abziehbare Vorsteuerbeträge	Der Vorsteuerabzug ist insbesondere für folgende Kosten, sofern sie betrieblich veranlasst sind, möglich: ► Beratungsleistungen, ► Hotelkosten, ► Bewirtungskosten für Angestellte, ► Reisekosten, ► Benzin, ► Reparaturkosten für Personenkraftwagen.
Vergütungsverfahren	Ausländische Unternehmer, die im Inland keine oder nur steuerfreie Umsätze bewirkt haben, können in Rechnung gestellte Mehrwertsteuerbeträge grds. nur in einem so genannten Vergütungsverfahren geltend machen. Bei diesem Verfahren ist zwischen einer Mehrwertsteuervergütung an Unternehmer aus EU-Mitgliedstaaten und Unternehmer aus Drittländern zu unterscheiden. Mehrwertsteuervergütung an Unternehmer aus EU-Mitgliedstaaten: ► Der Antrag auf Mehrwertsteuervergütung muss bis zum 30. September nach Ablauf des Kalenderjahres, in dem der Vergütungsanspruch entstanden ist, gestellt werden. ► Die Mindestsumme der Erstattungsbeträge beträgt für Quartalsanträge GBP 295 und bei jährlicher Antragstellung GBP 35.

▶ Der Unternehmer hat die Vergütung selbst zu berechnen und die Vorsteuerbeträge ab einem Rechnungsbetrag von GBP 750 (GBP 200 bei Kraftstoff) durch Vorlage von Rechnungen und Einfuhrbelegen in Kopie nachzuweisen (die Originalzeichnungen können ggf. durch die Finanzverwaltung nachgefordert werden).

▶ Der Antrag wird über ein elektronisches Portal im jeweiligen Ansässigkeitsstaat eingereicht.

Mehrwertsteuervergütung an Unternehmer aus Drittländern:

▶ Der Antrag auf Mehrwertsteuervergütung muss bis zum 31. Dezember nach Ablauf des „Vergütungszeitraums" (der Vergütungszeitraum umfasst den Zeitraum vom 1. Juli bis zum 30. Juni), in dem der Vergütungsanspruch entstanden ist, gestellt werden.

▶ Die Mindestsumme der Erstattungsbeträge beträgt für Quartalsanträge GBP 130 und bei jährlicher Antragstellung GBP 16.

▶ Der Unternehmer hat die Vergütung selbst zu berechnen und die Vorsteuerbeträge durch Vorlage von Rechnungen und Einfuhrbelegen im Original nachzuweisen.

▶ Der Unternehmer hat den Nachweis seiner Unternehmereigenschaft anhand einer Originalbescheinigung seines Finanzamts (nicht älter als ein Jahr) gegenüber der Steuerverwaltung zu erbringen.

▶ Der Antrag muss nach amtlich vorgeschriebenem Vordruck (VAT 65A) bei der zuständigen Behörde eingereicht werden.

Zuständige Behörde	HM Revenue & Customs VAT Overseas Repayment Unit S1250 Benton Park View Newcastle-Upon-Tyne NE98 IYX United Kingdom Tel: (+44) 3000 545 316 Fax: (+44) 3000 556 302 http://www.hmrc.gov.uk

27. Zypern

a) Allgemeine Informationen

633

Währung	Euro (€)	Informationsstelle
MwSt-Standardsatz	19%	Ministry of Finance
Ermäßigter Satz	0%, 5%, 9%	Department of Customs and Excise
Lieferschwelle	€ 35.000	VAT Services
Erwerbsschwelle	€ 10.251	1471 Nicosia
		Cyprus
		Tel: (+357) 2260 1845
		Fax: (+357) 2266 0484
		E-Mail: headquarters@vat.mof.gov.cy
		http://www.mof.gov.cy
Bezeichnung der Umsatzsteuer	Foros prostihemenis axias (FPA)	Anträge auf MwSt-Vergütung sind zu richten an:
Name der Mehrwertsteuer-Identifikationsnummer (MwSt-IdNr.)	Arithmos Egrafis FPA	Ministry of Finance Department of Customs and Excise VAT Services
Aufbau der MwSt-IdNr.	CY + neun Ziffern	1471 Nicosia Cyprus Tel: (+357) 2260 1845 Fax: (+357) 2266 0484 E-Mail: headquarters@vat.mof.gov.cy http://www.mof.gov.cy
Umsatzsteuerliche Organschaft	Voraussetzung: Der Organträger muss zu mindestens 50% an den Organgesellschaften beteiligt sein. Die Organschaft wirkt nur im Inland. Eine ausländische Gesellschaft kann nicht Teil des Organkreises werden. Grds. besteht ein Wahlrecht zur Anwendung der Regelungen zur umsatzsteuerlichen Organschaft.	

Fiskalvertreter erforderlich	nur für Nicht-EU Unternehmer	Mindestsumme der MwSt-Vergütungsanträge	
Drittlandsgebiete	United Kingdom Sovereign Base Areas Akrotiri und Dhekelia	Jährliche Antragstellung	€ 50
		Quartalsanträge	€ 400
Kleinunternehmergrenzen	€ 15.600		

b) Registrierung ausländischer Unternehmer

Registrierungspflicht	Eine Mehrwertsteuer-Registrierung ist verpflichtend ► bei Ausführung von Lieferungen oder sonstigen Leistungen über € 15.600, ► beim innergemeinschaftlichen Erwerb und ► im Versandhandel bei Überschreitung der Lieferschwelle von € 35.000. Die monatlichen Schwellenwerte gelten für steuerpflichtige Umsätze innerhalb der vorangegangenen zwölf Monate oder innerhalb der nächsten 30 Tage.
Ausnahmen	► Eine Ausnahme gilt für Kleinunternehmer, wenn diese die Umsatzgrenze von € 15.600 im vorangegangenen Kalenderjahr nicht überschritten haben. Eine Registrierung kann in diesem Fall freiwillig erfolgen. ► Die Registrierungspflicht entfällt auch bei Lieferungen und sonstigen Leistungen, die dem Reverse-Charge-Verfahren unterliegen.
Antragstellung	Für im Ausland ansässige Unternehmer ist zuständig: ► Ministry of Finance Department of Customs and Excise VAT Services 1471 Nicosia Cyprus Tel: (+357) 2260 1845 Fax: (+357) 2266 0484 E-Mail: headquarters@vat.mof.gov.cy http://www.mof.gov.cy

Für Unternehmer mit einer Niederlassung in Zypern sind die regionalen Direktionen der zypriotischen Steuerverwaltung zuständig. Eine Übersicht ist unter http://www.mof.gov.cy zu finden.

Verfahrensablauf:

► Die Registrierung erfolgt mit Hilfe des Formulars VAT 1101. Dies ist ausgefüllt beim zuständigen Finanzamt einzureichen.

c) Anwendung des Reverse-Charge-Verfahrens

Nationale Regelung	► Art. 11 zypriotisches Mehrwertsteuergesetz
Leistender	► Ausländischer Unternehmer, der nicht in Zypern ansässig ist. Das Reverse-Charge-Verfahren kann nur angewendet werden, wenn der ausländische Unternehmer für MwSt-Zwecke in Zypern nicht registriert ist.
Leistungsempfänger	► Unternehmer oder juristische Person des öffentlichen Rechts im Rahmen des Unternehmens, denen eine USt-IdNr. erteilt wurdeund die auf Zypern ansässig sind.
Anwendungsfälle (Aufzählung nicht abschließend)	► Grenzüberschreitende Dienstleistungen gemäß Art. 44 MwStSystRL, ► grundstücksbezogene sonstige Leistungen, ► Personenbeförderung, ► kulturelle, künstlerische, wissenschaftliche, unterrichtende, sportliche, unterhaltende oder ähnliche Tätigkeiten, ► Restaurationsleistungen, ► Kurzfristige Vermietung eines Beförderungsmittels, ► Restaurationsleistungen an Bord eines Beförderungsmittels.
Rechtsfolgen	► Steuerschuld und Vorsteuerabzug fallen in der Person des Leistungsempfängers zusammen.
Rechnungsanforderungen	► Ausweis des Nettobetrags in der Rechnung. ► Angabe der MwSt-Nummer des Leistungsempfängers.

▶ Hinweis in der Rechnung auf die Anwendung des Reverse-Charge-Verfahrens.

d) Bestellung eines Steuer-/Fiskalvertreters

Pflicht für nicht in der EU ansässige Unternehmer

▶ Für nicht in der EU ansässige Unternehmer ist die Bestellung eines Fiskalvertreters in Zypern verpflichtend.

Voraussetzungen für die Vertretung

▶ Der Vertretene darf im Inland nicht über einen Sitz,
eine Geschäftsleitung oder eine Zweigniederlassung
verfügen.

Anwendungsfälle

▶ Der Unternehmer ist verpflichtet, einen Fiskalvertreter zu bestellen, sofern er steuerpflichtige Umsätze
in Zypern bewirkt.

Vertretungsbefugte

Zur Fiskalvertretung sind ausschließlich folgende Personen befugt:

▶ Natürliche Personen mit ständigem Wohnsitz in Zypern oder

▶ Juristische Personen mit Sitz oder ständiger Niederlassung in Zypern.

Nicht als Fiskalvertreter zugelassen sind Personen,
die ihren steuerlichen Pflichten nicht nachgekommen sind oder zahlungsunfähig sind.

Juristische Personen können nur bestellt werden, sofern das Unternehmen sich nicht in Liquidation befindet oder ein Insolvenzverwalter mit der Auflösung
des Unternehmens betraut worden ist.

Für jeden Unternehmer ist nur ein Fiskalvertreter zugelassen.

Rechte und Pflichten

▶ Der Vertreter hat die gleichen Rechte wie der Vertretene und kann bspw. die erforderlichen Anträge im
Inland stellen.

▶ Der Fiskalvertreter muss für seine Tätigkeit eine gesonderte MwSt-Nummer beantragen. Die gesonderte
MwSt-Nummer ist von der regionalen Steuerverwaltung, die für die Mehrwertbesteuerung des Fiskalvertreters zuständig ist, zu erteilen.

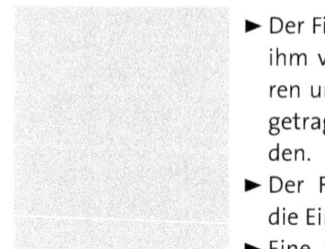

▶ Der Fiskalvertreter ist verpflichtet die Bücher des von ihm vertretenen Steuerpflichtigen in Zypern zu führen und Änderungen über die im MwSt-Register eingetragenen Daten an die Steuerverwaltung zu melden.

▶ Der Fiskalvertreter haftet gesamtschuldnerisch für die Einhaltung der nationalen MwSt-Vorschriften.

▶ Eine Bankgarantie kann von der Finanzverwaltung gefordert werden.

e) Rechnungserteilung

Pflicht zur Rechnungserteilung

Der Unternehmer ist in den folgenden Fällen verpflichtet, innerhalb von 15 Tagen nach Lieferung bzw. innerhalb von 30 Tagen nach Ausführung der sonstigen Leistung eine Rechnung auszustellen:

▶ Bei der Ausführung eines steuerpflichtigen Umsatzes an einen anderen Unternehmer für dessen Unternehmen oder an eine juristische Person oder

▶ bei Ausführung einer Lieferung oder sonstigen Leistung in das Gemeinschaftsgebiet.

Inhalt

Eine Rechnung muss folgende Angaben enthalten:

▶ Den vollständigen Namen und die vollständige Anschrift des leistenden Unternehmers und des Leistungsempfängers,

▶ die dem leistenden Unternehmer und dem Leistungsempfänger von der Steuerverwaltung erteilte MwSt-Nummer,

▶ das Ausstellungsdatum,

▶ eine fortlaufende Nummer mit einer oder mehreren Zahlenreihen, die zur Identifizierung der Rechnung vom Rechnungsaussteller einmalig vergeben wird (Rechnungsnummer),

▶ die Menge und die Art (handelsübliche Bezeichnung) der gelieferten Gegenstände oder den Umfang und die Art der sonstigen Leistung,

▶ den Zeitpunkt der Lieferung oder sonstigen Leistung oder den Zeitpunkt der Vereinnahmung des Entgelts oder eines Teils des Entgelts, sofern der Zeitpunkt der

Vereinnahmung feststeht und nicht mit dem Ausstellungsdatum der Rechnung übereinstimmt,

► das nach Steuersätzen und einzelnen Steuerbefreiungen aufgeschlüsselte Entgelt für die Lieferung
oder sonstige Leistung sowie jede im Voraus vereinbarte Minderung des Entgelts, sofern sie nicht bereits im Entgelt berücksichtigt ist, und

► den anzuwendenden Steuersatz sowie den auf das
Entgelt entfallenden Steuerbetrag,

► bei innergemeinschaftlicher Lieferung eines neuen
Fahrzeuges, eine hinreichende Beschreibung, mit der
das Fahrzeug identifiziert werden kann,

► bei Fiskalvertretung, den vollständigen Namen, die
vollständige Anschrift und die MwSt-Nummer des
Vertreters und

► bei Anwendung einer Sonderregelung für Gebrauchtgegenstände, Kunstgegenstände, Sammlungsstücke
und Antiquitäten, einen Verweis auf die entsprechende Regelung.

Selbstfakturierung (Gutschrift)

Damit eine Rechnung zum Zwecke der Selbstfakturierung anerkannt wird, müssen folgende Anforderungen
erfüllt sein:

► Die vom Empfänger selbst ausgestellten Rechnungen
müssen alle Angaben enthalten, die für eine MwSt-
Rechnung vorgeschrieben sind.

► Die Selbstfakturierung muss vorab zwischen Leistenden und Empfänger schriftlich vereinbart werden

Rechnungskorrek-turen

► Eine Rechnungskorrektur muss spezifisch und eindeutig auf die ursprüngliche Rechnung Bezug nehmen.

► Eine Rechnung kann berichtigt werden, wenn sich
der Steuerbetrag oder die zu dessen Ermittlung erforderlichen Positionen ändern.

► Es gelten die gleichen Anforderungen an Form und
Inhalt wie bei der Rechnung.

Elektronische Rechnungen

► Für die elektronische Übermittlung von Rechnungen
dürfen nur Methoden angewandt werden, die die

Echtheit der Herkunft und die Unversehrtheit des Inhalts garantieren.

► Bei Rechnungen, die im Wege des elektronischen Datenaustausches versandt werden, ist kein zusätzliches zusammenfassendes Dokument in Papierform erforderlich.

► Personen, die Rechnungen auf elektronischem Wege übermitteln oder erhalten, sind verpflichtet von allen übermittelten oder erhaltenen Rechnungen Kopien aufzubewahren und die Echtheit der Herkunft sowie die Unversehrtheit des Inhalts der Rechnungen während der gesamten Aufbewahrungszeit zu garantieren, beispielsweise durch eine fortgeschrittene elektronische Signatur oder mittels des elektronischen Datenaustausches und die zur Garantie der Echtheit der Herkunft und der Unversehrtheit des Inhalts verwendeten Elemente so lange aufzubewahren, wie die Rechnungen.

Aufbewahrung

► Die Aufbewahrungspflicht für Rechnungen beträgt 6 Jahre.

Reverse-Charge

► Führt der Unternehmer eine Leistung aus, für die der Leistungsempfänger die Steuer schuldet, ist er zur Ausstellung einer Rechnung verpflichtet, die einen Hinweis auf die Steuerschuldnerschaft des Leistungsempfängers enthält. Die Angabe der MwSt-Nummer des Leistungsempfängers ist verpflichtend.

Wichtige Rechnungshinweise

Rechnungshinweis für steuerfreie innergemeinschaftliche Lieferungen

„Απαλλαγή απ τ-ν ΦΠΑ ςύμ!ωνα με τ- άρθρ"

Rechnungshinweis für Dreiecksgeschäfte

„Τριγωνική ςυναλλαγή"

Rechnungshinweis beim Übergang der Steuerschuldnerschaft	„Αντίςτροφη επιβάρυνςη"
Rechnungshinweis bei Gutschriften	„Αυτοτιμολόγηςη"

f) Steuererklärungen

Pflicht zur Abgabe	► Jeder auf Zypern registrierte Steuerpflichtige muss Steuererklärungen abgeben.
Zeitraum und Zahlungsfristen	► Der Zeitraum für die Steuererklärung sind in der Regel drei Monate. ► Die Steuererklärung ist innerhalb von 40 Tagen nach Ablauf des Steuerzeitraumes abzugeben und die Steuer entsprechend zu entrichten.
Elektronische Steuererklärungen	► Steuererklärungen müssen seit Mai 2017 elektronisch über das System TAXISnet abgegeben werden. ► Die Steuererklärungen können mittels eines Online-Formulars (HTML-Format) oder mittels XML-Dateien übermittelt werden. ► Um Steuererklärungen auf dem elektronischen Wege abgeben zu können, ist eine vorherige Registrierung bei der Steuerverwaltung notwendig. Ein entsprechender Antrag ist an die Steuerverwaltung zu richten (operations@vat.mof.gov.cy).

g) Zusammenfassende Meldungen

Abgabepflicht	Eine Abgabepflicht besteht für einen ► Unternehmer, der innergemeinschaftliche Warenlieferungen ausführt, ► Unternehmer, der innergemeinschaftliche Dienstleistungen ausführt, ► Unternehmer, der Beteiligter an einem innergemeinschaftlichen Dreiecksgeschäft ist.
Zeitraum	► Die Meldung ist monatlich, spätestens am 15. Tag nach Ende des Meldezeitraums abzugeben.

Zuständige Behörde	Für im Ausland ansässige Unternehmer ist zuständig: ► Ministry of Finance Department of Customs and Excise VAT Services 1471 Nicosia Cyprus Tel: (+357) 2260 1845 Fax: (+357) 2266 0484 E-Mail: headquarters@vat.mof.gov.cy http://www.mof.gov.cy Für Unternehmer mit einer Niederlassung in Zypern sind die regionalen Direktionen der zypriotischen Steuerverwaltung zuständig. Eine Übersicht ist unter http://www.mof.gov.cy zu finden.
Inhalt	Die Zusammenfassende Meldung muss folgende Angaben enthalten: ► Die MwSt-Nummer inklusive dem Ländercode „CY" des Unternehmers, die ihm in Zypern erteilt worden ist, ► die MwSt-Nummer inklusive dem entsprechenden Ländercode jedes Erwerbers, die ihm in einem anderen Mitgliedstaat erteilt worden ist, ► für jeden Erwerber die Summe der Bemessungsgrundlagen der an ihn ausgeführten innergemeinschaftlichen Warenlieferungen/Dienstleistungen, ► für jeden Erwerber die Summe der Bemessungsgrundlagen der innergemeinschaftlichen Dreiecksgeschäfte.
Ausnahmen	► Vereinfachte Verfahren im Zusammenhang mit der Zusammenfassenden Meldung gibt es in Zypern nicht.
Elektronische Abgabe	► Die Meldung muss elektronisch über das System TAXISnet über die Internetseite http://www.mof.gov.cy übermittelt werden.

h) Vorsteuerabzug

Einschränkung

Der Vorsteuerabzug ist u. a. für folgende Eingangsleistungen nicht möglich:
- ► Nahrungsmittel, Getränke und Tabakwaren,
- ► Repräsentationsaufwendungen, Bewirtungsaufwendungen und Hotelkosten, dies gilt nicht für Angestellte des Unternehmers,
- ► Sonstige Leistungen (Vorleistungen) von Reiseveranstaltern,
- ► Import oder Erwerb und Miete von Personenkraftwagen (zur Beförderung von bis zu neun Personen).

Abziehbare Vorsteuerbeträge

Der Vorsteuerabzug ist insbesondere für folgende Kosten, sofern sie betrieblich veranlasst sind, möglich:
- ► Beratungsleistungen,
- ► Hotelkosten für Angestellte,
- ► Restaurantkosten für Angestellte,
- ► Benzin,
- ► Mietwagen,
- ► Kosten für Telekommunikation,
- ► Seminar- und Tagungskosten,
- ► Messekosten,
- ► Kosten für Werbung.

Vergütungsverfahren

Ausländische Unternehmer, die im Inland keine oder nur steuerfreie Umsätze bewirkt haben, können in Rechnung gestellte Mehrwertsteuerbeträge grds. nur in einem so genannten Vergütungsverfahren geltend machen.

Bei diesem Verfahren ist zwischen einer Mehrwertsteuervergütung an Unternehmer aus EU-Mitgliedstaaten und Unternehmer aus Drittländern zu unterscheiden.

Mehrwertsteuervergütung an Unternehmer aus EU-Mitgliedstaaten:
- ► Der Antrag auf Mehrwertsteuervergütung muss bis zum 30. September nach Ablauf des Kalenderjahres, in dem der Vergütungsanspruch entstanden ist, gestellt werden.

- ► Die Mindestsumme der Erstattungsbeträge beträgt für Quartalsanträge € 400 und bei jährlicher Antragstellung € 50.
- ► Der Unternehmer hat die Vergütung selbst zu berechnen und die Vorsteuerbeträge ab einem Rechnungsbetrag von € 1.000 (€ 250 bei Kraftstoff) durch Vorlage von Rechnungen und Einfuhrbelegen in Kopie nachzuweisen.
- ► Der Antrag wird über ein elektronisches Portal im jeweiligen Ansässigkeitsstaat eingereicht.

Mehrwertsteuervergütung an Unternehmer aus Drittländern:

- ► Der Zeitraum der Mehrwertsteuervergütung ist vom 1. Juli bis 30. Juni. Der Vergütungsantrag muss bis zum Ablauf von 6 Monaten nach diesem Zeitpunkt, d. h. bis zum 31. Dezember gestellt werden.
- ► Die Mindestsumme der Erstattungsbeträge beträgt für Quartalsanträge € 205,03 und bei jährlicher Antragstellung € 25,63.
- ► Der Unternehmer hat die Vergütung selbst zu berechnen und die Vorsteuerbeträge durch Vorlage von Rechnungen und Einfuhrbelegen im Original nachzuweisen.
- ► Der Unternehmer hat den Nachweis seiner Unternehmereigenschaft anhand einer Bescheinigung seines Finanzamts (nicht älter als ein Jahr) gegenüber der Steuerverwaltung zu erbringen.
- ► Der Antrag muss nach amtlich vorgeschriebenem Vordruck (VAT 109) bei der zuständigen Behörde eingereicht werden.

Zuständige Behörde	Ministry of Finance Department of Customs and Excise VAT Services 1471 Nicosia Cyprus Tel: (+357) 2260 1845 Fax: (+357) 2266 0484 E-Mail: headquarters@vat.mof.gov.cy http://www.mof.gov.cy

Anhang

1. Bezeichnung der Umsatzsteuer in den Mitgliedstaaten

Belgien	taxe sur la valeur ajoutée (TVA) *oder* belasting over de toegevoegde waarde (BTW)
Bulgarien	Dana Dobavena Stoynost (DDS)
Dänemark	omsaetningsavgift (MOMS)
Deutschland	Umsatzsteuer (USt oder MwSt)
Estland	Käibemaks
Finnland	arvonlisävero (ALV) *oder* mervärdesskatt (ML)*
Frankreich	taxe sur la valeur ajoutée (TVA)
Griechenland	foros prostithemenis axias (FPA)
Irland	value added tax (VAT)
Italien	imposta sul valore aggiunto (IVA)
Kroatien	Porez na dodanu vrijednost (PDV)
Lettland	Pievienotas vertibas nodoklis
Litauen	Pridétinés vertés mokestis
Luxemburg	taxe sur la valeur ajoutée (TVA)
Malta	value added tax (VAT)
Niederlande	omzetbelasting (OB) *oder* belasting over de toegevoegde waarde (BTW)
Österreich	Umsatzsteuer
Polen	Podatek od tomaròw i uslug
Portugal	imposto sobre valor acrescentado (IVA)
Rumänien	Taxa pe valoarea adăngată
Schweden	mervärdeskatt (ML)
Slowakei	daň z pridanej hodnotý
Slowenien	Davnek na dodano vrednost
Spanien	impuesto sobre el valor añadido (IVA)
Tschechien	Daňi z přidané hotnotý
Ungarn	Általános forgalmi adó
Vereinigtes Königreich	value added tax (VAT)
Zypern (griech. Teil)	foros prostihemenis axias (FPA)

2. Umsatzsteuersätze in den einzelnen Mitgliedstaaten

Mitgliedsland	ermäßigter Steuersatz	Regelsteuersatz
Belgien	6 / 12	21
Bulgarien	9	20
Dänemark	–	25
Deutschland	7	19
Estland	9	20
Finnland	10 / 14	24
Frankreich	2,1 / 5,5 / 10	20
Griechenland	6 / 13	24
Irland	4,8 / 9 / 13,5	23
Italien	4 / 5/10	22
Kroatien	5 / 13	25
Lettland	12	21
Litauen	5 / 9	21
Luxemburg	3 / 8 / 14	17
Malta	5 / 7	18
Niederlande	6	21
Österreich	10 / 13	20
Polen	5 / 8	23
Portugal	6 / 13	23
Rumänien	5 / 9	19
Schweden	6 / 12	25
Slowakische Republik	10	20
Slowenien	9,5	22
Spanien	4 / 10	21
Tschechische Republik	10 / 15	21
Ungarn	5 / 18	27
Vereinigtes Königreich	5	20
Zypern	5 / 9	19

3. Länderabkürzungen

Belgien	Belgium	BE
Bulgarien	Bulgaria	BG
Dänemark	Denmark	DK
Deutschland	Germany	DE
Estland	Estonia	EE
Finnland	Finland	FI
Frankreich	France	FR
Griechenland	Greece	EL
Irland	Ireland	IE
Italien	Italy	IT
Kroatien	Croatia	HR
Lettland	Latvia	LV
Litauen	Lithuania	LT
Luxemburg	Luxembourg	LU
Malta	Malta	MT
Niederlande	Netherlands	NL
Österreich	Austria	AT
Polen	Poland	PL
Portugal	Portugal	PT
Rumänien	Romania	RO
Schweden	Sweden	SE
Slowakische Republik	Slovak Republic	SK
Slowenien	Slovenia	SI
Spanien	Spain	ES
Tschechische Republik	Czech Republic	CZ
Ungarn	Hungary	HU
Vereinigtes Königreich	United Kingdom	GB
Zypern	Cyprus	CY

4. Währungen der einzelnen Mitgliedsländer

Belgien	EUR
Bulgarien	BGN
Dänemark	DKK
Deutschland	EUR
Estland	EUR
Finnland	EUR
Frankreich	EUR
Griechenland	EUR
Irland	EUR
Italien	EUR
Kroatien	HRK
Lettland	EUR
Litauen	EUR
Luxemburg	EUR
Malta	EUR
Niederlande	EUR
Österreich	EUR
Polen	PLN
Portugal	EUR
Rumänien	RON
Schweden	SEK
Slowakische Republik	EUR
Slowenien	EUR
Spanien	EUR
Tschechische Republik	CZK
Ungarn	HUF
Vereinigtes Königreich	GBP
Zypern	EUR

Außerdem ist der EURO in folgenden Ländern Zahlungsmittel:
Andorra, Frz. Guyana, Guadeloupe, Kosovo, Martinique, Mayotte, Monaco, Montenegro, Réunion, St. Pierre und Miquelon, San Marino, Vatikan

5. Kleinunternehmergrenzen der einzelnen Mitgliedstaaten[1]

Belgien	25.000 € für Inländer
Bulgarien	50.000 BGN (ca. 25.565 €)[2]
Dänemark	50.000 DKK (ca. 6.696 €)
Deutschland	17.500 € nur für Inländer
Estland	16.000 €
Finnland	10.000 € für Inländer
Frankreich	82.800 € / 42.900 € / 33.200 €
Griechenland	10.000 €
Irland	75.000 € / 37.500 €
Italien	25.000 € / 30.000 € / 40.000 € / 45.000 € / 50.000 €
Kroatien	230.000 HRK (ca. 30.344 €)
Lettland	40.000 €
Litauen	45.000 € für Inländer
Luxemburg	30.000 €
Malta	14.000 € für Dienstleistungen / 35.000 € für Lieferungen / 24.000 € für spezielle Dienstleistungen
Niederlande	Zahllast 1.833 € p. a.
Österreich	30.000 €
Polen	200.000 PLN (ca. 46.442 €)
Portugal	10.000 € / 12.500 €
Rumänien	220.000 RON (ca. 48.725 €)
Schweden	30.000 SEK (ca. 3.168 €)
Slowakische Republik	49.790 €
Slowenien	50.000 €
Spanien	–
Tschechische Republik	1.000.000 CZK für Inländer (ca. 37.008 €)
Ungarn	8.000.000 HUF (ca. 26.067 €)
Vereinigtes Königreich	83.000 GBP für Inländer (ca. 97.808 €)
Zypern	15.600 €

---

1 Veröffentlicht im Internet unter https://ec.europa.eu/taxation_customers.
2 Umgerechnet zum Zeitpunkt der Veröffentlichung der Werte im Internet durch die EU, Kurs kann naturgemäß abweichen.

6. Bezeichnung des Übergangs der Steuerschuldnerschaft in der Landessprache

Bulgarisch	обратно начисляване
Dänisch	omvendt betalingspligt
Deutsch	Steuerschuldnerschaft des Leistungsempfängers
Englisch	Reverse Charge
Estnisch	pöördmaksustamine
Finnisch	käännetty verovelvollisuus
Französisch	Autoliquidation
Griechisch	Αντίςτροφη επιβάρυνςη
Italienisch	inversione contabile
Kroatisch	Prijenos porezne obveze
Lettisch	nodokļa apgrieztā maksāšana
Litauisch	Atvirkštinis apmokestinimas
Maltesisch	Inverzjoni tallas
Niederländisch	Btw verlegd
Polnisch	odwrotne obciążenie
Portugiesisch	Autoliquidação
Rumänisch	taxare inversă
Schwedisch	Omvänd betalningsskyldighet
Slowakisch	prenesenie daňovej povinnosti
Slowenisch	obrnjena davčna obveznost
Spanisch	inversión del sujeto pasivo
Tschechisch	daň odvede zákazník
Ungarisch	fordított adózás

7. Internetadressen der Finanzverwaltungen der Mitgliedstaaten

Belgien	https://financien.belgium.be
Bulgarien	http://www.nap.bg
Dänemark	http://www.skat.dk
Deutschland	http://www.bundesfinanzministerium.de
Estland	http://www.emta.ee
Finnland	http://www.vero.fi
Frankreich	http://www.impots.gouv.fr
Griechenland	http://www.minfin.gr
Irland	http://www.revenue.ie
Italien	http://www.agenziaentrate.gov.it
Kroatien	http://www.porezna-uprava.hr
Lettland	http://www.vid.gov.lv
Litauen	http://www.vmi.lt
Luxemburg	http://www.aed.public.lu
Malta	http://www.vat.gov.mt
Niederlande	http://www.belastingdienst.nl
Österreich	http://www.bmf.gv.at
Polen	http://www.mf.gov.pl
Portugal	http://www.portaldasfinancas.got.pt
Rumänien	http://www.mfinante.ro
Schweden	http://www.skatteverket.se
Slowakische Republik	http://www.financnasprava.sk
Slowenien	http://www.fu.gov.si
Spanien	http://www.agenciatributaria.es
Tschechische Republik	http://www.mfcr.cz
Ungarn	http://www.nav.gov.hu
Vereinigtes Königreich	http://www.hmrc.gov.uk
Zypern	http://www.mof.gov.cy

8. Einige zentrale Erstattungsbehörden für die Vergütung von Vorsteuerbeträgen außerhalb der Europäischen Union

Island	Skattstijoriunn i Reykjavik Viróisaukaskattskrifstofa Tryggvagötu 19 IS-150 Reykjavik
Japan	3rd Corporate Tax Section Kojimachi Tax Office 1-1-15 Kucan-miniami J-Chiyoda-ku, Tokio 102 http://www.nta.go.jp/category/english/index.htm
Kanada	VIsitor Rebate Program Summerside Tax Centre Canada Customs and Revenue Agency Suite 104, 275 Rope Road CDN-SUMMERSIDE PE C1N 6C6 Tel. +902-4325608 E-Mail: visitors@ccra-adrc.gc.ca
Liechtenstein	Liechtensteinische Steuerverwaltung Heiligkreuz 8, Postfach 684 9490 Vaduz Tel. +423 236 68 17 Fax +423 236 68 30 Mail: info.stv@llv.li http://www.llv.li/#/11610/steuerverwaltung
Mazedonien	Public Revenue Office Regional Directorate – Skopje 11 Oktomvri St. bb MK-1000 Skopje Tel. +389-2163411 Fax+389-2213938

Monaco	Département des Finances et de L'Eco nonne Direction des Services Fiscaux Le Panorama 57, Rue Grimaldi MC-98000 Monaco Tel. 00377-98 98 81 2100377-98988137 Fax 00377-98988155 http://en.gouv.mc/Government-Institutions/The-Go- vernment/Ministry-of-Finance-and-Economy/Depart- ment-of-Tax-Services
Norwegen	Skatt Øst Postboks 1073, Valaskjold N-1705 SARPSBORG NORWAY Tel: +47 22 07 70 00 Fax: +47 69 972101 E-Mail: skatost@skatteetaten.no www.skatteetaten.no
Schweiz	Eidgenössische Stellerverwaltung Hauptabteilung Mehrwertsteuer Schwarztorstr. 50 CH-3003 Bern Tel. +41-313222111 58 462 21 11 Fax+41-313257138 58 465 71 38 E-Mail: mwst.webteam@estv.admin.ch www.estv.admin.ch
Türkei	UlastirmaVergi Dairesi Baskan ligi, Ulastirma Vergi Dairesi Maüye Sarayi Aksaray Fatih/Istanbul Tel. +312-02125255734 Fax+312-02125255662

9. Weitere Rechnungsarten in anderen Amtssprachen

	„Gutschrift"	„Sonderregelung für Reisebüros"	„Gebrauchtgegenstände/Sonderregelung"	„Kunstgegenstände/Sonderregelung"	„Sammlungsstücke und Antiquitäten/Sonderregelung"
Bulgarisch	самофактуриране	Режим на облагане на маржа – туристически агенти	Режим на облагане на маржа – стокн втора употреба	Режим на облагане на маржа – произведения на изкуството	Режим на облагане на маржа – колекционерски предметн н антикварни предмети
Dänisch	selvfakturering	fortjenstmargenordning – rejsebureauer	fortjenstmargenordning – brugte genstande	fortjenstmargenordning – kunstgenstande	fortjenstmargenordning – samlerobjekter og antik
Englisch	Self-billing	Margin scheme – Travel agents	Margin scheme – Secondhand goods	Margin scheme – Works of art	Margin scheme – Collector's items and antiques
Estnisch	endale arve koostamine	kasuminormi maksustamise kord – reisibürood	kasuminormi maksustamise kord – kasutatud kaubad	kasuminormi maksustamise kord – kunstiteosed	kasuminormi maksustamise kord – kollektsiooni- ja antiikesemed
Finnisch	itselaskutus	voittomarginaalijärjestelmä – matkatoimistot	voittomarginaalijärjestelmä – käytetty tavarat	voittomarginaalijärjestelmä – taideesineet	voittomarginaalijärjestelmä – keräily- ja antiikkiesineet
Französisch	Autofacturation	Régime particulier – agences de voyage	Régime particulier – Biens d'occasion	Régime particulier – Objets d'art	Régime particulier – Objets de collection et d'antiquité
Griechisch	Αυτοτιμολόγηςη	Καθεςτώς περιθωρίου - Τα ξιδιωτικά πρακτορεία	Καθεςτώς περιθωρίου - Μεταχειρις μένα αγαθά	Καθεςτώς περιθωρίου - Έργα τέχνης	Καθεςτώς περιθωρίου - Αντικείμενα ςνλλεκτικής και αρχαιολογικής αξίας

Italienisch	autofattur-azione	regime del margine – agenzie di viaggio	regime del margine – beni di occasione	regime del margine – oggetti d'arte	regime del margine – oggetti da collezione e di antiquariato
Lettisch	pašaprēķins	peļņas daļas režims ceļojumu aģentūrām	peļņas daļas režims lietotām precēm	peļņas daļas režims mākslas darbiem	peļņas daļas režims kolekciju priekšmetiem un senlietām
Litauisch	Sąskaitų faktūrų išsirašymas	Maržos apmokestinimo schema. Kelionių agentūros	Maržos apmokestinimo schema. Naudotos prekės	Maržos apmokestinimo schema. Meno kūriniai	Maržos apmokestinimo schema. Kolekcionavimo objektai ir antikvariniai daiktai
Maltesisch	Awtofatturazzjoni	Skema ta' marġni – Aġenti tal-ivvjaġġar	Skema ta' marġini – Merkanzija użata	Skema ta' marġini – xoghlijiet tal-arti	Skema ta' marġini – oġġetti tal-kollezzjoni u antikitajiet
Niederländisch	factuur uitgereikt door afnemer	Bijzondere regeling reisbureaus	Bijzondere regeling – gebruikte goederen	Bijzondere regeling – kunstvoorwerpen	Bijzondere regeling – voorwerpen voor verzamelingen of antiquiteiten
Polnisch	samofakturowanie	procedura marży dla biur podróży	procedura marży – towary używane	procedura marży – dzieła sztuki	procedura marży – przedmioty kolekcjonerskie i antyki
Portugiesisch	Autofacturação	Regime da margem de lucro – Agências de viagens	Regime da margem de lucro – Bens em segunda mão	Regime da margem de lucro – Objectos de arte	Regime da margem de lucro – Objectos de colecção e antiguidades

46

Rumänisch	autofacturare	regimul marjei – agenții de turism	regimul marjei – bunuri secondhand	regimul marjei – obiecte de artă	regimul marjei – obiecte de colecție și antichități
Schwedisch	självfakturering	vinstmarginalbeskattning för resebyråer	vinstmarginalbeskattning för begagnade varor	vinstmarginalbeskattning för konstverk	vinstmarginalbeskattning för samlarföremål och antikviteter
Slowakisch	vyhotovenie faktúry odberateľom	úprava zdaňovania prirážky – cestovné kancelárie	úprava zdaňovania prirážky – použitý tovar	úprava zdaňovania prirážky – umelecké diela	úprava zdaňovania prirážky – zberateľské predmety a starožitnosti
Slowenisch	Self-billing	Margin scheme – Travel agents	Margin scheme – Secondhand goods	Margin scheme – works of art	Margin scheme – collector's items and antiques
Spanisch	facturación por el destinatario	Régimen especial – Agencias de viajes	Régimen especial – Bienes de ocasión	Régimen especial – Objetos de arte	Régimen especial – Objetos de arte
Tschechisch	vystaveno zákazníkem	zvláštní režim – cestovní kanceláře	zvláštní režim – použité zboží	zvláštní režim – umělecká díla	zvláštní režim – sběratelské předměty a starožitnosti
Ungarisch	önszámlázás	Különbözet szerinti szabályozás - – utazási irodák	Különbözet szerinti szabályozás - – használt cikkek	Különbözet szerinti szabályozás - – műalkotások	Különbözet szerinti szabályozás – gyűjteménydarabok és régiségek

STICHWORTVERZEICHNIS

Die Zahlen verweisen auf die Randnummern bzw. auf den Anhang (A).